Philosophische Bewegungen
in Deutschland

KHA Saen-Yang

〔法〕 高宣扬 —— 著

德国哲学的发展

上海交通大学 出版社
SHANGHAI JIAO TONG UNIVERSITY PRESS

内容提要

德国哲学是西方哲学的精华,它是古希腊哲学最优秀的继承者,也是德意志民族理论思维能力的灿烂成果。本书从德国哲学的史前开始,详细梳理了其历经文艺复兴、启蒙运动一直到当代的发展历程,同时也系统介绍了众多的德国哲学家、哲学理论。

本书适合对德国哲学或西方哲学感兴趣的读者。

图书在版编目(CIP)数据

德国哲学的发展／(法)高宣扬著.—上海:上海
交通大学出版社,2020
ISBN 978-7-313-23628-9

Ⅰ.①德… Ⅱ.①高… Ⅲ.①哲学-研究-德国
Ⅳ.①B516

中国版本图书馆 CIP 数据核字(2020)第 149184 号

德国哲学的发展

DEGUO ZHEXUE DE FAZHAN

著　　者:〔法〕高宣扬			
出版发行:上海交通大学出版社	地　　址:上海市番禺路 951 号		
邮政编码:200030	电　　话:021-64071208		
印　　制:苏州市越洋印刷有限公司	经　　销:全国新华书店		
开　　本:880 mm×1230 mm　1/32	印　　张:31.5		
字　　数:756 千字	插　　页:4		
版　　次:2020 年 12 月第 1 版	印　　次:2020 年 12 月第 1 次印刷		
书　　号:ISBN 978-7-313-23628-9			
定　　价:138.00 元			

高宣扬文集总序

　　当我个人生命创建第七十环年轮的时候,我幸运地成为上海交通大学教师队伍的一员,使我的学术生命有获得新生的可能,我的生命也由此获得新的可能性,上演柳暗花明又一村的生命乐曲。所以,我在交大《学者笔谈》上发表题名为"新鲜的交大人"的感言:"历史总是把我们带领到远离故乡的世界尽头,但有时又突然地把我们带回故居和出发点。历史使我们学会了感恩。"其实,生命永远是在自我给予和接受给予的交互往来中延伸,所以,感恩始终伴随着生命自身,构成了生命交响乐的一个重要组成部分,为生命的价值及尊严奠定本体论和伦理基础。

　　生命是一部无人指挥的交响乐,自创自演,并在不同的社会遭遇和生活历程中一再地自我协调,演奏出一曲又一曲美丽动听的自然乐曲,弹奏出每个人在社会、文化、历史中的不同命运,演播成充满悲喜交织的无数千变万化的生命故事。

　　我的书实际上就是我个人生命历程的自我展现。每一本书都从不同角度讲述着不同阶段的生命故事。生命的故事千差万别,归根结底,无非就是生命对自身生长发展的自我关注,都是由生命内在创造力量与周围世界各种因素相遭遇而交错形成的。生命在自我关注的过程中,总是以顽强的意志和万种风情，一方面激励自身在可能性与不可能性之间的悖论困境中脱颖而出进行创造更新，另一方面严肃正视环绕生命的外在客观力量，自然地要对自身的命运进行各种发问，提出质疑，力图寻求生存的最理想的优化状态，从而有可能逐步演变成哲学性的探索，转化为生命的无止境的形而上学的"惊奇"，对生命自身、对世界万物、对历史以及自身的未来前景，进行本体论、认识论、伦理学和美学的反思。

从学习哲学的第一天起，我就牢记古希腊圣贤亚里士多德关于"哲学就是一种好奇"的教诲。从 1957 年以来近 60 年的精神陶冶的结果，却使我意识到："好奇"不只是哲学的出发点，而且也是一切生命的生存原初动力。因此，对我来说，生命的哲学和哲学的生命，就是血肉相融地构成的生命流程本身。

生命的反思虽然表达了生命成长的曲折复杂历程，隐含着生命自身既丰富、又细腻的切身感受，但绝不会封闭在个人狭小的世界中，也不应只限于文本结构之中，而是应该置于人类文化创造的生命运动中，特别是把它当成人的生命本身的一个内在构成部分，从生命的内与外、前与后，既从环绕生存的各种外在环境条件的广阔视角，又从生命自身内在深处的微观复杂的精神状态出发，从哲学、人类学、社会学、语言学、符号学、心理学和美学的角度，试图记录一个"流浪的哲学家"在四分之三世纪内接受思想文化洗礼的历程，同时也展现对我教诲不倦的国内外师长们的衷心感恩之情。

最后，我还要向上海交通大学出版社表示感谢，他们对本文集的出版给予了最大的支持。

高宣扬

2016 年 4 月 8 日

自 序

对于德国哲学的历史,从 20 世纪 80 年代以来,除了陆续通过不同的局部论题分析、个别人物专题研究和断代历史的专门探索之外,我还先后尝试进行三次系统研究,撰写出《德国哲学的发展》[①]《德国哲学通史》三卷本(同济大学出版社)和《德国哲学概观》(北京大学出版社)。

现在,这部《德国哲学的发展》简体新版,是自 1984 年以来在港台十多次再版的《德国哲学的发展》繁体版基础上,根据上海交通大学出版社的建议编写的。这既是本人关于德国哲学的前三本专著的延续,又是它们的重构;所谓"重构",指的是在最新研究成果基础上,对其内容重新进行调整和补充;同时,又在结构和形式上,依据新时代出版风格的特点,进行适当的变更,使之达到站稳前沿、突出重点、聚焦思想核心的目的。

实际上,有六个重要考虑,使我一次又一次地对德国哲学进行多角度多形式的分析和阐述。

第一,是德国哲学本身的丰富性和生命力,使它始终处于持续创作更新的生气勃勃活跃状态;不但当代德国哲学的发展正欣欣向荣,而且即使是它的历史,也正被德国内外研究者进行不停地"再研究"和"再激活",其面貌、性质和内容,一再被重估和被重构。②

整个德国哲学史及其各个部分,都以其自身内在的理论自我生产性,通过历史与现实的交错及互通,不断地实现自我重生。首先,理论本身的生命力及其再现能力,源自理论内在意义系统的自我延伸及自我生产;其次,又借助于表达理论内容的文本结构的张力,致使哲学文本有可能在其内部意义之间的流通中,产生生生不息的生产潜力;第三,人类历史,特别是文化史本身的生命力及其在各个时代亲临事实现场而再生的可能性,又使德国哲学各个历史阶段的理论成果,得以在当代活生生的理论争论及再创造的过程中,被历史文本内在意义之间的碰撞及其与当代哲学家们的思想创新需要之间的交错所唤醒。

从德国哲学的开端到当代德国哲学,各个历史阶段的德国哲学,表面看来似乎都是相互分割和分期发展的,但是,它们之间始终进行着无形的对话和相互渗透,而且,各个阶段的德国哲学也一再被当代世界各国哲学家重估,被当代世界哲学的创新需要所召唤,成为当代各国哲学重生的一个思想摇篮。

总之,德国哲学的现状和历史,不管是其中的个别哲学家、重大论题和发展阶段,还是它的整体或发展系统,都构成了过去、现在和未来的多重、多维、多质的复杂文化生命体;既成为回顾和重估思想史的中介桥梁,也构成当代思想创新的基础,同时还成为走向未来的哲学思想理论的一个出发点。

第二,德国哲学是西方哲学的精华;它不仅是古希腊哲学和文艺复兴思想,以及西方启蒙精神的最优秀的继承者,而且也是德意志民族优异理论思维能力的灿烂果实。

西方哲学固然始于古希腊,但希腊人只向西方哲学提供了进行思想最原初的内容及形式,特别是提供了"逻各斯"(*Logos*)的力量;只有到了德国哲学家那里,这些源自古希腊的最原初的哲学思想胚胎,才得以全面展现其思想的威力。

通观西方哲学,从18世纪开始,每一个世纪,几乎都会有一位或多位德国优秀哲学家站在世界哲学的顶峰:18世纪是康德(Immaneul Kant,1724－1804),19世纪是黑格尔(G. W. F. Hegel,1770－1831)、尼采(Friederich Nietzsche,1844－1900)和马克思(Karl Marx,1818－1883),20世纪是胡塞尔(Edmund Husserl,1859－1938)和海德格尔(Martin Heidegger,1889－1976);更不用说还有其他很多德国著名哲学家,他们各以自身独特的思想路径及其创新作品,进一步发挥德国哲学的整体影响力。正是在这个意义上说,18至19世纪的德国古典哲学,作为德国哲学的牢固思想基础,一直是一股强有力的思想精神力量,不但左右了整个西方哲学的发展进程,也影响了近二百年来人类思想文化的发展方向。

任何一位研究哲学的人,都不能不把研究德国哲学看作研究整个人类哲学思想的一个必不可少的基础,也都自然地会为德国哲学的优秀理论成果所深深感染。

环顾西方哲学发展史,西方哲学的基本概念,只有到了德国近现代哲学家那里,才得到最充分、最完满和最深刻的表达。因此,德国哲学已经不言而喻地成为西方近现代哲学宝库的最重要组成部分,直接成为许多近现代社会思潮的重要理论来源。

第三,德国哲学家从18世纪开始对哲学史的专门学术研究及其后所形成的德国哲学史研究传统,在世界文化史上已经广获美誉,也构成研究世界文化发展的一个重要理论依据。

德国哲学家对哲学史长期持续研究的成果,极大地冲击了我青年时代的心灵世界,使我从踏入北京大学哲学系的门槛开始,就决意投身于哲学史研究事业,并试图以德国哲学史家们为榜样,将撰写哲学史的工作当成我的终生学术目标。

在这里,首先是要感谢北京大学哲学系的老师们把我引领到哲学史领域中。我最早看到的哲学史专著,是在高中毕业前夕。当时,由我们的老师洪谦、任华、汪子嵩、张世英和陈修斋先生等编写的《哲学史简编》刚刚出版,成为吸引我报考北京大学哲学系的一个重要动力。与此同时,北京大学哲学系洪谦、任华和王太庆先生等所编写的《古希腊罗马哲学》《十六至十八世纪西欧各国哲学》《十八世纪末至十九世纪初德国哲学》等哲学史资料选编也陆续出版,进一步使我对哲学史所承载的广阔学识与人类智慧产生浓厚的兴趣。

以著名考古学家、历史学家、中西交通学家、敦煌学家及文献学家向达教授为馆长的北大图书馆,馆藏极其丰富,有多种哲学史著作,包括德文、英文和法文原版书。③从我考入北大,特别是 1962 年夏成为郑昕先生的研究生之后,北大图书馆内珍藏的经典著作经常激荡起我灵魂深处的思想波涛,一再催逼着我的哲学创作欲望,使我获得了强大的撰著冲动,决心要把自己的生命融化在哲学史长河的洪流之中。《德国哲学的发展》就是我向深奥的德国哲学宝库进行学术探险的最初尝试。

在研究和撰写《德国哲学的发展》的过程中,大学时代老师们对我的教育,始终以强大的思想精神力量,指引我的思路和工作。正是他们多年辛勤无私的教诲,使我有勇气、有信心、也有能力深入到德国哲学的思想深处,探索其中各种无限丰富的内容和不断重生的精神力量。

1962 年我在北大留校升入研究生之后,在郑昕教授指导下专攻康德哲学。为了更好地掌握德文,郑昕教授特别把我推荐给当时的德语系主任冯至教授,让我连续两年跟随冯至教授为该系高年级开设的德国文学课。冯至教授所讲授的德国文学史,使我第一次感受到德国语言和文学对德国哲学的发展的深刻影响。

　　真正的哲学总是与人类生命整体共生共荣。哲学起源于生命本身，却又时时力图不断超越而推动生命的自我更新；反过来，生命的自我创造，又总是不断激起哲学思想实现新的突破，同时也向哲学提供不断自我超越的能力。所以，生命与哲学是命运与共的一股强大的文化创造力量。

　　传统哲学史往往把哲学的产生时间推迟到人类逻辑思维形成、并达到成熟的时期。但是，如果要真正揭示哲学的本来面目，就必须追溯到哲学形成的真正源头，即追索到它的最早起源，深入到哲学形成初期所有那些最细微、最模糊、最难以辨认的原始因素。哲学，作为一种抽象性和思想性的概念体系，比一般事物包含更加不可见的成分和更加隐含复杂的构成因素。但是，哲学其实是自然发展的一个部分，它原本是和自然本身一样质朴；正如法国哲学家德勒兹（Gilles Deleuze，1925－1995）所说，哲学是天真质朴的（la philosophie est innocente），哲学应该说最天真、最直爽和最令人明白的话语。① 而且，形成哲学思维的重要成分，就其最原初的形态而言，包括想象力、语言的使用，以及宗教思维的超越性等，都是早已在原始人类，及其原始思维中存在。所以，哲学的形成，难免经历错综曲折的过程，更需要哲学史研究者超出哲学的范围，从人类学、语言学、社会学、历史学、宗教学和文学艺术等多学科相结合的广阔视野，进行艰苦的细心探索。而且，哲学的思想性还比任何事物更含有生命性，它的起源势必包含生命本身许多活生生的形成历程，呈现为生命成长的交错纵横的复杂网络。

　　尼采深刻地指出：作为西方哲学的思想根基，早在希腊悲剧时代，就已经在最初的悲剧情节及其表达中扎下深根。而且，人类学的调查研究还证实：除了文学和艺术创作以外，在宗教神学思想的最早的朦胧而神秘的形式中,就同时地产生了哲学思维的萌芽,突出地呈现出哲学的超越性特征。

专门研究古希腊神话的法国思想家让-皮埃尔·韦尔南(Jean-Pierre Vernant,1914－2007)指出:"从古代文化的宗教人(homo religiosus),变为一种后来被亚里士多德确定其定义的政治的与理性的人,这一变化给所有的思维范畴、所有的心理功能都打上了问号:时间、空间、记忆、工作形式与技术精神、意志、人格、象征性的表达方式,以及符号的运用。"⑤"宗教并不构成一个与社会生活相脱离的孤立范围。存在的所有行为、所有时刻,无论是个人的还是集体的,都具有一个宗教的维度。"⑥

德国哲学,作为一个具有自身生命基础以及特殊社会文化条件的概念思维模式,也同样早在严格意义的哲学理论形成以前很久,就已经在德国神话、文学、艺术和宗教神话的模糊形式中,在德国语言的形成发展中,慢慢地萌生出来,同时还在德意志民族思想文化发展中逐渐地完善和巩固下来,奠定其自身的牢固精神基础。

德国哲学的优秀成果,在很大程度上与德国哲学史研究传统有密切关系。德国哲学史学家对古希腊、罗马、中世纪,以及近代哲学史的深入研究,积累了丰富的成果,也为各个时代德国哲学家进行哲学创造提供丰富的史料和养分。我在北大期间,郑昕、洪谦、任华、汪子嵩、王太庆、张世英等老师们,一再在课堂上或课后,向我们讲授了德国哲学史学家们的工作成果,推荐阅读他们的代表性著作。策勒(Eduard Zeller,1814－1908,又译蔡勒尔)的《希腊哲学史》⑦、霍夫丁(Harold Hoeffding,1843－1931,又译许夫定)的《近代哲学史》⑧、黑格尔的《哲学史讲演录》⑨、库诺·费舍(Ernst Kuno Berthold Fischer,1824－1907)的《近代哲学史》⑩、于贝韦格(Friedrich Ueberweg,1826－1871,

又译余柏威）的《哲学史》⑪、埃德曼（Johann Edward Erdmann，1805 - 1892，又译爱尔特曼、艾尔德曼）的《哲学史》⑫、文德尔班（Wilhelm Windelband，1848 - 1915）的《哲学史教程》⑬，等等，越来越吸引我的兴趣。

我永远忘不了王太庆先生在他的简陋住房里，对我特别讲述古希腊第欧根尼·拉尔修（Diogenes Laërtios，古希腊原名 Διογένης Λαέρτιος，拉丁名 Diogenes Laertius，约 200 - 约 250）的故事时的那段动人情节。他在 1957 年被定为"右派分子"，此后多年被剥夺了在课堂上正式讲课，以及以真名出版发表著作和译作的权利。对我来说尤为珍贵的是，我和他一起在 1958 年下乡劳动 8 个月时，培养了深厚的友谊。我与他在大兴县芦城大队，天天下地，"同吃、同住、同劳动"，我正好与他和张岱年教授一个组，我们的同学孙实明是组长，我们经历了麦田深翻、播种、施肥、收割等小麦农作劳动的整个过程，又在同一个土炕上睡觉和休息。所以，从本科二年级到研究生的七八年间，我们之间建立了深厚的师生情谊。研究生期间，我作为郑昕教授的研究生，受到了王太庆先生更多的辅导和教育，他给我一段一段地讲授文德尔班《哲学史教程》德文版的导论部分。

对于德国哲学以及整个西方哲学的起源的分析，在近两百年来的历史上，始终存在激烈的争论，但归根结底，我们可以简单地把它归结为以黑格尔为代表的传统观点和以尼采为代表的反逻辑中心主义两种基本观点。

黑格尔在他的《精神现象学》《小逻辑》和《哲学史讲演录》等著作中，试图系统论证德国以及整个西方哲学的逻辑形成和发展的过程，而尼采则从他的第一部著作《悲剧的诞生》开始，就始终坚持把哲学思想同悲剧、艺术及神话中隐含和阐发的人类原初创造精神结合在一起，突出地显示人类哲学思想创造的自然性、突发性、偶发性、断裂性、碎片性及不确定性。

《德国哲学的发展》的展现过程,充分考虑到思想逻辑发展与思想创造自然性、突发性和偶发性的双重特点,尤其结合个体哲学家思想创造的具体性和个别性,往往集中分析特殊的思想争论的复杂性质以及个别哲学家在某一瞬间突发奇想的特点,展现哲学思想形成及其扩散的浪漫性、多样性和散播性。

德国哲学经历了漫长的形成、演变和发展的过程。这一过程,以抽象的哲学理论形态,曲折地、凝缩地,又深刻地体现了德意志民族精神形成和发展的历史,尤其表现了德意志民族寻求自身思想文化的独创性,在世界民族之林中谋求其民族尊严的顽强愿望和意志,也集中地表现了德意志民族的智慧及其重视和善于理论思维的珍贵传统。所以,德国哲学就是德国民族灵魂的理论典范化。

德意志民族对哲学思维的重视,并非偶然。康德在他的《实用人类学》一书中说,德意志人获有诚实和节俭的好名声,这些特点正好不适合于冠冕堂皇的事情。……德国人的性格往往同理智的黏液质相结合,既不对既定的规章制度抱有玄想,也不打算虚幻出一种制度来。……在好的意义上说,黏液质是这样的一种气质,即冷静思考,坚持不懈地追求自己的目的,同时又忍受由之而来的艰难困苦,因此,人们可以对德国人的正确理智和深沉反思的禀赋,寄予如同对任何一个有能力造就最伟大文化的民族一样的期望。……在与人交往中,德国人很谦虚。他们比任何别的民族都学习更多的外语。他们是渊博知识的批发商。[14]

实际上,立足于德意志民族曲折发展的历史经验,建基于德意志民族的特殊生活方式,根据德意志民族语言形成和运用过程而奠定的严谨的语言表达方式,再加上德意志民族擅长对其他民族优秀文化的学习和临摹,所有这些,使德意志民族在长期形成和发展中,自然而然地学会和加强自身的哲学智慧,而且,更重要的是,逐步形成和被普遍运用的德国哲学思维,又反过来积极地促使善于总结实践智慧的德意志民族,更进一步重视哲学的创新。

德国人之所以如此重视哲学的创造和发展,是因为他们从自身的生存历史中,深刻地感受到创立自身富有民族特性的哲学的极端重要性。哲学,在德国人看来,是民族的灵魂,是他们的整个文化和思想,以及生活方式的精神根基,也是他们维系其民族同一性及其在人类历史中的无限延伸发展可能性的最终思想支柱。

因此,通过对于德国哲学的历史观察、分析和研究,我们不仅可以系统地认识、把握和理解贯穿于德国人精神生活和文化创造中的珍贵思想的哲学理论基础,而且,我们将体验到振兴本民族和全人类的文明精神的关键力量,那就是不断地实现哲学思想方面的创造性超越活动。

我在研究生期间,郑昕教授每周一次指导我仔细研读康德的《纯粹理性批判》和《未来形而上学导言》的德文原版。同时,郑昕先生还规劝我多读哲学史,特别是新康德主义者对康德思想观念史的考查、分析和验证过程。郑昕先生多次提到新康德主义者文德尔班、卡西尔(Ernst Cassirer, 1874 - 1945)、柯亨(Hermann Cohen,1842 - 1918)、E. 哈特曼(Eduard von Hartmann,1842 - 1906)和库诺·费舍等人的哲学史研究观点及其重要成果,进一步激发了我对德国哲学史的研究兴趣。

洪谦教授与郑昕教授有亲密的友谊关系。他们经常会聚在郑昕教授的书房里一起讨论哲学。我有幸多次在他们共同的指导下,分析康德的关键命题,以及由此引起的其他论题,使我逐步熟悉书本以外许多有关德国 17 世纪至 20 世纪初的学术论争状况。更可贵的是,他们结合自己在德国留学时的经历，谈论康德与其他哲学的关系。他们的谆谆教诲，越来越加深我对德国哲学的感情和认识。

也正是在与郑昕先生和洪谦先生的谈话中，我才进一步意识到：深入把握哲学史知识是使自己获得思想自由的一个重要前提。郑昕和洪谦先生曾经具体地向我推荐进一步翻阅和分析康德之后的新康德主义者的思想，建议我尽可能阅读他们的哲学史专著。

那时，我们一再听说"第二国际修正主义者"伯恩施坦（Eduard Bernstein，1850-1932）和考茨基（Karl Kautsky，1854-1938），就是新康德主义者，而第二国际修正主义的理论基础就是新康德主义。我作为郑昕先生的康德哲学研究生，觉得自己有必要弄明白第二国际修正主义与新康德主义的思想关系。所以，向郑昕先生和洪谦先生请教过。他们要我好好阅读朗格（Friedrich Albert Lange，1828-1875）的《唯物主义史》⑮和卡尔·福兰德（Karl Vorländer，1860-1928）的《康德与马克思：社会主义论丛》⑯，为此，郑昕先生一方面提醒我有关朗格和卡尔·福兰德等新康德主义者对"第二国际"思想家伯恩施坦等人的影响，另一方面又强调朗格的"唯物主义"概念的特殊性，试图让我区分中国与苏联哲学家所说的"唯物主义"与西方哲学史上的"唯物主义"的不同内容和性质。

关于伯恩施坦修正主义的新康德主义基础，如果仔细地查阅哲学史原始资料，可以发现，伯恩施坦修正主义思想的核心，就是认为：社会主义只能在资本主义全面发展之后才能实现，所以，在他看来，推翻资本主义的革命而实现社会主义，只能是一种"乌托邦"；因此，通过社会运动实现具体的社会改革，才是最关键的。正是在这个意义上，伯恩施坦说："对我来说，社会主义的最终目标是无所谓的，运动就是一切（Das，was man gemeinhin Endziel des Sozialismus nennt，ist mir nichts, die Bewegung alles)。⑰"

朗格等人与伯恩施坦有亲密的友谊关系。伯恩施坦多次撰文赞赏朗格的学术和政治贡献,肯定他对德国工人运动发展的真诚支持。⑱郑昕先生和洪谦先生对我说,朗格等新康德主义者对当时的工人运动的支持是真诚和热情的,因为他们都是有良心的哲学家和科学家,不但不满于黑格尔绝对唯心主义的空谈,而且还批判处于落后状态的充满腐败的德意志资本主义社会。

郑昕先生和洪谦先生指出,在西方哲学史上,唯物主义这个哲学范畴经历过非常复杂的演变,并不可以把它仅仅简单地归结为"承认物质第一性"的公式中。郑昕先生说,唯物主义特别重视对世界事物和各种对象的自然存在性质,因此,在大多数情况下,哲学史上的唯物主义都是充满自然科学研究的性质,唯物主义本身就是对自然科学研究的充分肯定,而且也是把自然科学研究的方法移植到哲学方法论的自然结果。

从古希腊到近现代,哲学史上的任何一次思想革命,几乎都是伟大的科学革命的影响的结果。16 世纪的哥白尼革命正是启蒙运动至 19 世纪一系列哲学革命的一颗"启明星"。所以,康德以"哥白尼革命"作为自己的哲学创新的象征,并以自己在哲学上,特别是在认识论方面完成了"哥白尼革命"而自豪。⑲

洪谦先生也说,在新康德主义盛行的 19 世纪中叶与下半叶,一大批唯物主义者和自然科学家都致力于抵制黑格尔观念论及其形而上学哲学体系,包括德国在内的欧洲自然科学家中,出现了一大批倾向于唯物主义的新一代哲学家,他们原本都是在科学领域中取得重大成果的著名自然科学家,其中包括生物学和动物学家卡尔·福格特(Carl Vogt, 1817 - 1895)、医生和生理学家摩莱肖特(Jacob Moleschott,

1822－1893)，国民经济学家兼实证主义哲学家欧根·杜林（Eugen Karl Dühring，1833－1921)，外科医生、生理学家兼哲学家路德维希·毕希纳（Ludwig Friedrich Büchner，1824－1899)，以及军医兼哲学家海因里希·乔尔贝（Heinrich Czolbe，1819－1873)等人，接着，马赫（Ernst Mach，1838－1916)和阿芬那留斯（Richard Ludwig Heinrich Avenarius，1843－1896)也以自然科学家的身份和经验，创建了自己的哲学理论，试图直接把自然科学研究与哲学研究结合起来。

值得注意的是，这些自然科学家兼哲学家们，大多数都积极参加了19世纪中叶发生的"唯物主义争论"（Materialismusstreit)，极端重视从自然科学研究中所可能引申出来的"世界观后果"（weltanschaulichen Konsequenzen der Naturwissenschaften)。所以，不论从哲学或自然科学的角度，这场争论即是自然的和必然的，又是积极的和具有进步意义的。郑昕和洪谦先生曾经身处德国学术界，又很关心自然科学与哲学的内在关系，所以，他们对19世纪中叶发生的唯物主义争论都抱着积极和乐观态度。更何况他们所研究的哲学（新康德主义和逻辑实证主义或逻辑经验主义），又恰恰与自然科学成果及其思维方式有密切关系。

在当时的中宣部，于光远先生是一位多才多智的开明的马克思主义哲学家和经济学家。他经常主动向洪谦和郑昕两位先生请教，很详细地讨论自然科学的哲学基础问题，特别是一起讨论辩证唯物主义与经验批判主义思想，试图弄清他们之间的关系。

我在北大时期，于光远先生经常来演讲，并会见北大的著名教授们，尤其是哲学系的教授们，郑昕和洪谦先生是于光远先生最亲近的朋友。到了研究生期间，于光远和龚育之先生恰好又是"自然辩证法"方向的导师，他们来北大哲学系的机会更多了，与郑昕和洪谦先生见面的时间也多了。

郑昕先生经常对我提起于光远先生,也提起于光远先生与洪谦先生的学术交往。洪谦先生留学欧洲期间从师莫里斯·石里克(Friedrich Albert Moritz Schlick,1882 - 1936)长期研究逻辑实证主义和逻辑经验主义,对马赫和阿芬那留斯的经验批判主义哲学理论很熟悉,所以,在学习列宁《唯物主义与经验批判主义》一书时,于光远先生多次请教洪谦先生,并希望他领导对马赫著作《感觉的分析》的翻译工作。

在北大与郑昕和洪谦先生等老师们在一起,亲自领受他们的教导,让我越来越深刻地体会到:掌握哲学史知识,不只是掌握哲学的"基本功",而且也可以启迪智慧,可以使自己真正获得思想上的自由。

从那以后,我同德国哲学结下了不解之缘。每当遇到重要的哲学问题,总是首先回归到德国哲学的文献,然后再转而探讨其他相关问题。德国哲学成为我哲学研究的基础、出发点和中介,也是我个人走向"启蒙"并由此获得思想自由的重要途径。

即使后来到了法国,这种状况也同样没有改变:它使我在巴黎大学先后选择尼采、马克思、海德格尔和法兰克福学派,作为撰写博士论文的主要的参照。

我到巴黎后的第二年,洪谦先生参加在维也纳和牛津的国际学术研讨会,洪谦先生离开北京前,就多次亲切地写信给我,表示他很想借此访欧的机会,在巴黎或英国与我见面。由于当时的条件限制,洪谦先生预先来巴黎的计划无法实现,我只好偕同家人到牛津会见洪谦先生。我们前后两次在牛津三一学院畅谈,欣喜无比。印象最深的是我们漫步在三一学院草坪上,他一再提醒我要抓紧时间认真研究西方哲学及其哲学史。临走前,他还把维特根斯坦(Ludwig Wittgenstein,1889 -

1951)论文化的书送给我。^②从那以后,我们之间的相互通信更加频繁,而我所受到的教育和启发更多。

多年来,随着欧盟的扩大,德法两国在文化和哲学方面的交流日益加强,这又使我从当代法国哲学的发展,看到了德国哲学在西方哲学领域中的历史战略地位。

第四,法国作为当代哲学和社会文化思潮的最活跃的生产基地之一,20世纪以来,尤其深受德国哲学的影响;德国近现代思想家康德、黑格尔、马克思、尼采、弗洛伊德(Sigmund Freud,1856 – 1939)、胡塞尔、海德格尔、伽达默尔(Hans-Georg Gadamer,1900 – 2002)、哈贝马斯等人的思想,都为当代法国思想家进行思想创造提供了深刻的启示。法国著名的哲学家福柯(Michel Foucault,1926 – 1984)、德里达(Jacques Derrida,1930 – 2004)、利科(Paul Ricoeur,1913 – 2005)、莱维纳斯(Emmanuel Levinas,1906 – 1995,又译列维纳斯)和德勒兹等人,都在同德国哲学的反复对话中,创建了自己的理论。

我本人自1978年出国以来,一直以巴黎作为自己的研究基点,深感法国与德国哲学思想的脉动,及其对整个西方哲学发展的重要意义。

我在巴黎第一大学和第四大学,分别由韦德林娜(Hélène Védrine,1926 – 2019)教授、勒沃达伦(Olivier Revault D'Allonne,1923 – 1995)教授及昂利·比罗(Henri Birault,1918 – 1990)教授指导,研究并撰写关于法兰克福学派和尼采哲学的博士论文。当时,法国哲学对德国哲学的重视和借鉴,以及当代法国哲学家们以此为基础而生机勃勃地进行勇敢创新的逾越创造精神,为我树立了最好的榜样,直接地推动我更深入地研究德国哲学。

从那以后,为了收集研究资料,我不得不频繁地穿越法国、德国、卢森堡、比利时和瑞士边界,来往于斯特拉斯堡、弗赖堡、巴塞尔、伯尔尼、苏黎世、康斯坦茨、慕尼黑、法兰克福、美因茨、波恩、格丁根、蒂宾根、海德堡、特里尔及巴黎之间。时空、语言、生活和思想,往往同时地在纵横交错的不同领域中,在多维度的文化生命共同体中,发生急剧的碰撞、相互渗透和转换,使精神创造力被无意识地提升到走火入魔的程度,也使我有生以来第一次感受到自由思想创作和哲学思维给予生命所带来的自我超越的愉悦感。正如尼采所说,哲学的命运是紧密地同悲剧的遭遇联系在一起。我在收集和分析资料、整理、思考,以及撰写中所感受的苦与乐,确实验证了尼采的深刻结论。

我在多次访问德国的过程中,遇到许多德国著名的哲学家,他们不但热情地接待我,而且,经常与我日夜对话讨论,提供重要的信息和资料。赫伯特·施纳德尔巴赫(Herbert Schnädelbach,1936-)还把他论述德国近代哲学史的著作送给我②,给予我很大的鼓励。

第五,哲学史是一门由多学科和多语种构成的宏大知识体系。除了哲学以外,哲学史需要广泛的历史学、语言学、人类学、考古学、心理学、法学、伦理学、美学、社会学、政治学、科学史及艺术史等人文社会科学知识,还要求具备一定深度的自然科学修养,以及较多的外国语知识。学习和研究哲学史,将带动和连接对人文社会科学及自然科学的全面研究,有助于扩大研究者的视野,更有助于进一步深入把握哲学思维的基本精神。

在21世纪的网络化社会中,尤其需要研究和传播哲学史知识来维护公民的基本权利,保护公民拥有培训及提升自身理论智慧和实践智慧的权利。网络社会的发展固然有利于推广和普及包括哲学史在内的各种知识,但它同时又为"速食文化"侵蚀以语言文字为基础的书面文化铺平道路。哲学史的学习和传播将有利于遏制"速食文化"的泛滥侵蚀,抵制由"速食文化"酿造的精神鸦片给予人带来的麻木盲从病态,进一步促进公民思想的自由发展。

对个人而言,哲学史学习和研究,是训练自身思想反思能力的最好场所,也是提升文化素质和思想敏捷性的理想平台。我既然已经使自己的生命与哲学紧密地结合在一起,那么,哲学史的研究也自然成为进一步学习哲学的重要途径。哲学与哲学史是连成一体的。

正如恩格斯所说:"每个人都天生地具有理论思维能力,但是这种能力是需要锻炼和培养的,可是迄今为止,除了学习以往的哲学,还没有别的办法。"真正的哲学,不是靠投机取巧式的一时小聪明可以成就的,它需要长期的历史经验和思想磨炼,更需要人类历史所凝聚的智慧。哲学史乃是思想本身的无数曲折发展圆圈所构成的,而它的圆圈曲线上的任何一点,都累积着思想智者的思路密码,总结了前人思想及其智慧成果,又等待后人在新的历史文化条件下有所发现,重新进行解码,并在此基础上实现新的思想创造。因此,哲学史的考查将推动一切思想者进行哲学思维的再创造,也同样推动新时代思想者进一步开辟新的思路。

正是在同哲学史上各个哲学家的对话中,我们将学会多学科和跨学科的研究视野和方法,不但增加我们的学识,而且也开启了思想创新的时机和能力。

第六,中国已经进入实现现代化的新阶段,我们急需在总结人类历史文化遗产的基础上,集中分析和重新消化西方现代化的经验,特别需要对西方现代化积累深刻经验并作出理论总结的德国哲学进行反思,从中探索 21 世纪全球化环境下我国实现现代化的创造性发展道路,尤其是开辟思想现代化的新视野。

德意志民族始终具有创造图新、自强不息的意志,并在哲学上反复进行理论探索,尤其从 15 世纪开始,着重为德国的近代化和现代化进程进行哲学反思,使德国哲学积累了丰富的现代化经验,不仅为德国人,而且也为包括中国在内的世界各国人民准备并提供了丰富的现代化理论财富,这值得我们反思。

因此,探索德国哲学的基本精神,分析其发展规律,解剖其主要概念和主要范畴的内容,不但是研究整个西方哲学及西方文明的一个不可忽视的重要方面,而且也将为我国实现思想和理论现代化提供深刻的启示。

所有这一切,离不开北大老师们的教导,尤其离不开郑昕、洪谦、任华、熊伟、汪子嵩、王太庆、张世英、齐良骥等教授对我的哺育和培养。师恩浩荡、永志难忘。

我同样永远不会忘记法国和德国哲学家们对我的鼓励、帮助、支持和指导,感谢他们为我提供了丰富的资料,使我在历史分析中获得必要的历史文献,同时,也使我及时地掌握德国哲学研究现状,有机会参加各种"在场显现"的理论争论及哲学探索,得以把握德国哲学发展的复杂思路及其活动脉搏。

哲学家们先后去世,但他们的思想并没有随之消失。思想通过语言文字留在世间,在看不见的时空中蔓延,在活着的心灵中延伸、发酵和发生反应,在人类文化储存库中沉淀生根,随历史的曲折而裂变更新,在文化再生产中获得重生。

《德国哲学的发展》所记述和分析的,就是德国自原初状态至今的思想家和哲学家们的思想创造过程及其成果,但它又是站在当今视野回顾德国哲学发展过程的反思记录,是我们穿越文本界限与德国哲学家进行对话的理想途径,也是撰写本书的作者与阅读本书的读者实现思想对话的可能平台。

历史既成过去,就永远在"可记述"和"不可复原"之间来回流动;既在记忆中呈现，又在虚无中流变，为当今文化创造增加烦恼和忧虑，却也无可怀疑地提供了创新思索的深刻启示，同时还创建文化再生产和思想探险的理论基础。归根结底，问题不在于哲学史的复杂性和矛盾性，而在于我们自己如何对待已经成为历史的思想创造过程。

德国思想家卡尔·曼海姆（Karl Mannheim，1893－1947）曾说："社会运动性的进一步加强，摧毁了早先盛行于静态社会的错觉，按照过去的错觉，似乎一切都可以变，唯独思想却永世不变。"② 由于我们生存的当代社会的快速变化及其极端不稳定性，思想本身也成为极端活跃的精神力量，在这种情况下，思想的不稳定性反而有利于人类文化的创造性进程。

马克思一方面使哲学变成为与实践紧密结合的思想"武器"，另一方面又从多学科整合的观点发展哲学的内容和方法，使哲学远远地越出传统哲学的狭隘范围。马克思在这方面的理论贡献，使他在德国哲学史上具有举足轻重、不可替代的地位。由于马克思思想体系和哲学贡献博大精深，未能在本书有限的篇幅中具体阐述。如有可能，笔者今后将予以专题撰述。

这本《德国哲学的发展》简体新版的出版，正好发生在中国现代化进程的关键时刻，它的论述模式及思想方法，铭刻时代的痕迹和思想史的思路，也标志着我个人内在的思想运动的新方向。但愿它在瞬时即逝的"现在"之后仍然延续地闪烁着"现在"的光芒，使"现在"渗透到望不到尽头的未来，让"现在"的思想成果在"未来"获得一再的更新。

《德国哲学的发展》简体初版的问世，要感谢上海交通大学出版社，特别是刘佩英女士以及刘旭先生，他们一再给我鼓励，向我提供良好的条件，使我这个耄耋之人，仍有勇气重新修订早在二十年前香港初版的《德国哲学的发展》，在 21 世纪全球迎接世界现代化高潮和中国迈入盛世的时候，同中国广大读者见面！

高宣扬

2018 年圣诞节前夕

写于普罗旺斯卢贝新城（Villeneuve Loubet en provence）

注释

① 《德国哲学的发展》最早由天地图书公司于 1988 年在香港初版，经三次再版之后，由天地图书公司授权，台湾远流出版社从 1990 年起，全面再版并扩增本人主编的《人文科学丛书》，《德国哲学的发展》也因此在 1991 年再版于台湾，此后，《德国哲学的发展》又连续再版多次。

② Terry P. Pinkard, *German Philosophy, 1760 - 1860: the Legacy of Idealism*, 2002；Johannes. Hirschberger, *Geschichte der Philosophie*. 2 Bde., Herder, 14. Auflage, Freiburg i. Br., 1991；Wolfgang. Röd, *Geschichte der Philosophie*. 14 Bde., Beck, München 1986 - 2004；Franz. Schupp, *Geschichte der Philosophie im Überblick*, 3 Bde., Meiner, Hamburg 2005；Clemens Albrecht, Günter C. Behrmann, Michael Bock（Hrg.）, *Die intellektuelle Gründung der Bundesrepublik. Eine Wirkungsgeschichte der Frankfurter Schule*. Campus, Frankfurt/M. 1999；Gösta. Gantner, *Das Ende der "Deutschen Philosophie". Zäsuren und Spuren eines Neubeginns bei Karl Jaspers, Martin Heidegger und Theodor W. Adorno*. In: Hans Braun, Uta Gerhardt, Everhard Holtmann（Hrsg.）, *Die lange Stunde Null. Gelenkter sozialer Wandel in Westdeutschland nach 1945*. Nomos, Baden-Baden 2007：175 - 202；Christoph. Helferich, *Geschichte der Philosophie. Von den Anfängen bis zur Gegenwart und östliches Denken*. 7. Aufl. Dtv, München 2009；Nikolaus. Knoepffler,（Hrsg.）, *Von Kant bis Nietzsche. Schlüsseltexte der klassischen deutschen Philosophie*. 3. vollständig neu bearbeitete und erweiterte Auflage, Herbert Utz Verlag, München 2010；Martina. Plümacher, *Identität in Krisen. Selbstverständigungen und Selbstverständnisse der Philosophie in der Bundesrepublik Deutschland nach 1945*,（Philosophie und Geschichte der Wissenschaften；Bd. 30). Frankfurt/M. Lang, 1995；L. Sturlese, *Die deutsche Philosophie im Mittelalter. Von Bonifacius bis Albert d. Großen*（*748 - 1280*）（aus dem Ital. 1993）；F. Beiser, *The Fate of Reason. German Philosophy from Kant to Fichte*（Cambridge, Mass. 1987）；H. Schnaedelbach,

Philosophie in Deutschland 1831 - 1933（2. Aufl. 1985）.

③ 北大图书馆馆藏的外国哲学原文资料极其丰富,在 1952 年全国院系调整时,各大学有关哲学的所有珍贵资料全部集中到北大图书馆,为哲学史研究提供了最好的条件。

④ G. Deleuze, *Pourparlers*. Paris：Minuit 1990：122.

⑤ J.-P. Vernant, *Entre Mythe et Politique*, Paris, Seuil, 1996：18 - 19.

⑥ J.-P. Vernant, *Entre Mythe et Politique*, Paris, Seuil, 1996：20.

⑦ E. Zeller, *Die Philosophie der Griechen. Eine Untersuchung über Charakter, Gang und Hauptmomente ihrer Entwicklung*, 1844 - 1852; *Die Philosophie der Griechen in ihrer geschichtlichen Entwicklung*, 1856 - 1868; Leipzig：R. Reisland, 3. Auflage, 1876 - 1882.

⑧ H. Hoeffding, *Geschichte der neueren Philosophie. Eine Darstellung der Geschichte der Philosophie von dem Ende der Renaissance bis zu unseren Tagen*. 2 Bde., Leipzig, Reisland, [1895 - 1896]1921.

⑨ G. W. F. Hegel, *Vorlesungen über die Philosophie der Geschichte*（gehalten 1822 - 1831, aus Notizen und Mitschriften 1837, postum hg. v. E. Gans）; in *Sämtliche Werke*. Jubiläumsausgabe in zwanzig Bänden. Bd., Neu hg. von H. Glockner. Stuttgart, 1927 - 1940：Volume 17, *Vorlesungen über die Geschichte der Philosophie. Erster Band*; Volume 18, *Vorlesungen über die Geschichte der Philosophie. Zweiter Band*., Volume 19, *Vorlesungen über die Geschichte der Philosophie. Dritter Band*.

⑩ K. Fischer, 1852：*Geschichte der neueren Philosophie*. 8 Bände, 1852（div. Neuaufl. bis 1893, Jubiläumsausgabe 10 in 11 Bänden, darin Bd. 3 u. 4, Kant-Monographie）, Heidelberg.

⑪ F. Ueberweg, *Grundriss der Geschichte der Philosophie: von Thales bis auf die Gegenwart*：1. Theil. *Die vorchristliche Zeit*. 1863; 2. durchgesehene und erweiterte Auflage. 1865; *Grundriss der Geschichte der Philosophie des Alterthums*. 3. berichtigte und ergänzte und mit einem Philosophen- und Litteratoren-Register versehene Auflage. 1867; 4. verbesserte und mit einem Philosophen- und Litteratoren-Register versehene Auflage. 1871.

⑫ J. E. Erdmann, *Grundriss der Geschichte der Philosophie*. 2 Bde., Berlin 1866; *Die deutsche Philosophie seit Hegels Tod*, Berlin 1896.

⑬ W. Windelband, *Lehrbuch der Geschichte der Philosophie*. 3. Aufl. d. Geschichte der Philosophie. Tübingen 1903.

⑭ I. Kant, *Anthropologie in pragmatischer Hinsicht*. Herausgegeben und eingeleitet von Wolfgang Becker, Nachwort von Hans Ebeling. Stuttgart, Reclams Universal-Bibliothek, 1983.

⑮ F. A. Lange, *Geschichte des Materialismus und Kritik seiner Bedeutung in der Gegenwart*, 2 Bde. Iserlohn, Verlag J. Baedeker, 1873[1966].

⑯ K. Vorländer, *Kant und Marx: ein Beitrag zur Philosophie des Sozialismus*, Tübingen, Mohr, 1911 – 1926.

⑰ E. Bernstein, *Die Voraussetzungen des Sozialismus und die Aufgaben der Sozialdemokratie*. Berlin, Dietz-Verlag, 1984[1899]: 201.

⑱ E. Bernstein, *Zur Würdigung Friedrich Albert Langes*. In: *Die Neue Zeit. Revue des geistigen und öffentlichen Lebens*. 6. Jg., 1892, 2. Band, S. 68 – 78; 101 – 109; 132 – 141.

⑲ I. Kant, *Kritik der reinen Vernunft*, 1781.

⑳ L. L. Wittgenstein, *Culture and Value*, ed. by Georg Henrik von Wright, rev. ed. London: Wiley-Blackwell 1979[1967].

㉑ Herbert, Schnädelbach, *Philosophie in Deutschland 1831 – 1933*. Frankfurt a. M. Surkamp, 1983.

㉒ K. Mannheim, *Ideologie und Utopie*. Bonn, 1929; *Ideology and Utopia*. London: Routledge. 1936.

目　录

引　言

　　真正的哲学总是与人类生命共生共荣。哲学起源于生命本身,却又时时力图不断超越而推动生命的自我更新;反过来,生命的自我创造又不断激起哲学思想的新突破。哲学与生命之间,就是这样在紧密互动中,相互激发、相互推动、相互发展。这样一来,哲学成为生命的灵魂,而生命也自然地成为哲学的根基和源泉。哲学不是无源无根的空想概念体系,而是生命本身的内在呼喊,是生命所积累的经验的理论结晶;而生命也只有通过哲学的反思和不断总结,才有可能陶冶成具有高尚灵魂和获得崇高尊严的存在。

　　在民族精神和文化意识中,哲学是民族思想的核心和他们经验的理论总结,是根本性的精神动力。哲学就是一个民族立于世界的内在力量,它是看不见的强大力量,足以支撑一个民族的兴起、兴盛及稳固,足以保障一个民族在世界历史中的地位及其现实状况,也将影响到它的未来。

　　一个民族,只有当它形成自己的独特的创造性哲学理论的时候,它才意识到其自身存在的意义及发展的目标,才明确自身的存在理由,它才有能力克服成长过程中的各种困难,给予它对内对外展现自身生命力的各种可能性。

传统哲学史往往把哲学的产生时间，推迟到人类逻辑思维形成、并达到成熟的时期。但是，如果要真正揭示哲学的本来面目，就必须追溯到哲学形成的真正源头，即追索到它的最早起源，深入到哲学形成初期所有那些最细微、最模糊、最难以辨认的原始因素。既然哲学与生命密不可分，那么，哲学的最初形成也与生命的最初形成及其发展密不可分。

探索哲学不能脱离历史。正是在历史最原初的摇篮中，已经随人的生命的出现而静躺着处于襁褓中的"哲学婴儿"，它伴随着生命的成长而逐渐成熟，不断地从生命的经验中吸取最精华的因素，特别是随着生命的思维和语言能力的成长而逐渐发展。作为生命生存经验的最高总结，哲学实际上记录了生命从古至今的全部历史，哲学就是生命历史的最严密、最抽象、最普遍和最精彩的缩影；当然，哲学的复杂形式，势必不可能直接地与最具体的生命事件及其经验联系在一起，正因为这样，哲学总是通过曲折和间接的途径，通过最抽象和多层次意义的语言论述以及象征性的其他各种手段，经过一系列不可见的方式，与生命最直接的呈现形式发生关系。

显然，哲学作为一种抽象性和思想性的概念体系，比一般事物更加包含不可见的成分，更加隐含复杂的构成因素，有待哲学家们和各种思想者进行反复的耐心思索，以便发现多层次和多维度的思想王国。

所以，哲学的形成，难免经历错综曲折的过程，更需要哲学史研究者进行艰苦细心的探索。而且，哲学的思想性还比任何事物更含有生命性，它的起源势必包含许多活生生的形成历程，呈现为生命成长的交错纵横的复杂网络。

尼采为此深刻地指出：作为西方哲学的思想根基，早在希腊悲剧时代，就已经在最初的悲剧情节及其表达中扎下深根。而且，人类学的调查研究还证实：除了文学艺术创作以外，在宗教神学思想最早的朦胧而神秘的形式中，就同时产生了哲学思维的萌芽。

德国哲学，作为一个具有自身生命基础以及特殊社会文化条件的概念思维模式，也同样早在严格意义的哲学理论形成以前很久，就已经在德国神话、文学艺术以及宗教神话的模糊形式中，在德国语言的形成发展中，慢慢地萌生出来，同时还在德意志民族思想文化发展中逐渐地完善化和巩固下来，奠定其自身的牢固精神基础。

《德国哲学的发展》的展现过程，将充分考虑到思想逻辑发展的历史性、延伸性和连续性同思想创造突发性、断裂性和偶发性的双重特点，尤其要结合个体哲学家思想创造的具体性和个别性的特点，更多地集中分析特殊的思想争论的复杂性质，展现哲学思想形成及其扩散的浪漫性、散播性、跳跃性、断裂性及连续性的多重性质。

实际上，德国哲学经历了漫长的形成、演变和发展的过程。这一过程以抽象的哲学理论形态，曲折地、凝缩地、却深刻地体现了德意志民族精神形成和发展的历史，尤其表现了德意志民族寻求自身思想文化的独创性，在世界民族之林中谋求其民族尊严的顽强愿望和意志，也集中地表现了德意志民族的智慧及其重视和善于理论思维的优秀传统。所以，德国哲学就是德国民族灵魂的理论典范化。

任何一个民族的成长和强盛，主要靠两个重要的因素：其一是它所占据的自然环境及物质财富，其二是它本身的内在精神、创造性思想及其文化，特别是语言。前者给予它生存和繁荣的物质基础，后者为它提供生命的创造活力和生存的精神动力。与前者相比，后者更为重要，因为只有后者，才从根本上体现了该民族作为人类的一个组成部分而不同于动物及其他自然生命体的优越性，也才能为它提供民族统一和发展的无限力量，使它于世界民族之林确立其应有的地位。

德国哲学思想的真正源泉是德意志人的内在精神特质及其根深蒂固的思维模式和别具一格的语言;而一个民族的内在精神基础,是该民族长期形成过程中,经历他们与自然、世界和周在文化气氛的不断交流及其丰富经验中,慢慢地无形沉淀下来。

实际上,立足于德意志民族曲折发展的历史经验,建基于德意志民族的特殊生活方式,根据德意志民族语言形成和运用过程而奠定的严谨的语言表达方式,再加上德意志民族擅长于对其他民族优秀文化的学习和临摹,所有这些,使德意志民族在长期形成和发展中,自然而然地学会和加强自身的哲学智慧,而且,更重要的是,逐步形成和被普遍运用的德国哲学思维,又反过来积极地促使善于总结实践智慧的德意志民族更进一步重视哲学的创新。

德国人之所以如此重视哲学的创造和发展,是因为他们从自身的生存历史中,痛切地感受到创立自身的富有民族特性的哲学的极端重要性。哲学,在德国人看来,是民族的灵魂,是他们的整个文化和思想以及生活方式的精神根基,也是他们维系其民族同一性及其在人类历史中的无限延伸发展可能性的最终思想支柱。[1]

因此,通过对于德国哲学的历史观察、分析和研究,我们不仅可以系统地认识、把握和理解贯穿于德国人精神生活和文化创造中的珍贵思想的哲学理论基础,而且,我们将体验到振兴本民族和全人类精神文明的关键力量,那就是不断地实现哲学思想方面的创造性超越活动。

注释

[1] Herder, *Auch eine Philosophie der Geschichte zur Bildung der Menschheit*, 1774 (*Une autre philosophie de l'histoire*, 1774).

第一章

德国哲学的史前期

　　研究德国哲学的发展必须摆脱各种传统哲学史所规定的规则、规范和界限，首先从深入地分析德意志民族的形成史及其他各种复杂因素入手，也就是说，从德国哲学形成的真正源头开始。德国哲学源于它的最早的神话、寓言、童话、民间故事、民族习俗、图腾、传说等，这些最早的叙述和记述形式，其最初的版本往往是模糊的、混乱的、不稳定的、待填补充实的，同时又是隐含潜在性、可能性、前瞻性，甚至包含导向危机、死亡或毁灭的可能性。但唯其如是，它们才富有导向更高理论思维发展方向的可能性。从这些零碎叙述和片段的语言表达形式，历经千万年演变，可以慢慢地演变成哲学的思维过程，而这一过程，反映了一个民族的精神成长的漫长性和曲折性，同时也与该民族语言的成长和成熟过程紧密相联，表现了一个民族的文明发展程度，特别是它的思想能力及其对各种危机的应变能力。

　　由于整个欧洲社会文化和历史发展的特殊条件，日耳曼人的形成过程，特别是他们的语言与文化的形成过程，只有当他们接受统一的基督教信仰并接受基督教文化洗礼之后，才真正稳定下来。所以，德国哲学的真正开端,一方面源于日耳曼人由其祖先就不断积累的文化意识,包括他们的宗教、神话及古代艺术思想;另一方面,是在受到基督教思想的影响之后,才获得了德国哲学形成的成熟条件;而且,值得指出的是,他们的哲学思想的酝酿和沉思过程,也由于是在中世纪早期基督教教会及其从属的修道院内进行,才使德国哲学在早期相当长时间内,呈现出深含宗教色彩的神秘主义形式以及基督教神学宗派的多元化色彩。

所以,德国哲学从形成理论模式的时候起,便紧密地与基督教思想相结合,在德意志人处于中世纪的漫长时期中,经历曲折复杂的反复尝试、实验和构成过程,创造出各种各样表现德意志精神的中世纪哲学思想体系。所有这一切,构成了德国哲学全面形成以前的基督教神学特色。

德国人与基督教的关系是双重的:一方面,作为西方人的一部分,这个关系从一个侧面表现了西方人对基督教的一般关系;另一方面它又表现出不同于欧洲其他民族的德意志人对基督教的特殊关系。当然,上述双重关系并不是绝对地分隔开来,而是采取非常复杂的交错形式呈现在德国历史上,尤其表现在德国哲学史上。所以,对于德意志人与基督教的思想关系的考察,不只是有助于深入理解基督教对整个西方世界的影响程度及其状况,而且,也有助于理解德意志哲学思想的复杂性及其与基督教的多层次曲折关系。

从基督教渗透到德意志民族的精神世界及其生活世界开始,基督教不仅以其严谨细腻的神学理论改造和教化德意志民族,而且,基督教还在实际社会生活及德国人的日常生活行为方面,强烈地影响着德意志人的思想及其生活方式。

显然,基督教把古日耳曼人心目中早已存在的原始宗教精神进一步激荡起来，并使之逐步系统化，有助于德国早期哲学思想的建构。

从德国哲学发展的基本文献来看，基督教思想转化为德国哲学的过程，并不是一帆风顺的。除了基督教本身的神学和宗教精神直接地渗透到德国人的内心深处、并形成德国哲学创造的原料和基础以外，更重要的是，基督教通过与日耳曼人原有的原始宗教思想的结合，使基督教能够借助于德国人的思想传统力量，把基督教的某些思想精神，转化为具有哲学思想成分的新德意志文化的组成元素。

基督教思想不同于抽象的理论的地方，正是在于它采取了全面的渗透方式，逐渐控制德意志人的思想创造活动及其生活方式。从公元500年起，基督教更采取政教合一的方式，通过教会与罗马帝国的合二为一过程，使基督教思想全面地控制了包括德国在内的整个欧洲的精神生活领域及其思想活动。

正如弗里德里希·希尔（Frederich Heer，1916－1983）所指出："到奥古斯丁（Augustinus von Hippo，354－430）时代，一种属于地中海西部和罗马式的积极进取的世界观开始形成，它在观念形态上所主张的现实主义的人本主义，特别重视密切的社会关系和社会生活中的常识观念，使它能够抗拒来自东方那吞噬一切的精神漩涡，使得东方那种否定世界、无政府主义的个人主义以及灵性的狂傲，在西方遭遇到拒绝。这也就是说，西方人认为，上帝和他所造的一切都是不可分的，都是善的；恶只不过是一种'善的缺乏'，它不可能是一种实体；上帝在一切之中，上帝给予人以大力的帮助，使人得到最后的解救，达到那包含善、美和秩序的状态。宇宙的本性就是回归上帝。"[①]同时，希尔还指出："西欧的本体论在根本上的乐观主义和它的探险进取精神，可以说都是奥古斯丁对天地万物的肯定态度的回音。"[②]所以，德国哲学的真正源头和形成，是与基督教的发展以及具有政教合一性质的罗马帝国的兴起有密切关系。

　　5 世纪到 8 世纪期间,是整个欧洲发生剧烈动荡的时代,在这一时代中所进行各种力量之间的角力和竞争,奠定了从 8 世纪到公元 1000 年及其后的欧洲整体社会及政治秩序的基础。

　　德意志人的最早民族精神固然是在德意志民族作为一个独立的统一体而形成的时候才成熟地呈现出来,但是,德意志民族精神并非由一次性的民族共同体大统一的历史事件中完成的。德意志民族精神是经历由零碎的原始部落生活方式、文化习俗以及各种源初文化因素慢慢累积形成的。在德意志民族正式统一成独立的共同体以前,在相当长的时间中,组成德意志民族的各个基本种族集体单位,已经在他们的生存过程中,零零碎碎积累多种因素,经历由分散到集中统一的曲折过程,又遭遇种种沉浮集散的锤炼,才随着历史的机遇所提供的种种条件的冲击,最后形成德意志民族的精神统一体。

　　德国哲学的最早的和最原始的思想基础,无疑是日耳曼人的原始心灵和精神特质以及最早表现在日耳曼原始文化的那种可以被称为"种族原始基因"的东西。所有这些因素慢慢地在各个历史阶段的德语中沉淀下来,以德语的各种密码符号,储存在德国民族的语言以及由德语所构成的精神宝库中。这是一种既神秘、又普遍地存在于日耳曼人内心深处的自然因素和精神因素的合成体,是别的任何民族所没有的;这就是德国人和其他国家所说的"德意志性"(Deutschheit③或Deutschthum④)。

　　德国古典哲学的杰出代表费希特(Johann Gottlieb Fichte, 1762 - 1814)指出:"人们的哲学思想的类型,是由其所处的命运决定的。"⑤他的这一论断,也许正是从德国哲学的发展过程本身总结出来的。德国哲学,作为西方哲学思想的优秀典范,表明了这样一种逻辑:尽管哲学是如此抽象，它总是在一定程度上，反映了思想家们所属的那个民族的重要特质，表现了民族的精神及其历史特点。

　　然而，德国哲学同德意志民族性的密切联系，只是在德意志民族得到真正独立地发展并有能力使用自己本民族语言（即德语）的历史时期内，才明显地表现出来。那些生活在 15 世纪以前的德国思想家和哲学家们，由于尚未摆脱罗马帝国基督教思想体系的束缚，而且，更重要的是，由于当时德意志民族尚未真正地作为一个独立的文化生命集合体而屹立于世界民族之林，特别是由于他们尚未创建完整的本民族语言和文字系统，致使他们还未能脱离罗马教会的拉丁文系统而独立地使用德意志语言，进行哲学思考和理论表达。因此，宗教改革前的中世纪的德国哲学思想，充其量也只能被称为德国哲学的"史前发展阶段"。

　　在德国哲学的史前发展时期，具有决定性意义的是：当欧洲历史发展到公元 741 年至 814 年之间，出现了加洛林王朝的文化创造的"鼎盛期"，人们常称之为**"加洛林王朝的文艺复兴"**（Karolingische Renaissance，或称 "Karolingische Renovatio oder Karolingische Erneuerung"）①。

　　加洛林王朝在 8 世纪的一个重大事件是卡尔一世（Karl der Große，742 - 814）的登基及其稳定统治。卡尔一世被英国人和法国人称为查理曼大帝（Charlemagne，拉丁名 Carolus Magnus 或 Karolus Magnus）。他在统治时期重用罗马帝国知识分子，招收来自帝国四面八方的杰出人才，推动宫廷和全民教育，使加洛林王朝在短期内发展成为欧洲文化强国。加洛林王朝实际上是欧洲的一支主要居民弗朗克人（Franks）所控制的封建专制国家，而它的版图内的主要居民，后来成为法国人和德国人的祖先。公元 800 年，罗马教皇利奥三世（Pope Leo III，750 - 816）为罗马帝国皇帝查理曼大帝加冕，开创了加洛林王朝的新时代。德国哲学也就在这一时期获得了形成和发展的历史时机。

第一节 神秘主义：德国哲学的
一种源初形式

从现有的资料来看，德国最早的哲学思想，都与中世纪的基督教思想相关，特别与基督教中的神秘主义思潮（Mystik⑦）相关。

实际上，德国的神秘主义思想是整个西方神秘主义传统的一个组成部分，也是基督教神学传统中的神秘主义因素的一个延续。它同德国和西方的哲学、神学以及西方人的思想和生活方式，都有密切的联系。在德国和西方哲学史上，神秘主义的形成和发展，往往与基督教正统教义有相互穿插和相互分离的复杂关系，在中世纪与现代哲学的相互关系中，神秘主义又扮演着"中间人"的角色，因此，研究神秘主义也是探讨西方思想、文化及哲学理论的发展史的一部分。

神秘主义的产生不只是欧洲和德国思想发展初步阶段的一种形式，而且，还同世界和人的生命本身的某种程度的神秘性有密切关系。在这个意义上说，神秘主义的产生不但不是偶然的，而且也不是局部性的；它是带有普遍性或甚至必然性的人类思想发展过程中的一个历史形式。世界是什么？人是什么？生命是什么？精神是什么？艺术是什么？美是什么？恶是什么？感情是什么？如此等等。所以这些都不是可以简单地仅靠"科学"或"哲学"的方式回答清楚的，甚至同样也不能指望作为有限存在的人所可以回答清楚的。世界和人及其生命是非常微妙和奇特的。哲学应该随时准备使自己解脱"自我膨胀"和"自恋"的可能状态，让自己冷静地接受各种复杂的、包括神秘的事物的"审判"，甚至必要时承认自身能力的有限性，由此，使自身摆脱各种可能的异化状态。

就拿生命本身的奥秘来看,其实,神秘主义关于生命的独特观点,并不是全然杜撰出来的,也不全然是妄言愚语。在神秘主义关于生命的各种猜测中,可以看到某些智慧的曙光。如果只是简单地用"愚昧"或"荒谬"等抽象的概念来判定德国神秘主义的性质,就无法正确地理解具有特殊的德国神秘主义思想的深刻意义,也无法理解德国哲学发展本身的特殊规律,同样也无法掌握西方哲学以及整个文化的发展的复杂性和曲折性。

同西方整个神秘主义传统一样,德国的神秘主义固然同基督教思想发展的复杂性有内在联系,值得我们深入探讨它的具体而复杂的内容,而且,由于它还同人类本身的内心活动的本质及其天然倾向有密切关系,所以,它也同德国后来的虔诚主义和浪漫主义有密切关系,在研究德国哲学史的时候,必须认真地分析神秘主义的问题。⑧

总之,面对神秘主义,凡是具有严肃谨慎思维习惯的人,都不会满足于简单的三言两语就给予否定。因此,对待神秘主义的态度,也正是检验一个人的思想态度、科学态度和生活态度问题,同时也是检验一个人的思想灵敏度、精确度和细腻性的问题。

德国的神秘主义有其源远流长的根源,而它的流传和发展又在很大程度上体现了德国哲学发展的某些规律性。这一时期德国的神秘主义是当时特殊的社会文化环境的思想产物,是经历基督教思想,特别是中世纪新柏拉图主义长期精神影响而潜移默化地形成的哲学流派,它多多少少反映了正在慢慢成长的新型文化思想的基本倾向,试图在传统的基督教神学和哲学之外,寻求新的思想、文化以及生活的模式。⑨

所以,这一时期的神秘主义,已经隐含了未来文艺复兴运动所表现的两种倾向:反思地怀念过去和充满憧憬地前瞻未来。所谓"反思过去",指的是试图在古希腊罗马的遗产精华中,探索富有创造魅力的精神力量；而所谓"憧憬未来"，指的是以理性和非理性的混合想象，越出教会所规定的经院主义形式，无所顾忌地畅想未来。正因为这样，当时人们把神秘主义称为一种"迂回古代和尾追现代"的"古怪"思潮。黑格尔在《哲学史讲演录》中对中世纪神秘主义给予很中肯的评价；他认为，神秘主义哲学家们不同于教会的经院哲学家，很少参加那种烦琐的辩论和论证，而就他们的教义和哲学见解来看，他们保持相当的纯洁性。⑩

另一位著名的哲学史家文德尔班也指出：德国的神秘主义统一了所有繁茂分叉的传统，在人民对于宗教的迫切需求中，保存了下来，为未来的哲学作出了卓有成效的工作。⑪

此外，在中世纪末期和近代社会之间，在西方的现代科学技术尚未充分发展的前提下，神秘主义还同中世纪流行的炼金术(die Alchemie)思想保持密切的关系。⑫炼金术的神秘主义的思想，被人们称为一种与宗教和迷信有关的神秘主义。这种思想更因 12 世纪后大规模翻译阿拉伯文献而传入伊斯兰教中的炼金术思想因素而加强起来。就历史地位而言，炼金术也可以说是西方现代科学技术发展中的一个分支，它填补了科学技术发展"正道"范围内所不能解决的空隙，也在科学与宗教之间建立了必要的"桥梁"。

所以，很早以来，炼金术也被称为"密封的思想"(Hermetismus)，⑬带有"费解难懂"或"不可理解"的意思。人们这样称呼它们，无非是从常人的理性或思维方式来理解；但人类历史上和文化史上，往往有许多新事物和新发明都对常人来说属于"不可理解"的范围。所以，在近代科学诞生以前所流行的炼金术及其思想基础，实际上具有向教会正统思想抗议和背离的倾向，在推动文化发明和创造方面具有客观的积极意义。

在德国的 13 至 18 世纪，即在真正的启蒙运动以前，神秘主义往往成为民间思想家和具有创新意识的哲学家逐步脱离严格意义的教会神学和教义教条的一种方式。所以，在 13 至 18 世纪之间，在尚未完全成熟的德国哲学界中，在准备进行宗教改革过程的神学派别中，产生了多种多样的神秘主义思想派别，试图从教会的严厉控制下解脱出来，寻求新的生活方式和思想方法。但由于它们都以神秘主义的方式提出和思考问题，使他们表现出某种模棱两可性质，或多或少地既与基督教思想相关，又同新型的理性主义相联系，而且在理论上和实践上都混合着理性主义和非理性主义的成分。

所以，总的来说，这一时期的神秘主义实际上是正在慢慢形成的文艺复兴运动的一个组成部分，成为德国哲学走向启蒙的一个过渡形式，它有承前启后的历史意义，又表现出古代的、基督教的和近代的思想的多重特点。

在德国的中世纪末期，一群女性神秘主义者，发扬了中世纪后期由贝尔纳·冯·克莱沃（Bernhard von Clairvaux，1090 - 1153）和雨果·冯·圣维克多（Huge von St. Viktor，1096 - 1141）所阐述的神秘主义方法，建造起一整套关于思想、沉思、起居、修炼、养神和健身的神秘主义原则。他们的重要特点就是通过一系列极其细腻而讲究的传道方式，宣讲改革生活方式、道德伦理原则及思维模式的必要性。他们显然并不满足于教会所规定的各种原则，而且更多地强调个人在思想、生活及写作方面的特殊风格的重要性，表现出强烈的个人主义特征和人文主义色彩。

大约在 1250 年左右，三位多明我教团的修女，即梅希特希尔德·冯·马格德堡（Mechthild von Magdeburg，1207 - 1282）、格特鲁德·冯·赫尔伏塔（Gertrud von Helfta，1256 - 1302，即大格特鲁德）和梅希特希尔德·冯·克伯恩（Mechthild von Hackeborn，1231 - 1291），累

积了她们同上帝神秘沟通的大量经验，并逐渐地秘密记录下来。格特鲁德·冯·赫尔伏塔的主要著作有《神爱的公使》（*Legatus divinae pietatis; Gesandter der göttlichen Liebe*）和《心灵修炼》（*Exercitia spiritualia; Geistliche Übungen*）。

随着她们的神秘经验的传播，赫尔伏塔修道院成为相当长时间内兴盛起来的女性神秘主义思想的中心。[⑭]

受到教会基督教神学及其修道院教育的影响，在当时民间思想家中，也开始以基督教神学和亚里士多德主义的原则为基础，进行神秘主义的哲学思考。当时发生广泛影响的，首先是莱茵河地区和佛兰德地区的修女们，她们组成所谓"女性神秘主义"（Frauenmystik）思潮的骨干力量，在大量的书信中，表达和讨论各种哲学问题。[⑮]

这些德国的新柏拉图主义追随者们，从所谓"流溢说"（die Emanation）出发，认为最高的"神"通过漫射出来的光而与一切存在物相沟通。因此，这些光乃是第一实体和认识的本原。

著名的德国哲学史家策勒正确地指出："德国的文化精神，在当时曾经为这样一种憧憬创造了最良好的条件；这种憧憬就是要为科学和宗教的需求，提供那些烦琐哲学所未能做到的、更为稳固和更为纯洁的满足。"显然，从 12 世纪到 13 世纪，由于新柏拉图主义的泛滥，科学研究和神学探索，都一起陷入了浓厚的神秘主义气息中。希尔德加德·冯·宾根（Hildegarde von Bingen，1098－1178，又译赫德嘉、贺德佳）在她的著作中宣称："神灵的变动渗透到宇宙，并吸引着人的灵魂。"接着，梅希特希尔德·冯·马格德堡也在著作《神性之光》中，宣扬这样一种观点：灵魂的被激发起来的运动，通过对一切亲身的意愿的回绝，向往着返回到由之发射而出的那个实体。这种神秘主义的哲学，把德国的文化精神窒息在静止不动的、空泛的妄想迷宫中，同时又推动想象力和反思能力的发展。

　　虽然神秘主义在当时的情况下，还不可避免带有浓厚的迷信或杜撰的成分，但无可否认的是，它毕竟还是人类思想发展中不可避免的阶段，也在某种程度上包含了人们的合理猜测。首先，现实的世界本身就是极端复杂的，其中包含着大量尚无人知、并可能永远都无法被理解的现象。近代科学的出现和发展过于信赖甚至夸大理性的认识能力，以为科学毕竟有能力掌握世界的规律，似乎不可能存在绝对神秘的东西。但是，现实的生活和人类活动总是一再面临着神秘的事物，而科学的发展总是有限的。其次，人类的生存要求各种各样的沟通活动，并不断地提出多样的沟通需求。现存的语言和符号系统，只能满足有限的沟通需要。实际上，在人类所寻求的沟通形式和中介中，总是包含语言以外的多种象征系统。神秘主义所发现、创造和使用的神秘的沟通手段，是满足人们进行复杂的沟通需要的一个组成部分。神秘主义的沟通手段和秘密符号相联，带有积极的探索性质，有助于人们在面临神奇的现象时，找到某种特殊的沟通手段，开拓人们对神奇世界的探索视域。再次，神秘主义考虑到人的精神生活和心灵活动的复杂性，特别是精神受到刺激、困惑或危机时的各种非理性表现形式，他们认为神秘主义的方法将有助于找到或解决精神内部的问题。在西方的精神分析学正式诞生以前，在相当长的时间内，各种神秘主义的巫术、炼金术等，已经试图探讨疏通和解决精神危机的途径。他们所提出的实际方法和技术，在一定程度上解决了处于困境的大多数群众的肉体和精神的危机问题。

　　在 1775 年左右，德国所发生的神秘主义者加斯纳与医生麦斯梅尔（Franz Anton Mesmer，1734 - 1815）之间的争论，对于全面理解神秘主义的历史地位，具有重要的启示。维滕贝格地区的埃尔旺根（Ellwangen）的约翰·加斯纳（Johann Joseph Gaßner，1727 - 1779），是一位属于神秘主义派别的天主教神父。⑯

正因为这样,神秘主义甚至在科学发达的今天,仍然还在相当大一部分人那里发生影响。同科学相比,神秘主义似乎是"毫无根据"的。但当代的科学主义倾向及其对社会和自然的负面影响,已经越来越显示:神秘主义多多少少可以补充深受科学泛滥危害的现代文化的精神空虚;同时,神秘主义还可以在科学理性之外,以自由想象的手段,适当发挥"非理性"本身所可能包含的合理性因素。当代科学哲学家费耶阿本德(Paul K. Feyerabend,1924－1994)曾经说:"任何事都行得通(Anything goes)",意思就是说,世界上没有什么绝对的真理标准,不应该夸大科学技术的作用。在这个意义上说,神秘主义究竟神秘不神秘,它究竟包含了哪些合理的因素,毕竟也不能单纯以现代的科学标准来衡量。

值得指出的是,摩尼教思维模式自摩尼(Mani,216－276/277)于3世纪创建以来,对整个世界都发生了深远影响。这种思维模式的特征,就是采取极其简单化的二元对立方式,把世界各种事物统统纳入"二元对立"的框架之中,宣称一切都只是在二元对立关系中"非此即彼"(即"非善即恶""非白即黑""非好即坏"等)。它忽视了世界的复杂性、多样性以及万物差异的连续性和断裂性、交叉性和渗透性、动态性和静态性等。当然,宾根的希尔德加德等人之所以能够在一定程度上接受和改造摩尼教思维模式,一方面是希尔德加德·冯·宾根等人不愿意继续盲目地追随已经被基督教正统思想所传播的"二元对立"思维模式及其逻辑方法,另一方面也因为摩尼教思维模式本身原本还包含基督教诺斯替主义的思想成分。

迄今为止,位于莱茵河畔的吕德斯海姆市(Rüdesheim am Rhein)附近圣希尔德加德修道院,现在成为许多西方人朝拜的圣地,因为在那里，人们可以找到关于希尔德加德·冯·宾根的大量神秘主义文献。[17]
希尔德加德的主要著作包括《掌握生活之道》(*Scivias*)、《最值得赞赏的
生活》(*Liber vitae meritorium*)、《神造物之书》(*Liber divinorum
operum*)、《剧本》(*Ordo virtutum*)、《书信集》(*Epistolae*)、《养生之道简
要》(*Liber simplicis medicinae/Physica*)、《疗养艺术》(*Liber compositae
medicinae/Causae et curae*)、《圣本尼迪克修身规则》(*Explanatio Regulae
S.Benedicti*)、《圣歌集》(*Symphonia harmoniae caelestium revelationum*)、
《圣希尔德加德生平》(*Vita Sanctae Hildegards*)等。这些著作为现代人
揭示了关于人的生命、世界和精神的许多鲜为人知的奥秘，也提供了最
自然的生活之道。

德国的神秘主义是欧洲整个神秘主义思想的一个重要组成部分，
而且，它不仅影响着至文艺复兴为止的西方哲学，也一直流传到启蒙运
动之后的德国古典哲学和浪漫主义哲学。

同德国上述神秘主义思想相联系，16 世纪的特蕾莎·德·阿维拉
（即大德兰，Thérèse d'Avila，1515 – 1582），以其充满说服力的著作《灵
魂内的城堡》(*The Interior Castle*，1577)，征服了好几个世纪的欧洲教
徒和部分思想家，成为欧洲相当长时间内发生重要影响的基督教神秘
主义女思想家。正因为这样，特蕾莎在公元 70 年被罗马教会命名为
"教会的博士"(docteur de l'église)。这些神秘主义者的显著特点，不但
在于通过他（她）们个人在日常生活和修炼生活方面的苦行经验，而且
还在于具备特殊的才华，特别是文学创作和诗歌想象力的迷人天赋。
他们往往在其著作和实践中，通过一系列令人费解的特殊方式，表现某
种能同天神沟通的能力。在这些女性的神秘主义者当中，甚至表现了
她们具有对神的无条件的爱的神秘情感，其中还包括她们对神的神秘
的性爱。她们宣称，通过自己的神秘实践，可以达到与神沟通、达到升

华崇高的地步。她们的神秘主义试图一再告诫世人：神是万能无比的；一切人都必须无条件地奉献给神。

第二节　拉班·莫尔和富尔达学派

同整个欧洲一样，中世纪的德国哲学，不论就其内容或形式，都从属于教会所钦定的基督教教义的精神及其基本原则。在中世纪的德国思想家中，在把罗马基督教加以拉丁文化、并令其进一步发展的事业中作出突出贡献的，首先当推生活于 8 至 9 世纪的拉班·莫尔（Raban Maur，拉丁文名字 *Rhabanus Maurus*，776 - 856）。

拉班（raban）来自古犹太语"拉比"（rabbi），希伯来语原意为"我"或"我师"，后成为犹太教的一种称号。自公元 70 年以来，它往往加之于犹太教导师或圣者，兼掌司法。公元 70 年以前，正如《新约全书》各福音书所说的那样，也可以把它用作一种尊称。称为"拉比"的早期圣者的言论和格言，保存在《密西拿》《塔木德》和其他许多由犹太教的拉比们所撰写的著作中。"拉比"的更高一级的称呼是拉班（rabban），而在《密西拿》中有此称号者，乃是古犹太四位早期学者：迦玛列一世（大）（Gamaliel the elder）、约翰南·本·撒该（Johanan ben Zakkai）、迦玛列二世（Gamaliel II）以及西蒙·本·迦玛列二世（Simeon ben Gamaliel II）。迄今为止，在犹太教中"拉班"仍然负有教牧职责，并主持礼拜，颇与其他宗教的神职人员相类似。

拉班·莫尔是对这位犹太教智者的尊称，后来已经习惯地把他的尊称与他的名字连成一体。拉班·莫尔原是德国中部富尔达（Fulda）地区的修道院院长①，他是中世纪著名思想家阿尔古因（Alcuin of York，原名 Albinus Flaccus，730 - 804）的学生。阿尔古因本是英国人,但他晚年一直住在法国,致力于传播拉丁文化。他曾经说,他要"在法国建设起一个崭新的雅典式文化"。因此,阿尔古因有相当长的时间辅佐法国国王查理曼大帝,成为查理曼大帝时期的加洛林文化复兴事业的核心人物。在他的倡导下,欧洲大陆的教育事业有了蓬勃的发展。⑲

阿尔古因为此编写了符合拉丁精神的著名教科书,即所谓"三类基本人文学科或'三学艺'"(原文"Trivium"是三分道"drei Wege"的意思):《文法、缀字法及雄辩术》(*De grammatica*, *De orthographia*, *De dialectica*),以此训练公民的修辞术以造就崇高的德性,并促进逻辑思维能力的发展。⑳他还著有论心灵的书:《论灵魂》(*De animae ratione*)以及论教义的书:《论三位一体》(*De Trinitate*)。在中世纪文化史上,他发挥了传承古代拉丁文化的作用,成功地吸收了从诗人维吉尔(Virgil, Publius Vergilius Maro, 70 - 19 B.C.)等人以来的拉丁文学和哲学的创作成果,对于语词表达、修辞、文风同逻辑思维和思想修养之间的紧密关系,给予充分的注意。

值得注意的是,在阿尔古因的推动下,罗马早期新柏拉图主义、斯多葛学派和基督教教父哲学以及基督教道德结合在一起,成为人们陶冶心灵、培养德性、美化禀性以及训练说话艺术的思想基础。这在很大程度上,继承、重现和复活了塞涅卡(Lucius Annaeus Seneca, 4 B. C. - 65)、马可·奥勒留(Marcus Aurelius, 121 - 180)、普鲁塔克(Ploutarkhos, 约46 - 约125)以及爱毕克泰德(Epiktetos, 约50 - 约138)等人所实践的生存美学原则。由此可见,阿尔古因的卓越贡献和思想影响,实际上远远超出教育领域,有助于造就当时的整个一代文人志士。

拉班·莫尔成功地把他的老师阿尔古因所开创的事业推广到德国,推动了加洛林时期(Karolingische Zeit)的德国教育事业。拉班·莫尔于 822 年担任富尔达修道院院长。拉班·莫尔在教士中推广教育事业时，也像他的老师阿尔古因一样，把七种基本人文学科列为教会学校的七门学科。由于他在德国发展教会教育事业的突出贡献，人们称他为"日耳曼民族的第一位教师（primus praeceptor Germaniae）"。

拉班·莫尔的主要贡献，是通过教会教育事业，在德国普及和推广拉丁文化。他的代表作是由 22 本书组成的《百科全书》（*De universo libri XXII*）；他的这套《百科全书》又称为《论事物的性质和语词的特点以及事物的神秘意义》。这套百科全书不论就内容或形式而言，都深受伊西多尔（Isidore，560 - 636）和奥古斯丁（Augustinus，354 - 430）的思想影响。

拉班·莫尔在他的百科全书中说，名词的词源学有助于认识该词所表达的事物的性质。在他看来，最重要的事情，是从语词的词源学研究中，引申出道德的和神秘的教育意义。在这里，可以集中地看出，奥古斯丁关于知识的概念的极端有限性；因为如果从语词的意义分析中，可以认识事物的性质的话，那么，人们就没有必要再进一步去研究自然存在的对象及其规律。

拉班·莫尔对于德国文化与德国哲学的发展所做出的贡献，使他受到中世纪学术界的充分肯定。但丁（Dante Alighieri，1265 - 1321）的《神曲》为此把拉班·莫尔、圣波那文图拉（Sanctus Bonaventura，1217 - 1274）及约阿希姆·德·弗洛尔（Joachcin de Flore，1135 - 1202）一起，恭为圣者而并列坐在天堂上。

在拉班·莫尔领导的富尔达修道院中，培养出一批对德国中世纪文化发展产生深刻影响的思想家，后人把这批由拉班·莫尔培养出来的思想家称为富尔达学派（Fulda Schule）。富尔达学派的主要成员包括康迪德（Candidus Fuldensis，原德语名字 Brun Candidus，或 Bruun

Candidus，770/780 – 845)、谢尔瓦德·吕布斯(Servatus Lupus，802 – 862)和哥德斯卡(Godescalc von Orbais，807 – 869，又名 Gottschalk der Sachse)。这些思想家都是多才多艺的智者,例如康迪德即是修道院修士,又是作家、画家、艺术家兼诗人。所以,由富尔达学派所创立的神学理论,包含了丰富的哲学思想,是中世纪德国文化的最重要组成部分。

在拉班·莫尔之后,到了 10 世纪,正当德语发展达到关键时刻,诺德格尔·拉彪(Notker Labeo，950 – 1026)致力于翻译和讲解亚里士多德的著作。他原是瑞士境内圣加尔(Saint Gall)修道院院长。这个修道院在从 8 世纪至 12 世纪的几百年中,一直是德意志南部、瑞士德语地区及奥地利的一个文化中枢。诺德格尔·拉彪又名诺德格尔三世(Notker III),由于他对发展德语和翻译亚里士多德著作的特殊贡献,也被人们称为"德国的诺德格尔"(Notker der Deutsche)①。他在德国思想和文化史上,是路德之前第一位创造性地翻译亚里士多德的德国思想家和文人,他对亚里士多德的著作《范畴篇》的注释,虽然遵循着奥古斯丁的教父哲学的路线,但对在德国传播希腊和罗马文化仍然起着重要作用。

到了 12 世纪,一位原籍德国萨克森地区的思想家,雨果·冯·圣维克多,对在德国进一步传播亚里士多德的逻辑思想,作出了重要贡献。由于他既是神学家,又是数学家、物理学家及美学家,所以,自从他于 1125 年担任圣维克多神学院院长之后,他在德法边界地区全面地复兴了科学和神学研究,以致人们称他为"新奥古斯丁"。雨果·冯·圣维克多著作丰富,内容涉及神学、几何学、美学和语法等方面。他的主要著作有《论教学》(*Didascalicon*)、《论基督教的圣事》(*De sacrementis christianae*)和《格言集》(*Summa sententiarum*)。

雨果·冯·圣维克多同时也是德国最早的神秘主义思想家。关于他的生平事迹,他自己说过:"我从青少年时代起就过着流亡的生活(Ich war seit meiner frühen Jugen im Exil)。"他不同于同时代的唯名论者阿伯拉尔(Peter Abaelard,1079 - 1142,或译阿贝拉),这位神学家的主要观点在于:世俗科学的繁荣是环绕着宗教科学的发展。因此,他说:"一切自然的技艺,都是为神学服务的。井井有条的初级智能必然导向高级智能。"在他看来,关于自然的技艺,或者说,自然科学,是导向对神的沉思的条件;而对神的沉思的实现,就是在沉思活动本身。他认为,哲学分为四个分支:理论部分、实践部分、力学部分和逻辑部分。理论部分又次分为神学、数学和物理学;实践部分则次分为个人道德、私人道德和公共道德;力学部分次分为纺织、技术、商业、农业、狩猎、医学及戏剧;至于逻辑,则次分为文法及推理术两部分。他还强调,人们首先要学习的,是逻辑和数学。

雨果·冯·圣维克多对"美"的事物也进行了研究。在《对假狄奥尼索斯的天界秩序论的说明》(*Commentariorum in Hierarchian caelestem S. Dionysii Aeropagitae libri X*)中,雨果·冯·圣维克多认为,哲学所探讨的美(Schönheit),是根据不同存在物的同一性及差异性来鉴别的;但从神学的角度来看,美却依据它同其创造者的多重性质及其等级来鉴别。雨果·冯·圣维克多还从新柏拉图主义的"光"的概念,说明"美"的形而上学基础。

12 世纪还有奥托·冯·弗莱辛(Otto von Freising,1112 - 1158),他不仅在德国传播了亚里士多德的完整的逻辑学,而且创建了富有特色的历史哲学体系。他的《关于两个城邦的历史》(*Historia de duabus civitatibus*)是德国中世纪时代最杰出的历史哲学著作。同时,由于他同奥地利的康拉德三世(Konrad III of Germany,1093 - 1152)及腓特烈一世(Frederich Barbarosa,1122 - 1190)有密切的个人关系,使他有良好的条件,深入地研究了政治问题,从而也使他成为当时较有成果的政治哲学家之一。

第三节　大阿尔伯特

大阿尔伯特(Albertus Magnus,1193-1280,又称阿尔伯特)是一位精通神学和自然科学的哲学家,同时也是法学家。这位出生于德国西南部巴伐利亚州施瓦本地区劳英根市(Lauingen)一个富有贵族家庭的学者,分别在斯特拉斯堡和科隆从事教学活动。他很喜爱自然科学,特别对动物学的研究感兴趣。他在哲学教学方面,致力于把亚里士多德的哲学通俗化。由于他的博学,当时被人们尊称为"渊博的博士"(Doctor universalis)。

为了建立一种新型的基督教化的亚里士多德主义,他试图用亚里士多德哲学突破烦琐哲学的体系。他认为,柏拉图的哲学,特别是新柏拉图主义,并非不能与亚里士多德主义相调和。为了充实基督教的形而上学理论,大阿尔伯特决心研究亚里士多德哲学。

大阿尔伯特在少年时代受到了良好的教育之后,升入当时非常有声望的意大利帕多瓦(Padua)大学,并于1223年在那里加入了多明我教团,受教于该教团首领约尔丹·冯·萨克森(Jordan von Sachen)。大阿尔伯特完成在帕多瓦的学业之后,曾先后在帕多瓦、博洛尼亚、科隆、弗尔德斯海姆、雷根斯堡、斯特拉斯堡等地教学。

1241年对他来说是关键的一年,因为他在这一年被派往巴黎神学院进行研究。正是在那里,他熟练地掌握了从阿拉伯文和古希腊文翻译亚里士多德著作的本领。在那个时候,欧洲人基本上是通过阿拉伯文献了解亚里士多德的希腊文原著。应该说,大阿尔伯特就是当时最有声望的亚里士多德文献的翻译者和诠释者。

大阿尔伯特一边在巴黎神学院研究神学，一边在圣雅各学院（College of Saint James）任教，讲授《圣经》和由当时的巴黎大主教彼得·隆巴德（Peter Lombard，1110－1160）所撰写的《格言集》（*Sententiarum libri quatuor*）。大阿尔伯特于1245年获得巴黎神学院硕士学位。然后，他在巴黎大学神学院任教，讲授自然科学、逻辑、修辞学、数学、天文学、伦理学、经济学、政治学和形而上学，而他所接纳的第一位学生就是托马斯·阿奎那（Thomas Aquinas，1225－1274）。

从那以后，大阿尔伯特致力于著述，特别是诠释亚里士多德的著作，并主张靠观察和研究，创造性地诠释自然事物。他说，所谓"试验"就是"观察、描述和分类"；而自然科学的目的，并不是单纯接受其他人的判断，而是探索自然中所发生事物的原因（《论矿物学》［*De Mineralibus*］）。我们不能低估他的这种新颖的观点的重要性，因为在那个时代，大多数人都认为一切知识都是来自神和《圣经》，像大阿尔伯特那样，强调科学研究的重要性，是很稀有的。大阿尔伯特还说："在研究自然时，我们不应该只是探讨作为造物主的神如何凭借他的自由意志和奇迹的力量显示他的威力，而是要更注重于探究自然究竟是如何根据它内在的原因而实现。"②

1248年，大阿尔伯特离开巴黎前往科隆创立多明我教团的大学，同时继续从事著述，特别是与他的学生托马斯·阿奎那一起，进行研究工作。托马斯·阿奎那于1274年去世后，当教会内部有人告发阿奎那讲授有利于非基督教的古希腊和阿拉伯学者的观点时，已经白发苍苍的大阿尔伯特仍然据理力争为阿奎那辩护。

后来在德国继续复兴亚里士多德主义的思想家，还有鲁道夫·阿格里格拉（Rudolf Agricola，拉丁原名 Rodolphus Agricola，1444/

1443？ –1485）。这位出生于格罗宁根（Groningen）的哲学家，是欧洲早期著名的人文思想家之一，同时也是作家兼博学的学者，逝世于海德堡。他是一位教士的儿子，先后在爱尔福特和科隆学习拉丁文。他的主要贡献就是强调有教养的优雅语言使用技巧高于诡辩式的论证，要求使神学的论述投合活人的浪漫的想象（Rudolf Agricola，*De inventione dialectica libri tres*. 1520）。

值得注意的是，大阿尔伯特始终献身于传播亚里士多德学说，但他并不认为亚里士多德是绝对正确的。他说："如果说亚里士多德是一个神，当然可以认为他不会有错误；但如果把他当成一个人，那他就像我们一样也会有错。"《神学大全》（*Summa Theologiae*）中专设一章名为《亚里士多德的错误》。

大阿尔伯特还在数学方面做出了重要贡献。同时，他也深入地探讨了天文学，提出了关于日食和月食的很有趣的假设。大阿尔伯特调和亚里士多德哲学和新柏拉图主义的倾向，很快同西里西亚地区的自然哲学家维德罗（Witelo，1220/1230 – 1275）和德蒂里希·冯·弗赖贝格（Dietrich von Freiberg，1250 – 1310）的新柏拉图主义思潮相会合，终于掀起了德国哲学界对富有神秘主义色彩的新柏拉图主义的狂热。

第四节　埃 克 哈 特

渴望突破传统神秘主义精神羁绊的最初尝试，终于在约翰·埃克哈特（Johann Eckhart，又译爱克哈特，一般称之 Meister Eckhart 意为"埃克哈特大师"，有时也称 Eckhart von Hochheim，1260 – 1327）的著作中表现出来。著名哲学史家策勒认为，埃克哈特的思想是"德国哲学的一种最初尝试，是德国精神的严谨性的首次表现"。《欧洲思想史》的作者弗里德里希·希尔也把埃克哈特等人的思想称为"欧洲范围内的首次德意志运动（die Erste deutsche Bewegung im europäischen Raum）。[④]"

埃克哈特出生于图林根州（Thüringen）的哥达附近的赫希海姆（Hochheim bei Gotha）的一个骑士家庭，所以，德国人也称之为"赫希海姆的埃克哈特"（Eckhart von Hochheim）。他曾在斯特拉斯堡和科隆研究神学。1300 至 1303 年，他被派往巴黎，在巴黎神学院获得巴黎神学院的"神学大师"称号，并从一位多明我教团的修道士变为教会法官（Magistrat）。此后，人们称他为"埃克哈特大师"（Meister Eckart）。埃克哈特在法国和德国之间游学、研究和活动，使他不论在他生活的时代还是在西方思想史上，都受到法国和德国学术界同样的尊重和爱戴。然而，就其思想而言，由于埃克哈特在神学思考上的某些独创性，使他多次被包括科隆大主教在内的教内保守势力的攻击，并试图将他列入"异教徒"的名单中。埃克哈特大师约于 1328 年逝世于法国的阿维尼翁（Avignon），那里曾是教皇的重要行宫。

关于埃克哈特的著作，至今还未全部发现，只是在 1498 年，才在当时由卡舍鲁恩（Kachelouen）所主编、并在莱比锡出版的《陶勒誓词》（*Sermon de Tauler*）中，初次发现了他的著作的一小部分。1857 年，由弗伦茨·普法伊费尔（Franz Pfeiffer，1815－1868）所主编、出版于斯图加特的《德国神秘主义者》（*Deutsche Mystiker*），发表了埃克哈特的大量文献。在这之后，弗伦茨·姚施特茨（Franz Jostes，1858－1925）在 1895 年出版了《埃克哈特大师及其未发表的德国神秘主义文献》（*Meister Eckhart und seine Junger，ungedruckte Texte zur Geschichte der deutschen Mystik*）一书，进一步增添了埃克哈特的许多鲜为人知的著作，但其中有相当大的资料是有待证实的。1880 年至 1886 年，德尼夫勒（H. Denifle）在爱尔福特等地发现了埃克哈特的两篇拉丁文草稿；关于这两篇草稿，尼古拉·冯·库萨和约翰尼斯·特里特米乌斯（Johannes Trithemius，1462－1516）都曾经提起过。但这部著作仅仅是埃克哈特的更大著作《三部曲》（*Opus tripartitum*）的一小部分罢了。

埃克哈特的著作对《圣经》进行了全面的诠释和注解，是研究他那个时代的神学的最好参考书。◎埃克哈特对上帝所做的诠释是基于他对人的关爱。他说，人的最大需要就是使他自身的灵魂与上帝联系在一起，因为只有这种对上帝以及"人同上帝的关系"的知识，只有"关于灵魂以及人的灵魂所必须遵循的必由之路的知识"，才能拯救人及其生存。人固然可以通过教会接受神的知识，但对于渴望获得拯救的人来说，这是不够的，还必须靠他自身的认识才能达到自身的获救。显然，埃克哈特的某些观点是同当时传统的教会立场有很大差距的。

埃克哈特最著名的箴言就是"未经沉思的理性是不完备的（Vernunft ohne Kontemplation ist nicht vollendet）"。在他的《巴黎探究》（*Pariser Quaestio*）中，埃克哈特把"认识"（intellegere）置于很高的地位，并由此"对上帝的认识与存在的关系"提出一系列问题（die Frage nach dem Verhältnis von Erkennen und Sein in Gott）。埃克哈特说，《圣经·约翰福音》指出："太初有道"（Im Anfang war das Wort）；当时，世界之所以存在，就是靠认识能力。认识能力是一种最原初的创造活动（die ursprüngliche Aktivität），只有靠认识活动才能把握存在。但是，认识并不能靠其自身进行创造；认识只能靠上帝，才能存在。

埃克哈特认为，上帝并"没有存在"（Gott nicht Sein hat），上帝并不像他所创造的存在物（das geschaffene Seiende）那样存在；但是，上帝是存在，一切存在物都是在上帝的存在中存在。

由于神是绝对的、非自然的存在，所以，神具有"非自然的性质"。但是，神的非自然的性质却显示为人们可以理解的"自然性"，即它表现为三个位格。神的三位格是神性的自我显示。神通过它的三位格而完成它的自我构成。神的伟大恰恰就表现为它的自我产生、自我构成和自我显示。

埃克哈特还指出：神性的绝对性、神的三位一体以及神创造世界，是神的三大相互关联、又不证自明的特性；它们尽管在概念上相互关联，但并不意味着在时间上有先后。

埃克哈特竭力主张在人性内部培养和发扬"神性"。他认为，神性是完全不同于一般的人格；它是一种"绝对的存在"，不以其所处的位置或方式而改变。因此，神性不是像有限的存在那样，人们根本不应该以具体的存在的观点去观察。但神性并不因此而等同于单纯的否定或虚无。恰恰相反，只有"有限的具体存在"才是否定，而神性作为对有限的存在的否定，它是一种"否定的否定"，是存在的一种绝对的充实。有限的存在只能通过对神性的关照，才能逐渐地体验到神性的部分性质，并因此而逐步地向神性靠拢。埃克哈特反对像狄奥尼索斯（Dionysus）那样简单地否定神的存在，也不同意像狄奥尼索斯那样把神性归结为单纯的"无"；埃克哈特认为，神性只能是一种"不存在"，但这只是意味着：神性不具有像有限的存在的那种类型的"存在"。所以，对于埃克哈特关于神及神性的观点，不能单纯停留在他的表面的词句上的相互矛盾的说法，而是必须更深入地了解神性本身的复杂性。

埃克哈特在伦理思想方面，极端关切人性的修养，他告诫世人要竭力使自己的心变得更纯洁和更高尚。他认为，对人来说，保持自己内心的纯真，要使自己时时向往神；人心的纯洁不是靠反思，而是来自人性本身的内在本质。所以，他不重视教会所强调的宗教礼仪，反对把教徒对神父的忏悔当成修养的途径。他认为，外在的表面形式，只是具有非常有限的价值，对人心的纯洁化过程，并不重要。对人来说，最重要的，是要使内心向往神。

但埃克哈特的思想仍然深受托马斯·阿奎那和新柏拉图主义的影响，只不过埃克哈特把思索的注意力转向"存在"。在他的著作《三部曲》（*Opus tripartitum*，1314－1328）和《论超脱》（*Von Abegescheidenheit*，1325－1326)中，他所探讨的"存在"，不再是一般的、抽象的"存在"，而是"真正的存在"。他认为，具体的时间和空间，只是原初的和基本的实在，即"永恒的存在"的现象。"神性"（Grunt)，作为存在的基础，是不可把握和不可表达的——它本身就是"一切"，就是"无"。现实中的一切具体现象，并不是神性，真正的神性是不可捉摸的，是纯粹的"无"。在这个意义上说，神性即使对它自身也是不可知的。就是在这种捉摸不到的"无限"中，三位一体的"上帝"从事一种超时空的"漫射"或所谓"流溢"，创造了宇宙万物。然而，如果上帝不在创造世界的活动中表现自己的话，它本身也就无从发现自己。因此，被创造的万物也就构成了上帝的生活和发展的一个组成因素。埃克哈特认为，"上帝需要通过我们，就像我们需要通过它一样"。上帝诚然只能通过其创世活动而沟通其本身，但是，作为"绝对"的上帝仍是"一切"的本质。埃克哈特说，"上帝就是一切事物""一切事物都在上帝之中，都是上帝本身"。他甚至说："存在就是上帝。"上帝之内在于一切被创造之物，乃是上帝普遍存在的表现。然而，上帝的内在性，尤其突出地表现在人的灵魂之中。人的灵魂，作为理性，承受一切被创造的事物；因此，人的灵魂也同样可以被理解为"一切"。埃克哈特说："上帝和那深深地为它所把握的灵魂是相同一的。"

这样一来，灵魂永远都不能存在于"绝对"之外，但它能意识到它自身是否同上帝相联系,是否浸沉在神的行动中。如果灵魂毫无迟疑地沉湎于上帝之中,在灵魂中便出现第二个上帝;灵魂也就变成强有力的"基督"。因此,在埃克哈特看来,"《圣经》所讲的有关基督的一切事情,也同样适用于一切善良的和有神性的人"。另一方面,人的灵魂只有当它超脱出平凡的事物,超脱出它本身作为被割离的个体性的时候,才能产生"圣言"(das Wort;The Word)。埃克哈特在向上帝宣誓时,反复地说:"彻底地使自己一无所有"——即是说:要消除一切欲望和欲念;甚至连成为"永恒"和成为"上帝"的欲念也不应该有。只有这样,使自己的灵魂变成完全纯洁和空无一物,才能达到神性。一切欲念和愿望,哪怕是想实现上帝的意志的那种愿望,都应该从灵魂中清除出去。托付给上帝的灵魂是实现神性的首要条件;灵魂同上帝契合的程度越高,它的神性就越多,甚至最后可以达到同上帝一样的程度。因此,人的完满性取决于人的灵魂向上帝靠拢的程度,人的神性绝不是取决于灵魂之外的其他活动。埃克哈特说:"上帝所爱的是灵魂,而不是外在的活动。"

由此看来,埃克哈特虽然强调了上帝的超验性,并三令五申被创造出来的事物的本质是同上帝有区别的;但他的理论有时很接近泛神论(Pantheismus;Pantheism)。埃克哈特的某些阐述,如同以后赞颂他为"思辨的英雄"的黑格尔一样,使人认为:他把有限的事物看作神的生命的一个构成因素。埃克哈特的这些思想,对德国的泛神论的发展产生了启示作用。

在他的影响下,德国的泛神论强调,上帝是依据神性而产生的;上帝以有限的事物为"绝对"的实现创造条件。

关于埃克哈特的哲学思想,19 世纪下半叶德国著名的哲学史家拉松(Adolf Lasson,1832 – 1917)在他的专门论述埃克哈特的著作《神秘主义者埃克哈特：论德国宗教思辨的历史》中，做了详细的说明和分析。⑤

总结起来说，埃克哈特的中心思想是：上帝，为了使自己从纯粹本质状态的混沌不清形象中变成为一个现实的、活生生的全能的神，必须漫射和领悟自己，也就是说，"上帝必须表白它自己，并说出其圣言"。

埃克哈特的思想，后来为他的学生约翰·陶勒（Johannes Tauler，1300－1361）和海因里希·苏索（Heinrich Suso，1295－1366）所继承和发扬。

陶勒的宗教理论和实践活动，大部分是在瑞士的巴塞尔进行的。在那里，他和一位多明我教团之外的神秘派分子尼古拉·冯·巴塞尔（Nicolaus von Basel）一起创建了"上帝之友"（Gottesfreunde；Amis de Dieu）的神秘主义组织，并在该组织中渲染"上帝的意志"的决定性作用。⑦陶勒的论文《论遵循基督的贫穷生活》表明：他宁愿在生活中彻底贯彻埃克哈特关于"人人可以成为基督"的观点。⑧由于陶勒所处的时代仍然主要以拉丁文著述，所以，陶勒的主要著作多数仍然以法文发表。他的主要著作有《陶勒誓词》。1911 至 1913 年，巴黎出版了《陶勒全集》八大卷（Oeuvres complètes de Jean Tauler，I－VIII）；1924 年至 1929 年，巴黎出版了陶勒的著作集《陶勒誓言及其他神秘主义文集》（Sermon de Tauler et autres écrits mystiques，I－II）。陶勒著作的德文译本一直到 1967 年才正式出版。⑨

由于陶勒的更加接近世俗生活的言行，马丁·路德给他很高的评价。马丁·路德于 1518 年出版的《德国神学》（Deutsche Theologie），有相当大的篇幅选录了埃克哈特及其学生陶勒等人的著作。陶勒的这种神秘主义思想还影响了叔本华。

陶勒的朋友海因里希·苏索出生于博登湖畔的于伯林根。为了纪念他的虔诚的母亲,他取用了母亲的姓"Süss"("苏索"就是它的拉丁化)。他加入多明我教团后,致力于宣扬埃克哈特的思想,并以"爱"为核心,强调一种具有神秘主义色彩的自爱、爱神、爱人和爱自然的生活态度。他反对当时流行的泛神主义(Pantheismus),主张通过在自身中与上帝的对话,发现自身精神内部的创造精神。他认为,上帝是最伟大的创造者,但我们自身作为上帝的创造物,只要能够进行与上帝的对话,也可以分享上帝的创造精神,使我们成为创造的一个源泉。他的主要著作是《自传》(Leben)。但这本书很可能也是当时或以后的神秘主义者杜撰出来的;或者,也可能是掺杂着神秘主义者的某些伪造内容。他的《著作集》也是用法文写的,后来于 1907 年翻译成德文出版。还有一本书名为《九岩》的著作,据说也是他的作品,但人们往往把它归于斯特拉斯堡作家鲁尔曼·米尔斯温(Rulman Merswin, 1307 - 1382)。值得注意的是,苏索已经开始力图以德语撰写草稿,然后再由他自己译成拉丁文发表。这就表明,他已经对当时通行的教会原则感到某种程度的不耐烦,试图突破教会关于使用拉丁文的规矩,以便自由地使用本民族的母语进行和表达思想。③

第五节 尼古拉·冯·库萨

15 世纪德国最著名的思想家,是尼古拉·冯·库萨(Nikolaus Cusanus, Nikolaus von Kues, Nicolaus de Cusa, 1401 - 1464)。他是柏拉图主义者,又是神秘主义者;既是数学家、天文学家,又是法学家;既是自然科学家,又是坚持和平的社会活动家。在他的最主要著作《论渊博的无知性》(De Docta Ignorantia)中,我们可以发现埃克哈特关于上帝的观念的痕迹。另外,尼古拉·冯·库萨既是一位天才教会管理家和红衣主教,也是重要的教会改革家,一生致力于统一罗马教会,试图努力边改革、边统一一巩固整个教会,实现他自己梦寐以求的统一大教会的理想。他生活与创作之年,正是欧洲处于从中世纪末期过渡到近代初期的历史阶段,所以,可以说他是德国文艺复兴人文主义思想的集大成者,又是导向近代早期思想变革的重要启蒙者。他的个人学术才华,使他不停地撰写大量拉丁文本的讲道录、神学论著、《圣经》普及课程、数学著作及哲学著作等。

他是一位新柏拉图主义者,与古希腊哲学家狄奥尼修斯·阿列奥巴基达(Dionysius Areopagita,公元 5 世纪左右,人们习惯称之为"伪德尼斯"[Pseudo-Denys]或"伪狄奥尼修斯")、早期新柏拉图主义者普罗克鲁斯(Proclus,412 - 485)以及 9 世纪拉丁神学家埃里金纳(Joannes Scotus Erigena,810 - 870)的基本思想有某些相似之处。他最初在荷兰的代芬特尔市(Deventer)"世俗兄弟会"读书;接着,他到意大利的帕多瓦攻读法律。他有很渊博的学识,又具备灵活深邃的思维能力,善于在哲学、神学、自然科学的跨学科思维中进行独特的思想创新。我们将在下面所分析的基本著作中看到,尼古拉·冯·库萨的创造性思想,往往是立足于神学和自然科学,特别是数学思维的基础上的。就其思想根源来说,除了上述狄奥尼修斯-阿列奥巴基达、普罗克鲁斯和埃里金纳之外,尼古拉·冯·库萨一方面还深受埃克哈特的神秘主义的影响,另一方面又发展了由威廉·冯·奥卡姆(Wilhelm von Ockham,1300 - 1347)所奠定的唯名论(Nominalismus),并系统总结了欧洲文艺复兴时期自然科学,特别是数学和天文学的优秀成果和思维模式以及方法论。因此,严格地说,尼古拉·冯·库萨确实进一步推动了当时已经慢慢形成的人文主义思想,使从他之后的经院哲学,含有越来越多的人文主义和自然科学思想的因素,也使已经成长的文艺复兴思想获得更坚实的思想基础，并直接地推动了即将全面展开的宗教改革运动。

而且，尼古拉·冯·库萨也是第一位试图以德意志民族的思想代言人的身份进行创作的思想家。他在《论渊博的无知性》（*De Docta Ignorantia*）一书的序言（即附在书前的"致朱利安红衣主教的信"）中，公开声言他是一位"大胆""探索惊异的主题""旨在促使理智能够通过研究真理而趋于完善""渴求知识"，并试图"对无知进行启蒙"的"日耳曼人"。③

尼古拉·冯·库萨通过他的主要著作《论渊博的无知性》，论证了哲学作为各种知识的外围或环绕条件的极端重要性。哲学从古以来就是对于智慧的无止境的探索。尼古拉·冯·库萨强调：人只有以坚持不懈的"惊异"态度和精神，具备一种"对于无知的智慧"，一种"渊博的无知性"，才有可能不断地推动自己朝向真理的道路。

尼古拉·冯·库萨出生于德国摩泽尔河谷的贝恩卡斯特尔-库斯（Bernkastel-Kues）。他原名克劳斯·克列勃兹（Klaus Krebs）。他的故乡由于接近资本主义商业的荷兰和思想开放的法国，比德国其他地区更早接受了人文主义思想。他的父亲约翰·克列勃兹（Johann Krebs）本是很富有的商人和船主，在特里尔选帝侯领地（Kurfürstentum Trier）的范围内享有很高的声誉。父系亲属源于克里夫斯（Cryfts，Krieffts oder Krevers）家族。尼古拉·冯·库萨自幼受教于严谨的修道会，远离家庭到荷兰的代芬特尔市学习教义和经典。

尼古拉·冯·库萨于 1416 年入海德堡大学文学院（Artistenfakultät）攻读数学和神学。后来，他于 1417 年转入帕多瓦大学（Universität von Padua），攻读教会法和《圣经》，专长于《圣经》中的教规和法典的研究，并于 1423 年取得博士学位。正是在他于意大利帕多瓦研读期间，尼古拉·冯·库萨结识了一些人文主义者，一起探讨了有关人文主义的许多课题,对他日后的思想发展产生巨大的影响。返回家乡之后,他担任特里尔的红衣主教朱利安的助手,并同时在科隆大学哲学系和神学系继续深造。其间,尼古拉·冯·库萨艰苦地钻研于科隆教会的深严而丰富的图书馆内,发现了大量有关德国以外的学术档案资料,特别是法国的思想家和罗马系统法学的珍贵资料,对他有很大的启发。他还阅读了伪狄奥尼修斯、大阿尔伯特以及西班牙加泰罗尼亚地区诗人兼思想家卢禄(Raimundus Lullus,1232/1233-1316)的著作,使他迅速地成为通晓希腊罗马和文艺复兴思想的青年哲学家。1428 年,尼古拉·冯·库萨前往当时作为欧洲思想文化中心的巴黎,更深入地钻研人文科学和自然科学及法学。

此后不久,他就在罗马教廷内担任教皇的法律顾问,接着于 1448 年被教皇尼古拉五世(Pope Nicholas V)任命为红衣主教,1450 年任布里克森的主教。他曾经于 1433 至 1434 年间向教廷提出过著名的《天主教和谐论》(De concordantia catholica)的选举法改革方案,主张对罗马帝国范围内各国国王,甚至各级教士的选录办法进行改革,寻求以正当的法制系统改造天主教体制的道路。这表明他不只是热衷于知识真理的追求,而且也很关心天主教教会的统一和社会的改革,期望革除社会和政治弊病。虽然他的这种改革愿望并未能实现,但它毕竟表现了这位思想家的政治理想。后来,尼古拉·冯·库萨很快又受到奥地利大公爵西吉斯蒙德(Duke Sigismund of Austria)的迫害,身陷囹圄;尽管教皇尤金四世(Pope Eugene IV)有意帮帮助尼古拉·冯·库萨,但他始终都未能恢复他的主教职务。1464 年 8 月 11 日,尼古拉·冯·库萨在为罗马教会改革事业的奔忙中,逝世于翁布里亚地区的小城堡托迪(Todi in Umbria)。

尼古拉·冯·库萨经常被人们认为是一位神秘主义者,因为他对基督教教义,特别是基督教关于神的三位一体理论,给予了新的诠释。[3]其实,他是试图根据时代的发展,结合当时的科学研究成果,对基督教教义进行新的说明。他对数学的强烈兴趣和爱好,使他像古代的毕达哥拉斯(Pythagoras,570-510 B.C.)那样,试图将数学的基本数字单位神秘化。他还在很大程度上效仿新柏拉图主义者,把毕达哥拉斯的数学神秘主义同基督教神学结合起来,尝试用数学的神秘结合方式,例如关于"三位一体"所隐含的奇妙数字关系,来说明世界的一切复杂事物。尽管如此,他始终都未被列入异教论者的圈子内。

尼古拉·冯·库萨著作等身,论述之面极为广泛,其探索目光所照射之处,无不闪烁出炫耀的智慧光芒。为了全面研究尼古拉·冯·库萨的思想,海德堡科学院自 1932 年以来,已经编辑出版《尼古拉·冯·库萨全集》共 20 卷,其中第一卷就是《论渊博的无知性》[4],第 20 卷是《数学手稿》[5]。

他的主要著作《论渊博的无知性》完成于 1440 年,并于 1488 年正式出版。他的这本代表作,是在前往拜占庭的航海途中受到启发的。当他瞭望无边无际的大海时,他联想到人的智慧之光与无限的知识海洋之间的关系。于是,他发挥了此前前往威尼斯时期所受到的拜占庭学派的思想影响,深入地思考了人的智性、世界和神的关系,并很注重人在思考中所运用的方法问题的重要性。在上述著作的基础上,尼古拉·冯·库萨发表《论关联》(De conniecturis),进一步阐明了他的宇宙论、认识论和方法论的统一性。所以,后人往往把上述两本著作看成一个整体,并构成他的哲学思想的代表作。

此外,尼古拉·冯·库萨还在 1442 年撰写《论猜测》(De conjecturis),提出了具有相互和谐功能的、并带有神秘色彩的单子论,因此在某种意义上说,他成为莱布尼茨(Gottfried Leibniz,1646-1716)的启蒙者。这部著作,如同《论渊博的无知性》,建立在严格的数学方法和模式的基础上,试图探究真理的"难以达到的单一性"。尼古拉·冯·库萨应用了毕达哥拉斯式的数学符号和象征,强调指出人的猜测性思维模式。他说,人不同于神的地方,就在于人只能运用猜测手段去接近真理,而神则无须猜测就可以达到与真理的完满契合。

1450 年,尼古拉·冯·库萨完成《关于智慧的门外汉》(*Idiota de sapientia*;*Der Laie über die Weisheit*)两卷集和《关于精神的门外汉》(*Idiota de mente*;*Der Laie über den Geist*)。这部由对话形式构成的作品,既类似于苏格拉底的对话录,又很接近于后来出版的笛卡尔的陈述方式。尼古拉·冯·库萨把思想比喻成"量规":它作为量规并没有固定的大小,但它却完全可以按照各种确定的尺寸而相适应地发生变化。思想就是这样根据精神性的手段,把多种多样的不同对象,导引到理性的范围,促使多样性转变成统一性。

1453 年,尼古拉·冯·库萨写成《神的眼光》(*De visione dei*)和《信仰的和平》(*De pace fidei*);1460 年,发表《论能在》(*Trialogus de possest*;*Über das Können-Sein*)。1462 年,尼古拉·冯·库萨发表《思想家指南》(*Directio speculantis seu de li non-aliud*)。在这本书中,尼古拉·冯·库萨试图指引一切愿意思考原则的"他者"。晚年,尼古拉·冯·库萨撰写了《论观看的顶峰:观察的最高阶段》(*De apice theoriae*;*Vom Gipfel der Schau. Die höchste Stufe der Betrachtung*)。尼古拉·冯·库萨的著作丰富,经过长期整理,终于在 1964 年至 1967 年出版了德文与拉丁文对照的尼古拉·冯·库萨的《哲学神学文集》三卷本。⑧

尼古拉·冯·库萨继承了新柏拉图主义、文艺复兴人文主义思想和古希腊罗马的具有无神论倾向的泛神论思想,认为上帝是一切事物的"内容",因为它包含了一切,并由它自身展示一切。因此,没有上帝,就不会有任何知识。上帝以一种有限的和具体的方式存在于一切事物之中。对于上帝来说，无所谓矛盾；它并不同"非存在"相对立。因此，它既存在，又不存在。与其说它接近于"某种数量"（aliquid），不如说它更接近于"无"（nihil）。它是一切事物中之最大者，因为它包容一切；但它同时又是一切事物中之最小者，因为它是在一切事物之中。尼古拉·冯·库萨还论证，在上帝那里，对立面是同时存在的，而且又是相互协调一致的。在上帝那里，也不存在"能在"（koennen）和"存在"（sein）的区分。所以，上帝也可以称为"可以存在同存在相等同的那种事物"。德国著名哲学史家恩斯特·冯·阿斯特尔（Ernst von Aster）在其著作中说：尼古拉·冯·库萨在他的用词中称上帝为"能在等同于存在"（"koennen＝sein"）⑦。

上帝是无限的，即是说，它是无限的大和无限的小。显然，尼古拉·冯·库萨已经很熟练地试图运用古希腊罗马的辩证法，并把它同文艺复兴时期的自然科学，特别是数学的方法结合起来，力求说明神、宇宙和世界的无限性以及人的知识能力的关系。

尼古拉·冯·库萨认为，神是唯一的、绝对的无限，而宇宙，作为神的创造物，则是相对的无限，充其量也只是神的绝对的、无限的缩影和象征。但是，在绝对的无限、相对的无限和局部及有限之间，始终存在某种辩证法。也就是说，它们之间是矛盾的，又是统一的；既是一，又是多。尼古拉·冯·库萨在他的《论渊博的无知性》的第四章论证道："极大与极小是统一的。"他说："事实上，极小同极大一样也是最高级的。因此，极大与极小可以同等地用来表述绝对的量，因为在绝对的量上，它们是相同的。"

人只是世界的一部分，而人的认识能力具备有限和不断创造的双重特点。因此，人的认识是可以趋近于无限的世界，只要我们完成从有限事物到无限事物的过渡。在这里，尼古拉·冯·库萨使用了数学关于有限和无限的关系的例子,说明了上帝的可知性。提升到上帝的程度,认识上帝作为最内在的本质和绝对的最高的存在,是一切知识的最终目标,然而,这个目标只有在一种否定的神学中才能达到。尼古拉·冯·库萨认为,正是那个"对于无知的智慧",才是我们的可能的认识所要达到的最高形式。

上帝是实际的无限性(die aktuelle Unendlichkeit),而现实世界则不是真正的无限性。世界只是一种"无止境"(endlos),恰巧是由于世界的"无止境性",才反过来证实了它的源头是那个"绝对的无限性",即上帝。在谈到上帝时,尼古拉·冯·库萨借用伪狄奥尼修斯的话,"既然上帝是极大,他就既不是这个,也不是那个,既不在某一处,又不在另一处;由于上帝是一切事物,所以他不是这些事物中的任何一个"。正是由此出发,尼古拉·冯·库萨同意伪狄奥尼修斯的结论,认为上帝是一切事物的唯一完整原因,因此,他不可能被限定在任何形式中。"上帝是如此无限地高于一切,不依赖于一切;而一切压制对于他来说,都是不发生作用的。""上帝是人们所知道的,但是任何头脑和智力都无法真正地理解他。"

世界是一种有限的无限性(eine endliche Unendlichkeit)或者是一种被创造出来的"上帝"(eine geschaffener Gott)。在这里,尼古拉·冯·库萨又一次借用数学来论证关于上帝的理论。这种论证方法为斯宾诺莎提供了最好的先例榜样。

上帝的真正存在是无法通过其自身表现出来的。因此,它在实际上使存在的事物、使人的精神和使"一"和"一切",都同时地超验化。上帝乃是一种"寂静无声的荒野",是"不可测的深渊"、是"虚无"本身。为了认识它,我们自己首先必须是"无知"的。但是,这种"无知"同时又是最积极形式的"有知",因为人的思想是可以认识现实的世界的。

通过认识这个作为"无止境的无限"的世界，人的思想可以同上帝相沟通。世界是上帝的"分解"（explicatio），而上帝是一切事物的"组合"（complicatio）。关于世界的各种知识，可以使我们认识"不可触及的事物"。由于人的精神受惠于"绝对的无限性"，人的精神也具有向无限性无限追求的倾向；然而，宇宙的无限性，又使人的精神相形之下表现为"无知"，同时地表现为"有限性"和"可完善性"。尼古拉·冯·库萨说："在这个世界上，没有任何一个事物能如此地正确，以致比它自己更正确；没有一个事物能如此地笔直，以致比它自己更直；也没有一个事物能如此真实，以致比它自己更加真实。"因此，无限性，作为永远达不到的事物，乃是促使人类知识不断地进步的本原，也是各个领域的知识的无限性的本原。

尼古拉·冯·库萨的辩证法思想采取了素朴的表达形式，具有明显的神秘主义色彩。在当时的条件下，神秘主义是一种智慧的选择，也是他对抗传统或正统的天主教教义，巧妙地表现独立自主的思想观念的迂回方式。他和同时代的其他有智能的思想家一样，感受到传统思想和方法的压抑，却只能在处于襁褓中的自然科学找到不成熟的思维模式。他在《论渊博的无知性》中说道："一种哲学，如果它想要理解极大的'一'之成为三位一体的必然性，只有通过一种单纯的直觉才能做到，因为想象和理性所提供的帮助，在这里毫无用处。"（参见《论渊博的无知性》第一卷第十章）他又说："上帝的存在，也就是'一'，不是由心智从事物中抽象出来的，它也不是与事物结合在一起，或沉浸在事物之中；因此，事物的复多性怎样从上帝的'一'发展而来，这是超出任何人的理解的。"（参见《论渊博的无知性》第二卷第三章）

尼古拉·冯·库萨明确地认为，"极大是以一种神秘方式，包容了一切事物、并发展一切事物"。

尼古拉·冯·库萨主张宗教的进步和多样化。他认为，既然上帝是隐藏于本质的背后，对于它的信仰和知识就应该是多方面的。宗教不应该求助于自称为"适用于一切人"的贫乏得可怜的"一种所谓合理的手段"，而是应该立足于人的理智的多样性。

尼古拉·冯·库萨往往将他的上述思想建构在数学和自然科学的基础上，以致在他关于上帝无限的思想中也深深地包含了世界无限性的意义。他认为，宇宙本身也是无限的，因此，宇宙并没有固定的中心。

因此，尼古拉·冯·库萨是西方天文学史上第一位否认"地心说"的天文学家和哲学家，因为他在《论渊博的无知性》明确认为，世界绝不是有限的，地球不可能是世界的中心，而且，他还认为，有限的地球是会自行死亡的。他的这种天才论断一直被他的同时代人所忽视，甚至在他逝世后一百多年，人们才意识到他的论断的科学性。

尼古拉·冯·库萨也是对知识论或认识论进行创造性思考的第一位德国哲学家。他认为，人的智慧能力虽然有限，但已经隐含了对未知事物的可能掌握，因为人的精神力量的努力过程，可以将一切未知的事物纳入其将要认识的对象的范围内。尼古拉·冯·库萨的认识论充满自然的辩证法精神。他的《论渊博的无知性》这个书名本身，就是他的辩证的认识论和方法论思想的最典范的表现：由于认识的对象本身是无限的极大，所以真正有智慧的人都很清醒地知道自己只能是无知者。尼古拉·冯·库萨说，人的认识能力同无限对象的关系，就好比"猫头鹰试图观看太阳"那样，"由于我们追求知识的自然欲望不是没有目的的，它的直接对象就是我们自己的无知"。只有使我们自己"充分地实现这种追求知识的自然欲望，我们才会获得渊博的无知。"（参见《论渊博的无知性》第一卷第一章）

人的渊博必须建立在无知的基础上，在渊博和无知之间没有不可逾越的鸿沟,但唯有不断地从有限过渡到无限,从无知渐进到有知,才能保证获取渊博的可能性。其次,尼古拉·冯·库萨自始至终强调:自然科学作为认识的范例,为人的认识活动提供了最理想的认识模式。自然科学中的数学,简练又深刻地体现了认识及其方法的辩证法。《论渊博的无知性》一书在论证认识的有限与无限的关系时,从最简单的线的无限变化的可能性出发,论证了认识、认识对象、认识过程、认识可能性以及认识的实际成果之间的辩证变化。尼古拉·冯·库萨从最简单的直线谈起,具体地说明,无限的线既是直线,又是无限的三角形,也是无限的圆。接着,他论证了"极大与一切事物的关系,可以比之于无限的线与一切线的关系"。他在论证中,还借助于潜在性与现实性的范畴,指明"无限的线"乃是"有限的线中潜在的一切无限的现实化",而"极大本身",又是"一切单纯而绝对的可能性的无限现实化"。

尼古拉·冯·库萨还强调认识过程从感性的阶段发展到理智阶段的必要性和重要性。他说,人的认识只能感受到有限的和有形的事物,但由此出发,人们完全有可能超越感性能力而诉诸理智推论,推断和论证无限事物的存在及其性质。他说:"感性的知识是一种局限性的知识;感性只认识到个体。同感性知识相比较,作为认识一般的理智认识是绝对的,并且是从特殊事物的局限性中抽象出来的。……对人来说,感性的局限性在某种意义上说,是潜在于理智的性质之中,而后者是一种抽象的、并与前者相区分的神圣事物,感性则按照其性质来说继续保持其暂时性和可毁坏性。"(同上,第三卷第四章)

尼古拉·冯·库萨的人文主义思想使他推崇人性的地位和性质,有时甚至把它同当时被圣化的神性联系在一起。他说:"现在,人性被提高得高于上帝的一切创造物之上,而只比天使稍低一点。它在其自身中包含了理智和感性;而正因为在其自身中包含了万物,他才被古人非常合理地称为小宇宙或微观世界。人的这样一种性质，使它被提升到与极大相结合的程度，使它成为宇宙及其中每个个体中最丰富的完满性而得以展现其自身。也正因为这样，在人性中，万物都达到了它们的最高水平。但是，人性除了在个体的有限存在之中以外，无法再有其他实际的存在。……这样的人，无疑既是人、又是神，同样也既是神、又是人；他是万物的完善性，并在万物中占据首位。在他那里，就性质中最小的事物、最大的事物以及两者之间的一切事物，都会在一种与绝对极大相结合的方式而互相结合在一起，从而也在他那里，得以形成万物的完善性；而万物在它们的限制以内，也得以安息于他之中，并把这也等同于安息于它们的完善性之中。这样的人的尺度，也就是天使的尺度，并且是每一个天使的尺度，……就好像圣约翰在他的启示录中所说的那样，因为通过他同那作为万物之绝对实体的绝对者相结合的过程，它就成为每个被造物的普遍缩影化的实体。万物从他那里得到它们限制的开端和终结。由于他是限定以内的极大，万物通过他而从绝对极大走出来，并进入其有限性的存在，同时也由此而又回归到极大。""上帝是万物存在的源泉和原因，他是一切的创造者，而一切也都是为他而造。人类本性便要与创造万物的这个最高的、极大的和绝对的力量结合起来。结果，上帝既然是万物存在的绝对支持力，他自己就会由于这个得来的人性而在那个人类中成为处于限定性中的一切事物。因此，这个人，由于他要借助于同全部存在的最高等自身相结合而自存就要成为上帝的儿子，并成为万物借以被造出来的'道'，即一切存在的等自身本身。"（《论渊博的无知性》第三卷第三章）

其实，尼古拉·冯·库萨也在他的《天主教和谐论》中论证了人的平等性，他认为，人生来是平等和自由的。为此，社会必须依据各个社会成员的同意，制定一种和谐的统治关系和法制体系。正是在这个意义上说,和谐的社会必须建立在自然法的基础上。显然,尼古拉·冯·库萨的人文主义思想也构成了后来的自然法思想的来源之一。

尼古拉·冯·库萨的上述思想,已经包含了宗教改革的萌芽,包含了以现代科学知识成果改善宗教教义的进步愿望,也同样包含了建立一种基于现代科学的新的哲学世界观的意愿。因此,毫不奇怪,许多哲学史家都高度评价尼古拉·冯·库萨的哲学思想,把他看成"德意志思想的最早启蒙者",甚至称之为"德国哲学的真正创始人"。

注释

① F. Heer, *Europeische Geistesgeschichte*, Stuttgart, W. Kohlhammer GmbH, 1965: 27.

② F. Heer, *Europeische Geistesgeschichte*, Stuttgart, W. Kohlhammer GmbH, 1965: 27.

③ G. Schwab, *Gedichte, 1 Band*, Stuttgart und Tübingen, Cotta, 1828: 20.

④ Grimm, *Deutsches Wörterbuch*, Leipzig, 1860, vol. 2, Sp. 1053.

⑤ J. G. Fichte, *Reden an die deutsche Nation*, Berlin, Deutsche Bibliothek, [1807 – 1808]1912: 21.

⑥ J. Fried, *Der Weg in die Geschichte. Die Ursprünge Deutschlands bis 1024*. Propyläen Geschichte Deutschlands 1. Ullstein-Propyläen, Frankfurt am Main-Berlin 1994, bes. S. 144 – 161; S. 262 – 324; S. 808ff; P. L. Butzer, u. a., *Karl der Große und sein Nachwirken. 1200 Jahre Kultur und Wissenschaft in Europa*, 2 Bde., Brepols, turnhout 1997; J. J. Contreni, *Carolingian Learning. Masters and Manuscripts* (Variorum collected Studies Series 363), Aldershot 1992; Englisch, B., *Die Artes liberales im frühen Mittelalter* (5.- 9. Jahrhundert). *Das Quadrivium und der Komputus als Indikatoren für Kontinuität und Erneue rung der exakten Wissenschaften zwischen Antike und Mittelalter*, Sudhofs Archiv Beiheft 33, Stuttgart 1994; A. Borst, *Die karolingische Kalenderreform* (MGH Schriften 46). Hahn, Hannover, 1998; A. Borst, *Der Streit um den karolingischen Kalender*. (MGH Studien und Texte 36), Hahn, Hannover, 2004; E. Patzelt, *Die karolingische Renaissance. Beiträge zur Geschichte der Kultur des frühen Mittelalters*, Österreichischer Schulbuchverlag, Wien 1924, 2. Aufl. Graz 1965;

P. Riché, *Die Welt der Karolinger*, 2. Aufl. Stuttgart 1999; U. Schaefer, (Hrsg.), *Schriftlichkeit im frühen Mittelalter* (ScriptOralia 53). Tübingen 1993.

⑦ Art. *Mystizismus*, in: Rudolf Eisler, *Wörterbuch der philosophischen Begriffe*, 1904.

⑧ Peter Dinzelbacher (Hrsg.), *Wörterbuch der Mystik*, 2. Auflage. Stuttgart, Kröner, 1998; K. Albert, *Einführung in die philosophische Mystik*, Darmstadt, Wissenschaftliche Buchgesellschaft, 1996; B. Borchert, *Mystik. Das Phänomen-Die Geschichte-Neue Wege*. Königstein i. Langewiesche, Ts. 1994; Norman, R. *Rediscovery of Mysticism*. In Gareth Jones (Hrsg.): *The Blackwell Companion to Modern Theology*. Blackwell Publishing 2004: 459ff; Smart, N. *History of Mysticism*. In: *Encyclopedia of Philosophy*, Vol. 6: 441 – 453; P. Dinzelbacher, *Christliche Mystik im Abendland. Ihre Geschichte von den Anfängen bis zum Ende des Mittelalters*, Schöningh, Paderborn u. a. 1994; P. Dinzelbacher, *Deutsche und niederländische Mystik des Mittelalters. Ein Studienbuch*. Berlin/Boston, De Gruyter, 2012.

⑨ William G. Barnard, Jeffrey J. Kripal, eds., *Crossing Boundaries: Essays on the Ethical Status of Mysticism*, Seven Bridges Press, 2001; Brendan, Cook, *Pursuing Eudaimonia: Re-appropriating the Greek Philosophical Foundations of the Christian Apophatic Tradition*, Cambridge Scholars Publishing, 2013; Arthur C. Danto, *Mysticism and Morality*, New York: Columbia University Press, 1987; Evans, Donald., Can Philosophers Limit What Mystics Can Do?, *Religious Studies*, volume 25, 1989: 53 – 60; Robert K. Forman, ed., *The Problem of Pure Consciousness: Mysticism and Philosophy*, Oxford University Press, 1997; Harmless, William, *Mystics*, Oxford University Press, 2007; William, James, *The Varieties of Religious Experience*, Penguin classics, 1982 [1902]; Richard H. Jones, *Mysticism and Morality*, Lanham, Md.: Lexington Books, 2004; Richard H. Jones, *Philosophy of Mysticism*, Albany, N.Y.: State University of New York Press, 2016; Glenn Alexander, Magee, *The Cambridge Handbook of Western Mysticism and Esotericism*, Cambridge University Press, 2016; Bernard, McGinn, *The Essential Writings of Christian Mysticism*, New York: Modern Library, 2006; Evelyn, Underhill, *Mysticism: A Study in the Nature and Development of Spiritual Consciousness*, Courier Dover Publications, 2012.

⑩ G. W. F. Hegel, *Vorlesungen über die Geschichte der Philosophie*. Hrsg. Von Hermann Glockner, Stuttgart. 1928: Bd. III. 195.

⑪ W. Windelband, *Lehrbuch der Geschichte der Philosophie*, 3. Aufl. Tübingen

1903：302.

⑫ J. Jette Anders，*33 Alchemistinnen. Die verborgene Seite einer alten Wissenschaft*，Berlin，Vergangenheitsverlag，2016；M. Bachmann，/Th. Hofmeier，*Geheimnisse der Alchemie*，Basel，Schwabe Verlag，1999；G.-F. Calian，*Alkimia Operativa and Alkimia Speculativa. Some Modern Controversies on the Historiography of Alchemy*，In *Annual of Medieval Studies* at CEU，2010；R. Federmann，*Die königliche Kunst. Eine Geschichte der Alchemie.* Wien/Berlin/Stuttgart，Paul Neff，1964；H. Friedrich，*Alchemie: Was ist das?* Edition Efodon，Michaelis Verlag，2002；H. Gebelein，*Alchemie*，München，Eugen Diederichs，1996.

⑬ Allen G. Debus，Ingrid Merkel（Hrsg.）：*Hermeticism and Renaissance: Intellectual History and Occult in Early Modern Europe*，Cranbury，NJ：Associated University Press，1988；Florian Ebeling，*Das Geheimnis des Hermes Trismegistos. Geschichte des Hermetismus.* C. H. Beck，München，2005；Karin Figala，Helmut Gebelein（Hrsg.）：*Hermetik und Alchemie. Betrachtungen am Ende des 20. Jahrhunderts.* scientia nova，Gaggenau，2003；Ralf Liedtke，*Die Hermetik. Traditionelle Philosophie der Differenz.* Schöningh，Paderborn u.a.，1996.

⑭ Beverly，Lanzetta，*Radical Wisdom，A Feminist Mystical Theology*，Minneapolis：Augsburg Fortress，2005.

⑮ Peter Dinzelbacher，*Mittelalterliche Frauenmystik.* Schöningh，Paderborn 1993；Ursula Peters：*Vita religosa und spirituelles Erleben. Frauenmystik und frauenmystische Literatur im 13. und 14. Jahrhundert.* In：Gisela Brinker-Gabler（Hrsg.），*Deutsche Literatur von Frauen.* Band 1，C. H. Beck，München，1988.

⑯ Karl Baier，*Mesmer versus Gaßner. Eine Kontroverse der 1770er Jahre und ihre Interpretationen.* In：Maren Sziede/Helmut Zander（Hg.）：*Von der Dämonologie zum Unbewussten. Die Transformation der Anthropologie um 1800.* De Gruyter，Berlin，2015：47－84；H. C. Erik Midelfort，*Exorcism and Enlightenment: Johann Joseph Gassner and the demons of eighteenth century Germany.* Yale University Press，New Haven/London，2005；Josef Hanauer，*Der Exorzist Johann Joseph Gassner（1727－1779）. Eine Monographie.* Diss. Würzburg，1950.

⑰ M. Böckeler，*Hildegard，Saint，1098－1179. Wisse die Wege. Scivias.* Nach dem Originaltext des illuminierten Rupertsberger Kodex ins Deutsche übertragen und bearbeitet von Maura Böckeler，Otto Müller Verlag，Salzburg，1954；Mechthild Heieck（Hrsg.）：Hildegard von Bingen：*Das Buch vom Wirken Gottes. Liber divinorum operum*. Erste vollständige Ausgabe, Pattloch Verlag, Augsburg, 1998; Bernward Konermann (Hrsg.): *Hildegard von Bingen: Ordo Virtutum —— Spiel der Kräfte*. Augsburg, 1991; Ortrun Riha (Übers.), *Hildegard von Bingen. Werke Band V. Heilsame Schöpfung —— Die natürliche Wirkkraft der Natur. Physica*, Beuroner Kunstverlag, Beuron, 2012; Walburga Storch OSB (Übersetzung u. Hrsg.), **Hildegard von Bingen, Scivias. Wisse die Wege. Eine Schau von Gott und Mensch in Schöpfung und Zeit.** Pattloch, Augsburg, 1990; Tilo Altenburg, *Soziale Ordnungsvorstellungen bei Hildegard von Bingen*. Stuttgart, 2007; Christine Büchner, *Hildegard von Bingen: eine Lebensgeschichte*. Insel-Verlag, Frankfurt am Main/Leipzig, 2009; Michaela Diers, *Hildegard von Bingen*. 5. Auflage. Dtv, München, 2005; Michael Embach, *Die Schriften Hildegards von Bingen. Studien zu ihrer Überlieferung und Rezeption im Mittelalter und in der frühen Neuzeit.* (*Erudiri Sapientiae*. Band 4). Akademie, Berlin, 2003.

⑱ Marc-Aeilko Aris, Susanna Bullido del Barrio (Hrsg.), *Hrabanus Maurus in Fulda. Mit einer Hrabanus Maurus-Bibliographie 1979 - 2009*, *Fuldaer Studien* 13, Josef Knecht, Frankfurt am Main, 2010; Friedrich Wilhelm Bautz, *HRABANUS Maurus*. In: *Biographisch-Bibliographisches Kirchenlexikon* (BBKL). Band 2, Bautz, Hamm, 1990; Gereon Becht-Jördens, *Litterae illuminatae. Zur Geschichte eines literarischen Formtyps in Fulda.* In: Gangolf Schrimpf (Hrsg.): *Kloster Fulda in der Welt der Karolinger und Ottonen*, Josef Knecht, Frankfurt am Main, 1996; Winfried Böhne (Hrsg.), *Hrabanus Maurus und seine Schule. Festschrift der Rabanus-Maurus-Schule 1980*, Rabanus-Maurus-Schule, Fulda, 1980; Philippe Depreux u. a. (Hrsg.), *Hraban Maur et son temps* (= *Collection Haut Moyen Âge* 9). Brepols, Turnhout, 2010; Brigitte Englisch, *Die Artes liberales im frühen Mittelalter. (5.- 9. Jh.). Das Quadrivium und der Komputus als Indikatoren für Kontinuität und Erneuerung der exakten Wissenschaften zwischen Antike und Mittelalter*, Steiner, Stuttgart, 1994; Franz Josef Felten, Barbara Nichtweiß (Hrsg.), *Hrabanus Maurus. Gelehrter, Abt von Fulda und Erzbischof von Mainz* (= *Neues Jahrbuch für das Bistum Mainz*. 2006). Bistum Mainz, Mainz, 2006; Stephanie Haarländer, *Rabanus Maurus zum Kennenlernen. Ein Lesebuch mit einer Einführung in sein Leben und Werk*. Bistum Mainz, Mainz, 2006; Johann Baptist Hablitzel, *Hrabanus Maurus. Ein Beitrag zur Geschichte der mittelalterlichen Exegese* (= *Biblische Studien*. Bd. 11, H. 3, Herder, Freiburg im Breisgau u. a., 1906; Paulus Ottmar Hägele, *Hrabanus Maurus als Lehrer und Seelsorger. Nach dem Zeugnis seiner Briefe*. Eigenverlag, Fulda, 1972; Elisabeth Heyse, *Hrabanus*

Maurus' Enzyklopädie „De rerum naturis". ***Untersuchungen zu den Quellen und zur Methode der Kompilation***, Arbeo-Gesellschaft, München, 1969; Raymund Kottje, Harald Zimmermann（Hrsg.）, ***Hrabanus Maurus. Lehrer, Abt und Bischof***（ = ***Abhandlungen der Geistes- und Sozialwissenschaftlichen Klasse.*** *Symposion der Akademie der Wissenschaften und der Literatur. Einzelveröffentlichung.* Bd. 4). Steiner, Wiesbaden, 1982; Norbert Kössinger, ***Hrabanus Maurus. Profil eines europäischen Gelehrten. Beiträge zum Hrabanus-Maurus-Jahr, 2006.*** Eos-Verlag, St. Ottilien, 2008.

⑲ Walter Berschin, ***Biographie und Epochenstil im lateinischen Mittelalter.*** Band 3: ***Karolingische Biographie.*** *750 - 920 n. Chr.* Hiersemann, Stuttgart, 1991: 113 - 146; 149 - 175; Donald A. Bullough, ***Alcuin. Achievement and reputation.*** Being part of the Ford lectures delivered in Oxford in Hilary Term 1980. Brill, Leiden u. a. 2004; Marta Cristiani: *Le vocabulaire de l'enseignement dans la corespondance d'Alcuin*, in: Olga Weijers（Hrsg.）, ***Vocabulaire des écoles et des méthodes d'enseignement au Moyen Âge.*** Actes du colloque, Rome 21-22 octobre, 1989, Brepols, Turnhout, 1992: 13 - 32; Philippe Depreux （Hrsg.）, ***Alcuin, de York à Tours. Écriture, pouvoir et réseaux dans l'Europe du haut Moyen Âge***, Presses Universitaires de Rennes, Rennes, 2004; Ernst Tremp, Karl Schmuki, Theres Flury, ***Karl der Grosse und seine Gelehrten. Zum 1200.*** *Todestag Alkuins*, Verlag am Klosterhof, St. Gallen. 2004.

⑳ Trivium("三类基本人文学科或'三学艺'")是文艺复兴时期是对公民进行人文教育时要求每个人在**语言素养方面**必须掌握的三门最基本的知识和技巧,即文法、缀字法及雄辩术,以便保障公民能够按照语法（Grammatik）说话,懂得正确的表达形式,也能够按照辩论术（Dialektik）的要求,使说话内容符合规范,又使公民掌握修辞法（Rhetorik）表达清楚明白。文艺复兴时期把训练公民的修辞术（rhetorica）当成培养崇高德性的手段,同时,也把上述三门旨在培训最基本语言能力的"三类基本人文学科或'三学艺'"与另外四门**环绕数学而教育的"四门基本学科"**（Quadrivium 四分道 vier Wege）结合起来,构成文艺复兴时期哲学人文学科教育的基本内容。所谓**"环绕数学而教育的四门基本学科"**,是指"算术"（Arithmetik）、"几何学"（Geometrie,在文艺复兴时期的几何学,内容实际上还包括地理学［Geographie］和自然史［Naturgeschichte］）、"音乐"（Musik 包括音乐理论 Musiktheorie）以及"天文学"（Astronomie,当时还包括星相学 Astrologie）。这样一来,"三类基本人文学科"加上"四门基本学科",就成为"七门基本人文学艺"（*septem artes liberales* 德称之为 sieben freien Künste）。

㉑ Sonja Glauch, *Die Martianus-Capella-Bearbeitung Notkers des Deutschen.* Tübingen, 2000 (Münchener Texte und Untersuchungen 116/117).

㉒ Walter Senner O. P. u. a.（Hrsg.）, ***Albertus Magnus. Zum Gedenken nach 800***

Jahren: Neue Zugänge, Aspekte und Perspektiven. Akademie, Berlin, 2001;
Irven M. Resnick, *A Companion to Albert the Great. Theology, Philosophy, and
the Sciences.* Brill: Leiden, Boston, 2013; Bruno Tremblay, *Modern Scholarship
(1900 -2000) on Albertus Magnus*, in: *Bochumer Philosophisches Jahrbuch für
Antike und Mittelalter*, 11 (2006): 159 - 194; Georg Wieland, *Untersuchungen
zum Seinsbegriff im Metaphysikkommentar Alberts des Großen.* Aschendorff,
Münster, 1972; Albert Lehner, *Albertus Magnus. Frommer Handel mit dem
Regensburger Bischof. Eine Streitschrift.* edition buntehunde, Regensburg,
2005; Karl Hausberger, *Albertus Magnus.* In: Katharina Weigand (Hrsg.),
Große Gestalten der bayerischen Geschichte. Herbert Utz, München, 2011.

㉓ J. R. McNally (1966), "*Dux illa Directrixque artium: Rudolph Agricola's
Dialectical System*[1520]". In *Quarterly Journal of Speech.* **52**(4): 337 - 347;
Lothar Mundt, *Rudolf Agricola. De inventione dialectica libri tres*, Tübingen:
Niemeyer, 1992; J. R. McNally, (1967), "*Rudolph Agricola's De inventione
dialectica libri tres: A Translation of Selected Chapters*". In *Speech
Monographs.* **34**(4): 393 - 422.

㉔ Heer, *Europäische Geistes Geschichte.* Stuttgart. W. Kohlhammer Verlag., 1965
(1953): 186.

㉕ Kurt Flasch, *Meister Eckhart. Philosoph des Christentums.* Beck, München,
2010; Alois Maria Haas, Thomas Binotto, *Meister Eckhart der Gottsucher. Aus
der Ewigkeit ins Jetzt.* Kreuz, Freiburg im Breisgau, 2013; Kurt Ruh, *Meister
Eckhart. Theologe, Prediger, Mystiker.* 2. Auflage. Beck, München, 1989;
Gerhard Wehr, *Meister Eckhart. Mit Selbstzeugnissen und Bilddokumenten.*
7. Auflage. Rowohlt, Reinbek, 2008; Norbert Winkler, *Meister Eckhart zur
Einführung.* Junius, Hamburg, 1997; Karl Albert, *Betrachtungen zur
Geschichte der Philosophie*, Teil 2: *Meister Eckhart und die Philosophie des
Mittelalters.* Röll, Dettelbach, 1999; Rodrigo Guerizoli, *Die Verinnerlichung des
Göttlichen. Eine Studie über den Gottesgeburtszyklus und die Armutspredigt
Meister Eckharts.* Brill, Leiden, 2006; Christian Jung, *Meister Eckharts
philosophische Mystik.* Tectum, Marburg, 2010; Burkhard Mojsisch, *Meister
Eckhart. Analogie, Univozität und Einheit.* Meiner, Hamburg, 1983; Erwin
Waldschütz, *Denken und Erfahren des Grundes. Zur philosophischen Deutung
Meister Eckharts.* Herder, Wien, 1989; Norbert Winkler (Hrsg.), *Von der
wirkenden und möglichen Vernunft. Philosophie in der volkssprachigen Predigt
nach Meister Eckhart.* Akademie Verlag, Berlin, 2013.

㉖ A. Lasson, *Meister Eckhart der Mystiker. Zur Geschichte der religioesen
Speculation in Deutschland.* Berlin, 1868.

㉗ Manfred Gerwing, *Artikel Gottesfreunde und Gottesfreundschaft*. In: Norbert Angermann (Hrsg.): *Lexikon des Mittelalters*. Band 4. dtv, München, 2003: Sp. 1586 f.; Bernard Gorceix, *Amis de Dieu en Allemagne au siècle de Maître Eckhart*. Michel, Paris, 1984; Louise Gnädinger, *Johannes Tauler. Lebenswelt und mystische Lehre*. Beck, München, 1993: 87 – 103; Friedrich-Wilhelm Wentzlaff-Eggebert, *Deutsche Mystik zwischen Mittelalter und Neuzeit. Einheit und Wandlung ihrer Erscheinungsformen*. de Gruyter, Berlin, 1969; Wilhelm Rath, Der Gottesfreund vom Oberland. Stuttgart, 1985.

㉘ Jean Tauler, *Sermons*, hrsg. Jean-Pierre Jossua, Les Éditions du Cerf, Paris, 1991.

㉙ Ferdinand Vetter (Hrsg.), *Die Predigten Taulers*. Weidmann, Dublin/Zürich, 1968; Adolphe L. Corin (Hrsg.), *Sermons de J. Tauler et autres écrits mystiques*. 2 Bände, Vaillant-Carmanne, Liège 1924 – 1929: Johannes Tauler, *Predigten*, übertragen und herausgegeben von Georg Hofmann, Freiburg i. Br. 1961, Neudruck in zwei Bänden, 3. Auflage, Johannes-Verlag, Einsiedeln 1979; Johannes Tauler, *Predigten. Gotteserfahrung und Weg in die Welt*, hrsg. und übersetzt von Louise Gnädinger, Olten, 1983; Johannes Tauler, *Predigten*. In: Winfried Zeller, Bernd Jaspert (Hrsg.): *Heinrich Seuse, Johannes Tauler: Mystische Schriften*. Diederichs, München, 1988: 153 – 306; Johann Tauler, *Predigten*. In Auswahl übertragen und eingeleitet von Leopold Naumann. Frankfurt a. M., Insel Verlag, 1980; Suzanne Eck: *Gott in uns. Hinführung zu Johannes Tauler*. St. Benno Verlag, Leipzig, 2006; Louise Gnädinger: *Johannes Tauler. Lebenswelt und mystische Lehre*. Beck, München, 1993; Bernard McGinn: *Die Mystik im Abendland*. Band 4: *Die Mystik im mittelalterlichen Deutschland (1300 – 1500)*. Herder, Freiburg, 2008: 412 – 502; Kurt Ruh, *Geschichte der abendländischen Mystik*. Band 3: *Die Mystik des deutschen Predigerordens und ihre Grundlegung durch die Hochscholastik*. Beck, München, 1996: 476 – 526.

㉚ *Heinrich Seuse, Deutsche Schriften*. Hrsg. v. Karl Bihlmeyer. Stuttgart/ Frankfurt am Main [1907]1961; *Des Mystikers Heinrich Seuse O. Pr. Deutsche Schriften*. Eingeleitet, übertragen und erläutert v. Nikolaus Heller. F. H. Kerle, Heidelberg, 1926; *Das Buch der Wahrheit*. Mittelhochdeutsch-deutsch. Hrsg. v. Loris Sturlese/Rüdiger Blumrich. Mit einer Einleitung von Loris Sturlese. Übersetzt von Rüdiger Blumrich. Meiner, Hamburg, 1993; *Heinrich Seuses Horologium sapientiae*. Hrsg. v. Pius Künzle. Universitätsverlag, Freiburg i. Ü., 1977; *Stundenbuch der Weisheit: Das Horologium Sapientiae*. Übers. von Sandra Fenten. Würzburg, 2007.

㉛ *Nicolai de Cusa opera omnia*（Gesamtausgabe der Heidelberger Akademie）：Band 1：*De docta ignorantia*，hrsg. Ernst Hoffmann und Raymond Klibansky，Leipzig，1932.

㉜ *Nicolaus Cusanus und Ps. Dionysius im Lichte der Zitate und Randbemerkungen des Cusanus*，hrsg. Ludwig Baur，1941；*Proclus Latinus. Die Exzerpte und Randnotizen des Nikolaus von Kues zu den lateinischen Übersetzungen der Proclus-Schriften*：1. *Theologia Platonis*，*Elementatio theologica*，hrsg. Hans Gerhard Senger，1986；2. *Expositio in Parmenidem Platonis*，hrsg. Karl Bormann，1986；*Die Exzerpte und Randnoten des Nikolaus von Kues zu den Schriften des Raimundus Lullus*，hrsg. Theodor Pindl-Büchel，1990；*Raimundus Lullus. Die Exzerptensammlung aus Schriften des Raimundus Lullus im Codex Cusanus 83*，hrsg. Ulli Roth，1999.

㉝ Gerhard Wehr，*Der Mystiker Nicolaus Cusanus. Textauswahl und Kommentar*. Marix，Wiesbaden，2011.

㉞ *Nicolai de Cusa opera omnia*（Gesamtausgabe der Heidelberger Akademie）：Band 1：*De docta ignorantia*，hrsg. Ernst Hoffmann und Raymond Klibansky，Leipzig，1932.

㉟ *Nicolai de Cusa opera omnia*（Gesamtausgabe der Heidelberger Akademie）：Band 20：*Scripta mathematica*，hrsg. Menso Folkerts，Hamburg，2010.

㊱ Nicolaus Cusanus，*Philosophische und theologische Schriften*，hrsg. Eberhard Döring，Marix，Wiesbaden，2005.

㊲ Ernst von Aster，*Geschichte der Philosophie*. Reclam，1980：178.

第二章

文艺复兴与宗教改革时期

由马丁·路德（Martin Luther，1483 - 1546）发起的宗教改革
（Reformation）运动，无疑是文艺复兴（Renaissance）在德国的社会文化
生活中的一个直接成果。因此，路德的宗教改革思想，最先地集中表现
了具有独立特色的新型的德意志民族精神，概括了并预示即将全面发
展的德国哲学的崭新方向。如果说，尼古拉·冯·库萨是近代德国哲
学的一位启蒙者的话，那么，马丁·路德是将文艺复兴的精神贯彻于德
国社会生活中的第一位思想家。

第一节 人文主义的复兴

14 至 16 世纪，在欧洲文化史和思想史上，是极其灿烂的"文艺复
兴时期"（Renaissance）。布克哈特（Jacob Burckhardt，1818 - 1897）在
他的著名论著《意大利文艺复兴时期的文化》（ *Die Kultur der
Renaissance in Italien* ）中指出：文艺复兴的特征就是发现了"人"。[①]更
切确地说，文艺复兴为个人的解放开创了空前未有的历史条件。从此

以后,人再也不是根据他同教会及其监护者的关系来评判他自己的价值。人文主义宣称:人必须、也可以成为他自身的生存、思想和行动的"主体"。据说,在当时,人文主义的思想,首先应该归功于深入研究古典文学的优秀成果:在从古希腊转入古罗马的希腊化时期以及随后的相当长一段时期内,那些古典文献的最优秀作者,曾经集中地探讨了"人"的问题,而其中,最卓越的代表人物就是拉丁诗人泰伦提乌斯(Publius Terentius Afer, 190-159 B.C.)。他在剧本《阉奴》第一幕中,留下了流芳千年的名言:"我是人,因此,凡是人类的一切,对我都不生疏(拉丁原文 *Homo sum*, *humani nihil a me alienum puto*;译成德语是:Ich bin ein Mensch, nichts Menschliches ist mir fremd,译成法语是:Je suis un homme, je considère que rien de ce qui est humain ne m'est étranger)",②这句话成为古典人文主义的核心思想。人在教会之外找到了"文化"作为他的特征的最好表达方式;在他所创建的文化中,人呈现出他自身的特殊性质和理念。

显然,文艺复兴的核心思想,就是人文主义。它所探讨的范围是极其广泛的,涉及上帝、理性、自然、艺术和人的相互关系,引起了包括宗教界在内的各种思想的激烈争论,尤其关系到哲学本身的重建问题;这些问题,在实际上是发展到新的成熟阶段的欧洲文化本身的精神表现,一方面,由于亟须吸收更多的启示性力量,势必回头重新消化历史文化遗产,极力探索存在于古希腊罗马时代的文化精华;另一方面,又出于开拓新视野的需要,将不可避免地要大胆突破旧有的框架的束缚,在具有自由思想创造能力及胸怀开拓新世界并敢于向旧世界挑战的雄心的杰出思想家的创新精神的推动下,出现空前未有的创造运动,使文艺复兴的精神动力转化成为波澜壮阔的新文化浪潮。

文艺复兴运动,自始至终包含了两个相反方向的思路:回头探索思想历史根源的反思和眺望未来开拓无限发展前景的广阔视野。在这种情况下，不仅思想观点极其复杂多样，同时也存在多样多向多维的文化要素，而且，连人本身的身份和性质，也充满矛盾和悖论：有一部分人推崇人的自然本性，而另一部分人，则主张坚持神的恩惠，深感人本身的巨大有限性和先天的缺憾，强调"原罪"对人的侵害和腐蚀，因而主张人本身的精神"纯化"和自我完善化的必要性。

因此，"文艺复兴"中的"复兴"，是意味深长的，也是极其含糊矛盾的，给予人的想象以无限开阔的空间和可能性。它的含糊性本身实际上也是对人的创造精神的一种考验，试探人们是否有信心、有能力、有胆量和有智慧，在这种填满了各种可能性的时代里，大胆地发挥冒险精神和创造精神相结合的思想竞赛。

然而，作为一个新的历史时期，文艺复兴毕竟表现了某些共同的时代特征：第一，这一时期，人们普遍显示出对于古代优秀思想的怀念和鉴赏，以此对抗早已凝固僵化的经院主义思想和教条。在这方面，人们首先重新发现了柏拉图和新柏拉图主义的作品的丰富内涵，试图从神学的约束下解放出来，从被教会僵化的亚里士多德主义的体系中解脱出来，实现越来越接近世俗生活的思想风格和生活态度。但是，与此同时，人们并没有一般地或简单地否定以往的宗教，只是以个人的思想和生活需要，作为实现宗教生活的参照点，从而也在宗教领域，试图在教会所指定的有限范围之外，开辟新的思路。

第二，人们所主张的人文主义，是在新的基督教精神的基础上，对于古代人文主义的重新诠释结果。早在13世纪时期，神学家托马斯·阿奎那发现亚里士多德的手稿，并将其中的哲学理论融入基督教神学之后，整个基督教教会领域内的思想和精神状态就已经发生很大的变化，种下了此后一百年的更加激烈的思想改革的种子。作为当时人文主义的代表人物,作家彼特拉克(Francesco Pétrarque,1304－1374)和薄伽丘(Boccace,1313－1375),首先带头掀起研究古典著作的热潮,在他们的作品中发出了对人的赞颂。他们揭破基督教对古典著作的歪曲,重新诠释了古典著作的人文精神,使柏拉图主义、斯多葛主义、伊壁鸠鲁主义等学派的思想获得新生。在他们之后,受到希腊东正教哲学家、拜占庭思想家普勒托(Gémiste Pléthon,1355－1452)的启发,罗马帝国范围内的思想家们热衷于复兴希腊化时代的异教文化,试图以此削弱教会对社会的控制力量,推动已经初具规模的人文主义运动。

第三,人文主义本身又表现为对教会腐败统治的抗议,形成了一系列此起彼伏的教会改革运动,而德国的路德宗教改革,不过是这一广泛性运动的一个组成部分罢了。

第四,这一时期还伴随着一系列新发现和新发明运动,其中尤其包括哥伦布等人的环球旅行的成功③以及一系列科学发明成果,有助于开辟人们的新视野,对进一步脱离教会的思想宰制,具有相当大的积极意义。

第五,科学思想和神秘主义同时繁荣和兴盛起来,彼此间相互启发和推动,形成了空前未有的思想探索和冒险试验,尝试以新的思路,重新诠释世界,并创立新的世界观。原名为奥列鲁斯·冯·霍亨海姆(Theophrastus Bombastus Philippus Aureolus von Hohenheim)的医生兼哲学家帕拉塞尔苏斯(Paracelsus,1493－1541),试图用德文阐述医学、星座学、哲学、道德、政治和神学的统一性及其联系性,通过他的许多稀奇古怪的论题,探讨从传统神学解放出来的各种可能性。阿格里科拉(Georgius Agricola,1494－1555)也在这一时期翻译了大量的古希腊和拉丁文献,有助于人们更全面地理解古代文献的基本精神。而科隆宗教法庭法官阿格里巴·冯·耐特施海姆(Agrippa von Nettesheim，1486 - 1535)也在同一时期研究哲学和逻辑学。由此可见，人们不仅对人及其社会的奥秘感兴趣，而且也试图对神本身进行新的诠释。人们还试图探索神的世界和自然世界相互协调和的可能性，在原有神学之外的领域，寻求多种可能的智慧。各种各样的象征主义和符号学思想及方法，也相继出现。对于理性的推崇，把人们的视野，同时带到人的精神的潜在领域和外在的神秘世界。物理学、数学、天文学和生物学等，引导人的思想走上更广阔的想象世界和象征世界，也使理性本身获得了新的类比、推论和综合能力。在基督教原有的思想装备中，填入了古代的象征论，导致各种各样的新型的炼金术、神秘主义、魔术、巫术和科学方法的大杂烩的产生。所以，文艺复兴时代竟也骇人听闻地出现了大量的巫术和炼金术事件，这正说明了这个时代的复杂性和动荡性。

第六，技术层面取得了巨大的进步，强有力地推动了文化的发展。最值得一提的是，印刷术的发明和普遍使用，有助于推广新的文化思想及作品。书籍的大量出版固然传播了新的思想观点，但同时也引起统治集团设计出越来越严格的书籍审查制度。火药的引入和使用，也改变了战争的方式，使本来具有特权的骑士阶层逐渐衰落，引起社会阶层系统发生重要变化。这一切促使人们敏感地思考发明、想象、创造及其社会效果的关系的争论，因而触发了关于"想象的技术"与"技术的想象"问题的争论，也就是关于"有根据的发明"和"危险的人为创造"的广泛讨论。这场争论后来转向"人工造人""浮士德博士""自动机械""会说话的雕像"等论题的讨论，足见当时社会文化和思想风格的重大转折。①

在德国传播人文主义思想的最早人物之一西奥多·茨温格（Theodor Zwinger，1533 - 1588）。他和当时其他许多人文主义者一样,往往把人文主义的思考与科学知识的探索相结合,主张以科学的知识基础论证人文主义的正当性。茨温格身兼医学家,同时又钻研希腊文,并精通音乐,创作交响乐,是博学的哲学家。他的《人生的戏剧》(*Theatrum vitae humanae*,1565)长达 5 000 多页,还把每页分成多栏,以便更多地讲述和分析作者所探讨的基本问题。他的作品类似后来的百科全书。这位哲学家还是很乐观的生活艺术家。他所写的另一部著作《旅游的方法》(*Methodus apodemica*,1577)明确主张乐观的人生艺术,强调要在人的生活实践中,享受人生的乐趣,既善于思考,扩大思想境界,又要及时行乐,使人生雕塑成为丰富多彩的艺术品。⑤

第七,社会道德和社会风气也发生重大变化,而接踵而来的宗教战争,又进一步加强了社会的动荡和改造,把人们的思想革命和精神改造引入更自由、甚至更疯狂的程度。这也就毫不奇怪为什么在当时人们越来越对"疯狂"问题甚感兴趣:祖籍德国的画家博斯(Jheronimus Bosch,1450 - 1516)的绘画《疯人石的魔力》、塞巴斯蒂安·布兰特(Sebastian Brant,1458 - 1521)的《疯人船》(*Das Narrenschiff*,1494)以及伊拉斯谟(Erasmus von Rotterdam,1466 - 1530)的《疯人颂》⑥等作品,都借用疯狂题材,赞颂理性与非理性的尖锐对立及其在思想创作中的作用。与此同时,宣扬各种乌托邦理念的作品,如托马斯·莫尔(Thomas More,1478 - 1535)的《乌托邦》(*Utopia*,1516)、康帕内拉(Tommaso Campanella,1568 - 1639)的《太阳城》(*La Cittàdel Sole*,1602)、弗朗西斯·培根(Francis Bacon,1561 - 1626)的《新大西岛》(*New Atlantis*,1627)等,也接二连三地发表出来;它们不只是停留在言论上,还进一步试图加以实施,像德国的闵采尔那样,试图通过农民战争实现其理念,而另一位德国乌托邦分子约翰·冯·莱顿(Johann von Leiden,也称 Jan van Leiden,或 Jan Beuckelszoon,1509 -

1536)⑦甚至试图在明斯特市创建一座乌托邦都市。这一切,说明文艺复兴时期是思想解放极其活跃、思想斗争极其尖锐的时代,它有利于新的观念和制度的创立和试验,也有助于社会和文化的革新。

第八,中世纪社会的黑暗性质,象征性地集中表现在 14 世纪普遍发生的黑死病瘟疫(Schwarzer Tod; Black Death; Peste noire)的悲剧性蔓延⑧,导致成千成万人死亡,从而使天灾人祸犹如"大脓包"一样,加速了中世纪的终结,意味着新时代的不可避免的到来。

在这一时期的德国思想家们,以马丁·路德为代表,把人的个性解放当作了中心的论题。"我是人,因此,凡是人类的一切,对我都不生疏",这句已经流传很久的古老箴言,又重新放射出灿烂的思想光芒,并成为宗教改革和文艺复兴时期的一个基本口号。对人的个性力量的坚定信仰,对人的个性解放的狂热追求,对人的理性和智能的乐观主义的寄望,对人的自然情欲的美的赞颂,构成了一股强大的人文主义的精神力量,构成了这一时期西方哲学和西方文化的内在基础。

英国文学大师莎士比亚(William Shakespeare,1564 - 1616)在他的《哈姆雷特》中,这样赞颂"人":"人是何等优秀的作品! 他在理性方面是何等高贵! 在功能上是何等精致! 在形式和运动方面是何等快速和令人羡慕! 在行动上又是何等切近神仙! 而在理解能力上又何等近乎于神啊! (What a piece of work is a man, how noble in reason, how infinite in faculties, in form and moving how express and admirable, in action how like an angel, in apprehension how like a god!)。"⑨

文艺复兴与人文主义思想在德国及北欧各国的出现与传播,远比南欧的意大利和法国等国更迟缓得多;而且,当人文主义思想形成及传播在德国的时候,从一开始,就遭遇到教会甚至德国大学界及其经院哲学势力的强烈反对,受到严重的阻碍,以致使本来已经迟到的人文思想，以更加缓慢的速度在德国传播开来。

在欧洲南部，从意大利到法国，人文主义是随着 15 世纪中叶印刷术的发明而更加兴盛起来，到 16 世纪初就更进一步与宗教改革和人文主义思潮相结合，引起整个社会基本结构的变化。各地的大学扮演了很重要的角色，通过大学乃至中学教师的积极教育和研究活动，人文思想更加广泛地传播开来。当时在剑桥大学任教的伊拉斯谟成为推广新思想的旗手。此后，德国与瑞士境内的大学也逐渐兴办起来，从巴塞尔到罗斯托克的大学，都逐渐地成为人文思想的推广平台。

但是，德国的新人文主义者不像意大利思想家那样，致力于对古典作品的研究，更不是以创作新文学作品为重点，而是集中探索宗教改革的路径，用更大的精力去研究基督教的《新约》与《旧约》，旨在寻求宗教改革的思想突破口。因此，德国的第一批人文主义者，不是文学家，而是宗教改革的思想家，他们静悄悄地在教会内部重新翻译和诠释《圣经》，宣称《圣经》阅读者个人的思想境界及其对基督教的真诚信仰的重要性，由此突出人文思想的作用。[①] 在这个意义上说，德国的人文主义基本上是基督教人文主义（Christian Humanism），其重点是突出耶稣的中心地位，通过耶稣的"半神半人"身份，强调基督教的人性价值，并以此为基础进一步突出基督教徒，作为个人，具有独立的理性和人身自由。

在 15 至 16 世纪德国出现了一批人文思想家，他们当中，有一定名望的，包括：维特·阿莫巴赫（Veit Amerbach，拉丁文名字 Vitus Amerpachius，1503－1557）、阿诺尔迪（Barthélemy Arnoldi，1465－1532）、凯克尔曼（Bartholomäus Keckermann，1572－1608）、彭达努斯（Jacobus Pontanus，又名 Jakob Spannmüller，1542－1626）以及约翰-雅各布·韦克（Johann-Jakob Wecker，1528－1585/1586）等，他们一般

身兼多职,体现了当时大多数人文主义者的多才多艺的特征。

所有这一切,是同此前统治着德国和整个西方世界的教会专制主义正相对立的。因此,路德的宗教改革的思想,同当时的其他人文主义思想家的观点一样,把矛头指向那一贯束缚着人性解放的宗教教条及其神学思想。因此,也可以说,德国的近现代哲学理论,是在同反人文主义的中世纪教义思想的斗争中产生和发展起来的。

第二节 卡尔四世的开明政策

卡尔四世(Karl IV,也称查理四世,1316 - 1378)是文艺复兴时代德国的一位开明国王,他也是德国历史上第一所大学的开创者。他原在现今的布拉格设都,自 1347 年至 1378 年占据皇位。这位出生于捷克波希米亚地区的国王,凭借他的家族父母两系的双重神圣皇族血统,后来成为神圣罗马帝国皇帝。他在文化思想史上的最大贡献,就是创办大学,推行开明的文艺复兴政策,招引了南部意大利和西南部法国以及西部英国的大批文人学者,使文艺复兴的成果在整个罗马帝国进一步发扬光大,特别促进了德国境内的文化复兴。

由他于 1348 年开创的布拉格大学成为全德国最开放的学府,也成为当时欧洲思想文化的一个新中心。[①]卡尔四世和他的宰相约翰·冯·诺伊马(Johann von Neumarkt,1310 - 1380)邀请意大利人文主义作家彼特拉克开课,讲授早已盛行于意大利的人文主义思想,取得很大的成功。

卡尔四世的开明政策,铺垫了通向新时代的改革道路,加速了德国社会改革的进度。在他的社会改革成果影响下,约翰·路希林(Johann Reuchlin,1452 - 1522)、伊拉斯谟、乌尔里希·冯·胡滕(Ulrich von

Hutten，1488－1523)等先后提出宗教改革的观点。

在卡尔四世之后,罗马教皇庇护二世(Pope Pius II,原拉丁文名字 *Aeneas Silvius P* 或 *Eneas Sylvius*，1405－1464),作为当时著名的人文主义者、历史学家、诗人兼作家,在他就任罗马教皇期间(1458－1464),也在传播人文思想方面扮演了非常重要的角色。⑫庇护二世利用他在神圣罗马帝国皇帝腓特烈三世(Frederick III, 1415－1493)皇宫中的显赫地位,对于在德国推广人文思想具有一定的积极作用。

第三节　马丁·路德

16世纪初由马丁·路德所点燃的宗教改革运动(Die Reformation),无疑是德国历史的一个重要转折点,它使长期受基督教教会统治的德国社会和文化,从中世纪的愚昧状态逐步过渡到新时代,而德国哲学也从"神学的婢女"变成独立自主的思想创造活动。马丁·路德所开创的宗教改革的社会意义和思想意义,还远远超出德国的范围,广泛而深刻地影响着整个西方的社会和文化改革,尤其推动哲学的进一步苏醒,直接为启蒙运动的到来做好思想准备。

当然,马丁·路德的宗教改革并非纯粹的哲学思想运动,它在本质上是欧洲基督教本身的革命,具有浓厚的宗教性质。但是,宗教改革运动确实又是一场深刻的社会革命和思想创造运动,因为这场运动的基本精神,归根结底是来自人们心灵深处的革命,它立基于此前漫长的思想准备,同时它又是一场发扬人性创造精神的思想超越活动,具有深刻的哲学意义。在德国,路德的宗教改革实际上就是德国现代社会产生的思想准备。

马丁·路德原是德国奥古斯丁教派的修士,他于1517年广泛宣传由九十五条论纲组成的宗教改革宣言,遂成为新教(Protestantismus)的创始人。

马丁·路德出生于德国艾斯勒本(Eisleben)市的一个农民家庭。他随着自私而粗野的父亲和富有同情心而虔诚的母亲在萨克森省的曼斯费尔德(Mansfeld)度过童年生活。由于从小深受严父的管教和慈母的熏陶,他对神的信仰,从其萌芽状态就同时覆盖上苛刻性和慈善性的双重烙印。美国精神分析学家埃里克森(Erik Homburger Erikson,1902-1985)在其所著《青年路德:从精神分析和历史学的角度所进行的研究》(*Young Man Luther: A Study in Psychoanalysis and History*,New York,1962)一书中,对路德的精神面貌的历史分析,正是从其童年心理发展过程的这些显著特点作为研究的出发点的。[13]

路德是在十四岁那年到马格德堡加入共济会的修道院,并在那里第一次研究了《圣经》。十七岁那年,路德进入爱尔富特大学攻读法律,开始接受唯名论(Nominalismus)和人文主义的思想。路德二十二岁获文学硕士学位。他当时的主要思索中心是"生存的意义"的问题。如果说,与路德同时代的乌尔里希·冯·胡滕从人道主义出发而发现了人生的乐趣的话,那么,虔诚的路德对人生的看法就更多地同"人生的赋予者:创世主"的观念联系在一起。

1505年,路德加入爱尔富特的奥古斯丁教派的修道会。奥古斯丁教派是以严谨、刻板和冷酷的教风而著称的修道士团体。马丁·路德的加入,表明他对现实生活的严重不安和失望。他的这一忧虑,集中地体现在他的如下一句问话中:"我怎样才能得到这么一位大慈大悲的上帝呢?(Wie krieg ich einen gnaedigen Gott?)"但是,他在修道院中越是忠实地恪守教规,就越感受到心灵深处忏悔之沉重压力,以致使他忍受着一种精神折磨。当他在二十五岁前往滕贝格大学学习亚里士多德伦理学时,他已经预感到自己心灵深处的尖锐矛盾及即将爆发的精神革命。路德二十九岁时获神学博士学位。

在他的老师的唯名论神学思想的影响下,路德所信仰的神是赋有自由意志和人性的。在他看来,人只要遵循上帝的恩惠而从事善行,就可以达到自己的崇高的理想。路德的内心痛苦使他渴望着自由,渴望着在无边无际的幻想中,通过对自由的追求,表现出上帝对人类的仁慈庇护的伟大意义;并由此寄托着对上帝和对人生的无限憧憬。上帝在本质上是自由的,他的伟大意义和无与伦比的存在,首先就在于他的绝对自由性。他的绝对自由,就表现出他的至高无上性——正因为他是绝对自由的,所以他可以创造一切,控制一切,支配一切,以致行其所欲而无所顾忌;上帝的自由意志给了上帝本身以最高的权威和最高的能力,同时,也使人类,作为上帝的创造物中的最优惠者,分享了自由的神圣性。但是,人作为上帝的创造物,其自由的限度当然远比上帝的自由意志渺小得多。个人要达到最大的自由,唯有领会上帝的仁慈意愿,贯彻于言行中,恪守于心灵深处。因此,对于个人来说,并不能说可以尽善尽美地符合于上帝的意旨;有时,个人的言行,由于未能契合上帝的要求,难免会产生消极的、否定的作用。在这个意义上说,充满着欲望、利益引诱和虚荣心的现实人生,乃是一种现实的地狱。人是有限的存在物,他难于达到上帝的最高境界——任何重复性的、表面上不断加强的忏悔,以及恪守教规和自白,都无助于扑灭人的贪得无厌的欲望。法国当代著名的天主教作家达尼尔·罗普斯(Daniel Rops,原名 Henri Petiot,1901－1965)在评论路德所称"欲望"(die Begierde)时说,不应该把人的"欲望"仅仅理解为性欲、肉欲或情欲,而应该理解为一种"不可抗拒的贪欲"(appetence irresistible),一种同时表现在人的肉体上的和精神上的本能要求;这种本能要求是贪得无厌的,以致使人停留在世俗生活中,从神的轨道上脱离开来。所以,路德沉痛地说,地狱就在现实生活中,"我根本不知道我是死还是活着。魔鬼(Satan)把我抛到绝境中,以致使我反复自问,是否存在着上帝。我因此不再去妄想认识这个问题。不信神的打算是如此强烈的苦恼,以致使我找不到任何一种言词能够正确地表达它"。

路德的这一段自白,表明这位新教的创始人是一位真正有思想的人。他之信神,是经历了对人生的深刻反省,对人格和人的现实情欲的切实感受,对世俗生活的广泛观察,以及对人世间的无止境的矛盾冲突和无底的痛苦深渊的洞察。在他的信条中,隐含着对人的本质和对现实生活的否定。"撒旦(魔鬼)是真正的杀人犯!"他的这句话,浓缩地概括了他的绝望和对彼岸世界的信仰的思想基础。[14]

路德的这些思想,当然同奥古斯丁教派的教义不兼容。当时的奥古斯丁教派的代理主教约翰·冯·斯托庇兹(Johann von Staupitz,1460-1524)为此严密地监视着路德的思想动向。但路德坚信:"真正的忏悔,开始于对正义和神的爱。"

在路德的个人历史上,1512年至1513年,是他的思想转变的决定性时刻。他的这段反省,系统地表现在他的《圣经》教学中。他从1508年起在维滕堡大学讲授《圣经》,而从1518年起,他的《圣经》课扩大成最引人注目的大讲坛。路德越是讲授《圣经》,越发现当时的天主教会对《圣经》教义的歪曲和背离。他对现实的绝望和他对《圣经》的忠诚,乃是他的新教思想的不可分离的两面。路德认为,《圣经》才是唯一的上帝意志的集中表现,一切言行都必须以《圣经》作标准来衡量。当时的天主教会为了抬高教会本身的权威,自称教会是上帝的唯一使者,从教皇到每一位教士的言行都被夸大成为"神圣的典范"或"真理的化身",相形之下,《圣经》反被置于从属的地位。路德指出,现实的一切苦难,就在于背离了《圣经》,即上帝的教诲。路德说,《圣经》的神圣性,在于它是基督的德行的真正见证。谁想要真正地把握基督的精神,就必须领会《圣经》。《圣经》是地上教会的行教和信仰的唯一准则,这是路德思想的中心点。

树立《圣经》的权威,就是为了否定教会的特权地位,为了给人世间争得被教会侵吞了的自由;这一自由是受到《圣经》保护的,因此,也是神圣不可侵犯的。

树立《圣经》的权威,也就是给予神以理性,以社会正义的最高裁判者的桂冠,从而也在神与人世之间架起了希望的桥梁,也摧毁了教会独断独行的滥施神权的可能性,为世人从痛苦解救出来而通向天堂提供一线希望。

为此,路德强调,要维护和履行正义,光凭忏悔是不够的;只顺从教会的规定更不能达到正义之路。路德说:"我全盘否定了罗马人书信第一章中所说的那句话——上帝的正义性体现在教会中;我恨这段话……"接着,他又说:"经过白天黑夜地思索,我对这段话有了新的理解。'上帝的正义显示在教会的活动中'这句话,应该这样来理解,就是说,它告诉我们,正义是通过信仰来实现的。……"由此可见,路德强调上帝的神圣地位,强调信仰之忠实性,为的是使教会完全地隶属于上帝和对上帝的信仰。一切欺骗性的信仰,即使是打着教会的旗号,都是有损于正义的。

路德本人虽然不是严格意义的哲学家,但他同样非常重视哲学,并认为哲学的改革势在必行。他认为,宗教改革如果没有伴随着哲学的改革的话,是不可能健康地进行。他说:"在彻底地根除经典教条、圣谕、经院哲学、神学和逻辑以前,我不相信,教会可以真正得到改革。"路德甚至不主张只是简单地放弃中世纪时期的亚里士多德主义,而是从根本上脱离亚里士多德的思想影响。

路德的另一个卓越贡献，是在《圣经》诠释学方面。他认为，对《圣经》的诠释，不应该只有一个版本，每一个诠释者，都可以依据自己的体会和自身的良心，对《圣经》的每一个条文和文本进行诠释。因此，在西方诠释学史上，路德还是一位占有重要历史地位的诠释学家。

马丁·路德的《圣经》诠释学是西方诠释学发展的一个里程碑，它是介于中世纪教会诠释学与现代浪漫主义诠释学之间的过渡环节。

按照路德的诠释学，对于基督教徒而言，在诠释《圣经》的任何一句圣言的时候，首先要求对耶稣基督的真爱和绝对忠诚。在这一点上，路德几乎和加尔文一样，把基督设于心中，并把基督当成高于一切的地位。路德认为，基督的重要性在于最高的神指定他作为一个活生生的十字架，所以，在诠释《圣经》的时候，必须排除教会的权威而返回到圣言文本上。

因此，路德首先拒绝传统的寓言式说明，反对各种借喻或讽喻（Allegory）的方法。路德宁愿以基督中心论诠释《圣经》的一切圣言。他认为，基督是神谕的化身，圣言唯有与耶稣基督联系在一起，才具有神谕的意义。基于此，路德强调：一切圣言都必须通过它同福音书的关系来诠释，也就是说《圣经》中的任何一句话，都必须被看成神的神圣救赎事业在耶稣基督的生命、死亡及复活中的表现，也就是说《圣经》的文本都是与福音相关，都是在耶稣基督的承诺、预言及其慈善救赎活动中呈现出来。路德指出，他所主张的改革的核心，就是把重点返回"唯一的圣言"（Sola scriptura）。因此，路德所强调的，就是《圣经》的活生生性质，它与当前的现实密切相关，使当代社会的教徒能够意识到《圣经》与自身生活的关系。而且，这样一来，福音就是原初《圣经》与现代基督徒相互关联的一个桥梁。

同样的，路德还非常重视《圣经》诠释者自身的心理修养及其对神的虔诚程度。只有对神竭诚信仰，才能正确诠释《圣经》。

马丁·路德的著作很多，迄今为止，较好的路德作品集是以下四种版本：① 魏玛出版的 120 卷本《路德全集》，这是从 1883 年路德诞辰 400 周年开始编辑出版，全书洋洋洒洒八万页，最初是由普鲁士王国教育部属下的一个官方委员会主持管理，后来，由于普鲁士王朝的结束，改由海德堡科学院负责继续编辑出版[⑮]；② 格丁根出版的《路德文集》十卷本[⑯]；③ 柏林出版的《路德全集》[⑰]；④ 莱比锡出版的学术版《路德选集》六卷本[⑱]。

马丁·路德的思想，受到越来越多的学者的重视。对马丁·路德思想进行研究的著名学者，有特奥多修斯·哈纳克（Theodosius Harnack）、阿尔布雷希·里奇尔（Albrecht Ritschl）、威廉·赫尔曼（Wilhelm Herrmann）、卡尔·霍尔（Karl Holl）、埃里克·泽贝格（Erich Seeberg）、弗里德里希·戈加滕（Friedrich Gogarten）、鲁道夫·布尔特曼（Rudolf Bultmann）、格哈德·埃贝林（Gerhard Ebeling）、瓦尔特·冯·勒韦尼希（Walther von Loewenich）、恩斯特·沃尔夫（Ernst Wolf)、汉斯·伊万德（Hans Joachim Iwand)等。马丁·路德的著作的最完整的目录，集中在赫尔曼编的《马丁·路德著作表》中。[⑲]

马丁·路德的改革思想，是文艺复兴时期尊重人权、树立理性作为"真理的审判官"地位的人文主义思想的反映。其实，自从教皇被迫于1309 年移驻法国境内的阿维尼翁（Avignon）以后，教会的统治就已经受到很大的打击。从那以后，教会逐渐走上腐败的道路。所以，毫不奇怪，与路德同一时期，在德国的其他地方和在其他欧洲国家中，也或先或后出现过主张进行宗教改革的人物。

在德国，威策尔（Georg Witzel，1501－1573)将他的宗教改革的主张集成《教会内实现协调的一个方法》出版。[⑳]即使在比较保守的经院哲学家中,也出现像维因毕纳(Konrad Wimpina,1460－1531)那样的人文主义者。㉑在瑞士,有乌尔里希·茨温利(Huldrych Zwingli,1484－1531)㉒和加尔文(Calvinus,原名 Jean Cauvin,1509－1564)㉓;在意大利,即文艺复兴的故乡,早就出现了瓦拉(Lorenzo della Valle,又称Laurentius,1407－1457)的改革思想;他勇敢地对被教会封为"绝对权威"的唯一的拉丁文版《圣经》(即由 4、5 世纪的圣杰罗姆[Saint Jerôme,约 340－420]审定的《圣经》拉丁文版本)提出了怀疑。在荷兰,伊拉斯谟㉔也同样对理性和人的信仰加以崇拜,以便限制和打击教会滥施权威的现象。伊拉斯谟和法国的雅克·勒费弗·戴塔普勒(Jacques Lefevre d'Etaples,1450－1537)一起试图修改由圣杰罗姆审定的《圣经》拉丁文版,因为他们认为圣杰洛姆为维护教会的利益而篡改了《圣经》的原意。

宗教改革时期,还有一大批像察修斯(Ulrich Zasius,1461－1535)那样主张对人的内在本质及其生活进行人文主义研究的思想家。作为法学家,察修斯在他的《解剖的几个方案》(*Antinomiarum aliquot dissolutions*,1518)和《关于民法几个条例的特别的和新的意义》(*Intellectus singulars et novi in nonnulla loca juris civilis*,1526)中,强调对人的生命权利的尊重及个人思想自由的重要性。

比察修斯稍晚一些的纪兰德尔(Guilielmus Xylander,1532－1576)甚至突破用拉丁文写作的惯例,大胆地以德文翻译欧几里得(Euclid,450－374BC)的几何学。他成为当时少数几个使用德语写作的人文主义者。借助于他本人在海德堡大学讲授希腊文、逻辑、伦理学的机会,纪兰德尔积极宣传路德的宗教改革思想。

尽管在主张进行宗教改革的神学家和思想家之间,也存在着许多意见分歧,但他们的共同点是要端正理性、信仰和教会的关系。在中世纪以前,对于持异端神学思想的人,教会总是可以采取各种措施加以取缔或给予同化。但在文艺复兴之后,对于路德等人的新思想,教会第一次显示出其无能为力的窘态。

如果说,在所有的宗教改革家之间存在着一个共同点的话,那么,这个共同点就是确立《圣经》的最高地位,确立信仰的神圣地位,而把教会置于从属于《圣经》和信仰的地位。只是在这个基础上,宗教改革家之间才对于理性与信仰的关系,产生了不同的看法。

路德不同于其他宗教改革家的地方在于:他从一开始,就是从研究圣奥古斯丁的神学思想出发,试图以一种崭新的"圣经神学"去反对亚里士多德主义的神学体系。因此,路德虽然要提高理性的地位,但是在他看来,人的理性毕竟从属于神。在路德看来,同神和对神的信仰相比,人的理性是缺乏力量的。他说,没有信仰,理性一点用处也没有,一点能力也没有,甚至变成为有害的东西。

同荷兰的伊拉斯谟相比,路德显得更加忠于上帝和忠于他的信仰。路德反对人文主义者所提出的自然神学;在信仰和理性的关系上,他主张信仰至上,理性必须为信仰服务。他在致伊拉斯谟的复文《论任性的奴仆》(De Servo arbitrio,1525)中说,理性是盲目的。接着,在他的最后几次的讲道中,路德甚至大发雷霆,指责理性是一种"魔鬼的娼妓"。

由此看来,路德的宗教改革远不能与文艺复兴时期的人文主义思想家相比拟。他们之间有过共同的思想感情,这就是反对教会的绝对统治,追求个人自由。但是,路德毕竟是一位宗教改革家,神在他的心目中占据着绝对高的地位。而他的新神学,充其量无非是要建立一种对神本身的崇拜,以取代中世纪那种对教会的绝对崇拜的神学。他对理性的态度,就其反对教会的绝对统治而言,是有进步意义的。

路德在 1517 年 10 月 31 日正式公布其改革宣言,这就是《九十五条论纲》(*Disputatio pro declaratione virtuis indulgentiarum*)。这是一篇关于赎罪券效能的辩论提纲。在他那个时代,教会已堕落到公开搜刮人民钱财的程度。一位叫约翰·特策尔(Johannes Tetzel,1465 - 1519)的多明我会修士,在散发赎罪券而骗取信徒钱财的时候,居然唱道:"一旦钱币在钱箱中发出回响时,折磨灵魂的炼狱立即消逝无影。"路德的上述辩论提纲就是为了针锋相对地揭露教会的腐败。路德在论纲中指出,教会所施与的赦罪,没有丝毫用处,只有唯一的上帝,才有权宽恕向他忏悔的人。

路德的改革冲击着教会的污垢,开辟了基督教生活的新生面。总的来说,对上帝的尊严的恢复,同时也打开了确立人的尊严可能性之门。

由于马丁·路德在德国思想和哲学史上占据非常重要的地位,对于他的研究最近多年有进一步增长的势头。为此,他的著作的整理也成为当代研究工作的一个重点。

路德的神学思想为德国哲学的新发展提供了良好的精神遗产,但另一方面,路德的思想也激起其他有不同意见的思想家们在其他不同的思路上进行更深的探索。与马丁·路德处于同一时代的菲利普·梅兰希顿(Philippe Melanchthon,原名 Philipp Schwartzerdt,1497 - 1560),作为马丁·路德的学生,虽然和路德一样主张改革,但他比路德更重视"自然之光",更重视哲学思维。

梅兰希顿多才多艺,是古语言学家、哲学家、人文主义者、神学家、教师兼诗人,由于他在宗教改革时期的卓越贡献,人们往往称之为"德国教师"(Praeceptor Germaniae;Lehrer Deutschlands)^②。

在德国文化史和哲学史上,梅兰希顿的重要贡献,就在于提出和完成了德国的大学教育改革,使德国比欧洲的任何其他国家,都更稳定地推广大学的世俗教育制度。但与此同时,德国的稳定的大学教育制度,又使哲学继续像经验哲学那样，保留其严格的教条形式，不利于哲学在学院之外的自由创造，如法国等国的哲学那样。

梅兰希顿出生于布雷滕(Bretten)。年少时聪明过人，由他的老师约翰·路希林取名为梅兰希顿。十二岁半时，他进入海德堡大学，1512年十五岁获得硕士学位。由于过早获硕士学位，他必须等到1514年十七岁时，才能合法地进入蒂宾根大学哲学系。正是在那里，他接受了人文主义教育，使他成为一位人文主义者。他把当时具有多种含义和背景的人文主义思潮，改造成为有利于文化改革的新型人文主义。在当时的德国，由于发现新大陆以及其他新发明，特别是约翰·古登堡(Johann Gutenberg，1400 - 1468)的书籍印刷术的发明，人们的世界观发生了很大的变化。伊拉斯谟和约翰·路希林等人的人文主义，尤其影响了梅兰希顿。1518年二十一岁时，他到维滕堡大学任教。这一年的8月28日，他以《关于青年的课程教育的改造》(*Über die Umgestaltung des Jugendunterrichts*)为题，在维滕堡大学发表就职演说。任课的同时，梅兰希顿还坚持研读路德神学理论。

梅兰希顿作为教会的思想家，当然也和路德一样主张把《圣经》置于理性之上；但他认为改革的理论基础应是长期以来作为经院哲学根基的亚里士多德哲学——确切地说，是被教会改头换面的亚里士多德哲学。梅兰希顿同伊拉斯谟一样，针对着路德而捍卫"意志自由"的观点。梅兰希顿的哲学理论曾经普遍地扩展在德国的大学讲坛上，并被人们称为"新经院哲学"（Neoscholastik）或"温和的经院哲学"（gemaessigte Scholastik）⑤。

梅兰希顿的"温和的经院哲学"，一方面是从中世纪烦琐哲学向新哲学转变的过渡表现形式，另一方面也是对以尼古拉·陶勒努斯(Nicolaus Taurellus，1547 - 1606)为代表的反亚里士多德主义的激进派的一种牵制力量^②。

梅兰希顿的学生施特里格尔(Vicotrinus Strigel, 26, 12, 1524 - 26, 6, 1569)继续传播他的神学理论,并做较为详尽的诠释工作。

当然,即使是在马丁·路德的改革时代,原来的亚里士多德主义仍然还保持相当大的势力。当时,教会仍然鼓励人们研读和领会亚里士多德的著作。所以,教会继续支持翻译亚里士多德文献。曾经在意大利受过训练的里希乌斯(Paulus Ricius,1480/1485 - 1542)为翻译亚里士多德文献作出了重要贡献。

第四节　闵　采　尔

与马丁·路德同时向基督教教会的权威发出挑战和发动思想讨伐的重要历史人物,是托马斯·闵采尔(Thomas Müntzer/Münzer, 1489 -1525)。他是宗教改革家、神学家,也是革命家。在 1524 年至 1526 年的德国农民战争(Deutscher Bauernkrieg)中,闵采尔成为起义农民的领袖。如果说马丁·路德的思想代表了德国 14 至 15 世纪时期市民中的中等阶级的社会利益的话,那么,托马斯·闵采尔就是宗教改革时期德国农民利益在理论上和在实践上的代表人物。闵采尔的激进改革思想,不仅使德国的宗教改革运动发生分裂,而且也直接成了德国大规模的农民战争的理论先导。

闵采尔是德国中部哈茨山(Harz)地区施托尔贝格(Stolberg)人。这一带辽阔的由海岸褶皱地层组成的山林,长期以来一直是德国中世纪时期最黑暗的地区之一。在这里,鞭笞刑为统治者世代采用,以致被看作当地的一种"传统",所以,后来,当歌德(Johann Wolfgang von Goethe, 1749 - 1832)进行文学创作揭露德国 15 世纪的黑暗生活时,曾经把闵采尔的这个故乡,描写成女妖们在黑夜中寻欢狂舞之所在。歌德描写道,每年的一个固定的日子的前夕,女妖们聚集在布罗肯山林中狂欢。这就是歌德所说的"瓦普几司之夜(die Walpurgisnacht)"㉗。可以想象,出身于如此贫困的地方,闵采尔从小就感受到生活的沉重的苦难。闵采尔比路德小七岁,儿童时期就成为失去父母的孤儿,在莱比锡和奥得河畔的法兰克福过流浪生活。

闵采尔是在1519年在莱比锡市与马丁·路德相遇的。当时,路德只从表面上赞赏闵采尔的改革热情,于是派闵采尔到茨维考(Zwickau)去布道。路德一点也不知道,早在六年前,闵采尔已经组织了一个秘密的地下团体。闵采尔到茨维考这个纺织业中心,看到那里的穷人正在闹着准备造反。他热情地支持造反的穷人,立即造成了他与路德的决裂。接着,闵采尔到波希米亚地区同捷克农民运动领袖扬·胡斯(Jan Hus,1369-1415)所创建的左翼组织联合在一起,在波希米亚地区进行劫富济贫的革命活动。胡斯派早在这一地带实行与罗马教皇断绝一切来往的宗教改革措施,实行所谓"再洗礼主义"(Anabaptism)㉘。

1521年,闵采尔在布拉格向波希米亚的"再洗礼派"发出号召,要求"借助于神怒,向一切歪曲真正信仰的人作斗争"。在这个文告中,闵采尔还直截了当地批判马丁·路德对教会压力的屈从,指责路德"重弹《圣经》书信之滥调,如同鹤吐出蛤蟆一样"。闵采尔自称是"光芒四射的神恩"的化身,号召穷人"磨快镰刀去收割粮食"。敏感的统治者恐惧万状,于1522年1月把他驱逐出布拉格。第二年春,闵采尔在矿产地曼斯费尔德教区任主持教士。就在这个马丁·路德也开展布道活动的同一个地方,闵采尔和路德一样,同一位女教士结婚。闵采尔在路德之先,采用德语念经,主持弥撒。在这里,闵采尔吸收矿工参加秘密结社,同手工艺工人取得联系。对于路德向上层贵族的妥协,闵采尔指责为

"被盗窃的信仰"。闵采尔在一定程度上继承了埃克哈特主义,同时也重申了埃克哈特的学生约翰·陶勒关于"上帝的意志"的决定性作用的观点,强调十字架的历史见证作用,声言灵魂深处的"愚昧",以及以往的经验的主观的适应性。

闵采尔指出,在这样一种似乎消除了"信仰的哪怕一丁点儿的痕迹"的穷困中,在等待着解放的曙光的过程中,"上帝之友被引向地狱的深陷"。闵采尔所追求的,毋宁是一种既不需要《圣经》式的经典、又不要"圣事""祭祀"之类的"自然宗教",因为在他的一系列对寓言和传统象征的注释中,他强烈地渴望"超越各种种族和王国的杂多性"的"内在精神"。他和再洗礼派一样,否认原罪是"自然界对人的腐蚀的结果"。他认为,在人心内部,存在着神秘的、可以凭着坚韧而增长其力量的"神性的火花"。他说,上帝从来不拒绝人世间的基督的再生,而这个基督的再生恰巧来自"充满欲望的心""而在这内心中,隐藏着信仰"。闵采尔作为一个革命家,时时表现出"要把上帝从睡梦中唤醒"的倾向。

闵采尔与路德相反,主张用武器来实现地上乐园。在米尔豪斯市(Mühlhausen),闵采尔依据《旧约》中所提的四大预言家之一耶利米(Jeremiah)的教导,抨击维滕堡的"新巴比伦"犯了"使上帝变成哑的、荒诞和虚构的"罪行。当闵采尔到纽伦堡讲道时,公布了《有充分理由的辩护词》,这是他的社会及政治哲学的提纲性著作。他在这部著作中揭露了王公大人们的罪恶。他说,王公大人们把上帝的一切创造物都占为己有:水中的鱼,空中飞的鸟禽,地上的植物,都应该是他们的所有物。接着,他们向穷人宣布上帝的戒律,宣称:上帝指示,你什么都不许偷!但是,这些王公大人们自己根本不服从上帝的告诫。因此,我们现在看到他们盘剥着所有的人:穷困的劳动人民,穷苦的手工业者。他们敲骨吸髓。因此,如果谁拿走了哪怕是一点小小的东西,就要被吊死！富尔伯博士说道：阿门！③

　　显然，闵采尔的著作是在论证造反的合理性。他和所有的农民起义领袖一样，在农民中间散布一种能在地上建立天堂的幻想，即建立一种没有剥削、没有私有财产的天国理想。他走遍施瓦本和阿尔萨斯地区。他在格里森市旅居时，与周围秘密团体保持密切的联系，号召他们起义。他说，总有一天，那些吸血鬼和"肥头大耳的蠢猪们""要被肢解"。他在为施瓦本地区起义农民起草的《十二条纲领》中，把夺取政权看作一件大事；但他缺乏具体的行动纲领。

　　在 1525 年致曼斯费尔德矿工的信中，他号召矿工加入农民起义队伍。他说："亲爱的兄弟们，……你们究竟要沉睡到什么时候？……如果你们拒绝为上帝忍受痛苦，你们就将成为魔鬼的殉葬人。现在是时候了，你们该行动起来了。日耳曼的、法兰克的和罗马的所有地方，都苏醒了！……农民们起义了，他们有三万多人，他们的队伍还不断地在扩大。……要趁热打铁！……只要这些坏蛋还活着一天，你们就不能从对人的恐惧中解放出来，只要他们还统治你们，谁也无法向你们说到上帝！"③

　　闵采尔和路德，构成了德国宗教改革时期两个最大的思想代表人物；他们两人，从两个对立的方面，表现了即将到来的德国思想大解放的重要特点，即理性和宗教信仰两大因素始终起着决定性的作用。

　　从 15 世纪到 20 世纪初，德国的任何一种哲学理论，都离不开理性和宗教的成分。

注释

① J. Burckhardt, Die Kultur der Renaissance in Italien, In **Jacob Burckhardt Werke. Kritische Gesamtausgabe**. Hrsg. von der Jacob-Burckhardt-Stiftung, Basel. Bd. 4, Schwabe, Basel,/C. H. Beck, München, 2002.

② Publius Terentius Afer, *Heautontimoroumenos*, v. 77. In Terentius Afer, Publius: *Der Selbstquäler*, *Werke* (*Gesamtausgabe in einem Band*). Aus dem Lateinischen übertragen, mit Einleitung versehen und hrsg. von Dietrich Ebener. Aufbau, Berlin/Weimar, 1988; Lawrence Richardson, Jr., *The Terentian Adaption of the Heauton Timorumenos of Menander*, In **Greek, Roman and Byzantine Studies 46**(2006): 13 – 36.

③ Walter Krämer, *Neue Horizonte: das Zeitalter der großen Entdeckungen*. 4. Aufl. Urania-Verlag, Leipzig, 1978 (Geschichte der Entdeckungen unserer Erde; 3); Eberhard Schmitt (Hrsg.): *Dokumente zur Geschichte der europäischen Expansion*. Beck, München, 1984; Daniel J. Boorstin, *Entdeckungen, Das Abenteuer des Menschen, sich und die Welt zu erkennen* ("The discoverers"). Pawlak Verlag, Herrsching, 1991.

④ Friedrich Klemm, *Geschichte der Technik. Der Mensch und seine Erfindungen im Bereich des Abendlandes*. Rowohlt, Reinbek, 1983.

⑤ *Zwinger*, *Theodor d. Ä..* In: Herbert Jaumann (Hrsg.): *Handbuch Gelehrtenkultur der Frühen Neuzeit*. Bd 1: *Bio-bibliographisches Repertorium*. de Gruyter: Berlin/New York, 2004, S, 719; Helmut Zedelmaier: *Navigieren im Text-Universum: Theodor Zwingers Theatrum Vitae Humanae*. In: **Metaphorik** 14, 2008: 113 – 135.

⑥ Erasmus, *Das Lob der Torheit*. Bearbeitet von Josef Lehmkuhl. In: Josef Lehmkuhl: *Erasmus-Machiavelli. Zweieinig gegen die Dummheit*. Königshausen & Neumann, Würzburg, 2008; Bertrand Galimard Flavigny, *Érasme*, *prince des humanistes: son Éloge de la Folie*, *le succès du XVIᵉ siècle*, **Canal Académie**, 18 septembre, 2011; Érasme, *Éloge de la folie*, traduit du latin par Thibault de Laveaux, avec une postface de Philippe Farget, Turin: Éditions Mille et une nuits, 1997.

⑦ Heinrich Detmer, *Bilder aus den religiösen und sozialen Unruhen in Münster während des 16. Jahrhunderts. Teil 1. Johann von Leiden. Seine Persönlichkeit und seine Stellung im Münsterschen Reiche*. Coppenrath, Münster, 1903; Joachim Fest, *In Münster und anderswo. Zu Friedrich Reck-Malleczewens "Bockelson"*, in: *Aufgehobene Vergangenheit. Portraits und Betrachtungen*, München, 1983: 96 – 114; Friedrich Reck-Malleczewen, *Bockelson. Geschichte eines Massenwahns. Die Geschichte der Wiedertäufer von Münster*. Schützen-Verlag, Berlin, 1937; Robert Schneider, *Kristus. Das unerhörte Leben des Jan Beukels*. Roman. Aufbau-Verlag, Berlin, 2004.

⑧ Hans-Peter Becht, *Medizinische Implikationen der historischen Pestforschung am Beispiel des „Schwarzen Todes" von 1347/51*. In: *Stadt und Gesundheitspflege.*

Hrsg. von Bernhard Kirchgässner und Jürgen Sydow, Sigmaringen, 1982; *Stadt in der Geschichte, 9*; 78 – 94; Klaus Bergdolt, *Der schwarze Tod in Europa*. 3. Auflage. Becksche Reihe. C. H. Beck, München, 2011; Neithard Bulst, *Der Schwarze Tod. Demographische, wirtschafts-und kulturgeschichtliche Aspekte der Pestkatastrophe von 1347 – 1352; Bilanz der neueren Forschung*. In: *Saeculum*. Bd. 30, 1979; 45 – 67.

⑨ William Shakespeare, *Hamlet*.

⑩ Wilhelm Kühlmann u. a. (Hrsg.), *Die deutschen Humanisten. Dokumente zur Überlieferung der antiken und mittelalterlichen Literatur in der Frühen Neuzeit*. Brepols, Turnhout, 2005 ff.; Abteilung 1: *Die Kurpfalz*, Band I/1; *Marquard Freher*, 2005; Band I/2: *Janus Gruter*, 2005; Band 2: *David Pareus, Johann Philipp Pareus und Daniel Pareus*, 2010; Band 3: *Jacob Micyllus, Johannes Posthius, Johannes Opsopoeus und Abraham Scultetus*, 2011; Winfried Trillitzsch; *Der deutsche Renaissance-Humanismus*. Röderberg, Frankfurt am Main, 1981 (deutsche Übersetzungen humanistischer Texte).

⑪ Evamaria Engel (Hrsg.), *Karl IV.-Politik und Ideologie im 14. Jahrhundert*. Böhlau, Weimar, 1982; Marie-Luise Heckmann, *Zeitnahe Wahrnehmung und internationale Ausstrahlung. Die Goldene Bulle Karls IV. im ausgehenden Mittelalter mit einem Ausblick auf die Frühe Neuzeit. Mit einem Anhang unter Mitarbeit von Mathias Lawo: Nach Überlieferungskonfigurationen geordnete Abschriften der Goldenen Bulle*. In: *Die Goldene Bulle. Politik, Wahrnehmung, Rezeption*. Hrsg. von Ulrike Hohensee, Mathias Lawo, Michael Lindner, Michael Menzel und Olaf B. Rader, Bd. 1, Berlin, 2009; 933 – 1042; Ferdinand Seibt: *Karl IV. Ein Kaiser in Europa*. Frankfurt am Main 2003; Ferdinand Seibt (Hrsg.), *Kaiser Karl IV. Staatsmann und Mäzen*. Katalog der Ausstellung in Nürnberg und Köln, 1978/79, München, 1978.

⑫ Frédéric Duval (Hrsg.), *Eneas Silvius Piccolomini: Œuvres érotiques. Cinthia, Historia de duobus amantibus avec L'ystoire de Eurialus et Lucresse d'Octovien de Saint-Gelais (avant 1489), De remedio amoris*. Brepols, Turnhout, 2003; Jean-Louis Charlet (Hrsg.): *Enea Silvio Piccolomini: Chrysis*. Champion, Paris, 2006; Reinhold F. Glei, Markus Köhler (Hrsg.): *Pius II. Papa: Epistola ad Mahumetem. Einleitung, kritische Edition, Übersetzung*. Wissenschaftlicher Verlag Trier, 2001.

⑬ E. H. Erikson, *Young Man Luther: A Study in Psychoanalysis and History*, New York, 1962; Butler-Bowdon, Tom (2007), *50 Psychology Classics: Who We Are, How We Think, What We Do; Insight and Inspiration From 50 Key Books*. London & Boston: Nicholas Brealey, 2007; 324.

⑭ Martin Brecht, *Martin Luther*. Bd. 1: *Sein Weg zur Reformation 1483 – 1521*, Stuttgart, 1981; Bd. 2: *Ordnung und Abgrenzung der Reformation 1521 – 1532*, Stuttgart, 1981 und, 1986; Bd. 3: *Die Erhaltung der Kirche 1532 – 1546*, Stuttgart, 1987; Heinrich Fausel, D. *Martin Luther. Sein Leben und Werk*, 2 Bände, Bd. 1: 1483 – 1521, Bd. 2: 1522 – 1546, 1996; Horst Herrmann, *Martin Luther. Ketzer und Reformator, Mönch und Ehemann*, München, 1999; Friedrich Wilhelm Kantzenbach, *Martin Luther. Der bürgerliche Reformator*, Braunschweig, 1999; Wolfgang Beutin, *Der radikale Doktor Martin Luther. Ein Streit- und Lesebuch*. Peter Lang GmbH, Internationaler Verlag der Wissenschaften, Frankfurt am Main, 2016.

⑮ Martin Luther, **D. Martin Luthers Werke**. 120 Bände Weimar, 1883 – 2009.

⑯ Kurt Aland (Hrsg.), *Luther deutsch. Die Werke Martin Luthers in neuer Auswahl für die Gegenwart. (1957 – 1974)* 4. Auflage. Vandenhoeck und Ruprecht, Göttingen, 1991.

⑰ Kurt Aland (Hrsg.), *Martin Luther. Gesammelte Werke*. CD – Rom, Digitale Bibliothek Band 63, Directmedia, Berlin, 2002.

⑱ *Martin Luther. Studienausgabe in 6 Bänden*. Evangelische Verlagsanstalt, Leipzig, 1987 – 1999.

⑲ Horst Herrmann, *Martin Luther-Eine Biographie*, Berlin, 2003.

⑳ G. Witzel, *Epistolarum, Quae Inter Aliquot Centurias videbantur partim profuturae Theologicarum literarum studiosis, partim innocentis famam aduersus Sycophantiam defensurae*, Libri Quatuor.-Leipzig, 1537; Christian Pleuger, *Der humanistische Reformkatholozismus am Beispiel der Auseinandersetzung zwischen Martin Luther und Georg Witzel*. (Georg-Witzel-Archiv, Reihe Sekundärliteratur, Bd. 1). Hagen, 1980.

㉑ *Wimpina, Conrad oder Conrad von Wimpfen*. In: Johann Heinrich Zedler: *Grosses vollständiges Universal-Lexicon Aller Wissenschafften und Künste*. Band 57, Leipzig, 1748, Spalte 412 – 419; Remigius Bäumer: *Konrad Wimpina (1460 – 1531)*. In: Erwin Iserloh (Hrsg.): *Katholische Theologen der Reformationszeit*. Münster, 1987: 7 – 17; Josef Negwer: *Konrad Wimpina: ein katholischer Theologe aus der Reformationszeit*. Breslau, [1909] 1967.

㉒ Zwinglis *Sämtliche Werke*, Zürich, [1545 – 1581] 1861; *Huldreich Zwinglis sämtliche Werke*; einzige vollständige Ausgabe der Werke Zwinglis, unter Mitwirkung des Zwingli-Vereins in Zürich herausgegeben von Emil Egli. 21 Bände, Berlin/Leipzig bzw. Zürich, 1905 – 2013; Edwin Künzli, *Auswahl seiner Schriften*. Theologischer Verlag Zürich, Zürich, 1962; Ernst Saxer, *Ausgewählte Schriften in neuhochdeutscher Wiedergabe mit einer historisch-*

biographischen Einführung. Neukirchener Verlagsgesellschaft, Neukirchen-Vluyn, 1988.

㉓ Eberhard Busch (Hrsg.), *Calvin-Studienausgabe.* Neukirchener Verlag, Neukirchen-Vluyn 1994 ff.

㉔ Werner Welzig (Hrsg.), *Erasmus von Rotterdam: Ausgewählte Schriften.* 8 Bände. Wissenschaftliche Buchgesellschaft, Darmstadt, 1995.

㉕ Michael Beyer, Stefan Rhein, Günther Wartenberg (Hrsg.), *Melanchthon deutsch.* 4 Bände. Leipzig, 1997 – 2012; Walther Ludwig (Übersetzer), *Philipp Melanchthon: Initia Doctrinae Physicae, Dictata in Academia Vuitebergensi. Die Anfänge der physikalischen Lehre, vorgetragen an der Universität Wittenberg.* Leidorf, Rahden, 2008; Heinz Scheible, Christine Mundhenk (Hrsg.), *Melanchthons Briefwechsel. Kritische und kommentierte Gesamtausgabe.* Frommann-Holzboog, Stuttgart-Bad Cannstatt, 1977 ff.

㉖ Martin Greschat, *Philipp Melanchthon, Theologe, Pädagoge und Humanist.* Gütersloher Verlagshaus, 2010; Horst Jesse, *Leben und Wirken des Philipp Melanchthon. Dr. Martin Luthers theologischer Weggefährte.* Herbert Utz, München, 2005; Martin H. Jung, *Philipp Melanchthon und seine Zeit.* Vandenhoeck & Ruprecht, Göttingen, 2010.

㉗ Johann Eduard Erdmann, *A History of Philosophy,* vol. I, N. Y., 1922; 607 – 611; F. X. Schmid, *Nicolaus Taurellus, der erste deutsche Philosoph,* Erlangen, 1864.

㉘ Johann Wolfgang von Goethe, *Walpurgisnachtstraum.* In: *Faust I*; Johann Wolfgang von Goethe: *Klassische Walpurgisnacht.* In: *Faust II.*

㉙ Bernhard M. Baron, *Der Zug des Magisters Jan Hus 1414 durch die Obere Pfalz.* In: *Oberpfälzer Heimat,* Band 37 (1993), Weiden in der Oberpfalz, S. 75 – 80; Tania Douglas, *Jan Hus. Der Feuervogel von Konstanz* (Historischer Roman), Fontis-Verlag, Basel, 2015; Eugen Drewermann, *Jan Hus im Feuer Gottes. Impulse eines unbeugsamen Reformators,* Patmos Verlag, Ostfildern 2015; Richard Friedenthal, *Jan Hus.* Der Ketzer und das Jahrhundert der Revolutionskriege. In: *Edition Piper,* Band 331, 4. Auflage. Piper, München/Zürich, 1987.

㉚ Ernst Bloch, *Thomas Muenzer als Theologe der Revolution,* Reclam, Leipzig, 1989.

㉛ Gerhard Wehr (Hrsg.), *Thomas Müntzer; Schriften und Briefe.* Diogenes, Zürich, 1989; Helmar Junghans (Hrsg.), *Thomas-Müntzer-Ausgabe. Kritische Gesamtausgabe.* Evangelische Verlagsanstalt, Leipzig, 2004 ff.; Alfred Meusel, *Thomas Müntzer und seine Zeit. Mit einer Auswahl der Dokumente des großen deutschen Bauernkrieges.* Aufbau-Verlag, Berlin, 1952.

第三章
启蒙的历史前提

　　经历从 14 世纪至 16 世纪漫长的思想准备及理论酝酿过程，17 世纪的德国正处在启蒙的前夜。严格地说，为了实现从中世纪漫长的基督教神学和经院哲学的桎梏中的思想解放，欧洲从 14 世纪开始就在思想文化领域进行了长期曲折的改革和更新过程，好几代思想家和哲学家为此付出了无数代价；思想文化改革不得不经历反复的更新过程。尽管哲学思想更新取得了丰硕的成果，但即使到了 17 世纪，在德国，经院哲学、神秘主义、理性主义、人文主义和新型的法哲学，也还是交错地同时存在，各种思想流派的交锋非常激烈和活跃。当时的主要思想流派有改革派、亚里士多德主义、神秘主义、新原子论和自然法学派等。由于德国的大学在当时蓬勃发展，各个大学也往往成为理论研究和科学争论的阵地，这也为这一时期的哲学发展提供了最合适的环境。

　　但是，总的来讲，整个 17 世纪期间，德国的哲学尚未真正采取系统论述的形式，也还没有从广泛的知识探索中脱离出来，因而尚未出现真正的专业哲学家，只有雅各布·波墨(Jakob Böhme，1575－1624)和莱布尼茨除外。而在这一时期，作为启蒙思想的先声，基本上是人文主义、神秘主义、自然神学和新型的法哲学并行发展，一方面为德国的启蒙运动做了思想准备，另一方面也奠定了德国启蒙运动的哲学思想的基调，显露出德国启蒙与近代哲学思想内涵及其表现形式的特征，即人文主义、浪漫主义、理性主义、虔信主义和神秘主义的交错渗透及其对此后德国哲学发展趋向的决定性影响。

第一节　大学的发展及其启蒙意义

德国启蒙运动的发生及其发展，不论就其历史基础，还是就其过程而言，都是与 16 至 18 世纪遍布德国各地的大学教育网络的创建及其发展紧密联系在一起。德国的大学对启蒙运动的产生和发展做出了卓越的贡献；不但在思想上提供理论的准备，而且也培养和训练了一批杰出的思想家和知识分子，作为启蒙运动的理论和思想先锋。同时，德国的大学一直作为哲学思想创造的重要基地和学术研究的重要平台，为推动德国近现代思想建设发挥了中坚骨干的作用。

德国大学具有不同于其他国家大学的独有特色，这首先指的是它们在全国的均匀分布及其研究重点和组成队伍的多样性；其次，还表现在德国大学在创办学术论坛、学术研究刊物、研究中心和学术自由的研究风气方面的特色。

紧接着巴黎大学兴建之后的维也纳大学，创立于 1365 年，而海德堡大学创立于 1386 年。接着，在 14 世纪，还创建了爱尔福特大学（1389 年创立，但有人考证认为它创立于 1379①）和科隆大学（1388）；15 世纪又先后创建维尔茨堡大学（1402）、莱比锡大学（1409）、罗斯托克大学（1419）、格赖夫斯瓦尔德大学（1456）、弗赖堡大学（1457）、慕尼黑大学（其前身英戈尔施塔特［ingolstadt］大学创立于 1472）、特里尔大学

(1473)、美因茨大学(1477)、蒂宾根大学(1477)等。到了 16 世纪,又有一批新的大学先后建立:维滕堡大学创立于 1502 年,奥得河畔的法兰克福大学(1506)、耶拿大学(1558)、哈勒-维滕堡大学(1582)和马堡大学(1527)等。

谈到 16 世纪,我们首先从位于德国中部偏西的马堡谈起,因为马堡从 1140 年起,就成为位于中世纪欧洲交通枢纽的重要城邦,它紧靠着兰河(Lahn),连接着科隆与布拉格,是从北海通往南欧阿尔卑斯山和意大利地区的交通要冲;而且,马堡有一个以菲利普一世(Philipp I,1504－1567)命名并创建于 1527 年的马堡大学,这是全世界最早的基督教新教派的大学,在德国从 16 至 18 世纪的大学教育发展事业中做出了重要贡献,而在哲学方面,马堡大学是 16 世纪普及哲学教育的先锋。

马堡大学的老果格列尼乌斯(Rudolf Göckel,即 Rudolf Goclenius der Ältere,拉丁名 *Rudolphus Goclenius*,1547－1628,又译"郭克兰纽")教授是 16 世纪末至 17 世纪初的重要哲学家、逻辑学家及百科全书主编。他生于科尔巴赫(Korbach),哲学史上一般把他称为"老果格列尼乌斯",主要是为了避免与他的同名同姓的儿子果格列尼乌斯(Rudolf Goclienius der Jünger,1572－1621,即后来人称"小果格列尼乌斯")相混淆。

老果格列尼乌斯从 1589 年起任马堡大学的逻辑学、数学、心理学及伦理学的讲座教授,成为改革派新哲学的第一个代表人物。后来,老果格列尼乌斯和法学家赫尔曼·乌尔德居斯(Hermann Vultejus,1555－1634)一起,在长达十几年的合作中,把马堡大学建设成为德国著名的学府。

赫尔曼·乌尔德居斯是德国最早创建法学体系并对现代法哲学的

发展做出贡献的著名学者。他长期研究罗马法，并结合欧洲在文艺复兴后的实际状况，探索了新法学的发展前景。

老果格列尼乌斯在1598年发表的《亚里士多德及经院哲学形而上学导论》，复兴了被中世纪经院哲学所窒息的形而上学理论。在他之前，马丁·路德的学生梅兰希顿早已把形而上学从神学体系中解放出来。老果格列尼乌斯在他的著作中，继承西班牙耶稣会神学家贝尼托·佩雷拉（Benito Pereyra，1535－1610）的研究成果，把"第一哲学"，即所谓关于超验的事物和关于范畴的理论，同专门论述上帝和论述理智的、严格意义上的形而上学相区别。这样一来，在老果格列尼乌斯那里，作为自然神学的形而上学，是研究最一般的科学的一种特殊科学。这个最一般的科学就是"关于作为存在的存在的科学"，这样一来，老果格列尼乌斯就把"存在论"（Ontologie）从一般的形而上学（Metaphysik）分离出来[2]。

老果格列尼乌斯还著有《哲学辞典》和《哲学的协调》等。值得注意的是，在后一部著作中，他不仅试图表现当时极其流行的创作风格，即努力使传统因素之间及其与神学之间，实现某种程度的和谐，而且，他还总结了到当时为止的经院哲学的症结所在。[3]

老果格列尼乌斯的儿子小果格列尼乌斯（Rudolf Goclenius der Jüngere，1572－1621）生于维滕贝格，也是马堡大学教授，但小果格列尼乌斯主要对生物学、医学、物理学、生理学和数学感兴趣，所以，人们很少在哲学史中提及他。但他实际上也深刻地探讨了哲学问题。他在《为天文爱好辩护》一文中，表现了一种立足于理性推理基础上的科学想象能力。[1]

老果格列尼乌斯的学生奥托·卡斯曼（Otto Casmann，1562－1607）在改革哲学的道路上继续前进，并不满足于称哲学为"人文艺术或自由艺术"，即所谓"百科全书"（encyclopedie）而已，而是努力使哲学获得其独特的叙述和表达方式。他先是在施泰因福特（Steinfurt），接着在施塔德（Stade）担任校长，向学生们灌输哲学和宗教思想。卡斯曼坚决认为，哲学家应该由自己的理性所支配，而不应该听可疑的权威的指挥。人应该信赖经验和"自然之光"。卡斯曼学识渊博，其著述涉及许多学科，是康德等人从事全面哲学探讨的先锋和模范。⑤

卡斯曼之后，是他的学生克莱门斯·丁伯勒（Clemens Timpler，1567－1624）勇敢地赞颂理性和"自然之光"。他的著作《方法论形而上学体系》（*Metaphysicae systema methodicum*，1604）明确指出，形而上学的对象不只是"作为存在的存在"，而且还包括一切可以被理性的"自然之光"所理解的事物，它还包括它的对立面或"补充因素"——即"无"。丁伯勒对一般存在做了更精细的分析和规定。

由果格列尼乌斯及其学生们所弘扬的哲学改革理论，遭到保守的路德派的反对。路德和加尔文的追随者雅各布·马尔丁尼（Jakob Martini，1570－1649）、芬克（Caspar Fink，1578－1631）、马泰（Christian Matthiae，1584－1655）、塞伯勒（Christoph Scheibler，1589－1653）和阿尔施泰德（J. H. Alsted，1588－1638）等，不希望哲学理论脱离神学太远。但正如莱布尼茨后来的正确评价所说，丁伯勒的哲学体系，作为一种新的改革尝试，虽然注重方法论，但只满足于对传统知识的系统整理，缺乏构成的原则和新的逻辑思想。

在当时的海德堡，另一位主张建立新的哲学体系的改革型的哲学家是凯克尔曼教授，他所创建的系统方法对于荷兰的加尔文派有很大的影响，他的逻辑著作后来由阿尔施泰德加以出版，书名为《系统体系》（*Systema systematum*）。

阿尔施泰德，作为加尔文派的理论家，是黑博恩（Herborn）大学和特兰西瓦尼亚(Transylvanie)大学的哲学和神学教授。他也很注重科学论和方法论的研究。他的《自然哲学总论》(*Generalis theoria de philosophiae natura et studio*)是一种新的百科全书式的哲学体系，分别论述哲学的本质、原则和方法。显然，阿尔施泰德试图创建一种系统的哲学和神学的百科全书，他在 1630 年出版的《百科全书》包括 35 卷，为此他自称"这是每个人都必须在其一生中把握的包罗万象的知识系统"。[6]正是在此基础上，后来的莱布尼茨试图继续完成这部百科全书并进一步使之现代化。

在当时的德国，有许多大学的哲学教授都力图把哲学改造成百科全书式的知识论和方法论系统，在这些教授中，最有声誉的包括：维滕堡大学的沙夫(Johannes Scharf，1595－1660)[7]、蒂宾根大学的盖尔富斯(Johannes Geilfus，1592－1654)、莱顿大学的赫列布(Adriaan Heereboord，1614－1659)、马堡大学的孔巴赫(Johann Combach，1585－1651)及海德堡大学的夸美纽斯(J. A. Comenius，1592－1670)等。

在德国"三十年战争"(1618－1648)之后，德国的改革派哲学逐渐衰落，保守的路德派又重整旗鼓，统治德国理论界直到莱布尼茨时代的前夕。路德派用以对抗改革派的主要理论武器，无非是被改头换面的亚里士多德主义。在路德派哲学家当中，黑尔姆施泰特(Helmsted)大学的马丁尼(Cornelius Martini，1568－1621)教授是成绩卓著者。他在1597 至 1599 年在大学讲授的形而上学讲义，以《形而上学释义》为名出版成书，并成为许多大学的形而上学标准教材。

莱布尼茨的老师之一、莱比锡大学教授雅各布·托马苏斯(Jakob Thomasius，1622－1684)则是自然神学的维护者。他在其著作《形而上学史概论》(*Erotemata metaphysica*，1672)中，坚持把形而上学与自然神学等同起来。

另一方面,雅各布・托马苏斯的学生格奥尔格・古特克(Georg Gutke,1589－1634)则致力于重建亚里士多德主义的原则论。他认为,亚里士多德所说的"理智(或智能)"(intelligentia),作为"原则"的"场所",并不是先天的,而是在灵巧的思索中得来的;在这一点上,他与意大利著名哲学家兼数学家和医生卡尔达诺(Gerolamo Cardano,1501－1576)持相同意见。同时,古德格和马尔丁尼一样,认为事物是我们的心灵和精神的尺度,而不是相反。瓦伦丁・弗罗梅(Valentin Fromme,1601－1675)把古特克的上述观点扩展到认识问题上,试图借此探索认识能力的限度及人的认识的可能范围。

尽管改革派作出了努力,试图使哲学从神学的束缚下解放出来;尽管保守的路德派也试图使神学世俗化,但更加正统的神学思想仍然坚持中世纪经院哲学的传统,用亚里士多德主义作为唯一的理论手段。

16 至 17 世纪的德国正统亚里士多德主义的首要代表人物是巴塞尔大学教授菲利普・舍尔布(Philippe Scherb,1553－1605)⑧。他同他的学生索内尔(Ernst Soner,1572－1612)和毕卡德(Michael Piccart,1574－1620)等人,曾致力于注释亚里士多德的《形而上学》。但哥尼斯堡大学的德赖尔(Christian Dreier,1610－1688)在论述亚里士多德的形而上学时,已开始显示了正统的亚里士多德主义的进化苗头,这种苗头表现在德赖尔对"存在本身"的不同诠释。在他看来,"存在"不只是局限于严格的本体论意义。

在吉森大学、奥得河畔的法兰克福大学以及耶拿大学任教的丹尼尔・施塔尔(Daniel Stahl,1589－1654)是维护亚里士多德主义的重要人物之一。这位出生于哈默尔堡的哲学家,和当时的许多哲学家一样,既讲授诗学,又教形而上学和逻辑学。他除了教课以外,还积极参加各种思想和理论争论。所以,从 1616 年起,他将各种争论性文章编成书出版，其中最著名的是《逻辑学争论集》（*Disputations logicae*）。这本书按照争论的题目，根据意大利亚里士多德主义者扎巴列拉（Jacopo Zabarella，1533 - 1589）的原则，首先集中反驳 16 世纪法国哲学家、逻辑学家拉米斯（Pierre de la Ramée，又称 Petrus Ramus，1515 - 1572）的基本观点，反对把逻辑当成一种生活艺术，而是主张使逻辑成为工具性的习俗（habitus instrumental）。他肯定逻辑的对象是现实的存在，而不是理性的存在，因为理性的存在只能通过一种现实的存在的模式才能被认识。逻辑是以认识真理为其直接目的。也正因为这样，逻辑成为一切追求真理理论的科学的基础。丹尼尔·施塔尔的其他著作还有《诠释哲学的规则及其他论文集》《哲学思考的基本规则》以及《关于先验的形而上学的争论集》等⑨。

　　但是，不管怎样，17 世纪的改革潮流是在发展的，同时，自然科学的新成果也有利于改革，而不利于经院哲学的统治。所以，如果说，在 17 世纪初，围绕着丹尼尔·霍夫曼（Daniel Hoffmann，1538 - 1611）、文策尔·席林（Wenzel Schilling）和冯·魏尔登哈根（Johannes Angelus von Werdenhagen，1581 - 1652）等人，还可以存在强有力的宗教集团的势力范围的话，那么，到 17 世纪末，自然科学的迅猛发展及其对哲学的影响是毋庸置疑的。

　　从 16 世纪下半叶至 17 世纪，整个欧洲都处于走向近代社会的过渡时期，一大批已经具有启蒙思想的先进思想家和做出重要发现发明的科学家，在法国、英国、荷兰、意大利、西班牙等国取得了重大成果，对推动现代社会的诞生起了很大的作用。法国思想家蒙田（Michel de Montaigne，1533 - 1592）和皮埃尔·沙朗（Pierre Charron，1541 - 1603）等人，都以锐利的文字撰写出充满智慧的著作；而同一时期，意大利物理学家布鲁诺（Giordano Bruno，1548 - 1600）勇敢地向教会发出挑战，以自己的生命维护了"日心说"。在西班牙，也出现了著名耶稣会会士和政治哲学家弗朗西斯科·苏亚雷斯（Francisco Suarez，1548 - 1617），使经院哲学在托马斯之后转向巴洛克主义的新阶段。17 世纪上半叶，英国出现了弗朗西斯·培根，系统地创建了经验主义哲学，强调"知识就是力量"（Knowledge is power，拉丁原文："*nam & ipsa scientia potestas est*"）[⑩]。德国邻邦荷兰出现了著名的法哲学和政治哲学家雨果·格劳秀斯（Hugo Grotius，1583 - 1645），他提出的自然法观点以及法制思想，就是为欧洲近代社会的创建奠定法律基础。与此同时，法国的伽桑狄（Pierre Gassendi，1592 - 1655）和笛卡尔（René Descartes，1596 - 1650）分别提出了机械论和经验主义与理性主义。

但是，在德国，却仍然受到强大的封建专制势力的控制，社会的进步极其缓慢。只是在自然科学的新成果的影响下，古代的原子论思想在德国复兴起来。维滕贝格大学的医学家丹尼尔·森纳特（Daniel Sennert，1572 - 1658）早在 1618 年就发表了《自然科学概要》（*Epitome scientiae naturalis*）[⑪]。后来，在英国的弗朗西斯·培根和意大利的伽利略（Galileo Galilei，1564 - 1642）等启蒙思想家和自然科学家的影响下，森纳特于 1636 年发表《物理学注释》（*Hypomnemata physica*），系统地阐述他的原子论思想。他和马格纳努斯（Johann Chrysotom Magnenus，1590 - 1679）一起继承和发展了古希腊德谟克里特（Democritus）的原子论，同马尼昂（Emmanuel Maignan）发展恩培多克勒（Empedocles）的原子论相平行。

同原子论相类似，约阿希姆·容吉乌斯（Joachim Jungius，1587 - 1657）的微粒论也获得了很大的成功。从 1630 年起，容吉乌斯在大学讲坛讲授德谟克里特的唯物主义理论，特别结合近代科学研究的成果，引入许多新的概念，如化学亲合力、物质守恒等。在他看来，关于自然的认识，既非来自抽象的形而上学思维，也不是来自从概念到概念的纯逻辑推理；而是来自观察和实验。

森纳特的学生施佩林（Johannes Sperling，1603－1658）于 1647 年发表《物理教育》（*Institutiones physicae*），迅速成为各大学的物理和哲学教材，进一步扩大了近代自然科学的影响。他不像容吉乌斯和塞伯勒那样把所谓"第一物质"（material prima）看作物体的原则。

在德国东部奥得河畔的法兰克福，物理学家、医学家兼路德宗神学家施特林默（Samuel Strimes，或 Samuel Strimesius，1648－1730）教授表现了要把近代启蒙思想与古典的亚里士多德主义调和起来的折中主义倾向。他在《人体学》（*Somatologia*，1679）一书中，明显地想把笛卡尔的思想与亚里士多德主义调和在一起。

与此同时，出生在万茨克（Wanzke，现梅克伦堡［Mecklembourg］）的埃皮努斯（Franz Albert Aepinus，1673－1750）试图以路德教会的亚里士多德主义改造形而上学，写了《六部分的哲学导论》（*Introductio in philosophiam in VI partes distributa*，1714）和《论形而上学》（*Metaphysicae ad theologiam applicatae compendium*，1710），将哲学研究与宗教的教义结合起来。

第二节　理性主义与神秘主义的交错发展

路德、闵采尔和加尔文的宗教改革思想以及哥白尼（Nicolaus Copernicus，1473－1543）和开普勒（Johann Kepler，1571－1630）在天文数学方面的伟大成果，加速了德国自 15 世纪至 17 世纪的启蒙思想的发展。自然科学方面的伟大发现，证实了宇宙的高度协调是可以被人的理性所认识的。因此，在 15 至 17 世纪之间，德国思想界的宗教改革派、亚里士多德主义、神秘主义、偶因论(Der Okkasionalismus oder，*Occasionalismus*)、新原子论和理性主义等思潮此起彼伏，相互推动又相互交错，使这一时期的哲学呈现多元化的复杂局面，而自然科学的新发展以及商业贸易的进一步繁荣，促使德国社会及思想创新活动朝向新方向发展，理性的力量越来越成为思想家进行自我创造及社会发展的重要动力。

但是，理性的胜利并不是一帆风顺的。在路德的宗教改革之后，教会的传统势力并不轻易在思想文化领域中向人的自然理性力量让出地盘。在这方面，路德的思想体系中的那些消极和保守的因素，为教会的传统思想帮了大忙。

16 世纪的卡斯帕尔·冯·施文克斐尔德(Caspar von Schwenckfeld，1490－1561)是一位重要的思想家，成为德国宗教改革后向启蒙时代过渡的历史时期内的关键人物。

施文克斐尔德是西里西亚人，他是通过自学而学会写作。他在其重要著作《论圣经》(*Von der heiligen Schrift*，1545)中，强调人心内部启蒙思想的必要性，只有这种属于理智的启蒙思想，才能保证人类对于神的语言《圣经》的正确理解。同时，他又在《基督正教义》(*Christliche Orhtodoxie*)一文中强调：基督永存的本性，正是由"天之星火"所保证的。他继承了埃克哈特的思想，一方面强调人应该通过理智和知识去理解《圣经》而获得新生，另一方面，人又要"以基督为榜样"，从现世生活开始，"发展"自己的"精神性的肉体"，以便达到所谓的"变容"(die Verklaerung，transfiguration)，即像耶稣那样地"神化"[12]。施文克斐尔德受到宗教改革的影响，主张简化宗教礼仪，只强调圣事中的象征。在他的思想中，一种新神秘主义有所增长。他的这种神秘主义，显然是在自然科学尚未充分发展、对理性的创造精神又有所寄望的特殊历史条件下产生的⑬。所以,在宗教改革之后的一段相当长时间内,神秘主义始终成为新型哲学的重要表现形式。

与施文克斐尔德同时代,塞巴斯蒂安·弗兰克(Sebastian Franck,1499-1542)深受莱茵河地区神秘主义思想和尼古拉·冯·库萨的影响,是同宗教改革派崇奉《圣经》的传统相对立的。他不认为信仰是对以往事件表示忠诚。他认为《圣经》不过是"永恒的寓意",《圣经》所揭示的历史故事也不过是人类的覆没和重现的象征罢了。弗朗克认为,如果要说一种"绝对者"的无声启示的话,那么人类的整个历史倒可以堪称为这种"真正的启示"⑭。他甚至把现实世界比喻成可笑的嘉年华,他认为,世界无非是变幻莫测和虚假的故事所组成的。他作为一个人文主义者,比施文克斐尔德较少神秘主义色彩,更多地含有折中主义的特征,不拘谨于教义的形式,表现出更多的开放思想。他很崇奉尼古拉·冯·库萨,并把《论渊博的无知性》所说的"对立面的协调"直接称为悖论(paradoxe)。他认为,所谓悖论,一方面是"不可实现的超越",另一方面是"内在的完满",它是"一切可见的和不可见的事物的实体"⑮。他还认为,人尽管是有罪的,但恶只是一种偶然性,因此,人仍然是神的"形象和相似者",并具有自由和认识的能力。人的一切是作为"神的供奉物"的世界所赋予的,也是"无限"对人的自然启示的结果。他也认为,哲学和宗教,至多只能以寓言的形式,近似地向人揭示"无限"的真正本质⑯。

施文克斐尔德的另一位同时代人,是瑞士籍的医生兼哲学家帕拉塞尔苏斯。他生于小城艾因西德伦,死于奥地利的萨尔茨堡。他一生写了好几百篇论文,但从来不愿意写一本完整的书。他的所有论文都用德文写就,他的学生随后将之翻译成拉丁文,但可惜其中的大部分已经遗失。现在保留下来的著作,最早由瑞士人约翰·胡瑟(Johann

Huser)在 1581 年编辑成书出版。

帕拉塞尔苏斯从宗教改革中得到启示,发展了他的宗教理论,但对他来说,最有创造性的思想,是关于自然哲学的部分。作为一位医生,这位自然哲学家声称自己"从生物学的角度进行思维"。他认为,世界是"一个有生机的存在",无机界无非就是"凝固了的生命"。世界的复杂结构,包括人世间、宇宙间和神界,都存在于人之中,因此,人是"组成世界上一切事物的元素的小宇宙"。人是唯一的小宇宙,因为他是唯一通过自己的灵魂而共享神界的无所不有的"小宇宙"。人的灵魂不是别的,乃是自由的发源地,亦是关于上帝的认识器官。由于人是这样一种与一切事物同质的小宇宙,人才有可能辨认出大宇宙,把大宇宙的密码翻译出来。人当然只能认识他本身才有的事物,在帕拉塞尔苏斯看来,对于世界的研究必须求助于人的自然本性。

总之,否认机械论和二元论,对于上帝的创造性本质的内在直觉,人与世界的密切关系,这一切就是由帕拉塞尔苏斯所开创的德国自然哲学传统原则的基本内容。然而,由于当时的自然科学仍然处于幼年阶段,人们尚未真正获得有效的科学试验手段,在很大程度上,这些主张探讨自然奥秘的思想家,充其量也只能停留在中世纪那种炼金术的阶段,多多少少含有神秘主义的色彩。

帕拉塞尔苏斯的某些原则,再掺入一些由前些世纪遗留下来的神秘主义思辨因素的,就成为瓦伦丁·魏格尔(Valentin Weigel, 1533 – 1588)思想的新的出发点。

魏格尔生于瑙恩多夫(Naundorf),在莱比锡和维滕贝格读书。他从 1567 年起,任乔保(Zschopau)的牧师。就在他任神职的安静的教堂环境里,他默默无闻地著书立说。他的著作包括《短篇报导集》(*Kurzer Bericht*)、《经院哲学的基督教》(*Scholasterium christianum*)、《论神圣的耶路撒冷》(*On the Heavenly Jerusalem*)、《关于耶稣生平的思考》(*Consideration of the Life of Jesus*)和《只有唯一的上帝是善的》(*That God alone is Good*)等。由于他的思想包含了反叛正统神学的精神，所以，在他死后所发现的大量文稿很快就遭到禁止。只是到 1609 至 1612 年，在诗人施塔利茨(Johannes Staritz)的帮助下，魏格尔的著作才以半公开的形式陆续出版㉗。

魏格尔认为，只有在世界之中、并通过世界，神性才能体现在个性和行动中。他说："我始终都抵达不到天界，如果天界起初不存在于我之中的话；我也接受不到神圣的圣灵，如果它一开头就不存在于我之中；我也认识不了上帝，如果上帝首先不存在于我之中；我也始终接触不到智能之光、语言和生活，如果所有这些都首先不在我之中的话。"魏格尔还说："一切知识都以认识者为前提。"关于时间和空间的表象都扎根于主体之中。一切知识，起码是关于自然的知识，乃是发生于主体中的某种自发性的预测。因此，一位哲学史评论家德尔博斯(Victor Delbos，1862－1916)说道，在魏格尔那里，已经包含了康德的先天性学说的萌芽；他认为，关于宇宙的表象的内容是由精神和心灵的自发性或所谓"直观性"(Intuition)产生出来的。

即使到了 17 世纪，德国的神秘主义思潮仍然传播甚广。一位祖籍波兰的神秘主义思想家、医生、诗人兼神学家安基卢斯·西里西乌斯(Angelus Silesius，原名 Johannes Scheffler，1624－1677)，在斯特拉斯堡、莱登及意大利帕多瓦大学完成博士学位之后，以他的《语录》(*Epigrame*)而闻名于世。西里西乌斯在莱登时，结识了神秘主义者亚伯拉罕·冯·弗兰肯伯格(Abraham von Franckenberg，1593－1652)，从此崇奉雅各布·波墨的才华，成为 17 世纪一位很有影响的神秘主义者。

第三节　约翰·阿尔特胡修斯的
法哲学理论

　　社会和政治结构毕竟已经在 17 世纪发生越来越明显的变化,这就要求重新探讨道德哲学和法哲学,以便对公民的社会和政治行为能作出合理的诠释。在这以前,伦理思想的经典著作无疑是亚里士多德的《尼各马可伦理学》(*Nicomachean Ethics*)。到 17 世纪时期,伦理学仍然或多或少地与神学相关联,但已慢慢地变化,而莱布尼茨和普芬道夫 (Samuel von Pufendorf,1632 – 1694)的老师埃哈德·魏格尔(Erhard Weigel,1625 – 1699)的数学化的伦理学体系,则是试图突破神学束缚的新伦理学的典型。他的著作《道德知识的算术式说明》(*Arithmetische Beschreibung der Moralweisheit*,1674)在 17 世纪下半叶得到广泛传播,逐渐地抵销了比他稍前的伦理学家果利乌斯(Theophil Golius,1529 – 1600)、施塔尔和雅各布·托马苏斯等人的仍有神学痕迹的道德理论。

　　在法哲学方面,阿尔特胡修斯(Johannes Althusius,1557 – 1638)的著作起到了推波助澜的作用。在一个等级观念转为稳固的德国社会中,阿尔特胡修斯关于人民主权及人民有权对统治者进行监督的新思想,无疑同时震动了统治者和被统治者。但阿尔特胡修斯的法哲学却迅速传播到比当时的德国更为开放的荷兰,只是在 17 世纪下半叶,在海德堡大学法哲学教授普芬道夫的倡导下,法哲学才得到复兴。

　　如果说在路德的思想体系中,人们还多少看到一种政治的专制主义的痕迹的话,那么,在路德之后,受路德的宗教改革思想影响的新起的人文主义者和法哲学家们,就较为明确地把自己的法哲学理论,建立在与专制政治相对立的个人主义的基础上。同时，他们还试图从自然法的新角度，诠释人的社会生活的新型规则的正当化和合法化的真正依据。在这方面，德国对于法哲学的研究表现得非常突出。

法哲学是德国政治哲学研究的一种特殊表现形式，也是德国在政治哲学和社会哲学方面的强项。

早在文艺复兴时期，西方哲学中具有启蒙意识的思想家就已经在形而上学的基础上，从伦理学的角度，探索具有政治哲学性质的"宽容"（Toleranz）和"自由"（Freiiheit）的范畴，同时也初步创建以探索人民主权（Volkssouveränität）和人民权利（Völkerrecht）为核心的政治哲学（die politischen Philosophie）理论。

德国最早的法学家之一是乌尔里希·察修斯，他本人是 15 至 16 世纪德国著名的人文主义者之一，也是德国从中世纪过渡到近代社会的新时代里的一位法学家，同当时极其活跃的人文思想和宗教改革家伊拉斯谟有密切交往。他们在交往中共同关注人民权利及其他重大的法律问题[13]。

法哲学（Rechtsphilosophie）实际上就是政治哲学，有时也与社会哲学、道德哲学相重叠，在不同时期和不同国家，法哲学的名称和内容都有所差异。法哲学的形成和发展与一个民族和一个国家的法制意识的性质及其程度有密切关系。

在西方，法学（Rechtswischenschaft，或 Jurisprudenz，源自拉丁文 iuris prudentia，意思是"关于法的知识"）主要是对当代及历史的法律文本的诠释、分析、应用条件的研究，这就需要首先从法学史、法哲学（Rechtsphilosophe）、法学理论（Rechtstheorie）、法律政策（Rechtspolitik）及法律社会学（Rechtssoziologie）等角度，深入了解各个民族和国家的社会文化的发展史，同时，对各个民族和国家的形成和发展条件进行全面的研究。公元 3 世纪的古罗马政治家和法学家乌尔比安（Domitius Ulpianus，约 170－223）⑲曾经给法学下了一个被认为"经典"的定义："法学是研究人世间和神界的正义与非正义事务的学问（Iuris prudentia est divinarum atque humanarum rerum notitia，iusti atque iniusti scientia）⑳。"

到了近代社会的前夜，在 16 至 17 世纪的德国，刚刚兴建起来的法哲学的重点，是强调人的生命的尊严（die Menschenwürde），同时，也为此提出作为人间基本社会行动所必须遵守的道德法律标准，因此，在创建法哲学的过程中，要着力于界定某种能够限制所有人的行为的规范，而"责任伦理"（Pflichtethik）恰恰就是以此为目标的。

人的尊严首先必须立足于"人人平等"，或更确切地说，"在法律面前人人平等"的基本原则。而责任伦理（Pflichtethik，源自古希腊文 **δέον**，**deon**，意思是"责任"或"义务"），最早的时候，它的创建是为了向整个社会提供一种依据基本义务规范（或责任规范）而判断每个人社会行为的伦理原则，在近代道德哲学中，责任伦理的提出，主要是强调实行基于社会责任道德规范的社会合法行为的重要性。

从乌尔里希·察修斯到阿尔特胡修斯，他们的主要贡献，就在于首次明确把人人平等的原则立足于人权基础上，并把尊重人权当成整个社会所有成员的基本义务或基本责任。按照这种近代法学和法哲学的原则，任何人都是天生地从其娘胎开始就具有神圣的人权，而这样一来，中世纪时期的"罗马法"中所强调的"公民权利"（droit civil）和"一般人的权利"（droit des gens）的差异，从此就被消除得一干二净；新的法律唯独强调作为通用于或有效于所有的人的"人权"；只要是人，不管他是公民，还是奴隶；也不管他的社会地位，不管他的肤色，不管他是不是残障或健康，不管他的性别，……总之，人作为人，均有人权。这正是近代社会所有法律条文的基本原则，应该归功于 16 至 18 世纪的法哲学家和法学家，而格劳秀斯就是最重要的一位学者。格劳秀斯为了强调人权的神圣不可侵犯性，特别是为了维护社会弱势人士，还特意把它与自然法等同起来。

作为德国近代法哲学理论的创始人之一，阿尔特胡修斯是拿骚（Nassau）公国附近的迪登斯豪森（Diedenshausen）人。他先后在科隆大学和巴塞尔大学攻读法律。获得法学博士学位后，阿尔特胡修斯在黑博恩大学（Universität Herborn）讲授法学。1603年，他发表《论政治汇编》（*Politica methodice digesta*）。1604年起，他担任市同业公会的领导人之一及教务会议成员，拥护加尔文主义，反对阿尔明尼教派的教义。1638年逝世时，他遗留下一部重要的法学著作和所谓《共生学》的草稿，教导人们"如何实现一种社会生活"。

阿尔特胡修斯试图摆脱神学和伦理学的束缚，直接研究人类社会生活的基本条件。他认为，法学不过是一种实际应用的学问，而不是政治理论的源泉。他依据法国彼得·拉米斯的逻辑学，把自然的现实性看作社会生活的基础，但他又论证道，只有靠一种"沟通的公约"或相互交通，这种建立在自然的必然性基础上的社会生活，才能实行开来。他认为，具体说来，社会生活主要在三个方面体现出来：财产、职权和法律。一切社会，都要合理地分配公共资源、组织劳动分工，并确立相互合作的法律原则。

阿尔特胡修斯认为，人们依据他们的内在本能欲望（Trieb）和需要（Bedürfnis）建构了人类共同体。正因为这样，人类社会共同体才有可能建立契约（Vertrag），所谓人民，就是共同生活的总体（Körper aus Zusammenleben；corpus symbioticum）。

阿尔特胡修斯认为，社会是个人之间自由地建立的契约的实现结果。但阿尔特胡修斯并不认为契约的实现是实际的，也就是说，所谓

"个人间实现一种社会契约"，主要是要求"在每个人的心灵中建立一种承认实现契约的必要性的意识"，这种"契约的观念"驱使每个个体在社会生活中，在自由地实现个人的欲望和理想的同时，也意识到别的个体的自由的存在。这种个人的契约观念是每一个民族的社会集体得以存在的基础。

在个人的社会契约观念的基础上，产生第二种契约，即要求一个共同承认的统治者和每个个体服从这个统治者的契约。国家虽然是'普遍的公众联合体'（allgemeinen öffentlichen Vergemeinschaftung；universalis publica consociatio），但它是人民的契约的产物。这个契约既然是第二性的，这就意味着统治者的存在是以承认个人自由为基础的，一旦社会中的个体发现统治者滥用职权，就可以立即废弃他，另立一个新的统治者。在国家这种具有主权的共同体之旁，还有家庭（Familie）、等级（Standesgemeinschaft）、乡镇或社团（Gemeinde）以及省区（Provinz）等不同类型的集合体政治的主要任务，就是创立自然的道德法则和实现神的意志（dem natürlichen Sittengesetz und dem Willen Gottes Geltung zu verschaffen）⑪。

第四节　普芬道夫的自然法思想

在阿尔特胡修斯之后，普芬道夫继续捍卫和发展关于人民主权的自然法理论。普芬道夫是海德堡大学第一位关于自然法和民法理论的教授。他建立一个理论体系，论证自然法原则的存在条件和个人主义原则的合法性，作为新的法学和社会学的基础。普芬道夫还注意到应用新的数学的科学方法论去论证新的法学体系。黑格尔在他的《哲学史讲演录》的第三部近代哲学部分，对普芬道夫的法哲学思想做了公正的评价。他说，在普芬道夫看来，国家的基础是社会交往的本能，国家的最高目的在于促使公民通过内在良心义务向外在强制义务的转化，来保证社会生活的和平和安全。

普芬道夫还是一位博学的历史学家，对人类通史和基督教发展史有特殊的兴趣。他起初在海德堡任教，后来又先后到瑞典的伦德和斯德哥尔摩及柏林讲授历史，担任宫廷史官。

普芬道夫的主要著作有：《一般法学的基本原则》两卷本（*Two Books on the Elements of Universal Jurisprudence*，1660）、《德国现状》（*The Present State of Germany*，1667）、《论自然法及国家的本质》（*De jure naturae et gentium*，1672）、《依据自然法论人和公民的义务》（*De officio hominis et civis prout ipsi praescribuntur lege naturali*，1673）、《从对公民生活的关系论述基督教的权力》（*Of the Power of the Christian Religion in Relation to the Life of a Citizen*，1677）及《外交法：新教的赞同与不赞同》（*Law of Diplomacy，or Agreement and Disagreement of Protestants*，1695）等。

普芬道夫实际上继承了荷兰法学家格劳秀斯和英国的霍布斯（Thomas Hobbes，1588-1679）为代表的自然法学派的法学理论。在格劳秀斯的著作《一般法学原则》（*Elementa Jurisprudentiae Universalis*，1660）中，自然法的原则仍然呈现初步的胚胎形式。但从普芬道夫开始，自然法的体系已初具规模，如果说其中心概念是关于国家的理论的话，那么，其思想方法及其一般方法论，则明显地表现了德国思维传统的严谨性。普芬道夫在其两卷本的《依据自然法论人和公民的义务》中，按专题分别地论证自然法对于不同领域的不同事务的基本原则，典型地表现出德国哲学的逻辑力量。

普芬道夫论证道：既然自然法来源于自然，它就是清晰可见的，而

且也是可依循的。自然法是以神的意志为基础而建构的,但它在人间
社会的实行必须依靠理性的指引。自然法所规定的各种法规,是来自
人类的共同生活、相互依存以及自我保存的内在欲望。他认为,以
自然法为基础而建构的市民社会是个人意志之间的契约产物,但这
个社会的主权却必须集中在有智慧的善良的统治者手中,因此,普
芬道夫的法哲学在一定程度上成为德国相当长时间内国家极权主
义(Staatlicher Absolutismus)的法学基础。同时,普芬道夫还细致地区
分了"可用性"和"功效性",强调前者是内在于物品中的品质,而后者是
属于物品与它的消费者之间的关系的一种属性。由此,他明确地论证
了公民的私有财产的合法性。

普芬道夫的《依据自然法论人和公民的义务》是一部具有历史意义
的自然法文献,它第一次系统而明确地规定了自然法以及依据它而建
构的民法的基本内容及其法定范围。普芬道夫在其两卷本的著作中,
分别详尽地说明了在自然法管辖下的公民的社会行为的法则以及依据
自然法而建构的国家的权力性质。这本书的第一卷集中说明和论述公
民的行为原则,他强调公民行为的法律规范性及其标准的不可侵犯性。
在这基础上,他论述了公民对神、对自己、对他人以及对社会和国家的
义务和责任。他认为,任何公民都必须在重视个人利益及尊严的基础
上,同时尊重他人的利益及尊严。任何人都没有权利侮辱他人,这是公
民的一个普遍的义务。人与人之间是平等的,因为每个人都有平等的
权利。所有的人都负有义务和责任,来维护人类整体的尊严。为了使
社会共同体能够正常运作,每个人都有遵守语言使用规则的义务。而
且,为了确保社会的安定,每个人都有遵守自己的誓言的义务。所有不
同类型的财产都应该得到尊重。在必要的情况下,解除义务的最好途
径,就是诉诸协议和契约。普芬道夫还指出:对于一切法权和规则及

其应用,都必须遵守必要的诠释规则。他继承了罗马法和罗马法典的诠释方法,强调在运用各种法规的时候,必须遵循统一的和合法的诠释规则。

在该书的第二卷,普芬道夫进一步对人的自然状态进行说明。他还针对亲属关系和家庭问题进行法律上的说明,指出了家长及其子女之间相互关系的性质、义务和规则。而且,普芬道夫还详细地说明了国家的性质及其合法性基础。为了维护国家和政府统治的稳定性,普芬道夫也对国家主权问题进行了说明[②]。

由此可见,阿尔特胡修斯、普芬道夫和康令(Hermann Conring, 1606-1681)等人,成为莱布尼茨以前,德国法哲学理论的最早奠基人。在德国法哲学的这个最初历史形态中,自然法仍基于神的意志的根基之上,但理性可以依据其本身的威力并无须诉诸神或《圣经》的启示,而发现真理之光和正义的尺度。这种自然法的精神突出了人性或人的自然本性的重要地位。法哲学的上述精神也体现在当时的文学艺术作品中。诗人查赫(Hans Sachs, 1494-1576)所创作的诗歌后来得到歌德等人的赞颂。

第五节 雅各布·波墨

到雅各布·波墨(Jacob Böhme, 1575-1624)那里,协调"绝对者"与"有限的现实"的矛盾,成为哲学思维的主题。波墨比魏格尔较晚将近半个世纪,是德国东部尼斯河(Neisse)附近的阿尔特塞登堡(Altseidenberg)人。关于他的著作和生平,汉贝格尔(J. Hamberger)和费希纳(H. A. Fechner)有专著详述(J. Hamberger, *Die Lehre des deutschen Philosophen Jacob Boehme*; H. A. Fechner, *Jacob Boehme*,

Sein Leben und seine Schriften）。法国哲学史家科瓦利（Alexandre Koyré，1902 – 1964)也专门进行了深入的研究，对于他的神秘主义给予充分的肯定(*La philosophie de Jacob Boehme*，1929)。

波墨少年时代当过鞋匠学徒。由于努力学习，青少年时期看过不少帕拉塞尔苏斯、施文克斐尔德和魏格尔的著作。波墨有惊人的才华，思想敏锐，著述神速而流畅。他的主要著作包括《曙光》(*Aurora oder Morgenröte im Anfang*，1612)、《人生三阶段》(*Vom dreifachen Leben des Menschen*，1619)、《论神性的三原则》(*De tribus principiis oder Beschreibung der Drey Principien Göttlichen Wesens*，1619)、《关于灵魂的四十个问题》(*Vierzig Fragen von der Seelen*，1620)、《关于一切生存物的产生及其说明》(*De signatura rerum oder Von des Geburt und Bezeichnung aller Wesen*，1622）及《关于神恩选择》(*Von der Gnadenwahl*，1623）等。但他的最有影响性的著作是《大奥秘》(*Mysterium magnum*)。这本书实际上是对《圣经·创世纪》的象征性诠释，试图以不同于《圣经》的方式，通过他所提出的"根底"(Grund)和"无根底"(Ungrund)的辩证法，论证"绝对的奥秘"，说明世界的开创和发展。他的著作全集最早在 1730 年出版，后来被编成十一卷的《波墨全集》(*Sämtliche Schriften*，I – XI，1955 – 1961)。1963 年德国出版了《波墨早期著作集》两卷本(*Die Urschriften*，I – II)。

波墨认为，神就好像生命、力量和意志那样；它既神秘、又不神秘，甚至有时还可以与我们人世间的事情发生关联。

波墨出生贫穷，孑然一人，孤独居住在一所破旧的阴暗房屋里，过着拮据而简朴的生活。一天傍晚，当他悲寂肃穆地面对放在木桌上的已经褪色的锡盘的时候，突然，夕阳的一道金光通过狭小的窗口，射入屋内，照射到锡盘，顿时，发出奇妙的反光，令波墨眼花缭乱、情绪激动、感慨万分、遐想联翩，思绪翻滚不停、不能自已。波墨感受到从未有过的一次生命激情和感悟。正是通过这次突然的莫名其妙的直观，波墨领悟到宇宙万物之奇妙无比，也感受到博大精深、辽阔无比而又微细复杂多样的宇宙与有限的生命个体之间的含蓄丰富而又至诚开放的对话的可能性。波墨在反思中意识到在他身外的宇宙万物的奇妙和谐及其相互默认对话的复杂进程，体验到宇宙的无限大和无限小的存在及其不可测性，同时也感受到自身精神世界的令人赞叹的神秘生命。但他尤其体会到个人精神世界与宇宙间奇妙对话的可能性。他由此发现宇宙和个人生命及其有形、无形之间的不断转化的深邃性质。他认为，在宇宙万物与个人生命的碰撞和对话中，时时有可能出现奇迹，把人带到一种无限的精神境界，甚至可能与神相遇。

波墨在手工艺活动中，结交了不少文人学者，其中包括施文克斐尔德的学生冯·恩德(Herr von Ender)，帕拉塞尔苏斯的追随者瓦尔特·冯·格洛高(Walther von Glogau)和科伯(Kober von Goerlitz)等，因此，波墨的思想观点迅速地传播开来，以致引起当地教区主教的忧虑。当地大法院为此下令禁止波墨写作。他服从禁令有七年之久，但从1619年起，他不再服从禁令，重新执笔继续写书，遂发表《论神性的三原则》(*Die drei Prinzipien*)等大量著作。在1621年出版的《达到基督之路》(*Christosophia*)(《辞海》缩印本142页)(*Of Predestination*)，尤其使教会恼火。波墨在教会压力下，不得不在他临死前一年，到德累斯顿过流亡生活，直到逝世为止。他的著作集八卷本于1831至1846年在莱比锡由于贝费尔德(Überfeld)编辑出版，吸收了自1730年起先后在阿姆斯特丹出版的波墨著作集的优点和成果[②]。

波墨的思想属于德国的神秘主义传统，是在教会的僵化的经院主义思想的束缚下试图寻求想象和思想自由的一个流派。波墨相信世界存在着某种神秘不可测的力量，是有限的人所无法理解的。在人的心灵深处，包含了通达神秘境界的珍贵能力，关键在于人本身是否具备一种反思和通灵的能力。

波墨认为，人心中的通灵能力必须被发现，也是可以通过一系列沉静的反思和内省而发挥出来。实际上，波墨所说的通灵能力，就是一种直观能力。

波墨认为，在现实的有限存在中，痛苦是一种否定性的存在；它并不是"非存在"。在他看来，上帝作为"绝对者"，同有限事物的协调的可能性，是基于这样一种假设，即上帝并非瞬时即有的绝对者，而是要经历整整一代的、带过渡性的"超时间的"神的阶段。然而，最高的原则却规定：上帝是没有任何规定的最高存在，是无限的，是"永恒的无"，是无底的深渊。波墨说，这种虚无的上帝就是"无根底"（der Ungrund），它既不需要任何东西作基础，也不需要寻找任何基础。从作为"无底"的上帝过渡到有意识的上帝和作为创造者的上帝，要经历一个遵循对立的原则的阶段。这就是说，没有对抗，任何事物都不能自我表现。这个对抗的根源就在于第一原则本身。所以，这个第一原则必须具备两个最基本的对立因素；波墨认为，这个在第一原则中的最初对立因素，乃是意志和欲望。意志表现出神的智能方面，它属于精神和心灵，它是一种善的意志。反之，欲望是一种充满着焦虑不安的、痛苦万状的和动乱的力量，它毋宁一种想成为绝对者的暴力。不经过这两种因素的对立和矛盾，"无底"不能变成为"上帝"。但恰巧是作为一部分暴力的上帝，却成为"现实性"的普遍根源，成为运动和生命的源泉。而且，也恰巧是神的这一部分看起来似乎很荒谬的因素，成为现世痛苦和罪恶的根源。当然，在上帝那里，欲望是激不起痛苦的，因为它始终都存在着起支配作用的属于精神方面的"意志"，这种"意志"是一种"永乐的神性"。人间的痛苦却表现一种与上述神性相反的原则,在人身上,精神不是支配着欲望,而是欲望驾驭着精神。因此,暴力便采取自我施暴的形式。人间的痛苦之所以变为现实,归根结底,是因为上帝作为最高的创造者掌握了自己的绝对自由,上帝在自己内部的矛盾面前所表现的自由,上帝的精神性的意志对于其欲望的绝对统治,成为人间欲望占上风的根源,成为现世痛苦的最初原因。

显然,波墨的哲学思想触犯了教会的统治利益,也成了世间叛逆精神的一个理论根据。

令人奇怪的是,在波墨之后严厉批判教会的神学思想的启蒙思想家们,却以轻视的眼光看待波墨的哲学。启蒙思想家评判人的标准,显然只是以理性为主,因此,具有浪漫色彩、富于想象、情感充沛、善于使用诗性的语言,灵活表达寓言式修辞的波墨,就被启蒙思想家们冷落。但也正因为这样,波墨也成为德国哲学史上强烈地影响在他之后的浪漫主义哲学和文学的一位卓越思想家。同时,波墨的思想也成为莱布尼茨等人的神正论的思想根源,他的著作《神智学问题》(*Questionibus theosophicis*)启发了莱布尼茨和其他许多神正论思想家,也促使康德考虑以梦幻的形式设想许多重要的哲学问题。

第六节 偶因论的传播

在 17 世纪至 18 世纪之间,也就是从文艺复兴和宗教改革运动末期到近代社会之间,原来在欧洲占统治地位的中世纪经院哲学,逐渐地转向近代理性主义和经验主义,而在思想上,存在着一段漫长的神秘主义与科学思想之间的斗争以及它们之间的相互交错。在艺术史上,这时的欧洲,进入"巴洛克时代"(Barock)。"巴洛克"从艺术方面形象地呈现了这个时期思想的"混沌"状态,各种社会力量间的紧张对峙,引起思想界各种流派和思潮先后竞试登场。所以,在哲学方面,在经院哲学与现代理性主义和经验主义之间,存在着复杂的交错局面:神秘主义、偶因论和新原子论等,五颜六色的思想派别,充斥于哲学领域,它们与现代理性主义和经验主义并行发展,也同时进行激烈的思想较量,除了表现思想创造的多元化以外,还显示思想创造走向的不稳定性和不明朗性。这一切,形成了文艺复兴结束与启蒙运动初期到来之前的极其复杂的思想方法、意识形态以及思维模式的"灰暗"结构:旧式思维和新式思维发生冲突,却又不能在短期内达到确定的胜负状态,致使哲学、宗教、科学、艺术之间的内部争论相互交错,促使这一时期内,在哲学、宗教、科学、艺术这四大精神创造力量之间,在社会激烈变动的时刻,发生急剧重组并强烈互动,象征着历史时代和人类社会正酝酿着翻天覆地的剧烈变化。

在哲学领域,由于自然科学的迅速发展,自然科学思想方法及数学上的分析归纳推理模式,强烈地影响了哲学的变化方向。而且,新型公民社会的慢慢成长,又促进了公民意识的自由化,对于公民权利的追求及其合法化程序的探索,势不可挡地推动了社会本身的发展,也推动思想家和哲学家转向思考公民的自由权利问题,致使这一时期法哲学和政治哲学都获得蓬勃发展的机会。

偶因论(Okkasionalismus)的产生本身,已经暗示了科学思维与神秘主义交错的趋势。最先兴起的偶因论,直接与近代哲学的产生密切相关。在法国,笛卡尔哲学一方面宣示了理性主义的胜利;另一方面又显示科学与神学之间相互关系的重整,意味着科学与神学之间在世界重大问题上互不退让,只能达成相互妥协的理论结果,尤其对于生命的奥秘及其神秘性,人们一时得不到确切的答案,只能使科学与神学做出暧昧的态度,宁愿共同以"偶因论"的形式,取得具有协调意义的混沌结论。科学并非万能。近代科学的产生和发展,固然显示人类认识的能力,增长了许多新的知识,开辟了新的视野,不但有利于掌握自然界的许多规律,而且也增强了人掌握自己命运的能力。但是,一方面是科学本身的有限性及其悖论,另一方面是世界本身的无限性及其深奥本质,这两方面都使科学对于人类社会的发展及对人类本身的生存条件的改进,无法提供绝对完满的解决方案,科学充其量也只能在历史时代的特定条件下,做出它的有限的贡献。何况涉及生命本身的奥秘,涉及身心关系这样极其复杂的问题,科学只能一步一步地开辟新视野,却不能一劳永逸地解决一切问题。直到 21 世纪为止,科学技术已经取得许多重大的突破,但仍然无法回答生命中的复杂问题。在这种情况下,偶因论不只是在 17 至 18 世纪,就是直到今天,它仍然有一定的意义。所以,偶因论的许多论题,在当代学术界又引起了广泛的注意,而 16 至 18 世纪偶因论的一些命题,也反复在当代学术界,特别是在心灵哲学和生命哲学领域,被重新提出来进行讨论[24]。

　　偶因论源自笛卡尔的身心二元论哲学,他的后来者和支持者,以尼古拉·马勒伯朗士(Nicolas Malebranche,1638－1715)为首,强调指出:只有神是唯一和真正的"因",也就是说,世界上只存在一个真正意义上的"原因",因为只存在一个神。每一个事物的性质和力量,无非就是神的意志而已,……所有自然的原因,并非真正的原因,而只是偶发的原因[25]。由此可见,偶因论的基本命题,就是一方面坚持"神是唯一真正原因"(正命题);另一方面又认为任何世间被造物之间是发生的原因,都不可能是真正的原因,而只能是偶发的原因(负命题)[26]。

　　正是紧跟笛卡尔之后,马勒伯朗士、克劳塞利埃(Claude Clerselier,

1614－1684)、科尔德穆阿(Géraud de Cordemoy，1626－1684)、路易·德·拉福尔日(Louis de La Forge，1632－1666)以及弗朗索瓦·拉米(François Lamy，1636－1711)等人,连续发展偶因论;而在德语哲学界,则是阿尔诺·海林克斯(Arnold Geulincx，1625－1699)和约翰·克劳贝格(Johannes Clauberg，1622－1665)等人,把理性主义和神秘主义结合起来,强调世间一切事物,特别是身体与心灵,都是以神为依据而产生偶因关系。

阿尔诺·海林克斯的偶因论明确认为,"神"偶发地参与和介入世间的一切活动[②]。海林克斯出生于现比利时境内的安特卫普(Antwerp),在鲁汶大学获博士学位后,1646年被聘为教授。1658年,由于宗教观点的分歧,他被解职。接着,他任教于莱登大学并成为加尔文宗教徒。他生前一切著述,均用拉丁文表达,1669年逝世于莱顿之后,一位荷兰外科医生兼作家科内利斯·伯恩帖科(Cornelis Bontekoe，1640/1647－1685)编辑出版了海林克斯的著作集。

在海林克斯的思想中,神是强大无比和万能的,但神在世间的威力,却只有通过各种各样具体的事物作为中介,才能在世间发挥作用。因此,海林克斯的观点遭遇了许多持有不同观点的神学家及思想家的强烈批判。活跃于当时学术界的其他学派,包括斯宾诺莎学派、虔敬派及路德派的某些思想家,都从不同角度对海林克斯的偶因论进行反驳[③]。

海林克斯明确地说:"事物存在,所以,它就是那个样子(Ita est，ergo ita sit；It exists，therefore it is so)。"他认为,身心之间的相互关系是"预定的和谐"。他的预定和谐论,也许对在他之后的莱布尼茨有所启示,但海林克斯预定的和谐原则并没有像莱布尼茨预定和谐论那样乐观。

　　海林克斯的偶因论具有浓厚的伦理学气息。他在主要著作《伦理学》中强调一种"对于神和对于理性的爱"[29]。他还认为，勤奋、顺从、正义和谦逊，作为基本的德性，是来源于其内在本质，它们与外界任何事物无关[30]。

　　德国的偶因论第二位代表人物是哲学家兼神学家约翰·克劳贝格。他是创建于 1655 年的杜伊斯堡大学（Universität Duisburg）的第一任校长，继承了笛卡尔的二元论哲学思想，并通过他的管理，当时的杜伊斯堡大学集聚了一批有影响的著名学者，其中包括：历史学家约翰·舒尔丁（Johannes Schultingh，1630－1666）、法学和历史学家格哈德·冯·马斯特里茨（Gerhard von Mastricht，1639－1721）、数学和医学家特奥多尔·克拉恩（Theodor Craanen，1633－1688）、哲学和历史学家约翰·格奥尔格·格雷菲乌斯（Johann Georg Graevius，1632－1703）、语言学和神学家彼得·冯·马斯特里茨（Petrus van Mastricht，1630－1706）等。

　　克劳贝格发扬了笛卡尔和马勒伯朗士的身心二元论思想，但他对偶因概念作了修正，不再强调神的干预。他认为，神虽然创造了世间一切存在，但这些被造物一旦被造出来，就不再完全受到神的控制。克劳贝格指出，形而上学并不研究存在，而是研究理智以及理智的对象。在他那里，形而上学被改名为存在论（Ontologie，或 Ontosophie），因为最高的范畴不是存在，而是理智[31]。

　　偶因论并没有在克劳贝格那里停滞不前，他也没有能够恰当地回答偶因论本身的重大问题。但偶因论所涉及的重大而复杂的身心关系问题，一直成为西方哲学，特别是心灵哲学和生命哲学探讨的基本问题，推动着包括德国哲学在内的西方哲学的研究事业向前发展。

注释

① Robert Gramsch，*Erfurt — Die älteste Hochschule Deutschlands. Vom Generalstudium zur Universität* (Schriften des Vereins für die Geschichte und Altertumskunde von Erfurt. Bd. 9). Erfurt，2012.

② Rudolf Goclenius der Ältere，*Isagoge in peripateticorum et scholasticorum primam philosopiam，quae dici consuevit metaphysica*，1598.

③ Rudolf Goclenius der Ältere，*Conciliator philosophicus*. Marburg，1609；*Lexicon philosophicum quo tanquam clave philosophiae fores aperiuntur*. M. Becker，Frankfurt 1613；Nachdruck Georg Olms，Hildesheim，1964；*Lexicon philosophicum Graecum*. Hutwelcker，Marburg，1615.

④ Rudolf Goclenius der Jüngere，*Apologeticus pro astromantia discourses*. 1611.

⑤ D. Mahnke：*Rektor Casmann in Stade：ein vergessener Gegner aristotelischer Philosophie und Naturwissenschaftler im 16. Jahrhundert. Archiv für die Geschichte der Naturwissenschaft und der Technik*，5 1913：183 - 197；226 - 240，352 - 363.

⑥ Johann Alsted，*A Neglected Educator：Johann Heinrich Alsted*. W. A. Gullick. 1910：*23*.

⑦ Johannes Scharf，*Metaphysica exemplaris*. Wittenberg，1623；*Pneumatica seu scientia spirituum naturalis*. Wittenberg，1656；*Istitutiones logicae*. Wittenberg，1656.

⑧ Ralf Bröer，*Antiparacelsismus und Dreieinigkeit. Medizinischer Antitrinitarismus von Thomas Erastus (1524 - 1583) bis Ernst Soner (1572 - 1605)*. In：*Berichte zur Wissenschaftsgeschichte*. Bd. 29，Nr. 2，2006：137 - 154.

⑨ Daniel Stahl，*Compenium metaphysicae in XXIV tabellas redactum*. Frankfurt，[1652]1686；*Canones Methaphysici*. Marburg，1635；*Institutiones Logicae*. Jena [1655]1663；*In Compendium redactae，per Christ. Henric. Loeberum*. Jena 1669；*Notae et animadversiones*. In：D. Conradi Horneii *Compendium Dialecticae*. Jena [1656]1660；*Philosophia moralis，sive Ethica*. Frankfurt 1652；*Questionum logicarum*. Francofortum 1653；*Regulae philosophicae*. [1635]1642，emendatiores Jena，1653，1657，1662，London，1672.

⑩ "Denn auch das Wissen selbst ist eine Macht." In *Meditationes Sacræ*，11. Artikel "*De Hæresibus*" [*Of Heresies*] in "*Essaies. Religious Meditations. Places of Perswasion and Disswasion*"，1597；*The Works，Vol. II*，London，1711：402.

⑪ Wolfgang Uwe Eckart，*Grundlagen des medizinisch-wissenschaftlichen Erkennens bei*

Daniel Sennert（*1572 - 1637*），*untersucht an seiner Schrift: „De Chymocorum …*
liber …"，Wittenberg，1629；Michael Stolberg，*Das Staunen vor der Schopfung:*
„Tota substantia"，*„calidum innatum"*，*„generatio spontanea"* *und atomistische*
Formenlehre bei Daniel Sennert. In：**Gesnerus.** Bd. 50，1993；48 - 65；Gerhard
Hennemann；*Daniel Sennert*，*ein deutscher Naturforscher des 17.*
Jahrhunderts. In：**Volk und Rasse.** Band 17，München und Berlin，1942；
Sennertus，*Daniel*，*einer der berühmtesten Ärzte.* In：Johann Heinrich Zedler，
Grosses vollständiges Universal-Lexicon Aller Wissenschafften und Künste. Band
37，Leipzig，1743，Spalte 74 - 77.

⑫ **Corpus Schwenckfeldianorum.** 19 Bände，Leipzig，19 Bds. [1907]1961.

⑬ Paul Gerhard Eberlein，*Ketzer oder Heiliger?* **Caspar Schwenckfeld，der**
schlesische Reformator und seine Botschaft. Ernst-Franz-Verlag，Metzingen
1999；Ute Evers，**Das geistliche Lied der Schwenkfelder.** Schneider，Tutzing，
2007；Arno Mentzel-Reuters，*Quellen zum Buchwesen der Schwenckfelder*
Gemeinden im 16. Jahrhundert. In：**Gutenberg-Jahrbuch，** 1995；311 - 318；
Günter Mühlpfort，*Schwenkfeld und die Schwenkfelder-ihr „Mittelweg" als*
Alternative: von gewaltloser deutscher Radikalreformation zur amerikanischen
Freikirche. In：Günter Vogler（Hg.）**Wegscheiden der Reformation. Alternatives**
Denken vom 16. bis zum 18. Jahrhundert. Weimar，1994；115 - 150；Selina
Gerhard Schultz；**Caspar Schwenckfeld von Ossig. Spirtual Interpreter of**
Christianity. Norristown（Penns.）1947.

⑭ Sebastian Franck，**Weltbuch，Spiegel und Bildnis des ganzen Erdbodens，**1534.

⑮ Sebastian Franck，**Paradoxa，**1534.

⑯ Sebastian Franck，**Sämtliche Werke. Kritische Ausgabe mit Kommentar.** Herausgegeben
von Hans-Gert Roloff. Frommann-Holzboog，Stuttgart-Bad Cannstatt，2005 ff.

⑰ Valentin Weigel，**Sämtliche Schriften.** *Neue Edition*，*14 Bde.* Im Auftrag der
Akademie der Wissenschaften und der Literatur，Mainz，hrsg. von Horst
Pfefferl. Begründet von Will-Erich Peuckert und Winfried Zeller. Frommann-
Holzboog，Stuttgart-Bad Cannstatt；Valentin Weigel，**Das Buch vom Gebet，**
hrsg. und sanft modernisiert von M. P. Steiner，Edition Oriflamme，Basel；
Valentin Weigel，**Ausgewählte Werke，**hrsg. und eingeleitet von Siegfried
Wollgast. Union Verlag，Berlin，1977；Darin，*Erkenne dich selbst*，*Das andere*
Büchlein von der Erkenntnis seiner selbst，*Ein nützliches Traktätlein vom Ort*
der Welt，*Der güldene Griff*，*Predigt vom armen Lazarus*，*Dialog über das*
Christentum；Georg Baring：*Valentin Weigel und die „Deutsche Theologie".* In：
Archiv für Reformationsgeschichte（ARG）Jahrgang 55，1964；Otto Opel，
Valentin Weigel，ein Beitrag Zur Literatur und Culturgeschichte des 17.

Jahrh. Leipzig，1864.

⑱ Karl Heinz Burmeister，*Ulrich Zasius（1461 -1535）. Humanist und Jurist.* In：Paul Gerhard Schmidt（Hrsg.）：***Humanismus im deutschen Südwesten. Biographische Profile.*** Thorbecke，Sigmaringen，2000：105 - 123；Guido Kisch，***Zasius und Reuchlin. Eine rechtsgeschichtlich vergleichende Studie zum Toleranzproblem.*** Konstanz，1961；Steven Rowan，***Ulrich Zasius. A Jurist in the German Renaissance，1461 - 1535.*** Frankfurt，1987；Klaus-Peter Schroeder，*Ulrich Zasius（1461 - 1535）-Ein deutscher Rechtsgelehrter im Zeitalter des Humanismus*，in：***Juristische Schulung***，1995：97 - 102；Roderich von Stintzing，***Ulrich Zasius. Ein Beitrag zur Geschichte der Rechtswissenschaft im Zeitalter der Reformation.*** Basel，1857.

⑲ Tony Honoré，***Ulpian. Pioneer of Human Rights.*** 2. Auflage，Oxford University Press，Oxford，2002；Franz Wieacker，***Römische Rechtsgeschichte.*** Beck，München，2006：130 - 138；Detlef Liebs，*Domitius Ulpianus.* In：Klaus Sallmann（Hrsg.）：***Die Literatur des Umbruchs. Von der römischen zur christlichen Literatur，117 bis 284 n. Chr.*** （= *Handbuch der lateinischen Literatur der Antike*，Band 4）. C. H. Beck，München，1997.

⑳ Domitius Ulpianus，***Ulpian primo libro reg.***，*Digesten 1*，1，10，2.

㉑ ***Johannes Althusius Politik.*** Dt. Teilübersetzung der ***Politica*** des Johannes Althusius von Heinrich Janssen，in Auswahl herausgegeben，*überarbeitet und eingeleitet von Dieter Wyduckel.* （Einführung mit Althusius-Biographie und neuerem Literaturüberblick）. Berlin，2003；*Johannes Althusius: Grundbegriffe der Politik.* In：Erik Wolf（Hrsg.）：***Politica methodice digesta 1603.*** Frankfurt am Main，1948；Ernst Reibstein，***Johannes Althusius als Fortsetzer der Schule von Salamanca. Untersuchungen zur Ideengeschichte des Rechtsstaates und zur altprotestantischen Naturrechtslehre.*** （= Freiburger rechts- und staatswissenschaftliche Abhandlungen. Band 5），Karlsruhe，C. F. Müller，1955；Peter Jochen Winters，***Die Politik des Johannes Althusius und ihre zeitgenössischen Quellen.*** Dissertation Universität Freiburg，Freiburg/Br. 1963；Hans Ulrich Scupin，Ulrich Scheuner，***Althusius-Bibliographie.*** bearbeitet von Dieter Wyduckel. Berlin，1973；Carl Joachim Friedrich，***Johannes Althusius und sein Werk im Rahmen der Entwicklung der Theorie von der Politik.*** Duncker und Humblot，Berlin，1975.

㉒ ***Samuel Pufendorf: Gesammelte Werke***，W. Schmidt-Biggemann［ed.］，Berlin：Akademie Verlag；Denzer Horst：***Moralphilosophie und Naturrecht bei Samuel Pufendorf.*** München：Beck，1972；James A. Epstein，***Political Writings of Samuel Pufendorf.*** Oxford：Univ. Pr.，1994；Leonard Krieger，***The Politics of***

Discretion: Pufendorf and the Acceptance of Natural Law. London: Chicago Univ. Pr., 1965; Horst Rabe, *Naturrecht und Kirche bei Samuel von Pufendorf.* Tübingen, Fabian, 1958; Bodo Geyer, Helmut Goerlich (Hrsg.): *Samuel Pufendorf und seine Wirkungen bis auf die heutige Zeit.* Bearbeitet von Gerd Schliebe. Nomos, Baden-Baden, 1996.

㉓ Jacob Böhme, *Sämtliche Schriften.* 11 Bände, Faksimile der Ausgabe von, 1730, hrsg. von Will-Erich Peuckert. Frommann-Holzboog, Stuttgart-Bad Cannstatt, 1955 - 1989; Jacob Böhme, *Die Urschriften.* 2 Bände, im Auftrag der Akademie der Wissenschaften zu Göttingen hrsg. von Werner Buddecke. Frommann-Holzboog, Stuttgart-Bad Cannstatt, 1963 - 1966.

㉔ *Die Weiterentwicklung des Cartesianismus.* In: Wolfgang Röd, *Der Weg der Philosophie. Von den Anfängen bis ins 20. Jahrhundert.* Bd. 2, Beck, München 2000; K. Clatterbaugh, *The Causation Debate in Modern Philosophy, 1637 - 1739,* New York: Routledge, 1999; Schmaltz, Tad, *Malebranche's Theory of the Soul,* Oxford: Oxford University Press, 1996; Tad Schmaltz, *Descartes on Causation,* Oxford: Oxford University Press, 2008; Tad Schmaltz, *"Occasionalism and Mechanism: Fontenelle's Objections to Malebranche",* In *British Journal for the History of Philosophy,* 16(2): 293 - 313; Dominik Perler, and Ulrich Rudolph, *Occasionalismus: Theorien der Kausalität im arabisch-islamischen und im europäischen Denken,* Göttingen: Vandenhoeck & Ruprecht, 2000; Steven Nadler, (ed.), *Causation in Early Modern Philosophy,* University Park: Penn State University Press, 1993; Thomas V. Morris, (ed.), *Divine and Human Action: Essays in the Metaphysics of Theism,* Ithaca: Cornell University Press, 1988; Garber, Daniel, *"Descartes and Occasionalism"* in *Causation in Early Modern Philosophy,* S. Nadler (ed.), University Park: Penn State University Press, 1993: 9 - 26.

㉕ N. Malebranche, *Oeuvres complètes de Malebranche,* ed. André Robinet, Paris: Vrin, 1958 - 1984: Vol. II: 32; Malebranche, N., *The Search for Truth and Elucidations of the Search for Truth,* trans. Lennon and Olscamp, Cambridge: Cambridge University Press, 1997: 448.

㉖ Steven Nadler (Hg.), *Causation in Early Modern Philosophy: Cartesianism, Occasionalism, and Preestablished Harmony.* Pennsylvania State, 1993.

㉗ Gott ist "gelegentlich" in jeder Handlung tätig. In Arnold Geulincx, *De virtute,* 1665.

㉘ Wiep van Bunge (editor), *The Early Enlightenment in the Dutch Republic, 1650 -1750.* In *Selected Papers of a Conference, Held at the Herzog August Bibliothek, Wolfenbüttel 22 - 23 March 2001,* 2003: 125; Jonathan Irvine

Israel, *Radical Enlightenment: Philosophy and the Making of Modernity 1650 - 1750*, Oxford: Oxford University press, 2002: 484, 551, 635.

㉙ Arnold Geulincx, *Opera philosophica*, Edited by J. P. N. Land, The Hague, Martinum Nijhoff, 1891 - 1893, vol. 3, 1891 - 1893: 16 - 17; 29.

㉚ Arnold Geulincx, *Opera philosophica*, Edited by J. P. N. Land, The Hague, Martinum Nijhoff, 1891 - 1893, vol. 3, 1891 - 1893: 17.

㉛ Theo Verbeek (Hrsg.), *Johannes Clauberg (1622 - 1665) and Cartesian Philosophy in the Seventeenth Century*. Kluwer, Dordrecht, 1999; Winfried Weier, *Die Stellung des Johannes Clauberg in der Philosophie*. Ditter, Mainz, 1960; Pius Brosch, *Die Ontologie des Johannes Clauberg. Eine historische Würdigung und eine Analyse ihrer Probleme*. Hartmann, Greifswald, 1926.

第四章

莱布尼茨

从 17 世纪末至 19 世纪 30 年代黑格尔逝世,是德国哲学达到成熟的历史时期。这一时期,虽然只是人类历史流程的一小段,但德国哲学家们在这一时期所创造的成果,不但足以使德国从此无愧于"哲学王国"的称号,而且,也深远地影响了整个世界的哲学和文化的发展方向。

这是德国哲学史上最灿烂的时代,也是人类文化史上最富有哲学理论气息的年代。在这 150 年内,德国哲学界先是出现了莱布尼茨(Gottfried Wilhelm Leibniz,1646-1716)和启蒙思想运动,接着又产生了从康德到黑格尔的整个德国古典哲学。

第一节　莱布尼茨的历史时代

启蒙运动虽然发生于整个欧洲,但启蒙的开端及其开展过程,却因地而异:在法国,一般把从路易十四去世的 1715 年,称为启蒙时代的开端,而把 1789 年法国大革命的爆发称为启蒙时代的结束;但也有一些历史学家倾向于把启蒙时代的开端向前推一百年,把 17 世纪 20 年代前后发生的科学革命,定为启蒙时代的开端,因为绝大多数启蒙时代思想家的新观念和新方法,都来自 17 世纪 20 年代前后所取得的大发现和大发明成果,在这些科学技术成果的启示下,这些思想家广泛地在当时社会上组织的文学沙龙或咖啡沙龙上,进行热烈的讨论,交换意见,并对当时的社会政治、经济及文化的重大问题,发表政见和自己的改革建议或革命主张。正因为这样,启蒙时代的序幕一旦开启,原来的旧社会专制体制以及教会的权威,就受到强烈的挑战。加速摧毁它们对整个社会的影响力和控制力,有利于大多数社会平民的自由解放[1]。

早在 1720 世纪上半叶,受到科学革命的影响和启示,培根、笛卡尔、斯宾诺莎、洛克等哲学家,先后提出理性主义和经验主义的基本原则和基本方法,推动了整个社会的思想变革,才奠定了启蒙运动的思想基调。而且,从启蒙时代整个历史时期的思想争论和思想创新的焦点来看,也是基本上与科学革命保持密切的关系。

莱布尼茨在德国三十年战争(1618-1648)结束前两年出生于莱比锡,1716 年,在他的《单子论》(Monadologia)法文版发表后第三年,也就是在法国的路易十四去世后的第二年,逝世于汉诺威。他所生活的七十年,恰恰是启蒙运动的初期,而对比较落后的德国而言,他逝世的那一年,也正是德国各种新型思想观念刚刚陆续露出端倪的阶段。与莱布尼茨同时代的克里斯蒂安·托马苏斯(Christian Thomasius,1655-1728)于 1687 年首次使用德语在大学讲堂开课,加速普通大学教育脱离教会的控制,有利于新一代思想家进行独立自主的哲学反省。莱布尼茨本人,作为新时代的第一位具有广泛影响的思想家,以新时代的理性主义为思想基础,通过他的《单子论》,试图借助于法国思想家笛卡尔等人的理性主义的哲学力量,向德国思想界提供一个新型的世界观,鼓励德国人采用理性主义重新认识世界,同时,又以此重新协调与教会的关系,使新世界观的推广不致加剧社会与教会之间的矛盾,试图创建一个完美而和谐的新型的可能世界。因此,可以说,莱布尼茨使用他的理性主义观念论的单子论哲学,开启了德国未来新哲学发展的基本方向。

莱布尼茨不愧为德国启蒙思想的开创者。他生活在英、法、荷等欧洲先进国家启蒙思想达到成熟的时期,他很幸运地遭遇到历史本身所给予他的一切良好机遇,不但能够与法、英、意、荷兰等先进国家的优秀思想家生活和创作于同一个伟大的时代,使他有可能及时地享受到卓越的文化思想的直接启示,而且,他也正处于德国哲学思想转折的关键时刻:从宗教改革以来德国哲学的发展成果,以最生动的方式向他注入珍贵的创作灵感与民族文化的精华[②]。

从文艺复兴和宗教改革到 17 世纪中叶的德国各派哲学的蓬勃发展,是莱布尼茨哲学得以创建的重要基础。这两百年德国哲学以及文学、自然科学的发展,为莱布尼茨提供丰富的文化养料。在德国之外,法、意、荷、英等先进国家的文化发展成果,包括从哲学、文学、史学等人文科学和社会科学各门学科到自然科学的一切领域,也都为莱布尼茨哲学的形成铺平了坚实的道路。

远在莱布尼茨 1686 年发表他的《关于形而上学的论说》(*Discours de métaphysique*)之前,培根已在 1620 年发表《新工具》(*Novum Organum*);荷兰的格劳秀斯在 1625 年发表《关于战争与和平的法规》(*Du jure belli ac pacis libri tres*);笛卡尔于 1637 年发表《论方法》(*Discours de la méthode*),于 1641 年发表《形而上学的沉思》(*Meditationes de Prima Philosophia*),1644 年发表《哲学的原则》(*Principia Philosophiæ*);英国的霍布斯在 1651 年发表《列维坦》(*Leviathan*);斯宾诺莎在 1670 年发表《神学政治论》(*Tractatus Theologico-*

Politicus），马勒伯朗士在 1674 至 1675 年发表《真理探究》（*La recherché de la vérité*），接着，在 1677 年，斯宾诺莎又发表《伦理学》（*Ethica Ordine Geometrico Demonstrata*）。在西方哲学史上，这是近代哲学走向全面发展的新时代。

当然，17 世纪的欧洲，由于处在资本主义新制度逐步取代封建主义旧制度的历史新纪元的重要时刻和翻天覆地的社会文化变化中，一方面各国发展不平衡而形成各国各自不同的特殊的社会文化状况，另一方面走向新社会的整个历史趋势，又造成整个欧洲整体社会政治文化的相互紧密关联性，这一切，进一步增加了欧洲在各个方面的局势及思想发展的极端复杂性。作为具有宏伟抱负的莱布尼茨，当然不能不时刻考虑到德国本身的特殊性，又要顾及整个欧洲的复杂状况。这就自然地促使莱布尼茨在思想创造方面的多元性和多样性，甚至呈现非常明显的矛盾性。在莱布尼茨哲学思想发展中的各种面向及其多样多质的内容，要求我们必须尽可能全面又谨慎细致地分析和评价他的哲学思想的各个部分。

德国社会和文化，在莱布尼茨生活的时代，各自独立的封建王公诸侯反而利用路德的宗教改革从统一的天主教会中逐渐分离出来，一方面，通过没收天主教会的财产而加强本身的经济政治势力，借此强化各自领地内的封建统治力量；另一方面又加强了德国境内信奉各种教派的领主之间的矛盾和斗争。当莱布尼茨接受教育并在思想上逐步成长的时候，德国还是新旧势力进行剧烈较量的时候。所以，直到欧洲主要的先进国家英国和法国全面进入启蒙运动之后，莱布尼茨才从 1690 年至 1710 年间，专门探讨《人类理智新论》（*Nouveaux essais sur l'entendement humain*），但这本书直到 1765 年才正式发表。

莱布尼茨既是哲学家，又是数学家、外交家、法学家、物理学家、历史学家、图书馆学家和宗教学及宗教法学家。他的广博学识使他对各个学科和各种敏感问题都感兴趣。不仅如此,他还对他所感兴趣的问题,都有所发现和探索,并提出了天才的答案。在他所生活的时代里,他已经对那些刚刚起步或刚刚创建的学科的基本问题,都做出了很深刻的探索,并提出了解决整个学科体系的基本原则。例如,他对数学、物理学、地质学、医学、生物学、胚胎学、流行病学、兽医学、古生物化石学、心理学、工程学、语言学、语文学、社会学、形而上学、伦理学、经济学、外交学、历史学、政治学、音乐学、诗学、逻辑学、神正论、符号学、人工语言学、人工智能学等,都提出了具有长远指导意义的假设、命题和论题,为后人进一步发展这些学科施展了决定性影响。

莱布尼茨对于 17 世纪以来的一切哲学、自然科学和人文科学的成果,都尽力加以吸收和消化,并进行独立自主的创造。在他之前,法国、荷兰、意大利和英国,都取得了文化思想方面的改革成果,特别是笛卡尔、培根、霍布斯、斯宾诺莎的哲学思想,简直成为他进行哲学探索的重要启示。而且,在科学技术领域,莱布尼茨也总结了从 15 世纪到 17 世纪上半叶的所有重大成果,使他无愧成为他那个时代一切科学技术成果的继承者和总结者。

莱布尼茨于 1646 年 7 月 1 日生于一位莱比锡大学伦理学教授的家庭,虽然父亲弗里德里希·莱布尼茨(Friedrich Leibriz,1597 - 1652)于 1652 年逝世,但他很快就被送到尼古拉公学读书,并在有丰富藏书的书房里刻苦钻研。他从八岁起就时时到父亲的图书馆中阅读博览群书,自学拉丁语,使他十二岁时就提出了关于数学符号语言的逻辑问题,并在 1661 年(即十五岁)就升入莱比锡大学。狄德罗(Denis Diderot,1713 - 1784)后来称赞莱布尼茨时写道:当莱布尼茨入大学时,他"已是一部思维的机器"。大学时期,他开始接触到康帕内拉、伽利略（Galileo Galilei，1564‑1642）、培根、霍布斯和笛卡尔等人的思想观点。

在莱比锡大学，莱布尼茨跟随路德派神学家约翰·亚当·舍尔策尔（Johann Adam Schertzer，1628‑1683）教授学习神学，并同时跟随雅各布·托马苏斯学习哲学理论。1663年，他以《关于个体原则的形而上学争论》（*Disputatio metaphysica de principio individui*）的论文，结束在莱比锡大学的研究之后，转往耶拿大学，跟随数学家、天文学家兼物理学家魏格尔（Erhard Weigel，1625‑1699）教授，完成第一部哲学论文《论原子的起源》。在这部论文中，他反对单方面地试图只从形式，或只从内容的角度使世界"个体化"的作法，强调要同时从形式和内容两个方面，即从"整个实体"（entitate tota）的角度来把握世界的个体化。这篇由天才少年莱布尼茨所写的最早一篇论文，已经包含了他后期单子论（Monadologie）的思想胚胎：单子是从形式和内容两个方面构成世界基础的最基本因素。

1666年，在他母亲逝世后第二年，他在莱比锡大学通过法学考试，发表《论联结》（*De arte combinatoria*），同年，他在阿尔德多尔夫（Altdorf）获博士学位。莱布尼茨毕业后便为布依纳堡的约翰·克里斯蒂安（Johann Christian von Boyneburg，1622‑1673）所看中，然后，就在这位男爵的推荐下，为梭恩波恩（Schoenborn）的约翰·菲利普（Johann Philipp von Shönborn）国王候选人兼大主教服务。就是在这里，莱布尼茨学会了政治和宗教事务。

莱布尼茨从大学时代起，就很关心和平问题。三十年战争给他和德国的创伤使他尤其关心宗教的和谐。他主张各种宗教之间的和解与通融。1671年，莱布尼茨为伦敦科学院和巴黎科学院分别写了两篇论文：《新物理学假设：具体运动原理》（*Hypothesis physica nova.*

Theoria motus concreti)和《抽象运动理论》(*Theoria motus abstacti*)。1672年,约翰·菲利普派莱布尼茨到巴黎,试图说服当时曾称霸一世的法国国王路易十四(Louis XIV,1643－1715)去征服埃及,而不要入侵荷兰。但路易十四于当年5月6日入侵了荷兰。接着,约翰·克里斯蒂安男爵和约翰·菲利普国王候选人先后逝世,莱布尼茨的政治生涯遭到一连串的失败。

　　莱布尼茨从1673年起,更集中精力地研究科学。该年1月至3月,莱布尼茨到伦敦,会见科学家奥尔登博格(Henry Oldenburg,1618－1677)、玻意耳(Robert Boyle,1627－1691)和法国史学家兼文学评论家皮埃尔·培尔(Pierre Bayle,1647－1706)、英国数学家佩尔(John Pell,1610－1685)以及洛克的学生和牛顿的朋友约翰·科林斯(John Collins,1625－1683)。他在巴黎居住到1676年为止。在此期间,频繁地与哲学家帕斯尔(Blaise Pascal,1623－1662)和他的侄子艾蒂安·佩里埃(Etienne Perier,1687－1766)、哲学家马勒伯朗士、斯宾诺莎、德国哲学家、数学家、物理学家、外科医生、斯宾诺莎的朋友奇恩豪斯(Ehrenfried Walther von Tschirnhaus,1651－1708)等人来往。著名的数学家和物理学家惠更斯(Christian Huygens,1629－1695)更成为莱布尼茨的老师和朋友。惠更斯向莱布尼茨讲授数学,年轻而聪明的莱布尼茨是如此快捷地把握了数学的原则,以致他在1675年10月29日创造性地提出了积分法的原则,而在11月1日又提出了微分法。1676年2月,通过笛卡尔学派成员及笛卡尔作品出版者克劳塞利埃的帮助,他拿到笛卡尔的未发表的手稿的副本。同年,他发现了力学原理。

　　1676年10月,莱布尼茨离开巴黎到伦敦,在那里,科林斯让他看牛顿和格雷戈里(James Gregory,1638－1675)的手稿,这一事件后来竟成了科学史上的一场大争论的起源:究竟谁是真正的第一位微积科学的奠基人?[3]

在从伦敦到汉诺威途中,莱布尼茨在 11 月于阿姆斯特丹遇见生物学家斯瓦默丹(Jan Swammerdam,1637 - 1680),又在海牙(Hague)会见另一位荷兰科学家,光学和生物学家莱文胡克(Antonie van Leeuwenhoek,1632 - 1723)和哲学家斯宾诺莎。

莱布尼茨从 1676 年底起,被约翰·腓特烈公爵(Johann Friedrich,1625 - 1679)任命为汉诺威市图书馆馆长。从那以后,一直到 1716 年 11 月 14 日逝世为止,莱布尼茨为汉诺威公国服务。

在汉诺威期间,莱布尼茨同公爵夫人苏菲(Sophia of Hanover,1630 - 1714)及其女苏菲·夏洛特(Sophia Charlotte of Hanover,1668 -1705)公主建立了很亲密的友谊关系。后来,当苏菲·夏洛特被选为普鲁士皇后时,她帮助莱布尼茨创建柏林科学院(1700)。接着,在埃恩斯特·奥古斯特公爵(The Elector Ernest Augustus,1630 - 1698)的请求下,莱布尼茨撰写布伦斯威克王室(the House of Brunswick)的历史。为此,他从 1687 到 1690 年之间来往于维也纳、罗马等城市搜集史料。1712 年,莱布尼茨访问俄罗斯帝国时,沙皇彼得大帝(Tsar Peter the Great)请他作私人顾问,1714 年彼得大帝封他为男爵。

莱布尼茨回到汉诺威后,同牛顿的朋友克拉克(Samuel Clarke,1675 - 1729)保持密切的通信联系,但可惜他在 1716 年的逝世使他中断了这个重要的通信及他的其他写作和研究计划。为了赞颂莱布尼茨的才华和勤奋,巴黎科学院发布了关于莱布尼茨的颂词。

莱布尼茨是一位很渊博的学者。他在数学、力学、机械学、地质学、物理学、逻辑学、史学、法学和语言学方面,都作出了卓越的贡献。莱布尼茨的单子论所阐述的连续性原则,实际上有它的数学基础,因为莱布尼茨坚持认为,世界上的一切事物,都是连续变化的,而数学上的连续性则是以无穷小量来定义的一个理想概念。法国百科全书派首领狄德罗说："也许没有一个人能够像莱布尼茨那样,读那么多书,研究那么多事物;同样也没有人能比莱布尼茨那样更多的沉思和撰写……他所撰写的关于世界、神、自然和心灵的作品,最有崇高说服力。"①

莱布尼茨不仅博学多能,而且,他的头脑永远都在不停地思考和创作,使他在一生中写出了涉及各学科的一系列著作,而且,更重要的是,这些著作记录了他的前后连续性的思考过程。莱布尼茨是一位以数学为模式进行思考的思想家,所以,尽管他前后思想发展经历了不同阶段,思想观念也有变化,但他始终遵循连续一贯的原则,朝着逐步成熟和完善的方向,随着他的思想的新的发现,连续增添和补充新的因素,却不放弃原有的想法。就此而言,莱布尼茨的思想具有明显的系统性和完整性。他一生的思想变化,无非是在逐步建构他所理想的系统。

但他的主要著作多为拉丁文和法文,而且,他的许多著作只是在他逝世后才正式发表。他在生前所发表的重要哲学著作,只是在 1710 年出版的《神正论》(*Essais de théodicée sur la bonté de Dieu*, *la liberté de l'homme et l'origine du mal*;[*Theodizee*; *Theodicy*])。在他逝世以后,所发表的重要著作是《论形而上学》(*Discours de la métaphysique*; *Abhandlung über die Metaphysik*,von 1685)、《人类理智新论》(*Nouveaux essais sur l'entendement humain*; *Neue Untersuchungen über den menschlichen Verstand*,von 1704)以及《单子论及基于理性的自然和天惠的原则》(*Monadologie sowie Principes de la nature et de la grâce fondés en raison*,*beide* von 1714;[Monadology])。

他的《神正论》的基本论题,就是莱布尼茨所一再坚持的"信仰与理性和谐论",它是在同他所热爱的苏菲·夏洛特公主对话之后撰写出来的。所以,它明显地表现出语言流畅和通俗易懂的特征。在这部著作中,莱布尼茨有目的地针对法国思想家皮埃尔·培尔的怀疑论观点,批判将理性与神对立起来的激进观点。如前所述,当时的法国思想界,在笛卡尔等人的带动下,掀起了以理性为手段而怀疑神的浪潮。

在他逝世后被列入他的著作集的其他重要作品,包括:《反无神论天然宣言》(1668)、《关于事物、言语和真正现实事物之间的联系的谈话》(*Dialogus de connexione inter res et verba et veritatis realitate*,1677)、《论观念》(*Quid sit idea*,1678)、《关于认识、真理和观念的沉思》(*Meditation sur la connaissanee,la verite et les idees*,1684)、《关于笛卡尔的〈原则〉和第一哲学的改革的一般意见》(*Remarques generales sur les Principes de Descartes et de la Reforme de la philosophie premiere*,1694)、《关于实体的本性与交往的新体系》(*Systeme nouveau de la nature et de la communication des substances*,1695)、《论自然本身》(*De ipsa natura*,1698)、《关于一个普遍性精神的学说的思考》(*Considération sur la doctrine d'un esprit universel*,1702)等。

除了这些哲学著作外,莱布尼茨还有不少通信录。这些是他与同时代的著名学者,如斯宾诺莎、霍布斯、阿尔诺(Antoine Arnauld,1612-1694)、马勒伯朗士、伯努利(Jacques I. Bernoulli,1654-1705)、克拉克等人的书信来往的汇集。在同数学家伯努利的长期通信中,莱布尼茨表达了他对数学和物理学基本问题以及它们同形而上学的关系的重要观点,而他同克拉克的通信则集中讨论了时间与空间的问题,在这些问题上,我们可以看到他同牛顿观点的差异性。

莱布尼茨还有许多手稿至今仍保存在汉诺威图书馆,等待日后逐渐整理发表,他的丰富著作乃是人类文化宝库中的一个财富。莱布尼茨的哲学思想至今仍然含有迷人的生命力,对后人发启发很大。维也纳大学教授埃利克·亨特尔（Erich Hentel，1912－2000）在他的著作《哲学的两大迷宫》认为，当代哲学唯有继承和发扬莱布尼茨哲学的精神，才能真正复兴西方文化⑤。

　　后人曾先后编辑出版了莱布尼茨的各种著作集、文集或全集，首先是 1765 年由拉斯佩（E. Raspe）的《莱布尼茨著作集》（Œuvres philosophiques de Leibnitz）；接着，就是由杜滕（Ludovici Putens）所编辑的《莱布尼茨全集》（Leibniti Opera Omnia）。到了 19 世纪，人们也试图一再编出莱布尼茨的著作全集，其中有埃尔德曼（J. E. Erdmann）所编的《莱布尼茨哲学著作集》（Leibnitii opera philosophica quae extrant Latina，gallica，gemanica omnia，1840）、格恩哈特（C. I. Gernhardt）主编的《莱布尼茨哲学著作全集》（Die philosophischen Schriften von Gottfried Wilhelm Leibniz，1875－1890）和《莱布尼茨数学著作集》（Die mathematischen Schriften，1850）、富歇·德·卡雷伊（A. Foucher de Careil）主编的《莱布尼茨著作集》（Œuvres de Leibniz，1859－1875）以及翁诺·克洛普（Onno Klopp）主编的《莱布尼茨著作集》十卷本（Die Werke von Leibniz，Honover，1864－1977）。

　　从 1923 年起，德国柏林科学院组织了足够多的学者和专家，试图编辑出版莱布尼茨的新全集，整个编辑工作非常艰苦复杂。迄今为止，莱布尼茨的图书资料可以大致分为四种类型。第一种是由汉诺威莱布尼茨档案馆（Leibniz-Archiv in Hannover）所整理的，第二种是设置于波茨坦的莱布尼茨研究中心所编辑整理的（Leibniz-Edition Arbeitsstelle Potsdam），第三种是设置在柏林的莱布尼茨研究中心所编辑整理的版本（Leibniz-Edition Arbeitsstelle Berlin），第四种是由格丁根大学莱布尼茨研究中心（Die Leibniz-Forschungsstelle-Forschungsvorhaben der Akademie der Wissenschaften zu Göttingen）所整理的版本。人们试图将莱布尼茨的所有著作，包括他的书稿和通信记录，都编辑在一起，构成尽可能完整的莱布尼茨著作与通信全集。现在已经出版的《莱布尼茨著作与通信全集》(*Sämmtliche Schriften und Briefe von Gottfried Wilhelm Leibniz*)的科学院研究版本(*Sämtliche Schriften und Briefe*，Akademieausgabe)，包括以下八大系列：第一系列是《一般政治与历史通信集》(*Reihe I: Allgemeiner，politischer und historischer Briefwechsel*)，第二系列是《哲学通信集》(*Reihe II: Philosophischer Briefwechsel*)，第三系列是《数学、自然科学与技术通信集》(*Reihe III: Mathematischer，naturwissenschaftlicher und technischer Briefwechsel*)，第四系列是《政治著作集》(*Reihe IV: Politische Schriften*)，第五系列是《历史与语言科学著作集》(*Reihe V: Historische und sprachwissenschaftliche Schriften*)，第六系列是《哲学著作集》(*Reihe VI: Philosophische Schriften*)，第七系列是《数学著作集》(*Reihe VII: Mathematische Schriften*)，第八系列是《自然科学、医学及技术著作集》(*Reihe VIII: Naturwissenschaftliche，medizinische und technische Schriften*)。

莱布尼茨很早就说过："每个人都赋有进行理性生活的能力(Jeder Mensch besitzt Fähigkeiten zur vernünftigen Lebensführung)"，但真正能够自律地运用自己的理性，必须经历一番启蒙的过程。

莱布尼茨生活的时代，德国同英国、法国、荷兰和意大利相比，在思想和科学研究方面，都远远落后。但英、法、荷、意等国的先进思想及其科学成果，从积极的方面来看，却有利于德国思想家和哲学家，在总结和反思先进国家已经取得的思想成果的基础上，结合本国思想传统的特征，更全面地开展德国的启蒙运动。

而且，比德国更早进入启蒙时代的上述各个国家的思想家们，由于他们对整个欧洲文化的复兴的关切，也实际上从各个方面，以他们的创作活动及其成果,积极地促进德国的启蒙运动的发展。这就为较晚期进行启蒙运动的德国哲学家们,提供了更广阔的多的机会和机遇,实现他们的哲学革命。

在英国,培根在 17 世纪初就提出了包罗万象的归纳法,而法国的笛卡尔则提出了演绎法,两位哲学家各自以其经验主义和理性主义的不同方法,共同反对各种僵化的教条和陈规陋习,为思想改革提供了新的手段,也为科学从神学中解放出来作出了贡献。1624 年,英格兰哲学家赫伯特(Edward Herbert,1582 - 1648)发表《真理论》(*De Veritate*),提出自然神论,意味着新产生的哲学思想找到了对抗蒙昧的"启示宗教"的适当形式。

在法国,伽桑狄(Pierre Gassendi,1592 - 1655)和霍尔巴赫(Paul-Henri Dietrich, Baron d'Holbach,1723 - 1789)公开批判有神论,皮埃尔·培尔更是通过他的《历史与批判词典》(*Dictioannaire historique et critique*,1696)向宗教挑战。1688 年,英国发生"光荣革命",完成了社会政治制度的根本变革,使洛克(John Locke,1632 - 1704)有可能在 1690 年,发表他的《人类理智论》(*An Essay Concerning Human Understanding*)和《政府论》(*Two Treatises of Government*),从哲学上,主张物质世界是感觉的源泉,并强调"环境创造人";而在政治上,则系统提出了近代民主法制制度。

在德国启蒙运动发展到鼎盛的阶段,斯达尔夫人(Germaine de Staël,1766 - 1817)成为法国与德国启蒙思想进行全面交流的中介人物。她的出现推动了德国启蒙运动的进程,使更多的法国思想观念传播到德国哲学界和文学界。

位于地中海区域的意大利,也在科学艺术和哲学等方面,远远地走在德国前面。意大利的人文主义思想家和科学家,早在文艺复兴时代,就提出了震撼整个西方思想界的一系列新思维方式及新型观点。意大利人比西方的任何国家都更接近希腊文化及其思想。因此，作为西方整个启蒙思想体系的基础观点，诸如理性主义、经验主义、逻辑方法、科学技术思想以及人文主义，早在希腊化时代的末期以及中世纪初期，就已经通过希腊思想移植到罗马的整个历史过程，被系统地传送到意大利，并为意大利从中世纪初期到文艺复兴时代为止的思想创造提供最好的条件。作为德国启蒙思想先驱的尼古拉·冯·库萨，正是在 15 世纪的最关键时刻来到帕多瓦和佛罗伦萨，吸收帕多瓦学派和佛罗伦萨学派的思想。其实，在尼古拉·冯·库萨来到意大利之前，思想家彼得罗·达巴诺（Pietro d'Abano，1257 - 1316）和彼得拉克，就作为帕多瓦学派的先驱，勇敢地提出"人学"和"神学"的对立的观点。接着，瓦拉继续推动人文主义的完善化创造过程。从那以后，意大利的人文主义和文艺复兴思想在马尔西勒·菲奇诺（Marsilo Ficino，1433 - 1499）、米兰多拉（Jean Pic de la Mirandole，1463 - 1494）、马基雅维利（Nicolo Machiavelli，1469 - 1527）、康帕内拉、布鲁诺和伽利略等人，前仆后继地进行思想革新。到了启蒙运动的关键时刻，思想家兼历史学家维科（Giovanni Battista Vico，1668 - 1744）先后发表《形而上学》（*Livre métaphysique*，1710）和《新科学》（*Scienza Nuova*，1725），他试图以社会发展和衰落循环理论，将人文社会科学加以系统化，使它具有独立于自然科学的属于其自身的历史主义方法论。尽管在 18 世纪，维科的立足于历史循环论的历史哲学受到了漠视，但对后来的德国学者，包括歌德和马克思，毋庸置疑都产生了深刻影响。

　　莱布尼茨还是西方近代思想家中最早接受并赞赏中国文化的杰出学者[⑤]。为了更多了解中国思想和文化，莱布尼茨广泛地与当时访问过中国的传教士、学者和政治家进行交流。他首先对中国的传统儒学深感兴趣[7]。莱布尼茨认真阅读过《论语》，并表示：西方人可以从中国文化那里学到许多东西[8]。作为语言学家和语文学家，莱布尼茨特别对中国汉字感兴趣，他甚至认为，中国文字有可能成为他所理想的世界性一般文字的原型。莱布尼茨也深入研究《易经》，高度评价易经思想的灵活性、科学性及其哲学性。从《易经》的太极图到六十四卦，莱布尼茨都详细地探讨其中隐含的二进制数学的基本原理[9]。

莱布尼茨还全面研究中国哲学，他认为中国哲学与他的哲学有很大的类似性。研究莱布尼茨的专家们发现，莱布尼茨关于"简单的实体"以及"先定的和谐论"，都受到了中国传统哲学思想的影响的结果。

面对整个欧洲启蒙运动的伟大成果，作为德国杰出的哲学家和科学家，莱布尼茨试图在吸收当时各国先进思想和方法的基础上，创立自己的哲学体系和科学理论。

由此可见，莱布尼茨所生活的那个时代，正是欧洲从它的古典时期转向启蒙时期的关键年月。一般地说，古典时期是以荷兰的格劳秀斯在 1625 年发表《关于战争与和平的法规》作为起点，因为这意味着西方思想界开始创立"自然法"（droit naturel）而寻求以理性为基础的法制社会；启蒙时代则是指从 17 世纪上半叶到 18 世纪末的整整一个世纪的历史时期。在这一时期内，莱布尼茨前半生生活在古典时期，他的后二十多年，则生活在启蒙运动时代。莱布尼茨由此可以说真正地成为德国哲学史上有资格被称为第一位德国启蒙哲学家，尽管他的前半生实际上属于古典时期。他作为德国哲学的开创者，正好同康德作为德国启蒙哲学的最后完成者，是前后呼应的。

第二节　莱布尼茨的基本论题

生活在 17 至 18 世纪的莱布尼茨，深受时代精神的感染，在建构他的哲学思想理论体系的时候,抓住了理性、真理和神的相互关系问题,作为他整体思考的核心,并以"和谐"为原则,处理理性、真理和神的相互关系。莱布尼茨在建构自己的思想体系时,一方面依据他所接受的传统教育思想,主要是接受了亚里士多德主义的基本观点;另一方面,他又细心分析了他那个时代欧洲重大哲学争论的状况,既考虑到新型的自然主义和机械主义思想的成果,又意识到其中包含的机械主义的弱点,无法解决关于物质实体性质的复杂性,特别无法解决"连续性"与"不可分的点"之间的矛盾,促使莱布尼茨最终选择采用"先定和谐论"。但莱布尼茨思想的多样性、多向性和多学科性质,使他采用了间断性思考和创作的方式,对哲学重大问题进行思考和论述。因此,莱布尼茨的哲学思想散见在他的各种著作中,其中最重要的是《论形而上学》(*Discourse de métaphsique*,1686)、《单子论》(*Monado logie*,1714)和《神正论》(*Théodicée*,1710),但只有《神正论》是在他生前的 1710 年发表出版的。

撰写于 1686 年的《论形而上学》实际上是对马勒伯朗士和阿尔诺的争论所做的说明,莱布尼茨本人并不打算全文正式公布出版,他只是把他写的《形而上学论》的某些部分作为书信寄给阿尔诺,以便进行讨论。莱布尼茨在信中,围绕物质实体的运动及其相互间的抗衡以及神在宇宙中扮演的全能统治角色,进行多方面的探讨。书信虽然断断续续,但显示出他的哲学思想的系统性和同一性,即集中探讨世界物质运动的性质与最高的神的内在关系。由于莱布尼茨不愿意把自己未经深思熟虑的书稿完整地公诸世人,他在信中只限于发出简写成 37 个要点的书稿①。

莱布尼茨在自己的书稿中所显示的探索思路,就是从最高的神出发,进一步谈论整个实体世界,然后又返回到精神世界和万能的神。在书稿中，莱布尼茨界定神为"一个最高和绝对完满的实体（als höchste und absolut vollkommene Substanz）"，同时也是"最宏伟无比而拥有现实性的无限存在（auch das Höchstmaß an Realität in sich hat，die durch nichts begrenzt wird）"；而且也是唯一有能力规定所有单子的存在的强大力量（Gott ist auch die einzige Macht，die über das Sein der Monaden bestimmt）[11]。在这样的前提下，神是至善的，但为了排除关于神统领一切的理论，莱布尼茨重申善性是独立于神而存在，而且，至善的神所创建的世界是和谐和完满的。

莱布尼茨在书稿中还显示出对经院主义哲学的蔑视，因为他认为，经院主义哲学的唯一弱点，恰恰就在于它的不严谨性以及它们在逻辑上的荒谬性。对于莱布尼茨来说，作为探索真理的哲学，必须和科学一样，必须自始至终逻辑性强，推理严谨，立足于理性原则。

莱布尼茨在《论形而上学》中所阐发的基本论点，后来成为他系统论述《单子论》和《神正论》的出发点。莱布尼茨在《神正论》中概括了他所思考的两大哲学难题：一个是关于自由与必然的关系，特别是关于"恶"的起源；另一个是连续性与不可分的点的关系以及有关"无限性"的考查。莱布尼茨批评当时的机械主义运动观，反对他们把运动的动力及原因归结为外来因素的立场，莱布尼茨明确主张：任何真正的实体，必须是自身真正独立、由自身决定的存在，实体的运动同样也必须由其自身所决定。所以，莱布尼茨反对把实体简单地归结为纯粹物质性的看法，主张以单子论说明实体的性质及其运动的动力，强调实体本身就是具有能动力的存在。

探讨莱布尼茨的哲学原则，必须考虑到他在宗教和科学问题上的基本立场和基本原则。莱布尼茨对笛卡尔和斯宾诺莎的理性主义是极其推崇的，但也不能忽略莱布尼茨本人在理性主义原则上的独特立场和特殊见解。莱布尼茨对斯宾诺莎的哲学论述尚有适当的保留,特别对斯宾诺莎的宗教观有所质疑。莱布尼茨受到他的大学导师雅各布·托马苏斯的宗教观点的影响,使他对宗教和神的基本观点有别于斯宾诺莎。

除了宗教问题,莱布尼茨还更多地考虑当时的科学研究成果及科学方法,特别是惠更斯、笛卡尔、牛顿和玻意耳等人的科学成果,对哲学思考的重要意义。所以,在哲学论证中,莱布尼茨坚持使用理性主义本体论和逻辑的七大原则:(一)同一律和矛盾律;(二)不可分辨的同一性;(三)充足理由律;(四)预定的和谐原则;(五)连续性法则;(六)乐观主义原则;(七)完满性原则。

首先,同一律和矛盾律强调的是:如果一个命题是正确的,那么,它的反面命题就一定是错误的(不正确的),反之亦然。确认同一律和矛盾律,并使之贯彻于思想论述中,成为哲学论述前后一贯性的基础和先决条件,这就奠定了近代哲学理论的基本逻辑基础。

不可分辨的同一性,强调的是:两个不同的事物的所有属性,不可能是一样的。如果由 X 所拥有的所有谓语,也是由 Y 所拥有的;或者,反过来,由 Y 所拥有的所有谓语,也是由 X 所拥有的,那么,两个实体 X 和 Y 就是同一的。也就是说,两个事物或两个存在之间,总是存在难以分辨或不可辨认的差异;假定两个事物是难以辨识的,就等于假定同一个事物有两个名称。莱布尼茨的不可分辨的同一性规则,对于当代逻辑、微粒子物理学和量子力学,都具有非常重要的意义,因为莱布尼茨的不可分辨的同一性,假定或认定:世界上不可能存在两个完全相同的事物;同样的,即使是两个相同的事物,它们实际上仍然存在不可分辨、不可辨识或不可识别的不同属性。莱布尼茨的这个原则,实际上也是肯定了世界事物和存在的不可同一的多元性、多样性、多质性。

换句话说，相同的事物之间仍然潜在地包含不同一；多元性、多样性、复杂性、多质性，乃是世界存在的不可归纳性的表现。

莱布尼茨的充足理由律强调：任何事物的存在、任何事件的发生、任何真理的获得，都必须具备充足理由。

预定的和谐表明：每一个所拥有的内在本质，导致一切发生于一个事物中的事件，也同样会发生于其他所有事物；只是它们之间的相互影响并不一定都是直接发生作用的。也就是说，世间一切事物之间都存在一定的相互联系，只是它们之间的联系，并不一定都是直接的。莱布尼茨的这个原则，包含了深刻的辩证法思想，它指出了世界上各个事物之间的和谐性质及其相互联系性。

莱布尼茨的连续性原则强调"自然界从未发生跃进（Natura non facit saltus）"⑫。在各个存在之间总有连续关系。瑞典生物学家、博物学家林奈（Carl von Linné，Carolus Linnaeus，1707 - 1778）受到莱布尼茨的这个原则的启发，认为世界上各种生命体和各种事物之间总是存在连续性，林奈还把莱布尼茨在《人类理智新论》的法语原文"la nature ne fait jamais des sauts"翻译成拉丁文"*Natura non-facit saltus*"，登载在林奈的著作《生物哲学》上⑬。莱布尼茨的连续性原则实际上确认自然界中的一切存在都是相互连接、相互交错，存在之间没有不可逾越的鸿沟，没有绝对的分割，整个世界是一个连成一体的整体。

莱布尼茨的乐观主义原则是对神的全能的肯定，在他看来，由于神是全能的，神又是善的，所以，世界上不会出现导致悲观的不和谐。

基于以上各种原则，莱布尼茨坚信神可以保障完满世界的存在，存在的一切就是神为我们设计好的最理想和最完备的和谐世界。我们作为有限的存在，无法理解世界的所有可能性，但实际生活或我们遭遇的一切，就是达致最好的可能性中的一种可能性。

第三节　人类理智新论

　　莱布尼茨的《人类理智新论》是以同洛克进行争论的形式而撰写出来的，但由于洛克早逝，使莱布尼茨放弃了在洛克逝世后出版这本书的计划。全书贯穿了莱布尼茨的理性主义思想，试图驳斥洛克所代表的经验主义立场，涉及哲学认识论和许多跨学科的重要问题，可以被看作莱布尼茨的一部哲学代表作，更可以说是莱布尼茨知识论方面的代表作。

　　首先，莱布尼茨声称自己是笛卡尔理性主义的天赋观念论的继承者，主张"我们灵魂的一切思想和行动，都是源自自身内部，而不是由感觉所给予的"⑭。他说，他反对洛克那种感觉论，反对自古代德谟克里特至伽桑狄等人的唯物主义和原子论，主张在纯数学，特别是在算术、几何学的必然真理中，寻求科学认识和哲学真理的基础。莱布尼茨甚至认为，即使是在数学之外，我们也可以在逻辑、形而上学、神学和法理学中，找到各种不是来自经验和感觉，而是来自"天赋的内在原则"的必然的真理。在这里，明显地看出莱布尼茨的内在论思想原则，根据他的内在论，人的一切理性活动都是根据"内在原则"所决定的，在这种情况下，作为万物基本单位的"单子"是自我决定、自我察觉和自我反思的，单子对外界任何事物的察觉或知觉，并非外在客观事物对心灵的影响的结果，而是内在心灵所固有的。在谈到自己同洛克的争论的分歧根源时，莱布尼茨说"他（洛克）的系统与亚里士多德紧密相关，而我的系统比较接近柏拉图，尽管在许多地方我们俩都离这两位古人比较远"⑮。

　　针对洛克的基本观点，莱布尼茨集中批判洛克的人心"白板论"，强调他赞成笛卡尔的天赋观念论，"认为我们灵魂的一切思想和行动都来自它自己内部,而不能是感觉给予的"。莱布尼茨根据自己的单子论,进一步论证说,"观念和真理"是"作为倾向、禀赋、习性或自然的潜能,天赋地存在于我们心中,而不是作为现实天赋地存在于我们心中,尽管这种潜能也永远伴随着与它相应的、常常感觉不到的现实"⑯。

莱布尼茨认为我们的知识不是源自感觉经验。他说:"感觉对于我们的一切现实认识虽然是必要的,但是不足以向我们提供全部知识,因为感觉永远只能给我们提供一些例子,也就是特殊的或个别的真理。然而印证一个一般真理的全部例子,不管数目怎样多,也不足以建立这个真理的普遍必然性,因为不能由此得出结论说,过去发生过的事情,将来也永远会同样发生。"⑰

莱布尼茨还指出,数学家欧几里得等人都很清楚,他们对那些凭经验和感性影像就可以看出的东西,也常常用理性加以证明。还有逻辑及形而上学和伦理学也是这样,逻辑与前者结合形成神学,与后者结合形成法学,这两种学问都是自然的,它们都充满了这样的真理,因此,它们的证明只能来自所谓天赋的内在原则。"诚然,我们不能想象,在灵魂中,我们可以像读一本书那样读到理性的永恒法则,就像在布告牌上读到审判官的法令那样毫无困难,毫不用探求,但是,只要凭感觉所提供的机缘,集中注意力,就能在我们心中发现这些原则,这就够了。实验的成功也可以用来印证理性,差不多像算术里演算过程很长时可以用来验算来避免验算错误那样。这也就是人类的认识与禽兽认识的区别所在。禽兽纯粹凭经验,只是靠例子来指导自己,因为就我们所能判断的来说,禽兽决不能达到提出必然命题的地步,而人类则能有经证明的科学知识。也是因为这一点,禽兽所具有的那种联想功能,是某种低于人所具有的理性的东西。……因为只有理性才能建立可靠的规律,以补不可靠的规律之不足,最后更在必然后果的力量中找出确定的联系。"⑱

　　莱布尼茨在这里所提出的问题,已经超出一般的知识论的范围,而是涉及形而上学的基本问题。在莱布尼茨看来,世界和宇宙所存在的一切事物,都有其自身的存在理由。存在之所以存在,就是因为它就存在在那里;也就是说,存在之存在,已经回答了它为什么存在。一切存在都有其自身的充足理由,而且,这种理由不是来自外部,而是存在自身所已经包含在内的。莱布尼茨在谈到充足理由律的时候指出:**充足理由律是根据这样的事实,即任何一个必然存在的事物,都自然地在它自身中包含着它存在的充分理由。**

　　莱布尼茨所坚持的"天赋的内在原则",实际上促使哲学家从存在这个事实本身去反思存在之所以存在的根据。海德格尔对此给予很高的评价,海德格尔以及维特根斯坦都先后指出:形而上学的根本问题,就是"为什么某事物存在,而不是无物存在"⑲。

　　莱布尼茨一生中探讨了许多重大问题,在哲学上,他始终都不停地探索形而上学的基本问题。对他来说,一切最基本的形而上学问题,实际上就是存在论的基本问题:什么东西存在? 实际存在的是什么? 现实存在的事物中,最根本的构成因素是什么? 各种事物的根据是什么? 他对这些最基本的问题的答案始终是一致和一贯的,也就是说,他认为,每一种事物都是由不可分的最简单的实体构成的,一切事物都是以最简单的实体为根基;而这个最简单的实体都是最完整的独立个体,它们都内在地赋有感知和欲望的活生生的存在。

　　其次,莱布尼茨根据自然科学,特别是数学的成果,进一步修正和改善笛卡尔的理性主义理论,强调在传统的理性主义所主张的"推理的真理"以外,还有一种基于经验的事实的真理。但是,"推理的真理是必然的,它们的反面是不可能的;而事实的真理是偶然的,它们的反面是可能的"。为此，莱布尼茨为推理过程寻求两个基本原则：矛盾律和充足理由律，前者为必然的真理提供坚实的基础，后者为偶然的真理提供充分的理由。

再次，莱布尼茨指出，洛克实际上认为"在自然秩序的范围内，物质也能够思想"，而认为物质能够思想，就是"以奇迹的方式提高了物质，以致使它具有它的本性所不能有的能力"。在莱布尼茨看来，思想是作为认识主体的人类心灵所独有的，因为人类心灵是一种不同于物质实体的精神实体，具有数不尽的潜在天赋能力。人类的心灵的这种思考能力是与世界保持"先定的和谐"的结果。

总之，莱布尼茨在他的《人类理智新论》中所阐述的思想，正是他在《单子论》中所论证的"先定和谐原则"的集中表现。

第四节　单　子　论

莱布尼茨的基本哲学思想原则奠基于理性（fondé en raison）的"和谐"，这一思想贯穿在他的基本著作《单子论》中；而他的思想体系的基本特点，如前所述，无非就是：第一，具有数学模式的连续性、推演性和系统性，他的思想如同他所要表现的整个宇宙那样，是遵循"连续性的规则"的；第二，他的思想以逻辑思考的形式，前后呼应、连贯一致；第三，理性主义原则的彻底性。莱布尼茨从一开始思考哲学问题，便明显地与经验主义和唯物主义相对立，不但主张以理性的观点看待世界和宇宙，而且也主张以理性主导人的整个思考过程，并以理性作为分析和推论的基本方法。他不但认为人是以理性对待世界和实际生活，而且也认为世界和宇宙及其各个部分都是以理性作为基本原则。他的这种彻底的理性主义原则，使他不仅严厉批判洛克的经验主义，也同样批判各种怀疑主义；第四，莱布尼茨的系统还表现在他的彻底的单子论哲学；他认为单子是一切事物的基本单位，而且，单子本身具有理性，"是一种可说是实在的和有生命的点。……它包含某种形式或能动的成分，以便成为一个完全的存在"㉒；第五，莱布尼茨始终贯彻和谐原则，把一切事物都纳入和谐的系统，并称之为"先定的和谐（harmonie préétablie；die prästabilierte Harmonie）"。

　　莱布尼茨的单子论就是他整个思想体系的典型表现。在他看来，笛卡尔把世界分割成两个互相独立和互相平行的实体的观点是错误的，而自古希腊以来流传的唯物主义原子论，也错误地认为"原子"是一种构成事物的基本因素的"不可分的"单元。莱布尼茨不承认所谓"不可分的点"的看法。莱布尼茨强调，空间不是一种"实体（Substance）"，而只是"实体"并存于其中的一种秩序（l'ordre）。所谓"实体"，不是物质性的，而是精神性的原则；莱布尼茨引用亚里士多德的"完成"，即"隐德来希"（希腊语 entelechie，或译"圆极""生元"）的概念，肯定地说，唯有与单子这种隐德来希相关的联系，才能构成实体。单子是一种"原初主动的力"（vis primitive active），"比有形体的物体更具有形而上学的性质"，其活动表现为"知觉"（perception）和"热望"（appetition，这是一种"强烈的欲望"）两种类型。通过各种单子的不同程度的"知觉"，每个单子"表现"着别的单子的"无限性"（l'infinite），而通过"热望"，一种"知觉"可以转向另一种"知觉"。所以，在莱布尼茨的思想中，整个世界乃是一种相互联系的、有不同连续性（continuité）的单子世界，每个单子通过其特殊的"知觉"而"表现"或"表达"（exprimer）整个宇宙的其他单子。

　　因此，单子像镜子一样，反映着世界。然而，这种"表达"能力又如此地多样化，从最不清晰的"微知觉"到人类的"统觉"（apperception）以及至高无上的"全知、全能"的上帝，都是无限地可分割的、由单子构成的连续性整体。

莱布尼茨说，依据不同单子的"记忆力"的程度，不同单子具有不同等级的"知觉"；没有记忆力的植物及无机物的知觉能力处于最低级的阶段；动物的知觉是"粗糙的灵魂"（l'âme brute），人类的知觉则属于"有理性的灵魂"（l'âme raisonnable）。由于不同程度的知觉，可以不同程度地通过"反映"去认识"永恒真理的必然性""自我的本性"及"上帝的完满性"等等。

所谓"推理"，就是从"蕴含"（implication）中得出结论；但这种"蕴含"可以基于两种原则："矛盾律"（le principe de contradiction）和"充足理由律"（le principe de raison suffisante）。

借助于推理和上述两个原则，可以获得两种类型的真理：第一种是逻辑的、必然性的真理，可以借助于简单的分析获得之。例如，在数学中，一切命题都已经"蕴含"于定义、公理和要求之中。

第二种是事实的、偶然性的真理（des vérités de fait，contingents），为了证明其合理性，借助于矛盾律去达到"显明性"是毫无用处的；唯有诉诸"上帝"，即"一切存在物的唯一的和真正的充足理由"，才能证明这种真理的"成立"。莱布尼茨把"上帝"看作一切存在物的最终根源，因为上帝是"无限地完满"（infiniment parfait），上帝是本质和存在性的本原；"没有上帝，不但不会有任何存在物，而且连一点可能性也不会有"。但是，事物的本质所依据的是上帝的理智，而事物的存在则依据上帝的意志。这就是说，由于上帝的"全智"，上帝从其理智中所包含的一切可能性之中，区分出最好的可能性来；而由于上帝的"全善"，上帝便选择出那最好的可能性，同时，又由于上帝的"全能"，它创造了那最好的可能性。如果说，本质的原则是"可能性"的话，那么，存在性的原则就是

"完满性"。

为了更好地理解莱布尼茨的单子论思想，我们还要重申前面已经概括的莱布尼茨的三个重要原则：第一，连续性的原则。在莱布尼茨的单子世界中，没有一个事物是"死亡"的；因为一切实体都是单子，而单子是有生机的。另一方面，采取"蕴含"形式的"本质"，在存在过程中表现为一种所谓"现在就是未来的最重要成分"（omne praesens gravidum est futuro)的原则。这种原则从一开初就起作用。以最完满的形式存在的多种单子的世界，是同时地被上帝创造的。从那时起，世界上就没有过严格意义上的"诞生"，因为一切都已经"诞生"了。这就意味着，所谓"诞生"，无非是指"精液状的单子的一切变迁，而这些单子都是互相包含地发生关系，并且，它们是在某一瞬间由亚当的睾丸而进入一个更大得多的演戏舞台上"。莱布尼茨甚至说，所谓"死亡"，无非是"单子回返到更加精巧的戏剧舞台上"。这样一来，单子之间从本质上原是有连续的统一性并和谐地共处于世界；全部单子构成了一个无限连续的系列，即使在各个小差别之间也存在无限连续的等级，以致可以说各个不同事物之间既存在差别、又同时存在共同之点。任何事物之间不存在不可逾越的鸿沟。

第二，难以觉察的原则（Le principe des indiscernables)。莱布尼茨强调，单子不是科学家们所说的"原子"或其他"最小的物质"之类，也不是力学家所说的"力"。单子是一个"形而上学的点"（point métaphysique)；它没有广延性，没有长、宽、高的维度，"它既没有门，也没有窗户"（sans portes ni fenêtres)，它是一种"精神性的力"，是以其知觉观察其他单子的"观点"或"观察点"。正如前面所说，这是对于宇宙的"活镜子"（miroir vivant)。在这里，莱布尼茨要强调回避普通人所理解的"最小单位"的观念，要求人们用哲学的抽象力去把握单子。单子没有"部分"，不能以自然方式而离合和生灭。莱布尼茨严厉地抨击在他之前和同时代的机械唯物论观点,他特别批评英国哲学家洛克的观点,反对把单子看作"死的""惰性的""由外力推动的"有形实体。另外,单子之间的关系也不是外在的,而是内在的,这同样也不是可以通过人的感觉而观察到的。

第三,先定的和谐(L'harmonie pré-établie)。一切单子都是由其自身的主动力的自发性原则所决定的。它不知道任何一种来自它自身之外的因素;它也不服从任何一种来自它自身之外的原则。"它单靠其自身而创造它的整个世界(elle seule fait tout son monde)。"单子的这些内在完满的性质,如果不是"万能的上帝",还有谁能创造出来? 莱布尼茨如此自问。莱布尼茨认为,是上帝"造成实体间的联系,而且,也是通过它,使得这一部分单子的现象与另一些单子的现象相遇且相协调"。其次,莱布尼茨强调,灵魂与肉体的统一也遵循"先定和谐"的原则——灵魂和肉体各遵循其自身的规律;灵魂所遵循的是"终极因"(les causes finales),肉体所遵循的则是"动力因"(les causes efficientes)。虽然灵魂与肉体之间不断地发生相互影响,但两者之间,无论哪一方都不能对另一方起作用,上帝所确定的和谐是它们两者间的这种虚幻联系的唯一根源。

在这个和谐的世界中,上帝提前精确地计算好了一切,其中也包括了不幸、罪恶等。自由也有它的独自的地位,因此,上帝不能为亚当的犯罪负责——亚当本有自己的自由去选择自己的行为。莱布尼茨说,上帝确实"允许"亚当犯错误,但上帝"所希望的"只是"善"罢了。"恶的根源是在虚无中"(La racine du mal est dans le néant),也就是说,根源于人之不完满性,即其有所缺,但这一切都预定好了的。

总之,莱布尼茨把单子当成最基本的粒子,是宇宙的终极元素,它们之间都赋有模糊的感知，它们是实体的存在形式，是不可分解的永恒存在的基本单位，它们各自独立存在和独立操作，各自以其独特的先定和谐方式，反映整个世界。作为实体的单子是力量的中心，而空间、物质和运动，只是现象罢了。

由此可见，单子具有本体论性质，它以不可还原的简单性质体现了它作为宇宙基础的本体论意义。单子不同于原子，它并不具备物质的或空间的性质，单子之间是各自独立的实体，它们之间的互动是表面性现象。但是，根据先定和谐原则，各单子各自具备自身独特的先定程序，面对不同的条件和环境以及特殊的需要，可以自行操作自身的不同程序。在这个意义上说，每个单子就好像宇宙的一个小镜子那样①。

第五节 神 正 论

莱布尼茨并没有把理性同宗教对立起来，而是试图在它们之间寻求和谐的调和方式。莱布尼茨一向认为，神学的和宗教的真理与哲学的真理不应该相互矛盾，因为理性和信仰两者都是神的礼物。这是他的神正论（Theodizee；Theodicée）思想的基本点，也是后来在德国启蒙运动期间持续地同启蒙原则相对立的自然神学等重要思潮的基础。

神正论最早来自希腊原文"θεοδικία theodikía"，其古希腊原文是由"θεός（theós 神）"和"δίκη（díkē 正确、合法）"两个字构成的，意思是"神的正确性"或"神的合法性"（Gerechtigkeit Gottes oder Rechtfertigung Gottes），强调万能的神的一切判断和抉择的自然合法正义性质。早在希腊的斯多葛学派和公元一世纪出现的诺斯替教（Gnostiker）那里，他们就相信可以借助于哲学思辨把握信仰的奥秘。希腊的诺斯替教，之所以坚持认为人的思想与神的启示之间的沟通可能性，就是因为古希腊人始终把人的知识和认识活动及其对于真理的追求，同神谕和对人的要求，联系在一起。"诺斯替"的希腊原文"Gnostik"本来与希腊字"gnosis"相关，它表示"知识"的形成，总是需要靠神的超越观点的关照，帮助人超越感性的界线，把握在感性世界掩盖下的真理本质。所以，在希腊化时期，亚历山大学派发扬了诺斯替教的思想，后来又被基督教中的部分神学理论所吸收，特别在被基督教正统所排斥的异端中得到发扬光大。

神正论所表示的，是人的思想与神的奇迹之间的可沟通性及其和谐可能性。神正论的这一基本特征，使它从一开始形成，就引起有神论、无神论以及基督教和非基督教神学之间的复杂争论。

莱布尼茨在他的《神正论》中，阐明哲学所面临的两大难题：① 自由与必然的矛盾；② 不可分的点和连续性的矛盾。对于神，莱布尼茨也提出了带悖论性的问题：如果说神是公正的，那么，如何正确地看待"恶"的问题以及保证乐观主义的合理性？莱布尼茨认为，恶没有丝毫的积极意义，它不过是善的"影子"，是为增加和谐的乐趣而产生的一种不和谐。莱布尼茨以辩证法的精神，阐述世界的复杂性，说明偶然性与必然性、有限与无限、中断与连续的复杂关系。莱布尼茨认为，恶的存在是可以理解的。怎么能够要求有限的生存者（人）包含无限的神的完满性呢？果真人间没有恶，那才是荒谬的。在神那里，道理也是一样：神是通过有限性而使无限性的概念成为可能。作为一切被创造物的基本特征的有限性，形而上学的恶是必然的。道德的恶也是这样：既然原罪就是一个错误，那么，一切有限的知识就是可错的（faillible）。正因为"形而上学的恶"招致"道德的恶"，所以，道德的恶也导致肉体的恶，导致肉体和物质世界的不完满性。神已经预见到我们的一切恶。神并不愿意恶的存在,但神允许恶的存在,用托马斯主义(Thomism)的话来说,神并不愿意、也不希望恶,但神却知道恶的存在。神创造出尽可能好的世界,神只好选择最伟大的统一体中的多样性世界。恶的存在就是最好的世界中的多样性的一个表现。我们始终只能看到无限的一部分,但从总体来看,我们就可以发现和谐。

莱布尼茨的神正论思想具有承上启下的历史意义:承上,它继承了自希腊化时代形成的古代神正论传统,同时也继承中世纪时代的基督教异端关于神性与理性的相互渗透观点,发扬从中世纪以来就存在的神秘主义传统,特别是继承德国神秘主义思想,也继承宗教改革时代关于宗教与理性相协调的观点;启下,指的是神正论思想延续到整个启蒙时代,使这一思想脉络能够在启蒙时代继续发扬光大,同启蒙时代的浪漫主义相结合,延续到德国古典哲学占统治地位的时期。

注释

① Werner Krauss, *Studien zur deutschen und französischen Aufklärung*. Rütten & Loening, Berlin, 1963; Werner Schneiders, *Das Zeitalter der Aufklärung*. 2. Auflage. Beck, München, 2001; arbara Stolberg-Rillinger, *Europa im Jahrhundert der Aufklärung*. Reclam, Stuttgart, 2000; Ehrhard Bahr (Hrsg.), *Was ist Aufklärung? Thesen und Definitionen*. Reclam, Stuttgart, 2008; Annette Meyer, *Die Epoche der Aufklärung*. Akademie, Berlin, 2010; Steffen Martus, *Aufklärung. Das deutsche 18. Jahrhundert. Ein Epochenbild*. Rowohlt, Berlin, 2015; Winfried Schröder (Hrsg.), *Französische Aufklärung. Bürgerliche Emanzipation, Literatur und Bewußtseinsbildung*. Reclam, Leipzig, 1979.
② Panajotis Kondylis, *Die Aufklärung im Rahmen des neuzeitlichen Rationalismus*. Meiner, Hamburg 2002; Peter Pütz, *Die deutsche Aufklärung*. Wissenschaftliche Buchgesellschaft, Darmstadt, 1991.
③ Thomas Sonar, *Die Geschichte des Prioritätsstreits zwischen Leibniz und Newton*. Springer Verlag, Berlin, 2016; Ivor Grattan-Guinness, *The Norton History of the Mathematical Sciences*. W W Norton, 1997; A. R. Hall,

Philosophers at War: The Quarrel between Newton and Leibniz. Cambridge University Press，1980.

④ Denis Diderot，*Oeuvres complètes*，vol. 7：709.

⑤ Erich Hentel，*Die beiden Labyrinthe der Philosophie. Systemtheoretische Betrachtungen zur Fundamentalphilosophie des abendländischen Denkens*. 1. Band，Wien-München，1968.

⑥ Perkins，Franklin，*Leibniz and China: A Commerce of Light*. Cambridge University Press，2004.

⑦ *Leibniz korrespondiert mit China. Der Briefwechsel mit den Jesuitenmissionaren (1689 - 1714)*. Hrsg. Rita Widmaier，Frankfurt，1990.

⑧ David E. Mungello，（1971）*Leibniz's Interpretation of Neo-Confucianism*. In *Philosophy East and West*，**21**(1)：3 - 22.

⑨ David E. Mungello，*How Central to Leibniz's Philosophy was China?* In：*Das Neueste über China. G. W. Leibnizens Novissima Sinica von 1697*. Hrsg. von Wenchao Li und Hans Poser. Stuttgart：Franz Steiner Verlag，1999（= Studia Leibnitiana Supplementa；33.）S. 57 - 67，hier：S. 59f.

⑩ R. Sleigh，*Leibniz and Arnauld*，New Haven：Yale University Press，1990.

⑪ *Sämtliche Schriften und Briefe von Gottfried Wilhelm Leibniz*，Akademieausgabe，Reihe VI，Vierter Band，S. 1529.

⑫ Gottfried Leibniz，"*la nature ne fait jamais des sauts*"，In *New Essays*，IV，16.

⑬ Carl Linnaeus，*Natura non-facit saltus*. In *Philosophia Botanica*，1751，Chapter III，♯77：27.

⑭ G. W. Leibniz，*Nouveaux essais sur l'entendement humain*，Vol. I：36.

⑮ G. W. Leibniz，*Nouveaux essais sur l'entendement humain*，Preface.

⑯ G. W. Leibniz，*Nouveaux essais sur l'entendement humain*，Preface.

⑰ G. W. Leibniz，*Nouveaux essais sur l'entendement humain*，Preface.

⑱ G. W. Leibniz，*Nouveaux essais sur l'entendement humain*，Preface.

⑲ Alfred Cyril Ewing，*The Fundamental Questions of Philosophy*. London：Routledge，1951；*Manfred Geier，Wittgenstein und Heidegger Die letzten Philosophen*. Rowohlt，Reinbek，2017.

⑳ *Die Philosophischen Schriften von Leibniz*，herausgegeben von C. J. Gerhardt，Berin，1875 - 1890：Bd. IV，478 - 479.

㉑ Gottfried Wilhelm Leibniz，*Monadologie und andere metaphysische Schriften*. Franz.-Dt.，Hrsg. & Übers. Ulrich Johannes Schneider Meiner，Hamburg，2002；*Discourse on Metaphysics and the Monadology*（trans. George R. Montgomery）. Prometheus Books，1992.

第五章

启蒙运动

启蒙（德语 Die Aufklärung；法语 les Lumières；英语 the Enlightenment），作为一种以思想文化的革新为基础的社会政治运动，它的发生，实际上经历了漫长而曲折的准备过程。这一过程，严格地说，应该与整体现代社会的萌芽、成长和建构的历史过程相一致。因此，西方的启蒙运动，可以上溯到文艺复兴的末期，即 16 世纪。

第一节　启蒙的思想基础

西方启蒙运动的思想基础，基本上是从科学技术创新发展中的指导思想引申出来的理性。人们对于理性的认识、体会、感觉和把握，不是轻而易举的；它往往需要经历漫长曲折的生命历程之后方能达到。从 16 世纪初蔓延开来的西方科学技术的大发明和大发现运动，改变了人们惯常的思想方法，开阔了人们的视野，启发人们从满足于现状、盲目顺从、守旧保守等消极生活状态中解放出来。简单地说，新起的科学技术发明运动及大发现运动，给人的教育可以归纳成以下三点：第一，开辟新视野，使人们懂得在旧传统之外，尚有许多值得学习、把握和认识的东西，这就促使人们逐渐减少对传统旧观念的保守信念，加强人们对新事物和新世界的兴趣，推动他们积极朝前看，放弃对传统旧观念的迷信；第二，增加新认识，吸收大量新知识，推动他们朝向真理的方向发展，放弃原有的旧观念和旧信念；第三，对理性有越来越深刻、越具体的认识，感受到理性在改变社会和改变私人生活领域的积极作用。这一切，构成启蒙运动的社会基础，并慢慢地渗透到人们的思想领域，为启蒙运动的发动和推进提供思想基础。

法国启蒙运动的代表人物之一达兰贝尔（Jean-Baptiste le Rond d'Alembert，1717－1783)指出，导致西方人精神生活发生革命性变革的主要历史力量，来自笛卡尔对近代科学技术成果所进行的哲学总结，而笛卡尔哲学的胜利，直接扭转了人们对整个世界的看法。近代科学技术的精神以及笛卡尔所总结的近代哲学的基本原则就是理性。对于达兰贝尔来说，理性原则的主要意义，就在于鼓励每个人充分发挥自己的理性，进行独立思考。达兰贝尔在狄德罗与他共同主编的《百科全书》中，把启蒙精神的核心，归结为一句话："根据自己所想的去思想"或者"通过自己去思想"。①

对于一个民族或一个国家来说，改变思想以及改变思想方法，是比改变物质的和可见的结构更困难得多的过程，因为改变物质的或可见的结构，只需使用足够强大的力量，就可以发生决定性影响，但改变思想却只能靠个人自身的内在反省欲望以及自身思想的积极主动精神，靠自身内在的决心和勇气，靠自身固有的智慧。所以，思想的改变实际上就是灵魂本身的改变，它将彻底改变整个一个人的面貌。而且，思想的改变还需要一系列相关的社会文化因素和历史条件，既需要整个社会大多数人的基本精神态度的转变，也需要各种多元化的具有卓越才华的个体思想家的思想创造。在这个意义上说，思想的改变不是单纯靠思想本身就足够了，而是需要与思想创造过程密切相关的复杂社会文化因素的配合，需要经历漫长曲折的力量较量过程。

按照法国思想家米歇尔·福柯（Michel Foucault，1926－1984）的说法，16 世纪是现代性的门槛。欧洲人从踏上现代性门槛开始，就经历至少一百多年的多种社会文化力量的反复较量过程，才进入真正的启蒙时代，而且，启蒙虽然作为一个历史时代，是有始有终的，但启蒙所提出的问题，并非可以仅仅在启蒙时代的有限框架内获得彻底解决。从启蒙至今，四百多年过去了，但启蒙所提出的问题，仍然在新的历史环境中被重新提出来。

所谓启蒙，实际上就是一种态度问题：它涉及每个人对社会变革、个人思维模式的转变以及对各种新事物的态度，而所有这一切，归根结底，就是对自身的态度②。对自身的态度，就是自己如何看待自己的生命和生存自由？ 如何看待自己的命运？ 如何对待整个社会的制度性变化？ 如何看待社会上的新事物？ 如何看待社会上发生的力量较量？ 通过对于这些问题的反思，每个人独立自主地回答"我们是谁""我们从哪里来""我们到哪里去"的问题，回答这些问题，就是为了自己独立自主地解决自己的命运。

启蒙所要解决的，就是解决自己如何对待自己的问题，换句话说，启蒙所期望的，就是使每个人自己获得自我解放的勇气、能力和智慧，自己成为自己的主人。要使整个社会的每个人，或者社会的大多数，都能够意识到自己是自己的主人，由自己决定自己的命运，这就是启蒙的目标。

但是，实现启蒙的目标并非易事。要使自己成为自己，使自己成为自己的真正主人，固然需要每个人自己有所醒悟、有所反省，但启蒙又涉及整个社会的变革,涉及整个社会的制度性革新,因而就涉及如何对待社会变革的问题。制度性社会变革,实际上决定于社会上各种社会力量的相互较量和相互斗争,其过程和其结局,均非个人所能左右和操纵的,相反,这要靠社会整体中各种力量的较量过程及其结果。但在社会整体中进行力量较量的各方,都是由非常复杂的因素组成的紧张网络。每个人选择自己的态度,实际上就是自己解决自己的立场,敢于在复杂尖锐的社会斗争中宣示自己的明确立场,敢于使自己卷入社会斗争。这不但关系到每个人的立场,还关系到每个人的勇气好胆量,同时也关系到自己的斗争智慧和经验。所以,在启蒙中,每个人时时刻刻都要经历自我考验和自我选择的复杂过程。

在启蒙进行中,不管是法国或德国,都发生了一系列复杂的尖锐社会争斗,而在社会整体的复杂斗争中,有能力控制社会制度变革的力量,总是那些掌握物质和精神财富最多和最强的社会群体。然后,这些掌握物质和精神财富最多和最强的社会群体,总是自称是整个社会的代表,打出理性的旗号,宣称他们是以理性为标准,规划和决定有利于他们占据社会统治地位的社会制度。在这过程中,孤立的个人是很难发挥自己的作用。所以,启蒙所追求的"自己决定自己的命运",或者,"自己决定自己的思想",是离不开整个社会的曲折复杂的斗争及其结果。近代社会的确立,就是由掌握社会权力的集团控制和宣布理性的标准,并在此基础上,作为理性的执法者,对整个社会的合理性状况做出判断,取得合法的统治地位。福柯在著作《古典时代的疯狂的故事:疯狂与非理性》(*Folie et dérasion: Histoire de la folie à l'âge classique*,1960)和《诊疗所的诞生:医学望诊的考古学》(*Naissance de la Clinique: une archéologie du regard médical*,1963)中指出:现代社会的整个制度,就是以理性为标准和法制根据,把整个社会的人划分为

"理性"和"非理性"两大类,并把前者法定为"正常"(normal),而把后者法定为"异常"(abnormal),从而把后者强行关押在"精神病院",对之实行强制性的治疗,限制其自由,在此基础上,以精神病诊疗所为典范,又进一步把整个社会,按不同层次和不同领域,以理性为基本原则,创建一系列关押、监禁、管理、统治的不同机构,形成了监狱、学校、医院、军队等管控机构,从而完成把整个社会基本上分化成"正常"和"异常"两大类的过程,建立起近代的理性社会③。如果说,启蒙运动是为了寻求个人自由解放,鼓励个人自由思想的话,那么,其实际结果,却是创建了理性指导下分化成"正常"和"异常"的新社会。而这样的社会改革的结果,恰恰反映了启蒙本身的两面性和悖论性。理性在反对非理性的过程中,树立了理性对非理性的合法统治,创建了新的不平等的社会。也就在这同一过程中,理性不但实现了对非理性的不平等统治,而且,也掩盖了理性本身的欠缺,甚至同时无限地扩大理性本身的欠缺,导致理性自身欠缺对整个社会的不合理统治。

所以,启蒙,并非简单的实现理性原则而已,它所面对的,是如何对待理性与非理性,同时又如何对待理性自身的两面性,如何冷静评估理性的有效性、历史性和有限性。这场复杂的社会变革,自然地使启蒙过程发生许多实际的问题和矛盾。所以,启蒙过程的内在斗争性及其多质、多元、多样的性质,是不可避免的。

启蒙运动并不单纯局限于哲学领域,它是极其广泛而深刻的思想运动和社会运动,卷入启蒙运动的人物,包括全社会各个领域和各个学科的杰出人物,他们尽管各自抱着不同的思想理念,各有自己的风格,但都一致地怀有历史使命感,都不同程度地意识到社会历史和文化已经发展到一个紧要关头,急需在历史转折关头,展现自己的最大力量和智慧,将整个社会引入一个新时代。

　　欧洲不同的国家和民族,在启蒙运动中显现的关键人物,是不同的。在德国,启蒙运动的代表人物,包括属于各个领域、各个阶层的重要人物,他们一方面多才多艺,另一方面又是怀抱改革社会的坚定立场以及对历史负责的态度,敢于面对各种困难,甚至不怕牺牲,准备为人类社会文化的发展献出一切的英雄人物。

　　在德国,值得在哲学史上重点加以说明的,是一批延续近两百年的整个启蒙运动各个阶段的重要人物,他们生活在不同年代,有时很难归入到每一个特定的历史阶段,也很难被归类到特定的学科领域。之所以要在哲学史上加以分别集中分析的,是他们在启蒙运动中扮演的特殊作用和特定的历史地位。

第二节　启蒙的多质性与“反启蒙”

　　任何事物都存在它的反面,任何事物都在同其对立物的张力关系中存在和发展。启蒙,作为一个思想革命和历史转折的时代,作为一种新思想方式和生活态度,它的形成不能不充满着斗争和矛盾,毋宁说,启蒙就是在同形形式式的反面思想的斗争和较量中成长壮大的。启蒙,从一开始,就在“什么是理性”“如何对待理性与非理性的关系”“什么是理性与经验的正确关系”“理性与直觉(直观)究竟是什么关系”等方面,存在不同的意见和看法,导致启蒙时代理性主义与经验主义旷日持久的争论。此外,尚有更多的问题,例如在宗教与理性的关系方面,也不能在短期内获得解决,而是有待长期深入讨论和探索。因此,毫不奇怪,启蒙运动是极其复杂和曲折的思想发展过程。

　　理性主义的主要代表人物之一斯宾诺莎(Brauch Spinoza,1632 - 1677),从启蒙的最早阶段,继承和发扬笛卡尔的理性主义路线,强调理性本身的复杂性和反思性。斯宾诺莎在《伦理学》(*Ethics*，1674)一书中，公开站在笛卡尔理性主义立场，强调理性的优先地位，在《人类理智改进论》(*On the Improvement of the Understanding*，1662)中指出：人的感知活动不只是牵涉到理性，而且也关系到感觉和直观，斯宾诺莎在集中论证他的宇宙观时指出：自然与神是同一的①。斯宾诺莎的这一重要观点，在整个启蒙时代成为一个关键的命题，从牛顿到托马斯·杰斐逊(Thomas Jefferson，1743－1826)都深深地受到了影响⑤。而且，考虑到欧洲思想传统中根深蒂固的基督教影响，那么，这种环绕理性的具体内容及其真正意义的复杂争论，是完全可以理解的。

思想作为思想，正是需要在同多样的，甚至是反面的或对立的观点的争论中，在同其他对立的理论的较量中，才能得到合理的展开。就此而言，那些反启蒙的思想观点，反而具有重要的历史贡献：它们充当了启蒙的外在动力，推动和启发了启蒙运动。而且，启蒙本身作为一种取代旧思想和旧文化的新生事物，它也不可能完满和绝对正确；其相对性，使它自然地遭遇到来自外部的批判。更何况，启蒙作为一个历史事件，就其组成而言，本来并非清一色和单一性的，就其时空结构而言，也会经历从新到旧、从不完满到成熟的演变。正是当启蒙思想从形成到成熟的发展过程中，不但启蒙思想免不了要同各种反对的思潮进行面对面的斗争，而且，在启蒙运动内部，由于启蒙思想运动的复杂性、多元性、延展性和杂多性，启蒙思想体系本身的多样性成分及其各个支派之间，也会发生矛盾和斗争。这就是说，且不管其外在关系，就其本身的内在逻辑而言，启蒙运动作为多样性的思想变革过程，自然产生其内部的争论、分歧和可能的分化。如果说，在法国，发生过卢梭同伏尔泰之间的激烈争论，在德国，也发生过类似的情况。

总之，所谓"启蒙时代"，并不意味着当时只存在鼓吹启蒙思想的一种声音,而是同时伴随着与之不同的其他许多观点和流派;这些流派的存在和发展,固然对启蒙运动有批判或牵制的作用,因此对启蒙运动可能发生否定的或消极的影响,但它们同样也具有正面的或积极的意义。而且,启蒙本身所隐含的内在矛盾,不但势必在其成长和成熟的过程中,逐渐展现出来,而且它也有可能导致根本的分裂。至于在启蒙运动之外,那些反对启蒙的人物及其思想,有的当然是出自一种对立的立场,有的是采取明显的守旧观点,但也有的是从另一个角度,从更长远的视野,从更全面的考量,对启蒙发出异质性的观点。例如对待理性的态度,即使是在启蒙运动内部,也存在多种观点:有的主张把理性绝对化,有的则把理性限于一定的范围内,有的还主张使理性与其他因素结合起来,等等。在这方面,美国哥伦比亚大学教授奥夫拉尔梯(James C. O'Flaherty)在一本题名为《关于理性与其自身之间的论争:论哈曼、米凯利斯、莱辛及尼采》的著作中,做了非常深刻的分析⑥。

所以,既不能一概地或笼统地反对启蒙,同样也不能一般地或笼统地反对"反启蒙"。德国哲学的发展过程,始终充满矛盾和对立,始终是在复杂的思想选择、分析和较量中,在不同思想和理论的争论与竞争中进行,这是非常正常的现象。在哲学及其历史中尤其如此,启蒙也更是如此。事实证明:在英国和在法国,启蒙从一开始到结束,都充满争论和争议。在德国这样一个比英国和法国更为保守的国家中,启蒙的展开和进行,就更遭遇到反对和批判的势力,其发展和演变过程也更加充满曲折和反复。

在德国的反启蒙思想中,包含着多种力量:第一,是那些维护旧秩序和旧思想的保守理论及其代表人物,这主要是属于天主教神学思想的各种代表人物及其分支力量。他们显然不能接受启蒙对他们的批判,因而他们千方百计为天主教的原有思想体系作辩护,并反过来批判启蒙。

正如前面所说,德国的启蒙运动的一个重要特征,就是它在其发展中同宗教改革思想的结合,这一特征与德国的宗教改革过程既互相一致。其实,启蒙与信仰、理性与非理性、改革与保守的结合,具有两面性,因为它一方面使德国的启蒙思想从一开始就带有很大的妥协性和保守性,但是,从另一方面来看,它又使德国的启蒙运动,更加包含多样性和杂多性,也使它的内在关系复杂,隐含多种协调力量和牵制因素,同时,它也因此更加稳重而带有更多反思性。

第二,是主张从更宽容的情感和态度对待宗教与神学人物。他们并不是属于天主教教会的思想代表人物,而是属于启蒙运动队伍中的某些人物,所以,他们一方面反对中世纪天主教的蒙昧政策,但又认为宗教思想并非绝对错误,他们倾向于对宗教采取更为缓和的立场,调和宗教与理性。在这批思想家中,更多地考虑到宗教在文化总体中所占据的决定性地位。他们既看到宗教的消极性,又看到它的积极性和宗教在社会生活中的不可缺性。他们反对宗教对人的麻痹和迷信功能,但也主张通过宗教启示人的善性和德性,同时也带动人在其他领域的创造活动的全面开展。

启蒙反对蒙昧和宗教迷信,但并不是所有的宗教信仰都是消极的,也不是所有的宗教都主张蒙昧主义。宗教在社会上呈现为多样化和多元化的景象,值得我们谨慎地加以分析和区别对待。宗教在一定的社会条件下,仍然可能发挥特定的积极作用。何况宗教本身也是人类精神发展和精神生活领域的不可缺少的因素,甚至也是人所特有的超越能力的一种表现。人类学的研究证明,宗教一直是人类文化生活的一个重要内容,它同其他文化因素相结合,构成人类文化系统的可贵成分。宗教的消极性及其反科学性,只是宗教发展中某一个特定阶段的特殊现象。而且，总体来看，宗教与科学的关系，就好像宗教与理性的关系那样，并非可以用一两句话，就可以解决的。宗教与科学，宗教与理性，其相互关系，一方面反映了宗教发展的曲折性和复杂性，也表现人类历史和文化发展的多元性；另一方面也表明：理性并非简单空洞的概念，而是有待人们对它进行更具体更深入的探索。理性是活生生的创造力量，也是潜在的破坏力量，要看它是在何种条件下、为了什么目的以及由什么人去操纵。

　　事实证明，理性与宗教的矛盾并非是绝对的，两者作为人类精神发展的内在力量，本来就是有可能相互协调的，把它们对立起来，是人的社会和实际利益所引起的。为此，当启蒙运动批判宗教时，有一群思想家主张更冷静地对待宗教和理性的关系，并对两者的关系进行更深的再思考，这是对人类文化发展负责任的态度。正因为这样，正当启蒙运动展开的时候，德国哲学界和神学界也同时存在多样化新型的神学理论，它们一方面不同意旧的天主教传统神学，另一方面也反对启蒙运动对神学的绝对否定。因此，在启蒙运动展开时，德国出现了一大批新的神学理论，它们同时又具有重要的哲学意义。

　　第三，反对将理性和知识绝对化，既反对对于宗教迷信和蒙昧的盲目顺从，也反对对于知识的盲目崇拜，主张防止知识的异化，主张在理性之外，全面发展人的情感，主张发扬人的想象力，反对理性和逻辑对思想的各种人为的或形式的约束。理性、科学和知识都是有限的，光凭它们三者并不能解决人类事物的所有问题。世界上有许多问题，是科学和知识所不能解决的。因此，启蒙时代中，有一批人批判启蒙思想家对理性和知识的单纯赞扬或过分崇奉，主张在理性、知识、逻辑之外，更重视人的情感和意志的培养及抒发。由赫尔德（Johann Gottfried Herder，1744－1803）等人组成的这一批思想家，从法国的卢梭和英国的舍夫茨别利(Lord Shaftesbury，1671－1713)那里，吸取了隐含在他们的浪漫主义思想中的情感主义和自然主义，使德国启蒙运动中的反启蒙因素和力量，逐步发展成为更为强大的浪漫主义运动。我们由此可以看出德国的浪漫主义及其与启蒙运动的既平行、又牵制的双重关系。

第四，德国的反启蒙思想家反对启蒙思想家的人本中心主义(Anthropologoscentrismus)，主张将人放置在更广阔得多的自然界和宇宙中，更加尊重自然和宇宙的自然状态，反对夸大人对自然规律的操纵的必要性。启蒙思想家的人本中心主义所宣扬的人文主义，实际上是古代人文主义的变种，甚至也可以说就是古希腊罗马的人文主义和基督教的人文主义的延续。在西方，最早的人文主义是由智者派(Sophist)的普罗塔戈拉(Protagoras，490 B.C.－411 B.C.)明确提出来的。他主张"以人为尺度"观察和对待世界及宇宙(Der Mensch ist das Maß aller Dinge)。接着，苏格拉底和柏拉图又进一步将"以人为中心"的思想，发展为"以人的话语逻辑为中心"，从而开创了西方的逻辑中心主义。逻辑中心主义所强调的，是说话的人作为主体，通过主体话语中所运载的思想逻辑，对于其思想对象的认识，实现对于对象的控制和改造。在这种人文主义的实施过程中，最根本的，是保证说话主体和思想主体对其对象的同一化过程(identifying process)。这样一来，说话和思想的结果就是对象被同一于主体的过程，而在基督教神学思考模式中，古希腊罗马的人文主义，也转变成为信神的人对其信仰的神的同一过程。人的同一性，必须以人对神的同一性作为基本条件。这样一来，人的同一性服从于人对神的同一性。福柯曾经深刻地揭示了基督教人文主义的实质，强调它是基督教教士对信众的肉体和精神统治的权力运作模式的思想基础。启蒙思想家虽然严厉地批判了宗教，但他们并没有触动基督教教士的权力运作模式；启蒙思想家不但没有批判基督教教士的权力运作模式,反而继承了它的基本原则,推销一种以获得了主体主权的个人为中心的新型人文主义⑦。在新型的人文主义中,虽然说话、思想和行动的主体发生了变化,但主体中心主义的原则并没有变。在这种情况下,启蒙思想家所主张的人文主义,就成为新型的主体统治其对象的合法性逻辑基础。主体的人,通过认识、道德和权力的基本运作,达到对于其社会和自然对象的宰制。在德国的反启蒙思想家中,绝大多数人都明确反对启蒙思想家所提出的新型人文主义。反启蒙思想家特别批判启蒙思想家人文主义中的主体同一性原则,揭示启蒙思想家的人文主义夸大人的主体性,以致试图以人的主体性剥夺自然本身的主体性。

第五,他们认为,自然和世界的规律不过是世界和宇宙的偶然性总体的一小部分,规律只是偶然与混乱的一个局部表现。所以,这些反启蒙的思想家认为,人对于自然规律的认识,掩盖了自然的混乱和混沌的另一面。他们认为,让自然界本身听其自然地运行,比人为地操纵和改造自然,更有意义和更有智慧。这些反启蒙思想家的上述见解,立足于他们的更为深刻的自然本体论的基础上。他们像前苏格拉底时期的希腊早期思想家那样,认为自然界本是混沌一团和模糊一片的。自然的混沌性和模糊性正是说明自然的无限性和自然性。本质本来就是自然的意思,不应该扭曲自然的本来面目。人只能是作为自然的一小部分,与自然共处。

第六,早在中世纪时期形成的基督教神学中的多元思想和神学流派,在西方和德国哲学中,持续保留强大的思想影响,并在西方社会的各个历史阶段中,演化和分化出多种多样的派别和思潮,既与基督教传统思想相对立,又与它们相混合和渗透;既与西方理性主义相抗衡,又保留其特征;既同近现代科学和逻辑思想相对抗,又坚持其独立的思维方式。这主要是长期流传于德国哲学和思想领域的神秘主义、神正论和自然神论思想。它们自中世纪、文艺复兴和宗教改革之后，又在启蒙时期，保留其独立发展的路线；它们并非与传统基督教思想相等同，但又与它保持密切联系；而且，它们也同启蒙以来的理性主义、逻辑主义、人文主义保持一定的距离。在启蒙时代，这股与神秘主义、神正论和自然神学思想有密切关系的思潮，非常强大和持久，既与启蒙相对立，又与之相互渗透，使德国的启蒙运动始终具有其民族特色。在莱布尼茨、康德、哈曼（Johann Georg Hamann，1730－1788）、赫尔德、荷尔德林、谢林等人的思想中，采取了各种独特的表达方式，是值得深入分析的。这股思潮不但造成与启蒙相抗衡的精神力量，而且也促进了德国浪漫主义以及后来的生命哲学的形成。即使是黑格尔，作为理性主义的典型思想家，在他的青年时代，也难免受到这股思潮的影响，致使他在很大程度上接受康德在当时关于将宗教限制在理性范围之内的观点，同时也促使青年黑格尔仍然试图以康德关于与宗教相妥协的立场，诠释耶稣的一生。因此，对这股以神秘主义和神正论为核心的思想的具体分析将有助于我们更冷静地思考启蒙问题。

就思想内容而言，反启蒙运动往往在思想改革的基本方面同启蒙思想家们发生争论，因此，那些反启蒙的思想家们基本上围绕着几个最重要的方面，批判启蒙思想家的过于偏激的观点和理论。

首先，在形而上学方面，反启蒙的思想家们并不同意启蒙思想家一般地否弃传统的形而上学理论，而是主张提出各种多元的和可能的新型形而上学体系，来取代旧的形而上学。在法国，就曾经出现过笛卡尔式和马勒伯朗士式的不同形而上学设计模式，他们的设想，在某种意义上说，就是不同意启蒙思想家全盘推翻旧的形而上学的绝对做法。在德国，也出现了类似的情形，这就是莱布尼茨所提出的形而上学方案，它是取代旧形而上学的新形而上学。在莱布尼茨的影响下,德国一批思想家,例如沃尔夫(Christian von Wolf,1679-1754),并不追随法国启蒙思想家试图全盘否定形而上学,而是试图以新的形式改造形而上学。就连康德也是这样,他在批判旧形而上学的同时,主张在新的基础上建构"未来可能的形而上学"。

其次,在伦理学方面,启蒙思想家几乎全盘否定中世纪的伦理学原则,因为他们认为中世纪伦理学是完全用来为教会服务的。因此,启蒙思想家集中批判教会关于"原罪"的伦理学原则。但德国的反启蒙思想家考虑到"原罪"观念的象征性,认为人类文化应该从更长远的历史和更广阔的宇宙视野来看待"原罪"的观念的深刻意义。所以,在伦理学方面,反启蒙思想家主张创立各种可以把人与神、与自然的关系考虑在内的新型伦理学。

第三,他们反对启蒙思想家绝对地夸大理性的重要性,主张将人类理性置于低于感情和其他非理性的功能的位置上。例如,哈曼从他的青年时代起,就主张反理性的美学,把诗歌语言当成高于知识的恩类珍贵认识形式。他甚至认为,在语言中包含了神的神秘的启示。同样地,诗人兼哲学家克洛卜施托克(Friedrich Gottlieb Klopstock,1724-1803)在美学方面,反对从理性的观点研究创作的动力和基础。他认为,诗歌必须诉诸启示和灵感,最重要的力量是来自情感。正因为这样,他并不否认宗教对艺术创作的积极影响。他在《论神圣的诗歌》(*Von der heiligen Poesie*,1755)和《论德国的学者共和国》(*Die deutsche Gelehrtenrepublik*,1774)中,强调形式与内容的一致性,特别推崇非理性的天才和才华在创作中的决定性意义。歌德曾经把克洛卜施托克称为"天才诗人",并赞美他的诗歌《救世主》所取得的伟大成果。歌德说:"克洛卜施托克在构想和撰写这首诗时所感受的天国的宁静,使所有读过这首诗的读者都能够同样地体验到。"

所以,不能简单地将"反启蒙"归结为"反对启蒙"。更确切地说,"反启蒙"既包含着真正地反对启蒙的思潮,也包含着赞成启蒙的成分,但同时强调对于启蒙的反思。在启蒙运动时期内,除了一般所说的启蒙思想家以外,还有一些赞成启蒙,但又不把启蒙局限在启蒙运动及其思想家所主张的那种范围,他们对启蒙抱有另类的想法,即将启蒙理解为更为广泛和更为持久的历史运动和文化创造过程。德国的反启蒙思想家,包括以上已经提到的哈曼等人,也包含从维护教会立场或坚持基督教神学观点的一部分思想家。

所以,在考察启蒙运动的时候,必须以更广阔的历史视野,以更复杂的思路,进行多方面的思考,并适当地进行反复的斟酌、评估。实际上,对启蒙的评估,永远不是一次性完成,也不是固定不变的,而是把启蒙本身当成有生命的思想运动,并把它同环绕它的各种多维度因素的相互关系联系在一起。

第三节　德国启蒙运动的阶段性和渐进性

德国的启蒙时代,与法国、英国、意大利和荷兰不同,不仅是因为其内容和风格,而且还因为其发展进程的特殊性。每个国家的启蒙进程,集中反映了各个国家的社会文化条件的特殊性以及历史基础的差异性。德国启蒙运动分为四个历史阶段:第一阶段为 17 世纪下半叶至1720 年;第二阶段为 1720 至 1750 年;第三阶段为 1750 至 1785 年;第四阶段为 1785 至 1815 年。

其实,上述四个阶段,只是为了说明和分析的方便;严格地说,上述四个阶段的划分也不是绝对的；各个阶段之间，上下穿插和犬牙交错的关系是不可避免的，更何况在各个阶段之间，也可能出现间断性的"断裂"现象或某种程度的中断。

（一）第一阶段

从 17 世纪中叶至 18 世纪 20 年代，是包括德国在内的整个欧洲从文艺复兴和宗教改革运动走向近代社会的一个历史过渡阶段。在哲学上，受到科学发现和发明的思想影响，原来占统治地位的经院哲学，逐渐地转向近代理性主义和经验主义的方向而平行发展，但整个社会，在思想上发生根本性的转变，却是缓慢曲折的。在此期间，存在着一段漫长的神秘主义与科学思想之间的斗争及相互交错；同时，也存在理性与宗教思想之间的模糊穿插关系。神秘主义不等于宗教，但神秘主义思想同宗教之间存在非常复杂的关系。特别是欧洲和德国的神秘主义，不但表现出宗教思想与科学理性之间的可能交错，而且也不同程度地与基督教内部的思想理论争论，与基督教会中不同基督教派别之间的争论，发生复杂的交错关系。

如果说，这时的欧洲，在艺术方面进入了"巴洛克时代"的话，那么，以"巴洛克"艺术为典范，恰恰可以形象地显示这个时期在思想方面各种思潮相互交错的"混沌"状态⑧，也就是说，在思想方面，这一时期各种流派和五颜六色思潮，在不同社会力量的支持下，先后登上历史舞台进行激烈的争论，它们的每一个派别，都不同程度地与新旧社会制度、与新旧思想之间，存在或强或弱的复杂关系。

所以，在哲学领域，在经院哲学与现代理性主义和经验主义之间，存在着复杂的交错局面：神秘主义及各种宗教思想，都以新的形式介入到哲学争论中。它们与现代理性主义和经验主义并行发展，也同时表现出宗教思想本身的顽固性、复杂性及多元性。

宗教在欧洲社会和思想文化中的历史地位，使欧洲任何国家的思想转变，都不能不同基督教的关系相关。新旧思维都试图在对待宗教的问题上发表自己的看法，致使哲学、宗教、科学、艺术之间的内部争论相互交错，促使这一时期内，在哲学、宗教、科学、艺术这四大精神创造力量之间，在社会激烈变动的时刻，发生急剧重组并强烈互动，意味深长地象征着历史时代和人类社会正酝酿着翻天覆地剧烈变化。

更重要的是，启蒙理性的出现及其在各个方面的胜利，实际上掩盖了更复杂的社会思想斗争的曲折性，尤其掩盖了理性力量内部的潜在危机。

在启蒙的第一阶段，理性思维的进展，本来是立足于自然科学思维模式的胜利成果。自然科学以其思想方法上的说服力，把它们采用的数学分析、归纳和推理模式，交给哲学家们进行理论上的总结，因而强烈地影响了哲学的变化方向。理性在启蒙的发展阶段，往往更多地呈现它的正面积极性质，突出理性在引导思想创新和维持社会自由平等秩序方面的威力。理性的负面消极性质，在从旧体制转向新体制的过渡时期内，往往被狂热追求变革的社会集团所忽视。理性本身的内在弱点，只有在同根深蒂固的宗教思想的较量中才能显示出来。宗教以其长期的历史影响力，坚韧地应对科学理性的挑战，何况，宗教思想对启蒙理性的对抗，进一步检验了启蒙理性本身的历史有效性及其社会效果的可能范围。

正因为这样，在德国启蒙运动的第一阶段，启蒙理性与宗教理性之间展开了复杂的争论，强烈地影响了整个启蒙运动的思想发展过程。在具有坚固旧思想传统的德国，不同的启蒙思想代表人物，都无法回避他们对宗教理性的态度。

在德国启蒙时代的第一阶段,首先是雅各布·托马苏斯所提出的新思想,扮演了开启启蒙序幕的角色。他是一位勇敢地以本国语言在大学讲坛授课的教师,打破了以往只使用拉丁文授课和著书的中世纪传统。其实,雅各布·托马苏斯早在 1672 年,即在斯宾诺莎发表《神学政治论》(*Theological Political Treatise*,1677)两年之后,就已经发表了《形而上学的探询》(*Interrogations métaphysiques*)。不过,由于这仍然是一本以拉丁文撰写的著作,使他还多多少少被限制在传统的思维模式中;当时,一般地说,用拉丁文授课和著书是为了加强教会对文化界的控制,巩固神学的统治地位。雅各布·托马苏斯以普通语言授课的创举,是对神学统治的挑战,也是自由探索真理时代的开始。

1622 年 8 月 25 日,雅各布·托马苏斯出生在莱比锡,并先后在莱比锡和维滕堡大学攻读哲学和神学。1653 年他被任命为莱比锡大学的道德哲学教授,后来又成为逻辑学教授修辞学教授。雅克布·托马苏斯是莱比锡大学校长,又兼任莱比锡的尼古拉公学校长和圣托马斯公学校长,并积极参加七十多个私立学校(collogia privata)的研讨会。莱比锡大学是德国第二古老的大学,成立于 1409 年,托马苏斯是在 1669 年被任命为莱比锡大学的第 521 任校长;莱比锡尼古拉公学(Schola Nikolaitana)是德国最古老的市办公学,它是根据 1395 年罗马教皇敕令于 1490 年创办的;而莱比锡圣托马斯公学(Schola Thomana Lipsiensis)则是成立于 1212 年,它是世界上最古老的学校之一,在语言和音乐教育方面特别强势。

由于雅各布·托马苏斯的积极活动,使莱比锡成为当时非常有名望的文化城市,也成为德国启蒙运动的一个最早的中心。雅各布·托马苏斯是莱布尼茨的老师,而且,托马苏斯还一直保持与莱布尼茨的师生情谊[①]。他的最重要的著作,包括《实践哲学论丛》(*Philosophia*

pratica continuis tabellis comprehensa，1661)、《为初学者而写的形而
上学问题》(*Erotemata metaphysica pro incipientibus*，1670)及《关于
哲学史和教会史的论文集》(*Dissertationes LXIII varii argumenti
magnam partem ad historiam philosophicam et ecclesiasticam pertinentes*，
1693)等⑩。在上述第一本书中，托马苏斯将实践哲学分为两大部分加
以论述。第一部分论述一种最高的善(de summo bono)，即所谓的伦理
学;第二部分论述一种作为手段的德性(de virtutibus，tanquam
medis)，即所谓政治学。托马苏斯探索了实践哲学与理论哲学的区别，
并强调他是从亚里士多德的最广义将实践哲学称为伦理学，又从斯多
葛学派的广泛意义来说明实践哲学是一种政治学。他认为，根据实践
哲学的性质，它的研究方法必须是分析的。伦理学的性质决定了它的
内容必须探讨人的一般的善以及人的心灵的功能。托马苏斯在其著作
中始终关切伦理学的准确内容及其准确表达方式，所以，他一直坚持使
用亚里士多德的具体专有名词，以便确定各个不同概念的准确内容。
他的这部著作在相当长时间内成为一部分伦理学思想家的重要参
考书。

托马苏斯在《为初学者而写的形而上学问题》将形而上学定义为
"探讨作为存在的存在(de ente quantenus ens est)的学问"。整个形而
上学体系分为一般和特殊两大部分。一般部分专门研究存在的性质及
其情态(affections)，特殊部分专门探索存在的种类。除了探讨形而上
学的一般性质以外，还专门深入研究了"神"(ens a se)、"创造物"(ens
ab alio)、"实体"(ens in se)及"偶然事件"(ens in alio)。托马苏斯针对
基督教思想的革新提出了独特见解。他从亚里士多德主义的立场出发
认为，从神学观点来看，哲学必须确保"造物主"与"创造"、"神"与"自
然"的区别⑪。

　　托马苏斯在本书的附录部分还特别强调：亚里士多德的形而上学的最初用意是一种神学（Theologie）。这是专门探讨最高级的第一实体（即神）的理论。托马苏斯的《关于哲学史和教会史的论文集》是由他的儿子克里斯蒂安·托马苏斯在他父亲去世以后编辑出版的。这部著作的重要意义在于奠定了德国哲学界的哲学史研究路线，对此后德国的哲学史研究事业发生重要影响，而且，这部著作还深入探讨了修辞学和语言哲学，为德国思想家今后更进一步深入研究语言哲学奠定了基础。

　　托马苏斯打算使法哲学脱离形而上学体系，强调从"人"的角度研究人的自然权利。人的权利，不是来自超验的、内在的、不可捉摸的神秘地方，而是人之所以为人的自然表现，也是个人利益和国家利益相协调的结果。但托马苏斯仍保存相当浓厚的神学影响，主要表现在：他仍相信宗教性的超验性，只是他把信仰归结为与理性无关的信仰之心。在他看来，宗教不是知识，而是对《圣经》的信仰。

　　托马苏斯的这种思想不仅影响他的学生，也启发了他的儿子克里斯蒂安·托马苏斯以及他的学生鲁迪格尔（Andreas Ruediger，1673－1731），甚至还影响到康德关于理性与信仰互不干涉的思想。

　　克里斯蒂安·托马苏斯比他的父亲更加向前迈了一大步，在思想和文字表达各方面都采用了新的方式，使他在德国哲学史上，是人们公认的德国启蒙运动时期的重要代表人物之一，与沃尔夫、门德尔松、莱辛、康德、赫尔德等人并列。

　　托马苏斯于1684年9月9日逝世。1688年英国发生"光荣革命"（Glorious Revolution）的那年，克里斯蒂安·托马苏斯创办《德文学术月刊》（Deutsche Monatschriften），批判教会的蒙昧主义，揭露当时流行的巫术的罪行（crimine magiae），传播启蒙运动的基本思想。由于他对推广科学思想的贡献,格奥尔格·拉松(Georg Lasson,1862－1932)后来称他为"德国启蒙运动时代的路德"(Luther der Aufklärung)。

克里斯蒂安·托马斯斯受教于莱比锡大学。然后,1679年,他在奥得河畔的法兰克福大学获得法学博士学位。返回莱比锡之后,他在莱比锡担任律师,并在莱比锡大学开设私人课程。由于他在自己创办的杂志上发表许多自由言论,很快遭到政府的封锁。所以,他不得不从1694年起,任教于邻近的哈勒大学。从此,哈勒大学成为德国启蒙运动的中心之一。由于克里斯蒂安·托马苏斯进一步发展了他的父亲雅各布·托马苏斯的思想,大大推动了德国启蒙运动的前进步伐。他强烈地反对同时代的其他德国哲学家们的抽象思辨风格,大力传播普芬道夫的法哲学理论,主张实行宗教容忍制度,发扬哲学探讨自由的原则(libertas philosophandi),批判各种偏见和权威,主张废除各种残酷的、不合理的刑法,揭露各种迷信和巫术。他的重要著作包括《论重婚罪》(De crimine bigamiae,1685)、《论神性法制》(Institutiones jurisprudentiae divinae,1688)、《自然法与人间法的基础》(Fundamenta juris naturae et gentium,1705)、《宫廷哲学导论》(Introductio in philosophicam aulicam,1688)、《理性理论导论》(Einleitung zur Vernunftlehre,1691)、《道德学说导论》(Einleitung zur Sittenlehre,1692)及《道德学说的实践》(Ausübung der Sittenlehre,1696)等。

克里斯蒂安·托马苏斯的思想和作品,大致可以划分为三大部分。第一部分是他在莱比锡大学时期。当时他主要是遵循其父雅各布·托马苏斯的观点,集中探讨普芬道夫的自然法理论,他的著名的《论神性法制》一书,就是这一时期的代表作。在这部著作中,他试图使自然法更彻底地脱离神学的影响。第二部分是从1688年至1696年所撰写的著作。他把思考重点转向理论和实践哲学。这一时期的代表作是《理性理论导论》《道德学说导论》及《道德学说的实践》。他的这些书的特点，就是以广大社会读者为主要对象，旨在宣传和扩大启蒙思想的社会影响。最后，第三部分是他晚期的著作，其思考重点又转回法学和法哲学。

克里斯蒂安·托马苏斯的主要贡献是在法哲学方面。他的一位比较年长的同事萨穆埃尔·斯特里克（Samuel Stryk，1640－1710），比他更早就研究和发扬了格劳秀斯、普芬道夫和莱布尼茨的法哲学思想，为他在哈勒大学发展自然权利论的法哲学奠定了基础。斯特里克认为，自然权利本身就是强大无比的国家赋予它的子民的基本权利。自然法所确认的国家反对愚昧的巫术邪说，主张靠合法性的程序来保证国家的主权。正是在斯特里克的影响下，克里斯蒂安·托马苏斯发展了法哲学。在克里斯蒂安·托马苏斯撰写了《神的法律制度》（*Institutions de jurisprudence divine*，1688）中，他应用了普芬道夫的理论，将自然法与宗教协调起来。他认为，人类理性可以依据神的启示而认识自然法，因为神归根结底是真正的立法者（Législateur）。此后，克里斯蒂安·托马苏斯进一步向格劳秀斯靠拢，在他的《自然法和人的权利的基础》（*Fondation du droit naturel et du droit des gens*，1705）中强调，自然作为法律的真正根源，是独立于神的意志，自然法只关系到世间的幸福，他还强调法律与道德的区分，反对各种特权。

克里斯蒂安·托马苏斯的哲学是兼容并蓄的，几乎容纳了此前各种在他看来是合理的哲学思想。但他的哲学尤其表现为经验主义和个人主义，甚至是主观主义的特征。他认为，所有的思想家都只能根据其本身的观点评判真理，而一切理论也只能是假设而已。在认识论方面，克里斯蒂安·托马苏斯虽然相信人的自然理性，但他更主张认识起源于感觉。他认为，真理、知识和道德并不是专属于少数精英，而是属于社会大众。为此，他特别在他的《理性理论导论》(*Einleitung zur Vernunftlehre*，1691)一书的结论中强调：为少数专家所注重的是一种"学术性"(Gelehrheit)，而对社会大众来说，需要的是"学识性"(Gelahrheit)。他认为，后者的重要性在于促使一切有理性能力的人，都可以平等地享受知识的优惠。

此外，克里斯蒂安·托马苏斯的哲学具有反抽象形而上学的特征，他主张深入研究具体的实践性知识。这是为了适应当时德国进行改革的需要，因为国家需要一批具有管理能力的官员，必须向他们灌输实证的知识，而在托马苏斯看来，最重要的是掌握应用人类学和应用心理学。

在认识论方面，克里斯蒂安·托马苏斯强调研究人及其官能，并在经验的基础上，注重感性知识，与此同时，他还承认先天的内在观念的存在。他认为，人的智性是有限的，对于那些过小的、过大的、实体本身以及神等，智性是无能为力的。他不认为形而上学在这方面所作的论证是有效的。

克里斯蒂安·托马苏斯基本上是唯名论者和个人主义者，因此，他主张使"存在"立足于个人的生存的基础上。他的逻辑学实际上是立足于心理学的方法论，并把真理理解为一种与事物本身相一致的理智形式。在他的出版于 1692 年的《伦理学》一书中，他把建筑在伊壁鸠鲁主义和斯多葛主义基础上的个人生活幸福观与理念结合在一起，并把人类行动的动力归结为"爱"。他认为，在自然之光的引导下，人类理智会导向德行；而意志和各种独立活动的官能，会导向"罪恶"。但是，在 1694 年之后，克里斯蒂安·托马苏斯的思想，在奥古斯都·弗兰克(August Francke，1663 - 1727)的影响下，发生了根本的转变。他皈依了虔敬派(Pietists，一译虔诚派)，不再相信人类理智，强调人类不能脱离深的指引，否则，既达不到真理，也不会有德性。从那以后，克里斯蒂安·托马苏斯越来越走向怀疑论，并日益相信法国神学家皮埃尔·布瓦雷(Pierre Poiret，1646－1719)的观点，越来越表现出神秘主义的倾向。在他的著作《论精神的本质》一书中，他强调自然之光是非常活跃的力量，他认为，神是唯一的纯粹精神，其他的一切精神，都不过是或多或少灵活的物质罢了。在这里，我们又似乎听到本书早已提及的德国早期神秘主义思想家帕拉塞尔苏斯和雅各布·波墨的神秘主义思想余音的反响。

克里斯蒂安·托马苏斯和他的学生们，除了鲁迪格尔以外，还包括由若阿基姆·朗格(Joachim Lange，1670－1744)、约翰·弗兰茨·布德(Johann Franz Budde，也称 Johann Franz Buddeus，1667－1729)、古恩德林(N. H. Gundling，1671－1729)和瓦尔希(J. G. Walch，1693－1775)所组成的托马苏斯学派，他们乃是德国启蒙时代第一阶段的主要哲学流派。尽管他们的思想观点很快就发生了动摇，但在当时的普鲁士国王腓特烈一世的支持下，他们毕竟在18世纪初在德国的大学中占据了相当时期的统治地位。

与托马苏斯同时代，马堡大学也成为哲学研究的一个重要基地。在那里，布特(Abraham Boots，1628－1673)教授形而上学，发生了一定影响。

值得注意的是，在这一时期，德国思想家，包括那些稍有开明思想的神学家，像约翰·雅各布·勃鲁克尔(Johann Jakob Brucker，1696－1770)那样，很早就开展了对哲学史的研究。这位属于基督教福音派的神学家，同时也是奥格斯堡公学校长和著名的教育家[12]，他也是法国著名学者比代(Guillaume Budé，拉丁名 *Guilielmus Budaeus*，1467－1540)的后裔。

遵照新的历史研究观点和方法,勃鲁克尔先后于 1731 年和 1742 年发表了两部哲学史巨著:九千页七卷本《哲学史所提出的简要问题》和七千页五卷本《哲学批判史》。

勃鲁克尔的哲学史研究,反映了当时刚刚开创的启蒙运动对实证知识重视的倾向。从 16 到 17 世纪,受到笛卡尔理性主义哲学的影响,又受到自然科学和技术发展的影响,越来越多的历史学家、科学家、神学家及思想家,特别重视经验事实的重要性以及对知识真理性的科学验证。勃鲁克尔对于哲学史的严谨而丰富的研究成果[13],受到狄德罗等人的充分肯定[14]。同时,比德国提早开动的法国启蒙运动,也在很大程度上影响了勃鲁克尔的史学观点和研究方法。

由法国皮埃尔·培尔在 1696 年发表的《历史与批判辞典》(Dictioannaire historique et critique,1696)实际上是经过漫长艰苦的科学调查研究而撰写出来的科学成果。皮埃尔·培尔的这部历史批判辞典为其后的历史研究提供了新的榜样。所以,与勃鲁克尔几乎同时代的克里斯多夫·奥古斯特·赫伊曼(Christoph August Heumann,1681 - 1764)也试图以实证科学的科学实验和论证形式,通过大量对于历史事实材料的调查统计分析,开展对哲学史的研究。克里斯多夫·奥古斯特·赫伊曼和勃鲁克尔一样,也是福音派(Evangelicals)神学家和历史学家。他在 1705 年期间,曾经与莱布尼茨等一起,到荷兰访问研究,成为当时引领德国思想文化发展的重要人物。

勃鲁克尔在耶拿大学时期,曾经是著名的哲学家和神学家约翰·弗兰茨·布德的学生。他的著名哲学史著作《世界开端至今的哲学史上的主要论题》(Historia Critica Philosophiae,1742 - 1744;1766 - 1767),试图全面地探索哲学思想的产生和发展过程。这是德国哲学史上首部系统的哲学史,对后来德国哲学界的哲学史研究工作发生强烈的影响。勃鲁克尔本人也因此而声名大噪,使他很快地成为意大利科学院、柏林科学院和慕尼黑科学院院士。

由勃鲁克尔等在18世纪三四十年代所开创的哲学史研究事业,在18世纪70年代,当德国的启蒙运动发展到更高阶段的时候,得到了赫尔德等人的热烈回应。赫尔德是才华横溢的思想家、哲学家、神学家、诗人和文学艺术批评家。作为和歌德、席勒、维兰德(Christoph Martin Wieland,1733-1813)一起被称为魏玛古典主义时代的"四大经典作家"之一,赫尔德并不满足于文学艺术领域,他特别重视人性和人文素质的培养及发展,所以,他在勃鲁克尔之后,先后发表《人性熏陶还需要哲学史》⑮及《关于人类哲学史的观念》⑯,为康德和黑格尔等人的哲学史研究奠基铺路⑰。赫尔德在上述第一本书中,试图远离流行于当时学术界静止的死板历史观,这种静止的历史观把过往的历史当成一动不动的历史文本堆积。赫尔德强调,哲学史研究有助于创建活跃的思想史,由此可以使历史变成有机的思想活动过程。赫尔德的这种新历史观正是后来兴起的历史主义(Historismus)的思想前身,在赫尔德的后一本书中,他特别重视哲学史研究对创建正确的真理观的重要意义。他认为,只有跟随哲学史的发展脚步,人们才有希望达到真理。

在德国的启蒙运动中,文学与艺术扮演了非常重要的社会角色。文学艺术的革新及其创作精神,推动了社会的改革,也直接地启发了社会大众的思想意识。当时的文学艺术的革新思想,是同社会媒体及印刷出版业的发展同时进行的。一系列杂志、报刊和各种期刊陆续出版发行。在文学家和诗人们聚集的哈勒等城市,出现了各种散步自由思想的杂志刊物。文学家们为他们撰稿。

在第一阶段里,与启蒙哲学相平行,德国文学也在以高特舍特(Johann Christoph Gottsched,1700-1766)为代表的早期浪漫主义思想的推动下，获得了初步的进展。诗人金特（Johann Christian Günther，1695 - 1723)和小说家施奈贝尔（Johann Gottfried Schnabel，1692 - 1752)在这一时期的文学作品，是这一时期德国社会的生动写照。

（二）第二阶段

到了启蒙时代的第二阶段（1720 - 1750)，德国的启蒙哲学又有了新的、然而是非常缓慢的发展。

这一时期的德国启蒙运动，不只是思想和文化发展的结果，也是整个自然科学和医学等近代科学知识及其相应的应用技术的新进展的产物。奥地利医学家阿文博鲁格（Joseph Leopold Avenbrugger，1722 - 1809)在维也纳医院立足于他的理论研究成果基础上所创造的胸腔声响探测术，为科学家和哲学家深入了解人的语音与思想的关系，提供了实证的证据和数据，从而推动了当时的心理学及哲学认识论的研究[15]。无数类似的科学技术的成果，对当时急需科学知识给予提供支持的新哲学来说，是总结和发展哲学理论、特别是认识论的重要基础。

这一时期的主要哲学家是沃尔夫（Christian Wolff，1679 - 1754)、门德尔松（Moses Mendelssohn，1729 - 1786)和鲍姆加登（Alexander Gottlieb Baumgarten，1714 - 1762)等人。丹麦哥本哈根大学教授、《近代简明哲学史》作者霍夫丁（Harold Höffding，1843 - 1931)在他的书中说："沃尔夫是第一个用德国语言详细论述近代哲学的人。他使莱布尼茨的哲学大众化。"沃尔夫也因此被人们称为近代德国"大众哲学"（Popularphilosophie)的创始人，而沃尔夫学派也成为"大众哲学家"（Popularphilosophen)。

沃尔夫是介于莱布尼茨和康德之间的德国启蒙运动重要思想家。

他生活在 17 世纪最后 20 年与 18 世纪中叶之间,这正是德国启蒙运动从早期转向成熟阶段的关键时刻。沃尔夫创建了立足于数学严谨论证的最系统化的理性主义哲学,他广泛地从莱布尼茨、笛卡尔、托马斯·阿奎那和弗朗西斯科·苏亚雷斯等人的哲学中吸取思想资源,使他成为 18 世纪上半叶最著名的德国哲学家。

沃尔夫的学术生涯延续了几乎半个世纪,凭借他个人的才华和努力,他一生中完成了宏大的著述任务,成为德国有史以来第一位全面使用本国语言德语来阐述哲学思想并进行系统哲学论证的哲学家。所以,在他有生之年,他本人荣获英国皇家学会会员(1709)、柏林科学院院士(1711)、圣彼得堡科学院院士(1725)和巴黎科学院院士(1733)的称号。

沃尔夫属于路德教派,最早在布雷斯劳(Breslau,原属于西里西亚地区,现属波兰)接受教育,开始与天主教教义,特别是西班牙教会的思想相接触,使他此后受到很深的正统神学思想的影响。从 1699 年起,他考入耶拿大学,研究神学、物理和数学,并跟随赫本斯特拉特(Johann Paul Hebenstreit,1664 - 1718)教授的课程,而赫本斯特拉特正好又是欧几里得哲学学派的成员,也是著名数学家、天文学家兼物理学家埃尔哈特·魏格尔的学生。所以,沃尔夫的哲学,从一开始,就沾上浓厚的数学的特性。这时,沃尔夫还同物理学家、数学家兼哲学家奇恩豪斯来往,进一步学到了笛卡尔和斯宾诺莎的理性主义思想。1703 年,沃尔夫在莱比锡大学,受奇恩豪斯教授的指导,成功地完成了博士论文《以数学方法为基础的普遍的实践哲学》[①]。从此以后,即在 1704 至 1716年期间,沃尔夫与莱布尼茨频繁通信交往,使他深深地受到莱布尼茨思想的影响。

沃尔夫从 1707 年起担任哈勒大学数学和自然哲学教授,并从事独创性的哲学研究。沃尔夫的才华及其在数学、物理等自然科学以及哲学和逻辑方面的独特观点方法，使他在此后 15 年间连续发表了大量重要著作，获得极高的声誉。

沃尔夫在著作中，最重要的，是他在 1712 年发表的《逻辑学》和 1719 年发表的《形而上学》。沃尔夫在此期间所发表的著作，均以德语发表，同时也出版拉丁文版本。

沃尔夫一贯坚持理性主义思想观点，甚至在神学领域，他也主张理性为基础的宗教。后来，由于受到以虔敬派为代表的反对派的攻击，沃尔夫逐渐地受到周围反对派的围攻。加上当时的普鲁士国王腓特烈·威廉一世不满于他的理性主义宗教观点，沃尔夫不得不到马堡大学任教一段时间。沃尔夫离开哈勒大学的导火线，就是他在讲解中国道德哲学和实践哲学的时候，强调道德哲学脱离宗教的自律原则。加上沃尔夫对莱布尼茨"先定的和谐论"的拥护，使他被谴责为"命定论者"。

沃尔夫在马堡大学大力推行他的拉丁文版理论哲学和实践哲学。而且，沃尔夫离开哈勒这段时间内，他反而得到国际学术界的更高荣誉。直至 1740 年，普鲁士国王腓特烈·威廉一世的儿子继位后，他才返回哈勒大学。

沃尔夫的形而上学思想，从历史的角度来看，深受托马苏斯主义的影响，但从理论的角度来看，则深受莱布尼茨的影响。然而，《近代简明哲学史》作者霍夫丁很公正地说，沃尔夫的主要成果，与其说是在形而上学和单子论方面，倒不如说是他那深受神学影响的"先定和谐论"方面。

沃尔夫哲学的特点反映了他对数学的深刻认识。他认为，数学为哲学提供了系统性、严谨性、论证性和前后一贯性，并典范地使用了归纳法和演绎法。所以，沃尔夫理想中的哲学，就是以数学为楷模的哲学。

因此，沃尔夫首先把最具有典型数学性质的逻辑，当成"人类理智力量的理性思维成果以及它在知识真理领域内的正确使用典范"（Vernünfftige Gedancken von den Kräften des menschlichen Verstandes und ihrem richtigen Gebrauche in Erkenntnis der Wahrheit）。他在 1728 年撰写的《逻辑学》，在沃尔夫看来，是真理的核心（nexus veritatum），它在知识真理体系中占据着非常重要的地位。逻辑学是一种"论证的艺术"（ars demonstrandi），以严格的公式为手段，采用三段论，引导人们达到真理。本来，沃尔夫打算以代数为榜样，进一步撰写一种作为连接形式的"发明创造艺术"（ars inviendi），将它当成他的体系的顶端，但可惜因为他的早逝而未能完成。

沃尔夫非常重视数学方法及其对哲学分析的重要意义，在一定意义上说，沃尔夫甚至把数学方法的科学性推崇到极限，以致他过分夸大数学分析方法的普遍性，把它推广到一切领域，使他的论证过程过分严谨和死板。康德曾经在《纯粹理性批判》第二版序中说："沃尔夫是所有独断论哲学家中最伟大的一位。"康德还说："沃尔夫在科学上的严谨性，预示了科学中对原则的有规则的正常确认、对概念进行清晰的确证、在论证中保持严谨性以及在推理中预防大胆的跳跃。"㉕康德的批评，实际上把沃尔夫当成笛卡尔、霍布斯和斯宾诺莎等哲学家的追随者，试图将数学当成各门学科的基础。沃尔夫的这种一厢情愿，甚至使他的哲学论述变得非常严谨晦涩，拘泥于形式上的严谨，忽略了思想本身的复杂曲折的逻辑。

沃尔夫把形而上学看成"关于可能之为可能的科学"（Wissenschaft der Möglichkeit als Möglichkeit）。他认为，形而上学为人们提供关于神、世界、心灵以及一般事物的理性思维能力（Vernünfftige Gedancken von Gott，der Welt und der Seele des Menschen，auch allen Dingen überhaupt）。在他的形而上学的著作中，沃尔夫虽然根据笛卡尔的意识哲学出发，但他主要是遵循莱布尼茨的矛盾律和充足理由律的基本原则，系统论证本体论、经验心理学、宇宙论、理性心理学以及自然神学的基本问题。正是他的这一特点，后来明显影响到康德的早期批判哲学。莱布尼茨的"预定的和谐"的观点，则基本上成为沃尔夫形而上学的基调。

值得指出的是，沃尔夫非常重视思想和存在中的矛盾性。沃尔夫把矛盾律列为思维的首要规律，而且认为"哲学就是关于一切可能的事物以及它们的可能性方式及其理由的科学"①。沃尔夫进一步指出，关于事物的可能性的哲学，就是人类思想的基本原则，也是一切形而上学的第一原则，可能性是一切确定性的根源。

沃尔夫还说，事物可能性原则是内在于人心之中，它是毋庸置疑的自明的逻辑公理。沃尔夫说，其实，我们自己可以清晰地体验到，关于事物可能性原则是内在于人心，因此，当我们断定某事物存在时，我们同时不可能断定同一事物不存在，对于同一事物来说，它不可能既是又不是。所谓矛盾，就意味着既是肯定、又是否定。所以，所谓"不可能性就是意味着矛盾"。这样一来，在沃尔夫那里，所谓事物或存在，就是不包含矛盾。某一个存在之所以是一个事物，是因为、也仅仅因为它是内在地可能的；反过来，某个事物之所以内在地可能，就是因为、也仅仅因为它是不矛盾的。所谓"虚无"，就是没有任何内容的语词，而从形而上学的角度，虚无就是不可思和不可感知的。所以，从沃尔夫的形而上学观点来看，一切现实的存在，无非就是可能的事物的一种确定方式或一种模式。

沃尔夫强调哲学是人的理智的健康表现，也是关于一般存在的本体论探索的基础。他的哲学体系，还包含理性的宇宙论、心理学、神学（rationale Kosmologie，Psychologie und Theologie），分别从纯粹理性的角度，以逻辑的矛盾律的原则（nach dem Satz des Widerspruchs），探索世界、心灵、和上帝的概念和本质。他认为，经验不应该被忽视，正是以经验为基础，才能依据事实（durch die Tatsachen）而导出宇宙论、心理学和神学的正确概念。不管是本体论，还是一般宇宙论，都是依据第一原则，通过演绎过程，将经验的知识抽象化，就好像纯数学那样。其他哲学科学，至少有一部分是源自后天的材料。沃尔夫还强调说，自然科学具有经验和可能性的性质，它的诠释性的假设是一种不得已的手段。

沃尔夫先后在 1738 至 1739 年以及 1759 年至 1753 年所写的《道德论》，是理性主义的典范，其中，善与恶是根据它们同完满的关系来界定的。他认为，道德规则并不是根据神的意志，而是由存在的性质来决定的，它们可以通过自然理性的推论而被发现，真正的恶是由于对理性本身缺乏信念的结果。

沃尔夫的哲学思想，后来基本上概括地表述在他用拉丁文所撰写的著作《关于神、世界、人类心灵及其他一切一般事物的理性思考》（*Vernünftige Gedanken von Gott，der Welt，der Seele der Menschen，auch allen Dingen überhaupt*，1719）一书中。他企图从矛盾律中引申出充足理由律，因为他发现：以"无"作为根源本身就包含着一种矛盾。这一卓越见解使他把理性主义的、然而仍然处于独断论阶段的哲学，推进到一个新的高峰。沃尔夫认为，形而上学的理性"为反对普世的敌人的启示性真理提供了一个捍卫的手段"。他还谈到一种与数学的准确性相模拟的"论证性的准确性"，以此证明灵魂和上帝的存在。但这本书并没有包括他的关于目的论的著作《关于自然事物的目的的合理思考》(*Vernünftige Gedanken von den Absichten der natürlichen Dinge*)；在这部发表于 1724 年的具有目的论性质的德文著作中，沃尔夫显示了庸俗的目的论，以为世界上的一切事物都是上帝为了人的幸福的目的而预先合理地建构出来的。

沃尔夫的实践哲学主要论述人的实际行动领域的基本问题。沃尔夫把实践哲学划分为四个部分：普遍的实践哲学、自然法、政治学与道德哲学，而普遍的实践哲学是自然法、政治哲学和道德哲学的基础。沃尔夫强调他的实践哲学的核心概念，就是完满性和自律性。而且，值得注意的是，沃尔夫始终坚持要求哲学与宗教的分离，这促使他成为欧洲启蒙运动中一位很重要的、也是很有思想特色的哲学家。

沃尔夫的学生包括蒂米格（Ludwig Philipp Thümmig，1697 - 1728）、比尔芬格尔（George Bernard Bilfinger，1693 - 1750）、高特舍特、鲍姆加登、克努岑（Martin Knutzen，1713 - 1751）、富尔梅（Johann Heinrich Samuel Formey，1711 - 1797）及 J. E. 舒伯特（Johann Ernst Schubert，1717 - 1774）等人，这些人构成了所谓的"沃尔夫学派"的核心。

此外，在他们的外围，还有一批深受沃尔夫思想影响的哲学家，但他们又不愿意放弃自己的独立思考权利，因此，他们被称为"独立派的沃尔夫学派"。这些人相对于前者而言，他们多多少少独立地发展自己的观点；这些人包括来马鲁斯（Hermann Samuel Reimrus，1694 - 1768）、祖尔策尔（Johann Georg Sulzer，1720 - 1779）、门德尔松、拉姆贝特（Johann Heinrich Lambert，1728 - 1777）和普卢盖（Gottfried Ploucquet，1716 - 1790）等。

对于沃尔夫学派，当时也有一批反对者。其中，深受福音派和虔敬派神学家奥古斯都·弗兰克思想影响的朗格就是沃尔夫反对派的代表人物之一。他的重要著作《反对野蛮的教条诠释式的正统教义》（*Antibarbarus orthodoxiae dogmatico-hermeneuticus. 4 Tle.*，1709 - 1711）及《揭示沃尔夫体系中的错误哲学》（*Entdeckung der falschen Philosophie in Wolffs System. 1724*）等，在当时产生很大影响。

在启蒙时代的第二阶段，哲学和文学艺术之间的相互影响达到了水乳交融的程度。在文学艺术界，一大群作曲家、音乐家、诗人、作家及戏剧家，以其光辉的作品，谱写出德国文化和思想史上最灿烂的篇章。音乐界的创作繁荣是史无前例的。作曲家卡尔·弗里德里希·阿贝尔（Carl Friedrich Abel，1723 - 1787）于 1759 至 1983 年之间所谱写的交响乐（Symphonie）与同一时代的约翰·克里斯蒂安·巴赫（巴赫之子，Johann Christian Bach，1735 - 1782）的交响乐一样，继承和发扬上一阶段的约翰·塞巴斯蒂安·巴赫（更广为人知的巴赫，Johann Sebastian Bach，1685 - 1750）、威廉·弗里德曼·巴赫（巴赫长子，Wilhelm Fridmann Bach，1710 - 1784）和卡尔·菲利普·伊曼纽尔·巴赫（巴赫次子，Carl Philipp Emmanuel Bach，1714 - 1788）的交响乐曲的优秀传统，直接地为下一阶段的贝多芬（Ludwig van Beethoven，1770 - 1827）的具有划时代意义的音乐作品的形成创造了最好的历史条件。

高特舍特，以诗人、作家、美学家和哲学家的四重身份，成为这一时期最杰出的代表人物。高特舍特的创作，开掘了德国浪漫主义文学和哲学的新篇章。他是莱比锡大学的诗学、逻辑学和形而上学教授，他所写的《探究一种批判的诗学艺术》（*Versuch einer kritischen Dichtkunst*，1730）和《总体世界智慧的首要根据》（*Erste Gründe der gesammten Weltweisheit*，1733 - 1734）等著作，是启蒙第二阶段的重要哲学文献。

高特舍特出生于东普鲁士的佑迪登（Juditten）。作为沃尔夫的学生，他为德国文化的近代化，特别是为德语的完善化而竭尽全力。为了推动启蒙思想和文化的发展,他于 1727 至 1737 年领导莱比锡的德意志文化协会,并于 1732 年创建《批判论丛》(*Kritische Beiträge*),与当时其他的启蒙性杂志一起,试图传播启蒙思想观点。与此同时,他还主编《德意志戏剧舞台》(*Die deutsche Schaubühne*),收集了自 1741 年至 1745 年的德国戏剧剧本和剧照。他认为,戏剧应该成为提升人们思想情操的舞台,引导人们走出愚昧和迷信,相信自己可以掌握自身的命运。而诗歌,就其原本意义而言,也应该有助于增强人们的生活毅力,提升道德意识。他显然以当时法国古典主义和古希腊艺术作为榜样,试图推动德国文学的改造。他的《探究一种批判的诗歌艺术》一书,除了强调诗歌创作的规则性以外,还主张对自然的模仿。诗歌的内在本质就在于对自然的模仿(das innere Wesen der Posie in einer Nachahmung der Natur bestehe)。不仅如此,而且一般的艺术也应该以模仿自然作为基本原则(Das Wesen der Kunst,die Aufgabe des Künstlers ist Nachahmung/Mimesis von Natur)。

高特舍特的其他著作还有:《言说艺术》(*Ausführliche Redekunst*,1736)、《依古代原则及榜样的德国戏剧》(*Deutsche Schaubühne nach den Regeln und Exempeln der Alten*,1740 - 1745)以及《死去的卡多悲剧》(*Sterbender Cato-Trauerspiel*,1731)等。

在启蒙时代第二阶段中,同沃尔夫及其学派相对立的,除了深受福音派和虔敬派神学家奥古斯都·弗兰克思想影响的朗格以外,还有克鲁西亚斯(Christian August Crusius,又译克鲁木复斯,1715 - 1775)及其学派。他们在宗教神学方面,也是属于路德派的虔信主义(der Pietismus)。显然,他们是从更保守的角度,反对沃尔夫的理性化倾向。克鲁西亚斯的反沃尔夫思想起自其老师 A. J. 霍夫曼(Adolf Friedrich Hoffmann,1703 - 1741)的著作《逻辑学》(*Logik*,1737),同时也深受鲁迪格尔思想影响。克鲁西亚斯起初在莱比锡大学攻读哲学与神学，霍夫曼逝世之后，克鲁西亚斯继承霍夫曼在莱比锡大学的教授职务，从1744年起，任莱比锡大学的哲学教授，并从1759年起又担任神学教授职务。克鲁西亚斯于1773年任莱比锡大学校长。他在1737至1752年之间，发表了一系列著作，依据托马苏斯的思想，并多多少少采纳莱布尼茨、洛克和马勒伯朗士的观点，系统地论证：可能的科学应该建立在"存在者"之上。在他的《形而上学》(1745)一书中，克鲁西亚斯从"一般存在"出发，直接地论证"存在者"本身。他认为空间和时间既不是现象，也不是实体或偶性，而是"存在"的抽象，反映了事物的现实性质。因此，在这位思想家的特殊的"存在哲学"中，包含了启蒙与反启蒙、理性与非理性、知识与信仰的双重矛盾，典型地表现了这一时期德国启蒙运动本身的矛盾性质。

这位出生于萨克森州梅泽堡(Merseburg)附近的琉纳(Leuna)的哲学家和神学家，在形而上学和逻辑学的研究方面，都取得了辉煌的成果。他认为，形而上学就是探索理性真理的抽象学问，形而上学只论述抽象的理性真理性质(Die Metaphysik hat es mit absoluten Vernunftwahrheiten zu tun)。世界上一切有限的存在，都是必然存在于抽象的空间与时间之中。所以，探讨真理就必须首先研究空间与时间的性质。

克鲁西亚斯认为，宇宙与整个世界都是以"先定的和谐"为基本秩序的。显然，莱布尼茨的先定和谐论成为他的形而上学对世界进行哲学说明的起点。在探讨灵魂问题时，他主张灵魂不灭论，并声称灵魂是为一种永恒的目的而始终一贯地奋斗。至于人的意志，他赞同自由意志论，但意志的自由并不意味着决定论是正确的，意志的自由只是指它可以产生由它自身所选择的目的和动机。正因为如此，伦理的善以及各种道德行为准则必须是客观的,一切伦理原则都是遵循上帝的意志。

克鲁西亚斯把智慧与德性等同起来,他认为,两者归根结底都具有道德的性质。他说,真正的智能就是懂得选择和使用获得至善的手段和方法。德性是人的一种同神性原则相符合的内在精神。克鲁西亚斯将德性与一般的道德原则区分开来,他认为,在道德行为中可以符合意志自由的原则。

在逻辑学方面,克鲁西亚斯捍卫和发展了莱布尼茨的充足理由律学说,并认为:并不是所有的结果,都必然地来源于一定的原因。他认为必须区分两种类型的根据:一种是认识的根据(Erkenntnisgrund),另一种是实际的根据(Realgrund)。他还认为,思想的基本原则是矛盾律,真理的标准是"可思维性"(Denkbarkeit),也就是说,凡是符合思想的基本精神就是真理。真理无非就是思想本身所思考到的东西(Wahr ist,was sich nicht anders denken lässt)。

克鲁西亚斯晚年集中献身于神学研究,他坚决地捍卫传统或正统的神学的基本原则,批判与他同时代的 J. A. 埃内斯蒂(Johann August Ernesti,1707 - 1781)所采用的诠释《圣经》的方法。

克鲁西亚斯的主要哲学著作是《必然的理性真理论稿》(*Entwurf der notwendigen Vernunftwahrheiten*,1745)和《人类知识导向确实性之途径》(*Weg zur Gewissheit und Zuverlässigkeit der menschlichen Erkenntnis*,1747);而他的主要神学著作是《预言式神学》(*Hypomnemata ad theologiam prophetican*,1764 - 1778)和《道德神学论稿》(*Kurzer Entwurf den Moraltheologie*,1772 - 1773)。

在克鲁西亚斯的学生当中,著名的有赖因哈德(Adolf Friedrich Reinhard,1726 - 1783)和巴泽多(J. B. Basedow,1723 - 1790)。

埃德尔曼(Johann Christian Edelmann,1698 - 1767)依据他的虔

信教的信条,在教学中向他的学生讲授斯宾诺莎的泛神论的理性主义思想。他的著作《理性的神性》(*Die Göttlichkeit der Vernunft. Zur Ermunterung, den unbekannten Gott, etwas näher zu kommen*,1740)对当时的启蒙起了推动作用。

在启蒙运动第二阶段中,德国的哲学史研究和历史哲学,也有可喜的发展。这是实行启蒙运动所提倡的百科全书知识的口号的结果,也是人们探索新的认识方法的尝试。早在启蒙运动发动前后,一大群知识渊博的学者,像历史学家摩尔霍夫(Daniel Georg Morhof,1639 - 1691)、李本尼乌斯(Martin Lipenius,1630 - 1692)、老果格列尼乌斯和米格雷乌斯(Johann Micraelius,1597 - 1658)等人,就编纂了百科全书式的丛书和通史,不但开创了德国人进行哲学史研究和一般历史研究的先例,而且,他们的作品,直至今日也仍然具有重要的参考价值。在他们的影响下,属于托马苏斯学派的神学家和哲学家,出自他们对人类知识的普遍兴趣,使他们倾全力编著各种通史和文化史。在同一时期,哈勒大学教授古恩德林发表了大型通史,记载了文学、社会科学和自然科学的发展过程,包含了丰富的历史资料。耶拿大学教授神学家瓦尔希编著的哲学辞典,不只是综合编辑了哲学的各种词汇和概念,而且也分析了哲学的发展过程。在启蒙第一阶段的勃鲁克尔,如前所述,在 1742 至 1767 年间发表的《哲学批判史》(*Historia critica philosophiae*),成为相当长时期内具有里程碑意义的名著。他在这本书中坚持了批判原则,也进行了客观的分析,对沃尔夫学派哲学作了中肯的总结。与此同时,汉堡大学神学教授法布里丘斯(Johann Albert Fabricius,1668 - 1736),在英国的神学传统改革的启发下,也编纂了大型通史,分析和诠释历史发展的各个阶段。后来,格丁根大学教授加德勒尔(Johann Christoph Gatterer,1727 - 1788)进一步奠定了新的历史研究的方法论基础。他认为,历史学家的任务,就是让历史事件典型化,因为一切事件,都附属于某些事件体系或事件图式。因此,为了使历史事件能够重新活生生地再现出来,就必须使它在其"整体性"(Totalität)中复原。从这一时期到 18 世纪末的历史方法论的研究成果,成为 19 世纪及其后德国的哲学史研究得以繁荣的坚实出发点。

哲学史研究的发展也促进了研究方法的改进和探索。正是在哲学史和一般通史研究日益兴盛的情况下,诠释学传统也开始走出神学诠释的范围而逐渐演变成一般的真理探索方法。有关诠释学的形成和发展,本书第五章第四节,将以施莱尔马赫为中心,详细论述德国诠释学自启蒙运动至浪漫主义时代的成果。

原来在宗教改革时期所开展的法哲学和自然法理论研究,也在启蒙运动第二阶段内得到了显著的发展。法哲学是近现代政治哲学的前身。这一时期法哲学研究的加强倾向,表明哲学家对国家法制建设的关注,也是哲学家试图建构符合社会发展需要的社会哲学的表现。在西方哲学史上,对社会命运和政治的关注,始终构成哲学研究的一个重要方面。亚里士多德最先把社会的基本问题归结为政治学的研究对象。亚里士多德认为,人的问题和社会问题,归根结底就是政治问题。到了启蒙运动前后,法的问题变成为政治的核心。所以,从近代社会的黎明开始,哲学家就把社会哲学和政治哲学的研究中心转向法哲学理论的建构方面。这一领域的最主要的代表人物,发扬了阿尔特胡修斯、普芬道夫和康令、莱布尼茨等人的法哲学理论成果,进一步论述了法制同国家、公民之间的内在关系。克里斯蒂安·托马苏斯的思想观点及其重要著作《神圣的法律制度》(*Institutions de jurisprudence divine*,1688)和《自然法与世人的法的基础》(*Foundation du droit naturel et du droit des gens*,1705),为这一时期的法哲学研究奠定了基调:将自然法的精神与宗教的要求协调起来。人类理性可以建构和理解自然法制，因为两者都是来神的创造和启发。哈勒大学法学和哲学教授海纳克齐乌斯（Johann Gottlieb Heineccius，1681－1741）为法哲学提供了较为完善的方法论基础。他认为，自然法必须从形而上学的含糊论述中解脱出来，必须以严谨的方法，借助于逻辑的公理体系，进行可靠的论证；但同时，他也认为，必须避免沃尔夫学派的烦琐的数学方法。此外，格丁根大学的阿亨瓦尔（Gottfried Achenwall，1719－1772）也试图将统计学的数学方法运用于国家研究中，以致他的学生施洛兹尔（August Ludwig von Schlözer，1735－1809）称阿亨瓦尔为"统计学之父"。阿亨瓦尔还同 J. S. 皮特（Johann Stephan Pütter，1725－1807）一起，发表了《自然法基本原理》（*Elementa Iuris Nturae*，1750），因而成为这一时期的法哲学的重要代表人物之一。

沃尔夫本人当仁不让地为法哲学提出了数学的方法基础。他反驳托马苏斯等人的方法论，强调数学方法在法制研究中的重要性。他认为，实证法也和自然法一样，必须一丝不苟地建立在可靠的数学论证之上。除了数学方法之外，沃尔夫还主张将法制建立在道德的基础上，他认为，法的概念必须服从于责任和义务的概念。沃尔夫的国家理论是为专制制度服务的，但他也认为，建立在契约基础上的国家，必须充分考虑到公民的福利，必须设法使人民避免厄运的伤害。国际法也必须以自然法为基础。每个国家都有义务为各国人民的幸福做出贡献。在沃尔夫的影响下，一批著名的法学家和法哲学家先后出现，他们是约翰·乌尔里希·克拉美（Johann Ulrich Cramer，1706－1772）、约翰·亚当·伊克施塔（Johann Adam Ickstatt，1702－1776）和达尼尔·内特波拉德（Daniel Nettelbladt，1719－1791）等人。

在沃尔夫学派之外，还有折中主义的法学家达尔耶斯（Joachim

Georg Darjes，1714－1791）。他先后在耶拿大学和奥得河畔的法兰克福大学任教，并坚持独立的研究方法。至于克鲁西亚斯学派的赖因哈德和巴泽多等人，则明确地反对在法哲学和法制研究中盲目地照搬数学方法。他们认为，法哲学和法制的制定及其执行，必须充分考虑具体的法律环境。采取与克鲁西亚斯学派对立的立场，古斯塔夫·贝克曼（Gustaf Becmann，1720－1783）和他的弟弟奥托·贝克曼（Otto Becmann，1722－1784）主张从永恒法的角度，探讨人间法的问题，他们显然是反对自然法理论的。另外还有些出生于官僚阶层、但又痛恨腐败的法哲学和政治哲学家，最明显的，例如，约翰·雅各布·摩塞尔（Johann Jakob Moser，1701－1785）和他的儿子弗里德里希·卡尔·冯·摩塞尔（Friedrich Carl Freiherr von Moser-Filseck，1723－1798），根据他们总结的政法实际工作的经验，坚决反对从抽象和历史的角度，探讨法制及法哲学的问题。他们更直接地讨论国家问题，批判政府工作中的腐败和无能，但又不主张进行宪政改革。弗里德里希·卡尔·冯·摩塞尔的著名著作《主人与奴仆》（*Der Herr und der Diener*）发表于1759年，抨击专制政治，但又表示建立"好的"普鲁士政府。显然，他并不是站在民主制立场批判专制，而是从官僚维护政府统治的立场，反对腐败和"坏"的政府管理。与他相类似，莱比锡大学法哲学教授霍梅尔（Karl Ferdinand Hommel，1722－1781）也为改善政府管理，主张进行刑法改革，对后来主张消除死刑的意大利哲学家和法学家贝卡利亚（Cesare Beccaria，1738－1794）和费希特发生了重要影响。属于这一派别的法哲学理论，也在瑞士德语地区的学者中发生影响，其中最重要的代表人物是哲学家兼医生齐默曼（Johann Georg Zimmermann，1728－1795）和思想家兼作家伊舍林（Issac Iselin，1728－1782），他们都是一方面主张实行人道主义原则，另一方面维护专制政治。道德学家、教育学家兼作家阿伯特(Thomas Abbt，1738－1766)也属于这一派别。他所发表的《为祖国而死》(1761)和《论功勋》(1765)是典型的爱国主义作品，在其中，他呼吁一种政治哲学原则：公民对国家忠诚、君主对人民关爱。所有这些法哲学和政治哲学派别，表明当时的普鲁士政权还在社会中拥有相当强的统治基础。

德国神学中的沃尔夫学派，在相当长时间内，试图坚持与宗教调和的模糊态度，但只有到了 1730 年之后，当冯·青岑多夫(Nikolaus Ludwig von Zinzendorf，1700－1760)的神学明显地减弱理性的意义的时候，才显示出它的更保守和更强烈的反启蒙倾向。冯·青岑多夫是原属于摩拉维亚神秘主义学派的神学家。他一再指出：理性对于我们认识世俗世界并没有太大的帮助；他批判启蒙思想家夸大理性的观点，认为只有信仰本身才能有助于掌握真理。这位神秘主义者甚至还以他的理念为指导，试图创建一个带有空想性质的社会主义共同体(Herrnhuter)，在其中生活的每个人，很重视个人的情感熏陶，却又不陷入禁欲主义。

他的神学再一次证明：德国从中世纪末期开始形成、并一直延续到启蒙运动时期的神秘主义思潮，是一种反启蒙的重要派别。而借助于神秘主义，德国神学和哲学才获得了异于启蒙的形式，一方面在传统的神学之外发展一种寻求人性解放的道路；另一方面又不愿意全面地脱离宗教，也不愿意绝对地与启蒙运动合流，坚持人性中的一些复杂而神秘的成分，试图在理性和知识之外，开拓人性的更深沉的部分，让人性既不与自然对立，又强调它的优越于自然素朴性的方面。

和冯·青岑多夫相类似，哲学家兼神学家厄廷格(Friedrich Christoph Oetinger，1702－1782)，继承了帕拉塞尔苏斯、雅各布·波墨和瑞典神学家和博物学家斯文登堡(Emmanuel Swendenborg，

1688－1772)的思想，强调只有作为直观的常识才给我们启示，使我们理解《圣经》的完整含义。对人来说，最重要的，不是抽象的理性，而是人的生活本身，生活和生命将物质和精神结合起来，使生活本身也因此而成为相互对立的力量的统一体。他的思想深深地影响了谢林，也为德国神秘主义同浪漫主义哲学的结合做出了贡献。

与康德生活在同一时代的神学家施帕尔丁（Johann Joachim Spalding，1714－1804)极其重视"启示"的重要性，把它当成弥补堕落的人类理性的唯一精神力量。同他一样，在莱比锡大学的埃内斯蒂和格丁根大学的米凯利斯（Johann David Michaelis，1717－1791)，也不反对《圣经》的启示意义。这两位哲学教授对《圣经》的深入研究，后来也成为德国神学界对《圣经》语言学研究的基础。他们都清醒地意识到：人类理性是极其有限的。因此，接受带有各种程度的神秘性的事物，对于人来说，并不是消极的。

米凯利斯是门德尔松的朋友，早期在其父的熏陶下，学习古犹太语、古叙利亚和阿拉伯语言及文化。米凯利斯属于普鲁士著名的《圣经》研究家族的一员，也是哈勒大学虔敬派的重要成员。他在历史学和历史哲学方面的成果，使他成为格丁根大学历史学派的著名成员。他升入哈勒大学之后，从事古东方语言的研究及《圣经》。毕业后，他到英国深造，跟随当时最有威望的英国《圣经》研究专家本森（George Benson，1699－1762)及罗伯特·劳兹（Robert Lowth，1710－1787)等人，掌握了新的《圣经》诠释方法。回国后，任格丁根大学哲学教授，但同时也研究语言学、地理学、神学史及人类学。1751年，他被任命为格丁根大学科学学会秘书长，并从1753年起任格丁根大学最有名的科学刊物《格丁根大学学术研究通报》（*Göttingische Anzeigen von gelehrten Sachen*)主任。然后，他又于1771年创建《东方学与诠释学丛书》

（*Orientalische und exegetische Bibliothek*）。米凯利斯不愧为德国 18
世纪博学睿智的学者，也是德国《圣经》诠释学史上做出了卓越贡献的
神学家。

另外，奥得河畔的法兰克福大学教授托尔纳（Johann Gottlieb
Töllner，1724 - 1774）也在他的著作中强调启示对理性的补充功能。
托尔纳还认为，只有从神秘主义的角度，才能说明启示无非就是通过自
然手段赋予人的神秘告诫。

鲍姆加登的学生、哈勒大学的神学教授色姆勒（Johann Salomo
Semler，1725 - 1791）试图区分宗教和神学。他认为，神学是宗教的学
术性说明，并从时间和空间的方面，对宗教进行诠释。后来，色姆勒成
为德国《新约》研究的权威，但他也接受一定程度的神秘主义思想，反对
把理性绝对化。在他之后，深受新柏拉图主义和虔敬派影响的瑞士神
学家拉瓦特尔（Johann Kaspar Lavater，1741 - 1801）和黑塞（Johann
Jakob Hess，1741 - 1828），也试图从宗教神学的角度，倡导一种与启蒙
思想所提倡的理性相反的神秘宗教情感。拉瓦特尔还认为，一切神的
形象无非是它们的创造者本身所想象出来的，而且是依据创造者的经
验想象出来。

德国神秘主义的这种特殊地位和意义，对了解思想史上的复杂现
象是有深刻启示的。显然，不能笼统地将反理性的倾向诠释为"反科
学"或"反人性"。神秘主义反对将理性夸大为人的基本功能，主张在
理性之外，在理性所无法理解的领域中，寻求人生幸福的出路。因
此，他们虽然反对把理性绝对化，但又最善解人意，很细腻地探索人
生的个性化的模式，相信生活的迷宫里所隐含的神秘力量。正是在
神秘主义的影响下，莱辛和哈曼等人才有可能更强烈地反对启蒙
思想。

（三）第三阶段

启蒙时代的第三阶段（1750－1785）是德国启蒙思想的极盛时期，它包括了德国文学史上最有名的"狂飙突进时期"（Sturm und Drang Zeit，1767－1785），也涵盖了德国古典哲学的形成和发展时期。因此，这一阶段，不仅在德国出现了一批有真才实学的思想家，而且法国和英国的启蒙思想也已深深地影响着德国。

前述被称为"魏玛四大思想明星"的包括歌德、席勒、维兰德和赫尔德在内的"魏玛四大经典作家"，就是德国启蒙时代扮演重要角色的德国启蒙运动思想家。魏玛古典主义（Weimarer Klassik）实际上是德国现代史上很有影响的思想文化运动和文学创作活动。这场思想文化运动延续三十多年（从18世纪下半叶到19世纪初），远远超出文学范围，特别注重人文思想的建设和传播，也广泛地吸纳了包括浪漫主义、古典主义和启蒙思想的多种因素。在这场运动的四位主要人物（歌德、赫尔德、席勒和维兰德）的带领下，创造出一系列在思想上富有独创性的优秀作品。正因为这样，魏玛时期的魏玛人文主义和魏玛古典主义，都成为德国启蒙运动的一个重要组成部分，甚至也是德国启蒙运动的主要思想动力来源。

从哲学的角度来看，在这段时期内，后来成为德国主要的经典哲学家的康德、费希特、谢林及黑格尔等人，由于深受启蒙运动的影响，也都先后建构自己的独具特色的理论。康德已经从1770年起进入他的成熟的"批判时期"，接着，在法国大革命前后，他发表《纯粹理性批判》（1781）、《实践理性批判》（1788）和《判断力批判》（1790）。而深受启蒙思想影响的费希特，于1780年进入耶拿大学，并在此后的十多年内完成《全部知识学基础》（1794）、《知识学原理下的自然法基础》（1796）和

《知识学原理下的道德学体系》(1798)。费希特的哲学思想体系，不能不是启蒙思想的一个重要成果。与此同时，以"奇才神童"的身份，十五岁就破例地同黑格尔及荷尔德林一起进入蒂宾根大学神学系的谢林，也同样深受启蒙运动的影响，严厉地批判封建的专制制度和正统的神学体系，并亲自将法国大革命的进行曲《马赛曲》译成德文，高声唱颂。谢林在康德和费希特的影响下，于18世纪90年代完成《论一种哲学形式的可能性》(1794)、《论作为哲学原理的自我》(1795)和《关于独断论与批判论的哲学通讯》(1795)等重要著作。然后，他又进一步吸取维科的历史主义哲学，并比费希特更彻底地批判了斯宾诺莎的"实体"概念，使他有可能完成《自然哲学观念》(1797)、《论世界灵魂》(1798)、《自然哲学体系初步纲要》(1799)和《先验观念论体系》(1800)。谢林的富有激情的性格，使他比同时代的任何人都更慷慨激昂地拥护法国革命，而且他把启蒙运动的人本主义倾向推进到极点，也将启蒙运动所鼓吹的"主客体统一"的原则系统化，完成他的理性论的"同一哲学"。出生于18世纪70年代的黑格尔，也和康德、费希特和谢林一样，在启蒙思想的鼓舞下，歌颂法国大革命，如饥似渴地阅读和钻研伏尔泰、卢梭和孟德斯鸠等人的作品，从中吸取精神力量，并在18世纪末至19世纪初完成了他的最重要的著作《精神现象学》的构思，成为他的后期整个哲学理论的坚实出发点。黑格尔在《精神现象学》中多次引用歌德的充满启蒙精神的《浮士德》。由此可见，德国启蒙运动第三阶段是欧洲整个启蒙运动的终点，也是德国哲学走上成熟的关键时刻。没有启蒙运动，不但不会有莱布尼茨的哲学，也不会有从康德到黑格尔的古典哲学。

　　沃尔夫在1754年的逝世，加速了他的学派的解体；这使德国的启蒙运动第三阶段从一开始就导向更为健康的方向发展。实际上，沃尔夫学派从它形成的时候起，便一直受到来自各方面的流派的抨击和影响。在天主教的神学家队伍中,豪舍(B. Hauser,1713 - 1786)、施达特勒(B. Stattler,1728 - 1797)、布尔克豪舍(N. Burckhaeuser,1733 - 1809)和魏斯(U. Weiss,1713 - 1763)是 18 世纪上半叶沃尔夫的对手。接着,施贝勒特(J. Sperlette,1661 - 1725)、孚尔连(J. W. Feuerlein,1689 - 1766)、达尔耶斯、霍尔曼(S. C. Hollmann,1696 - 1787)和厄廷格等人则是新教方面反沃尔夫思想的重要人物。

沃尔夫学派不仅受到来自外部的批判,也受到来自内部的分裂活动的威胁。作为沃尔夫子弟的来马鲁斯,自 1727 年后一直任教于汉堡大学。但他违背沃尔夫本人的观点,撰写了《对上帝敬仰的理性辩护》(*Apologie oder Schützschrift für die vernünftigen Verehrer Gottes*,1744)一文,对启示进行了理性的批判。他认为,启示是表面的,甚至是多余的,因为单靠道德的说服力,就足够促使人产生对神的信仰。他还强调个人信仰必须以理性为基础。来马鲁斯认为,只有传道者,而不是耶稣本人,才重视启示。来马鲁斯的这篇文章虽然是在他逝世后,由莱辛编入他所主编的《沃尔夫学派匿名著作残篇》一书中,但来马鲁斯对沃尔夫原有观点的倒戈,由来已久,它确实重创了本来已经摇摇欲坠的沃尔夫学派,加速了它的崩溃。

在沃尔夫时代,折中主义思想也很活跃。基尔大学的滕尼斯(Johann Heinrich Toennies,1725 - 1784)不仅试图折中各种流派的思想,而且,在符号逻辑(symbolische Logik)方面也作出了和普卢盖同等的重要贡献。

在当时的德国大学中,最有影响的,要算是萨克森地区的耶拿大学和莱比锡大学以及普鲁士的哈勒大学。从 1745 年起,特别是在启蒙时代的第三阶段中,柏林大学也加入了上述名牌大学的行列,成为宣传启蒙思想的重要阵地。

值得注意的是，在沃尔夫逝世之后，黑格尔称之为"通俗哲学"（或大众哲学）的新理论有所发展。"通俗哲学"不是在大学中发展，而是在文化沙龙中传播，其特点是反对系统性的体系，反对使用传统的学究式语言。从内容上讲，通俗哲学表现的，与其说是科学精神，不如说是人本主义传统。人是哲学思维的中心。

通俗哲学的代表人物，大多数并不是大学教授，有一部分人是自由职业者，也有的是商人和文人，还有一部分则是政府官员。正如我们在前面所说的，德国 18 世纪的中产阶级人士绝大多数出生于官僚，因此他们表现为更多的保守倾向。

在当时比较著名的知识分子中，首先是属于独立派的沃尔夫学派的门德尔松。他在 1764 年发表的哲学论文《论形而上学科学中的显明性》（*Abhandlung über die Evidenz in den metaphysischen Wissenschaften*）表达了通俗哲学的基本倾向。门德尔松成为当时最著名的宗教评论家、美学家兼伦理学家。此外，还有著名的评论家和记者尼古拉（Christoph Friedrich Nicolai, 1733–1811）和作家、剧作家、神学家和美学家莱辛（Gotthold Ephraim Lessing，1729–1781）。他们三人被称为"柏林三大家"。

此外，还有哈勒大学教授、神学家和心理学家埃伯哈德（Johann Augustus Eberhard，1739–1809）、心理学家、道德学家和法学家伽尔维（Christian Garve，1742–1798）、美学家里德尔（Friedrich Justus Riedel，1742–1785）、瑞士医生、哲学家、道德学家齐默曼、道德学家和教育学家阿伯特、记者、作家兼道德学家克劳迪乌斯（Matthias Claudius，1740–1815）及许多其他对哲学感兴趣的作家，其中包括作家兼诗人格勒特（Christian Fürchtegott Gellert，1715–1769）、心理学家兼作家恩格尔（Johann Jakob Engel，1741–1802）、诗人兼作家克洛卜施托克、诗人兼小说家维兰德、诗人兼哲学家冯·哈勒（Albrecht von Haller，1708－1777）、哲学诗人冯·哈格多恩（Friedrich von Hagedorn，1708－1754）及毕拉（Jokob Immanuel Pyra，1715－1744）等人。

从这些哲学家的成分来看，可以明显地看出哲学与文学之间的关系已经越来越密切了。恩格尔在1775年创办《奉献给世界的哲学家》（*Philosoph für die Welt*）杂志，系统地向读者介绍启蒙哲学，他的哲学表现出明显的人文精神。

与通俗哲学同时存在的，除了沃尔夫派的残余势力、莱布尼茨的哲学流派和斯宾诺莎理性主义以外，还始终存在着传统哲学的影响。

首先，达尔耶斯的学生们形成了自己的流派，在许多方面同传统哲学的论题和方法相类似。达尔耶斯的学生中，最著名的有：老艾森巴赫（Johann Christian Eschenbach，1719－1759）、赫宁（J. C. Hennings，1731－1815）、施莱特温（J. A. Schlettwein，1731－1802）、费伯（J. C. C. Ferber，1738－1786）及洛西乌斯（J. C. Lossius，1743－1813）。至于追随克鲁西亚斯的哲学家队伍，则包括：J. P. 缪勒（J. P. Müller，1743－1820）和C. F. 施密德（C. F. Schmid，1741－1778）。

在探讨德国启蒙时代哲学发展过程时，不可忽视的是，当时的文学、艺术以及人文社会科学的其他领域中，出现了一大批优秀的学者，他们不仅在他们所探索的专业中取得成就，而且也同时对哲学思想的发展做出贡献。

启蒙运动的这一阶段，伟大的作家和文学家歌德，正处在风华正茂的青年时代。歌德为他自己出生和成长在启蒙运动成熟阶段而自豪。他在《自传》中说："1748年8月28日中午十二点钟响，我出生在美因河畔的法兰克福。天时地利，对我来说是好兆头。太阳正好位于处女座，而且又位于当天的最顶端。木星和金星也以最好的位置面对着太阳。"歌德为自己生来就同世界建立协调关系而庆幸,1765 年秋,歌德奉父亲之命到莱比锡大学法律系,但歌德本人却热爱文学,尤其是诗歌。就是在这里,他结识了正在该大学哲学系任教的大诗人高特舍特和小说家格勒特。年轻的歌德以浪漫的气质写出了他的最早的诗歌《情人的随心所欲》(*Die Laune des Verliebten*,1767) 和《新诗集》(*Neue Lieder*,1769)等。浪漫的情感使年轻的歌德经历了一场带有神秘性的精神抑郁症,1774 年发表的《少年维特的烦恼》(*Die Leiden des jungen Werthers*)是歌德的文学代表作,也是对于生活和情感的活灵活现的哲学分析。爱克曼(Johann Peter Eckermann,1792 - 1854)在《歌德对话录》(*Gespräche mit Goethe in den letzten Jahren seines Lebens*,1836 - 1848)中,转录了歌德本人的创作思想原则:"世界是如此宏伟和丰富,生活是如此多样,以致诗歌由此获得了取之不尽和永不枯竭的主题。"诗歌不应该脱离世界,而世界本身就是多样的和活生生的,歌德的文学和诗歌创作对当时的哲学家发生了深刻的影响。

此外,当时的文学、艺术和科学领域中的浪漫主义思想,已经发展到成熟阶段。这些浪漫主义作家、评论家、艺术家和科学家,都也曾经进行哲学思考,并在哲学方面有很深的造诣。这些浪漫主义思想,对后来的马克思、黑格尔、叔本华、尼采和弗洛伊德等人,都产生不可忽视的影响。从歌德到叔本华,存在着一系列不直接属于哲学的重要著作和文献,但其中所隐含的浪漫主义精神,却预示着整个思维模式及方法的根本转变。在启蒙时代,发生在启蒙精神和文学创造理论之间的争论,具有深刻的意义。这实际上是一场激烈的意识形态斗争,长远地影响了德国思想的发展方向和内容。

当时,除了启蒙思想以外,实际上还有斯宾诺莎的理性主义,对德国浪漫主义发生影响。诗人莱辛就是斯宾诺莎思想的拥护者之一,他强烈主张发展斯宾诺莎的自然主义思想。正是在这样的争论中,产生了浪漫主义的新的理性观念:它不同于启蒙理性的地方,就是强调了理性的创造性和辩证法。这是同决定着启蒙理性的笛卡尔理性主义,同强调"理智"的理性根本不同的。显然,浪漫主义的理性包含了更多的创造和反叛精神。浪漫主义吸收启蒙理性,是带创造性地吸收:包含着对于它的改造,使启蒙理性转化成为与旧事物对抗的动力,就好像尼采的狄奥尼索斯吸收、并改造阿波罗精神一样。这一切,在当时的诗人瓦肯洛德尔(Wilhelm Heinrich Wackenroder,1773 - 1798)、物理学家里特(Johann Wilhelm Ritter,1776 - 1810)和哲学家谢林(Friedrich Wilhelm Joseph Schelling,1775 - 1854)等人的思想中,都非常明显。而在浪漫主义中的自然哲学(Naturphilosophie),也同时成为德国近代哲学发展史的一个重要因素。

18 世纪下半叶是哲学在德国广泛传播的时代。除了上述几个学派外,活跃于哲学舞台上的,还有由霍尔曼所创立的格丁根学派,其著名成员有:费德(Johann Georg Heinrich Feder,1740 - 1821)和迈纳斯(Christoph Meiners,1747 - 1810)。格丁根大学很快成为与上述耶拿大学、哈勒大学、莱比锡大学和柏林大学齐名的哲学讨论中心,在启蒙时代的第三阶段中对德国哲学的发展起了重要的推动作用。

在上述各个学派间的哲学论争之外,还存在一批独立的哲学家;他们不属于任何派别,却对哲学的发展作出了贡献,其中最主要的是:哈勒大学的特雷格(L. M. T. Traeger,? - 1772)教授和耶拿大学的乌尔里希(J. A. U. Ulrich,1746 - 1813)教授。

美学也成为这一阶段非常"时髦"的新学科。

新美学的产生,不论从思想上,还是从当时的德国社会文化生活的历史条件来说，都是很自然的。作为一种思想创造活动形式，美学，是德国思想家试图超越比他们更早开展美学研究的法国和英国同行们的一个理想领域。这首先是因为德国文学和艺术创造活动，从 14 世纪到启蒙运动中期，即 18 世纪中叶前后，已经积累了丰富的独具民族特色的经验。同时，就思维能力和理论兴趣而言，德意志民族的特殊思维能力和卓越的理论智能，促使德国思想家和哲学家，早从文艺复兴和宗教改革时期，就一再试图将文学艺术的特殊创造活动同理论思维的抽象性概念创造活动结合起来。所以，早在文艺复兴和宗教改革时期直到启蒙运动前夕，不少德国思想家就思考着将文学艺术的思维创造形式，提升到理论思维的高度，总结一系列具有普遍理论意义的文学艺术理论，包括创立各种文学艺术评论的基本原则在内。另外，德国文学艺术创造在相当长时间内，扮演了与哲学理论相平行的角色，对社会文化生活的改革，起到了指引和总结经验的双重作用。所以，德国在哲学创新的同时，也进行了轰轰烈烈的文学艺术革命。那些在哲学和政治上难以直接表达的理念，往往更多通过文学和艺术创造表现出来。德意志民族的谨慎思维态度以及他们在社会改革方面的保守性格，使他们更多地将其社会理念和实践模式，通过最复杂和最曲折的理论抽象形式表达出来。这就是德国新美学产生和发展的优越条件。这一切，使启蒙时代的德国美学领域，陆陆续续地出现了成批的美学家和文学艺术评论家，从各个方面，也从理论和方法的多样性的视域，先后创立了不同学派的美学。

　　本来，在 18 世纪上半叶，德国的美学思想基本上是受法国美学理论的影响。法国诗人兼美学家布瓦洛（Nicolas Boileau，1636－1711）及克鲁萨（Jean-Pierre Crousaz，1663－1749）、迪博（Jean-Baptiste Dubos，1670－1742）和巴杜（Charles Batteaux，1713－1780）等人的美学思想

几乎统治着德国的美学界。但不久,英国美学思想加强了在德国的地位。舍夫茨别利、哈奇森(F. Hutcheson,1694–1746)、柏克(E. Burke,1729–1797)、杰拉德(A. Gerard,1728–1795)和亨利·霍姆(Henry Home,1696–1782)等人的美学被逐渐地介绍到德国来。在这方面,于1756年秋至1758年初旅居伦敦的哈曼,做出了特殊的贡献。哈曼深入地研究了莎士比亚的剧作,也对当时英国的美学理论进行探索。在他返回德国以后,哈曼多次在其论文和文学评论中运用了英国的休谟(David Hume,1711–1776)及舍夫茨别利的美学思想,使当时的德国哲学界进一步了解了英国的美学思潮,并使之同急需美学理论指导的德国文学和诗歌创作,找到了新的创作理论和方法。

在德国的哲学家中,最早对法国美学感兴趣的,是属于沃尔夫学派的莱比锡大学教授高特舍特。他本身作为一位伟大的作家和诗人,在其论文《诗歌艺术评论》(Versuch einer Kritischen Dichtkunst,1730)中,运用和发展法国布瓦洛等人的美学观点,强调理性论的美学应建立在"模仿"(die Nachahmung)的基础上,"美"乃是完美性的感性形式。

由高特舍特所掀起的德国美学的新古典主义运动,虽然与法国新古典主义有密切关系,但其论战的中心论题却不是"古今问题",而是德国文学创作究竟应该追随法国或英国的美学思想的路线的问题。根据这场争论的性质来看,显然这是萌芽中的浪漫主义同没落中的新古典主义之间的交锋。

高特舍特从一开始就极端崇拜法国布瓦洛的诗歌美学。布瓦洛在他的《论诗艺》(Gedichte)一书中坚持认为,诗歌创作必须从理性出发。正如作者在该书第一章中所开宗明义地宣布的:"要爱理性,让你的一切文章,永远只从理性获得价值和光芒(《论诗艺》,第一章第37至38行)。"显然,布瓦洛发挥了笛卡尔的理性主义原则,将理性原则贯彻到文学艺术的创作活动中去。且听他提出了什么口号："不管什么题材，崇高还是谐谑，都要永远求良知和音韵密切符合（同上：第27至28行）。"这就是说，美必须符合理性；美既是普遍永恒的，就必定与真理相符。所以，布瓦洛在他的《诗简》中又说："只有真才美，只有真才可爱。真应该到处统治，寓言也不例外（《诗简》，第九章）。"凡是与真相符的美，就是真正的自然。他说：虚假永远无聊乏味，令人生厌；但自然就是真实，凡人都可体验，在一切中，人们喜爱的只有自然。因此，自然应该成为创作的对象；必须一步都不离开自然。在这里，布瓦洛明确地宣布了新古典主义遵循自然的原则。遵循自然就是抓住自然中的永恒本质，即表现典型的东西。

高特舍特几乎完全重复了布瓦洛的原则，只是他比布瓦洛要生硬和肤浅，因为当时德国的理性主义还远远不如法国的理性主义，它充其量也只是总结了德国的莱布尼茨和沃尔夫的理性主义。所以，高特舍特只有布瓦洛的缺点，却缺乏布瓦洛的才气和浪漫风格，更有甚者，是高特舍特缺乏布瓦洛所依据的高乃依（Pierre Corneille，1606－1684）、拉辛（Jean Racine，1639－1699）和莫里哀（Moliere，1622－1673），因为令人悲哀的是，当时的德国文学艺术界远没有法国那样繁荣和成熟。所以，高特舍特所倡导的美学，只是片面地高估了理性的作用，使创作导向形式主义和格式化，过分地强调创作所必需遵守的种种规则，同德国从中世纪以来所发展起来的情感主义以及自由想象的风气不合拍。

在瑞士德语地区苏黎世的沃尔夫学派博德默尔（Johann Jakob Bodmer，1698－1783）和布莱丁戈尔（Johann Jakob Breitinger，1701－1774），也创办了专门的美学杂志《诗评》（*Die Discourse der Mahlern*）。他们积极发动了对高特舍特理性主义美学的宣战，大力宣传英国传统的美学，强调"感情"的作用，并认为美学原则必须是"经验的"。

博德默和布莱丁戈尔的出现，引起了上述莱比锡学派同新起的苏黎世学派之间的争论。这两派原本都是德国启蒙运动的早期推动者，都在不同程度上接受了莱布尼茨和沃尔夫学派的理性主义的影响，较为一致地强调艺术在教育方面的社会功能。但在对待历史成果和情感方面，两者却有很大的分歧。

博德默和布莱丁戈尔都推崇英国的经验主义和浪漫主义。他们的主张尤其表现在对于弥尔顿（John Milton，1608－1674）所著《失乐园》（*Paradise Lost*）的评价的问题上。《失乐园》显然主张对自然和对感情的浪漫主义态度，采取了极其自由的创作风格，也表现了非常灵活的创作方式，与高特舍特所主张的格格不入。苏黎世学派还极力推广英国汤姆森（James Thomson，1700－1748）的《四季诗》（*The Seasons*），主张以浪漫的情调讴歌自然之美。

博德默尔的《论诗中的惊奇》和《论诗人的诗的图画》及布莱丁戈尔的《批判的诗学》都贬低理性在创作中的地位，反而强调想象和情感的意义。他们明确地主张：诗人所要模仿的是"自然转化可能世界为现实世界的能力""诗的模仿不是取材于现实世界，而是取材于可能世界"。他们重复莱布尼茨关于选择"选择最好的可能世界"的口号，强调诗歌创作必须用想象使可能世界转化为现实世界。他们认为，诗歌应该像《失乐园》那样，歌颂奇特的、不平凡的和足以引起惊讶的那些可能世界。正是这场激烈的争论，改变了德国的思想风气，也隐含着德国哲学思想的重大转变。

在上述争论中，鲍姆加登（Alexander Gottlieb Baumgarten，1714－1762）扮演了重要的新角色，而德国的美学和哲学，只是到了鲍姆加登和迈尔（G. F. Meier，1718－1777）那里，才把沃尔夫学派的思想提升到自成体系的程度。

　　沃尔夫的哲学体系几乎论及了一切主要的问题,但唯独没有全面深刻地从哲学的角度论述艺术问题。沃尔夫哲学体系的这一缺失并不奇怪,因为当沃尔夫达到成熟年龄而以德文进行思想创作的时候,德国杰出的作家、文学家和诗人,几乎都还没有出生,莱辛生于 1729 年,赫尔德生于 1744 年,歌德生于 1749 年。

　　高特舍特在 1730 年发表《诗歌艺术评论》(*Versuch einer kritischen Dichtkunst*),只是试图建构一种具有"科学"性质的文艺理论,确定了供写作遵循的创作原则。他把诗歌当成某种道德的寓言结构,并为此制定了较为生硬的写作规则,却没有下功夫对"美"的问题进行深入的理论探索,也没有谈论创作中的情感、灵感和启示的问题。因此,高特舍特的艺术理论很快地被布莱丁戈尔新美学所取代。布莱丁戈尔在 1749 年所发表的《评论》(*Critische Abhandlung*)提出了高特舍特所忽视的艺术创作经验的问题,并强调了后天经验在创作中的重要意义。布莱丁戈尔还严厉批评了美学的形式主义,反对为创作制定固定不变的规则。

　　正是鲍姆加登,首次正式使用"美学"(Aesthetica)这个概念,并把它界定为"一种关于低级官能(感受性,Empfindlichkeit)的认识的理论,它应该与关于高级官能(理智,Verstand)的理论,即逻辑学相对应"。这样一来,美学乃是一种关于"美"的认识论。这是理性论的美学,而"美"被看作一种具有"客观性质"的感觉。

　　对于这时期的美学作出卓越贡献的,还有著名的艺术史家温克尔曼(Johann Joachim Winckelmann,1717 - 1768)。他的《关于希腊作品的模仿》(*Gedanken über die Nachahmung der griechischen Werke in der Mahlerey und Bildauerkunst*,1754)和《古代艺术史》(*Geschichte der Kunst des Altertums*,1764)两部著作,实际上继承和发扬了新柏

拉图主义的观点。温克尔曼的美学思想集中在他的《艺术理论著作集》（*Kunststheoretische Schriften*，*Baden-Baden*，1962-1971）一书中。

其他的美学家还有门德尔松、哈曼、祖尔策尔、赫尔德、卡尔·菲利浦·莫里茨（Karl Philipp Moritz，1756-1793）及著名作家莱辛。

门德尔松的美学思想，明显地表现在他的《论美的艺术与科学的基本原则》（*Über die Hauptgrunsätze der schönen Künste und Wissenschaften*，1757）一文中，同时也集中在他的《关于感性的通讯录》（*Briefe über die Empfindungen*，1755）和《美学著作选集》（*Ästhetische Schriften in Auswahl*，*hg. Von O. F. Best*，*Darmstadt*，1986）。他说，人的本能就包含了"美的模仿"能力。他认为，这是一种存在于我们内心世界中的神秘力量，"它具有将一切情感统一驾驭的强大能力"，并可以使其自身良久地持续贯通和留存于艺术作品中。在探讨美的定义时，门德尔松批评了法国巴托（Charles Batteux，1713-1780）的观点，因为巴托只是强调美的自然模仿本性，忽视了美的感性基础及其共同性。门德尔松针对巴托在其著作《归纳成一个原则的美术》（*Les Beaux Arts réduits à un même pricipe*，1746）和《广义美学教程》（*Cours de belles-lettres*，3 Vols. 1765）中所阐明的观点，强调人的感性能力是人类进行消遣娱乐和休闲活动（Vergnügen）的内在基础。门德尔松指出：美的观念和感受具有两面性，但两方面的因素是在人的内心中很自然地协调起来的。

门德尔松同时也批评英国的哈奇森的直觉论美学观，强调美的共同基础来自它的"感性完满再现"（sensuously perfect representation）。作为英国经验主义美学的创始人之一，哈奇森，这位苏格兰哲学家，最初本来试图献身于神学，但后来又转向道德哲学和美学。他在他的主要著作《道德哲学体系》（*A System of Moral Philosophy*，1755）中，论述了他的直觉主义原则：道德上的是非观念是凭直觉而来，并不是由推理得到。他认为，在判断一种行动是否符合道德标准时，主要看它是否"能使最大多数人得到最大的快乐"，这一论点开启了功利主义之先河。门德尔松一方面肯定哈奇森等英国经验主义的合理成分，又主张从理论上加深说明美的感性及其共同性的人性基础。门德尔松的上述观点，后来成为鲍姆加登的美学研究的出发点。

门德尔松在他的《论美的科学中的崇高和纯真性》（*Über das Erhabene und Naïve in den Schönen Wissenschaften*）一书中强调：感性之所以重要，并不单纯因为它是对外部对象的感觉的基础，而是在于它对于外在客体的整个特性的把握是一瞬间完成的。也就是说，感性对外在事物的美感的感受，是一气呵成地形成的；感性不同于理智的地方，正是在于理智总是首先部分地把握对象，然后将各个部分综合起来加以整合思考把握；而作为审美的主要功能的感性，则不区分和分割对象的各个部分就整体地进行把握。例如，面对着一个三角形，理智要首先观察和区分它的各个部分，然后才把它整合在一起加以把握。当感性不加区别各个部分而直接把握对象时，它仍然可以感受到对象的秩序和和谐性而无须对其进行理智地区分。所以，"不管是在自然界还是在艺术中，感性都可以审美地分享事物中的秩序及和谐。感性是有能力感受到对象中的美的完满形式"。（《门德尔松哲学著作集》德文版，第 172 页）

接着，门德尔松指出：一切美的事物，必须具备"美的模仿"和"天才"两个成分。所以，相对于美的艺术作品，自然美不如艺术美高级。在门德尔松的《关于感性的通讯录》的美学论文中，他再次强调：美之所以可以引起独一无二的快感和愉悦，就在于它是在感性中一气呵成地把对象的多样性把握成一个整体。当然，门德尔松还在他的其他美学著作中更深入地讨论了美与感性的复杂关系。

同门德尔松一样,哈曼也深入地探讨了美学问题。哈曼是康德的朋友,又是与康德进行激烈争论的天才思想家。尽管哈曼未能正式地进入当时德国的学术圈子里,一生未能取得正式的学衔和职称,但他进行了很活跃的创造活动,并不断发表具有深刻见地的理论,同许多哲学家和思想家进行争论,也同他们保持良好的关系。哈曼尤其同诗人赫尔德保持来往,一起讨论创作和语言的问题。本书在下一节有关启蒙的论述中,将更详尽说明哈曼的思想。本节只局限于他的美学部分。他的美学思想紧密地同他对启蒙、理性主义的批判、宗教思想以及关于语言的优秀观点相关联。

哈曼在 1759 年返回哥尼斯堡的时候,发表了《值得思考的苏格拉底纪事》(*Sokratische Denkwürdigkeiten*)和《语言学家的远征》(*Kreuzzüge des Philologen* [*Crusades of the Philologian*])。在前一篇文章中,哈曼高度肯定苏格拉底写作风格的艺术性。他坦承:宁愿像苏格拉底那样,以自由漫游的形式,无所顾忌地论述人生的最重要的根本问题,也不愿意把自己约束成为任何固定规则或体系的奴隶。因此,他主张在一切创作活动中,彻底脱离理性的约束,让想象力自由地发挥出来。他认为:美没有固定的标准。哈曼的美学还强调创作美与语言运用艺术的内在关系。

总的来说,哈曼的美学建立在他对于语言的审美和逻辑功能的分析基础上。在哈曼看来,语言就其本质而言,就是人的一切创作的可能性的源泉。他认为,正是语言的本质结构,为人们提供对自己的经验进行各种可能的总结和概括的灵活而多样的优越条件。哈曼指出,自然本身就是神的崇高而深奥的语言的创作表现。自然向我们展示了一个最基本的创作原则,而我们是可以通过语言的基础和实际状况来把握它的(Natur ist Erscheinung eines schöpferrischen Prinzips，das wir als Grund und Wirklichkeit von Sprache begreifen)。所以，归根结底，哈曼的美学就是我们对于语言的自我展示过程的历史的理解的升华。美学在这个意义上说，就是对人的语言思维模式的再批判，就是对于语言所忘却的理性的总批判(Ästhetik ist eine Metakritik sprachvergessener Vernunft)。这样一来，语言也同时地成为创作过程的主体和客体本身。

哈曼的美学始终是康德的美学及其知识论和道德论的对立体。哈曼不止一次地指出了康德的美学的僵化性质，并呼吁在语言性(Sprachlichkeit)中探索美和创作的多样可能性。

祖尔策尔(Johann Georg Sulzer，1720－1779)在他的《论关于美的艺术的一般理论》(*Allgemeine Theorie der schönen Wissenschaften und Künste*，1771－1774)四卷本中，系统地探讨了艺术美的哲学意义。他重点地探讨百科全书艺术(enzyklopädische Art)的性质和特征。同时，他的著作也讨论了文学、修辞学、建筑、音乐与舞蹈的美学意义。他最早在瑞士苏黎世研究神学，同时研究数学、植物学和哲学。接着，祖尔策尔又跟随博德默尔和布莱丁戈尔研究文学。1750年，他成为柏林科学院院士。

诗人赫尔德，作为康德和哈曼的朋友，对美学理论的创立和发展也作出了重要贡献。赫尔德早期在哥尼斯堡大学同康德和哈曼一起，然后，在1764年之后的一段时间，在里加市担任教师和教堂布道师。1770至1771年间，赫尔德与歌德一起在斯特拉斯堡发表德国文学史上著名的狂飙突进运动的宣言《关于德国的艺术》(*Von deutscher Art und Kunst*)。在歌德的推荐下，赫尔德在魏玛工作，并协助诗人兼小说家维兰德出版《条顿信使报》(*Teutschen Merkur*)。但是，赫尔德的反理性信念及其浪漫主义创作风格，使他很快地同歌德和康德决裂。赫尔德不但成为德国狂飙突进运动的主将之一,而且也积极地推进对德国民间文学的研究。在文学评论领域内,赫尔德创立了比较研究方法,将文学研究和诗歌研究提升到对于启蒙美学和历史哲学的高度。

赫尔德的美学对文学和艺术进行了全面的探讨。首先,赫尔德从历史的视野研究了艺术的历史性(Geschichtlichkeit der Kunst)。在这方面,赫尔德贯彻了不同于温克尔曼的方法。他不同意温克尔曼过于夸大希腊艺术,赫尔德主张历史地和相对地看待每个历史阶段的艺术成果,反对将一个时期的艺术美绝对化和固定化。

康德的同时代人卡尔·菲利浦·莫里茨发扬了卢梭(Jean Jacques Rousseau,1712 – 1778)的思想,强调个人创作灵感的重要性。他的自传性小说《安东·莱兹尔》(Anton Reiser,1785/1790)和《论美的形构模仿》(Über die bildende Nachahmung des Schönen,1788)等,对当时的文学和艺术创作产生了重要影响。

莱辛(Gotthold Ephraim Lessing,1729 – 1781)的《拉奥孔》(Laokoon,1766)和《汉堡剧评》(Hamburgische Dramaturgie,1767 – 1769)是他的最杰出的美学著作。莱辛生在一个贫困的牧师家庭,从小努力学习,有强烈的求知欲。用他的老师的话来说,他是"一匹需要双份饲料的马"。1746 年他考入莱比锡大学攻读神学,1752 年在维藤堡大学通过博士考试。他从不打算建立一个固定的理论体系,在他看来,"担忧和研究"是两项比"把握真理"更有价值的活动,真理不应是固定不变的;不然的话,寻求真理就太容易了,他干脆地说,追求真理的过程是无止境的。

莱辛既不是具有系统理论的哲学家,也不是只满足于和擅长于诗歌创作的传统诗人。他毋宁是彻底自由的思想家、诗人、评论家和历史学家,又是个人主义的人道主义者。他认为,人道主义的理想引导着人类去维护自己的尊严,实现自己的独立性,并努力地在一个开放的社会中过幸福生活。他虽然是个世界主义者,但他同时也尊重个人自由和个体的多样性。他说:"要依据每个人的个性和完满程度去行动。"他也表现一元论和泛神论的倾向,但他尤其主张人和人之间以及人类整体的相互帮助。他不同意"自由意志",人与神之间不应有绝对的界限。他认为,神对世界的关系,就相当于主体与其表象的关系。

在文艺理论方面,莱辛尤其对戏剧进行过专门研究。他同意亚里士多德所言悲剧可以引起悲悯和畏惧的原理。亚里士多德在《诗学》中说:"悲剧是对于一次严肃、完整、有相当广度的事件的模拟,它的媒介是语言,具有各种藻饰,分别在剧的各个部分中使用;它不是以叙述方式,而是用动作来表达,这样才能唤起悲悯和畏惧之情,使这类情感得到陶冶。"莱辛为此也强调说:"在真正的悲剧中,往往同时具有悲悯和畏惧;悲剧的英雄既不应该是一个完全有德行的人,也不应该是一个完完全全的罪人,因为这两种都是不现实的;抽象的、夸张的形象不可能引起悲悯和畏惧。"

莱辛的历史哲学表达在他的《人类教育》(*Erziehung des Menschengeschlechtes*,1780)一书中。他认为,历史是一个整体;历史有一个不可分割的意义。但只有通过其功能性的各个阶段,并通过对这些历史阶段的价值的认识,才能把握历史的意义。在莱辛看来,人的进化规律,是从"实证宗教"过渡到"理性的宗教";这种"理性的宗教"几乎同纯道德观念相类似。但这个进化过程是依据上帝的一个"计划"实现的。上帝在历史发展过程中,不断地根据人类在不同时期的不同接受能力和理智水平,发出"合情合理的"信息。在人类的幼年时期,这种信息是采取"故事"和形象图案表达的;然后,逐步地采取内心启示的形式,使理性逐步地巩固下来,而且也使越来越多的人增长人性的成分。

因此,莱辛认为实证的宗教并不荒谬,它是真理因素的表现形式,而其教义则是合理的理念和道德的标志。

至于另一位作家克洛卜施托克,则对诗歌美学理论作出了突出的贡献。他曾经与博德默尔一起,在瑞士的苏黎世组成苏黎世学派,创建文学评论刊物,后来又先后到丹麦及汉堡等地创作和扩大他关于宗教文学的研究的影响。他的著作很多,包括:《弥赛亚》(*Der Messias. 4 Bde*,1751-1773)、《亚当之死》(*Der Tod Adams*,1757)、《心灵之歌》(*Geistliche Lieder*,1758-1769)、《索洛莫》(*Solomo*,1764)、《赫尔曼之战》(*Hermanns Schlacht*,1769)、《奥登与埃列根》(*Oden und Elegien*,1771)、《奥登》(*Oden*,1771)、《大卫》(*David*,1772)、《赫尔曼之死》(*Hermanns Tod*,1787)及《关于语法的对话》(*Grammatische Gespräche*,1794)等。但对美学的发展做出特殊贡献的,是他的《论神圣的诗歌》(*Von der heiligen Poesie*,1755)、《德国文学界》(*Die Deutsche Gelehrtenrepublik*,1774)及《关于语言与诗歌艺术的片段》(*Über Sprache und Dichtkunst*,*Fragmente*,1779-1780)。克洛卜施托克的著作强调诗歌在形式和主题方面的统一性。

总之,从第一阶段到第三阶段的整个启蒙时代的丰富哲学思想,对于由康德到黑格尔的整个德国古典哲学的繁荣,作了历史性和理论上的准备。

(四)第四阶段

1785 至 1815 年是德国启蒙运动的第四也是最后阶段。在这段时间内的最重要历史事件,就是法国大革命的完成和拿破仑入侵。如果说德国启蒙运动启动得较晚而又缓慢,那么,这两大历史事件恰恰大大促进了德国启蒙运动的进程,并在一定意义上说,使启蒙运动基本上完成了它自己的使命。黑格尔曾在他的《精神现象学》中描述"骑在马背上的绝对精神"拿破仑夜闯耶拿的印象。

拿破仑的入侵促进了德国境内的改革,导致 1806 至 1815 年的改革运动。这场改革被称为"由上而下的革命"(Revolution von oben)。一群较为开明的高级官员主张限制封建阶层的利益,创建有利于个体公民自由竞争及其参与公众活动的社会环境。改革的主要区域是普鲁士。值得注意的是,这场改革的哲学基础恰恰是康德的哲学思想,主要是康德关于人的自律及其社会责任的观点。与此同时,英国的亚当·斯密(Adam Smith,1723 - 1790)的政治经济学理论也得到了认同。1807 年 10 月 9 日发布的政令,鼓励农民的解放,废除各种约束农民自由的旧制度。1810 年 10 月 20 日的政令进一步鼓动私有制企业的积极性。这一切加快了普鲁士的经济发展,特别有利于经济上自由市场的形成和扩大。经济上的成果无疑为政治改革提供了良好的基础。更重要的是,这一时期的德国教育制度有了进一步的改善。对于初等、中等和高等教育的改革体现了正在发展中的新人文主义的精神。从此以后,教育的任务并不是单纯是为了满足统治者的需要,也不是为了创造有利于统治者统治的"标准化"公民,而是为了促进个人才资的发挥,为了培养有思想的个性化的公民。1808 年推行的市镇制度改革更促进了德国城镇结构的近代化,形成城镇管理的自治化。1814 年制定的军队制度改革,普遍征兵制的建立,同样也加速了原来各自分离的德国城镇同国家的联系。当然,这场改革受到了保守主义力量的阻碍。容克贵族阶层(Junker)在改革过程中竭力维护他们的利益,并以名目繁多的形式试图补偿他们已经失去的利益。为了更好地维护容克贵族的根本利益,他们千方百计地制定新的措施来限制市镇行政制度的改革程度。同时,容克贵族也力图使政治制度的改革停留在适应于他们的利益的层面上。在政治上，莱茵联盟的改革尤其有利于南部各公国，诸如维滕堡、巴伐利亚以及巴登州，这些州的现代化进程，在政治上体现为开明专制政治的胜利。总的来讲，这场改革虽然并未最终完成，有许多地方甚至失败，但这毕竟为德国未来的现代化发展奠定了基础，也有利于哲学上的思想创造活动。

这一时期在哲学上的重要成就，就是德国古典哲学的产生及其成熟化。

康德已经步入老年，他在逝世前夕撰写的《论永久和平：一个哲学构想》发表于 1795 年 8 月，当时康德 71 岁。在这本书中，1789 年法国革命成为康德最感兴趣的问题，他为此公开宣称自己是"共和主义者"，关注法国大革命的后续发展。据他的友人回忆，直到 1798 年，他仍然"全心全意地热爱法国革命，即使革命后发生过一系列曲折过程，也无碍于康德确认代议制度是最好的制度"。法国大革命的基本口号"自由、平等、博爱"（Liberté，Égalité，Fraternité）；也就是说，"人生而自由，享有平等的权利"。法国大革命所追求的基本目标，就是实现人民的真正的权利，也就是人身自由、财产、安全、免于压迫以及由此而衍生的所有自由：公民平等、税赋平等、个人自由、平等就业机会、人身保护（habes corpus）、法律不溯及既往以及私有财产之保证等。

康德这本书在圣米迦勒节问世，写作的直接背景之一是腓特烈·威廉二世（Friedrich Wilhelm II）在 1795 年 3 月自第一同盟的战役中撤回。在这之前，德国自 1713 年就开展关于"永久和平"观念的长期论战，这也促使康德继承莱布尼茨、洪堡、伏尔泰、腓特烈大帝和卢梭等人的政治哲学和社会学说，更深入地探讨了自己的政治、法律、道德和宗教的理论。

在《论永久和平》之后，1797 年，康德出版的《道德形而上学》上册

《法的形而上学原理》，更发扬了古罗马法和法国启蒙思想家，特别是卢梭和孟德斯鸠（Charles de Montesquieu，1689－1755）的法学思想。值得注意的是，康德在 1793 至 1794 年间，进一步探讨了理性范围内的宗教，试图探索宗教与理性之间的和谐关系，希望创建一种理性宗教。为此，康德在 1795 年发表《纯粹理性范围内的宗教》，重新把此前在《实践理性批判》等著作中探讨过的"理性宗教"（Vernunftreligion）提出来，并试图用"理性宗教"的概念，调和"自由""灵魂不死"和"神"等无法确证的范畴，作为"理性的必要的假设"（notwendige Postulate der Vernunft），在宗教与道德协调的基础上进行协调。康德晚期还发表其他著作，包括《道德形而上学探本》（*Die Metaphysik der Sitten*，1797）、《学科的争论》（*Der Streit der Fakultäten*，1798）、《实用人类学》（*Anthropologie in pragmatischer Hinsicht*，1798）等。

费希特在这一时期正在由追随康德演变成独立创建自己的思想体系。1774 至 1780 年，他在普福达市"王子学校"读书，然后升入耶拿大学和莱比锡大学神学系。1788 至 1790 年在瑞士任家庭教师。1791 年前往哥尼斯堡，向康德展示其第一篇著作《对一切启示书的批判》（*Versuch einer Kritik aller Offenbarung*），康德很赞赏他的才华。

费希特起初研究斯宾诺莎哲学，后来才转而研究康德哲学。在 1790 年 9 月 5 日致女友的一封信中，费希特说："我已经通过某种纯属偶然的动因而全力投入康德哲学。它强烈地影响了我的想象力，驱赶着我的理智向前，使我的整个思想境界得到前所未有的提升。"1793 年歌德聘请他到耶拿大学任哲学教授。据研究费希特的威德曼（Joachim Widmann）说，费希特本人曾在一封致友人的信中，兴奋地宣布，他在 1793 年找到了足以建构一个完整的理论体系的坚固基础。接着，1794 至 1795 费希特发表他的成名著《全部知识学基础》。1795 年 1 月底，黑格尔在一封致谢林的信中说:"荷尔德林有时从耶拿给我来信,……他听费希特的课,并且,他以极大的热情探讨费希特,把他当成为人类而奋斗的泰坦神那样。"所以,从 1794 年至 1798 年,在费希特本人的思想发展史上,可以说,是一段值得他骄傲自豪的年代。他在学术界的地位达到了顶峰:他在这段时间内,不仅创立了知识学的基础,而且也创建了独具特色的法哲学和伦理学体系。

经历在耶拿的曲折学术历程之后,费希特离开耶拿,并在不久之后前往柏林避难。在那里,他结识了小施勒格尔(Friedrich Schlegel,1772 - 1829)和施莱尔马赫(Friedrich D. E. Schleiermacher,1768 - 1834)等人。1805 年,费希特被任命为埃尔朗根(Erlangen)大学教授。1806 年,他到哥尼斯堡大学讲授一段时期。他同时着手准备《致德意志民族的演说》(Reden an die deutsche Nation)的草稿。这篇演说词是在 1807 至 1808 年在柏林科学院发表的。1809 年成立柏林大学时,费希特被任命为该大学的教授,并在 1811 年被选为柏林大学校长。费希特成为柏林大学历史上第一位通过选举产生的校长,但在 1812 年,面对学生中的争执事件,他所建议采取的纪律措施未能得到大多数人的支持。在他的对手施莱尔马赫的反对声浪的压力下,费希特未能延续他的校长职务。当时,抗击拿破仑入侵的民族保卫战已经打响。1813 年 3 月,费希特不得不暂停他在柏林大学的课程,以极大的热情投入反击拿破仑的民族解放的战争中。

与黑格尔一起成长的谢林,尽管起初受到费希特很深的影响,但他把费希特的"自我"同斯宾诺莎的哲学联系在一起,并进一步把费希特原有的浪漫主义精神加以发扬,改造成一种新型的"自然哲学"(Naturphilosophie)和"同一哲学"(Identitätsphilosophie)。谢林具有多重性格,他的浪漫风格及其思想的生命力,使任何试图在谢林哲学中寻求固定不变或始终一贯的思路的努力，都会失败。他不愧是哲学上的普罗特斯神（Proteus），以其善变的面孔而著称。所以，谢林远不是一位单纯追求建构思想体系的传统思想家。长期以来，人们只简单地把他归结为"唯心论"或"观念论"哲学家，忽略了他的思想的活跃性和变动性，因而未能真正揭示谢林思想的丰富性和其中隐含的生命力。

影响着谢林思想发展的各种哲学思想很复杂，在这方面，他所受到的影响很近似于后来出现的浪漫主义思想家和神秘主义思想家。谢林本人在谈到自己的思想发展时，往往强调三方面的因素：第一就是脱离费希特的思想方法的约束，突出自然概念的客观性成分，并在此基础上创建新型的自然哲学；第二，强调自然和精神两方面都同样包含同一的、无差异的和绝对的次层面，以致使他致力于细腻地探索自然和精神两方面的内在极其复杂的差异性和同一性，为他创建同一哲学（Identitätsphilosophie）奠定理论基础；第三，强调否定哲学（消极哲学）和肯定哲学（积极哲学）的对立性，使他有可能将自己的哲学思想推进到更高的层次，突出哲学思想体系中所隐含的内在矛盾性和悖论性，深入探索哲学思想本身的创造精神及其内在发展的生命力，明确反对任何固定不变类型的和追求完整性的传统哲学体系。

从谢林思想成熟开始，他同黑格尔和荷尔德林的三人关系，就成为一种具有重要意义的关系网络，其中所包含的思想张力，对谢林本人的思想发展发生举足轻重的作用。他们之间一生中的分分离离以及他们之间所进行的沟通或争论，都对他们三人的思想发展及其演变，发生了不可忽视的影响。而且，从更长远和更广阔的视野来看，谢林与黑格尔和荷尔德林的关系，也强烈地影响了德国哲学从18世纪末之后的发展进路。不论是谢林，还是黑格尔和荷尔德林，他们自己都并不一定明确地意识到：他们之间的相互关系，竟然发生了连他们自己都无法控制的深远程度,以致在他们分别逝世后很久,仍然影响到人们对德国哲学发展的评估。

1797 年谢林移居耶拿,与当时浪漫主义的耶拿学派过往甚密,经常与施勒格尔兄弟、诺瓦利斯等人一起探讨浪漫主义者所关注的基本问题:人性、想象力、意志、情感、欲望、身体、语言、宗教信仰、神性和灵感等。谢林还和当时已经成名的歌德保持密切的关系,并在歌德的保荐下从 1798 年至 1803 年间获取教授职务。显然,同黑格尔相比,谢林的学术生涯更为顺利,他比黑格尔提早 18 年而获得教授职务。

耶拿大学是欧洲最早成立的大学之一,成立于 1558 年。在这所著名的大学里,谢林与莱茵霍特(Karl Leonhard Reinhold,1757 - 1823)、费希特和施勒格尔等人一起,不但共同执教,而且还一起探讨德国的未来命运,也广泛地讨论了哲学、文学和艺术的创新问题。谢林不只是同哲学家相互沟通和争论,而且也很关心文学艺术界的思想争论,使他能够走出哲学抽象理论的界限,在同文学艺术的朋友们进行争论的时候,发现哲学与文学艺术以及更广阔的社会生活中思想创造的新天地,为他后来越来越广泛地探讨他的哲学思想的内涵及其不断超越性,开辟了新的视野。

在耶拿时期,首先值得指出的是谢林与歌德的关系及其对谢林思想发展的影响。歌德非常赞赏谢林在自然哲学中所表现的诗性思维风格。当歌德阅读谢林的著作《论世界心灵》的时候,情不自禁地表达了对谢林的敬意。谢林在耶拿期间,很自然地接近集聚于耶拿的浪漫主义作家和诗人,尽管他并不完全同意他们的浪漫主义文学观及其创作方法。谢林尤其不接受具有古典主义精神的席勒,他明确地反对席勒采用观念论的伦理思想进行文学创作。所以,在谢林的《艺术哲学》中全面地重估了席勒的崇高观念。

在耶拿时期,是谢林思想活跃和创作高产的阶段,他先后发表了《一种自然哲学的观念:作为研究这门科学的导论》(*Ideen zu einer Philosophie der Natur als Einleitung in das Studium dieser Wissenschaft*,1797)、《论世界心灵》(*Von der Weltseele*,1798)、《先验观念论的体系》(*System des transcendentalen Idealismus*,1800)、《布鲁诺,兼论事物的神性和自然原则》(*Bruno oder über das göttliche und natürliche Prinzip der Dinge*,1802)、《艺术哲学》(*Philosophie der Kunst*,1802-1803)及《关于学院研究方法的讲演录》(*Vorlesungen über die Methode des akademischen Studiums*,1803)等。

与此同时,浪漫主义思想蓬勃发展。诗人诺瓦利斯(Novalis,1772-1801)受到法国大革命的深刻影响,在1798至1800年之间创作了他关于"神秘的观念论"的主要哲学著作。

德国启蒙运动经历漫长曲折进程之后,在19世纪初已经富有成果地为古典哲学的全面形成和发展奠定了牢固的思想基础。在19世纪的头三十年,作为德国古典哲学的总结者,黑格尔创建了哲学史上最大的绝对理性主义哲学体系,同时也预告了古典哲学历史终结的来临。

第四节　启蒙的论战

德国的启蒙运动,作为一个思想、政治和社会改革的运动,从一开始就是在激烈的论战中开展起来的。各个具有不同思想见解、政治立场和社会利益的人和集团,都自觉和不自觉地卷入这场深刻的社会变革[②]。亲身经历启蒙运动的莱布尼茨、克里斯蒂安·托马苏斯、沃尔夫、腓特烈一世(Friedrich der Große,1712-1786)、康德、莱辛、门德尔松、哈曼、维兰德、雅科比(Friedrich Heinrich Jacobi,1743-1819)、赫尔德、安德烈阿斯·林姆（Andreas Riem，1749-1807）、歌德、席勒及埃哈德（Johann Benjamin Erhard，1766-1827）等，都先后在他们的著作中，对启蒙运动发表见解。在德国哲学史上，关于启蒙的争论构成了一段重要的内容。

这一持续的论战，在 1783 到 1795 年前后，即启蒙运动的后期，发展到顶点。在德国这样的国家，经历启蒙运动缓慢开展多年之后，大多数德国人，特别是德国的知识分子，居然还未能把握启蒙运动本身的真正意义，更未能取得统一的认识，这件事本身确实也是带有讽刺性的。相对于英国和法国，这一事件，固然显示出德国启蒙运动的深刻矛盾，说明德国启蒙运动所包含的复杂成分及其观点的多样性，但它尤其说明：德国人，包括他们的知识分子，多半是糊里糊涂地、抱着极其模糊的意识，投入启蒙运动的。所以，在英国人和法国人先后完成了政治制度现代化的革命之后，德国思想家所进行的争论，具有特殊的历史意义。

在 1783 至 1795 年之间，也就是在法国发生大革命以及康德著述他的三大"批判"的时候，这场争论中的各个主要代表人物，围绕着刊登在《柏林月刊》（Berlinische Monatschrift）上门德尔松和康德的两篇文章，对启蒙运动的性质、定义、意义及其历史作用，进行深入的讨论。值得注意的是，争论的论坛《柏林月刊》是由官方创办，并由国务大臣冯·泽德里茨（von Zedlitz）的秘书比斯特（J. E. Biester）和格迪克（F. Gedike）担任主编。表面看来，这场争论是由卓尔纳（Johann Friedrich Zölner，1753-1804）在《柏林月刊》1783 年 12 月号发表的批评文章所引起的，但实际上，它是启蒙运动在德国开展半个多世纪的历史过程中所累积的各种矛盾的总爆发，它确实表现了启蒙运动在德国所产生的社会震荡的严重性。卓尔纳的文章，针对该月刊同年 9 月号所刊登的一篇匿名文章，带讽刺地指出：尽管"什么是启蒙"以及与此相关的"什么是真理"等重大问题已经讨论过多次，但仍然找不到答案！

门德尔松是在卓尔纳发出上述挑战性文章后的第二年，即 1784 年 9 月号的《柏林月刊》上，才刊登文章《关于"什么是启蒙"的问题》（"Über die Frage：was heißt aufklären?"）。他首先从"启蒙"与"文化"（Kultur）、"熏陶"（Bildung）等新外来语词的关系，说明启蒙乃是人的心灵生活的变换模式（Modifikationen des geselligen Lebens）；而且，人们只要从艺术与身体两方面努力协调他们的精神状态，就可以实现更完满的熏陶。门德尔松认为，启蒙与文化的关系，就好像理论对实践、知识对道德性、批判对鉴赏的关系那样（Aufklärung verhält sich zu Kultur wie überhaupt Theorie zur Praxis；wie Erkenntnis zur Sittlichkeit；wie Kritik zur Virtuosität）。因此，按照门德尔松的看法，启蒙并非单纯指 17 至 18 世纪的思想和文化革命，而是关系到一个民族的精神素质。他说，人们可以说，纽伦堡人有较多的文化，而柏林人有较多的启蒙；法国人具有较多的文化，而英国人则有较多的启蒙；中国人有较多的文化，却缺少启蒙；只有希腊人，才兼有文化和启蒙两者，所以，他们是深受熏陶的民族。正因为这样，希腊人拥有精致而严谨的语言，因为语言一般地说是一个民族的启蒙、文化和教养程度的最好标志。门德尔松还进一步说明"一般人"（als Mensch）与"公民"（als Bürger）之间的差异。决定人的最重要的因素，不是文化，而是启蒙；断定人的唯一决定性因素，首先是把他当成社会的一个成员来测定。在这个意义上说，人作为人，首先必须从人对于他所生活的社会的义务和权利的态度来衡量。门德尔松指出，从历史上看，任何一个民族的启蒙，决定于：第一，知识的容量；第二，知识在一个民族中的重要意义，特别是知识对人、对公民素质的决定程度；第三，知识在社会各个领域的普及程度;第四,职业意识的状况。

康德针对上述文章,在《柏林月刊》的 1784 年 12 月号上发表《对"什么是启蒙?"的问题的回答》(*Beantwortung der Frage: Was ist Aufklärung?*)。

康德首先界定:"启蒙,就是人从他自己所造成的不成熟性(未成年状态)中解脱出来。不成熟性是指没有他人的指示,自己就不能使用自身的理智。这种不成熟性是由自己造成的,因为这种无能为力的原因,不是缺乏理智,而是由于没有他人指示就缺乏勇气和决心去使用自己的理智。因此,启蒙运动的基本口号就是:鼓起勇气,大胆地使用自己的理智! (Aufklärung ist der Ausgang des Menschen aus seiner selbstverschuldeten Unmündigkeit. Unmündigkeit ist das Unvermögen sich seines Verstandes ohne Leitung eines anderen zu bedienen. Selbstverschuldet ist diese Unmündigkeit, wenn die Ursache derselben nicht am Mangel des Verstandes, sondern der Entschließung und des Mutes liegt, sich seiner ohne Leitung eines andern zu bedienen. Sapere Aude! Habe den Mut, dich deines eigenen Verstandes zu bedienen ist also der Wahlspruch der Aufklärung)。"

在上述关于启蒙的定义中,康德所强调的,是人敢于独立自主使用自己的理性的重要性。康德特别引用诗人贺拉斯(Horace, Quintus Horaitus Flaccus, 65 - 8B.C.)的一句名言:"Sapere aude! (Habe Mut zu wissen! 敢于去认识!)",作为启蒙运动的基本口号。显然,康德首先把理性当成启蒙的首要因素,接着,他又把理性主要地归结为知识,并把敢于掌握知识和追求真理当成启蒙的主要目标。

这一口号,从 18 世纪 30 年代,就随着莱布尼茨和沃尔夫哲学的发展而在德国流传开来。而且,当时的哲学家、思想家、科学家、文学家和艺术家们，几乎都对掌握现代科学知识的重要性有一致的认识。从理论上，理性、知识、自由这三大因素，已经在德国普遍地被人们当成启蒙的主要内容。但是，正如我们在前面一再指出的，在以上三大因素中，德国人往往只看到知识的重要性，却对知识与理性、自由和独立自主的勇气的相互关系，缺乏真正的认识。门德尔松与康德对启蒙运动的文章，基本上总结了自 18 世纪最后三十年过程中人们对启蒙的沉思结果。

具体地说，正是"怯懦"与"怠惰"，使如此众多的人，仍然满足于听任别人的指导，甘心情愿使自己一辈子都服从他人的指挥，成为别人的"保护者"。如果要问"我们现在是否已经处于理性灿烂的时代"，那么，回答就是：不，但我们却真正地处于"启蒙时代"。只有到整个社会的许许多多的人，都能够勇敢地和主动地自由使用自己的理智的时候，才可以说，我们已经进入理性占统治地位，以致真理大放光明的时代。

康德的定义，确实唤起人们对启蒙的重新思考。这一方面是因为当时社会文化形势的特征，另一方面也是康德的论题自身提出了非常重要的问题。

具体地说，首先，当时的德国社会仍然充满着腐败现象，经历多年的启蒙运动，并未能改变社会的根本制度。康德的启蒙定义，凸显了理性的独立自主运用的关键意义。但在康德看来，人的理性的自由运用，要由人自身来决定。为此，他特别强调人在启蒙运动前的"不成熟性"是"人自身造成的"。在这一方面，康德几乎和其他一部分德国启蒙思想家一样，不愿意看到或回避理性的自由运用与国家制度之间的密切关系问题。实际上，人自己不能实现自我启蒙的原因，就是以往的教会与腐朽的国家制度，一起联合对人民进行专制的结果。康德的定义，不去批评和揭露以往的旧国家制度和天主教教会的腐败性。康德不但不揭露德国旧制度的反动性,反而把希望寄托在德国皇帝腓特烈二世的仁政和改革。

总之,康德对启蒙的定义,显然夸大了理性的作用。康德明确地指出:造成人的不成熟的原因,不是因为人自己没有或缺乏理性,而是人自己,在没有别人的指示下,不敢和不能使用自己的理性;其次,康德特别强调人使用理性进行认识活动的重要性,却忽略了与理性并存、并对人的生活和思想同样具有决定性意义的情感、意志和非理性。同时康德也不重视知识以外的其他文化生活对人的启蒙的重要意义。

为此,始终对启蒙运动持有异议的哈曼,于 12 月 18 日写信给康德的门徒克里斯蒂安·雅各布·克劳斯(Christian Jacob Kraus,1753 - 1807),阐述了他对启蒙的独特看法,批判了康德的观点。

哈曼的观点,典型地表现了对启蒙运动持有不同意见的思想家的思想倾向及其对启蒙运动的批评的重点。在他们之后,德国著名的思想家、作家和诗人,纷纷围绕"什么是启蒙"的问题,发表他们各自不同的看法。

与此同时,德国还在 1785 至 1798 年之间发生关于泛神主义的激烈争论。这场争论也和上述争论一样,表现了启蒙思想同反启蒙思想之间的分歧。在这场争论前后,门德尔松连续发表了有关泛神论的文章,也涉及启蒙运动以及对待神的敏感问题。他的论文包括《耶路撒冷》(*Jerusalem*,1783)和《晨课或关于神的存在的讲演录》(*Heures matinale ou Leçons sur l'existence de Dieu*,1785),一方面提出了宗教问题的重要性,另一方面也表达了犹太文化的特殊宗教观,有利于扩大当时的讨论范围和视野。在这些论文中,门德尔松灵活地对待宗教与理性的矛盾关系,不同于启蒙思想家所采取的激进立场。这一切,对康德后来探讨宗教问题是有深刻启示。

在基督教神学研究领域内,当时的德国比欧洲其他国家更深受路德宗教改革思想的影响。这也决定了德国神学界在启蒙时代的基本态度。他们始终以比较暧昧的态度对待启蒙:既赞成进行一定限度的改革,又不愿放弃神学对人的精神生活的指导作用,因此,他们基本上反对启蒙思想家对宗教的批判,主张继续让宗教思想发生相当大的影响。最早的时候,在 18 世纪初,神学界就出现了以洛舍尔(Valentin Ernst Löscher,1673 - 1749)为代表的路德派神学思想家,一方面批判虔信学派,另一方面又反对激烈的反宗教思潮。从那以后,历经普法夫(Christoph Matthäus Pfaff,1686 - 1760)、法布里丘斯、约翰·克里斯托夫·沃尔夫(Johann Christoph Wolf,1683 - 1739)以及约翰·克里斯蒂安·沃尔夫(Johann Christian Wolf,1690 - 1770),甚至沃尔夫(Christian Wolff,1679 - 1754)之后,德国神学的妥协、包容、谨慎和反思的精神,在反对激烈的启蒙思想的过程中,越来越以冷静的理论沉思方式,同启蒙思想保持一定距离。神学的这种态度,典型地表现了德国启蒙运动的模糊性及其对于神学批判的模棱两可性。所以,从 18 世纪中叶到康德的时代为止,德国神学研究领域一直成为德国思想界反启蒙的"避风港"。

克里斯蒂安·托马苏斯(Christian Thomasius,1655 - 1728)的神学的反启蒙性质更具有典型的意义。他为了捍卫被启蒙运动批判得体无完肤的神学经典,集中研究了宗教经典法规以及教会制度的法制化问题,使教会得以在启蒙运动激烈批判宗教的时候,维护教会本身的一定权威,并试图赋予它合法的地位,以便协调教会同国家的关系。

德国神学界这种模棱两可的态度,有利于国家对启蒙运动的控制。因此,当普鲁士国王腓特烈·威廉一世登基时,极力支持神学中的虔敬派,使当时的哈勒大学和吉森大学成为德国保守的神学研究的中心。

在他们当中，首先是施佩纳（Philipp Jakob Spener，1635－1705），接着，阿诺尔德（Gottfried Arnold，1666－1714）和朗格（Joachim Lange，1670－1744）都强调了宗教修养在个人思想和精神生活中的决定性意义。但他们指出：宗教对于人的思想的积极作用只有通过个人的宗教生活和实践。因此，他们明确地反对启蒙运动对宗教活动的否定。

以上争论的焦点，实际上就是关于人的本质、理性与非理性的关系、人与社会的关系、历史的性质、宗教与理性和科学的关系以及现代知识的社会功能等。这些问题都与启蒙运动有关。从启蒙运动之后，由于它同现代社会制度的法制化、自由化和民主化等直接关联，更具有深远的历史意义。在探讨德国哲学史的时候，重新评估上述争论及其各方的意见，有助于我们更全面地评论启蒙运动的历史意义。

第五节　哈曼对启蒙的批判

哈曼是一位非常特殊的人物，他所生活的时代，正当启蒙运动达到最后的阶段。因此，他既可以看到启蒙运动的积极正面意义，又能深刻洞见和揭示它所隐含的某些消极的、偏向的否定意义。当启蒙运动思想家们以极其偏激的情绪批判历史传统的时候，哈曼意识到进行冷静思考和长远历史观察的必要性。作为一位具有强烈的自由意志、并兼有独立思考能力的思想家和诗人，哈曼对于启蒙思想家所宣传的思想及其新概念，始终保持谨慎和保留的态度。由于他没有正式地在大学或学术机构里任职，也没有官方赋予的学衔，使他在相当长的时间内，处在"正统"的哲学的学术圈子之外，但他在当时所扮演的角色，却恰恰应该引起人们对他的独特观念的注意。他的那些不同于流行思潮的见解，在当时固然被主流人物所忽视，却在后来的历史进程中，当人们需要对启蒙运动和现代性进行进一步深刻的反思的时候,显示出它们的预见性。

哈曼的特殊思想源自布鲁诺、莱布尼茨、斯宾诺莎以及新柏拉图主义,哈曼突出了关于神的创造以及神的"世人化"的观点,也特别强调理性与感性、普遍性与特殊性的统一性。哈曼也对感知本身进行非常深入细致的分析,试图显示感知对生命及创造活动的决定性影响。哈曼特别重视生命运动中的神秘意识和神秘情感,他认为,生命中的某些感知和情感是无法使用语言表达出来的。哈曼在诠释苏格拉底的时候,不是跟随传统理性主义,而是别出心裁地说,苏格拉底所说的那种"我什么都不知道,我只是知道自己什么都不知道",就是某种发自无意识的感觉,某种难以表达的生命体验,也是某种非理性主义的表现。因此,哈曼要求思想家和诗人都能够具备这种说不出来的"热忱的意志"状态。

哈曼反对启蒙思想家所鼓吹的理性写作方法,反对把创作系统化,只是强调采取间断性、片段性、零碎性、碎片化以及点状化的写作风格。哈曼的目的在于突出创作本身的神秘性及其不可控制性。哈曼认为,思想创造活动是难以预料的曲折进程,时而延展、时而中断,一会儿出现大批新观点,一会儿又长期沉默,甚至消失在迷途,连创作者自己都限于迷茫。但是,有时又突然满天星座、灿烂无比,展现出思想的广阔性及延展性。所以,创作不应该有计划,也不应该过多地加以期待,创作所需要的,是放松自己的情绪和情感,最好放任自己的情感和意志,只要对自己的创作欲望抱有信心和期待,思想情感总会在某一刻爆发出新意。

哈曼的著作往往以富有寓意的方式展示,他容许他的读者进行各种猜测和诠释,使他的作品转化成为充满被诠释潜力的不定式文本。

哈曼所鼓励的,恰恰是要读者少进行系统性分析,是要读者进行松散的解释,要求读者大胆地假设和重新创造。

哈曼为此经常强调"对立的统一性"(coincidentia oppositorum)的概念,旨在鼓励读者在自身生命体内,在肉体与心灵、敏感性与理性、命定与责任心之间的统一中,寻求神秘的精神力量。

哈曼是康德同乡,虽然他并不同意康德关于启蒙以及其他重大的哲学问题的看法,但他始终同康德保持比较亲密的友谊关系。他出生在哥尼斯堡的一个很普通的平民家庭:父亲是胡须修理师,母亲是接生婆。但他从小就很聪明机智,十六岁开始学习哲学和神学,接着又转入法学系。但他的兴趣却始终是文学、语言学、修辞学、数学及自然科学。由于家境贫困,他还没有拿到学位和文凭就离开学校,为富家子弟当家庭教师。

不久,为了熟悉经济和社会生活,为了扩大自己的视野,哈曼接受朋友的委托,前往吕贝克、汉堡和阿姆斯特丹处理商务,并于1756年秋前往伦敦,试图调查欧洲大陆彼岸的经济、政治和思想的状况,并探索新的出路,但他未能成功。在伦敦期间,哈曼住在一个简陋的阁楼里,勤奋地阅读《圣经》,同时,他也接触了英国的宗教界、哲学界和文学界的人物,特别是在《圣经》诠释方法和神学理论方面,受到新的启发,使他对德国路德教的教义及《圣经》有新的认识。而且,他也研究了英国的启蒙思想,阅读休谟等人的作品,尤其对舍夫茨别利和莎士比亚的美学和文学风格感兴趣。哈曼从舍夫茨别利等人那里,吸取了他们的浪漫主义思想中的情感主义和自然主义,直接地推动德国启蒙运动中的反启蒙因素和力量,使之逐步发展成为更为强大的浪漫主义运动。哈曼坦言,在英国的短暂居留和访问,给予他精神上很大的震荡,他直截了当地称之为"唤醒"(Erweckung)。

哈曼对英国思想的研究是广泛的。他还认真地研究了培根、牛顿、斯威夫特(Jonathan Swift，1667－1745)、贝克莱(George Berkeley，1685－1753)以及柏克(Edmund Burke，1729－1797)的作品及其思想。

值得指出的是，当时的德国，对英国思想界的认识是很有限的。在哈曼以前，比较封闭的德国思想界，缺乏对英国启蒙思想和文化的深刻认识。柏克、休谟、斯威夫特等人的理论观点及其作品，在德国更是鲜为人知的。哈曼返回德国后，一方面亲自翻译和引介英国的启蒙思想作品，另一方面也对它们进行创造性的评论。

哈曼对生于爱尔兰都柏林的英国政治家和政论家柏克的美学作品《对崇高美和秀丽美概念来源的哲学探讨》(*Philosophical Inquiry into the Origin of our Ideas of the Sublime and Beautiful*，1756)深感兴趣。同时，也对柏克的《关于法国革命的反思》(*Reflection on the French Revolution*，1790)给予公正的评论，影响了德国思想界对法国革命的观点。同时，哈曼还对生于都柏林的英裔爱尔兰牧师和讽刺作家斯威夫特进行研究。斯威夫特的讽刺散文《一个澡盆的故事》(*A Tale of a Tub*，1704)诙谐而机智地抨击宗教界内部的倾轧，哈曼认为这对德国宗教界的改造具有一定的意义。斯威夫特闻名世界的讽刺小说《格列佛游记》(*Gulliver's Travels*)，也经常在哈曼的散文中被引用。哈曼大量明快的诗章和散文的风格，在一定程度上再现了斯威夫特的文风。

总之，哈曼后来对宗教和语言的特殊观点，有相当程度是受到了英国思想家和哲学家的影响，这对他正确地评价德国启蒙运动是有很大的帮助。

哈曼在伦敦的短期逗留，尽管在思想上和精神上都获得了意外的丰富收获，但在实际生活和物质待遇方面，他在伦敦的遭遇却是悲剧性的。他最后只好怀着失望和忧虑,返回故乡。他的友人克里斯托夫·贝伦斯(Christoph Berens)虽然并不同意他的宗教思想,但仍然热情地接待了他。后来哈曼热恋于贝伦斯的妹妹,并提出求婚,却遭到拒绝。从此,绝望的哈曼越来越把希望寄托在宗教信仰之中,直到最后去世。

他对宗教的兴趣,更多是由于精神上的苦闷以及思想方面的超越欲望。在哈曼的宗教观点中,明显地体现了双重的特征:一方面他把宗教当成解脱精神压抑、苦闷、失望的精神出路,另一方面,他又把宗教当成思想创造和寻求精神自由解放的一个途径。因此,他认为宗教有许多类似于哲学及文学的地方,是人类精神生活的一个不可缺少的领域。正因为这样,他反对启蒙思想家对宗教的绝对否定,也不同意把宗教简单地等同于一种"愚昧"。与此相反,他认为,宗教在很大程度上是人性的一个自然表现,也是人类文化的不可缺少的组成部分。这样一来,宗教就构成人类历史上各种文化创造的重要催化剂,是有很大积极意义的。

哈曼长久地未能获得一份正式的职业。经康德的推荐,他终于当上哥尼斯堡海关的一个低级职员。他的主要精力始终都是集中在写作上。临终时,他接受了仰慕他的明斯特(Münster)的佳丽琴公主(Princess Gallitzin)的邀请,移居明斯特安度余生。

哈曼早期接受过本格尔(Johann Albrecht Bengel,1687－1752)的教育。本格尔本来是虔敬派的成员,他很重视"启示"的重要性,并认为启示是受到理性的支持。所以,在本格尔那里,还有相当程度的沃尔夫学派的成分和自然理性主义的因素。在某种意义上说,这是一种自然宗教。本格尔是《新约》的诠释者,在研究《新约》方面有很高的造诣。由于对《新约·启示录》中的末世论有相当程度的信仰,他建构了以末世论为基础的历史宗教。这种历史宗教试图宣扬基督教的历史循环论,并主张靠宗教预言的神奇力量,为世人提供生活的信心。哈曼在一定程度上接受了本格尔的虔信论,并把它同休谟的怀疑论结合起来,使他始终怀疑启蒙思想家关于通过理性实现人类解放的各种承诺的历史有效性。所以,当康德试图公正地评价英国经验主义、并对休谟的经验主义给予重视的时候,哈曼立即撰写文章表示赞同。哈曼还借此机会批评德国启蒙运动对于理性的过分崇拜,尽管哈曼本人并不同意康德关于休谟的观点。

如前所述,哈曼并不像启蒙思想家那样一般地反对一切宗教。他认为,宗教并不是像启蒙思想家所批判的那样一无是处。他跟随他的老师本格尔,于1758年发表了《对圣经的沉思》。他指出,对于宗教和哲学,都不能简单地加以肯定或否定,它们有时是人的精神的变异,但有时又是一种精神堕落。问题就在于对哲学和宗教进行具体的分析和评价。哈曼坚持说,没有宗教和偶然性,就会使人生变得灰暗无趣,宗教可以引导人们体会到神的存在,可以使人冷静地拿捏自己的身份,也可以使自身保持充分的清醒状态。哈曼对宗教的遐想及向往,同他对神的特殊看法是紧密地联系在一起的。换句话说,哈曼对宗教之所以如此执着和期望,是因为他也对神抱有期望和遐想。神是一种值得人长期反思、揣想、猜测、设定、想象、期望和敬慕的对象,它可以引导思想的创造方向,又可以介入一切非现实的因素,使人从平俗的世界中走脱出来,达到物质世界之外的崇高境界。

哈曼作为一位充满幻想和具有丰富浪漫情感的作家、诗人和哲学家,并不轻易相信启蒙思想家所宣传的理性的威力,他更多地期待在历史的漫长而曲折的演变过程中,人类精神本身所隐含的各种充满刺激和充满希望的偶然因素和可能性因素。在他看来,偶然之所以偶然,就是一种希望和创造的基础。任何创造,不是建立在固定不变的规律的基础上，更不是依据特定的逻辑，而是在充满偶然和变动的曲折过程中，在从未发生过的历史机遇中，有待诗人和哲学家去发现和发掘的事物。

由于诗歌创作所使用的语言的神奇性，使哈曼更加相信潜伏在语言创造中的各种非理性因素，也使他更多地期待语言神秘启示过程的刺激性和好奇性。语言不是在逻辑规定中显示它的奇妙力量，而是在多变和不可控制性中吸引着我们。哈曼始终认为，语言并非如同传统思想家所宣称的那样"准确"和"单义性"，而是模糊和歧义的混合体。语言作为语言，是各种复杂的精神和历史因素的交错集合。语言的神奇性和宗教的神秘性结合起来，成为人生快乐和文化创造性的基础。

另外，哈曼还坚信语言本身的自然本性。他认为，语言的珍贵性，就在于它的自然力量和非人为的逻辑性。他在《自然颂》（"Gesang der Natur"）中赞颂语言本身的"民族本性"（natioanle Originalität），因此他主张"返回到自然的语言"（die Rückehr zur naturliche sprache）。他的这种观点和主张，后来得到了诗人赫尔德的支持②。

在哈曼的许多诗歌和在作品中，他反复赞颂基督教启示力量的创造性作用。他认为，诗歌的创造不是求助于理性，而是相反，要诉诸宗教的神奇启示力量。启示是一种无法彻底被理解的神秘因素。启示的神秘性，绝不是它的负面，而是它的珍贵所在。一切神秘的东西往往给予人的思想和精神强大的启示，引导思想走出常规，突破各种限制而达到全新的领域，有时还会引导到令人惊讶的程度，达到新的精神高度，使人从陈规戒律中苏醒过来。当然，作为新柏拉图主义者，哈曼也不是简单盲目地颂扬启示，而是强调启示在历史、自然和语言中的中介性迂回的必要性。他指出：基督教新约和《圣经》所使用的象征性语言和符号，是各种创作的启示性源泉。他认为，正是在这些语言的象征性迂回和变化中,可以看出与理性相对立的非理性因素的迷人诱惑和创造性力量。

正因为这样,哈曼强调理性之外的感性及欲望。他认为,人的感性和性欲,固然不同于理性,但绝不是有害的,而是相反,非常有益于创作的深化和展开,有助于创造和生活的多样化。哈曼同天才诗人赫尔德有很密切的关系,他们俩之间的通信,揭示了德国启蒙时代更为有趣的面向。他们俩经常在交往和通信中探讨理性之外的感性及语言的神奇力量。

然而,哈曼之所以对神和宗教如此抱有希望和寄托,也是因为他对人性本身有复杂的看法。哈曼反对简单地将人性归结或化约为一个终极的因素,反对把人性化约为一种独立不变的实体,更加反对康德等人将人性过分地理性化。他认为,人性基本上是复杂的,在很大程度上是不可认识和不可把握的。人性是世界上最复杂的因素,也是最不稳定的,与其说人性是某种实体,不如说它是某种不可把握的倾向和生命力。人的生命本身就是不可测定和不可预示的。生命作为一种独立的力量和倾向,只能由其自身的内在发展趋势及其选择所决定,人性就是人的生命力的体现和展示,它隐含着他人无法确定的生长趋势。正是神赋予人的生命以强大的生活欲望和力量。

哈曼的基本思想环绕着人性的本质、两性关系、教育、语言及人对神的关系等重要问题。但是,在哈曼的思想中,最重要的因素,仍然是语言和性。哈曼认为,只有通过语言和性,人们才能理解到神的真正存在,也才能把握哲学真理。他强调说,人的语言和性的高度神秘性质及其在人类生活和创作中的关键地位,只能是伟大的神所赋予的。哈曼把语言及性的重要性同神联系在一起,表明他对三者(神、语言、性)在人性与文化中的地位的特别重视。在他的《论婚姻的奢侈逸乐》

(*Versuch einer Sibylle über die Ehe* [*Essay of a Sibyl on Marriage*])
一书中,他具体地指出了性和男女两性的关系同神的意向的密切关系。
他认为,没有性,就无法理解人与神的关系。性是连接神与人的唯一联
系通道。他说,神在造物和造人的时候,就已经看到性的重要性。基督
来自女性,意味着人的一切也来自女性,来自女性与男性的性的关系。
神的神秘性和不可思议性决定了性的问题的不可思议性;另一方面,他
还认为,男女两性间的"做爱"是很自然的,因为男人既然来自女人的阴
道,他就自然地要在做爱时再次进入阴道。所以,做爱就是男人的肉体
返回其根源的生动表现。哈曼在诙谐地谈论性的时候,更玩弄了德语
的语词游戏,表现了他对语言艺术的熟练掌握。

人性的一切最复杂的性质,集中地体现在人所使用的语言和人的
"性的关系"之中。世界上没有别的任何东西,可以与人的语言和性相
比拟;语言和性,既包含理性的因素,又隐含一切非理性和反理性的因
素及倾向。因此,人的语言和性,可以在不同的社会条件下变成为一切
可能性;它们甚至也可以成为一切不可能的事物。换句话说,语言及
性,既是一切可能性,又是一切不可能性。在语言和性之中,包含着一
切创造和变化的因素和力量。真正的人必须重视语言和性的创造潜
能,必须重视它们的变化趋向,也必须在它们的创造过程及变化趋向中
吸取创作的营养,获得生活的动力和乐趣。为此,人必须发挥人本身所
固有的思想、理性、情感、意志、感性及欲望等,利用语言及性的创造力,
进行无限的探索。

在哈曼看来,语言中的各种语词、象征等及其所隐含的各种情感及
沟通愿望,远远地超出一切抽象和逻辑公式所包含的意义。因此,语言
比概念和逻辑研究还重要,一切概念和论述都是以语言为基础。没有
语言,便没有思想和推论。为此,必须把语言研究放在首位,置于优先

于逻辑研究的特殊地位。

在他的早期著作中，哈曼经常强调情感的重要性，并认为语言与情感和激情是分不开的。同时，哈曼还很重视他人经验的重要性，严厉地批评康德过分肯定知识对自身先天意识的重要性。哈曼指出："我们的知识，哪怕是最低限度，都同时双重地仰赖于和来源于感性的启示和人类的检验。"他反对康德把感性和理智区隔开来，强调两者之间的相互联系性。为此，他打比方说："感性就像胃脏，理智就像血管。不但血管需要胃脏提供的食物来供应身体的需要，而且胃脏也需要血管才能运作起来。"哈曼关于感性与理性之间的相互联系性的观点，不只是用来批判康德，而且也是对整个启蒙思想家过分夸大理性的抗议。

但哈曼始终都不把语言与情感表达简单地等同起来。在给赫尔德的信中，哈曼讨论了语言的起源，并认为语言同思想以及同外在世界都有中介关系。同时，语言本身是以人与上帝的关系为基础而建立起来的。哈曼通过对《圣经》中创世纪部分的修改，试图说明在最原初的时候，人的面前所呈现的一切事物和现象，都表现了语言的性质。他说："在天堂那里，每一个自然现象都是一个语词。每一种现象，都体现了一种神秘的、不可表达的和暗示的神性能量或观念的集合。人类的最早祖先所听到的第一个声音，通过眼睛所看到的第一件事，通过他的手所接触到的第一个事物，都是活生生的语词；也就是神的语词。"所以，语言的起源是很自然和易于理解的，就好像儿童的游戏那样简单易懂。当哈曼与康德一起讨论启蒙的问题时，哈曼更是集中地考虑语言与思想、与理性的关系。哈曼甚至明确地指出：康德在他的《纯粹理性批判》中所探讨的"先天知识"的可能性问题，直接地与语言的本质相关。他说："思想能力不仅全部地依靠语言，而且，语言本身还是理性及其自身发生误解的关键（Not only the entire ability to think rests on language ... but language is also the *crux of the misunderstanding of reason with itself*)⑳."因此,在哈曼撰写的《对康德总批判》一文中,哈曼说,唯有靠语言的中介,才有希望治疗哲学,因为语言是经验和传统的载体,它也因此永远是思想的基础。哈曼认为,不管是理性还是哲学,都不可能脱离语言、经验和他人的经历。语言的如此神秘般的性质,来自它所隐含的辩证法。一切语言都是对立面的统一,也都是美学的、逻辑的、感性的、思想的统一体,而这种统一又来源于语言同神的统一性。语言如此神秘的特点,只有靠神的神秘性,才能得到诠释。哈曼由此严厉地批判康德将感性、理智、理性和审美力加以区分的做法。哈曼认为,康德所提出的"什么是理性"的问题,并不比"什么是语言"更重要。语言才是一切知识、理性、感性、情感、论述、逻辑及审美的真正基础,也是一切矛盾和辩证法的根源。哈曼借用休谟和贝克莱的经验论及其对一般性和抽象的怀疑论,批判康德的概念论和范畴论,也不同意他的"物自体"的概念。哈曼认为,语言的极端重要性及其神秘性,是无法通过任何概念或论述来表达的。在一封致友人的信中,哈曼很诙谐而深刻地指出:"即使我果真如同古代的德莫斯丁那样能说会道,我也只能一再三次重复同一个字来表达我无法表达的意思理性就是语言,就是逻各斯。我死啃着这个硬骨头,并将继续啃到我死的时候为止,但对于它的深刻意义,即使到我死的时候,都无法弄清楚。我始终都在期盼一位带着揭开语言深邃性的神秘钥匙的天使的到来。"

哈曼的主要著作,除了论述的主题变化多端以外,其论证过程也曲折隐晦,表现方法灵活细腻,还往往采用修辞、模仿、想象、隐喻和象征的方法,并借用《圣经》或其他著作的人物、论题和语词,穿插地进行绕道的论证,使人难以立即把握其真实含义。哈曼还善于引用各种想象中的妖魔鬼怪或怪物的名称,借用它们以便曲折地表达某种想法。例如，他借用被称为"亚里士多勃鲁斯"（Aristobolus）的人物的口吻，诙谐而机智地批判他所反对的观点。这一切，使他深刻地影响了他的同时代的诗人和思想家，例如赫尔德和雅各比等人。黑格尔和歌德曾经给予哈曼很高的评价；黑格尔认为他是最有清醒头脑的人，而歌德则说，在阅读哈曼的著作时，任何人都必须清醒地超越日常习惯进行的思维方法。哈曼经常在其著作中玩弄游戏策略，故意地把"球"抛向他的读者，让读者自己把游戏的"球"接过来，并促使读者继续玩下去。黑格尔曾经为此说："法国人常说，文风就是作者本身。哈曼的著作并没有固定的风格，有的只是风格中的风格。所以，掌握哈曼的风格，就如同掌握他自己那样困难。"哈曼玩弄风格游戏，就是他的一种写作策略。这意味着他充分地理解到：在文本与读者之间存在着某种神秘的关系。只有当读者和作者之间领会到这种神秘而隐喻式的关系，才能在文本的穿越中相互理解。他期望读者不要处于被动的状态，而是以创造的精神，反过来向作者挑战，向文本的纵深方向和象征性结构进行独立的探索。哈曼甚至不怕自己被误解，他反而认为被误解是一种正常的现象，是值得庆幸的事情。

到了晚期，哈曼采用他所批判的康德的方法，称自己所从事的，是一种"后设批判"（Metacritique）的事业。也就是说，哈曼晚期致力于对各种重大问题的批判，对于一切他所关心的人类根本问题，他都要进行考察和探究。只不过，哈曼所从事的是一种带根本性的总体批判，不同于康德的那种有限的和形式主义的"批判"。在他未出版的批判康德的论文中，他明确地指出：为了正确地进行批判，必须首先对语言问题进行探索。他和康德相反，认为纠正近代哲学探索的焦点问题，不是对知识、理性和伦理问题进行批判，而是集中全力解决语言的根本问题，因为语言是哲学和神学思考的关键，又是探索人性和知识的基础。而且，哈曼还明确地认为，一切哲学思考，归根结底，都必须与神学研究相结合，换句话说，没有一个重要的哲学问题不是同神学相关。所以，脱离神学思考，一切哲学问题都是不可解决，也是不可想象的。

在哈曼的《值得思考的苏格拉底纪事》(Sokratische Denkwürdigkeiten)一文中，哈曼很明确地宣称自己对苏格拉底写作风格的欣赏。他宁愿要像苏格拉底那样，以自由漫游的形式，无所顾忌地论述人生的最重要的根本问题，也不愿意把自己约束成为任何固定规则或体系的奴隶。他的这篇文章甚至可以成为他批判启蒙运动和批判康德的纲领。

对哈曼来说，与其热衷于建构观念体系和论述逻辑结构，不如探索作为哲学和神学思索的根本基础的批判本身。所谓批判，在他看来，首先必须与康德所进行的批判划清界线，不能像康德那样，只抓住认识论、伦理学和审美的基础问题进行哲学探究，并把它们加以区分和分割，而是必须在传统的认识论、伦理学和美学之外，在人生和世界现实运作所遇到的根本问题中，进行独创性的思索和灵活的论述，超越现有的和历史的范例，探索各种可能性和潜在的前景。因此，他并不急于寻求建构系统的理论，也不求个人的名利，更不在乎各种现存的法规或限制，而是对人、世界、生活、历史、语言、宗教、哲学、心理、美学、艺术、科学、社会以及创作评论等问题感兴趣，进行无拘无束的思索和想象，采用多方面的表达方法和风格，将思索和创作当作人生游戏和审美乐趣。他甚至陶醉于想象的世界，对超验的时空抱有无限的憧憬。这种探索，是把哲学和神学创造当成一种既重建、又治疗的精神超越过程，当成超越现存方案的探险游戏，向未来和不存在的时空，寻找思索的可能性。

因此，哈曼的哲学和神学，都具有乌托邦和诗歌创作的性质，把智慧和审美巧妙地结合起来，开辟崭新的生活道路。对他来说，重要的问题不是找到实际的解决方案，而是智慧地提出问题。如果提出的问题足于挑动人类思索的兴趣，如果有利于启发更多的人进行探索的话，这样的提问就是最值得的。他认为，任何一部著作，其最好的效果，无非就是有利于"治疗人的灵魂"。因此，他临死前，曾经期望将来他的著作集可以最终被定名为"心灵治愈指南"（Saalbadereyen）。

哈曼在其一生中所坚持的，是一再启发人的思考和必要的反思。在这个意义上说，他的著作与其是非系统化，不如是"待系统化"，他所做的，无非是向人们提供进一步思索的草稿或"种子"。他希望人们能够从他所暗示的问题中，找出进一步展现思路的方向和可能性。所以，他说："重要的问题，总是隐含在概念的内核之中。"

在哈曼的著作中，明显地显示了他的思想的完整性和整体性。所以，歌德在谈论哈曼的思想时，很正确地指出：哈曼的思想特征是总体性。他的著作的任何问题或论述，都不能孤立地研究和分析，必须把各个问题放在他的思想整体中加以思考。哈曼经常强调人的经验的片段性和段落性，意思是说，人的有限存在使人无法完整地把握世界，也不能把握他个人的完整经验，同时也不能完整地表达人的实际经验。经验的片段性使哲学家和诗人只能通过其所感受的部分经验，暗示其无法完全表达的整体经验。他说："鸿沟和缺失是对于人的本性的最高和最深刻的认识，通过它们，我们必须能够攀登到最理想的观念和怀疑，即我们的理性的最高级的善。"所以，表达的片段性是正常的、也是必然的。重要的问题，是通过片段和残片受到启示、继续探索。

哈曼的思想及文字具有丰富的辩证法力量，他在德国思想界中是最早重视辩证法的思想家之一。他不但把对立面的统一当成一种自然的事情，而且他还进一步主动地在创作中玩弄辩证法的游戏。

哈曼强调对立面的统一性的重要性。在他的许多著作和通信中，他反复指出对立面的存在的普遍性。他认为，对立面的统一高于康德所说的知识基本原则。他认为一切独断论的首要问题，就是否认矛盾的存在，所有的独断论者，从来都是否定对立面统一的必要性。显然，哈曼是在巧妙地讽刺康德的形式主义批判。由于哈曼极端重视矛盾的普遍性，在逻辑学方面，他认为对立面同一律优先于矛盾律和充足理由律。他强烈地反对康德的论述过程的同一性、严谨性、无矛盾性及体系性。哈曼说，矛盾和对立不但无害于知识及经验，反而有利于知识的建构，也是被经验本身所证实的。他还引证自己的生活体会强调说："是的，我每天在家的生活经验表明，我必须每天至少两次自我矛盾，才能活下去。更确切地说，我永远都不会同意我自己，也不会改变我自己的上述看法，除非我遇到另一个与此完全相反的经验。"针对康德的《纯粹理性批判》的观点，哈曼强调说："我们的经验只能是片段的；如果独断论者果真像他所宣称的那样正确，那么，他永远都不会理解上述真理。而且，通过纯粹理性的一种恶性循环，怀疑本身也就变成教条。"在哈曼看来，缺乏矛盾远非真理的基本条件，相反，它是独断论的基本条件。

当然，当哈曼论述他的矛盾论时，他一点都不同于后来的黑格尔的"观念论的辩证法"。他主张一切知识必须来自对话和矛盾的对立过程，这是因为一切事物本身就包含矛盾。

但是，哈曼所说的矛盾又不同于简单"二元对立论"。也就是说，哈曼并不认为一切矛盾必定采取二元对立的形式："善"不一定同"恶"对立，"好"不一定同"坏"对立，"东"不一定同"西"对立，"男"不一定同"女"对立等。也就是说，在哈曼看来，错不是不正常；恶也不是不应该存在。真假、善恶、对错的二元对立论可以休矣！这种善恶二元对立论，不但是传统思想和理论的基本模式和方法论基础，而且也是人类整个灾难的真正根源。

同样地，精神与肉体、感性与理性、理性与情感，并不一定是相互对立。普通人所说的"对立"，是从日常生活所理解的那种"对立"来看待的。哈曼所说的对立，却是一切可能成为对立的因素，包括原本看起来不可能对立的因素。

哈曼也并不认为，矛盾可以通过"综合"来解决或消除。对立的解决并非只通过统一，黑格尔所说的"正、反、合"三步骤，在哈曼那里是不存在的。哈曼说，再也没有比认为"一物走上极端便必然导致其对立面"的说法更简单的了。事物的转变，并不一定要通过它走向极端的途径，事物是复杂的，有很多事物可以不在其走向极端时就转变成另一种东西。

哈曼经常使用"Prosopopoeia"的独特概念，来表示一种哲学思考方式。"Prosopopoeia"源自古希腊文"προσωποποιία"，它是说话者、演讲者或作者所采用的一种修辞方法和手段，借助于另一个人或另一个事物向听众表达他所要表达的内容和意义。希腊原文包含的希腊词根具有"一个面孔""一个人"或"制造"的意思。

哈曼所采用的是类似于巫术所常用的那种鬼魂附身的做法，即一个人可以尝试使自己变成另一种角色，扮演他所要表达的对象的特殊姿态，表现某种特有的感受或意义。例如，当一个巫婆或乩童要表示一种"好色鬼"的时候，就扮演他的形象，以便表达好色鬼的各种心态和模样。哲学家也可以效法这种扮演方式，当思考某一种特殊的概念时，可以用他自己所偏好的方式，以常人认为"异常"的途径，表示其意义。这时，哲学家可以毫无约束地采用他所选择的方法和方式，表示常人认为不可能的事情。例如，作为哲学家，哈曼可以用特殊的表达方式，论证理性同非理性之间的同一性。哈曼并不认为理性的肯定性或否定性，是可以简单地归化为某一句肯定判断或否定判断。但是，哈曼对理性的这种异于启蒙思想家的态度，又不能被简单地理解为"反理性"。

实际上，哈曼所强调的，毋宁是理性的复杂性、变换性及其与人的其他性质之间的复杂性。他曾经说："没有语言，我们就不会有理性；没有理性，就没有宗教；而缺乏我们的本性中的语言、理性和宗教，没有这三种因素，就不会有心灵和社会关系。"而且，哈曼又认为，理性的存在一点也不意味着我们的推理就注定是合理的，推理就像我们的存在那样，可以是错误的，可以是反理性的和非理性的。反过来，错误也并不一定是不合理的。错误有时是正常的，甚至是合理的。哈曼所反对的，是启蒙思想家所宣称的那种"普遍的、不可错的和合理的理性"。他说："存在、信仰和理性，纯粹是关系而已，三者都不能绝对化。它们不是事物，不过是纯粹的思考概念而已，是用来当成理智的符号罢了。"

同样地，当我们理解哈曼对启蒙的态度时，也不能把他简单地归结为"反启蒙"。他只是不愿意与当时的多数人同流合污，更不愿意不经思考地人云亦云。在哈曼致康德的学生克里斯蒂安·雅各布·克劳斯的信中，他宁愿以较为复杂的态度对待启蒙运动，以多种方式与当时的思想家争论有关启蒙的问题。例如，他经常引用休谟的观点批评启蒙思想家，尤其批评启蒙思想家的理性主义，批评康德的观点。哈曼还引用休谟的怀疑论对当时的流行观点进行批评。哈曼认为，休谟对信仰的论证是深刻的。哈曼说，休谟所说的"信仰"，包含双层意义：一方面是指知识论意义上的"相信"（belief），另一方面是指宗教意义上的"信仰"（faith）。

关于启蒙的问题，在哈曼看来，实际上就是关于社会的历史命运以及人类历史的基本性质。人类的生命究竟有什么意义？哈曼认为，人生来就是为了进行评论，人生就是以评估、审查和判断一切美的事物为其基本乐趣。而一切评估和判断都是以对立面的统一的原则为基准。没有一件美的事物是可以脱离丑的事物，就好像真不可能脱离假一样。

因此，严格地说，所谓判断和评估，就是一对立面的统一原则进行思想审美活动。从社会政治意义来说，人的社会职责就是对社会上发生的一切进行评论，政治就是这种评论活动的一种。所以，严格地说，每个人都是统治者，每个人都有责任对一切进行评估和判断，每个人都应该成为他自己的"国王"和"立法者"，每个人生来都同时地成为自己的统治者和被统治者。人作为一个政治动物，就是要从本质上成为批评、立法和执法的活机构。

关于知识和语言，哈曼也认为具有其人类学的重要意义。人生来活在一个由多样性所构成的社会统一体中，人群永远是多样的，人的本质并非单纯地追求美，也不单纯地追求理性。人毋宁是由多样性格、元素和品质所构成。针对启蒙思想家宣称人从本质上追求美的口号，哈曼认为：像荷马那样歌颂人对复仇的渴望，才是真正地符合人性。

如果说哈曼在认识论中坚持人与人之间的相互依赖，并把这种相互依赖当成认识的基础的话，那么，哈曼认为：人在本质上本来就是相互依赖的。他认为，人并非生来就是自给自足和自我满足的。如果说，人人难免犯错误的话，那正是证明人非要相互依赖不可。人一旦相互脱离，就必然导致错误。

人是神的一个形象。人需要神的存在才能愉快地生存。没有神，不但没有美和善，也没有生活的意义，因为神的存在保证了人生的乐趣，保证人的思想的进行和不断超越的可能性。神不但为我们提供语言，而且还使我们投入思维的神秘活动和创造活动中。人正是靠不断的思维和创造，才懂得了生活的意义。神、自然和理性，都是相互联系的，就好像光、眼睛和眼睛所看到的一切的相互关系那样，这种相互关系性，也好像作者、文本与读者的相互关系那样。

关于启蒙思想家所宣称的"自由"，哈曼也给予嘲讽。哈曼认为，康德在他的启蒙运动的定义中并没有说清楚人的自由问题。哈曼并不同意康德将理性的运用划分为"公共的"（öffentliche Gebrauch der Vernunft）和"私人的"（privatgebrauch der Vernunft）两种类型。哈曼讽刺康德一方面鼓吹自由，另一方面又坚持认为像士兵、牧师或纳税者等公民，都必须无条件地服从。而且，在对待专制者腓特烈一世的问题上，哈曼采取了与康德完全相反的态度。哈曼认为，自由和不自由，是很难按照康德所宣称的那种简单化的公式来划分清楚。哈曼嘲笑说，相对于康德所说的理性的私人运用，康德所主张的理性的公共运用是"奢侈的"。所以，哈曼认为，康德所谓"由自己造成的不成熟性"，实际上应该改成"由政治上的专制主义者和像康德那样的知识分子所造成的不成熟性"。哈曼还进一步说讽刺地总结说，在康德和腓特烈一世之辈看来，所谓的"真正的启蒙"，就是不成熟的人从其自身造成的被监护地位中解脱出来。

值得指出的是，哈曼对诠释学还做出了特殊的贡献。如前所述，哈曼早在英国时期就已经研究了《圣经》的诠释学，并从英国文学家和神学家那里受到深刻的启示。什么是理解？理解任何事物，在哈曼看来，都必须立足于诠释过程中的激情和"投入"。所谓真正的理解，不是科学论者或实证主义者所说的那种"客观的观察"，因为那是不存在的。没有感情，没有对认识某种事物的激情，就无所谓认识和理解。他说，使自身陷入狂欢状态，投入无节制的如醉如痴情调之中，是诠释任何事物的必要条件。如果认为一切正确的理解和诠释，都必须首先摆脱偏见和先入为主的立场，那就是不折不扣的执行修道院的规则。这无疑是一种禁欲主义的法则，是无助于理解和诠释。他嘲笑说，这种做法和要求，无异于要求人在诠释以前进行自我阉割。对于文本的理解，哈曼认为必须首先解决阅读者和诠释者的情感和态度。关键在于读者和诠释者对文本要采取参与和投入的态度，实际地把阅读和理解当成一种重新创作的机会。任何理解一旦脱离创造，就变成为盲目的重复和复述，无异于成为文本的奴隶，重要的是在阅读中创造和超越原文。所谓掌握原作者的原意是无法实现的，因为一切都随读者的历史和文化条件而变化。读者的首要任务，就是尽可能超越自己原本的视野，从传统和经验中吸取更多的启示，从想象和历史中获得创造的力量。通过这些努力，读者实现一种自由创造的乐趣。实际上，文本的深刻含义是很难由原作者自身来表达清楚，而是更多地靠后来的读者来补充和实现。后来的读者利用自己比作者更多的经验和历史的启示，可以创造出更好的效果。

　　总之，在哲学上，哈曼的立场是很复杂的，或者，他的基本观点是反独断论的、反简单化、反公式化和反形式主义的；他始终不愿意简单地把自己归属于一种"主义"或使用一种方法。他既不是唯物论者，也不是观念论者；既不是经验论者和实证论者，也不是感觉论者或空谈主义者，同样也不是理性主义者。他明确地指出：哲学家们总是把知识的各个成分加以分割，加以人为地区分或分类，其实，就自然本性而言，知识是由各种复杂的成分构成的，而且它的形成，总是自然地在人的经验累积过程中实现。他严厉地批评康德："康德所做的，是把自然所联结起来的东西，加以暴力地、不正当地和顽固地分割开来。"针对康德将知识区分为经验和理智"两个来源"的做法，哈曼建议改说成："人类知识来自具有两条分支的同一个根。"哈曼还明确地反对康德将知识的成分分为先天的和后天的两种的说法，主张从对立面统一的观点来说明知识的复杂性。为了说明知识中感性与理智之间的复杂关系，哈曼借用基督教神学关于"耶稣基督"含有神性和人性双重性质的那种说法，将感性与理智的关系，说成为一种"实质性的统一"（communicatio idiomatum)。显然,在哈曼看来,知识中的各种成分之间的关系,就如耶稣基督中人性与神性的相互关系那样复杂而难于表达,这种复杂性甚至达到神秘的程度。哲学中所探讨的这类复杂问题,在哈曼看来,是无法借用普通语言来表达的。

在批判康德的时候,哈曼还认为:对于人类知识这样复杂的问题,也许只能从休谟那里得到启发,即很有可能知识问题是同对神的信仰有关的。休谟曾经推想:人类知识也许是以信仰或信念为前提的。或者,信仰也许就是知识的先前表现形式。哈曼越到后来越主张从宗教的观点来考察知识。他反对将知识与信仰生硬地区分开来。一切都来源于信仰;不能将科学知识、信仰和信念加以分等归类。他说:"究竟根据什么非要把信仰归结为'不确定的'因素?难道科学、各种知识就不包含'不确定的'因素吗?"信仰和理性,两者是相互补充和相依为命的。区分观念论和现实主义,是一种人为的虚幻的划分。所谓理性的正确运用无助于解决问题。自然事物中所含有的对立面统一性,是我们的一切概念和思索的真正基础。

哈曼的主要著作包括:《圣经研究》(*Biblische Betrachtungen* [*Biblical Reflections*])、《对我的生活历程的反思》(*Gedanken über meinen Lebenslauf* [*Thoughts on the Course of My Life*])、《著作片段》(*Brocken* [*Fragments*])、《值得思考的苏格拉底纪事》(*Sokratische Denkwürdigkeiten* [*Socratic Memorabilia*])、《阴云》(*Wolken* [*Clouds*])、《语言学家的远征》(*Kreuzzüge des Philologen* [*Crusades of the Philologian*])、《对一个学术问题的探究》(*Versuch über eine akademische Frage* [*Essay on an Academic Question*])、《关于希腊信件的聚焦点》(*Kleeblatt Hellenistischer Briefe* [*Cloverleaf of Hellenistic Letters*])、《作者与评论》(*Schriftsteller und Kunstrichter*

［*Author and Critic*］)、《读者与评论》(*Leser und Kunstrichter* ［*Reader and Critic*］)、《五封牧师的信》(*Fünf Hirtenbriefe* ［*Five Pastoral Letters*］)、《玫瑰十字勋章骑士关于神和人的语言起源的最后意愿》(*Des Ritters von Rosencreuz letzte Willensmeynung über den göttlichen und menschlichen Urprung der Sprache* ［*The Knight of the Rose-Cross Last Will and Testament on the Divine and Human Origin of Language*］)、《语言学的观念及怀疑》(*Philologische Einfälle und Zweifel* ［*Philological Ideas and Doubts*］)、《神职导师书信集》(*Hierophantische Briefe* ［*Hierophantic Letters*］)、《论婚姻的奢侈逸乐》(*Versuch einer Sibylle über die Ehe* ［*Essay of a Sibyl on Marriage*］)、《理性清静派的后设批判》(*Konxompax*, *Metakritik über den Purismum der Vernunft* ［*Metacritique of the Purism of Reason*］)。《墓地集》(*Golgotha und Scheblimini* ［*Golgotha and Scheblimini*］)以及《飞信集》(*Fliegender Brief* ［*Flying Letter*］)等。

　　哈曼的著作包含他生前未发表的作品,构成了不可估量的人类文化财富,他的著作集迟至 20 世纪 50 年代时才被认真地整理出版成他的全集,现在最完备的哈曼全集,是由约瑟夫·纳德勒(Josef Nadler)所主编的版本:《哈曼全集》六卷本 (Hamann, Johann Georg. *Sämtliche Werken*, edited by Josef Nadler. 6 volumes. Vienna: Verlag Herder, 1949 - 1957)。德国乌珀塔尔的布洛克出版社(Brockhaus in Wuppertal)已将此版本重印于 1999 年。此外,哈曼的书信集也已经整理出版。由瓦尔德·齐泽默尔和阿尔杜尔·亨格尔合编的《哈曼书信集》八卷本已经由尹舍尔出版社出版 (Hamann, Johann Georg. *Briefwechsel*, Hrsg. von Walther Ziesemer und Arthur Henkel, 8 Bde. Wiesbaden/Frankfurt: Insel Verlag, 1955 - 1975)。

哈曼的其他著作,还有《哈曼论语言著作集》(Johann Georg Hamann. *Schriften zur Sprache. Einleitung und Anmerkungen von Josef Simon*. Frankfurt a.M.:Suhrkamp Verlag,1967)、《哈曼选集》(Johann Georg Hamann. *Eine Auswahl aus seinen Schriften. Entkleidung und Verklärung*. Hg. von Martin Seils. Wuppertal:R. Brockhaus Verlag,1987)、《哈曼著作选集》(Johann Georg Hamann, *Vom Magus im Norden und der Verwegenheit des Geistes. Ausgewählte Schriften*. Hg. von Stefan Majetschak. Düsseldorf:Parerga Verlag, 1993)、《约翰·格奥尔格·哈曼文选》(Johann Georg Hamann. *Ausgewählte Schriften*. Hg. von Hans Eichner. Berlin:Nicolaische Verlagsbuchhandlung,1994)、《阿尔杜尔·亨格尔导读哈曼文选》(Johann Georg Hamann. *Ausgewählt, eingeleitet und mit Anmerkungen versehen von Arthur Henkel*. Frankfurt a.M.:Insel Verlag,1988)、《哈曼伦敦文集》(Johann Georg Hamann, *Londoner Schriften. Historisch-kritische Neuedition von Oswald Bayer und Bernd Weißenborn*. München:C. H. Beck,1993)及《哈曼主要著作选》(Blanke,Fritz and Karlfried Gründer. *Johann Georg Hamanns Hauptschriften Erklärt*. 8 volumes were projected,the following appeared:Gütersloh:Mohn,1962f)等。

由于哈曼的思想及观点的特殊历史意义,近年来,西方研究他的论著越来越多,其中值得参考的包括:《哈曼研究论文集》(*Die Hamann-Forschung*, edited by Fritz Blanke and Lothar Schreiner, 1956)及《理性就是语言》(Bayer, Oswald. *Vernunft ist Sprache. Hamanns Metakritik Kants*. Stuttgart:Frommann-Holzboog, 2002)、《哈曼的关系性的后设批判》(Dickson, Gwen Griffith [Gwen Griffith-Dickson]. *Johann Georg Hamann's Relational Metacriticism*. Berlin:

de Gruyter 1995)、《什么是启蒙：18 世纪时期的答案和 20 世纪的新问题》(Schmidt，James，ed. *What is Enlightenment? Eighteenth-Century Answers and Twentieth-Century Questions*. Berkeley and Los Angeles：University of California Press，1996)、《哈曼论语言与宗教》(German，Terence J. *Hamann on Language and Religion*. Oxford：Oxford University Press，1981)、《哈曼论神与人》(Leibrecht，Walter. *God and Man in the Thought of Hamann*. Translated by James H. Stam and Martin H. Bertram. Philadelphia：Fortress Press 1966)、《哈曼哲学研究》(O'Flaherty，James C. *Unity and Language: A Study in the Philosophy of Johann Georg Hamann*. Chapel Hill：University of No. Carolina Press，1952)、《哈曼的语言形而上学及历史观》(Vaughan，Larry. *Johann Georg Hamann: Metaphysics of Language and Vision of History*. Frankfurt a.M.：Peter Lang，1989)、《哈曼文学选集》(Büchsel，Elfriede. "Weitgefächertes Interess." Hamannliteratur 1986 – 1995. In：*Deutsche Vierteljahrsschrift für Literaturwissenschaft und Geistesgeschichte*. 71. Jg.，H.2，1997，S.288 - 356)、《哈曼的美学的总体论》(Dahlstrom，Daniel. "The Aesthetic Holism of Hamann，Herder and Schiller". In：Karl Ameriks，ed.，*The Cambridge Companion to German Idealism*. Cambridge，2000)、《哈曼的语言学》(Hoffmann，Volker. *Johann Georg Hamanns Philologie: Hamanns Philologie zwischen enzyklopädischer Mikrologie und Hermeneutik*. Stuttgart：Kohlhammer，1972)、《论哈曼与康德的关系》(Piske，Irmgard. *Offenbarung，Sprache，Vernunft. Zur Auseinandersetzung Hamanns mit Kant*. Frankfurt am Main：Regensburg，1989)、《论哈曼与休谟》(Redmond，M. "The Hamann-Hume Connection"，*Religious Studies* 23，

95－107)、《哈曼的后设批判哲学》(Salmony，H. A. *Johann Georg Hamanns metakritische Philosophie*. Erster Band：Einführung in die metakritische Philosophie J. G. Hamanns. Basel，1958) 以及《语言思想家维科、哈曼、洪堡及黑格尔》(Wohlfart，Günter. *Denken der Sprache: Sprache und Kunst bei Vico*，*Hamann*，*Humboldt und Hegel*. Freiburg (u.a.)：Alber，1984)等。

第六节　启蒙的反思性

　　启蒙既然是一场改变社会制度和触及人类灵魂的思想革命,就不能不是漫长曲折而又势必反复甚至发生短暂回流倒退的思想变革过程,同样也自然地会遭遇各种不同思想文化流派及其代理人的多方面评议,甚至引起各种争论和批评。在西方国家,启蒙以前,天主教会在中世纪漫长的思想统治及其在社会各领域的渗透操纵,使试图改变教会思想统治的启蒙运动,难免遇到旧社会和旧制度及其包含的各种思想文化势力的抵抗和扭曲。同时,当启蒙运动以其理性为主要口号向旧势力发出挑战的时候,在当时反对教会统治的其他社会势力和思想流派中,也会有不同观点和立场的思想家及其派别,提出不同于启蒙时期主流思想的新口号和新原则,特别反对启蒙提出的理性原则,试图以其不同的原则,替代旧有的原则,创建不同于启蒙理念的新社会和新文化。

　　所以,启蒙运动不会是平静的及和谐的思想文化运动,与此相反,它只能是充满矛盾、充满争议和历经曲折的反思性事件。首先,启蒙(Aufklärung)原本就是"明亮""光明"和"启明"的意思,对它的命名已经包含对"黑暗""模糊"和"阴影"的否定,也就是说,启蒙从一开始,就宣告对处于"黑暗""模糊"和"阴影"状态的"反启蒙"的对抗、敌视、歧视和偏见[②]。更明显的是,当启蒙处处宣布理性为唯一的标准的时候,就明白地宣告一切属于非理性范畴的事物、因素和存在,都是"非法的""不正当的"和"不可容忍的"。在这种心态和指导思想所控制下的整个启蒙时代,实际上扭曲和掩盖了当时哲学创作活动的实际状况。

在德国,盛行于启蒙时代的"理性"(Vernunft)概念,在 1800 年左右,就被"精神"(Geist)概念所淹没。这一现象是意味深长的,它表明:启蒙的支柱"理性"被悄悄地为一个多多少少与基督教精神有关系的新概念。基督教经常用"神圣的精神"(heiliger Geist)指称崇高无比的神。康德之后的费希特、谢林和黑格尔等人,广泛地启用"精神",以取代康德《纯粹理性批判》早已清除掉的这个旧概念。比《纯粹理性批判》更早的 1766 年,康德就明确批判"精神"概念的复数使用。康德说,"精神"的单数词也好,"精神"的复数词也好,都没有明确的含义[③]。但偏偏是"精神"的复数应用,从 1800 年开始,便普遍地在德国哲学界被使用,成为整个德国古典哲学的基本概念之一。这就表明,启蒙的基本概念"理性"被淡化或被模糊地使用,逐渐失去它在启蒙时代的权威地位。这也从一个侧面表现了启蒙思想革命对教会势力的适当妥协,显示了启蒙运动中的危机。

启蒙的反思性,尤其表现在启蒙运动之后,当启蒙运动的基本原则因启蒙运动的一时胜利而贯彻于社会生活时,曾经被启蒙理性冠冕堂皇地掩饰的某些层面,就会在现实生活和历史运动中,以完全不同的表现,逐步地显示出来[④]。

理性和世界上的其他事物一样,总是采取抽象的理论形态和实际的实践形态而双面地表现出来,而且,一旦其实践形态呈现于世,就会反过来以其生动活泼的实际性,把本来采取抽象形态的理性,通过极其复杂多变的生动方式展露无遗,以致使理性的实践形态与其抽象的理论形态发生分离,甚至产生分裂和矛盾,从而表明理性本身的曲折性和复杂性,也同时揭露出理性本身的内在矛盾及其复杂因素,并揭示出理性本身潜在发展的多种可能性。

具体地说,即使是作为启蒙原则的理性,在实行推理的实践中,就立即显现其多样性和复杂性。在推理中实践地展现的理性,由于它同思想过程(思维)、认知和理智的多种可能的关系,很快就延伸出它的灵活变动性和交错性。推理的实施,使推理过程分化成多种形态,也使它们之间出现既有差异、又有混沌交错的复杂状况;有时要求明确区分逻辑推理(包括演绎推理、归纳推理和溯因推理等)和非形式化推理(包括直观推理和口头推理等),有时又因多种推理在实践中的交错,导致理性在推理中呈现混乱状态,把理性本身变成为非理性的失序。

另外,在理性的实践中,也会使理性转变成类似于直觉(直观)或习惯那样的实施过程,促使理性主体直接地意识到因果关系、正确与错误的关系以及善与恶的关系等,这就使理性变成为自由抉择和改变信念等极其灵活的判断行为,而这样一来,理性就转换成具体的判断行为和抉择性行为。在这些具体行为中的理性,往往赤裸裸地展现其功利性质。

由此可见,理性的原则并不因为启蒙运动的开展而自然地顺利实施。在启蒙以前和以后,同样地,当启蒙进行过程中,不同的思想家对理性及其中包含的多种因素,采取完全不同的观点和立场进行分析和批判。

理性的反思性恰恰表现了启蒙与理性之间的复杂性及其多变性,同时也表现理性本身的内在矛盾。启蒙的展开及其后的发展,使理性本身的内在矛盾及其多种可能性,在历史的各个阶段,表现为各种思想危机和启蒙本身的危机。

启蒙的危机是指启蒙过程中所隐含的矛盾并引起的各种危机。启蒙,作为一个历史事件,特别是作为一个社会文化变革,从一开始及其后的各个历史阶段,都会引起各种复杂反应,导致理性实施过程的多样性及其多样后果。更何况,启蒙的过程不但包含着创造和革新,而且也包含着实验和冒险,包含着各种矛盾的冲突以及消极的后果。所以,不能单纯地把启蒙当成始终"清晰""明亮"和"合理"的过程。理性贯彻过程中的多元因素,由于其差异性,会逐渐地产生它们之间的矛盾,因而潜伏着各种由这些矛盾所引发的危机。

启蒙的危机,在其发展中的各个阶段,表现出不同的形式,也呈现为不同的问题。因此,必须对启蒙的危机进行总体的考虑,又要进行细致的分析和区分,实现对启蒙本身的全面的诊断,并进行一再的评估。

首先,从历史发展的纵向来分析,启蒙的危机,从 17 世纪开始到 21 世纪初,经历了不同的历史表现阶段,采取不同的形式,也经历了不同的解决过程,产生了不同的后果。

回顾整个西方资本主义社会的发展史,不难看出,曾经出现过四次紧密地与"理性"概念的危机相关的大规模社会文化危机,而这四次社会文化危机又直接体现了启蒙和现代性本身的危机,同时也关系到对于理性与非理性关系的评估问题。

第一次启蒙危机是在资本主义社会出现前夕及初期,也即在 16 世纪左右。当时,刚刚形成的资产阶级及其文化代言人,很需要确立一种不同于中世纪社会文化制度的新文化及新社会制度。具有个人主体性的"现代人"的自由,维护人的基本权利,就成为最关键的问题而被提出来,这就是所谓的西方"古典时期"(The Classic Age;L'Âge classique)的人性论所环绕的核心问题。环绕着人的主体性及其自由、平等的基本权利而从哲学上进行论证的笛卡尔意识哲学（Philosophie de la conscience）及英法等国思想家们所提出的自然法理论，就是在这样的历史条件下形成的。笛卡尔等人明确地把人定义为"理性的生存者"，以便突出既不同于中世纪"蒙昧无知"的人、也不同于"反理性"的动物的现代人的特征。

笛卡尔在哲学上提出"我思"（cogito）基本概念，正式地从哲学层面论证：意识，作为思想和理性的基础，是同拒绝以意识为基础的非理性根本对立的，只有以理性为基础而进行的个人自由的无止境怀疑，才体现出现代人的基本特征。笛卡尔为此明确地指出：拒绝进行理性思维的人就是"疯子"[①]。

因此，笛卡尔开启了"意识哲学"在西方近代哲学史上的统治时代，也同时使用理性为标准把反理性的"异常人"圈入与理性的"正常人"根本对立的范畴之中，为占统治地位的权力集团打着理性旗号，对一切抗拒被统治的社会力量进行精神迫害提供合法性论证。也正是在这一时期内，批判和对抗理性主义及其意识哲学的思想流派，接二连三地提出他们对非理性、"疯子"以及所谓"不正常"的另类主张。

稍早于笛卡尔的法国思想家蒙田并没有像笛卡尔那样绝对地鼓吹理性，而是比较现实地指出：我们实际上"一半是理智，一半是疯狂"，在理智与非理性之间并没有不可逾越的鸿沟。蒙田说："最灵巧的疯狂，靠的是最灵巧的智慧（La plus subtile folie se fait de la plus subtile sagesse）。"[②]荷兰画家博斯（Hieronymus Bosch，1450－1516）在16世纪初的作品《疯人船》表达了对中世纪末期教会黑暗统治的抗议，通过《疯人船》的创作，嘲笑现实社会的正常人只使用理性的大脑，而疯人们却敢于颠倒现实社会中的"标准"，置理性于不顾并把"肚皮"放在高于大脑之上。博斯歌颂疯人们把"肚皮"放在优先于大脑的位置上，并强调"肚皮"倾向于"恶"就是更接近人性[②]。

　　同一时期，瑞士人文主义者老托马斯·普拉特尔（Thomas Platter der Ältere，1499－1582）也从小就不堪忍受现代社会理性管制的精神痛苦，宁愿一生过流浪生活，试图在流浪汉生涯中认识社会的种种不合理性[③]。

　　同样，生活在 15 世纪末至 16 世纪初的荷兰人文主义思想家伊拉斯谟，在他访问友人、乌托邦思想家托马斯·莫尔的时候，撰写了《疯狂颂》[④]，衷心表达他对受到精神摧残的"疯子"的同情心。在伊拉斯谟的文字中，"疯子"是非常美丽的希腊女神阿尔法（Alpha）的化身，她是冥界大阎王的女儿，一生以醉狂和无知为自己的最大快乐。伊拉斯谟把《疯狂颂》献给友人托马斯·莫尔，隐喻地和讽喻地暗指托马斯·莫尔的过人智慧。

　　耐人寻味的是，恰好在现代性初期，"疯子"成为时代的"象征"：对现代性深感不满的人们，都甘愿自称"疯子"而对社会提出抗议；或者，他们宁愿创建一个乌托邦式的"疯子王国"并到那儿避难，也不愿意留在号称"现代"的社会中过"理性化"的刻板而受管制的生活。伊拉斯谟献给托马斯·莫尔的《疯狂颂》，既是对托马斯·莫尔的乌托邦思想的赞美，又是对现代社会的抗议。

　　这就为第一现代性时期的理性的人性论及其思想文化危机埋下伏笔。福柯曾在他的《古典时代疯狂史》生动地描述和揭露了这个时期整个意识形态以及生命科学等新兴自然科学的性质，它们都以理性为标准，将人区分为正常（或"符合标准"，normal）和异常（或"不符合标准"，anormal）两大类型，使理性标准扩大成为社会统治的基本准则，同时也直接将现代生命科学所判定的"精神病患者"称为"疯子"，把他们划定在"异常人"的范围内加以严格管制。从此，以现代生命科学确定的"正常"与"异常"为典范,把社会上一切违反新社会法制和规范的人,都划定为"异常人",限制或剥夺他们的自由,使之成为被关押、监管和规训的对象,从而形成了现代社会结构的基本模式③。

第二次危机发生在 18 世纪启蒙时期,人们因此也将启蒙时期称为"第二现代性"。在这一时期内,启蒙思想家进一步为人性和人权作辩护和论述,建构了许多新的理论和知识体系,进一步突出显示:所谓新的哲学、认识论以及自然科学等各种现代科学知识,无非就是为新的社会制度造就和培训一种符合新社会规范和社会法制的"现代的理性人"而已。康德明确认为:只有掌握理智并敢于独立自主地使用自己的理智的人,才达到了启蒙的标准,才是"成熟"的人。

关于启蒙的问题,在哈曼看来,实际上就是关于社会的历史命运以及人类历史的基本性质。人类的生命究竟有什么意义?哈曼认为,人生来就是为了进行评论,人生就是以评估、审查和判断一切美的事物为其基本乐趣,而一切评估和判断都是以对立面的统一的原则为基准。没有一件美的事物是可以脱离丑的事物,就好像真不可能脱离假一样。因此,严格地说,所谓判断和评估,就是一对立面的统一原则进行思想审美活动。从社会政治意义来说,人的社会职责就是对社会上发生的一切进行评论。政治就是这种评论活动的一种。所以,严格地说,每个人都是统治者,每个人都有责任对一切进行评估和判断,每个人都应该成为他自己的"国王"和"立法者",每个人生来都同时地成为自己的统治者和被统治者。人作为一个政治动物,就是要从本质上成为批评、立法和执法的活机构。

康德总结启蒙思想的核心观念,他指出:"人实际上在其自身中发现一种将其自身同其他一切事物区分开来的一种能力,这就是理性。……一个理性的生存者必须把自己看作一种理智,不只是隶属于感性世界，而更是隶属于理智世界。因此，人可以从两个角度来看其自身，同时，也可以由此而类推获知，他的一切能力的运作规则以及他所有行动规则：第一，就他隶属于感性世界而言，人自身是服从于自然的法规（他律）；第二，就其隶属于理智世界而言，人是生活在独立于自然的规则之中，而这些规则并不是立足于经验，而是仅仅立足于理性。"康德认为，人之所以有道德上的自律，是因为人不同于一般的生命体，他是具有合目的性的"目的自身"。康德试图由此论证人的至高无上的尊严和他的不可让与的最高价值。康德指出：作为具有"纯粹意志"的理性的人，无须任何外在的条件或强制性的因素，就可以实现自己向自己发出普遍有效的命令，很自然地遵循着"实践理性"的原则，康德认为，这才是真正的自由。康德说："自律是人性和一切有理性的事物的尊严的基础。"对这种尊严的尊重，要求不把人看作只是一种工具或手段，而是永远同时地是目的本身。

总之，在第二现代性时期，一切有关"人"的论述，不管是科学论述、哲学论述，还是政治论述，都是以"理性"为核心概念，以便建构有利于巩固新的法制统治的中心目的。"理性"及其三大标志"科学""法制"和"道德"，成为判断真理、正义和善恶的唯一标准。

但是，现代性从一开始就充满了悖论。英国作家狄更斯（Charles Dickens，1812－1870）最早揭示了现代性的悖论。针对现代社会，他说："这是最好的时代，也是最坏的年月；这是充满智慧的时代，也是愚蠢的时代；这是信仰的时代，又是不可信的时代；这是革命的时期，也是黑暗的时期；这是充满希望的春天，又是绝望的冬季；我们什么都有，但我们又一无所有；我们都直奔天堂，我们又走向别的地方。"⑤

这就是说，所谓"启蒙时代"，并不意味着当时只存在鼓吹启蒙思想的一种声音，而是同时伴随着与之不同的其他许多观点和流派，这些流派的存在和发展,固然对启蒙运动有批判或牵制的作用,因此对启蒙运动可能发生否定的或消极的影响,但它们同样也具有正面的或积极的意义。而且,启蒙本身所隐含的内在矛盾,不但势必在其成长和成熟的过程中,逐渐展现出来,而且它也有可能导致根本的分裂。至于在启蒙运动之外,那些反对启蒙的人物及其思想,有的当然是出自一种对立的立场,有的是采取明显守旧观点,但也有的是从另一个角度,从更长远的视野,从更全面的考量,对启蒙发出异质性的观点。例如对待理性的态度,即使是在启蒙运动内部,也存在多种观点:有的主张把理性绝对化,有的则把理性限于一定的范围内,有的还主张使理性与其他因素结合起来,等等。在这方面,美国哥伦比亚大学教授奥夫拉尔梯在《关于理性与其自身之间的论争:论哈曼、米凯利斯、莱辛及尼采》中,做了非常深刻的分析⑤。

第三时期是在 19 世纪中叶至 20 世纪头三十年,资本主义社会经历一段蓬勃发展过程之后,那些最敏感和最有思想创造能力的作家、诗人、艺术家及哲学家们,如浪漫主义的思想家和文学艺术家们以及在他们之后的马克思、波德莱尔和尼采等人,最早发现了资本主义社会及其文化的矛盾性和悖论性:既有积极推动和维护人权的面向,又有侵犯和破坏人权的消极倾向。他们从资本主义社会的文化及社会制度中,看到了资本主义社会的内在矛盾,看到了它们的双重性格及双重面貌:它们是科学的,然而又是最野蛮的;它们是推崇法制的,然而又是最伪善的;它们是尊重人权的,然而又是最践踏人权的。于是,浪漫主义者以及马克思、波德莱尔和尼采等人,便掀起了批判资产阶级古典文化的浪潮,比以往任何时代都更彻底地揭示了所谓"现代性"的内在悖论。其实,这一时期的现代性,作为前两个时期的继续和发展,无非就是"第三现代性",是前两次现代性在新时期的成熟形态罢了。

　　西方社会在 19 世纪中叶完成了工业大革命,为整个西方的社会制度奠定了牢固的基础,同时在经济上实现了工业化,完成了整个经营管理制度和社会生活的理性化的彻底改革。因此,19 世纪中叶西方的现代化可以说达到了成熟的阶段。但与此同时,也开始出现了一系列能够充分揭露现代性矛盾的各种社会思潮,这些社会思潮最早体现在西方的文学和艺术界。

　　19 世纪最早怀疑和批判理性主义的社会文化思潮是浪漫主义。浪漫主义是一个极其模糊的概念,它意味着各种不同的含义。从一般意义上说,它指的是受法国启蒙运动时期卢梭等人的影响、而在德国思想家、文学家及艺术家所产生的震撼性精神反应,导致具有创作激情的思想家和文学艺术家们迸发出愤世嫉俗的创新意愿和极端性行动,招致他们对理性本身形成独特的理念,同时又试图对理性本身进行彻底的超越,使他们在发扬理性精神的时候,怀抱冲击各种界限和禁忌的冒险态度,彻底改变理性本身的概念,力图极端地发扬理性内在的悖论,使理性发挥出多彩多样的色彩,同时又超出理性的原有框架,在理性之外的情感、心灵、意志及感觉等传统理性主义所排除的人类精神生活内部,寻求推动着人性深层的所有成分都获得自由释放的机会。

　　在这方面最典型的,在哲学领域,首先就是哈曼、谢林和荷尔德林。同时,德国文学艺术界也出现一批浪漫主义者,最重要的是在浪漫主义队伍中,一些激进的思想家和艺术家甚至难以控制自己的创作冲动,使自己陷入"疯狂"境界!

　　与此同时,在文学领域,部分德国作家、诗人和思想家中蔓延和发展起来的一种特殊的创作精神,也成为德国浪漫主义运动的重要组成部分。如果说,启蒙从一开始就包含极端的矛盾性的话,那么,与启蒙同时存在并行的浪漫主义运动,就更是一场充满悖论、并因此充满生命力的思想运动、文学创作运动以及社会革命运动。所以,不能把浪漫主义仅限于文学创作领域,而是应该把它理解为一种广泛而深刻的思想解放运动,一种包括哲学、文学、诗歌、艺术以及社会生活等领域中表现出来的多元多质的自由化创新过程,它一方面极大地追求精神和思想的自由,另一方面又寻求最彻底的创作冒险实验,并把它推广到实际生活世界中,造成前所未有的思想、生活、创作三方面全面解放的新局面。在浪漫主义的冲击下,传统的理性主义遭受到最严厉的批判。

浪漫主义实际上是整个欧洲范围内的思想创造运动,它从一开始就是跨国界和跨文化的思潮。而在德国浪漫主义发展史上,法国和英国浪漫主义尤其对德国思想发生深刻的影响。18 世纪末至 19 世纪 30 年代的法国思想家贡斯当(Benjamin Contant,1767 - 1830),不只是一位杰出的自由主义政治思想家,而且也是一位浪漫主义思想家。他在青年时代来往法德两国之间,而且他同德国杰出的浪漫主义女思想家斯达尔夫人的友谊及思想交往关系,又促进了两国浪漫主义的进一步合流及相互影响。

德国浪漫主义的文学家和哲学家们,特别是作家和诗人诺瓦利斯(Novalis,本名 Baron von Hardenberg,1772 - 1801)、弗利德利希·施勒格尔(Friedrich von Schlegel,1772 - 1829)、奥古斯特·威廉·施勒格尔(August Wilhelm Schlegel,1767 - 1845)、蒂克(Ludwig Tieck,1773 - 1853)、瓦肯洛德、让·保尔(本名 Jean Paul Friedrich Richter,1763 - 1825)等人,是“狂飙突进精神”的继承者,但他们并不满足于启蒙运动的理性原则,而是把人文主义的内涵和表现形式,更紧密地与人的内在心灵和感情生活联系在一起,提出了超越理性和放任自然的新口号,在一定程度上,试图批判、弥补和纠正启蒙运动的缺失之处,把人的心灵和感情的解放,尤其把人的创作自由,提升到更高的层面。

在浪漫主义思想的启发下，法国杰出的思想家波德莱尔（Charles-Pierre Baudelaire，1821 - 1867）在 19 世纪 40 年代，在《1846 年文学沙龙》（*The Salon of 1846*）里提出"现代性"（Modernité；Modernity）这个概念，以便把新时代与此前的"古典时代"区别开来，他当时是针对着当时已经成熟的西方现代社会，集中批判了与西方现代社会相应的西方原有占主导地位的意识形态。当时的西方社会经济上已经基本上完成了工业革命，制度上已经完成了自由民主制度的奠定。

正是在这样已经基本上成熟的西方现代社会的背景下，现代性的矛盾本身就越明显地暴露出来。所以 19 世纪 40 年代当波德莱尔提出现代性的概念的时候，恰好也是马克思（Karl Marx，1818 - 1883）在 1844 年发表《经济学—哲学手稿》，接着又在 1848 年发表《共产党宣言》。而且，1848 年 2 月、4 月、6 月和 10 月，先后在巴黎、罗马、柏林、伦敦、维也纳、布拉格等地，暴发了工人起义，更明显地暴露了现代社会的成熟所造成的社会矛盾。马克思在《经济学—哲学手稿》中深刻地揭示人的异化，从人性分裂和异化的性质，严厉批判资本主义的反人性残酷性质，而在《共产党宣言》中，更进一步指出了现代社会的基本矛盾和阶级斗争的严重性，严厉地批判了现代性的矛盾。

在波德莱尔和马克思之后，德国思想家和哲学家尼采则从思想文化的层面，集中揭示现代性的理性主义思想基础的极端有限性甚至荒谬性。他举起"反启蒙"（Gegenaufklärung）的旗号，提出"神已死"（Gott ist tot）[⑫]的口号，甚至提出"对一切价值重新估价"的原则，向充满危机的现代性宣战。

如果说黑格尔主义把西方哲学自古希腊苏格拉底以来形成和发展起来的理性主义推向了最高峰的话，那么，正是理性主义的极端化促使原来蕴涵的内在危机进一步激化起来。在黑格尔晚年出现于他身旁的青年马克思、叔本华(Arthur Schobenhauer，1788 - 1860)以及他的同事施莱尔马赫等人，都先后从不同角度向黑格尔的哲学发出挑战。而在黑格尔逝世之后紧接着兴起的新康德主义和现象学，乃是黑格尔主义发展的另一类理论新产品。因此，在黑格尔之后，一系列哲学革新运动相继兴起，德国哲学界的面貌焕然一新。在这方面，叔本华和尼采是两位不可忽视的人物。

叔本华和尼采的功绩在于：在黑格尔的完备的绝对理性主义体系中，他们发现了把理性主义绝对化所可能引起的否定性后果。因此，他们彻底打破黑格尔理性主义的约束，在理性之外的广阔领域中，寻求更为丰富和复杂的人类精神力量，踏上新的广阔哲学思路，为哲学的更新奠定了基础。

叔本华说："世界就是意志的自我认识(Die Welt ist die Selbsterkenntnis des Willens)⑥。"世界无非是我的表象，但在叔本华看来，仅仅从表象的角度来认识主体和客体，是很不够的。由于世界是人的表象，所以，现实世界的存在同人的梦境并无多大区别。叔本华说："人生和梦都是同一本书的页子，依次连贯阅读就叫作现实生活。"叔本华得由此得出结论说："人生是一大梦。"梦一般的生活究竟源自何处？叔本华指出，这是因为进行表象的主体不断地行动着，不断地把世界当作客观对象去认识。究竟为什么？"这个谜底，叫作意志"，叔本华这样来回答。

正是在叔本华思想的启发下，德国哲学家冯·哈特曼在 1869 年，即当弗洛伊德(Sigmund Frend，1856 - 1939)刚二十三岁的时候，发表了《潜意识的哲学》(Philosophie des Unbewussten，1869)。这本著作综合了莱布尼茨、黑格尔和叔本华的哲学，将谢林哲学中原有的无意识概念和莱布尼茨哲学中的单子的个体性(Individualität)概念结合在一起，并吸收哈特曼所处的时代的自然科学现实主义传统，发展出一个以"潜意识"为基本概念的"动力学形而上学"(Dynamische Metaphysik)体系。这是一种特殊的实践哲学，其原则就在于：通过对一切虚伪的道德原则的无情揭露，使整个世界从意志的不幸困境中解放出来，以便达到潜意识的目的。

在哈特曼看来，潜意识无非就是一种普遍的心灵，它是渗透到一切事物中的精灵(die Psyche)中的一种，潜意识首先就是表现在人的本能中的那种有机体的心灵。思想的一切有意识的活动，都是以无意识的活动为基础[③]。

作为叔本华哲学的重要继承人，哈特曼特别强调潜意识的反理性的本质。在他看来，作为有机体的本能，潜意识和叔本华所说的"作为自在之物的意志本身"一样，是无根无据的，是无尽的追求。尼采高度赞赏哈特曼对传统文化的批判，并在《不合时宜的思考》一书中称哈特曼为永远值得赞颂的作者。

哈特曼只比弗洛伊德年长十四岁。哈特曼的反理性主义和反基督教传统道德的哲学观点，对于弗洛伊德的潜意识的梦的理论的形成，提供了必要的准备。在弗洛伊德的《梦的解析》一书中，弗洛伊德多次引述哈特曼的观点。哈特曼比弗洛伊德更早地在梦的现象中研究了无意识和潜意识。弗洛伊德在谈论梦的"性象征"的观点(the sexual symbolism of dreams)时说，关于梦的"性"的象征性结构及其理论，在弗洛伊德以前，早已为多次试验所直接地证实了。

弗洛伊德尤其重视哈特曼所作的上述试验。"特别有趣的是由贝德莱姆(Stjepan Betlheim, 1898－1970)和哈特曼所完成的试验，因为他们消除了催眠术。这些试验的作者们，向来自科尔沙科夫精神治疗中心的各种病人们，讲述着很残酷的赤裸裸的性故事，并观察到：当有关的内容重复时，便出现'扭曲'（Distortion）。这就表明，复制的含有象征的内容，是通过梦的解释而被熟知的，他们把爬楼梯、刺和射，都看作'性交'的象征，而把刀和烟卷比作阴茎。爬楼梯的象征的出现是具有特别价值的，因为正如上述作者们所指出的：这类象征化不可能是欲求扭曲的有意识的愿望的结果。"

弗洛伊德还高度评价哈特曼的《潜意识的哲学》一书关于"观念联想法"及其在文学创作中的无意识的作用的思想观点。弗洛伊德指出：无主导方向的观念的思考，是不可能通过我们自身在自己的心理生活中所实行的影响来保障的，我也不会知道任何类型的由其自身实现的此类思维模式所构成的心理错乱状态。

接着，弗洛伊德指出："直到最近，我才注意到如下事实：冯·哈特曼在这个重要的心理学观点上是采取了同样的看法的。在附带地说及文艺创作中的潜意识的作用的时候，冯·哈特曼明白地宣告了观念联想法。在他看来，正是由潜意识支配的观念，在不知道观念联想法的有效范围的条件下，去指导这个观念联想法。"

哈特曼曾经指出："每一种感性观念的联结，当这种联结并非完全由机遇所决定，而是导向一个特定的目的的时候，就很需要潜意识的帮助。"而且，哈特曼还指出，在任何一种特殊的思想联结中的有意识的利益，对于潜意识来说，是一种刺激，使潜意识在无数可能的观念中间，可以发现适应于主导性观念的那个观念。哈特曼说："正是潜意识进行选择，或者，更确切地说，是依据利益的目标去进行选择：这对于抽象思维中的观念联结是正确的，如同对于感性表象和艺术的联结以及机智的闪烁那样。"哈特曼认为，在人类生活中，要使得人不仅能自由地躲避任何有意识的目的，而且又能自由地逃避任何潜意识的利益和任何过渡性的心境的统治或操纵,简直是难上加难。既然是人们任其思路跟随机遇而行,即使是人们完全地服从于幻觉的非意愿的梦想,也仍然会有其他的主导性的利益、占据支配地位的情感或心境,在这个或那个时间内,占优势地影响着观念的联结。

哈特曼的潜意识概念与叔本华的身体和性的概念有密切联系。叔本华曾经指出:人的身体是以两种方式而存在的,即一方面是作为表象者,另一方面却作为意志。因为人的意志的每一个现实化,同时也是身体的一个动作。叔本华特别强调人的身体的活动与意志作用的同时性,为的是论证两者的一致性和同一性,即是说,两者间并不存在因果关系,而只是同一事物的两个方面。因此,"身体活动不是别的,只是客体化了的、也即进入了直观的意志活动"。换句话说,我们的身体的每一个动作,是形象化和客体化的意志活动。意志表现为人的欲求和行为。指向未来的意志决断只是理性对于人们行将欲求的东西所作的考虑,它并不是本来意义上的意志活动。只有实施和行动,才显露出意志的印迹。所有真正的、直接的意志活动,都立即而直接地成为身体的外现活动。同样的道理,身体所感受到的作用,也立即成为对意志的一种作用。当这种作用与意志的方向相反对的时候,人就会立即发生痛苦。反之,两者相契合时,就产生快感。

但是,叔本华并不要求我们把意志与身体的活动完全等同起来。身体的活动,作为表象只是现象。它本身也可以作为认识的对象。但作为意志,它却永远是非客体,它只是客体化的内在动力。所以叔本华强调:"唯有意志是自在之物,作为意志,它绝不是表象,而是在种类上不同于表象的。它是一切表象、一切客体和现象、可见性和客体性之由于出发的根源。它是个别事物的,同样也是整体(大全)的最内在的东西,即内核。它显现于每一盲目地起作用的自然力之中,它也显现于人类经过考虑的行动之中；两者的巨大差别仅仅是对显现的程度而言，不是对显现者的本质而言。"

叔本华在为意志进行抽象化的同时，也设法使之赋有直观的性质，即把它说成是人人都可以直觉地体验到的一种本质。叔本华说："意志是唯一不在现象中，不在单纯直观表象中有其根源的概念。它来自内心，出自每人最直接的意识。在这意识中，每人直接地，无须一切形式，甚至无须主体和客体的形式，就在本质上认识到他自己的个体，认识到他同时也就是这个个体；因为在这里认识者和被认识者完全合而为一了。"考察人类的意志表现时，叔本华把性的冲动看作意志的最强烈表现之一。他认为性器官比身体上任何其他外露的器官更是只服从意志而全不服从认识的。他甚至说："性器官可说是意志的真正焦点，从而是和脑，认识的代表，也就是和世界的另一面，作为表象世界相反的另一极端。性器官是维系生命，在时间上保证生命无尽的原则；因为它有这样的属性，所以希腊人用法卢斯（Phallus）这个丰产的象征来标志它而加以崇拜，印度人则在棱迦中崇拜它——这一切表明这些东西都是意志的肯定的象征。"

叔本华关于性冲动的观点，对于后期的弗洛伊德是一个很重要的启示，而叔本华关于死亡的观点，也直接成为 20 世纪的存在主义大师海德格尔的理论的一个出发点。

如果说在 1819 年，当叔本华发表《意志和表象的世界》的时候，他那反思辨、反传统的非理性主义和悲观主义，尚未被世人所接受的话，那么，到 19 世纪中叶，传播这种思想的社会条件已经慢慢形成。在西方世界中，跟随叔本华反理性主义而主张悲观主义和虚无主义的，先是丹麦的克尔恺郭尔（Søren Kierkegaard，1813 - 1855）；接着是尼采。克尔恺郭尔于 1844 年发表《恐惧的概念》（*Der Begriff Angst*）；又于

1846 年发表《哲学杂记》(*Philosophische Brocken*)，宣传悲观厌世和非理性主义的哲学。但克尔恺郭尔主要生活在丹麦，而且壮年离世；因此，他的哲学未能立即在德国产生影响。尼采则不同，他生活在 19 世纪下半叶，从事哲学活动的时间比叔本华和克尔恺郭尔晚三十年到半个世纪，尼采本人的文笔又很锋利、流畅，所以，尼采的意志哲学和虚无主义及内涵于其中的强大思想威力，立即产生了巨大的影响。在尼采手中，叔本华和克尔恺郭尔所提出的观点，不但被推到更高的水平，而且，还从无与伦比的创作视野，把哲学和人的生命力，扩展到极限，从而真正开创了西方哲学史上一个前所未有的新时代。

尼采从 19 世纪 70 年代起所考察的基本问题，是寻求人生的新价值，创建一种崭新的人类文化，彻底摆脱前此循从的那股"太人性化的""太理性化的"传统，特别是西方传统形而上学。他对西方世界此前被视为"权威"或"理所当然"的文化价值、道德观念、生活作风，乃至文风和语言，都提出大胆的怀疑，并提出了针锋相对的观念。从古希腊苏格拉底以来所确定的理性主义传统，从古罗马时代确立的基督教文化原则和信仰观念，从文艺复兴和启蒙运动以来所奠定的人文主义原则，他都一一加以批判和推敲，进行"对一切价值的重新估价"。

他的第一部重要著作《悲剧的诞生》就是向传统文化宣战的纲领性著作。在此以前，希腊文化是太阳神阿波罗(Apollo)式造型艺术、奥林匹斯山诸神构成的和谐神话体系、深思审慎式的伦理原则以及苏格拉底式理性主义的总称，到了尼采那里，他偏偏反其道而行之。他提出了悲剧艺术去补充那被视为完满的希腊造型艺术，用一向被视为邪道的狂热纵欲的酒神狄奥尼索斯(Dionysos)去补充那"正统"的阿波罗太阳神，用奔放的情感和无意识的意志论去补充那谨小慎微的理性主义原则。他所追求的，是建立一种"新的人"，用他在 1873 年至 1876 年所写的《不合时宜的思考》一书中的话来说，就是造就一种"打破以往一切幻想""从温情脉脉的束缚中解放出来的人"。

在尼采看来，哲学家的任务，就是要指出"造就新价值的信道"，指明通向新价值的真正生活道路。在这个意义上可以说，哲学家就是价值的创造者（der Schöpfer der Werte）。尼采反对瓦格纳（Richard Wagner，1813－1883）通过歌剧和音乐而把人引向自我陶醉的忘我境界，他也反对叔本华那种消极悲观的否定人生的态度。他给自己制定的基本任务是"改造人类"，向全人类提供全新的真理的标准。

对于叔本华的意志主义，尼采进一步给予发挥，明确地认为，"权力意志"（Der Wille zur Macht）是人的生活的基本原则，也是宇宙万物的根本动力。"世界的本质是权力意志""生活的本质是权力意志""存在的最内在的本质是权力意志"——尼采把世界、生活和存在物都看作权力意志的表现。

因此，尼采所说的权力意志，不能狭隘地被理解为作为主体的某一个个体企图征服整个世界的那股狂热欲望，而是一种作为世界、生活和存在的最后本质的第一元素或第一原则。尼采在《善恶的彼岸》中说："在我看来，意志首先是某种复杂的东西，是某种好像只用一个字就可以表达的一个统一体——但正因为用这一个字才在其中存在着许多常人对于它的误解……——我认为，意志首先是一种感觉的多样性（eine Mehrheit von Gefühlen），也就是说，包含着我们对于我们所离别的那个环境的感觉，包含着我们对于正在前往的那个环境的感觉，包含着这些'别离'和'正在去'的那个感觉本身，而且，也包含着相伴随的那种肌肉方面的感觉，这种肌肉方面的感觉，尽管我们没有动手动脚，但经过一种与我们的意愿同时发生的习惯而发生作用。作为感觉，实际上有多种多样的感受（vielerei Fühlen），它可以被看作意志的一个成分（als

Ingredienz des Willens anzuer Kennenist)，因此，其次，它可以是思想，因为在每个意志活动中就有一个指导性的思想(in jedem Willensakte gibt es einen kommandierenden Gedanken)，而人们简直难以相信：这种思想竟可以与意愿分离开来，尽管意志却仍可以保留下来！第三，意志不仅是感觉和思想的复合物，而且它首先是一种情感(vor allem noch ein Affekt)，尽管它是指导性的情感。所谓意志自由(Freiheit des Willens)就是一种应该对其服从的优越感：'我是自由的，他必须服从'这种意识附属于每一个意志……一个有所意愿的人，就是在他自身指挥着某种服从的事物，或某种他认为服从的事物。从内部来看的世界，依据其理智的特点而被描述和被界定的世界，这样一种世界，它只能是权力意志，而不是别的。"

从他的权力意志和道德原则出发，尼采提出了"超人"(Übermensch)的理念。尼采认为，一切事物，既然都以权力意志为本质，就都有"超越"其自身的趋势。人，作为最高级的生物，为什么要心甘情愿地将自己限制在自己的"人"的范围内呢？因此，尼采通过查拉图斯特拉，对人类发出了如下训词："我教导你们做超人。人是可以被超越的某种事物。……迄今为止，一切生物都已创造出超越它们自身的某种东西，难道你们竟心甘情愿成为这一伟大潮流的落伍者吗？想退回到动物而不去超越人吗？什么是从猿到人呢？或者是一个笑柄，或者是充满痛苦的困境。正因为这样，人应该成为超人。你们曾经经历了从蛆虫到人的过程，但你们中的许多人还是蛆虫。过去你们曾经是猿猴，但即使是现在，人比任何一个猿猴更像猿猴。……听着，我教你们做超人。超人是人世的目的，但愿你们会说：超人将是人世的意义所在(der Ueber mensch sei der Sinn der Erde)。"尼采所关心的，是成为"超人"的问题。所以，查拉图斯特拉说，超人紧紧地留在我心中，他是我最至高无上的和唯一关心的。我所关心的,不是人,不是最亲近的人,不是最贫穷的人,不是最受苦的,也不是最好的人。

"超人"是权力意志在人类世界中的最高产物,因为权力意志是一种永不满足、永远自我更新的欲望,是在事物内在本质深处发出的一种战斗的力量。权力意志是永恒的自我超越,是永不枯竭的矛盾斗争的源泉。在这一点上,尼采尤其赞颂古希腊哲学家赫拉克利特的辩证法思想,认为人生与世界是一团永远燃烧、不断更新、自生自灭、灭了又生的"活火"。尼采所提出的"超人"形象,以"神的死亡"(der Tod des Gottes)的口号,对于将人隶属于神的古典人文主义发出挑战,同时也将"人"从新人文主义的理性约束中解脱出来,开创和推动了对现代性人文主义传统的新批判运动。

人生在世,并非为了使自己变成为符合某种"身份"标准的"正常人"或"理性"的人。对人来说,最重要的,不是把自身界定或确定在一个固定身份框框之内,而是要透过游戏式的生存美学,发现人生的"诗性美"的特征,创造出具有独特风格的人生历程。

对于尼采来说,作为人生形而上学根据的艺术是由日神(太阳神)精神和酒神精神所组成的。因此,太阳神和酒神是作为人生的两位救世主而登上尼采的美学舞台的。日神精神沉湎于外观的幻觉,反对追究本体;酒神精神却要破除外观的幻觉,实现与本体的沟通融合。前者用美的面纱遮盖人生的悲剧面目,后者则揭开面纱,直观人生悲剧。前者叫人不放弃人生的欢乐,后者叫人不回避人生的痛苦。前者执着人生,后者超脱人生。前者迷恋瞬时,后者向往永恒。因此,同日神精神相比,酒神精神对于人生更具有形上学性质,并带有浓郁的悲剧色彩。

尼采并不满足于区分日神精神和酒神精神,而是进一步要求人们,在人生道路上不断地破除日神所造成的外观的幻觉,以显露人生的可怕真相,同时也肯定人生真正的艺术价值。尼采认为,把悲剧所显示出来的那个本体世界进一步艺术化,用审美眼光来看待原本毫无意义的世界的永恒生成变化过程,赋予它一种审美的意义。通过这一切,世界不断创造而又毁灭个体的生命,这才是"意志在其永远洋溢的快乐中借以自娱的一种审美游戏"。这样一来,现实人生的苦难就变成为审美的快乐,而人生的悲剧就化作为世界的喜剧。

尼采认为,日神精神只满足于将人生当作一场梦,满足于有滋味地去做这场梦,满足于梦中的情趣和欢乐。而酒神精神则把人生当作一幕幕悲剧,并要求我们有声有色地进入悲剧角色去勇敢地演出这场悲剧,潇洒地享受悲剧的壮丽和快慰。

尼采高度重视悲剧艺术的人生意义,认为悲剧"是肯定人生的最高艺术"。在他看来,现实的人生难免充满着痛苦和各种苦难,但人可以从创作和欣赏悲剧艺术的活动中,学会同痛苦和苦难进行游戏,从人生的悲剧中获得审美快感,并由此而肯定生命本身,也肯定人生所经历的各种实际苦难。这就是为什么尼采要求人们从日神精神提升到酒神精神,以酒神精神将人生带入与痛苦反复游戏的艺术活动中,并在悲剧艺术的审美运动中,不断地提升人生的意义,实现超人不断扩张的权力意志。

尼采颂扬以酒神的悲剧精神游戏人生的同时,也严厉批判以理性主义为基础的现代科学对于人生的破坏意义。他把由酒神精神所指导的审美人生,同现代科学的和功利的人生态度相对立。他认为科学精神基本上是功利主义,单纯追求人类物质利益的增值,满足于表面的和物质上的需求。因此,他认为,近现代科学的精神和态度,在实际上只停留在人生的表面,只满足于浮现于现实生活中的实际利益,根本看不到、也不愿意追求人生的根本问题。因此,尼采把科学精神归结为一种

"浅薄的乐观主义"。这种浅薄的乐观主义,同看透人生悲剧实质的"超人"世界观是根本对立的。

当代世界的危机,当代社会和文化的颓废,正是科学精神恶性发展的结果。尼采指出：现代人丧失人生根基,灵魂空虚、无家可归,惶惶不可终日,究其原因,就是科学精神泛滥的结果。要挽救当代人的人生,只有逃脱科学对于人生的约束和统治,在高度自由的艺术和审美活动中,找到重新评价人生价值的根据,也找到带领人生走向希望的出路。

在尼采看来,实现生命艺术化的最主要障碍,是各种以理性为基础的传统道德原则。因此,实现审美的人生态度,重点是批判基督教道德。尼采所追求的审美的人生态度,首先是一种非伦理和反道德的人生态度。他认为,生命本身本来是非道德的,生命原本属于永恒生成和永恒轮回的自然运动,无所谓善恶。可是,基督教却要扭曲人生意义,对于自然的生命过程进行干预,试图对于生命作出自不量力的伦理评价。基督教道德将人生看作为"原罪"的延续和结果,将生命的本能看作为罪恶的根源,试图使"罪恶感"泛滥、并控制人生,造成人生过程中形形色色的自我压抑。与此相反,尼采主张彻底摆脱基督教道德所造成的罪恶感的约束,超出善恶之外,真正地享受生命的欢乐和心灵创造的自由。

尼采不仅停留在对于基督教道德的批判层面上,而且直接主张在现实的人生活动中破坏基督教道德原则,以醉汉为榜样,以破坏道德原则的实际"罪恶"活动向基督教道德挑战。在他看来,破坏传统道德原则的任何活动,就是一种人生的快乐。在这里,尼采把"超人"的创造活动同破坏各种道德原则等同起来。

正是在尼采的启发下,弗洛伊德进一步以非理性的潜意识为基本概念创建精神分析学。如前所述,弗洛伊德恰好生活在跨越两个世纪的新时代,他不但发扬尼采等人的思想,同时也亲身体验到西方理性主义思想文化的深重危机。弗洛伊德晚年正好遇到的希特勒法西斯专政,并受到法西斯的迫害,使他更加坚信自己的精神分析学的历史价值。

弗洛伊德在第二次世界大战中不得不出走,离开德国、历尽艰辛,最后在英国的避难生活中逝世。他的逝世本身宣告了以理性主义为核心的西方思想文化已经陷入绝境。所以,很快地,西方的现代性进入了第四时期,即"后现代性"。

第四时期是从第二次世界大战之后出现的现代性,有一部分思想家称之为"后现代性";但不管是现代性还是后现代性,也不管是那一时期的现代性,都同"人"的范畴及其理论紧密相关,而且,不管是哪个时代的现代性,都以理性作为人的根本特征。从1920年代末兴起的德国法西斯势力,把原有西方传统的人的观念及其一切社会文化产物中所隐含的否定因素,都彻底地暴露出来。法西斯分子简直就是疯狂到极点的人;他们彻底撕破了西方传统思想文化所鼓吹的各种人道主义和理性主义的假面具;法西斯分子实际上就是西方社会文化本身所创造出来的"疯子"。因此,在现代性第四时期,出现了一批"后现代"思想家,从思想文化的各个层面,重新反思和严厉批判西方现代思想文化的基本原则及其人性论。

弗洛伊德的生命历程(1856 - 1939)横跨"第三现代性"和"第四现代性"两个时期,他比最早批判现代性的马克思(1818 - 1883)年少38岁,比波德莱尔(1821 - 1867)年少35岁,比尼采(1844 - 1900)年少12岁,在弗洛伊德升入维也纳大学医学院从事医学研究和医学实践的时候,他发现了一种怪异现象:现代社会比历史上的任何社会都更多地出现精神病患者,以致可以说,现代社会是不折不扣地成为精神病患产生的温床,或者说,现代社会简直就是制造精神病同时又是迫害精神病的社会。

比弗洛伊德年少两岁的法国社会学家涂尔干(Émile Durkheim,1858－1917),当他投身对现代社会进行社会学研究的时候,与精神病密切相关的自杀现象已经成为工业社会的一个普遍现象。涂尔干在1897年发表的《论自杀》一书中深刻地指出:现代社会是人类历史上自杀现象最多的社会。现代社会是制造精神分裂症的典型社会:生活紧张、精神紧绷、异化、相互对立、相互敌视、竞争激烈、失业威胁、金钱和商品崇拜等,都成为产生精神分裂症的社会根源或社会基础。用涂尔干的社会学语言来说,这些矛盾就是"社会整合与个人发展不协调"的结果①。

所以,精神病不是一般的疾病,它直接与社会、与文化以及人的心理世界的状况发生紧密的联系。所以,按照法国思想家福柯的观点,精神病与精神病治疗学的形成及发展,只有到了现代社会的历史时代才成为整个社会的核心问题。因此,从精神病及其治疗制度,就可以典型地呈现出现代社会的基本矛盾及其性质。

被现代生命科学界定为精神病的"疯癫",是一种特殊的社会现象,更确切地说,它是现代社会的一种特殊的政治问题。所以,从文艺复兴后期和资本主义社会兴起初期开始,一批具有明锐批判目光的思想家和艺术家们,便以"疯癫"(疯狂)为主题而创作,尖刻地揭示现代社会从建构初期开始,便促使社会分裂成"正常人"和"异常人"两大类,并以理性为标准,制造社会统治的根据,迫使"异常人"(疯癫者)从社会中分离出去,受到不合理的排斥,被长期地排除出社会之外,或受到社会的"惩罚""监控"和关押。

但是,在许多情况下,疯癫给人的首要印象,却是一种"精神病",也就是说,是由于神经系统的生理疾病所引起,一种属于医学的范畴,似乎自然地就应该成为医学诊治和治疗的对象。实际上,结合西方文明史的事实,疯癫问题远不是医学治疗问题,而是关系到现代人的内心矛盾及其社会关系的性质,涉及整个社会和文化制度的特征,尤其关系到西方人的思维方式、知识论述结构及其社会实践的模式。

对西方现代性进行反思的法国思想家福柯的重要贡献,就在于深刻地指出了疯癫现象的社会和政治性质,指出了它同西方现代社会制度的内在关系,集中揭示现代社会政治权力利用知识论述,特别是医学和生物学论述,对疯癫进行控制、隔离和迫害的策略和手段,从而批判了现代社会政治权力、知识和道德的虚伪本质,从根本上否定了现代社会制度及其知识基础的正当性和合理性。

如前所述,福柯在1961年发表的《古典时代疯狂史》一书中,从一开始,就强调他所研究的,不是医疗实践的精神病治疗方式,而是现代社会所贯彻的大规模关押、放逐、强制性惩罚以及对人体进行残酷规训的新政策的产生和运作机制,以便从中发现西方人何以可能采取现代的思维模式、行为模式和生活方式。这样一来,福柯开宗明义就把现代社会中所出现的疯癫问题,放在超出传统医学和精神治疗学的范围之外,直截了当地把疯癫问题当成"强制性惩罚"和"对人体进行残酷规训"的典型事例[①]。

根据福柯在一系列关于疯人院、收容所和疗养院的档案的调查,发现法国和欧洲,只是从16世纪开始,即"现代性"的"黎明时期",才对"疯子""老年人""流浪者""放荡不羁者"和"同性恋者"实行大规模关押和惩罚。显然,这种"大规模关押的社会事件"之所以有可能在当时发生,并不是偶然的。接着,17世纪资本主义的兴起,一方面需要制定一种有可能划分"正常"和"异常"的"理性"标准，以便对整个社会的人群重新进行社会"区隔"，建构起新的社会秩序；另一方面，当时自然科学的发展，已经有充分条件应用"合理的"生物学和医学的知识，确定"真理"的标准，并紧密结合依据"理性"标准而建构的法制权力和道德，"合理地"实施这种新的社会区隔制度。所以，福柯由此得出结论说，从 17 世纪开始对疯癫所进行的社会性迫害，是近代社会对所有"异常人"进行"大规模关押"(le *grand renfermement*)的开端，是同现代权力与知识论述的特殊策略利益及其运作机制紧密相关的。

所以，对于福柯来说，疯癫问题之所以应该成为他的研究的对象，只是因为在疯癫问题背后和内部深处，隐含了可以揭示整个西方近代文明及其社会制度的奥秘。为了实现这一研究过程，摆在福柯面前的，有三个基本程序，不但必须一一澄清，而且，它们之间又是一环扣一环地联系在一起：第一，疯癫作为一种历来存在的普通社会现象，究竟是在什么情况下，在统治者看来，变成为严重地影响到整个社会命运的一种特殊社会现象？第二，疯癫又如何从一般的社会现象，变成为整个社会区分为"正常/异常"两大对立阶层的出发点？第三，当疯癫被确认为"建构新社会秩序的一个关键问题"之后，它又如何从它与社会生活的密切关系网络中抽离出来、而被纳入近代医学的范畴，成为新型的精神治疗学的研究对象？接着，在社会将疯癫交给医学专门处理以后，现代医学又如何表面上以医学的名义、而在实际上却巧妙地根据权力机构的意志，依据权力机构所规定的"强制性实践"的实施策略和残酷手段，对疯癫进行法制上和医学上的双重监管？也就是说，现代医学究竟采取何种机制充当了权力机构的正当代理人而对疯癫进行全面的管制？

由此可见，疯癫之被确定为"异常"，是现代社会制度建构、维持和运作的需要，也是现代社会制度的权力斗争、知识及道德三方面的力量,相互结合在一起共同宰制社会的一个基本策略。

　　疯癫在人类生活中的出现,本来是很普通的事情,就好像生病是常事一样。只是由于疯癫关系到人的精神生活问题,所以它与一般疾病有所不同,更为复杂一些,而且还关系到社会和文化的问题。但不管怎样,在不同的社会和不同的历史时期,人们对疯癫总是持有不同的看法、不同的观点、不同的处理方式。所以,福柯认为,疯癫并没有同一的历史,关于疯癫,更不存在一成不变的“真理”的问题,不同时代的人们对疯癫的看法,是“断裂的”“不连续的”和“异质的”。实际上,历史上对疯癫的不同看法和异质的处理方式,已经从事实上否定了现代医学和现代社会关于疯癫是“反理性”的正当性,同样也推翻了现代医学和精神治疗学关于它们发现和掌握精神病的“真理”的说法,人们总有一天,会发现自己再也不对疯癫问题感兴趣,或者,换句话说,人们总有一天会发现自己一点都不知道什么是疯癫[①]。

　　福柯的《古典时期的疯癫的历史》试图以大量的档案事实,论证疯癫现象从来没有统一的真理标准,有的只是各种可能的论述方式和各种根据不同统治的利益而强制实行的惩治模式。所以,迄今为止所流行的各种关于疯癫的说法,始终是由特定社会中占统治地位的权力和知识两大力量所操纵、制造、散布、扩散和不断地再生产出来。翻阅历史,从来没有疯子自己的论述,也从来没有看见过疯子的抗议文章,有的只是对疯子的连篇累牍的讽刺、谩骂、诬蔑和中伤。所以,福柯坦率地说,从历史上疯子被剥夺表达自己的想法的权利这一事实,也可以看出根本不是疯癫“反理性”,而是号称“理性”或自诩掌握“真理”的人,不但唠唠叨叨地对疯子说三道四,而且居然还同权力机构勾结在一起,对本来已身陷困境的疯子落井下石,进行残酷的迫害。

　　如前所说,精神病的普遍出现是现代社会的特有现象。精神病在现代社会中的爆炸性蔓延,正如涂尔干所揭露的普遍自杀现象一样,悲剧性地反映了现代社会本身的内在危机,尤其是表现出现代社会制度对于人的精神生活和人性的毁灭性冲击,同时也披露了西方文化精神心理层面的矛盾百出的性质。从思想和理论根源来看,精神病或更直截了当地说,疯癫,在16世纪的普遍出现以及人们对于疯癫的异常恐惧态度,除了以上所说的社会制度方面的原因以外,其本身本来就是西方传统理性主义和人文主义地内在矛盾的一种历史表现。如果说,日常生活和普通社会一般领域的人的言行及其历史,不过是人本身的基本实践形式的话,那么,疯癫则是以特殊的极端方式所显现出来的人性。疯癫不是违背人性,而是从另一个角度,或者,从统治者所不愿意看到的角度,表现了人的正常内心世界的复杂性。早在古代和中世纪,就揭示了人的理性与疯癫之间的互补性和共存性,而且,唯其如是,人才透彻地显示出他本身的自然面目。所以,不了解疯癫,就不能深刻分析人的思想和精神生活。

因此,福柯指出:唯有通过对于"疯癫"的人的研究,才能彻底认识现代人的真正面目。他说,从人到真正的人,必须通过疯癫的人。这就是说,疯癫的人以生动的事实集中表现了人的精神活动的两面性、矛盾性、各种潜在可能性及其极端复杂性。福柯列举雷蒙·鲁塞尔(Raymond Roussel)、萨德(Sade)、荷尔德林、阿尔托(Antonin Artaud)、布朗肖(Maurice Blanchot)、卡夫卡(Franz Kafka,1883－1924)、尼采等被人们诬为"疯子"的天才思想家、科学家和作家。他们以惊人的"偏执狂",表现出一种出类拔萃的才华、魅力以及令人惊异的坚强毅力,既使用怪异而犀利的文字,又拥有大无畏的勇气,蔑视一切规范、标新立异、独树一帜,创造出常人所想象不到的作品。

福柯认为,疯癫问题实际上还揭示了现代思想对社会进行"分割"

和"排斥"的基本原则的性质。为什么选定疯癫而不是别的问题作为思考的对象,如同为什么选定疯癫作为一门学科的研究对象一样,表现了西方人的思维模式及其思想方法的基本问题。就好像列维·施特劳斯(Claude Levi-Strauss,1908-2009)的结构主义方法,把诸如禁忌这类原则,当成标示一种社会文化特征的重要手段那样,福柯强调指出:"排斥"所显示的,正是现代社会的产生机制以及现代人思维模式的标本。人们就是靠他们所选定的区分、分割和排斥的原则,把这个社会的人、事物和结构体系中的各个领域,区分成"好"与"坏""善"与"恶""正确"与"错误"等。这种区分和排斥原则,从实质上讲,是建立在同一性原则基础上,把社会和一切事物,都当成同质的、连续的体系。因此,凡是与统一体系中的同一性原则有区别的人和事物,就被列入"异常"的范畴,加以排斥。与这种思想方法相反,福柯在他的疯癫史中所贯彻的,是非同质性、非一致性、无中心的原则,主张将一切事物还原到它们原有的混乱、混沌的秩序中,反对以人为的区分原则,对事物进行不平等的区隔,给予不平等的待遇。福柯称自己的这种思维方法为"在外面"的思想,一种不断逾越一切禁忌、规范和规则的思想,一种无须主体性、不分主体/客体的思想。

所以,疯癫问题对福柯来说,既是揭露现代社会制度不合理性的焦点,又是揭示现代人内心矛盾、知识形态以及思维模式的关键场所。精神分析学所探讨的精神分裂、心理异常、心理变态、心理障碍等现象,一直像现代社会的"影子"一样,始终伴随着现代社会的整个发展过程。在一定程度上说,精神病及心理异常现象,成为测量现代社会的和谐性程度的重要指标。所以,只要现代化工程尚未完结,精神病与心理异常现象就不会消除,对于精神病和心理异常的各种讨论和争执,也就不会完结。这就是为什么,弗洛伊德和精神分析学一直成为人们关注的一个焦点。

由此可见，在西方现代性历史上，启蒙一方面发挥了它在发展科学技术和推进工业化和实现社会现代化进程中的积极作用，另一方面又不断展现了其负面后果及其深刻矛盾，也同时越来越突出显示了启蒙本身的内在消极因素的负面影响，而 20 世纪上半叶两次世界大战的发生及其惨绝人寰的后果，则从社会历史进程方面，以典型的极端残酷的战争灾难性事件，证实了启蒙运动的内在问题的严重性及其历史隐患。这些历史教训，不仅显示启蒙在西方社会范围内所产生的"另类"结果，也不断展现启蒙对全球非西方世界各国所带来的严重消极影响，进一步证明了启蒙的两面性及其有限性。这是值得人们一再反思的历史问题，也是值得反思的哲学问题。

注释

① Jean-Baptiste le Rond d'Alembert, "Penser d'après soi" et «Par Penser soi-même», In *Discours préliminaire*, dans **Encyclopédie**, tome 1, 1751.

② Michel Foucault, **Dits et Ecrits**, IV, Paris, Minuit/Gallimard, 1994: 339: 562 – 578.

③ Michel Foucault, **Histoire de la folie à l'âge classique. Folie et déraison**, Paris, Éditions Gallimard, coll. «Tel», [1961]1972; **Naissance de la clinique. Une archéologie du regard médical**, Paris, Presses Universitaires de France, 1963.

④ B. Spinoza, **Tractatus intellectus amendatione**, ("**Abhandlung über die Verbesserung des Verstandes**") 1661. In **Spinoza**, **opera quae supersunt omnia**. Die maßgebende textkritische Gesamtausgabe. Band 2: **Tractatus de intellectus emendatione**, **Ethica**, Im Auftrag der Heidelberger Akademie der Wissenschaften hrsg. von Carl Gebhardt. Heidelberg: Carl Winter-Verlag, Heidelberg, 1925[1973].

⑤ Antoine Eugène Genoude, **La Raison du christianisme: ou**, **Preuves de la verité de la religion tirées des écrits des plus grands hommes de la France**, **de l'Angleterre et de l'Allemagne**, vol. 2, Paris, Pourrat Frères, 1836: 235 – 237.

⑥ James C. O'Flaherty, **The Quarrel of Reason with Itself. Essays on Hamann**, **Michaelis**, **Lessing**, **Nietzsche**. Columbia: Camden House, 1988.

⑦ Michel Foucault，*Histoire de la sexualite*，Tome 2，Paris，Gallimard，1983.

⑧ "巴洛克"德语既可以用阳性化名词"der Barock"，也可以用中性化名词"das Barock"来表示，指的是大约从 1575 至 1770 年之间的一段欧洲艺术史时代。这是欧洲从文艺复兴到古典主义之间的过渡时期。"巴洛克"一词源自拉丁语中的葡萄牙语"barroco"或西班牙语"barrueco"，意思是指一种闪烁着杂多颜色的红珍珠，人们因此以它表示杂多风格的艺术品，首先是指表现这种风格的建筑艺术品。最初阶段，人们使用"巴洛克"带有较多的贬义态度，主要是暗指那些有意过分追求多样化色彩的艺术品，因为这些艺术品以此风格来对抗文艺复兴时期对于和谐合理关系格调的过分强调。

⑨ **Leibnitz-Thomasius. Correspondance 1663 - 1672.** Bearbeitung von Richard Bodéüs，Librairie philosophique J. Vrin，Paris，1993.

⑩ Jakob Thomasius，*Gesammelte Schriften*（7 Banden），Herausgegeben von Walter Sparn，Hildesheim，Georg Olms，[1676 - 1693]2003 - 2009.

⑪ Martin Muslow，*Prekäres Wissen. Eine andere Ideengeschichte der Frühen Neuzeit*. Suhrkamp，Berlin，2012；*Moderne aus dem Untergrund. Radikale Frühaufklärung in Deutschland 1680 - 1720*. Habilitationsschrift. Meiner，Hamburg，2002.（engl. Übers.：*Enlightenment Underground. Radical Germany 1680 - 1720*. University of Virginia Press，Charlottesville）.

⑫ Wilhelm Schmidt-Biggemann，Theo Stamm（Hrsg.），*Jakob Brucker（1696 - 1770）. Philosoph und Historiker der europäischen Aufklärung*，Colloquia Augustana 7. Berlin，1998.

⑬ Johann Jakob Brucker，*Kurze Fragen aus der philosophischen Historie*，7 Bänden，1731；*Historica critica philosophiae*，5 Bänden，1742；*Erste Anfangsgründe der philosophischen Geschichte*，5 Bde.，Leipzig，1736/1751/1766/1767.

⑭ Wilhelm Schmidt-Biggemann，*Einführung*，in：Wilhelm Schmidt-Biggemann，Theo Stamm（Hrsg.）：*Jakob Brucker（1696 - 1770）. Philosoph und Historiker der europäischen Aufklärung*，Akademie，Berlin，1998：13.

⑮ Johann Gottfried von Herder，*Auch eine Philosophie der Geschichte zur Bildung der Menschheit*，1774.

⑯ Johann Gottfried von Herder，*Ideen zur Philosophie der Geschichte der Menschheit*，1784.

⑰ Immanuel Kant，*Recensionen zu J. G. Herders Ideen zur Philosophie der Geschichte der Menschheit*. Theil 1. 2.（1785）；Yann Philipp Leiner：*Schöpferische Geschichte. Geschichtsphilosophie，Ästhetik und Kultur bei Johann Gottfried Herder*. Königshausen &· Neumann，Würzburg，2012.

⑱ Joseph Leopold Avenbrugger，*Inventum novum ex percussione thoracis humani ut signo abstrusos interni pectoris morbos detegendi*，1761.

⑲ Christian Wolff，*Philosophia practica universalis*，*methodo mathematica conscripta*，1703.

⑳ Immanuel Kant，**The Cambridge Edition of the Works of Immanuel Kant: Theoretical Philosophy: 1755 – 1770**，translated and edited by David Walford and in collaboration with Ralf Meerbote，New York：Cambridge University Press，1992：120.

㉑ Christian Wolff，**Vernünftige Gedanken von den Kräften des menschlichen Verstandes und ihrem richtigen Gebrauch in der Erkenntnis der Wahrheit** ('**Rational Thoughts on the Powers of the Human Understanding and their Correct Employment in the Cognition of the Truth** ') ［German Logic］ Halle：1712.

㉒ Hrsg. Ehrhard Bahr，**Was ist Aufklärung? Thesen und Definitionen**. Stuttgart：Reclam，1974；Ernst Cassirer，**Die Philosophie der Aufklärung**，Hamburg：Meiner，1998；J. Stenzel Hrsg，**Das Zeitalter der Aufklärung**. München 1980；Gudrun Hentges，**Schattenseiten der Aufklärung/Die Darstellung von Juden und Wilden in philosophischen Schriften des 18. und 19. Jahrhunderts**，Wochenschau Verlag，Schwalbach/Ta 1999；Panajotis Kondylis，**Die Aufklärung im Rahmen des neuzeitlichen Rationalismus**，Hamburg：Meiner，2002；W. Krauss：**Studien zur deutschen und französischen Aufklärung**. Berlin，1963；Peter Pütz：**Die deutsche Aufklärung**. Darmstadt，1978；Jochen Schmidt，Hrsg.，**Aufklärung und Gegenaufklärung in der europäischen Literatur，Philosophie und Politik von der Antike bis zur Gegenwart**. Darmstadt：Wissenschaftliche Buchgesellschaft，1989；Peter Lang in：Helmut Reinalter Hrsg.，**Die Aufklärung in Österreich. Ignaz von Born und seine Zeit**. Schriftenreihe der Internationalen Forschungsstelle *Demokratische Bewegungen in Mitteleuropa 1770 – 1850*，Bd. 4，Frankfurt/a.M. u.a.，1991.

㉓ Herder，**Kritische Wäldern**. 1768/69.

㉔ Johann Georg Hamann，**Sämtliche Werken**，edited by Josef Nadler. 6 volumes. Vienna：Verlag Herder，1949 – 1957. Vol.III：31，21.

㉕ Werner Schneiders，**Aufklärung und Vorurteilskritik. Studien zur Geschichte der Vorurteilstheorie**，Fromann-Hilzboog，1983.

㉖ Immanuel Kant，**Träume eines Geistersehers** (1766). In **Kants gesammelte Schriften**，Berlin：Georg Reimer (later Walter De Gruyter). Königlichen Preußischen (later Deutschen) Akademie der Wissenschaften (ed.)，II，S.321.

㉗ Jürgen Habermas，**The Philosophical Discourse of Modernity**. Cambridge，MA：MIT Press.1990.

㉘ R. Descartes, *Méditations métaphysiques*, Paris, Librairie générale française, 1990: 14.

㉙ Montaigne, *Essais*, éd. P. Villey et Saulnier, 1595, t. II, chap. 12, Apologie de Raimond de Sebonde, 1595: 213.

㉚ Hieronymus Bosch, *La Nef des fous（Ship of Fools）*, 1500.

㉛ Thomas Platter und Felix Platter, *2 Autobiographieen. Ein Beitrag zur Sittengeschichte des XVI. Jahrhunderts*, Herausgegeben von D. A. Fechter. Basel, 1840.

㉜ Desiderius Erasmus, *Éloge de la Folie*, Paris, Jehan Petit/Gilles de Gourmount/ Strasbourg, Mathias Schurer, 1511.

㉝ M. Foucault, *Folie et Déraison. Histoire de la folie à l'age classique*. Paris: Plon, 1961.

㉞ "*Aufklärung ist der Ausgang des Menschen aus seiner selbstverschuldeten Unmündigkeit. Unmündigkeit ist das Unvermögen sich seines Verstandes ohne Leitung eines anderen zu bedienen. Selbstverschuldet ist diese Unmündigkeit, wenn die Ursache derselben nicht am Mangel des Verstandes, sondern der Entschließung und des Mutes liegt, sich seiner ohne Leitung eines andern zu bedienen. Sapere Aude! Habe den Mut, dich deines eigenen Verstandes zu bedienen ist also der Wahlspruch der Aufklärung.*" In Immanuel Kant: *Beantwortung der Frage: Was ist Aufklärung?* Königsberg in Preußen, den 30. Septemb, 1784.

㉟ Charles Dickens, *It was the best of times, it was the worst of times, it was the age of wisdom, it was the age of foolishness, it was the epoch of belief, it was the epoch of incredulity, it was the season of Light, it was the season of Darkness, it was the spring of hope, it was the winter of despair, we had everything before us, we had nothing before us, we were all going direct to Heaven, we were all going direct the other way.* In Dickens, Charles., *A Tale of Two Cities* (Revised ed.). London: Penguin Books Ltd., 2003: 2.

㊱ James C. O'Flaherty, *The Quarrel of Reason with Itself. Essays on Hamann, Michaelis, Lessing, Nietzsche.* Columbia: Camden House, 1988.

㊲ Friedrich Nietzsche, *Fröhlichen Wissenschaft.* der Aphorismus 125.

㊳ Arthur Schopenhauer, *Die Welt als Wille und Vorstellung.* Köln 1997［1819 － 1859］.

㊴ Eduard von Hartmann, *Philosophie des Unbewußten*, Berlin 1869; 11. Auflage 1904, 12. Aufl, 1923.

㊵ E. Durkheim, *Le suicide*, Paris, PUF, 2007: 223.

㊶ M. Foucault, *Folie et Déraison. Histoire de la folie à l'age classique.* Paris:

Plon，1961.

㊷ Michel Foucault，"*The Order of Things，Preface.*" In **An Archaeology of the Human Sciences**. Vintage Books，1994；"**Archaeology Of Knowledge，Introduction.**"，edited by A. M. Sherida Smith. Vintage，1982；"*Parrhesia in the Tragedies of Euripides.*" In **Discourse and Truth: the Problematization of Parrhesia**. Digital Archive：Foucault.info，1999；"*The Subject and Power.*" In **Michel Foucault: Beyond Structuralism and Hermeneutics**，edited by H. Dreyfus and P. Rabinow，2nd ed. Chicago：The University of Chicago Press，1983：208 – 226.

第六章

康德哲学

从康德到黑格尔的哲学，一般被称为"德国经典哲学"或"古典哲学"（die deutsche klassische Philosophie）。但这里所说的"经典"或"古典"（classicus），都与普通人所理解的"古代"或"经典"无关，而是特指西方**17 至 18 世纪时期**取得了重大成果并被后人公认具有典范意义的一批哲学人文社会科学和文学艺术的杰出作品和文献。这些重要作品和历史文献，当然包括重要的哲学著作，它们一方面，承载着从古希腊罗马以来欧洲思想文化和历史价值的内在精神力量，往往转化成为西方人的基本传统，但它们另一方面又比古代文献本身更贴近 19 世纪之后的西方人，能够更深刻地影响着走出古代和中世纪历史框架的近现代文化和精神生活，所以，它们成为 19 世纪之后的西方人，继承古希腊罗马传统的一个媒介或"桥梁"，对他们重建现代哲学和人文科学具有直接的典范意义。

第一节　德国古典哲学的产生和发展

在 18 世纪的启蒙运动以及 19 世纪转向"现代性"的历史阶段，这些作为古代思想文化与现代思想文化相互连接的"经典著作"和"古典文献",获得了大多数启蒙思想家的肯定,也成为他们在启蒙和现代化时代重新出发的精神基础。但丁、莎士比亚、蒙田、莫里哀、司汤达、伏尔泰、席勒、歌德等人,由于他们的杰作成为多数人公认的伟大成果,从 18 世纪到 19 世纪及其后,都被人们认定为"经典作家"或"经典思想家"。

在 19 世纪的西方思想文化史上,环绕着已经载入史册的 17 和 18 世纪的文献与 19 世纪的当代作品的关系,曾经发生过持续的争论;这场争论被 19 世纪之后的西方人称为"古代与近代之争"(Streit der Alten und der Neuen;The quarrel of the Ancients and the Moderns;Querelle des Anciens et des Modernes)。它不只是探讨两者之间的历史关系,而且是为了更深刻地总结西方思想文化传统及其对于当代创作活动的实际意义。因此,这里所说的"古典"或"经典",都是从西方思想文化发展的脉络,以 17 和 18 世纪至 19 世纪作为历史背景和分水岭,用来指涉那些对 19 世纪之后的思想文化革新具有经典性参考价值的文献。

"经典",就词源学的意义而言,它是来自拉丁词"classicus",其原意是指占据最高社会地位的罗马公民。因此,当谈到"雕塑的经典"时,指的是在雕塑界取得最高成就、占据最高地位的那些雕塑家阶层。但后来,源自"classicus"的德文或法文字,又演变成多重含义。不论在德文还是在法文中,来自"classicus"的德文名词"Klassik"和形容词"klassisch",或法文的兼有名词和形容词意义的"Classique",都可以是指"经典作品",也可以指"经典作家",或者指那些喜好和拥护古典风格的"古典主义者"。

但是,在西方各国,对于"古典"或"经典",人们的理解是非常复杂和多样的。首先,从纯粹时间观点来看,人们往往把距离自己较远或最远的时代说成"古代"并把古代作品列为古典或经典，以致很容易把古典和古代混淆起来。但是，从习惯上说，西方人所说的古典，就是指西方传统的古希腊优秀作品，特别是指这些优秀作品所表现的写作技巧、风格、文字表达智慧以及它们的核心内容及其隐含的基本精神。

启蒙运动之后，西方人一般说的古典，就是一系列已经被历史确认为有重要价值的文学、哲学和艺术优秀作品，这些作品对塑造和教育西方人的思想和精神生活具有指导意义，这是广义说的西方经典。这些西方传统经典著作，从古代经中世纪直至今日，特别是由于西方国家从现代化以来所取得的世界性成果，往往基本上被人们所公认，以至于被人们当成创作的"标准"或"典范"。但是，随着时代的发展，越来越多的全球各国思想家和文人志士，对上述西方经典的历史意义产生一系列怀疑甚至引起批判。先是从 19 世纪 40 年代开始出现的"现代性"思潮，接着是 20 世纪 60 年代之后，世界性的转变，导致一系列被称为"后现代思潮"的代表人物，包括马克思主义、"批判理论"、女性主义、后现代主义、后殖民主义以及全球化所带来的文化多元主义思潮和运动，都不再盲目地肯定西方传统的各种经典著作。

但是，更确切地说，即使是在启蒙运动过程中，西方人也曾经开展对"古典"或"经典"的争论，它涉及启蒙与古代、理性与非理性以及知识精英与民间传统之间的关系，而且，这场争论在启蒙运动前后，在西方各国都表现出不同的性质、不同的内容并发生不同的历史影响①。

关于"经典"或"古典"与当代创作的作品的内在思想关系，对西方的各个不同的具体国家而言，又具有不同的民族标准和特殊的意义。对于法国思想文化来说，由于法国的思想文化变革比德国实行得更早，所以，在法国，古典或经典，是特指路易十四时代含有古希腊罗马文化传统印记的伟大历史作品，而所谓"古代与近代之争"是发生在法国大革命前夕的 18 世纪。为此，撰写《法国文学史》的朗松（Gustave Lanson，1857 - 1934），曾经明确宣布：早在 1761 年，在法国发生的"古代与近代之争"除了关系到对古希腊罗马传统的态度以外，还预示了法国浪漫主义时代的到来②。

对德国人来说，所谓"古典哲学"指的就是 18 世纪末至 19 世纪初的历史时代的优秀作品。从 1781 年康德发表《纯粹理性批判》到 1831 年黑格尔逝世，短短的半个世纪的历史时期内，德国哲学界不仅先后出现了四个巨人：康德、费希特、谢林和黑格尔，而且，与他们同一时代内，还产生了成百位哲学家、思想家和理论家，他们所创立的观念论哲学体系，不但具有经典作品的价值和意义，而且，他们各自独创的表达风格以及他们之间的自由争论风气，表现了哲学理论创作本身的旺盛生命力，也显示了德意志民族的精神威力，在西方哲学史上闪烁着耀眼的光芒。

但在德国文学史上，关于"古典"的概念，更多地与歌德与席勒等人及其作品有关。他们俩都在 18 世纪末至 19 世纪初期间，在古典主义的中心魏玛进行创作。他们的古典主义作品，基本上继承和发扬意大利文艺复兴时期经典作品的人文主义精神，主张以真善美教育人。因此，德国的古典主义，一方面是指文学上以歌德和席勒为代表的人文主义精神及其创作原则，另一方面是指哲学领域中自康德至黑格尔的哲学创作。

谈到德国古典哲学，中国学术界长期以来受苏联哲学史观点的影响，往往简单地归结为康德、费希特、谢林和黑格尔四位哲学家的产品。实际上，德国古典哲学应该包括从康德至黑格尔整个时期的哲学整体，除了康德、费希特、谢林、黑格尔四个以外，还包括同时代的浪漫主义以及许多被哲学史家们不公正地称为"非主流"的思想家，也包括那些默

默无闻进行哲学创造的一大批思想家。正是依据这种精神,我们试图
超越传统哲学史著作的狭隘范围,不忽略上述四位伟大的哲学家以外
的许多哲学家,并特别论述他们是如何在"主流"之外,大胆地自主思考
和创造,他们究竟如何与上述四位大哲学家争论。这样,才能一方面更
清楚地揭示上述四位哲学家基本观点的复杂创立过程,另一方面又顾
及被传统忽略的各种多元的重要哲学发现及其基本观念。

　　首先,18 世纪末至 19 世纪初,与德国古典哲学同时并行发展的,
还有德国浪漫主义(Deutsche Romantik)和其他多种哲学流派以及其
他许多对启蒙运动抱有不同观点的哲学家。这也就是说,并非德国古
典哲学独占鳌头,更不是德国古典哲学独霸一方,而是一个多元哲学思
想流派相互争论的百花齐放百家争鸣的活跃创造局面。

　　德国浪漫主义是 18 世纪末至 19 世纪初发生在德国文学、艺术和
哲学领域的宏伟的思想运动。有一部分人认为,浪漫主义在德国,只限
于文学领域。其实,浪漫主义在德国是紧密地与哲学思想以及艺术创
作思想的新发展相联系的,对于德国浪漫主义的研究,绝不能把其中的
哲学、文学与艺术领域中的各种浪漫主义思想加以分割而进行孤立的
片面分析③。

　　实际上,德国这一时期的哲学浪漫主义,涉及赫尔德、黑格尔、荷尔
德林、费希特、谢林、叔本华、施莱尔马赫等一大批哲学家。虽然这些哲
学家并不能简单地全部归结为浪漫主义者,但他们的绝大多数的思想
中,都表现出程度不同的浪漫主义思想。

　　同欧洲其他国家相比,德国浪漫主义开始得比较迟缓;而且,德国
浪漫主义早期还与魏玛古典时代(大约 1772－1805)相重叠。德国浪漫
主义的这种特征,其实是有它的历史根源的。这就是说,早在中世纪时
代,德国早期浪漫主义者就已经试图综合哲学、文学、艺术和宗教,创立

一种由多种文化思潮所构成的浪漫思想方式①。这些德国早期浪漫主义者并不满足于文学和艺术领域，他们试图用一种无拘无束且崭新的自由思想，对整个自然、社会和人的精神生活进行大胆探索，这些早期浪漫主义者敢于向各种旧的社会文化禁忌发出挑战，旨在开辟思想文化创造的新思路。

早期德国浪漫主义思想发展到 18 世纪 70 年代之后，就进一步试图突破存在于日常生活与天才思想家所期盼的非理性和超自然世界之间的紧张关系。根据 18 世纪德国浪漫主义者的思路，哲学应该超出日常生活与理性世界的界线，在想象、情感、意志和语言中的潜意识运动中，寻求哲学创造的思想源泉⑤。

与海涅同时期的歌德、席勒及谢林等人，也同样强调情感、个人、个体经验以及受尽各种煎熬的心灵内部的复杂情绪和强烈的逾越欲望的重要性。浪漫主义的所有这些重要因素，在 18 世纪末至 19 世纪初的整个历史时代中，都一再在哲学活动中冒出来，成为当时与理性思维相对抗并推动哲学思想更新的一种精神动力。

因此，康德所处的时代是充满矛盾的。康德面对复杂的思想文化环境，选择了他所重视的理性批判原则，创建了一个崭新的哲学论题，对于当时的哲学创造运动，无疑是具有重要意义的。但同时，康德显然更沉醉于启蒙理性和科学理性，他试图使理性在启蒙中的胜利进一步扩充到整个社会文化领域，并期待以纯粹理性评判一切事物，特别是人的思想、情感、意志及行为，同时也希望将理性当成人类进步的指路明灯。

在康德之后，将理性发展到顶峰的，就是黑格尔。黑格尔通过对康德的批判，超越了康德的理性主义，从而真正完成了康德对理性的期望，创建了绝对理性的哲学系统。

第二节　康德哲学的基本问题

（一）"哥白尼式的转向"（die Kopernikanische Wende）

18 世纪下半叶至 19 世纪初，德国伟大哲学家康德的"批判哲学"（Kritische Philosophie）的产生和发展，是德国哲学史的一个重要转折点，哲学史家一般称之为"康德的革命"①，而康德自己称之为哲学上**"哥白尼式的转向"**（die Kopernikanische Wende）。康德为此在《纯粹理性批判》的先验的分析论中宣称：我们把现象的有规则的秩序，称为自然，而自然规则的根源就在于知性（Verstande，或译为"理智""悟性"）。因此，关于对象的知识的条件，同时也是知识的对象的条件（die Bedingungen der Erkenntnis der Gegenstände zugleich die Bedingungen der Gegenstände der Erkenntnis sind）。康德为此自豪地说，这是一个思想方式的革命，如同哥白尼的革命那样，是一种典范式的转折。

康德的革命宣布：对于外在世界的认识以及我们的经验，无非就是由我们内在先天的感性和理智结构所决定的，外在的现象世界并不是独立于我们的心灵而存在，与此相反，正是我们的先天心灵结构（感性直观和悟性范畴），决定作为对象的现象的基本结构。换句话说，我们的内在感性直观形式和理智范畴，使经验以空间和时间的形式以及以范畴所规定的概念形式展现出来，正是我们的思想为经验规定了有秩序的形式并以一定的结构展列成因果等关系。康德在《纯粹理性批判》中强调：决定外在现象的秩序和规则的纯粹直观形式和知性形式，乃是内在于人心中的先天形式或结构，所以，康德进一步指出，他的整个哲学的基本内容，就是探索和研究内在于人心中的先天形式的可能性条件，也就是探讨人的先天内心形式结构，如何成为人的认识、道德伦理行为以及审美品鉴判断行为的可能性条件。正是在这个意义上说，康德把自己的哲学简称为"先验哲学"（Transzendentalphilosophie）。

（二）先验哲学的主要内容

关于"先验哲学"，康德自己说："我之所以说所有的知识是先验的，不是着手于知识的对象，而是更多地着手于我们的作为先天地可能的对象知识的模式而言。这样的先天概念系统，就称为先验哲学。"⑦

康德在《纯粹理性批判》导论第七节中说，纯粹理性包含了我们由以绝对先天的能知一切事物的原理。对于他的先验哲学，康德在《纯粹理性批判》是分成"先验原理论"和"先验方法论"两大部分，然后，"先验原理论"又分成"先验感性论"（transzendentale Ästhetik）和"先验逻辑"（transzendentale Logik），分别重点地论述先天内外纯直观形式（即时间和空间）以及先验纯粹悟性（知性）范畴的决定性意义。康德强调，一切知识，都必须首先由先天内外纯粹直观形式，把经验所提供的感性杂多质料加以整理，然后，再由先天纯粹悟性范畴加以整理综合："由先验感性论所提呈于前之先天的感性杂多，为纯粹悟性概念之质料，如无此种质料，则此类概念即无内容，因而全然空虚。"⑧康德说："直观没有概念是盲目的"（Anschauungen ohne Begriffe sind blind）"思想没有内容是空洞的"（Gedanken ohne Inhalt sind leer）⑨。

所以，康德的先验观念论，就是探讨内在于人心中的纯粹理性，如何由其自身提呈出来、而又以何种条件，才能同人的经验相结合，成为人的知识、道德伦理行为以及审美判断的决定性基础。

（三）对知识和理性的分析批判

康德的革命发生在启蒙时代的成熟时期并非偶然。康德哲学不仅总结了德国自宗教改革至莱布尼茨的哲学的发展成果，而且也吸收了整个欧洲自文艺复兴以来的理论研究精华，特别是总结了自笛卡尔和培根以来欧洲思想史上经验主义和理性主义的论战成果。康德的思想革命的基础，就是启蒙时代对理性和知识的崇拜。

康德哲学的革命性，就在于它证实了一条最简单的真理：我们只能认识（erkennen）那些可能认识的事物，而我们所能认识的事物，必然是与我们的认识机能和我们的生活世界相适应。也就是说，人的认识是必须具备一定条件的，脱离条件而讨论认识问题是没有意义的。对于康德来说，人的认识的条件，是由先天内在的感性和知性纯粹形式以及外在提供的经验质料杂多两大部分及其认识活动中的综合。正因为这样，康德才集中分析知识的"先天综合判断"。

哲学家的任务是确认和确定认识的条件，发现随着认识条件的变化而发生变化的认识的限度。哲学家可以任意遐想，但涉及人类知识时，就必须抱着认真谨慎的态度。

在康德看来，对于那些不可能认识的事物，我们固然可以思维（denken）到，但这种思想如果说能达到某种准确性的话，它也是只能通过逻辑之外的其他途径来达到。因此，在理性的范围内，只有当我们认清理性的限制，进行先验的分析批判，就有可能通过我们的感性和理智的先天能力与经验综合的途径，把握关于对象的正确认识。这个结论，也就是康德在他的《纯粹理性批判》一书中所自称的**"哥白尼式的转向"**的基本含义，它对于现代哲学的发展发生了决定性的影响。

康德还严格地区分知识和意见。他认为，知识（knowledge）不同于意见（opinion）和信念（belief）。康德指出："当判断只是主观上充分、而同时它又客观上不充分的时候，就叫作信念。"信念同知识并不存在必然的关系，任何人可以自由地信仰任何一种观念，这些观念可以是有知识基础，也可以没有知识基础，而有没有知识基础，对于信念来说并不重要。所以，知识论和逻辑学都严格地将知识同信念对立起来。当一个人说他有某种知识的时候，就意味着他所知道的是正确的。但是，当一个人信仰不管什么观念的时候，他所信仰的可以是正确的，也可以是错误的。在谈到意见的时候，康德说："意见，不管是主观上还是客观上，都是一种不充分的判断。"康德认为，同信念和意见不同，"凡是主观上和客观上都是充分的判断，才叫作知识"。

知识就是有理性的人对于世界规律的认识。在西方哲学史上，对于知识的重视虽然从古希腊时代就开始，但是，只有到了 16 至 17 世纪的资本主义时期，才将知识问题列为社会和人类生活的中心地位，并由此而引起西方哲学的"认识论的转折"。在此以前，西方哲学和人们的基本思考模式是"本体论式"。也就是说，一直到资本主义社会产生以前，人们思考各种事物的出发点和关怀的中心，是客观对象的本体论本质，不管这种本体论本质是否存在于经验世界中，也不管它们是否经过科学实验的检验和论证。但是，从近代资本主义开始，人们就只崇尚来自经验、经过理性推理和加工而又经过经验验证的科学知识，并把科学知识看作维持正当的生活、维护社会法制秩序和征服自然的必要条件。

由笛卡尔、斯宾诺莎和培根等人在哲学上所完成的认识论的转折，对于西方社会和文化的发展，特别是对于资本主义现代性的产生和发展，具有决定性的意义。

实际上，人的理性同知识之间具有双重的循环关系。这就是说，由于人是理性的生存物，人有可能通过自身的独立自主性和自觉性，运用自己的理性，实现对于世界的规律性认识，总结出关于世界的各种各样的知识，反过来，由于知识是理性的产物，是理性的理论系统性表现，掌握知识越多，就越提升个人的理性能力，越推动人类理性的发展。显然,知识和理性是相辅相成的,是相互推动和互为条件的。启蒙运动在提出人性解放和个人自由的口号的过程中,在批判和摧毁旧社会和旧文化的专制权威过程中,始终都强调知识的重要性,尽全力推动知识的发展。

除了法国的启蒙思想家以外,一向具有尊重经验知识传统的英国思想家,特别是当时的苏格兰学派的思想家,对于知识的重要性及其对于启蒙精神的重要意义,都有深刻的研究。显然,对于理性的认识,不能停留在先验的和抽象的哲学或形而上学的理论认识层面上,而是要在对经验世界的进一步考察和研究中,在对于经验世界的改造活动中,实际地具体体现出来。在这一点上,狄德罗和达兰贝尔等法国启蒙思想家,培根、霍布斯、休谟和弗格森(Adam Ferguson,1723 - 1816)等英国启蒙思想家,都强调在知识形构和发展中,经验与理性的高度结合⑩并认为:知识的发展将有助于人类进一步提升自身的自律性,有利于人类自觉地掌握和运用客观规律,而为人类造福利。

由此可见,由启蒙运动所开创的现代性,最终落实到人类不断发展知识和应用知识、而为人类造福这一根本目标上。

康德哲学是在总结此前理性主义和经验主义研究成果基础上形成的。康德的伟大就在于:他不但享受了历史时代所赋予的优越条件,而且还果真没有辜负时代给予他的寄望,以批判的精神,创造性地发展了在他以前的启蒙哲学的水平,进一步对知识、道德和审美活动进行冷静的分析和探讨。

康德的批判的先验哲学立足于对知识的批判分析,他在《纯粹理性批判》的开端,首先开展对纯粹知识与经验知识的区别考察。康德强调:"我们的一切知识都以经验开始。"⑪接着,康德指出:"虽然我们的一切知识都以经验开始,但是并不能说一切知识都来自经验。因为很可能,即使我们的经验知识,也是由我们得自印象的与我们认识能力(感觉能力只作为诱因)自身所供给的二者构成的。"⑫由此,康德提出了"经验知识"和"先天知识"两种知识,并认为,先天知识独立于经验,甚至独立于一切感官的印象,这种知识是"先天的"(a priori),而经验知识是后天的,来自经验;先天知识由于不包含经验,康德称之为"纯粹知识"。在区分经验知识与先天知识的基础上,康德进一步分析构成先天知识和经验知识的命题或判断的不同性质:先天知识是由必然命题或先天判断构成,它们具有必然性和普遍性,数学知识就是属于这一类,这一类知识中的先天判断,实际上也都属于分析判断,因为这类判断的宾语乙属于主语甲,并作为(隐含地)包含在概念甲之中;经验知识的判断则是属于综合判断,因为这类综合判断的宾语乙,虽然确实与概念甲有联系,但它却是在概念甲之外。"分析判断(肯定的)就是我们想到那里面的宾语与主语的联系是具有同一性的判断,综合判断就是我们认为宾语与主语的联系没有同一性的判断。分析判断也可以叫作解释的判断,因为宾语对于主语概念并没有增加什么东西,只是把主语概念分开成作为其组成部分的那些概念,我们认为那些概念全都是在主语概念里的,只是想得不够清楚罢了。另一方面,综合判断给主语概念加上一个我们不曾以任何方式想到在它里面的宾语,我们不能应用分析把宾语从主语概念中抽出来,所以综合判断也叫作扩充的判断。"⑬

　　康德认为,哲学需要一门科学来决定一切先天知识的可能性、原则和范围,同时,在理性的一切理论科学里都包含有先天综合判断作为原则⑭。哲学如果要成为一个严格的符合理性的科学,在康德看来,就必须首先集中探讨:作为一切真正的知识的基本命题,"先天综合判断何以是可能的?"康德明确地指出:"形而上学一直到现在都处在如此的不准确和矛盾的摇摆不定状态中完全是由于这个事实:以前从来没有人考察上述问题,或者甚至于连分析判断与综合判断的分别,也从来没有人加以考察。形而上学的成败,就依赖于这个问题能够得到解决,或者依赖于能够充分证明它所要给予解释的那个可能性事实上是根本不存在的。在哲学家当中,休谟最接近于见到这个问题,但是他距离依据足够的确定性和普遍性来理解这个问题仍然很远。"⑮

因此,康德指出:纯粹理性必须"应用于建立与发展一切包含着对象的理论的、先天的知识的科学的可能性,从而就要回答以下的问题,即'纯数学何以可能?''纯自然科学何以可能?'""既然这些科学实际存在着,所以,就完全应该问它何以可能;因为它们之必然可能是为它们存在这个事实所证明了的⑯"。

(四) 理性的先验理念及其二律背反

人类理性从来都不限于对知识的追求和探索,正如康德所说:"人类理性并不是单纯为扩大知识范围与追求各种知识的毫无根据的欲望所推动,而是一种内里的需要驱使着人类理性,使它迫切地提出一些问题来,这些问题不能根据理性的一切经验运用或由这引申出来的原则加以回答。所以,一切人,只要他们理性发展到能够玄想的时候,就永远会有并且将继续有某种形而上学。因此,这就存在以下的问题:形而上学,作为自然的意向,何以可能? 也就是,纯粹理性向自己提出、并且理性为它自己的需要所推动极力把它们完善地加以回答的那些问题,怎样从普遍的人类理性的本性里生出来?""形而上学作为科学何以可能?"

形而上学,作为纯粹理性的思维活动,是在思想范围内进行的。康德说:"思想一个对象与认识一个对象绝不是一回事。"⑰知识是由先天的感性直观和知性范畴对经验质料杂多进行整理建构的结果,而思想则无须经验就可以由理性来完成。所以,形而上学探究可以超越经验并在纯粹理性能力所可能提出的各种问题中获得不断更新。康德指出："理性从来不直接把自己应用到经验或任何对象上面，而只是应用于知性上，为的是利用概念给知性的杂多的知识以一种先天的统一性，这种统一性可以叫作理性的统一性，跟知性所能成就的任何统一性在种类上是完全不同的。"[18]

那么，形而上学作为纯粹理性的思维活动，它的任务是什么呢？康德回答说："纯粹理性自身的无可回避的任务，就是神、自由和不朽（Die unvermeidlichen Aufgaben der reinen Vernunft selbst sind Gott, Freiheit und Unsterblichkeit）[19]。"显然，这一探讨是超出经验的范围，是在超时空和无限广阔的层面上开展各种探索。换句话说，神、不朽和自由的问题，不是认识或知识问题，是无法进行论证和确证的，但就连理性本身，也无法否认它们作为观念（Idee）的存在的可能性。既然不是认识问题，它就与知识无关，是纯粹信仰的问题，但我们又不能因为它与知识无关就轻易否定和反对它。既然理性的思想活动势必扩及经验以外的神、自由和不朽的问题，理性就必须认真地探讨它们的可能性及其性质。凡是经验无法、也不可能验证的问题，就是一种信仰问题，对于这个问题，康德说："我必须扬弃知识，以便为信仰保留地盘（Ich musste das Wissen aufheben, um zum Glauben Platz zu bekommen）[20]。"

所以，康德哲学在对人的理性进行批判分析的过程中，在完成了对人的认识能力和条件的探究之后，势必探讨科学知识之外的形而上学何以可能的问题。这一部分就是康德《纯粹理性批判》的先验逻辑的先验辩证论所主要探讨的问题，康德称之为"先验的幻象"，是"先验的辩证论"的组成部分，也称之为"先验的逻辑"。"真理与错误，从而也加上引导到错误的幻象，都只是在判断里才有，也就是都只在对象对于我们知性的关系里才有。"[21]

所谓先验的幻象和先验的辩证论,指的是在超出经验的虚幻范围,试图"用纯知性的纯粹欺骗性的扩张来欺骗我们",不考虑知性在经验范围内的功效,而使得"知性的影响加到根本不预备应用于经验的原则上面,……它轻视批判所提出来的一切警告而把我们完全带出了范畴的经验应用的范围……"^②。

凡是取消了经验的界限,甚至命令我们实际上越过经验界限的原则,都是超验的原则,它们同前面所说的"先验的原则"根本不同。为此,康德警告我们"先验的和超验的这两个术语,不能交换使用",先验的原则,就其在经验范围内有效而言,康德称之为"内在的"(immanente),而超验的原则,就其超越经验和越出经验之外而言,康德称之为"超验的"。

先验的辩证论就是为了揭示超验的判断的幻象,并且警告我们不要受欺骗。但先验的幻象是不可避免的,是无法阻止的,"因为在我们的理性中(从主观上被当作是一种人类认识能力)关于它的应用有一些基本的规则和准则,这些规则和准则完全具有客观原则的外表,因此,我们就把这些有利于我们的知性概念的联系的主观的必然性,当作了规定物自身的客观必然性。这种幻象之不能防止,就像我们不能防止海面在地平线比在海边显得更高,因为我们是通过了更高的光线来看它,或者,……就好像天文学家不能防止月亮初升时显得更大,虽然他并不为这种幻象欺骗"^③。

显然,对于康德来说,理性不同于知性,知性是被当作**规则**的能力,只限于与范畴打交道,使用知性范畴去整理感性直观提供的经验知识,而理性被称为"**原则的能力**",这些原则都不是从感性和知性而来的,虽然它也可以应用于感性和知性上面,但它也可以应用于感性和知性之外。所以,"可以把知性当作利用**规则**得到现象的统一性的能力,把理性当作在**原则**之下得到知性规则的统一性的能力。因此,理性从来并不直接应用到经验或任何对象上面,而只是应用到知性上面,为的是利用概念给知性的杂多的知识以一种先天的统一性,这种统一性可以叫作理性的统一性,但跟知性所能成就的任何统一性在种类上是十分不同的"[24]。

康德反对在感性与悟性(知性)的结合之外进行认识活动,因为在他看来,超越了感性和悟性的范围,人类理性就面对感性和悟性所无法整理和解决的对象,它们是经验范围之外的无限和无形的本体世界的问题,诸如:(一)"宇宙在时空方面的有限性和无限性的问题";(二)"整体是否由不可分割的最简单因素(原子)所构成的问题";(三)"自由意志与普遍因果性的关系";(四)"一个'绝对必然的存在'(神)是否存在的问题"。康德认为,这四个经验之外和现象之外的问题,也就是"超验"的问题,不是认识活动的对象,不是知识论研究的范围;如果纯粹理性一定要追问这些超验的问题,将会陷入"二律背反"(Antinomie),陷入矛盾(Widersprüche)。

康德是在《纯粹理性批判》的"先验的辩证"中提出纯粹理性的"二律背反"[25]。康德指出,经验之外的超验世界及其性质,是不能通过感性和知性的认识能力去把握的。康德把上述属于超验的本体世界的问题,分为四种类型,其中前两种是属于"数学的",后两种是"力学的"。

具体地说,纯粹理性的二律背反,包含先验理念的**四个争执**,其中,每一个争执,由于超出经验,都不可能达到明白一致的结论,而只能导致各自独立而又相互平行保留的"正题"和"反题",也就是说,正题和反题既不可能相互承认,也不可能相互克服。

属于先验理念第一个争执,就是"宇宙在时空方面的有限性和无限性的问题",其结果,形成了相互对立的"正题"(世界在时间上是有开始,在空间上也是有限的)和"反题"(世界没有开始,在空间方面没有界限;它在时间和空间两方面都是无限的);属于第二个争执,就是"整体是否由不可分割的最简单因素(原子)所构成",其结果,导致相互对立的"正题"(世界里面每个组合的实体都由单一部分构成,除了单一的或由单一的组成的东西之外,在任何地方都不存在有任何东西)和"反题"(在世界里,没有组合的东西是由单一部分所构成,在世界里,没有地方存在着任何单一的东西);属于第三个争执,就是"自由意志与普遍因果性的关系",其结果,导致相互对立的"正题"(按照自然律的因果性,不是世界的现象全部都能从其得出来的唯一的因果性。为了解释这些现象,必须假定还有另一种因果性:自由的因果性)和"反题"(没有自由,世界里一切东西只是按照自然律发生);第四个争执,就是"一个'绝对必然的存在'(神)是否存在的问题",其结果,导致相互对立的"正题"(有一个绝对必然的存在,属于这个世界,或者作为它的部分,或者作为它的原因)和"反题"(在世界之中或在世界之外,都不存在一个绝对必然的存在,作为它的原因)㉖。

属于数学的二律背反,其结果只能是错误的,因为它们都无法被经验所证实,而属于力学的二律背反,即关于"神"和"自由"的问题,因为它们是"合理的但又相互矛盾的",所以,可以当成"实践理性的假设"(Postulat der praktischen Vernunft)。康德认为,这是一种无须证明、也无法证明的合理的公设,但对它的假设有利于人的实践理性行动。

(五)物自体与现象的二元并存

康德在《纯粹理性批判》中,提出了现象与物自体相互分离的思想。他认为,人类认识活动,只局限于、也只能限于经验领域内,而经验领域是属于现象世界,对他来说,只有在经验领域中,人类先天内在的纯粹内直观形式(即时间)和外直观形式(即空间),才有可能将其对于经验现象所取得的感性认识,提交给先天悟性(或知性)范畴,进行更高一层的知识系统的整理过程,获得具有知识意义的先天综合判断。

康德一方面限制了理性本身的范围,同时也限制认识活动,试图将认识活动局限于经验现象范围内,从而也把认识限制在现象界;另一方面他也试图由此扭转传统形而上学的知识论的不合理性,揭露传统形而上学对经验现象以外的本体的认识企图的不合理性。由此可见,康德明显地把世界分成可认识的"现象"和不可认识的"物自体"两部分。为此,在哲学史上,人们把康德当成"二元论者"。

对于康德来说,现象世界就是我们通过感性和悟性所决定并可以被把握的外在世界。我们的感性和悟性是无法认识现象之外的物自体,因为我们的感性和悟性能力都不能超验地应用于物自体。换句话说,物自体处在属于它本身的彼岸世界,这个彼岸的物自体世界,显然一方面自外于现象界,另一方面也对立于经验世界。

所以,康德指出:被考察的物自体,纯粹是一个限制概念(Das Ding an sich selbst betrachtet ist bloß ein Grenzbegriff),它只能被逻辑地思考,它不包含真实的直观内容,不涉及感性和悟性所把握的现象界对象,只具有否定的有效性(nur negativ gültig)。因此,物自体概念纯粹只是具有方法论方面的意义,它丝毫没有形而上学所说的真实性;也就是说,传统形而上学的本体概念是空泛的(Der Begriff der Noumena ist leer),也是成问题的概念(auch einen problematischen Begriff),因为它的存在根本不是立足于直观(weil ihm keine Anschauung zugrunde liegt)[27]。

当然,我们只能说,康德的"物自体"只是类似于传统形而上学所指的"本体",它们之间并不能完全相互等同:说它们是类似的,指的是它们都指向现象以外的独立存在；而说它们是有差异的，是因为传统形而上学的本体概念虽然同样指现象以外或"背后"的存在，但形而上学的本体概念并不完全排除它与现象的联系，也就是说，形而上学虽然确认本体不同于现象，但往往也同时承认，现象在不同程度上可以表现在它们"背后"或"低下"的本体。在这种情况下，传统形而上学并不由于本体处于现象"背后"或"低下"而否认对它们认识的可能性⑩。

"本体"概念原本来自希腊词"νοούμενον"，是动词"思想"（νοεῖν noein）的中性单数现在分词演变而来⑩，而最早把它使用于哲学论述中，是"Sextus Empiricus"，他使用"Noumena"，意指某种可以通过"奴斯"（Nous）加以思索的一种存在，并以此与显现出来的"现象"（φαινόμενα）相对立⑩。柏拉图及柏拉图主义者把他们所说的"理念"或"形式"当成"本体"，而把现象当成感知的对象；而本体和本体世界是属于最高的知识的对象（真理、价值等）。当然，早在柏拉图之前，德谟克里特等人就已经提出并争论本体以及本体同现象的关系，后来发展起来的怀疑主义学派更明确地把本体当成虚幻的存在。

（六）人的自律及其条件

康德在完成对感性、知性和理性能力的全面批判基础上，特别是在完成对认识能力的可能性、有效性、有限性的批判考察之后，便着手考察人在其伦理道德的行为中所隐含的实践理性的准则。最后，探讨人性尊严在纯粹理性和实践理性相结合的最高条件下，在认识与实践之外的独特领域内的崇高无比的审美判断中，阐明人对于美的无目的性的鉴赏同自然本身的合目的性的运作的和谐一致性，由此揭示：感觉世界或自然世界的理性目的是与人类理性的目的相一致的，同时也表明：人类的心灵与意志自由，同自然的和谐秩序也是相互适应的。

在道德伦理行为中,人遵循理性的更高的要求和规律法则。康德认为,道德原则是"既定的事实",但它不是属于"经验的事实",而属于"理性的事实",这种事实从一开始就"具有立法的性质",因此,它们是无须证明的。

所以,在谈到人的自律性的时候,康德把人放置在感性经验世界和理智世界的范围内加以考察,同时,康德还根据人在世界中的地位、人对其所面对的世界的认识,以及人应用所掌握的两种世界规律的程度,深入探讨人的本质及其在实际世界中的自律地位。康德认为,由于人一方面隶属于感性经验世界,另一方面又属于理智世界,所以,人只有充分掌握和顺从这两个世界的规律和法则,才能实现自身的自由行动,才能达到真正的自律。康德对人的上述二重性的分析,发展了启蒙哲学对人的理性的基本观点,一方面肯定了理性的重要性,另一方面又具体地分析了理性本身的限制,指明理性在不同领域内的不同功用,揭示了理性的内在矛盾性及其对于人类行动所造成的悖论效果。

(七)"我们头顶上旋转的星球"和"我们的内心世界"

康德一生完成了对于人自身的认识能力、道德行动能力以及审美能力的全面考察,回答了他自己所提出的有关人的三大问题:人究竟能够认识什么? 人究竟应该做什么? 人究竟期望什么? 这三大问题,分别地探索了与人的命运密切相关的真、善、美的问题,实际上又关系到人本身的本性及其与周在世界的合理关系,既关系到"在我们头顶上旋转的星球",也关系到"我们的内心世界"。由此可见,康德的哲学,全面探讨了启蒙时代所提出的寻求人的、物质世界的和精神世界的真理的基本任务;德的哲学试图探索人本身以及与人相关的一切。正如康德在他的《实践理性批判》的结束语中所说:"有两大事物,我们越经常、越执着地思考它们，我们心中就越充满永远更新并有增无已的赞叹和敬畏：我们头顶上的灿烂星空和我们心中的道德法则（Zwei Dinge erfüllen das Gemüt mit immer neuer und zunehmender Bewunderung und Ehrfurcht，je öfter und anhaltender sich das Nachdenken damit beschäftigt：Der bestirnte Himmel über mir，und das moralische Gesetz in mir）。"

不仅如此，康德的卓越贡献还在于提出了批判方法和手段，将"批判"升格为人类思想、行动和审美的基础活动，这就将人引入时刻清醒的反思和审慎的境地，避免盲目和独断，反复地进行反省和斟酌拿捏，对自身一再发出警示，不但不再漫无边际地、自不量力地提出问题和任务，而且还考量自身可能的思路和可能的行动方式。康德由此改变了哲学思维的风格和态度，倡导批判分析的精神，也就是说，主张换一种方式提出哲学问题：不是像过去那样，在未探讨自身能力的限制以前，就确定自己的目标，而是反过来，首先探讨提出和实现目标的可能条件，将哲学的基本问题归结为：第一，人的认识何以可能？第二，人的道德伦理行为何以可能？第三，人的"无目的的合目的性"的审美判断何以可能？"何以可能"这个问题的提出，意味着康德比以往任何一位哲学家，都更审慎地将自身的反思和行动，建立在自己对自身"有可能受限制"的清醒估计的基础上。

启蒙运动所提出的人性解放和个人自由的口号，只有在不断充实和发展人类知识的条件下才能真正实现，掌握和运用知识，便成为人性解放并达到个人独立自主性和高度自觉性的必要条件和最关键的中介手段。康德总结了启蒙思想家的理论研究成果，强调人的自律性，必须同对于"感性经验世界"的客观规律和对于"理智世界"的规律法则的充分认识密切地联系在一起。

正因为如此，康德的思路及其方法，开启了近代和现代哲学的科学思考方式，也提示了进行哲学探究的实证的和可能的方法，在很大程度上，引导着近代和现代西方哲学的前进方向。

但是，从另一方面来看，康德的思想又表现出它的时代局限性。最大的局限性恰恰源自康德及其同时代人对理性的有限认识，什么是理性？理性的意义是在什么条件下具有积极的性质？又在什么条件下具有消极的性质？理性本身所包含的矛盾，又是怎样体现在世界的本体中？

康德在进行对于理性的批判的时候，虽然极为严谨，但又过于形式化，甚至达到僵化的程度。康德对于理性批判的僵化，使他未能充分意识到理性本身与非理性之间的交错性及其相互转化的可能性。

同时，康德在分析经验的时候，也只限于对感性行为外在活动的观察范围，只相信科学实验所达到的范围，并没有估计到经验本身所蕴含的反思性及其与理性之间的相互转化可能性。实际上，在人类的一切经验行为中，往往或多或少地掺杂了理性的因素，反过来，在理性活动中，也同样存在经验的成分。康德在《纯粹理性批判》所完成的，恰恰割裂了理性与经验的联系，使两者僵化地各自停留在自己的功效领域中，没有深入细致地分析人类最复杂的认识活动以及人类其他社会、文化和思想活动中的内涵，难以把握和揭示这些活动中理性与非理性各个因素的交错关系。

第三节　康德生平及其思想发展过程

康德(Immanual Kant，1724-1804)生于 1724 年 4 月 22 日。当时，他的出生地哥尼斯堡是属于东普鲁士在波罗的海沿岸的小商港。他的祖先是移民到但泽(Danzig)的苏格兰人。父亲原姓"Cant"，手工马鞍匠，为了防止人家发音时误读成"Zant"，他将家姓的写法，由"Cant"改为"Kant"，全名为约翰·格奥尔格·康德（Johann Georg Kant）。母亲安娜·雷季娜（Anna Regina）的父亲原居住于纽伦堡，她是非常虔诚的信徒，所以，康德自幼受到虔诚的宗教教育。当康德于1732到1740年就读于哥尼斯堡弗列德列克公学（Collegium Fridericianum）时，路德虔敬派神学家祖尔策尔任校长。1740年，康德进入哥尼斯堡大学攻读哲学、数学、古典拉丁文献和神学。非正统沃尔夫派教授克努岑所主持的数学课，很吸引康德的兴趣。

1746年大学毕业后，康德未能留校任职，至1755年为止，康德先后在三个家庭做私人教师。在这段时间内，康德勤奋地撰写了一批论述自然科学的论文。

1755年，康德连续以拉丁文写的《论火》（*Meditationem quarundum de igne succinta delineation*）和《对形而上学知识基本原理的新诠释》（*Principiorum primorum cognitionis metaphysicae nova dilucidacio*）获得博士学位和在大学任教的资格。此后，康德在母校哥尼斯堡大学任教，但只能作为"私人讲师"（Privatdozent）的身份，讲授数学、物理、逻辑、形而上学、道德与哲学百科全书。1757年起，他又讲授自然地理，1760年开讲自然神学和人类学。他的人类学讲稿《从实用观点探讨的人类学》具有重要的学术意义。1765年，考虑到康德薪资微薄，大学允许他兼职图书馆管理员助手（Unterbibliothekar），以增加收入，并获得稳定的正式薪水。

1770年，康德才获得机会，在哥尼斯堡大学任逻辑学与哲学教授。为此，他提交了《感觉世界和理智世界的形式和原理》（*De mundis sensibilis atque intelligibilis forma et principiis*），作为他的就职论文。后来，尽管哈勒大学及其他大学都先后邀请康德任教授，但康德均予以拒绝。

他一辈子也不愿离开他的故乡哥尼斯堡一步,康德在哥尼斯堡大学一直任教到 1797 年为止。

康德于 1766 年 4 月 8 日致门德尔松的一封信,典型地表现了他的品格。他在信中写道:"即使在最坚定的决心的情况下,也难于避免犯错误;但不管发生什么样的错误,我保证将永远地不使自己变成为首尾不一和因改变我的姿态去适应我周围世界的每一个变化而犯罪……实际上,我经常以尽可能清楚地意识到其真理性的程度,思考许多事情,虽然有时我并没有勇气去说出来;然而,不管怎样,我却永远不会说那些我从来没有想过的事情。"

康德对社会上发生的重大政治事件很感兴趣,他是一位坚定不移的自由主义者。他很同情美国独立战争(1773 - 1776)和法国大革命(1789)。他把这些革命看作争取自由的行为,他说:"一个人的行为必须服从另一个人的意志,这是最糟糕不过的事情了。"要把每个人看作他自身的目的,而不是单纯一个手段,这就是康德的伦理学的基本原则。

康德的思想发展过程分为两大阶段:第一阶段是 1770 年以前的"前批判时期";第二阶段是 1770 年后的"批判时期"。对他来说,1770 年的根本转变,并不是偶然的和突如其来,它一方面是此前康德思想潜行发展的结果,另一方面又是 1770 年前几年发生于康德思想和周围环境中的重大事件的影响。

在第一阶段,启蒙运动的追求知识的基本口号和理性的基本原则,对康德的思想成长发生了决定性的影响。他从懂事的时候起,如饥似渴地博览全书,力图使自己培养成为一个百科全书式的人物。

更具体地说,康德深受莱布尼茨和沃尔夫学派思想的影响,同时也接受牛顿和瑞士数学家、物理学家欧拉(Leonhard Euler,1707 - 1783)

的自然哲学的影响,对经验论和怀疑论有明显的向往。康德早期著作是康德前批判时期哲学思想的主要表现。

康德在哥尼斯堡大学时,其研究兴趣最初是指向自然哲学。他期望通过对于自然和宇宙的思索,把握整个世界的真理。大学毕业前夕,康德就发出了这样的豪言壮语:"在不断追求真理的过程中,冒一次险,尽管会千百次地走上歧途,也总比在平坦的大道上行走好得多。我的立场就是如此。我已经给自己指明出路,我要坚持下去。我将开始我的进程,任何事情都不能阻止我向前进(Ich habe mir die Bahn schon vorgezeichnet,die ich halten will.Ich werde meinen Lauf antreten, und nichts soll mich hindern, ihn fortzusetzen)[①]。"

1747 年,康德写出《对于活力的真正评价》,试图调和笛卡尔与莱布尼茨的思想,并借此系统引入牛顿的"万有引力"思想,使之建立在莱布尼茨的形而上学的基础上。1755 年康德发表《自然通史与天体理论》(*Allgemeine Naturgeschichte und Theorie des Himmels*),论证了物质世界的机械力学结构,并提出了拉普拉斯(P. S. de Laplace, 1749-1827)等人后来进一步证明的关于天体星云演化的理论。这篇论文集中了康德此前对自然科学研究的重要成果,可以说,是康德前批判时期内,对世界、宇宙和物质世界,长期进行科学的、数学的、实证的、逻辑的和形而上学的探索的综合产品。康德在同一年发表的《对形而上学知识基本原理的新诠释》的论文,也表现了浓厚的克鲁西亚斯的思想影响。他在 1756 年发表的《物理学的单子论》(*Monadologia physica*)再次表现了他调和牛顿和莱布尼茨的企图。但是,康德在 1755 年之后,基本上把思考的重点,从自然界转向形而上学问题。这也许是他的老师克努岑对他的引导的结果,也许也是同一时期的克鲁西亚斯和拉姆贝特等沃尔夫学派人物的基本研究方向的影响。1763 年康德发表《关于上帝的存在的论证》（*Der einzig mögliche Beweisgrund zu einer Demonstration des Daseins Gottes*），第一次表现了他对本体论的独创性见解。在这本书中，可以看出从牛顿到法国数学家达兰贝尔对他的深刻影响。

1763 年是康德思想发展过程的一个重要转折点。他在这一年发表的《自然神学和道德的基础》（*Untersuchung über die Deutlichkeit der Grundsaetze der naturlichen Theologie und Moral*），系统地比较了哲学的与数学的知识的区别。在他看来，前者使用了抽象的方法，而后者则使用了具体的方法。康德强调，在形而上学论证中，必须像牛顿那样进行对经验的分析。

接着，康德在《关于美的情感和崇高的考察》（*Beobachtungen über das Gefuehl des Schönen und Erhabenen*，1764）中，强调道德的美学基础是"美感和人之尊严"。在这里，还表现了启蒙时代后期"通俗哲学"对康德的影响。同一年，康德在其《哲学教学提纲》（*Nachricht von der Einrichtung Seiner Vorlesungen über die Philosophie zur An Kündigung derselben im Wintersemester*，1765 - 1766）中，已经明显地表现了法国卢梭等人的自由思想的影响。他说，哲学教学应该让学生学会思想，学生的学习目的不是具体的哲学家的哲学，而是为何进行哲学思维。他还强调，现在尚不存在一种完成了的哲学，哲学教学的方法必须是"探究式的"。

最后，在进入"批判时期"前夕，康德在 1768 年发表的《论进入空间中的地区区分的主要根据》（*Vom ersten Grunde des Unterschiedes der Gegenden im Raume*）一文，已经清楚地表达了他的先验论的"空间"概念的轮廓。他说，从人的左手套不适用右手、然而左手又非常相似于右手这样一个事实出发，说明物体的形式不只是依赖于其部分位置的相互关系,而且还决定于其与整个宇宙和绝对空间的关系。因此,空间并不是由并存的物体的相互外在关系,而是一种"第一实体"所决定的,而且它的存在也不是只局限于人的思想中。康德接着发现了这种空间概念的矛盾,并使他不愿意把空间单纯地理解为"纯粹的形式",这是他走向"批判哲学"的信号。

到此为止,我们所叙述的历史时期都被称为康德的"前批判时期"。显然,这一时期,就其基本上遵循莱布尼茨和沃尔夫学派的研究方向而言,康德后来称之为"独断论时期",是意味深长的。它的独断性就在于:第一,未经详尽考察人本身的地位和能力以前,就断定人应该认识一切和可以认识一切。启蒙思想家独断地认为,人应该使自己成为"百科全书",力图把握一切真理,使人成为世界的"主人"。第二,对于理性本身的能力及其范围,未经深入分析,就赋予它认识一切和把握一切的使命。理性不仅成为人的本质,而且也成为自然和世界的尺度。第三,对于面对和所处的世界及实际事物,不加分析地统统纳入认识的对象和人的控制对象。人被置于高于一切的至高无上的地位,人成为世界的中心。第四,对于人的生活和活动,未加区分其性质、范围和实行方法以前,就规定了它们的任务和目标。从此,人反过来被他自己所盲目限定的对象、范围和目标所限制,甚至被窒息。第五,在分析和弄清认识的方法以及认识过程以前,就确定了认识本身的目标和范围,使认识的阶段模糊,进程混乱。康德所批判的理性主义和经验主义的对立,就是这种独断的认识论研究过程的结果。

在第二阶段,从 1769 到 1780 年是康德转入批判时期的第一阶段,也是探索新体系的时期。在此之后,康德集中力量完成他的三大批判:《纯粹理性批判》(*Kritik der reinen Vernunft*, 1781)、《实践理性批判》(*Kritik der praktischen Vernunft*, 1788)和《判断力批判》(*Kritik der*

Urtheilskraft，1790）。

在康德思想发生转折的过程中，首先是牛顿和卢梭，扮演了非常关键的角色。康德自己承认，是牛顿教育他懂得了自然界，是卢梭使他知道人是什么。他曾经谦虚而坦率地说，此前他探索科学真理，以为掌握了知识真理的人，才是优越的和有尊严的。当时，他看不起没有文化的劳动者。但是，卢梭的书把他唤醒，使他认识到人是平等的。人的尊严是独一无二的，它不应该以任何借口受到侵犯和被践踏。为此，康德更意识到研究人的尊严及其哲学意义的重要性，因此，他才从原来重视自然科学转而研究人的问题。

但是，真正引导康德从独断论的梦幻中清醒过来的是休谟。这位主张具体实证地考察人类感觉与外在世界的界限、并通过认真考察分析而深思质疑因果律的英国哲学家，使康德滋生了对因果律进行批判地分析考察的兴趣。由此，也使康德注意到经验世界和理智世界的区别及其在人的思想和行动中相互连接的可能条件。

1770 年发表的《论纯感性和理智的形式和原则》（*De mundi sensibilis atque intelligibilis forma et principiis*）是他就任逻辑学和形而上学教授的理论性宣言书。在这里，他不同意牛顿把空间理解为神的"感性"的说法，康德把空间确证为"人的感性形式"。他在这篇论文中指出，我们一般认为的"客观的命题"，只是我们感受客体（对象）的表达形式。他否定自然科学家们的时空观念，并指出，时空并非客观对象本身，也不是绝对意义上的"属性"，而只是我们的感性在其中整理感觉的形式。他的这篇论文虽然只着重地分析空间，但这是他的批判哲学的真正开端。然而，也正是在这篇论文中，康德显示了他的观念论倾向。所以，当他把文稿寄给他的同事兰伯特、祖尔策尔和门德尔松时，他们三人都一致批评其中的观念论立场。面对他们的批判，康德决心修正和改善他的时空概念。他在 1771 和 1772 年先后致他的学生赫尔茨(Marcus Herz，1747－1803)的两封信中说，他找到了解决时空问题的新方案，这就是明确地将时空当成知识的一种先天形式，并强调任何知识都必须由上述形式与来自经验的内容相结合。这样一来，康德通过知识的形式与内容的结合方式，采取了二元论的途径，克服了明显的观念论倾向。

从此以后，直到 1781 年之前，康德连续发表两篇重要著作：《莫斯卡蒂关于动物与人的结构的区别的著作修订版》(*Recension der Schrift von Moscati über den Unterschied der Struktur der Thiere und Menschen*，1771)和《论不同的人种》(*Von den verschiedenen Racen der Menschen*，1775)等。

在从 1770 到 1780 年长达十年的时间内，康德之所以很少发表其他科学和哲学论文，就是因为他集中沉思纯粹理性批判的问题。康德的《纯粹理性批判》发表于 1781 年，这是他的最重要著作。在他致门德尔松的 1783 年 8 月 18 日的信中，康德说，《纯粹理性批判》是他的至少十二年内长期思考的成果，但这本书的主要内容，却是在四至五个月内写成的，他把主要精力放在实质问题上，较少地考虑其表达形式，更没有细心考虑迎合那些试图轻易地理解这本书的读者的要求。这本书的修订版(即第二版)是在 1787 年完成的。

在《纯粹理性批判》第二版中，康德强调指出：在形而上学领域中，寻求科学的论证和表达方式，情况并不像自然科学和逻辑学那样顺利，因为在这个领域中，思想家所凭借的，"是一种完全孤立的、思辨的理性知识，它完全超越了经验的教导，而且它所依据的，仅仅是概念，不像数学那样是将概念运用于直观，因而在这里理性自身是它自己的学生；……在形而上学中，人们不得不无数次地走回头路，……它毋宁是一个战场,这个战场似乎本来就只是为在战斗游戏中演练它的各种力量而设立的。……因此,毫无疑问,形而上学的做法,迄今为止,还只是一种来回摸索"。为了改变上述状况,康德认为,形而上学必须对数学和自然科学所走过的道路进行反省。

康德的反省是这样的:"迄今为止,我们的一切知识,都必须遵照对象。但是关于对象先天地通过概念来澄清某种东西以扩展我们的知识的一切尝试,在这一设定下都归于失败了。因此,人们可以尝试一下,如果我们假定对象必须遵照我们的知识,我们在形而上学的任务中是否会有更好的进展。这种假定已经与对象的一种在对象被给予我们之前就应当有所断定的先天知识所要求的可能性有更大的一致性。这里的情况与哥白尼最初的思想是相同的。哥白尼在假定整个星群都围绕观察者旋转,对天体运动的诠释就无法顺利地进行之后,试一试观察者旋转而星体静止,是否可以更为成功。如今在形而上学中,就对象的直观而言,人们也可以用类似的方法进行尝试。如果直观必须遵照对象的性状,那么,我就看不出人们怎样才能先天地对对象有所知晓;但如果对象,作为感官的客体,必须遵照我们的直观能力的性状,那么,我就可以清楚地想象这种可能性。"②由此可见,康德在第二版中所强调的,是他在形而上学科学化的探索中所实行的"哥白尼式的转向"(Kopernikanische Wendung)的历史根据及其正当性。康德在这里所遵循的,无非就是科学理论的发现假设方法。他认为,他在改造形而上学方面,仍然可以尝试使用这种大胆的假设方法。也就是说,在康德看来,既然传统的形而上学在其科学化的道路上,之所以一再走回头路,为什么不能够尝试像哥白尼那样,也来一个"反转"的假定:从当初"对象决定直观"转变为"主观的直观决定对象"?

人们经常为此而指责康德由此而成为主观主义者。但是,人们至少看不到三条最基本的道理：第一，康德所采用的"反转"模式，恰恰来源于自然科学的研究方法；第二，康德自己在设定上述假设以后，紧接着又反复强调这一"反转"仅仅是第一步，因为在假定"直观决定对象"之后，形而上学的探讨远没有完成；它必须进一步考虑，作为知识，仅仅具备形式是不够的，还必须探究知识的内容如何与其形式相结合？在什么条件下实现这种结合？正如康德所说："但由于如果这些直观应当成为知识，我就不能停留在它们这里，而是必须把它们当作表象而与某种作为对象的东西发生关系，并通过那些表象来规定这个对象。所以，我要么可以假定，我用来作出这种规定的那些概念也遵照该对象，这样一来，我就由于能够先天地对它有所知晓的方式而重新陷入了同样的困境；要么我假定，对象或者（这是一码事），对象唯一在其中（作为被给予的对象）被认识的经验遵照这些概念，这样我马上就看到一条更为简易的出路，因为经验自身就是知性所要求的一种认识形式，我必须早在对象被给予我以前，从而是先天地就在我里面将知性的规则作为前提，它在先天的概念中得到表述，因而经验的所有的对象都必然地遵照这些概念，而且必须与它们一致。"③第三，康德在其著作的第一部分完成了对知识的感性和知性表达的分析和论述之后，又在他的著作的第二部分强调："我们不能凭借这种能力超越可能经验的界限，而这恰恰是这门科学最本质的事务。"④把康德的上述三方面的论述联系起来，人们自然可以理解康德的《纯粹理性批判》的本意及其严谨性。

关于这两种版本的内容和形式，长期以来，有两种观点相互争论。第一种观点是罗森克兰茨（Johann Karl Friedrich Rosenkranz, 1805 - 1879）所坚持的，这一观点受到下述哲学家的支持：米什莱（Jules Michelet, 1798 - 1874）、叔本华等。这一派认为，第二版是康德的思想观点发生变化的结果。第二种观点则认为，第二版与第一版的区别，只是形式的。康德本人在其第二版序言中，已经讲明了这个道理。哈尔登斯泰恩（G. Hartenstein）同意康德本人的上述看法。

在《纯粹理性批判》的修订过程中，康德以较为通俗的形式，撰写《未来形而上学导引》（*Prolegomena zu einer jeden künftigen Metaphysik，die als Wissenschaft wird auftreten Können*，1783）。这本书的主要内容，被康德本人补进《纯粹理性批判》的修订版中。康德在这本书中注入了更多的现实主义的成分，因为自 1782 年后，康德受到了接二连三的批评，把他的哲学同英国主观观念论者贝克莱的哲学混淆起来。对康德的上述不公平的批评，主要来自沃尔夫学派的残余分子，主要是心理学家兼哲学家伽尔维和哲学家兼教育学家费德的强烈攻击。他们盛气凌人的论调，曾经一时地传播于当时的哲学界，致使人们简单地把康德的观点理解为一种主观的怀疑主义和观念论。考虑到当时的学术气氛的特征，同时也考虑到康德本人的更多的有待完成的紧迫的著述任务，康德决定适当修改《纯粹理性批判》第一版的论述方式，一方面在简述本《未来形而上学导引》中更通俗易懂地重述他要表达的新思想，另一方面也试图在六年后再版的《纯粹理性批判》中进行修订。

此后，康德不停地著述，将他在《纯粹理性批判》中确立的批判原则推广到伦理学、美学和各个领域，从而完成了他的"批判体系"。在 18 世纪 80 年代后的康德主要著作，包括：《论舒尔茨寻求适用于不同宗教信仰的人的道德论导》（*Über Schulz's Versuch einer Anleitung zur Sittenlehre für alle Menschen ohne Unterschied der Religion*，1783）、《世界公民意愿中的一个通史观念》（*Ideen zu einer allgemeinen Geschichte in weltbürgerlicher Absicht*，1784）、《赫尔德关于人类历史哲学观念的修正》（*Recension von Herder's Ideen zur Philosophie der*

Geschichte der Menschheit，1785)、《关于一个人种概念的规定》(*Über die Bestimmung des Begriffs von einer Menschenrace*，1785)、《道德形而上学基础》(*Grundlegung zur Metaphysik der Sitten*，1785)、《自然科学的形而上学初步基础》(*Metaphysische Anfangsgründe der Naturwissenschaft*，1786)、《人类史的推测性开端》(*Muthmasslicher Anfang der Menschengeschichte*，1786)、《目的论原则在哲学中的应用》(*Über den Gebrauch teleologischer Principien in der Philosophie*，1788)、《实践理性批判》(*Kritik der Praktischen Vernunft*，1788)、《判断力批判》(*Kritik der Urtheilskraft*，1790)、《纯粹理性的范围内的宗教》(*Die Religion innerhalb der Grenzen der blossen Vernunft*，1795)、《论永久和平》(*Zum ewigen Frieden*，1795)、《法学的形而上学原始基础》(*Metaphysische Anfangsgründe der Rechtlehre*，1797)和《道德学的形而上学原始基础》(*Metaphysische Anfangsgründe der Tugendlehre*，1797)、《逻辑学》(*Kant's Logik*，1800)等。

　　1797年退休以后，康德仍然著述不停，并重点地探索整个自然科学体系的先验哲学基础(Anfängsgründe der Naturwissenschaft)或所谓的"自然哲学"，试图发现自然界的最一般的规律或法则。后人把这一时期康德的著作，作为他逝世后发表的作品(Opus Postumum)，由约翰·莱曼(Johann Gottlieb Lehmann，? – 1767)整理主编，列入在1936至1938年出版的全集。

　　康德，这位德国启蒙思想的总结者，于1804年2月12日逝世于哥尼斯堡，结束了他伟大的哲学生涯，但他的思想却长久地留存在人类思想和哲学的史册中。

　　康德的著作先由哈尔登斯泰恩于1838至1839年编成《康德著作集》十大卷(*Immanuel Kants Werke*，*10 Bde*. Hrsg. Von G. Harstenstein，

Leipzig);同时,罗森克兰茨与舒尔伯特联合主编,也在 1838 至 1842 年间,编出《康德全集》十二卷(J. K. F. Rosenkranz und F. W. Schubert, *Kants Sämtliche Werke*, *12 Bde*. Leipzig)。自那以后,康德的著作不断地被编印出版,使他成为近代哲学史上影响最大的一个哲学家。最具代表性的康德著作全集包括由卡西勒等人所主编的《康德全集》(*Immanuel Kants Werke*, hrsg. Von E. Cassirer, H. Cohen, A. Buchenau, O. Buek, A. Görland, B. Kellermann und O. Schöndorfer, 10 Bde. Berlin, 1912‒1922)和由普鲁士科学院(后改为柏林科学院)主编的《康德全集》(*Kants Sämmtliche Werke*, Berlin)等。

第四节　康德的批判原则

(一) 批判的原本意义

从古希腊的苏格拉底和柏拉图以及亚里士多德以来,始终都把"批判"看作理性思考的一种形式。在这种情况下,凡是正确进行的批判活动,就必须以理性为指导、并遵循理性的原则。在古希腊时期,这种理性的批判活动,主要是为了考察、评判思想产品和创造物的理性本质,表达批判者主体对于被批判的对象的拥护或反对的态度,确定其真正的价值:正确或者错误、符合正义或反正义、美或丑等。

"批判"源自古希腊语词"*kritikē* (κριτική)",其原意是"辨识的艺术",作为辨识人或事物的价值,进行"区分""选择性地评判""分隔"并"加以筛选"。因此,作为动词的批判,表示各种进行选择、决定、判断和采取立场的功能和行动,而且强调:在进行这些行动的过程中,并不需要在选择进行的范围之内,寻求某种确定的参照体系。根据这样的基本意义,古希腊人也把"批判"列为一种逻辑,当时把具有批判意义的逻辑称为"大逻辑"，而把与此对立的"辩术"或"辩证法"称为"小逻辑"。

　　古希腊时代，作为名词的批判，主要表达在法庭和司法机构范围内进行的评判程序和技术，在这里，批判特指评判和判决过程中一切行动的审慎性和思考性，同时也强调判决过程的结果以及正义决策过程的合理性。所以，作为名词的批判，关系到权利和法权的宣示以及由此建构和维护的合法秩序。柏拉图和亚里士多德都在其著作中反复强调符合法权和权利原则的评判过程⑤。

　　传统的批判原则，作为人类理性的自我判断和对于对象的判断能力及其判断过程，不仅在哲学领域内，而且也在科学、法学、伦理学和美学等领域内，成为保障理性的中心地位的基本思考活动。理性的批判活动所要达到的基本目标，就是通过一系列前后一贯的范畴体系，将研究的主观活动同研究的客观对象统一在一起；同时，批判的过程也包含了对于研究初步成果的反复验证，使研究的理论成果能在经验性的验证中得到证实。在哲学的领域中，柏拉图、亚里士多德、克里西普斯（Chrysippus，281－205B.C.）、大阿尔伯特、托马斯·阿奎那、笛卡尔和莱布尼茨等人，在贯彻批判原则的过程中，始终都将哲学本体论的研究同科学真理的发现过程结合在一起，试图由此证明：客观世界的本质是可以通过科学活动来认识的。由此可见，自古希腊、经中世纪到近代的理性中心主义批判活动，其中心任务和基本目的都是为了实现理性对于人的主观研究活动及对于客观世界的本质性认知活动的真理性及其正当性。

（二）近代哲学的批判精神

　　但是，严格地说，"批判"的概念只是到 17 世纪才在哲学领域中正式使用。在最初的情况下，批判活动指的是研究古典文献及其文本的复原,同时采用批判其真实性的恰当方法。培尔在编撰的《历史与批判字典》(*Dictionnaire Historique et Critique*,1697)中对于"批判"给予第一次明确界定。受培尔的影响,英国思想家舍夫茨别利、哈奇森和亨利霍姆,也在他们探索人类所固有的情感和品味的过程中,进一步丰富"批判"概念的内容。同时,荷兰哲学家斯宾诺莎进一步确定批判古代文献中所必须遵循的方法及其所要达成的目标。在斯宾诺莎的影响下,围绕着"批判"的概念,展开了有关"理性"(reason)和"启示"(revelation)的激烈争论。到此为止,批判的概念涉及宗教领域中的启示问题,同时也同政治领域中的评判活动相关联⑥。

到了 18 世纪,美学家鲍姆加登在其著作《美学》中也将批判概念引入美学理论。与此同时,休谟在其著作《人性论》中明确地指出:"批判是在感性领域里面的一种考察和区分活动。"他认为,数学、自然哲学和自然宗教都依赖于对人的认知,所以关于人的认知是隶属于第二层系列的科学活动,它包括道德、批判和政治。由此可见,在休谟看来,只有在研究人的专门活动中,才需要批判。

研究人的过程,之所以需要批判,在休谟看来,是因为整个研究过程,不仅研究对象,而且研究者主体本身都存在着感情的问题。这是广义的感情,它包括人的各种思想观点、意见、情绪、意愿和各种爱好。所有这些都是属于主观性的因素。为了保持研究活动的客观性,必须对这些主观因素保持一定的距离,并对它们进行反复的分析和区分工作。休谟对于批判所采取的上述谨慎态度,是直接受到洛克的影响的。洛克指出,人的一切观念来自感觉和反省。感觉是人的感官对于外在对象的感受。洛克认为,感觉为人带来的客观感受本身,就包含了客观和主观的因素。感觉的对象是客观的,这就决定了感觉的内容的一定程度的客观性。但是,感觉是人的主观感官的反应,因此,感觉中又包含了主观的因素。感觉的双重成分使洛克意识到：即使是在感觉阶段，即使人的感觉是客观对象刺激的结果，感觉中仍然不可避免地包含着人的感官本身所带来的主观成分。为此，为了保障感觉的客观性，必须对感觉进行分析批判。更复杂的是，洛克认为，人的认识活动中的感觉阶段，还包括了来自人的心灵活动的各种因素。他说，"经验供给理智以观念的另一个来源：这就是当我们自己心灵应用于所得到的观念时，它为我们提供一种知觉，而这些活动为灵魂反省和考察时，就提供理智以另外一套观念，这套观念是不能从外面取得的。这就是知觉、思维、怀疑、信仰、推理、认识、意愿以及我们自己心灵的各种活动。我们意识到这些活动，在自己心灵中观察到它们，于是从这些活动接受一些清晰的观念，引导到我们的理智里面来，和我们从影响我们感官的物体取得的观念一样清晰。"⑤正因为这样，研究人的认识活动的任何阶段，都必须伴随着批判性的分析和区分工作。洛克自己正是遵循着由他所确立的批判原则。他在分析人的观念中所包含的客观对象的性质时，强调必须区分"第一性的质"和"第二性的质"。物体的第一性的质是绝对不能与物体分开，正如他所说："不论物体遭受什么改变或变化，受到什么力量压迫，它都仍然为物体所保持。在每一个大到足以被知觉到的物质粒子中，感官经常可以发现它；心灵也发现它与每一个虽然小到不足以单独被知觉到的物质粒子不可分。"⑥至于物质的第二性的质，指的并不是存在于对象本身中的性质，而是一种能力，可以借物体的第一性质，也就是借物体的各个不可见的部分的大小、形状、组织和运动等，在我们心中产生各种不同的感觉，例如颜色、声音和滋味。由洛克所开创的批判性认知活动研究工作，推动了 18 至 19 世纪哲学界、心理学界和人类学界以及语言学界的各种批判性研究活动。

(三) 康德的批判原则

康德第一次将"批判"全面地变成为方法、哲学的构成因素以及哲学系统,并由此创立"批判主义"(Kritizismus)的哲学。康德在建构其批判哲学时,充分考虑和吸收了西方哲学史和思想史的批判传统,但康德把批判的原则进一步加以发展。

在康德那里,批判作为紧密地联系着各种科学考察过程的方法,并不仅仅提供系统或各种理论体系而已,而且也是理性的某种一般能力,通过它人的知识才有可能从源自经验、而提升到超越经验的高度。康德把批判主义同各种教条主义和独断论(dogmatismus)相对比,既不愿意陷入各种各样不负责任的怀疑论,也不陷入简单专横的独断论。为此,康德首先将人的能力区分为感性、理智和理性三大层面,并将它们各自严格限定在不同的范围内。批判的目的是为了确定研究的范围,明确把握研究能力本身所能达到的最大限度及其客观有效性。

因此,"批判"并非单纯属于理性的认知活动;而是全面考查分析人的能力三大方面的性质、功能、界限及其相互关系。在此基础上,明确人在认知、伦理和追求美的三大活动领域中的基本原则,由此也同时理解人"能做什么""应该做什么"以及"期望什么",理解"人"在自然界中作为"目的自身"的最高尊严地位。

(1) 纯粹理性批判

为此,康德首先对人类认知能力本身展开了批判。

康德的《纯粹理性批判》从实际的科学知识出发,考察科学知识的可能性条件。他提出的问题是:"先天综合判断为何可能?"在他看来,只有先天综合判断的原则,才是人类真正的知识的根源,这是因为一切分析判断,诸如:"所有的物体是有广延性的",尽管具有必然性和普遍性,都是只限于说明主语的概念。也就是说,在上述"所有的物体是有广延性的"判断中,"广延性"这种性质,本来就已包含在主语"物体"之中。因此,所有的分析判断不会扩大和增加我们的知识。

康德认为,我们的认识的增长,仰赖着综合判断,即那些扩展我们的观念和表象的判断。但是,综合判断要达到扩大知识的目的,必须具备普遍和必然的性质,必须同时是"先天的"(a priori),因为经验不可能为我们提供普遍的和必然的因素。

因此,研究人的认识能力,归根结底,症结就在于批判分析"先天综合判断"的可能性及其客观有效性。这些问题的解决,要求我们具体地探索事物的过程对于我们的认识的依赖关系,或者探索认识对象是如何以及以什么条件而遵循思维的规则,而不是相反。这就是说,在康德看来,经验之所以可能,是因为内容尽管是客观的,但毕竟服从于我们的思想的安排,即服从于某种先天的思维形式。

这就是说,康德的批判理论,从一开始就强调两个方面的因素:第一,人类对于外界对象的认识的普遍性和必然性,是人的主观认识能力的特殊产物;一切外界事物,要成为我们的带有必然性质的经验,必须依赖于人类普遍具备的先天认识能力的处理。否则,经验事物尽管是客观存在的,但始终处于"杂博""紊乱"的状态。在这一方面,康德完全排除了经验本身具有客观普遍性的可能;第二,康德强调人的认识能力毕竟只是一种先天的形式。因此,它虽然具有普遍性,但它在同经验事物,即外在对象发生联系之前,在对外在事物进行综合之前,它只能是空泛的、毫无内容的。

总之,康德强调,主观的先天的认识形式和客观的外在经验内容相统一,才能构成我们的知识的普遍性、必然性和客观有效性。在这两种因素相统一的过程中,人的先天认识形式,就其与知识的必然性和普遍性的关系而言,是具有决定性的意义。然而,另一方面,经验事物,就其提供客观内容,使知识具有客观有效性而言,也是极其重要的。两方面缺一不可,忽视任何一方面,或只片面强调一个方面,就会重蹈经验主义和理性主义的覆辙。

那么,什么是康德所说的"先天的认识形式"呢?康德把人的先天认识形式分为"先天的感性形式"和"先天的理智形式"及"先天的理性形式"三大类型。

在《纯粹理性批判》中,研究先天的感性形式空间与时间的部分,叫作"先验审美观"(Transzendentale Aesthetik,或译"先天感性论")。在这一部分中,康德把空间和时间看作"先天的直观形式"(Raum und Zeit sind die apriorischen Anschauungsformen)。在这里,有必要指出,康德之所以用"审美观"(Aesthetik)这个概念,并非指一般人所说的"美学",而是采用古希腊字 Aesthetik 的另一个含义,即指一种"感觉论"(Wahrnehmungslehre)。在这个"先验的感觉论"阶段,人类借助于空间这个"先天的外感形式"和时间这个"先天的内感形式",把对象所提供的材料加以整理,使之成为人们可以普遍接受的、最初阶段的认识。

研究先天的理智形式逻辑范畴的部分,康德称之为"先验的逻辑论"(Transzendentale Logik)。什么是思维?(Was ist Denken?)康德认为,它首先是一种"综合"(Synthesis),即把先验的感觉论阶段,整理成为先验感性形式(时间和空间)中的、有规则的经验对象,然后通过理智(Verstand)所提供的先天逻辑形式,概念或范畴(die Kategories),加以"联结"(Verknüpfen)或"概括"(Zusammenfassen)或"统一"(Einheit)。人的理智的先天联结能力,就在于用其内在的不同范畴,把已在时空中整理好的感性认识,加以统一和概括。

康德认为,人的先天范畴形式有以下几种:就"量"而言,有普遍判断、特殊判断和单独判断，其范畴分别是"统一性""多样性"和"总体性"；就"质"而言，有肯定判断、否定判断和无限判断，与此相应的范畴是"现实性""否定性"和"限定性"；就"关系"而言，有定言判断、假言判断和选言判断，其相应范畴为"实体——偶性""原因——结果"和"相互性"；就"模态"而言，有盖然判断、或然判断和必然判断，其相应的范畴是："可能性——不可能性""存在——非存在"和"必然性——非必然性"。

总之，在康德看来，一方面，范畴并非如亚里士多德所说是"事物的高级性质"，而是人的理智，以多样形式，将知觉总结为一个对象的统一性。在范畴中，先天地存在着能将可能的对象统一起来的"一般形式"；另一方面，人的理智的范畴还可以实现物理学的一般法则，而将事物从量、质、关系和模态四个方面加以综合。

在上述十二个范畴之上，康德还揭示一种"最高的综合形式"，即"我思"。这是一种"纯自我"，具有统一主体的一切认识活动的能力。在"范畴"中所体现的统一性，乃是"自我"的最高统一性的表现。因此，那十二个范畴，毋宁是"自我"的统一性用来"统摄"对象的具体理智形式。在主体中所进行的一切活动，最终都统一到这个"自我"中去。"自我"的统摄一切的能力，康德称之为"统觉"（die Apperzeption）。

人的理智的"综合"能力，只有在理性的刺激下，才能不断地向更远的和更广的事物范围发生真正的作用。然而，人的理智的"综合"能力是有限度的，它永远达不到它不可能认识的对象。但是，人的理性往往不理会理智的有限性；理性总是不断地提出各种在本质上不可能实现的"理念"（die Ideen），例如理性所提出的"灵魂""上帝"和"不朽"等理念，都不是认识事物的形式，而只是一种"启示性的规则"，它没有"构建的"作用。然而，理性本身却往往无止境地提出这些毫无现实意义和无法实现的"理念"，并往往给人一种"有客观价值"的印象。这是一种"幻象"罢了，康德称之为"先验的幻象"。这种"幻象"之产生，是"独断论的形而上学"的影响，以往的独断论的形而上学，不去批判地考察人的认识能力的有效限度和可能范围，却武断地宣称要去"把握"诸如"上帝""世界的本质"等认识界限之外的东西。

康德严格地限定人的认识能力只在"现象"范畴内有效，只在"经验"对象所组成的世界中发生作用。在现象之外的世界乃是一种"自在之物"（Ding an sich），是不可认识的。

理性既然向理智不断提出它不可认识的对象，就使理性同其自身发生矛盾。所以，在考察理性的种种"幻象"时，康德提出了理性所陷入、而不可自拔的"二律悖反"（die Antinomies）。

康德认为，所谓"不可认识的对象"，并非"不存在"，但它们只存在于我们的认识范围之外。例如"上帝"是不可认识的，但它可能存在于现象世界之外，人们不应该自不量力地妄称可以"证明"上帝之是否存在。又如"自由"，也是不属于认识的对象，然而人的理性不断地鼓动人们去认识"什么是自由"，康德认为这是枉然的。

"上帝""自由"等理念，不属于认识的对象，而是一种既定的事实（Faktum），康德由此而从认识论过渡到道德论，所以，康德才在他的第二批判中，开展对人的道德实践的理性批判。

因此，在认知论范围内，对康德来说，批判活动首先是对于理性能力的审查和限定。具体说来，康德试图通过批判活动，更严谨地明确理性能力在认知不同阶段所表现为可能形态；同时，还要进一步明确这些不同形态的理性能力及其功能的发挥条件、能力的界限及有效性的基础。如前所述，康德将认知活动中的理性能力分别区分为先验感性能力和先验理智能力。前者表现为先验的内直观和外直观，即时间和空间；后者表现为先验的理智纯形式，即范畴。由此可见，由于贯彻批判的原则，康德一方面限定了认知活动的理性能力，另一方面又规定了认知的理性能力的有效范围。通过这样的批判活动，一方面避免将人类理性绝对化和普遍化，不再认为人类理性可以无所不在和无所不能地存在于人的生活世界中；另一方面，也避免将认知领域中的人类理性简单化和独断化，明确地规定了感性和理智在认知活动中的功能及其有效性条件。这样一来，认知活动一方面为人类认识客观世界提供了必要的和一定限度的真理知识，另一方面也显示了其有限性和条件性。正是通过批判活动，康德才明确宣布：在认知活动范围内，理性的任何一种活动，一旦脱离其实现的条件，一方面可能导致认知本身的失败，另一方面也使理性盲目地脱离认知的范围，而又将其盲目活动的结果误断为真理。在这方面，康德通过对于超越经验的纯粹理性的幻象辩证法的考察，也就是在他有关四大"二律背反"（Antinomie）的分析和论述中，具体地指出了超越经验的理性导致充满着悖论的谬论之中的状况。他有关四大"二律背反"的分析，显示理性能力在认知领域内的有限性及其超越经验的危险性。康德认为，上述四大二律背反的论题都是超经验之外，因而不是理性可以在认知范围内解决的。

由此可见，康德在认知论范围内对于理性的批判，是从正面和反面两方面进行的。正面的批判明确地限定了理性在认知范围内的具体表现、使用条件及其有效限度；反面的批判限定了理性活动，明确了理性超出经验、而论及超经验问题时所可能出现的悖论。

（2）实践理性批判

康德的批判是全面的。因此，他在批判了理性的认知能力及其条件以后，又在社会行动和人类伦理问题的范围内探讨理性的能力及其限度。

如前所述,康德在 1781 年写出《纯粹理性批判》之后,接着马不停蹄地于 1785 年撰写《道德形而上学基础》,并在 1788 年完成《实践理性批判》。

在《实践理性批判》中,康德把道德原则看作"既定的事实",但它不是属于"经验的事实",而属于"理性的事实"。这种事实从一开始就"具有立法的性质",因此,它们是无须证明的。显然,康德将理性的力量及其实现,当成理所当然的事情,并在一定程度上,像笛卡尔那样,把理性与明晰性和必然性等同起来。

我们看到,在康德的道德论中,更典型地表现了他的理论的"形式主义"特点。康德指出,纯实践理性的基本法则是:"如此地进行活动,以致使你的意志的准则(Maxime),能永远同时像一个普遍立法的原则那样有效。"康德在这里强调的,并不是要把那追求具有特定内容的价值(诸如"忠诚""诚实"等)的行为界定为"善",而是单纯地要求每个人的行为准则,必须同具有普遍性的先天伦理形式相符合。康德把上述个人行为准则同普遍具有立法价值的原则的符合,看作实践理性的最高原则。他强调,要实现这种具有道德性质的"符合",不应是带强制性的,而应该是出自理性的自然要求,要使理性自己充分独立地加以履行。康德称之为"绝对命令"(Kategorischer Imperativ),这是一种无须加以思考、无须外在事物的控制而能独立实现的原则。因此,它在实际上就是人的"良知"。康德认为,人之所以有这种先天的良知,是因为人不同于一般的生命体,他是具有合目的性的"目的自身"。

道德行为与人的知识、教育程度究竟有什么关系?康德并不否认道德与知识和教育程度的关系,只是他认为这一关系并不是道德意识的关键因素。他把道德问题归结为理性自身,并认为人的道德行为决定于实践理性。

在这种情况下，人的理性才能达到自由。作为"纯粹意志"的人，无须任何外在的条件或强制性的因素，就可以实现自己向自己发出普遍有效的命令，很自然地遵循着"实践理性"的原则。康德认为，这才是真正的自由。康德说："自律（Autonomie）是人性和一切有理性的事物的尊严的基础。"对这种尊严的尊重，要求不把人看作只是一种工具或手段，而是永远同时是目的本身。

康德在他的《实践理性批判》中充分表达了其自由思想。人的道德原则在本质上不应该使人感到有外力束缚，而应该使人自愿地由自己向自己发出那种有普遍立法作用的行为准则。

康德认为，理解道德行为的前提是把握"实践理性的公设"（das Postulat der praktischen Vernunft）。这些"公设"如同欧几里得几何学的"公设"一样，是理解道德行为的必要的理论命题。但这些"公设"是不可认识的，它不属于人的认识领域中的各种普通命题，而是一种理性的信仰的对象。例如关于"不朽"的公设是为了达到一种更高的完满的道德而提出来的，而关于"上帝的存在"的公设则是德性与幸福的必然联系的基础。

康德认为，道德范围内的行为，既然不属于认识问题，就不必要提出诸如"为什么要这样做？"的问题，道德问题属于"应该如此作为"的问题，它是道德"戒律"（das Gebot）本身要求的。在康德看来，"应该做"是以"能够做到"为前提的，凡是"应该"做的，都是本来"能够"做到的，因为"应该"本身是人性向自身提出的。

道德生活和行为并不是宗教的一种特种延续，同为在康德看来，宗教"在单纯理性的范围内可以归结为道德"。

至于法律，康德认为它是与道德有区别的，因为法律是要求人的行为"从表面上"与法令相符合，它对人的官能施加外在的压力和强制性的力量。在康德看来,国家无非是一种纯粹外在的机构,它对其臣民所发出的是"否定性的命令"(neminem lädere)。但政治可以包含道德,因为普遍历史的意义就在于确立一个最合理的机构和制度并奠定"永久的和平"——永久和平乃是政治活动必须实现的道德任务。

康德的上述道德伦理思想的核心,是关于"把人当作目的"的深刻观念。如前所述,对人的尊严的尊重,是以把人当作目的为基础的。人是由一个一个独立的个体组成的。人的优越之处,不仅在于人的智能之独一无二性,不仅在于人有思维能力,也不仅在于人可以劳动。更重要的还在于:对于人来说,个别与一般的关系,不是像别的事物那样,"类"就其共性而言,可以代替个别事物,可以代表个别事物中的本质部分。对人来说,个体的人虽可包含人类的共性,但个体的人,不论就其个性,或就其本质而言,永远都是不可代替的,不可化约的。这就是说,在宇宙万物中,唯有人,个体的人,其个性和其本质是绝对独立的、绝对自由的。任何别的人,只有在个人自愿地赋予他某种权利的时候,才能在特定条件下,暂时地代表那个个人的部分属性。个人的个性的这种不可化约性是绝对的、无条件的。质言之,这就是个人自由的真正基础。康德说"自由概念是诠释意志自由的关键",就是指这个意思。这一思想是康德哲学的最精华部分,必须深刻地加以反思。

在探讨社会行动和人类伦理问题时,康德充分考虑到人的"自由意志"的极端重要性。人是唯一具有"自由意志"的生命体,人的自由意志必须受到尊重。问题在于:自由意志同理性保持什么样的关系? 自由意志同理性是否可以保持协调的关系? 康德认为,充分尊重个人的自由意志,又保障理性对于每个人行动过程的普遍指导作用,这正是人性的最高表现。在这里,重要的问题是要发现:普遍的人类理性,究竟采取什么样的具体原则,使得由每个个体高度自由所决定的任何行动,同时又应该符合社会其他个体的普遍利益。正是在这里，康德发现了人类实践理性的特殊行动原则，即"仅仅以你会愿意、同时又可以变成普遍法则的那种原则去行动（Act only on a maxim by which you can will that it，at the same time，should become a general law）。"换句话说，对于人来说，由他个人的自由意志所决定的任何行动，必须同时也自愿和自觉地对于社会其他成员承担责任。为此，康德把这种人类行动的理性原则，称为"绝对命令"（categorical imperative）。"绝对命令"的意思，当然是指所有的个人都必须无条件地和绝对地服从。但是，由于每个人都具有一种实践理性，上述"无条件地和绝对地服从"又是完全符合理性本身，因而也是具有实践理性的人自然可以接受和进行的。

为什么具有实践理性的人自然可以接受和进行上述"绝对命令"？在康德看来，从根本上说，这是人性的最高本质所决定的。康德明确指出："人实际上在其自身中发现一种将其自身同其他一切事物区分开来的一种官能（a faculty），这就是理性。……一个理性的生存者必须把自己看作一种理智（regard himself as an intelligence），不只是隶属于感性世界，而是隶属于理智世界。因此，人可以从两个观点来看其自身，同时，也可以由此而类似地知道他的一切官能的运作规则以及他所有行动的规则。第一，就他隶属于感性世界而言，人自身是服从于自然的法规（他律）；第二，就其隶属于理智世界而言，人是生活在独立于自然的规则之中，而这些规则并不是立足于经验，而是仅仅立足于理性。"人所具备的理性，使人遵循理性的原则，不仅如此，在人类行动和生活的不同领域内，具有理性的人，同样自然地能够依据其所固有的不同类型的理性，在不同理性有效管辖的不同领域内，遵循不同的理性原则。康德的批判活动，显然始终围绕着理性的原则，同时又始终考察理性本身的不同表现及其在不同领域内的条件性。

在谈到比"感性世界"的自然对象更复杂得多的"理智世界"内的各种人类行动时,康德明确地意识到:实践理性是某种高于感性和物质性的一种理性,而它的存在及其贯彻原则要求比感性世界更复杂的条件。但是,将追求自由作为最高目标的人性本身,有能力解决由实践理性提出的各种复杂问题。他说:"因此,绝对命令之所以可能,是因为自由的理念使我成为理智世界的成员,而在理智世界中,我只能使我的所有行动都始终符合意志的自律。"

(3) 判断力批判

在对纯粹理性和实践理性进行批判的基础上,康德于 1790 年发表《判断力批判》,进一步对人类品味判断的理性原则进行批判。《判断力批判》包含两大部分:第一部分是美学方面的,康德对审美判断进行批判;第二部分是目的论方面,分析人类借助于目的性范畴对自然开展的诠释活动。康德通过对判断力的批判,把"自然"作为纯粹理性的对象,同"自由"作为实践理性的对象,连接在一起统一地加以批判。

康德认为,有关"美"以及由"美"所引起的各种兴趣和爱好,表明在我们人性中存在某种超出"利益"、同时又寻求具有普遍性标准的能力。这就是康德所说的一种判断力(Urteilskraft),通过这种判断力,所有的人在面对审美对象的时候,可以产生各种可以沟通和表达的情趣,但这些情趣又属于同"概念"相区别的某种"表象"或"再现"。同样,康德认为,在审美领域中,指导着人类追求超出利益、同时又寻求普遍标准的审美活动的基本原则,仍然是理性本身,只是人类理性已经提升到高度自由的和"无目的的合目的性"的程度。

康德在 1790 年发表的《判断力批判》,是联结认识与行为、自然的必然性与人的自由的"桥梁"。康德认为,在认识与实践之间固然有一条不可混淆的界限,但它不是一个不可逾越的深渊,联结两个不同领域的可能性是存在的,因为自由应该在现象世界中体现出道德法则所要求的最终目的。如果自然可以从目的论的角度(der teleologische Gesichtspunkt)去看待,那么,提出某种目的的意志对于世界来说将不再是一种异己的力量,而这样一来,认识与实践、必然性与自由之间的联结就可以实现。因此,"合目的性"(die Zweckmässigkeit)的概念构成了康德的第三批判的关键。

康德的《判断力批判》,从两种形式研究"合目的性"概念。第一,康德认为,在适应于一种对象时,或更确切地说,在同一种对象的形式相适应时,包含了一种目的性;第二,康德认为,支配着形成一个对象的法则,如果在这个对象的概念中似乎包含了这些法则的统一性的话,那么,在这个时候实际上也出现了目的性。所以,康德的《判断力批判》的基本结构是很简单的:在一段论证"目的性"问题隶属于先验论的很长的导论中,康德把目的性分为主观的(审美的)和客观的(有机的)两大类。

在上述第一种情况下,康德着重研究了人的审美感或审美的官能。他说,美的满足或美的享受是与利益无关紧要的,是无利害关系的。它与好不好受、有没有用处、舒不舒服,都不是一回事。它是一种特殊的"满足",是一种判断力,一种符合普遍法则的特殊要求。但这种要求不是"概念性的",不是"能力"(das Vermögen),也不是"普遍法则"(allgemeine Gesetze)。一切美学的、审美的判断是普遍有效的,它们是合目的的,但只适用于某一个唯一的对象,即适用于那确定的被鉴赏对象,作为那个对象的"模样"或"模特儿"而存在(als einem Muster oder Vorbild stehen)。因此,它既不是理智,也不是理性所管辖的范围。康德说:"所谓美,是作为一种无须概念的普遍性满足而表现出来的。"

康德认为，美的作品乃是一种"有机体"（der Organismus），其各个部分好像合目的地联结成一个完整的整体。因此，在判断力批判的第二部分中，康德研究了目的概念的应用，研究对于自然的合目的性的思考方式（die teleologische Betrachtungsweise auf die Natur）。康德在研究合目的性概念的第二种形式时，以有生命体为例，强调有机体的统一证实了合目的性的概念。他说，在有机体中，"总体"的概念似乎规定了各个部分，而且它也规定了生命活动的整体性。康德认为，从机械论的观点是无论如何都无法诠释有机体中的原因与结果的相互性，换句话说，只有借助于目的论才能说明有机体的完美的统一性。

但是，康德并不主张用目的论去诠释整个自然界。他只是强调："如果没有人，一切存在物的存在都是毫无意义的；没有人的话，整个创造都归结为既无对象又无最终目的的纯荒野。"人作为世界的最终目的，并非从认识者的主体的角度，也不是从感性存在的角度来看的，而是从道德的存在的角度来看待。

康德的上述目的论，很自然地导向神学，因为把世界看作符合一个目的的观念，必然假设了一个怀有这个目的的"存在物"，一个机智的和有正义感的存在物，一个有道德感的存在物。

但是，在总结康德的思想时，我们还不要忘记，康德始终都严格区分科学与信仰的范围；在科学领域是因果性原则严格起作用的，上述"合目的性"的观念，无非是"起调节作用的理念"罢了。康德对进行审美活动的"判断力"的上述批判，包含着对人的尊严的最高肯定，已经在很大程度上超出功利性的原则，因而也成为后现代主义批判的一个新出发点。

康德围绕着理性、同时又遵循着理性所进行的批判活动，一直延伸到人类生活的所有其他领域，其中包括认知、伦理和美学审美活动以外的政治和宗教等领域,使他写出了《纯粹理性批判》《未来作为科学的形而上学导论》《道德形而上学基础》《判断力批判》《实践理性批判》《朝向永久和平》《学科的争论》及《在单纯理性范围内的宗教》等重要著作,体现了他的批判精神的系统性和完整性,成为现代批判精神和批判原则的最杰出的代表。

康德所从事的批判活动,不只是为了体现具有理性的人的思考、区分、分析和判断的能力,而且更重要的是,为了显示理性本身可以同人的自由意志、同人的自律性、同人的生命的意义相结合,不但构成为人类不断地认识和研究客观外在事物的动力,构成为审查和评判认识客观外在事物规律的标准,而且也构成为人类自身不断地提升其生命意义,提升其自身内在世界的道德精神境界和审美能力,以达到人作为目的自身所必须尽到的最高责任。因此,在康德那里,作为理性活动的批判并不单纯满足于符合理性的原则,而是为了显示作为“目的自身”的人的最高尊严。

但是,康德批判活动只是提出了原则和最高理念,而且,他的批判活动过于形式化、分工化和体系化,却未能深入揭示批判活动本身所必然引起的各种内在矛盾,未能充分顾及批判活动所内含的悖论性及其对于批判活动展示过程所发生的复杂影响。康德作为一个理性主义者,如同西方传统理性主义者那一样,未免将理性的批判活动理想化和绝对化;更有甚者,康德还由于其形式主义和逻辑主义的特性,而将理性的批判进一步形式化和教条化。康德不能理解理性的批判活动只是人类批判活动的一部分,而且,理性批判活动本身同样包含不可避免的局限性,甚至包含理性批判所要批判的那些消极因素。换句话说,康德没有看到:理性批判所要批判的消极因素,不但存在于理性批判之外,而且也存在于理性批判之中。理性批判不是什么神秘的神圣活动,它不是万能的。作为要在现实世界中贯彻的人类实际活动,理性批判也如同现实生活中的其他事物一样,总是包含着各种内在和外在的矛盾,总是包含着积极和消极两方面的因素,而且上述两方面的因素又可以不断地相互转化,反过来影响着理性批判的进程及其发展方向。

第五节　康德的社会政治思想

在近代政治哲学史上,各国的政治改革尽管发生过许多次,而且改革的形式也采取了无数的模式,但总的来讲,近代政治的改革无非经历两次最关键的阶段:第一阶段是国家与民族的关系发生变化的阶段,在西方政治改革的最初时刻,是维科(Vico)提出了具有历史意义的新模式。他在 1744 年发表的名著《一个关系到各民族的共同性质的新科学的原则》(*Principes d'une science nouvelle relative à la nature commune des nations*)中,以崭新的观念,改造和发展亚里士多德关于人是政治动物的观点,在人类历史转折的时刻,论述了以人性为基础而建构的政治共同体即"民族—国家"(Nation-State)的历史性及其制度的历史变迁特征。在第二阶段,是全球化和政治的国际化时期,改革的方向基本上是冲破原来以民族差异为基础的"民族—国家"范围,主张推行跨民族和跨国家的新型世界政治组织,逐渐取代民族国家的功能。

康德的法学思想继承了自柏拉图以来的人文主义法学传统,强调从人性出发,探讨公民自由的权利,从而论述法律的实质、功能以及其他主要属性。康德晚年尤其把法学与道德伦理、美学、社会、政治及和平等问题联系在一起,为捍卫人的自由权利倾注全力,突出人的尊严的至高无上性,从而为自由主义法学思想进行严密的哲学论证。

康德认为,只有人才有自由意志,才有与生俱来的天赋权利,即自由！另一方面，由于人有理性，又有选择自己行为准则的能力，所以，人必须对自己选择的行为负责。人，为了自己的自由，必须尊重他人的自由，务必使自己的自由与他人的自由并行不悖。孟德斯鸠曾经为此明确地说："自由就是遵守法律！"但只有到了康德，才进一步指出：法律的最终目的就是维护所有的公民的自由，法律的实质就是将上述原则提升成社会最高原则。正是为了确保法律的最终目的，宪法才明确宣告：在法律面前人人一律平等！也就是说，由立法机关制定的一系列明文法规，均旨在维护所有的人的自由，并维护由人的自由而衍生的其他一切权利。为此，康德一再强调：文明社会就是由法律来规范人们外在行为的社会，文明社会是有宪法、有法治的共和政体！反对一切特权。

康德认为，人的进步并不是命定的，而是由人的理性选择决定的。"先天的历史何以可能？"先天的历史如果可能的话，必须首先假定先知是由其自身造出的，而且，先知必须能够预先建构由他预定的制度。但法国大革命尽管很残酷，却证实人性中普遍地存有道德秉性，它表明所有的人民，都有自身权利和义务来表达他们的情感及要求，也有权利创建他们所喜欢的政治制度，有权选择避免外来战争，实现和平，也就是说，有权利创建共和制。所以，真正的进步就是法律制度和道德的进步，就是凌驾于个人意志之上的历史义务的进步。永久和平的理念，虽然曾经被基督教神学家提出过，但真正的永久和平只能立足于人的理性与德行。

康德反对神学论证基础上的绝对永恒的神法的超验性，也反对人与人之间立足于主观欲望和利益的各种独断专制的法制，主张创建立足于实践理性并具有批判精神的法。因此，法的最一般原则要求是："当你行动时，必须永远把人当成目的，而不当成手段。"在社会上，当你行动时,必须遵循法的一般原则,保证使你的意志的自由行使,也同时必须遵循与他人的自由相协调的原则,也就是说,每个人都清醒地承认:国家法律机构从外部强制地要求每个人必须遵循它,而每个人也同时有保留自身反对国家法制的权利,每个人都享有自由捍卫私有财产的自由权利。

康德认为法律与道德虽然都立足于理性,但它们是有区别的,因为法律是要求人的行为"从表面上"与法令相符合,它对人的官能施加外在的压力和强制性的力量。在康德看来,国家无非是一种纯粹外在的机构,它对其臣民所发出的是"否定性的命令"(neminem lädere)。但政治可以包含道德,因为普遍历史的意义就在于确立一个最合理的机构和制度以奠定"永久的和平",永久和平乃是政治活动必须实现的道德任务。

为此,探讨康德的永久和平理论将有助于我们更好地理解康德的政治和宗教的思想。

康德的永久和平理论,旨在论证"和平世界的根本预设是世界公民法"(*ius cosmopoliticum*;cosmopolitan law/right)。这部世界公民法的内容是以作为世界公民的人权法律去取代古典罗马国际法。他认为,不但一个民族必须建立法治社会来保障个人权利,而且在世界范围内,各民族也要建立一种法律秩序,即他所说的"国际法"和"世界法",据此来保证各民族的权利,并向人类的永久和平迈进。

康德以两大部分、两个补篇和一篇较长的附录来论述这个理念。第一部分列出国与国之间的永久和平的先决条款,包括在和平条约里不应该秘密保留导致未来战争的因素(条款一),国家不是另一个国家可以夺取的目标(条款二),不应该有常备军(条款三),不应该有国债(条款四),不应以武力干涉其他国家的体制和政权(条款五),在战时不应采取极端的措施(条款六)。

　　第二部分陈述"各国之间永久和平的正式条款"。第一条款是："每个国家的公民体制都应该是共和制。"这一体制应以三个原则为基础：① 每一个社会成员(作为人)的自由原则；② 所有的人(作为臣民)都毫无例外地依据唯一共同的立法；③ 所有国家公民一律平等的法则。这是根据原始契约的观念得出的唯一体制。康德认为共和制和民主制虽然是相通的(共和制度的核心精神是行政权立法权的分离)，它需要一个代议制的政府，但他并不希望把这种共和制与民主制混为一谈("像常常会发生的那样")。第二条款是："国际法应该以自由国家的联盟制度为基础"，康德在以前的文章已经提过这样的主张；第三条款是："世界公民法应限于以普遍的友好为其条件。"

　　在第一个补篇中，康德讨论了永久和平的保证。对他而言，就像希腊化时代的斯多葛学派所主张的一样，那必须来自天意。他在以前对此曾经多次说明过。第二个补篇提出了永久和平的秘密条款，主张正在备战的国家必须考虑哲学家有关公共和平可能性的条件的各种准则。他认为，虽然我们不能期待国王"哲学化"，但他们至少不应该封住哲学家的嘴。哲学家应该有公开讲话的权利，这个诉求对康德个人而言是特别重要。

　　补篇中还深入探讨道德与政治的关系，探讨它与"公共权利的先验概念"的关联。这个概念所主张的是"凡是关系到别人权利的行为而其准则与公共性不能一致，都是不正义的"，而且"凡是(为了不致错失自己的目的)需要有公开性的准则时，都是权利与政治一致地相结合的"。公开性是道德政治的必要条件，没有公开性，永久和平的目标便无法达成。

　　这部作品最后以个人的评论结束，康德相信公开提出这个意见是他的职责所在。康德认为：如果① 实现公共权利的状态乃是义务，尽管这仍然只是正在努力实施的过程中；② 如果它是一种很有根据的希望，那么，迄今为止只是虚假地随着所谓缔结和平条约而来的"永久和平"，就不是一个空洞的观念，而是可以逐步地解决并正朝着它的目标实施的一项重要任务。

显然，永久和平就意味着消除一切针对其他民族的各种秘密协议，反对把国家当成私有财产进行交易，彻底消除常备军制度，所有国家均享有真正独立的权利，消除一切毁灭性武器。所有国家无例外地必须承认和执行上述规定。唯有共和制才能保障各国法制并实现各民族间的真正联合（Völkerbund），实现由国际法（Völkerrecht）所保障的世界范围内的国家联盟，实现纯粹由共识和善意所创建的法治国家和德性国家。

值得注意的是，康德为世界公民列出许多条件，首先当然强调对外国公民的来访必须采取热情欢迎的态度，但接着康德还强调外国公民只有来访的权利，却没有留住的权利。康德所集中论证的，毋宁是"对本来属于全人类的地球表面所有资源的共同使用权"，所以，康德指出：正是这个"共同使用权"，必将促进全人类整合成一个世界政体。显然，康德的世界公民概念中，仍包含了"民族—国家"的影响。康德的世界公民条件，在欧洲目前遭遇前所未有的移民潮的时候，面临一个严峻的考验。

康德的政治著作试图证明：① 以理性或合理的理念取代宗教的理念；② 有必要重新诠释宗教的理念，以符合人类的需要。为此，康德的"世界公民"理念无非是主张建立一种"公民宗教"，希望世界公民都以理性为基础，信仰一种合理的宗教。所以，他的"公民宗教"加上他的先验的政治观念论，康德幻想在人间世界能够实现至善的目标。

康德要求"世界公民法"（*ius cosmopoliticum*；cosmopolitan law/right）必须遵循以普遍的友好态度为基础的道德原则，旨在鼓励人与人之间的相互尊重，保护全人类彻底地避免战争，康德试图把普遍的友爱扩展到全球范围内，以便建构一个真正属于全人类的世界政体和宪法（cosmopolitan constitution）。

康德的"世界主义"理念，至今仍然引起广泛争议。有人斥之为"欧洲中心主义的幻想"，有人则赞之为人类未来生存的恰当设想。但至少可以肯定的是，康德基本上不把自己看作普鲁士人，而是一个世界公民，他很高兴自己能躬逢其盛，活在一个变革的时代中，他为自己能够生活在一个对人类发生深远历史影响的变革的新时代而自豪。所以，他自己觉得责无旁贷，必须去探讨由于这个变革而产生的法律和政治制度问题。

康德所提出的世界公民理想，经历两个多世纪的历史考验，现在正面临新的挑战。本来，世界主义（cosmopolitanism）源自希腊字"κοσμοπολίτης"（kosmopolitês）变来的，它是由"κόσμος"（kosmos）和（politês）构成的，前者意指"世界（world）"或"宇宙（cosmos）"，后者意指"公民（citizen）"或"某个城邦的公民（[one] of a city）"。当代世界主义使用这个词表示"世界公民"（citizen of the world）。

但当代世界公民概念是作为全球政治的面貌（as a global politics）出现的，它要求人类设计一个全球性社会共同体，并创建一个符合伦理原则的世界性组织，以保障各国各民族实现全面的相互沟通。

全球化，作为现代化和资本主义发展的一个重要进程，是自 14 世纪以来一直不断演进、并在现实中一直继续扩张和更新的世界性历史运动，它是包括政治、经济和文化各要素相互交错，并由全球各民族凭借各自经济文化力量共同推动的人类共同体的生存活动。但目前占主导地位的西方全球化与现代化的论述系统及其实践,却不同程度地掩盖和歪曲全球化的性质,试图推行和维持西方霸权主义及其西方文化中心主义,严重地破坏了全球各民族的利益及其文化传统。为此,有必要全面反思现代化和全球化的问题,并从维护和发展各民族文化传统的利益出发,重建现代化和全球化的整个理论和实践策略,使 21 世纪的现代化和全球化的进程,变成人类全面复兴自身文化及实现全球环保承诺的历史运动。

对现行全球化的质疑的提出,已经包含了对现行全球化性质的反思和先行批判。这个质疑在理论上主要是依据全球化的多学科和跨民族的特殊历史性质,对"全球化"现存流行定义发出质疑,特别对全球化的单纯经济性定义进行批判,试图从本体论(存在论)、地缘政治学、人类学、语言学、伦理学和社会学的角度,对现行全球化的性质进行连续的全面反思。在实践上,则是指向全球化实际进程的现行各项基本原则、政策、程序和组织机构层面的不合理及其由少数西方强国控制的垄断。

我们尤其有必要从民族文化传统的视角,把全球化理解成全球各民族在内的人类生命共同体在 21 世纪进行全面文化复兴的创新活动,是各民族平等地寻求自身生存条件的全面优化而进行的长期努力过程,它不可避免地包含物质性和非物质性的多元多质因素,是政治、经济和文化各要素相互交错,并由全球各民族生命体凭借各自内含的生命创造力量而共同推动的新型人类共同体的生存活动。

从人类学的角度和视野,全球化不应单纯立足于西方人的利益及其文化,更不应以西方人为中心并依据西方民族的标准,而是全面顾及全球各地区各生命共同体的需要,充分发挥全球各民族的生存能力及其思想文化的创造性因素。

从语言学的角度和视野,全球化不应单方面突出西方语言文化及其话语的垄断权,而是全面发挥全球各民族的语言文化潜力及其应用灵活性,不断克服全球化经济、政治及文化活动中的西方语言的控制权和称霸状态,使全球化为各民族语言实现多样化的发展提供多种可能性。

为此,有必要在深入批判西方文化中心主义的基础上,尽可能全面探索全球化与复兴民族文化传统的复杂关系的性质,为各民族文化的真正复兴寻求多种可能的出路。真正符合正义原则的世界公民只有在全球各国、各民族实现真正平等的基础上才有意义。

全球化的历史与现实,都强有力地表明它的生命力,因为它是产生在特定历史阶段的民族生命体的基础上,又依靠各民族生命体内在的发展力量继续延伸的长远历史演化过程。也就是说,虽然全球化的进程打破了民族的界限,使它具有显著的世界性,但它始终都是特定民族生命体共同发展的结果,绝对不能借助于现有全球化的强势国家的优势地位,忽略全球化原有的民族基础。

全球化整个过程既然是各民族生命体的创新力量的展现,它就明显地具有渗透性、扩展性和占有性,同时,也具有强烈的在地性、地区性和民族性,所以全球化充满着悖论(吊诡)。

从现代社会及全球化现状,可以看出,康德的世界公民目标,仅仅是一种善良的理念,而且,在现代化和全球化的漫长进程中,随着各种新复杂因素和多种力量的涌现,它有待全球各国各地区各民族所组成的人类生命共同体对它进行反复持续的反思和重估,并在此基础上,对它进行修正、补充和完善化。

第六节　康德与同时代人的对话

虽然康德一生没有离开过他的故乡哥尼斯堡(Königsburg),但他的思想和精神生活开阔宽广，他始终不断地同他的前代人和同时代人，包括德国人或外国人，进行频繁的思想交往。他不但非常了解他的时代及其历史，而且也清醒地使自己越出狭小的孤立地位，保持与他人的频繁对话，为他的思想创造开辟广阔的前景。

（一）时代的一般特征

康德的思想的形成时期，正是启蒙时代的成熟阶段或末期。因此，康德的前一代人，实际上是 18 世纪初至 18 世纪中叶的德国哲学家，他们是德国启蒙运动第一阶段和第二阶段的思想家，对于开启和建构德国启蒙思想做出了历史贡献，也为康德思想的形成提供了良好的基础。而康德的同时代人，则基本上都是 18 世纪中叶至 19 世纪 20 年代的哲学家，他们同康德相交流或发生各种争论，也为康德思想的建构和完善化做出了他们应有的贡献。我们把康德哲学置于康德同他的同时代人的相互关系中进行观察分析，就是为了说明康德哲学并非康德个人孤立的思想创造产物，而是康德所处的时代的精神结晶。

康德所处的得天独厚的历史地位，使他成为德国启蒙哲学的完成者，又同时成为德国古典哲学的开创者。德国的古典哲学不愧是德国哲学史上的最灿烂的哲学成果：它把此前德国哲学的精华和发展成果，构筑成前所未有的宏伟思想大厦，但同时，它又为德国浪漫主义和现代性思潮的滥觞创造了条件。康德的思想作为这一伟大时代的基本精神的卓越典范，自然具有不言而喻的深远意义。

因此，在讲述康德的前一代和同一时代人的时候，就相互交错地包括了德国启蒙时代第二和第三阶段、浪漫主义第一阶段和德国古典哲学的第一阶段的所有哲学家，他们是数以百计的哲学家、科学家和神学家。所以，在论述这一时期康德的前时代和同时代人的时候，难免既要同启蒙时代第二和第三阶段的重要人物相交错,又会同浪漫主义时代的新人物相遇,而且,与康德对话的人物,远远超出哲学家的范畴,还包括了哲学以外多学科的学者和杰出人物。这一特点也决定了康德哲学内容的丰富性、多学科性和深刻性。

康德生活的 18 世纪,正是德国启蒙运动的发展和完成期。当康德出生时,他正好遇上启蒙时代的第二阶段。他自幼有幸接受了启蒙思想的教育,既受到了虔诚的母亲的潜移默化的道德和宗教教育,也承接了自宗教改革和启蒙运动的思想洗礼,使他奠定了自然科学、经典知识和语言训练的坚实基础。当康德在 1740 年至 1746 年就读于哥尼斯堡大学时,德国的大学制度正面临改革。这时,德国的启蒙运动的第二阶段已经进入尾声。在文学方面,高特舍特的《批判诗学》给予他很深的印象。与此同时,虔敬派对沃尔夫学派的批判以及莱比锡大学的霍夫曼和他的继承者克鲁西亚斯及其学派,包括赖因哈德和巴泽多等人,也在一定程度上,对康德的思想成长发生了影响。

早期对康德发生思想影响的这些因素,概括起来,就是:第一,莱布尼茨和沃尔夫学派的思想及其研究成果,成为康德早期思想成长的一个基础;第二,当时学术界对于莱布尼茨和沃尔夫学派的批判,使康德初步形成对此前统治德国思想界的莱布尼茨和沃尔夫学派产生怀疑。第三,在德国之外,法国和英国的启蒙思想及相应的自然科学成就,不但使康德试图超出沃尔夫和莱布尼茨的研究范围,而且,也准备了他对此前发生于欧洲思想界的经验主义和理性主义的争论的总结意图。

从 1746 年康德大学毕业到 1769 年期间,就是他的思想发展的第一阶段,人们称之为"前批判时期",康德是在德国启蒙运动的第三阶段转入他的"批判时期"。

在康德的前代人中,包括前面已经论述的托马苏斯家族三代人以及沃尔夫等人,其中对康德影响较深的,是沃尔夫、来马鲁斯和克努岑等沃尔夫学派的思想家;而在他的同时代人中,祖尔策尔、门德尔松、拉姆贝特、普卢盖、雅各比、莱茵霍特、舒尔茨(Gottlieb Ernst Schulze,1761-1833)、迈蒙(Solomon ben Josua Maimon,1754-1800)及利波夫(Georg Heinrich Ribov,1703-1774)等哲学家和神学家以及诗人莱辛和赫尔德是很值得注意的。

在康德就学于哥尼斯堡大学的时候,路德虔敬派已经基本上控制了大学。从整个德国的大学状况而言,虔敬派大约是在1710年左右占据大学讲坛的。但是,在哥尼斯堡大学、维滕堡大学和罗斯托克大学,正统的亚里士多德主义仍还有势力。只是到1725年时,在腓特烈·威廉一世的支持下,虔敬派与沃尔夫派的联盟,才总算在亚里士多德派占优势的哥尼斯堡大学取得重要地位。但稍微有点势力的虔敬派,很快就对沃尔夫派进行压制。国王腓特烈·威廉一世为此特任命受过沃尔夫思想影响的温和的虔敬派神学家弗朗茨·舒尔茨(Franz Albert Schultz,1672-1763)任哥尼斯堡大学校长,以便适当调和虔敬派与沃尔夫派的矛盾。但沃尔夫派毕竟只处于从属地位,就连克努岑这位非正统的沃尔夫派,也只能在哥尼斯堡大学发生有限的影响。

总的来说,在18世纪上半叶和中叶,哥尼斯堡大学中正慢慢形成一种带有反沃尔夫主义倾向的折中主义学派,为接受一种新的理论也提供了可能性。在1745年左右,柏林科学院以牛顿机械论思想为中心迅速地扩大了其影响,克鲁西亚斯的反沃尔夫的思想也借此机会扩大了影响。因此,不应该夸大沃尔夫派对康德的影响。对于青年时期的康德来说,真正对他的哲学教育发生作用的,与其说是沃尔夫的思想,不如说是克鲁西亚斯和莫拜都依(Pierre-Louis Moreau de Maupertuis,1698-1759)的思想。莫拜都依作为一位法国数学家兼哲学家,是当时聚集于柏林科学院的法国学者集团中反沃尔夫的重要人物。

值得注意的是，当康德致力于思考哲学和教育问题的时候，他的同时代人巴泽多、诗人维兰德以及赫尔德等人，也开展了一系列教育改革的活动，这也为康德思考整个人的心灵教育问题有所启示。

当时康德的老师就是沃尔夫的学生克努岑。克努岑已经显示了对于沃尔夫的自然科学观点的怀疑，他反而更敬佩牛顿的新力学。他很关心康德的思想成长，后来，克努岑对牛顿力学理论的阐释，也成为康德在 1746 年至 1755 年时期所形成的自然科学思想的基础。

1765 年，莱布尼茨专家、作家兼图书馆管理员拉斯佩（Rudolf Eric Raspe，1737－1794）出版了他所主编的莱布尼茨《人类理智新论》。当时，拉姆贝特在致康德的信件中，向康德透露了他和莱布尼茨对数学的不同观点，直接地启发了康德对于数学和自然界的空间问题的思考。莱布尼茨认为普遍性和必然性是科学的特点，经验对此既不提供、也无法证实。拉姆贝特则认为，形而上学必须区分知识的内容与形式，而内容来自经验，形式来自理智。康德把这两方面结合起来，构成了他后来在《纯粹理性批判》关于空间以及先天综合判断的基本出发点。

不久，康德将他的《感觉世界和理智世界的形式及内容》的论文草稿寄给拉姆贝特、祖尔策尔和门德尔松，征求他们提出意见。他们三人几乎一致批评康德的观点。这就进一步促使康德把注意力集中地转向知识的形式和内容的相互关系问题。康德曾经为此先后在 1771 和 1772 年致信给他的学生赫尔茨（Marcus Herz，1747－1803），说明他自己的思考重点发生转向的过程。

（二）托马苏斯家族

康德从事学术活动的时候，正是托马苏斯家族三代人从事学术活动的年代,也是德国启蒙运动从初期走向第二阶段的过渡时期。托马苏斯家族历经三代,一直伴随启蒙运动,成为德国早期启蒙运动的见证者。第一代米凯尔·托马苏斯(Michael Thomasius)是德国 16 至 17 世纪的法学家,担任过国家咨政,他的两个儿子约翰·托马苏斯(Johann Thomasius,1624 - 1679)和雅各布·托马苏斯(Jakob Thomasius,1622 - 1684),都是法学家和哲学家兼诗人。托马苏斯家族第三代的著名人物克里斯蒂安·托马苏斯(Christian Thomasius,1655 - 1728),他也是法学家、政治哲学家和哲学家,他在康德出生后四年去世,当康德成年的时候,克里斯蒂安·托马苏斯的启蒙思想已经在德国传播开来。

雅各布·托马苏斯是莱布尼茨的老师之一,作为莱比锡大学教授,雅各布·托马苏斯是自然神学的维护者。他在其著作《形而上学史概论》(*Erotemata metaphysica*,1672)中,坚持把形而上学与自然神学等同起来。

对于康德来说,托马苏斯的第一代和第二代已经成为过去了的人物,但他们的思想影响还是不可忽视的。为了说明康德哲学思想的历史性和复杂性,我们仍然有必要针对克里斯蒂安·托马苏斯与康德的关系,注重于他对康德的特殊影响,进行概略说明。

实际上,在一定程度上克里斯蒂安·托马苏斯是理解德国 18 世纪思想状态的一个关键人物。正是克里斯蒂安·托马苏斯,首先提出理性使用的独立性。作为一位哲学家和法学家,克里斯蒂安·托马苏斯强调反对偏见,反对迷信的重要性。而且,他还坚持主张宽容和容忍政策,反对任何形式的酷刑和思想专制。为了促进思想自由,他主张贯彻学术自由的政策,反对政府对教育和学术的干预。当时,也是他首先创立民间的杂志和月刊,并鼓励使用德文进行写作。他所创办的《会话月刊》(*Monatsgespräche*)开创了德国公共领域的新空间,有利于推动启蒙运动向前发展。所有这些，正是符合康德所说的"启蒙"的基本含义。

但是，克里斯蒂安·托马苏斯在道德方面是较为保守和传统的。在这方面，他尤其主张神的救世的必要性。他的神学倾向实际上也影响到康德的宗教思想。

除了克里斯蒂安·托马苏斯本人以外，他的继承者还更直接地影响了康德。在托马苏斯的学生中，最重要的是弗兰茨·布德（Johann Franz Budde，1667-1729）、朗格（Joachim Lange，1670-1744）、鲁迪格尔（Andreas Rüdiger，1673-1731）、霍夫曼（Adolf Friedrich Hoffmann，1707-1741）以及霍夫曼的学生克里斯蒂安·奥古斯都·克鲁西亚斯（Christian August Crusius，1715-1775）等。

（三）沃尔夫及其学派

沃尔夫（Christian Wolff，1679-1754）对于康德来说是很重要的启蒙者。他在1728年、1729年和1732年所发表的《逻辑学》《本体论》和《经验心理学》的拉丁文本，成为康德大学时代的重要读本。

沃尔夫无疑是德国18世纪上半叶至中叶期间的最重要的哲学家。他的哲学，可以说就是针对托马苏斯学派的折中主义和经院哲学的杂乱无章性而建构的。他的最大贡献，就是试图在他那个时代，创建一个具有启蒙性质的系统哲学。他在某些方面和托马苏斯一样，希望把哲学作品当成是市民公众必读的知识读物。因此，他积极地推动了具有"世界智慧"性质的哲学（Philosophie als Welt-Weisheit）和自然科学的普及。正是这位热情的哲学普及者，在德国哲学史上首创许多新的哲学概念，例如，"意识"（Bewußtsein）、"表象"或"观念"（Vorstellung）和"概念"（Begriff）等。这些概念至今仍然为哲学界所广泛使用。没有沃尔夫在哲学上的成就，就很难有康德哲学的形成。

康德的学术经历在某些方面也似乎重演了沃尔夫的教学生涯。沃尔夫在哈勒大学的前期(即 1710 年以前),一直是致力于数学和自然科学的研究和教学。他研究数学史,撰写的《数学史》四大卷(1710)和数学字典(1711),长期以来被数学界列为范本。沃尔夫的哲学思想进入成熟阶段之后,他系统地发表了《逻辑学》(1713)、《形而上学》(1719)、《伦理学》(1720)、《政治学》(1721)、《宇宙论》(1723)以及《神学》(1724)。所以,康德在其前期注重于自然科学和其他多学科的研究,不能不是沃尔夫风格的重演。

在康德同时代人中,有一大批是沃尔夫的学生。他们同康德的争论,促使康德一方面间接地受到了沃尔夫思想的影响,另一方面又推进了他的哲学创造活动。当康德进入大学时,沃尔夫学派是最强的学术势力。在哈勒,首先是鲍姆加登,他首创了作为感性论的新美学,在他移往奥得河畔的法兰克福之后,哈勒仍然还有沃尔夫的影响,其中最重要的代表人物是迈尔和埃伯哈德;迈尔的哲学对于康德前期思想有很深的影响;而后者,作为当时成果卓著的神学家和心理学家,也对康德的宗教思想的建构产生一定的影响,因为正是这位神学家反复强调了非基督教徒陶冶基督教道德、并获得救赎的可能性,他认为,神的启示并非基督教徒所独享的"特权",而恰恰是理性,才是一切启示的最高准则。而且,埃伯哈德的心理学著作《思想与感觉的一般理论》(*Allgemeine Theorie des Denkens und Empfindens*,1776)批判了单纯的理性观点,强调了经验和感觉的基础功能,为康德后来区分理性、悟性和感性奠定了心理学基础。当然,与此同时,埃伯哈德作为沃尔夫学派的泰斗,并不甘心将沃尔夫学派让位于康德的批判哲学。所以,当康德明确提出他的批判哲学原则的时候,埃伯哈德起而攻击康德,强调康德的批判哲学"决非对于莱布尼茨哲学观点的超越",而只是"一种不自量力的词句游戏而已"。在当时学术界中有一定影响的学术杂志《德意志图书总汇》(*Allgemeine deutsche Bibliothek*)，由著名的作家 C.F. 尼古拉(Christoph Friedrich Nicolai，1733 – 1811)任主编，刊登了埃伯哈德等人与康德的争论文章。康德为此撰文《论号称一切改变旧有批判的新批判均无益处的新发现》(*Über eine Entdeckung nachdem alle neure Kritik durch eine ältere entbehrlich gemacht werden kann*，1789 – 1790)，严厉地进行反驳。值得指出的是，康德在稍后不久，又抱着同样的批判目的，起草了第二篇更为醒目而激烈的论文，试图更有力地捍卫他的新生的批判哲学的基本原则。但是，康德考虑到当时沃尔夫学派的影响，并没有将他的这篇题为《德国自莱布尼茨和沃尔夫的时代以来在形而上学方面究竟取得了什么样的进步》(*Welche sind die wirklichen Fortschritte die die Metaphysik seit Leibnizens und Wolffs Zeiten in Deitschland gemacht hat*)的论文付诸出版。康德谨慎地把它收藏在抽屉里，只是到了 1800 年的时候，才交给出版商朋友林克(Friedrich Theodor Rink，1770 – 1821)出版。

在马堡大学，沃尔夫的思想影响更是不可忽视，沃尔夫学派几乎全面地占据了各个学术领域。在吉森大学，沃尔夫的追随者是约翰·缪勒(Johann Fiedrich Müller)和博姆(Andreas Böhm，1720 – 1790)。蒂宾根大学有比尔芬格尔、甘斯(Israel Gottlob Ganz)以及普卢盖。在莱比锡，沃尔夫的支持者是高特舍特和卢多维奇(Carl Günter Ludovici)。在耶拿，是约翰·罗伊斯(Johann Peter Reusch)和达耶斯，而在康德的故乡哥尼斯堡，则是康德本人的老师克努岑。

沃尔夫学派在德国的影响随着法国和英国哲学的大量引进而逐渐减弱。这一事件正好发生在康德生活的年代。18 世纪德国哲学界逐渐系统地翻译了法国、英国、特别是英格兰思想家的作品；休谟、洛克、托马斯·里德（Thomas Reid，1710-1796）、哈奇森、比亚图斯（Beatus Rhenamus，1485-1547）和孔狄亚克（Condillac，1714-1780）等人的著作开始流传开来，其中，休谟的《人性论》和洛克的《人类理智论》（*Essay Concerning Human Understanding*，1690）尤其受到重视。这一切使德国哲学界开辟了新的可能视野，即在沃尔夫学派所提供的单纯理性主义之外，领会到经验主义的重要性。对于正在寻求新的真理探索途径的康德来说，休谟等人的思考及其方法，无疑是一个带有深刻启发性的思想清凉剂。康德本人在他的《未来形而上学导论》一书中，一再强调休谟的经验论观念及方法的重要性。而当时受到英法两国经验主义哲学深刻影响的费德和伽尔维，由于成功地论证了经验主义原则的基本内容，受到了康德的重视。

沃尔夫学派的普及性和广泛性，成为康德早期思想的客观的形成环境。不仅如此，而且他们之间的理论争论，也在客观上启示了康德，在一定程度上有助于康德更谨慎地转向批判哲学。

（四）门德尔松

在康德思想发展的关键时刻，即在 1750 年至 1781 年之间，正是德国哲学界处于多元而散漫的状况，当时不存在一个能够占据统治地位的主流思想派别。趋于瓦解的沃尔夫学派再也不能向学术界提供有说服力的理论。当时，具有一定独立思想观念的哲学家为数不多，只有哲学家、天文学家兼数学家拉姆贝特、哲学家特滕斯（Johann Nikolas Tetens，1736-1807）和门德尔松，三人还可以归入"凤毛麟角"的杰出人物。

在康德的同时代人中，门德尔松是很值得注意的人物，这不仅因为他同康德有密切的关系，而且，他还是与康德频繁进行争论并经常持有异于康德的思想观念的思想家。

门德尔松原来属于自由派的沃尔夫学派,极力要把莱布尼茨的"预定和谐论"同斯宾诺莎的理性主义协调起来。但后来门德尔松在综合各种思想观点的基础上,创建了自身独特的具有折中主义性质的理论体系,使他在 18 世纪相当长时间内,成为一位享有特殊学术地位的人物。这位于 1729 年 9 月 6 日出生于德骚(Dessau)一家犹太商人家庭的科学家、文人兼哲学家,一生始终忠实于他的犹太家庭的思想传统,以至于他宁愿将自己直接地被称为"门德尔的儿子"(Mendelsshon),使自己紧紧地同父亲门德尔(Mendel)连接在一起。门德尔松早年接受父亲及其友人弗兰克尔(David Fränkel,1707 - 1762)的犹太文化教育,特别是学习《圣经》和犹太教古文献《塔木德》(Talmud)。14 岁时,门德尔松随弗兰克尔到柏林,向当时流亡到德国的波兰学者查莫斯(Israel Zamosz)请教,更深入地研究犹太教文化,特别是研究中世纪犹太教思想家迈蒙尼德(Maimonides,1135 - 1204)的理论,同时也学习数学,并向另一位年轻的物理学家学习拉丁文。门德尔松之所以对迈蒙尼德感兴趣,也正是因为迈蒙尼德是犹太教法学家、哲学家和科学家,他长期定居于埃及,通晓东西方古语言文字,著有用阿拉伯语撰写的《米西拿评注》、希伯来语的《犹太律法辅导》以及综合宗教、哲学、科学的《迷途指津》等。门德尔松就是这样主要靠自学的方式,使自己成长为富有文化修养和具有独立思想能力的时代思想家。

由于早期深受沃尔夫学派的影响,使门德尔松在一段时间内曾经热衷于形而上学的重建,并对方法论的论题甚感兴趣。他不同意启蒙思想家对形而上学的全面否定。在柏林科学院的一次征文竞赛中,他以《论形而上学科学中的明晰性》(Abhandlung über die Evidenz in den metaphysischen Wissenschaften)的论文,获得了很高的评价,战胜了同时参加征文竞赛的康德和作家阿伯特等人。

在门德尔松看来，形而上学同样也可以像数学那样，以精确的方法进行论述。形而上学在仿效数学方面，首先要做的就是进行概念分析。他在《哲学著作集》中说："对于理智来说，进行概念分析就好像放大镜有助于视觉那样重要。"当然，门德尔松认为，在哲学中的明晰证明不同于数学。形而上学所使用的概念，比几何学的概念更加确定，但缺少几何学所需要的明晰性。形而上学不同于数学的地方，最主要的就在于概念内容方面的区别，即质和量的方面的差异。尽管有这些差异，它们所涉及的质和量，毕竟都是属于有限的事物的内在特征。

门德尔松主张一种自然神学。他自始至终都认为，证明神的存在是必要的。但是，证明神的存在的方式是多种的，并不是所有的证明方式都是可行的和可取的。在他的著名的《论形而上学科学中的明晰性》论文中，门德尔松认为，立足于美、秩序及和谐的基础上，有可能论证上帝的存在，尽管这种证明并不如数学式的精确论证那样确定。同时，他在那篇发表于《晨报》上的论文也指出：如果不诉诸某种"超自然"的存在，通过外在感觉来证实外在世界的做法是不可思议的。

门德尔松认为，通过两种途径，有可能论证上帝的存在：第一种是通过充足理由律论证某些偶然事物的存在。例如，通过个人自身的自我的内在体验，论证某些偶然事物的存在。他说，某些偶然事物的存在的充足理由，必须间接地成为一个必然的事物；而一个必然的事物，就是一个存在的事物。他说："我在，故上帝存在①。"

门德尔松对上帝存在的第二种证明方式，是立足于上帝概念同"非存在"的条件的内在关系。他说，如果某物不存在，它或者是不可能，或者是可能。但是，说"某物不存在是不可能"，就等于说"它的内在属性是有矛盾的"，这就好"一个方的三角形"一样。同样的，说"某个不存在的事物是可能的"，就等于说"它的内在属性是不足以决定它的存在"，或者，这也等于说"单靠尚未获得的外在因素，它是偶然的"。如果上帝不存在，那么，它或者是因为上帝的概念是不可能，或者是因为它纯粹是可能的，即偶然的。但是，偶然性是必定是依赖性，而不依赖性是大于依赖性，这样一来，就同一个完满的存在的本质相矛盾。因此，一个完满的存在的概念，不可能是某种单纯可能的事物的概念。但是，一个完满的存在的观念，并不包含必须同时被肯定和被否定的确定性。换句话说，说上帝不存在是不可能的。在这种证明方式中，门德尔松所依据的就是认为，上帝的存在源自这样的考虑：上帝的概念不可能是某种非存在的事物的概念。

正当康德开始从集中思考天体和自然科学问题转向研究形而上学和认识论问题的关键时刻，即 1762 年，康德发表《论三段论四格的微妙错误》(*Die falsche Spitzfindigkeit des vier syllogischen Figuren*)，次年，康德又发表《关于上帝存在的唯一可能的论证根据》(*Der einzige mögliche Beweisgrund des Daseins Gottes*)，而门德尔松却在同年，在柏林科学院的征文考试中得奖而被选上科学院院士。后来，门德尔松在心理学方面又发表了论文《论斐多》，试图把传统的经验心理学和理性的心理学结合起来。实际上，前者是描述心灵的功能，后者则是探讨心灵的形而上学基础。总之，在康德的思想发展中，门德尔松始终扮演一个将传统与启蒙相结合的角色。

门德尔松始终同康德保持密切的关系。康德在给门德尔松的多次通信中，一起探讨了纯粹理性批判等著作的重要问题。门德尔松对康德的主要影响，还包括他关于宗教信仰与理性的关系的思想。门德尔松认为，人的"健全理智"(der gesunde Menschenverstand)在人的思维和行动中，起了重要的作用；它是合理的理性的直观的和直觉的形式。

通过"健全理智",人的理性可以达到形而上学的实在性,从而为人的认识开辟了可能性的前景。门德尔松的这种"本体论的论证方式"以及关于不朽的概念,也是康德研究信仰与理性的关系的出发点之一。

(五)雅科比

在康德探索哲学真理的时候,雅科比(Friedrich Heinrich Jacobi,1743－1819)所创立的"信仰哲学"(die Glaubensphilosophie)和康德的"批判哲学",成为那个时代在哲学领域产生的一对孪生子。黑格尔为此曾经在他的《哲学史讲演录》中说:雅科比的哲学是和康德的哲学同时存在的。两者的结果大体上是相同的,只是出发点和进展的过程,有些地方不相同。雅科比的外在出发点,大半是法国哲学和德国形而上学,他是受法国哲学启发的。康德是较多从英国方面,从休谟的怀疑主义开始的。雅科比所着眼和考察的,大半是认识方式的客观方面,他同康德一样采取消极态度,因为他宣称知识按其内容而言,是不可能认识绝对的。康德并不打算考察认识的内容,因为他认为认识基本上是主观的,因而人是不可能认识自在自为的存在。后来的思想发展表明,雅科比越来越走向远离康德的道路,使他更接近哈曼和赫尔德等人,主张跳出单纯理性主义的圈子,更深入地探讨人的情感与生活对于哲学的意义。在这一方面,雅科比、哈曼和赫尔德三人间的思想倾向,构成了一股同当时的主流思想唱反调的重要思潮。雅科比同哈曼之间在1781 至 1784 年间的通信成为哈曼在这一时期的思想活动的一个重要组成部分。

长期以来,在中国的西方哲学史研究中,一直忽视对雅科比哲学的正确评价,往往对他给予简单粗暴的否定,用一两句话,就"枪毙"了雅科比。实际上,雅科比是一位善于独立思考的哲学家,他从不盲从。为此,他在世时,得罪了康德及黑格尔等"大人物",而且,正因为他重独立思考,他不但不愿意追随他人,甚至也不愿意使自己限制在"昨天的我"。他对自己的思想和理论,从不感到满足,也不自称为"真理的化身"。所以,他对自身经常进行自我解剖,经常否定自己。这就是他的思想,从初期到后期,发生多次重大变化,也使他的思想体系的各个发展阶段中,包含了多种不同的思想因素,遭受他人对他的攻击,也使他经常被人误称为"折中主义思想家"或"杂家"⑩。

其实,雅科比是一位才华横溢的学者,知名的哲学家、人文思想家和社会活动家,他的哥哥约翰·格奥尔格·雅科比(Johann Georg Jacobi,1740-1814)是一位天才诗人,也是哲学家和多才多艺的思想家,曾经在大学时代(1763-1766)就学于格丁根大学,研究神学、法学,又先后在赫尔姆斯特、马堡、莱比锡和耶拿大学,学习语言学,然后,在1766年担任哈勒大学哲学教授。

雅科比本人于1743年生于杜塞多尔夫,曾先后在日内瓦和巴黎受过教育。瑞士哲学家博内(Charles Bonnet,1720-1793)和法国哲学家狄德罗都曾经是他的老师。雅科比在法国学习和居住很久,因此对法国哲学和法国文化非常熟悉。

雅科比并不赞同启蒙思想家对理性的过分崇尚,他尤其反对康德把理性思辨化。他认为,欧洲哲学家从斯宾诺莎的理性主义以来,并未认识到人的理性本身的局限性,他们总是试图使用人类的有限理性去把握无限的世界,其结果将是一无所获,如果硬要把人的理性绝对化,以为人的理性可以解决所有的问题,无异于把理性"神化",这就将导致它的反面,即虚无主义(Nihilismus)⑪。

雅科比认为,我们应该更多地了解生活本身,使哲学从生活中吸收必要的经验和教训,同时,并在理性之外,不要忽视感觉、情感和意志等精神力量的重要性。雅科比的立场和观点,使人们自然地把他列入当时的"情感主义"或"感觉论"(Sensualismus)的行列。在雅科比生活的那个时代,英国哲学家中有一批人,首先以洛克为代表,同时还有英格兰的属于"联想主义或联结主义"(Associationism)学派的托马斯·布朗(Thomas Brown)、哈特莱(David Hartley)和普利斯特利(Joseph Priestley)等人以及当时以亚当·斯密、休谟等人为代表的苏格兰学派,他们都强烈地主张必须重视情感与理智之间的交叉融合关系,尤其重视道德行为中的情感和感觉的作用,因为情感和感觉都不可能与观念脱离开来。其实,雅科比的思想除了与英国启蒙思想家有密切关系以外,他还跟法国思想家保持非常密切的联系和交往。雅克比对法国思想文化有很深的造诣,他对法国 17 世纪思想家帕斯卡尔的哲学思想非常了解,经常在自己的著作中引用帕斯卡尔的观点[⑫]。在他的一生中,一直保持与法国思想文化的交流和互动。

雅科比还同浪漫主义诗人维兰德一起,经常讨论哲学和文学创作的问题。雅科比受浪漫主义思想影响,撰写了两篇哲学小说《埃德瓦德·阿尔维尔书函》[⑬]和《沃尔德马尔》[⑭],强调人的行动是以生活经验为基础,而不是靠概念,他认为,道德体系只是一系列规范和概念的文字系列,对人的实际行动是无效的,唯一实际影响个人的精神力量,就是让每个人认清他自己。

在信仰方面,雅科比认为,有限的理性无法认识无限的神;如果非要通过有限的理性去认识无限的神,那就会导致机械论,或命定论和无神论及虚无主义[⑮]。雅科比的上述观点引起了关于泛神论(pahtheismusstreit)的大论战[⑯]。

泛神论大论战是由雅科比对斯宾诺莎理性主义的批评所引起的。雅科比的观点也引起莱辛、门德尔松、歌德、赫尔德等人的关注,因为他们也和斯宾诺莎一样主张理性地对待宗教。

关于泛神论的大论战也引起康德本人的注意。康德为此强调他的理性主义立场的必要性和重要性。康德认为，必须把讨论宗教时所持有的理性立场与理性的信仰（vernunftglaube）区分开来，而且，康德还指出，必须阐明知识与信仰的界限⑰。

雅科比的思想生涯经历各个不同的阶段，他开始时是德国启蒙运动中的一位理性主义思想家，曾一度追随康德，热衷于康德的先验论。所以，当费希特起初跟随康德时，费希特也曾经持有与雅科比类似的立场。但是，雅科比后来转向谢林晚期的浪漫主义哲学。因此，雅科比经常使自己处于同其他哲学家相对立的立场。他追求思想自由的个性，使他成为当时很有争议的思想家。也正因为这样，雅科比有时被人们称为虚无主义者，因为他总是反对把哲学家的思想成果加以夸大，不同意把哲学家的思想成果当成可以医治社会百病的神丹妙药。

雅科比强调信仰自由和信仰的权利；但是当他强调"必须走出心智的范围才能停留于真理的王国"时，他所说的那种神秘主义的感情，与康德所主张的信仰与认识的关系的观点，毫无共同之处。另外，雅科比批评康德关于自在之物的观念与整个批判哲学的矛盾性。他认为，康德之所以诉诸自在之物的概念，是因为他要借此说明感性的性质。在伦理学方面，雅科比赞同莱辛的观点。他认为人是有道德的，因此，人不需要同一种预定的法则相适应。人的道德观念是赋有其个性的；如果真的有什么"绝对命令"的话，那么所谓"绝对命令"就是"同自己相符合"。

雅科比在 1787 年发表的《休谟论信仰：观念论与实在论》（*David Hume über den Glauben oder Idealismus und Realismus*），雅科比一方面试图说明自己在某种条件下所主张的非理性与其信念（Glaube）理论之间的并存的必要性，另一方面又强调休谟的信念论的重要性及其怀疑论性质。在这本书的附录中，雅科比批评了康德的《纯粹理性批判》的超验的观念论观点。雅科比所阐明的观点，从那以后的很长时间内，一直成为批判康德超验论的重要参考资料。雅科比尖锐地提出了这样的难题："如果没有'物自体'的前提假设，我就无法进入康德的体系；但是，依靠'物自体'，我又无法在康德的体系中站住脚跟。"

雅科比留下的著作很多，其中包括：《雅科比书信集》（*Friedrich Heinrich Jacobi，Briefwechsel，Gesammtausgabe*）、《雅科比与谢林围绕神性物的争论》（*Streit um die göttlichen Dinge. Die Auseinandersetzung zwischen Jacobi und Schelling*）、《雅科比与门德尔松之间关于泛神的重要论文集》（*Die Hauptschriften zum Pantheismusstreit zwischen Jacobi und Mendelssohn*）、《雅科比论神性物及其启示》（*Von den Göttlichen Dingen und ihrer Offenbarung*）、《论学术团体的基本精神和目的》（*Über gelehrte Gesellschaften，ihren Geist und Zweck. Eine Abhandlung，vorgelesen bey der feyerlichen Erneuung der Königlichen Akademie der Wissenschaften zu München von dem Präsidenten der Akademie*）、《论谢林的学说：关于绝对的无的哲学总体》（*Schellings Lehre oder das Ganze der Philosophie des absoluten Nichts，Nebst drey Briefen verwandten Inhalts von Friedr. Heinr. Jacobi*）、《致门德尔松先生的有关斯宾诺莎学说的信件》（*Über die Lehre des Spinoza in Briefen an den Herrn Moses Mendelssohn*）、《雅科比与哈曼书信集》（*Fr. H. Jacobi/Johann Georg Hamann，Briefwechsel*）、《雅科比与歌德书信集》（*Jacobi/Goethe，1846. Briefwechsel zwischen Goethe und Fr.H.Jacobi*）以及《雅科比与洪堡通信集》（*Jacobi/Humboldt，1892. Briefe von Wilhelm von Humboldt an R. H. Jacobi*）。

（六）莱茵霍特

在康德的同时代哲学家中，莱茵霍特（Karl Leonhard Reinhold，1758－1823）、舒尔茨（Gottlieb Ernst Schulze，1761－1833）和迈蒙（Solomon ben Josua Maimon，1754－1800）等人，是比较突出的，他们一方面在一定程度上继承了康德的观点，但另一方面也对康德哲学提出了许多批评意见。

莱茵霍特和贝克（Jakob Sigmund Beck，1761－1840）一样，本来是康德的学生。但是，莱茵霍特的才华，使他很快就提出了独立的见解。1787年，莱茵霍特提出了哲学图式，试图通过人的理智、理性和判断力三种功能，将哲学、美学、伦理学协调起来。莱茵霍特认为，理智、理性和判断力，各自具备独立的概念和原则，相互之间不可替换。他指出：理智为科学知识提供概念，理性为伦理学提供原则，而判断力则为情感和目的论提供规则。莱茵霍特的这一思想贡献，无疑为康德在1790年出版的《判断力批判》提供重要启发。须知，在此之前，康德在1764年所写的《论美与崇高》的论文中，虽然已经对美的问题进行了深刻的研究，但他很明确地认为，美与情感既然都属于经验的因素，就不属于理性的先验论的研究范围。此后，在相当长的时间内，康德都明确地拒绝从理性批判的角度探讨审美的问题。而且，康德一直认为，惰性的物质和生命的力学运动是有区别的。但是，在《判断力批判》中，康德却发生了重大转变，把美与目的论结合在一起，同时又把审美归化为主观目的性的一种形式。显然，莱茵霍特的上述著作对康德的思考发生了积极作用。

莱茵霍特对于康德哲学的研究，使他发现了康德哲学的内在矛盾和内在危机。这主要是指康德所说的"物自体"以及知识的先天因素的真正基础。在莱茵霍特看来,康德把物自体与现象、先天与经验对立起来,存在许多不可解决的矛盾。为挽救康德哲学的危机,莱茵霍特试图在逻辑体系内部寻找作为知识建构的可靠出发点。但莱茵霍特并未能完成他自己所提出的任务。只是到费希特那里,才在新的观念论体系中找到一种被称为"自我"的因素,作为新的知识学的出发点。到此为止,莱茵霍特所寻求的观念论的出路,实际上就交给费希特来完成。在这个意义上说,莱茵霍特就是康德与费希特之间的思想桥梁。

(七) 舒尔茨

舒尔茨是德国著名生物化学家艾伦斯特·舒尔茨的祖父,作为一位哲学家,他在 18 世纪下半叶先后成为维滕堡大学、赫尔姆斯特大学和格丁根大学的教授,曾经以发表批评康德的《安尼西德姆斯》(*Aenesidemus*)而在当时的哲学界名噪一时。

舒尔茨青年时代曾在维滕堡大学受赖因哈德的指导攻读哲学。毕业以后,他发表两篇拉丁文的哲学史论文,于 1786 年担任维滕堡大学哲学系副主任。从此,他专门教授哲学史,并以他在 1788 年发表的《哲学科学纲要》(*Grundriß der philosophischen Wissenschaften*)作为基本教材。他在这本书中已经很明确地批判康德哲学。此后,他任教于赫尔姆斯特大学,并于 1792 年全面开展对康德的批判。1801 年,舒尔茨发表《理论哲学批判》(*Kritik der theorischen Philosophie*),立即受到黑格尔和谢林的强烈反击。黑格尔在《批判杂志》(*Kritisches Journal*)发表文章,谴责舒尔茨未能深入了解康德的观点。正因为这样,舒尔茨接着在他的《箴言集》(*Aphorismes*)中回敬黑格尔等人,引起了当时哲学界的重视。1810 年赫尔姆斯特大学关闭之后,他前往格丁根大学,在那里他接受叔本华作为他的学生,接着他指导叔本华关注柏拉图和康德的哲学。正因为这样，他的思想强烈地影响了叔本华。

舒尔茨在《安尼西德姆斯》发表的论文的基本观点，就是认为康德批判哲学以及当时维护康德的莱茵霍特所提出的"基础哲学"，都是以作者本人的特殊的推论方式对自己的哲学理论进行论证。舒尔茨还指出，康德和莱茵霍特的作品，都试图论证他们并没有否定休谟的怀疑论。舒尔茨强调指出，康德的批判哲学是充满内在矛盾的。

1795 年，舒尔茨又发表一篇批判康德的著作《对康德宗教哲学的几点评论》(*Einige Bemerkungen über Kants philosophische Religionslehre*)。此后，在 18 世纪初，舒尔茨还进一步发展了自己的哲学体系，从哲学本体论、伦理学及逻辑学等方面，对哲学进行全面的反思⑯。

(八) 撒罗门·迈蒙

撒罗门·迈蒙是康德从前批判转向批判时期的德国重要思想家。康德曾经毫不掩饰地说，迈蒙是他那个时代最优秀的评论家、卓越的思想家和独具迷人风格的作家。但是，作为狂热的理性主义者，迈蒙批评康德以经验限定知识范围的做法。他认为，即使在康德那里，尽管他尽力使人的认识活动限定在经验范围内，但康德自己都无法避免本体论的前提条件。他尖锐地指出：康德实际上面临着一种难以克服的两难：或者是从他自己所反对的形而上学中寻求支持，或者走向怀疑主义。迈蒙承认，在他所主张的理性主义中，本来就不可避免地包含怀疑的因素。

迈蒙深受传统的犹太教教育。他同时也是启蒙时代著名的法学家。迈蒙是从他对中世纪教会所理解的亚里士多德主义出发，走进哲学的殿堂。他同门德尔松一样，或者，甚至比门德尔松更严重地深深陷入了中世纪犹太教思想家迈蒙尼德(Maimonides)的理论思想桎梏之中。所以,连他的名字"迈蒙"(Maimon)都带有模仿迈蒙尼德的意思。但是,迈蒙的才气,使德以及康德周围的朋友,诸如门德尔松、莱茵霍特、费希特等人,都对迈蒙赞赏有加。

迈蒙是在 1780 年底来到柏林之后,才清楚地了解康德的新哲学。迈蒙将他第一次阅读《纯粹理性批判》的印象,写在他寄给他的朋友赫尔茨的信中。赫尔茨同时也是康德的朋友和学生。对此,康德在回信中给予充分的肯定。接着,在 1790 年,迈蒙又发表一篇评论康德的文章,即《论先验哲学》(*Versuch über die Transcendentalphilosophie*)。此后,迈蒙与莫利兹保持很紧密的友谊关系,并在他们的讨论中,共同批评康德的观点。迈蒙的批评,主要集中在康德的物自体概念以及关于经验和知识的观念上。迈蒙的著作全集的最新版本是由撒罗门·迈蒙的研究专家瓦列里奥·维拉等人主编的七卷本《撒罗门·迈蒙全集》㊽。

(九) 特滕斯

与康德同一时代中,对他产生一定思想影响的哲学家,还包括特滕斯(Johann Nicolas Tetens,1736 - 1807)。这位身兼数学家、统计学家和科学家的哲学家,以"批判"的方法,考察了人的"因果性"范畴,对康德无疑地给予了启示。他所著的《对人性及其发展的哲学探索》(*Philosophische Versuche über die menschliche Natur*,1777)详尽地区分了人的观念的内容和形式。在他看来,人的观念形式是"一种联系的自发活动的产物"。特滕斯的哲学作品很多,主要有《对形而上学中仅有少量真理的某些原因的思索》(*Gedanken von einigen Ursachen,warum in der Metaphysik nur wenige ausgemachte Wahrheiten sind,*1760)、《论上帝存在的证明》(*Abhandlungen von den Beweisen des*

Daseins Gottes，1761)、《论语言与文字的起源》(*Ueber den Ursprung der Sprache und der Schrift*，1772)、《论一般的思辨哲学》(*Ueber die allgemeine speculativische Philosophie*，1775)、《对人性及其发展的哲学探索》(*Philosophische Versuche über die menschliche Natur und ihre Entwickelung*，Vol. 1/Vol. 2，1777)及《语言哲学探究》(*Sprachphilosophische Versuche*，1971)等^⑤。

正如康德的同乡和同时代的作家兼哲学家并有"北方占星家"之称的哈曼所说，特滕斯的上述哲学考察，已经很接近康德在《纯粹理性批判》中所要表达的思想。

第七节　康德哲学的影响

康德哲学开创了对启蒙理性的批判，有利于后来的哲学家进一步思考理性的限制问题，促使他们认真思考思想本身进行反思性的重要性，同时也推动了近现代哲学家们深入开展对传统形而上学的非科学性的批判，更集中地探索科学认识的条件和范围，使近代和现代哲学更重视认识论（知识论）及认识方法的问题，导致现代哲学中实证主义倾向的进一步发展和膨胀。

在康德的同时代及其后，产生一批康德哲学的诠释者和继承者，为扩大康德哲学的影响做出了贡献。值得一提的是，莱比锡大学的波恩（Friedrich Gottlieb Born，1743 - 1807）与阿比希特（Johann Heinrich Abicht，1762 - 1816）共同创办《诠释康德哲学体系的新哲学杂志》(*Neue philosophische Magazin zur Erläuterung des Kantischen Systems*)，为后人及新康德主义流派相继出版专论康德哲学的学术杂志，开创了先例。

　　另一方面,康德对于理性批判活动的片面理解、形式主义地体系化以及理想化,导致康德之后的现代批判活动的不断分化,既推动现代社会的发展和进步,又同时地促使现代文化的再生产活动,不断地引起新的危机。所以,在康德之后,理性批判活动在其发展过程中,也同样引起新一代思想家对康德批判哲学的再批判活动:有一部分哲学家试图弥补康德理性批判的不足,进一步从新的观点,推动对于理性的批判;另有一部分哲学家,则试图走出理性主义的羁绊,试图在理性之外寻求新的出路,这一倾向推动了康德之后的非理性主义流派的产生和发展,有的哲学家集中发扬康德的物自体观念,强调世界的本体的超越性及其不可触及性和不可认识性,试图进一步夸大物自体的彼岸世界性质,这一倾向促进了康德之后各种不可知论哲学的发展,有的则集中开辟对现象界的深度和广宽结构的探究,满足于对现象界的探索,而对现象之外的所谓本体,不再进行哲学探索,如此等等。

　　值得注意的是,康德所实现的"哥白尼式的革命",即在知识论中,突出作为主体的人的主观中心地位,必然导致对知识对象的独立于主体的客观性质的否定。正如专门研究康德知识结构论的学者帕姆奎斯特所说,康德的观点导致一系列关于知识先天性结构的新知识论的产生①。当然,康德对主体直观、知性和理性的主导性的肯定,也在很大程度上促进了现代人的主动创造精神,使人们形成对于自身主体性的自信,有利于发展现代人的创新活动。在康德之后,越来越多的哲学家深信:经验是可以靠内在的心理结构创建出来的。所以,在康德之后,各种结构主义和建构主义思想有很大的发展。

　　当然,康德所提出的哥白尼式革命,在很大程度上鼓舞了现代哲学家及现代人的创新精神活动和思想创造活动。康德在认识过程中强调的"哥白尼式革命"实际上突出人在认识活动中的主体中心地位,也赋予人的主观创造一个优先地位。

在道德哲学领域,康德所强调的"道德自律"和"道德良心"等概念,成为维护未来社会的重要指导思想,而他所维护的"人的合目的性"概念,尤其成为维护人权的基本思想基础。

即使是在康德有生之年,他的思想已经深刻地影响了他的同时代人。首先,在德国古典哲学的发展过程中,在康德之后,费希特、谢林和黑格尔,都从新的观点和角度,在批判康德的批判活动的基础上,开展新的理性批判活动。他们都相信新的批判活动可以弥补康德批判哲学的不足,以为可以使批判进一步得到提升,并通过批判的提升而进一步揭示人的理性本质。但是,由于他们都同样是传统理性主义者,当他们批判康德的理性批判的消极和片面之处的时候,他们却又陷入新的消极和片面的哲学观念体系之中。费希特在《论对于各种启示的批判》的著作中,声称批判的大厦终于建成。费希特将知识、法和道德建立在"绝对的我"的基础上,抛弃康德的"物自体"的概念,并强调理智的直观是自我自由地认识自身的基础。接着,谢林在《关于独断论和批判论的书信》等著作中,肯定人类自身中的直观能力是某种"永恒"的东西。费希特和谢林都在批判康德的形式主义中走向了一种新的绝对主义。黑格尔看到了费希特和谢林对于康德批判哲学的批判所走过的弯路,提出了理性的辩证法以克服绝对主义,但其结果,同样也是由于黑格尔的不可救药的传统理性主义原则,又使理性的辩证法本身绝对化,使理性辩证法展现过程中所隐含的活生生创造力量,最终在追求理性辩证法体系化的完整性和神圣性的过程中被窒息和扼杀。

与费希特同时,也有一些德国哲学家对于康德的哲学持异议或相反意见。有几位著名的心理学家,如伽尔维和狄德曼(Dietrich Tiedemann,1748 - 1803),在英国的经验论的影响下,反对康德的哲学。埃伯哈德和施瓦布（Johann Christoph Schwab，1743－1821）则从莱布尼茨的立场批判康德。即使在康德的追随者中，也有人像费希特那样，意识到康德的二元论的矛盾，企图使之彻底地扭转。

莱茵霍特本来是康德哲学的积极拥护者，但他是从基督教角度探讨康德，并在评论康德的《纯粹理性批判》时，特意先从《纯粹理性批判》的后一部分，即有关道德伦理论题及其与"神的理性观念"、自由意志和死后命运相关的部分开始。莱茵霍特的这种评论方法，实际上表现了他的表达技巧，因为他意识到康德对知识的批判含有极大的晦涩性，难以被一般读者所理解。果然，莱茵霍特对康德的评论立即引起读者的广泛反应。但接着，莱茵霍特提出了所谓的"原始事实"（Urtatsache）的范畴，作为认识的统一原则，莱茵霍特把"原始事实"归结为"表象"，因此，他在后期很自然地归化到费希特的阵营中去。如哲学史家卡尔·阿梅里克（Karl Ameriks）所说，费希特、黑格尔、谢林、席勒、荷尔德林、诺瓦利斯以及施勒格尔兄弟等人，都由于受到莱茵霍特的影响而重读康德并由此出发而超越康德②。

迈蒙也和莱茵霍特一样，主张消除"自在之物"。接着，康德的学生贝克于1795年，直截了当地提出了"批判哲学所由以建立并由此出发的唯一可能的观点（Einzig möglicher Standpunkt aus welchem die kritische Philosophie beurteilt warden muss）。"费希特是唯一较为成功地克服康德二元论的18世纪末的德国思想家。

不管怎样，康德毕竟是德国启蒙运动的终结者，又是德国古典哲学的开创者。他对于人的认识能力、道德原则和判断力的批判，对于近代和现代哲学的发展，都产生了深远的影响。

康德哲学的批判性和开创性，不仅为德国哲学的今后发展奠定了基调，而且也为德国和整个欧洲的思想和文化的前景，开辟了新的希望。在德国,康德的思想影响首先导向古典哲学的新出发,这就是从康德、经费希特和谢林到黑格尔的德国古典哲学的战线历程。其次,康德哲学深深地影响了德国文学和艺术的发展,推动新型的美学思想的完善化进程。在这方面,从康德到歌德,形成了启蒙思想的进一步扩张和深化,也促使启蒙思想更深刻地与反启蒙思想展开激烈的争论,有助于德国文人更全面地把握现代性的基本精神。这一时期的歌德和席勒,成为康德在文学艺术和美学领域发生进一步影响的关键中介性人物。本书在下一章将要深入分析的浪漫主义思潮就是从康德时期关于启蒙的争论所延伸出来的。

康德思想导向施莱尔马赫的折中主义思潮的出现,为 19 世纪中叶和下半叶的多样化文化的出现奠定了基础。与此同时,康德思想导引弗里斯(Jakob Friedrich Fries,1773 - 1843)和赫巴特(Johann Friedrich Herbart,1776 - 1841)等人的现实主义思潮。更具有开创性的哲学探讨,也在实际上受到了康德哲学的启发:康德思想引申出叔本华的哲学,开启了对人的表象与意志的新哲学研究。

由于康德哲学的重要性,在康德之后,有一大批哲学家专门从事研究康德的思想,使研究康德哲学在相当长时期内,成为哲学界的一种引人为傲的"哲学行业"或专业。在这些康德专家们的推动下,创办了《康德研究》(*Kantstudien*)杂志,也出版了无数达到高质量的研究专著。这一切,预示着德国和西方哲学界的旷日持久的康德研究运动的兴起,也预示着西方哲学沿着康德思想的方向所可能引起的多方向新变革。

注释

① Gyula Alpár, ***Der Streit der Alten und Modernen in der deutschen Literatur bis*** *um 1750*，（A Német Intézet értekezései；16）. Mayer，Pécs，1939（zugleich Dissertation，Universität Pécs 1939）；August Buck，*Die "Querelle des anciens et des modernes" im italienischen Selbstverständnis der Renaissance und des Barock* (Sitzungsberichte der wissenschaftlichen Gesellschaft an der Johann Wolfgang Goethe-Universität Frankfurt am Main，Band 11，Nr. 1). Steiner，Wiesbaden，1973.

② G. Lanson，*Histoire de la literature française*，Paris，Hachette，2000：595 – 601.

③ Rudolf Haym，*Die romantische Schule，ein Beitrag zur Geschichte des deutschen Geistes*，（1870）. 2. Auflage，1906[1870]；Gerda Heinrich，*Geschichtsphilosophische Positionen der deutschen Frühromantik*. Kronberg/Ts.：Scriptor，1977；Eckart Kleßmann，*Die deutsche Romantik*. Köln：DuMont，1979；Theodore Ziolkowski，*Das Amt der Poeten. Die deutsche Romantik und ihre Institutionen*. München：dtv，1994；Hans Steffen（Hrsg.），*Die deutsche Romantik*. Göttingen：Vandenhoeck & Ruprecht，1989.

④ Penrith Goff，"*E. T. A. Hoffmann*" in E. F. Bleiler，*Supernatural Fiction Writers: Fantasy and Horror*. New York：Scribner's，1985：111 – 120.

⑤ Heinrich Heine，*Der Salon. Erster Teil*（darin *Französische Maler*，*Aus den Memoiren des Herren von Schnabelewopski* sowie verschiedene Gedichte），1834；*Der Salon. Zweiter Teil*（darin *Zur Geschichte der Religion und Philosophie in Deutschland* und der Gedichtzyklus *Neuer Frühling*），1835；*Der Salon. Dritter Teil*，1835；*Die romantische Schule*，1836.

⑥ G. Bird，*The Revolutionary Kant: A Commentary on the Critique of Pure Reason*，Chicago and La Salle：Open Court，2006.

⑦ "I call all cognition transcendental that is occupied not so much with objects but rather with our mode of cognition of objects insofar as this is to be possible *a priori*. A **system** of such concepts would be called **transcendental philosophy**." Immanuel Kant，*Critique of Pure Reason*. Edited and translated by Paul Guyer and Allen Wood，Cambridge University Press，1998，p.149.

⑧ 康德著：《纯粹理性批判》，蓝公武译，北京：商务印书馆，2017，第 95 页。

⑨ IMMANUEL KANT，*Gesammelte Schriften*，Königlich-Preußische Akademie der Wissenschaften，（the *Akademie-Ausgabe* abbreviated as *AA* or *Ak*），Berlin，1902 – 38[1895]，III，75.

⑩ F. Bacon，*The Advancement and Proficience of Learning Divine and Human*，1605；*Novum Organum Scientiarum*，1620；T. Hobbes，*Leviathan，or the Matter，Forme，and Power of a Commonwealth，Ecclesiasticall and Civil*，1651；*De Corpore*，1655；**Hume，D.** *A Treatise of Human Nature*，1739 – 1740.

⑪ 康德著：《纯粹理性批判》，载于《十八世纪末—十九世纪初德国哲学》，北京大学

哲学系外国哲学教研室编译,北京:商务印书馆,1964,第 1 页。

⑫ 康德著:《纯粹理性批判》,载于《十八世纪末—十九世纪初德国哲学》,北京大学哲学系外国哲学教研室编译,北京:商务印书馆,1964,第 1 页。

⑬ 康德著:《纯粹理性批判》,载于《十八世纪末—十九世纪初德国哲学》,北京大学哲学系外国哲学教研室编译,北京:商务印书馆,1964,第 6 - 7 页。

⑭ 康德著:《纯粹理性批判》,载于《十八世纪末—十九世纪初德国哲学》,北京大学哲学系外国哲学教研室编译,北京:商务印书馆,1964,第 4 - 11 页。

⑮ 康德著:《纯粹理性批判》,载于《十八世纪末—十九世纪初德国哲学》,北京大学哲学系外国哲学教研室编译,北京:商务印书馆,1964,第 11 - 12 页。

⑯ 康德著:《纯粹理性批判》,载于《十八世纪末—十九世纪初德国哲学》,北京大学哲学系外国哲学教研室编译,北京:商务印书馆,1964,第 12 - 13 页。

⑰ 康德著:《纯粹理性批判》,载于《十八世纪末—十九世纪初德国哲学》,北京大学哲学系外国哲学教研室编译,北京:商务印书馆,1964,第 46 页。

⑱ 康德著:《纯粹理性批判》,载于《十八世纪末—十九世纪初德国哲学》,北京大学哲学系外国哲学教研室编译,北京:商务印书馆,1964,第 61 - 62 页。

⑲ *Kritik der reinen Vernunft*,2. Auflage,7.

⑳ Immanuel Kant,***Kritik der reinen Vernunft***,Ausgabe der Preußischen Akademie der Wissenschaften,Berlin,AA III,18.

㉑ 康德著:《纯粹理性批判》,载于《十八世纪末—十九世纪初德国哲学》,北京大学哲学系外国哲学教研室编译,北京:商务印书馆,1964,第 58 页。

㉒ 同上。

㉓ 康德著:《纯粹理性批判》,载于《十八世纪末—十九世纪初德国哲学》,北京大学哲学系外国哲学教研室编译,北京:商务印书馆,1964,第 59 页。

㉔ 康德著:《纯粹理性批判》,载于《十八世纪末—十九世纪初德国哲学》,北京大学哲学系外国哲学教研室编译,北京:商务印书馆,1964,第 61 - 62 页。

㉕ Immanuel Kant:***Kritik der reinen Vernunft***,Ausgabe der Preußischen Akademie der Wissenschaften,Berlin 1900 ff.,AA III,281 - 382.

㉖ 康德著:《纯粹理性批判》,载于《十八世纪末—十九世纪初德国哲学》,北京大学哲学系外国哲学教研室编译,北京:商务印书馆,1964,第 62 - 71 页。

㉗ Kant,***Ausgabe der Preußischen Akademie der Wissenschaften***,Berlin,1900ff,***AA IV***:184 f.

㉘ T. I. Oizerman,*Kant's Doctrine of the "Things in Themselves" and "Noumena"*,In ***Philosophy and Phenomenological Research***,Vol. 41,No. 3,Mar.,1981,333 - 350;Karin de Boer,*Kant's Multi-Layered Conception of Things in Themselves,Transcendental Objects,and Monads*,In ***Kant-Studien***,105/2,2014:221 - 260.

㉙ 有关"本体"概念的原义及其在西方哲学史上的演变和相关争论,是相当复杂的

论题,本书此处无意详细涉及。此处引出"本体"概念,为的是与康德的物自体概念做一番一般性的简单比较。

㉚ Sextus Empiricus,*Pyrrhoniae Hypotyposes I*,13.

㉛ Immanuel Kant,*Gedanken von der wahren Schätzung der lebendigen Kräfte*,1746,Vorrede VII.

㉜ Immanuel Kant,*Kritik der reinen Vernunft*,Zweite hin und wieder verbesserte Auflage 1787,S. XIV - XVII.

㉝ Immanuel Kant,*Kritik der reinen Vernunft*,Zweite hin und wieder verbesserte Auflage 1787,S. XVII.

㉞ Immanuel Kant,*Kritik der reinen Vernunft*,Zweite hin und wieder verbesserte Auflage 1787,S. XIX.

㉟ Plato,*Republic*;Aristotle,*Politics*;1253a;1275ab;1326b.

㊱ K. de Boer and R. Sonderegger(eds.),*Conceptions of Critique in Modern and Contemporary Philosophy*,Basingstoke:Palgrave Macmillan,2012.

㊲ John Locke,*Essay On the Human Understanding*,1690:248 - 249.

㊳ John Locke,*Essay On the Human Understanding*,1690:259 - 260.

㊴ Moses Mendelssohn,*Philosophische Schriftens*,Berlin:Voß,1761:289;**Gesammelte Schriften Jubiläumsausgabe**,*3/2*:78;83f.

㊵ Louis Guillermit,*Le réalisme de Jacobi*,Gardanne,1982;Sylvain Zac,*Le spinozisme en Allemagne dans la seconde partie du XVIIIe siècle*(*Mendelssohn,Lessing et Jacobi*),Klincksieck,1989;Pierre Jean Brunel,*De Protée à Polyphème. Les Lumières platoniciennes de F.H. Jacobi*,Paris,PUPS,2014;Dirk Fetzer:*Jacobis Philosophie des Unbedingten*. Paderborn,München:Schöningh,2007;Friedrich Alfred Schmid(später Schmid Noerr):*Friedrich Heinrich Jacobi. Eine Darstellung seiner Persönlichkeit und seiner Philosophie als Beitrag zu einer Geschichte des modernen Wertproblems*. Habil. Schrift an der Universität Heidelberg,Carl Winter's Universitätsbuchhandlung,Heidelberg,1908.

㊶ Edward N. Zalta,(ed.)."*Friedrich Heinrich Jacobi*",In **Stanford Encyclopedia of Philosophy**.

㊷ Nicole Schumacher,*Friedrich Heinrich Jacobi und Blaise Pascal:Einfluss,Wirkung,Weiterführung*. Band 458 von Epistemata/Reihe Literaturwissenschaft:Reihe Literaturwissenschaft,Königshausen & Neumann,Würzburg,2003.

㊸ Friedrich Heinrich Jacobi,*Edward Allwill's Briefsammlung(1781)*.

㊹ Friedrich Heinrich Jacobi,*Woldemar:ein Seltenheit aus der Naturgeschichte und Eduard Allwills Briefsammlung*,1794.

㊺ Friedrich Heinrich Jacobi,*Über die Lehre des Spinoza in Briefen an den Herrn Moses Mendelssohn*. [Breslau 1785;2.,erweiterte Auflage 1789,3.,abermals erweiterte Auflage 1819〕，Meiner，Hamburg，2000；*Friedrich Heinrich Jacobi wider Mendelssohns Beschuldigungen*，1786.

㊺ Heinrich Scholz，*A. Einleitung*. In：*Die Hauptschriften zum Pantheismusstreit zwischen Jacobi und Mendelssohn*. Berlin，Verlag von Reuther &. Reichard，1916. S. XV；*Die Hauptschriften zum Pantheismusstreit zwischen Jacobi und Mendelssohn*. Herausgegeben und mit einer historisch-kritischen Einleitung versehen von Heinrich Scholz. Verlag von Reuther &. Reichard；Berlin 1916 （Digitalisat；Neuausgabe：Spenner，2004.

㊼ Immanuel Kant，*Was heißt: sich im Denken orientieren?* In：*Schriften zur Metaphysik und Logik 1*. Werkausgabe hgg. von Wilhelm Weischedel. stw 188. 1. Aufl. Frankfurt/Main，1977；Immanuel Kant：*Einige Bemerkungen von Herrn Professor Kant （ aus Ludwig Heinrich Jakobs Prüfung der mendelssohnschen Morgenstunden oder aller spekulativen Beweise für das Dasein Gottes ）*. In：*Schriften zur Metaphysik und Logik 1*. Werkausgabe hgg. von Wilhelm Weischedel. stw 188. 1. Aufl. Frankfurt/Main，1977.

㊽ Gottlob Ernst Schulze，*Grundriß der philosophischen Wissenschaften*，Wittenberg und Zerbst 1788 （Bd. 1) und 1790 （Bd. 2）；*Aenesidemus oder über die Fundamente der von dem Herrn Professor Reinhold in Jena gelieferten Elementar-Philosophie. Nebst einer Vertheidigung des Skepticismus gegen die Anmassungen der Vernunftkritik*，ohne Ort，1792；*Kritik der theoretischen Philosophie*，2 Bände，Hamburg，1801；*Grundsätze der allgemeinen Logik*，Helmstedt，1802；*Encyclopädie der philosophischen Wissenschaften zum Gebrauche für seine Vorlesungen*，Göttingen，1814；*Psychische Anthropologie*，2 Bände，Göttingen，1816；*Philosophische Tugendlehre*，Göttingen，1817；*Über die menschliche Erkenntnis*，Göttingen，1832.

㊾ Salomon Maimon，*Gesammelte Werke*. 7 Bände，herausgegeben von Valerio Verra，Olms，Hildesheim （verschiedene Auflagen）；abgekürzt mit *GW*，Angabe des Bandes mit römischen Zahlen，zuletzt 3. Nachdruck，2003 （Erstausgabe 1965）.

㊿ Johann Nicolas Tetens，*Gedanken von einigen Ursachen，warum in der Metaphysik nur wenige ausgemachte Wahrheiten sind*，1760；*Abhandlungen von den Beweisen des Daseins Gottes*，1761；*Über den Ursprung der Sprache und der Schrift*，1772；*Über die allgemeine speculativische Philosophie*，1775；*Philosophische Versuche über die menschliche Natur und ihre Entwicklung*. 2 Bde. Weidmann，Leipzig 1777；Band 1/Band 2）；*Einleitung zur Berechnung der Leibrenten und Anwartschaften*，Leipzig；1785 und/1786；*Reisen in die Marschländer der Nordsee*，1788；*Sprachphilosophische Versuche*，Hrsg. von

Heinrich Pfannkuch, 1971.

(51) Stephen Palmquist, "The Architectonic Form of Kant's Copernican Logic", *Metaphilosophy* 17: 4 (October 1986), pp. 266 - 288; revised and reprinted as Chapter III of *Kant's System of Perspectives: An architectonic interpretation of the Critical philosophy* (Lanham: University Press of America, 1993).

(52) Karl Ameriks, ***Reinhold: Letters on the Kantian Philosophy***, Cambridge University Press, 2006, p. xl.

第七章

费希特

费希特(Johann Gottlieb Fichte，1762－1814)生活和创作在从康德到黑格尔的"德国古典哲学时代"，他无疑是德国古典哲学时期的一位杰出思想家，同时，费希特也是康德同时代人当中，试图从康德出发、又超越康德、并跳出康德所奠定的古典哲学模式的第一位卓越理论家。在他身上和在他的思想中，包含了德国古典哲学的观念论特征和超越古典哲学的双重性质，使他在德国古典哲学中占据了极其特殊的历史地位。从费希特哲学的历史特征可以看出：德国哲学已经发展到成熟的新阶段，费希特思想及其哲学理论体系的多种矛盾性，表明从费希特之后，德国哲学的发展并非只存在单向发展的可能性，更不是像传统哲学史所论定的那样，似乎费希特仅仅是从康德到黑格尔之间唯一单线发展线路上的一个中间媒介人物，而是使德国哲学别开生面，从此开创一个多种发展可能性的新阶段，促使德国哲学走向新的多向发展的交叉口，为德国哲学的繁荣奠定了思想基础。

贯穿于费希特思想创作中的一条主线，就是寻求思想创造的最大自由，高度发挥主体的主观能动性，但更可贵的是：费希特也同时充分考虑到自我能动性与他人、外在世界的适当关系,因为费希特在集中探索自我的主观创造潜力及其实际限度的时候,看到了"自我"的自由创造力的实施条件,尤其深切体验到主体创造力量的发挥同遭遇到的他人的关系,使他意识到:主体的主观创造性固然依赖于主体自身的内在原动力,但主体的自我性质,归根结底不能自我封闭,它毕竟要从自我与他者的相互依赖关系中,寻求最大限度发挥主体自我创造精神的可能维度。如果认为费希特强调主体自我的主动性,就不分青红皂白把他归结为"主观主义者",或甚至"主观唯心主义者",那就未免过于简单化。在此,值得指出的是,把费希特思想简单化的做法,在很大程度上是受黑格尔对费希特的片面评价的影响,因为黑格尔为了突出他自己的辩证法,不惜把包括费希特在内的所有德国古典哲学家的思想和理论,都纳入他的辩证法发展流程网络中的一个必要环节,并以黑格尔自己的辩证法系统为标准,来评估每个哲学家思想的地位。须知,费希特哲学的根本点,不是只停留在"自我",而是把主体的自由及其主动创造精神列为核心观念,并进一步重视主动创造性贯彻于行动的必要性。所以,费希特哲学是主体主动思想并积极行动的哲学。费希特对自身、对思想自由以及对人生的基本态度,就是他的哲学的核心部分。在这一方面,费希特关于人的使命以及关于学者的使命的论述,是我们理解他的哲学观点的主要线索。

另外,费希特的哲学思想,又远远超出古典哲学的范围,包含丰富的想象力和浪漫精神,并在一定程度上带有冲破旧有系统而寻求创新的强大力量。他在生平中与德国浪漫主义者的接触和来往,并不是可有可无的因素,而是构成其思想和生命力的内在精神力量,对于理解他的思想整体性质,具有不可忽视的意义。

由此出发,才能把握费希特的知识学的基本精神,同时也恰当地理解他在政治、宗教及伦理方面富有创造性的基本观念。

费希特的独特才华及其追求自由勇于创新的个性,使他的哲学思想充满生命力,始终不满足于即成的体系。通观费希特的哲学思想发展过程,哪怕是他所重点探索的知识学,都在基本概念和主要方法方面变幻不定,以致使研究费希特的不同专家,为此引申不出同一的单一性结论。而且,值得注意的是,对费希特任何一部分理论或观念,都不能孤立地进行分析,必须视之为其哲学生命发展历程的一个有机组成部分。

首先,必须明确费希特在德国古典哲学发展中的特殊地位。他受康德影响,却又试图超越康德,并以其独特的创造精神,试图走出一个异于同时代人谢林和黑格尔的思想创新出路,也同样因此试图创建一个具有独特性质和思想风格的理论体系,使德国古典哲学从他开始潜伏着多重发展的可能性,为 19 世纪初德国哲学创新的多元化发展前景开辟了广阔维度。在这方面,费希特在其早期学术生涯中所创建的知识学(Wissenschaftslehre)理论体系及其方法,基本上是受到康德哲学的启发,所以,费希特也把他的这一部分哲学理论,采用康德的概念,自称为"先验的观念论"(Transcendental idealism),尽管他并不愿意完全沿着康德的思路去发展。

其次,知识学是费希特进行哲学探索的出发点和他的哲学思想奠基石。因此,首先必须集中把握费希特关于知识学的核心思想,正是在知识学的探索中,体现出费希特企图超越康德哲学的局限性的强大意愿。在这里,康德关于人的认识和知识的维度及其主观先验性的烙印,仍然是浓厚的;但他在扬弃康德的"自在之物"概念的基础上,力图把"自我"变成为主动的创造者,使先验的"自我"转化为充满创造精神的行动者。因此,费希特以自身对自我和自我意识的独特见解,在崭新意义上重新理解自我,使自我和自我意识不仅仅停留在纯粹意识的层面,也不像康德那样,只满足于批判地探索主体自我意识中的理性能力及其限制,而是赋予它以活生生的生命创造力,使之囊括了各种积极的主动创造精神,并以行动着的自我创造者的身份而富有实践性质。这样一来,自我与其是存在,与其是意识本身,与其是纯主观精神,不如是一种行动,一个怀有雄心壮志的主体力量,一个意欲认识和把握整个世界、并使之成为世界同一性的基础力量。

第三,费希特很重视政治、伦理及宗教领域的理论和实践的问题,使他对法国大革命、拿破仑入侵德国、德意志民族性以及关于上帝的观念等关系到德国历史命运的重大课题进行慎重思索,在政治哲学、伦理学、宗教哲学方面独树一帜。因此,深入了解费希特的政治哲学、伦理学、诠释学及宗教哲学是全面把握他的丰富的哲学思想的必由之路。

第一节　生平及其哲学的基本精神

费希特是西方哲学史上少数具有传奇经历的一位杰出哲学家。他才智过人、思想敏慧,却在有生之年,由于不轻易盲从潮流,一再寻求独特创新,难以被世人理解,往往历经艰辛、屡遭排斥,种种厄运令其学术生涯大起大落,未能获得合理的评价,而且,即使在逝世之后,也由于他生前著述复杂多样,包含多种可能的倾向,也一再引起各种争议。费希特的奇特性、复杂性和某种程度的神秘性,不仅源自其生活的德国和欧洲 19 世纪上半叶的极度复杂性以及他的周围生活环境和社会关系的复杂性,而且还来自他本人思想的多样性、变动性、流动性、多面性、含糊性和矛盾性。或许是天才人物的思想情感的特殊性,才使费希特思想的内容、表现方式及其演变令人费解。费希特自己也承认,他在创作和写作中，有时难免犯有这样或那样的错误，以致使他自己经常反复修正和更改他的思想及其表达方式。同时，他的思想也和其他杰出的哲学家一样，是非常活跃和充满生命力，使他不但不随意跟从同时代的思潮，而且他总是不满足于自己的现状及已取得的成果，试图一再超越和逾越原有的思想界限，致使他思路灵活多变，难以捕捉。所以，贯穿于费希特思想创作中的一条主线，就是寻求思想创造的最大自由，高度发挥主观的能动性；但更可贵的是：费希特也同时地充分考虑到自我能动性与他人、外在世界的适当关系，使他总是预先思虑各种可能的因素和潜伏的倾向，致使其思想含有多层次的浓缩性。

费希特生活和创作在从康德到黑格尔的"德国古典哲学时代"，他无疑是德国古典哲学的一位杰出的思想家，同时也是康德同时代中试图从康德出发、超越康德、并跳出康德所奠定的古典哲学模式的第一位卓越理论家。他虽然比康德晚生 38 年，但他在三十岁以前，基本上是处于思想积极探索阶段，只是在 1790 年代聆听康德课程之后，他才开始受到康德的启示而充分发挥他青年时代所受到的神学教育的成果，使他树立了以追求自由为中心和以创建新型的超验哲学为基本目标的决心。因此，在他身上和他的思想中，包含了德国古典哲学观念论特征和超越古典哲学的双重性质，使他在德国古典哲学中占据了极其特殊的历史地位。

费希特本人充满个性、追求最大自由的人生哲学，以及他所具备的特殊才华，使他在一生中不断地实现思想更新和哲学重建。对于费希特哲学思想的研究，只能采取阶段性和流动式、局部性和整体性相结合的双重方式，一方面不满足于总体地把握他的思想特征，必须深入具体地结合他在不同时期的著作及其思维重点，研究费希特在不同时期、针对不同问题以及采取不同方式所创建的哲学理论，另一方面又尽可能返回费希特本人在不同时期所重点思索和论述的基本概念与具体贯彻的哲学方法论，对费希特在不同时期的思想进行游动和灵活的深入分析。正因为这样，费希特哲学的真正面貌是永远都在发生变化的，对于费希特哲学的研究必须打破传统哲学史的死板固定方法及其总结式的结论。

20 世纪下半叶以来，西方哲学史对费希特的研究发生了重大变化。首先，当前学术界对费希特的评价，已经跳出传统哲学史的描述框架，不再单纯把他归结到德国古典哲学家的行列，而是在古典哲学之外，考虑到费希特同当时与古典哲学并存的其他多种思想流派的复杂关系，也特别重视费希特本人思想的特殊性和变动性。具体地说，越来越多的哲学家更关切费希特与耶拿浪漫主义思想家的关系，而且，还发现：费希特哲学中包含后来导致叔本华和尼采哲学形成的非理性因素，其中尤其重视费希特对情感和意志的特殊观点，而且，对于费希特的研究，也势必超出费希特个人思想的范围，越出传统哲学史只是探索费希特与康德、黑格尔和谢林的单线关系的有限固定做法，从费希特与他的同时代人莱茵霍特、迈蒙等人的关系，进一步探索费希特思想的复杂性[①]。即使是分析费希特的知识学，我们也要特别突出费希特知识论的特点，强调费希特知识学异于康德及黑格尔知识论的各个方面，要特别注重费希特本人的思想特点与他的知识学的密切关系，以便发掘费希特知识论蕴含的内在力量。费希特并不像康德那样，把知识当成固定框架内的结论，也不把知识论的目标定为单纯分析现成知识的结构和形式，而是把知识论当成研究自我主体内部的创造力量对于知识建构的可能意义，因此，费希特知识论的立足点是作为主体的自我及其内在动力。

实际上，费希特知识论的首要目标，就是协调自由与必然的紧张关系,特别有意识地深入分析:作为道德行为部分根源的"自由意志",是否也可能成为时空维度内从属于因果关系链的物质世界的一部分。在《知识学第一导言》中,费希特明确指出,哲学的首要任务就是揭示经验的基础,也就是展示一系列伴随着必然性情感的各种表象系统的基础。费希特虽然在表面上很重视康德对于经验知识的基本观点,但他实际上已经从创新的角度发展了新的知识论。在费希特的新知识论中,其核心精神始终是维护人类实践中的不可让与的自由权利,同时还要保障日常生活经验实现超越的基本条件,确保实践理性能够与人类自由的积极实施统一在一起。

在处理人类实践的自由行动的条件时,费希特也充分意识到:行动自由的问题并非可以简单地或毫无阻碍地在现实生活中实现,一方面,人的主体性总是蕴含某种程度的自发性和无意识的自由行动的欲望;而另一方面,自由行动也势必包含不可预测的超越性,包括超越实践理性所要求的自由条件。所以,在考虑自我的主动性和处理好自由的实践理性原则的时候,必须细致地和精致地分析实现实践理性和实现自由的相互关系及其极度复杂性。费希特在他的新知识论对自由的高度重视,使他明确地宣布:他的知识论就是保障人的自由的第一体系。

费希特于 1762 年 5 月 19 日生于上劳吉兹(Oberlausitz)地区朗默瑙(Rammenau)市。他出生的那一年,法国启蒙思想家卢梭发表了《社会契约论》,他幸运地降世于欧洲启蒙运动的高潮,冥冥之中让他背负着改造世界的历史使命。费希特的父亲是一位织带工人和忠诚的基督教徒。祖辈数代务农,由于家境贫穷,童年牧鹅。但他天性聪慧,记性惊人,同时,他自己从懂事的时候起,就对自己的生活命运以及自身的存在使命,有清醒的认识,并随自己的成长形成越来越强烈的自我意识,试图在为自身改变命运的同时,也为德意志民族的繁荣复兴做出应有的贡献②。九岁那年,济本奈森的米尔济兹男爵听了费希特为他全文复述当地牧师的布道,决定资助他入学。费希特的初期读书阶段,是在一位牧师家庭度过的,他从小就爱好经典作品。1774 年,费希特进入纽伦堡附近普富尔达市的著名私人基金会中学。正是这同一个中学,先后培养了诺瓦利斯、施勒格尔兄弟和尼采。这所中学对学生给予严格的古典著作教育,同时又要求学生接受近乎修道院那样的训练模式。中学时期,费希特就深爱诗人兼作家克洛卜施托克和莱辛的作品。1774 至 1780 年,他在"王子学校"读书,然后升入耶拿大学神学系。在当时,学习和研究神学是一桩苦差事。耶拿大学本是德国最古老的十所大学之一,成立于 1558 年。费希特在这里就学,遇到了最好的神学家做他的导师,使他确立了牢固的神学基础。但费希特只在耶拿大学一年,便转学到更古老的莱比锡大学(腓特烈一世于 1409 年创立),费希特试图利用莱比锡大学神学系的非常丰富的资料,更全面地把握基督教神学及其历史。攻读神学期间,费希特不得不经受非常艰苦的生活磨炼,因为支持他的奖学金是很微薄的,况且,资助他的米尔济兹男爵不幸于 1784 年逝世,迫使费希特在没有完全结束自己的学业以前,就提早辍学。

从那以后,费希特只得靠不稳定的家庭教师工作的微薄收入来过日子。1788 至 1790 年,费希特先后在莱比锡和瑞士等地担任家庭教师。在 1788 至 1790 年间,费希特生活在瑞士苏黎世,结识了他的未来夫人约翰娜·兰小姐(Johanna Rahn)和瑞士浪漫主义教育学家贝斯达罗基(Johann Heinrich Pestalozzi,1746 - 1827),对他日后的思想和生活发生了重大影响。

1791 年,费希特前往哥尼斯堡,向康德展示其第一篇著作《对一切启示书的一种批判的尝试》(*Versuch einer Kritik aller Offenbarung*)。在这本书中,费希特试图寻求神的启示与康德的批判哲学的相互关系。费希特认为,任何与神相关的启示都必须符合道德原则。但令人奇怪的是,这本由费希特撰写的著作,在首次出版时,竟然未经征求费希特和康德的同意,以致其中包含许多错误和缺陷。更可笑的是,当时还有人把费希特的这部著作误认为康德的新著,直到康德本人为此书写了充分肯定的书评并特地澄清事实为止,大家才获悉此书的真正作者费希特的大名,费希特也因此而名噪一时。

康德很赞赏费希特的才华。在 1791 年暑期,康德在接见费希特并与他进行对话的时候,注意到费希特对主观主体性的积极创造精神的重视,鼓励他更深入地探讨主观内在意识的性质及其创造精神。

本来,费希特研究斯宾诺莎哲学,对斯宾诺莎的自然神学深感兴趣,后来他才转而研究康德哲学。在 1790 年 9 月 5 日致女友的一封信中,费希特说:"我已经通过某种纯属偶然的动因而全力投入康德哲学。它强烈地影响了我的想象力,驱赶着我的理智向前,使我的整个思想境界得到前所未有的提升。"

法国大革命的思想和政治影响,促使费希特积极投入社会政治改革活动。他在简短的充满鼓动性的小册子中表示:思想和行动自由是每一个公民的神圣权利,强烈主张进行社会改革③。由此可见,费希特所一向注重的自我创造行动,恰好就是法国大革命后鼓舞费希特走向民主革命的精神力量的实践象征。

1793 年底,歌德聘请他到耶拿大学任哲学教授。费希特从 1794 年春开设他的大学课程,以极大的热情,全面讲授他的先验观念论哲学。研究费希特的专家威德曼说,费希特本人曾在一封致友人的信中,兴奋地宣布,他在 1793 年找到了足以建构一个完整的理论体系的坚固基础①。费希特遏制不住自己的激情，还在课后经常对公众发表演说，后来他把演讲内容以及在耶拿大学讲课的一部分，编撰成《学者的使命》（*Einige Vorlesungen über die Bestimmung des Gelehrten*）。

1794 至 1795 年费希特发表他的成名著《全部知识学基础》，他终于系统地建构了属于自己的哲学体系。1795 年 1 月底，黑格尔在一封致谢林的信中说："荷尔德林有时从耶拿给我来信，……他听费希特的课，并且，他以极大的热情探讨费希特，把他当成为人类而奋斗的泰坦神那样。"

从 1794 年至 1798 年，在费希特本人的思想发展史上，可以说，是一段值得他骄傲自豪的年代：他在学术界的地位达到了顶峰，在这段时间内，不仅创立了知识学的基础，而且也创建了独具特色的法哲学、伦理学和宗教哲学体系。

但是，好景不长。首先，1799 年，费希特因写《论我们信仰神圣的世界主宰的根据》而引起一场纠纷。费希特在耶拿主持创办一份《哲学》杂志，这份杂志的 1798 年第 1 期上，刊载了耶拿大学校长福尔贝格（Carl Forberg，1770－1848）关于信仰上帝的一篇论文《论宗教概念的发展》。在发表这篇文章时，费希特的上述文章，就是附在福尔贝格的这篇文章之前作为"导论"的形式而发表。但政府及保守势力认为，费希特的上述文章带有"无神论的倾向"，因为费希特在文中把上帝的概念与世界的道德秩序的概念视为同一。据黑格尔说，费希特对政府的追究，写了一封含有威胁语句的信；而歌德认为"政府是不能让人威胁的"。

另外，在同一年，康德在《普通文学报》（*Allgemeine Literaturzeitung*）发表一篇文章宣称："我认为，费希特的《知识论》的体系不可接受。"这样一来，和康德一样，黑格尔和谢林也抛弃费希特，致使费希特处于非常困难的境界。

在周围环境的各种压力之下，费希特离开耶拿，并在不久之后前往柏林避难。在那里，他结识了施勒格尔兄弟和施莱尔马赫等人。当时的柏林是德国范围内唯一比较开放的城市，他移居柏林之后，经常对柏林的学者们发表演说。费希特热情地参加柏林的各种民间沙龙，并发表各种有关哲学、文学、伦理道德以及政治论题的演说。费希特首先发表他的社会政治论著《论封闭的商业社会：作为权利学说和未来政治的一个范例的附录》①，简略地阐述了他的自然权利论观点，特别集中论述关于财产私有制的思想，并概述了欧洲国家经济关系的演变史，试图为未来新型的市民社会的创建描画蓝图。在参与柏林民间沙龙活动时，费希特结识了匈牙利作家费斯勒（Ignaz Aurelius Fessler，1756－1839），但他们之间很快就在许多问题上发生分歧，以致最后两人分道扬镳。费希特在柏林民间沙龙的活动，构成了他实行德国社会政治改革活动的一部分，也反映了他在社会政治改革方面的基本观点。

如果把费希特在柏林对社会公众的演讲加以系统分析的话，我们就可以发现其中表现了费希特对现代社会政治、文化、教育及经济发展的重要观点。这些演讲文集，从各个角度体现了费希特的政治态度，也表现了他的爱国主义精神。总之，费希特的柏林演讲文集及其实践活动，更突出地表现了费希特哲学的实践精神以及他本人身体力行的学者特有品格。

1805 年，费希特被任命为埃朗根大学教授。1806 年，他到哥尼斯堡大学讲授一段时期。拿破仑在 1805 年对德国的出征，促使费希特同时着手准备《致德意志民族的演说》的草稿。这篇演说词是在 1807 至 1808 年在柏林科学院发表的。

1811 年普鲁士国王腓特烈·威廉三世邀请洪堡（Wilhelm von

Humboldt，1767－1835）组织创办柏林大学时，费希特被任命为该大学
教授并同时被选为柏林大学校长。洪堡是著名的语言学家和教育学
家，他主张改革教育，通过现代化的教育制度推动社会进步，促进德国
现代社会的发展。费希特成为柏林大学历史上第一位通过选举产生的
校长。与此同时，费希特还成为柏林大学哲学系主任。但在 1812 年，
面对学生中的争执事件，他建议采取的纪律措施未能得到大多数人的
支持。在他的对手施莱尔马赫等人的反对声浪的压力下，费希特未能
延续他的校长职务。当时，全面抗击拿破仑入侵的民族保卫战已经打
响。1813 年 3 月，费希特不得不暂停他在柏林大学的课程，以极大的
热情投入反击拿破仑的民族解放的战争中。但不久，他因患伤寒而在
1814 年 1 月 29 日逝世，年仅五十二岁。

　　如果按照思考和创作的历史时期来划分，我们可以把费希特的哲
学分为三大发展阶段。第一阶段是 1794 至 1799 年，这也是他创建知
识论的时期。在创建时期内，我们注意到费希特的思想受到了两方面
的影响。首先是康德，特别是他的《纯粹理性批判》。费希特在康德的
《纯粹理性批判》中，看到了思想基本原则的纯粹理性本身，实际上就是
包含道德自由。由此开始，费希特赋予康德的实践理性的范畴以一种
新的内容：他把原来只具有否定意义的康德的实践理性，转变成积极
的性质。换句话说，康德只看到实践理性是作为理论理性和知识的否
定意义而发挥其道德功能，但费希特则认为，实践理性在本质上就是高
于理论理性；没有实践理性，就不会有理论理性。在此基础上，费希特
在 他 的《知 识 学 的 新 说 明》（*Versuch einer neuen Darstellung der
Wissenschaftslehre*，1797）中，进一步抛弃康德的“物自体”概念，使他的
哲学理论本身真正立足于新的概念体系。这也就是说，到此为止，费希
特已经很明确地不再愿意让脱离主体并与主体意识相对立的“物自体”

牵制主体的主观能动性。在费希特看来，既然物自体处于与主观世界根本无关的另一个世界，就没有必要允许它存在于人的认识领域内。

其次，法国大革命是影响费希特这一时期进行哲学思维的又一个重要事件。费希特在 1793 年发表了颂扬法国大革命的文章《纠正公众对法国革命的评判》，试图纠正德国一般公众对法国大革命的误解。在这篇文章中，费希特明显地表达了与康德完全相反的道德和政治观点。这明显地表现在以下四个方面：第一，康德曾经主张把公民分为积极的和消极的公民两种；而费希特则认为，人的尊严和价值高于一切，因此，任何人应该都具有不可剥夺的权利来决定自己究竟要成为什么样的公民。在这里，我们又一次看到费希特对主体主动精神的充分肯定，并突出地显示了费希特关于主体自由意志的观念。第二，康德主张，国家只要能够意识到它自身的实现，就是代表了赋有自然权利和拥有自决权的公民的正当利益的话，那么，国家就和自由的人一样是目的自身。康德显然把现代国家当成人的目的本身，而费希特则相反，认为国家不管它是什么性质，都只是手段而已，只有人才是目的自身。第三，康德认为，必须区分法律的平等和事实的平等，至于有可能导致法律不平等的经济上的不平等，康德却只字不提。与此相反，费希特认为，唯有纯粹的社会的平等，才是真正理想的平等。第四，康德在回顾卢梭和普芬道夫的自然法和社会契约论时，完全否定了革命的必要性，而费希特则以法国大革命为例，论证了革命的合法性和正当性。更有趣的是，在看待自然法和人的基本权利方面，康德站在霍布斯的一边，认为人的自然状态是战争状态，因此，唯有建立国家才能结束战争状态；与此相反，费希特认为，人的自然状态并不一定是野蛮的和暴力的。所以，对待死刑问题，康德站在拥护死刑的立场，批判当时主张消除死刑的意大利哲学家和法学家贝卡利亚，而费希特则支持贝卡利亚关于消除死刑的呼吁。接着，在 1796 年发表的《自然法的基础》中，费希特再一次批评康德对死刑的错误观点⑥。

从 1799 年至 1803 年，费希特的哲学进入第二发展阶段，他在进一步使其知识学完善化的同时，重点地改善其表达方式，以致可以说，他用心良苦地采用最优美和最通俗易懂的词句，以一个试图说服其读者的哲学教育家的身份，阐述他的基本哲学理论，既显示他对教育问题的重视，又表现他在论述方面的才华。他在这一时期发表著作，包括《人的使命》(*Die Bestimmung des Menschen*，1800)、《封闭的商业国家》(*Der geschlossene Handelsstaat*，1800)、《尼古拉生平及特殊评价》(*Friedrich Nicolais Leben und sonderbare Meinungen*，1801)和《给予公众有关最新哲学的特殊性质的最明亮的报道》(*Sonnenklarer Bericht an das Publicum über das eigentliche Wesen der neuesten Philosophie*，1801)以及《依据知识学的伦理学》(*Das System der Sittenlehre nach den Principien der Wissenschaftslehre*，1798)等。

1803 年以后，费希特哲学思想发展进入最后阶段，也就是第三阶段。费希特经历耶拿时期的艰苦磨难以及各种生活历险之后，辗转于柏林、埃朗根与哥尼斯堡，终于在 1807 年返回柏林，并于 1811 年被选为柏林大学校长。从此到 1814 年，费希特在柏林度过了他的哲学生涯的最后阶段。

在第三阶段，费希特除了继续关切社会政治和道德伦理问题外，集中精力把他的知识学理论完善化。1804 年发表的《知识学》，可以被看成为费希特的最后阶段的最主要的著作，与此同时，费希特还转向社会道德和政治问题，显示他的哲学的另一重要方面。

如前所述，费希特是一位不甘寂寞和身体力行的哲学家。他在专心致志建构自己的新型知识论体系的同时，总是不遗余力参加社会实践,积极向社会公众进行哲学思想教育。这一段时期内,费希特有四本书足以表达他的社会政治思想的基本内容:第一本是 1806 年发表的《现时代的基本特征》(*Die Grundzüge des gegenwärtigen Zeitalters*),简明扼要地论述了他的历史观和社会观,突出地阐述他的历史哲学的基本观点,认为人类历史无非就是人类从不自由走向自由的历史过程^①。第二本是同年发表的《走向神奇生活指南》(*Die Anweisung zum seligen Leben oder auch die Religionslehre*)表达了他对宗教生活的基本观点。第三本书是《致德意志民族的演讲》(*Reden an die deutsche Nation*,1807/1808),集中表达他的民族主义和爱国主义思想。第四本是《法学体系》(*Das System der Rechtslehre*),概括表达了费希特的政治哲学和法哲学思想。

费希特致德意志民族的演说激荡了德国人对拿破仑入侵的对抗情绪。在同一时代主张抵抗拿破仑的哲学家中,雅恩(Friedrich Ludwig Jahn,1778-1852)是具有一定典型意义的民族主义者。他在 1810 年建立秘密的抗法组织"德意志联盟",旨在解放和统一德意志民族。他的代表作《德意志民族性》(*Deutsche Volkstum*,1810)及其他著作如《伦恩杂志》(*Runenblätter*)和《德意志民族体操艺术》(*Die deutsche Turnkunst*,1816)等,对于唤醒德国人的民族精神具有重要意义。

当然,在最后阶段,费希特还特别下大力气,进一步完善他的哲学中的最主要部分,即知识论体系。他在这方面的成果,集中在《知识论概要》(*Die Wissenschaftslehre, in ihrem allgemeinen Umrisse dargestellt*)。遗憾的是,他本人未能在生前看到这本书的出版,要等到逝世后三十多年,他的儿子才终于出版了这本书。

总的来讲,费希特的上述著作中的最重要部分,只是在费希特逝世后才出版。实际上,从 1800 年之后,费希特的大部分著作,都没能够正式出版。当时所出版的,只限于他的大众化的通俗作品。他的最重要的著作,在 1801 年写的《知识论》(*Wissenschaftslehre*)和 1804 年写的《知识论》,都是在他逝世后多年才出版的。

费希特的儿子伊曼努尔·赫尔曼·费希特(Immanuel Hermann Fichte,1797－1879)于 1834 年发表了费希特的遗留著作,但并未引起当时哲学界的重视。只是到了 20 世纪初,由于法国哲学家格扎维埃·莱昂(Xavier Léon,1868－1935)和格鲁(Martial Gueroult,1891－1976)以及德国的卡毕茨(Willy Kabitz,1876－1942)、拉斯克(Emil Lask,1875－1915)和古尔维奇(Georges Gurvitch,1894－1965)整理和主编费希特的著作集,费希特的著作才得到公正的评价。

当然,即使是上述出版著作,仍然包含相当多的不准确的资料,以致其真实性还有待德国哲学史家劳特(Reinhard Lauth,1919－2007)的整理考证工作。所以,正如法国研究费希特的专家格扎维埃·迪利耶特(Xavier Tilliette)所说,后人的思想中对费希特的了解,远不是他的同时代人对他的认识状况。

费希特的著作全集,包括以下四种:第一种是由他的儿子伊曼努尔·赫尔曼·费希特出版的《费希特全集》(*Sämmtliche Werke*,8 Bde. hrsg. Von J. H. Fichte. Berlin,1845);第二种也是由他的儿子编辑出版的《费希特遗著》(*Nachgelassene Werke*,hrsg. Von J. H. Fichte,3 Bde. Bon,1834);第三种是由雅各布编辑出版的《费希特遗留文集》(*Nachgelassene Schriften*,hrsg. Von H. Jacob,Berlin,1937);第四种是由劳特等人编辑出版的《费希特全集》(*Gesammtasugabe der Bayerrischen Akademie der Wissehschaften*,hrsg. Von R. Lauth und H. Jacob,28 Bde. Münschen),第四版全集是最完整和全面的,收集了费希特的最多稿件,包括了他的书信及笔记等,一般称之为 GA 版。

在费希特思想形成和发展过程中,有一系列思想家和哲学家对他发生过重要影响。我们在考察费希特思想体系及其观念时,必须充分考虑这些思想家和哲学家对费希特的影响程度,特别要细腻地分析其影响的具体内容,同时还要考虑到费希特本人对这些影响采取了什么态度。另一方面,还要避免把这些外来影响绝对化,因为费希特本人的个性及其才华不可能使费希特成为这样或那样的思想家的盲目追随者,费希特总是把其自身的思考当成判断外来影响的决定性审判官。在费希特生活的时代,对他发生影响的思想家中,有迈蒙、门德尔松和赖因哈德是比较重要的,而这些学者都或多或少与康德保持一定的距离。

第二节　全部知识论基础

费希特的知识学虽然受到康德的启发,但费希特的《全部知识论基础》从一开始就显示其自身的创造性。首先,费希特不打算像康德那样,把主体当成局限于主客关系规则严格约束的抽象个体,而是一种富有自我创造精神和敢于进行创造性行动的"自我"(Das Ich)。而且,对费希特来说,思想意识并非被动的消极力量,而是积极主动的创造力量,也是实际行动的强大内在动力。为了突出"自我"的绝对性及其中心地位,费希特甚至采用"绝对的自我"(absolute Ich)这个概念,并在晚些时候,他又把他所说的"绝对的自我"进一步说成是"绝对"(Absolutes)、"存在"(Sein)或"神"(Gott)⑧。其次,费希特的知识学体系,涵盖科学、哲学、伦理学、法哲学以及宗教哲学,突出地体现出知识的实践力量及其生命力,也高度发挥了知识的超越性;最后,也是最重要的,就是费希特把"知识论"理解成人对自身在世界上的地位、自身的责任、自身的存在基础，因而，费希特也把知识学当成他的世界观的核心，也是他的伦理学和政治哲学的基础。

所以，在《全部知识论基础》一书中，费希特企图超越康德的局限性。他创造性地扬弃康德的"自在之物"的概念，接着，以"自我"为主体的精神成为主动的创造者，先验的"自我"成为现实的创造者。所以，黑格尔认为，费希特克服了康德的二元论的前后不一致性，使哲学彻底地主观化^⑨。

但是，费希特并不认为现实的一切都是可以由主观的自我单独创造的。费希特确实极端重视自笛卡尔以来的近代哲学对自我和自我意识的反思成果，但他以自身对自我和自我意识的独特见解，在崭新意义上重新理解自我，使自我和自我意识不仅仅停留在纯粹意识的层面，而是赋予它以活生生的创造生命力，使之囊括了积极的主动创造精神，这样一来，自我与其是存在，与其是意识本身，与其是纯主观精神，不如是一种行动，一个怀有雄心壮志的主体力量，更确切地说，自我是一个意欲认识和把握整个世界、并使之成为世界同一性的基础力量。

对费希特来说，自我具有"自我设置"的能力。"设置"（das Setzen）是人的理智的一种具有决定性的行动方式，它直接与"自我"的存在密切相关。"自我"无非就是"自我设置"^⑩，因为"设置"就是自我的活动行为，它为一切意识活动打下基础，同时也确保"自我"，作为一种独立于他本人并与他源初的本人相区别的存在而存在。所以，"设置"也为知识的先验建构奠定基础。所以，后来，费希特又把"进行设置"的概念，变成为"非存在的一种否定"（als Negation des Nicht-Seins）^⑪。

费希特《全部知识论基础》开宗明义地指出："自我自身设置自身，而且，它就是它，它是通过它自身设置自身的能力（Das Ich setzt sich selbst，und es ist，vermöge dieses bloßen Setzens durch sich selbst）。"

"而且,反过来也是如此:自我,作为确定其存在的存在,乃是仅仅设置它自身的能力而已(und umgekehrt: Das Ich ist, und es setzt sein Seyn, vermöge seines bloßen Seyns)。"同时,更重要的是,费希特还进一步强调:自我不只是主体的我,而是同时地作为行动者的我,而且它也是行动的产物(Es ist zugleich das Handelnde, und das Produkt der Handlung),在自我中包含了行动过程的总结,也蕴含重新出发的潜在能量,也就是说,自我就是活动者,是把握和贯彻活动行为的行动者(das Thätige, und das, was durch die Thätigkeit hervorgebracht wird);而行动与实际活动过程是一码事,正因为这样,自我存在,我就是我,就是一个活动行为的表现(Handlung, und That sind Eins und dasselbe; und daher ist das: Ich bin, Ausdruck einer Thathandlung)[12]。

　　显而易见,费希特所提出的知识论及其全部新型哲学理论,既不是独断论,也不是唯心论或观念论,而是以"自我"作为核心概念的突出主观创造性的新型实践哲学。这种哲学综合了本体论、知识论、伦理学、逻辑学和美学的基本内容,包含它们全部的性质和特征,特别集中了它们的核心概念,即实践。费希特在他的《知识论》中所极端重视的,是西方传统哲学一贯置于知识论控制之下的主体实践理性及其实际创造活动能力,它集理性、知性、理智、感性、意志、情感及其实际表现于一身,体现了人的主体所特有的智慧和行动的精华因素。费希特为此指出:"哲学主张:理智只能设想为能动的,并且,只能设想为以这种确定的方式活动着的。对于哲学来说,这种实在已经完全足够了;因为从哲学里得出来的结论就是:根本没有其他的实在。"[13]

　　哲学究竟是什么? 哲学思考的焦点是什么? 费希特的回答就是:"注意你自己,把目光从你的周围收回来,回到你的内心,这是哲学对它的学徒所做的第一个要求;哲学所要谈的,不是在你的外面的东西,而只是你自己。"⑭当谈到自己的独具特色新哲学的时候,费希特坦率地说:"一个哲学家,如果他可以算一个哲学家的话,……他发现的不是别的,而是必须想象(表象)他的自由的,而在他的外面存在着一些规定了的物。然而人不可能停留在这种思想上,纯粹表象的思想是半途的思想,是一个思想的碎片,必须进一步把某种与表象相适应的、不依赖表象活动的东西设想进去。换句话说,表象是不能单独自身存在的,它只有同一个别的东西连接起来才是某种东西,单就它本身来看则是无物。正是这个思维的必然性,驱使我们从上述观点走出来,进一步提出下面这个问题:表象的根据是什么?或者换句话说,与表象相适应的东西是什么?"⑮

"自我是一切实在的源泉,只有通过自我,并且与自我一起,才得出了实在这个概念。但是,自我之所以是自我,是因为它是自我设置的,而它之所以是自我设置的,是因为它是自我。因此,自我设置和自我存在是同一回事。但是自我设置这一概念和行动性这一概念,一般也是同一回事。所以,一切实在都是行动的,而一切行动的东西就是实在。行动性就是积极的(而不是相对的)实在。"⑯

自我"设置"(setzen)自身,对费希特来说,就意味着"获知到……""反省到……"或"意识到……"。在费希特那里,这些语词并不意味着"自我创建他的意识的对象",而是纯粹为了强调:自我的本质恰恰就在于自我宣称其本质存在于他自身之中,而自我宣称其本质存在于他自身之中,乃是自身蕴含自身同一性的直接表现。所以,决不能把这种自我同一性的自我宣称理解成一种心理学方面的事实,而只能是一种自我实现自我确认的行动。也正因为这样,费希特自己一再强调:这种具有本体论意义的自我意识的独特同一性,既是事实,又是行动;这也就是以上费希特所说的"tathandlung"。

所以,费希特说:"在我心里只有一个向往绝对的、独立的自我活动的意向,再也没有比单纯受他物摆布、为他物效劳、由他物支配的生活,更使我难以忍受的了。我要成为某种为我自己、由我自主的东西。只要我知觉我自己,我就感觉到这一意向,这意向与我的自我意识不可分离地连接在一起。"⑰

费希特对于自己所确立的新型知识论抱有充分的自信:"知识论想建立的,就是这种现在我们所描述的完善的、批判的观念论。我最后所说的这些话里包含着知识论的概念,我没有必要听取对于这个概念的反对意见,因为我所要做的,没有别人比我知道得更好。证明一个将实现的、并且已局部实现了的事情不可能,这是可笑的。人们应当去把握我的阐述,并且研究它是否曾经实践了它所许诺的东西。"⑱

在费希特那里,显然,作为生命主体的自我赋有自我意志和丰富的生活情感,集中了活着的行动者的一切创造活力。为此,费希特才把他的知识论研究,集中到自由与必然性的协调论题上。当费希特关切自由与必然性的相互关系时,他显然已经把人的知识活动,从单纯地追求知识真理,进一步扩大解释成自由行为、道德伦理行为与主体对知识客体的积极同一性把握的全面结合。

费希特认为,科学活动和我们的自由的保证,必须建立在这样的信念的基础上,即一方面外在世界是我们的表象能力的产物,另一方面自我本身又充分意识到其自身的自由和道德责任。正是在这个意义上说,费希特哲学的最主要的知识论部分,就已经具有强烈的伦理学性质。

所以,费希特确信:"'不仅要认识,而且要按照认识而行动,这就是你的使命。'其实,我一旦全神贯注片刻,注意我自己,这声音便在我灵魂深处强烈回响起来。'你在这里生存,不是为了对你自己做无聊的冥想,或为了对虔诚感做深刻的思考—不,你在这里生存,是为了行动,你的行动,也只有你的行动,才决定你的价值。'这声音引导我超出表象,超出单纯的知识,走向在知识之外存在的、与知识完全对立的某种东西,这种东西比一切知识都更加伟大和崇高,并包含着知识的最终目的。"[19]同时,费希特还说:"通过这个全部的综合而诞生的那个系列,只有凭借自由才能产生出来。谁采取这种自由的行动,谁就会意识到自由,而他就好像在他的意识中开辟了一个新的领域;谁不会采取这种行动,谁就会完全觉察不到那个受他制约的东西的存在。"[20]

费希特不惜重复地声张的,就是贯穿于他的知识学新哲学的基本精神及其核心力量,那就是自我对自身的创造能力的确信和向往,是对自身的创造行动自由的确认和无条件实施,是把自身主体创造力量置于最高地位的行动本身。

费希特认为,行为才是自我的原初的东西,存在只不过是为达行为目的而设置的活动基础或手段。其实,这种设想早在康德那里就已经显露出来[21]。当然,费希特并没有完全遵循康德的道德形而上学思路,但费希特无疑采纳了康德的"按照你的良心行动吧"的绝对命令的公式,在改造康德的"向自然立法"的理念的基础上,进一步强调主体性不仅必须具备创造和改造世界的雄心壮志,而且还必须具有自我规范化的良心,使自我的同一世界的行动能够同时地符合伦理原则。

怎样理解上述原理呢?他认为,意识只要求把握其自身,它只要考虑其可能性的条件,就可以确认那些属于存在物和认识本身的规定。简化这些规定的方法,按照费希特的看法,就是辩证法的三段论:正、反、合,这个方法此后变成德国经典哲学的基本命题。

"我是自我",这就是正题。在思维的一切活动中,自我永远重新地自我认识,以达到自我同一。自我体验其意识的所有内容,并把这些内容看作自我本身的某些方面。这样一来，正题为我们提供了同一性的原则和"现实性"的范畴。

接着，正题直接地导向反题，"自我"变为"非我"。费希特说，自我不能不同"非我"对立而存在，因为没有"非我"，"自我"就不可能认识；这好像没有左手就没有右手那样。由此，我们同时地得到了另外两条本体论原则：矛盾原则和"否定"范畴。显然，费希特在论证从自我转向非我的过程的时候，一方面强调了自我与非我的不可分割性及其同一性；而且，另一方面，费希特还进一步引出作为本体论论证的两个不可忽视的思想原则，即"矛盾"和"否定"过程。同一性不是简单的"同一"，更不是一步便可以完成的直接行为，而是包含矛盾和否定，是矛盾和否定的自我实施，也是两者的相互牵制和相互渗透。

"自我"对立于一个"非我"的同时，也就把自身分割成两个对立面。合题就是反题的否定，它所完成的一项活动，就是消除矛盾，把自我与非我统一起来，使思想与对象相互渗透，从而构成对于世界的认识。

显然，在费希特那里，自我既是具有本体论意义的存在，又是怀有伦理意志的行动原动力，自我的最内在的本质，就是自身的行动，它只以自身为对象，也只被自身所决定，而这就是所谓的"伦理理性的自由本质"。因此，毫不奇怪，理论体系的最高境界就是绝对命令。康德原来的实践理性原则被费希特彻底地改造过来了。

然而，由于这一切都是"自我"的活动，所以关于世界的认识并非外在于自我。这一切活动都是内在地发生于自我之中。不过，理论的意识并非脱离于实践的意识。费希特说："实践理性是一切理性的根源。"道德上的自由就是绝对价值。所以，费希特强调"使你自己处于自由""要成为独立的自我"。他说："通过这种自由活动的能力，即负责任地从事实践活动，合理的存在就可以提出和规定在它自身之外的一个感性世界。"自然界及其内容无非是义务的原材料，自我为了自我确定和超越自己，必须战胜这个原材料，使之处于自我可以把握的对象的地位。

所以，所谓自由，在费希特看来，无非是个体自由向合理的自由的不断的过渡。自我在实现合理的自由的过程中，始终没有忘记自己的道德上的责任和义务，这些义务感使自我向非我的统摄过程符合理性的要求。

人类在征服自然的过程中，不断地加强自己的地位；只有当人类积极地投入到超感性世界的活动中去的时候，"才真正地过人的生活"。所以，就在《全部知识论基础》的体系内就已经触及政治与伦理。知识问题并非纯粹属于认识和科学活动的范畴，而是关系到人生的最基本的活动本身，它必须同人在自然和在社会中的存在联系在一起。同时，知识也不仅仅是人的主观性，同样也不是仅仅与其对象相关，而是人的精神活动的组成部分，它也只能在主客关系中实现。

费希特出自对自由的珍爱，在设计他的知识论的时候，首先强调了主体的主观创造精神，探寻如何通过协调自由与必然的关系而达到自我的自由行动。因此，费希特必须说明具有自由意志、并怀有伦理责任感的主体（自我）的创造意志，同时又不得不承认生存于特定时空范围内的物质世界。为此，费希特的主要目的，正是强调先验的反思对于自然意识的优越性，主张发挥先验的反思的能力，使具有自由意志和赋有伦理责任感的主体克服和驾驭物质世界和现实存在。

值得注意的是，费希特的知识论，其原文是"wissenschaftslehre"，不是康德在《纯粹理性批判》所说的"知识论"（erkenntnistheorie）。康德发表《纯粹理性批判》的主要目标，就是要通过批判方法，论证每一个感性和智性活动以及每一个知识判断的一般性可能条件，即他所说的先天的纯直观形式和先天的智性范畴。康德把严格科学意义的知识，限定在直观和智性的先天形式与经验相结合的框架内，并明确地使之与道德伦理行为相区别。但费希特的知识学所寻求的，不限定在先天感性直观和先天智性范畴的功效范围内，而是集中分析论证作为"自我"的主体独立创造力量及其条件，一方面重视主观的自我的主导性和创造性；另一方面又充分考虑到他者的主体的创造性力量。这就是为什么费希特的知识学全面探讨了"自我"向"非我"转化的可能性及其实现条件，使知识学的讨论范围，超出了康德的《纯粹理性批判》对一般科学知识的可能条件的探讨。

费希特在完成了对"自我"向"非我"转化的可能性及其实现条件的探讨之后，试图全面地建构一个纯粹人为的先验体系，其中包含了四大部分，即作为整个"全部知识学"的基础的"第一哲学""理论哲学（自然哲学）""实践哲学（伦理学）"和"各种设定的哲学（philosophy of the postulates 包括附属的自然法理论和宗教哲学）"。

所以，费希特的知识学，已经不是传统意义上的"知识理论"，而是作为主体的人的精神力量及其实践可能性和潜在性的理论探索，它一方面充分体现了费希特哲学的强烈实践性、主观性或主动性；另一方面又表现了他的哲学创造精神。如果把费希特的知识论与他的《论学者的使命》《致德意志民族的演讲》和《现时代的根本特点》等著作联系在一起，就可以看出，费希特始终认为哲学家所要探讨的，就是最大限度地发挥人的主动创造精神，并以行动为主导，改变和超越人自身所面临的生存条件，创建自己所追求的自由生活世界。费希特在《现时代的根本特点》中说："人类世俗生活的目的，就是人类在这种生活中自由地、符合理性地建立自己的一切关系。"② 费希特在其他一系列演讲中，也一直强调哲学探讨必须以实现人类自由创造为最高目标。所以，他的知识论的核心精神,完全不是传统意义上的知识论,而只能是寻求人类最高自由的实践力量。

显然,费希特和他的许多同时代人一样,深受康德思想的影响,但费希特也和他的许多同时代人一样,对康德的知识论有所批评,特别是对康德哲学体系中的二元论倾向进行批判,试图以新的哲学立场和观点,克服康德的二元论。

与费希特同时代的莱茵霍特本来是康德哲学的积极拥护者,但他是从基督教角度探讨康德,并在评论康德的《纯粹理性批判》时,特意先从《纯粹理性批判》的后一部分,即有关道德伦理论题及其与"神的理性观念"、自由意志和死后命运相关的部分开始。莱茵霍特的这种评论方法,实际上表现了他的表达技巧,因为他意识到康德对知识的批判含有极大的晦涩性,难以被一般读者所理解。果然,莱茵霍特对康德的评论立即引起读者的广泛反应。但接着,莱茵霍特提出了所谓的"原始事实"(urtatsache)的范畴,作为认识的统一原则,莱茵霍特把"原始事实"归结为"表象",因此,他在后期很自然地归化到费希特的阵营中去。

费希特通过莱茵霍特对康德的批判,看到了康德批判哲学的主要问题,这就是康德并没有确立一个可以使他的理论批判和实践批判得以统一建构的共同牢固基础。所以,费希特由此出发,首先把哲学探讨的基本任务确定为寻求一个唯一可靠和唯一明显清晰的哲学第一原则的出发点,这也就是我们自己之所以能够体验到自身是一个有所作为的有限的行动者的真正根源。费希特确信,唯有首先确认这一点,理性自身,作为理论理性和实践理性的统一基础,才能获得牢靠的根基。费希特指出,康德所没有做到的恰恰是这一点。

费希特在彻底展开对康德哲学的批判之后,克服了莱茵霍特的不彻底性,强调所谓"原始事实"只能是人类实践本身,就是作为实践主体的人类行动的创造精神，它是要靠自我本身，通过实际的生存经验的反复体验而在直观中才能把握的。在给莱茵霍特的一封信中，费希特指出："我想告诉大家的，是一些不能言传、又不能意会，而只能被直观的东西。我所说的，无非只是引导读者，使他产生对于直观的渴望。谁想研究我的著作，那么，我就对他进行劝告，要放开那些言辞，只需寻求如何跟随我的直观步骤，哪怕他还不理解已经阅读的部分，也要继续阅读，直到最终闪烁出火花；这个火花，如果它是完整的，它会径直引入我的直观行列，来到一个根节点，并从此看到全体。例如，我的体系的灵魂就是这样的定理：自我直接设置自身。如果没有自身对自身的内在直观那么这个定理就没有意义，没有任何价值。我在讨论中常常鼓励大家的这种直观，大家起初往往不理解我，后来就完全理解了。我是这样说的，一个自我以及一个与它相对立的非我，必须先于所有的情感作用，而后者只有借助于前者才有可能。为什么自我是我，而物不是我。原因根本不在于此，而在于这种对立的发生是绝对的。须知，经验不能告诉我们：我们应当将什么当成我们的，不应当将什么当成不是我们的。同样也不存在一条可以用来确定它们的先天性。这种区分是绝对的，而且只有通过这种区分，所有先天原则以及所有的经验，才是可能的。自我和非我两者通过数量，通过相互限制、规定、制约，联合在一起，而这种联合在一起也是绝对的。任何哲学都不会超越这些定理，但全部哲学，也就是说，人类精神的整个方法都是从这些定理中发展出来。须知，那种原始的设定，对立和区分，并不是思维、不是直观、不是直觉、不是欲求、不是感觉等，而是人类精神的全部行动，这种行动没有名称，永远不会在意识中出现，它是不可理解的。所以，我的哲学的入门永远是绝对不可理解的。这就使得我的哲学很费解，因为它只能用想象力去把握，而不能靠理智去把握，但这恰恰保证了它的正确性。"③

费希特还进一步对莱茵霍特强调说，把握知识学原则的关键，就是对于自我的自由的确信和实践，"在知识论中，人对他的自由（自我性和独立性）的认识被设定为每个真正的人都自然具有的，谁不具有这一认识，谁就无可救药的了。这作为唯一可能的科学立足点当然只有通过知识论才能获得论证"③。

从这里也可以再一次看出，费希特探索知识的可能基础，就是他的"知识论"的目标，"知识论"也因此有资格取代富有争议的"哲学"，并把与人的经验以及人的本性完全无关的"物自体"清除出去。

在克服康德二元论的批判中，费希特主要发展了康德的先验观念论，强调主观内在意识的创造能力，并使之进一步同受到实践理性指导的人类行为结合在一起。在费希特看来，把康德的先验观念论贯彻到底的出路，就是彻底抛弃康德的物自体概念，保证主体的直观创造能力在人的理性实践中充分发挥作用。所以，费希特紧跟同时代的舒尔茨等人之后，对康德的物自体概念进行批判。

先后在维滕堡、赫尔姆斯特和格丁根大学任教的舒尔茨，从 1792 年开始便全面批判康德，他首先匿名发表《艾纳西德姆斯》（Aenesidemus）一书②，借用古希腊怀疑论哲学家艾纳西德姆斯之名，批判康德《纯粹理性批判》和莱茵霍特的《哲学要义》的理性批判方法，试图维护受到理性批判怀疑主义。正是在舒尔茨之后，费希特严厉地批判康德的物自体概念，他强调根本不存在能够产生观念的外在物自体。对于费希特来说，恰恰是自我，才是外在事物、客体和非我的原因。费希特还说，对于理智、非感知和直观而言，真理是显而易见的，换句话说，只要使用理性，真理是可以直接地被把握。

所以，受费希特的影响，叔本华说："由于物自体是不可信的，所以，费希特才准备创建一个没有物自体的新体系，抛弃任何一种不是通过我们的表象而产生的任何事物的假设,并由此而使认知主体成为能够产生一切的力量,或者,换句话说,使一切事物归根结底都以其自身作为它们自己的产生根源。"㉖这样一来,物自体就成为"多余"的了。

费希特的知识学的创造精神,还可以通过他在耶拿大学授课安排计划体现出来。起初,费希特在耶拿大学开设了两门哲学课程,其中一门是关于整个哲学体系的"知识论",另一门是实用性讲座,试图将他的知识论原理实用化,鼓励非学术研究人员把哲学的创造精神贯彻到他们的生活实践中。所以,他的通俗的实用性讲座讲述伦理学原则和学者的使命等。显然,费希特的知识论哲学体系,包含理论和实践两大部分,而且这两部分是相互联系和不可分割的。

第三节 政 治 思 想

费希特一生充满使命感、历史感和责任感,他很早就树立了为人类进步事业献身的生活理想。对他来说,人生来就应该为社会的进步和发展而活。所以,他在哲学方面的任何创造性思想,都是与他个人的社会政治改革理想紧密相联。1790 年他写道:"我并不只是停留在思想层面,我要行动,……我只有一种激情,一个愿望,一种属于我自己的感觉,那就是为全人类工作;在这方面我做得越多,我就越感到高兴。"㉗费希特在谈论德国社会前景时,慷慨激昂地表示:整个欧洲社会都趋向腐败,因为它们只对纯粹个人利益和个人自由感兴趣,而且整个社会都越来越堕落。费希特主张个人利益不能过于膨胀,指出:"我现在全心全意地拥护人的自由,而且,以此信念为基础,必须尽可能强调义务、责任、德性以及伦理原则的重要性。"㉘在以上论述费希特个人生活和学术经历的时候,我们也一再强调费希特个人的生活历程及其充满悲凉和危险的遭遇，这些生活历程和个人生活经验，在许多时候，往往成为费希特思考社会政治哲学的经验基础和情感基础。他出生于平民家庭，从小经历多种艰难困苦的生活，亲身体会到当时社会的实际矛盾，也感受到历史进程的脉搏。所有这些，在费希特思考社会政治理论的时候，都成为他进行社会批判的出发点。在费希特写给歌德的信中，他说："只要反思性的抽象尚未与感觉的最纯粹的精神性相结合，那么，哲学就还没有达到其目的。"②费希特的人格特征及其强烈的历史使命感，使他的主要著作《知识论》具有浓厚的政治哲学和道德哲学的性质。恰恰就在《知识论》中，费希特是从知识学的基本原则出发，强调："自然法的基础就是《知识论》的原则（Grundlage des Narurechts nach den Prinzipien der Wissenschaftslehre）③。"

法国大革命在 18 世纪末的爆发及其曲折发展，自始至终成为费希特总结历史经验并由此创建自己的社会政治学说的重要基础。他在《纠正公众对法国革命的评判》中说："在我看来，法国大革命对全人类具有重要的历史意义。……只要人类不变得更加明智和更加公正的话，那么，人类所追求的一切幸福都将是徒劳的。……法国大革命是一幅绚丽的历史图画，这幅画的主题，就是人权和人的价值。"接着，费希特又说："要阻止暴力革命，唯一可靠的办法，就是把人民的权利和义务交给人民。法国大革命给我们指示了这一办法，从而为那些懵懵懂懂的眼睛照亮了美丽的有色图景。"③

同时，在社会政治思想方面，费希特还受到康德与莱布尼茨的深刻影响。在费希特对康德道德哲学和实践哲学的解读及分析中，处处展现出他对新型的政治哲学和道德哲学的卓越观点②。值得指出的是，费希特特别发展了康德关于政治与道德紧密相结合的观点，强调对于个人而言，政治权利、国家义务和道德责任是完全一致的，它们全都是源自人性本身，是人之为人的不可回避的绝对义务③。就此而言，费希特的《依据知识论的伦理学》更清楚不过地显示了他的政治哲学的道德伦理性质④。

1794 年，费希特在耶拿大学的五篇公开演讲⑤，已经非常明确地阐明自己对德国和整个欧洲现代化的基本立场，论述了他的最基本的政治思想观点。费希特延续 17 世纪以来欧洲政治哲学家的自然权利论传统，强调人的自然本性是探讨人的一切权利的基础。他指出：**"人之所以应该是他所是的东西，完全是因为他存在**，也就是说，他所是的一切，应该同他的纯粹自我，同他的纯粹自我性相关联，他之所以应该是他所是的一切，纯粹是由于他是一个自我，而且因为他是一个自我，所以，一般说来，他根本不应该是他所不能是的东西。"⑥

在耶拿时期，费希特也在 1807 年撰写了《作家马基雅维利》一书，阐明其自由主义及观念论政治哲学。费希特把知识学的一个重要组成部分命名为"法的理论"（rechtslehre），它的基本内容延续了此前在《自然法基础》阐述的观点，明确地区分了伦理学与法哲学的界限，强调法哲学所关切的基本问题就是"正义"。

在政治哲学中，费希特并不像康德那样把政治哲学当成道德理论的一个附属部分，而是明确认为政治哲学具有其自身独立的论题和原则。如果说，伦理学只是探讨一位具有自由意志的主体所可以做的，那么，法哲学就探究一位主体所准许做的，也就是探讨一个主体所必须正确地做的。换句话说，伦理学涉及意识的内在世界，而法哲学只关切外在世界或公共领域范围内一个人的自由可以实现到什么程度。

在完成了一般性探讨之后，费希特进一步深入探讨法制的运用条件，集中探索具有自由权利的个人的实际的共同存在的问题，也就是涉及一个自由社会的存在条件问题。费希特认为，一个自由社会的最一般存在条件,就是保障人的存在的自然权利。为此,费希特集中探讨自由社会中个人自由的保障以及与此有关的合法强制性条件及相关的义务问题。

值得指出的是,费希特的政治哲学虽然从维护个人自由和捍卫自然权利出发,但在社会和国家问题上,费希特并没有全面导向自由主义政治哲学传统,而是更多地主张发挥国家的管理职能,也强调国家的警察职能,要求组成国家的各个社会契约签约者,所有的公民必须承担对整个社会和国家承诺的义务,以便保障个人和社会其他人的自由的合理实施,同时也必须保障维护国家管理社会经济活动的权力。

《知识论》无疑是费希特哲学思想的最主要代表作,他试图以此为基础创建一个以主体性为核心的观念论哲学体系,不仅阐明知识和认识,而且还论及道德、政治、法律和宗教问题。所以,早在他的知识学体系中,就已经确立了他的政治、社会和道德伦理思想的基本原则。

在知识论里,费希特明确表示,他是一位行动者、一位注重实践的人。他认为,追求和发展知识并不是单纯为了增加自己的知识,而是为了更好的按照现代社会的要求进行有用的社会行动,尽到每个人对社会的合理义务。他把知识及其形成基础,归结为主体的积极主动的创造行为本身,正因为这样,费希特极端重视知识和文化在社会历史发展中的重要作用。他在《学者的使命》中指出:知识的进步是人类进步的根本基础,人类的发展直接地依赖于知识的进步,一旦知识迟缓发展,人类的进步就马上受到阻碍。同样,知识也就成为社会政治改进及道德建设的重要基础。在《人的使命》中,费希特要求每个人都要意识到自身的社会责任,不但要使自己成为现时代合格的人,而且还应该成为历史时代所期盼要求的人,这就需要每个人不满足于现状,承担起改造社会的责任,促使社会顺利建构自由民主的制度,完成自己的历史使命。

　　此后，费希特在新的政治哲学的基础上，于1807年至1808年发表了震撼全国的《致德意志民族的演说》。这部演说专辑并非单纯表述费希特本人的民族观及爱国主义，而是全面论述他的国家观和政治观，涉及费希特的政治哲学的基本观点。当然，毫无疑问，他也在这篇演讲中进一步发展了他的"民族国家"的概念。

　　费希特是一位世界主义者，但他的世界主义（kosmopolitismus）和他的整个政治哲学及民族主义一样，随当时欧洲发展的状况而变化。在法国大革命期间，费希特寄望于法国大革命，非常关心整个人类社会的命运，希望法国大革命将有助于加快实现他的世界主义理想。但后来他发现，人类历史发展到第三阶段基本上是以个人利益为中心动力的社会，而且，拿破仑的入侵给德国带来的灾难使他改变了观点。费希特对拿破仑的失望，使他进一步加强了德国民族主义情绪，他认为，唯有德意志国家才有能力和资格在整个世界推行世界主义理想。1806年，费希特明确地把世界主义理想与德国民族主义结合起来，他说，世界主义旨在实现人类改造世界的目标，而爱国主义是为了实现我们所从属的那个民族的利益和意志，并使之推行到整个人类。因此，世界主义必须变成爱国主义⑦。费希特在1807年底对柏林大学师生的民族主义演讲中，强调德意志民族在当代历史阶段所承担的义不容辞的责任和义务，他认为德意志民族有责任"领导"全人类实现历史新时代的目标⑧。

　　在法军占领德国期间，费希特进一步加强了他的民族主义思想建设及其贯彻。他认为，德意志人应该显示出自己的民族性格，彰显德意志民族的思想文化特点，甚至进一步表现了他对犹太人的仇恨心态。他追随主张统一德国的冯·施泰恩男爵（Heinrich Friedrich Karl

Reichsfreiherr vom und zum Stein，1757 - 1831)的政治改革方案，力主德国文化精英们带头引领德意志民族实现统一德国的目标。费希特把德意志民族列入所谓的"雅利安优等民族"的行列，为其反犹太主张进行辩护。其实，他在法国大革命后不久所写的《纠正公众对法国革命的评判》一文中，就已经明显地表现了他的反犹太主义思想。他在文中称：犹太人在德国境内创建的"国中之国"终将颠覆德国㉝。费希特的反犹太情绪发展到极其严重的程度，使他赤裸裸地表示："唯有把犹太人的头割下来，换上一个不再有犹太精神的新头放置在他们的肩膀上，才有可能让他们享有真正的德国公民权利。"㉞费希特的这种反犹太情绪及其极端的民族主义，对日后德国政治思想的发展发生消极影响，也在 20 世纪 30 至 40 年代发展成希特勒法西斯种族主义的一个思想基础。

费希特主张建构和强化自给自足（autarky）的国家，但所谓"自给自足的国家"并非费希特的主要理想理念。他认为，治理国家主要靠公民的伦理及其行动原则。在《全部知识论基础》里，费希特的认识论原则直接地成为道德原则。他认为，个人只有忠诚于自己的社会义务的时候，才能超越自己，而达到超感性的世界。个人必须同理性的秩序相融洽，而国家就是这种理性的秩序的代表，对国家而言，它不会向自己提出目的，但受到国家管理的公民，必须把国家利益当成个人的目的；国家的任务是领导经济生活，发展文化，并委托家庭实现教育任务。但是，费希特有关自给自足国家的观点，相对于他的整个政治观和国家观而言，并非最重要的部分。

对费希特来说，即使是最好的政府也不过是建构理性王国的手段而已，再好的国家也终将被理性力量所取代。他明确地认为：国家生活不属于人的绝对目的，相反，国家仅仅是在特定条件下产生用来创建完善社会的一个手段。国家和人类的其他一切规章制度一样,是纯粹的手段,其目的在于毁灭它自身。所以,任何一个政府的目的,就是使政府本身成为多余的。

费希特在《纠正公众对法国革命的评判》一文中,已经很明确地表明了他的国家观。当法国大革命从 1789 至 1793 年经历了曲折的发展道路之后,有许多德国政治家和政治哲学家群起分析批判法国大革命以及与之相关的社会政治制度。与费希特同时代的汉诺威政治家雷贝格(August Wilhelm Rehberg,1757 – 1836)于 1792 至 1793 年发表两卷本《法国大革命探究》,片面强调了国家理性的至关重要性,对法国 1791 年宪法给予严厉的批判①。费希特在他论述法国大革命的著作著作中,严厉批评了雷尔贝尔格对法国大革命的片面分析,全面地提出了他对国家、私有制、法权以及民主制导向自由社会主义国家的道路②。

至于社会的改革,费希特并不赞同暴力革命,因为暴力革命是人类的一种“勇敢的冒险行为”,因此,即使暴力革命成功了,它的胜利也会带来明显的麻烦,而如果它失败,人类就会从贫困走向更大的贫困。因此,比较保险的办法,就是逐步走向更好的开明社会,实现社会制度的改善。费希特希望通过改革实现他的所谓理性王国,诚恳地劝告统治当局不能拖延改革或拒绝改革,否则,老百姓就会处于贫困境地。当然,在对待法国大革命的问题上,费希特的《纠正公众对法国革命的评判》一文,其观点和立场是非常鲜明的:他认为,如果必要,也就是说,当人民对专制已经忍无可忍的时候,诉诸暴力革命是无可非议的。

费希特在谈到社会改革和国家制度改变的时候,还经常涉及良心问题。他认为,只有诚实的人才有可能确信共同意志的可能性,也就会心安理得地靠他的良心去推翻腐朽的国家。

费希特主张实现人民的自由、平等和民主。自由总是有条件的,它只能在一定限度内才是可能的,对于一个有限的存在来说,绝对的自由是不可能的。但他主张:任何真正期望使自身成为一个自由的主体的人,都应该努力使自然界和人类社会的存在符合他所自由设定的目标。费希特认为,人民按照法律具有至高无上的权力,而这种权力是别的任何权力的源泉,它是神圣的,只对上帝负责。在人民的议会面前,行政权实际上按照法律丧失了它的权力,意思是说,任何政府的行政权只能来自人民的权力。费希特在法国大革命之后不久所写的《论学者的使命》中主张消除人与人之间的社会不平等,而在此前不久发表的《向欧洲君主索回他们迄今压制的思想自由》中曾经明确地号召人民进行斗争,要求实现自由民主的社会制度。

费希特的历史观的核心是人的自由的实现,早在 1806 年发表的《现时代的基本特征》(*Die Grundzüge des gegenwärtigen Zeitalters*),中,费希特就强调了人类历史无非就是人类从不自由走向自由的历史过程①。他认为,与个人的内在发展相平行,个人的外在发展也体现在个人在国家中的地位的变化。对个人来说,最重要的是要把自己导向自由的市民(zum freien Bürger)。个人必须紧跟社会的历史发展,使自己配得上社会的历史发展过程。

当然,费希特的政治观点并非前后一致的,因为随着他的处境的转变以及整个德国政治局势的变化,费希特经常提出新的观点和主张。而且,由于当时的德国社会和政治仍然处于较黑暗的时期,受到德国整个社会政治气候和社会风气的影响及压力,费希特越到后来,越趋向于谨慎和保守。这在德国 19 世纪的条件下并不奇怪,何况费希特本人作为一个对时局非常敏感的思想家,不会拘泥于自己发表过的言论,他要不断地修正或补充自己对活的政治活动的看法,以便尽可能发挥其政治哲学的实践作用。

第四节 诠 释 学

费希特还在诠释学方面做出了特殊的贡献。费希特的《知识论基础》以极其深刻的分析和论证过程,他所提出的正题/反题/合题(thesis-antithesis-synthesis)的精神创造模式,阐述了自我与非我的相互转化条件及其意义,他也因此阐明了诠释活动在转化过程中的重要意义。费希特认为:任何一个既定的"正确判断",实际上都是没有任何客观根据的;因此,人是靠自身的精神创造活动,设定各种为自身所创造的真理性判断提供依据的前提条件以及与此相关的论证方法。一般都说,所有所谓"正题"判断及其阐述方法,都必须以自我所设定的"公理"为基础,然后通过自我自身的论证而建构起一系列论述体系。

显然,一切由各种命题所构成的真理体系和理论架构,都首先由自我创建必要的前提作为基础,然后,在同"反题"的对立比较中,进行自我的诠释,以便说明或论证从正题出发的必要性及其导向与反题相互对立的原因,为进一步在综合判断中获得有利于自我设置的真理目标奠定基础。在这里,自我的诠释扮演了决定性作用。

自我进行诠释的第一步,就是阐明自我进行自我设置的必要性和不可避免性。自我为了发挥其诠释的功能,必须从一开始就自我证明其自身就是一种"绝对"。作为"绝对"的自我,显然把论证过程中的自我设置,树立在最高地位,确立了它在此后所有诠释过程的权威性。这种自我确定,就是诠释的出发点,也是自我在整个诠释过程的权威性及其哈法性的先决条件。其实,一切诠释活动首先就必须确立不可动摇的自我意识,并把这种自我意识提升到连自己都毫不怀疑的程度。

自我树立了绝对的自我意识,才能使整个诠释过程掌握在作为诠释主体的自我意识的控制下，也因此才能顺利地实现诠释过程中的各个反思性阶段，确保诠释过程的一贯性及其彻底性。

什么是批判呢？费希特认为，批判哲学的本质，就在于把一个绝对的自我，陈述为绝对无条件的、不能被任何更高的东西所决定的总体性。只有以此为出发点，并使之贯彻始终，才有可能建构富有创造精神的知识系统，也才能创建一个具有创造精神和清醒的自我意识所领导的诠释过程。

换句话说，为了确保整个诠释过程的生命力及其不断再生产能力，就必须树立绝对的自我，也必须确保绝对的自我的生命活力。绝对的自我并不是一次性完成，也不是一旦创建就一劳永逸和无所作为了。自我必须永远保持其诠释的活力，同时也必须具有自我诠释的能力，一方面以自身的设定规定一切诠释过程；另一方面，又要使自我本身实现一再的自我革新和自我生产，通过不停顿的自我诠释，确保自我的绝对性，同时也就确保诠释本身的生命力及其不断再生产过程，使诠释因自我的创造精神而变得永远具有生命力。

由此可见，知识学本身就是靠诠释活动来不断推动和不断更新。显然，费希特的知识学体系是以独特的诠释学为方法建构出来的，不但它对于自身的自我出发点需要依赖于自我诠释，而且对自我所创造的世界及其后果，也急需具有创造性的诠释活动来进行正当化的论证。所以，辩证而灵活的诠释学乃是费希特建构其体系的支柱。

费希特的知识学原理表明了这样一个原则：一切知识学都以绝对的自我作为出发点，但是，绝对的自我一经树立起来，又必须与反题和综合判断的内容加以比较，不断进行较量，实现反思过程，才能得出最明白、最清晰的见解。

在费希特那里，解释学的原则实际上也是从解释者的自我的绝对确立出发,然后,它必须同各种假定的反题、综合命题相比较,分析和总结出更为可靠的结论。这种结论是"自我"经历反省、比较和创造之后,在更高的基础和更广阔的视野内,对于原文作者的自我复返或回归。这种复返或回归,包含了解释者的自我和自我扩展的思索成果,但又不是对原文作者的自我的绝对否定,它毋宁是原文作者的自我在解释者的自我之中的回音。自我的解释通过这样的否定和肯定过程之后,终于在自己的自我意识中找到了真正的和坚实的知识根基。

费希特的诠释学,对于当时在诠释学方面做出重要贡献的施莱尔马赫来说,无疑起到了积极的推动作用。费希特和施莱尔马赫同属于浪漫主义流派,他们不愿意约束于传统的诠释规则系统,注重诠释过程的创造性和超越性,为诠释学在 19 世纪的新发展做出了贡献。

第五节 宗 教 哲 学

费希特本来就很早受到了传统的宗教教育,青年时代攻读斯宾诺莎哲学后,又受到斯宾诺莎自然神论思想观点的启发,使他强化了对于传统基督教教义的反思批判过程。迈入 19 世纪后,费希特的宗教著作表现了某种程度的神秘主义倾向,加强了他对传统基督教神学的反思性批判态度。

为了理解费希特的宗教哲学,当然,我们仍然必须从他的知识学出发。在他的耶拿版知识学中,费希特明确指出,作为第一原则,就是"自我确定他自身",或者更确切地说,"自我确定他自身就是自我"。由于这个自我确定的行动,构成了"自我性"的一般特征的基础,所以,第一原则就意味着:"自我确定他自身就是自我确定。"为了确保这种完全源自自身的自我确定的合法性,在 1796 至 1799 年的耶拿《知识论新方法》中，费希特干脆宣布，确认自我确定他自身的原则为第一原则，就是一种无须证明的"公设"或"公理"本身（postulate，或 summons）。费希特还提醒读者，如果要把握这个第一原则，只需"想想自我，并仔细观察由此行动可以牵涉到什么"。

首先在 1801 和 1804 的著作中，他论证了知识论的最终目标就是实现无限的生命，也就是神的神圣话语所描述的那种"受神护佑的美好生活"，一种受到上帝保佑而达到身心幸福境界的生活，它是唯有靠对于神的极度敬仰才能想象出来的"神圣的图像"，某种只能体现在图像中的绝对知识。但费希特在这里所说的上帝，不再是起作用的道德原则，而是一种真正现实的存在，人类与上帝在"爱"中的统一，为人类本身提供了真正的自由。费希特的这种观点，直接地同上述关于自我的伦理本质的思想相关联。

正如我们在前面所看到的，费希特明显地把行动与存在对立起来，因此，费希特多次在理论争论中显露无神论的倾向。费希特认为：知识论不能把上帝当成实体，由此就引申出一个被有神论认为是非常危险的结论，即上帝必然是某种派生出来的东西，而知识论也只能在"普遍的自我"中，在绝对自由的创世活动中，探索形而上学的上帝概念。也正因为这样，费希特的知识论与独断论相反，只能称上帝为"道德世界的秩序"①，是一种发挥整饰功能的秩序（ordo ordinans）。

费希特在 1806 年为柏林公众发表了十一篇论"极乐生活"（seliges leben）的演讲，实际上就是他在《知识论》所论证的那种达到了"圣者"高度的虔诚生活。费希特在论极乐生活的演讲中，讲述了他的宗教观点，并把他的知识论本体论一方面与崇高的理念；另一方面也与现实生活紧密地联系在一起，体现出他的哲学的强烈实践精神。费希特之所以在这一时期发表关于极乐生活的系列演讲，目的在于批判谢林当时发表的宗教哲学著作,同时也为自己以往受到的不合理的批判进行辩护。

对于费希特的宗教观点及其深刻的哲学意义,只有与他对立、但又很了解他的谢林才能够真正理解。谢林中肯地说:"费希特虔诚地出现在我们面前并且说一切存在都是活生生的,除了生命,没有别的存在,而绝对或者上帝就是生命,一切存在都是上帝,除此以外没有别的存在。"⑤由此可见,要真正把握费希特的宗教思想,不能仅仅停留在字面的认识,而是要像谢林那样,对自身、世界和具有神秘性质的绝对有所体验,特别是通过生活本身来体验,才能了解费希特为何要在知识学完善化的基础上建构和论述他的宗教哲学。

费希特从一开始就把他的哲学思考同生命本身联系在一起,同时也把哲学理论的建构当成生命的自我创造精神及其实践活动的思想缩影。生命固然要在创造中把握世界,同时也必须充斥着一股强烈的爱的力量,因此,费希特明确地认为,生活与爱的精神是自在自为地相同一的,实现爱的生活也就是实现本真的生活,而本真的生命是自相同一的。然而,实现爱的生活并不容易,它要求生命的自我能够无止境地导向精神生活与自身内在灵魂境界的最高层面。为此,需要使哲学从理性与情感意志相同一的层面提升到具有一定神秘性质的宗教领域。其实,费希特在1799年发表的《向公众呼吁》的演讲中,就已经明确地把自我的伦理实践理解为具有灵性的自我行动对于超感性事物的把握。要使自身的生命提升到"自我与世界整体的同一",只能通过从知识学上升到对具有宗教信仰性质的超现实的把握。这一切要求自我超出意识的范围而充满对神和对绝对的爱,以此为动力,才能实现最高层次的灵性生活。

费希特把生命的展现及其可能的方式与生命自身所形成的世界观

联系在一起。费希特认为,不同的生命展现层次产生了不同的世界观。他列出五种不同层次的世界观,以便论证宗教的世界观对于生命活动的重要意义。费希特所列举的五种世界观分别是:① 时下流行的哲学观点,它是最低级的;② 维护现存世界秩序并把当下存在的制度当成合法性或绝对命令的观点;③ 道德的观点;④ 宗教的观点;⑤ 科学的观点。费希特认为,真正的笃信宗教必须同现实的极乐生活理念相结合,也就是说,使自我对神的爱同对一切存在的爱相结合,由此推动对自身灵性生命的无限循环的陶冶。

第六节　历史地位及其影响

费希特的观点在他的同时代人中产生了很大的影响。施勒格尔兄弟、福尔贝格、尼特哈默尔(Friedrich Immanuel Niethammer,1766 - 1848)、沙德(Johann Baptist Schad,1758 - 1834)、梅默尔(Gottlieb Ernst August Mehmel,1761 - 1840)和诺瓦利斯等,都是费希特的追随者。其实,谢林和黑格尔等同时代的其他著名哲学家,在早期,也很赞扬费希特的哲学。这也就是说,谢林和黑格尔等具代表性的德国古典哲学家,之所以能够很快取得重大的理论成果,在一定程度上也应该归功于费希特对康德的批判。

所以,如果说康德之后掀起了德国观念论思潮的发展新高潮的话,那么,正是费希特开创了这个观念论的新发展方向。但是,费希特所开创的康德批判运动,是把重点明显地转向主体的自我创造精神,试图在自我中寻求发展哲学的出路。因此,费希特所带动的德国观念论新方向,意味着康德之后整个德国哲学重新广泛讨论主观能动性的重要意义。

　　谢林、施勒格尔兄弟和黑格尔等人，充分地发展了费希特对康德批判的成果，特别发挥了主观辩证法的威力，也发扬了费希特思想中隐含的浪漫主义精神㉖，在费希特之后创建了新的思路和哲学理论发展模式，并获得了丰硕的成果。

　　同样的，叔本华也在很大程度上受到费希特的思想影响，叔本华曾经是费希特的学生，在 1811 至 1812 年，他曾经在柏林大学聆听费希特的课程，深受费希特自我概念的启发。费希特有关"绝对自我""绝对意识"(das absolute bewusstsein) 和"力争（奋斗）"(das streben) 的概念，极大地启发了叔本华，进一步促使叔本华充分发挥费希特关于表象和意志的概念，为叔本华创建一个超越理性的新思想体系提供充分的思想准备。正是在费希特的影响下，叔本华强调具有欲望、表象和意志的人，可以随时随地为满足自己的需要而行动。因此，在叔本华看来，具有绝对自我的人有可能产生各种非逻辑的和无方向的欲望，以致整个世界都难以避免地充塞着人的行动。爱因斯坦曾经以这样的语句概括叔本华的思想："人在实际上可以做他想要做的，但人又无法完全实现他所希望做的。"㉗叔本华的这一思想，实际上发展了费希特所说"世界是为主体而存在"的论断。费希特的先验的观念论也使叔本华远离过多谈论知识论的笛卡尔和贝克莱，而把行动直接地当成具有伦理意义的道德态度本身。正是在这基础上，叔本华强调意志的盲目性，并认为传统道德所主张的禁欲主义原则只能引导人犯罪或犯错误。

　　费希特在知识学方面的成果，也促使德国哲学家重新思考知识问题，同时也促进了 19 世纪下半叶整个欧洲哲学从知识的实践方面，进一步探索知识与道德伦理行动、科学技术革命以及社会政治改革的内在关系㉘。正是在这个意义上说，费希特又是后来发展起来的德国实践哲学的主要推动者。

19 世纪末至 20 世纪初，当德国的新康德主义者试图发展新的知识论的时候，费希特知识学的主要观念也提供了新的思路。受费希特思想启发而从新康德主义出发所创建的新费希特主义（Nefichteanismus）流派，以李凯尔特（Heinrich Richert，1863－1936）为代表，特别强调了价值（werte）的决定性意义。他们认为，一切真理（wahrheit）和现实性（wirklichkeit）无非就是价值所决定的。因此，在这些新费希特主义者看来，"应该"（sollen）相对于"存在"（sein）是具有不可取代的逻辑优先地位。在这种情况下，现实性实际上是面对客体的主体的实践行动所建构的。这样一来，新费希特主义者认为，原来康德所做的"纯粹理性"和"实践理性"的分离及其二元论，就可以被克服。

费希特关于国家和自由的概念，也同样影响了新费希特主义者罗伯特·冯·莫尔（Robert von Mohl）、弗里德里希·尤利乌斯·斯塔尔（Friedrich Julius Stahl）、洛伦茨·冯·施泰因（Lorenz von Stein）以及鲁道夫·奥伊肯（Rudolf Eucken）等人。新费希特主义者的国家观和自由观突出了德意志民族的利益的特殊性，为 1930 年代希特勒法西斯的"国家社会主义"纳粹政策提供了理论基础。

当然，费希特的哲学也在 20 世纪下半叶广泛地影响了西方哲学和人文社会科学的发展。费希特有关"相互规定原则"（der satz der wechselbestimmbarkeit）和"相互承认原则"（gegenseitig anerkennen）等方面，也启发了后现代主义和女性主义流派，在当代哲学和社会思潮中扮演了重要的角色。

注释

① Nectarios G. Limnatis，*German Idealism and the Problem of Knowledge: Kant，*

Fichte, *Schelling*, *and Hegel*, Springer, 2008: 138; 177; Daniel Breazeale, *Fichte's Conception of Philosophy as a "Pragmatic History of the Human Mind" and the Contributions of Kant*, *Platner*, *and Maimon*, In *Journal of the History of Ideas*, **62**(4), Oct. 2001: 685 – 703; Dieter Henrich, *Fichte's Original Insight*, In *Contemporary German Philosophy*, ed. by Darrel E. Christensen *et al.*, 1 1982 [1966]; 1 5 – 52; Henrich, Dieter, *Fichtes ursprüngliche Einsicht*, in: *Subjektivität und Metaphysik. Festschrift für Wolfgang Cramer*, edited by D. Henrich und H. Wagner, Frankfurt/M., 1966, pp.188 – 232.

② Erich Fuchs (Hrsg.), *J. G. Fichte im Gespräch. Berichte der Zeitgenossen*, Frommann-Holzboog, Stuttgart, 1978 – 1991, Bd. 1; 29 – 45; Immanuel Hermann Fichte, *Johann Gottlieb Fichte's Leben und Litterarischer Briefwechsel*. Seidel, Sulzbach, 1830 – 1831, Bd. 1: 25 – 30.

③ Johann Gottlieb Fichte, *Beitrag zur Berichtigung der Urteile des Publikums über die französische Revolution*, 1793.

④ Joachim Widmann, *Johann Gottlieb Fichte: Einfuhrung in Seine Philosophie*, Berlin, Walter de Gruyter, 1982, p.19.

⑤ Johann Gottlieb Fichte, *Der geschlossene Handelsstaat. Ein philosophischer Entwurf als Anhang zur Rechtslehre und Probe einer künftig zu liefernden Politik*, 1800.

⑥ Johann Gottlieb Fichte, *Grundlage des Naturrechts*, 1796.

⑦ J. G. Fichte, *Die Grundzüge des gegenwärtigen Zeitalters*, Felix Meiner Verlag, Hamburg, 1978, S. XV.

⑧ Johann Gottlieb Fichte, *Gesamtausgabe der Bayerischen Akademie der Wissenschaften*, *GA*, hrsg. von Reinhard Lauth, Erich Fuchs und Hans Gliwitzky. Frommann-Holzboog, Stuttgart-Bad Cannstatt, 1962 – 2011, I, 2, 259.

⑨ Hegel, *Vorlesungen zur Geschichte der Philosophie*. In G.W.F. Hegel Werke in zwanzig Bänden. Bd. 20. Frankfurt am Main. Suhrkamp Verlag, 1982, p.388.

⑩ Johann Gottlieb Fichte, *Versuch einer neuen Darstellung der Wissenschaftslehre*. (1797) In: *Sämmtliche Werke*, Bd. 1 (1845), Nachdruck 1971, S. 523.

⑪ Johann Gottlieb Fichte, *Die Wissenschaftslehre*. (1812) In *Sämmtliche Werke*, Bd. 2, Nachdruck 1971, S. 354, 358 f.

⑫ Johann Gottlieb Fichte, *Gesamtausgabe der Bayerischen Akademie der Wissenschaften*, *GA*, hrsg. von Reinhard Lauth, Erich Fuchs und Hans Gliwitzky. Frommann-Holzboog, Stuttgart-Bad Cannstatt 1962 – 2011, I, 2, 259.

⑬《十八世纪末—十九世纪初德国哲学》,北京大学哲学系外国哲学史教研室编译,北京:商务印书馆,1964,第 161 页。

⑭《十八世纪末—十九世纪初德国哲学》,北京大学哲学系外国哲学史教研室编译,北京:商务印书馆,1964,第 137 – 138 页。

⑮《十八世纪末—十九世纪初德国哲学》,北京大学哲学系外国哲学史教研室编译,北京:商务印书馆,1964,第 145 – 148 页;第 161 页。

⑯ *Johann Gottlieb Fichtes sämmtliche Werke*（*SW*）, hrsg. von I. H. Fichte. Berlin: de Gruyter, Bd. 1, 1971: 134.

⑰ Johann Gottlieb Fichte, *Die Bestimmung des Menschen*,［1800］: 79; *The Vocation of Man*, trans. Peter Preuss, Indianapolis: Hackett, Peter Preuss. Indianapolis, 1987: 123.

⑱《十八世纪末—十九世纪初德国哲学》,北京大学哲学系外国哲学史教研室编译,北京:商务印书馆,1964,第 161 页。

⑲ Johann Gottlieb Fichte, *Die Bestimmung des Menschen*,［1800］: 79; *The Vocation of Man*, trans. Peter Preuss, Indianapolis: Hackett, Peter Preuss. Indianapolis 1987: 123.

⑳《十八世纪末—十九世纪初德国哲学》,北京大学哲学系外国哲学史教研室编译,北京:商务印书馆,1964,第 160 页。

㉑ Kant, *Prolegomena zur einer jeden künftigen Metaphysik die als Wissenschaft wird auftreten können*. ♯46.1783.

㉒ 费希特著《现时代的根本特点》,中文译本,沈真/梁志学译,辽宁教育出版社,1998,第 7 页。

㉓ Hans Schulz（Hrsg.）, *J. G. Fichte, Briefwechsel*. Band 2. Leipzig 1930: 120 – 121; *Briefwechsel 1799 – 1800 Johann Gottlieb Fichte*. herausgegeben von Reinhard Lauth und Hans Gliwitzky; unter Mitwirkung von Manfred Zahn und Peter Schneider/Stuttgart-Bad Cannstatt: Frommann-Holzboog, 1973: 130.

㉔ Rolf Ahlers, *Fichte, Jacobi und Reinhold über Spekulation und Leben*. In: Hartmut Traub: *Fichte und seine Zeit*. Amsterdam/New York, 2003: 20.

㉕ 该书全名为《艾纳西德姆斯,或论莱茵霍特教授在耶拿所提出的哲学要义的基础;同时维护怀疑论而反对试图通过理性对于怀疑论的批判》(*Aenesidemus oder über die Fundamente der von dem Herrn Professor Reinhold in Jena gelieferten Elementar-Philosophie. Nebst einer Vertheidigung des Skepticismus gegen die Anmassungen der Vernunftkritik*）。

㉖ Arthur Schopenhauer, *Parerga and Paralipomena*, *Vol.I*, §13.

㉗ Eugene Anderson, *Nationalism and the Culture Crisis in Prussia: 1806 – 1815*, Octagon Press, 1966: 21.

㉘ Eugene Anderson, *Nationalism and the Culture Crisis in Prussia: 1806 – 1815*,

Octagon Press，1966：25.

㉙ *Briefwechsel 1799 – 1800 Johann Gottlieb Fichte*. herausgegeben von Reinhard Lauth und Hans Gliwitzky；unter Mitwirkung von Manfred Zahn und Peter Schneider/Stuttgart-Bad Cannstatt：Frommann-Holzboog，1973：92 – 93.

㉚ Johann Gottlieb Fichte，*Gesamtausgabe der Bayerischen Akademie der Wissenschaften，GA*，hrsg. von Reinhard Lauth，Erich Fuchs und Hans Gliwitzky. Frommann-Holzboog，Stuttgart-Bad Cannstatt，1962 – 2011，I，1：88 – 89.

㉛ Johann Gottlieb Fichte，*Beitrag zur Berichtigung der Urteile des Publikums über die französische Revolution*，1793.

㉜ Johann Gottlieb Fichte，*Gesamtausgabe der Bayerischen Akademie der Wissenschaften，GA*，hrsg. von Reinhard Lauth，Erich Fuchs und Hans Gliwitzky. Frommann-Holzboog，Stuttgart-Bad Cannstatt 1962 – 2011，III：213；I，IV：265；GA，I，III：208.

㉝ Johann Gottlieb Fichte，*Gesamtausgabe der Bayerischen Akademie der Wissenschaften，GA*，hrsg. von Reinhard Lauth，Erich Fuchs und Hans Gliwitzky. Frommann-Holzboog，Stuttgart-Bad Cannstatt，1962 – 2011，III：387.

㉞ Johann Gottlieb Fichte，*Das System der Sittenlehre nach den Principien der Wissenschaftslehre*，1798.

㉟ 注：费希特在耶拿大学的五篇演讲，后来出版时定名为《论学者的使命》。

㊱ 费希特著：《论学者的使命》，北京：商务印书馆，2005，第 8 页。

㊲ Eugene Anderson，*Nationalism and the Culture Crisis in Prussia：1806 – 1815*. Octagon Press，1966：34.

㊳ Johann Gottlieb Fichte，*Addresses to the German Nation*. Cambridge University Press，2008：10.

㊴ Johann Gottlieb Fichte，*Gesamtausgabe*，I/1，S. 292 – 293.

㊵ Johann Gottlieb Fichte，*Gesamtausgabe*，I/1，S. 292 – 293.

㊶ August Wilhelm Rehberg，*Untersuchungen über die französische Revolution*. Hannover：Ritscher，1792 – 1793.

㊷ Johann Gottlieb Fichte，*Beitrag zur Berichtigung der Urteile des Publikums über die französische Revolution*，1793.

㊸ J. G. Fichte，*Die Grundzüge des gegenwärtigen Zeitalters*，Felix Meiner Verlag，Hamburg，1978，S. XV.

㊹ *Fichte Werke Gesammtasugabe der Bayerrischen Akademie der Wissehschaften*，hrsg. Von R. Lauth und H. Jacob，Münschen：Bd. 5，182；210.

㊺ *Friedrich Wilhelm Joseph Schelling's Sämmtliche Werke*，[**SW**]，ed. K. F. A.

Schelling，I Abtheilung Bd. 7：25. Stuttgart：Cotta，1856 – 61.

㊻ Daniel Breazeale and Tom Rockmore （eds.），*Fichte，German Idealism，and Early Romanticism*，Rodopi，2010.

㊼ Don A. Howard Howard，December，2005，*Albert Einstein as a Philosopher of Science*，In *Physics Today*，American Institute of Physics，**58** （12）：34 – 40.

㊽ Daniel Breazeale，*Thinking Through the Wissenschaftslehre: Themes from Fichte's Early Philosophy*. Oxford：Oxford University Press，2013.

第八章

谢　林

谢林(Friedrich Wilhelm Joseph Schelling，1775－1854)是天生奇才、个性突出、情感丰富、思维敏捷，不愧为德国古典哲学创新精神的一个典范。他在一生中追求个人高度自由，以其充沛的生命力始终热衷于创造并追求卓越，促使他永不满足于平静庸俗的生活，也不愿意受制于已有的权威，不断地向自身提出挑战，试图把自己一再引向更高的精神境界。但是，谢林所处的时代，德国正面临历史的种种挑战，德国社会的内在矛盾以及统治者的腐败，当时教育制度的死板规则，都严重地限制了谢林的才华的充分发挥，以致使他遭受许多压力，在思想发展过程中，一再改变自己的理论内容及其表达方式，而且，在谢林所处时代的哲学领域中，也存在多种不利于谢林自由发展个人思想创造的复杂因素，其中包括与他同时代并曾经是作为亲密朋友的黑格尔的干扰，致使谢林的思想发展历程曲折复杂，充满着变数。但对他来说，毕竟是创新与提升自身的欲望成为他主动冲破个人思想界限及克服外界种种障碍的无穷动力，使他一再试图越出古典哲学本身的模式并冲出时代精神的约束。对于谢林哲学思想发展的复杂性及其多质性，一方面必须使之放在 18 至 19 世纪德国以及整个欧洲思想文化的广阔视野中考察，同时又要摆脱传统哲学史对谢林思想发展的片面分析模式；另一方面还要同时考虑到谢林个人的富有创新精神的特殊性格，使谢林思想的多样性和多变性，同时都与历史时代的宏观维度及谢林个人复杂细腻的微观维度联系在一起。除了哲学理论上的创造，谢林还在文学、艺术和宗教更广阔、更神秘以及更艰深的领域中考验自己的智慧和情感，抒发他对人生、宇宙及各种可能的世界的理念。这种性格使他也形成独特的浪漫主义情怀和文风，成为德国 19 世纪上半叶多元化的浪漫主义流派中的一位重要代表人物。但谢林又是一位谨慎思考的沉思型哲学家，他在不同时期所探索的自然哲学、同一哲学、肯定哲学、艺术哲学以及宗教哲学等思想体系，都是具备其严格内在逻辑，同时又采取多变多阶段的灵活表达方式，并在它们之间保持严密的同一性原则。因此，研究谢林的思想演变过程，一方面是深入考查德国古典哲学发展的复杂性的一面镜子；另一方面也成为揭示 19 世纪德国启蒙运动晚期与同时代浪漫主义和宗教哲学之间的微观复杂关系的关键。

首先，谢林具有独特思想观点和多重性格，他的浪漫风格及其思想的生命力，使任何试图在谢林哲学中寻求固定不变或始终一贯的思路的努力，都会陷于失败。他不愧是哲学上的普罗特斯神（Proteus），以其善变的面孔而著称。为此，把握谢林的哲学思想，既要从他不断创新的历史特征去分析，又要清楚地区分他在不同时期的思想及其内在关联，也就是说，不能满足于从整体宏观的角度，还要从各阶段各部分的微观分析角度，全面地把握谢林哲学思想的特征。其次，警惕重蹈传统哲学史家的系统化思路的覆辙，必须看到谢林并不把自己禁锢在德国古典哲学关于主体性的形而上学思维模式的框架内，而是力图探索走出主体形而上学范围的新思路，努力创建某种被称为"后形而上学"而彻底解放个人思想创造力的新思维模式。正因为这样,谢林的哲学思想在当时的德国开辟了新的视野,为当时及其后德国哲学的新发展提供了各种创新的可能性。又次,谢林虽然在不同时期活跃地更新其思想,但他始终未放弃"体系"的观念,但重要的是,谢林所追求的"体系"是无限制的和非自恋性的直观性理智总体化成果,也是永远开放的创新过程本身。最后,谢林对当代哲学发生越来越强烈的影响,他的自然哲学启发了当代思想家超越自然科学视野探索自然的各种可能性,从自然的本来面目,展现自然本身的深不可测的内在奥秘,为开辟原汁原味地研究自然的新生态哲学奠定了基础,而谢林对笛卡尔的主体性观念的批判,则引导了尼采、海德格尔和拉康等人,不再把思维的主体当成稳定清晰的逻辑中心,致使他在当时对黑格尔的批判活动,长期地在他逝世之后的各时期、特别是当代西方哲学家当中产生强烈的回响。

第一节 诗性生存与诗性哲学的展现

谢林是德国启蒙时代"狂飙突进运动"(Sturm und Drang Bewegung)的杰出思想代表之一,也是德国古典哲学的一位优秀代表,又是 18 世纪末至 19 世纪中叶浪漫主义运动的哲学典范,他既是哲学家、思想家、神学家,又是诗人和美学家,他和费希特都富有激情,在某种程度上有类似之处,但谢林在思想情感上,既追求放荡不羁的风格和无所顾忌的自由个性,又在哲学创造中显示严谨细腻的沉思精神,致使他在哲学思辨能力方面不亚于黑格尔,同时又能够避免像黑格尔那样追求系统化的倾向,而在情感方面,谢林也略别于费希特而能够尽情地使自己的个人激情纵然成创作的思想激流,使他不愧是同时代浪漫主义思潮的重要代表人物之一。谢林个人不论在生活经历的曲折性,还

是在思想情感的复杂性和矛盾性而言,都无愧是戏剧性和传奇性历史
人物的标本,因此,对于他的思想及其作品,无论如何都不能采用理性
主义或经验主义的传统单一性观点和方法去理解。也就是说,谢林的
哲学思想充满多元性、多变性、多质性,即使在他既定的论述形式中,也
同样留下多方面和多方向的可能变通思路,为读者提供重新思考的广
阔维度。就此而言,在谢林著作中的许多论述,包含着多元的潜在性思
想观点,也蕴含丰富的启示性表达方式,值得读者在阅读时实现新的思
想的再生产,并基于此实现自己的思想创新。

谢林的思想及其风格的形成和发展,简直就是他本人一生追求的
"诗性生存"及创造性生命力的自我展现过程,在当时德国思想文化发
展史上,谢林无可争辩地成为独一无二的文化巨匠,与同时代其他著名
思想家和文学家并驾齐驱,成为18至19世纪德国和欧洲思想创作天
空的一颗明星。

谢林对自身独立创造精神抱有充分的自信。他认为,思想的创造
威力归根结底决定于个人主观思想的创新意志,决定于个人主体性的
主动精神,所以,他特别强调:"对先验哲学来说,如果主体的东西是第
一位的东西,而且是一切实在的唯一根据,是解释其他一切的唯一原
理,那么,先验哲学就必须从对客观实在的普遍怀疑开始。"对他来说,
凡是未经个人独立思考和未经主观反复证实的事物,都是值得怀疑的。
至于被社会大众所推崇的各种权威,对他来说,更是值得首先加以怀疑
和反思的对象。正因为这样,谢林并不盲目顺从各种现成的教条和规
则,也不盲目追随特定的理论观点。只有自己所创造出来的思想观点
和理论,他才给予信赖并不断地加以充实和发展。但是,谢林的怀疑态
度并不像笛卡尔那样,只是立足于理性本身,而是强调一种内在智能,
直观性理智,冲破理性的范围,在人的身体和精神所及的所有领域,启

动并发扬各种创造性力量，对现有权威发出挑战。在这样的基本思想的主导下，谢林一生不停地寻求新的发现和新的突破，使他的思想体系始终处于充满活力的有机生命活动状态。

谢林思想中的丰富创造力，除了由于他个人具备的奇特的才华和坚强的自我创造意志以外，还源自他对于以往杰出思想家的思想成果的广泛吸纳和精细消化，同时也由于他始终坚持与同时代思想家进行热烈的对话和公开的争论。谢林自青年时代起，直至离世为止，始终没有停止过钻研和仔细阅读自古希腊以来诸多杰出思想家的作品，也没有放弃过与同时代思想家进行争论的机会，同样的，谢林也始终不满足于现状，持续地维持创新的饱满精神，不畏艰苦地向更高的新思想维度进行提升。

古希腊从"前苏格拉底"经亚里士多德直至"希腊化时期"的各个杰出的思想家和哲学家的作品，都是谢林反复精细阅读研究的对象，他自少年时代就钻研柏拉图和亚里士多德的著作，到了大学时期，他更深入地阅读钻研古希腊哲学和文学作品，尤其喜爱柏拉图、亚里士多德、伊壁鸠鲁（Epicurus）和普罗提诺（Plotinus，205－270）的作品，同时熟读中世纪哲学著作，把当时的哲学与神学结合起来加以研究，使他从青年时代就很熟悉从希腊化时期到中世纪晚期的经典著作，对于伊壁鸠鲁、普罗提诺、圣奥古斯丁、托马斯·阿奎那和安瑟伦（Anselem，1033－1109）等人的思想以及同时期的文学著作进行全面细致的研究。所有这些，奠定了谢林对古代至中世纪的思想研究的坚实基础。

不仅如此，谢林的惊人充沛学习精神，也使他毫不减弱对文艺复兴至 16 世纪所谓"古典时代"的思想家和文学家的研究强度。他尤其深爱布鲁诺和维科，同时深入研究文艺复兴时代的自然科学发展史，对近代自然科学史的发展进程了如自掌，为他后来研究自然哲学奠定自然科学史的方法论和实证学识的基础。

　　谢林对启蒙运动前期思想家也抱有深厚的感情,对斯宾诺莎、笛卡尔、霍布斯、莱布尼茨、沃尔夫、康德等人,也涉猎甚深,不畏艰苦地进行研究,这一切都为谢林的思想创造提供了丰富的启示。值得指出的是,谢林尤其对斯宾诺莎哲学情有独钟,特别执着于自然神论的思路,致使谢林钟情于自然和精神,把自然和精神当成最富有创造力量的生命体,寄予自然和精神极大的期望。

　　当然,谢林的研究方向,并不满足于以往已经死去的思想家,他的目光还转向与他同时代的赫尔德、歌德、费希特、黑格尔和荷尔德林等人,时刻密切关注他们的任何最新思路,也使他们成为谢林灵活对话的创作伙伴。

　　谢林的聪慧及其创造精神,自然地成为他反思和批判的重要思想力量,以致使他在研读他人作品的同时,又能够成功地消化和超越他人思想成果,促使谢林思索不止、涉笔成趣、独来独往,一生中不停地把自己的思想理论推向新的高度。与此同时,谢林的个性和思辨精神,又使他逐渐地形成独辟蹊径的风格,兼有豪放不羁和悲观独处的矛盾思想风格。谢林擅长于独自沉思,对自己的内在精神创造力量充满自信,往往沉醉于内在省思,把自己内在世界中的潜在力量发挥到极致,并善于将内在性与自然界的神秘因素结合起来,通过哲学的想象思维,对自己的思想体系进行一再的回味和重构。

　　谢林起初深受基督教神学思想的影响,又受到荷尔德林诗性精神的感染。青年时代也受到费希特思想风格的影响,但他很快就发挥自己的创造精神,把费希特的“自我”同斯宾诺莎的哲学联系在一起,并进一步把费希特原有的浪漫主义精神加以发扬,改造成一种新型的“自然哲学”(Naturphilosophie)和“同一哲学”(Identitätsphilosophie)。

在谢林的思想发展中，可以明显地看到他的自由创造精神所发出的光辉，促使他一直把自由当成自己的生命本身。谢林指出："一切生命的奥秘，就是绝对者与有限的综合。"① 所以，谢林认为，生命不能仅限于现实的有限者，作为"有限者"的个人生命，有必要对"有限"不断地发出挑战，以其自身的不停的超越精神和实际创造活动，证明自身并不满足于有限者的地位。由此一来，被限制的个人生命，就把对于有限性的斗争以及争取自身超越有限而获得自由，当成一生的目标。

为了寻求真正的自由，谢林自然地超越现实的实在性，而到冥冥天空寻求自由，因为他确信，在冥冥天空的诸神是真正彻底自由的，因为他们并非有限者。诸神是自由地戏谑和玩耍于天空的虚幻的存在者，诸神由此不属于处在有限范围内，更不属于有限对他们的限制，相反，诸神以超然姿态，以豪迈气魄，视"有限"为戏谑和游戏的对象，并进一步把"有限"当成永不枯竭的游戏源泉②。他自己宣称："作为实在的和有生命的概念，自由据称是一种善和恶的能力。"③

如果说，诸神都是无限者而获得无限自由并因此无须德性的话，那么，作为有限者的个人，是需要德性的。谢林珍视自由，也始终把它同道德上的熏陶联系在一起，使他在追求真理的同时，没有忘记对自身伦理情操的自我培育。然而，对谢林来说，归根结底，智慧、道德感以及生命艺术的提升，是同一地发生在自身生命的命运道路上。这就使他试图逐一地探索知识、自然、道德和自由的本质，并将自由的原则置于最高地位。

谢林的思想，早期深受他的导师施努乐尔（Christian Friedrich Schnurrer，1742－1822）的影响。施努乐尔是蒂宾根大学校长，既是哲学家、神学家，又是东方学家。他同谢林的父亲一直保持密切的友谊关系，并成为谢林的博士论文导师。谢林一生结交了许多名人雅士，包括歌德、荷尔德林、费希特、黑格尔等,他既与他们交往互动,又坚持自己的独立思想,使谢林本人的思想发展史及其著作,浓缩了18世纪末至19世纪中叶的德国文化史和思想史,成为当时德国的思想创造精神的化身。

所以,谢林远不是一位单纯追求建构思想体系的传统思想家。谢林对于世界的一切,始终采取怀疑态度,不愿意满足于已有的结论和判断;基于自由思想而进行怀疑的谢林,当然不可能屈从于费希特和黑格尔等人。

长期以来,人们只简单地把他归结为"德国唯心论"或"德国观念论"的哲学家,没有深入地分析他的观念论的特殊性,尤其没有把他的观念论当成一种突出主观创造精神的主体自由哲学,也忽略了他的思想的活跃性、多向化和变动性,往往急于给他的思想定性,因而未能真正揭示谢林思想的丰富性和其中隐含的生命力。

同时,谢林在德国古典哲学中的地位,也绝不能简化为"康德—费希特—谢林—黑格尔"的单向发展模式中的一个中间环节的角色而已,谢林在德国古典发展时期的角色和地位是很复杂的,他的思想创造具有多向、多维、多变和多元的特征。被传统哲学史断言成为"康德—费希特—谢林—黑格尔"的单向发展模式中的一个中间环节,只不过是谢林的一个历史侧面。而且,从某种意义上说,谢林被纳入德国古典哲学发展系列的一个环节,是黑格尔创建自己的绝对精神哲学体系过程的一个人为结论。翻开黑格尔哲学体系结构及其论证过程,可以明显地看出黑格尔意欲使自己的哲学体系获得历史见证之用心。应该说,谢林既与费希特和黑格尔等人共同努力发展德国古典哲学,同时又是一位独立创作的思想家,他从来不愿意顺从于其他人的思路,总是尽可能发挥自由思考的能力,试图跳出同时代其他思想家所共同关心的论题范围,不拘一格地开创自身的新思路。所以,对于谢林哲学思想的研究,不能停留在德国古典哲学传统框架内,也不能放置在德国古典哲学一线性的发展维度内,而是必须对谢林各个时期阶段的多元化思想,进行微观的细致分析,并坚持使用非静态的动态式研究方法,对他的思路及其各个阶段的思想创造重点,进行密集的深度分析,引申出尽可能符合谢林自身思想风格的适当结论。

在谢林身上所体现出来的思想情感矛盾性和悖论性,典范地展示了集中在一位关键性哲学家思想中的理论概念体系的伟大历史意义。谢林思想情感的丰富性,固然是他本人特殊才华的流露,但同时尤其是他所生活的 18 至 19 世纪的德国社会文化的复杂矛盾及其深远的历史基础的集中表现。

近三十年来,不论是德国学术界,还是国际哲学界,都一再掀起对谢林思想及其作品的再估价和再发掘的研究高潮,对于谢林哲学思想及其作品的反复研究,不但越来越深刻地揭示他的思想情感的丰富性及生命性,而且也展示了从 18 至 19 世纪德国哲学思想发展历程的丰富性、复杂性及曲折性,显示当时德国哲学思想的深厚历史维度及其潜力,同时,也显示谢林个人及其同时代思想家们的张力关系,展现这种紧张关系中所隐含的思想威力[①]。而且,谢林比黑格尔更晚离世二十多年之久,使他能够比黑格尔更长久地影响 19 世纪下半叶德国哲学的发展趋势。

谢林晚年一直积极参与从黑格尔去世的 1831 年至 1854 年之间的理论争论,也参与了从 19 世纪 40 年代兴起的现代性思潮的兴建工程,使他直接成为从德国古典哲学转向现代性的一个重要人物[⑤]。同时,谢林的哲学思想影响一直延伸到 20 世纪,他对于生命的独特哲学见解以及对于情感的丰富探索成果,都直接启发了当代西方心灵哲学、语言哲学、后现代主义以及当代自然哲学。

如前所述,谢林天生奇才,个性突出,情感丰富,思维敏捷,不愧为创新精神的典范。他在一生中追求个人高度自由,以其充沛的生命力时刻热衷于创造并追求卓越,促使他永不满足于平静庸俗的生活,也不受制于原有的权威,不断地向自身提出挑战,试图把自己一再引向更高的精神境界。因此,谢林的思想发展历程是曲折复杂的,创新与提升自身的欲望成为他主动冲破个人思想界限的无穷动力,使他也试图越出古典哲学本身的模式,在文学、艺术和宗教的更广阔、更神秘以及更艰深的领域中考验自己的智慧和情感。这种性格使他也形成浪漫主义情怀和文风,成为德国 19 世纪上半叶浪漫主义流派的一位重要代表人物。

谢林于 1775 年 1 月 27 日生于威尔登堡州斯图加特附近的莱昂贝格(Leonberg)。他的父亲是一位乡村牧师。谢林从小就显露其惊人才智,十五岁(1790)即以第一名的优秀成绩进入蒂宾根神学院,同时研究神学、语言学和哲学。当时,他与黑格尔和荷尔德林连续三年同在教会创办的修道院(Stift)研究神学和哲学。1792 年,谢林获得哲学硕士学位(Titel eines Magisters der Philosophie)。1795 年谢林以两篇优秀的神学论文完成了他在蒂宾根神学院的学习和研究生涯。

要真正把握谢林的哲学及其形成发展过程,一方面固然需要研读他的原著,但另一方面还要深入具体地了解谢林当时与前一代人和同时代人的哲学对话。须知,谢林是一位非常活跃的哲学家,他始终不停地与其他哲学家进行对话,甚至进行激烈的争论。谢林并不轻易接受他人思想观点。他自有独特的抱负和思路,因此,探索谢林哲学思想的性质,必须始终把他置于活生生的哲学争论和对话中,具体了解谢林如何与费希特、荷尔德林、黑格尔等人进行讨论,又如何批判地接受前人的思想而建构自己的思想体系。

为便于掌握谢林思想的变化历程，人们往往把谢林的思想演变区分为不同阶段。但对于谢林思想发展的阶段性，历来存在激烈争论，至今未达成一致结论，主要的原因，如前所述，是因为谢林思想发展经历了非常曲折复杂的过程，难以通过简单的划分阶段性，来阐述他实际的思想进程。

传统的划分，主要有瓦尔特·舒尔茨（Walter Schulz）和霍斯特·福尔曼（Horst Fuhrmans）所提出的四阶段模式[⑥]；而尼古拉·哈特曼（Nicolai Hartmann）主张把谢林思想发展分为五个阶段[⑦]，但克里斯蒂安·伊贝尔（Christian Iber）则主张分为六个阶段[⑧]。

按照舒尔茨的说法，谢林的思想经历四个发展阶段：第一阶段是受费希特影响的初期思想；第二阶段是创建同一哲学体系；第三阶段是重视神政论建设阶段；第四阶段是谢林的晚期哲学，由否定的和肯定的哲学所构成。

另一位研究谢林的专家福尔曼认为，谢林的思想，在 1800 年以前是他的早期阶段；从 1800 至 1806 年是谢林的同一哲学创建阶段；从 1806 至 1827 年，是谢林思想发展的高峰，而此后则进入最后的"晚期"阶段。

与上述划分不同，哈特曼把谢林思想分为五个阶段：① 1799 年以前是自然哲学阶段；② 1800 年其后是先验的观念论阶段；③ 1801 至 1804 年是同一哲学阶段；④ 1809 年左右是自由哲学阶段；⑤ 最后是宗教哲学和神话学发展阶段。综合以上各种分析谢林哲学思想发展阶段的不同观点，我们倾向于把谢林的哲学思想划分为四个发展阶段。

实际上，1794 至 1800 年是谢林哲学思想发展的第一阶段，这一时期他潜心创建自己的自然哲学,主要探索哲学的基本原则以及"无条件性"。正如前面我们所说的,谢林哲学的核心概念是自由。从哲学理论根源来看,谢林的这个思路主要是由于受到康德的思想影响、却又产生对康德哲学的反思态度。谢林试图有别于康德对自然的基本观点,他不想跟着康德那样,从"形式"的角度观看自然,把自然归结为从属于自然必然规律锁链的实体系统。谢林阅读了康德的《纯粹理性批判》,深知康德从感性的空间和时间概念出发,把自然纳入认知主体的对象行列,并认定自然是无法逃脱必然性规律的锁链,致使康德心目中的自然,变成为被动地面对认知主体的物质性世界。由此出发,康德简单地认为,具有感性认知能力和悟性范畴统一能力的认知主体,有能力把握自然所遵循的规律。其实,就在康德的这种论证中,已经显露出康德创建的自然认识系统的矛盾性和悖论性,正因为这样,康德只好把人的认识过程分割成两个相互割裂的阶段,即先验的感性阶段和先天的悟性(理智)范畴阶段,而作为认知对象的自然,则被分割成"现象"和"理智"两个领域。这样一来,在康德那里,主体本身也不得不被分割成"认识主体"和"伦理主体"两个方面。康德自己看到了自身的矛盾性,所以,为了克服自然和主体本身的二元性,康德在《判断力批判》中设置了将认知与伦理活动统一起来的新途径,重新设定自然的二重性,即自然一方面是感性的现象形式,另一方面又是一种可以自然地产生自我决定机制的自由王国系列,具有必然的规律性。

当谢林重新思考自然的时候,他的机智思维能力发现了康德论证自然中悬而未决的主要问题,即第一,主体本身是否具备实现自我超越的能力,以摆脱自己不再成为具有必然性的自然所制约的一部分?第二,在自然与自由之间是否有可能具有特殊的联系?这两个问题的核心,实际上就是如何看待人和自然的相互关系及其相互穿梭的可能性。

　　显然,康德留下两个重要问题:第一,康德未能深入探索超越的主体,作为规定自然的主观立法力量,究竟如何形成? 第二,康德没有充分意识到:只有首先解决具有超越能力的主体的形成,才能建构起连接自然与自由的桥梁。正因为这样,谢林的思想在第一阶段才投入很大的精力,试图解决康德余留的上述两个问题,并把这两个问题,归结为自由与自然之间的紧张关系。

　　谢林从斯宾诺莎和费希特的自然观念获得启发,看到了自然并非绝对外在于自我的被动实体,而是具有主动产生并理解主体的能力的潜在力量;也正是在这个意义上说,自然才有资格是真正的、作为一切事物的原本基础的"绝对自我"。这个"绝对自我"远非一般个人的自我所可以比拟的。处于这一阶段的谢林,在给黑格尔的信中说:"对斯宾诺莎来说,世界也就是与主体相对立的全部纯粹客体,就是一切。但在我看来,自我就是一切。批判哲学和独断哲学的根本区别,在我看来,就在于前者从绝对自我出发,这也就是从尚未被客体所制约的自我出发,而后者是从绝对客体或非我出发。从非我出发,归根结底,就要引导到斯宾诺莎的体系,而从自我出发就引导到康德的体系。"⑨

　　这时,谢林通过与泛神论的辩论,探寻把费希特与斯宾诺莎协调起来的途径,试图解决被绝对化的"自我"之生成为"一"与"大全"的过程。不久,谢林发现"绝对"中的意识面对被消解的危险,谢林通过他的《世界的心灵》等著作更重视自然本身,坚持自然的有机性及其自律性。因此,《先验观念论体系》宣告了自然哲学优越于先验哲学的结论。

　　1800 至 1808 年是谢林的成熟时期,也是他的思想发展的第二阶段,他在这一时期独立深入地探索主观能力的性质、限度及其潜在可能性,重点地思考同一哲学。谢林显然已经具有独立而成熟的思路,一方面有别于康德,另一方面也有别于费希特,主动寻找解决主体的主观创造能力的性质及其超越可能性,探索主体进行自我超越和超越自然的路径及其潜在基础。

1809 至 1827 年是第三阶段,谢林对自然、个人和神,充满强烈的激情,重点地探索自由的可能性及其在上述三者之间的连接问题。

谢林思想发展的第四阶段是从 1827 年开始,他转向对充满矛盾的"肯定哲学"(positive philosophie)的追求,在他的思想深处早已隐含的神秘主义和浪漫主义显得更加突出。

肯定哲学,按照谢林的说法,主要是指最终完成一种意志的哲学,是实现一种自由的哲学,它同强调规律性和必然性的哲学针锋相对,也不可能通过归纳或演绎而预测出来。但谢林的肯定哲学的诞生,又恰好同当时刚刚登上理论舞台的实证哲学相遭遇,所以,谢林又指出他的肯定哲学的经验性质,强调它要重点地探索"世界的重大事实",探索神的自由创造的成果。

所以,谢林的肯定哲学的形成,意味着谢林彻底走出康德、费希特和黑格尔的思想阴影,独自创造性地创建新的哲学理论,试图一方面超出理性主义的范围,深入主观能力内部,发掘人的主体创造能力的超越性、可能性及其限度;另一方面,总结当时自然科学新成果,重视经验活动的哲学意义,进一步探索经验的内在结构及其内向化的深度,为他在人心内部寻求无限创造精神的努力铺平道路。

谢林的思想情感的多种变化,不仅显示纵向的阶段性,也同时表现横向延伸的多变性,使他的思想情感变化,沿着难以简单概括的线路滑动,既充满着变化的多样性、多向性和多维性,又显示内容和本质方面的突变性、裂变性和断裂性,甚至包含越来越浓厚的神秘性。

所以,归根结底,对谢林的思想变化,不能简单地采用传统归纳法或历史阶段化的分析,而是要更深地把握谢林本人的思想情感特征,不要轻易对他的思想情感变化做出格式化的结论。

谢林的思想越成熟,他越思考多样化和多层次的论题,使他涉猎哲学本体论、知识论、伦理学之外的艺术创作、神的存在与自由意志的问题,也探索人心内部和自然界的无限力量和绝对性的存在可能性。

更具体地说,谢林的哲学思想,越到晚期,越深入探索艺术创作的神秘灵感、语言的自律性、绝对的存在以及"恶"的本体论基础等。因此,谢林成熟阶段更集中探索艺术和宗教,探索无限和无形的世界及其与现实世界的复杂而微妙的关系。

实际上,谢林在 1794 至 1795 年期间,已经显示他意欲超越费希特哲学界限的意图。1794 年,当费希特发表他的《论知识论的概念》(*Über den Begriff der Wissenschaftslehre*)的时候,谢林也在同一年发表《论一般哲学的一种形式的可能性》(*Über die Möglichkeit einer Form der Philosophie überhaupt*)的论文。他在这篇论文中已经明确地指出:一般哲学的可能形式只能是"体系"(das system),只有通过体系,理性,作为"一"(als eine),才能依据其唯一的原则而被把握。然而,谢林所理解的体系不同于黑格尔,他并不像黑格尔那样,把体系看成是达到绝对真理的结果,而是明确认为:黑格尔只满足于对有限本身的自我否定,并试图通过有限的自我否定达到绝对,但真正的绝对只能相反,即必须从有限自身的反思,发现自身内部深处的无穷开发可能性及其无限的创造潜力,同时又意识到超越自身以及走向客观的自然的必要性。

早在他关于神学的第一篇论文中,谢林就已经明显地表现出对"恶""自由""历史"及"神话"等重大问题的严谨思考。所有这些问题,实际上成为他一生始终关切的论题。谢林尤其关注神话问题,试图由此开展对康德知识论的批判。他认为,人类朝向理性的第一次努力,恰恰就是从其神话阶段中解脱出来。谢林把神话阶段纳入他所分析的人类历史的整体演化过程中，如果说理性是引导人类朝向自由的基本线索的话，那么，恶就是朝向更高阶段发展的催化剂。

在谢林当时的著作中，康德的影响还保留得相当强烈。谢林当时还是按照康德的理性三分法，根据理性的三种能力来划分理性本身。但是，谢林也同时已经深刻地意识到：为了综合不同的理性，必须建构自己的"体系"。

接着，在 1796 至 1797 年，他又到莱比锡大学研究自然科学和数学。自然科学打开了谢林的哲学视野，他决心把神学理论同自然科学的视野结合起来，探索一种新的自然哲学。于是，在 1797 年复活节，他出版了《一种自然哲学的观念》。谢林在书中所表述的自然既不是单纯物质性的有形体结构，也不是没有任何精神烙印的事物，同样的，费希特所说的自我，在谢林看来，也不是一种纯粹的自我，似乎没有一点自然的影子。恰恰相反，无论是自我还是自然，都是相互渗透的存在，而在自然中到处都渗透着精神的力量。所以，精神成为支配所有现实的力量，是一种客观的存在。

1798 年，是谢林哲学生涯的又一个转折点，这一年，他发表了论述自然哲学的著作《论世界灵魂》。同年，谢林凭借这部著作任教于耶拿大学，和费希特成为同事。

耶拿大学是当时德国的思想文化中心，莱茵霍特、费希特、席勒、歌德以及一群浪漫主义者，诸如施勒格尔兄弟、诺瓦利斯以及蒂克等都聚集在这里。移居莱比锡和耶拿，使谢林思想迈向了哲学生涯的顶峰。他在这里结识了浪漫主义思想家施勒格尔和诺瓦利斯，而且与歌德来往甚密。

在耶拿，谢林的浪漫主义思想进一步加速了他同费希特的破裂。

谢林与费希特是于 1794 年的时候在蒂宾根相遇的，当时，由于费希特表现了对于自由民主的向往，引起了谢林对他的崇敬。而且，费希特也在那个时候宣布坚定不移地从自我出发，从而宣告了费希特从康德哲学体系中解脱出来。年轻的谢林本来就热切地向往个人自由，所以从那以后，他就以费希特为榜样，试图建立一种自由的哲学。但是，到耶拿之后，谢林已经越来越深刻地意识到费希特的自我哲学对他的约束，再加上浪漫主义精神的鼓励，使谢林终于决定离开费希特而自由创建自己的独立体系。

值得注意的是，正当谢林决定离开费希特的时候，黑格尔来到了耶拿，黑格尔撰写《费希特哲学体系和谢林哲学体系的差异》，谢林向耶拿大学推荐黑格尔，致使他们在 1801 年共同合作创建一份哲学杂志《哲学评论》，以便述说他们进行哲学创作的新特征。他们的共同心愿是创建一个新型的客观观念论。

1803 年，谢林任维尔茨堡（Wuerzburg）大学教授。从那以后，谢林基本上已经脱离费希特和黑格尔的影响而独自创建了自己的哲学体系。1806 年，成为慕尼黑科学院院士兼总秘书长。1820 年至 1827 年任埃朗根大学教授；1827 至 1841 年，任慕尼黑大学教授，1841 年起任柏林大学教授，1854 年 8 月 20 日他逝世于瑞士拉加兹（Ragaz）。

谢林一生充满了浪漫激情、率直豪爽、无所畏惧。1803 年，谢林与卡罗琳（Karoline Schelling，1763 - 1809）结婚，当时卡罗琳比他大十二岁，并且刚与奥古斯特·威廉·施勒格尔（又称大施勒格尔）度过一段婚姻（1769—1803）。六年后，卡罗琳去世。

谢林一生撰写创作不断，著作等身。从 1794 年起撰写《一般哲学的一种形式的可能性》，并于 1795 年将它在蒂宾根发表。同一年，谢林发表《作为哲学原则的自我》（*Vom Ich als Princip der Philosophie oder über das Unbedingte im menschlichen Wissen*，1795)。此后，谢林接二连三地发表其著作，主要的有:《论世界灵魂》(*Von der Weltseele*, *eine Hypothese der höheren Physik zur Erklärung des allgemeinen Organismus*，1798)、《自然哲学体系初阶》(*Erster Entwurf eines Systems der Naturphilosophie*，1799)、《自然哲学体系初稿导言》(*Einleitung des Entwurfs eine Systems der Naturphilosophie*，1799)、《先验哲学体系》(*System der Transzendentalphilosophie*，1800)、《论布鲁诺，或关于事物的自然的和神圣的原则》(*Bruno oder über das natürliche und göttliche Princip der Dinge*，1802)、《关于科学研究方法的演讲》(*Vorlesungen über die Methode des akademischen Studiums*，1803)、《关于人的自由的本质的哲学探讨》(*Philosophische Untersuchungen über das Wesen der menschlichen Freiheit und die damit zusammenhaengenden Gegenstände*，1809)以及《现代哲学史论》(*Zur Geschichte der neueren Philosophie*，1833–1834)等。

谢林的全集有很多版本，最早的版本是谢林逝世后不久在斯图加特出版的包含两部分的两套全集，即《谢林全集》第一部分共十卷(*Friedrich Wilhelm Joseph Schelling's Sämmtliche Werke*，[SW]，ed. K.F.A. Schelling，I Abtheilung Vols. 1–10)及《谢林全集》第二部分共四卷(*Friedrich Wilhelm Joseph Schelling's Sämmtliche Werke*，[SW]，ed. K.F.A. Schelling，II Abtheilung，Vols. 1–4，Stuttgart: Cotta，1856–1861)。

历经一个多世纪之后，由于对谢林哲学思想进行重新估价的需要，也由于不断发现新的原始资料，德国哲学界于 20 世纪 50 年代开始，重新编辑出版了《谢林全集》十卷本[1]。

接着，20 世纪 70 年代之后，又陆续编写出版新的谢林著作集，其中,最重要的是：由 M. 弗兰克主编的《谢林选集》六卷本（M. Frank, *Friedrich Wilhelm Joseph von Schelling*，*Ausgewählte Schriften*，6 Vols.，Frankfurt：Suhrkamp 1985）以及从 1976 年开始由鲍姆加特纳（Hans Michael Baumgartner）、威廉·雅各布斯（Wilhelm G. Jacobs）、扬岑（Jörg Jantzen）、克林斯（Hermann Krings）以及策尔特纳（Hermann Zeltner）共同主编的巴伐利亚州科学院《谢林全集历史批判版》多卷本[①]。

由于谢林哲学思想的复杂性以及由此产生的深远影响，德国巴伐利亚科学院委托扬岑、托马斯·布赫海姆（Thomas Buchheim）、佩茨（Siegbert Peetz）等专家组成《谢林全集》编辑委员会，负责从 1976 年起陆续编辑出版 80 卷的《谢林全集》（*F. W. J. Schelling. Historisch-kritische Ausgabe*），由斯图加特弗洛曼-霍尔兹布格出版社出版。

除了全集版以外，还有《谢林选集》，由 M. 弗兰克主编（*Friedrich Wilhelm Joseph von Schelling*，*Ausgewählte Schriften*，6 Vols.，Ed. M. Frank，Frankfurt：Suhrkamp，1985）。

第二节 自 然 哲 学

谢林对于世界及自我的无止境探索，立足于他本人关于世界和自我的极端复杂性和神秘性的信念，也源自他对于生命创造性进程的基本观点。

谢林首先不相信自我禁锢的人性，同样也反对使人性顺从于不合理的制度。他认为，人不应该使自己约束于死板的教条，而是要解放自己，"脱离客观世界的恐怖状态"，实行"大胆的冒险"[②]。

谢林远远地超出费希特，打破主体与客体、认识与实践的矛盾范围,进一步揭示了自然和历史广阔领域中的内在矛盾,甚至也把这些矛盾本身当成事物本身的内在性质,使他把矛盾观贯彻到个人以外的整个世界和宇宙,并论证这些矛盾是世界本身所固有的。谢林明确地认为,世界和宇宙的发展,包括人类社会在历史中的发展以及人类认识的发展,都是无例外地起因于内在的矛盾,换句话说,矛盾是发展的普遍动力,也是一切运动的基本源泉。

早在青年时代,谢林就试图超越费希特的"自我"范畴的限制,大胆地设想"自然应该是可见的精神,而精神是不可见的自然"⑬。在这里,谢林的同一性思想已经越出自我的范围,并把自然当成是自我的自我否定,同时也是精神的客观化。

显然,谢林试图在自我之上和之外,寻找更原始、更根本的绝对实体,即他所说的"绝对的同一性""这种更高的东西凌驾于客观事物和起决定作用的东西之上",也就是一种"绝对的主观事物与绝对的客观事物、有意识的东西与无意识的东西之间的同一性的根据",它"既不能是主体,又不能是客体,更不能同时是这两者,而只能是绝对的同一性"⑭。

绝对的同一性虽然是绝对同一的,但它隐含着矛盾的动力,就好像一切生命体隐含着自身的内在矛盾力量那样。谢林为了说明世界的多样性及其发展变化过程,设想了一种"原始冲动"以及形成这种原始冲动的"原始对立"。在这里,谢林为了避免"绝对同一性"的死板性质,他试图在"绝对同一性"内部寻求它自身实现自我创造的动力,同时也试图在其自身中发现其动力源泉。显然,谢林在这里已经触及最素朴的生命概念。

按照谢林的思路,他设想了推动绝对同一性形成内在矛盾的原始动力,即一种最原始的"理智"。"理智是以双重方式进行创造的,或者是盲目地和无意识地进行创造,或者是自由地和有意识地进行创造"⑮。

以往中国哲学界在探讨谢林哲学时,往往从他的同一哲学出发,并在很大程度上只集中分析他的同一哲学;而且,还往往把谢林的同一哲学简单地归结为"A＝A"的哲学。这是深受黑格尔哲学对谢林的评价的影响,没有顾及谢林本人的哲学思想的形成和发展历程,而是把谢林哲学当成从康德、经费希特到黑格尔哲学的一个发展环节,让费希特与谢林为黑格尔哲学的体系形成与发展"垫底"。这不仅把德国 18 至 19 世纪的哲学发展流程单一化,而且也整个地扭曲了历史本身,因为没有充分地考虑到费希特和谢林,作为杰出的哲学家具有他们自己的独特创造精神。

实际上,单从谢林自己的哲学思想形成过程而言,谢林一直认为哲学肇始于无限者的概念,而自然就是"无限者"的最原初的标志。谢林对哲学和自然的这种理解,又是同他自始至终无限地关切自然有密切关系。所以,他最早钟情于自然,专心于自然,并以自然作为他的精神主要寄托,沉思自然的性质及其与神和人的创造精神的内在关系。

具有丰富生命情感的谢林,自小就把自己比作自然的儿子,是自然让他和所有的人,成为世上活着的存在。个人的自我再大再崇高,也远比不上自然。我们的一切来自自然,当我们面对自然时,我们所感觉的一切,都是自然,作为"绝对自我",在我们个人的"自我"中的一个渺小的反应。为此,要探索个人自我的一切奥秘,必须返回作为最初本源的自然。在这里,谢林恰恰看到了费希特的"自我"及其"绝对自我"概念的不足。

当然,作为先验观念论的继承者,在谢林的早期著作中,他也把自然看作精神的胚胎生活阶段;就此而言,自然是精神的一个原初状态,并隐含着精神本身的自我生产和自我扩展的特征,甚至具有某种神秘性。他在《自然哲学体系初稿》中，论证了精神具有客观化的倾向，像自然一样能"自我生产"。当然，自然并不是"自我"的单纯产物，自然的无限多样性，证明了自然具有客观性。所以，自然就其内在本质而言，是朝向无止境的活动性的实际发生作用的力量（Die Natur ist seinem innersten Wesen nach unendliche Tätigkeit，wirkende Kraft），它是无限本身，也是产生个体的自我的源初力量。

谢林的自我意识概念和绝对概念是相互循环地实现转化和互通的。自我意识一方面把绝对当成自然发展过程中的前提条件，它是"绝对"的生成产物；另一方面，作为精神的"绝对"，又是自我意识的先验前提。这样一来，谢林引申出他的哲学的两大类型，即是说先验哲学在自我意识中创建绝对的认识论基础，同时，先验哲学的生成也自然地导致自然哲学⑯。

在 1797 年发表的《一种自然的哲学观念》中，为了使自然与人之间建立起内在的生命联系，谢林一方面重申人类精神作为"有机化的自然"的性质，另一方面强调自然本身具有"一贯和确定的通向有机化的过程，完全清楚地显示某种旺盛的欲望冲动"⑰。在谈到自然中蕴含的欲望冲动时，谢林很具体地描述说："这种冲动，仿佛在同粗野的物质角斗，时而胜利、时而屈服、时而以更加自由的、时而以更有限的形式突破它。这便是自然的普遍精神，它逐渐脱离粗野的物质而自己成长起来。"更加珍贵的是，谢林认为，自然所固有的不可见的冲动，是"追求一个共同的合目的性的理念以便无限地表达出作为我们精神的纯粹形式的那种共同的原始图像（Urbild）"。按照谢林对自然的这样的描述，自然就是我们之外的一种创造力，确证了神创造万物的精神力量的普遍存在。

显然，谢林的自然概念是有别于自然科学概念，它并不能单靠自然科学来认识，更不是科学的对象，而是与我们自身的生命运动密切相关,同生命中的精神活动相关。在这方面,谢林深受斯宾诺莎的影响,强调自然本身的自然性。谢林借用斯宾诺莎的概念,突出自然本身是、也仅仅是"自然的自然"而已。在这个意义上说,自然是唯一的、单一的,换句话说,自然就是自然,自然没有别的,无非就是它自身。

所以,在谢林看来,自然不是局限于外在的对象而已,它不只是我们的感官所看到的那一部分,不是像一个现成的物体那样呈现成固定的结构,而是内含深不可测的内在力量,也具有由它自身所决定并由其自身发生的创造力量。归根结底,自然是与我们的生存以及精神创造活动有内在关联的"无限"。

所以,我们面对的自然,看起来只是一堆不动的对象或客体,但实际上却是不断生成的活生生的存在,是一直正在变化着和运动着的生命体。所以,自然就是自然本身所创建的自然。这样的自然,谢林称之为"潜能"(potzenzen)。

但是,按照谢林的看法,自然又分成多层次,其中,第一层次,也是最低的层次,就是物体及其运动;第二层次是磁力和电力,它们属于更高一层的物体运动;第三层次是有生命的有机体,而人是这一层次中的最高存在。

谢林认为,即使是无机界也不是死的和凝固的,它只是一种"受阻的运动"和一种趋于变动的倾向。更确切地说,自然的多样化形式乃是精神在其中逐步地苏醒而自我成长的过程。这个发展规律是辩证法的三段式过程。如果精神并不是从一开始就潜伏于自然中,在这个进化过程的顶峰所出现的人类思想将是不可思议的。谢林说:人们所说的惰性的自然,无非是未成熟的一种理智;理智的性质早已在现象界中以无意识的形式潜含着和渗透着;最高的目标,即完全地成为其自身的对象,对于自然来说,只有通过在自身中的最高的反思,才能最后达到,而这个在自身中的最高反思乃是人或理性。

这个明显地受到帕拉塞尔苏斯和莱布尼茨启示的自然哲学，企图在自然的现象之外把握那创立自然的最初原则，把握那作为"有生产能力的精神和理性本身"。

接着，谢林在论述精神的发展过程时指出："精神只有靠自我客观化和靠自然化，才能实现自身的发展。这就好像艺术家并不仰赖着其作品的观念，但又不停地把这个观念加以形象地体现出来一样。"这种最初在自然界无意识地实现的精神的具体生产过程，在人的行为和历史的过程中，则体现为有意识的发展。当然，谢林强调，在历史中往往也出现许多在表面看来是很荒谬的事情。但历史归根结底是向着实现权力和实现道德性的方向发展。谢林还说，无意识和有意识的活动，最终是在艺术创作中相互配合。因此，在谢林的心目中，艺术活动乃是自然和精神、肉体与灵魂、个体性与普遍性相结合的最好标志。当然，这种结合也表现在客观精神的其他过程中。正因为这样，客观精神是可以在历史的多样的特殊表现形式中被我们把握住的。

谢林明确地说："自然应该是可见的精神，而精神是不可见的自然。因此，在这里，在我们之中的精神与我们之外的自然之间的绝对同一性中，关于我们之外的自然是如何可能的问题，就获得了解决（Die Natur soll der sichtbare Geist，der Geist die unsichtbare Natur sein. Hier also，in der absoluten Identität des Geistes in uns und der Natur außer uns，muß sich das Problem，wie eine Natur außer uns möglich sei，auflösen）。"[13]

总之，谢林认为，"绝对"依据创建的设计模式，通过自然演化成各种显现其自身按阶段逐渐降级的表现形式，但所有这些演化及其过程，都是靠其内在创造性力量，而不是由外力所决定。

　　在谢林的自然演化模式中,我们一方面看到费希特的辩证思想的影子,另一方面又有黑格尔辩证法的因素。具体地说,就辩证法而言,谢林不同于费希特的地方,就在于拒绝将整个辩证法运动过程完全归属于"自我"的功效,因为对于谢林来说,自我远非单纯靠逻辑归纳程序所能够概括的,谢林将自我理解为一种能够自我生产和自我运动的绝对,具有超越逻辑程序的创造力量。所以,自我并不按照逻辑过程展现它的威力。也正是在这一点上,黑格尔后来集中批判了谢林的绝对化的自我概念。谢林认为,要真正彻底了解自我的奥秘,唯有回到自然本身,因为自然充满着生命的创造力,它是解开我们自身奥秘的钥匙。

　　稍早于谢林的费希特认为,要把握整个现实世界的完整结构,必须从"自我意识"出发。早期谢林虽然以此为出发点,但同时强调自然自身必须具有现实性。如此一来,根据谢林的观点,费希特对于世界的基本思想观点是不完备的:一方面,费希特等人把理性世界的终极基础过分紧密地与有限的个人精神联系在一起;另一方面,他们又由于过分地从主观观念论的角度看待自然,形成了对自然本身的威胁。

　　正因为这样,谢林自信,他所提出的自然哲学有可能成为关于自然统一体的完整理论。根据谢林的自然哲学,自然是所有客观事物的总体,而理智,作为造成自我意识的各种行动的复杂综合体,就显示为现实的等价物。

　　问题在于:在主观的精神与客观的自然之间究竟有没有联系? 如果有联系,那么,这种联系是如何可能的? 精神与自然难道只是一种二元的关系吗? 对于这个最基本的形而上学和本体论问题,被称为"近代哲学之父"的笛卡尔曾经做出了回答。笛卡尔严格地区分了有形的、物质的、广延性的世界与无形的、精神的、认识的世界,试图切断两者的联系,并把两者当成各自独立的存在实体。正是斯宾诺莎开启了对笛卡尔二元论的批判先例。

就是在斯宾诺莎思想的启发下,在谢林的自然哲学中已经显露了他对笛卡尔二元论思想的批判,并进一步走上追求"绝对"的思路,谢林为此试图在自然本身之中,回答有限与无限、有形与无形、物质与精神的同一性关系,但他显然不同于黑格尔,因为黑格尔所追求的绝对,正如狄特·亨里希(Dieter Henrich, 1927 –)所指出的,是一种"把自身的有限当成对于其自身的否定关系的有限"⑲,而谢林则认为:由斯宾诺莎所开创的哲学思路,使两个看起来相互分割的有形世界与精神世界联系在一起,而这种相互联系的可能性,恰好来自一种"绝对"。

绝对是什么?"绝对"在自然中,又如何成为物质与精神、有形与无形、有限与无限之间既相互区分、又相互同一的真正根源? 斯宾诺莎认为,追溯到万物的最初根源,只能追溯到神性存在,它是一种"原始根据"(urgrund)。由原始根据出发,世界形成了广延性物质世界的"有形"存在形式和思想精神性世界的"无形"存在形式。所以,这两种存在都是统一的世界的两种存在样态。

谢林在斯宾诺莎哲学的基础上,完成了具有独特性质的新自然哲学,终于以新的姿态,灵活地回答了斯宾诺莎留下的各种问题。

第三节　同　一　哲　学

谢林早期执着于寻求能够将"自然"与"精神"统一地协调并纳入一个体系的哲学理论,旨在揭示作为同一哲学基础的"绝对",在"无意识"和"意识"、自然和精神之间有可能达致同一的基础。所以,在谢林集中探索自然哲学之后,在他的思想发展过程的第二阶段,特别是1802年之后,谢林就致力于系统论述其"同一哲学"的原则。对谢林来说,从自然哲学到同一哲学的过渡是符合他的思想发展逻辑的,因为在自然哲学与同一哲学之间,本来就含有内在关系,只有创建同一哲学,才有可能将自然哲学中所阐发的基本观点进一步导向系统化。但就谢林的思想风格而言,体系化本身绝不会是形式化,也不会是完满化。谢林既然不追求严格意义的体系化和完满化,他的同一哲学也就不会僵化和固定化。而且,谢林所寻求的同一哲学也绝不会与他的自然哲学割裂开来,两者之间仍然会相互补充和相互交叉,以致使两者经常会在某些重要方面发生重复和交叉。所以,从自然哲学向同一哲学的过渡是非常自然的,而且,在他的同一哲学中,他所探讨的基本论题,恰恰就是他在自然哲学中所探究的"绝对"以及在"绝对"中精神与自然、主体与客体的既同一又对立的灵活关系。

根据这个"同一哲学"的原则,主观的和客观的同一原则,既不是主观的,也不是客观的;同时,它也既不是有意识的精神,同样也不是自然本身。谢林说,这个唯一的原则就是一种"绝对",或者,它是"主观与客观的同一性"。

但"绝对"并非抽象的和空洞的统一,它是绝对的理性,是事物的"自在"。由于它潜在地在自身中包含着一切事物,包含着一切区别和一切对立,所以,尽管它是统一的,但它又是具体的。作为对立面的单纯的可能性,它无疑是"绝对的随遇性",是"绝对的无差别",如同那茫茫黑夜消除一切区别一样:这种差别既绝对存在,又很模糊不清,隐含着不同程度的连贯性,又确实相互区别。但它的生命就表现在它在多样性中的展开,而在这展开过程中,它把在它自身中相互重合和协调的对立面加以相对地分离开来。整个世界就是这个发展过程的实现。

在这个"绝对"中,精神和自然在本质上并不是相区别的,它们作为"绝对"的两个因素和两个表现形式,并不构成真正现实的对立面,而只构成理想的或抽象的对立面。因此，精神和自然两者都表现在现象中，不管这些现象是处于何种不同的阶段。这种被谢林称为"数量上的差异"，恰巧构成了世界上有限事物之间的多样性，但在内在本质上，这些事物都是"对立面的统一体"，或者，是一种"总体性"。

谢林的这种试图把有限事物吸收到"绝对"中的"同一哲学"，遭到了黑格尔的批判。黑格尔在《精神现象学》1807 年版序言中，严厉批判谢林的同一哲学。黑格尔指出："正如费希特从'自我＝自我'开始，谢林也同样从绝对直观出发，把它作为命题或定义来表述，就是说：'理性是主体与客体的绝对无区别'。它既不是其一，也不是其他，而是在其中一切对立都完全消除了的东西。"⑳

接着，黑格尔还指出："谢林认为理智的直观或理性的概念是一个未经证明的前提，它的必然性是未经说明的。这乃是它的一个缺点，这一缺点使它采用了这种形态。看来谢林与柏拉图以及新柏拉图主义者有共同之处，即把知识放在永恒理念的内心直观中，使知识无中介性地、直接地存在于绝对里。"用形式逻辑的公式来表达，谢林的绝对同一思想，可以简化为"A＝A"。这种同一性哲学显然必须加以发展和补充，否则它将自灭于其自身的简单化思想中。

黑格尔显然没有真正把握谢林哲学的真谛，因为谢林所关注的始终是建构一个由"现实的"和"理念的"相互作用力而组成的活生生的世界整体。谢林在早期较为集中地探索表现在主观方面的精神究竟如何既在理念中存在并显示其威力，因而他较为集中地说明理念不只是存在于主观方面，而且也渗透到现实中，使现实包含着精神的力量。为此，谢林早期的自然哲学深入探索自然中的精神，并没有更多地考虑现实本身的问题。

以往对于谢林同一哲学的传统研究，往往过分夸大了谢林同一哲学的体系性和封闭性,并把谢林所说的"同一"简单地归结为形式逻辑的"同一",甚至为此而引用黑格尔的概念式归纳,致使谢林的同一哲学被描述成死板的和封闭的自我同一体系①。

如果说,谢林早期深受费希特和康德思想的双重影响而导致他在自然中寻求一个新的出路,那么,到了19世纪初,当谢林更加成熟而使他有可能借助于自然哲学研究成果进一步发现创建新型先验观念论的可能性的时候,谢林便开始着力于开辟一个称为"同一哲学"的新型先验观念论。这里特别强调谢林的"新型先验观念论",是为了突出他的先验观念论的特点,有别于康德和费希特的先验观念论,并同时显示谢林的先验观念论的特有的创造精神。

所以,同一哲学一方面不同于谢林早期的自然哲学,也不同于费希特和康德的先验观念论,另一方面,谢林所要创建的同一哲学是试图超越康德的二元论和费希特的绝对自我哲学,另辟蹊径,寻求把自然、自我和世界的各个方面及其内在的各个细节部分,灵活地联系在一起的一个新形而上学体系,而且还试图保障体系中的任何一个方面,都继续保持活跃的自我创造和自我超越能力,避免其体系中的各个方面和各个因素遭受体系本身的窒息而自我满足和自我封闭。

谢林的这样的先验观念论体系,不能单靠"唯心论"的简单标签就可以把握的,相反,谢林的先验观念论的基本特征,就是高度重视人的意识和精神的主动创造精神,强调人的意识和精神都是与自然和世界紧密联系在一起的创造力量,也正是在这个意义上说,谢林的新型先验观念论已经包含了丰富的辩证法和浪漫主义精神。

在这方面,谢林首先特别地从斯宾诺莎哲学中吸取营养,强调说:既然精神和自然能够相互转化和相互制约,它们就必须有一个共同的基础,并且,精神和自然也必然是从同一个最原初的活动性基质中产生出来,而这样一来,精神和自然乃是这一原始活动性本源的两个不同表现罢了。

如前所述,关于精神和自然同出于一个本源的设想,引导谢林进一步深入创建一种能够灵活而完满说明精神与自然的同一性的哲学,并在其中集中探索整个世界的同一根源。

与此同时,谢林还注意到同时期的费希特所给予的启发,他集中探索了作为全部知识的最初根源的"自我"及其内在固有的超越能力。但谢林意识到:仅仅停留在自我层面上,是远远不能全面说明世界的性质及其变化的复杂性,也不能彻底说明自我的绝对性本身。要真正全面地说明世界的本源及自我的本质,谢林发现:像费希特那样只强调"自我"是不够的。对于谢林来说,自我绝非一切,自我既不可能解决世界本源,也不可能解决世界的多样性和多种发展可能性。真正的自我,不是非我的前提,而毋宁是相反:非我是比自我还更加充满多种可能性,更加包含潜在性,这种充满潜在性的非我实际上就是自然,就是自我的前提。

所以,谢林主张全面地重新思考自然与自我的关系,试图跳出康德和费希特对自我和对客观自然的狭隘观点。关键就在于:谢林找到了跳出费希特思想体系的核心观念,这就是把自我与自然连接在一起的"同一性"。这种把自我与自然连接在一起的同一性,不是抽象的逻辑统一体,而是包含丰富创造精神的"绝对",它是充满创造活动潜力的生命体,是富有创造精神的自我和可以导向精神力量的自然的统一体。

正因为这样,谢林认为,"绝对"并非单纯是自我的本质,与此相反,绝对应该既高于自我,又高于自然,成为他们两者的共同基础和本源。但这还不够。谢林还进一步认为,这个作为世界本源的"绝对",又必须与"自我"和"自然"共处,并始终紧紧地相互同一,这也就是说,绝对是自我和自然的同一基础,自然哲学和先验哲学,由于它们都原本根源于同一个"绝对"、并最终又朝向这个"绝对",所以它们在本质上是同一的。

在这里,谢林自始至终所要强调并加以贯彻的,是保证自我、自然和世界的自我创造生命力,让它们三者既相互联系、又相互差异,而且它们都在"绝对"中获得取之不竭的发展能量,同时,谢林还强调自我、自然和整个世界的连续性,强调它们之间不只是包含相互连接的可能性,而且还存在相互过渡的可能性,从而整体地构成一个攀向精神高度的发展阶梯,并在精神王国的不同层面,表现出世界的多样性、连续性、多质性和多层次性。

也就是说,谢林试图避免使他的同一哲学窒息在同一性中,所以,他所寻求的"绝对",绝不会是抽象而死板的概念而已,更不是形式逻辑所说的"A=A"公式所表达的同一性,而是富有生命力并从各个方面都始终朝气蓬勃的最源初因素。

显然,"绝对"作为同一哲学的基本概念,在谢林那里,具有双重意义:一方面,从知识论层面,"绝对"乃是产生和推动认识活动的基本源泉和原初力量,它属于精神范畴,但能够在知识领域内,引导主体与客体之间实现同一关系,并不断地将主体与客体的同一性,从比较简单的相对同一,导向更高的无条件的同一,促使自我与自然的相互同一,连续反复地朝向更高和更深方向推进,以致促使自我与自然,能够在"绝对"的范畴中实现真正的同一。

显然,作为认识论基础的"绝对",在谢林那里,还突出地显示它的"理智直观"能力,因此它既不同于康德所说的"物自体",也不同于黑格尔所说的"绝对精神"。所以,谢林的"绝对"在认识论层面既没有像后来的黑格尔那样显示囊括一切"绝对真理"的意图,也不是脱离创造活动的形式化的框架。而且,绝对本身并非黑格尔式的那种"绝对理性"的概念,而是强调理性与非理性、理智与直观、意志与感情、无限与有限的同一性:既强调两者的同一,又突出两者的区分,既强调两者都包含在其中,又突出两者皆源于同一性本身。

另一方面,从本体论层面,谢林强调"绝对"异于康德"物自体"和柏拉图"理念"的特点,坚持认为"绝对"具有源自其自身的存在的原始创造力量。在这一点上,谢林的同一哲学中的"绝对"已经包含了他的宗教哲学和神学思想的类似成分,也就是说,蕴含了神秘主义因素。

作为同一哲学的基础和根本源始,"绝对"是一切自我创造精神和力量的典范,它蕴含了个体和宇宙总体进行自我创造的奥秘,在某种意义上说,含有一定的神秘性。

如前所述,斯宾诺莎的自然神论思想对谢林发生了关键的启发作用。精神,对于谢林来说,是一种贯穿整个世界的生命力量,它是神所创造的一切事物的内在动力,也是构成一切事物的存在基础。

雅斯贝尔斯曾经指出,当斯宾诺莎说"神或自然(deus sive natura)"的时候,他所说的"自然"是"natura naturans",即"一个行动中的有动力的自然,一种不断成长、不断变化的自然",而不是"natura naturata",即"被动的或静止的自然"。所以,在这个意义上说,谢林的同一哲学也是一种"动力型的泛神论"(dynamischer pantheismus)。

因此,谢林在同一哲学中所说的"绝对"固然是他的自然哲学和同一哲学的根本概念,而且也是他所发展的富有特色的宗教哲学、语言哲学和艺术哲学的基本概念。

谢林建构同一哲学的过程是曲折的,这种曲折性,一方面表明谢林创建同一哲学的艰苦历程,另一方面也表明其中包含了谢林在不同时期进行哲学创造的不同重点论题,既显示了谢林同一哲学在不同阶段的不同成果,也表明他的同一哲学的多种表现形式。

在 1800 年出版的《先验观念论体系》中谢林已经明显地把他的重点从当初提出的"自我意识"(selbstbewusstsein)转向"绝对",强调"绝对"就是"同一性"(identität)。这就是说,绝对一方面是一个无所不包的"无限者"(unbedingte),并作为本体论意义的原始基质而成为一切的起点;另一方面,它又作为认识论意义的人的主体自我意识而成为认识过程的原始出发点[22]。显然,谢林已经意识到:他的新哲学的主要任务,就是通过主体与客体之间的相互协调一致(übereinstimmung von subjekt und objekt)而实现同一性的原则[23]。但是,值得注意的是,谢林在这里所寻求的同一性,已经不是传统意义的同一性原则,即不是首先把主体与客体区分开来然后加以同一,而是把两者当成两个互为前提和互为条件的活动性力量,也就是说,谢林所要探索的主体和客体的同一性,是指两者中的任何一个,都不能脱离对方的存在而存在,或者说两者中的任何一个的出现,势必导致另一个的产生。谢林的意图是通过这样的同一性,进一步把他的同一哲学,一方面同现实的独断论区分开来,另一方面又同主观的观念论划清界限,因为前者把超验的"物自体"当成知识的基础,而主观的观念论则试图在主体中完成主客体的同一性。

与此相反,谢林认为,自我的局限性(die begrenztheit des ich)一方面是由自我意识的行动自身所产生的,另一方面,这种客观地限定自我的行动本身,却又可以产生新的创造性行动,以便促使自我及其行动获得一再更新的可能性[24]。

在 1801 年发表的《阐述我的哲学体系》(*Darstellung des Systems meiner Philosophie*)中,谢林强调:一切具体和特殊的哲学,都以同一性原则为基础,因为,只有同一才能产生他所坚持的理性和他所要集中说明的现实。

谢林认为,作为理性和现实的基原的"绝对",是无视"主体"和"客体"的区别,因为它根本不去顾及在本质上次于"绝对"的"主体"和"客体"的具体特点,"绝对"所集中关切的,是它自身必须高于和优于后两者;既然"绝对"高于、优于和先于一切,同时它又创造、决定和连接一切,那么,"绝对"就是一种既无所不包、又无所区分的存在,这也就意味着,在"绝对"中已经包含一切因素,同时也包含这些因素间的一切可能的相互关系。

1802 年发表的《进一步阐明》(*Fernere Darstellungen*)中,谢林似乎采用斯宾诺莎的语气,强调说:"一切都是绝对的,一切都是完满的,就好像神一样。"同样的,在同年发表的《论布鲁诺或事物的神行原则和自然原则》(*Bruno oder über das göttliche und natürliche Prinzip der Dinge*)及其后于 1802 至 1803 年发表的《艺术哲学》(*Philosophie der Kunst*)中,谢林都把自然与精神,从属于"绝对",并把它当成一个最高又最原始的"无所区分",一种"同一"和"对立"的统一本身。

到此为止,谢林的哲学思想发展已经达到了新的转折点。他从 1803 年 9 月到 1806 年 4 月,恰好在维尔茨堡大学任教,可以独立地思考自己的哲学体系,在思想上越来越远离费希特和黑格尔,更明确地创建自己的新哲学体系的更细腻和更细节的各个部分。

在 1806 年出版的《论自然中现实与理念的关系》②中,谢林根据同一哲学原则重新解释他的自然哲学,强调指出:自然有它现实的重力极点和它理想的光亮极点,两者都在有机体内达到同一。这样一来,同一哲学应该有三大部分:自然、精神和艺术,而它们的主体都是"绝对",也就是"同一性",因为它们的本质是同一的,"绝对"对主体(理念的)和客体(现实的)的区分,对"绝对"自身而言是无关紧要的,无所谓的,可以不加理会。总之,"绝对"就是作为主体的它自身与作为他者的它自身的同一性,它是永恒不变的,是贯彻始终的。

然而,1809年后,谢林更倾向于具有历史性质的哲学,所以,他返回到一个主体,但这个主体既不是自我,也不是自然,而是神,这就是谢林后来加以论述的宗教哲学。但是,由此也可以看出,谢林试图从历史发展同一性的视野,使他的同一哲学赋有自身的发展生命力。

第四节　艺　术　哲　学

艺术哲学思想普遍地存在于谢林的各个时期的著作中,贯穿于谢林一生思想发展的整个过程。艺术的天分和自由创造精神联系在一起,构成了谢林哲学创造的基本动力,同时也使他具有浪漫主义精神,始终关切艺术创造的问题,并把艺术创造精神与哲学探索统一在一起,成为谢林各个重要的哲学著作的重要思路。

自由是艺术创作的核心精神,而实现自由的基本条件,就是必须超越各种界限和限制,一方面使主体的生命力量,包括各种感性和理性、意识和无意识、情感与意志、本能与经验能力等各种生命因素或力量,都能够首先在生命活动内部,实现相互融合和交流,并相互促进;同时,另一方面,又能够在生命体与外界力量发生各种不同关系的时候,促使生命内在因素能够超越限制而实现内外力量的结合和流通,实现生命本身及其周围环境各因素的更新。这一切构成谢林艺术哲学不断发展并不断丰富的重要动力,也是谢林艺术哲学之所以贯穿于他的哲学发展始终的思想基础。

谢林指出：美感是一切创造的真正动力基础。"我们所设定的创造的一切特征,都会在美感创造中汇集在一起。"[②]"激起艺术家的冲动的,只能是自由行动中有意识事物与无意识事物之间的矛盾,同样能满足我们的无穷渴望和解决关乎我们生死存亡的矛盾的,也只有艺术。"㉗所以,谢林接着指出:"美学中的天才就等于哲学中的自我,就是说,最崇高的事物乃是绝对实在,它自己虽然绝不会变为客观的,却是一切客观事物的原因。"㉘在这个意义上说,谢林艺术哲学的"天才"概念几乎等同于他的同一哲学的"自我";也同样由于这个原因,又直接地与他的"绝对"概念联系在一起。这样一来,对于谢林来说,严格意义的艺术家应该是一位天才;反过来,不具备天才的特质,就没有资格成为真正的艺术家。不同的艺术家,由于他们的天才特质不同,也就决定了他们之间的差异:天才成分厚重的艺术家,其艺术创作的深度和高度,就自然地高于那些天才成分较低或较少的艺术家。因此,要成为一位真正意义的艺术家,必须具备尽可能多的天才气质,因为只有那些具备充分的天才气质的艺术家,才能在其创作中充分发挥其天才能力,把握住世界的同一性,并通过其天才能力,可以在艺术创作中创造出惊人的作品。这些赋有天才能力的艺术家的艺术作品,不仅包含特有的美感,而且深刻地揭示了世界的本质,具有强大无比的审美魅力。

对于谢林来说,艺术哲学所探索的,与其是艺术本身,不如说是以艺术为基本形态的"绝对",一种可以称之为"唯一和大全"(ein und alles)的整体存在本身。归根结底,艺术就是一种作为万物存在范本的"自在",是以其自身的存在,无须他物为条件,就可以确立其自身存在的"绝对存在"。"对哲学家来说,艺术是直接产生于绝对中的必然现象"㉙,换句话说,艺术是万物原始存在的基础,也是万物存在的最终目标,同时也是世界整体能够不断地自我生产、自我更新的最美样本。在这个意义上说,艺术就是作为世界万物的原始根基的"绝对"的自我直观和自我展现。由此可见,在谢林的艺术哲学中,真正实现了他的自然哲学、同一哲学、自由哲学、宗教哲学的完满同一。

在 1800 年发表的《先验观念论体系》中，谢林已经很明确地把艺术当成同一哲学基本原则的典范："艺术作品向我们反映出有意识活动与无意识活动的同一性。"③在这个意义上说，艺术就是一般认识的最高形态。谢林认为，在艺术创造中，已经完满地体现了感性、理智、现在、过去、未来的最高统一，同时也表达了自由与必然的同一。1802 年出版的《布鲁诺对话》，进一步突出地表明了谢林哲学所追求的哲学最好状态，就是"作为真和美、哲学与艺术的关系问题"③。

早在谢林思想发展的第一阶段，当他在 18 世纪末热衷于创建自己的自然哲学体系的时候，就已经在探索"无条件性"的哲学原则的过程中，集中思考了康德所没有彻底解决的"自由"问题，并由此接触到艺术哲学的基本问题。

谢林试图由此走出康德的自由观念的范围，不再像康德那样，只从"形式"的角度看待自然，不把自然当成纯粹物质的被动系统，似乎自然只能成为由必然规律锁链系统所控制的"必然王国"。谢林试图把自然回归于自然本身，在自然内部，在自然的不可见的深层，发现自然的无限魅力，直观地显示自然本身的审美性质及其无限魅力。

因此，谢林很早就把自然理解成艺术本身，反过来，艺术就是自然，就是一个完整的自然整体，正是在自然中，展现了艺术的所有根本性质及其神秘性和审美性。

如果说，艺术和自然一样，具有完整性和神秘性，那么，观察艺术的本质，就必须像观察整个自然那样，放在历史发展的完整过程中，也就是在历史的漫长曲折的展现中，细心和系统地注意艺术的各种复杂的和难以把握的特征。谢林在《先验观念论的体系》中强调指出："哲学就是经历不同时期的自我意识的历史""就是说，把全部哲学陈述为自我意识不断进展的历史,而那种具体表现在经验里的东西,则仿佛不过是作为这部历史的纪念碑和证据之用。"②在这一点上,谢林几乎和赫尔德、席勒和歌德一样,都注重自然和艺术的历史性。

艺术的历史性,不仅显示艺术统一地全面展示世界的可能性,而且也表明艺术包含了整个世界的奥秘,隐含了世界形成和发展的神秘性的密码。

谢林在 1795 至 1796 年间,就明确地表示:自然绝不是与人相对立或相割裂的超然实体系统,而是与人,特别是与人的精神相重叠的具有某种神性智慧和力量的存在。谢林对艺术的神秘性的探索和论证,不仅把他的艺术哲学同他的同一哲学,而且也同他的宗教哲学连贯在一起。

与此同时,谢林还进一步把真理与审美统一在一起,使两者重叠和融合起来,成为人的存在的必要条件,也由此将自然世界与人类世界紧密地连接起来。谢林在当时所写的《德国观念论最早的系统纲要》中指出:美是统一一切的理念,真和美只有在审美行动中才能形成"姐妹",而哲学家必须像诗人那样,赋有强烈的审美意识和力量③。谢林还明确地把自然与人的内在联系,奠定在人性和自然本身所固有的本质之中。

谢林批判康德把自然与认识和审美主体的人相互割裂的立场,一方面把人的主体进一步理解成为具备自我超越能力的积极主动的创造性生命体,使人的主体有可能彻底摆脱作为物质性的自然界对于自己的限制;另一方面又强调自然本身也包含不可见和无形的精神力量,有可能使自然本身产生导向自由的能力。在这方面,谢林同时也把自己与荷尔德林和黑格尔区分开来,因为谢林既不要使自己等同于周围同时代的思想家,也不愿意满足于追随他人的思路,对他来说,独立创造特有的思想创造道路,必须一方面走出康德的思想影响,另一方面又要避免追随同道朋友的思路,因此,谢林努力从主体自身的创造精神中挖掘潜力。

在《作为哲学原则的自我》一书中,谢林强调自身主体的绝对创造力量,并一再重申:人的主体与自然,共同地存在"理念",而理念能够从根本上从审美的高度,统一人性与自然本身的一切力量,以便随时实现自身的超越③。

如前所述,谢林在1800年发表的《先验观念论体系》已经非常重视艺术的本体论意义,不但艺术创造表现了万物创造的根本特征,而且,艺术作品本身也展现了世界的"绝对性"及其源自"绝对"的本质。对谢林来说,"艺术作品的根本特征就是无意识的无限性(自然与自由的结合)"⑤。

"一切美感创造过程都开始于对无限的矛盾的感受,所以,随着艺术作品的完成而来的感受,也必定是对于这种满足的感受,而且,这种感受必定又会转变成艺术作品本身。"显然,谢林对他的先验观念论体系的描述和论证,既以对艺术的本体论研究为基础,又以对艺术的本体论意义为终结点:"如果说唯独艺术能用普遍有效性把哲学家只会主观地表现的东西弄成客观的,那么,要再由此得出这个结论,便必须期待哲学就像在科学的童年时期,从诗歌中诞生,从诗歌中获得滋养那样,与所有那些通过哲学而臻于完善的科学一起,在它们完成以后,犹如百川汇海,又流回它们曾经由之发源的诗歌的大海洋里。"⑧

谢林在1802年出版的《布鲁诺对话》中说:"真与美是同一的东西。"⑨谢林的这一理念,促使他把哲学、知识体系的建构、对自然的观察和分析以及对艺术的赞颂,联系在一起,构成他的整个哲学体系的基本内容,也成为他的哲学方法的主要特征。

　　谢林对艺术的爱好是根深蒂固的。他在耶拿时期所结识的浪漫主义作家和思想家诺瓦利斯、施勒格尔兄弟等人,进一步促使谢林对艺术创作给予特别的关注。谢林和浪漫主义者一样,认为艺术是理解所有不能单纯作为对象而显示的事物的重要途径。即使是自然,虽然自然科学可以在一定范围内对它进行研究,并揭示其规律,但整体来看,仅仅局限于科学,归根结底是把握不了自然的。同样的,哲学也不应该奢望全面理解自然界,哲学在实际上也无法真正地认识自然自身。只有当哲学、艺术、自然科学和宗教哲学连贯成统一的整体的时候,才有可能深入了解自然的奥秘。

　　所以,理解谢林的艺术哲学,始终不能脱离谢林与浪漫主义的紧密联系。谢林的《艺术哲学》和德国浪漫主义文学家、诗人一样,也强调诗歌同整个艺术的内在关系。谢林认为,任何艺术都是绝对的生产或绝对的自我肯定(确认)的直接模仿。诗歌使这种绝对的认识行动直接作为认识行动而呈现,因而使诗歌成为形象艺术的最高表现形式。

　　浪漫主义作家诺瓦利斯在谈到浪漫主义的精神的时候说:诗歌是人类精神的特殊的、也是最高的活动形式。谢林和诺瓦利斯一样,把诗歌当成世界奥秘的艺术表现形式。接着,诺瓦利斯又说:一切可以被思考的事物,都是被其自身所思考。诺瓦利斯的这句话,不仅典型地表现了人类精神的创造力量及其对其自身的反思意识,也典型地表现了浪漫主义对于一切自然事物的想象的无限超越程度。诺瓦利斯把想象和诗歌说成为人类精神的创造活动的基本形式,强调想象和诗歌是产生更高形式的实在性的象征性结构的主要手段:正是通过人类精神在诗歌中的自由自在的创造以及在创造过程中的自我思考,体现出浪漫主义所赞颂的人类精神的创造活动的自我意识和自我反思能力。

　　显然,诺瓦利斯的浪漫主义哲学,发扬了古希腊罗马时期的诗性哲学传统，强调诗歌创作与哲学创作的同一性及其相互补充性。

值得玩味的是，"诗歌"（poesy）的词源希腊字"poiesis"原本是指"生产""制造"和"创造"。语言在诗歌中的创造，典型地体现了人类精神的自由活动本质及其主动自我反思的能力。直到浪漫主义时代，西方人对于语言，特别是诗歌语言的反思能力才有了自觉的认识。谢林在这一方面，直接地发扬了浪漫主义的艺术理念。

谢林认为，自然界中包含许多无意识的领域和无意识的因素，也包含许多难以仅仅通过理性分析去把握的因素，因此，自然既是认识的对象，可以成为人的认识活动的客体，但自然本身又具有神性和内在精神，因此，自然含有内在的情感，含有既细腻、又宏伟的情感，当人们把它当成认识对象的时候，自然界往往又同时成为人的审美力量，一方面使自然本身变成为外在于人的美丽生命体，不但表现出绚丽的自然风貌，同时又流露出自身的神秘情感，似乎显示自然对于人的关切和照拂，因而在自然与人之间形成相互启发、相互调情和相互感应的统一生命共同体。

在《布鲁诺对话》中，谢林明确地认为自然包含原型的自然和派生的自然两部分，存在有限的时间系列和无限的时间系列，哲学家必须使思维与直观统一起来，既观察到有限的真理，又要重视永恒的真理，使自己跳出一般满足于经验观察结果的自然科学家的视野，使自己成为把握真理和审美统一的自由创造者⑧。

谢林认为，艺术品固然是一个经验性的存在，但它除了具备客观性质以外，它又包含复杂的超越主观和客观的因素，对于它的感受，必须同时交叉地通过意识和无意识，并使主体与客体双方发生连接起来。谢林指出：当我们面前出现艺术品的时候，"自我只是当关联到作品的时候才是意识的，但自我当联系到生产本身的时候又是无意识的"⑨。

所以,自我所面对的,有时是作为艺术品的"产品"(不管它是自然的,还是人为的),有时是艺术的"生产"本身。一切活生生的生产活动,都是难以通过意识把握的。这也就是说,只有当对象是作为"产品"而出现的时候,意识才有可能发挥作用,而在大多数情况下,由于世界上的一切事物,都是具有其自身的生存自由,所以,主体所面对的大多数对象其实都是难以把握的"生产",也就是活生生的生命体,而且还是具有艺术价值的生命创造活动本身。在这种情况下,意识的作用是极其有限的。

谢林还进一步指出,现实并非单纯是一种可以由主观所把握的客观表象。在大多数情况下,作为对象而出现的客观表象,其实都是具有艺术性质,是各种各样的"生产"本身。所以,"艺术就是哲学的真正的和永恒的感受器和文本,一种哲学本身始终无法外在地表达出来的持续性文本"[41]。

艺术是无法说出的事物,它充其量只能靠无形与有形的交错关系才能被感受。哲学并不像艺术那样,哲学不能把握真正的世界,尤其不能表现绝对,而艺术却可以通过它的神秘不可测的力量表现绝对。

早在 1795 年所写的《关于独断论与批判主义的信》中,谢林就已经强调艺术在超越先验哲学中的特殊功能,并指出艺术是从哲学中走出而创建一个自由意志的世界的唯一途径。在 1801 至 1809 年间,谢林完成了《艺术哲学》。《艺术哲学》的撰写和思考过程是同他从先验观念论转向同一哲学的过程相平行的。这一时期,谢林思想中的神秘主义与宗教意识越来越浓厚,因为经历了对世界的绝对实质的长期思考之后,他更加明确地认为:只有真正理解神的最高地位及其最原初的"源生性",才能理解作为世界本质的绝对。与此同时,谢林也意识到:只有超越知识的范围,才能达到作为宗教目标的神秘深处的神性,也才能真正把握世界的复杂的现实的本质。就是在这样的思考过程中,谢林更加倾向于对艺术的思考,他认为正是靠艺术的创造活动,才能使哲学与宗教相连接,并由此把握世界的绝对本质。谢林说:"艺术与宗教之间存在着紧密的关联,失去艺术就无法使宗教达到真正客观的显现。同样,哲学也必须靠艺术的思维模式,才能与宗教相结合,更趋近于世界现实的绝对。"

谢林认为,哲学和艺术也有共同性,这就是它们都以物的形态为对象,并试图通过形态把握物的本质,问题在于:任何物都势必以其形态呈现出来,所以,哲学和艺术都要面对各种不同的形态。

然而,正如谢林指出的,既然物和世界都只能通过形态呈现出来,那么,形态本身就已经隐含了本质,因此,通过形态,也就可以把握本质。艺术的高明之处,就在于通过具体的形态把握纯粹的形态,在其呈现的形态中表现纯粹的形态,并由此引导人们通过直观把握世界的本质。

谢林的《艺术哲学》包含"绪论""艺术哲学的一般范畴"及"艺术哲学的特殊范畴"三大部分。谢林认为,艺术哲学是与整个哲学体系相同一的;也就是说,哲学永远是名副其实的本质统一体,哲学永远是绝对的统一体,它不能被它所研究的对象所分割,当哲学研究艺术的时候,哲学仍然是统一的和同一的。所以,艺术哲学就是哲学的同一系统本身,而且由于艺术更确切地表现了世界,所以,艺术哲学更体现了哲学的同一性质①。

如果说哲学只能呈现世界完整的统一体,那么,艺术也同样应该完整地表现世界本身。例如,音乐乃是自然界和宇宙本身的原型的节奏,借助于这一艺术它进入反映世界,雕塑艺术所创造的完美形态,乃是有机自然界本身之客观呈现的原型,荷马的叙事诗乃是同一体本身,犹如该同一体是历史在绝对者中的基础,每一画面均展示理智世界⑫。

正因为这样,在艺术哲学中,一切研究考察,都必须"仅以无限者这一本源为出发点",也就是说,如果哲学是以"真"(Wahrheit)作为绝对者的真正原型的话,那么,对艺术来说,作为出发点的绝对者原型,就是"美"(Schönheit)。由此可见,真与美就是对唯一的绝对者进行直观的不同方式而已。

为了探索艺术的性质和地位,谢林首先从艺术的历史构成进行探索,他认为只有回溯到原始艺术的原生状态,才能揭示艺术的性质,也只有通过历史的考察,才能通过艺术本身确认世界万物和哲学本身的同一性。历史只有一个,正如世界、哲学、艺术、绝对,都只有一个一样。

谢林在《艺术哲学》的绪论中指出,关于艺术的探索,首先必须从艺术的历史构成开始。谢林认为,艺术的构成就是规定它在宇宙中的地位,也就必然涉及宇宙本身的起源问题,因此,艺术的本质首先是作为世界本质的绝对者的问题,也就是关于上帝如何靠其自身而直接确立。上帝的直接自我确立表明上帝是无限的实在,是无须任何他物而直接存在的,它也无须以有限的存在作为前提和条件。只要靠它自身的直接确定,同时它也是一种绝对的总体,绝对的统一、绝对的永恒、绝对的大全。正因为这样,作为上帝的艺术作品的宇宙,就自然已经包含着永恒的美。

既然要探索艺术的原初起源,谢林首先强调艺术质料的神话起源。神的理念对艺术来说是不可或缺的,而一切艺术形象,特别是关于神的形象,之所以可以成为现实的,乃是由于它们是可能的。

艺术的神性,决定了艺术创造的基本动力就是天才,因为只有天才,才能无须经过任何观察或探索,就可以直接地创造出永恒之美。这样一来,天才也意味着对于理性和理智的否定,当然也包含对经验和感性的否定。也就是说，在艺术中，真正的美的创造，无须经过经验的观察，无须经过理性和理智的思考，无须任何反思，只要靠对于绝对的直观把握，就可以完满地达到自然、世界、历史过程的美的描述和表达。

希腊神话就是诗歌世界的最高原型。希腊神话在歌颂神的智慧和万能的同时，总是展现出各个特殊的神的不完备性。谢林在分析神话的重要性的时候，突出地论证了特殊性存在的绝对性和同一性。谢林说："艺术的各个形态应该成为事物的各种形态，犹如它们之在绝对者之中或者在自在之中。鉴于此，艺术的各个形态，作为特殊的形态，乃是绝对者中的特殊形态……"谢林一再强调艺术中的特殊性包含着"绝对"，包含着同一性或完整性，旨在论证艺术对特殊与整体进行同一性的神性功能。

谢林由此指出，正是匮乏的属性和本质成为神圣形象显现中所隐含的无限魅力的根源，任何生命的奥秘就在于绝对者和有限的综合。

绝对的混沌，作为诸神和世人的共同本原，乃是黑夜和幽暗。所谓混沌，就是对崇高者的基本直观，因为我们的感性直观在面对不可企及的崇高对象时，总是瞬间爆发出难以表达的敬畏情绪，也即刻涌现含混不清的羡慕及感动之情。因此，谢林认为，混沌可以成为无限者的象征。因此，对混沌的直观，一方面源自有限者对绝对者的直观，另一方面又来自绝对者本身内在本质所固有的原始混沌。正是通过对混沌的直观，我们的感性和知性才有可能趋向于对绝对者的认识。正是在这个意义上说，艺术具备优越于科学认识的神秘力量。

神话是所有艺术的最基本的创造条件，又是所有艺术创造的原始材料和原初土壤。没有神话，就不可能有艺术，也不可能存在整个世界。神话是艺术和世界本身的真正本源，神话绝不是杜撰出来的虚幻存在，而是世界本身，神话之所以具有这样的神秘魅力，就在于它乃是世界本身的无意识表演,它是通过原始人的无意识的传播而进入人类文化的殿堂。没有神话,世界是不可理解的,也是无所谓是否存在的问题。

唯有通过神话,世界才首次呈现在人类面前,以各种多样的象征性结构,启示人类逐步地理解世界,表达世界的奥秘,并进一步启发人类通过语言阐述他们所理解的世界本质。

谢林认为,唯有通过神话,世界的特殊性和同一性才达到完美的统一;世界才显现出它的宏伟和崇高,才富有魅力。这样一来,神话不仅为艺术的创造提供启示,而且也为世界增添活泼的生命力,使艺术和世界成为比翼双飞的审美理念,展现出它们的存在价值。

"对艺术表现来说,其魅力以及其效果首先就在于,它们都被严格限制,同一神性中相互排除的品格因而相互摒斥又相互区分,而且还在于,在这一限制中,每一形式将整个神性包容于自身之中。正因为如此,艺术达到相互迥异和别具一格的形象,其中每一形象仍然包含总体性和全部神性。"㊸

谢林在考查艺术世界或形象艺术的实在范畴时,首先研究了音乐。他认为,作为音乐的基础的声音,可以使无限者呈现于有限者,并以不可区分性显现出无限者的基本特征。延续性是音乐不可避免的形态,因为时间是无限者呈现于有限者所采取的普遍形态,而主体中的时间要素就构成为最初的自我意识。谢林认为,哲学应该以音乐为模式,要学会像音乐家那样进行思索,善于把物质、形体、有限性和无限、无形及深不可测的实在联系在一起。所以,音乐是灵魂的实在的自行活动的"数",是一种无意识与自我遗忘的数。谢林借用古希腊毕达哥拉斯的数的概念,把音乐直接地在哲学、艺术、宗教的三结合中加以说明,给予音乐很高的评价,这对 18 世纪至 19 世纪德国音乐家的创作提供了深刻的启示。

第五节 宗 教 哲 学

在谢林的同一哲学中,(神)上帝,作为"绝对的同一性"是非常重要的"质的同一性",由此才形成"绝对的无区别",一种"数量方面的同一性",而现实与理念、主体与客体之间的对立,就是源自绝对的无区别性,有限的世界也因此由此诞生。

在谢林晚期发表的著作中,他本人似乎越来越意识到其哲学的不完善性。1809 年他发表《关于人的自由的本质的哲学探讨》时,他在弗朗茨·冯·巴德(Franz von Baader, 1765–1841)的启示下,着重探索了"现实性"的问题。弗朗茨·冯·巴德是德国 18 至 19 世纪哲学家、神学家、医生、自然科学家和城市建筑工程师,1796 年起,开始钻研谢林著作,从此两人相互影响,共同探索各种哲学和神学问题。当巴德在 1797 年撰写他的《基本生理学论丛》(*Beiträge zur elementarphysiologie*)的时候,他引用了谢林的许多自然哲学的观点。接着,在 1798 年巴德撰写《自然界和四维世界中的毕达哥拉斯正方形》时,他也引用了谢林在《世界灵魂》中所阐发的观点。但谢林本人也同样引用了巴德的研究成果而撰写《自然哲学体系草稿》。巴德在许多方面深受波墨的影响。所以,巴德在一定程度上是一位神秘主义者。

谢林在重新探讨现实性问题时,从巴德那里所接受的启发,恰巧也是波墨关于意志、自由和苦难的关系的思想。谢林由此意识到,如果苦难只是来自绝对的理性,苦难在世界上的出现就是不可思议的事情。谢林在解决现实性问题时,径直导向神正论(Theodizee),把探索苦难、罪过的起源当作很重要的问题来看待。因此,这一时期的谢林哲学也被称为"世界时代的哲学"(die Philosophie des Weltalters),简称为"创世哲学"。

在谢林那里,"weltalters"指的是世界整体的创建和发展所必然经历的各个年代或时代。但谢林认为,世界在不同的历史时代所产生的变化,不是简单的归因于不同时代限度内的各种矛盾,而是更深地源自世界本身的内在结构及其复杂的力量张力。所以,"世界时代"意味着世界自身的内聚力和外张力之间的相互拉扯和竞争过程,它展现了世界历史和在整个世界历史中所创建的复杂力量,所以,发展的世界和历史两方面,都是一个完整的总体。

谢林不同于黑格尔的地方,恰恰就在于他时刻关切生存本身及其精细的力量变动走向网络的多种可能结构。谢林从波墨和斯宾诺莎以及莱布尼茨的神正论(神智论)及神秘主义中得到启发,对人的本质、神以及语言的奥妙进行了除了理性以外的"非逻辑"的说明:世界的变化,并非那么合逻辑的,而是非常曲折、甚至不合"常理"和"不合逻辑"。

在《关于人的自由的本质的哲学探讨》一书中,谢林指出,以理性去说明最高的存在,即"上帝"是完全可能的,因为只有通过这种理性的说明,才能进一步说明我们本身的存在,才能在我们的心里深处牢固地确立关于最高的存在的概念。但是,用理性说明神,必须从更高和更复杂的角度来理解。接着,他和莱辛一样认为,《圣经》中所启示的真理之转化为理性的真理,是完全必要的。这一转化将有益于整个人类。但是,通过这一途径,并不意味着顺从普通的逻辑和一般人所理解的理性,而是从更全面角度理解理性及其与直观、感性、情感、非理性等复杂因素,包括各种难以通过日常理性所理解的各种神秘因素。因此,谢林一旦接触到宗教和最高的神的时候,他的哲学体系中就出现了越来越多的神秘主义成分。

谢林和波墨一样,对"上帝"进行了三种分析:第一,"无区别时期",这是神性的最原始的基础和最原始的混沌无别的阶段;第二,进入"根基"(或"原因")与"存在"相区分的阶段;第三,区别性相同一和相协调的阶段。谢林指出,在"创世时期"(das Weltalter),人类恰巧通过其"罪过"而导向上帝(实际上,谢林用"创世时期"这个词的目的,是有意地要同费希特在1806年所发表的《当代的特点》一书中所用的"当代"概念相区别)④。在谢林看来,人只有在上帝之中,才有可能享受自由。

但是,在1812年批判雅科比的时候,谢林在其著作《雅科比关于神性事物的著作的纪念意义》(*Denkmal der Schrift Jacobis von den göttlichen Dingen*)中又强调他自己的哲学乃是"自然主义、斯宾诺莎主义和无神论"。他说,所谓上帝,对他来说既是开端也是终结:作为开端,它是"隐含的上帝"(deus implicitus),是"无人格的无区别性";作为终结,它是"显现的上帝"(deus explicitus),是有人格的,含有存在的主体的意义。而且,上帝不仅是精神和逻各斯,而且也是"自然",即上帝本身及一切事物的存在的基础。正因为这样,"自然"乃是含混不清的"趋势"和盲目的欲望的总和。显然,就在谢林的这种类似于"自然神学"的复杂观点中,"神"的自然形态具有某种神秘的性质。

所以,谢林认为,在"绝对"(自然或神)中包含着一种"张力",这种起初表现为非理性的力量,可以变为理性的力量,变为精神。在人的身上也有类似的张力,所不同的是:人的身上还同时存在"分力",这种分力表现在人的欲望的间或的盲目性。

在谢林的哲学活动的最后时期,进入所谓"肯定哲学"阶段。1841年,有"皇座上的浪漫主义者"之称的腓特烈·威廉四世(Friedrich Wilhelm IV,1795-1861)召请谢林前往柏林,以便抵消黑格尔辩证哲学的传播所造成的影响。当谢林讲授肯定哲学的时候,克尔凯郭尔、巴枯宁(Mikhail Bakunin)、洪堡及恩格斯(Friedrich Engels)等人都跟随听课。

谢林的肯定哲学讲座先后分三阶段进行：第一阶段是论述肯定哲学的基础，强调它是相对于笛卡尔以来发展起来的否定哲学而建构的；第二阶段是"神话哲学"（Philosophie der Mythologie）；第三阶段是"启示哲学"（Philosophie der Offenbarung）。

所谓"启示"，原本是神学中所使用的一个概念，表示通过同神或超自然力量的某种特殊沟通，可以获知一些有关神的真理或知识。《圣经》《新约》中的《启示录》（"Offenbarung des Johannes"）就是使用罗马希腊化时代的希腊语词"ἀποκάλυψις"（apokálupsis），向当时的基督徒给予"启示"，试图暗示世界末日以及神对基督徒的拯救或"救世"。

从此，谢林对辩证法越来越不感兴趣，集中精力寻找所谓的"人的奥秘"和"历史与上帝的奥秘"。他的哲学中的神秘主义、信仰主义的成分越来越明显地显示出来。

本来，在谢林的同一哲学中，神（上帝），既然是万事万物的创造者，它是作为"绝对的同一性"的非常重要的"质的同一性"，因为只有这样才形成"绝对的无区别"，一种"数量方面的同一性"，即源自同一个最初的源头。由此出发，才有现实与理念、主体与客体之间的对立和同一，才有可能形成多样的世界万物。所以，正如我们在前面所已经指出的，谢林的同一哲学、自然哲学、艺术哲学原本都已经包含了宗教哲学的性质，他在晚期所突出说明的"启示哲学"实际上只是他前期复杂思想发展的一个结果。

影响谢林很深的斯宾诺莎很早就认为，像笛卡尔那样以二元论哲学思想诠释世界和神的存在是行不通的。斯宾诺莎提供了"原始根基"（Urgrund）这个基本概念，作为整个世界原初起源的出发点，并把这个"原始根基"理解成具有神性存在的性质，强调它是包括广延性和思维性在内的整个世界万物存在的基本样态的最初根据。这样一来，当谢林试图以"绝对"囊括整个世界的性质和原初动力的时候，便很自然地提出了"原始存在"（Ursein）⑤的概念，赋予了"绝对"本身一种神性的存在性质，并认为"绝对"作为同一的最高典范，充满了对万物的"爱"，而所谓真正最高的"爱"，就是把万物归结为"原始存在"的统一体的神秘力量。

由此出发，谢林认为，自然和精神，都是同时地具备"现实"和"理念"的性质，它们都是"现实／理念式的存在"（real-ideales Sein），因为它们都源自具有神性的"绝对"。

如果说，斯宾诺莎那一代思想家都深深地受到自然科学成果和宗教神学思想的双重影响的话，那么，到了谢林那个时代，特别是在 18 至19 世纪的德国，这种源自文艺复兴时期布鲁诺和伽利略等人的"自然科学／宗教神学"的双重思维方式，仍然强烈地影响了谢林一生哲学思想的发展过程。

当谢林构建他的同一哲学的时候，他就已经很明确地认为，作为万物原始根基的"绝对"，是世界一切存在的共同基础，它不只是理念的，而且也是现实的；它既有无限创造性，又有实际的局限性；它既含有内在的无限创造力量，又隐含受限于有形存在物的具体维度，显然，它涵盖了自然和精神两方面的所有性质，使得万物最后获得真正的同一性，也使万物又自然地同一于万物的造物主，即上帝。

谢林的《布鲁诺对话》进一步明确地指出："我们按其本质把绝对（absolute）规定为既非理念的，也非现实的，既非思维也非存在。但在与事物的关系上，它必然地以同样的无限性，既是这一个，也是另一个，因为鉴于它的无限性，我们说，所有存在着的东西，只要它是现实的，也是理念的；只要它是理念的，也是现实的。"⑯由此可见，在谢林的同一哲学中,宗教哲学也是一个重要的内容。

应该说,谢林对宗教的研究,是从对于神话的探索开始的。早在1793年,谢林就发表《论神话:历史言语和远古世界的哲学语言》(*Über Mythen, historische Sagen und Philosopheme der ältesten Welt*),开启了他对神话和宗教的研究生涯,而且,他对于宗教的研究,从一开始,就与神话研究结合在一起。我们将在随后的探索中看到:恰恰是神话研究,使谢林的宗教哲学导向启示神学的思路。

在早期阶段,谢林把神话理解为一种"意识形式"(eine bewusstseinsform),通过某种图像力量和感性的结合呈现出来。对谢林来说,历史的神话的目的,就是实现在历史中的"真理的哲学展现"⑤。但是,谢林强调说,真理的历史的和哲学的两种展现,是很难直接同一地引申出来,因为历史的神话只能将过往的事实通过伦理的筛选而展示出来,而哲学的神话又只能在历史的描述中显示出来。

当谢林在19世纪初返回慕尼黑的时候,他再次获得机会,重温早期已经萌芽的神话和神学思想,并与他周围一群神秘主义思想家频繁讨论雅各布·波墨的神秘主义,试图像波墨那样,协调"绝对"与"有限的现实"的矛盾。起初,谢林还更多地把自己的神秘主义思想集中到艺术哲学的探讨中,接着,谢林通过艺术哲学的探索,越来越发现"自然""人""世界"与"神"之间的同一性,并首先在1802年发表《布鲁诺对话》,并在1804年发表《哲学与宗教》,然后,在1809年发表《对人类自由的本质及其相关对象的哲学研究》,更集中地探讨宗教。到了1815年,谢林更加狂热地着迷于神话研究,把他自己从最早的时候就已经开始进行的神话研究,进一步更系统地与宗教神学研究结合起来,试图超越当时流行一时的理智主义思路,不相信启蒙运动对理智的推崇,强调"启示"的重要性,认为对于神及其奥妙的创世活动,不能单靠理智或经验观察,而只能靠神的特殊的启示,才能有所体会。

谢林一再指出:人的理性是有限的,只有上帝的直接启示,才有可能理解充满奥秘的神及其所创造的世界,而神的启示,不是直接通过语言,而是通过一系列包括非理性因素所构成的神秘象征性结构和形式,向人们展示世界的奥秘。

当然,谢林和波墨一样,认为神就好像生命、力量和意志那样,既神秘、又不神秘,甚至有时还可以与我们人世间的事情发生关联。谢林通过对 16 至 17 世纪波墨等人的神秘主义思想的探索,在他的反思中隐约意识到身外的宇宙万物的奇妙和谐及其相互默认对话的复杂进程,体验到宇宙的无限大和无限小的存在及其不可测性,同时也感受到自身精神世界的令人赞叹的神秘性质。但他尤其体会到个人精神世界与宇宙的奇妙对话的可能性及其潜在性,他由此发现宇宙和个人生命及其有形无形之间的不断转化的深邃性及令人迷惑性质。他还认为,在宇宙万物与个人生命的碰撞和对话中,时时有可能出现奇迹,把人带到一种无限的精神境界,甚至可能与神相遇。

波墨认为,上帝是没有任何规定的最高存在,是无限的,是"永恒的无",是无底的深渊。波墨说,这种虚无的上帝就是"无根底"(der ungrund),它既不需要任何东西作基础,也不需要寻找任何基础。从作为"无底"的上帝过渡到有意识的上帝和作为创造者的上帝,要经历一个遵循着对立原则的阶段。这就是说,没有对抗,任何事物都不能自我表现。据谢林所说,这个对抗的根源就在于第一原则本身。所以,这个第一原则必须具备两个最基本的对立因素。

波墨认为,这个在第一原则中的最初对立因素,乃是意志和欲望。意志表现出神的智能方面,它属于精神和心灵,它是一种善的意志。反之,欲望是一种充满着焦虑不安的、痛苦万状的和动乱的力量,它毋宁是一种想成为绝对者的暴力。不经过这两种因素的对立和矛盾，"无底"不能变成为"上帝"。但恰巧是作为一部分具有暴力性质的上帝，却成为"现实性"的普遍根源，成为运动和生命的源泉。而且，也恰巧是神的这一部分看起来似乎很荒谬的因素，成为现世痛苦和罪恶的根源。当然，在上帝那里，欲望是激不起痛苦的，因为它始终都存在着起支配作用的属于精神方面的"意志"，这种"意志"是一种"永乐的神性"。人间的痛苦却表现一种与上述神性相反的原则，在人身上，精神不是支配着欲望，而是欲望驾驭着精神，因此，暴力便采取自我施暴的形式。人间的痛苦之所以变为现实，归根结底是因为上帝作为最高的创造者掌握了自己的绝对自由，上帝在自己内部的矛盾面前所表现的自由，上帝的精神性的意志对于其欲望的绝对统治，成为人间欲望占上风的根源，成为现世痛苦的最初原因。

正是波墨的这种观点，成为谢林宗教哲学中解释善与恶关系的基础，并由此强调：作为最高存在和最初根源的神，也包含着善与恶的对立，它蕴含了实际生活中的各种复杂的善恶关系。

谢林的宗教哲学还从17世纪以来发展的神正论中获得启示，认为世界既是光明的，又是黑暗的；既是清晰的，又是模糊的；既是稳定的，又是变幻莫测的。同样的，自然界并非绝对与人类精神世界相隔绝；而是有可能互通的两个世界。这样一来，谢林便进一步加强了对充满奥秘的世界，进行心醉神迷的探索。而且，谢林对宗教的强烈兴趣，又同时受到他对艺术的执着追问的影响，使他确信：在可见的世界的另一面，存在着世人想象不到的奇幻世界，哲学家因此也应该向诗人学习，使自己变成为追求迷幻世界奥秘的探索者。

在艺术哲学中，当谢林集中探索艺术哲学的根本问题的时候，一再强调：艺术哲学与整个哲学的同一性，特别强调艺术的本质，首先是作为世界本质的绝对者,也就是关于上帝如何靠其自身而直接确立的问题。在艺术哲学中,谢林试图论证,上帝直接自我的确立直接地表现了上帝是无限的实在,是无须任何他物,无须以有限的存在作为前提的唯一"自在"。唯有靠其自身来直接确定,它才是一种绝对的总体,绝对的永恒存在,绝对的大全。神的这种唯一的特性,恰好论证了神是创造大全的宇宙的唯一创造者,也表明神的创造物必定包含永恒的美。

谢林在艺术哲学中,更深入地说明,作为绝对者,神乃是唯一的直接源出于其理念的完满存在。由于神是唯一的直接源自其自身的理念而存在,所以,神是一切存在的唯一创造者。换句话说,神直接由其自身确立,而神的确立(affirmiertsein)就是神的实际存在(realsein)⑧。在这里,谢林几乎完全重复了中世纪经院哲学关于神的存在论论证的模式。

谢林指出:神作为自身之无限的确立的本源,实际上将自身作为无限确立者、无限被确立者以及此者与彼者的不可分体都同一地**予以包容**,但并不因为如此而使它本身变成某种存在者。换句话说,凭借理念,神将自身作为无限确立者(因为它就是自身之确立),并由于同样缘故,作为无限被确立者予以包容。继而,既然被确立者和确立者乃是一体,它便将自身也作为不可区分者予以包容。而它本身并不是其中的某者,因为它本身无非是该无限的确立,也即:作为无限者,它无非是将它们包容;然而,包容者并非与被包容者同一,例如:长度等于体积,宽度等于体积,深度等于体积,而体积本身则因为如此并不是其中的某者,无非是绝对的同一、无限的确立、其本质。换句话说,神无非是它所是者,无非是无限的确立之力所致者,由此可见,神作为确立自身者,作为被自身确立者,以及作为不可区分者,无非又是来自其本身之无限的确立。

神作为确立自身者,也可被表述为全部实在性包容于自身的无限理念性,而作为来自其自身的确立者,被表述为将全部理念性包含容于自身的无限实在①。因此,神还是直接由于其理念而成为绝对的大全(das all)。

谢林不但在艺术哲学中注重于从本体论方面论证艺术的神性本质,而且,也在探索艺术的原初起源时,当谢林强调艺术质料的神话起源时,又一次把他的艺术哲学与宗教哲学统一起来。谢林指出,神的理念对艺术来说是不可或缺的,因为一切艺术形象,特别是关于神的形象,之所以可以成为现实的,乃是由于它们是可能的,也就是说,它们都是源自神的大全。

谢林特别强调神的绝对性、大全性(allheit)、总体性(totalität)、永恒性。在谢林的宗教哲学中,神的存在不仅是由于世界本身是奇妙的,而且,更重要的是,世界的这种奇妙性,是一直在变动不定的。谢林认为,世界的所有这些奥秘,其根源就在于:创造这个世界的神,它本身就是包含"现实"和"理念"两种力量的生命本身。既然神就是生命,它就具有生命的基本特性,这就是始终生生不息的变化更新,不但是一种绝对无差别的开端,也是永远寻求创作活力的绝对的存在,它以"现实"和"理念"的浑然一体的存在方式,始终在"现实"和"理念"的活跃互动的创新关系中获得新生并由此不断创造新的世界。

在《对人类自由本质及其相关对象的哲学研究》中,谢林以极大的热情和犀利的智慧,使用创造性的语词,描述神的真正面目,揭开神的充满矛盾、充满活力、充满悖论的生命性质。

为此,谢林先后批判柏拉图主义和亚里士多德主义对于神的传统观点,不再使用传统神学的那种冷冰冰的语言,破天荒地把基督教的神,描述成充满理智与意志、爱与恨、善与恶、光明与黑暗、现实与理念等矛盾力量,使神显示它的神秘不可测和令人不寒而栗的双重性格。但不同于传统的神,谢林所描述的是拥有生机勃勃生命运动力的"绝对"。

神,作为最高的存在,自然地成为绝对的同一性的起点和首要创始者;但神并不满足于自身的绝对同一性,因为神既然是万事万物的创始者,就必须照顾到整个世界万事万物的存在,也就是说,神必须考虑到自身的绝对同一性,才可以在万事万物中的体现出来。

谢林认为,神的绝对同一性与万事万物的同一性之间,原本存在一种神秘的内在关系。这种内在关系的基础,恰恰是存在于神的绝对同一性之中,因为神的绝对同一性已经包含了最复杂的差异性和对立性。

从神的绝对同一性到万事万物的同一性,不是一蹴而就的,谢林指出,神的绝对同一性必须通过"人"作为中介,把神的绝对同一性转化成为千差万别的万物的同一性。

从上帝的同一性出发,那么人类必然有其天生的自由,谢林认可这一点:自由感在每个人的内心直接打下了烙印。然后他试图调和由这种自由所产生的恶与作为基督教上帝本身的至善之间的矛盾。在这里,谢林重建了一种神义论,声称由于所有的存在都基于上帝,那么上帝本身存在的根据只能在上帝内部,所以上帝就能成为上帝自身和上帝存在的根基,也就是上帝中的自然。这一上帝中的自然的划分重新定义了上帝自身,即上帝自身虽是至善,但它是尚未完成的,尚在形成中的。上帝为了启示其自身的至善,只通过其自身是无法完成的,所以它的启示就必须经过一种中间产物,即"人"。没有人的存在,上帝无法认识其自身的善,而没有上帝,人的存在就没有根基,人和上帝就这样在谢林那里找到了联系。

在谢林看来,人对于善和恶的自由只是上帝启示其自身作为至善的手段,而恶和善一样也是自由的产物,所以恶是无法消除的。善和恶本身在原初状态中不存在对立，而是可以互相转化。谢林不同意康德式的以理性自律作为基础的道德律，而是认为人的本性在于领悟上帝的启示。上帝将为恶的自由赋予人类，从而上帝本身才避免成为一种恶，人类这一为恶的自由才使上帝的启示行为有了领地。所以，人类在世的目标，就是向至善的规划和提升，而实现这一目标，也只能靠人本身既能为善，也能为恶的自由，在神的庇护下不断地进行自我修身，认真地把握复杂而曲折的创世过程。

最后，对于人本身存在的力量的确认及自信，使得谢林从神学回到了人类本身的存在。谢林宗教哲学对人的存在的探索，使他发现了人的存在本身的内在矛盾，看到了人生在世的艰苦性、悖论性及其克服自身矛盾的可能性。谢林在这方面的思想，大大启发了聆听谢林授课的克尔恺郭尔，使谢林后期的思想在一定程度上成为克尔恺郭尔的存在主义神学和哲学的最早启蒙者。

总之，在世界所发生的一切不同现象中，总是蕴含作为"绝对"的神的各种启示，有待人们通过自己的精神反思及各种奇异想象力，尤其通过人们的非理性的直观能力和各种情感变化，灵活地揭示神的启示。

谢林在宗教哲学方面的成果，远远超出同时代其他哲学家的宗教研究范围，他不只是把宗教仅仅归结为某种同世俗世界相对立的超然活动，而且还把宗教当成理解自然、人类以及世界的本质的基础，试图在宗教中探索作为整个宇宙和整个存在的根基的"绝对"，使他真正越出了德国古典哲学的思辨性，一方面发扬了斯宾诺莎自然神论思想，从自然本身的复杂性及其神秘性，去理解宗教和世界的根源；另一方面把宗教直接地同人的本质联系在一起，特别是同人的生命联系在一起，重新理解生命的创造性质以及人的生活本身的神秘性质，简直成为存在主义思想的最早启蒙者，不但为存在主义提供了从异化的角度研究宗教的范例,同时也为存在主义对人生的宗教性诠释奠定基础。

第六节　谢林的继承者及其历史影响

在谢林哲学的影响下,一批重要的哲学家成长起来,他们是由不同年代成长和深受不同思想影响而形成自己的哲学体系的思想家,最主要的人物,首先是谢林的同时代人,包括克莱因(Georg Michael Klein, 1776-1820),谢林的同一哲学体系的忠实阐释者;约翰·瓦格纳(Johann Jakob Wagner, 1775-1841),坚持谢林前期哲学的泛神论,反对谢林晚期哲学的神秘主义倾向;对诠释学做出特殊贡献的阿斯特(Georg Anton Friedrich Ast, 1778-1841),他是谢林那个时代的哲学史专家,特别是柏拉图哲学的最好阐释家;里克斯纳(Thaddäus Anselm Rixner, 1766-1838),著名的《哲学史教科书》的作者;洛伦茨·奥肯(Lorenz Oken, 1779-1851),自然主义者;内斯·冯·埃森贝克(Nees von Esenbeck, 1776-1858),《思辨哲学体系》和《自然哲学》的作者;布拉舍(B. H. Blasche, 1776-1832),《启示哲学》(*Philosophie der Offenbarung*, 1829)的作者;特罗克斯勒(I. P. V. Troxler, 1780-1866),《人类知识自然论》的作者;埃申迈尔(A. K. A. Eschenmayer, 1770-1852),《走向自然哲学的哲学》的作者;卡鲁斯(Karl Gustav Carus, 1789-1860)及克劳泽(Christian F. Krause, 1781-1832)等人。

这一代追随谢林的哲学家,在他们各自领域中又进一步发挥了个人的新观点,从而进一步扩大谢林哲学在黑格尔逝世后的半个世纪内的影响,促使德国古典哲学的加速分化,并从各个角度,实现有利于繁荣新型哲学发展的"再出发"。

与此同时,在柏林大学与俄国思想家巴枯宁一起聆听谢林课程的

丹麦神学家、哲学家兼文学家克尔恺郭尔,在他的指导教授西伯恩
(Frederik Christian Sibbern,1785－1872)的指导下,于 1841 年写就论
文《论讽刺概念及其与苏格拉底的持续关联》(*On the Concept of Irony
with Continual Reference to Socrates*),环绕"讽刺"(讥讽)的隐喻启示
的灵活形式,集中探讨理性论证之外各种可能的论述方式。

实际上,谢林的思想中,经常探索理性之外的各种可能性。谢林在
关于希腊神话的研究中,集中地显示了谢林对于非理性世界的憧憬和
向往⑤。

谢林还深远地影响了在他之后的思想家,包括叔本华、尼采、狄尔
泰等人,使他们能够朝着理性之外的广阔领域思考哲学创造问题。正
因为这样,谢林还被认为是当代存在主义思潮的启蒙者之一,而在 20
世纪纷纷反思现代性的历史时刻,谢林强烈地影响了海德格尔、维特根
斯坦、哈贝马斯及德里达等人。

注释

① *Friedrich Wilhelm Joseph Schelling's Sämmtliche Werke*,[*SW*],ed. K. F. A.
Schelling,I Abtheilung Bd. 5:393. Stuttgart:Cotta,1856－61.

② *Friedrich Wilhelm Joseph Schelling's Sämmtliche Werke*,[*SW*],ed. K. F. A.
Schelling,I Abtheilung Bd. 5:394. Stuttgart:Cotta,1856－61.

③ 谢林,《对人类自由的本质及其相关对象的中学研究》,中文版,北京:商务印书
馆,2008:65.

④ Andrew Bowie,*Schelling and Modern European Philosophy: an Introduction*,
London:Routledge,1993.

⑤ Andrew Bowie,*Aesthetics and Subjectivity: from Kant to Nietzsche*,
Manchester:Manchester University Press,2003.

⑥ Walter Schulz,*Die Vollendung des Deutschen Idealismus in der Spätphilosophie
Schellings*,Pfullingen,1975:13;Horst Fuhrmans,*Die Philosophie der
Weltalter*,in:Studio Philosophica 14,1954:2－17.

⑦ Nicolai Hartmann, Die Philosophie des Deutschen Idealismus. Berlin/New York 3. Aufl, 1974：112.

⑧ Christian Iber, *Das Andere der Vernunft als ihr Prinzip: Grundzüge der philosophischen Entwicklung Schellings mit einem Ausblick auf die nachidealistischen Philosophiekonzeptionen Heideggers und Adornos*. De Gruyter, Berlin, New York, 1994：6f.

⑨《黑格尔书信百封》,40 - 41。

⑩ *Friedrich Wilhelm Joseph von Schellings sämmtliche Werke*. Hrsg. v. K. F. A. Schelling. 1. Abteilung：10 Bde. (= I - X)；2. Abteilung：4 Bde. (= XI - XIV), Stuttgart/Augsburg, 1856 - 1861. Nach der Originalausgabe in neuer Anordnung hrsg. v. M. Schröter, 6 Hauptbde., 6 Ergänzungsbde., München 1927 ff., 2. Aufl, 1958 ff.

⑪ *Historisch-kritische Schelling-Ausgabe der Bayerischen Akademie der Wissenschaften*. Hrsg. Hans Michael Baumgartner, Wilhelm G. Jacobs, Jörg Jantzen, Hermann Krings und Hermann Zeltner, Stuttgart-Bad Cannstatt, 1976 ff.

⑫ 谢林:《论自我的哲学的根本》,1795：157。

⑬ 谢林:《自然哲学观念》,1797,载于《谢林全集》第 2 卷,第 56 页。

⑭ 谢林:《先验唯心论体系》,2006 年中文版,北京：商务印书馆,第 250 页。

⑮ 谢林:《自然哲学体系初步纲要导论》,见《谢林全集》,第 3 卷,第 271 页。

⑯ Christian Iber, *Das Andere der Vernunft als ihr Prinzip*, Berlin, New York 1994, S. 112f.；Manfred Frank：*Eine Einführung in Schellings Philosophie*, Frankfurt a.M., 1985, S. 73.

⑰ F. W. J. Schelling, *Ideen zu einer Philosophie der Natur*, 1797：8 - 9.

⑱ F. W. J. Schelling, *Ideen zu einer Philosophie der Natur*. In：*Werke*. Ed. Schröter, München, 1927, Bd. I；Seite 706.

⑲ D. Henrich, *Selbstverhältnisse*, Stuttgart：Reclam, 1982：82.

⑳ Hegel, *Phénoménologie de l'esprit*, *préface*, Jena, 1807.

㉑ Andrew Bowie, *Schelling and Modern European Philosophy: An Introduction*. London and New York, Routledge, 2002[1993].

㉒ Christian Iber, *Das Andere der Vernunft als ihr Prinzip*, Berlin, New York, 1994：95 - 132；X. Tillietre：*Schelling. Une philosophie en devenir*. Bd. 1；*Le système vivant 1794 - 1821*：185 - 213；D. Korsch：*Der Grund der Freiheit. Eine Untersuchung zur Problemgeschichte der positiven Philosophie und zur Systemfunktion des Christentums im Spätwerk F.W.J. Schellings*, München, 1980：72 - 100.

㉓ F. W. J. Schelling, *SW III*, 342.

㉔ F. W. J. Schelling, **SW III**：408.

㉕ F. W. J. Schelling, **Sur la relation du réel et de l'idéal dans la nature**（1806），trad. S. Jankélévitch in **Schelling**, **Essais**, Paris, Aubier, 1946.

㉖ 谢林著：《先验观念论体系》，北京：商务印书馆，2006，第 298 页。

㉗ 谢林著：《先验观念论体系》，北京：商务印书馆，2006，第 299 页。

㉘ 谢林著：《先验观念论体系》，北京：商务印书馆，2006，第 302 页。

㉙ 谢林著：《艺术哲学》绪论，魏庆征译，北京：中国社会出版社，2005，第 2 页。

㉚ 谢林著：《先验观念论体系》，北京：商务印书馆，2006，第 302 页。

㉛ 谢林著：《布鲁诺对话》德文版编者跋，参见《布鲁诺对话》，邓安庆译，北京：商务印书馆，2008，第 165 页。

㉜ 谢林著：《先验观念论的体系》，北京：商务印书馆，2006，第 3 页。

㉝ F. W. J. Schelling, **Abhandlungen zur Erläuterung des Idealismus der Wissenschaftslehre**, 1796/97；**Über den wahren Begriff der Naturphilosophie und die richtige Art ihre Probleme aufzulösen**, 1801；**Philosophische Untersuhungen über das Wesen der menschlichen Freiheit und die damit zusammenhängen Gegenstände**, Stuttgart, Philipp Reclam Jun., 1999：6.

㉞ F. W. J. Schelling, **Vom Ich als Princip der Philosophie oder über das Unbedingte im menschlichen Wissen**, 1795.

㉟ 谢林著：《先验观念论体系》，北京：商务印书馆，2006，第 302 页。

㊱ 谢林著：《先验观念论体系》，北京：商务印书馆，2006，第 310 页。

㊲ 谢林著：《布鲁诺对话》，北京：商务印书馆，2008，第 1 页。

㊳ Friedrich Wilhelm Joseph Schelling, **Bruno oder über das göttliche und natürliche Prinzip der Dinge. Ein Gespräche**. Laipzig, Philip Reclam jun., 1989：7-9.

㊴ **Schelling's Sämmtliche Werke**, ［SW］, ed. K. F. A. Schelling, I Abtheilung, Vols. 3, Stuttgart：Cotta, 1856-61：613.

㊵ **Schelling's Sämmtliche Werke**, ［SW］, ed. K. F. A. Schelling, I Abtheilung, Vols. 3, Stuttgart：Cotta, 1856-1861：627.

㊶ 谢林著：《艺术哲学》，魏庆征译，北京：中国社会出版社，2005，第 15-17 页。

㊷ 谢林著：《艺术哲学》，魏庆征译，北京：中国社会出版社，2005，第 19 页。

㊸ 谢林著：《艺术哲学》，魏庆征译，北京：中国社会出版社，2005，第 41 页。

㊹ 费希特原著《当代的特点》（Die Grunzüge des gegenwärtigen Zeitalters），其中使用的 Zeitalter 是普通意义上的"时代"，而谢林使用同一语词却赋有"创世时期"的意涵。

㊺ Friedrich Wilhelm Joseph Schelling, **Philosophische Untersuchungen über das Wesen der menschlichen Freiheit und die damit zusammenhängen Gegenstände**, Stuttgart, Philipp Reclam Jun. 1962：62.

㊻ 谢林著：《布鲁诺对话》，邓安庆中文译本，北京：商务印书馆，2008，第 41 页。

㊼ Friedrich Wilhelm Joseph Schelling，*Über Mythen*. AA I，1，212（SW I，57）.

㊽ 谢林著：《艺术哲学》绪论，魏庆征译，北京：中国社会出版社，2005，第 23 页。

㊾ 谢林著：《艺术哲学》绪论，魏庆征译，北京：中国社会出版社，2005，第 24 页；引用时，根据原文稍作修辞方面的改动。

㊿ *Friedrich Wilhelm Joseph Schelling's Sämmtliche Werke*，［**SW**］，ed. K. F. A. Schelling，I Abtheilung Bd. 5. Stuttgart：Cotta，1856 - 1861.

第九章

浪漫主义哲学

　　谈到浪漫主义,很多人往往局限在文学艺术领域进行研究和分析。但实际上,浪漫主义的思想基础,是在哲学中扎根并发展的,这一点在德国更是如此。德国的浪漫主义更多地与哲学思想联系在一起。而且,许多德国的浪漫主义文学家、诗人和艺术家,都有很高的哲学造诣,在 17 至 19 世纪的德国,文学、诗歌和艺术的创作,都建立在深刻的哲学思想基础上。所以,浪漫主义是一个由多学科、多领域的思想因素所构成的人文社会思潮。浪漫主义的出现意味着欧洲思想文化的发展又进入了一个新的历史阶段,从 18 世纪至今漫长的社会文化发展中,浪漫主义发挥了革命的酵母的作用,它的历史影响以及其中隐含的思想文化价值是无可估量的。

第一节　浪漫主义与启蒙运动的
三重关系

　　从 18 世纪末至 19 世纪 30 年代,德国和整个欧洲都处于剧烈动荡的大转变时期。德国启蒙时代的最后阶段,不仅以康德哲学的辉煌成果来终结,产生了西方哲学史上光辉灿烂的德国古典哲学,而且,也迎来了法国大革命的思想革新浪潮以及拿破仑入侵的民族威胁。法国革命和拿破仑出征德国,把法国人权宣言的精神,传遍欧洲和整个德国。但异族的入侵,不仅动摇了德国社会的一般层面,而且它比此前发生的思想启蒙运动,更强烈地刺激了德国人的内在精神世界。就是在这种特殊的思想文化背景和历史事件的脉络中,德国启蒙运动经历四个阶段的发展之后,朝着多方向发展,而其首要方向,就是直接促进早在德国思想运动中孕育良久的浪漫主义的发展,迅速宣示浪漫主义时代(Romantikzeit)的全面到来。

浪漫主义思潮以崇敬自然界和个人精神生活中突发的奇异现象为导火线,珍惜个人生命情感的神秘力量,深信生命情感隐含强大的势不可挡的创造潜流,总是抓住奇异显现的珍贵瞬间,关注在生命情感、语言、自然力和不可见的神秘世界的交错中间所存在的独一无二的奇异激情和创作机遇,试图爆发出震撼灵魂及自然的创举,将原本早已潜伏待发的个人激情和自然力量转化成永恒的作品。

早在 5 至 15 世纪的中世纪时期,德国社会就散发着非常浓厚的神秘气息,艺术界、哲学界和科学界的部分天才,钟情于凝思中世纪漫长黑夜中潜行的神秘文化氛围,试图从中探索人类一般魂灵的运行密码,对早已凝固的文化创作精神进行多元化的解码尝试,形成了特有的怀古情怀和无尽的思乡憧憬,倒回到梦境般的想象天地,执迷于儿童般天真烂漫的稚气状态,沉浸在童话叙述的自然情境,试图在幼童梦幻世界中,探求精神世界和历史维度的纵深状况,激发出无奇不有的多种创作思路,为浪漫主义的形成开拓突破口。诗人海涅曾经设想,浪漫主义的最早风格和气氛,恰恰源自中世纪艺术作品中隐含的神秘性、谜团结构式、传奇式以及激情奔放(das mystische，rätselhafte，wunderbare und überschwengliche)的故事情节和文风①。

由此可见,德国浪漫主义虽然是 18 世纪末至 19 世纪初发生在德国文学、艺术和哲学领域的宏伟的思想运动,但它的思想情感方面是源远流长的。

同欧洲其他国家相比,德国浪漫主义发展得比较迟缓,而且德国浪漫主义早期还与魏玛古典时代(约 1772 - 1805)相重叠。然而,就其精神基础而言,它却继承发扬了德国中世纪晚期一直延伸到 16 至 17 世纪的德意志民族的特殊文学艺术风格,看重德意志贵族精英精神中的幽默、机智和细腻讲究的特殊美感,在这方面,德国早期浪漫主义比英国浪漫主义的较为严谨的传统有所不同。这种特点一直延续到晚期的德国浪漫主义运动中,致使他们聚焦于日常生活世界与天才们的非理性和超自然情感能力之间的张力。正因为这样,海涅说,德国早期浪漫主义对中世纪相对统一的艺术和社会抱有怀念情怀。

当然,严格意义的德国浪漫主义开始于 1770 年前后并延伸到 19 世纪 30 年代,而且,最突出的成果尤其表现在同时代的德国文学领域,同文学相比,这一时期的德国音乐和视觉艺术,其浪漫主义则相对地处于弱势状态。德国浪漫主义在后来的歌德、席勒等人的文学作品中,尤其突出地崇尚情感、个体性、天才以及怀乡情感等。他们直接与同时代启蒙理性相对抗,试图在理性之外寻求创作的更多灵感。

显然,在启蒙运动中形成的德国浪漫主义,既是对中世纪时期自然的人文环境的怀念(德国人称之为"*die sehnsucht*",即"怀旧"的意思),也是对以往民间传统的眷恋,又是对个人自然情感欲望的肯定。

这一切导致浪漫主义与同时发展的启蒙理性的"思想落差",甚至对立情绪。

由于浪漫主义是在启蒙运动中孕育、并在其后期发展起来的,所以,它同启蒙运动的关系是三重性的:第一,它是启蒙运动的一个组成部分,指的是它作为启蒙运动的内在成分,补充了启蒙运动的内容,使启蒙运动成为更为丰富和多面的思想革新运动。例如,在启蒙运动中,卢梭所提倡的自然主义和对于文化的批判,实际上使启蒙运动更加全面地构思了未来的思想文化发展的方向;第二,浪漫主义作为启蒙运动的对立力量,牵制了启蒙运动的发展方向,使西方人更为冷静地反思启蒙运动的口号和成果;第三,浪漫主义作为启蒙运动后期的转化产品,乃是启蒙运动本身的一个成果。在这个意义上说,浪漫主义进一步完成了启蒙运动的理想。

第二节　浪漫主义的含糊性
及其创作灵活性

浪漫主义(Romantismus)是一个极其模糊的概念,它意味着各种不同的含义,但它基本上是指受法国启蒙运动时期卢梭等人的影响、而在部分德国作家、诗人和思想家中蔓延和发展起来的一种特殊的创作精神。德国浪漫主义的文学家和哲学家们,往往是"狂飙突进精神"的继承者。但他们并不满足于启蒙运动的理性原则,而是把人文主义的内涵和表现形式更紧密地与人的内在心灵和感情生活联系在一起,提出了超越理性和放任自然的新口号,在一定程度上,试图批判、弥补和纠正启蒙运动的缺失之处,把人的心灵和感情的解放,尤其把人的创作自由,提升到更高的层面[②]。

为了深入了解浪漫主义的精神,简单地对它进行词源学和历史的考察,是很必要的。其实,"浪漫的"(romantisch)这个词的出现,还可以追溯到更遥远的时代。"浪漫的"的词根"浪漫"(roman),最早是与法国境内从 1135 年起流传于民间中的古罗马语"Romanz"有关,也与法国人所说的"小说"(le roman)有关。但是,作为"浪漫主义"意义上的"浪漫的"(romantic)一词,是从英国开始的。1650 年,首先是作家托马斯·贝利(Thomas Haynes Bayly,1797 - 1839),接着,另一位英国诗人格雷维尔(Sir Fulke Greville,the First Baron Brooke,1554 - 1628)于 1652 年使用了"浪漫的"一词,表示一种"想象的"或"非现实的"倾向。所以,同时期的作家斯居戴利(Georges de Scudery,1601 - 1667)在他的《阿拉里克》(Alaric)一书的序言中,明确使用"浪漫的"一词,表示"一种精心创作出来的想象作品",这就是后来统称为"小说"(Roman)的文学体裁,因为正是在小说中,作家才有可能最大限度地发挥杜撰的想象能力。从那以后,"romantic"就被赋予新的意义,特指具有想象杜撰性质的各种创作活动及其基本精神,小说就是它的最基本表现形式。斯密(Logan Pearsall Smith,1865 - 1946)就是在这种情况下,以这个新的词义,谈论一种"浪漫的创造"(romantic inventions)③。接着,《乌托邦》的作者莫尔,在 1661 年,也在"浪漫的诗歌"(romantic poetry)的语句中正式采用这个新词义。"浪漫的"一词很快就传入德国,先是以"romanisch"的形式,接着很快又变成"romantisch",在 18 世纪末广泛地在文学界和哲学界使用开来。正是诗人兼作家赫尔德、诗人兼小说家维兰德等人,全面地使用"浪漫的"(romantisch)这个新语词,表示一种冒险的、非现实的和杜撰的创作活动。在诗人蒂克的作品中,进一步引用卢梭所采用的"浪漫的"词义,表示某种美景如画的自然景色以及存在于内心深处的自然憧憬。最后,莱辛的朋友、著名的评论家、记者和作家尼古拉（Christoph Friedrich Nicolai）也反复地用"浪漫的"，表示非现实的、想象的、烂漫多彩的和颂扬夸张的创作心灵。至此，"浪漫的"一词隐含了对于理想的追求心情和对于现实的无限超越的欲望以及对于审美境界的大胆想象，也包含着纵情冒险、跨越极限和突破禁忌的逾越精神。

贯穿于浪漫主义的基本精神，就是对"自我""爱情""自然"和"梦幻"的绝对追求。早在浪漫主义的先驱卢梭和早期的歌德那里，就已经明显地表达了浪漫主义的上述四大核心理念。卢梭很早就同启蒙运动的重要思想家狄德罗和伏尔泰发生争论，并导致他同他们之间的难以弥合的思想裂痕。卢梭尤其在他逝世后发表的遗作《自白》（*Professions*，1782/1789）和《孤独的游荡者的梦幻》（*Les Rêveries du promeneur solitaire*，1782）中，公开地宣布同启蒙的理性理念和社会共识制度的决裂，主张回到自然和放纵个人的内心世界。卢梭说过："我不做推理，不像哲学家那样思考。……我不得不向伟大思想的混沌状态投降……我在宇宙中感到窒息。……我渴望奔向无限……于是，我的精神融入无限的狂喜之中。"

同样的，歌德在他的《少年维特的烦恼》一书中，歌颂了一位迷恋于情人而陷入精神崩溃的年轻人维特，这位追求"不可能的爱情"的年轻人最终选择了自杀的道路。维特说："为什么造成人的幸福的那些事情又变成他的痛苦的根源？在我心中对于自然和生活如此强烈的情感，淹没了我的整个的心，它们从环绕着我的外部世界蔓延到我的全身，以致形成了一个天堂式的乐园。它现在变成为一个难以忍受的杀手，也变成一个凶恶的精灵，处处困扰着我。"尽管歌德在晚年否认他早期的浪漫主义原则，但它很快就成为德国浪漫主义的基本精神，推动着德国浪漫主义运动的发展。

第三节　德国浪漫主义的三大阶段

德国浪漫主义思想,从18世纪末到19世纪中叶,在将近半个世纪的过程中,经历了三个分期,而其中心也逐次地从耶拿转移到海德堡,最后又转移到柏林。当然,在上述三大中心之外,德累斯顿、魏玛和慕尼黑也曾经是浪漫主义的创作堡垒。费希特、谢林和黑格尔进行哲学活动的时代,正是浪漫主义思想蓬勃发展的时候。所以,浪漫主义的兴起及其影响,并不局限于文学艺术领域,而是包括哲学和整个人文科学部门。研究浪漫主义史的缪勒曾经很形象地把当时的德国浪漫主义称为"一首关于魔术式和神秘的人性的颂诗"(Dichtung der magischen und mystischen Humanität, G. Müller, *Geschichte der deutschen Seele*, 1939: 378)。

(一) 以蒂克和施勒格尔兄弟为代表的耶拿学派

从1790至1804年的耶拿时期,也被称为"早期浪漫主义"(Frühromantik),其代表人物是蒂克(Ludwig Tieck,1773-1853)、瓦肯洛德(Wilhelm Heinrich Wackenroder,1773-1798)、李希特尔(Jean Paul Friedrich Richter,即让·保尔[Jean Paul]Jean Paul,1763-1825)、弗利德利希·施勒格尔(Friedrich Schlegel,1772-1829)、奥古斯特·威廉·施勒格尔(August Wilhelm Schlegel,1767-1845)、诺瓦利斯和施莱尔马赫(Friedrich Daniel Ernst Schleiermach,1768-1834)。他们以耶拿大学为活动中心,围绕着弗里德里希·施勒格尔和奥古斯特·威廉·施勒格尔兄弟,极其活跃地创作和探讨浪漫主义的写作风格,并以浪漫主义的激情谈论时局,大胆抨击社会弊病,他们还同谢林和诺瓦利斯等人宣扬一种辩证法的"生成"范畴,与主张理想的完满性的古典主义相对抗。正如诗人海涅所说,这俩兄弟是耶拿学派的精神领袖。这些人大多数出生在 1767 至 1773 年之间,在法国革命和拿破仑出征时期正好是他们的青少年时代。因此,他们的共同特点是充满激情,富有叛逆精神,追求自由,敢说、敢怒和敢于冲锋陷阵。这一时期,施勒格尔兄弟在耶拿所创办的《雅典女神神殿》(*Athenaeum*)杂志成为这一代浪漫派的讲坛。

蒂克和瓦肯洛德都出生于 1773 年,蒂克生在柏林的一个制绳工人家庭,少年时代就读于柏林的弗里德里希·维尔德中学(Friedrich-Werdersche Gymnasium),接受了启蒙思想的教育。当时,学识渊博的老师兰巴赫(A. Rambach)和贝尔纳迪(A. F. Bernardi)给予他深刻的启发,使他很早就创作了富有浪漫气质的诗歌,表现出对于古典主义的强烈反叛精神。他先后在哈勒大学、埃朗根大学、格丁根大学和柏林大学攻读神学和文学。从小就被莎士比亚和英国伊丽莎白时代(Elizabeth Era)的戏剧作品所熏染。蒂克成熟得很早,十七八岁就创作了大量的作品,致使他在 18 世纪的最后十年内,连续发表震撼文坛的优秀著作。从那以后,在前后五十年内,他所写的作品,包括《利诺》(*Ryno*,1791)、《鸵鸟羽毛》(*Straussfedern*,1794 – 1798)、《彼德·勒波列兹特》(*Peter Leberecht*)、《威廉·罗维尔的历史》(*Die Geschichte des William Lovell*)、《弗兰茨·施特恩巴尔特游记》(*Franz Sternbalds Wanderungen*,1798)、《幻象》(*Phantasus*,1812 – 1816)、《穿上靴子的雄猫》(*Der gestiefelte Kater*,1797)、《颠倒的世界》(*Die verkehrte Welt*,1798)、《撒尔宾诺王子》(*Prinz Zerbino*,1799)、《浪漫主义诗集》(*Romantische Dichtungen*,2 Bde. 1799 – 1800)、《奥格达威安奴斯王》(*Kaiser Oktavianus*,1804)、《神圣的热诺维瓦》(*Leben und Tod der* heiligen Genoveva，1800）、《撒维南的叛乱》（Der Aufruhr in den Cevennen，1826）和《木工师傅》（Der jungen Tischlermeister，1836）等。蒂克在 1796 年以前所写的小说，都属于他的思想发展前期的不够成熟的作品。蒂克在 1797 年发表的三卷本《民间童话》（Volkmärchen）是他转向浪漫主义的关键作品。而他的《弗兰茨·施特恩巴尔特游记》和《穿上靴子的雄猫》等作品才是德国浪漫主义文学的代表作。1798 年之后，他移居耶拿，并在那里与施勒格尔兄弟和诺瓦利斯等人在一起，使耶拿迅速成为当时德国浪漫主义运动的文化重镇。他在这一时期所发表的《浪漫主义诗集》，包含了他的著名的《神圣的热诺维瓦》（Leben und Tod der heiligen Genoveva）和《小红帽的一生》（Leben und Tod des kleinen Rotkäppchens）的童话式浪漫诗。

蒂克的作品在 1828 年至 1846 年间被收集成《蒂克作品集》二十卷（Tiecks Schriften，20 Bde）。1852 年至 1854 年出版了他的《小说集》（Tiecks Gesammelte Novellen），共十二卷。1855 年又出版他的《蒂克遗著》（Tiecks Nachgelassene Schriften）共两卷。接着，他的各种选集、文集及全集，陆续出版，其中包括：1866 至 1888 年由威尔第编选的《蒂克选集》（Ausgewählte Werke）八卷；1885 年由米纳主编的《蒂克选集》两卷本，被编入德国天主教会文集中；1892 年由克里编《蒂克选集》三卷本，内含蒂克传记；1903 年由维特科夫斯基编《蒂克选集》四卷本；1963 至 1966 年由塔尔曼（Marianne Thalmann）主编的《蒂克选集》四卷本。

此外，蒂克的书信也逐渐地被编成书：《蒂克与施勒格尔兄弟通讯集》（Ludwig Tieck und die Brüder Schlegel. Briefe ed. by Edgar Lohner，München 1972）和《致蒂克书信集》（Briefe an Tieck were published in 4 vols. by K. von Holtei in 1864）。

　　蒂克的大量作品,使他有理由成为德国浪漫主义的最初首领。所以,克纳(Justinus Kerner,1786－1802)在 1841 年 5 月写道:蒂克是"歌德去世后德国首要诗人"(der erste Dichter Deutschlands)。

　　蒂克的同学和朋友瓦肯洛德,虽然比蒂克早逝,但他们俩始终被人们看作耶拿时代德国浪漫主义的"一双天生聪慧的灵魂"。瓦肯洛德的父亲是很严谨的法学家和律师,所以,瓦肯洛德只能被限住于柏林,并攻读法学。早期,对他发生思想影响的人物有两位:卡尔·菲利浦·莫里茨和莱沙特(Johann Friedrich Reichardt,1752－1814)。前者是歌德的一位好友,古典主义文学的奠基人,于 1798 年 2 月被任命为柏林科学院美术教授。每当他在科学院任课时,洪堡、瓦肯洛德和蒂克等人,都出席聆听。在 18 世纪的 90 年代,莫里茨还一直同迈蒙保持很好的友谊;当时,迈蒙积极地为莫里茨所主编的《经验心灵研究杂志》(*Magazin zur Erfahrungsseelenkunde*)供稿。

　　至于莱沙特,也是歌德的朋友,他是天才的音乐家、作曲家、作家和美术爱好者。他经常在他的家里,邀聚许多志同道合者,谈论浪漫主义的论题。他的家成为培育青年诗人和作家的"精神摇篮"。瓦肯洛德很喜欢散步远足,并在漫步中讨论创作问题,因此,人们说:浪漫主义是在漫步游览中诞生的。他们尤其欣赏附近的邦贝格教堂的建筑,使他们遥想崇高的审美感。他们还经常来到德累斯顿,鉴赏那里的富有感染力的自然美景。瓦肯洛德的浪漫情绪往往使他无意于庸俗的日常生活,而是喜欢来往于天与地、爱与恨、生与死之间,无限畅想和细腻品尝生命与自然的神秘情调。因此,他比诺瓦利斯更早就寻求表达内心幻象的写作手法。他在《论两种奇特的语言及其无限神秘的力量》(*Von zwei wunderbaren Sprachen und deren geheimnisvoller Kraft*)中,表达对神的感激,因为神给予人使用语言的才华,并借此而命名和占有大地各物，同时，神又使人具有自然的和艺术的能力。他认为，艺术具有神奇的能力，使人有可能借助于形象的手段，表达无形的无数事物。瓦肯洛德还认为，哲学和理性活动对于世界的理解是有限的，必须借助于想象和象征，才能灵活地把握世界。瓦肯洛德对美术和音乐情有独钟，他为德国人民引进了意大利文艺复兴时期的绘画和艺术。因为这样，后人认为瓦肯洛德一生始终是在梦和醉的双重幻象中度过。

耶拿时代的浪漫主义的另一对代表人物，就是施勒格尔兄弟。大施勒格尔所发表的《关于美的文学与艺术的讲演录》(*Vorlesungen über schöne Literatur und Kunst*. Heidelberg：J. Minor/Heilbronn/Henninger，1884）和《关于戏剧艺术与文学》(*Vorlesungen ueber dramatische Kunst und Literatur*. Heidelberg：Mohr und Zimmer. 1809 – 1811)两本重要著作，详尽地论述了艺术创作中的精神与语言、文化和世界的关系。而小施勒格尔所发表的《论希腊诗歌的研究》④和《论语言和古印度人的智慧》⑤等著作，则更深入地分析了语言的象征性结构及运作逻辑，表现了浪漫主义对于语言象征的创作方法的重视。两兄弟是如此精神和谐，以至于可以说，他们虽然肉体分开，但灵魂却是一个。怪不得海涅说，他们两兄弟是"新学派的领唱人"。

大施勒格尔出生在汉诺威，早期献身于神学，就读于格丁根大学，从师于语言学家海纳(Christian Gottlob Heyne，1729 – 1812)，研究文学。在格丁根大学，他参加《格丁根诗神年鉴》(*Göttinger Musenalmanach*)的编辑工作。1795 年起，他开始研究喜剧，并成为席勒的朋友。1796年，他同他的才华横溢的妻子卡罗琳·施勒格尔(Karoline Schlegel，1763 – 1809)移居耶拿。此后，他翻译和研究莎士比亚戏剧，并因此成为德国戏剧的奠基人之一。英国文学的浪漫主义精神给予他深刻的启发。他在 1793 年 6 月 19 日致其弟小施勒格尔的信中说："'浪漫的乐曲'（romntische melodie）这个词，以极大的限度和最高的程度，表现了诗歌的浪漫性和音乐性的恰当结合。"1801 年，他前往曾经是理性主义的中心的柏林。他的到来使柏林立刻成为与魏玛并存的浪漫主义的中心。一大群年轻有为的才子诗人和评论家，经常聚集在大施勒格尔的家里，其中包括著名的拉赫尔·列文（Rahel Levin，1771－1833）、亨利耶特·赫尔茨（Henriette Herz，1764－1847）和多勒兹·门德尔松（Dorothea Mendelssohn，1763－1839）等人。从 1801 年到 1803 年，他们连续召开关于语言、诗歌、戏剧和文学的研讨会，为此，海涅曾经称他们为"浪漫主义学派"。大施勒格尔从 1802 年起大肆批判经典的诗歌形式，强调浪漫主义诗歌的灵活可塑的建造型（architektonisch）性质。1808 年，在维也纳举行的研讨会上，大施勒格尔宣布："古代的诗歌是占有型的，而我们的诗歌是怀旧性的（die poesie der alten war die des besitzes, die unsrige die der Sehnsucht）。"他认为，如果说，古希腊的艺术品是受到有限的启发并追求完美的话，那么，浪漫主义的艺术品是以无限为基础，以不可表达的无止境的境界为目标。

小施勒格尔比大施勒格尔更有才华，但沉静多虑，并充满矛盾心理。他从哲学的角度，为浪漫主义奠定了基础。他说："近代一切诗歌的历史，无非就是对于哲学的短小文本的继续诠释。一切艺术都必须成为科学，而一切科学都应该成为艺术。诗歌与哲学都必将崩溃。"他幻想成为研究希腊诗歌的专家，就好像温克尔曼是意大利艺术的专家那样。1794 年，他撰写了《论古希腊诗歌的学派》（*Von den Schulen der griechischen Poesie*），并在同年 2 月 24 日致信给他哥哥说："在我看来，我们的诗歌的基本问题，就是将现代诗歌的根本性质与古代诗歌的根本性质结合起来。"他认为，康德和席勒的哲学观点有很多相似之处。小施勒格尔承认，在 18 世纪末，对他的思想发生根本性影响的事件有三个：1794 年费希特发表《知识论》、1789 年发生法国大革命以及歌德于 1796 年发表《威廉·迈斯特的求学时期》。实际上，费希特从1793 年起所发表的一系列著作都推动了当时正在兴起的浪漫主义思潮。小施勒格尔除了赞赏费希特的哲学以外，还主张以康德的超越性概念，在自我之中将自我与现实结合起来。小施勒格尔认为，文化就是遵循一种综合的原则，将相互对立的因素连接起来，同时地完成"自我创造"(selbstschöpfung)和"自我虚无化"(selbstvernichtung)。艺术家无非就是"将自我筹划成为作品、并控制自己的作品"的主体。1804 年，小斯列格娶多勒兹·门德尔松为妻。从此，他们双双为奠定浪漫主义的原则做出了卓越贡献。小施勒格尔以他的妻子作为典范，在他的小说中把她描述成"一位才子的全部生命的创造精神的化身"。小施勒格尔认为，一部浪漫主义作品，不只是表现一种浪漫的创作行动，而且还是一切可能的文学体裁和哲学论文的异质综合体的奇特表演，同时又是理性与欲望、感情、意志之间的充满张力的争斗。小施勒格尔甚至诙谐地将它称为"一种爱情的方式"。但是，正如后来的诺瓦利斯所指出的，这种爱情，不是人间通常所理解的爱，而是作为中介力量，给予人和自然强大的生命力和创造精神，通过它，人在其创造中才有可能把自己提升到无限的高度。后来的施莱尔马赫也把浪漫精神理解成浪漫主义的宗教。小施勒格尔在柏林编辑刊物时，还把他的浪漫主义扩大到伦理学，提倡一种"斯宾诺莎式的爱"，以便通过它，拥抱整个自然和人类整体以及无限的历史。从 1798 年到 1800 年，小施勒格尔兄弟一起出版《雅典女神神殿》(*Athenaeum*)杂志，除了刊登他们俩的作品外，还刊登了诺瓦利斯和施莱尔马赫等人的作品。小施勒格尔晚期还发表《生命哲学》(*Philosophie des Lebens*，1828)及《语言与语词的哲学》(*Philosophie der Sprache und des Wortes*，1829)。

　　浪漫主义运动的发展导致对于新的神的向往。它和崇拜理性的启蒙运动相反,期望在一种奇特的神秘世界中找到人类创作的动力和基础。小施勒格尔早在 1798 年致诺瓦利斯的信中说,创作的复杂神秘来源,要求人们探索内心深处对超越世界的憧憬基础。小施勒格尔认为,宗教有可能向人们提供精神超越的力量。因此,必须深入研究宗教情感和力量的内心根基。小施勒格尔甚至认为,寻找到的新宗教,将是神秘和充满魔术的力量。施莱尔马赫就是在这种情况下成为浪漫主义的新的中坚人物。

　　施莱尔马赫从小在宗教虔诚的环境中长大。1796 年他在柏林被教区任命为"爱的典范"。从此,他同赫尔茨(Henriette Herz)小姐和施勒格尔兄弟相遇,开始了他本人的"浪漫主义史"。美丽而浪漫的赫尔茨小姐是犹太人,她给施莱尔马赫的浪漫主义思想增添了不少新鲜的因素,施莱尔马赫的著名的《关于宗教的演说》(*Reden über die Religion an die Gebildeten unter ihren Verächtern*,1799)就是在赫尔茨小姐和小施勒格尔的启示下起草出来的,而且,这一演说立即使施莱尔马赫变成为新成立的柏林大学的神学教授。他的宗教哲学的观点最终完成于 1800 年所写的《独白》(*Monologen, eine Neujahrsgabe,* 1800)一文中。施莱尔马赫还从谢林关于自然与精神相同一的理论中受到启发,进一步论证作为"绝对同一性"的上帝乃是自然与精神相同一的唯一根源。施莱尔马赫强调,单一的和非人格化的"绝对"不应与现实世界相混淆;但我们在思索这样一种"绝对"时,不应把它与现实世界相隔离。宗教是唯一可以实现的联系世界与上帝的"途径",宗教既非思想,又非行动,而是"沉思和情感",是一种"绝对依赖于'大全'的情感"。在施莱尔马赫看来,教义不是主要的因素,而是一种理智活动的副产品。

施莱尔马赫的其他著作包括：《迄今为止各种道德理论的批判纲要》（*Grundlinien einer Kritik der bisherigen Sittenlehre*，1803）、《福音教会基本原则下的基督信仰》（*Der christliche Glaube nach den Grundsätzen der evangelischen Kirche I–II*，1821/22）、《伦理学系统纲要》（*Entwurf eines Systems der Sittenlehre*，1835）、《辩证法》（*Dialektik*，1839)以及《哲学伦理学纲要》（*Grundriß der philosophischen Ethik*，1841）。

由于施莱尔马赫对诠释学的发展做出了重要贡献，本书将在下一节专门行进论述他的诠释学理论和方法。

论述德国浪漫主义，如果忽略诺瓦利斯，就意味着没有抓住重点。正如前面所说，诺瓦利斯是浪漫主义运动的核心人物，也是浪漫主义哲学的真正创始人。他既是浪漫主义的诗人，又是浪漫主义理论、风格和生活方式的奠基人。他在这一时期所创立的"魔术的观念论"，一方面试图建构诠释世界和生活的哲学理论；另一方面又反对传统的哲学论述方式，主张以浪漫的精神，凭借想象和不拘无束的诗性思想能力，阐述世界和生活的奇特性质，并由此创建新型的宗教。这是一位奇才，浑身充满魅力和诗性气质，又富有科学智慧。小施勒格尔在一封致其兄的信中是这样描绘诺瓦利斯："命运使我与一位通晓一切、优雅浪漫的年轻人相遇。"诺瓦利斯是当时德国罕见的青年奇才，既善于文学创作，又掌握各种科学知识，对天地万物抱有浪漫的幻想和期待。他的父母是虔诚的虔敬派教徒，从小受到宗教神学和哲学文学的教育，于1790年考入耶拿大学法学系，随后又转入莱比锡大学攻读文学和诗学。他深受席勒的思想熏染，称他为"未来的新世纪的教育家"。他在致莱茵霍特的信中说：为了培养自己的既坚定、又精确的性格，决心投身于"精确的"科学研究（Brief an Reinhold, 5 Oktobre 1792）。他说，只有通过精确科学的研究，才能"从更高的视野达到更高的目标(nach höheren zwecken, von einem höheren standpunkt)"。1797 年 12 月，为了到弗赖堡接受著名地质学家维尔纳（Abraham Gottlob Werner，1749 - 1817)的指导从事自然科学的学习和研究，他宣布："我们承担使命，我们是被召唤来重建大地(wir sind auf einer Mission：zue Bildung der Erde sind wir berufen)。"

他在 1793 年 2 月 9 日致父亲的信中说，为了完成自己的受教育过程，他将要从军受训。但是，他同小施勒格尔的相遇，扭转了他的生活方向；他从此决心从事哲学研究，特别是研究康德和费希特的哲学。对诺瓦利斯的思想和生活发生决定性影响的另一个人，就是索菲·冯·昆(Sophie von Kühn，1783 - 1797)小姐。这位仅十三岁的姑娘，给予诺瓦利斯神仙般的魔术魅力，使他决意与她订婚，全心奉献，做她的贴身不离的幻影，并同她共呼吸和心灵神通，唱诗吟曲，探讨世界的奥秘。但她仅仅十五岁就不幸染上肺结核、并离开人世。从此诺瓦利斯与她成为生死恋的情人，阴阳两个世界并不能阻挡他们的神圣爱情。诺瓦利斯时时在生活中与她的幻影相遇，并进行神秘的沟通。诺瓦利斯在好几封信中提到他与索菲·冯·昆小姐之间的奇特幽会，并声称从她的幻影那里获得灵感，使他感受到"一种导向不可见的世界的亲切呼唤"(der beruf zur unsichtbaren welt)。1797 年 5 月 13 日，在格罗宁根(Grüningen)的索菲·冯·昆的墓旁，诺瓦利斯亲自遇到独一无二的奇迹：他感受到索菲就在他身旁，偎依在他的肩膀，听到她的微弱而充满爱情的呼吸声，两个人身体的温暖交流在一起。诺瓦利斯为此坚信，可见的时空界限是有限的，并可以被超越。诺瓦利斯的朋友们把他的亲身奇迹描绘成"神圣的索菲"的再现及其威力。诺瓦利斯的上述精神经历和情感伤害，使他通过与新的女友朱莉·冯·莎尔邦济耶(Julie von

Charpentier)订婚的转换形式而抒发出来，并由此获得精神解放。

1795 至 1796 年，诺瓦利斯思考了许多哲学问题，并频繁地与费希特接触和讨论问题。他把自己所写的"供思考的草稿"（"texte zum denken"）四百页交给费希特，希望听取他的意见。接着，诺瓦利斯还同谢林、胥尔森（Hülsen）和荷兰思想家赫姆斯特赫（François Hemsterhuis，1721 - 1790）密切交往，探讨现实之外的彼岸世界的神秘呼喊及其迷人境界。他期望由此深入到不可及的世界和无形的境界，加深他的沉思深度和扩大其范围（neue fragmentensammlung，1798）。他说："只有朝向内心深处才能达到神秘的路径（nach innen geht der geheimnisvolle weg）。"而且，他还认为，唯有在诚信的世界才存在浪漫化的境界。"世界必须浪漫化（die welt muss romantisiert werden），只有这样，人们才会重新发现原初的意义。"诺瓦利斯认为，浪漫化并非单纯只是质的方面的潜伏，而是要靠自身对内在境界的反复体会和沉思。但这样的过程并不容易理解。要通过千百次的精神磨炼，使自己逐步地了解那些本来很难理解的层面，一再对不可认识的世界进行尝试性的探索，以使自己尽可能地提升到更高的精神境界。他后来在其童话般的作品《奥夫特丁根的海因里希》（Heinrich von Ofterdingen，1802）和《神话》（Märchen）中更明确地说："一切诗性的都同时必须是神话式的"。这位充满诗兴的哲学家一再宣称："只有通过充满神秘魅力的自我，才能将我们看到的现象世界纳入超验的绝对世界，并在那里，我们由于受到神的启示，终于理解到失去了的世界的真正意义"。

浪漫主义思想家李希特曾经是蒂克所崇拜的"一个神"，又是诗人赫尔德的朋友。他善于创作讽刺诗，最早的作品包括《格陵兰岛演变过程》（Grönländische Prozesse，1783 - 1784）《魔鬼文稿选编》（Auswahl aus des Teufels Papieren，1789）。后来，他发表《看不见的地方》（Die *insichtbare Loge*，1793）、《赫斯伯勒斯》(*Hesperus*，1795）、《泰坦神》(*Titan*，1800－1803）、《勒瓦纳》(*Levana*，1807）及《美学导论》(*Vorschule der Æsthetik*，1804)等。据说，他曾经在1790年左右体验到死亡，促使他从讽刺诗转向小说创作。在李希特身上，我们可以看到英国浪漫主义对德国浪漫主义的深刻影响。

（二）海德堡时期的普洛透斯海神派

从19世纪初开始，大约从1804年左右，随着浪漫主义的第一批成员逐渐地去世或移居到别的文化都市，耶拿不再是独一无二的浪漫主义中心。与此同时，海德堡以及德国西南部几个都市，由于受惠于文化教育事业及出版业的兴盛，浪漫主义运动的中心转向了海德堡。浪漫主义运动从此进入第二阶段，这一时期一直延续到1810年左右，其优秀成果使人们有理由把这一时期称为"浪漫主义的高潮"（hochromantik），其代表人物有布伦塔诺（Clemens Brentano，1778－1842）、戈尔勒斯（Joseph von Görres，1776－1849）、阿尼姆（Ludwig Achim von Arnim，1781－1831）、格林兄弟（哥哥雅各布，Jacob Grimm，1785－1863；弟弟威廉，Wilhelm Grimm，1786－1859）、冯·巩德洛德（Caroline von Günderode，1780－1806）和戈特蒂尔夫·舒伯特（Gotthilf Heinrich Schubert，1780－1860）。海德堡时期的浪漫派人物大多数出生于1775至1788年之间，他们共同出版《隐士杂志》(*Zeitschrift für Einsiedler*)，作为他们表达自己思想的平台。

与他们同时代的，还有一些不属于浪漫主义学派的文学家和思想家：霍夫曼（Ernst Theodore Amadeus Hoffmann，1776－1822）、克莱斯特（Heinrich Kleist，1777－1811）及克劳斯（Karl Christian Friedrich Krauses，1781－1832)等人。这些人尽管不隶属于浪漫主义派别，但具

有类似的思想情绪,甚至可以说是当时的浪漫主义思潮的"同路人"。如果说,从康德到费希特和谢林,哲学家们不断地在设定和协调信仰和知识、直观和思想、形式和内容、"现实存在的"和"应该存在的"、主观和客观,那么,到19世纪初,那些与海德堡学派生活在同一时代的思想家,以克劳斯为代表,就在上述几项对立关系之外,再补上一对新的对立:有神论和泛神论的对立(der gegensätzen des theismus und pantheismus)。克劳斯认为:上帝和现实世界并不是同一的,但世界是包含于"上帝"的概念之内,而且上帝远比具有人格的人更优越。克劳斯的泛神论,后来对西班牙的思想发生很强烈的影响,以致在西班牙产生了独立的"克劳斯主义"(Krausismo)。克劳斯的泛神论在这一时期的出现并非偶然,它是同期的浪漫主义思潮的伴随产物,因为当时几乎所有的德国浪漫主义者,最终都走上了寻求新的神的道路。

海德堡学派的兴起首先归功于戈尔勒斯,因为他对兴建与传播新的文化以及推动出版事业,做出了卓越的贡献,此外,他还积极推动学术争论,有意识地鼓励这一地区聚集于各个名校的知识分子,创建多元化的自由论坛。戈尔勒斯本人,起初既非诗人,也不是哲学家和作家,而是一位学识渊博的出版界富商。他对法国大革命抱有热情,向往自由、平等、博爱的口号,崇尚人文主义,积极为当地的革命刊物撰写歌颂法国革命的文章,同时也亲自到巴黎参与法国革命,来往于法国及德国之间,传播革命信息和思想。在拿破仑执政之后,戈尔勒斯热衷于赫尔德的作品和浪漫主义思想,于1802年发表《论艺术》。这本书是他的浪漫主义代表作。从那以后,他任教于科贝林大学,并从1806年起任教于海德堡大学,讲授哲学、生理学、美学、心理学、人类学及德国文学,出版"德国人民丛书"(Deutsche Volkbücher)。正是在他的教育下,海德堡大学才产生了以布伦坦诺和阿尼姆等年轻一代的思想家。他们以"德国人民丛书"作为基本论坛,创建了海德堡学派。戈尔勒斯对于神话的推崇,使他决心以小施勒格尔为榜样撰写《亚洲神话史》(*Mythengeschichte der asiatischen Welt*,1810)和《基督教神秘学派》(*Christliche Mystik*,5 Bde. 1836–1842)。

海德堡学派以意大利血统的布伦塔诺为精神领袖,因此,诗人冯·艾森多尔夫(Joseph von Eichendorf,1788–1857)把这浪漫派称为"普洛透斯海神派"(海神普洛透斯[Proteus]在希腊神话中以感情变幻无常著称)。其实,布伦塔诺所表达的富有意大利拉丁民族情调的浪漫思想,并不是人们所想象的那种变幻无常的不坚定性,而是丰富的传统人道主义情感,但其中又掺杂着基督教的悲观厌世、提倡忍辱屈从的道德观。在他们周围,聚集了一群包括蒂克、格林兄弟以及画家伦格(Philipp Otto Runge,1777–1810)在内的浪漫主义思想家和艺术家。布伦塔诺本人的著作包括:《腓力斯人》(*Philister*)、《古斯塔夫·瓦萨》(*Gustav Wasa*)、《母亲玛丽亚的故事》(*Godwi oder das Steinerne Bild der Mutter*,*ein verwildeter Roman von Maria*)、《列奥与列娜》(*Leonce und Lena*)、《魔角中的孩子们》(*Des Knaben Wunderhorn*)、《流浪学童游记》(*Aus der Chronika eines fahrenden Schülers*)、《钟表匠的奇特故事》(*Wunderbare Geschichte von Bogs*,*dem Uhrmacher*)、《罗森克兰茨的故事》(*Romanzen vom Rosenkranz*)等。布伦塔诺后期走上信仰的道路,放弃浪漫主义的创作生活。

(三) 柏林时期的北极星联盟

浪漫主义的第三阶段又被称为"晚期浪漫主义"(Spätromantik),是从 1811 至 1830 年之间。这时,活动中心转向柏林,同时也蔓延到维也纳和慕尼黑等地。浪漫主义者首先在柏林出版了刊物《年鉴》

(*Almanach*)。在柏林,早由尼古拉(Christoph Friedrich Nicolai,1733 -
1811)和施勒格尔兄弟开辟了坚固的宣传启蒙思想的阵地。围绕着他
们的思想而建立的柏林浪漫学派是青年诗人和思想家们,他们又被人
们称为"北极星联盟"(Nordsternbund),其中包括:冯·恩施(Karl
August Varnhangen von Ense,1785 - 1858)、沙米索(Adelbert von
Chamisso,原名 Louis Charles Adelaide de Chamisso de Boncourt,
1781 - 1838)、富葛(Fougué,原名 Friedrich Baron de la Motte,1777 -
1843)、纽曼(W. Neumann)、哥列夫(David F. Koreff)和希齐希
(Edouard Hitzig)等人。他们从 1804 至 1806 年继续出版《诗神年鉴》
(*Musenalmanach*,1804 - 1806)。从 19 世纪初到 30 年代初,霍夫曼、
克莱斯特、魏尔纳(Zacharias Werner,1768 - 1823)及亚当·缪勒
(Adam Müller,1779 - 1829)等人也同他们相呼应,唱出了当时浪漫派
的尾声。

在耶拿、海德堡和柏林之外,在德国南部施瓦本(Schwaben,属巴
伐利亚州)地区,也形成了一派浪漫主义文学家和思想家。克纳出版
《1812 年诗歌年鉴》(*Poetischer Almanach für das Jahr*,1812),邀集
了一批青年诗人,其中包括乌兰(Ludwig Uhland,1787 - 1862)、豪夫
(Wilhelm Hauff,1802 - 1827)和莫利克(Eduard Mörike,1804 -
1875)。乌兰在 1815 年出版《诗集》(*Gedichte*),唱出了浪漫派人士追求
自由的心声,他的《新的童话》唱道:

> 我要再一次地呼吸,
> 在黄金的童话之乡,
> 可是歌曲的严肃精神,
> 立即落在我的弦上。

我的仙女叫作自由,

我的骑士叫作正义,

骑士,大胆地起来吧,

战胜那恶龙的后裔!

德国浪漫主义哲学把启蒙运动至古典哲学期间的哲学创造精神引向新的方向,开辟了新的天地。

第四节 浪漫主义文学与 哲学的交互结合

在整个浪漫主义的时代,文学艺术和哲学思想的相互交流是频繁和深刻的。很多文学家、诗人、作家、艺术家和美学家,都同时是哲学家或思想家,反过来,许多哲学家和思想家又同时是文学、艺术和美学的爱好者。因此,在浪漫主义的思潮中,深深地隐含和表现一种浪漫主义的哲学情调。

在浪漫主义运动的第一阶段,作家和诗人诺瓦利斯等人更是在他们的著作中,深刻地论述了浪漫主义哲学的基本原则,施莱尔马赫则进一步发展浪漫主义的哲学,使当时的哲学思潮有可能更紧密地同宗教研究结合起来,创立了浪漫主义的诠释学,成为德国古典哲学与浪漫主义哲学相结合的优秀典范。谢林实际上就是一位不折不扣的浪漫主义哲学家,他在他的《寻求自由的人》的著作中表现了大无畏的浪漫精神,是当时的浪漫主义的最典型的哲学表现。即使是费希特和黑格尔的哲学,也同样包含浪漫主义的精神;他们的辩证法思想实际上就是浪漫主义思潮的产物。没有浪漫主义,就不会有后来的德国古典哲学的伟大成果,也不会有马克思和尼采对现代性的批判。中国通常研究德国哲学、特别是德国古典哲学的学者,往往很不重视对于 18 世纪末至 19 世纪上半叶的浪漫主义思想的分析。殊不知这样一来,对于德国启蒙运动以及古典哲学的探讨,也只能限于非常狭小的范围,甚至导致许多误解。

诺瓦利斯在谈到浪漫主义的精神的时候说:诗歌是人类精神的特殊活动的形式。他又说:一切可以被思考的事物,都是被其自身所思考。诺瓦利斯的这句话,不仅典型地表现了人类精神的创造力量及其对其自身的反思意识,也典型地表现了浪漫主义对于一切自然事物的想象的无限超越程度。诺瓦利斯把想象和诗歌说成为人类精神的创造活动的基本形式,强调想象和诗歌是产生更高形式的实在性的象征性结构的主要手段,正是透过人类精神在诗歌中的自由自在的创造以及在创造过程中的自我思考,表明浪漫主义所赞颂的人类精神的创造活动的自我意识和自我反思能力。诺瓦利斯的浪漫主义哲学,发扬了古希腊罗马时期哲学的诗性传统,强调诗歌创作与哲学创作的同一性及其相互补充性。

值得玩味的是,"诗歌"(poesy)的词源希腊字"poiesis"原本是指"生产""制造"和"创造"。语言在诗歌中的创造,典型地体现了人类精神的自由活动本质及其主动自我反思的能力。直到浪漫主义时代,西方人对于语言,特别是诗歌的语言的反思能力,才有了自觉的认识。

整个欧洲的浪漫主义,作为一场文学和人文精神的创造性运动,是在 18 世纪末和 19 世纪初,将其中心转向了德国,并在德国的耶拿学派那里被推进到鼎盛时期,而在此同时,也在英国的以华兹华斯(William Wordswoth,1770 - 1850)和柯勒律治(Samuel Taylor Coleridge,1772 - 1834)为代表的一群文学家那里,得到了发扬光大。浪漫主义运动在

19世纪30年代达到了顶峰，一直持续到19世纪中叶。当时的德国哲学，正是黑格尔哲学占统治地位的时期。

浪漫主义的重要性，不只是在于改造了欧洲的文学艺术的创作精神，而且也远远地超出文学领域，在绘画（其中包括著名画家弗里德里希、伦格、加鲁斯和德拉克洛瓦等）、音乐（特别是舒伯特、舒曼、肖邦及柏辽兹等人）以及在哲学和人文科学界，产生了深远的影响。在德国，从1795年以后，施勒格尔兄弟和诺瓦利斯的参与以及哲学家谢林等人的积极鼓吹，使得浪漫主义在人文科学界引起了更大的反响。

浪漫主义也直接影响到德国哲学本身的发展。德国哲学的浪漫主义，主要是指从歌德到叔本华之间的整个浪漫主义思潮的哲学基础。这一时期的浪漫主义哲学，不仅具有明显的时代特征，而且也烙刻了浪漫主义思想创造的基本精神、风范、格调和气质。从一开始，浪漫主义哲学的这种特征便集中地表现在歌德的创作风格中。这位文学家、诗人和哲学家，兼有文学和哲学思维的双重运作艺术，将抽象与形象、理论与实践、现实与想象、历史与实际等各种因素，巧妙地结合在一起，促使思想活动，像最早的浪漫主义思想家穆拉尔特（Beat Ludwig de Muralt，1665－1749）那样，能够在富有创作意识的文字和符号系统中，活灵活现地展现出来。

第五节　作为一种政治态度的 浪漫主义

浪漫主义者都很关心政治，并对政治的性质及其现实表现寄予理论和实践的关注。这一传统可以一直上溯到浪漫主义的先驱者那里。

在法国，作为浪漫主义的最早杰出代表人物，卢梭总是很激进地表达其政治见解，并对时弊给予严厉的批评。他并不随波逐流，所以在自由主义者高唱自由民主和平等的时候，卢梭就一针见血地揭示了自由主义关于自由民主观念和及其所设想的制度的矛盾性，尤其批判其在现实中的虚伪表现。在德国，诺瓦利斯也直言不讳地表示了他的政治理论和见解。此后，几乎所有的浪漫主义思想家都表现出类似的政治思想风格。

尽管如此，浪漫主义的政治理论及其实际立场往往是很复杂多变的，这种多变性也正表现了他们的政治观点及立场的高度灵活性。如同他们在其他领域的表现那样，浪漫主义者基本上不愿意恪守固定不变的政治教条和信念。他们对个人思想情感的自由的追逐，使他们绝对不可能在政治态度上表现僵化，以致约束自己的言论和行动。这种状况往往会使人误解他们的政治理论的非一致性和非一贯性。但他们宁愿如此，也不愿意附和他人的批评而改变自己的实际政治态度。尽管浪漫主义者在政治上总是自行其是、灵活行事，但他们毕竟始终有自己的政治主张和行动原则。总的来讲，在政治上，他们既不愿意给自己套上理论和观念的枷锁，也不愿意受历史的约束。实际上，他们本来就否认各种理性原则、逻辑规定和历史规律的存在，因为他们认为世界是极度复杂的，人类社会更是复杂得无规律可循，至于如何对待政治问题，由于涉及的是政治的复杂性和个人自由对待的重要性两大方面，所以，浪漫主义政治派别就顺理成章地与传统政治派别有很大不同。在他们看来，一切人为的规则和法则，只能局部地和临时地发生作用。作为人类社会中最复杂的政治，更不能用简单的法律和规则来对待，而在政治哲学方面更不需要建构这样或那样的具有系统性的理论体系。

撰写《德国 19 世纪政党史论》(*Beiträge zur deutschen Parteigeschichte im 19 Jahrhundert*)的阿达尔伯特·瓦尔(Adalbert Wahl)指出：在法国大革命中，浪漫主义派别是很模糊的，以致很难将自由主义和浪漫主义作严格的区分；而浪漫主义队伍本身也充满着多元的政治意见和主张⑥。另一位政治史研究专家冯·贝娄(G. von Below)也指出：在 1789 年，第一批革命者和第一批反革命派回来都被称为浪漫派⑦。这就证明：浪漫主义政治理念和实践原则，不只是浪漫派本身所追求的，而且也是其他各种政治派别中的真正把握政治本质的政治哲学家所实际贯彻的。历代最卓越和最有实际政治经验的政治哲学家，尽管具有各种不同的政治信念，但他们都像浪漫派政治哲学家那样，对政治采取随机应变的浪漫态度。就此而言，浪漫派政治哲学最深刻地把握了政治的本质。

第六节　浪漫主义与神秘主义的关系

德国浪漫主义文学家、哲学家和思想家，往往都不同程度地具有神秘主义的色彩。这一方面同德国传统的神秘主义思想的顽强性及其历史特征有密切关系，另一方面也决定于浪漫主义本身的深奥性、乌托邦想象性质及其秘传性。哈曼及施莱尔马赫等人的思想在这方面所表现的神秘主义性质，具有一定的代表性。

从最早的时候起，神秘主义就是一种多多少少带有深奥费解特征的思潮。它执着于神奇、奥妙、奇特、魔术性的、甚至是超自然的现象，但又迷恋于自然本身，对自然寄予期望，并把个人情感、理想、生活方式同自然的复杂而巧妙的过程及其运作联系在一起，希望从中找到克服个人生活和思想有限性的可能性。所以，有相当一部分数量的神秘主义思想家是神正论者和神智学家（theosophe），也有一些思想家声称自己的哲学是一种"自然哲学"，对思想和生活中的各种人为的约束表现出超然的态度，试图在真正自然状态中，自由自在地思想和生活。在这个意义上说，他们的理念类似于中国老庄思想的风格。

德国浪漫主义思潮中的自然哲学在西方神智论（theosophie）和神秘主义思想发展史上占据着非常重要的地位。实际上，早在前苏格拉底时代，那些被称为自然哲学家的思想家们，就已经越出通常理性主义者所设定的范围，试图在"异常"和"不合理"的奇特领域中，以"反常"的思维方式，设想、猜测和想象那些新出现的神秘现象。如果说前苏格拉底时代的神秘主义就是西方神秘主义的第一发展阶段的话，那么，在文艺复兴前后兴盛起来的神秘主义，就是西方神秘主义的第二阶段。当时，作为天文学家的开普勒同时也是一位星象学家，而各种各样的炼金术也在近代科学普遍出现以前就成为科学本身的催产力量。正是在这些星象学、炼金术和各种各样带有神秘主义色彩的思潮中，隐含了近代科学思维的"种子"。只是后来的启蒙运动和现代化过程，把神秘主义与理性主义和经验主义分割开来，把它简单地抛弃到"宗教迷信"的领域中。但是，值得注意的是，由于德国哲学和一般思想发展的特殊规律，是神秘主义在德国思想史上占据非常重要的地位。

经历启蒙运动的德国哲学，自然主义思想不但没有因为理性主义和经验主义的发展而减弱，反而更加膨胀起来。与黑格尔同时的谢林，就是一位含有神秘主义和浪漫主义色彩的自然哲学家。他深受神秘主义和自然哲学思想家巴德的影响，进一步发展波墨关于意志、自由和苦难的关系的思想，强调"苦难"在世界上的出现就是不可思议的事情。谢林借用神正论（theodizee）的思想，以神秘主义的思想方法探索苦难和罪过的起源，创立了"创世哲学"（die Philosophie des Weltalters）。

第七节　浪漫主义的人文精神

　　浪漫主义对于哲学和人类学的发展的重要意义,就在于在一定程度上改变了西方人对人以及对思想创造的观念。首先,浪漫主义强调了人的自由创造精神的重要意义。而且,它并不把思想的自由创造局限于理性的领域内,恰恰相反,它倒是强调创作自由的非理性基础,试图在传统的理性创作自由之外,在广阔的非理性的无限的领域内,无所拘束地发挥人的生命本身的无限创作可能。其次,浪漫主义不只是把人的创造看作文学艺术本身的问题,而且也是人的一种本质活动。因此,浪漫主义把艺术当成人的关怀重心,也意味着他们把艺术创造活动设想成为人的行动的典范。不仅如此,浪漫主义者还把浪漫主义的原则推广到人与自然的领域,强调自然界同样也是一种艺术作品。因此,浪漫主义假定人与自然、客观世界和主观内在世界之间存在着本质的统一性,而且双方相互交错和相互影响。再次,浪漫主义对于语言、想象和个人自由反思的重视,直接地推动了包括哲学和人类学在内的象征论运动的发展。

　　18 世纪末、19 世纪初,德国人文科学,包括哲学、人类学、神话学和语言学在内,都受到了浪漫主义的强烈影响。这样的影响可以概括成为以下七个方面:第一,浪漫主义把自然界和人的生命体都看作是有生命的有机体。画家伦格试图把绘画同音乐、诗歌和建筑,交织成自然体,并同整个自然界连接在一起。他认为,人就是通过多种多样的艺术创造而使自己的精神同自然界交融起来。第二,浪漫主义把艺术作品和语言等同起来。诗歌作为艺术的典范,就是语言的产品。在诗歌艺术中,精神通过语言表现出其创造的生命,同时人也通过语言而表现其生命力。浪漫主义关于语言、诗歌等艺术作品同人的本质相联结的观点，对于德国人文科学研究人的本质产生了深远的影响，以致使得二十世纪的德国哲学家海德格尔也从浪漫主义运动吸取了营养。诗歌作为艺术的典范，也要求所有的艺术创造和人的活动，把创造性运用象征性的意义游戏放在首位。按照这样的原则，人的一切活动都遵循着象征性的运作逻辑，并依据象征意义结构的不同层次而表现人的不同本质。浪漫主义的这一原则也推动了对于语言的深入研究。第三，作为美学的创作功能的想象力，也构成了人的重要特性。人的一切文化创造就是靠想象力的运作，由想象力开辟文化创作的源泉，也扩大文化创作的领域，最后也不断地再生产出文化创造的多样形式和意义结构。第四，关于象征的意义和功能。浪漫主义作家歌德曾说："真正的象征就是表现出普遍性的特殊性，它不只是作为梦想或者阴影，而且是作为活生生的启示和开发不尽的创作瞬间。"⑧在浪漫主义者看来，人可以通过象征中的特殊和普遍的关系，不断地扩大自己的活动领域，并由此导致绝对。黑格尔在他的《美学讲演录》中指出："艺术开创于象征主义，它在古典主义时期确定了其基本形式，而只有到了浪漫主义时代才达到它的顶峰。"第五，浪漫主义运动在某种意义上发展了康德的思想，强调人只能在艺术创造的美的鉴赏活动领域中，才能实现最大限度的自由，达到人与自然的和谐的统一。所以，浪漫主义也在人的自由概念中，加入了新的重要因素。什么是自由？浪漫主义并不同意启蒙运动思想家的自由观念，因为启蒙思想家过多地强调了自由与理性之间的关系，似乎自由不能脱离理性。浪漫主义看到了自由的广泛含义，使之扩展到理性之外的无限领域，并强调了人本身在自由中的关键作用。第六，浪漫主义发展了新的历史观念，使历史也能够在理性和必然性的锁链之外，在混沌和偶然、间断和凝滞、循环和重复中，显示其复杂性。第七，浪漫主义使抽象思维和形象思维高度地结合起来，主张在哲学的抽象创造中，运用形象思维和形象创作的方法，将抽象论述与形象描述结合起来，有助于发展新型的哲学理论，使哲学从抽象的王国中解脱出来，为其自身的发展开辟更广阔的前景。

第八节　浪漫主义的语言观

德国浪漫主义时代对于语言的研究，从一开始表现在赫尔德那里的时候，就已经同法国的卢梭的语言观有密切关系。其实，整个浪漫主义的语言观，早在卢梭的《论人类不平等的起源及基础》的著作中，就已经奠定了其基本的原则。卢梭说："人类是在不知不觉中获得了对相互间的义务以及履行这些义务的好处的粗浅的观念。""我们不难理解，人们相互间的这种关系，并不需要比差不多同样结合成群的乌鸦或猴子的语言更为细致的语言。在很长时期内，人们普通的语言必定是由无音节的叫声、很多的手势和一些模拟的声音所组成的。在各个地区，对这种语言再加上一些有音节的和约定的声音，于是人们便有了许多个别的语言，不过这种语言都是粗糙和不完备的，就像今天许多野蛮民族仍在使用着的一样。"卢梭还进一步指出，语言的使用随着人类生活的演化而不知不觉地趋于完善。他首先指出了人类家庭生活的演化所产生的影响，接着还揣测各种特殊的原因，特别是自然界的各种原因，推动了语言的发展。他说："洪水泛滥或者地震，使一些有人居住的地方被水或悬崖峭壁所包围。地球的变迁使大陆的某些部分割裂为岛屿。我们不难想象这样接近起来而不得不在一起共同生活的人们之间，比起在大陆森林中漂泊流浪着的人们之间，应当更容易形成一种共同的方言。因此，很可能是这样：岛上的居民经过最初的试航以后，便给我们大陆带来了使用语言的习惯。或者至少也可能是这样：在大陆上还不知道什么叫作社会和语言之前,岛上就已经建立了社会产生了语言,而且这两者已经达到了相当完善的程度。"⑨ 由此可见,卢梭在研究人类语言与文化的起源和发展的问题时,已经采取了浪漫主义的基本原则,即从人与自然的相互关系,并以人的精神生命作为基本模式去说明:在从自然向文化过渡过程中,作为具有精神创造能力的自然生存者,人是如何创造语言和他的文化的。正是这个基本原则,成为法国和德国以及英国的浪漫主义者研究语言的指导思想,也成为他们研究"人"的重要原则。

德国浪漫主义者普遍地在语言中寻求创作的启示和灵感,也在语言中寄托个人的希望和憧憬。他们往往将语言当成人与世界、自然和他人进行神秘沟通的理想渠道,又是他们发泄个人情感、理念、幻想和精神探险的符号王国。他们认为,语言在这方面所能提供的可能性是无止境的,也是深不可测的。唯其如是,语言才是创作、生命的最好归宿。

赫尔德、哈曼和洪堡等浪漫主义者,不但在他们的作品中探索语言创造的各种可能性,把语言游戏当成创作的主要手段和基本途径,而且,他们还集中地专门研究语言本身的性质及其神奇运作机制,试图探讨语言的内容和形式同人类文化演变过程的历史关系,并不断揭示语言与宗教、文学、哲学、科学、艺术之间的内在交融关系。

哈曼和洪堡更是集中地研究了语言。哈曼明确地把诗歌语言看作人类文化的母亲⑩。洪堡也同样把语言看作各族人民的民族精神的活生生的和有机的表现⑪。

第九节　浪漫主义的历史哲学

几乎所有的浪漫主义者都主张"变动""生成"和辩证法。对他们来说,变动性和生成性就是事物多样性、多元性及其不可预测性的基础,也是进行浪漫创造的根据本身。所以,浪漫主义者在分析历史过程的时候,其重点不在于归纳历史发展的规律性,也不在于说明历史本身的单一性和统一性,不在于刻意将历史纳入理性、逻辑等形式性的框架之中,而是与理性主义与科学主义相反,主张历史的复杂性、偶然性及其变动的各种可能性。这样一来,历史并非像理性主义者所说的那样是单向、单线以及以单一形式发展,而是曲折复杂和充满偶然性、或然性和不确定性的,是无目的和无规律的过程。作为一种有自身的独特生命的过程总体,历史是充满个体性、相对性、神秘性、不可测性、内在性、精神性、情感性和意志性的力量。

浪漫主义的历史哲学不同意启蒙派所说的"进步论"。他们认为,历史的前一阶段和后一阶段之间,没有必然的联系,不存在因果性,更没有由"低级"向"高级"发展的规律,有的只是跳跃性、片段性、裂变性和多维度性。在哈曼、荷尔德林和施莱尔马赫等人的历史描述中,看不到有规律的"发展"和"进步",只有充满斗争、矛盾和悖论的复杂可能性的表演过程。

而且,历史本身具有其自身的生命力,还可能存在某种特殊的"意志"和"神性",以致使它超出人的愿望和期许,经常同人开玩笑,玩"捉迷藏"的游戏。但是,在历史与个人之间,有时还存在神秘沟通的可能性。这就是浪漫主义历史观中的个体性原则和天才原则。

早在浪漫主义的最早代表人物之一维科那里,就已经指明了人类历史的浪漫性质及其不可化约性和不可归纳性。维科的《新科学》(Scienza Nuova)指出:历史过程的重演和复归,就像潮水起落那样,本不一定沿着原来的途径,而是可以沿着相反或多种可能的方向,但也可能再现或复演,走回头路。总之,历史的复演并非走同一个轨道,而是纯自然地走它自己所可能走的道路。更重要的是，维科始终强调历史中的诗性创造的力量。他认为，人类创建自身的民族历史时，并不是经过深思熟虑的谋划，并非理性的推动，而是靠诗人原本固有的想象、激情和敏感性。

维科的所有这些浪漫主义历史观，后来都在德国的浪漫主义哲学家中得到更充分的发挥。赫尔德、哈曼、荷尔德林等人，一再指出历史真理的具体性、个体性和特殊性。赫尔德认为，历史并非统一固定的，而是由时空上相互交替的各个不同民族，依据他们各自毫无关联的想象力和激情力量所诗性地创造出来的产物。赫尔德在他的著名历史哲学著作《人类历史哲学的观念》中说："每个民族的表象方式都有其特殊的风格，它们是与其风土特色、生活方式的特征密切相关的，也是由其祖辈那里继承而来的。"⑫因此，各个民族的思想、文化和经验，都是各自不同，其差异性甚至可以达到使各民族间相互嘲笑，或者相互不可理解的程度。尽管如此，各民族还是各行其是，视其特殊的思考方式为正常。历史上的一切规定都是没有生命力，都是暂时的和中断性的。

浪漫主义的历史观还坚持历史本身的语言性。语言是历史的奥秘所在。然而，历史的语言性并不是易于揭示或解码。要靠天才的思想家和诗人才能理解历史的语言的密码，才有可能与历史对话。

历史的偶然性和个体性是同历史本身的神性相关联的。几乎所有的浪漫主义者都最终导致对神性的向往和期待。他们在历史的漫漫长河中看到了某种令人神往的创作源泉和动力。唯其如是，历史才是浪漫主义者的最终归宿。

浪漫主义的上述历史观具有强大的生命力，不但未能被黑格尔的理性主义历史哲学所淹没，反而还深远地影响了德国哲学的发展。直至 19 世纪末和 20 世纪初，这种浪漫主义的历史观仍然在狄尔泰等人的历史哲学中发出铿锵的回音。

第十节　高特舍特的浪漫主义

早在启蒙运动第一阶段，诗人兼哲学家高特舍特就已经在他的著作中提出了非常深刻的浪漫主义原则。他在 1728 年为莱比锡大学讲授批判诗学的讲义，系统地论述了作为哲学理论的一个不可分割的组成部分的诗学的重要意义。他在这本题名为《论一种批判的诗学艺术》(Versuch einer kritischen Dichtkunst, 1730)的著作中认为，诗学并不只是探讨诗歌的写作技巧，而是更深刻地探索诗学的形而上学基础，论证诗学与哲学的一致性和相互补充性。他说，诗学首先必须是严格的思想系统，它是一种"规则的科学"。他立足于沃尔夫学派的哲学体系，强调诗歌是对自然的一种"模拟"。接着，他更具体地探讨了三种类型的诗歌模拟：对于事件的典型描述、对于情感个性的表象形式以及对于诗性情感心态的寓言式表达。作为浪漫主义的最初代表，他并不满足于描述或表达，而是主张把模拟同想象和创造的机智(Witz)结合。诗歌应该成为最精巧的"似是而非"的艺术。他的另一部哲学著作《总体世界智慧的首要根据》(Erste Gründe der gesammten Weltweisheit, 1733–1734)更进一步探讨被称为"总体世界智慧"的哲学的基本原则。他的这本书首先批判蒂米格所写的《沃尔夫哲学教程》(Institutiones philosophiae Wolfiane, 1725–1726)，然后全面说明他的哲学概念。高特舍特分别在理论和实践两个部分强调哲学是一种可能性的科学，这本书在当时成为最普及的哲学读物。

第十一节 赫尔德的浪漫主义

早在浪漫主义时代的初期,在维科和卢梭的影响下,赫尔德就已把人类历史分化成多种多样的文化发展阶段,并认为所有的文化都显示其自身固有的同一结构。

维科的主要贡献并不只是在于提出有关历史发展过程及其各个阶段的节奏性(rhythmus)的理论,而是在于严厉地批判了以笛卡尔为代表的理性主义知识论,特别是批判笛卡尔将数学置于至高无上地位的主张。维科认为,只有历史的知识才有可能引导人类智慧提升到最高阶段,因为历史所运载的价值才是人类对其自身进行彻底认识的基础。维科强调,我们的知识的真正目标,并非仅仅为了认识自然,而是掌握人类自己对自身的知识。因此,人类必须超出数学和自然科学的知识之外,在人类自己所创造的文化作品(werke)中,寻求人类精神的创造力的限度及其发展可能性。维科认为,正是在作品中,凝聚了创造者个人的精神的个别性及在历史中展现的人类总体精神的历史性。各种文化作品的重要意义,就在于它以一种"概念构思性的存在"(ein begrifflich-erdachtes sein)的形式,巧妙地把上述个别性和历史性结合在一起,从而为人类更深刻地认识其自身提供了最具典范意义的场所。文化作品的典范意义,就在于使用了语言的魅力和神奇力量,把个别性和历史性通过作品中的思想、内容、局部与整体的关系等审美构造方式结合起来。为此,维科特别重视精湛地表达语言创造力量的诗歌、神话和宗教,把它们当成文化作品的最高形式。

但是,维科的思想中的天才设想和模糊观念,只有到赫尔德那里才更深刻地表现出来。赫尔德认为,文化把人类推向合理的社会秩序,而

"理性"和"历史",双双各自起了独特的作用。赫尔德看到了人类精神中潜伏着统一其内在能力的神秘力量,因此,"人类所力争实现的一切,定然源自对其自身各种能力的总体驾驭以及使之不致碎裂地构成的统一性(Was der Mensch zu leisten hat,muß aus der Zusammenfassung und der ungebrochenen Einheit seiner Kräfte entspringen)"。因此,在人类创造其文化的历史过程中,人类总会尽力克服一切可能导致割裂和离散的倾向。这就是人类历史同一性的真正基础。

当然,在赫尔德的早期思想中,人类的这种统一性,往往被理解为发自历史源初的神秘必然性。赫尔德甚至把这种"统一性"说成为一个伤逝而去和被丢失的、然而又是备受赞颂的乐园。

赫尔德的著作涉及各个领域的重要问题,他是一位很有才华的思想家,他尤其提出了与启蒙思想家相对立的历史观点,有力地推动了他所处的时代多元化文化创造倾向。他的主要著作《论语言的起源》(*Über der Ursprung der Sprache*,1772)、《关于人类形成的又一种历史哲学》(*Auch eine philosophie der Geschichte zur Bildung der Menschheit*,1774)、《歌曲中的人民心声》(*Stimmen der Völker in Liedern*,1778 - 1779)、《关于人类的历史哲学的观念》(*Ideen zur Philosophie der Geschichte der Menschheit*,4 Teile. 1784 - 1791)、《关于人性交通的书信集》(*Briefe zur Beförderung der Humanität*,1793 -1797)、《理智与经验、理性与语言:对'纯粹理性批判'的总批判》(*Verstand und Erfahrung*,*Vernunft und Sprache*,*Eine Metakritik zur Kritik er reinen Vernunft*,1799)等,以极其活泼的形式表达了赫尔德的浪漫主义观点及方法。

他的那部《关于人类形成的又一种历史哲学》,简直就是一部批判启蒙思想的檄文,因为他集中地反思了启蒙思想家的理性主义历史观,批判启蒙思想家的进步观,也为那些被启蒙思想家所否定的历史文明恢复名誉,强调被启蒙思想家所贬低的中世纪文明的重要价值。赫尔德指出:所谓的"野蛮"的中世纪、宗教以及成为希腊文化的牺牲品的埃及文化等,实际上都具有不可取代的珍贵价值。赫尔德认为,历史并非那种可以脱去躯壳、具有世界普遍性的理性的表现,而是各种文化个体的对比化以及形成各种特殊共同体的人民的各自无秩序的表演场所。因此,历史的更替和变化是无可预测的,也是非统一的。人类历史的总体中,古代与近代、东方与西方,各个民族的文化,各自都有其无可代替的存在和繁荣的理由。

赫尔德和他的启蒙者哈曼一样坚持认为:唯有在远古时代的最原始形式的诗歌中,还隐约保留着对这一丧失掉的人类乐园的记忆(Herder, *Von der Urpoesie der Völker*)。因此,对于赫尔德来说,只有诗歌才是"人类的真正的母语"(die eigentliche muttersprache des menschlichen geschlechts)。

赫尔德把语言当成人类生存、文化建构、思想创作以及社会运作的基础。任何一个社会离开其语言、宗教和习俗,都将是不可理解的,因为正是在由语言、宗教和习俗为主体的各种精神性因素所构成的文化总体之中,我们才可以把握到组成社会的各个个体的经验及其对待社会的态度、情感和认知[①]。赫尔德认为:美学的任务,是为艺术的象征性创造提供一个普遍的逻辑。为此,赫尔德发展了其独具特色的语言演化理论。他引用并发展卢梭的浪漫主义和自然主义的人类进化观点,强调人和社会历史进程一样,摆脱了最初的儿童般天然纯朴的状态乃是一种悲剧。

作为一位诗人,赫尔德总是在其创作中力图重新发现和尽力复活那些在原始诗歌语言中表现出来的语言魅力。那是儿语般的天真、朴素、自然、充满活力、想象、烂漫、无邪，含有无限变数，潜伏可能性，曲折而明朗，含蓄、寓意连篇、声色俱备，既层层远逝而又时时返回，淙淙清泉和惊涛骇浪相互转化，为人类开创无限审美意境。但是，赫尔德又不像卢梭那样，仅仅停留在对原始诗歌和自然语言的憧憬和怀念，而是进一步揭示诗歌语言的纯朴性和无穷变化可能性。

赫尔德不仅是诗人，而且也是一位思想家，他对当时德国的著名哲学家都有很深刻的影响。如前所述，赫尔德与康德、费希特和谢林以及下一章所要讨论的黑格尔等，都有直接的密切来往，并曾经同他们一起，探讨过许多重要的哲学和美学论题。但赫尔德不喜欢康德那样严谨刻板的哲学思维方式，更不追求建构系统化的理论体系。对于赫尔德来说，最重要的不是像康德那样进行分析批判，而是进行直观观察（shauen）。赫尔德像所有的诗人一样，推崇一种神奇的洞察力，强调心灵、精神、思想、感情及意向在创作中的关键角色。

黑格尔早在中学时代，就深受赫尔德的影响。赫尔德鼓励黑格尔将索福克勒斯的悲剧《安提戈涅》翻译成德文。后来，黑格尔的著作《历史哲学》的某些观点，就是吸收了赫尔德的历史哲学的成果。

歌德和赫尔德一样，深受斯宾诺莎哲学的影响，热衷于浪漫的理论思考方式，主张在创作中尽可能地使"在自然中的神和在神中的自然"巧妙地结合起来。他的《论色彩》与《浮士德》将浪漫主义的方法运用得天衣无缝。歌德一再强调语言运用的象征性及寓言性，使浪漫主义能够找到自我表达的微妙途径。

第十二节　席勒的浪漫主义美学

著名剧作家兼诗人席勒（Friedrich Schiller，1759 - 1805）可以看作

从狂飙突进时代转变到浪漫主义时代的过渡性人物。他是天才文学家，又是康德和费希特哲学的狂热追求者。席勒早期在卡尔学校(Karlsschule)读书时，曾经接受过雅各布·弗里德里希·阿贝尔(Jakob Friedrich Abel，1751－1829)等人的古典文献教育。席勒的康德主义思想的典型表现，就是他在 1793 年所写的《论恩惠与尊严》(*Über Anmuth und Würde*)一文。席勒认为，道德上的秉性，即思想与自然、义务与癖好的协调，是道德尊严的情感表现，也是精神多于自然的表现。在《关于人的美学教育的信件》(*Briefe über die ästhetische Erziehung des Menschen*，1793－1795)中，席勒认为，美学教育是提高道德精神水平的最好手段。至于在《关于朴素的和感情的诗歌》(*Über naive und sentimentliche Dichtung*，1795－1796)一文中，席勒则把美学和历史哲学结合起来，看作自然协和的重要途径。席勒晚年从事《三十年战争史》(*Geschichte des dreissigjaehrigen Krieges*，1791－1793)的写作，就是这种观点的实践。

　　席勒同赫尔德一样，不但重视对于历史的研究，而且也深入地分析了语言。席勒在这两方面的研究成果使他成为德国思想史上一个重要的人物。席勒的历史观点强调了人类社会和文化的单向演化特点。他在 1789 年发表的耶拿大学就职演说《什么是人类通史以及为什么要研究它？》(*Was heisst und zu welchem Ende studiert man Universalgeschichte?*)中，精辟地提出了他的独特的人类历史观，对于今后德国哲学的发展产生了深远的影响。人类学家格列布纳曾经多次强调席勒在德国人类学史上的关键地位。格列布纳在《民族学方法》这本书中，强调德国的文化史研究的基本观点是同席勒所提出的历史演化论有密切关系①。席勒在《历史与理论》著作中提出了人类文化形构过程的"阶段论"，他提出了"文化熏陶的阶段"(Stufen der

Bildung)的概念,这个概念具有三方面的重要意义。第一,席勒所提出的"bildung"这个概念,原意是"形构"或"形成"。但他所指的,不是可见的各种事物所成的那种结构,而是指人类心灵的陶冶和形塑的过程。人类心灵的陶冶和形塑的过程,不同于世界上其他事物的地方,就在于它要靠心灵自身的自我提升和自我超越,同时也要靠心灵在消化外来的各种因素的过程中,自我创造出提升和超越的内容和形式。因此,心灵的陶冶,绝不是像事物的形成那样靠外在的形状的量的变化来进行,而是经历自我肯定和自我否定的复杂过程同外来的各种新的因素相结合,发展出一种新的"自身"。所以,"bildung"无法用"形构"和"形成"来表达,毋宁用"教育"或"陶冶"。正因为人类心灵的陶冶是非常复杂的,所以,席勒极端重视心灵同语言的密切关系及其自我创造精神,也坚持认为它的发展的阶段性。但是,心灵成长的这种阶段性,不能像事物发展的阶段性那样,可以用外表的特征的差异来区分。语言的使用及其灵活性,倒是可以成为文化和心灵发展的阶段性的参数。

第十三节　荷尔德林对浪漫主义的贡献

18 世纪末、19 世纪初期,歌德和席勒之外,德国最优秀的抒情诗人是荷尔德林(Johann Christian Friedrich Hölderlin, 1770－1843)。在蒂宾根大学就学时期,荷尔德林经常同黑格尔、谢林一起,讨论时代的最重要的问题,他们在新教论坛(Stift)发表了一系列有关法国大革命的激情言论。1796 年 8 月,黑格尔写了一首献给荷尔德林的诗《厄勒西斯》,颂扬自由及其珍贵性。而荷尔德林也赞美黑格尔的智慧,称之为"智力过人的才子"。

在荷尔德林就任家庭教师时期,他还同席勒结成很深的友谊。后来，他到新兴的文化中心魏玛，与诗人维兰德、赫尔德和哲学家兼教育家尼特哈默尔来往甚密。

此后，荷尔德林还到法国的波尔多地区担任过农庄管家的工作，这位天才诗人和哲学家在 1806 年时发生神经错乱。这期间，他的许多旧日朋友都纷纷离开他，因为他们认为从此已经无法继续与荷尔德林进行"理性的交谈"。但是，据说即使是精神错乱，荷尔德林仍然继续进行创作，他疯狂地在各种纸片上乱写，以惊人的速度和近乎神秘的情趣，写诗、写短句和残缺不全的诗句，但字字句句闪烁着令人神往的智慧之光。荷尔德林患精神错乱症后，在蒂宾根内卡河畔的一座塔楼里，静静地度过他 36 年的余生。

其实，荷尔德林的厄运开始于蒂宾根大学神学系的大学生活。他本来一心要献身于文学、哲学和艺术，却阴差阳错地入了神学系的门，从此他不得不深受神学系古板的思考方式约束。荷尔德林原来是在母亲和妹妹的温柔怀抱中长大的，到了神学系之后，他被禁锢成一个孤独、悲伤和忧郁的人。据说，荷尔德林在十六岁时，身处修道院，却深深地爱上了他的一位同学的母亲。荷尔德林还常常秘密地在神学系的后花园里与他所追求的美女约会，给她们奉献鲜花和点蜡烛。

在荷尔德林的诗歌中，隐藏着他从少年时代起就熟知的古希腊精神，那是对于人性和神性的无限向往，对于辽阔虚空的浪漫憧憬。荷尔德林早年丧父，从小在孤寂而枯燥的教会学校中受教育，从内心深处深切地厌恶禁锢着他的精神自由的教会生活，渴求静谧、自由的自然生活，倾慕大自然的美和纯朴。1788 年荷尔德林进入著名的蒂宾根神学院，结识了著名哲学家黑格尔。黑格尔比他晚两年入学，但却与他同居一间宿舍。在同黑格尔的共同探讨和争论中，荷尔德林增长了哲学反思的才能，对他今后的创作产生了深远的影响。

　　1789 年法国大革命的爆发激起黑格尔和荷尔德林等人的革命豪情，他们在蒂宾根市中心广场植起了"自由树"，高唱《马赛曲》，环树彻夜狂欢。荷尔德林最初的一些颂歌就是在这次大革命的激励下写出的，例如其中的《自由颂歌》(1791–1792)和《人类颂歌》(1792)等，充分地表露出他对人类、对自由的深沉的爱，对美好未来的坚定信念。

　　1794 年荷尔德林来到耶拿，更多地同浪漫主义作家兼美学家席勒相接触，听费希特的哲学课，同时认识了一位对他一生发生深刻影响的女人，这就是一位银行家的妻子苏赛特·贡塔尔德(Suzette Gontard，1769–1802)，她成了他的情妇。因此，1801 年，当荷尔德林历经在法国和瑞士颠沛流离的生活，返回德国获悉苏赛特·贡塔尔德的死讯之后，他痛不欲生，使他此后数年心力交瘁，于 1806 年被送入蒂宾根精神病院，从次年起，他已经完全陷入精神错乱状态，直至 1843 年逝世为止。

　　从荷尔德林结识苏赛特·贡塔尔德起，他便以惊人的精力和狂热的情绪，投入创作。他写的两首情诗《狄奥蒂玛》(Diotima)，就是献给他的情妇的。接着，在 1797 年和 1799 年发表的长篇小说《许佩里翁》(Hyperion)，乃是诗人苦心孤诣之作。

　　早在蒂宾根神学院时期，荷尔德林就已着手写《许佩里翁》。1793 年，荷尔德林曾将《许佩里翁》的片段发表在席勒主编的《新塔利亚》杂志上。在耶拿时，荷尔德林将发表了的片段改写为五步韵的诗，但没有完成。直到在法兰克福时期，受苏赛特·贡塔尔德的激励，荷尔德林才于 1797 年完成《许佩里翁》第一部，并于 1799 年完成其第二部。《许佩里翁》讲的是希腊年轻人许佩里翁的故事。他爱上年轻貌美的姑娘狄奥蒂玛，但时值俄国与土耳其交战，许佩里翁投身战争，为争取使希腊摆脱土耳其的统治而战，但军队中的黑暗、腐败、勾心斗角和相互残杀使他十分沮丧、悲观。

　　荷尔德林笔下的许佩里翁为了制止一次内讧，身负重伤，于是愤而参加俄国海军,想在战争中以求死获得解脱。但他后来又在数次负重伤后复原,在偏远的山区购买了一片土地,幻想在远离丑恶社会的"桃花源"式的角落里,同狄奥蒂玛过和平幸福的田园生活,与人无争、与世隔绝。但就在这时,狄奥蒂玛去世,并在临死前期望许佩里翁作为"神圣自然的传教士"而留在世间。许佩里翁悲痛欲绝,在极度悲痛下,他离开希腊前往德国。但德国却同样地令他绝望,他只好重返希腊,试图在大自然中寻回失去了的宁静。

荷尔德林的这部小说,采用书信体的形式,有许佩里翁写给朋友阿拉邦达和情人狄奥蒂玛的信,也有少数狄奥蒂玛写给许佩里翁的信。小说的内容和形式深受歌德的《少年维特的烦恼》(*Werther*)及卢梭的《新爱洛依斯》(*Julie ou La Nouvelle Heloise*,1761)的影响。实际上,许佩里翁就是希腊的维特:他是一个热爱生活、钟爱自然的青年,有才干、有理想,又有雄伟的抱负,愿为国家和社会做出贡献。但这一切都在鄙陋的现实和腐朽的社会里破灭了。当他试图在爱情中寻找寄托,幻想在无限的爱的情海中欢度精神上的乐趣的时候,心爱的人又死去,世界就是如此无情地将他抛到相互猜忌、尔虞我诈的人间社会中,忍受着任人凌辱的孤独凄凉的生活。他并没有像维特那样自己结束自己的生命,而是在大自然中去了结自己的一生的"存在"。

荷尔德林的著作,包括《研究恩培多克尔的基础》(*Grund zum Empedokles*,1799)、《流逝中的生成》(*Das Werden im Vergehen*,1799)、《丛古代所看到的视野》(*Der Gesichtspunkt aus dem wir das Altertum anzusehen haben*,1799)、《诗歌创作精神的操作规程》(*Über die Verfahrungsweise des poëtischen Geistes*,1800)、《诗歌形式的区分》(*Über den Unterschied der Dichtarten*,1800)、《对俄狄浦斯和对安提戈涅的注释》(*Anmerkungen zum Oedipus und Anmerkungen zur*

Antigonae，1804)等。

荷尔德林在哲学上幻想把古希腊的精神与德意志文化融合在一起，以便建立"大一"和"大全"相统一的理想世界。荷尔德林所写的《人类颂歌》(*Hymnen an die Ideale der Menschheit*)，表现了对"大全"和"总体性"(totalität)的追求，他那梦幻式的、充满忧郁的渴望，试图把消逝了的罪恶世界，重新唤醒过来，并对此怀抱热切的憧憬，使他更深切地痛恨丑恶的现实。他说，只能通过"大全"，才能建立"大一"与"大全"的和谐，这是上帝的生命所在，是"人之天国之所在"。

第十四节　施莱尔马赫的诠释学 与宗教哲学

德国诠释学的理论和方法，经历了好几个世纪的漫长的酝酿过程。这一酝酿过程，一方面指德国哲学史上各个时期哲学家们对于"诠释"和"理解"的基本概念的理论探索；另一方面也是指法学史和基督教神学史上对于文本的"诠释"和"理解"的特殊研究过程。到了浪漫主义时代，由于施莱尔马赫(Friedrich Daniel Ernst Schleiermach，1768 - 1834)从神学和语言学两方面为诠释学的发展开辟了新的方向，使马丁·路德以来的《圣经》诠释学，又发生了一个新的发展转机。

施莱尔马赫，作为德国浪漫主义哲学家和神学家，系统地总结了他以前的诠释学理论和方法，使之成为完善的浪漫主义诠释学。实际上，施莱尔马赫的诠释学，就是从中世纪、特别是从德国启蒙运动以来长期探索诠释方法的一个产物。施莱尔马赫从《圣经》的诠释学出发所建构的浪漫主义诠释学，使诠释学扩展成为哲学和人文社会科学的一般方法基础，将诠释学变成为近代认识论和方法论的一个重要组成部分，同时也成为宗教哲学的一个组成部分。

施莱尔马赫在总结诠释学的历史成果时，并没有忽略古希腊罗马和近代诠释学的传统。在他以前，伊利里克斯（Matthias Flacius Illyricus，1520－1575）就已经试图将马丁·路德的《圣经》的诠释学发展成为一般的认识和研究方法⑤。施莱尔马赫高度评价了伊利里克斯对《圣经》诠释学所做出的贡献。

在伊利里克斯之后，真正对诠释学的原则发表独创见解的乃是荷兰伟大哲学家斯宾诺莎。作为17世纪欧洲理性主义的杰出代表人物，斯宾诺莎主要是从理性原则出发，强调个人思想自由的价值，并把理智原则当成思想自由的基本保障。斯宾诺莎指出："诠释《圣经》的方法与诠释自然的正确方法并无差异，它们其实是完全一致的。"⑯

斯宾诺莎在《神学政治论》一书中深刻地指出，只有全面了解《圣经》及其作者的历史，才能真正地把握《圣经》的原意。斯宾诺莎说，对于《圣经》的诠释方法，并不是什么与对于自然的诠释方法有所不同的东西，而是与之完全相同。因此，既然对自然的诠释方法要求同对于自然史的说明联系在一起，就好像人们必须依据可靠的数据而引导出对自然事物的定义那样，那么，对于《圣经》的诠释所必不可少的事情，也同样是对于《圣经》的历史进行研究，以便据以可靠的数据和原则对《圣经》作者的原意得出正确的结论。

施莱尔马赫指出：斯宾诺莎的卓越贡献，就在于把对于原文的写作背景、历史及作者意图的研究，同对于作者所使用的语言的研究，紧密地相互联系在一起。具体地说，他把《圣经》的历史研究归结为三个主要方面：

第一，对原文作者所使用的语言的性质及特点进行历史的考察；第二，把原文的概念及术语同历史联系在一起加以考察，并依据主要的内容加以排列。为此,尚须弄清那些往往是在意义上和表达方式上有些模糊不清的概念和术语。斯宾诺莎认为,在语言上弄清一个概念的含义,比弄清其理论意义更为重要,因为在语言上弄清问题前,是不可能真正把握概念的理论含义的;第三,不仅必须对整个的先知预言书的一般命运和历史环境作出研究,而且必须对其中每一篇预言的作者们的生平、道德面貌和意图进行鉴定和分析。

施莱尔马赫认为,斯宾诺莎的诠释学对德国启蒙运动时期的诠释学发展产生了积极的影响。

如果说施莱尔马赫是近代所谓浪漫派诠释学原则的奠基人的话,那么,阿斯特的著作《语法、诠释学和评论的基本原则》(*Grundlinien der Grammatik*,*Hermeneutik und Kritik*,Landshut,1808)和费希特的《知识论基础》就成为施莱尔马赫的诠释学理论的直接启蒙作品。

费希特曾说,任何一个固定的正确判断,都无法指出它自身的根据,但是人的精神所用的方法,在一般正题判断里,都是以自我的设定为基础,"绝对"是通过自己而建立起来的。如果我们将一般正题判断的这个基础与反题判断和综合判断的基础加以比较,那是有用处的,我们可以从而对于批判体系的特点得到最明白、最确切的见解。

那么,什么是"批判"呢? 他说:批判哲学的本质,就在于把一个"绝对的自我",陈述为绝对无条件的、不能被任何更高的东西所决定的东西;如果这样的哲学根据这条原理作出结论,它就成为知识学了。

费希特的知识学原理表明了这样一个原则:一切知识学都以绝对的自我作为出发点,但是,绝对的自我一经树立起来,又必须经与反题和综合判断的基础加以比较,才能得出最明白、清晰的见解。诠释学的原则实际上也是从诠释者的自我的绝对确立出发的,然后,它必须同各种假定的反题、综合命题相比较,分析和总结出更为可靠的结论。这种结论是自我经历反省、比较和创造之后，在更高的基础和更广阔的视野内对于原文作者的"自我"的统一的回归或回归。这种回归或回归包含了诠释者的自我和自我扩展的思索成果，但又不是对原文作者的自我的绝对否定，它毋宁是原文作者的自我在诠释者的自我之中的回音。自我的诠释，通过这样的否定和肯定过程之后，终于在自己的自我意识中找到了真正的和坚实的知识根基。

费希特在论述哲学中的精神与文字的关系时，也精彩地启示了诠释哲学语言、概念及文字的重要意义。费希特的这些思想，使后来的伽达默尔把他当成"浪漫主义时期诠释学的顶峰"的人物。

施莱尔马赫的诠释学就是在上述一系列诠释学家的研究成果基础上提出来的。施莱尔马赫的主要贡献就在于第一个系统地效仿数学的严密的知性关系模式，力图寻求一种有能力全面把握世界的精神力量，从而奠定了诠释学的基本原则和方法。施莱尔马赫在谈论诠释学的时候，从一开始就尝试为诠释学界定一个明确的一般性范围，他为此提出一个很深刻的问题："一般的理解意味着什么？"（was bedeutet verstehen überhaupt?）他指出：迄今为止，作为理解的技艺的一般诠释学，还不存在。现在存在着的，是各种特殊的不同诠释学。

显然，施莱尔马赫试图将诠释学界定为"一种诠释的艺术"（auslegekunst），并使之成为具有一般方法论意义的、关于诠释的学问。他认为，诠释是一切文化和思想得以被创造、并能够正常运作起来的关键因素。诠释把人的思想、文化和创造活动连接起来，也使创作本身有可能借助于语言而扩大和深化。同时，也正是通过诠释的过程，使人能够通过语言的运用，把当前的思想和创作过程，同历史上的创作及其产品联系在一起。

对于施莱尔马赫而言，"理解"并不单纯地可归结为这种或那种"原文"(text)的"语法上的认识",而是"构成一个总体"。换句话说,"理解"是一个"总体",一种"包含一切"的事实或过程。因此,"理解"不只是一种"诠释的技术"(eine technik der interpretation),而且是同人的整个意识活动及其本质联系在一起的极其复杂的过程。诠释学的原则和方法只有同人的意识活动总体相适应,才真正称得上是一种理论体系。

在深入研究诠释学的一般原则及方法论之前,有必要对"诠释"及"说明"作出明确的区分。在施莱尔马赫那里,"诠释"与"说明"是根本不同的。"说明"与"诠释"的区别就在于:前者更多地表明"说明者"的主观认识,是对于其面临的问题或事物的主观认识的展示过程;这一过程虽然关系到"说明者"同"被说明者"的某种联系,但它归根结底只是一个"说明"而已;它在相当大的程度上可以不顾及说明者对于其说明对象的"责任",即可以不顾及对说明对象的"忠实性"。因此,"说明"与其说是对某一对象的"说明",毋宁说是"说明者"对于其所说明的事物的"自我说明"或"自我认识",只不过这种"自我认识"过程是借助于"说明对象",即以"说明对象"作中介物而获得自我展示的过程罢了。

在这里,"说明"的主观性程度因以下两种因素而显得突出:第一,"说明"的展示或表白过程,是"说明者"的"看法""观点"或"认识程度"的公开化过程;第二,"说明者"在"说明"过程中,始终不把说明对象对于其说明的反应看作决定性的因素,即不考虑说明过程中来自说明对象的各种可能的反应。

这种发自说明对象的反应是同说明过程相反相成地存在着的。尽管这种反应是反方向的,但在某种意义上说,它可以导致说明者与说明对象之间关系总体的本质性变化。"说明"之所以不同于、又亚于"诠释",就在于它的自外于上述反方向反应过程;或者更确切地说,它自外于由说明者与说明对象所统一构成的"总体性",自偏于"说明者"的主观方面。

　　与"说明"不同,"诠释"是一个"总体性",它所包含的因素远远地超出"说明者"的主观方面和由此主观方面所产生的一切单方向的运动过程。

　　"诠释"所要考虑的不只是"诠释者"与"被诠释者",即"原文"的总关系,而且还要考虑由"诠释"所可能产生的一切后果,要考虑"诠释"之前的一切历史性因素,又要考虑环绕着这一"诠释"的周在的现实的及潜在的条件。"诠释"作为一个总体,对于"诠释者"所提出的要求,已经不是单纯地表白诠释者的主观看法,也不单纯是诠释者与被诠释者的关系,而是整体性的、多向的因素,是那些包含在诠释总活动之内和之外的一切因素,但对于这些因素的承认与否,还只构成"诠释"过程的起步阶段。更重要的,"诠释"之难度,还体现在:基于对上述一切复杂因素之承认作为出发点,还要尽量展示上述复杂因素总体内外的纵横方向的发展过程,使诠释成为对于整个世界的本质认识的决定性契机。

　　施莱尔马赫说过:"在诠释的问题上,根本的问题是要善于避免诠释者的本人观点的干扰,以便把握原文作者的观点。"为了避免诠释者的主观观念的片面干扰,施莱尔马赫继承和发扬小施勒格尔《语言学的哲学》和斯宾诺莎关于局部与全局的关系的重要观点。施莱尔马赫指出:一切对于局部的认识,都决定于对于全局的认识。

　　施莱尔马赫明确指出:"诠释学是一种技艺,这种技艺的法则只能依据一种积极的、正面的公式而沉思出来。所谓积极的和正面的公式,乃是依据被研究的言谈而获得的既是历史的,又是直觉的,既是客观的,又是主观的意识重建过程。"在这里,直觉的(intuitive)意识重建过程起着极其重要的作用。通过直觉能力,诠释者要尽可能使自己的诠释与"经验"相符合,而与"经验"(die erfahrung)相符合,就是同"对象"相协调。

施莱尔马赫是一位神学家,他所崇尚的"直觉"实际上包含着许多对于神的"信仰"的因素。在神学家看来,信仰是一种无须寻找其理由的灵魂特性,人的灵魂有其自然的直觉体验,能与神"对话",一方面,人的灵性会自然地向往着神,向神显示其隶属地位;另一方面,人的灵魂又可以很自然地领会上帝的启示。

在这种情况下,诠释过程所展示的,是人的心灵深处所体验到的神的启示。人与神相比,永远是有限的,人不可能达到和把握神的启示的"总体",但可以通过具体的体验,从不同的局部的角度,去试图趋近于总体。真正的、有深刻修养的灵性,其高明之处就在于能从局部与总体的关系中,逐步把握那在总体中所包含的真正的意义。

把神学领域中的这种对于神的启示的直觉体验,推广到一般的诠释学原则中,施莱尔马赫强调借助于直觉把握原文作者意图、视野及其思路总体的重要性。施莱尔马赫说:"借助于直觉,应该把握原来意义上的作者的创作工作的一切。"

然而,要使"直觉"显示其决定性作用,必须同全面的"比较"相联系。他说,从诠释学的问题的总体来说,从一开始就存在着两种方法:直观的方法与比较的方法,这两种方法是不可分割的,是相互补充的。接着,施莱尔马赫又说,神性的直觉方法是这样一种方法,即设身处地地和尽可能地直接把握"个体"。所谓比较的方法,首先是尽可能普遍性(或一般性)地理解某种事物,然后,在此基础上,进一步去把握那些个别事物——但这一把握过程是在同其他个体对于同一对象的体验相比较的历程中实现的。

在诠释学历史上,施莱尔马赫是第一个全面探讨诠释学方法的思想家。在他看来,要使诠释过程构成一个总体,必须考究诠释的方法。如上所述,施莱尔马赫是从总体性的观点出发而强调直觉方法与比较方法的相互补充性。他认为,只有把两种方法联系起来而加以实行,才能把握原文背景的一般内容,并使这一般性的背景同联结的普遍法则相对照。施莱尔马赫还指出,在上述两种说明方法之间,还存在着多样的和变动着的"摆动"性原则。对这种所谓"摆动",研究施莱尔马赫的诠释学理论与方法卓有成效的瓦尔特·舒尔茨曾经在其著作《无止境的运动》(*Die unendliche Bewegung*)中有详尽的论述。

当施莱尔马赫深入论述诠释学理论与方法时,他发现了语言所起的神秘作用。他说:"在诠释学中所假设的和在其中所发现的一切,都无非是语言现象。"但他作为神学家,接着很明确地说:"基督教乃是语言的创造者。从一开始并一直到现在,基督教都是一种语言的强有力者和它的灵魂。"

施莱尔马赫在论述作为"方法"和"艺术"的"诠释学"时说,诠释学的原则和规则的制定,必须依据已经被研究过的言谈的性质;在这个意义上说,诠释就是被研究过的"言谈"的历史的和直观的、客观的和主观的"重建"。在此基础上,施莱尔马赫越来越细致地研究在思想的外化过程中思维者是如何借助于语言而表达其意图和意识活动的。

发表在普鲁士王室科学院的 1829 年科学讨论会上的发言中,施莱尔马赫强调诠释学方法的目的,必须有助于使内在地进行的思维过程得到形象化的展示。他说,一门关于诠释科学和方法的建立,必须以分析和揭示"语言"和"思想"的本质为基础。他明确地说:"言语是使一种共同性的思想成为可能的中介。"他指出,每一个言词都同时地与原作者语言的总体性和原作者整个思想存在双重的关系(Jede Rede hat eine zwiefache Beziehung auf die Gesamtheit der Sprache und auf das gesamte Denken ihres Urhebers)。因此，对原文的理解必须同时地在对语言进行语法学上的诠释(grammatische Interpretation)和对"思想中的事实"(die tatsache im denken)进行"心理学上的诠释"(psychologische Interpretation；geistige auslegung)的过程中来实现。

问题在于：具有独特的"内在性"的思想到底是怎样借助语言而进行自我表达的？这也就是说，揭示语言与思想的内在关系乃是把握诠释学原则的关键。为了回答这个问题，施莱尔马赫特别突出了"直观"(Intuition；Anschauung)所起的作用。正如前面所指出的，施莱尔马赫把直观看作能够直接地"猜测"并把握原文作者的整体思想的本能。他认为，直观具有与客观对象相同的功能和进行比较的倾向。直观的这一特性使思想在人类共同体中的传播和扩展成为实际的可能。这种可能性又通过语言，作为交通的中介物，而变成为事实。

换句话说，人的主观的直观功能，具有与思想的主体(即"自我")相同一的倾向，同时也具有与原文作者的思路相同一的能力。直观的这种倾向和能力，在未与语言发生实际的相互渗透过程之前，只是一种潜在的可能性，同时也只停留在思想主体的主观精神的范围之内。语言的应用使存在于思想主体与原文作者间的观念同一性在循环的交流中活跃起来了。这种交流是"直观的外化"，也是多向地进行的：内向和外向、主观与客观、回溯与前进、分析与综合、自我确定与比较等等。这一过程也是无止境的、永久性的循环，一直到思想主体不愿再进行同化的诠释过程为止。但从整个人类作为一个整体来说，诠释的可能性和发展过程是永恒的、无休止的。而且，历史发展得越长，原文作者经"时间"的累积和延伸而沉淀的"思路"，越包含着更大的被发挥的可能性。

在"时间"的问题上，施莱尔马赫显示了其卓越的见解。他说："正是时间的本质起到了限制性的作用。许多作者都执着于现在和将来，却不能通过语言把它表现出来。"按照康德的观点,时间乃是一种直观形式,是自我的内感纯形式,通过它,思维的主体以连续性等关系把客观的本属于杂多的原料加以组织和排列。所以,时间这个内直观形式是思维主体把握外在感性世界的中介。施莱尔马赫看到时间在联系主客体间的作用,并试图由此解开思想与语言的关系之谜。

施莱尔马赫认为,原文作者在执着于历史上的确定时间限度内,往往不能全面地展开其思路。这就是上述所谓"时间对作者的限制性"。作为诠释者,经历了一段历史时间的间隔之后,在另一个历史时期内,完全可以在原文作者的基本思路的基础上,再次展示原文的意义。但这番由诠释者所实现的思路展示,一方面可以吸收由于历史的耽搁而"沉淀"出来的思想;另一方面又可以在新的历史时期内超越出原作者所遇到的时间限制的羁绊,重新开拓思路的维度。所以,施莱尔马赫说:"必须像作者那样,或甚至比原作者更好地去理解!"

在许多情况下,原文作者往往只是提出了论题,并未深刻地意识到其论点或论题的真正意义。有时,一位作者或许是在无意识的条件下触及了某一个重要问题,但他本人并未意识到。所以,经历了一段历史的沉思,处在另一时代的诠释者有可能先是在原作者的概念的基础上,然后发挥出超越原作者概念内容的新思想。

从思想与语言的关系的客观条件而言,施莱尔马赫强调使用语言的共同体的存在的决定性意义。他说,为了使"言谈"变成为"沟通"的手段,必须首先存在一个使用语言的"共同体"。这个"共同体"就是人类世界,就是活生生的社会及与之相联系的"周在世界":从附近的自然界到遥远的宇宙。语言被使用在这个"共同体"内,从而也决定了"语言"本身的性质,"语言"一点也离不开这个"共同体"。反过来,"共同体"的存在也同样取决于"语言"的通行,因为正是"语言"才把这个"共同体"联系在一起,成为可以相互沟通的整体。

实际上,从诠释学的形成开始,在整个发展过程中,诠释学领域内一直存在着关于"语言"的作用及其意义的争论。伽达默尔在继承和发展施莱尔马赫的诠释学的时候,也围绕着语言的意义和作用同他的理论对手们展开争论。冯·波尔曼(C. Von Bormann)在《批评的实际起源》(*Der praktische Ursprung der Kritik*,*Stuttgart*,1974)和《诠释学的经验中的歧义性》(*Die Zweideutigkeit der hermeneutischen Erfahrung*,in Apel,K. O.,u. a.,*Hermeneutik und Ideologiekritik*)的论著中强调:"被理解的语词,在实际上,无非是语词而已。"因此,对"语词"的任何诠释,在他看来,不可能导致有形而上学和本体论意义的哲学理论结果。

反过来,普勒斯纳(Helmuth Plessner,1892 – 1985)在他的《哲学人类学》(*Philosophische Anthropologie*,*Conditio humana*,Frankfurt am Main,1970)、波兰尼(Michael Polanyi,1891 – 1976)在《沉静的维度》(*The tacit Dimension*,New York,1966),以及汉斯·孔茨(Hans Kunz)在他批判伽达默尔的论文中,都针对伽达默尔关于语言、沟通和诠释学的关系的观点而强调非语言的和"前语言的"(prelinguistic)范畴的沟通作用以及所谓"不存在语言的沟通形式"(communication formes without language)的可能性。伽达默尔在反驳其理论对手时,坚持并发展了施莱尔马赫关于语言、沟通和"诠释"之间的关系的思想观点。

施莱尔马赫关于语言与共同体及诠释学的关系的思想,尽管就其原本内容和形式而言是处于萌芽状态,但已经包含了极其深刻的意义,从而对诠释学的发展具有特殊的历史价值。他的这一思想的基础,正如阿洛依斯·格里尔迈尔(Alois Grillmeier)在他的《从施莱尔马赫到当代的诠释学的发展史》(*Geschichte der Hermeneutik von Schleiermacher bis zur Gegenwart*, *Herder Verlag*, Freiburg, 1970) 一书中所指出的, 乃是施莱尔马赫关于"人"的理论。

在施莱尔马赫看来, "人"是既成的语言及其性质所赖以存在和发展的"场所"。人的言语只有依据语言的"整体性"(Totalität)才能成为"可理解的"。所以, 语言的整体性是人的言语的"基础", 施莱尔马赫说, 人是不停地发展着的精神, 而人的言语又无非是这类精神在同其他人的联系中的表。

在施莱尔马赫的上述思想中, 首先要理解他的所谓"场所"概念。"人"是应用和使用语言的主体和客体。作为主体, 人本身发出和使用各种语言, 以表达其思想, 配合其思想, 发展其思想, 作为客体, 人接受各种语言, 吸收和消化在语言中所"负载"的各种思想, 并受到语言的刺激而作出各种行动上的反应以及各种思维过程。然而, 作为主体和客体的人, 在呈现自己的主体和客体地位(或身份)时, 并不一定存在先后或距离上的间隔。

这也就是说, 有时, 人可以是主体, 也可以是客体, 但也可以同时既是主体又是客体。人之作为语言之主体和客体的地位, 集中表明了人之作为"语言之场所"的意义。没有人就没有语言, 语言必须以人作为其具体化之"场所", 作为其存在之根基。但是, 人之所以成为语言之场所, 恰巧又是因为人离不开语言而存在。没有语言, 人不可能思想, 也不可能相互沟通。

在"人"这个"场所"中, 语言获得展开和发展的可能性, 也获得现实存在之条件。语言, 当它以人作为场所而施展其本质时, 深深地触动了人的本性, 同时也发展和丰富了"人"之为"人"的本性。"人性"是"语言"之最终本质的精神支柱, 但"人性"又是语言之奥秘的最深邃的"谜底"之所在。语言,正因为同人性有密切的关系,具有了人的精神的一切素质——它的超越性、浪漫性、不可限制性、雄心勃勃的进取性和向内的无限的退缩性。它又有不可捉摸的转换能力,能从不可见的观念力量转化为活生生的、现实的物质力量和社会力量。同时,又从强有力的社会力量和物质力量退缩成隐居的、潜在的"黑洞"——一种表面看来不存在的、然而又是具有巨大潜能的"虚无"。

要正确地体会作为"场所"的人的本质,才能真正把握语言的本质。由此出发,才能懂得何以"诠释学"的发展仰赖于对"语言"的理解。在前述舒尔茨的著作《无止境的运动》一文中,舒尔茨正确地指出了施莱尔马赫关于语言的性能的观点的人本主义本质。舒尔茨认为,如果说施莱尔马赫指明了人是语言使用的场所,而言语又是沟通的"共同体"的场所的话,那么,由此可见,施莱尔马赫早就把握住了现代诠释学所集中讨论的那些重要论题,这些论题绝大部分都是围绕着语言、人和思想关系而展开的。

伽达默尔诠释学的新贡献,就在于发展了施莱尔马赫的这一重要观点,并毫不动摇地突出了人和"言语"作为"传统"的发生和发展"场所"的意义。在伽达默尔看来,"传统"乃是人的一种无形的精神力量,并且其威力之发挥不可与语言和思想的特质相分离。

就施莱尔马赫而言,他的人本主义思想还突出地表现在:"人"作为一个发展着的"精神"力量,其运动过程乃是无止境的。他说:"人是连续发展着和运动着的一种精神"。由此出发,他认为,"理解"也是一种无限的、永恒的运动(eine unendliche und perpetuelle bewegung),它永远不知道有什么所谓"终点"或"终结"。从这个观点看来,"理解"是无止境的加深过程、发展过程和扩大过程,是一种"自我丰富"和不断向内和向外超越的进取过程,又是肯定和否定相互转换、相互补充的过程。

任何僵化、停滞和自我完满，都与"理解"毫无共同之处。毋宁说，僵化和绝对的自我肯定，乃是"理解"的死敌，是"理解"的"自杀"和终结。

人的精神从本质上具有无止境的自我发展和自我丰富的雄心勃勃的进取原动力，有向内和向外摄取力量的本领，有超越一切和自我超越的本性。任何低估精神力量的哲学是无法理解基于精神威力之上的"理解"进程的无限性。

施莱尔马赫还看到了同"理解"的无限性相联系的"语言"的无限性。他认为，"言谈"是"某种无限的因素，它的每一个成分都可以在一种特殊的条件下为别的事物所确定"。

接着，施莱尔马赫指出：任何个人对于一个对象的认识都是无终点的，因为任何个人都只能接近于某个认识点，他们的认识只能是近似的。个人是难以表达的、难以捉摸的。

语言潜在的、然而极广泛的可变性，如同函数变化一样是无穷的；既是似非而真，又似是而非，即在大的方面表现为一定的确定性，而在细微方面又是难以表达和难以确定。当我们说，某一言词、述语、短语和言谈表示某一事物或表达某一情感、思想和性质的时候，指的是语言的宏观功能特定的性质；如果从更深的观察出发，从语言的微观功能出发，我们则可体会任何言词和言语的难以表达的"差异性"和"差异点"。法国人用"nuance"这个词来表示思想、感情、态度和意义的细微差别。实际上，这种差别是不能很精确地表达出来的。任何言词都无法表达，因为它本身表现了无止境的差距；这种差距细微到感性觉察不到、理性体会不到的微妙程度！而恰巧这种细微差别的神秘性，已经包含在语言本身的特性之中。

语言具有这样一种奇妙的"伸缩性"，可以容纳一切难以表达、但确实又存在着的"细微而妙不可言的差异"（nuance）！法国大文豪莫泊桑

(Guy de Maupassant，1850 - 1893)写道："朝霞是粉红色的，一种深玫瑰红。怎样表达它呢？我说它像鲑鱼肚的肉红色，如果这种色调稍微亮一点的话。当我们面对着所有的色调联系带，而我们的双眼又试图一一从一种色调过渡到另一种色调的时候，我们确实感到我们缺乏词汇。我们的目光，或确切地说，近代的目光，可以看无限的有细微差别的色调系列。这种目光区分着色彩中的一切细微差别间的联结处，区分这些细微差别中所呈现的各个色调等级的递减程度，区分出一切在邻近色调等级、光线、阴影和每日中各个不同时刻的影响下所产生的细微变化。"

莫泊桑作为一个文学大师，熟练地应用了他所能找到的各个词汇，试图说明色调系列中的细微差别的微妙的、难以把握的变化状况，但他毕竟承认了"我们确实感到缺乏词汇"。然而，又是莫泊桑的这段文字恰巧说明语言的含蓄性和潜能。在我们所使用的每个语词背后或里面，又包含着无穷的、可以从中细微地觉察出的微观差异性。在这一系列无限的微观差异性中，又隐藏无限的、待人们深入理解和体会的意义。一切语词在表面看来似乎可以轻而易举地被把握、被确认，但实际上，人们对每个语词的确认和分析，又可以成为无限次诠释的新起点。语言是一个海绵式的，可以无限地吸收新含义和新内容的精神活动的"场所"，这个"场所"是如此的浩瀚、如此的有伸缩性、如此的经得起反复理解和反复推敲的"存储器"。

所以，施莱尔马赫还一针见血地指出：诠释学的任务是无止境的。在这无限的探索中，我们所期待的是在言谈的各个因素中发现其中所隐藏的"过去"和"将来"的无限性。

施莱尔马赫在诠释学方面的成就直接地推动了他那个时代的《圣经》研究事业。施莱尔马赫本人是柏林大学神学教授，他认为，上帝是自然与精神相同一的唯一根源。但是，作为单一的和非人格化的"绝对"，我们不应把上帝与现实世界相混淆。我们有能力思索"绝对"，而且当我们思索"绝对"时不应把它与现实世界相隔离，宗教就是联系上帝与现实世界的唯一途径。

施莱尔马赫尤其精辟地论述了对《圣经》的注释与教义学的关系。在 1819 年关于诠释学的简论中，他把诠释学的原则应用于《新约》的注释。在这番注释工作中，他发现，从语言学观点出发的注释同从教义学观点出发的注释是相矛盾的，前者试图把新约中的每一篇看作不同作者的作品，后者则认为新约是同一个作者的作品。

施莱尔马赫说："语言学的说明如果不以个人写作取代共同编纂的话，就要停留在它本身的原则之外。"相反地，"教义学的说明如果拒绝以共同依赖性让位给个人创作的话，就更加徒劳无益，甚至完全自我毁灭"。

施莱尔马赫在上面所提到的"共同依赖"或"共同编纂"，指的是对基督的共同信念和以基督作为"共同的源泉"。也即是说，始终强调《新约》各篇的"共同来源"。然而，遗憾的是，在教义学的研究领域中，对于"共同的信仰"的依附性仍然是"占优势的"。所以，施莱尔马赫提醒语言学的诠释派别不可低估"教义学诠释派"的消极影响。施莱尔马赫指出，教义学的诠释学派"把信仰的类似性规则远远地扩展到有限的范围之外，以致毁灭了《圣经》本身"。他认为，信仰的模拟只能产生准确的诠释，而其规则只能如下述：如果在属于一个总体的各个段落中，引不出一个协调一致的意义来，那么，解释就是失败的。这对新约的基督学研究而言是非常重要的。所以，在施莱尔马赫看来，如果一个部分无助于对整体的理解的话，那么，就必须使类似的和有关的陈述成倍地增加起来。这就是所谓的"最低限度"的"数量上智慧"，相反，其"最高限度"

就是"夸张"（übertreibung）。但夸张的目的是为了在最大限度的范围内把握本来不属于通常范围的语词含义，甚至同时附加一些可以设想出来的一切因素。这种附加性的说明是无限的，但对于诠释来说是有推动作用的。

但施莱尔马赫并不认为基督教中之"圣灵"（der Heilige Geist）可以对此产生推动作用，他甚至还坚决地否认纯词句的诠释对产生灵感的有效作用。施莱尔马赫所强调的，毋宁是"诠释者"个人对于原文的"理解力"。诠释者，由于其不同品质、不同的文化素养、不同的精神状态、不同的经验，可以对同一原文产生极其不同的理解——其中之优秀人物，甚至可以超出原作者而引出一系列更为深刻和更为微妙的思想。形成崭新的思路，开拓由原文出发而铺设的通向新的境界的道路。

总之，正是施莱尔马赫为近现代诠释学的原则和方法播下了最初的理论"种子"——由此出发才长出了 20 世纪 60 年代以来蓬勃发展的、震撼了文化界的新型"诠释学"！

施莱尔马赫的上述诠释学论述，是作为他的讲演录形式发表的。在他生活的时代，他的这些讲演录并没有得到世人的重视。施莱尔马赫耗费了二十多年的时间，在 1811 年至 1833 年间，不断思索和讲述他的诠释学观点和方法。只有在他逝世以后，经历半个多世纪的岁月，才被狄尔泰所珍视和发现，从而大放其智慧之灿烂异彩。

第十五节　浪漫主义的深远历史影响

卢梭和德国的浪漫主义思潮，对于此后两百多年的法、德两国哲学、人类学和整个社会人文科学的发展，产生了深远的影响。

在德国,由于哲学和人类学之间的内在密切关系,浪漫主义思想尤其促进了对于语言、神话、原始宗教和民族精神的象征论研究倾向。在整个 18 世纪的历史期间内,一大批研究古代文化、古神话和古代文学的学者们,都深受浪漫主义的影响,将浪漫主义的原则推广到古代社会和古代文化的一般研究中去。这些人包括克拉克、海纳、埃内斯蒂(Johann Ernesti,1707 - 1781)、赫尔曼(Johann Hermann,1772 - 1848)、里希登堡(Georg Christoph Lichtenberg,1742 - 1799)、戈特蒂尔夫·舒伯特以及卡鲁斯等人。戈特蒂尔夫·舒伯特运用象征论把人的各种梦诠释成为象征性的象形文字的原型的重演。他和卡鲁斯对于梦的象征论诠释,为此后人类学和心理学研究梦的现象、神话创造以及语言创作的象征论方向开辟了道路。德国著名的人类学家弗罗贝纽斯(Georg Ferdinand Frobenius,1849 - 1917)和埃伦赖希(Paul Ehrenreich,1855 - 1914),根据浪漫主义的基本原则,在研究神话和原始宗教的时候,注意到个别象征意义同整体神话系统的象征结构的密切关系。又如,在浪漫主义运动的直接影响下,宗教学家、神话学家和人类学家克鲁伊策(Georg Friedrich Creuzer,1771 - 1858)用象征论的基本原则和方法,深入比较了古埃及、古希腊、古罗马、古印度和古波斯的神话,试图引申出隐含在各民族神话发展中的象征性一般结构。他尤其强调:宗教的象征意义系统,在各民族文化发展中起着一种将精神和物质统一起来的作用。当然,克鲁伊策的象征论观点也遭到了他同时代人的批评。例如,福斯(Johann Heinrich Voss,1751 - 1826)曾经严厉地批评了克鲁伊策用东方的宗教象征论去诠释基督教。

关于浪漫主义对于德国哲学和人类学,尤其是神话学和宗教学的影响,也可以在 19 世纪的象征论哲学家、宗教学家和神话学家巴霍芬(Johann Jakob Bachofen,1850 - 1887)的研究中表现出来。巴霍芬作为一位献身于无文字古代社会的研究的历史学家，在研究神话的过程中，充分地运用了象征论的原则，尤其是对于象征性时间中的间距有深刻的理解。他和杜拉尔（Jacques Antoine Dulare，1775－1835）以及克鲁伊策一样，试图通过对于具体的历史事实和神话情结的分析，引申出关于象征的普遍性理论。对他来说，古代神话的基本主题是围绕着"母权"（mutterrecht；mother right）。巴霍芬的研究成果，进一步推动了浪漫主义在德国哲学和人类学中的传播。

注释

① Heinrich Heine，*Sämtliche Werke*. Band III：*Schriften zur Literatur und Politik I*. Wissenschaftliche Buchgesellschaft，Darmstadt，1992：269.

② Richard Ullmann und Helene Gotthard，*Geschichte des Begriffes "Romantisch" in Deutschland vom ersten Aufkommendes Wortes bis ins dritte Jahrzehnt des neunzehnten Jahrhunderts*. In *Germanische Studien*，Heft 50，Berlin，Ebering，1927：XII－378；Baldensperger，*Romantique，ses analogies et ses équivalents，tableau synoptique de 1650 à 1810*. In *Harvard Studies and Notes in Philology and Literature*. Vol.XV，Cambridge：Harvard University Press，1937.

③ L. P. Smith，*Four Words: Romantic，Originality，Creative，Genius*. Oxford：Clarendon Press，1924.

④ Friedrich Schlegel，*Über das Studium der griechischen Poesie*. In *Die Griechen und Roemer*. Neustrelitz：Michaelis，1797；*Kritische Friedrich Schlegel Ausgabe*. Ed. Behler，J.-J. Anstett，H. Eichner，Band I. Paderborn：Verlag F. Schoeningh/Zürich：Thomas Verlag.

⑤ Friedrich Schlegel，*Über die Sprache und Weisheit der Indier. Ein Beitrag zur Begruendung der Alterthumskunde*，1808.

⑥ A. Wahl，*Beiträge zur deutschen Parteigeschichte im 19 Jahrhundert*. In 〈*Historische Zeitschrift*〉104，1909：344.

⑦ G. von. Below，*Die Anfänge der konservativen Partei in Preußen*. In 〈*Internationale Wochenschrift*〉3，1911：1089.

⑧ J.W. Goethe，*Maximen und Reflexionen*. No. 314. Helmut Koopmann（Hrsg.），Deutscher Taschenbuch Verlag und C.H.Beck，München，2006.

⑨ J.-J. Rousseau, *Discours sur l'origine et les fondements de l'inegalite parmi les hommes*. Amsterdam: Rey. 1755: 95 - 100.

⑩ J.G. Hamann, *Kreuzzrege des Philologen*, 1762.

⑪ W. von Humbolbt, *Über die Verschiedenheit des menschlichen Sprachbaues und ihren Einfluss auf die geistige Entwicklung des Menschengeschlechts*, 1836.

⑫ *Ideen zur Philosophie der Geschichte der Menschheit*. 3 Bde, 1785/85 - 1788.

⑬ J.G. Herder, *Ideen zur Philosophie der Geschichte der Menschheit*, 1791.

⑭ F. Graebner, *Methode der Ethnologie*. Heidelberg: Winters Universitätsbuchhandlung, 1911.

⑮ Matthias Flacius Illyricus, *Über den Erkenntnisgrund der Heiligen Schrift*, 1567.

⑯ Baruch de Spinoza, *Theological-Political Treatise*, Trans. By M. Silverthorne/ J. Osrael, Cambiridge University Press, 2007: 98.

第十章

黑格尔

　　一般认为,把德国古典哲学推向顶峰的是黑格尔(Georg Wilhelm Friedrich Hegel,1770－1831),他把从康德开始的德国观念论思想,以完整理论体系的形式和严谨的逻辑力量,综合成绝对观念论哲学,使它有可能成为 19 世纪中叶后各种新兴哲学思想再出发的起点,而它所蕴涵的内在理论性生命力,至今仍可以通过其学派的代表人物的著作而体现出来。

　　当然,黑格尔只是他所处年代中取得重大思想成果的众多哲学家中最突出的一位。实际上,从 18 世纪 70 年代到 18 世纪 30 年代期间,德国哲学界连续产生了一代又一代优秀的哲学家。同时,这段历史时期中,一大批优秀的哲学家同神学家、文学家、艺术家和科学家一起,相互切磋,在哲学人文社会科学领域中,进行过多次跨学科的理论争论,黑格尔本人由此获得了许多启示,这才使黑格尔哲学有可能取得伟大成果。所以,对黑格尔哲学的评价,必须放在当时当地广阔领域中进行全面的分析。

第一节　生平与著作

黑格尔哲学最突出的特点，就是它的内在生命力。黑格尔自己说过，生命是"有生命之物"反抗"无机自然界的过程"，生命的主要特点，就在于它可以通过概念自身的发展和分化，逐步地把自身内部潜在的"客观的无机体"放任于自身之外，使之与自身相对立，而在这种对立状态中，生命自身必须维持自己的独立自主性，并充分发挥自己的能动性，逐步克服它和无机自然的对立，扬弃那自在地带有虚幻性的客体，在不断反抗无机自然的过程中，确保自身的存在、发展及其客观化，所以，"有生命之物与一个无机自然相对立，它是后世的主宰力量，并同化后世以充实自身"①。黑格尔显然以生命的内在主动创造力量为依据，自信生命有能力，在与无机界相对立的过程，实现生命自身对"后世"的主宰，使生命自身成为世界的主人，一个真正掌握自身命运的主体。同样，黑格尔在《美学》第一卷又说，生命必须对无机自然界进行"斗争"，"吞食这无机自然，消化它，从它吸收营养，把这外在的东西转化为内在的，才能实现它自身的存在"②。所以，在《逻辑学》中，黑格尔又说，生命通过与无机界的对立和斗争，"使自身实现成为实在的和普遍的生命，建立成为'类'"③。

对于具有辩证法精神的黑格尔来说，谈到"生"就势必谈到"死"；"生"永远脱离不了"死"，与"死"的关联是"生"本身得以再生、新生并延续地维持其有限的生命的先决条件，只有当生命死去的时候，"生"，作为有限的生存，才与"死"断绝了关系。生与死实际上永远是两个相互对立而又相互统一的要素，两者只有在相互对立统一的范围内，才有可能各自成为独立的存在：没有生，就没有死；反过来，没有死，也就没有生。因此,黑格尔在谈到自己的生活时,总是在他的著作中多次坦然地说:"死不足惧。但是,要死得其所,无论如何,首先就必须出生。生是死的前提。"由此可见,作为一位哲学家,黑格尔从他自己有意识的时候开始,便"自为"地面对自己的生命及其历程。黑格尔彻底的辩证法精神,使他连对自己的生死命运,也套用辩证法来解释。确实,如果我们用黑格尔自己的辩证法哲学来看待他个人的生与死的话,那么,他的生与死,似乎都是带有一定的历史"必然性"和辩证法意义,也隐含不同程度的哲学意义。

(一)生活历程

黑格尔出生在 1770 年 8 月 27 日的斯图加特(Stuttgart),这是位于德国西南部符腾堡公国的一座城市。对黑格尔来说,值得庆幸的是,他恰好出生在一个伟大变革的历史时代。这同一个时代,还为德国造就了伟大诗人荷尔德林和音乐家贝多芬等历史人物。黑格尔所生活的年月不仅对欧洲还是对整个世界,但是一个震天动地的转折性的时代。在黑格尔出生前一年,法国诞生了伟大的拿破仑。这些历史人物,分别在同一时代的不同空间和不同的领域中,以他们的卓越的一生,创造出万古流芳的事业。在黑格尔生活的时代,除了出现一批杰出的哲学家以外,还有像尼布尔(Barthold Georg Niebuhr,1776 - 1831)那样的杰出的历史学家,他所撰写的《罗马史》(*Römische Geschichte*,1811 - 1832),至今仍然被公认为罗马史的经典著作。

值得指出的是,经常被人们忘记的另一位哲学家和思想家弗里斯也在黑格尔出生后三年,诞生于德国的巴尔比城(Barby),他虽然受到与黑格尔类似的时代教育,却形成了与黑格尔相反的理论思想体系。如果说,黑格尔的思想在很大程度上决定了 19 世纪上半叶德国哲学的方向的话,那么,正是弗利斯的理论,改变了黑格尔所奠定的理性主义方向,致使德国哲学在黑格尔逝世之后,发生了根本性的转向。由此可见,时代的框架容纳了无限丰富的可伸缩性的力量,有可能以多种内容和形式,多方面地影响进行创造的思想家和各种人物,扮演着不同的历史角色,给予历史留下多姿多彩的时代画面。但历史时代往往嘲弄人间社会:它所给予人类的一切,归根结底,总要变成为历史本身赋予人类的"礼物",以相互抵消、相互斗争和相互补充的结果,谱写出人们所意想不到的历史篇章。

黑格尔的父亲格奥尔格·路德维希·黑格尔(Georg Ludwig Hegel,1733-1799),出生于蒂宾根,是当地公国的财务秘书,也是一位神学家。当他有小黑格尔的时候,他已经三十七岁,黑格尔的母亲玛利亚·马格达列娜·路易莎·弗洛姆(Maria Magdalena Louisa Fromm,1741-1783)诞生于斯图加特一家富裕的律师家庭。

黑格尔在斯图加特公学接受初等教育,这是一座新教创办的拉丁学校。他刻苦学习、广泛涉猎、笔头勤快,不停地写日记和各种笔记。他从五岁起就非常热爱拉丁经典,但他六岁的时候得天花,险些丧命。十岁时,黑格尔父亲就让他学习几何学、天文学,而黑格尔更喜欢古希腊悲剧,同时也对生物学、物理学、数学、美学、哲学、神学和文学感兴趣。黑格尔中学毕业时所写的演讲稿是《土耳其人治理下文化和科学的衰落》。

1788年,黑格尔中学毕业后,以斯图加特公国官方奖学金学生的身份,前往蒂宾根神学院(Tubinger Stift)攻读神学,同时研究语言学、历史、哲学、物理学和数学,与当时同校的荷尔德林和谢林结为亲密朋友。康德、卢梭及其他启蒙思想家的著作,成为黑格尔的最丰富的文化养料。他当时的主要精神追求是自由,当他获知法国大革命爆发、并取得胜利时,他曾经以极大的热情给以歌颂。黑格尔为此赞颂道:"阿那克萨哥拉指出,理性统治世界。但是直到如今,人们才能理解到,思想应该统治精神。现在,所有能思维的存在,都在这个时期共同庆祝。高尚的热情笼罩着这个时期;精神的热诚使这个世界震动。"①1791 年他与同窗学友荷尔德林、谢林等一起,在蒂宾根市郊种植"自由树"⑤。

获得哲学与神学博士文凭后,黑格尔从 1793 年起在瑞士伯尔尼任家庭教师三年。他在这段时期所写的《耶稣生平》(1795)、《实证宗教观念批判》(1795 - 1796)和《埃勒西斯诗歌集》三本书,表明他当时的思考主题是宗教、社会历史和政治方面的问题,同时,也表现了他对希腊古典文化的缅怀。他在这些书中不时试图调节古希腊文化与基督教文化,特别想协调苏格拉底与耶稣。1797 年至 1799 年,黑格尔在法兰克福任家庭教师,这时,他开始起草论基督教精神及其体系的草稿。黑格尔青年时期,即 1793 至 1800 年所写的基督教神学论著,后来都被收入《黑格尔青年时期神学著作集》(*Hegels theologische Jugenschriften*),由狄尔泰的学生尤利乌斯·赫尔曼·诺尔(Julius Hermann Nohl,1879 - 1960)于黑格尔逝世七十多年后,于 1907 年在蒂宾根出版发表。

他父亲于 1799 年去世后,为黑格尔提供的家庭遗产使他有可能自1801 年起全力以赴地思考哲学问题。他同谢林一起在耶拿创办《哲学批判杂志》(*Kritischen Journals der Philosophie*)。他在这本杂志上发表了第一篇哲学著作:《论费希特与谢林哲学体系的区别》(*Differenz des Fichteschen und Schellingschen Systems der Philosophie in Beziehung auf Reinhold's Beiträge zur leichtern übersicht des Zustands der philosophie zur Anfang des neunzehnten Jahrhunderts*,1801)。同时,受到谢林的自然哲学观点的启发,黑格尔以《论行星的旋

转轨道》(*Dissertatio Philosophica De orbits planetarum*；*Über die Planetenbahnen*)的论文在耶拿大学获讲师席位,成为谢林的同事。这一时期,他发表了《哲学批判的本质》(*Über das Wesen der philosophischen Kritik überhaupt,und ihr Verhältnis zu dem gegenwärtigen Zustand der Philosophie inbesondere*)、《哲学与常识》、《怀疑论与哲学的关系》(*Verhältnis des Skeptizismus zur Philosophie*)、《信仰与知识：按照康德、雅科比及费希特哲学的形式所理解的主体性反思哲学》(*Glauben und Wissen oder Reflexionsphilosophie der Subjektivität in der Vollständigkeit ihrer Formen als Kantische,Jacobische und Fichtesche Philosophie*)以及《关于自然法的科学论述方式》(*Über die Wissenschaftlichen Behandelungsarten des Naturrechts*)等哲学论文;他还为《埃朗根文学杂志》撰写一系列文学评论,论述布特威克(Friedrich Bouterwek,1766‐1828)、维纳伯格(J. F. C. Werneburg)和格尔施泰克(R. F. W. Gerstaecker)的作品。这一时期,黑格尔还写了论德国宪法、自然法及逻辑学的文稿。他还为讲授伦理学而撰写了长篇伦理学讲稿。黑格尔在耶拿大学于 1801 至 1802 年开设的逻辑学与形而上学课程,只有十一位学生听课。

在耶拿时期以前,一般被称为"黑格尔的青年时期",人们后来曾经专门进行了研究,而狄尔泰(Wilhelm Dilthey,1833‐1911)为此所写的著作《青年黑格尔的历史》(*Die Jugendgeschichte Hegels*,1905)对于全面理解黑格尔思想的发展很有参考价值。狄尔泰的研究把对于黑格尔的思想分析转向他的青年时代,有助于揭示黑格尔思想发展的早期特色,对现代研究黑格尔很有启发,也确实在 20 世纪初期推动了人们对黑格尔的早期著作的研究浪潮。对黑格尔青年时代的思想甚感兴趣的卢卡奇(Geörgy von Lukács,1885‐1971),也发表过相关著作,如《青年黑格尔》(*Der junge Hegel*，1948)，为 20 世纪初形成的青年黑格尔学派奠定了理论基础，值得我们注意。

在耶拿时期的初期，黑格尔还不是教授，基本上从属于谢林，也就是说，黑格尔尚未创建属于自己的独立哲学体系。不久，他逐渐地意识到谢林的"自然哲学"的片面性。谢林于 1803 年离开耶拿这一件事，对于一心向往独立发展自己思想体系的黑格尔来说，无疑是一个精神解放。从这个时候开始，黑格尔有机会深入研究古希腊哲学和文学，并同时开设心理学、矿物学和数学等自然科学课程。在歌德和谢林的推荐下，黑格尔才在 1805 年 2 月升任为教授。他集中精力逐步创建自己新颖的思想体系，终于在 1806 年写完《精神现象学》(*Phänomenologie des Geistes*)。当黑格尔的《精神现象学》于 1807 年正式出版时，也正是拿破仑的军队入侵耶拿的时候，因此，黑格尔在给友人、哲学家、神学家兼巴伐利亚州学校与教会事务顾问尼特哈默尔(Friedrich Philipp Immanuel Niethammer，1766－1848)的信中，称拿破仑为"马背上的世界精神"(Weltseele zu Pferde)[⑥]。

黑格尔离开耶拿后，在班贝格(Bamberg)担任了《班贝格日报》(*Bamberger Zeitung*)主编，但很快触犯了出版法，所以，经友人尼特哈默尔的推荐，他在 1808 年到纽伦堡任圣基勒斯-埃基迪恩公学(Saint-Gilles Aegidien Gymnasium)校长，并讲授哲学、希腊经典及高等数学等课程，直至 1816 年为止。这一时期，黑格尔的主要著作有《哲学概论》(*Philosophische Propaedeutik*，1812)和《逻辑学》(*Wissenschaft der Logik*，1812－1816)。

从 1816 年起，黑格尔被任命为海德堡大学教授。他发表了为政府的改革方案辩护的论文《对于威尔登堡议会议事录所作的判断》及著名的《哲学百科全书》(*Encyclopädie der philosophischen Wissenschaften im Grundrisse*，1817)。这后一部著作于 1827 年修订再版，又于 1840 至 1845 年在柏林加以大量补充后，编入黑格尔著作集。与此同时，黑格尔还担任《海德堡文学年鉴》(*Heidelberger Jahrbücher für Literatur*)的编辑工作。

黑格尔收到普鲁士王国文化部部长的聘请，到柏林大学任教。于是，黑格尔在 1818 年 10 月，继费希特之后，任柏林大学哲学教授。当时的柏林大学校长是神学家马尔海内克(Philipp Konrad Marheineke，1780－1846)。从此，黑格尔紧紧抓住大好时机全面地论述他的哲学体系，不但完成了自己的庞大哲学理论体系，而且也为后来的黑格尔学派的发展奠定了稳固的基础。在柏林期间，黑格尔只发表了论法哲学的著作《法哲学原理》(*Grundlinien der Philosophie des Rechts，oder Naturrecht und Staatswissenscraft im Grundrisse*，1821)。但同时，他也为成立于 1827 年的黑格尔学派机关刊物《科学批判年鉴》(*Jahrbücher für wissenschaftliche Kritik*)撰写论文。1830 年黑格尔被任命为柏林大学校长，但他很快就因霍乱症而于 1831 年 11 月 14 日离开人世[①]。

黑格尔在柏林大学期间所讲授的课程，受到学生和社会大众的广泛欢迎，产生深远影响，他的学生和朋友逐渐把他授课的讲演稿，按不同题目整理成《哲学史讲演录》《美学讲演录》《历史哲学讲演录》及《宗教哲学讲演录》，在他逝世后编入黑格尔全集。据历史学家兰克(Franz Leopold von Ranke，1795－1886)回忆，黑格尔任教期间，柏林大学教授分为哲学派与历史学派，前者以黑格尔为首，后者以施莱尔马赫大洪堡为首，另有尼布尔、萨维尼(Friedrich Karl Savigny，1779－1861)、拉赫曼(Karl Lachmann，1793－1851)等，两派针锋相对、各持己见，激发了大学学术研究和争论的浓厚风气。

（二）著作的出版状况

黑格尔死后，他的学生及友人于 1832 至 1845 年整理出版《黑格尔全集》十八卷（*G. W. F. Hegels Werke. Vollstaendige Ausgabe durch einen Verein von Freuenden des Verewigten*. In 18 Bänden. Duncker und Humblot，Berlin）。这一版本的《黑格尔全集》又于 1887 年增补了第 19 卷《黑格尔书信集》，在莱比锡出版。从那以后，黑格尔全集的各种版本一再翻新，其中，最重要的是黑格尔逝世一百周年时由当时的新黑格尔主义者格洛克纳所主编出版的 20 卷《黑格尔全集》纪念版（*Sämtliche Werke. Jübiläumsausgabe in zwanzig Bänden*. Hrsg. von Hermann Glockner，Stuttgart，1927－1947）、由拉松及霍夫迈斯特主编于 1911 至 1944 年连续出版的 21 卷《黑格尔全集》（*Sämtliche Werke*. 21 Vols. Hrsg. von Georg Lasson und J. Hoffmeister，Leipzig，1911－1938）、由霍夫迈斯特于 1952 年新编的 30 卷《黑格尔全集新批判版》（*Sämtliche Werke Neue kritische Ausgabe*，30 Vols. Hrsg. von J. Hoffmeister. Hamburg，1952ff.）、由洛维茨与李德尔于 1968 年主编的三卷本《黑格尔文集研究版》（*Studienausgabe in drei Bänden*. Hrsg. Von K. Löwith und M. Riedel，Frankfurt/Main-Hamburg，1968）、由尼科林和波格勒主编的《黑格尔全集》（*Gesammelte Werke*，Hrsg. im Auftrag der Deutschen Forschungsgemeinschaft von Friedhelm Nicolin und Otto Pöggeler. Hamburg. 1968ff.）以及以 1832 至 1845 年出版的黑格尔著作为基础由莫尔登豪厄和卡尔·马尔库斯·米歇尔重新主编的 20 卷本《黑格尔全集》（*Hegel Werke*. In 20 Bänden. Auf der Grunlage der Werke von 1832－1844 neu ediert. Red. von Eva Moldenhauer und Karl Markus Michel. Frankfurt am Main. 1969－1971［Die Suhrkampausgabe， heute stw 601 - 620］）。

关于黑格尔的著作的最详尽目录，是由古尔德·施泰因豪尔（Kurt Steinhauer）编辑出版的《黑格尔书目》（*Hegel-Bibliographie*，2 Teile. Müchen/New York/London/Paris. 1980 - 1998）。

（三）围绕黑格尔生平问题的争论

黑格尔逝世之后，他的学生及其他人先后为他撰写各种传记。从他死后至今，各种各样的《黑格尔传》不计其数，写法也不一样，对黑格尔的评价更不相同。

在他的学生中，卡尔·罗森克兰茨（Karl Rosenkranz，1805 - 1879）所写的《黑格尔传》⑧是比较重要的。这本《黑格尔传》于 1844 年出版于柏林。此后，德国内外越来越多哲学家对黑格尔传记感兴趣，法国著名黑格尔研究专家雅克·董特（Jacques d'Hondt，1920 - 2012）为黑格尔撰写了《黑格尔传》⑨，别具一格，也值得阅读。

第二节 黑格尔的体系

（一）黑格尔体系的一般特征

黑格尔建构了近代哲学史上最完备的哲学理论体系。他的理论体系具有明显的三大特征：第一，他所建构的是理性主义观念论哲学体系的典范；第二，他以最完备的辩证法形式，表达他的思想体系的内容、各个组成部分及其生命运动过程；第三，他的哲学具有强烈的批判精神，使他每当论述其主要概念以及论述哲学史时，都免不了对其他不同哲学概念进行批判性分析。

黑格尔在 1807 年发表的《精神现象学》概括了他的哲学系统的基

本特点。黑格尔突出了作为他的哲学核心概念的"绝对"的概念性、逻辑性、全面性、矛盾性、发展性及完满性，揭示了他的哲学系统所包含的内在生命及其自始至终创造精神。"绝对"作为最高概念，不是静止不动，也不是从一开始就完美无缺，而是不断自我发展、自我创造和自我更新，最后才达到"扬弃"矛盾的真理体系。黑格尔说："真理存在的真正形态，只能是真理的科学系统"⑩，即一个充满矛盾的发展过程。在黑格尔看来，唯有他的哲学系统是最完美，最符合真理体系的。

黑格尔是最系统的理性主义观念论哲学家。西方哲学从柏拉图以后，一直沿着理性主义真理论的主导路线向前发展，追求真理成为西方传统哲学的重要目标，也成为西方人建构自身主体性的中心问题。黑格尔以他所提出的"绝对精神"（absoluter geist）的基本概念为核心，成功地将西方哲学上长期发展起来的理性主义、逻辑中心主义及真理论建设成为最完备的观念论哲学体系，并以此为基础，试图将西方哲学中的一切重大问题囊括在这个体系中，实现其内容和形式的最完满的结合。因此，在黑格尔的哲学体系中，西方哲学的各个领域，包括本体论、认识论、逻辑学、伦理学、美学所讨论的所有重大问题，以及原来的自然哲学、艺术哲学、道德哲学等分支，均在"绝对精神"的系统内，成为绝对精神生命发展的一个有机组成部分，各自占据其"合理的"地位，获得"合理的"解决。在这个意义上说，一切哲学的内容及其基本问题，都成为黑格尔的绝对精神的哲学体系的一个"环节"。正因为这样，黑格尔声称：他的绝对精神的观念论哲学是西方一切哲学的集大成者，也就是说，黑格尔号称其哲学是西方哲学的发展"顶峰"。

（1）绝对精神

作为黑格尔哲学的基本概念，"绝对精神"几乎贯穿于他的哲学著作的始终，因此也以不同的论述和表达方式，出现在黑格尔的大部分著作中。一般来说，黑格尔往往把"绝对"和"精神"等同起来。在《哲学全书》第三部"精神哲学"中，黑格尔明确地说："绝对就是精神，这是关于绝对的最高定义。"⑪他认为，绝对精神是一种"绝对"（das absolute；absolutes），是普遍的永恒精神，它是无所不包的整体本身，又是世界的基本原则和绝对的理念（des prinzips der welt, d. h. der absoluten idee）⑫，它也是一种能动的和发展的精神，贯穿于世界历史的一切过程中，它自然地成为哲学、宗教和艺术的共同对象，只是绝对精神以不同表现形式呈现在艺术、宗教和哲学领域中：在艺术中通过"被直观"（angeschaut）；在宗教内通过"被想象"（vorgestellt），在哲学中通过"被思想"（gedacht）。由于绝对精神成为黑格尔哲学的主要的核心概念，在许多地方，黑格尔都不惜反复以各种方式和各种说法，一再论述绝对精神的性质。黑格尔本人，经常用"客观思想""客观概念""世界精神""客观精神""理念"和"世界理性"等表面上不同的词语或概念，统一地指他所说的绝对精神。这样一来，黑格尔的哲学体系，简单说来，就是关于"绝对精神"的辩证法。

总之，黑格尔哲学的核心就是精神，即绝对精神。绝对精神是万事万物的本质、本原和灵魂。但在黑格尔那里，作为万事万物的本源和本质的绝对精神，并不是脱离于万事万物而孤立存在的神秘力量；相反，绝对精神始终渗透于万事万物之中，并构成它们的灵魂，永远处于变化发展之中，伴随着万事万物自身的具体运动，以其客观的发展逻辑，统摄整个宇宙万物，促使它们一方面作为整体的一部分，另一方面又作为具体的实际存在，实现它们的自我运动和发展，配合着绝对精神的全部变化运动，展现出世界的精神本质。

所以，对于黑格尔来说，精神，或绝对精神，是有生命的创造力量，它并不是老站着不动，静止地待在世界的每个地方，然后，就在那里一劳永逸地创造出世界的一切。黑格尔在他的著作的许多地方一再强调：精神是发展的，是在永远运动变易中创造出世界的一切，并因此而成为万事万物的主宰。而且，精神在发展中是不断进行自我认识和自我实现，把它自身的自我实现与它创造万事万物的过程，同一起来，通过它的发展，达到它自身与它所创造的世界的同一性和完满性，最后，达到"绝对真理"。黑格尔在《哲学史讲演录》中说："普遍的世界精神并不沉陷在没有进展的静止中。单就它的本质看来，它就不是静止。它的生命就是活动。它的活动以一个现成的材料为前提，它针对着这材料而活动，并且它并不仅是增加一些琐碎的材料，而主要是予以加工和改造。……它就构成了每个下一代的灵魂，亦即构成了下一代习以为常的实质、原则、成见和财产。同时，这样接受下来的传统，复被降为一种现成的材料，由精神加以转化。"⑤

作为精神的绝对，它是"绝对地自我启示、自我意识、并无限地自我创造"，而且，"绝对精神"就是"思想"和"理念"，思想作为思想，是自在自为的，它超出一切时间，它是永恒的。黑格尔在《逻辑学》中称：思想是唯一的真理，"它不但构成外界事物的实体，而且也构成精神性事物的普遍实体"。正因为这样，黑格尔又在《哲学史讲演录》中说：哲学的目的就是认识这个唯一的真理，并同时把它当成源泉，当成其他一切事物、一切自然规律、生活和意识的所有现象的源泉。接着，黑格尔又说，绝对就是理念。"哲学中最高的东西被称为'绝对'，即理念。"作为"绝对"的理念，它并非抽象的，而是具体和充实的；"就其真实的现实性而言（in ihrer wahrhaftigen wirklichkeit），绝对理念，应该说，它就是精神，但当然不是有限的受约束和局限的精神，而是普遍的、无限的和绝对的精神。"

这样一来，精神是一种能够自我分化、自身运动、自身认识的能动力量,也是一个有生命的能动者和能思者,它既是有生命的个体的人,更是有生命的精神本身,因为在黑格尔看来,唯有人,才是有理性,充满精神的存在者。黑格尔说,"人的本质就是精神"[14]"人是理性,是精神"[15]"只有人是精神"[16]。实际上,当黑格尔强调人是精神的时候,他的主要用意,是突出"人"的特殊地位,强调在万事万物中,唯有人,才有可能作为主体,完满地发挥精神的自我创造性,同时,也只有人,才能典型地体现出"精神"的创造力量及其对万事万物的本质性认识。当然,黑格尔的绝对精神,远不是局限于论证人的精神本质,因为黑格尔发展自己的绝对精神的哲学的真正目的,就是为了一方面论证宇宙万物的精神本质;另一方面,又论证他本人的绝对精神的哲学,就是绝对精神的完满结果,是绝对真理的真正体现。

正是在这个意义上说,只有首先把握黑格尔绝对精神的哲学要旨,才能真正了解黑格尔所说的"主体"及其与绝对精神的关系。一般来说,黑格尔反复强调,绝对精神本身,作为世界的本质,是一个能够自我认识、自我实现、自我运动的万物本源,它当然运载着全部创造精神,具有思想和认识的绝对能力,当然也是永远作为万事万物的主体而主导整个世界。《精神现象学》明确指出:"活的实体,只有当它是建立自身的运动时,或者说,只有它是自身转化与其自身的中介时,它才真正是个现实的存在,或者,换句话说,它这个存在,才真正是**主体**。"[17]

作为主体的精神,首先就是关于精神自身的自我认识的知识,也就是说,"它必须是它自己的对象"[18];它是"自身实现的普遍性",是区别于个人或个别人的普遍的主体,一方面,它是"进行思维的主体,即思维的主观性,它既是这样的规定,是纯粹的活动的主观性,具有一般的规定性;另一方面,主体就是这个思维,这个决定者"[19]。在黑格尔那里,个别主体与普遍主体的统一,就是精神本身的自我同一,但其中,个别主体是从属于普遍主体。在这里，黑格尔实际上也是在影射费希特的"绝对自我"的主观性。

当然，黑格尔也谈到"绝对主体"，对他来说，这个"绝对主体"就是神。所以，当黑格尔谈论"无限的主体性"的时候，他是特别指达到了"绝对的主观性"的"神"，因为只有神，才能体现对于客观事物的本质的绝对认识，才是"绝对的主体性"，而在基督教那里，黑格尔认为，耶稣的神的本性表现了神的精神与人的精神的统一，体现了神的精神与人的肉身的统一，从而也成为"自觉的无限精神即绝对主体性"㊳。所以，在《小逻辑》中，黑格尔进一步指出："基督教的上帝不只是被知者，而且完全是自知者，它不仅是心中的观念，而且是绝对真实的人格。"㊴

"主体性"在黑格尔的逻辑学中，尤其显示他的认识论思想的辩证法性质。首先，黑格尔所说的"主体"，就是指能够实现自我分化、自我运动和自我认识的"精神"。在这里，作为有能力实现自我运动和自我发展的"能动者"和"能思者"，精神获得了"主体性"。精神既然是万事万物的根源和基础，它必须、也只能是一个独立的主体㊷。

其次，作为精神和思想的"绝对"，当然同时也是"实体"和"主体"。也就是说，精神作为主体，它必须是"关于作为精神的自身的知识，即是说，它必须是它自身的对象"㊸。这样一来，"绝对"又是主客体的对立统一，是一种"圆圈式"的发展过程本身，它是一种"总体"。黑格尔在《哲学史讲演录》中说："真正说来，对立是绝对的形式，是绝对运动的本质环节。"在《美学讲演录》第一卷中，黑格尔强调"绝对精神"的自我分化的活动能力，并说"绝对精神应理解为绝对的行动性（absolute taetigkeit），从而把它理解成它自身之内的绝对分化"。而在《逻辑学》中，黑格尔说："绝对精神表现为万事万物具体的和最高的真理。"

（2）辩证法

黑格尔把西方哲学史上长期孕育、发展的辩证法（Dialektik），建构成史无前例的体系化的程度。黑格尔强调，"绝对，就其本质而言，只能是一个结果，只能是真理的一个结局"。哲学必须描述"绝对精神"的这一变迁过程，说明其发展的阶段，通过一系列由低级高级的符合逻辑的发展过程，"绝对精神"才逐步地意识到它本身是怎样地创造整个世界，它才真正成为世界上一切事物的本体论基础，它也才有可能成为真正把握整个世界最高真理的"绝对者"。绝对精神以其本身的内在发展逻辑而自我实现其生命的演变过程，这就是辩证法的自我展现。在黑格尔那里，辩证法不是一种外在的力量，也不是什么神秘的过程，而是绝对精神的生命运动本身，也是它的自我发展的内在动力。因此，辩证法，作为绝对精神的发展泉源，也是整个宇宙和哲学本身的无所不在的发展基础。

总之，黑格尔指出，辩证法乃是世界以及作为其本体论和认识论基础的"绝对精神"的生命和灵魂本身。由于绝对精神的辩证法的内在力量和固有逻辑，思想或精神在不同发展阶段的表现及其对自身不同阶段的逐次超越，就成为其内在矛盾的展开及其解决过程的基础，而这些矛盾之变化和生成及其实现，又总是导致新的矛盾产生。在这种辩证法的体系内，发展的每一个阶段，实际上就是绝对精神对自身的否定，即导向其反面，然后，又从反面向新的阶段的延续发展，导致一种新的综合的产生，在其中，绝对精神保留了此前各阶段各对立面之精华，从而达到矛盾的历史性和阶段性的解决。从每一次历史性和阶段性的矛盾解决，继续走向更高级的和更高阶段的矛盾过程的过渡。因此，任何一次或任何阶段的矛盾的发展，既抛弃，又有保留，这叫作"扬弃"过程（die aufhebung）。

由此看来,在黑格尔那里,辩证法已经不是西方原初意义的辩证法。从古希腊就产生和发展起来的西方辩证法思想,经过其各个不同的历史表现形式和发展阶段,到了黑格尔那里,建构成为从属于"绝对精神"发展过程的形式和方法。在此基础上,黑格尔认为,辩证法的过程既是本体论意义上的,又是普遍性的;既是内容方面的变化,又是形式上的复杂化过程;既隐含在内部的本质力量的表现,又是其外化的实现过程的推动力和存在形式。因此,它不只是与主观精神相关,而且也支配着整个世界的物质运动过程,其中也包含有机体及人类意识本身的运动过程。通过这种辩证法的阐明和揭示过程,不仅"精神"本身的发展得到了说明,而且,世界上一切事物的起源、本质及其生灭过程,也得到了说明。由于辩证法的发展和系统化,不但哲学本身达到了最完备的系统化,而且,认识真理的过程和真理本身的完善化也自然地同一在辩证法的演变中。这样一来,黑格尔的辩证法虽然采取了绝对精神的发展形式,但它同时也包含了"世界之成为如此状态"基本逻辑以及"世界之何以成为如此"的基本道理。在这个意义上说,黑格尔的辩证法是他的整个理性主义观念论哲学的灵魂。

黑格尔始终把他的哲学理论当成批判的武器。黑格尔是一位批判家,他曾宣称:"我就是战斗本身。"他的哲学就是在批判费希特与谢林的哲学的过程中发展起来的。他批判费希特尚保留某种程度的二元论,他批判谢林的"同一哲学"的"绝对"概念,他认为,谢林的"绝对"乃是取消一切事物间的差别的"漆黑一团的深渊",是没有生命力、没有自我发展的动力的"一潭死水"。黑格尔不但创建了最系统的辩证法,而且他自己也成为这种充满生命力和包含内在发展动力的辩证法的化身,他成为哲学史上最具有辩证精神的思想家,把辩证法的发展和批判的力量运用到他自己的哲学创建过程本身,从而使他成为具有辩证法战斗精神的批判家。在黑格尔的哲学中,在他的任何著作中,都由于发挥了辩证法的精神,无时无刻地对他所面对的问题和他所遭遇的哲学进行理论的批判,所以,黑格尔成为哲学批判的典范。在他面前,康德的"批判"黯然失色,因为康德的批判哲学一方面只进行形式上的批判,另一方面过于僵化和固定化。为此,黑格尔强烈地批判了康德哲学,使他成为比康德的批判哲学更加深刻得多的批判家。

总的来讲,黑格尔的哲学体系,就是为了说明"绝对精神"的发展和完善化过程,它由逻辑学(Wissenschaft der Logik)、自然哲学(Philosophie der Natur)和精神哲学(Philosophie des Geites)三大部分构成。

(二)《精神现象学》

黑格尔的《精神现象学》一般常被看作他的哲学体系之"导论",它是从哲学思维的角度,说明作为"主体"的绝对精神之发展过程。所以,在"导论"中,黑格尔开宗明义给哲学做了界定:"哲学是关于真理中的真实知识的(Das wirkliches Erkennedessen,was in Wahrheit ist)③。"在黑格尔看来,绝对精神的发展过程,也就是意识达到科学真理的认识过程。所以,精神现象学的前言是对于科学认识的总说明。在这里,黑格尔很明确地指出:达到真理的真实性的基本因素就是"概念",科学则是真理的真正形态。黑格尔从辩证法的角度强调:真理的认识和获得,只能是绝对精神的自我形成、自我发展和自我完善化的结果。所以,整个《精神现象学》,除了前言和导论以外,首先,包含论述意识发展的三大阶段:"意识""自我意识"及"理性"。

所以,"现象学"在黑格尔那里,是研究意识之自我发展及普遍发展的学问。它很自然地对意识的个体发展作了自我分析,又同时对意识与外在世界的关系作了论述。其结果,达到最高阶段的意识,使其自身的生成及发展再次内在化,对自身的历史进行反思,一面在其更高阶段重复它自身的前期内容和形式,一面又进行自我认识。

这就是说,起初,意识在自身之外寻找存在物,即在外在事物中寻求存在之依托者;但外在事物立即显示其不可靠性及其多变性,因为这后者缺乏本质、缺乏依据。精神每每在表面看来很现实的事物之背后,发现其自身的身影,一个真正稳固的支持者。因此,"精神"意识到自己,并在欲望中对自己的存在进行了自我肯定,当精神遇到那些想争取存在权的其他意识时,精神便与这些外在意识发生新的矛盾。黑格尔反复地强调:"自我意识无非就是被意识到的存在。"

作为主体的精神还与自身发生矛盾。绝对精神,不是像费希特所说的那种同一体,而是自身包含着差别、又不断克服和超越其内在差异性的生命体;这就决定了精神的自由本质。正是精神的固有的自由本质,它总是试图达到对其他事物的占支配地位的自由状态。这样一来,绝对精神又在占有其他外在事物的过程中而蜕变为斯多葛派和怀疑派所说的那种前后不一贯的状况。为了超出同其自身的分化状态,精神与上帝相联结,意识由此而变为不幸的意识。因为它的虔诚无论如何不但不能使它自身提供战胜分割自己的力量,反而增强了它自我分离的苦恼。这种失败的结果,乃是此岸世界对彼岸世界的优越性的确认,意识由此而在自身中寻求原因。作为观察者的意识,绝对精神在自然界中寻找原因、寻找它自身。结果,变为理性的意识在自然中自我发现的同时,也把自然界的事物的现实特点带给概念。接着,积极的、创造性的理性也给人类的相互关系带来了文化的因素。尽管理性有时表现得过分迟钝,过分为道德性所侵蚀,而经常在历史上"犯错误",但理性还是外化为社会秩序,变为一种"客观精神"。这种在社会历史中表现的客观精神,是由道德、习俗、法律和国家权力所构成的。最后,精神在外化为自然和社会历史之后,终于又在"绝对认识"中回归到它自身。这个"绝对认识",不是别的,恰巧是哲学本身,它把一切意识的形式加以内在化,把握其必然性,认识到其规律,并把握了一切现实界的秘密。

黑格尔指出:"真理是整体,但整体只有通过其发展过程才能自我实现其完整的本质。"这也就是说,对黑格尔来说,真理作为理念,只能是理念自身的发展过程。但当然,黑格尔首先强调的是真理本身的理念性。对他来说,理念既是万事万物的本质、实体和本原,又是绝对真理本身。他在《哲学史讲演录》中说:"理念也就是真理;并且,唯有理念才是真理。"

《精神现象学》在完成了对意识的自我发展的论述之后,进一步论证达到自在自为的个体性的意识过渡到"精神"的更高阶段,成为黑格尔所说的"真实的精神""自我异化的精神"(即实现了教化的精神)及"具有确定性的精神"(即具有道德意识的精神)。显然,黑格尔在第二阶段中所强调的,是意识发展到社会历史高度时,所采取的"客观精神"的形态。在这里,社会历史是作为个人意识的重演和个人教养的需要所构成的。

然而,即使具备了道德意识,精神仍然处于"主观精神"的范围内。所以,《精神现象学》的后一部分,即第三阶段,是论述"宗教"和"绝对知识",表示经历了以上各个辩证法发展阶段的精神,终于最后达到了"主观精神"和"客观精神"的统一,实现了具有主体性的人的精神与"绝对精神"的真正统一。

在早期著作《精神现象学》中所论述的问题,后来又以不同的形式,在他的哲学发展的各个不同阶段中得到更为完满的说明和论证;这些更为深刻的说明和论证,分别在《逻辑学》和《自然哲学》等著作中阐发出来，而在他晚期的《精神哲学》中，更得到了较为系统的阐释。

（三）《逻辑学》

黑格尔在《哲学全书》中第一部分是逻辑学，后来，为了把这一部分同黑格尔所写的逻辑学著作区分开来，又把《哲学全书》中第一部分的逻辑学称为《小逻辑》。黑格尔逻辑学，是专门讲"绝对精神"的自我发展，它是对"绝对精神"尚未发展到能够与自然和社会相统一的初级阶段的哲学理论，是研究绝对精神的纯粹思想形式及其在思想范围内的发展过程，"研究纯粹理性的体系，……即纯思维的王国"，它摆脱了感性，没有物质性，不掺杂任何具体的事物，是思想本身在其赤裸裸形式中的变化过程，"既无掩饰，又不包装起来"，所以，它只是思想的最一般的规定性。但是，这些规定性并不是相互孤立的，而是有秩序地相互联系着，并通过这种有联系的秩序，精神可以从较为抽象、较为空泛的阶段逐步发展到更为丰富、更包含具体内容的阶段。而且，思想本身也是发展变化的，它通过自在的最初形式，通过一系列的反思逐步升级到更高阶段，构成了一系列纯粹思想概念的自我推演。

精神就是这样从较为低级和抽象的范畴，逐步发展到更高级、更具体的范畴，最高级的范畴，就是对自身有绝对认识的规定性，就是自我意识的理性。绝对理念是这一切发展过程的结果。在纯粹意识的发展起点上，是最简单、最空洞的"存在"（sein，或译"是"）观念，它是最没有规定性、最不稳定的范畴。"生成"范畴是"存在"与"无"两个观念的综合，是两个观念的矛盾的完成。与此相类似，黑格尔在《逻辑学》中逐渐地、有秩序地展开其范畴体系，这个逻辑体系中的主要范畴是这样排列的：存在——"规定性（质）""量"和"度"；本质——"本质是自身中的反思""现象"和"现实"；主观逻辑或概念论——"主观性""客观性"和"观念"。在《逻辑学》的最后部分里,黑格尔说:"观念是真理,因为真理就是观念跟概念的符合。……概念只是在所有现实性的总和中以及在它们的相互关系中才会实现。"黑格尔在纯粹思维的发展的最后阶段,强调观念之"现实性",正是为了论证绝对精神之不满足于停留在纯粹思维的王国内。因绝对精神必须外化,并只有"在所有现实性的总和中以及在它们的相互关系中才会实现"。由此,黑格尔的哲学便很自然地从逻辑学的领域转化到"自然哲学"的领域。

逻辑学既是认识论的基础,也是黑格尔本体论的重要部分。在黑格尔那里,逻辑学、认识论和本体论三者是统一的。黑格尔认为,逻辑学是关于思想或思维的规律及其形式的理论,认识论或知识论是关于人的认识的学说和理论,探讨认识的起源、基础及其发展过程,同时探讨认识的条件及其结果,探讨知识的性质以及真理的问题。本体论,在黑格尔那里,就是旧的形而上学或研究世界和存在的本质的学问。

黑格尔严厉地批评康德,因为康德把思维与存在脱节,只是把思维当成主体的事情,宣称人的思维只具有主观的意义,决不能达到"物自体"。黑格尔相反,主张绝对精神既是客体,又是主体,两者始终是在其自身的发展中统一在一起。

黑格尔认为,思维与思维的对象应该是统一的,因而,逻辑学,作为研究和探索思维规律的学说,同时也应该成为关于思维的对象的理论,也就是说,思维既是人的思想,又是作为对象的万事万物的本质,也是真理,而这样一来,逻辑学自然地同认识论和本体论统一在一起。为此,黑格尔指出:思想不仅是主观的,而且又是客观的,"照这样解释的思想,自然地可以是客观的思想。而且,既是普通形式逻辑习惯于只认作有意识的思想形式,也可以算作是客观的形式了。因此,逻辑学便与形而上学合流了。形而上学是研究思想所把握住的事物的科学,而思想乃是足以表示事物的本质的活动。"⑱

黑格尔的逻辑学分为两大部分：客观逻辑和主观逻辑。

（四）自然哲学

黑格尔的"自然哲学"是研究绝对精神在自然界的"外化"过程。绝对精神之外化于自然中，是一种"堕落"，是沉入"异化"状态中的表现。理念采取"空间"与"时间"的运动形式，从无机界上升为有机界，发展为动物生命的更高阶段。因此，在黑格尔看来，自然界是一个"由诸阶段构成的系统，其中每一个阶段都是必然地从另一阶段产生出来"。然而，这种"产生"之内在根据，不在自然界之中，而是在"精神"之中，即在作为自然之本质的"绝对理念"之中。

同逻辑学中所启示的三段论式发展阶段一样，黑格尔也把自然界的发展定为三阶段："机械性""物理性"和"有机性"。在"有机性"中谈到人类意识的产生时，黑格尔明确地说："我们面临着自然物向精神的转化；在向高级阶段转化时，自然界在有生命的东西那里完善化并因而达到了平静。精神因此就从自然界产生出来。"黑格尔认为自然界不可能以自身为目的，因为它只是精神的一个异化形式，自然界在发展到最高阶段之后，必然要"自杀"，要"自我消耗"，并借此而达到自我更新，从"外化"状态中变为精神。于是，观念在经历了外化诸阶段后，才满载而归地回复到精神境界中。

（五）精神哲学

精神哲学作为黑格尔哲学体系的第三部分，也是黑格尔哲学的最高阶段。既然精神阶段是逻辑阶段和自然阶段的综合，精神在这里就体现为人类精神这个最高产物的历史过程。精神是经历了在自然界的

"外化"之后返回其自身的最高发展阶段，因此，精神达到了"自我认识"。这个自我认识也是精神的自我实现和自我完善，它经历了三个阶段——"主观精神""客观精神"和"绝对精神"。主观精神只限于灵魂、感觉、意识、理智和意志等属于个人的内在意识状态，而客观精神则限于财产关系、家庭、社会、国家和历史等，两者都有片面性，都没有意识到自身。"绝对精神"就是为了克服前述片面性而完成的最高阶段。到了最高阶段，精神体现为"艺术""宗教"和"哲学"。这时，精神达到了主客体的高度统一，绝对精神既认识了自己，也包含了一切对立物，它因而成为"绝对真理"的象征。

黑格尔把"哲学"认作人类精神最高阶段的产物，无异于宣布黑格尔哲学本身是"绝对真理"的化身。在完成这一切发展过程之后，黑格尔宣布："一个新的时代已经在世界上开始了。看来，普遍精神现在成功地从一切异化于其自身的客观存在中摆脱出来，成功地从其自身中获得对它来说客观地存在的一切事物，并使之保持在它的强大力量之中。"

黑格尔的哲学体系的各个组成部分，在他的其他主要著作中，以不同的形式和程度，进行多方面的论述。因此，还必须结合黑格尔的《哲学百科全书》《法哲学原理》《美学讲演录》《历史哲学》《宗教哲学讲演录》及《哲学史讲演录》等著作，从不同角度进一步理解和分析黑格尔哲学的体系。

第三节　黑格尔学派的分化

黑格尔死后，他的学生致力于传播、宣传和发展他的哲学观点，于是一个"黑格尔学派"便应运而生。但所谓"黑格尔学派"，有不同的含义。首先，严格意义上的黑格尔主义，指的是黑格尔本人的著作及由这些著作所阐发的理论体系。在黑格尔的学生和追随者中，有一批人始终忠于黑格尔，并终生以注释黑格尔原著为荣，被人们称为"黑格尔学派的长老"（der Patriarch der Hegelschen Schule）的米谢勒（Karl Ludwig Michelet，1801－1893）就是这样一个典型。其次，在黑格尔死后不久，他的学生中的许多人，试图从黑格尔哲学中的一些观点出发，创立黑格尔主义的新体系。这些人后来很快地分化为两翼：左派和右派。所以，严格地说，黑格尔学派很快就分裂成为黑格尔左派和黑格尔右派。

黑格尔学派的形成是从《科学批判年鉴》（*Jahrbücher für wissenschaftlichen Kritik*）的创立开始的。黑格尔的学生 E. 甘斯（Eduard Gans，1797－1839）是该刊的创始人。从犹太教皈依基督教之后，他在柏林大学担任法学教授，马克思曾经是他的学生之一。黑格尔逝世之后，甘斯作为自由主义的拥护者，先后于 1833 年和 1837 年整理出版黑格尔的《法哲学原理》（*Grundlinien der Philosophie des Rechts*）和《历史讲演录》（*Vorlesungen zur Geschchte*）。

但是，正如施特劳斯（David Friedrich Strauss，1808－1874）在他的著作《耶稣传》（*Das Leben Jesu*，*Kritisch bearbeitet*，Tübingen，1835－1836）中所指出的：黑格尔哲学分解为左派和右派的直接原因，是关于宗教问题的争论。右派强调黑格尔的百科全书式的体系的完整性，为的是维护所谓的正统，维护有神论、灵魂不朽性及国家的尊严；左派则强调黑格尔哲学的辩证法精神，为的是论证发展的必然性和革命的正义性。前者想通过对历史的诠释，达到维护以往和现存秩序的神圣性的目的，后者则通过对历史过程的解剖，论证历史进步的趋向。另一方面，从哲学的角度来看，右派坚持"绝对精神"的绝对核心地位，而左派则侧重于"客观精神"的种种表现,即黑格尔所说的法律、道德及市民社会的种种制度。再从年代的区别而言,与黑格尔同时代的那些老黑格尔派,大多数号称"正统",因此也多被划为右派,而所谓青年黑格尔派则比较激进,因此也多被划为左派。

关于黑格尔学派的分化,卡尔·洛维茨(Karl Löwitz,1897-1973)提供了更为深刻的说法。卡尔·洛维茨在他的《从黑格尔到尼采》(*Von Hegel zu Nietzsche*,Zürich. Europa Verlag Ag. 1941)的著作中指出:导致黑格尔学派的分化的主要原因,不是哲学方面,而是政治和宗教方面。在政治上,黑格尔学派的分化直接源自法国议会中的左右派划分,而在宗教上,是由对耶稣基督的基督论(Christologie)引起的。

当然,所有这些划分都只是从相对的标准来看的。实际上,有些黑格尔后学很难简单地划入右派或左派。例如巴依霍弗尔(Karl Theodor Bayrhoffer,1812-1888)在其著作《论基督教的观念》(*Die Idee des Christenthums*,Marburg,1836)、《哲学的观念》(*Idee der Philosophie*,1838)和《自然哲学论丛》(*Beiträge zur Naturphilosophie*,1839-1840)中,把辩证法简单地归结为一种方法;布鲁诺·鲍威尔(Bruno Bauer,1809-1882)则是另一个典型;他起初同他的弟弟埃德加·鲍威尔(Edgar Bauer,1820-1886)一起,站在右派的立场,反对施特劳斯。但以后,布鲁诺·鲍威尔摇身一变而成为左派。

在这些左派和右派之外,还存在一些注重于哲学史研究的黑格尔主义者,如罗森克兰茨、埃尔德曼、策勒、冯·普朗特尔(Carl von Prantl,1820-1888)及库诺·费舍等。

即使在黑格尔逝世半个世纪后的 19 世纪末至 20 世纪初,仍然有一大批德国及英、法、意等国的哲学家,组成"新黑格尔主义"学派,从黑格尔哲学体系中，吸收必要的启示和理论力量，试图复兴黑格尔哲学的基本内容和方法。在德国，主编《黑格尔全集》23卷的赫尔曼·格洛克纳（Hermann Glockner，1896－1979）就是这样一种思潮的代表人物之一。他所生活的时代的多重危机，使他更多地从较为悲观的观点，注重从形而上学和美学两大方面，改造黑格尔的泛逻辑主义倾向，主张为更多的个人自由而解决精神和历史的问题。

（一）右派黑格尔分子

"老黑格尔派"的成员多为黑格尔在世时，特别是在1818年黑格尔任教于柏林大学时，追随黑格尔的老哲学家。卡尔·道布（Karl Daub，1765－1836）就是在《精神现象学》影响下，研究新教神学的。他在《现代的独断神学》（*Die dogmatische Theologie jetziger Zeit*，1833）中论述了新教神学的原则，因此哲学史家埃尔德曼称之为"新教思辨神学的奠基人"。加布勒（Georg Andreas Gabler，1786－1853）从耶拿时代起就是黑格尔的朋友。接着，他从1835年顶替黑格尔的柏林大学教授职务。他所著之《哲学概论教程》（*Lehrbuch der philosophischen Propaedeutik*，1827）、《黑格尔哲学论丛》（*Die Hegelsche Philosophie，Beiträge zu ihrer richtigen Beurtheilung und Würdigung*，1843）及《意识的批判：黑格尔逻辑学的预先研究》（*Kritik der Bewußtseins. Eine Vorschule zu Hegels Wissenschaft der Logik*）都强调黑格尔哲学的重要意义。戈舍尔（Karl Friedrich Göschel，1781－1861）也早在1829年就在其著作《关于非知识与绝对知识的箴言》（*Aphorismen über Nichtwissen und absolutes Wissen im Verhältnis zum Christlichen Glaubensbekenntniss. Eine Beitrag zum Verständnis der Philosophie unserer Zeit*）中，试图从黑格尔哲学中寻求为基督教信仰辩护的论点。

他还在专论黑格尔哲学的著作《黑格尔与他的时代：兼论歌德》(*Hegel und seine Zeit. Mit mit Rücksicht auf Goethe*)和《从思辨哲学的角度论灵魂不死的证明》(*Von den Beweisen für die Unsterblichkeit der menschlichen Seele im Lichte der spekulativen Philosophie*)等书中,更深入地从思辨神学和法学的角度,试图论证黑格尔哲学的历史意义。

同他们一样,以黑格尔哲学中的保守因素对基督教信条和神学作理论辩解的"老黑格尔分子",还有伽洛维(F. W. Garove, 1789 - 1852),著有《唯一能救世的教会》;欣里希(Hermann Friedrich Wilhelm Hinrichs, 1794 - 1861),著有《与科学有内在关系的宗教》(*Die Religion im innern Verhältnisse zur Wissenschaft*, 1822),黑格尔在世时曾为之写了一篇序言;穆斯曼(Johann Georg Mussmann, 1798 - 1833),著有《心灵学教程》(*Lehrbuch der Seelenwissenschaft*, 1827)、《逻辑学与辩证法纲要》(*Grundlinien der Logik und Dialektik*, 1828)和《基督教哲学通史教程》(*Lehrbuch der allgemeinen Geschichte der christlischen Philosophie*, 1830)等。

老黑格尔分子的另一些人则着重发展黑格尔哲学的法哲学、美学和伦理学部分,使之更适应普鲁士国家的统治。其中,冯·亨宁(Leopold von Henning, 1791 - 1866)曾在 1827 至 1847 年间主持黑格尔学派刊物《科学批判年鉴》,并在 1824 年发表他的伦理学巨著《历史发展中的伦理学原理》(*Principien der Ethik in historische Entwicklung*, 1824);与此同时,霍托(Heinrich Gustav Hotho, 1802 - 1873)先后发表了《试论生活与艺术》(*Vorstudien für Leben und Kunst*)和《德国与荷兰美术史》(*Geschichte der deutschen und niederländischen Malerei*, 1842 - 1843)。

黑格尔逝世后不久,立即引起了对其体系中的泛神论思想的大争论。这一争论是导致学派大分裂的宗教争论的序幕。黑格尔的泛神论思想与斯宾诺莎和歌德的泛神论有密切关系。德国天主教及教会的神学家们早就对黑格尔的某些泛神论思想不满。1829 年天主教神学家赫尔斯曼（Huelschmann）和另一位哲学家魏斯（Christian Hermann Weisse, 1801－1866）抨击黑格尔在《逻辑学》中对于神学的观点。接着，李希特尔在 1833 年的文章《关于不朽性的新理论》中，为黑格尔的泛神论申辩，强调泛神论不需要人格化的"不朽"。戈舍尔为了迎合教会的利益，在 1832 年至 1838 年间连续发表文章，说明黑格尔哲学对基督教神学的忠诚态度。前面提到过的欣里希尤其突出地把宗教和科学紧密地联系在一起，强调宗教和哲学在内容上和本质上的同一性。

（二）左派黑格尔分子

德国和欧洲社会的发展，要求彻底铲除封建势力的障碍。特别是在 1830 年法国七月革命的鼓舞下，激进分子对德国封建割据和国家不统一越来越表示不满。黑格尔学派中的青年一代，借助于辩证法的力量，首先把矛头指向封建势力的精神支柱，即宗教。

（1）施特劳斯

最先站出来对宗教权威进行宣战的，是青年黑格尔分子施特劳斯。他在 1835 至 1836 年发表《耶稣传》，从黑格尔把福音书神话当作哲学概念的譬喻的观点出发，对这些神话的起源进行了考察。施特劳斯得出结论说，这些神话并无历史证据，只是当时的人民的设想和虚构，以寄托他们的愿望，这一结论无异于宣布基督教乃是精神"实体"的不自觉的产物。

在施特劳斯看来，从理性的观点出发，基督教关于耶稣是神性与人性的结合的说法，只是使历史的耶稣信仰的一种神学论述，因此，有必要把作为历史人物的耶稣同作为信仰对象的基督区分开来。施特劳斯还进一步论证哲学理论与《圣经》故事的区分，强调哲学不应该顺从《圣经》的各种说教。施特劳斯还指出，为了证实《圣经》故事的真实性，不能凭借理性的推理或哲学的论证，而必须结合世俗历史的事实来检验。这样一来，施特劳斯就把对于《圣经》的批判建立在严格的史实的基础上。所有这一切当然触犯了信仰的信条。

施特劳斯后来还接二连三地发表批判基督教的著作：《基督教信仰学说及其反近代科学的历史》(*Die Christliche Glaubenslehre in ihrer geschichtlichen Entwicklung und im Kamfe mit der modernen Wissenschaft dargestellt*，1840)、《基督教信仰学说》上下两卷(*Die Christliche Glaubenslehre. I – II. 1840/41*)、《胡登传》(*Ulrich von Hutten. II. 1858*)、《供德国人民阅读的耶稣传》(*Das Leben Jesu für das deutsche Volk*，Leipzig，1864)和《被信仰的耶稣和历史上的耶稣》(*Der Christus des Glaubens und der Jesus der Geschichte*，1865)、《伏尔泰》(*Voltaire*，1870)、《旧的和新的信仰》(*Der alte und neue Glaube*，1872)等。此外，后人还编辑了他的《通信集》(*Briefwenchsel zwischen F. D. S. und F. T. Vischer. I – II*，1952 – 1953)和《著作集》五卷本(*Werke. I – V*，1895)。

施特劳斯在青年时代曾经在符腾堡州的布劳博伦市的神学院研究神学。1825 年升入蒂宾根大学，深受谢林及施莱尔马赫的影响。施特劳斯在大学高年级时对黑格尔的哲学甚感兴趣。在 1831 至 1832 年，施特劳斯特地到柏林聆听黑格尔的课程。但不幸黑格尔因病去世，施特劳斯在痛心之余，只好与黑格尔的最得意的学生米谢勒加紧交流对黑格尔思想的研究心得。《耶稣传》发表以后，施特劳斯遭到许多保守学者和政局的攻击，使他不得不到处流浪，辗转于蒂宾根、波恩、科隆、海德堡等地之间,并无法找到稳定的教职。

(2)鲍威尔兄弟

继续发展施特劳斯的批判精神的,是布鲁诺·鲍威尔和埃德加·鲍威尔两兄弟。布鲁诺·鲍威尔在 1836 年创办《思辨哲学杂志》(*Zeitschrift für speculative Theologie*)。在他的《黑格尔关于宗教和艺术的学说》(*Hegels Lehre von Religion und Kunst*, 1842)、《约翰福音批判》(*Kritik der evangelischen Geschichte des Johannes*, 1840)以及他的四卷本的《文化史》(*Geschichte der Kultur, Politik und Aufklärung des 18. Jahrh.*, 4 Vols. 1843)中,布鲁诺·鲍威尔都尖锐地揭露了宗教的欺骗本质和基督教歪曲历史的面目。但在涉及宗教与意识的关系时,布鲁诺·鲍威尔反对施特劳斯关于集体性精神,即"实体"创造宗教的观念,而坚持认为宗教是"自我意识"的产物。施特劳斯与鲍威尔围绕着"实体"与"自我意识"的争论,再现了黑格尔关于"绝对精神"创造世界历史的说法,只是每一方抓住了黑格尔学说的一个方面而攻击另一方。

布鲁诺·鲍威尔出生于萨克森州的爱森贝格(Aisenberg)的一位陶瓷画匠家庭。他在 1828 年在柏林大学攻读神学和哲学时,曾经是黑格尔的学生。1834 年获博士学位后,成为宗教哲学和旧约研究的专家。1836 年,他批判施特劳斯的耶稣传的观点,转向激进的无神论,创办《思辨哲学杂志》。1839 年转到波恩之后,他创建自我意识哲学(Philosophie des Selbstbewußtseins)新体系,成为坚定的左派黑格尔。他曾经匿名发表措辞激烈的《最后通牒》(*Ein Ultimatum*, 1841),试图将黑格尔彻底地改造成为无神论者和反基督分子(Die Posaune des Jüngsten Gerichts über Hegel den Atheisten und Antichristen.)。在他的《对观福音书作者的基督福音传播史批判》(*Kritik der evangelischen*

Geschichte der Synoptiker，1841－1843)中，布鲁诺·鲍威尔强调整个福音派的历史，无非就是其作者的伪造结果，从而彻底否定基督个人的历史存在的真实性。布鲁诺·鲍威尔的另一本反基督的著作《被揭示的基督教》(Das entdeckte Christentum，1843)，由于其观点过于激进，长期被禁止出版，直到 1927 年才正式出版。布鲁诺·鲍威尔受到普鲁士政府的政治迫害，以致使他未能在德国大学任职，只能从事自由的历史学家和时事评论员的工作，在《柏林杂志》(Berliner Revue)担任编辑。

客观地说，布鲁诺·鲍威尔的著作和思想，启发了马克思和恩格斯对宗教的批判，而且，即使马克思和恩格斯后来对他的唯心论思想有强烈的批评，也无法抹杀他在这一时期对整个青年黑格尔学派思想的决定性影响。布鲁诺·鲍威尔的著作《基督与凯撒们：基督教从罗马时期的古希腊的起源》(Christus und die Cäsaren. Der Ursprung des Christentum aus dem römischen Griechentum，1877)对古代基督教在罗马人占领希腊之后的兴起的历史过程进行了严谨的调查和资料整理工作，直接成为恩格斯后来论述原始基督教专著的出发点。恩格斯在《布鲁诺·鲍威尔与原始基督教》和《论原始基督教的历史》等著作中，肯定了鲍威尔对施特劳斯的批判，强调基督教在早期罗马时期的出现及其传播并非偶然，而是有其深刻而复杂的历史和思想根源。

其实，布鲁诺·鲍威尔一贯对基督教的历史批判进行了长期艰苦的准备和分析工作。他在 1838 年，就在他的《对启示的历史批判》两卷本中，分析了摩西五经的基本思想架构，并在对于先知预言的分析中，深刻地论述了基督教和犹太古文化以及希腊文化和罗马文化的相互关系。布鲁诺·鲍威尔还进一步揭示古基督教中隐含着以"自我意识"为思想基础的宗法观点。布鲁诺·鲍威尔对基督教的历史研究一直持续到他的晚年。1874 年,他发表《斐洛、施特劳斯与雷南以及原始基督教》(Philo, Strauß und Renan und das Urchristentum, 1874),细致地分析原始基督教的思想基础,并批评施特劳斯等人对原始基督教的歪曲观点,而在《基督与凯撒们:基督教从罗马时期的古希腊的起源》中,鲍威尔强调了基督教与斯多葛学派、亚历山大里亚学派以及罗马早期宗教思想的复杂关系。鲍威尔说,犹太人斐洛(Philo Judaeus von Alexandrien,25 B.C.-50)就相当于基督教的"父亲",而古罗马斯多葛思想家塞涅卡则是基督教的"叔父",因为前者巧妙地以希腊的"逻各斯"思想为基础,把犹太宗教思想同柏拉图、斯多葛学派和毕达哥拉斯学派的观点结合在一起,形成了基督教的启示形而上学(Offenbarungsmetaphysik)体系,而后者则成功地将斯多葛思想提炼成宗教式的修身养性的生活艺术和实践智慧。正因为这样,布鲁诺·鲍威尔认为,在罗马人占领和改造希腊文化之后,吸收了古犹太宗教思想和古希腊哲学,使经由斯多葛学派哲学化和实践化的通俗哲学和宗教,以基督教的一神教的完整形式,在罗马统治时期表现出来。

不但如此,布鲁诺·鲍威尔的反基督思想也影响了尼采。所以,布鲁诺·鲍威尔在德国近代批判宗教思想的历史上,仍然占据很重要的地位。

布鲁诺·鲍威尔是一位才华横溢的思想家,他不但献身于宗教研究,而且也很关心社会政治事件,从事多方面的思想评论活动,特别进行政治哲学和历史哲学的研究。他的其他著作还有:《约翰的福音史批判》(Kritik der evangelischen Geschichte des Johannes, 1840)、《从信仰的观点重新评论黑格尔的宗教与艺术观》(Hegels Lehre von Reigion und Kunst von dem Standpunkt des Galubens aus beurteilt, 1842)、《论亨斯登堡博士先生关于宗教意识的评论》(*Herr Dr. Henstenberg*，*ein Beitrag zur Kritik des religiösen Bewußtseins*，1839)、《国家、宗教与政党》(*Staat*，*Religion und Partei*，1843)、《论基督教的国家》(*Über den christlichen Staat*，1842)、《启示史批判》(*Kritik der Geschichte der Offenbarung*，1838)、《对法国革命以来的近代史的思想功绩》(*Die Denkwürdigkeiten zur Geschichte der neuern Zeit seit der französischen Revolution*，1843)、《18 世纪政治、文化和启蒙史》(*Geschichte der Politik*，*Cultur und Aufklärung des 18. Jahrhunderts. 4 Bde*，1843－1845)、《法规大革命时期的德国史》(*Geschichte Deutschlands während der französischen Revolution*，1846)、《德国政党斗争全史》(*Vollständige Geschichte der Parteikämpfe Deutschlands*，1847)、《德国的市民革命》(*Bürgenliche Revolution in Deutschland*，1849)以及《法兰克福议会的堕落》(*Untergang des Frankfurter Parlements*，1849)等。

（3）鲁格

1838 年元旦，在鲁格(Arnold Ruge，1802－1880)和艾希特迈尔(Theodor Echtermeyer，1805－1844)的主持下，青年黑格尔派在哈勒创办自己的机关刊物《德国科学艺术哈勒年鉴》(*Halle'sche Jahrbücher für deutsche Wissenschaft und Kunst*)；这个刊物在三年后改名为《德国科学与艺术年鉴》。到了 1844 年，鲁格同马克思创办《德法年鉴》。

青年黑格尔派上述机关刊物的出现，进一步推动了当时的哲学争论，一方面，把宗教争论推向更深阶段；另一方面，更集中地探讨了理论与实践的关系。

（4）施蒂纳

施蒂纳(Max Stirner，1806－1856)和费尔巴哈以及马克思对黑格尔主义的积极理论参战是争论深入的标志，也意味着这场争论终于引向更彻底的发展方向。

施蒂纳原名约翰·卡斯巴尔·施密特（Johann Caspar Schmidt），于 1844 年发表了《唯一者及其所有物》（*Der Einzige und sein Eigenthum*），把"自我意识"直接变为"唯一的人"。正如贝韦格在他的《哲学史》所说，施蒂纳的"唯一者"是对于费尔巴哈的宗教批判的讽刺性反攻，是以唯我论的利益去否定道德论。施蒂纳赤裸裸地用唯我论代替黑格尔的形而上学改装了的抽象哲学范畴，无异于剥掉了黑格尔学说的理论形式及篡改了黑格尔概念的内容，把哲学争论引向庸俗的实用主义的争斗中去。

施蒂纳的理论的出现宣告了青年黑格尔派在理论上的崩溃，但这一崩溃乃是青年黑格尔派从理论转向现实斗争、转向实践的一个不可避免的环节。

由于施蒂纳过早去世，他的其他著作是在他逝世后出版的，其中包括《我们的教育的不实际的原则：或者，人文主义和现实主义》（*Das unwahre Prizip unserer Erziehung oder der Humanismus und Realismus*. Hrsg. Von John Henry Mackay. Charlottenburg. 1911）和《批判与答复文集》（*Parerga*，*Kritiken*，*Repliken*. Hrsg. Von Bernd A. Laska. Nürnburg. 1986）。

第四节　反叛黑格尔的哲学运动

当黑格尔建构他的绝对唯心论思想体系时，他的同时代人从一开始并不是完全能够理解，也不能全部接受他的思辨方式和思想概念。当黑格尔哲学向哲学界和整个理论界展示其内容的时候，许多人始终都存在不同意见和理论，并以不同方式。持续地与黑格尔的哲学相争论、对抗或平行存在。这些人包括比黑格尔年长或年少十多年的一代，其中有曾经与黑格尔有过友谊和交往关系的人，例如前述的费希特、谢林等人，也有从自然科学思维方式的角度而提出的哲学理论（如弗里斯和赫巴特），也有的是从非理性的角度试图创立更接近人性的自然本质的新哲学（如叔本华），还有的是从文学艺术或宗教神学的角度（如施莱尔马赫等人），展示与黑格尔的思辨完全不同的思想风格。

值得注意的是，所有与黑格尔持有不同意见的哲学家和思想家，几乎都不同程度地与康德的哲学思想保持一定的关系，他们以其与康德的特殊关系，显示出他们反对黑格尔哲学的特色，也预示了"后黑格尔时代"的主要哲学倾向。

费希特和谢林等人尽管和黑格尔一样受到过康德哲学的影响，但在很多方面有不同于黑格尔的独立哲学见解，特别对黑格尔的思辨性哲学保有批判性的意见。由于他们持有不同于黑格尔的观点，甚至受到学术界的排斥和孤立。然而，他们的哲学理论仍然不失为那个时代的杰出理论。

在黑格尔生活的时代，同黑格尔相对抗的杰出思想家是弗里斯。弗里斯及其学派代表了另一种思维方式，表现了德国当时哲学理论的多样性及其对黑格尔哲学试图建立大系统的抗衡倾向。从那时起，弗里斯对康德的不同诠释和批判，已经预示了黑格尔逝世后的 19 世纪德国哲学发展的可能动向。他可以说是从黑格尔回归康德的重要人物，同时又是发动新科学哲学研究浪潮的思想旗手。他首先试图从心理学的角度批判康德的知识论，不但无意识地开启了通向实证主义哲学的道路，也启发了 19 世纪唯灵主义和新的精神哲学的创造活动。非但如此，弗里斯还促进了 19 世纪的以新型的生理学科学理论为基础的心理学的发展。弗里斯尤其注重对意识的分析，这也在很大程度上刺激了科学的实验心理学的成长。

　　与弗里斯同时代的，是赫巴特。他比黑格尔和弗里斯都年轻，早在1794至1797年与费希特在耶拿研究哲学期间，就已经显露出色的哲学才华，从而使他从费希特哲学的追随者转变成为坚决的反对者。他尤其反对意识哲学的观念论思考模式。赫巴特作为康德在哥尼斯堡大学教授职位的继承者，一方面发扬康德的科学精神，另一方面也批判康德的"观念论方向"，主张继承莱布尼茨的单子论观点，寻求事物本身的"最后的简单本质"(letzte einfache wesen)，即"实际的本质"。赫巴特的重要著作《形而上学的基本观点》(*Hauptpunkte der Metaphysik*，1806)和《一般性的形而上学》(*Allgemeine Metaphysik*，*nebst den Anfängen der philosophischen Naturlehre*，1828/29)，都成为反对黑格尔学派的重要理论根据。赫巴特更集中地研究心理现象的科学研究，直接地同黑格尔的思辨哲学唱对台戏。他认为，观念的形成并非像黑格尔所说的那样，是一种以心理过程为基础的观念形成机制(vorstellungsmechanik)。赫巴特还进一步创建以科学的心理学为基础的"实际的形而上学"(realistische metaphysik)。赫巴特坚决反对黑格尔将哲学与科学混为一谈的思辨观点，主张使科学脱离哲学的抽象理论的约束，使哲学本体论不再成为科学创造的"先决条件"。从那以后，关于哲学与科学的相互关系，逐渐地脱离黑格尔所奠定的模式，越来越靠近康德的思路。

　　与此同时，贝内克(Friedrich Edouard Beneke，1798－1854)从弗里斯和雅各比的哲学观点出发，批评黑格尔的思辨哲学，试图激起青年一代对经验实证方法的热情。但当时任普鲁士文化部长的阿尔滕施泰因(Karl Sigmund von Altenstein，1777－1840)，作为黑格尔的同乡，借口贝内克发表了《道德行为的物理学基础：对康德道德形而上学基础的一个批判》(*Grundlegung zur Physik der Sitten. Ein Gegenstück zu Kants Grundlegung der Metaphysik der Sitten*，1822)，免去他的教职。

贝内克曾经在哈勒和柏林大学研究神学和哲学，1820年，他在柏林大学获得哲学教师资格文凭，并先后发表《根据纯粹理性意识的认识论的特征》(*Erkenntnislehre nach dem Bewusstsein der reinen Vernunft in ihren Grundzügen*，1820)和《作为一切知识的基础的经验心灵理论的主要特征》(*Erfahrungsseelenlehre als Grundlage alles Wissens in ihren Hauptzügen*，1820)，批判德国古典哲学的观念论，尤其强烈批评黑格尔哲学。接着，他又发表《道德行为的物理学基础：对康德道德形而上学基础的一个批判》，从经验相对主义的立场，更明确地竖起反对德国古典哲学的旗帜。

在黑格尔逝世之后，在1832年贝内克恢复了教授职务。他集中研究归纳的经验主义心理学，试图使哲学建立在得到验证的归纳心理学的基础上。在这方面，他类似于弗里斯和赫巴特。贝内克遗留的主要著作，还有《心理学概论》(*Psychogische Skizzen*，2 Bde. 1825－1827)、《作为思想的艺术理论的逻辑学教程》(*Lehrbuch der Logik als Kunstlehre des Denken*，1932)、《作为自然科学的心理学教程》(*Lehrbuch der Psychologie als Naturwissenschaft*，1833；1877)、《实践哲学的自然体系概要》(*Grundinien des natürlichen Systems der praktischen Philosophie*，3 Bde. 1837－1841)、《从人类精神的基本自然关系中导引出来的形而上学和宗教哲学体系》(*System der Metaphysik und Religionsphilosophie，aus den natürlichen Grundverhätnissen des menschlichen Geistes abgeleitet*，1839)、《作为思想的艺术理论的逻辑学体系第二卷》(*System der Logik als Kunstlehre des Denkens*，2 Teile，1842）及《实用心理学或应用于生活中的心灵理论》(*Pragmatische Psychologie oder Seelenslehre in der Anwendung auf das Leben*，2 Bde. 1850)。在贝内克的最后一部主要著作的基础上，在1851至1855年，建立了"实用心理学或应用于生活中的心灵理论档案馆"。

除了上述主要著作以外，贝内克还撰写了一系列有关重建形而上学、创建心理学和逻辑学的作品，同时也发表论述教育的理论著作。他从1822年起，一直到1853年逝世前夕，不停地展开对黑格尔思辨哲学的批判，是哲学从抽象的形而上学探讨解放出来，开展对尽可能实际的问题的研究，为黑格尔逝世后的实证哲学的发展奠定了坚实的基础。他在这方面的作品，还有《形而上学基础》(*Neue Grundlegung zur Metaphysik*，Berlin，1822)、《捍卫我的道德行为物理学的论文》(*Schutzschrift für meine Grundlegung zur Physik der Sitten*，Leipzig，1823)、《康德与我们这个时代的哲学的任务》(*Kant und die philosophische aufgabe unserer Zeit*，Berlin. 1832)、《在与经验、思辨及生活的关系中被论述的哲学》(*Die Philosophie in ihren Verhältnis zur Erfahrung，zue Speculation und zum Leben dargestellt*，Berlin. 1833)、《教育与教课理论》(*Erziehung-und Unterrichtslehre*，2 Bde. Berlin. 1835/1836)、《关于原初分析和自然验证的普通三段论》(*Syllogismolum anlyticorum origines et ordinem naturalem demonstravit*，Berlin. 1839)、《论新心理学》(*Die neue Psychologie*，Berlin. 1845)、《实用心理学或应用于生活中的心灵理论教程》(*Lehrbuch der pragmatischen Psychologie oder der Seelenslehre in der Anwendung auf das Leben*，Berlin. 1853)及《未发表的书信集》(*Ungedruckte Briefe*，Hrsg. Von Renato petoello und Nikola Barelmann. Aalen.

1994)。

尽管贝内克在生前遭遇到不合理的待遇,他逝世之后,仍然被学术界所肯定,其思想价值并被不断发掘,使哲学史对他的研究日益客观和完备。他的生平和著作被整理出来,并受到仔细的研究,在这方面的著作,包括奥托·格兰佐夫《贝内克生平及哲学》(Otto Gramzow, *F. E. Benekes Leben und Philosophie*, Bern. 1899)、阿道夫·勒文贝尔格《贝内克对康德道德哲学的态度》(Adolf Löwenberg, *Benekes Stellung zur Kantischen Moralphilosophie*, Berlin. 1901)、雨果·雷纳《贝内克的认识论》(Hugo Renner, *Benekes Erkenntnistheorie*, Halle. 1902)、恩斯特·萨姆埃尔《贝内克论心理现象的实质》(Ernst Samuel, *Die Realität des Psychischen bei F. E. Beneke Dissertation*, Würzburg. 1907)、肯彭《论贝内克的宗教哲学》(A. Kempen, *Benekes Religionsphilosophie. In Archiv für Geschichte der philosophie*. 27. N. F. 20, 1913/14, pp. 457 - 473)以及凯恩克《关于新康德主义的建构和提升》(Klaus Christian Köhnke, *Enstehung und Aufstieg des Neukantianismus*, Frankfurt am Main, 1986)。

除了贝内克,在黑格尔时代反对黑格尔哲学的,还有笔名为"尼科德姆斯"(Nikodemus)的魏斯(Christian Hermann Weisse, 1801 - 1866)。他是作家克里斯蒂安·费利克斯·魏斯(Christian Felix Weisse, 1726 - 1804)的孙子。魏斯青年时代在莱比锡学习法学、哲学、艺术史和文献科学,并于 1823 年获得博士学位。

魏斯虽然早期赞同过黑格尔哲学,但他很快就朝向康德的原则发展。他的《关于哲学科学的当代观点》(*Ueber den gegenwaertigen Standpunkt der philosophischen Wissenschaft*, 1829)已经预示向康德哲学的回归方向。

注释

① 黑格尔著：《哲学全书》第一部分（《小逻辑》）407；446－467。

② 黑格尔著：《美学》第一卷，186－187。

③ 黑格尔著：《逻辑学·II》：469－485。

④ Hegel, ***Vorlesungen über die Philosophie der Geschichte***. *G.W.F. Hegel Werke* in zwanzig Bänden, 18. Frankfurt am Main：Suhrkamp, 1970：529.

⑤ Friedhelm Nicolin, *Von Stuttgart nach Berlin: die Lebenstationen Hegels*, In ***Marbacher Magazin***, 1991：22.

⑥ *Hegel à Niethammer*, 13 octobre 1806, in ***Hegel Correspondance***, 3 Vols. trad. fr. J. Carrère, Paris, Gallimard, tome I, 1962－1963：114－115. 译者注：黑格尔原信中称拿破仑为"Weltseele zu Pferde"，但后来人们又依据黑格尔基本概念"绝对精神"（Absoluter Geist）改称为"Weltgeist zu Pferde"。

⑦ 注：关于黑格尔死因，近年来有人重新进行调查，认为黑格尔不是由于霍乱，而是由于周期性消化症（chronisches Magenleiden），参见 So das, "Philosophie-Lexikon", herausgegeben von Anton Hügli und Poul Lübcke, 4. Aufl. 2001, Rowohlt Taschenbuch Verlag, Hamburg, S. 259；*Hochspringen* Eine ähnliche Meinung vertritt z. B. Holger Althaus, "Hegel und Die heroischen Jahre der Philosophie". München：Carl Hanser Verlag, ISBN 3－446－16556－8，S. 579－581. Demzufolge starb Hegel an einem akuten Ausbruch einer chronischen Magenerkrankung.

⑧ K. Rosenkranz, ***G. W. F. Hegels Leben***, 1844；Neudr. 1998.

⑨ J. D'Hondt, ***Hegel: Biographie***, Paris, Calmann-Lévy, collection "la vie des philosophes", 1998；***Hegel, philosophe de l'histoire vivante***, Paris, PUF, collection Epiméthée, 1966；***Hegel secret: recherches sur les sources cachées de la pensée de Hegel***, Paris, PUF, collection Epiméthée, 1968；***Hegel en son temps***, Paris, Editions Sociales, 1968；ré-édité Editions Delga, 2011；***Hegel et la pensée moderne: séminaire sur Hegel dirigé par Jean Hyppolite au Collège de France (1967－1968)***；（textes publiés sous la direction de Jacques d'Hondt), Paris, PUF, collection Epiméthée, 1970；***De Hegel à Marx***, PUF, collection "Bibliothèque de Philosophie contemporaine", 1972；***Hegel et l'hégélianisme***, Paris, PUF, collection "Que sais-je?"；***Hegel: le philosophe du débat et du combat***, Paris, Librairie générale française, collection "Le livre de pcohe. Textes et débats", 1984.

⑩ ***Hegel Sämtliche Werke***. Hg. von G. Lasson, ab 4. Auflage hg. von J. Hoffmeister, Leipzig, ab 6. Auflage Hamburg：Felix Meiner, 1952：12.

⑪ *Hegel Werke*. Bd. 10，neu ediert. Red. von Eva Moldenhauer und Karl Markus Michel. Frankfurt am Main. 1969－1971，10：35.

⑫ Hegel，*Enzyklopädie der philosophischen Wissenschaften III*：366.

⑬ 黑格尔著：《哲学史讲演录》第一卷，北京：商务印书馆，2016，第 8－9 页。

⑭ G.W.F.Hegel，*Vorlesungen ueber die Philosophe der Geschichte*，in *Werke in zwanzig Bde*. Bd. 12：397.

⑮ G.W.F.Hegel，*Vorlesungen ueber die Philosophe der Religion I*，in *Werke in zwanzig Bde*. Bd. 16：263.

⑯ G.W.F.Hegel，*Vorlesungen ueber die Philosophe der Geschichte*，in *Werke in zwanzig Bde*. Bd. 12：389.

⑰ G.W.F.Hegel，*Phenomenologie des Geistes*，in *Werke in zwanzig Bde*. Bd. 3：11－13.

⑱ 黑格尔著：《精神现象学》上卷，北京：商务印书馆，1962，第 15 页。

⑲ 黑格尔著：《哲学史讲演录》第二卷，北京：商务印书馆，1981，第 3－4 页。

⑳ 黑格尔著：《美学》，北京：商务印书馆，1982，第 290 页。

㉑ 黑格尔著：《小逻辑》，北京：商务印书馆，1980，第 309 页。

㉒ 黑格尔著：《精神现象学》上卷，北京：商务印书馆，1962，第 11 页；下卷，1979，第 271 页。

㉓ 黑格尔著：《精神现象学》上卷，北京：商务印书馆，1962，第 15 页。

㉔ G.W.F. *Hegel Werke* in 20 Bde. Bd. 3：68.

㉕ Das Wahre ist das Ganze. Das Ganze aber ist nur das durch seine Entwicklung sich vollendende Wesen. Hegel，*Phenomenologie des Geistes*，in *G.W.F. Hegel Werke* in 20 Bde. Bd. 3：24.

㉖ 黑格尔著：《小逻辑》，北京：三联书店，1957，第 90 页。

第十一章
费尔巴哈

　　19 世纪中叶是西方、也是德国现代社会发展的一个重要转折点。资产阶级革命的完成以及随后兴起的工业革命,把现代社会推向它的"黄金时代"。

　　在各国发生社会革命的同时,也引发了文化领域的思想变革。法国的波德莱尔最先吹响了向"现代性"过渡的冲锋号。与此同时,德国的新黑格尔主义者的左派,也在德国启蒙运动成果的基础上,试图把批判旧思想,特别是批判基督教的运动,进一步推向前进。黑格尔左派在其批判运动中发生了分裂,马克思冲破单纯批判宗教的范围,把对于宗教的批判转化为对于政治和社会制度的批判,并最终提出了推翻资产阶级社会的口号。在思想文化战线,"青年德意志"派吹起了批判普鲁士专制制度的冲锋号,叔本华则从哲学上鲜明地举起反理性主义的旗号,赞颂生命和走向生活本身。在他之后,尼采发起了全面批判启蒙运动和理性主义的总攻击。古典资本主义开始转向现代社会。

　　历史与近代哲学的转折点是 19 世纪 40 年代。在政治上,工业社会的产生和迅猛发展,导致 1848 年革命浪潮:巴黎和里昂工人起义、维也纳工人的示威游行、柏林的罢工运动等。

在哲学上，随着第一代黑格尔学派的解体，一个崭新的哲学体系正在酝酿着形成：一个以"实践"为基本概念、以改造现实世界为己任的唯物辩证法哲学，即马克思主义哲学。在黑格尔与马克思之间，出现了一个决定性的转折性人物，这就是费尔巴哈。恩格斯在谈到费尔巴哈的著名哲学著作《基督教的本质》的伟大意义时说："它直截了当地使唯物主义重新登上王座。……这部书的解放作用，只有亲身体验过的人才能想象得到。那时大家都很兴奋：我们一时都成为费尔巴哈派了（wir waren momentan alle Feuerbachianer）。"马克思曾经热烈地欢迎这种新观点，而这种新观点又是如何强烈地影响了他（尽管还有批判性的保留意见），这可以从《神圣家族》中看出来。由此可见，如果只从理论继承关系来看，费尔巴哈是黑格尔和马克思之间的重要过渡性人物。

第一节　费尔巴哈的人本学

费尔巴哈（Ludwig Andreas Feuerbach，1804 - 1872）生于巴伐利亚州兰茨胡特市（Landshut，Bavaria），他的祖父和父亲保尔·费尔巴哈（Paul Johann Anselm Feuerbach，1775 - 1833）都是法学家。费尔巴哈的三位哥哥都是大学教授，分别研究文献学、考古学、法学和数学。费尔巴哈的弟弟则是语言学家，并对费尔巴哈的思想有强烈的感情。

费尔巴哈先后在海德堡和柏林大学攻读神学和哲学。在谈到自己学习神学的意愿时，费尔巴哈坦率地说，他曾经受到宗教的召唤，决心投入宗教事业中。"我并不是单靠读书，而是从生活本身，研究宗教；而且，也不只是别人的生活，恰恰是我自己的生活，使我认识到宗教。"（denn ich habe die Religion nicht nur aus Büchern studiert, ich habe sie aus dem Leben，und zwar nicht nur aus dem Leben anderer，sondern auch aus meinem eigenen Leben kennengelernt）（Fragmente zu Charakteristik meines philosophischen Curriculum vitae，in Sämtliche Werke，II，1846：404）费尔巴哈的这段话，是我们正确理解他批判基督教的本意的一个重要依据。实际上，不能把他对基督教的批判简单地理解为费尔巴哈对基督教的否定，更不能简单地把费尔巴哈理解为一位"无神论者"，费尔巴哈研究基督教还有更深刻的思想文化背景，他试图从人类文化和思想创造的整个历程的广度，来看待基督教的性质。这也就是为什么费尔巴哈在后来一再宣称：他的《基督教的本质》的本意，不是"反宗教"，也不是属于无神论的批判，而是试图"维护宗教的道德文化内容"，使宗教"从其自身的封闭的蛹壳中解脱出来"。

在海德堡时期，费尔巴哈对黑格尔学派的卡尔·道布的神学课程甚感兴趣。在道布的影响下，费尔巴哈转学到柏林大学。受到哲学的启发之后，费尔巴哈决心放弃神学而转向哲学。费尔巴哈一方面跟随黑格尔的课程，另一方面也逐步展现出他对自然界奥秘的哲学追思情感。

由于家庭经济的原因，费尔巴哈于1826年转学到埃朗根大学，开始对自然科学发生强烈的兴趣。1828年，费尔巴哈在埃朗根大学以《论无限的、唯一的和普遍的理性》（De infinitate，unitate，atque communitate rations）的论文取得博士学位。接着，费尔巴哈在埃朗根大学教授逻辑、形而上学和哲学史等课程。

他的著作有《论死与不朽》（Gedanken über Tod und Unsterblichkeit，1830）、《从培根到斯宾诺莎的近代哲学史》（Geschichte der neueren Philosophie von Bacon bis Spinoza，1833）、《莱布尼茨哲学的说明、发展及批判》（Darstellung，Entwicklung und Kritik der Leibnizschen

Philsophie，1838)、《皮埃尔·拜尔》(*Pierre Bayle*，1838)、《论对黑格尔哲学的批判》(*Zur Kritik der hegeschen Philosophie*，1839)、《哲学与基督教》(*Philosophie und Christentum*，1839)、《基督教的本质》(*Das Wesen des Christentums*，1841)、《未来哲学的基本原则》(*Grundsätze der Philosophie der Zukunft*，1943)和《宗教本质讲演录》(*Vorlesungen über das Wesen der Religion*，1848)等。费尔巴哈逝世后所发表的著作还有《哲学改造论纲》(*Thesen zur Reformation der Philosophie*)。

由于费尔巴哈坚持批判基督教，自19世纪30年代起，他遭到政府的迫害，被剥夺了在大学教书的权利。因此，从1837年起，他在布鲁克贝格(Bruckberg)隐居并著书立说。正是从这个时候起，费尔巴哈开始明显地和全面地转向人本主义的立场。

费尔巴哈在总结他的思想发展过程时说:"我的第一个思想是上帝，第二个是理性，第三个也是最后一个是人。神的主体是理性，而理性的主体是人。"

在费尔巴哈进入五十岁的年月里，他的学术生涯遭遇到越来越多的困难，使他决心静心写作，更深入地研究古代宗教，奋力写出《经典的、希伯来的以及基督教的古代文献的起源》(*Quellen des klassischen*，*hebräischen und christlichen Altertum*，1857)。这可以说是费尔巴哈晚期的最重要的著作。他在这本书中表达了他的基本信念:神和希望都是在人类创造活动的彼岸(daß Gott und die Hoffnung auf das Jenseits Schöpfungen des Menschen seien)。费尔巴哈认为，在人的希望中包含着神的存在，而在神的存在中则包含着希望。

费尔巴哈死于1872年9月13日。他的著作由后人编成十卷本《费尔巴哈全集》(*Ludwig Feuerbach，Sämmtliche Werke*，10 Vols.，

Leipzig，1846 - 1866）。20 世纪初，由威廉·柏林和弗里德里希·约德尔主编的《费尔巴哈全集》(*Sämtliche Werke*. Hrsg. Von Wilhelm Bolin/Friedrich Jodl. Stuttgart. 1903 - 11.)出版。这个版本又在 1959 年至 1964 年，由汉斯·马丁·萨斯(Hans Martin Sass)补充了新的资料三卷。为了满足人们对费尔巴哈研究的兴趣，1975 年，埃里克·蒂斯新编了《费尔巴哈选集》六卷本(*Werke in 6 Bänden*. Hsrg. Von Erich Thies. Frankfurt 1975)。1969 年起，维尔纳·舒芬豪尔主编的新版费尔巴哈全集批判版(*Gesammmelte Werke von Ludwig Feuerbach*. *Historisch-kritische Aufgabe*. Hrsg. von Werner Schuffenhauer. Berlin)开始陆续出版。

在费尔巴哈看来，"人"是批判的出发点和归宿，使人从宗教和唯心主义的精神束缚下解放出来，乃是他的哲学的唯一目的。研究和批判宗教的目的，是为了人本身。所以，费尔巴哈也把他的理论称为"人本学"(Anthroplogismus，前半部"Anthropos"来自希腊文，是"人"的意思；后半部来自希腊文"sophia"，即学问)。有时，费尔巴哈也称之为"人类学的人文主义"(Anthropologisches Humanismus)，费尔巴哈用这个概念表示：人本学应该成为关于人的一个普遍性的科学(Universalwissenschaft)，是进行人文社会科学研究的基础。

早在批判费希特的"自我"概念时，费尔巴哈就指出，"自我"作为个体的、有感性的人，才是唯一绝对的主体，正是在个体的、具体的人中，斯宾诺莎的"实体"才和费希特的"自我"统一起来。接着，从唯物主义的角度出发，费尔巴哈认为，只有感性的事物才是现实的，因此，不是抽象的理性，而是现实的感性，才能确定真理。所谓真理，乃是受过教育的哲学家的感觉所感受的那些事物。快乐、感性快感，无疑是人所追求的最高的"善"，但这一切，是不能由孤立的、单一的人所达到的。人只有在社会中，才能获取真理。从这方面来看，他的感觉论是他的认识论的基础。

由于费尔巴哈不愿把自己的唯物主义与庸俗的唯物主义混淆起来，因此，他称自己的唯物主义是"人本主义""人本学"或"人类学"。人是什么？"人就是他所是的。"（Der Mensch ist, was er ißt）人并不神秘，人的本质就可以在其自身的所作所为中表现出来。费尔巴哈反对在人的现实存在之外去说明人的本质。费尔巴哈认为，一切宗教问题都可以归结为人类学问题，因为一切宗教神学的论述，都不过是人本身制造出来的。所以，一切神学无非是人类学而已，神学所讲的，并不是关于神，而是关于人本身（Daß alle Theologie eigentlich Anthropologie ist: nicht über Gott sagt sie etwas aus, sondern über den Menschen）。费尔巴哈立足于人本主义和心理学，认为宗教并非来自神秘的天赋宗教感情，而是在特定历史中产生，并可以在世俗生活中找到它的真正现实基础。

第二节　费尔巴哈对基督教的批判

在谈到自己的哲学体系的主题时，费尔巴哈说，他的哲学著作"只有一个目的，一个意愿和思想，一个主题。这个主题就是宗教和神学以及与之有关的一切事物"。他对宗教的批判使他很自然地批判思辨的自我封闭的观念论哲学，因为在他看来，"宗教是天上的、想象的唯心主义"，而观念论则是"地上的和理性的"宗教理论。对于宗教和对于观念论哲学的批判，对他来说，乃是一个统一的理论斗争任务的两个不可分割的方面。

费尔巴哈哲学的精华是它对于基督教和一般宗教的理论批判。他在这一方面的研究成果,不但直接地影响了马克思及其后的马克思主义,而且也对现代基督教神学的发展发生了间接的影响。从此之后,在相当长的时间内,费尔巴哈的宗教哲学几乎伴随着马克思思想的传播而在全世界范围内扩散开来。但也正因为这样,费尔巴哈的宗教哲学也逐渐地被涂上马克思主义的色彩,偏离了他的原来的基本观点。因此,在评判费尔巴哈的思想与马克思主义的思想的相互关系时,必须充分地注意到两者的区别。

费尔巴哈批判宗教的思想有一段发展演变的过程。早在 1830 年,费尔巴哈就已经根据他自己所建构的特殊的神学批判立场,深入地探讨了死亡及不朽性的问题。他在这一年所发表的《关于死亡及不朽性问题的思考》(*Gedanken über Tod und Unsterblichkeit*),使他一举成名。他在这部专著中实际上已经采用了不同于基督教神学传统的世俗的神秘主义立场,将基督教理解成一种靠非自然情感而建构的宗教。费尔巴哈还接受黑格尔的理性概念,强调宗教与现实的社会生活之间的矛盾和对立,主张以科学的态度抛弃基督教关于"彼岸"以及关于灵魂不死的荒谬思想。

费尔巴哈所提出的"不朽"问题,立即引起了整个黑格尔学派的剧烈争论。黑格尔学派中的"长老"米谢勒和神学家马尔海内克对此发表了争论性论文。马格德堡的李希特尔则发表《关于终极事物的学说》(*Die Lehre von den letzten Dingen*,1833 - 1844)和《现实的上帝》(*Der Gott der Wirklichkeit*,1854)。由此引起的这场争论成为黑格尔学派内部所关注的一个重要问题。在李希特尔之后,魏斯和戈舍尔又围绕这个问题发表了论著,进行无休止的论战。魏斯早在 1833 年发表《论上帝的观念》(*Die Idee der Gottheit*),接着又在 1838 年发表两卷本《福音史》(*Die evangelische Geschichte*,2 Bde. 1838)。他一直到 19 世纪

50 年代都始终不停地进行基督教历史的研究活动,并为此将他的研究成果总结在他的《路德的基督论及福音神学的基督学任务》(*Die Christoligie Luthers und die christologische Aufgabe der evagelischen Theologie*,1852)和《哲学的独断论或者基督教的哲学》(*Philosopische Dogmatik oder Philosophie des Christentum*,3 Bde. 1855 - 1862)。戈舍尔为了批判施特劳斯的观点,于 1838 年发表《关于神、人以及神人的思辨哲学论丛》(*Beiträge zur spekulative Philosophie von Gott,dem Menschen und dem Gott-Menschen. Mit Rücksicht auf Dr. Fr. Strauß' Christologie*,Berlin,1838)。这些争论都是与青年黑格尔学派的施特劳斯所提出的耶稣生平问题有密切关系。

费尔巴哈为了更深入地批判神学,还进一步从历史方面研究泛神论的思想。费尔巴哈在《从培根到斯宾诺莎的近代哲学史》一书中,特别推崇斯宾诺莎的泛神论。但到 1837 年发表《叙述莱布尼茨哲学及其历史》时,费尔巴哈的思想就从泛神论彻底地转向无神论。1839 年当费尔巴哈发表《哲学与基督教》和《黑格尔哲学批判》时,他特别强调哲学的任务就在于揭露宗教的本质及其根源。而且,他还明显地批判黑格尔的思辨哲学,彻底转向唯物主义的人本主义,费尔巴哈指出:"真正的辩证法,并不是单一的思想家对自己的独白,而是'我'与'你'的对话(Die wahre Dialektik ist nicht der Monolog des einsamen Denkers mit sich selbst,sie ist ein Dialog zwishcen Ich und Du)。"

费尔巴哈的主要代表作是《基督教的本质》和《未来哲学的基本原则》。这两本书在费尔巴哈逝世之后产生了深远的影响;也正是在这两本书中,体现了费尔巴哈不同于黑格尔的观念论的唯物主义哲学思想及其对于基督教的批判精神。在《基督教的本质》中,费尔巴哈宣称:对神和彼岸世界的崇拜和信仰都是源自人的病态投影(aus einer krankhaften Projektion des Menschen),而基督教的内容所表达的就是在彼岸实现人们在此岸所不能实现的理念。费尔巴哈认为,宗教是由于人的思想的超越性以及社会本身的问题所引起,因此,人们通过宗教的异化,试图解决他们的社会问题。但是,宗教的异化并不能真正解决社会问题,相反,只有解决社会问题,才能最终解决宗教的异化问题。所以,后来,费尔巴哈更热心地投入社会问题的分析和批判。但是,费尔巴哈通过实际的斗争,仍然感到迷茫,无法正确处理宗教与社会危机的真正关系。他在很多时候,又幻想通过对宗教异化的克服来实现社会的正义。

当然,费尔巴哈并没有停留在抽象的层面上,而是进一步从人的具体心理结构及其社会联系说明宗教的产生根源。他提出了"依赖感"(abhängigkeit)的观念,试图解释宗教产生的心理根源。所谓依赖感,并不是无意识地产生的,而是根源于现实的社会生活条件,并由人本身有意识的感受所产生的。"彼岸不过是此岸的回声罢了(das jenseit ist nur das echo des diesseits)。"人的特殊的生活条件,使人产生对自然界的依赖心理,这也就是为什么人类社会所产生的最初宗教是自然宗教,因为它正是反映了原始人对自然的无能为力和依赖。

依赖感的最极端表现就是恐惧(furcht)。恐惧是死的感情,而快乐是生的感情。同一个自然力既可以向人们提供福利,又可以带来祸害。因此,凡是有恐惧的地方,就同时有欢乐。如果说,在人的力量尚未充分发展以前,人们产生了对自然的依赖的话,那么,在文化发展之后,当人类有足够的力量对付自然的时候,人的主要恐惧对象,就改变为社会中的强权,即各种法制、道德、荣誉等。这些社会文化力量的最高体现,便是君主或国王。只有当君主迫使人们接受他是至高无上的人的时候,才产生"作为世界唯一的统治者"的上帝观念。费尔巴哈指出,基督教和其他精神宗教就是在这样的情况下产生的。

所以,不是神按照它的图象创造人,而是相反,是人通过他们的神,获得了他们自己的本质的观念(daß nicht Gott den Menschen nach seinem Bilde schuf, sondern umgekehrt die Menschheit in ihren Göttern zur Vorstellung ihres eigenen Wesens gelangt)。"宗教是人的精神的梦幻,我们也在梦幻中发现我们自己,只是我们并非以必然性的观点,而是以想象的虚幻来看待事物(Die Religion ist der Traum des menschlichen Geistes. Auch im Traume befinden wir uns auf der Erde-nur daß wir die wirklichen Dinge nicht im Licht er Notwendigkeit, sondern im Scheine der Imagination erblicken (Sämtliche Werke. Bd. VII. S. 15f.)。""人使自己的本质对象化,然后,又使自己成为对象化了的、成为主体的、人格化的本质的对象。""上帝的人格性,其本身无非就是人之被异化和被对象化的人格性。"所以,"人与他自己的本质的分离"以及"把自己的对象当成与自己相对立的对象",就是宗教产生的起点。

总之,宗教的本质就是人的本质,而且是被异化了的人的本质。正是在这个意义上说,神学就是人本学本身。费尔巴哈指出:宗教始终存在着它本身的基础。所以,他愿意一生献身于对宗教的研究。对于他来说,研究哲学是彻底研究宗教的正确途径。他说:"我的哲学就是没有任何哲学(Keine philosophie zu haben, ist meine Philosohie)。"费尔巴哈并不打算在宗教批判之外研究哲学。因此,他又说:"没有任何宗教,就是我的宗教(Keine Religion, ist meine Religion)(Sämtliche Werke, II. 1846. S. 414)。"所以,费尔巴哈对于宗教的研究的极端重视,表明他充分地意识到:宗教问题是人类社会生活的最重要的问题,人类只有正确地解决宗教问题,才有可能实现真正的幸福。

第三节　费尔巴哈对近代哲学的批判

费尔巴哈很重视哲学史的研究,在一定意义上说,他甚至把自己的人本主义哲学建立在哲学史研究批判的基础上。翻阅费尔巴哈的著作集,人们可以发现:费尔巴哈在 1837 至 1848 年之间,耗费了大量精力研究并撰写从培根和霍布斯、经伽桑迪和波墨直至莱布尼茨的近代哲学史[1]。

在费尔巴哈看来,近代哲学的真正开端,不是笛卡尔哲学,而是斯宾诺莎。费尔巴哈说:"斯宾诺莎是近代哲学的真正父亲,因为笛卡尔无非只是忠于他自身。"[2]他还说:"斯宾诺莎是近代哲学的哥白尼"[3]"斯宾诺莎是严格意义的近代思辨哲学的开创者。"[4]

注释

[1] Feuerbach, ***Sämtliche Werke***, neu herausgegeben von W. Bolin und F. Jodl, Stuttgart, 1959 - 1960, Bd. III; Bd. IV; Bd. VI; Bd. XII; Bd. XII.

[2] Feuerbach, Sämtliche Werke, Bd. IV: 179; Cf. Bd. III: 294 - 310.

[3] Ibid.: Bd. IV: 33.

[4] Ibid.: Bd. II: 223.

第十二章
叔本华

　　黑格尔主义把西方哲学自古希腊苏格拉底以来形成和发展起来的理性主义推向最高峰,同时也蕴涵着它本身的危机。在黑格尔晚年出现于他身旁的青年马克思、叔本华(Arthur Schopenhauer,1788 – 1860)以及他的同事施莱尔马赫等人,都先后从不同角度向黑格尔的哲学发出挑战。而在黑格尔逝世之后紧接着兴起的新康德主义和现象学,乃是黑格尔主义发展的另一类理论新产品。因此,在黑格尔之后,一系列哲学革新运动相继兴起,德国哲学界的面貌焕然一新。在这方面,叔本华和尼采是两位不可忽视的人物。

　　当然,叔本华的创造性哲学思想,并非单纯为了超越黑格尔哲学体系。叔本华早在大学期间,便深受他的老师费希特的影响,对他所面对的哲学研究状况深感不满。叔本华时时准备从多方面改造当时的主流哲学理论。对于他来说,在当时的哲学中,首先引起他注意的是康德哲学。费希特对康德的批判,促使叔本华更多地倾向于从发掘主观生命内在动力入手,探索一种能够充分发挥主观生命创造力的新哲学。叔本华的主要关注点,是人的生命本身所遭遇的生活命运。从叔本华年轻时代同他的亲友的通信来看,叔本华一方面从他自身的生活经验中感受到生活的艰苦性、曲折性和复杂性,另一方面他也感受人生在世的无奈、脆弱及不可预料性。叔本华的个人性格在很大程度上决定了他的哲学创造的主要方向及其思考重点。他自己承认,他是一位胆小怕事的人,但他又是热情洋溢的情种,丰富的情感波动,有时使他时时陷入感情的旋涡,难以自拔。叔本华还感受到个人生活环境的复杂性,对于自己以外的他人的不可控性,对于生活命运的不可控制性。他的个人遭遇,促使他越来越关注生活艺术,关注在世生活的个人态度和个人生活风格。所以,在康德哲学之外,主张优先思考理念世界的柏拉图,也引起了他的注意。所以,叔本华早年也热衷于柏拉图以及寻求世外桃源的宗教理念。

叔本华和尼采的功绩在于:在黑格尔完备的绝对理性主义体系中,他们发现了把理性主义绝对化所可能引起的否定性后果,同时,他们也分别走上新的哲学思路。

第一节　厄运相伴的生活

叔本华一生抱着名垂青史的野心,期望自己成为影响世界的思想家。但是,在叔本华的一生中,伴随着他的,并非舒适浪漫的顺心如意的生活,而是一再挫折,并连续遭遇厄运和失败。到了他的晚年,叔本华才庆幸地看到了自己的创作成果所产生的积极影响。所以,叔本华的哲学正是同他的个人生活历程的悲剧性相符合的。

叔本华的哲学和他的生活遭遇一样,是在古典哲学占上风的时候,作为一股反主流的思想,几经黑格尔等人的封杀,出版物几乎无人问津。

　　叔本华于1788年2月22日生于普鲁士但泽(Danzig,现属波兰,改名为"Gdansk",即格但斯克)一位银行家的家庭。父亲是一位典型的生意人,一心想把自己的儿子培养成富贵的商人。而他母亲约翰娜·叔本华夫人,是一位很有才华的作家,经常在家中组织文学沙龙,邀集德国及外国作家一起讨论创作问题。也正因为这样,叔本华后来结识了歌德等名作家,并与他们建立了良好的关系。由于他从小深受母亲的影响,对文学和艺术甚感兴趣,使他形成强大的创作想象力。但母亲从其他方面也给叔本华不好的印象,最后促使他与自己的亲生母亲决裂。叔本华同他的父母之间的上述特殊关系,对叔本华思想及其著述生涯的影响是很显著的。

　　少年时代,叔本华家人期望他能够成为具有宏大进取心的世界性商人。他父亲为此派他前往当时被称为"世界工厂"的英国。接着,叔本华又获得机会到欧洲各地旅游,增长了他的浪漫主义情感和直观的能力。他所看到的世界并非理性主义者所描述的那种充满逻辑的秩序感,而是动荡不定、混乱不堪的局面。法国的革命以及随之而来的拿破仑称帝事件和出征,使他对世界和历史产生了自己的独特看法,不再对理性抱有幻想。他当时所写的日记记载了自己思想感情的变化和感触。他认为,那些抽象的理性和逻辑远离真正的生活本身。

　　1805年他返回但泽后,父亲因身患重病和商业受挫而自杀身亡。叔本华的母亲于1806年决定离开汉堡迁往魏玛。

　　叔本华于1809年入戈丁根大学,除攻读物理学和历史外,还研究哲学。当时,怀疑论者舒尔茨正在那里教书,从而担任了叔本华的老师。舒尔茨是康德主义者,据于贝韦格说,他的名字有许多写法:Johannes. Schultz,或Schulz,或Schulze。他对康德《纯粹理性批判》的注释(*Erläeterungen über des Herrn Prof. Kant Kritik der reinen*

Vernunft）得到了康德本人的肯定。在舒尔茨的影响下，叔本华着重研究柏拉图和康德的著作。所以，叔本华就是在舒尔茨的影响下，首先从康德出发，然后，他很快就发现康德哲学的困境，试图以崭新的方式解答康德所提出、却错误地分析过的那些论题。叔本华同时还发现，黑格尔所展示的哲学方案，不但没有解决康德的难题，反而把思路引向虚幻的思辨世界。于是，叔本华拒绝了黑格尔的哲学。

康德对叔本华的思想影响是很重要的。正如我们在本书第四章第五节总结康德思想对整个德国近代思想文化发展的影响时说，康德思想中的"物自体"范畴、批判精神及其怀疑原则，导致在他之后隐含于德国哲学中的反理性主义思潮的潜流，最后也导致对康德本人哲学的反叛。从康德到叔本华的方向，就好像从康德到黑格尔、施莱尔马赫、赫伯特、歌德的影响那样，是康德的整个思想体系所带来的丰富遗产的历史结果，它们之间固然有异质性和分歧性，但其中所隐含的共同性也是正常的。

1811 年叔本华跟随费希特到柏林大学研究哲学，但他立即发现费希特哲学的缺点，从而心怀不满地离去。1813 年他在耶拿大学以《充足理由律的四重根》（*Über die vierfache Wurzel des Satzes vom zureichenden Grunde*）的论文获博士学位。1814 年他在魏玛参加歌德学会，发表《论视觉与色彩》（*Über das Sehen und die Farben*），同时，他也研究印度古代文化。1814 至 1818 年间，他在德累斯顿研究光学，并准备写《作为意志和表象的世界》（*Die Welt als Wille und Vorstellung*）。1820 年他任柏林大学讲师，此后，他去意大利旅行多次。1831 年柏林流行霍乱，叔本华不得不离开柏林，定居法兰克福，1860 年 9 月 21 日死于法兰克福。法兰克福市政府纪念叔本华的纪念碑和塑像，至今仍然屹立在法兰克福的公园中。

美国哲学家弗洛斯特(S. E. Frost，Jr.)在评论叔本华的哲学时说：叔本华的哲学，如同其生平一样，是充满着忧郁的。他对于许多哲学家的盲目的乐观主义是很不耐烦的。他认为，人是一种充满痛苦的生物，人的意志不断地驱使他去达成他的欲望。但当他达到其欲望之后，又是怎样的呢？充其量也只不过是一种极端的厌烦、一种空虚罢了。所以，在叔本华的哲学中，积极地向上生存和悲观地消极厌世是同一的和相互平衡的，这也正是叔本华哲学的生命力的真正根源。

叔本华从事哲学活动的时候，正是费希特、谢林和黑格尔的哲学发生重大影响的时候。他比同时代人更早地发出了反理性主义的呼声，又是最敏感地发现了当时社会的令人悲观的因素。而且，也是叔本华积极地发现了生活中的创造精神，促使他把生活的希望寄托在艺术的想象性创造中，寄托在对于宗教的超越中。

但是，他的哲学的出现并没有能够立即为世人所接受。他的《作为意志和表象的世界》在1819年初由勃洛克豪斯出版社出版时，立即遭到舆论界的否定性的批评。接着他在柏林大学讲授的所谓"整个哲学是关于世界的本质和人的精神的学说"的课程，也因遭到黑格尔的反对而失败。

为了理解叔本华哲学的内容及其历史命运，有必要回顾从歌德到叔本华时代的德国精神状况。总的来说，正如本书第五章第四节所述，这是法国的启蒙思想和所谓"狂飙突进运动"的精神占上风的时代；在政治上则存在着坚持封建割据的势力同向往民主改革、实现统一的势力之间的尖锐斗争；在哲学上，斯宾诺莎的理性主义对于当时的德国发生了不可忽视的影响，因为同启蒙学派的理性主义相比，斯宾诺莎的理性更多地容忍宗教的(或确切地说，泛神论的)因素。关于莱辛的斯宾诺莎主义的争论和无神论的思想持续发展，而当时喧嚣一时的"自然哲学"也同样打着斯宾诺莎主义的旗号。歌德的《少年维特之烦恼》(*Die Leiden des jungen Werthers*, 1774)所反映的时代精神一直影响到尼采所处的时代。德国的社会比起法国、英国和荷兰发展得更缓慢得多。少年维特之烦恼是当时腐败的德国社会对青年一代的精神压力所造成的,而这种令人烦恼的状况居然可以持续一个世纪之久!但不管怎样,19世纪的德国思想家们,还是试图一个接一个地对这些烦恼问题提出怀疑和考察。特别是由于自然科学的发展和工业的进步,达尔文(Charles Robert Darwin,1809－1882)、摩默生(Theodor Mommsen,1817-1903)和斯利曼(Heinrich Schliemann,1822-1890)等人的进化论思想进一步传播开来。诗人席勒尤其尖锐地反对文学和思想界中试图调和理性和宗教的倾向。

黑格尔逝世之后,在法国七月革命的影响下,德国文学界出现了"青年德意志派",他们批判了以往浪漫派的消极态度,有意识地与现实靠近,同哲学界批判宗教的斗争相呼应。青年作家维恩巴克(Ludolf Wienbarg,1802－1872)在1834年发表《美学的出征》(*Ästhetische Feldzuege*)论文集时写道,这本书是"献给你,青年德意志……"。从此,"青年德意志派"的作家们,其中包括海涅(Heinrich Heine,1797－1856)、毕希纳(Georg Büchner,1813－1837)、伊默曼(Karl Lebrecht Immermann,1796－1840)、伯尔内(Ludwig Boerne,1786－1837)、古茨科(Karl Gutzkow,1811－1878)和劳伯(Heinrich Laube,1806－1884)等人,喊出了时代的心声。作为"青年德意志派"的代表人物,海涅唱道:

> 我是一位德国诗人,
>
> 在德国境内闻名;

说出那些最好的名姓，

也就列出我的姓名。

我跟一些人一样，

在德国感到同样的痛苦；

说出那些最坏的苦痛，

也就说出我的痛苦。

当 1830 年法国爆发七月革命时，海涅在《黑尔戈兰岛通信》（*Briefe aus Helgoland*）中写道："我现在知道，我要做什么，应该做什么，必须做什么。……递给我琴吧，我要唱一首战歌……那语言像燃烧着的星辰从高空射下，去烧毁宫殿，照亮茅舍……我全身是欢悦和歌唱，剑和火焰。"在《论德国宗教和哲学的历史》（*Zur Geschichte der Religion und Philosophie in Deutschland*，1834）中，海涅一方面批评了康德和费希特的主观观念论，另一方面也总结德国哲学中的积极因素，使他能够较为客观地表达了时代精神的呼声。

同海涅相比，叔本华所表达的哲学，是另一种形式的时代呼声。这是一种极其深刻而曲折的表达方式，它实际上是诗歌式的哲学或哲学式的诗歌。在叔本华的哲学中，隐含了从康德到黑格尔的德国古典哲学的全部奥秘：在那里，不只有从康德到黑格尔所思考过的所有主要论题的影子，也包含与他们同时代的那些持不同观点的哲学家的思路的缩影。叔本华似乎想重新思索在他之前和同时代的哲学家们所思考过的全部重要问题，并克服其难点和不足之处。所以，在叔本华的思想中，有被理性主义和启蒙思想所反对的浪漫主义因素，也有反理性主义的倾向。在叔本华的著作中，常常透露出极其深刻的思想，表现出叔本华在语言论述方面的独特才能。他那充满矛盾、浪漫和想象因素的话语，隐藏着他那放荡不羁、热情激昂的个性与天赋奇才。但许多人并不能够理解叔本华所采取的特殊表达形式。这就不奇怪，为什么叔本华的那本《作为意志和表象的世界》要等到出版后的三十多年，即19世纪中叶之后才为人们所关注。

第二节　主要著作及基本概念

叔本华的著作，除了上述《充足理由律的四重根》《论视觉与色彩》及《意志和表象的世界》以外，还有附在《作为意志和表象的世界》的批判康德哲学的论文《康德哲学批判》《自然界中的意志》(*Über das Willen in der Natur*，1836)、《伦理学中的两个基本问题》(*Die beide Grundprobleme der Ethik*，1841)以及《附录与补充》(*Parerga und Paralipomena*，2 vols. 1851)等。叔本华死后，他的朋友弗劳恩施泰特编辑出版了《叔本华手稿及笔记合集》(*Aus Schopenhauers handschriftlichen Nachlass*，*Abhandlungen*，*Anmerkungen*，*Aphorismen und Fragmente*，heraugegeben von J. Frauenstaedt，1864)。

叔本华的著作全集已经出版了多次，其中，影响较大的包括：由吕克豪斯主编的《叔本华全集》五卷本(*Werke in fünf Bänden*，nach den Ausgaben letzter Hand hrsg. Von Ludger Lütkehaus. Zürich，1991)；由希普舍尔主编的《叔本华全集》七卷本(*Sämtliche werke*，Neu bearbeitet und hrsg. Von Arthur Hübscher，7 Bände. Wiesbaden，1972)；由冯·乐尼森主编的《叔本华全集》五卷本(*Sämtliche werke*，Textkritisch bearbeitet und hrsg. Von Wolfgang Freiherr von Löhneusen. 5 Bde. Stuttgart/Frankfurt，1976)；由希普舍尔主编的《叔

本华手稿遗著》五卷本（*Der handschriftliche Nachlaß*，Hrsg. Von Arthur Hübscher. 5 Bde. In 6. Frankfurt/Main，1966 - 1975）；由施皮尔林主编的《叔本华哲学讲演录》四卷本（*Philosohische Vorlösungen*，Hrsg. und eingel. von Volker Spierling. 4 Bde. München，1984 - 1985）；由希普舍尔主编的《叔本华书信集》历史批判版（*Gesammelte Briefe*. Historisch-Kritische Ausgbe. Hrsg. von Arthur Hübsher.，Bonn，1987）。

　　叔本华的思想是德国古典哲学发展的一个结果，也是它的一个重要分支。这就是说，叔本华是在德国古典哲学的教育下形成自己的哲学体系的，他受惠于康德之后的哲学大师们的启示，使他奠定了牢固的哲学思想的基础，同时也明确了他自己进行创造和叛逆的方向。正是在叔本华那里，我们再一次看到：像德国古典哲学那样的极其丰富的哲学遗产，不仅可以养育整个时代的多种多样的思想家，而且也可以启发其后好几代思想家的创造性思维，使他们具备走向新的思考方向的理论条件。一个好的思想体系，不仅应该培养它的继承者，而且也应该带动对它的批判思考。叔本华一方面是德国古典哲学的继承者，另一方面又是与之背向发展的新哲学的开创者。他把古典哲学中的理性思想当成反理性的理论条件。叔本华还看到了以黑格尔为代表的理性主义的最要害的弱点，并由此出发，在其相反的方向中找到重新发展的可能性。正因为这样，我们接着就来集中分析叔本华新体系中的基本范畴和概念，作为深入走向他的思想核心的起点。

　　首先，叔本华认为人生充满着荒谬。生活的荒谬性是叔本华从黑格尔那里所获得的第一个重要的相反概念。叔本华的哲学本身，本来就是从自己体验到的生活中总结出来的。他对诗人兼小说家维兰德说：生活的磨炼，使他更迫切地试图通过对生活的反思去研究哲学。叔本华指出："人生并不是直接地以痛苦作为其主要目标，但人之生存于世界，本来就没有任何理由的。这种荒谬性之存在是因为：来自生命本身的内在困苦、并自然地充满着整个世界的无止境的痛苦，本来就是一种纯粹的偶然，它本身并没有什么目的。当然，每一个特殊的苦看起来似乎是例外的，然而，普遍的痛苦却是规律性的。"由此可见，叔本华的"荒谬"概念直接就是他的悲观哲学的基础，反过来，悲观哲学的形成，又进一步使他把整个世界和生活加以荒谬化。如果说黑格尔过分强调了社会和生活的理性化，似乎一切都是辩证法发展的必然表现的话，那么，叔本华就由此看到了问题的反面：偶然性的普遍存在，生命中的偶然性尤其明显。

　　叔本华认为，人生一方面似乎需要寻求某种目的性，但另一方面，人生又确实找不到它的真实目的。人生的这种矛盾性和悖论性，就是荒谬。但反过来，人生的荒谬性，不但保护了生命，而且也使难以生存、并无可解释的生命得以恒久化。荒谬性充满着生命的一切阶段和所有过程。叔本华以鼹鼠为例说明生命的荒谬性。他说，鼹鼠在无止境的掏土挖洞中终其一生，为的是逃避光亮。它以自身辛苦的劳动而使自己终生生活在黑暗中。其他夜行动物，诸如猫、猫头鹰、蝙蝠等，它们不像鼹鼠那样，虽然生活在黑暗中，但它们还在黑夜中看得见事物。鼹鼠却什么都看不见，它们挖地洞本身就是为了使自己看不见任何东西。试问，鼹鼠的这种充满痛苦的生活，究竟又是为了什么？然而，鼹鼠却以交尾和找到食物为乐，也就是说，它们无非是为了延续它们的悲惨的痛苦生活而寻求快乐。这个例子难道不生动地说明了生活的荒谬吗？

　　在叔本华那里，第二个重要概念是直接同上述荒谬概念密切相关的艺术、美和天才的概念。艺术和美何以同荒谬相关呢？叔本华认为，艺术和美就是从生活和世界的荒谬性中延伸出来的。生活的苦难及其悲剧性不仅是哲学探索的基本问题，而且也直接成为艺术创作的最好土壤。荒谬使人试图在想象的荒谬中寻找新的生命出路，叔本华反对康德过分地重视知识真理，他认为，世界既然充满着荒谬，而人的感性和理性都实际上无法真正地把握世界的本质，那么，面对荒谬的世界，人的正确的生活态度，就是通过艺术美的追求，把人生提升到审美的境界。人只有靠艺术创作，才能克服充满虚幻的世界，也才能使人走出自欺欺人的所谓真理认识限制。

对叔本华来说，艺术只是一种对于观念的直观知识；"艺术作品无非是用于促进对于观念知识的把握"，而艺术作品的创作，全凭天才的想象和激情。艺术的价值就在于促使意志朝向艺术思维，使意志在征服知识理性的道途上获得必要的想象性的启发，并由此使审美的愉悦同对于知识的追求好奇性结合起来并和谐统一。这是培育丰富人性的最好途径，也是训练人的生活艺术和实践艺术的良好方法。

所以，在叔本华那里，"观念"并非纯理性和纯逻辑的，而是富有创造性的意志的永恒目标，又是艺术创造的中介。观念与具体事物的关系是很特殊的，在某种意义上说，观念就是具体事物的"原型"。正是从这样的理念出发，叔本华又认为：对于艺术的创造来说，作为具体事物的原型的观念，乃是创作的一个指导思想。审美愉悦就是对于具体事物的纯形式的超时空的思考的产物。这种纯思考摆脱了一切利害关系和功利计算，是对于事物的永恒价值和本质的"统觉"(Apperzeption)的结果，它要求"忘却"事物的具体性和特殊性。

叔本华认为，艺术就是观念的直观认识。艺术作品是把握观念的最好途径。也正因为如此，观念又是"自在的事物"与现象之间的中介，是艺术把我们引入观念之中。艺术也使我们有可能控制意志的盲目发展,促使它们朝向创作的方向。通过对于艺术作品的思考,使我们脱离利益的引诱,感受到无功利性的审美的愉悦。通过连续的审美活动,不但可以使我们进入崇高超越的世界,也使我们接近真理的殿堂,同时又使我们从庸俗的世界中获得自我保留的能力,使自己的"自身"处于纯净的状态,获得自我生产的良机。

叔本华高度评价音乐的艺术价值,认为音乐就是意志本身的完美体现,主张不要把音乐当成现象的表现形式。音乐所表现的不是具体的苦与乐,而是愉悦本身、情感本身以及生存本身。

艺术需要天才,他们是一群直接掌握观念的能干的精英分子,有能力使自己提升到熟练使用"充足理由律"的程度的神秘人物。这群天才超越时空和因果律,把自己提升到超越现象界和超越个体性的层面。只有这样,他们才能够创作最美的艺术作品,并同时实现对观念的中介把握,达到意志的最高目标。由艺术天才所创作出来的作品,高于科学真理的论述系统。

真正的天才善于操纵自身的意志。叔本华为此说:"如果正常的人是由三分之二的意志和三分之一的理智所组成的话,那么,天才是由三分之二的理智和三分之一的意志所构成的。"显然,叔本华一方面重视意志和天才,另一方面又主张必要的节制和理智的适当控制力。叔本华说,只有像歌德、拉斐尔、罗西尼、贝多芬、莫扎特那样少数的艺术天才,才充分地体现出上述具有控制意志的艺术创作能力的品格。他们因此也被称为"反自然"的人,因为自然界不停地创造出以意志占统治地位的普通人。在某种意义上说,他们只满足于成为少数天才的工具,成为生孩子的工具。但是,叔本华接着也严格区分"种族天才"与"艺术天才",把艺术天才当成最高的人类生存榜样。

叔本华认为,唯有艺术才可以引导人走出纯粹只为认识服务、但又误导认识的虚幻的表象世界,变虚幻的表象为对世界的直观,超然于对象本身以及对对象的各种关系,使自己沉浸于审美的愉悦,并因而将人带出悲观苦闷的状态,为面前的景观美所迷恋,陷入真正的快慰陶醉境界。这时,人就达到一种无痛苦、无时间和无意志的主体。但是,叔本华还进一步强调跨越感性审美阶段的必要性。他认为,不能停留在一般人所能够达到的那种满足于感性美的鉴赏水平,而是要进一步克服在感性阶段占统治地位的意志、欲望和肉体快感的引诱,进一步使自己的审美直观提升到持久的审美景观状态,不计较利益和欲望的得失,一再将自身坠入深深的无底洞式的理想美的深渊中。

第三个重要概念,就是物自体或本体。叔本华作为康德的学生,也和康德一样,从对于物自体的探索出发,试图发现真正的世界和人生的价值。但叔本华与康德相反,并不承认物自体的不可认识性而把它同认识世界的问题割裂开来。叔本华认为,康德的不足就在于分割物自体与现象,只把认识限定在现象世界,而把作为认识主体的人的意志同物自体割裂开来。叔本华明确地指出:世界的本质就是意志本身。物自体不是在主体之外,而是由人的意志所决定的。不仅如此,而且连主体本身也是意志的产物。

叔本华的上述思想早在他的《充足理由律的四重根》的著作中就已经阐明。他认为,过去的认识论,不管怎样复杂,其实都可以概括成他所说的充足理由的四重根:"因果性"(Kausalitä)、"逻辑基础"(Logische Begründung)、"空间/时间"(Raum/Zeit)以及"动机"(Motivation)。凭借这四大概念,可以说明整个现象世界的结构,而康德所说的物自体,对人来说是无法认识的本体,则可以用"意志"来概括。意志并不思维,它是盲目的,它也并不想认识这个世界本身。意志所试图努力实现的,就是它本身的愿望,而这是完全由它自身决定的。

　　叔本华认为,对人来说,作为认识的主体,他所感受到的世界只能是现象,即一系列的事件,在时间和空间中所显现的事物。这些显现,都是虚幻的,非世界本身。如果人试图要把握这个世界,不应该指望对于现象的认识,而是靠我们的意志,因为正是处于人的身体内部的意志,决定世界的本质,即把握那个在现象背后的物自体。因此,意志并没有向我们提供任何真正的知识,而只是提供关于现象的意义。意志的行动就是最接近主体的现象,也是最准确地把握的物自体。这样一来,在康德那里是不可认识的物自体,对叔本华来说,是单靠我们身体中的意志就可以直接把握的东西。

　　叔本华说,我们的实现认识活动的意识,在认识活动中,呈现为四种不同的形式:内在的感性、外在的感性、知性和理性。在认识中,意识分裂成主体和客体,表象无非是主体意识的产物。我们的所有的表象都是主体的客体,而所有的主体的客体就是表象。

　　我们的知性进行感知和直观活动,而我们的理性进行思考和思维。知性建构出客体和对象,理性则制造概念。

第三节　叔本华对自身的哲学诠释

　　叔本华哲学的基本精神,无论在当时还是在今日,都引起很大的争论。不同的学派和观点,对他的哲学作了不同的评价。为了全面理解他的哲学,不妨让我们首先考察他自己对他的作品的诠释。

　　他在1844年2月所写的《作为意志和表象的世界》的第二版序中说,他的著作不管产生何种结果,都不是为了满足他的同时代人或同胞的需求,而是为了贡献给全人类。因此,尽管他的著作在很长时间内未能引起人们的注意,他也不愿意作任何修改。他不稀罕任何奉承或羡慕,更不稀罕那些凡夫俗子的评论,而宁愿从另一个角度,讨论错误、恶及荒谬的问题。他很清醒地知道,那些最坚实和公正的事物,总是稀少的,也总是起码必须经历十多年的时间,才能被理解。一部真正能够征服人心的优秀作品,必须不考虑同时代人的眼前利益。真理并不是扑向那些不喜欢它的人献上狂吻的纯真姑娘,而是一种不惜任何代价而心甘情愿为之作出牺牲的庄重的美。叔本华实际上批评他的同时代的哲学家,特别是黑格尔,批判他们只顾个人利益,只考虑迎合政府当局的喜好,并不真正地研究柏拉图、亚里士多德,并不真正地探究真理,而是只关心自己所占据的教职和地位,只顺从能够给予他们荣誉的政治。正因为这样,所有不符合他们标准的哲学著作,都遭受谴责。他们的准则就是"我只能为提供我面包的人而歌唱"。这就是流行于德国大学的哲学原则。正当整个德国哲学界奉行为个人利益服务的原则的时候,叔本华本人出自内心不可阻挡的本能激情,平静地展开他的思路。这样的本能不断地被一种反思的信念所巩固,他坚信:由他个人所发现的真理,总有一天可以震撼任何一位有思想的人,并促使他激动起来,欢欣鼓舞,给他精神上的慰藉。他的哲学就是奉献给这样的人。他唯一的出发点就是反思,就是始终可以被理解和被沟通的道理。他所研究的是最清晰不过的直观本身。对那些阅读这本《作为意志和表象的世界》的第二版的人们,他要说的唯一的真理就是:他的信念终于经受了二十五年的时间考验。

在《充足理由律的四重根》一文中,叔本华区分了四个不同的原则:存在、生成、行动和知识(principium essendi, fiendi, agendi, cognoscendi)。在叔本华看来,充足理由律是最重要的,所有的客观存在都遵循充足理由律。但对于主体而言,它是上述四个原则的先决条件。世界的存在是就认识论的意义而言的——世界首先是作为认识的对象而存在。没有人的认识活动,世界也就不存在了。所以,《充足理由律的四重根》是叔本华哲学的"导论"。

这种把康德的主观观念论推向极端的思想,在《作为意志和表象的世界》一书中,有了进一步的说明,"世界是我的表象:这是一个真理,是对于任何一个生活着和认识着的生物都有效的真理,不过只有人能够将它纳入反省的和抽象的意识。"作为全书第一句的这段哲学结论,又跟随着如下更露骨的说明:人不认识什么太阳,什么地球,而永远只是眼睛,是眼睛看见太阳;永远只是手,是手感触着地球;人接着就会明白围绕着他的这个世界,只是作为表象而存在着的;也就是说,这世界的存在完全只是就它对一个其他事物、一个进行表象者的关系而说的。这个进行表象者就是人自己。所有的对象和现象,都只能通过人的表象能力表现出来,作为表象而呈现在我们面前。一切对象都是表象,都是由人的表象建构出来的。

叔本华承认,上述观点并不新颖,"它已包含在笛卡尔的怀疑论观点中。不过贝克莱是断然把它说出来的第一个人,尽管他那哲学的其余部分站不住脚,在这一点上,他却为哲学作出了不朽的贡献"。

叔本华接着又说,那认识一切而不为任何事物所认识的就是主体。因此,主体就是这世界的支柱,是一切现象、一切客体一贯的、经常作为前提的条件。所以,凡是存在着的,就只是对于主体的存在罢了。

在叔本华看来,作为表象的世界是由两个方面组成的——作为客体的一面,它是存在于空间和时间中;而作为主体的一面,则是"完整地存在于进行表象的生物体中"。两者相互依存,"存则共存,亡则俱亡。双方又互为限界,客体的起处便是主体的止处"。但是,对于这个"共存性",叔本华作了如下的说明:"一切客体所具有的本质的,从而是普遍的那些形式,亦即时间、空间和因果性,毋庸认识客体本身,单从主体出发也是可以发现的，可以完全认识的，用康德的话说，便是这些形式是先验地存在于我们的意识之中。"这一说明使人们意识到，所谓主体与客体的相互依存，归根到底只是"客体先天地依赖于主体"的掩饰性的抽象结论。

叔本华的思想发展了康德哲学中的主观主义因素，强调空间、时间和范畴等都纯粹是主观的观念，只适用于现象界；另一方面，他扩展了康德不可知论思想，宣布现实是不可认识的，是纯粹由主观意志所决定的，或者更确切地说，世界无非是我们意志的产物。

叔本华认为现实的一切存在，都不是超验的对象，因为任何一个对象都是相对于主体而言，一切对象都只是主体中的表象罢了。所以，叔本华说："世界就是意志的自我认识（die welt ist die selbsterkenntnis des willens）。"

叔本华的基本著作《作为意志与表象的世界》表现了他的哲学思想体系的内容及其结构。全书分为四大部分，而这种划分是以"紧密相互联系的四种被决定性的变更模式"（vier modifikationen der determiniertheit in engem zusammenhang）为基础，其中的每两篇都从一个角度表现叔本华的整个思想体系的原则：第一和第三篇作为一组，是论述作为表象的世界，说明世界是如何显现以及被表象、被观看、被把握，也就是说，说明世界自身是如何"自在"的；而第二和第四篇是论述作为意志的世界。所以，前两篇只是表述世界，后两篇则指出解决世界问题的方法和出路。换句话说，前两篇只是说明世界如何通过我们的纯粹沉思的观念观看途径而表现出来（durch rein-kontemplative ideenschau），后两篇则是通过意志的力量对世界进行扬弃（durch aufhebung des willens）。

从哲学的意义来看，第一篇是叔本华的认识论，说明世界的表象本质；第二篇是本体论，强调世界的本质就是意志；第三篇是审美论，指出实现意志的审美超越的途径；第四篇是伦理学，指明通过意志的彻底超越达到自我实现的最终目标，进入叔本华所梦想的佛教所谓的"涅槃"最高境界。

由于世界是人的表象，所以，现实世界的存在同人的梦境并无多大区别。叔本华为此先后引用柏拉图、品达（Pindar，522-443 B.C.）、索福克勒斯（Sophocles，496-406 B.C.）、莎士比亚以及西班牙剧作家卡尔德隆（Calderon，1600-1681）有关梦的判断。例如，索福克勒斯说："我看到我们活着的人们，都不过是幻形和飘忽的阴影。"而莎士比亚则说："我们是这样的材料，犹如构成梦的材料那样；而我们渺小的一生，睡一大觉就圆满了。"由此，叔本华说："人生和梦都是同一本书的页子，依次连贯阅读就叫作现实生活。"叔本华得出结论说："人生是一场大梦。"

叔本华很赞赏古希腊斯多葛派的伦理学，叔本华认为人即使有理性，也无法满足自己的欲望。"人生既充满如许苦难和烦恼，那么人们就只有借纠正了的思想而超脱烦恼，否则就只有离开人世了。人们已经看清楚，困苦、忧伤并不直接而必然地来自一无所有的状况，而是因为存在占有的欲望、却又得不到满足而产生的。"

叔本华将斯多葛派的下述箴言作为他的座右铭，"看你怎样打算使自己的一生近乎中庸：不让贪欲，不让恐惧和琐细的企望来激动你，使你烦恼——永远一无所有的人。"

但是，在叔本华看来，仅仅从表象的角度来认识主体和客体是很不够的。进行表象的主体不断地行动着，不断地把世界当作客观对象去认识，究竟为了什么？"这个谜底，叫作意志"——叔本华这样来回答。因此，在《作为意志和表象的世界》第二篇《世界作为意志初论》中，叔本华着重阐释，作为主体的动机，人的意志是怎样驱使主体去把握和构造世界的？他说："唯有这，才给了这主体理解自己这现象的那把钥匙，才分别对它揭露和指出了它的本质，它的作为和行动的意义及内在的动力。"所以，叔本华的《作为意志和表象的世界》第二篇《世界作为意志初论》，就是他的形而上学。在这一篇中，叔本华阐述了他的意志论，他在这里要论证：意志，在本质上，是要向整个自然界客观化的（der sich in der gesammten natur objektiviert）。

人的身体是以两种方式而存在，即一方面是作为表象者，另一方面是作为意志。因为人的意志的每一个现实化，同时也是身体的一个动作。叔本华特别强调人的身体的活动与意志作用的同时性，为的是论证两者的一致性和同一性，即是说两者间并不存在因果关系，而只是同一事物的两个方面。因此，"身体活动不是别的，只是客体化了的、也即进入了直观的意志活动。"换句话说，我们身体的每一个动作，是形象化和客体化的意志活动。叔本华很重视身体的本体论意义，在一定意义上说，是吸收了法国的感觉主义（Sensualismus）的心理学家卡巴尼斯（Pierre Cabanis，1757－1808）和比沙（François Marie-Xavier Bichat，1899－1983）的思想影响。叔本华在 1836 年撰写的有关"自然中的意志"（der wille in der natur）的补充论文，明显地表现了他在这一方面的思想影响。

所以，意志表现为人的欲求和行为。指向未来的意志决断只是理性对于人们行将欲求的东西所作的考虑，它并不是本来意义上的意志活动，只有实施和行动才显露出意志的印记。所有真正的、直接的意志活动，都立即而直接地成为身体的外现活动。同样的道理，身体所感受到的作用，也立即成为对意志的一种作用。当这种作用与意志的方向相反对的时候，人就会立即发生"痛苦"。反之，两者相契合时，就产生快感。

但是，叔本华并不要求我们把意志与身体的活动完全等同起来，身体的活动作为表象，只是现象，它本身也可以作为认识的对象，但作为意志，它却永远是非客体，它只是客体化的内在动力。所以叔本华强调："唯有意志是自在之物，作为意志，它绝不是表象，而是在种类上不同于表象的。它是一切表象、一切客体和现象、可见性和客体性之由于出发的根源。它是个别事物的，同样也是整体（大全）的最内在的东西，即内核。它显现于每一盲目地起作用的自然力之中，它也显现于人类经过考虑的行动之中，两者的巨大差别仅仅是对显现的程度而言，不是对显现者的本质而言。"

叔本华所赋予"意志"的一切特性是和一般人常识中的理解完全不同的，叔本华在从身体的动作的内在根源中引申出"意志"概念之后，设法使之扩大和普遍化，并借助哲学的抽象，使之成为世界的本质。

另外，叔本华在为"意志"抽象化的同时，也设法使之赋有"直观"的性质，即把它说成是人人都可以直觉地体验到的一种"本质"。叔本华说："意志是唯一不在现象中，不在单纯直观表象中有其根源的概念。它来自内心，出自每人最直接的意识。在这意识中，每人直接地，无须一切形式，甚至无须主体和客体的形式，就在本质上认识到他自己的个体，认识到他同时也就是这个个体；因为在这里认识者和被认识者完全合而为一了。"

叔本华在谈到意志的客体化的时候，区分了客体化的不同等级，以说明世界的多样性。他说："意志客体化最低的一级表现是最普遍的自然力。这种自然力，一部分是无例外地显现于每一种物质之中，如重、不可透入性；一部分则各别分属于现有一切物质，有些支配这一种物质，有些则支配那一种物质，由此而成为各别特殊的物质，如固体性、液体性、弹性、电力、磁力、化学属性和各种物性。这些都是意志的直接表现，无异于人的动作，并且作为一种直接表现，它们是没有根由的，也无异于人的性格。只有它们的个别现象和人的行为一样，是服从理由律的——它们自身既不是后果，也不是原因，而是先行于一切原因和后果，是作为前提条件的。"

在意志客体化的较高级别里，我们才看到"个性"的出现。这种个性在人的身上，尤其表现为完整的人格。人的认识活动，在叔本华看来，也是意志所产生的，但它属于意志客体化的较高级别，在认识活动之上，还有艺术活动，一种所谓"自在的认识"。最高级的意志客体化的表现，在人身上就表现为"无欲"，即"无所求"。叔本华说："无欲是人生的最后目的。是的，它是一切美德和神圣性的最内在的本质，也是从尘世得到解脱。"

在考察人类的意志表现时，叔本华把性冲动看作意志的最强烈表现之一。他认为性器官比身体上任何其他外露的器官更是只服从意志而全不服从认识的。他甚至说："性器官可说是意志的真正焦点，从而是和脑——认识的代表，也就是和世界的另一面，作为表象世界相反的另一极端。性器官是维系生命，在时间上保证生命无尽的原则；因为它有这样的属性，所以希腊人用法卢斯（Phallus，阴茎）这个丰产的象征来标志它而加以崇拜，印度人则在棱迦（Lingam）中崇拜它——这一切表明这些东西都是意志的肯定的象征。"

叔本华关于性冲动的观点，对于后期的弗洛伊德是一个很重要的启示；而叔本华关于死亡的观点，也直接成为 20 世纪的存在哲学大师海德格尔的理论的一个出发点。

叔本华的意志论必然导致残酷的斗争论。在他看来，既然每个人的行动都是意志的直接表现，而意志本身又是无止境的欲求及其实现，那么，个人之间的争夺不但是不可避免的，而且是极其残酷的。他说，每一个个体"尽管它在无边无际的世界里十分渺小，小到近于零"，但"仍然要把自己当作世界中心，在考虑其他之前首先要考虑自己的生存和幸福，并在这一自然的立场上不惜为它这生存而牺牲一切，不惜为它自己这沧海一粟保存得更长久一点而毁灭这世界。这就是利己主义，是自然界中每一事物本质上的东西"。

叔本华认为意志并不受因果律的支配，也不在时空中施展其功能。意志乃是一种有生命力的创造力量。当意志以无比强大的力量和倾向向外和向内施展其威力时，意志就是一种无目的和非功利的创造冲动。它是永无宁日的盲目行动者，而且，它的最高典范，就是在个体化的"我"中达到顶点的神秘力量：它不但呈现为强大的充满欲望的"我"，而且，它还同时建构它同世界一切事物的关系，同时为它自身提供它所需要的自由。这样一来，个体化的强大无比的意志，就是最自由和最不受支配的创造生命力。虽然叔本华并没有具体严谨地加以论证，但这个意志论却深远地影响了后来的尼采主义者。

最后，叔本华明确地从悲观主义彻底地导向虚无主义。他坦然宣称："在人类终于意识到一切欲求的否定的必要性的时候，也就是把这个世界当作"无"来看待的时候。""随着自愿的否定，意志的放弃，则所有那些现象，在客体性一切级别上无目标无休止的，这世界由之而存在并存在于其中的那种不停的熙熙攘攘和蝇营狗苟都消失了，一级又一级的形式多样性都消失了。而随着意志的取消，意志的整个现象也取消了。末了，这些现象的普遍形式时间和空间，最后的基本形式主体和客体也都取消了。没有意志，没有表象，没有世界。"

在叔本华的《作为意志和表象的世界》的第四篇中所论述的上述虚无主义是他的伦理学的基本原则。叔本华推崇印度教所谓"归于梵天"

的理想,把取消追求生活的意志,即实行绝对的禁欲主义立为人的德性的最高标准。在叔本华的思想中,显然包含了他试图将东西方智慧结合在一起解决人生问题的珍贵思路。

第十三章

尼 采

　　如果说在 1819 年，当叔本华发表《作为意志和表象的世界》的时候，他那反思辨、反传统的非理性主义和悲观主义，尚未能为世人所接受的话，那么，到 19 世纪中叶，传布这种思想的社会条件已经慢慢形成。在西方世界中，跟随叔本华而主张悲观主义和虚无主义的，先是丹麦的克尔恺郭尔（Sören Kierkegaard，1813－1855），接着是尼采（Friedrich Wilhelm Nietzsche，1844－1900）。克尔恺郭尔于 1844 年发表《恐惧的概念》（*Der Begriff Angst*），又于 1846 年发表《哲学杂记》（*Philosophische Brocken*），宣传悲观厌世和非理性主义的哲学。但克尔恺郭尔主要生活在丹麦，而且壮年离世，因此，他的哲学未能立即在德国产生影响。尼采则不同，他生活在 19 世纪下半叶，从事哲学活动的时间比叔本华和克尔恺郭尔晚三十年到半个世纪，尼采本人的文笔又很犀利、流畅，所以，尼采的意志哲学和虚无主义及内涵于其中的强大思想威力，立即产生了巨大的影响。在尼采手中，叔本华和克尔恺郭尔所提出的观点，不但被推到更高的水平，而且，还从无与伦比的创作视野把哲学和人的生命力扩展到极限，从而真正开创了西方哲学史上一个前所未有的新时代。

第一节　悲剧性的一生

尼采于1844年10月15日生于莱比锡附近的洛根（Roecken）市。父亲是路德派牧师，母亲也同样出身于一个牧师家庭。尼采五岁时，父亲去世。这对年幼的尼采是一场刻骨铭心的悲剧性打击，在他的心灵深处留下永远无法抚平的伤痕。从此，尼采在女性的家庭环境中成长：他母亲、两位姑母和妹妹福斯特-尼采·伊丽莎白（Elisabeth Förster-Nietzsche）。

从十四岁到二十岁，尼采在普佛尔达公学（Zur Pforte）读书，这里曾经是费希特和施勒格尔受过中等教育的地方。尼采在中学时代已经显露他出类拔萃的才华。他精通古代语言和古典文学，并开始撰写诗歌和文学评论。他后来在哲学上的惊人成果和基本观点，实际上已经在这个时期显露端倪。

中学毕业后，1864年尼采入波恩大学，学习语言和神学。当时，著名的语言学家和希腊文学专家弗里德里希·威廉·里奇尔（Friedrich Wilhelm Ritschl，1806 - 1876）成为尼采的语言学导师。当里奇尔于1865年转到莱比锡大学教书时，尼采也跟随而去。从此，尼采在阅读叔本华的著作中深受启发，立下了从事哲学和语言学研究活动的决心。他在莱比锡同另一位语言学和希腊文学专家艾尔温·罗德（Erwin Rohde，1845 - 1898）以及音乐家瓦格纳（Richard Wagner，1813 - 1883）的相遇，对尼采的未来哲学的形成也发生了重大影响。

完成了两年的服兵役义务之后，由于尼采在语言学方面的杰出成绩，他在二十五岁时便被任命为巴塞尔大学语言学教授。瓦格纳这时也已迁居瑞士卢塞恩附近。尼采同瓦格纳及其夫人科希玛（Cosima Wagner，原名 Cosima von Bülow，1837－1930）经常来往。1871 年，尼采把他的第一部哲学著作《悲剧的诞生》（Geburt der Tragödie）的手稿交给瓦格纳夫妇翻阅。不久，他同瓦格纳之间就悲剧及哲学问题发生剧烈争论，以致断送了他们之间的友谊。

在巴塞尔大学任教期间，尼采与他的同事布尔卡特（Jacob Burckhardt，1818－1897）来往紧密，经常在一起讨论古希腊罗马的文化史问题。

在 1871 年普法战争时，尼采自愿参军当护士。但由于患严重白喉和痢疾，他不得不返回巴塞尔。《悲剧的诞生》在 1872 年出版后引起了语言学界的激烈争论。

从 1873 年起，尼采不时感到头痛，出现了精神失常的症候。这时，他已进入了撰写《人性的，太人性的》（Menschliches，Allzumenschliches）的阶段。同时还写了《不合时宜的思考》（Unzeitgemäße Betrachtungen，1873－1877）。从 1880 年起，他离群索居，只靠大学的补助金来维持生活，先后居住在法国、意大利和瑞士。

他的《人性的，太人性的》的第三部发表于 1880 年。次年发表《晨曦》（Morgenröthe）。1883 年至 1885 年之间，他埋头写《查拉图斯特拉如是说》（Also sprach Zarathustra，Ein Buch für Alle und Keinen，1883－1884）。另外，他还著有《飘泊者及其影子》（Der Wanderer und sein Schatten，1880）、《快乐的知识》（Die fröhliche Wissenschaft，1882）、《善恶的彼岸》（Jenseits von Gut und Böse，1886）、《反基督》（Der Antichrist. Flucht auf das Christentum，1894）、《道德系谱学》（Zur Genealogie der Moral，1887）、《瓦格纳事件》（Der Fall Wagner. Ein Musikanten-Problem，1888）、《尼采与瓦格纳的对立》

(*Nietzsche contra Wagner. Aktenstuecke eines Psychologen Privat druck*, 1889)与《自传：瞧，这个人》(*Wie man wird，was man ist*, 1888)等。

第二节　尼采著作版本的多样性

尼采于 1900 年 8 月 25 日逝世后，其家人及友人陆续发表其未出版的著作，并汇编其全集和选集。尼采的全集和选集有很多版本，其中有：《尼采全集》十九卷本(*Großoktavausgabe. Gesamtausgabe in 19 Bden*. Leipzig. C. G. Naumann)；至 1926 年，该出版社又补充出版由奥勒(Richard Öhler)所编的第二十卷《尼采索引》；《尼采全集》二十三卷本 (*Musarion-Ausgabe: Nietzsche Werke in 23 Bänden*. Herausgegeben von Richard Öhler，Max Öhler und Friedr. Chr. Würzbach，München，1920 - 1929)；《尼采全集》十二卷本 (*Kröner-Ausgabe，Nietzsche Werke in 12 Bänden*. Hrsg. Von Alfred Bäumler，Leipzig-Stuttgart，1930) 及《尼采全集历史批判版》十八卷本 (*Historisch-kritische Gesamtausgabe der Werke und Briefe，von der Stiftung Nietzsche Archiv veranstaltet*，München，C.H. Beck，1933)。

第二次世界大战以后，一方面由于发现了尼采的大量新资料，另一方面也是由于人们对尼采的兴趣越来越大，所以，尼采的爱好者决定重编新的尼采全集，由基奥格·柯利和马基诺·蒙迪纳利主编了五十多卷本的尼采全集，人们一般称之为《尼采著作历史批判版全集》 (*Nietzsche Werke. Kritische Gesamtausgabe*，Hrsg. Von Giorgo Colli und Mazzino Montinari. Berlin. de Gruyter)。

在尼采的各种选集中，最有参考价值的是由尼采捐赠物及档案资料所编成的《尼采著作及书信集》三卷本,这是由尼采的朋友卡尔·施勒希塔主编的(*Nietzsche Werke in 3 Bden*,Hrsg. Von Karl Schlechta. München,Carl Hanser,1956 – 1960)。由于读者对于尼采著作的多种需要,原来出版过的克洛纳版尼采全集十二卷又在 1965 年出增订版(*Nietzsche Sämtliche Werke in 12 Bden*,Neudruck der Kröner Ausgabe. 1965)。

除此之外,尼采的各种单行本著作也不断再版。而在他逝世之后所整理出来的大量手稿,也陆续编成各种单行本,其中最重要的是名为《权力意志》(*Der Wille zur Macht*)的书。但即使是这本书,也由于资料来源以及编辑者的不同观点而存在多种版本。

如此丰富的尼采著作,包含了无数难以一时表达出来的深刻思想。在西方各国,不仅在德国,而且在法国、英国、美国、意大利和西班牙,尼采的思想已经并将继续激起哲学界和整个文化界的一阵又一阵强烈反应,启了新一代的天才,以崭新的思维方式或超思维的方式,去考察世界上的一切。超思维方式,指的恰巧是尼采本人所主张的那种非传统的思维方式。

第三节 对西方传统原则的叛逆

尼采从 19 世纪 70 年代起所考察的基本问题,是寻求人生的新价值,创建一种崭新的人类文化,彻底摆脱此前遵从的那股"太人性化的""太理性化的"传统。他对西方世界此前被视为"权威"或"理所当然"的文化价值、道德观念、生活作风,乃至文风和语言,都提出大胆的怀疑,并提出了针锋相对的观念。从古希腊苏格拉底以来所确定的理性主义传统,从古罗马时代确立的基督教文化原则和信仰观念,从文艺复兴和启蒙运动以来所奠定的人文主义原则，他都一一加以批判和推敲，进行"对一切价值的重新估价"。

他的第一部重要著作《悲剧的诞生》就是向传统文化宣战的纲领性著作。在此以前，希腊文化是阿波罗（太阳神）式造型艺术、奥林帕斯山诸神构成的和谐神话体系、深思审慎式的伦理原则以及苏格拉底式理性主义的总称；到了尼采那里，他偏偏反其道而行之。他提出了悲剧艺术去补充那被视为完满的希腊造型艺术，用一向被视为邪道的狂热纵欲的狄奥尼索斯酒神去补充那"正统"的阿波罗太阳神，用奔放的情感和无意识的意志论去补充那谨小慎微的理性主义原则。他所追求的，是建立一种"新的人"；用他在 1873 年至 1876 年所写的《不合时宜的思考》一书中的话来说，就是造就一种"打破以往一切幻想""从温情脉脉的束缚中解放出来的人"。

在尼采看来，哲学家的任务，就是要指出"造就新价值的信道"，指明通向新价值的真正生活道路。在这个意义上可以说，哲学家就是价值的创造者（der Schöpfer der Werte）。尼采反对瓦格纳通过歌剧和音乐而把人引向自我陶醉的忘我境界，他也反对叔本华那种消极悲观的否定人生的态度。他给自己制定的基本任务是"改造人类"，向全人类提供全新的真理标准。

尼采反对传统文化和宗教，因为在他看来传统文化引导人类顺从既定的道德原则。基督教、民主制、社会主义等原则，表面上互相矛盾或对立，但都是建立在传统文化的旧价值的基础上。

第四节 权 力 意 志

对于叔本华的意志主义，他进一步给予发挥，明确地认为："权力意志"(der wille zur macht)是人的生活的基本原则,也是宇宙万物的根本动力。"世界的本质是权力意志""生活的本质是权力意志""存在的最内在的本质是权力意志"——尼采把世界、生活和存在物都看作权力意志的表现。

因此,尼采所说的权力意志,不能狭隘地被理解为作为主体的某一个个人企图征服整个世界的那股狂热欲望,而是一种作为世界、生活和存在的最后本质的第一元素或第一原则。尼采在《善恶的彼岸》中说,"在我看来,意志首先是某种复杂的东西,是某种好像只用一个字就可以表达的一个统一体——但正因为用这一个字才在其中存在着许多常人对于它的误解……——我认为,意志首先是一种感觉多样性的梦(eine mehrheit von gefühlen),也就是说,包含着我们对于我们所离别的那个环境的感觉,包含着我们对于正在前往的那个环境的感觉,包含着这些'别离'和'正在去'的那个感觉本身,而且,也包含着相伴随的那种肌肉方面的感觉,这种肌肉方面的感觉,尽管我们没有动手动脚,但经过一种与我们的意愿同时发生的习惯而发生作用。作为感觉,实际上有多种多样的感受(vielerei fühlen),它可以被看作意志的一个成分(als ingredienz des willens anzuer kennenist)。因此,其次,它可以是思想,因为在每个意志活动中就有一个指导性的思想(in jedem willensakte gibt es einen kommandierenden gedanken),而人们简直难以相信:这种思想竟可以与意愿分离开来,尽管意志却仍可以保留下来!第三,意志不仅是感觉和思想的复合物,而且它首先是一种情感(vor allem noch ein affekt),尽管它是指导性的情感。"所谓意志自由(freiheit des willens)就是一种应该对其服从的优越感:"我是自由的,'他'必须服从"这种意识附属于每一个意志……一个有所意愿的人,就是在他自身指挥着某种服从的事物,或某种他认为服从的事物。从内部来看的世界,依据其理智的特点而被描述和被界定的世界,这样一种世界,它只能是权力意志,而不是别的。

第五节 道德系谱学

因此,关于恶和善的观念,尼采也作出了自己的特别的定义:什么是善?——在人之中,一切增强权力感、权力意志和权力本身的事物。什么是恶?——一切源自虚弱的事物。什么是幸福?——那种增强权力的感觉,那种克服抵抗的感觉。从他的权力意志和道德原则出发,尼采提出了"超人"(Uebermensch)的理想。尼采认为,一切事物既然都以权力意志为本质,就都有"超越"其自身的趋势。人,作为最高级的生物,为什么要心甘情愿地将自己限制在"人"的范围内呢?因此,尼采通过他笔下的人物查拉图斯特拉,对人类发出了如下训词:"我教导你们做超人。人是可以被超越的某种事物。……迄今为止,一切生物都已创造出超越它们自身的某种东西,难道你们竟心甘情愿成为这一伟大潮流的落伍者吗?想退回到动物而不去超越人吗?什么是从猿到人呢?或者是一个笑柄,或者是充满痛苦的困境。正因为这样,人应该成为超人。你们曾经经历了从蛆虫到人的过程,但你们中的许多人还是蛆虫。过去你们曾经是猿猴,但即使是现在,人比任何一个猿猴更像猿猴。……听着,我教你们做超人。超人是人世的目的,但愿你们会说,超人将是人世的意义所在(der ueber mensch sei der sinn der erde)。"尼采所关心的,是成为"超人"的问题。所以,查拉图斯特拉说:"超人紧紧地留在我心中,他是我最至高无上的和唯一关心的。我所关心的不是人,不是最亲近的人,不是最贫穷的人,不是最受苦的,也不是最好的人。"

"超人"是权力意志在人类世界中的最高产物,因为权力意志是一种永不满足、永远自我更新的欲望,是在事物内在本质深处发出的一种战斗的力量。权力意志是永恒的自我超越,是永不枯竭的矛盾斗争的源泉。在这一点上,尼采尤其赞颂古希腊哲学家赫拉克利特的辩证法思想,认为人生与世界是一团永远燃烧、不断更新、自生自灭、灭了又生的"活火"。

第六节　永 恒 轮 回

根据这种辩证法思想,尼采提出"永恒轮回论"（die lehre der ewigen wiederkunft）。这就是说,"一切事物都永远地轮回,而我们也和它们在一起;而且,我们已经存在了无限的时间,而所有的事物都跟随着我们。"尼采的"永恒轮回论",指的是从最长远、最广阔的眼光看事物和宇宙发展的轮回性,不是指短期内的循环。所以,查拉图斯特拉说:"现在我死去和消亡,而在短瞬间我将成为无（und im nu bin ich ein nichts）,灵魂和肉体一样是要死的。但是我陷入其中的因果复杂性将要轮回,它将再创造我一遍! 我本身是这些永恒轮回的事业的组成部分。我将轮回,同这太阳,同这地球,同这雄鹰,同这条蛇——而不是回到一个新的生命或一个更好的生活或一个相似的生活：我永恒地回复到这个同一的和自我相同的生活（ich komme ewig zu diesem gleichen und selbigen leben）,在最大的事物方面和最小的事物方面,再一次地宣教万物的永恒轮回。"

尼采的永恒轮回论是他的权力意志论的生命和灵魂,构成了他的整个学说的基础。因为世界是永恒轮回的,它在本质上才永远有生命力,不断更新,不断有所求,有所发展,没有尽头;因为它是永恒轮回,所以，它既是无，又是有；既是死，又是生。因此，永恒轮回也同时地成为尼采的虚无主义和反虚无主义的基础，是他蔑视眼前一切存在物的根据。尼采所提出的"超人"（Übermensch）形象，以"神的死亡"（der Tod des Gottes）的口号，对于将人隶属于神的古典人文主义发出挑战，同时也将"人"从新人文主义的理性约束中解脱出来，开创和推动了对现代性人文主义传统的新批判运动。

第七节　审美的诗性生存

尼采把生活本身当成审美的艺术创造，当成诗性生存的赞歌和悲剧艺术的实际表演。他在《悲剧的诞生》中说："……且让我们如此设想自身：对于艺术世界的真正创造者来说，我们就已经是图画和艺术投影本身，而我们的最高尊严，就隐含在艺术作品的意义之中，因为只有作为*审美现象*，我们的生存和世界，才永远充分有理。（… wohl aber dürfen wir von uns selbst annehmen, daß wir für den wahren Schöpfer derselben schon Bilder und künstlerische Projektionen sind und in der Bedeutung von Kunstwerken unsre höchste Würde haben-denn nur als *ästhetisches Phänomen* ist das Dasein und die Welt ewig *gerecht fertigt* …）。"

尼采认为，人生的最高价值，人类生存的真正本质，就在于它的审美性。人世间，唯有审美活动才使日复一日的平庸生存过程和有限的语词符号，变成为富有诗性魅力和充满创造性的奇幻艺术力量，带领我们永不满足地追求、超越、鉴赏和回味人生及其历史的审美意涵，将历史从过去的牢笼中解脱出来，使它顷刻间展现成五彩缤纷的长虹，架起沟通现实与未来的桥梁，穿梭于生活世界，引导我们飞腾于人类文化与自然所交错构成的自由天地，在生命与死亡相交接的混沌地带，实现来回穿梭和洗心革面,一再获得重生,使短暂的人生重叠成富有伸缩性的多维时空,开拓了同各种可能性相对话和相遭遇的新视域。

尼采一再指出:审美与超越密不可分,创作同审美愉悦感乃是诗性生存的双生子,两者共时双向互动地将人生引入无限的自由境界;审美,才是人的最高超越活动,是将生存引向充满快感的自由创造境界的永不枯竭的动力源泉。因此,不断加强我们的审美态度及其能力,就为自身提供了增强生存价值和开创更多自由的基本条件。更具体地说,只要具备了足够的审美能力,人生的漫漫道途,就会振荡成千种风情回响迸发的生活交响乐曲,使娇媚娴丽的浪漫情调同险象环生的艰苦磨炼意志交互激荡,一再把人生,展示为引人入胜的"柳岸花明又一村"妙不可言的生活历程,而通过循环地品尝生存美感的曲折过程,又将自身进一步自由地展翅翱翔于无边无际的生活世界中。

所以,对尼采来说,在人的一生中,艺术创造比科学认识更有价值,因为只有透过艺术创造中对于美的无限追求,才能品味人生的审美价值,才能将人生提升到最高的自由境界。然而,生活本身就是艺术创造的基础、条件和基本表现,唯有把生活本身当成艺术创造和审美的过程,才能彻底领悟生活的意义。尼采的生存美学试图向我们展示这样的道理:使自身的生活变成为生存美的展现过程,不但可以不断创造和鉴赏真正的美,而且还可以引导自身深入真理的殿堂,陶冶最美的道德情操。

做人不容易,非但是因为人及其所生活的世界本身极其复杂而难以对付,而且还因为人本身,就是一个永远不甘寂寞、时刻试图逾越现实的特殊生命体。更确切地说,不是生活环境的复杂性,而是人自己的创造和好奇本性,使世人产生无止境的审美欲望,永远不满足于现状,永远追求更美好的前景,因而才使人生变得既艰苦、又华丽,既烦恼、又充满快感,既有限、又存在无限超越的可能性。因此,做人本身,就其本质而言,本来就是一种人生艺术创造和审美生存的实践过程,非要经历长期曲折的磨炼和陶冶,在快乐和苦难的双重淘洗中,才能真正地体会和掌握到人生的审美艺术。真正的生存之美,只能存在于重复、更新、模糊、变幻和褶折的生活历程中,因为正是在那里,才提供了"永恒轮回"(die ewige wiederkunft)的可能性及其永久值得循环回味和令人流连忘返而无限向往的迷幻境界;也只有在那里,才有可能使人自身,达到既脱离主体性、又无须客体的最高自律境界。

人生在世,并非为了使自己变成为符合某种"身份"标准的"正常人"或"理性"的人。对人来说,最重要的,不是把自身界定或确定在一个固定身份框框之内,而是要透过游戏式的生存美学,发现人生的"诗性美"的特征,创造出具有独特风格的人生历程。

对于人来说,只有在审美超越中,才能达到人所追求的最高自由;也只有在审美自由中,才能同时地实现创造、逾越、满足个人审美愉悦以及更新自身生命的过程。自身的生存审美过程,是审美的训练、陶冶、锤炼和教育,更是具体的和复杂的生活实践本身。它要求在自身的生存历程中,扎扎实实而又自觉自强地进行,必须在生存的每时每刻让自身的生活变成为艺术的创造过程,成为充满活力的美的创造、提炼和不断更新的流程。显然,在生存美学中,美不是柏拉图式的"理念",不是黑格尔的"绝对精神"的化身,不是康德的"审美判断力",不是分析美学所说的"审美经验"的实证体验,同样也不是自身任意杜撰出来的虚幻形式。

美是具有实践智慧的人自身,在其艺术般的生活技巧和特殊风格中造就和体现出来,又是在关怀自身的延绵不断的历程中一再更新的自由生活。

对尼采来说,生存美在本质上是自由的、悲剧性的和永恒轮回的。美只有在自身的审美生存中才能产生出来,它本身是随生存而不断变化的生活艺术和生存技巧的产物。因此,真正的美归根结底是创造活动的艺术作品本身。

从人的审美生存的超越性,自然地衍生出审美生存本身的无止境创造活动。审美生存既然是人的一种最高的超越活动,它就不可能停留在一个水平上,也不可能满足于一个创造结果。人的审美生存的超越性,如同哲学思维、艺术创造和科学发现的超越性一样,从本质上说是自由的,无止境的,无限量的和无最后目标的。超越之所以超越,就在于它就是超越本身,也就是说,超越势必要超越一切,包括超越它自己。正如亚里士多德早就指出的,超越是人的好奇和惊异天性所造成。审美的超越性,决定了它自身的永无满足的创新性质,也决定了美好人生的不断更新及其青春常在的可能性。正因为这样,尼采一生中始终经历曲折的创造过程,并在生活的更新中,寻找更广阔的审美生存目标。

由于美与人的生活具有内在的密不可分的关系,所以,美同具有自由意志的人一样,是不可界定的;唯其如是,它才有资格被称为美,它才显示出人的审美生存的至高无上性,它才能淋漓尽致地表现自身生存的独树一帜的风格,它才能为自身带来自己所喜好和期望的快感和愉悦,满足自身独特的审美品位,它才为人生带来无限的希望。但美的不确定性,并不意味着它的任意性和通俗性,而是强调它的创造性。美的真正价值及其提供审美快感的主要根基,就在于它是创造的动力和产物,自身是在突破传统和旧事物的创造活动中,获得自身不断更新的快感和愉悦。

实际上,尼采始终把思想、创作和生活,当成无止境的艺术创造和审美的游戏活动,试图在其自身的思想活动和理论实践中,不停地寻求生存美的最高自由境界,体现了他的崇高情操和风格。然而,生活本身就是艺术创造的基础、温床和基本表现;唯有把生活本身当成艺术创造和审美的过程,才能彻底领悟生活的意义。使自身的生活变成为生存美的展现过程,不但可以不断创造和鉴赏真正的美,而且还可以引导自身深入真理的殿堂,陶冶最美的道德情操,使自己的生活变成不断更新的生命体。

尼采通过他本身的生活实践和创作过程的实际表演,试图向我们显示:生命的本质就在于它时时刻刻面临新的可能性,时时刻刻同"过度""极限""冒险"和"逾越"相遭遇;生存之美,恰恰就在逾越中闪烁出它的耀眼光辉。传统思想和道德,总是把法律和规范之外的一切说成为"虚空""死亡"或"异常"。但是,尼采的创造与叛逆相结合的生活态度及生存风格,促使他不仅一再逾越现存的制度、规范、界限及各种禁忌,而且,也不断地更新他的研究和探索方向及论题,生动地展现他所追求的生存美学的原则。

对于尼采来说,作为人生形而上学根据的艺术是由日神(太阳神)精神和酒神精神所组成的。因此,太阳神和酒神是作为人生的两位救世主而登上尼采的美学舞台的。日神精神沉湎于外观的幻觉,反对追究本体,酒神精神却要破除外观的幻觉,实现与本体的沟通融合。前者用美的面纱遮盖人生的悲剧面目,后者则揭开面纱,直观人生悲剧。前者叫人不放弃人生的欢乐,后者叫人不回避人生的痛苦。前者执着人生,后者超脱人生。前者迷恋瞬时,后者向往永恒。因此,同日神精神相比,酒神精神对于人生更具有形而上学性质,并带有浓郁的悲剧色彩。

尼采并不满足于区分日神精神和酒神精神,而是进一步要求人们,在人生道路上不断地破除日神所造成的外观的幻觉，以显露人生的可怕真相，同时也肯定人生的真正艺术价值。尼采认为，把悲剧所显示出来的那个本体世界进一步艺术化，用审美眼光来看待原本毫无意义的世界的永恒生成变化过程，赋予它一种审美的意义。通过这一切，世界不断创造而又毁灭个体的生命，这才是"意志在其永远洋溢的快乐中借以自娱的一种审美游戏"。这样一来，现实人生的苦难就变成为审美的快乐，而人生的悲剧就化作为世界的喜剧。

尼采认为，日神精神只满足于将人生当作一场梦，满足于有滋味地去做这场梦，满足于梦中的情趣和欢乐。而酒神精神则把人生当作一幕幕悲剧，并要求我们有声有色地进入悲剧角色去勇敢地演出这场悲剧，潇洒地享受悲剧的壮丽和快慰。

尼采高度重视悲剧艺术的人生意义，认为悲剧"是肯定人生的最高艺术"。在他看来，现实的人生难免充满着痛苦和各种苦难，但人可以从创作和欣赏悲剧艺术的活动中，学会同痛苦和苦难进行游戏，从人生的悲剧性中获得审美快感，并由此而肯定生命本身，也肯定人生所经历的各种实际苦难。这就是为什么尼采要求人们从日神精神提升到酒神精神，以酒神精神将人生带入与痛苦反复游戏的艺术活动中，并在悲剧艺术的审美运动中，不断地提升人生的意义，实现超人的不断扩张的权力意志。

在尼采的上述有关人生的言论中，可以看出：第一，他反对以各种形式的传统文化和道德原则作为人生的形而上学基础。在他看来，各种传统文化和传统道德都是扼杀人生真正价值的精神力量。第二，尼采反对把真理当作人生最高的价值标准。在他看来，艺术比真理更有价值。尼采的这个观点，直接同古典人文主义的奠基人柏拉图的观点相对立。柏拉图曾经明确提出艺术同真理相对立的思想。柏拉图认为，只有理念世界才是真实的，才是真理。现实世界不过是理念世界的影子和模仿，而艺术则是影子的影子，模仿的模仿。与此相反，尼采为了肯定人生的真正价值，否认理念世界的存在。尼采认为，只有一个世界的存在，这就是我们生活于其中的现实世界，而它是永恒的生成变化，"永恒的轮回"。这个世界对于人来说是残酷的，是无法掌握的，也是不存在任何真理意义的。为了活得更好，人所需要的是用艺术的"谎言"去掩盖那些可怕的真理。所以他说："真理是丑的。我们有了艺术，就可以依靠它而不至于毁于真理。"尼采明确地说："只有作为一种审美现象，人生和世界才显得有充足理由。"他还说："艺术是生命的最高使命和生命本来的形而上学活动。"

尼采颂扬以酒神的悲剧精神游戏人生的同时，也严厉批判现代科学对于人生的破坏意义。他把由酒神精神所指导的审美人生，同现代科学的和功利的人生态度相对立。他认为科学精神基本上是功利主义，单纯追求人类物质利益的增值，满足于表面的和物质上的需求。因此，他认为，近现代科学的精神和态度，在实际上只停留在人生的表面，只满足于浮现于现实生活中的实际利益，根本看不到、也不愿意追求人生的根本问题。因此，尼采把科学精神归结为一种"浅薄的乐观主义"。这种浅薄的乐观主义，同看透人生悲剧实质的"超人"世界观是根本对立的。

当代世界的危机，当代社会和文化的颓废，正是科学精神恶性发展的结果。尼采指出，现代人丧失人生根基，灵魂空虚，无家可归，惶惶不可终日，究其原因，就是科学精神泛滥的结果。要挽救当代人的人生，只有逃脱科学对于人生的约束和统治，在高度自由的艺术和审美活动中，找到重新评价人生价值的根据，也找到带领人生走向希望的出路。

在尼采看来，实现生命艺术化的最主要障碍，是各种传统道德原则。因此,实现审美的人生态度,重点是批判基督教道德。尼采所追求的审美的人生态度,首先是一种非伦理和反道德的人生态度。他认为,生命本身本来是非道德的。生命原本属于永恒生成和永恒轮回的自然运动,无所谓善恶。可是,基督教却要扭曲人生意,对于自然的生命过程进行干预,试图对于生命作出自不量力的伦理评价。基督教道德将人生看作为"原罪"的延续和结果,将生命的本能看作为罪恶的根源,试图使"罪恶感"泛滥、并控制人生,造成人生过程中形形色色的自我压抑。与此相反,尼采主张彻底摆脱基督教道德所造成的罪恶感的约束,超出善恶之外,真正地享受生命的欢乐和心灵创造的自由。

尼采不仅停留在对于基督教道德的批判层面上,而且直接主张在现实的人生活动中破坏基督教道德原则,以醉汉为榜样,以破坏道德原则的实际"罪恶"活动向基督教道德挑战。在他看来,破坏传统道德原则的任何活动,就是一种人生的快乐。在这里,尼采把"超人"的创造活动同破坏各种道德原则等同起来。

第八节　对传统人文主义的批判

尼采的批判所定下的一个重要基调,就是揭露传统人文主义本身的"反人性"本质。如前所述,尼采认为,人文主义的泛滥造成了"太人性化"或"过于人性"的反人性状态。

因此,尼采对传统人文主义的批判,概括地集中到三大方面:第一,他认为,传统人文主义将人性道德化、理性化和逻辑化,剔除了人的一切血肉、情感和欲望,使活生生的人性变成为基督教文化和道德的牺牲品,成为理性主义和逻辑中心主义的工具;第二,人文主义的反自然性质,扩大和膨胀人性与自然的对立,造成人性同自然的彻底脱离,使人性沦为各种人为文化和道德规则的附属品;第三,人文主义对于知识和真理体系的追求,造成人性对于知识和真理体系的附属地位,也造成人生审美性质的丧失,恶化人生的僵化性质,使人生陷入教条的规则和原则的羁绊之中。尼采对于人文主义反人性的批判,在他的许多著作中处处呈现出来,尤其是在他对于基督教道德文化和瓦格纳音乐作品的批判中集中地呈现出来。

显然,尼采对新人文主义的批判,其特殊意义就在于:第一,尼采直接向理性主义挑战,向传统的阿波罗精神挑战。尼采首先使自己成为反理性主义的狂热斗士,坚决反对将人牺牲成为理性神化的祭品,强烈主张将人回复到最自然的状态,高度肯定人的原初本能和欲望情感的正当性,反对任何抑制和控制自然欲望的教义和道德原则。第二,尼采不加掩饰地鼓励具有强烈权力意志的个人,鼓励具有高度自由创造意志的"超人"。尼采批判现代人文主义的目的,是要造就不同于芸芸众生的"超人",是为了实现"超人"的个人权力意志。第三,尼采从现代人文主义的认识论轴心转向系谱学批判,将现代人文主义所从事的正当化理性论证转化成为对于一切价值的重新评价。第四,尼采批判现代人文主义的目的,并不是要建立一种新的宗教,也不是为了将整个人类纳入某个理想的共同世界。尼采并不相信人类历史的终极目的,也不相信历史会有什么"进步",不相信历史存在着意义。在尼采看来,所有的个人都生活在"永恒轮回"(ewige Wiederkehr)的循环之中,所有人都在永远轮回中扩展和实现个人的权力意志。尼采认为,人生本无抽象的传统意义上的形而上学根据。各种道德,特别是西方的基督教道德自称可成为人生的形而上学根据,但在实际上,不但不能正确地引导人们的生活,反而导致对于人生的彻底否定。正因为这样,尼采极力批判试图为人生提供形而上学根据的各种传统文化和传统道德。他在

《悲剧的诞生》中说："我们今日称作文化、教育、文明的一切,总有一天要带到公正的法官酒神面前。"接着,他又说："我们的宗教、道德和哲学是人的颓废形式,相反的运动——艺术。"

尼采对于古典和近现代人文主义的批判,直接成为后现代思想家批判人文主义传统的出发点。正是在尼采的启发下,后现代主义者将对于人文主义的批判进一步集中在其反人性的基点上,尤其是集中批判其人性概念的荒谬性和虚假性。

第十四章

新批判主义和新康德主义

德国 19 世纪中叶以后出现的新批判主义（Neo-Kritizismus）和新康德主义（Neo-Kantismus）思潮，不仅同德国境内第一代黑格尔学派的解体、自然哲学的发展、唯物主义的兴起以及实证主义的扩张有关，而且也同当时整个西欧哲学的发展趋势及其社会环境有密切联系。就当时整个西欧哲学的发展趋势及其社会环境而言，对新康德主义有很大影响的是：① 在法国，以孔德（Auguste Comte，1798－1857）为代表的实证哲学的发展，孔德的思想不仅影响了法国哲学家里特列（E. Littré，1801－1881）、泰纳（H. Taine，1828－1893）、列南（Ernest Renan，1823－1892）和里波（Théodule Ribot，1839－1916）等人，而且也直接推动了西方整个实证主义思潮的发展以及导致法国的新批判主义的诞生：这就是以勒奴维叶（Charles Renouvier，1815－1903）为代表的法国新批判论；② 在意大利，出现了以卡尔洛·坎多尼（Carlo Cantoni，1815－1906）为代表的早期新康德主义；③ 在英国，穆勒父子（James Mill，1773－1836；John Stuart Mill，1806－1873）的经验论和斯宾塞（Herbert Spencer，1820－1903）的综合哲学体系，都在德国哲学界找到其追随者;④ 在德国,受康德的影响而兴起的自然哲学和实证主义思潮,最早是在赫尔姆霍兹(H. von Helmholtz,1821－1894)的著作中体现出来的。

第一节 新康德主义兴起的一般状况

库诺·费舍(Kuno Fischer,1824－1907)原是黑格尔学说的追随者。但他在研究德国近代哲学史的过程中,为了捍卫康德哲学的完整性,首先同当时的亚里士多德主义者特伦德伦堡(Adolf Trendelenburg,1802－1872)发生争论,为此,他也被列入新康德主义者的阵营。

库诺·费舍是耶拿大学和海德堡大学教授,著有《逻辑与形而上学或知识学》(*Logik und Metaphysik oder Wissenschaftslehre*,1852)、《现代哲学史》(*Geschichte der neueren Philosophie*,1854)和《哲学家席勒》(*Schiller als Philosophe*,1858)等。

库诺·费舍是一位杰出的哲学史家,他和埃尔德曼一样,继承了自18 世纪以来德国的哲学史研究的优良传统;这一传统从启蒙运动第二阶段开始,由史学家摩尔霍夫、辞书学家李本尼乌斯、老果格列尼乌斯、米格雷乌斯等人所开创,后又经哈勒大学教授古恩德林、瓦尔希、勃鲁克尔(Johann Jakob Brucker,1696－1779)、布勒(J. G. Buhle,1763－1821)、费勒波恩(Georg Gustav Fülleborn,1769－1803)、狄德曼、特纳曼(Wilhelm Gottlieb Tennemann,1761－1819)和施莱尔马赫以及弗里斯等人所发扬,特别是到黑格尔时代,黑格尔本人带头开设哲学史课程,并进行系统的哲学史研究,留下《哲学史讲演录》等丰富的哲学史著作遗产。到了第一代黑格尔学派那里,哲学史研究便达到了空前未有的高峰,出现了像米谢勒、罗森克兰茨、马尔巴赫(G. O. Marbach)、

C. 赫尔曼（C. Hermann）、策勒和埃尔德曼等人那样的杰出的哲学史家。

库诺·费舍在同特伦德伦堡争论关于康德的时空观念的主观性质的过程中，主张对康德的观点进行批判性的研究。他在《逻辑与形而上学或知识学》的第二版（1865）中，严厉地反驳了特伦德伦堡对康德时空观的实证论说明。库诺·费舍在他的书的序言中强调："在哲学中有两件事是我们不能忽视的，即亚里士多德的逻辑与批判哲学——我指的是康德哲学。"

由库诺·费舍所强调的哲学研究方向，很快就由李普曼（Otto Liebmann，1840－1912）、朗格（Friedrich Albert Lange，1828－1875）和里奇尔所发展。

李普曼于 1865 年出版《康德及其后裔》（*Kant und die Epigonen*，1865）一书，分析了康德之后的德国哲学四大派别：（一）以费希特、谢林和黑格尔为代表的观念论哲学；（二）以赫巴特为代表的实在论；（三）以弗里斯为代表的经验论；（四）以叔本华为代表的先验论。李普曼在分析每个派别之后，都得出相同的结论："我们必须回到康德去！"（es muss auf Kant zurückgegangen werden!）

李普曼指出，康德在时空之外设想"自在之物"或"物自体"（Ding an sich）是荒谬的，而这恰巧是从康德导致上述四大派别的主要根源。李普曼还在他的《论客观景象》（*Ueber die den objektiven Anblick*，1869）和《实在性的分析》（*Analysis der Wirklichkeit*，1876）两本书中，再次批判康德的"自在之物"的概念，主张以牛顿等科学家的最新研究成果为依据，"批判地"重新研究康德。

显然，李普曼所倡导的"回到康德去"的潮流，是在自然科学新发展和哲学中的实证论倾向的推动下产生出来的。另一方面，正如法国哲学史家贝拉瓦尔(Yvon Belaval)在其主编的《哲学史》所指出的,新康德主义也是对黑格尔之后产生的强大的唯物主义思想的一个反作用。

怎样回到康德去? 康德哲学的真正意义和独特方法是什么呢? 第一位对这些问题作出系统回答的,是马堡大学教授柯亨。他在三本主要著作《康德的经验理论》(Kant's Theorie der Erfahrung,1871–1885)、《康德伦理学基础》(Kants Begruendung der Ethik,1877)和《康德美学基础》(Kants Begruendung der Aesthetik,1889)全面论述康德理论,并加以批判。这同黑格尔派研究哲学史的方法根本不同,因为黑格尔派在研究哲学史的时候,不是采用批判的方法,便是采用发生学(源生学)的方法(genetische Methode);他们从来不把两者结合在一起加以使用。一般地说,黑格尔左派采用前者,右派采用后者。现在,由柯亨开创的新方法则是明显地将两者结合在一起,同时,紧密地与实证主义的方法相结合。新康德主义的新方法的基础,依据柯亨的论述,乃是以崭新的态度处理哲学与科学的关系。他们尤其试图改变生物学和心理学对哲学的影响,如上所述,从 19 世纪中叶达尔文主义和科学心理学获得巨大进展以来,许多哲学家(如唯物主义毕希纳等)和自然科学家都试图用生物学和心理学的成就说明灵魂与肉体的关系。柯亨则认为,与其说生物学和心理学的成果,不如说数学和物理学的新成果,更可以同哲学研究相结合,以便达到改造哲学的目的。柯亨认为,数学和物理学是"精确的实证科学"(die exakten und positiven Wissenschaften),是完全建立在经验分析的基础上的,因而也是最可靠的。康德研究哲学的态度正是这样。哲学应该回答它可能回答的问题,而不应提出它不可能回答的问题。"先天综合判断如何可能?"这个由康德提出的哲学基本问题正是符合这个精神。

因此,柯亨所强调的,不是一般的经验作为哲学研究的基础,而是在科学实验和推论中所依据的"科学经验"。其实,在柯亨之前,奥古斯特·施塔勒(August Satdler, 1850-1910)就已经指出了哲学意义上的"经验"(Erfahrung)与一般意义上的经验的区分。在《康德哲学中纯粹知识论的基本原则》(*Die Grundsätze der reinen Erkanntnistheorie in der Kantischen Philosophie*, Leipzig, 1876:5)一书中,奥古斯特·施塔勒明确指出,作为哲学一般思考的基础的,应该是科学经验的可能性的问题(das Problem der Möglichkeit wissenschaftlicher Erfahrung)。正是根据这样的观点,柯亨发展了他的新康德主义理论。

柯亨采用上述新方法的结果,集中在他晚期发表的三本重要著作中:《纯认识的逻辑》(*Logik der reinen Erkenntnis*, 1902)、《纯意志伦理学》(*Ethik des reinen Willens*, 1904)和《纯情感的美学》(*Ästhetik des reinen Willens*, 1904)。在这三本书中,柯亨指出,哲学的基本任务是在科学、法学和艺术三大领域中把握人类文化的意义和目的(Die Aufgabe der Philosophie ist es, den Sinn und das Ziel der menschlichen Kultur zu begreifen, in ihren drei wesentlichen Seiten: der Wissenschaft, dem Recht und der Kunst)。所谓知识,并不是某一个外在的、自在的现实性的摹写,而是对某一个给予的材料的"加工"或"消化"(原文为"verarbeiten",转义为"领悟"之意)。但在康德那里,知识的"对象"中并不完全确定地包含着"给予的材料",所以,柯亨试图通过数学和物理学的"精确方法"来保证哲学研究的可靠性。在柯亨之前,也有过一批康德研究者,对康德的理论进行了一定程度的批判。例如,博纳·迈尔(J. Bona Mayer, 1827-1897),著有《康德的心理学》;奥古斯特·施达塔勒(August Stadler, 1850-1910),著有《康德的目的论》《康德哲学中的纯粹知识论的基本原则》(*Die Grundsätze der reinen Erkanntnistheorie in der Kantischen Philosophie*, 1876)、《康德关于物质的理论》(*Kants Theorie der Materie*，1883)及《关于康德的讲演录》(*Kant. Akademische Vorlesungen*，1912)；阿尔诺德(Emil Arnoldt，又名 Friedrich Traugott，1828 – 1905)著有《康德关于至善的概念》(*Über Kants Idee vom höchsten Gut*，1874)、《康德论空间和时间的先验理念性》(*Kants transcendentale Idealität des Raumes und der Zeit. Für Kant gegen Trendenlenburg*，1870)、《形而上学：宗教的防护堤》(*Metaphysik. Die Schutzwehr der Religion*，1873)、《康德的形而上学导论并非复制编写的：对埃尔德曼的假设的反驳》《康德研究领域中的批判的历程》(*Kritische Excurse im Gebiete der Kant-Forschung*，1894)等；赫尔德(Hoelder)著有《康德关于知识的理论》；保尔森(Friedrich Paulsen, 1846 – 1906)著有《试论康德知识论发展史》；威特(J. H. Witte)著有《对康德的理解》；拉斯(Ernst Laas, 1837 –1885)著有《康德关于经验的推论：关于理论哲学的基础的批判研究》(*Kants Analogien der Erfahrung. Eine kritische Studie über die Grundlagen der theoretischen Philosophie*. 1976)；恩斯特·莱茵霍特(Ernst Gottlieb Jens Reinhold, 1793 – 1856)，康德的同时代人老莱茵霍特的儿子，著有《关于知识与思想的理论》和《逻辑学或关于思维形式的一般理论》等；福尔特拉茨(Karl Fortlage, 1806 – 1881)著有《康德以来哲学发生史》等。

但是，真正地在批判康德方面作出了突出贡献的，是里尔(Alois Riehl, 1844 – 1924)，以致人们往往把里尔看作柯亨所创立的新康德主义学派以前的"新批判主义"(Neo-Kritizismus)的主要代表人物。里尔在 1876 年发表的《哲学的批判主义及其对实证科学的意义》(*Der philosophische Kritizismus und seine Bedeutung fuer die positive Wissenschaft*)可以看作新批判主义的代表作。

与里尔同时代的新批判主义代表人物，是约翰·沃克尔特

(Johannes I. Volkelt，1848 – 1930)、保尔森以及屈尔珀（Oswald Külpe，1862 - 1915)和迈尔（Maier）等人，他们和里尔一样强调被认识的对象的现实性及先验分析方法的必要性。

新康德主义从 19 世纪六七十年代兴起，经过三十多年的发展，到 20 世纪头一个十年达到了高峰。他们不仅有学派组织，有理论体系，还有自己的专门刊物——马堡学派有《哲学著作杂志》，海德堡学派有《逻各斯》，格丁根学派有《哲学论丛》，著名的康德著作注释者魏欣格（Hans Vaihinger，1853 - 1933)，不仅著有洋洋大观的《康德纯粹理性批判注释》两卷本，而且还主编《哲学与哲学批判年鉴》，并独创一种"好像哲学"，论证哲学的任务不是为了获取真理，而是促使人适应其环境，因此，概念不过是"行动的方式"。

新康德主义的不同代表人物，从创立其学说的时候起，便不断吸收其他哲学派别的理论成果，特别通过对费希特、赫巴特和洛兹的理论而逐步扩大原来纯属康德的那些处于萌芽状态的思想。同时，如前所述，新康德主义从一开始就一方面同实证论的经验论有密切关系，另一方面，也同社会伦理学研究中的实用主义方法相联系。所以，19 世纪末至 20 世纪初以后，经历了一段大发展之后，新康德主义很自然地演变成形形色色的新哲学派别，其中最主要的是以马赫为代表的经验批判论和以狄尔泰、齐美尔和拉斯克为代表的新的生命哲学。

第二节　马　堡　学　派

同柯亨一起发展新康德主义理论的哲学家，有纳托尔普（Paul Natorp，1854 - 1924)、福尔连德（Karl Vorlaender，1860 - 1928)、卡西尔、钦克尔（Walther Kinkel）、戈尔兰（Albert Goerland，1869 - 1952)、

施塔姆勒尔(R. Stammler，1856－1938)、布赫诺(A. Buchenau，1879－1946)和里伯特(A. Liebert，1878－1946)等人，这些人大都在德国马堡大学任教和从事研究，所以他们被称为马堡学派。

柯亨和纳托尔普在创办马堡学派机关刊物时说："不论是谁，凡是忠实于我们的，就要和我们一起立足于先验的方法基础之上。……哲学，对我们来说，同这道理一样，是忠实于科学事实的。所以，我们认为，哲学是关于科学从而也是关于一切文化的各种原理的理论。"

在马堡学派的新康德主义中，柯亨是一个最重要的人物。他同纳托尔普一起，是马堡学派的首领。柯亨早年是特伦特德堡的学生，后来又在新康德主义的最早代表朗格的指导下完成大学哲学教授资格文凭的论文。他的主要著作《康德关于经验的理论》[1871]、《哲学的体系》(第一卷《纯粹知识的逻辑》[1902]、第二卷《纯粹意志的伦理学》[1904]、第三卷《纯粹情感的美学》[1912])、《青年时代著作集》三卷本(1924)、《小型哲学论文集》两卷本(1926)、《起源于犹太教的理性宗教》(1960)。他逝世以后，《柯亨全集》十六卷在 1977 年完成。

由柯亨所奠定的马堡学派强调哲学的精神必须是科学的哲学精神。

近代科学基本上可以分为两大类型：一种是属于逻辑性的分析知识，另一种是建立在现代生物学和心理学基础上的先验知识论。康德哲学试图克服先验论和经验论的分歧，但他在使两者结合起来的努力中，却不可避免地陷入了二元论。康德的继承者都看到了这种二元论的困境，因此，在康德之后，所有的新康德主义者都试图克服二元论，因而也使新康德主义的队伍产生分裂。因为，正是在寻求克服二元论的方案中，有一部分人强调了先验的纯粹形式的重要性，而另一部分人则重视客观的经验。

马堡学派的第二位代表人物是纳托尔普,他先后于柏林、波恩和斯特拉斯堡研究历史、古代语言、哲学、数学及一般自然科学。1876 年,他完成了关于古拉丁语言的博士论文之后,在沃尔姆担任过短期的家庭教师。19 世纪 80 年代起,他同柯亨一起在马堡大学任教一直到 1924 年逝世为止。在他的哲学生涯中,曾经经历过对于笛卡尔知识理论的研究,也从事过一般哲学与教育学的研究工作。在他的哲学研究中,比较明显地表现出实践哲学的倾向。他在 1899 年所制定的关于社会教育的计划表现出他对社会教育与政治的强烈兴趣。他的主要著作有《论柏拉图的观念论》(1903)、《哲学概论:哲学的基本问题》(1911)、《精确科学的逻辑基础》(1910)、《关于实践哲学的讲演录》(1925)。

纳托尔普认为,科学的经验并非一个封闭的体系,而是一种不断变化的开放系统,它也不是一种一成不变的事实,而是科学的建构。因此,他认为哲学的对象是知识,而知识的基本模式是物理学。

纳托尔普的上述思想,对于 20 世纪的建构主义理论发生深刻的影响。这种观点认为,知识的本质是思想,是思想决定感觉和知识的材料。所以,任何知识的对象实际上是存在于思想中,存在于逻辑思考的建构中。但是,一切知识又是开放的,它不可能达到绝对,总是有待新的科学思想的假设来不断地补充和推动。因此,在纳托尔普那里,关键的是人的认知能力及其建构活动。

纳托尔普晚期把思考的重点转向实践哲学。他从基本范畴狭隘封闭的体系中走出,强调任何知识必须有开放的体系所包含的具体内容。

第三节 弗赖堡学派

弗赖堡学派也称为西南学派,其首领人物是文德尔班。他早年就读于耶拿大学、柏林大学和格丁根大学,而且首先攻读医学与自然科学,然后才是哲学和历史学。他的最早的导师是库诺·费舍和赫尔曼·洛兹(Hermann Lotze,1817－1881)。1870 年,以《关于偶然的理论》获取哲学博士学位,然后又在 1873 年在莱比锡大学获得哲学教师资格文凭。在瑞士苏黎世大学短期执教之后,转而任教于弗赖堡大学。文德尔班的第一部重要著作是《新哲学史:以哲学同一般文化、特别是同科学的关系为视野》。由于这部著作的成功使文德尔班的名声大噪。1882 至 1903 年,文德尔班到斯特拉斯堡任教,在那里,他连续出版了许多著作,主要有《前奏曲》(1884)和《哲学史教程》(1892)。1903 年,库诺·费舍逝世,文德尔班被聘为海德堡大学的教授。在海德堡期间,他发表的著作有《逻辑基本原则》(1912)和《哲学导论》(1914)。

西南学派在文德尔班的带动下,严格地区分自然科学与历史科学,强调前者是对抽象的和普遍的规律的说明,而后者则是对一次发生的、具体的、不再重复的事实的描述。除文德尔班之外,还有弗赖堡大学教授李凯尔特、敏斯特贝尔格(H. Muensterberg,1863－1916)、约纳斯·科恩(Jonas Cohn,1869－1947)、鲍赫(Bruno Bauch,1877－1942)和克罗纳(R. Kroner,1884－1974)以及拉斯克等人。因此,这一学派又被称为弗赖堡学派。

约纳斯·柯亨集中在美学方面做出了重要贡献。他的《普通美学》(*Allgemeine Ästhetik*,Leipzig,1901)为文学和艺术界提供了新的美学理论。新康德主义对于马克思主义和社会主义运动也有深刻影响。前面提到过的朗格是一个中介性人物——通过他,新康德主义的思想传播到工人运动中去。朗格的那部著名著作《唯物主义史》揭露了形而上学的神秘性及将唯物主义改造成灵活的理论体系的可能性。朗格把唯物主义当作一种关于实在的学说,赞扬其反宗教的积极作用。但朗格又指出,仅仅靠唯物主义对实在性的说明是很不够的;因为人的创造性活动急需某种诗意的想象。这就为唯物主义的灵活发展提供了广阔的可能性。另一方面,朗格强调康德的"自在之物"是一种"极限概念"。所有这些,都为"第二国际"的理论家们所采纳。后来,柯亨和纳托尔普致力于发展康德的不可知论,并把它应用于当时的政治社会关系上,创立了一种可以为社会上大多数人所接受的伦理学原则。福尔连德还着重研究了康德与马克思主义的关系——他的重要著作《康德与社会主义》和《康德与马克思》,对于考茨基、阿德勒和伯恩施坦等人有很大的吸引力。

第四节　海德堡学派

从 19 世纪末到 20 世纪初,德国哲学经历了一场激烈的变革。这一变革的主要原因来自德国哲学内部的一场危机。就其本质而言,这场危机是现象学同新康德主义的批判主义之间的矛盾的表现。现象学,从它产生的时候起,由于强调意向性在哲学思维中的重要性,迅速地获得了哲学界的欢迎。但是,与此同时,新康德主义也以其批判原则,征服了德国大学的哲学研究领域。这就使上述两大潮流之间发生尖锐的矛盾。

现象学与新康德主义的矛盾,并不意味着两者之间的相互排斥,而是如何相互补充并明确相互之间的界限。实际上,康德主义的批判原则不但从来没有绝对否定过现象学的方法,而且还往往采用现象学的描述方法实现其批判的过程。现象学同新康德主义之间的上述复杂矛盾,恰恰表现在 19 世纪末至 20 世纪初的德国两位著名哲学家身上:哈特曼与拉斯克。

　　拉斯克不同于哈特曼的地方，就在于他的思想隶属于不同时代的哲学范畴。拉斯克原是新康德主义李凯尔特和文德尔班的学生。接着，拉斯克于 1905 至 1914 年担任海德堡大学教授。拉斯克在海德堡大学执教期间，正是德国新康德主义的黄金时代。也正是在这个时期，拉斯克成功地成为新康德主义的海德堡学派的重要代表。不幸的是，拉斯克在 1915 年战死于俄国战场。他的过早逝世给后世留下了几部未竟之作。目前留下的著作有《费希特的观念论与历史》(1902)、《法哲学》(1905)、《理性的优先地位是否可能》(1908)、《哲学的逻辑》(1912)、《关于判断的理论》(1913)。

　　拉斯克的主要贡献是试图以批判的原则建构一个新的形而上学体系，而在这个体系中，核心部分是关于范畴的理论。他认为，范畴应该成为思维形式的主要对象。也就是说，逻辑思维必须在范畴形式中找到思考的原始资料。

　　在《哲学的逻辑》中，拉斯克从康德的批判原则出发，强调逻辑对象的内在性问题，实际上就是讨论范畴形式本身。拉斯克认为，康德试图扩大逻辑的领域，使之渗透到认识的对象本身。但是，康德只完成了任务的一半，因为康德反过来认为逻辑内在性只能是认识的经验对象。由此看来，康德把知识的内容仅限于对于自然界的认识，并认为知识不可能再有其他异于自然对象的知识。在拉斯克看来，《纯粹理性批判》所探讨的经验的先验基础问题，本身就是一种知识，而知识的先验分析也就是对于逻辑形式的分析。正因为这样，范畴就成为知识的对象。所以，对拉斯克来说，康德应该把康德主义的批判原则本身，实施于批判原则，也就是把批判原则应用于先验的逻辑。所以，拉斯克认为，康德的失败就在于他否定了以先验分析原则探讨逻辑本身的必要性。

　　拉斯克进一步指出，他的哲学的逻辑就是要使逻辑范畴的运用跳出康德所限定的感性直观的范围。拉斯克认为,除了经验知识的范畴以外,还存在哲学知识的特殊范畴。它们不仅可以适用于非感性和超时间的内容,而且也可以适用于范畴本身,这就是拉斯克所说的"范畴的范畴"或"形式的形式"。这就意味着,所有的范畴在成为知识的对象之前,就表现了纯粹的资料,并以纯粹逻辑形式呈现出来。正是在这里,拉斯克从康德跳到胡塞尔,不在谈论康德所说的纯粹直观,也不再强调纯粹直观作为知识的先验条件的必要性,而是强调胡塞尔所说的"范畴的直观"。如果说,康德曾经在他的先验的感性论中强调直观的纯粹形式同经验内容的统一性的话,那是为了说明,没有经验内容的纯直观只能是一种空洞的形式。拉斯克恰恰强调:作为空洞形式的纯直观本来就应该成为范畴的主要对象。纯直观的形式性不是它的缺点,而是它的直接性的表现,也表明它无须在它之外的经验资料作为其逻辑对象的条件。由此可见,拉斯克的思路在许多方面与胡塞尔相重叠。

第五节　新康德主义的其他代表人物

在马堡学派之旁兴起的新康德主义格丁根学派,是以博纳·迈尔的著作《康德的心理学》(*Kants Psychologie*,1870)为出发点的。这一学派发展得较晚,它迟至20世纪初才发生广泛影响。他们都以稍后于康德的弗里斯为榜样,从心理学而不是从先验的观点去理解康德。如前所述,这一方法是柯亨等人所竭力反对的。但这一方法经朗格和赫尔姆霍兹发展后,仍有所成就。这一方法为内尔逊(L. Nelson,1882-1927)和奥托(R. Otto)所继承,成了与马堡学派相对立的新康德主义支流。

赫尼斯瓦尔德(Richard Hönigswald,1875-1947)是深受康德主

义影响的哲学家,但他很难加以归类,因为他既有马堡学派的痕迹,又有弗赖堡学派的影响;而且,他在 1930 年代之后的哲学活动,更扩充到各个领域。赫尼斯瓦尔德一生著作丰富,涉及面很广,是一位多才多艺的思想家[①]。

奥伊肯的富有新康德主义色彩的"新观念论"(Neuidealismus),以耶拿大学为据地,发展一种朝向现代人的精神和心灵方面的生活的新哲学。他们认为,现代文明是人们的非个人的文化创造活动的结果。人对于神的感恩,也表明人是一种绝对的精神生命(absolutes Geistesleben)。奥伊肯的主要著作有《人类意识与行动中的精神生命的统一性》(*Die Einheit des Geisteslebens in Bewußtsein und Tat der Menschheit*,1888)、《伟大的思想家的人生观》(*Die Lebensanschauungen der großen Denker*,1890)、《为生命的精神内涵而斗争》(*Der Kampf um einen geistigen Lebensinhalt*,1896)、《宗教的真理内涵》(*Der Wahrheitsgehalt der Religion*,1901)、《我们可能继续是基督徒吗?》(*Können wir noch Christen sein?*,1911)、《生命的意义与价值》(*Sinn und Wert des Lebens*,1908)、《人与世界》(*Mensch und Welt*,1918)及《回忆录》(*Lebenserinnerungen*,1920)等。

奥伊肯逝世后,他的部分著作还继续发表,其中有《遗留的信件集》(*Briefe aus dem Nachlaß*,1927)、《当代的精神需求》(*Die geistigen Forderungen der Gegenwart*,1928)及《时代的优越性与历史政治的现实性》(*Zeitüberlegenheit und historische politische Wirklichkeit*,1961)。

第六节　康德之后的形而上学的重建

以上所述各派别,较多地与实证论、实用主义和经验论相联系,他们的共同特点是反对传统的形而上学。但是,从黑格尔死后,德国哲学中的形而上学传统并没有中断,只是普遍地受到了康德的反形而上学思想的启发,纷纷走上了新的批判方向和重建道路。就连属于新黑格尔主义学派的格洛克纳也试图以亚里士多德和康德的传统,在改造黑格尔精神哲学的基础上,创建一种新的形而上学和本体论。因此,有必要集中而简略地介绍受康德思想影响而发展的新型形而上学的概况。

其实,早从赫巴特起,形而上学的思想就一直保持其坚实的理论建设传统。赫巴特作为费希特的学生和自然哲学家,固然遵循一种实在论原则,但他深受莱布尼茨以来德国形而上学传统的影响。在他的《依据自然哲学原则的形而上学通论》(*Allgemeine Metaphysik nebst den Anfänge der philosophischen Naturlehre*,1828 - 1829)一书中,赫巴特发展了自己的实在论的本体论。他认为现象并不能使我们从"自在"中分离出来,毋宁说,现象恰巧是通向"自在"的一条信道。赫巴特在该书中说:"有什么样的现象,也就有什么样的存在。"在概念中所包含的、来自经验的"矛盾",使我们有可能从现象通向存在本体。因此,纯粹经验的事物概念、变化概念和自我概念,就是内在地包含着矛盾。为了解决这些矛盾,必须从现象过渡到存在本体。而这些本体是由简单的"实在"的多样性所构成的。赫巴特所使用的本体概念实际上继承了莱布尼茨的"单子"和传统的形而上学"实体"概念。

赫巴特还认为,人的灵魂也是一种"实在",一种简单的"存在",其主要活动就在于通过表象来进行自我保存。

赫巴特出生于奥得河畔的奥尔登堡(Oldenburg i.O.)的一位司法与行政事务顾问的家庭。他的出生于医生家庭的母亲擅长教育。所以,赫巴特从小就受到良好的教育,并在新教私立学校学习道德哲学、数学和音乐。十二岁时,赫巴特升入拉丁语学校,开始对哲学和自然科学感兴趣。此后，他考入耶拿大学法学系，但很快就深受费希特影响而钻研哲学与文学。后来，赫巴特到瑞士伯尔尼任家庭教师，并开始认真研究教育学，特别是贝斯达洛基的教育思想。从那以后，他越来越重视教育问题及其哲学基础。只是到了 1802 年，赫巴特才获得机会到格丁根大学钻研哲学，并在那里获得哲学博士和哲学教师资格文凭。赫巴特被认为是近代科学教育学的创始人，先后在格丁根大学（1802－1809）和哥尼斯堡大学（1809－1833）任教。

　　他的重要哲学著作，包括一批论述贝斯达洛基教育思想的论著，特别是关于美育的著作以及关于重建形而上学的著作。他在教育哲学方面的代表作是《论作为教育基本形态的美学阐释》（*Über die ästhetische Darstellung als das Hauptgeschäft der Erziehung*，1804），这可以说是他的教育哲学的奠基性作品；而在形而上学方面，是在 1806 年出版的《形而上学要义》（*Hauptpunkte der Metaphysik*）和《逻辑要义》（*Hauptpunkte der Logik*）。值得一提的是，赫巴特是从 1806 年开始开讲《心理学讲演录》（*Vorlesung zur Psychologie*）的。他在心理学方面开创了形态学心理学的研究方向，对后来的德国“格式塔心理学”的形成具有重要意义。1808 年，赫巴特的《普通实践哲学》（*Allgemeine praktische Philosophie*）出版。1809 年，赫巴特应邀任康德故乡的哥尼斯堡大学的哲学和教育学教授，讲授逻辑学和哲学引论以及教育哲学。1813 年，赫巴特的《哲学引论教程》（*Lehrbuch zur Einleitung in die Philosophie*）出版，1816 年出版《心理学教程》（*Lehrbuch zur Psychologie*），并担任科学监察委员会主任。从 1824 年至逝世为止，赫巴特连续出版了以下著作：《建立在经验基础上、作为科学的心理学和形而上学以及数学》两卷本（*Psychologie als Wissenschaft，neu gegründet auf Erfahrung，Metaphysik und Mathematik in zwei*

Teilen);《论人类意志自由的学说》(*Zur Lehre von der Freyheit des menschlichen Willens*);《致格里本克尔教授书信集》(*Briefe an Herrn Professor Griepenkerl*);《运用于实践哲学中的自然法及道德问题的分析说明》(*Analytische Beleuchtung des Naturrechts und der Moral zum Gebrauch beym Vortrage der praktischen Philosophie*)以及《心理学探究》两卷本(*Psychologischen Untersuchungen in zwei Heften*)等。由于晚年身患中风,使他只完成了《心理学探究》的前两卷,而留下未完成的第三卷草稿。

在重建形而上学方面,赫巴特实际上沿着康德所开创的路线,力图以科学的精神及方法,使形而上学摆脱传统的抽象空洞的方式。

和赫巴特一样,博尔查诺(Bernhard Bolzano,1781－1848)也继承康德以前的形而上学传统。这位在布拉格大学任教授的奥地利哲学家,像莱布尼茨一样,认为一切实体都是一种活动着的"存在物",而且具有进行表象的能力。一切形式的"存在",从最粗糙的物质到最高级的"人",都能进行表象——其区别只在于其不同的表象能力。博尔查诺的突出贡献在于他所创立的特殊的"客观主义"——这一理论体系被表述在他的主要著作《科学论》(*Wissenschaftslehre*,1837)之中。

20世纪的现象学哲学家胡塞尔对于博尔查诺的这部著作,曾予很高的评价。博尔查诺明确地区分了逻辑与心理学,并对逻辑的内容作了客观的论述。他认为,逻辑的内容是一种"自在的命题"或"命题自身"(Sätze an sich),它也就是"表象自身"和"真理自身"。这意味着,一个命题的意义或者是一个命题中的因素,乃是一种对象,独立于对它进行思考的主体。但它不是某种存在于时空中的本体,而是以其自身的独有方式而存在,"然而,它又相同于某一种事物(Etwas),是一种非存在于个人意识中的理念的对象,并不由于思考它的主体的数目的增加而变为多样性。"博尔查诺还指出：所谓"真理自身"并不依赖于宣布它的那些命题，也不决定于它是否被某一个主体所思考。因此，真理自身，就这一点而言，是客观的，即使是上帝也非其设置者。当然，博尔查诺说上帝思考着真理自身，因为这些真理自身是正确的，但真理之所以正确，并不是因为上帝想着它们。所以，博尔查诺说，真理是"在上帝面前的命题"。

　　另一位奥地利哲学家弗兰茨·布伦塔诺（Franz Brentano，1838－1917），也同样继承莱布尼茨的形而上学。他从亚里士多德和托马斯主义出发，把认识的根源分为两种：逻辑的显明性，乃是必然的和先天的真理的根源，直接的显明性，乃是内在知觉的根源。后者，作为内在的显明性，是道德认识的基础。由于某种普遍的和毋庸置疑的、带有价值哲学性质的和带倾向性的经验这种道德性的认识不具备相对性。这种道德价值是建立在一种"意向性"（die Intentionalitaet）的基础上的。弗兰茨·布伦塔诺认为，意向性本身恰巧构成了意识的本质，它可以依据不同的、多样的表象、判断、爱或恨的"模态"，对于对象进行这样或那样的处置。作为道德学家、心理学家和形而上学家，弗兰茨·布伦塔诺在其著作《以经验论观点看的心理学》（*Psychologie vom empirischen Standpunkte aus*，1874）、《论道德认识的起源》（*Vom Ursprung sittlicher Erkenntnis*，1889）、《伦理学基础与构造》（*Grundlegung und Aufbau der Ethik*，1952）、《宗教与哲学》（*Religion und Philosophie*，1954）、《关于正确判断的学说》（*Die Lehre vom richtigen Urteil*，1956）、《真理与显明性》（*Wahrheit und Evidenz*，1964）和《论哲学的未来》（*Ueber die Zukunft der Philosophie*，1968）中，都先后强调：从经验出发，人们可以借助于明显的命题，而达到一种超感觉的认识。他同意有神论，但对他来说，创造世界的超验的存在,在某种意义上并非自外于变化过程,因为在他看来,绝对的停顿不可能成为运动和生成的根源。弗兰茨·布伦塔诺的这种"客观主义"的原则,正如我们所看到的,构成了德国哲学中的"奥地利学派"的理论的基本精神。这个奥地利学派乃是由马尔蒂(Anton Marty,又名 Martin Anton Maurus,1847－1914)、奥斯卡·克劳斯(Oscar Kraus,1872－1942)、迈农(Aexius Meinong,1853－1920)、霍夫勒尔(Aois Höfler,1853－1922)、施图默普夫(Friedrich Carl Stumpf,1848－1936)和卡施蒂尔(Alfred Kastil,1874－1950)等人所组成的。

受到奥斯卡·布伦塔诺的影响,他的学生施图默普夫与他的学生奥托·亚伯拉罕(Otto Abraham,1872－1926)和霍恩波斯特尔(Erich von Hornbostel,1877－1935)一起,创办心理学院,进行实证的心理试验分析。施图默普夫在心理学领域推广了布伦塔诺的实证哲学方法,尤其在语音研究方面,为心理分析提供了坚实的科学基础。

奥斯卡·布伦塔诺的著作,后来由因斯布鲁克大学女教授迈耶尔-希勒布兰德(Franziska Mayer-Hillebrand,1885－1978)主编出版。

除了以上所论述到的形而上学家以外,这里还有必要简单地提及费希纳、洛兹和冯特等人的所谓"实证论的形而上学派"以及特伦德伦堡、卡德连(Victor Cathrein,化名 N. Siegfied,1845－1931)、赫特林(Georg Friedrich Graf von Hertling,1843－1919)、博伊姆勒尔(Alfred Baeumler,1887－1968)、盖泽尔(Gerhard Joseph Geyser,1869－1948)和格拉布曼(Martin Grabmann,1875－1949)等人的所谓"中世纪式的形而上学派"。此外,鲁道夫·奥伊肯的深受费希特观念论影响的反自然主义的形而上学和深受谢林哲学影响的约耳(K. Joel,1864－1934)的形而上学体系,也和上述各派形而上学理论一样,构成了自 19 世纪中叶至 20 世纪初德国哲学中的形而上学研究的一个重要方面。正如以上第二节所已经指出的，奥伊肯的新观念论实际上就是新康德主义的一种流派，而他的形而上学，也无非试图挽救处于分崩离析的、充满矛盾的康德哲学的体系。

从本章所论述的德国哲学的发展概况，我们可以看到：自黑格尔哲学体系解体之后，就纯粹理论的角度而言，德国哲学的基本论题及其论证形式，发生了一个历史性的变化。在社会急剧变动和科学长足进步的推动下，哲学正经历严峻的考验：旧的传统固然没有被全盘否定，但其价值受到了来自叔本华和尼采的挑战，也受到了来自实证论和实在论的哲学的冲击。旧的哲学传统，即使要保存和发扬其精华部分，也必须遭受严密的考察和批判，人们以时代的新眼光重新评判真理。从下章起，我们将逐步进入 20 世纪哲学的时代，在那里，我们将会看到，从 19 世纪中叶至 20 世纪初的上述哲学变迁，乃是 20 世纪更新的哲学的诞生的信号。我们只有深入研究 20 世纪哲学的理论，方能回过头来更深刻地把握前此一切传统哲学所蕴含的真正意义。

注释

① K. W. Zeidler, *Kritische Dialektik und Transzendentalontologie*, *Der Ausgang des Neukantianismus und die post-neukantianische Systematik R. Hönigswalds*; W. Cramers, B. Bauchs, H. Wagners, R. Reiningers und E. Heintels (*Studien zum System der Philos*. Beiheft 1), Bonn, 1995.

第十五章

历史哲学与生命哲学

如果以为从 19 世纪 70 年代兴起的新康德主义只是单纯提倡以自然科学为模式的新实证主义的话，那就未免把新康德主义改造整个人类精神创造活动的雄心壮志理解得太简单了。康德本人早已为哲学的改造树立了榜样。他认为，理性的批判不应该只限于知识论的领域，而且必须关怀包括伦理行为和审美判断在内的人类一切思想创造和社会文化活动。

前一章所论述的新康德主义中，不论是以柯亨为代表的马堡学派，还是以文德尔班为代表的西南学派，都已经继续走康德的思考路线，跨越了知识论和自然科学的范围，深入探讨伦理和审美判断的问题，也试图在政治哲学、社会哲学和艺术哲学等领域开拓新的论题。

新康德主义中的狄尔泰则重点地思考历史，建构了符合现代精神的新历史主义，从而成为黑格尔和马克思之后的古典历史主义的继承人。狄尔泰试图将人类的一切活动都以历史作为基本活动平台。历史成为人的文化、思想、社会和艺术创造的场域及基础。这样一来，狄尔泰也以历史主义为基础，创建新的人文社会科学理论体系，开创精神科学的新天地，也深入分析人的生命的特殊性，把历史的脉动同人的生命脉动联系起来。狄尔泰的历史哲学是德国的历史科学在 19 世纪研究成果基础上形成的。

前文已述，其实，早从启蒙运动第二阶段开始，由史学家摩尔霍夫、辞书学家李本尼乌斯、果格列尼乌斯、米格雷乌斯等人所开创，后又经哈勒大学教授古恩德林、瓦尔希、勃鲁克尔、布勒、费勒勃恩、狄德曼、特纳曼和施莱尔马赫以及弗里斯等发扬，到黑格尔时代，黑格尔开设哲学史课程，并进行系统的哲学史研究，留下《哲学史讲演录》等丰富的哲学史著作遗产。到了第一代黑格尔学派那里，哲学史研究便达到了空前未有的高峰，出现了像米谢勒、罗森克朗兹、马尔巴赫、赫尔曼、策勒和埃尔德曼等杰出哲学史家。德国的历史研究，又与英国、法国等国家的历史研究相互交流，才导致 19 世纪历史主义的复兴和繁荣。

狄尔泰的青年时代，正是德国以及整个欧洲的历史科学研究取得重大理论成果的时期。除了黑格尔从哲学角度发展出系统的历史哲学体系以外，在德国历史学界，兰克（Leopold von Ranke，1795－1886）可以说是最主要的理论家。他虽然出生于基督教传教士家庭，并受神学教育，但他从成年开始，就把最主要的研究兴趣转向历史。他的历史著作包括《罗马与日耳曼民族自 1494 至 1514 年的历史》（*Geschichten der romannischen und germannischen Völker von 1494 bis 1514*，1824）、《对新历史学家的批评》（*Zur Kritik neuerer Geschichtschreiber*）、《16 及 17 世纪南欧诸侯国和民族》（*Fürsten und Völker von Südeuropa im 16 und 17 Jahrhundert*，1827）、《塞尔维亚革命》（*Die serbische Revolution*，1829）、《16 至 17 世纪罗马教皇及其教会和国家》（*Die römischen Päpste，ihre Kirche und ihr Staat im 16 und 17 Jahrhundert*，3 Bde，1834－1836）、《宗教改革时期德国史》（*Deutschen Geschichte im*

Zeitalter der Reformtion，5 Bde，1839 - 1843)、《普鲁士新史书》(*Neun Bücher preußischer Geschichte*，3 Bde，1847 - 1848)、《法国史，特别是16 至 17 世纪的法国史》(*Französischen Geschichte，vornehmlich im 16 und 17 Jahrhundert*，5 Bde，1852 - 1861)、《德意志强权及公侯国联盟：1780 至 1790 年的德国史》(*Die Deutschen Mächte und der Fürstenbund. Deutsche Geschichte von 1780 - 1790*，2 Bde，1871)、《1781 至 1792 年的革命战争的起源及其开端》(*Ursprung und Beginn der Revolutionskriege 1781 und 1792*，1875)、《哈尔登堡公国国家要人大事记》(*Denkwürdigkeiten des Staatskanzlers Fürsten Hardenberg*，5 Bde，1877 - 1881)等，不仅确立了德国历史研究的新理论路线，而且也提供了历史研究的方法论范例，对 19 世纪的德国人文社会科学的发展产生很大的影响。正是在兰克的带动下，德国史学界在 19 世纪下半叶产生了"历史研究热"，并培养了像德罗伊森（Johann Gustav Droysen，1808 - 1884)以及麦内克（Friedrich Meinecke，1862 - 1954)那样的新一代杰出的历史学家。

第一节　狄尔泰的精神科学论

生活哲学(Die Lebensphilosophie)，有时也称"生命哲学"或"人生哲学"，自 20 世纪初以来，基本上沿着三个不同的方向而发展：向历史方面发展的生活哲学，主要以狄尔泰（Wilhelm Christian Ludwig Dilthey，1833 - 1911)和斯宾格勒（Oswald Spengler，1881 - 1936)为代表；向自然方面发展的生活哲学，主要以汉斯·德利斯（Hans Driesch，1867 - 1941)和克拉格斯（Ludwig Klages，1872 - 1956)为代表，他们同法国的柏格森相呼应，发展一种类似活力论（Vitalismus)的"生命哲学",向文化和社会方面发展的生活哲学,主要以齐美尔(Georg Simmel,1858 - 1918)为代表,这一派别进一步发展成为新兴的文化社会学和文化人类学。

就创建生活哲学的基本原则而言,狄尔泰可以说是最早的理论奠基人之一。狄尔泰出生于神学家的家庭,他父亲和祖父都是加尔文教会的牧师。他们与拿骚公国的贵族有密切的关系。父亲本身就是拿骚公爵的顾问,是虔诚的新教徒,同时也具有虔敬派和泛神论的倾向。狄尔泰的母亲则是音乐家,娘家是音乐指挥,因此,她富有音乐造诣。这一切对狄尔泰的成长都发生强烈影响。

狄尔泰高中毕业的演说以《论古希腊古典作品对青年的影响》(*Über den Einfluß des griechichen Altertums auf die Jugend*)为题,得到学校和老师们的赞颂。狄尔泰接着在海德堡和柏林研究哲学和神学。他的指导老师就是库诺·费舍和兰克。狄尔泰还同时学习古拉丁文、希腊文和法语,奠定了深厚的语言学基础。在音乐方面,狄尔泰醉心于贝多芬、巴赫、莫扎特、海顿和亨德尔等人的作品,不但善于鉴赏、演唱,而且还撰写一系列评论文章。所有这些音乐评论,后来由他的学生们汇集成《论德国诗歌与音乐》(*Von deutscher Dichtung und Musik*. 1933)一书中。狄尔泰认为,音乐与宗教有密切关系,音乐和宗教都只是生命的一种历史形式和人类学形态。

狄尔泰对基督教情有独钟。他认为,基督教可以引导我们返回到我们自身,并由此构成我们内在生命的基础。狄尔泰尤其强调基督教的人文精神及其与人文主义思想的密切关系。这一倾向促使他研究施莱尔马赫及其历史。他从施莱尔马赫的亲身经历中看到了历史与人的内在意识的互动关系。同时,他也通过对施莱尔马赫的历史研究,进一步发展了早已形成的诠释学方法。狄尔泰在评论虔敬派诠释学原则时,直截了当地指出了它相对于此前流行于天主教会的烦琐哲学训诂学的优越性。狄尔泰认为,虔敬派诠释学派是在马丁·路德的宗教改革思想的影响下而产生的,其宗旨是同烦琐哲学歪曲《圣经》原义针锋相对,力图真正把握《圣经》中所要表达的神意。"人们要从《圣经》中获得的,不是什么教条,而是一种灵性。因此,最要紧的是必须从《圣经》所论述的一切中去把握灵性。"

狄尔泰进入柏林大学之后,坚持研究神学和哲学。1864 年,狄尔泰以研究施莱尔马赫伦理学思想的优秀成果获得哲学博士学位。同年,狄尔泰又以研究道德意识的成果获得大学哲学教授资格文凭。狄尔泰后来将这篇论文扩充为更完善的专著《对道德意识的分析研究》(*Versuch einer Analyse des moralischen Bewußtseins*)。1866 年,狄尔泰前往巴塞尔大学任教,并在尼采到达巴塞尔任教前一年,即 1868 年,离开巴塞尔大学到基尔大学任教。狄尔泰同时开展了与古希腊罗马文化史专家布克哈特(Jacob Christoph Burckhardt,1818 – 1897)的激烈争论。1871 年,狄尔泰到布列斯劳任教,并从 1882 年起,狄尔泰到柏林大学接任离校的赫尔曼·洛兹所遗留的教职,直至他于 1888 年逝世。

狄尔泰的重要著作《施莱尔马赫生平》(*Leben Schleiermachers*,1870) 是狄尔泰的代表作之一。正是在这本书中,我们看到他的历史主义、精神科学论与诠释学的内在相互关系。为了深入而全面地理解施莱尔马赫的思想及其历史文化背景,狄尔泰首先亲自参与了编辑出版施莱尔马赫的书信集的工作。1863 年他发表了《施莱尔马赫的书信中的生平事迹》(*Aus Schleiermacher's Leben in Briefen*,1863)。接着,他又发表了拉丁文的《施莱尔马赫伦理学原则》(*De Principiis ethices Schleiermacheri*,1864)。

对狄尔泰的历史哲学有深刻研究的哲学人类学家波尔诺(Otto

Friedrich Bollnow，1903－1991)曾在其著作中深刻地分析了狄尔泰对诠释学的贡献。

狄尔泰在诠释学方面的主要贡献是立足于他的历史哲学体系的。正如他自己所承认的："我是从历史出发的。"狄尔泰的研究中心是探索历史发展的特殊逻辑及其本质,发现历史本身在人文科学和社会科学中的"客观化过程"及其基础。

由此可见,狄尔泰理论活动的宗旨是：在历史研究中发现人文科学的基本逻辑;因此,他一生致力于人文科学的一般性理论化的活动,即奠定人文科学的一般理论基础。他像孔德那样试图寻求人文科学的认识论一般基础。但他极力反对孔德的实证论倾向。就在人文科学认识论化的过程中,狄尔泰继承和发展了施莱尔马赫的思想,将诠释学的范畴扩大到人文科学领域中。他突出了"理解"(verstehen)概念,把它看作比"说明"(erklärung)更重要的步骤。

当然,在狄尔泰以前,海曼·施泰恩达尔(Heymann Steinthal,1823－1899)在发展施莱尔马赫诠释学方面也做了突出的贡献。这位思想家还很重视自然科学方法对一般思想方法的影响。他在《关于解释的方法与形式》(*Heymann Steinthal*，*Die Arten und Formen der Interpretation*)一文中,特别强调了对每一部作品的解释的特殊性,虽然他也没有忽视"评论"和语法上或文学史因素方面的说明的某些作用。他认为,突出"整体的各个点"(die pointes des ganzen)是"语言学上的理解"同"普通的理解"相对立的地方。他认为,这是一种"中介性的理解"(vermitteltes verstehen),它的顶峰就是所谓的"心理上的解释"(psychologische interpretation)。

在施泰恩达尔之后,历史学家德罗伊森(Johann Gustav Droysen,1808－1884)也对诠释学的研究做出了贡献。他的《论历史学》的演讲稿,阐明了历史学及解释活动的密切关系。他特别发展了洪堡关于语言分析的原则。洪堡作为杰出的语言学家,强调了语言分析的三个不同阶段。洪堡指出:第一步是以完整的形式建立有机的构造系统;第二步是吸取外国语言的成果逐步地改造并达到有所建树的新平衡体系;第三步则是在具备独立性的特殊价值之后,面对其他外国的语言,一种特殊的语言系统便以一种相对稳定的状态,作为完整的体系而存在下去。作为语言发展的一般逻辑,上述原则应成为语言分析的出发点。这些原则也可以称为语言的"类型论"(typologie)。

洪堡在《语言比较研究及其与语言发展不同阶段的关系》一文中所阐述的上述思想,对于狄尔泰和德罗伊森的诠释学理论,都有很大的影响。德罗伊森在研究语言的过程中又非常重视"范畴"对于现实的"结化作用"(artikulieren,有"在关节上连接"之意,引申为"确定坐标位置",也有"确定"之意)。由此出发,德罗伊森认为:"历史"是现实性(wirklichkeit)的一种"理解方式",而"自然"又是现实性的另一种"理解方式"(die Geschichte als die eine,die Natur als die andere Auffassungsform der Wirklichkeit)。

所以,德罗伊森认为历史学的任务并不单是对"如此地被陈述的事实"进行叙述,或只对"原文"的如此这般的叙述进行有限的解释,而是要找出历史意义的完整性或"总体性"(totalität von sinn)。也就是说,不仅要全面地确定各个方面的意义,而且要考虑到各种历史条件和环境。在这种理解历史的过程中,人的主观范畴起着重要的作用,有时则起着"确定意义"的作用。

德罗伊森的这些思想对狄尔泰和新康德主义的历史学家有很大的影响。

作为康德哲学的继承者,狄尔泰所关心的是在康德的《纯粹理性批判》为自然科学奠定认识论基础之后，也为人文科学和社会科学奠定一个"历史理性"的批判根基。所以，他的《历史理性的批判》（*Kritik der historischen Vernunft*）成为他的精神科学认识论体系的契机，也是他的诠释学的中心范畴。他要为精神科学寻求一个一贯的、有完整联系的形而上学基础，在历史经验中寻求它所赖以存在和发展的一般理性力量。

就在这个研究方向上，狄尔泰遇到了"理解"的问题。具体地说，文明史上的伟大人物，作为一个"个体"，怎么把握他们的"个性"？ 特别是如何通过他们的优秀作品中的人物、情节和历史环境的描述，表现出这些伟大的"个体"的特殊的精神面貌？ 他认为：只有通过语言，人的内在精神才找到最充分、最完美和最客观的表现方式。接着，狄尔泰直截了当地回答说："这就是为什么说明或解释作品中的一个人物的独特风格，构成了理解的艺术的核心。"

狄尔泰认为，人的生活主要地表现在精神活动中，而精神生活是通过"历史性"来表现其特征的。一个个存在个体的总体性（individuelle totalität）之和，构成社会整体——这个社会整体始终都是指向它自身；就是在其自身中，而不是在产生它们的那些事物中，包含着它们自己的意义和它们自己的目的。

什么是"诠释学"？ 狄尔泰说，诠释学"教授着对于文艺珍品的解释方法"。他又说，正如对于外国和对于以往经历的模仿和重新体验（nacherleben）所清楚地表现出来的那样，理解（verstehen）是以一种特殊的个人的天才创造为依据（daß das Verstehen auf einer besonderen persönlichen Genialität beruht）。但由于一切历史科学都以一种有深远意义的（bedeutsame）和持续性的任务（und dauernde Aufgabe）作为基础，所以，个人的天才创造性也变为随历史意识的发展而发展的一种技术(technik)。作为技术的个人才华是如何同历史意识相联系,并相互补充和互为滋润呢? 狄尔泰说,持续的和固定化的生活方式存在于理解力之中,以致理解力(verständnis)可以不断地返到或回归到(zurückkehren)生活方式中。我们把那不断地固定着生活方式的、类似于艺术的"理解"称为解释(Das Kunstmässige Verstehen dauernd fixierter Lebensäusserungen nennen wir Auslegung)。

由于精神生活只有通过语言才能找到其可能表达的最完美的、创造性的、因而也是客观的理解方式,所以,解释(auslegung)只能在对于包含着人类生存方式余迹的作品的注释中才得以完成(so vollendet sich die Auslegung in der Interpretation der in der Schrift enthaltenen Reste menschlichen Daseins)。狄尔泰指出:"这个艺术是语文学的基础,而关于这个艺术的科学就是诠释学(Diese Kunst ist die Grundlage der Philologie. Und die Wissenschaft dieser Kunst ist die Hermeneutik)。"

归纳地说,狄尔泰对于诠释学所下的上述经典性定义,包含以下几个重要的思想:

第一,"解释"和"理解"乃是人的历史性发展,或确切地说,人的精神的历史性展现和进步所要求的文明建设过程中的重要环节和必要手段。

第二,"解释"和"理解"既是特定的历史条件内人类内在精神活动能力的表现,又是以往持续着并不断地固定化的各种生活方式的结晶。因此,"理解"和"解释"既是一种不断发展的、有历史特性的功能,又是人类文化得以延续和不断发展的重要关节点。

第三,"解释"和"理解"永远是暂时的和有限的,是有待后人加以丰富的。在任何时代,任何一个天才的作品都是一种"解释",即对于当时当地的历史的注释,也是对于生活、人物、事物和各种对象的看法的流露。但这种解释，不论对于任何一个"天才"来说，都永远是"没有说完的话"或"没有写完的文章"。各种"解释"唯有通过语言才能得到最完美的表达，各种艺术，例如音乐和绘画等技术，也可以在相当高的程度上表达出作者对某人、某事或某一对象的"解释"，但这些非语言的解释方式是不完备的，有着比语言表达更大的局限性。人们通过语言来解释而表达其理解时，则可以尽可能完备地引申开来。然而，通过语言而表达的理解也是有限的。所有天才的作者的作品，确实试图毫无遗漏地完美地表达其本身的意图，但任何作品永远都与原作者的内在精神活动总体性保持一定的距离，这些距离的存在，或者是由于原作者本人有意识地保留下来，供后人去思索和填充，或者是原作者本身无力完美地表达出来；或者是外在因素的限制，使原作者只能停留在一定的视野之内而进不到视野的"那一边"。在这种情况下，作为"后来者"的解释者就可以在原作者的作品的基础上作出更深刻的"解释"。

在世界文化史、哲学史或文学史上，那些伟大的人物，往往以高度概括或抽象的形式表达其精神活动的总内容，而且，事物的规律又往往是这样：越是伟大的人物，越较多地采取抽象形式去表达其深刻的思想，以致容许后人哪怕经历了好几个世代之后，仍然能对其思想作出一而再再而三的反思，并确确实实地从中获得近乎无限的启示。这正是表明了"解释"前人作品的必要性和有益所在，也正是反映这些伟人的作品内在的丰富性。

狄尔泰对于诠释学的理解，开辟了发展人类认识的新领域。人们一代接一代地"解释"着前人的认识成果，并由此出发，对经验、历史和自然引申出新的认识。但人们并没有自觉地意识到总结"诠释学"理论原则和方法论体系的紧迫性和必要性。现在，狄尔泰在施莱尔马赫的诠释学的基础上，更深一层地阐述了作为一门科学的"诠释学"的基本理论及方法论。

在《历史理性批判提纲》一文中,狄尔泰集中地阐明诠释学的科学原则及其"精神科学"发展的一般关系。在狄尔泰看来,精神世界(die geistige Welt)的连贯性是在主体中油然而生的;正是精神世界的生命运动以及精神世界的整体连贯性的内容,使得各个逻辑思维过程相互地联系在一起。

因此,一方面,这个精神世界产生着多种多样的主体的创造活动;另一方面,它又以精神运动本身作为其追求的客观目标。所以,基本的问题是:在主体中的精神世界的建构,究竟如何使关于现实性的精神性知识成为可能(wie der Aufbau der geistigen Welt im Subjekt ein Wissen der geistigen Wirklichkeit möglich mache)?

狄尔泰所提出的上述问题,乃是他的诠释学理论所要解决的一个基本问题,也是他的精神科学论的中心问题。精神活动是在主体中进行的,但它所要达到的目标,是建立一个具有现实意义的、在客观对象中呈现出来的本质现实性。这就是狄尔泰的所谓的"历史理性批判"的基本任务。

狄尔泰认为,"人"作为精神世界的主体和实际创造者,具有不同的、随着历史的发展和个人经验的丰富程度而变化的特殊"理解"能力。狄尔泰在他的《经历与诗歌》(*Das Erlebnis und Dichtung*,1906)一书中强调:人的理解能力是建立在他个人的特殊经验的基础上,而这种经验如果要成为个人对于事物的切身认识,就必须具有唯一性和独一无二性,即具有为他个人所固有的不可代替的性质。因此,这种经验就是一种属于个人的体验,是他个人切身由其独有的感情和体会所掌握的,是他个人生命的特殊经历中最有深刻意义的一段,又是他个人所唯一可能理解的,经验的特殊性使经验的获得过程也自然地属于个人生命的一个组成部分。所以，在狄尔泰那里，经验不仅要靠个人特殊经历来获得，而且必须同时又在经历中有所体会和有所体验。狄尔泰因此把经验的获得过程当成是特殊的体验过程（erleben），而体验的结果所凝聚的经验就是一种特殊的"体验结晶"（erlebnis）。在汉语中，只能反反复复地使用"体验"这个词来表示狄尔泰所要表示的上述各种不同经验过程及其结果。

由于狄尔泰所说的体验具有非常突出的特殊性和不可代替性，所以，它有某种程度的神秘性。它直接同德国思想史和哲学史上的神秘主义及浪漫主义传统相关联。在神秘主义的传统中，"体验"（Erleben）是生命过程中所获得、又在生命中保存和延续的精神力量，它本身就具有一定的生命力，是可以自我更新和自我延续的创造力。所以，有的时候它又可以与一般所说的"经验""情感"和"经历"相混合。到了浪漫主义时代，那些天才的诗人，如哈曼、赫尔德和荷尔德林等人，还有那些浪漫主义的哲学家，如谢林和费希特等人，都使用"体验"来表达他们的特殊的情感、内心变化以及思想要求等等。

费希特还特别强调"体验"的生命运动性质及其创造性。费希特认为，当思想家从事创作过程达到一种忘我的程度，就进入一种主客相混、你我不分、前后无序的醉迷状态，在这个时候，进行沉思的自我就有可能成为与自然及对象相统一的精神生命体。所以，真正的理论创造无非就是进入深沉的体验状态的自我与其所沉思的世界的浑然一体产物。费希特为此把这种状态，称为"自我经历体验的神秘创造后返回自身（zusichselbst kommen）的验证"。

后来，在当代法国的哲学研究中，德里达也特别强调个人经验的"在场性"（présence）。费希特和狄尔泰的"体验"概念实际上也是同样强调体验的在场性质。也就是说，一切体验的珍贵性首先就在于它是经历者个人的亲身体验和在场即席总结出来的,它是实践者个人通过其不可代替的个人经历而获得,同时又在经历中切身体验到。因此,它同各种来自间接经验或验证的知识有很大的区别。这种来自切身体验而获得的情感和感受,在生命运动和创造过程中,又渗透到精神生命内部,构成新的生命成分,不但可以延续,而且还要加入此后一切新的创造活动。正因为这样,体验又构成了生命所掌握的意义整体的一个新的组成部分,它对于生命体的日后认识活动及创造运动,具有深远的影响。体验既然来自切身经历,又构成生命创造运动的新的组成部分,它就具有直接性(unmittelbarkeit)和中介性(vermittelung)的统一性质。

在德国的神秘主义传统中,通过体验的直接性与中介性的双重性质,表达出它们所珍视的精神生命的整体性与局部性的重要观念。正是通过体验中的整体与部分的统一性质,神秘主义者完成了作为个体的他们个人的精神生命与作为总体性的神的沟通。一切浪漫主义诗人都为此经常使用体验这个概念来表达他们的创造体会。

狄尔泰使用来自神秘主义和浪漫主义的体验概念,充实了他的诠释学的内容和方法,使他有可能把施莱尔马赫的诠释学进一步提升到新的高度,成为他的生命哲学的一个重要组成部分。

狄尔泰认为,唯有通过体验才能使被认识和被诠释的对象成为自我的诠释对象,成为有可能融入自我诠释生命过程的精神因素。所以,体验并非从外面作为外来的因素而"被给予",而是在我们自身的内省中体验到的内在精神力量。正是通过体验的内在性和精神性,才使我们有可能通过认识和诠释而把握它。通过体验,一切认识和诠释对象成为"为我之物"而与我们相互沟通、相互渗透。由此,狄尔泰也预告了他对于主客二元对立模式的批判态度。

通过体验,在个体的精神活动中具体化和历史化的"理解",是不同主体的创造力与在历史中沉淀下来的不同文化相互影响的一个"合力"，或者是一种"结果"。这是在客观的精神活动中呈现出来的现象，它是主体精神活动客观化的一个表现，也是在历史中运动着的精神实在性与主体交互作用的表现。但不要忘记，那在历史中沉积下来的文化，无非也是经历史上各个精神主体的反复分析、推敲和综合之后所得的理论体系，是一种历史化的主体精神的创造物。因此，对文化中的各种作品以及该作品中的各个概念的"理解"，是"我"对"你"的精神活动的渗透和发展。"我"与"你"作为不同的主体，不仅有主观方面的区别，而且也有客观方面的区别。这客观的区分是历史命运所决定的，换句话说，"我"与"你"，作为在不同的历史条件下而活动着的精神主体，具有完全不同的文化经历，具备不同的精神活动能力，吸收和消化过极其不同范围的文化"原野"的"果实"。"我"对"你"的理解，就是在不同的主体的精神世界中的对话活动，也是不同的文化的相互渗透。这就像"我"和"你"，作为不同的具有远近差别和流程差异的小河，当两者终于在特定的历史时刻和历史环境中汇合成一条较大的新水流的时候，会产生极其壮丽的、令人陶醉的种种漩涡，其中大大小小不同直径、不同流速、不同图像的漩涡，构成丰富多彩的水流交响乐的乐章，在那里，历史的知音人将可以听到早已泯灭多年的历史文化的"回声"，又可以听到不同的主体在创造那些不同文化时所发出的铿锵交错的，或是抑扬顿挫的思维"余调"。狄尔泰说，理解是"我"在"你"中的重新发现；精神总是在连贯性的更高阶段中自我重新发现（Das Verstehen ist ein Wiederfinden des Ich im Du；der Geist findet sich auf immer hoheren Stufen von Zusammenhang wieder）。

狄尔泰强调指出，精神的上述同一性，即在主体和客体中，在我与你中的同一性，是精神作为历史的特殊创造物的一个固有的特征。精神作为主体,同时又是客体化的同一主体。在"我"中,在"你"中,在一个共同体的每个主体中,在每个文化体系中,以致在精神总体性和整个历史中的精神同一性(die selbigkeit des geistes),使得精神科学中的不同成果的相互作用成为可能(diese Selbigkeit des Gieistes im Ich,im Du,... macht das Zusammenwirken der Verschiedenen Leistungen in den Geisteswissenschaften möglich)。

人类精神的这种固有的同一性,乃是不同文化成果交互作用的基础,也是归根结底关于某种精神上的现实性的知识由以成立的基础。而在各种精神科学之间,在不同历史文化之间起着承上启下、相互作用的中介物或中介过程的,乃是"我"对"你"以及对其他一切文化成果的"理解"。

狄尔泰的这种诠释学理论呈现出极其明显的黑格尔主义的绝对精神的同一性理论的烙印。但同时,狄尔泰的理论又是在康德的先验观念论(der transzendentale idealismus)的影响下的特殊的历史文化哲学。所以,当他像黑格尔那样强调精神的历史同一性的时候,他又突出了康德的先验逻辑(die transzendentale logik)所假定的、不变的思维形式和思维法则在不同主体的"理解"过程中所起的同一性作用。

作为新康德主义的文化哲学论的主要代表人物之一,狄尔泰还强调人的生活流程的历史连贯性、同一性及个体性。就连贯性而言,狄尔泰认为,生活的新历程乃是取决于它所处的时代性的特点(er ist bedingt durch den dargelegten Charakter seiner Zeitlichkeit)。生活从一定的历史条件出发,同时又超越出它原有的范围。因此,在生活的连贯性之中,带有历史的逻辑和历史的创造,带有客观的实在性和主观的能动性。

就同一性而言,生活乃是精神的自我确定和自我对象化,又是精神的特殊意义的不断延伸和发展的结果。生活的意义的同一性使不同历史表现的精神生活有可能相互启发和相互交流。

就个体性而言,使具有同一基础的不同类型的生活展示在极其广阔的历史层面上。多样性是同一性的另一表现,也是同一性的补充。没有生活的多样性,确立不了生活的同一性,也丰富不了和发展不了生活的同一性。生活的多样性又是以生活的个体化为前提,生活是个体存在的自我确定形式。每个个体在历史中占据了特有的地位和场所,又采取其特有的形式而发挥其创造性。

狄尔泰指出:每种生活有其独特的意义,它处于一种意义的连贯性系列之中;在这一系列中,每一种可回忆起的现场都占据着一个内在价值;而且,它同时又在回忆的连贯系列中同整体的某一个意义有关联。个体存在的这种意义是完全特殊的,……它像莱布尼茨的单子那样以其独有的方式再现历史的宇宙(Dieser Sinn des individuellen Daseins ist ganz singular, ... und er repräsentiert doch in seiner Art, wie eine Monade von Leibniz, das geschichtliche Universum)。

狄尔泰极端重视"理解"和"说明"的作用。他说:理解和说明是使精神科学得以完善的方法。在理解和说明中统一着一切功能;在其中包括了一切精神科学的真理,理解的每一点都呈现着一个世界。

和施莱尔马赫一样,狄尔泰把语言,特别是书面语言,看作解释学打破其凝滞状态和闭塞状态的重要通道。这就是说,不借助于语言,"解释"只能原地踏步,只能自我封闭。根据保罗·利科的意见,解释与语言的上述关系,是同语言的基本特点有密切联系的。

法国的保罗·利科,在谈到诠释过程中的语言的功能及其性质的时候说,词的"多义性"(la polysémie)为我们提供了一种可能性,使我们在一个特有的上下文关系之外发现其他的意义。也就是说,词的多义性使某一个特定段落中的原文的现行价值,相对地呈现出该原文的可选择的角色的多种可能性。本来,原文是某一个作者对于特定条件下的读者(或观众、听众)所发出的一种有一定具体内容的对话信息。但对于上下文的敏感性(la sensibilité au contexte)是词的多义性的必要的补充和不可避免的对换物。因此,对于原文的体验(原文为 le maniement 本意为"触摸"或"操纵"),使对话者(作者与读者)之间,在一定信息和交换过程中的相互理解或精心体会的行为,变成为伸缩性很大的反思场所,有可能转化为丰富多彩的想象空间,在其中,对话的双方利用语词的多义性,连锁地联发起不同的历史时期的不同文化的多种因素,并导致未来的、可能发生的历史空间中,对正在潜行发展的某些文化因素起着催产作用。

就是在这一切可能发生的原文作者与读者的对话空间中,会出现许多包含着深刻的内容的,穿着各种历史服装的相互渗透形式或对话"模型"(le modele);这些可能的"模型"就是各种为诠释学加以研究和分析的问题及其答案的展示场所——它是一种可能性,是有深度和广度的各种"可能"方案的雏形和原型,但唯其是"雏型",它又可以转化成数不清的具体形式。保罗·利科认为,在对话过程中的区分过程,就是严格意义上的"解释"(cette activité de discernement est proprement l'interprétation)。

因此,"解释"的意义就在于:在原文作者(话说人)基于共同承认的言词多义性所发出的、具有相对一义性的信息中,究竟可以包含什么样的意义? 也就是说,"解释"的目的是要重建原文作者的有相对一义性的原意,虽然这种一义性必须在语词的多义性中辨认出来。

以多义性的语词产生出具有相对一义性的言谈,在接受信息时确定此种一义性的意图,就是解释的首要和最基本的工作。

保罗·利科由此援引了狄尔泰所说的"由文字所确定的生活表态（lebensäußerung）"。他认为，文本所确定的生活表态的某些痕迹，是可以通过作者与读者的反复对话过程而流传下来，同时也可以使之在新的历史条件下，由于后来的新作者的精神性创作，重新在读者的意识中活跃地显现出来。这种"再显现"的过程，由于是一种"新发现"和"新体现"，又是自我进行于内心深处，所以，可以唤起新发现者或新体现者本人的"欢乐"和"自我满足"——因为一切内心精神活动，都可能不同程度地达致"自我满足"，都可以转化为新的知识源泉，都有助于人类经验宝库的完善化。

"解释"过程是反复的，但又不可代替、不可简约，即不可一统化和不可能达致"终点"。解释的过程不会有终点，这是个体的精神境界的多样性、丰富性、发展性和客观世界的杂多性、异样性和无限性所决定的。每个个体的解释，永远都是异样的，同时，又会在某些方面表现其"重复性"和"相似性"。然而，异样性和发展性乃是更重要的方面。唯其如是，解释才能连续不断地进行下去，才能为解释者及读者们带来乐趣和新的动力。狄尔泰说"理解的每一点都呈现着一个世界"（An jedem Punkt öffnet das Verstehen eine Welt），具有着极其深刻的意义。从解释的个体性而言，这句话也再次指明了这样一个真理：每个人都有他所属的和属于他的特殊世界。

就这一点而言，每个人的世界都是异样的，而且是在其本身的范围内，具有无限开拓和展示的可能性。一个人的精神面貌是如此的不同，以致哪怕每个人都使用具有某种相对一义性的言词，都可以表达出别人难以表达的特殊世界。每个人所属的世界和他属于的那个特殊世界，虽然表面看来很有限——从宏观上看，可能无法与大宇宙相比拟，但其内容及其深度，其精神境界之可能达到之广延性和维度，都可能与大宇宙相媲美。人之精神境界之维度,借助语言之歧义性,又依据语言之抽象及形象包含力和摄取力,可以扩展到任何人都难以推想之程度,也是无法为任何人所限定的。既然这样,每个人基于一定原文所作的解释,可以表达其特殊的世界,以致达到这样的程度:"每一点都是呈现着一个世界!"狄尔泰所说的"由文字所确定的生活表态",在实际上并不"确定"。狄尔泰用"确定"这个词,一点也不是为了限定文字中所表现的"生活表态"的深度和广度;而是使用"确定"这个词表明:具有相对一义性的文字,其所表达的某种"生活表态"总是同某些特定的"意义"相联系。

因此,就一点而言,文字具有"确定"作用。但是,这些"生活表态"是如此复杂和如此活跃,以致人们可以依据每个主体的体验和历史条件而把它"理解成"这样或那样,并由此产生出一个个异彩多样的新世界!保罗·利科在《从原文到行动——诠释学论文集第二集》一书中强调,狄尔泰所说的"生活表态"要求我们从事一种"特殊的解释工作",而且,它恰巧与原文——作为言谈的一种完成或实现——相关联。保罗·利科认为,狄尔泰的贡献就在于:他试图克服施莱尔马赫的局限性,从一种所谓"语法上的解释"(l'interprétation grammaticale)和所谓"技术上的解释"(l'interprétation technique)的相互矛盾的困境中解脱出来,在语言和历史的原野中,寻索对原文的解释的认识论上和本体论上的意义。狄尔泰所提出的"生活表态"的新范畴具有决定性的作用。

在施莱尔马赫那里,语法上的解释与技术上的解释具有一定的矛盾。施莱尔马赫认为,语法上的解释的立足点是在每一种文化中具共性的言谈或推论的性质。在一定历史阶段中的每一种文化,总是在其言词和上下文推论过程中表现出某种共同的性质,这就是语法上的解释和出发点。

与此不同，技术上的解释（又被称为"心理上的解释"［geistige auslegung］），是为了理解作者在原文中所表达的信息的"特殊意义"或甚至是"独创性"。

在施莱尔马赫看来，上述两种解释不可能同时地进行，因为如果考虑到共同的语言，就等于把作者遗忘掉，把作者在使用语词中所表现的那种"个别性""独创性"和"特殊性"以及通过语言所表达的思想的异样性和"天才"都搁在一旁不管；同样地，如果考虑到作者的特殊性，就等于把作者在其中"纵横穿过"的语言遗忘掉，把语言撇在一边。显然，施莱尔马赫已经明确地发现了语言的共性与作者思想的特殊性的矛盾，而且他尚未能恰当地解析这个矛盾。施莱尔马赫由此认为，语法上的解释是"客观的解释"，因为它基于作者的清晰的语言特征之上，但这个"客观的解释"又由于指明了解释的界限而限制着解释的范围，起着限定的作用，因此又被称为"否定的解释"（negative interpretation），以此强调对于原文语词的意义的误解会导致一种对于原文的否定作用。至于"心理上的解释"，如前文所述，也被称为"技术上的解释"，因为它关系到一种"艺术学说"（eine kunstlehre），关系到一种"工艺学"（eine technologie）。

在这里，施莱尔马赫使用"技术上的解释"这个概念来强调认识的"个别性"和"特殊性"，以此暗示这类解释与古希腊哲学家所说的特殊知识性的"技艺"的关系。然而，在施莱尔马赫看来，恰巧在这第二类解释中包含了诠释学的真正含义，因为它所要达到的目的，是突出地展示那位说话人的特殊的精神境界，达到其特殊的"主观性"（die subjektivität）；就此宗旨而言，那位说话人所使用的，对一切人来说具有"共性"的语言，就可以撇在一边不管；或者说，与作者的特殊的心态，作者的内在世界的错综复杂而丰富的思路相对比，他所使用的语言是属于第二位的、次要的因素——语言无非是为其个体性服务的表达工具而已。

施莱尔马赫的这一认识,使他把第二类解释称为"肯定的解释"(positive auslegung),把它看作"达到那产生着言谈和论证过程的思想活动本身"的一种有重要意义的解释。正因为如此,施莱尔马赫在其晚期著作中再次探索上述两种解释的关系,并试图以第一种解释为出发点突出强调第二种解释的深刻意义。施莱尔马赫甚至为了强调"解释"所起的"猜测作用"或"预言性",在其晚期著作中倾向于用"心理的解释"取代"技术上的解释"——这种用语上的转变暗示了他对解释与内在心理活动的密切关系的新认识,也暗示了他试图在心理活动和精神境界的分析中,找寻上述两种解释的矛盾的真正出路。

狄尔泰就是在施莱尔马赫的上述研究成果的基础上提出了前述"生活表态"的概念,试图在历史的维度中,透过作者所使用的语言的渠道,深入作者的内在世界中去,然后又把作者的内心活动,再通过语言媒介,重新在新的历史环境下展示开来。在这里,施莱尔马赫的那一对矛盾,转换成两对矛盾:第一对矛盾是语法的解释和心理的解释;第二对矛盾则是预测的解释和比较的解释。第二对矛盾是从第一对矛盾派生出来的,但其解决有助于第一对矛盾的解决。

在施莱尔马赫的晚年时期,他就预见到心理上的解释并不只局限于同作者有密切关系的因素群,而且还关系到与作者无关、或作者之外的另一因素群。这就是说,为了说明作者的内心世界的特殊性,非要通过"比较"不可——既与作者本身的各种因素相比,又同作者以外的不同因素相比。施莱尔马赫曾在他的 1829 年的科学院发言中,提示了"比较"的方法以及由此引起的新矛盾。但只有当狄尔泰着手弄清作品与作者主观的关系,弄清作者的隐藏的内心境界与作品的意义和作品所处条件的关系的时候,上述两对矛盾才在合情合理的限度内获得初步的解决。

狄尔泰之诉诸历史并非偶然的。在施莱尔马赫与狄尔泰之间,在德国的哲学和历史学的发展史上,出现过新康德主义对于历史理论的卓越研究阶段,还出现过诸如兰克和德罗伊森那样的杰出历史学家。经历这样的历史研究过程,对于原文的解释,就从施莱尔马赫的概念发展为对于现实本身及其连贯性(die zusammenhang)的解析。

也就是说,在“如何理解以往写出的原文?”的问题提出之前,必须先回答这样的问题:“如何从中察觉出一种历史的连贯性?”狄尔泰的实际历史精神体现在:在原文的一贯性之前,首先必须存在一种历史的连贯性——这种历史的连贯性乃是人类的最基本的存在方式,是最主要的“生活表态”。这种历史主义的思想在实际上又是为了突出说明人类文化总体的发展的一贯性和同一性。

在人类文化发展过程中,任何一种因素的出现都离不开这个历史同一性,它是逻辑连贯性的历史演出。任何一部历史伟大著作所表达的文化内容和精神成果是历史发展所赋予的,也是结果在历史的日益繁茂的大树上的。接着,狄尔泰试图以自然科学的榜样,如前所述,使作为方法论的诠释学也具有实证的经验科学所表现的那种确切性和逻辑性。他那表现历史连贯性的“生活表态”的范畴就是适应这一要求而提出来的。

现在的人与过去的人之间要相互“理解”,就必须通过对于以往的人的生存方式的“理解”。以往的人之不同于现在的人,或者说,历史上的作品之所以构成当今的人的研究对象,就在于历史上不同阶段的人的生活表态之差异和演变。历史上的人通过其作品给现代的人暗示以往的“生活表态”(生存方式)。

历史上的作品乃是以往的人的生存方式的信号转换品，是过去的文化的翻印本，是原文作者的精神活动在当时当地的历史文化的脉络中展示出来的信息图。对于原文的解释之所以可能，就在于历史的连贯性为处于不同文化发展阶段的人之间带来某种逻辑同一性。理解那些透过作品原文所表现的"生活表态"就是认识历史中活动着的人，就是解析在文化发展总体中作为创造者、作为精神活动主体的人本身。

差不多与狄尔泰同一时代，马克斯·韦伯（Max Weber，1864 - 1920）试图用"理想类型"的概念来说明人类宗教、社会、经济及政权活动中的可能的连贯性及总体性的程度。

马克斯·韦伯这一研究方向同狄尔泰的"生活表态"概念一样，表现了 19 世纪末至 20 世纪初德国文化哲学思潮在研究以"人"为中心的社会科学和人文科学方面所达到的高度。但是，狄尔泰在这一方面的研究很快地就和现象学的研究汇合在一起，使诠释学从现象学的研究成果中获得新的理论依据，成为更加成熟的学说体系，为诠释学在认识论意义的基础上，开始获得其本体论的意义。狄尔泰是从 1900 年起赋予其历史连贯性的概念以现象学的含义。他从同时代的胡塞尔（Edmund Husserl，1859 - 1938）那里获得了重要启示。

胡塞尔的《逻辑研究》第一卷强调现象学不只是对于经验（包括感知的、想象的、理智的、意志的和价值哲学的经验等）的基本结构的主要描述方法，而且也是理智本身在总体范围内的展现活动的自我建设。在那本书中，胡塞尔在把"赋予意义的行为"提高到"直观"高度的同时，也极端重视"解释"的作用。

胡塞尔坚持反对形象对于理解语词的干预。胡塞尔说，理解一段语词是不同于重建与之有关的形象的——"形象"可以"伴随"和"图解"智力活动，但不能重建智力活动的基本内容及其深刻含义，而且，在任何时候,形象都不适合于对智力活动的描述。

胡塞尔对于非形象化的智力活动的重视是同他对语词符号的发音及其含义的起伏不定的关系的研究密切相联系的。在胡塞尔的现象学体系中,人的主观意向性起着控制和决定人的整个意识活动的方向和内容的重要作用。因此,不言而喻,把"意向性"的概念引入诠释学的领域,用现象学的意向性的概念分析和解剖作为人的意识的创造和认识过程的"解释",可以使诠释学理论获得别开生面的新发展。当然,狄尔泰及其学派对于舍勒和胡塞尔等人的现象学并不是从一开始就很感兴趣。狄尔泰起初只看到现象学原则的主观唯心主义性质,因此,他曾对现象学的唯心主义原则做过批判。利科在其著作《从原文到行动——诠释学论文集第二集》《论解释:论弗洛伊德》和《论关于解释的论争》等书中研究诠释学与现象学的关系时,曾对狄尔泰的上述批判进行了认真的分析。但是,恰巧通过这一番批判分析过程,狄尔泰才更全面地觉察到现象学原理对解释学发展的重要意义。

狄尔泰早在 19 世纪 80 年代,就在其著作《精神科学导论》(*Einleitung in die Geisteswissenschaften*,1883)一书中,着力于对历史理性和生活概念的批判。接着,在他的《亲身体验与诗歌》(*Das Erlebnis und die Dichtung*,1905)和《精神科学中的历史世界的结构》(*Der Aufbau der geschichtlichen Welt in den Geisteswissenschaften*,1910)的著作中,狄尔泰强调"作为基本事实的生活应该成为哲学的出发点"。

狄尔泰认为,精神科学具有一种无须反思就直接显示的内在统一性。显然,这种观点在很大程度上表现了狄尔泰的现象学方法的基本精神。他说,人们不需要靠想象,也不用费心地创建,只要通过经验本身就可以很自然地发现精神科学的统一性。它的统一性是人自身所赋予的。人们在社会中相互依赖地生存的经验,使精神科学自然地以人与人之间的紧密关系作为其建构的基础。狄尔泰由此引申出"主体间性"和"生活世界"的重要概念,同胡塞尔一样,成为现象学的一个重要范畴。

而且,狄尔泰还进一步指出:人所生活的社会和历史过程,并不是像自然那样沉默无言,而是不断地向我们回答问题,向我们提示和回应,使我们与我们的社会及其历史保持密切的联系。因此,历史和社会都是有生命的,是活生生的生命运动过程,又是一种自我展示的过程。我们通过自己的生活,不只是通过对外的感知,而是主要通过对于我们自己的观察和体验,就可以从内心里把握社会和历史。只要我们跟随历史的进程,以我们的情感追随各个历史事件,以亲身的体验和发自内心的感情去体察社会和历史,我们就会同历史本身相通,使我们自己不再是单纯的观察者。历史也因此而成为我们的对话者,成为我们的生命的一部分。我们跟随历史所呈现的过去,就是我们自身内在地表现出来的。历史在这个意义上说,就是我们自己的生活本身。

狄尔泰的生活哲学的历史主义性质,当然是直接与黑格尔的影响联系在一起的。心理学和社会学家罗塔克尔(Erich Rothacker,1888 - 1965)在其著作《精神科学导论》(*Einleitung in die Geisteswissenschaften*,1920)中,清楚地分析了狄尔泰及其学派诸成员的历史主义思想与黑格尔主义的理论渊源关系。在罗塔克尔看来,正是在狄尔泰学派的理论中,古希腊人用以论述宇宙本质的"逻各斯"概念,第一次被普遍地应用于历史的广阔领域中。

狄尔泰认为,具有历史性的精神生活是精神科学所由以出发的基础,也是其基本方法的依据。同时,狄尔泰的历史主义也从黑格尔以外的其他领域取得思想营养。这是同整个欧洲在 19 世纪下半叶的历史研究的伟大成果紧密相联系的。

狄尔泰所生活的时代，是欧洲经济和政治制度达到成熟的阶段。但是，与此同时，发达的经济活动及其普遍效果，也暴露了欧洲文化和思想的弱点。狄尔泰认为：关键在于西方文化导致了思想和生活的分离与对立；西方文化促使了"没有思想的生活"和"没有生活的思想"的矛盾。因此，狄尔泰主张重新理解我们的生活和生命本身，以便改造西方的思想传统。所以，狄尔泰创立了以"生活"（das leben）为核心的概念，希望让"生活"在思想过程中体现出来。

狄尔泰将精神科学与自然科学严格地区别开来。在他看来，"自然不过是我们所看不到的一种现实性所投射的一个阴影"。至于我们所体验到的内省和内心经验中的精神活动，则可以使我们把握事实的本质。由此出发，我们可以通过内感和体验而理解精神活动的历史演变过程。同时，通过想象和情感，我们也可以复原这个历史过程；通过我们个人的内心生活也可以使以往的过程栩栩如生地表现出来。如果说在自然科学中，我们是只凭理智或理智去研究自然现象的话，那么，在精神科学中，我们是凭一种"理解力"去把握人的一切活动的。

狄尔泰由此而高度重视心理学在整个精神科学研究中的作用；但他明确指出，作为精神科学研究基础的，不是那种模仿自然科学的、普通的心理学，因为这种心理学只对心理现象作肤浅的说明，不懂得活生生的心灵活动的独特性质。狄尔泰所重视的是"描述性和理解性的心理学"，因为这种心理学力求深入和复原个体的或某一个历史时期的精神状态，重建其内在结构。

狄尔泰把李凯尔特的历史观加以发展，使历史学真正地重建于狄尔泰所说的那种"理解性的心理学"（verstehende psychologie）的基础之上。

狄尔泰的学生施勃朗格（Eduard Spranger，1882－1963）继续发展狄尔泰的基于心理学研究的历史哲学，并在他的《生活形式》（*Lebensformen*，1914）一书中，把狄尔泰的理论应用于教育学领域，使他终于成为现代科学教育学的主要代表人物。但是，严格地说，坚持在史学领域中发展生活哲学的，是狄尔泰的朋友冯·瓦尔登堡（Paul Yorck Graf von Wartenburg，1835－1897）及其后继人斯宾格勒。

狄尔泰还在研究和继承康德哲学方面做出了重要贡献。他组织了编辑康德著作的小组，吸收一批对康德哲学有深刻了解的学者参与编辑工作，其中有阿迪克斯（Erich Adickes，1866－1928）及其他人等。

第二节　斯宾格勒的历史哲学

近代德国历史哲学，在德国哲学发展中占据一个非常重要的地位。法国哲学家雷蒙·阿隆指出，斯宾格勒关于历史知识的逻辑以及关于历史宏观的一般理论，深深地影响了德国人对当代及当代文化的基本看法。

从 19 世纪初开始，德国人文社会科学就已经浸透了历史哲学的基本精神。当时，在德国的思想界，不只是黑格尔的历史哲学，而且，属于浪漫主义的赫尔德、荷尔德林、洪堡、施莱尔马赫等，都把历史当成思想和文化的发源地和土壤，同时还使历史成为思想视野。

德国人不但根据德国思想文化的内在逻辑，而且也继承西方思想文化的传统，使历史为种族、民族和社会共同体的精神支柱，并在历史中隐藏自身的奥秘，赋予历史某种属于自身的神秘意义。德国古典哲学对于历史及其意义的分析，几乎成为德国哲学和人文社会科学的基本观念。

斯宾格勒在 1918 年发表的《西方的没落》(*Der Untergang des Abendlandes*，1918)，阐明了他创建的"自然主义形态学的历史哲学"(Naturalistisch-morphologische Geschichtsphilosophie) 的基本原则。在他看来，历史是生命本身的基础、背景和最终动力，是生活的一种表现，也是社会共同体的价值观的储藏所；而且，它像生命和生活一样，表现出许多典型形式。斯宾格勒在书中区分了八种不同的文化典型形式，而其中，他尤其着重论述了"古代文化""阿拉伯文化"和"西方文化"三种典型。这三种文化在他看来分别表现了"阿波罗精神""魔术士的精神"和"浮士德精神"。

所有的文化都是活生生的有机体，有其"开花""盛开""凋谢"和"死亡"的不同发展阶段。他指出，在西方文化中，日益呈现那些在以往文化中所显示过的衰落性的特征，诸如理性主义的优势地位、技术的绝对统治以及民主与和平主义的泛滥等等。至于人性和人道主义的存在，在西方也已不复有意义和目的，有的只是已陷入败局的、呈现于特殊文化现象中的具体目的。所以，推进历史前进的生活——其实质是精神——在基本上表现为暴力和不合理性。在斯宾格勒的晚期著作《人类与技术》(*Mensch und Technik*，1932)一书中，他试图回首历史的发展，退回到古代，寻求假设的建造的可能性。他把动物分成"猛兽"(Raubtiere)和"猎取动物"(Beutetiere)两种，而人是属于前者的。

在狄尔泰的历史主义的生活哲学的影响下，德国出现了一批深入研究精神科学的哲学家和历史学家。他们着手研究"理解"(das Verständnis)概念的含义，区分人类共同体的各种"文化典型"和"生活典型"以及"思维类型"。在这些哲学家和历史学家中，最著名的除了上面已提及的施勃朗格外，还有米斯(Georg Misch, 1878－1965)、利特(Theodor Litt, 1881－1962)、诺尔(Herman Nohl, 1879－1960)、格罗杜森（Bernhard Groethuysen，1880－1946）、瓦赫（Wach）、迈内克（Friedrich Meinecke，1862－1954）、波尔诺（Otto Friedrich Bollnow，1903－1991）和莱斯冈（Hans Leisegang，1890－1951）等人。

第三节　生命哲学的进一步发展

在狄尔泰、尼采和法国的柏格森的影响下，汉斯·德利斯成为"新生命哲学"（Neo-Vitalismus）的主要代表人物之一。

汉斯·德利斯（Hans Driesch，1867－1941）著有《有机体的哲学》（*Philosophie des Organischen*，1909）、《次序论》（*Ordnungslehre*，1912）、《真实性理论》（*Wirklichkeifslehre*，1917）《行为主义与活力论》（*Behaviorismus und Vitalismus*，1927）《心灵学》（*Parapsychologie*，1932）、《唯物主义的克服》（*Die Überwindung des Materialismus*，1935）和《更高级的生物学问题》（*Biologische Probleme höherer Ordnung*，1941）等。

汉斯·德利斯是试验动物学家。因此，他在著作中指出，从动物学向哲学的过渡，就好像从海胆卵转化成海胆那样，只是从部分向整体的转变。德利斯指出，上述事实具有普遍性的意义，它表明有机体的基本特点就在于：从部分出发，可以使整体再生。正因为这样，不能将有机体当作"机器"来理解。机器同它的各个零件之间有相互作用的关系，但有机体与机器有本质上的不同，生命的本质特点就在于其"整体性因果性"（die ganzheitskausalitaet），也就是说，部分的特征是由"整体"决定的。

德利斯认为，有机体的这种"整体性因果性"的基础是亚里士多德所说的"隐德来希"（entelechie），即"灵魂"是一种最基本的、不占空间的、决定着有机体的"整体性因果性"的自然因素。有机体的这一特征还表明人类的整体性——人类的这一整体性尤其可以从人的道德意识的统一性得到证实。

哲学，在德利斯看来，一方面是"次序理论"（ordnungs lehre），另一方面又是"现实性理论"（wirklichkeitslehre）。次序理论是用来考察一切事物的；由此，我们可以把握一般学识，具有意识，因为次序理论使我们把处于一定时刻的对象，进行有秩序的观察。这也就是说，当我们观察对象时，是我们给予对象一定的"次序因素"。但是，并不是像康德所说的那样，是对象的无秩序的材料，被装入我们的先天的"次序形式"；而是对象本身就已经被完整地和有秩序地加以安排。在这个意义上，哲学被理解为逻辑学，而且，德利斯的"哲学"观念也由此而同约翰·雷姆克（Johannes Rehmke，1848－1930）的观念相接近。按照这位马堡大学的哲学教授的看法，哲学是"无前见的基本科学知识"（philosophie als vorurteilslose grundwissenschaft），而它的任务是研究被给予的事物的最一般的特性（allgeneinsten des gegebenen）。另一方面，作为"现实性理论"，哲学是一种关于隐藏于现象界背后的对象的理论。依据这一理论，对象在某一个假定的时刻内，总是附着于由"次序理论"加以说明的现存事物之上。

德利斯的整体性理论对于魏德海默（Max Wertheimer，1880－1943）的心理学理论产生直接的影响。魏德海默著有《论形态理论的三篇论文集》（*Drei Abhandelungen zur Gestalttheorie*，1925）等专著，后来，他同柯勒（Wolfgang Köhler，1887－1967）和科夫卡（Kurt Koffka，1886－1941）等人一起，组成"格式塔心理学"（Gestaltpsychologie，或译"格式塔"）。

这种所谓"整体性考察方法"，被广泛地推广到生物学、心理学和社会学的哲学研究中去,以致在 20 世纪初出现了一批有影响的新一代生命哲学家,他们是托尼斯(Ferdinand Toennies,1855 - 1936)、斯班(Othmar Spann,1878 - 1950)和利特(Theodor Litt,1880 - 1962)等人。

托尼斯在 1887 年发表《共同体与社会》(*Gemeinschaft und Gesellschaft*)一书,区分了"共同体"与"社会"的不同含义。在他看来,"共同体"是一种有机体类型的团体,个人间的关系是建立在自然的互助关系基础上,例如家庭、村社和民族等。在这种共同体中,人们的行为不是深思熟虑的结果,而是由感情和习惯本身所产生的。至于"社会",则是一种理性化的构造,在那里到处存在着利益争斗和相互剥削,特别突出地表现在"国家"和"大都市"的结构中。事实上,这两种类型的集体形式往往是相互混淆的。但历史的发展证明,"社会"不断地对"共同体"施加压力,这就导致了生活的日益机械化,导致生活的颓化和衰落。

同狄尔泰和德利斯一样,克拉格斯试图在研究人的生命流程时,使人的心灵朝向自然界发展,从而奠定了一种"反逻辑的生命哲学"(anti logische lebensphilosophie)的基础。克拉格斯在 1929 年至 1933 年间发表的四卷本的《作为灵魂的对立面的精神》(*Der Geist als Widersacher der Seele*),继承了尼采的所谓"狄奥尼修斯精神"和反理性主义倾向,指责那种夸大理智和技术的作用的传统文明的破坏作用及其颓废趋势。他认为,理性和技术的绝对化只能破坏"生命"和"灵魂"。他的这种反理性精神早在其前期著作《人与地球》(1920)中,就已明白地表达出来。克拉格斯说,起初,在自然与灵魂之间,本来是相互协调的。作为"人体的意义所在"的灵魂,与自然界之间的这种原始的无意识的协调,我们可以在早期的神话中看到。但是,作为"绝对地外在的"精神,在其发展过程中,逐渐地削弱灵魂的生命,并提出了关于现实性的欺骗概念。具有"寄生"性质的"理智",由于其所作的概念上的区分,使活生生的总体性丧失了实际意义,同时,它也使现实贫困化,并代之以"对象"的世界,即代之以一种人为的抽象世界。克拉格斯还说,对于不停的运动来说,对于生成的"颤抖"来说,所谓的"逻各斯"是外在的东西。真正的现实性,倒是那运动本身。另外,逻各斯还以其技术化之倾向,吞噬着被它人为地安排成"对象"的自然。因此,克拉格斯认为,是"精神断送了地球上自然界的生命"。

与他同时代的托马斯·莱辛(Thomas Lessing,1872-1933)和达葛(Edgar Dacqué,1878-1945),也持同样的观念。达葛原在慕尼黑大学研究古生物和古地质,后来专心探索生命的起源问题,对古人类及其文化演化过程进行哲学人类学的分析。他的《对史前社会、传说及人类的自然史形而上学研究》(*Urwelt*, *Sage und Menschheit. Eine naturhistorisch-metaphysische Studie*,1924)及《作为象征的生命:发展论的形而上学》(*Leben als Symbol. Metaphysik einer Entwicklungslehre*,1928)等著作,对19世纪末至20世纪的哲学人类学研究,产生直接的影响。

在克拉格斯之后不久,凯舍尔林(Hermann Keyserling,1880-1956)进一步揭示"精神"与生命、与灵魂的"断绝",并谴责"分析的理智的泛滥"对于人类文化的破坏作用。他反对把哲学简单地理解为"纯粹的理智活动"。这位与斯宾格勒在同一年出生的哲学家认为,东方文明倒是值得效法的,要把理性同非理性正确地加以协调,"让精神培育灵魂"。在他所著《自然哲学导论》(*Prolegomena zur Naturphilosophie*,1910)及《一位哲学家的旅行日记》(*Reisetagebuch eines Philosophen*,1919)中,凯舍尔林呼吁"重建精神与灵魂的结合的必要性"。

凯舍尔林的著作很多,他的晚期著作中,发生影响最大的是《关于个人生命的书》(*Das Buch vom persönlichen Leben*，1936)、《关于起源的书》(*Das Buch vom Ursprung*，1947)以及《在时间中游历》(*Reise durch die Zeit*，1948)。在凯舍尔林的影响下，黑森州的达姆施塔德大学迅速地形成了一个"智慧学派"(Schule der Weisheit)。而且，这一学派的影响还远远地传播到国外：在西班牙，以加塞特(José Ortega y Gasset，1883－1955)为代表的新学派，具有重要意义，这位西班牙杰出的思想家，以他的著作《群众的暴动》(*Der Aufstand der Massen*，1929；德语译本 1931 年)、《爱的沉思录》(*Meditationen über die Liebe*，德语译本 1933 年)、《自我存在与自我异化》(*Selbstsein und Selbstentfremdung*，德语译本 1939 年)以及《技术探究》(*Betrachtungen über die Technik*，德语译本 1948 年)而在 20 世纪上半叶的国际哲学界占据重要地位。

同凯舍尔林相近的，还有齐格勒(Leopold Ziegler，1881－1958)。这位哈特曼的学生，对人性及文化有很深刻的研究。他的著作《文化的本质》(*Das Wesen der Kultur*，1903)、《哈特曼的世界观》(*Das Weltbild Hartmanns*，1910)、《德意志人》(*Der deutsche Mensch*，1915)、《神的形态的变化》(*Gestaltwandel der Götter*，1920－1923)、《人与经济》(*Zwischen Mensch und Wirtschaft*，1927)、《人的演变》(*Menschwerdung*，1948)、《从柏拉图的国家到基督教的国家》(*Von Platons Staatheit zum christlichen Staat*，1948)及《在七次晚宴上发表的关于人性的谈话集》(*Das Lehrgepräch vom allgemeinen Menschen in sieben Abenden*，1956)等，除了探索文化的起源外，也很赞颂东方文明，并强调改造西方文化的必要性。

就精神与人类本能行为的关系而言，马克斯·舍勒(Max Scheler，1874－1928)也深受德利斯和克拉格斯的思想的影响。在舍勒那里，人类精神作为人类行为的原动力，要求"本能"作为中介，使精神通过对于本能的"操纵"，实现与人的生物学上的因素的协调。但舍勒的哲学基本上属于现象学的范畴，所以，我们将在本书的现象学的章节中，专述舍勒的思想。

德利斯的思想的更重要的影响，毋宁是对于弗洛伊德学派的精神分析理论的形成和发展。

如果说德利斯等人的"生命哲学"具有向自然发展的倾向，那么，以齐美尔为代表的生活哲学派别，则是在更接近狄尔泰的历史主义的基础上的、朝着文化和社会研究方向发展的思潮。

齐美尔和狄尔泰一样，具有相对主义的倾向。他认为，哲学表现了"人类精神的各种形态"。他把生命看作不断增长的流程，所以，更确切地说，生命应该被理解为"更多的生命"(mehr-leben)。这也即是说，生命总是有不断增多的趋势，而从心灵的角度来看，生命总是要超越作为生命的生命，变成为所谓"比生命更多的生命"(Mehr-als-Leben)。齐美尔在《道德科学导论》和《生命的直觉》中，都反复强调每个人应该以绝对区别于他人的方式来行动。

在齐美尔的哲学思想发展过程中，把生命客观化的趋势逐步地压倒了早期相对主义思想。他认为，生命自我超越而转化为观念，形成了一种"意义与价值的客观次序"——正是在这个客观次序中，我们的判断发现了其准则，我们的意识则发现了其义务。在其《金钱哲学》(*Philosophie des Geldes*，1900)、《社会学》(*Soziologie*，1908)和《哲学的文化》(*Philosophische Kultur*，1911)等书中，齐美尔强调，人的义务的客观化并不意味着普遍化，而人的意识和良知的规律，至多也只能是个体化的。在他看来，生活的真正价值恰巧是由其个体性所保障的。

就某些方面而言，特勒尔茨(Ernst Troeltsch，1865 - 1923)也是与

狄尔泰的观点相类似。他认为，以历史的统一性为基础，一个民族或一个历史时代，可以"一次地"形成"总体性"。历史的统一性表现在它的价值和意义的统一性，但这种统一性是独一无二的，也就是说，它从来都是"一次地"表现出来，它永远是与"其他"相区别。因此，历史并非某种"普遍的目的性"的逐步实现，而是发展着和自我解体化的个体的总体性的"集合体"。但是，特勒尔茨并不把那永远变动着的历史多样性看作他的最高信念，他宁愿信赖某种宗教方面的"先天性"，并认为在宗教之中具有一种"确定不移的"和"真理的"原则性。他的主要著作《基督教的绝对性与宗教史》（*Die Absolutheit des Christentums und die Religionsgeschichte*，1902）、《基督教教会和团体的社会理论》（*Die Soziallehren der christlichen Kirchen und Gruppen*，1912）、《论历史主义及其问题》（*Der Historismus und seine Probleme*，1922）以及《历史主义及其超越》等，都一再论证这个基本原则。

德国的生命哲学家对 20 世纪哲学的发展产生很大的影响。他们对生命的内在精神动力的关注，使 20 世纪许多哲学家，特别是法国 20 世纪哲学家，当他们面对新的生命科学的研究成果的时候，对生命的意义及其与人类整个文化的密切关系进行更深入的思考，从而为后来的哲学的重建提供许多有益的启发。

第十六章

布伦塔诺及其学派

德国的现象学(Phänomenologie),严格说来,是从布伦塔诺(Franz Brentano,1838－1917)开始的。布伦塔诺在《从经验论观点看的心理学》(1874)一书中,指出了"意向性"在人的意识活动总体中的重要性。他认为,任何心理现象都是指向某个对象,不管这个对象是客观的,还是非客观存在的。因此,布伦塔诺把现象分为三大类型:表象、判断和带情感性的态度。第一类现象只是想心灵呈现某种对象,尚无"对"与"错"的区别;第二类显然已经有对与错的区别,而且,这种区别是自明的;第三种属于内在的情感态度,表达接收或者拒绝,具有自我辩护的限制,而且还成为道德直觉的基础。

第一节 描述性行为心理学

布伦塔诺所创立的描述性行为心理学（die deskriptive Aktpsychologie)给胡塞尔深刻的影响。布伦塔诺认为,我们的认识的基本概念,如"因果性"和"实体"等,都起源于内感（die inneren wahrnehmung)。我们是在说明因果关系的时候，经历到或体验到（erleben）"因果性"概念的。知识是明显的判断，所谓明显性，就是确定地只有一个可能的和充足理由的真理标准。就像任何一个明显的判断一样，也同样存在着一种明显的"评价"（ein evidentes werten），如"爱"或"恨"。因此，一种真正的"爱"就是明显的评价，是同道德基础相联系的。所以，在布伦塔诺那里，意识活动是同经历到的感觉、表象、判断和爱等行为联结在一起的。

布伦塔诺的这些富有现象学精神的"行为心理学"原则，通过他的学生马尔蒂和奥斯卡·克劳斯而直接对胡塞尔产生影响。

第二节　胡塞尔的现象学

与此同时，一群数学家和自然科学家，在从事研究他们的科学对象的时候，实际上也开始采用一种直接的直观观察方法，并从中归纳成对于实际客观对象的本质认识。在这一群数学家和自然科学家中，对后来的胡塞尔现象学发生决定性影响的，是弗雷格（Gottlob Frege，1848-1925）和施图默普夫。

胡塞尔根据他从布伦塔诺、弗列格和施图默普夫那里所受到的启发，撰写一系列关于"数"的哲学和逻辑的论著《论数的概念》（*Über den Begriff der Zahl*，1887）、《算术哲学》（*Philosophie der Arithmetik*，1890-1901）及其他论文。胡塞尔在这一时期所发表的论算术和几何学的论文，后来被分别收集成《算术与几何学论文集》（*Studien zur Arithmetik und Geometrie*，1886-1901. Hrsg. Von I. Strohmayer，1981）和《胡塞尔论文与评论集（1890-1910）》（*Aufsätze und Rezensionen*，1890-1910. Hrsg. Von B. Rang. 1979）。

　　不过，在这一时期，胡塞尔对数学的意向性说明，仍然停留在心理学的层面，也就是说，他基本上把数的现象的呈现当成一种心理现象。因此，胡塞尔遭到弗雷格的批评。

　　在接受弗雷格的批评之后，胡塞尔将他对于现象学的初步思考结果，首先集中在他于 20 世纪初所发表的《逻辑研究》(*Logische Untersuchungen*, 2 Bde. 1900 - 1901)一书中。《逻辑研究》的问世标志着现象学的正式诞生。一群青年学生从德国的四面八方赶到胡塞尔任教的格丁根大学。值得注意的是，这些胡塞尔的青年拥护者，从 1907 年起，在聆听胡塞尔之外，还每周举行一次哲学沙龙，共同讨论现象学的论题，于是慢慢形成后人所说的格丁根学派。胡塞尔作为"严谨的哲学家"，不愿意跻身于他们之中，继续以严肃的态度探索现象学的方法，并以嬉戏的口气称这群青年哲学讨论活动为"连环画式的现象学"(Bildbuch Phänomenologie)。

　　与此同时，在慕尼黑大学也逐渐形成研究现象学的哲学沙龙。他们原来深受李普斯(Theodor Lipps, 1851 - 1914)的心理学主义的影响。但在胡塞尔的强烈影响下，这群青年学生也逐渐地走上现象学的研究道路，慕尼黑学派就这样应运而生。

　　后来，胡塞尔本人到弗赖堡大学任教，来自德国和世界各地听课的学生和其他学者越来越多。同时，胡塞尔的学生也逐渐在马堡、梅因兹等地传播和发展现象学，使现象学扩大成为普遍的哲学研究活动。

　　胡塞尔把现象学的方法传授给海德格尔和他的其他学生，使现象学和存在主义迅速地在德国和法国传布开来，并由此开创了 20 世纪波澜壮阔的现象学运动，而存在主义也同时兴盛起来。

第十七章

马克斯·舍勒

马克斯·舍勒(Max Scheler，1875－1928)的哲学活动是多样化的，但在他的哲学理论中，人们可以发现一条哲学人类学的基本原则：人是精神与本能的综合物，是上帝所选中的唯一可以施展其灵性的生命体。马克斯·舍勒几乎继承了 19 世纪德国自然哲学的传统，尤其是谢林的带有神秘主义倾向的自然哲学。问题在于，舍勒的哲学并不停留在传统的自然哲学原则上，他所贯彻的毋宁是现象学的分析方法，或者应用现象学的方法，去试图创立一种独特的本体论体系。

第一节　曲折的生涯和丰富多样的思想

舍勒出身于慕尼黑一个同时信仰新教和犹太教的家庭，但他从少年时代起便皈依天主教。舍勒的大学生活是从慕尼黑大学医学院里开始的。当时，舍勒还同时攻读哲学与心理学。后来，舍勒转学到柏林大学从事哲学和社会学研究。同阿美利·德维茨-克列伯丝(Amélie von Dewitz-Krebs)结婚以后，舍勒定居于耶拿，并于 1877 年在耶拿大学获哲学博士学位。他的指导老师是当时有名的新康德主义者鲁道夫·奥伊肯。舍勒是在 1901 年在哈勒会见胡塞尔的。当时，舍勒虽然以研究柏克森、尼采和冯·哈特曼及其他生命哲学家的理论为主要方向，但他很快就对胡塞尔的现象学感兴趣。1907 年，胡塞尔推荐舍勒在慕尼黑大学任李普斯教授的助教。从那以后，舍勒与莱那赫（Adolf Reinach，1883－1917）、康拉德·马蒂乌斯（Hedwig Conrad-Martius，1888－1966）、盖格尔（Moritz Geiger，1880－1937）及希尔德布兰德（Dietrich von Hildebrand，1889－1977）等人一起，组成一个以胡塞尔为中心的现象学派。1910 年后，舍勒到格丁根任《现象学研究年鉴》副主编。

由于夫妻关系恶化，舍勒与德维茨-克列伯丝离婚，并于 1912 年与玫丽德·福尔德旺勒（Maerit Furtwangler）结婚。在第一次世界大战期间，舍勒居住于柏林并狂热支持政府的民族沙文主义政策。在这一时期，舍勒的主要著作有《道德建构中的怨恨》（*Das Ressentiment im Aufbau der Moralen*，1912），《关于人的观念》（*Zur Idee des Mensch*，1914）、《伦理学中的形式主义与实在的价值伦理学》（*Der Formalismus in der Ethik und diemater--iale Wertethik*，1913、1916）及《同情心的本质与形式》（*Wesen und Formen der Sympathie*）。他在这一时期所写的《战争的天才》和《战争与重建》两篇文章是他鼓吹战争、支持民族沙文主义的见证。

1921 年发表的《人的不朽性》标志着他对天主教的由衷信仰，成为他的宗教哲学的重要代表作。与此同时，舍勒在科隆大学社会学学院主讲社会学教程，并指导知识社会学（Wissensociologie）的研究，着重分析认识和知识的形式与社会的关系。

舍勒在 20 年代的理论研究成果使他声名斐然，请他讲学的邀请函如雪片般而来。但他的私人生活又因与玫丽德·福尔德旺勒不和而遇到麻烦。据说，由于他与夫人闹离婚并打算娶玛丽亚·谢娃（Maria Schev）为妻，他的思想发生很大的转变，他转而思索思辨的形而上学问题，主张一种"反泛神论"的思想，论证在精神与行为的二元论体系中的有限的神的存在。但他的心脏病日益恶化，以致使他在接受法兰克福社会学研究院的邀请和正式赴任之前病逝，时为 1928 年 5 月 13 日。

在马克斯·舍勒的复杂思想体系及其演变中，我们至少可以看到两个重要的转折：从新康德主义转向现象学，又从现象学转向一种演化的泛神论（evolutionärer Pantheismus）。舍勒的新康德主义是他在大学时期表现出来的。他在耶拿大学期间由奥伊肯指导所写的博士论文《论逻辑与伦理原则之间关系确立》（*Beiträge zur Feststellungen zwischen den logischen und ethischen Prinzipen*，1897），就是以新康德主义为基础的。接着，两年之后，舍勒又同样根据新康德主义的基本观点，完成取得大学哲学教授资格的论文《先验的与心理的方法》。在这一时期，舍勒都明显地将伦理学与认识论结合在新康德主义的体系之中。但是，当舍勒转向研究胡塞尔的《逻辑研究》以后，舍勒就开始根据现象学的方法纠正他的新康德主义。

马克斯·舍勒的著作全集有很多版本。1969 年至 1986 年，曾经先后由玛丽亚·舍勒和弗林斯编辑出版了十五卷本《舍勒全集》（*Gesammelte Werke*，Zuerst im Francke-Verlag，Bern/München erschienen，ab 1986 im Bouvier-Verlag，Bonn. Bis zu ihrem Tod (1969) hrsg. v. Maria Scheler，seither von M. S. Frings）。

马克斯·舍勒的文集主要有《早期著作选》（*Frühe Schriften: Beiträge zur Feststellung der Beziehungen zwischen den logischen und ethischen Prinzipien*，1899），《先验的和心理学的方法》（*Die transzendentale und die psychologische Methode*，1900，2．Aufl. 1922)等。

舍勒的思想是很复杂的。为了简略起见，我们分别从他的认识论和方法论、价值哲学和伦理学、人类学和心理学、形而上学和宗教哲学以及社会学等五大方面来论述。

首先，在认识论与方法论方面，新康德主义的思想影响使舍勒的认识论打下了"先验论"的烙印。与此同时，他的现象学思想使他以"意向性"(Intentionalitat)为基本概念广泛分析精神活动的各种不同形式。但他拒绝胡塞尔的"还原法"。他突出使用"悬念"的概念，以便把"爱欲"(eros)的能量释放出来，为基本的直观提供精神上的动力。他认为直观是一种直接的、即刻的知觉，一种非象征性的"把握"。他把人的行为和情感方面的知觉和直觉加以分类，发展一种关于情感和感受的理论，并更深入地分析"偏好""爱好"等情感的性质及其价值。所以，在舍勒看来，精神活动及其现象乃是现象学经验的事实，它们是与自然的和科学的实际事实相区别的。现象学的经验事实的特点是它们的单纯性及其有规则的相互联系性。所以舍勒认为："现象 A 不可能在现象 B 在时间上预先出现以前而存在。"由此出发，舍勒指出，伦理学形成一种本质领域(wesenreich)，一种本质的事实范围，它们是客观的和独立的，他打算论证本质的理想的状况，但又要避免柏拉图主义的唯心主义性质。由此可见，他的现象主义的认识论和方法论直接导致他对人的心情和情感的哲学人类学研究。

其次，舍勒的伦理学的特点是强调一种实在的价值，以与康德的形式的价值论相区别。他的现象学给予价值以客观的性质，强调基于情感上的知觉的有意识的道德行为的重要性。舍勒把道德价值按不同等级加以自上而下的排列分类。他为此以爱好和服从两种价值认识行为为例去说明价值的分类性。舍勒还把价值认识行为与情感（gefühl）加以区别，因为情感只是间接地与对象相联系，因此也是有意向性的。价值行为则不然。它们是在爱或恨的指引下实行的行为，是超认识的，它们既是价值的创造者，又是价值的表演者，它们是真正的"人心的逻辑"，真正的伦理学是从区分价值出发的。舍勒的伦理思想和价值还以其人格主义的特点而著称。

再次，关于人及其在世界上的地位问题，一直是舍勒所考虑的主要哲学问题。在舍勒的早期著作中，他把人按不同等级加以分析：处于最高等级的有人格的人是精神的具体化身，在它之旁则存在着作为自我的心理状态和作为身体的人的实体。有人格的个人是各个行为的具体的统一基础，但这种统一性并不能物化，它只能在内心的知觉活动中得到具体化。至于人的心理活动，又只能在外在的知觉中得到具体化。每个个人具有绝对的性格，从而也具有超因果性、超时间性和超空间性。我是相对于你，即相对于他人和相对于外在世界而存在的。我的交织物与人格化的个人的单纯的和有活力的统一性成为鲜明的对照，因为我的交织物是可以在过去、现在和将来的时间形式中延伸。总之，舍勒把人分为三个相互渗透的方面：有人格的个人、作为心理状态的自我与肉体。

因此，与人相比，神是无限的个体。但这个人格化的神不能通过理性认识去把握。个体乃是一种总体性。据此，舍勒提出了总体的人（gesamt person）的概念，并借此形成其关于社会的思想体系。在他看来，共同的社会生活，使人有可能通过共同的经验的陶冶而形成与自己的心理状态相适应的、更加融洽的个性。舍勒的具有浓厚的形式主义特点的人类学终于将对人的研究立足于全人（allmensch）的概念。在全人的概念中，包含了人的五种历史类型：智人、贤人、背弃生活的人、超人和信仰宗教的人。

舍勒的晚期思想趋向思辨性的形而上学，强调精神与激情或冲动的二元论，并使之成为生命冲动的根源。在这种情况下，宗教成了他的形而上学的附属品，而他的形而上学则演变成具有救世性质的知识体系。

舍勒是一个多才多艺的思想家。所以，他对于人的研究并不局限于哲学领域，而是从人文社会科学的跨学科视野，进行全面地研究。在这方面，舍勒尤其重视社会学。舍勒的社会学是与他对怨恨问题的分析批判联系在一起的。因此，舍勒的知识社会学广泛地涉及历史。他的关于价值的分类等级的观念使他将知识分成三种类型：关于统治的知识、关于解救的知识和关于本质的知识。舍勒还预言 20 世纪会成为真正适应的时代，使精神与举止完全地协调起来。

马克斯·舍勒在现象学的队伍中占据特别的地位。把他的哲学纳入现象学的范畴，一点都不意味着他的思想同胡塞尔的思想创造有紧密的关系；相反，舍勒本人甚至没有与胡塞尔有直接的接触和来往。舍勒的现象学是以完全独立于胡塞尔的独特方式，在他的包括哲学、人类学、心理学和社会学的作品中阐发出来和加以运用的。他自己曾经以非常深刻而简练的方式，把现象学的基本原理阐述如下："首先，现象学是表示精神观看的一种调整方式的名称，通过它，人们观看或者亲身经验到某物，使之不继续隐蔽着，也就是说，保留着它在'事物'的领域中原有的独特方式。所谓'被活生生地体验到'和'被观看'，就是使之保持在原初的活生生的显示着的行动过程自身之中，也就是说，它是在其自身、也只有在其自身中'被给予'。"

舍勒以其独特的方式说明现象学的还原方法。他认为，在现象学的还原中，除了意识，还有人的情感、爱以及"存在"本身[①]。因此，舍勒不同于胡塞尔的地方,就在于他不仅把现象学的描述方法扩大地运用于胡塞尔所没有涉及的领域,而且,他还在理智的直观之外,强调非理性的"本质价值"所激荡起来的激情式的直观。这样一来,舍勒就以其现象学的独特观念及其广泛应用,使现象学远远地超出胡塞尔探讨的领域。

舍勒曾经是奥伊肯的学生,也是法国的柏格森(Henri-Louis Bergson,1859 - 1941)和帕斯卡尔的崇拜者。他标榜他的现象学与帕斯卡尔有很深的关系。舍勒也试图总结尼采和圣奥古斯丁的天才思想,把许多不同的哲学理论和各种思考方式综合起来。

马克斯·舍勒是一位不知疲倦地工作的哲学家,他灵活巧妙地以其哲学理论和方法观察和分析他所遇到的各种社会文化问题。为此,他撰写了大量的论文和评论作品,成为当时著名的高产作家。从 1913 年到 1928 年逝世为止,就是舍勒疯狂创作的时期。1913 年,发表《激情的现象学》;这本书在 1923 年再版时,以《激情的本质和形式》(*Wesen und Formen der Sympathie*,1923)为名发表。1915 年,出版一部大型的著作,以哲学观点评论战争:《战争的才华与德国的战争》(*Der Genius des Krieges und der deutsche Krieg*,1915)。第二年,他又发表《战争与重建》(*Krieg und Aufbau*,1916),并在同一时间内发表了《价值的颠覆》。当然,到此为止,舍勒远没有停止写作的活动。他不仅在哲学领域,而且也在许多他所感兴趣的领域中,不断扩大他的视野,开辟新的思索方向。

总之,舍勒的作品包括《先验的和心理的方法》(*Die transzendentale und psychologische Methode*,1900)、《伦理学中的形式主义与物质的价值伦理学》(*Der Formalismus in der Ethik und die materiale Wertethik*,1913)、《关于价值的颠覆》(*Vom Umsturz der Werte*,1916)、《关于人的

永恒》(*Vom Ewigen im Menschen*，1921)、《感情生活的感性原则》(*Die Sinngesetze des emotionalen Lebens*)，其第一卷为《同情心的本质与形式》(*Wesen und Formen der Sympathie*)、《知识形式与社会》(*Die Wissensformen und die Gesellschaft*，1926)、《人在宇宙中的地位》(*Die Stellung des Menschen im Kosmos*，1928)等。在这些著作中，舍勒始终都力图探究事物的本原和源泉，并把各种流派的哲学思想相互融合在一起。舍勒把柏拉图、帕斯卡尔、胡塞尔、尼采、狄尔泰和柏格森等人的思想交融在一起，但同时也表现了他本人对于"精神的主导地位"的原则的一贯立场。

第二节　伦理价值观点

在他的《伦理学中的形式主义与物质的价值伦理学》一书中，舍勒批判康德的形式主义的伦理学，并展示他的价值学说(wertlehre)。他认为，价值赋予人的行动以力量和推动力。正是在价值的基础上，人类社会才形成各种行动的规范和社会制度。

在舍勒看来，精神并不简单地归化为逻辑意识。精神的使命，不但是保证理性的(或合理的)行为，而且还完成感动人的和带意志力的行为。不同的性质的行为是用来指导不同类型的、便于我们去把握的存在。他说：在某些类型的精神性行为和某些领域的存在之间，存在着一些本质性的密切联系，这些行为恰巧是可以直接或间接地通往那些不同类型的存在领域之中。广义的意志使我们把握那些表现为功效(效能)和对抗力的现实性。合理的行为使我们通向理智的领域，那是严格意义上的具有逻辑意义的领域。但除此之外，也存在着一些作为价值的事物的本质，可以通向精神的感动性领域，通向感染人的感知行为,或通向爱情领域。这种本质是分等级地先天地和绝对地表现出来,分别表现为活力的、精神的和宗教的价值。这些不同的价值都是"存在的质",因此,它们始终隶属于不同的存在,在这意义上它们并非自在的本体,但它们又是绝对的,因为它们独立于人的主观性,并对之加以规定。这种价值哲学是同康德的道德形式主义相对立的所谓"价值本质伦理学"的基础,因为康德把先天的与合理的和形式的相同一,并错误地理解价值世界的自律和感情行为的先天性。

精神存在的必要形式就是"人格"(Person),即作为有意向的不同行为的活生生的统一体,而且,这种统一体只有在实现不同意向的行为中才能生存下来。"人格"是人的各种行为和各种生存活动的基础。"人格是具体的,基本上是各种生存物的行动的最根本的基础。"舍勒也谈到"总人格"(Gesammtperson),即国家、民族等。它们也具有自身的意识,并以此意识为基础实现它们的行动。因此,舍勒认为,这种"人格"是不可单纯地简化为独一无二的合理的意向性,尤其要指出的是,由于人格在本质上是"个体性的",所以,其意向性更不会是单一的。个人的个体性具有明显的神学意义:个人不只是上帝的一个形象,而且也是上帝的一个"永恒的观念",一个意愿的特殊对象和神的爱的对象。因此,个人也是自身的使命的主体。这样具有浓厚个体性的个人赋有独一无二的价值,而宇宙的最终价值和意义正是由这种存在来衡量的,是由个人的高度完善化来规定的。上帝的观念(gottesidee)是最高级的价值,而神爱(gottesliebe)是爱的最高形式。

第三节　爱是人的生命的基本力量

因此,舍勒的本体论就是由基督教教义所启发出来的博爱的形而上学体系。他说："起初,语言是由爱所指引的。"因此,爱是最原初的动力,世界的统一性就基于爱之上。爱的力量激发有生命之物同"绝对"相结合,它又是精神行为的原动力。精神行为的不同意向是使主体远离自身,并力图参与别的存在的运动过程。

舍勒认为,在人的本质中包含爱的力量。他特别指出:构成人的本质的东西的,并不是在思想和意志中的因素,而是爱(liebe)。舍勒在赞颂对世界的爱的同时,对统治的力量表示对抗,他一方面认为对象是自我存在的,另一方面也认为存在是自我显现的。他的这些观点都贯彻到他的宗教哲学中。因此,他的宗教哲学乃是一种宗教行为的现象学或宗教行为的对象(即神圣之物)的现象学。他认为,宗教在本质上是同自然的和超自然的启示观念相联系的。"一切关于上帝的认识都是通过上帝的认识。"因此,宗教上之神圣之物只能与忠于宗教的态度相通。

在舍勒的晚期哲学著作中,他一直坚持认为精神的不可制服性是人类精神的独特性,正是精神的这一特点,使得人唯一地能够摆脱周围世界或环境(umwelt)的控制,并对世界持开放态度。然而,另一方面,舍勒又指出"精神的软弱无能",因为它本身缺乏能量,只能靠非精神的因素作为达到其特殊目的的手段。这一切决定了人的本能行为的性质,使政治的、经济的和地理的力量及一切顺从其自身规律的因素,都同精神的原则相违背。舍勒把这些自然的"力量"的原则称为"冲动"(Drang)。这种"冲动"和精神一样,具有宇宙的和形而上学的意义及其范围。"冲动"与"精神"之间的对立,力量和次序的对抗,构成了世界和历史的中心内容,它是"绝对"的悲剧的表现——因为这两种对立着的"原则",本是上帝的属性;而上帝只能靠其本身来协调,只能通过一种综合,通过精神的增强及其对于"冲动"的渗透才能完满地实现。上帝的这种完满的实现，主要决定于人实现其自由的行为规则。因此，舍勒说："人的历史是同神的变化相混合的。"

注释

① *Erkenntnis und Arbeit*. In *Wissensformen und die Gesellschaft*. S. 353；460；*Vom Ewigen im Menschen*. S. 106f.

第十八章

雅斯贝尔斯

生命哲学和现象学的发展，直接地为存在哲学的产生提供了条件。其实，存在主义思潮并非德国独有的，在德国存在主义兴起之前，丹麦哲学家克尔恺郭尔和俄国文学家陀思妥耶夫斯基（Feodor Mikhailovitch Dostoievski，1821－1881）早已有很明显的存在主义倾向；存在主义的基本概念"恐惧""不安"和"担忧"等，早在他们的著作中被广泛使用。克尔恺郭尔所著《抉择》（*Entweder-Oder*，2 Bände，1843）和《恐惧的概念》（*Der Begriff der Angst*，1844）及《哲学片段集》（*Philosophische Brocken*，1846）等，已经淋漓尽致地表述了存在主义的基本论题。克尔恺郭尔强调上帝的超越性及其与此岸世界的文化价值的对立并指出：正是由于这种对立，使人类的固有着单一性和无望（Einsamkeit und Verlorenheit）的灵魂产生一种恐惧。他的这个思想，在海德格尔全面发展存在主义思想以前，分别为辩证神学（dialektische Theologie）的理论家卡尔·巴特（Karl Barth，1886－1968）、弗里德里希·戈加滕（Friedrich Gogarten，1887－1967）和布鲁纳（Emile Brunner，1889－1966）以及希望哲学思想家布洛赫（Ernst Bloch，

1885－1977)等人所发展。

第一节　雅斯贝尔斯的哲学生涯

存在主义思想在基督教神学中的影响,导致了 20 世纪一系列存在主义神学家的出现,如格利斯巴赫(Eberhard Grisebach, 1880 - 1945)、艾伯纳(Ferdinand Ebner, 1882 - 1931)、罗森茨威克(Franz Rosenzweig, 1886 - 1929)、布伯(Martin Buber, 1878 - 1966)和布尔特曼(Rudolph Bultmann, 1884 - 1976)等人。

作为严格意义上说的存在主义哲学家,雅斯贝尔斯(Karl Jaspers, 1883 - 1969)是这一流派的最早开创者之一。他于 1883 年 2 月 23 日生于奥尔登堡。他先后在海德堡大学和慕尼黑大学攻读法学(1901 - 1902),然后在柏林大学、格丁根大学和海德堡大学学医。在 1913 年获取大学教授资格文凭以前,他在海德堡从医。1916 年起,在海德堡大学教授心理学和哲学,但当时任教的新康德主义者李凯尔特并不同意提升雅斯贝尔斯任哲学教授。这段时间,是雅斯贝尔斯创作最旺盛的时期。1937 年法西斯纳粹政府因他是犹太人而加以迫害,撤了他的教授职务。

第二次世界大战后,雅斯贝尔斯积极参加德国的民主建设,并在 1948 年移居瑞士巴塞尔,直至 1969 年逝世为止。由于身体健康状况日益恶劣,他从 1950 年代起几乎停止与外界的接触,尽管他先后获得了歌德奖(1947)、和平奖(1958)和伊拉斯谟奖(1959)。

第二节　雅斯贝尔斯的主要著作

雅斯贝尔斯的主要著作有《哲学》(*Philosophie*,1932)、《真理的本质》(*Vom Wesen der Wahrheit*，1947)、《哲学导论》(*Ein fuerung in die Philosophie*，1950)和《伟大的哲学家们》(*Die grossen Philosophen*，1957)等。在《哲学》一书中，雅斯贝尔斯明确表示其任务是"阐明存在"(Existenzerhellung)，即间接地把握那些无法从对象的角度加以说明的事物。

那么，什么是存在呢？存在，就是生活与精神的相互渗透。他认为，世界上并不存在普遍有效的所谓科学的哲学，哲学只与自我的存在有关。在《哲学》的第一部分"世界的方向"(Weltorientierung)中，雅斯贝尔斯首先批判了科学。但他的用意并不是贬低科学，而是以哲学同科学相对立。他认为"强制的知识"和"阐明存在的思想"是必然相互对立的。"阐明存在"的一个重要方面是"在有限的状况中去描述存在"。所谓"有限的状况"，就是"死亡""痛苦""战斗"或"错误"等。这些"有限的状况"(Grenzsituationen)是"经验的存在"的基本状况，雅斯贝尔斯称"经验的存在"为"此在"(Dasein)，即某个人的具体存在。

《哲学》的第二部分在集中"阐明存在"方面下了很大功夫。"存在"的基础是唯一地发生的先验性，换句话说，"存在"的特性，即先验性，只能发生一次，而且只发生在某一个具体的有限的环境中。

《哲学》的第三部分是形而上学。雅斯贝尔斯试图在被摧毁的本体论之外，重建新的形而上学，以便阐明存在与先验性的关系的二律背反(antinomie)性质。这种二律背反可以具体地表现在：挑战与放弃、堕落与飞跃发展、白天的戒律与夜晚的情欲以及多与一等。但是，雅斯贝尔斯特别强调先验性用以表达自己的特殊语言，即数字(chiffren)——这种数字具有象征性的意义，因此，也可以被看作先验性的密码。自由，乃是人类唯一地可以在其中发现存在的密码的地方。先验性是求之不得的、必然的，它永远是隐匿着的。一切数字(密码)都不可避免地涌回"失败"(Scheitern,或译"落空"的最高"数字"中——这是对"存在"的终极考验,它要在这里遭受到最大"苦难",但正是在这个当儿,"先验性"在消失的同时,显现出其自身。由此可见,雅斯贝尔斯自始至终坚持认为"数字"包含着"存在"的奥秘,而且这一独具特色的"形而上学"体系是紧密地同"阐明存在"相联系的。雅斯贝尔斯在其著作《哲学》中,并未充分说明"理性"与"存在"的关系,也没有论述"兼并者"的概念。对于这些范畴进行详讨的,是他那本发表于 1935 年的著作《理性与存在》(Vernunft und Existenz)。在雅斯贝尔斯看来,人生是"无理性的存在",是在"随意性"与"暴力"中的"阴影"。但是,"理性与存在又是不可分割的,其一的消失导致其二的不存在,只有通过理性,存在才变成清晰的'自为的存在',而理性也只有通过存在,才有自己的内容。"但理性与存在的具体关系是辩证的,在"真正的"生活中,"存在者"与其自身的关系是紧张的和含糊不清的。因为既然存在着的个人是"被选定的",是"自由",是"独一无二的"和"主观的真理",理性对它的干预就无法真正地实现。这就是说,"阐明存在"并不同于对一个"客体"(或对象)的认识,它只是"唤醒"那个个人,并使之朝其独特性发展的"可能性"。

因此,在雅斯贝尔斯看来,阐明存在的最可取的方法是不加任何限制的"沟通"(Kommunikation)。所谓"沟通",是指"存在着的个人"对于"他人"的永久性的"开放",进行"对话"或"辩论"。"存在着的个人"永不会凝滞于"绝对真理"中,他永远都在"道途之中",只有绝对的宽容才是本质性的价值。人的这些特点隐含着一种关于人类的有限性的意识,这就是说,我们的认识是缺乏条理的、不连贯的和有缺陷的,而我们的认识能力是有限制的和不确定的——前述"死亡"和"痛苦"等所谓"有限的状况",恰巧是我们的根本的失败的表现。所以,雅斯贝尔斯说："体验有限的状况和存在，这是同一回事。"然而，有限性又不等于绝对被隔离，因为它又包含着超越性。

在雅斯贝尔斯关于"数码"的学说中，包含了其存在主义理论与宗教理论的联系。在他看来，"数码"与"神话"是通往超越性和上帝的桥梁。代替我们的认识的，是"数码"的无限地变幻无常的魔术，但我们是无法通过这些魔术而达到上帝本身的。假设果真有上帝的启示存在的话，那当然是另一回事，但果真如此，就"等于对真理的僭越"，或"等于把数码与存在本身相混淆"。

雅斯贝尔斯关于超验性的观念，在论述历史时达到了最高点。历史要具备一个意义的话，光靠人类对其自身的意识以及把自己视为一个"总体"还是不够的。只有当时间之中不仅包含时间本身，而且还包含比时间更高级的其他事物的时候，只有当存在本身也向我们走来的时候，历史才具有真正的意义。这种哲学信念一方面抛弃一切变幻生成的荒谬性，另一方面又拒不对"意义"一词下一个明确的定义。

总之，雅斯贝尔斯的存在哲学的重点是突出处于孤独状态的"个体"的"存在"方式，而解决这一孤独状态的出路，是进行"沟通"。

对于雅斯贝尔斯，可以用古希腊伟大的医学家希波克拉底（Hippocrate，460－377 B.C.）的一句话来作结论："凡是成为哲学家的医生，就是同神相类似的人。"

第十九章

胡塞尔

胡塞尔（Edmund Husserl，1859－1938）是现代现象学的真正创始人。与他同时代的，虽然还有马克斯·舍勒和尼古拉·哈特曼，但是，把现象学真正体系化，并使之成为一个独立的哲学流派的，就是胡塞尔。

第一节　学术生涯及基本著作

胡塞尔于1859年生于原奥匈帝国版图（现在捷克境内）的摩拉维亚地区普罗斯尼兹（Prosznitz）市。他的祖先是中产阶级人士，犹太裔商人。1870至1876年，他在奥尔穆兹市受教育，1876至1883年，他先后在莱比锡大学、柏林大学和维也纳大学从师于克罗纳克尔（Leopold Kronecker，1823－1891）和魏尔施特拉斯（Karl Weierstrass，1815－1897）等著名数学家，专心研究数学。1884年起，胡塞尔正式地成为维也纳大学哲学系学生，从师于布伦塔诺。他在施图默普夫教授指导下，以"数的概念"为题，写完取得大学教师资格的重要论文。由于当时的普鲁士规定，一切行政机关职员必须信仰路德派新教，胡塞尔只得从犹太教转而皈依路德教。1887 年他任哈勒大学讲师，1905 年任格丁根大学教授，1916 年转为弗赖堡大学教授，直至逝世。1933 年希特勒上台后，他被革除教职，行动受到限制。1935 年他曾先后去维也纳和布拉格做学术报告，题为《哲学与欧洲人的危机》。1938 年胡塞尔逝世前夕，一位比利时青年哲学家为完成其现象学论文，到胡塞尔家里查阅并研究现象学。这位青年哲学家名叫普列达（Hermann Leo van Breda，1911－1974），后来成为鲁汶大学胡塞尔文库主任。幸亏他的努力，才把胡塞尔的全部资料，其中包括胡塞尔的四万多张手稿和两千七百卷有旁注批语的藏书，运往比利时鲁汶市，而胡塞尔的妻子也同样在鲁汶修道院内受到了保护。

胡塞尔的主要著作有《算术哲学》（*Philosophie der Arithmetik*，1891）、《逻辑研究》（*Logische Untersuchungen*，1900－1901）、《作为严格科学的哲学》（*Philosophie als strenge Wissenschaft*，1910）、《纯粹现象学和现象学哲学的观念》（*Ideen zur einer reinen Phänomelogie und phaenomenologischen Philosophie. Bd*，1913）、《形式与先验逻辑》（*Formale und transzendentale Logik*，1929）、《笛卡尔的沉思》（*Cartesianische Meditationen*）以及《欧洲科学的危机及先验的现象学》（*Die Krisis der europaeischen Wissenschaften und die transzendentale Phänomelogie*）等。这最后一部著作，是胡塞尔在 1935 至 1936 年访问维也纳和布拉格时的学术报告专集，在当时只发表其中的《哲学》（*Philosophia*）部分。胡塞尔不得不委托他的助手路德维希·朗格列波（Ludwig Landgrebe，1902－1991）继续完成它，朗格列波后在胡塞尔逝世之后，于 1939 年在捷克的布拉格完成这部著作。

除了上述专著以外，他在大学的讲稿也被陆续整理出版：《关于现象学的观念》(*Die Idee der Phänomenologie*，1907)、《内在时间意识现象学讲演录》(*Vorlesungen zur Phänomenologie des inneren Zeitbewusstseins*，1905 - 1910)和《经验与判断》(*Erfahrung und Urteil，Untersuchungen zur Genealogie de Logik*，1939)。后来整理出来、并在胡塞尔逝世后陆续出版的，还有他的《纯粹现象学和现象学哲学的观念》的第二部与第三部。他生前所作的关于哲学史的讲演录，发表时题名为《第一哲学》(*Erste Philosophie*)。关于几何学的专著有《几何学起源》(*Der Ursprung der Geometrie*，1936)。

胡塞尔的著作全集的整理是在比利时鲁汶胡塞尔档案馆中进行，并在荷兰海牙印行出版的。由荷兰尼日霍夫(Martinus Nijhoff)出版社发行的胡塞尔全集，名为《胡塞尔丛集：胡塞尔著作全集》(*Husserliana. Edmund Husserl. Gesammelte Werke*)，这是迄今最新、最完备的版本。

总的来说，胡塞尔的现象学思想的形成和发展，按照保罗·利科的意见，基本上可以分为三个阶段：第一阶段，是描述现象学阶段；第二阶段是超越的现象学；第三阶段是生成现象学。

第二节　《逻辑研究》

胡塞尔的《逻辑研究》第一卷《纯粹逻辑导引》(*Prolegomena zur reinen Logik*)，集中批判心理学主义(Psychologismus)的逻辑研究倾向。他认为，心理学所遵守的是经验的事实原则，而逻辑学所遵守的则是绝对独立于经验的必然的和普遍的原则，它要探讨的是事物的本质原则(wesensgesetzen)。逻辑原则并非所有判断的原则，并非判断行为，也不是这些判断行为之出现或消失、联结或分离，而且，逻辑判断也不是原初的规范。胡塞尔认为，逻辑只提供一种在我们的判断中作为命题自身(sätze an sich)的判断行为的原则。

胡塞尔的这些思想，如前所述，是受到博尔查诺和布伦塔诺的启发的。奥地利哲学家迈农(Alexious von Meinong，1853－1920)曾在其《对象论》(Gegenseandstheorie)中进一步论述逻辑学所要研究的理想的对象的概念。逻辑，像数学一样，是研究这些理想的对象的。逻辑要在建立一种严格的原则体系的过程中，始终像数学那样精确。我们又如何获得这些原则？本质原则又从何得出呢？胡塞尔回答说，我们通过观念化的本质显示(ideeierender wesensschau)，从个别的对象上升到他的观念(idee)，例如，从"两个对象"上升到"数字2"，而且，这个观念又把我们带领到某一个现实或情况(die gegebenheit)，引导到一个精神性的观看或观点(zur geistigen schau bringen)。

胡塞尔在他的《逻辑研究》第二卷(Zweites Band der Logischen Untersuchungen. Untersuchungen zur Phänomenologie und Theorie der Erkenntnis，1901)中，严厉地批评了心理学派和实证主义的观点，因为他们认为，即使当我们在精神性的观看中把握一般性的对象的时候，所涉及的也只能是感性的和个别的情况。胡塞尔在这里所强调的，是我们的认识能力中的直观或直觉因素的作用。也正是在这一点上，胡塞尔同新康德主义的马堡学派关于演绎的概念发展的观念相区别。

第三节　中立的现象学观看

胡塞尔认为，通过本质显示，可以引出一个崭新的哲学基本科学，并由此而把握住逻辑学。但胡塞尔指出，像英国的穆勒那样的传统逻辑，充其量也只是向我们提供一种靠近科学门槛边的客观对象的方法，而现象学则是要进一步明晰地把握事实对象本身。因此，现象学要借由逻辑而从语言意义的诠释出发，进一步实现对于思维和认识体验的纯粹现象学诠释。这就是现象学所要完成的"用本质概念和规律性的本质陈述，将那些在本质直观中直接被把握的本质以及建立在这些本质中的本质联系，通过描述，纯粹地表述出来"。所以，胡塞尔把他的现象学称为中立性（neutral）的纯粹现象学方法，它是"纯粹直观地在本质中分析和描述表象的、判断的和认识的体验"。正以为这样，胡塞尔说，现象学打开了"涌现出纯粹逻辑学基本概念及其观念规律的泉源"。

所以，作为哲学方法的现象学，并非一般意义上的认识，而是一种"精神展示"，一种直观。这种直观同一般的经验方法和理性方法根本不同，是要在人的精神活动中，在主观的意识活动中，直接地把握或显示对象的本质。

第四节　意　向　性

为了同新康德主义的主观主义相区别，如前所述，胡塞尔强调人的直观活动同对象的实在性的密切关系。胡塞尔强调：人的直觉活动同对象的实在性具有必然的联系，在某种意义上，甚至可以说，直觉必然地会沿着对象实在性所暗示的结构方向而深化，并最终达到本质显示。

胡塞尔所说的直觉与对象实在性的那种内在关系，就是他的所谓意向性（intentionalität）的观念的基础。所以，法国的现代现象学研究者梅洛-庞蒂（Maurice Merleau-Ponty，1908－1961）说：世界不是客体，而我是具有世界的构造规律的。世界是我具有一切思想和一切明确知觉的自然环境和领域。真理不仅寓于人的内心深处……或更确切地说：根本没有什么内在的人，毋宁说人在世界之中，他在世界之中自己认识自己。这一段话明确地表示，"我"并非一个孤立的、与世界相对立的、传统意义上的认识主体，"我"的认识能力中已内在地包含了世界的结构，因此，"我"在认识过程中，必然地沿着"意向结构"的方向去把握世界，把握事物的本质。

所以，通过"我"的意识中的"意向结构"，胡塞尔明显地把先验论的因素搬入现象学中，在他看来，"意向性"归根到底，具有超历史、超时空的性质，它是独立于经验，也独立于主体和客体的。胡塞尔把这些概念归结为纯粹意识的原则体系，是我们获致真理的基本条件。

第五节　现象学的还原

为了使意向结构在我们的观念中显示出来，当然必须排除主观和客观因素的干扰。这就要求我们实行一种还原法（reduktion）。它包括：第一，本质还原，也就是排除掉一切有关对象的客观存在性的判断，使其摆脱一般的时空结构的观念的束缚；第二，先验还原，即排除一切人类学和心理学对意识的说明的影响，转向对作为本质的纯粹直观的意识分析。这样一来，这个主体就已经不是经验的主体，也不是心理学的或人类学的主体，而是一个具有普遍意义的、高出经验与心理意识的先验主体。

这就是说，为了实现纯粹意识的直觉行为，我们必须完全放弃或否认一切基本信仰和一切对于客体的、带有目的性的判断。在这前提下，才可以开始胡塞尔所说的现象学的陈述。这种现象学的陈述，具有四种特征：第一，这种陈述是非经验的；第二，这种陈述是描述性的；第三，这种陈述所描述的是现象；第四，这种描述是意识的意向性行为的表现。

第六节　现象学陈述的基本条件

胡塞尔本人为了确定现象学的陈述的特有性质,明确地为它制定五个条件:第一,它必须是有关现象的;第二,它必须是不证自明的(直觉的);第三,它必须是悬而未决的存在的结果;第四,它必须是有关意向的行为;第五,它必须能符合意向行动的逻辑连贯性(或verständlichkeit,即可理解性)的标准。

第七节　专注于事物之根本的反思

胡塞尔还指出,现象学的陈述是反思(reflexion,或 nachdenken,wiederbegreifung)的结果。现象学在本质上是一种反思的活动,在反思活动中,现象学所追求的,是表演那些原先无个性特征的或不署名的东西(anonymus)。这种反思不是对事实的反思,也不包含反思的特殊行为。这种反思的对象,毋宁是我们打算进行诠释的那个例子。在这里,反思带有提问的意思,对我们以前所相信的事物进行追问,特别要追问其可靠性和真实性。为此,我们就把关于要问的事物的存在,暂时地悬挂起来,使之处于悬而未决的状态。在这个意义上,悬而未决的,意味着所有那些以往信以为真的东西;要对这些以往的判断发出提问;它们是否可能是错的? 一旦我们发觉这样一种可能性的时候,我们就在实际上进行反思了。所以,作为一个严格的科学,作为一个根本的科学,现象学所强调的回到事物自身,指的是专注于事物之根本,指向其根底和开端。也就是说,现象学所注重的并不是表面意义的经验现象,而是从根本上属于本源的实际事物。当然,胡塞尔的现象学并不单纯停留在这一点上，而是进一步强调达到上述目标的严格方法，使现象学同经验主义、理性主义以及各种传统的形而上学和认识论区别开来。

第八节　胡塞尔的早期现象学先驱

胡塞尔的这种关于通过现象学方法把真相从假象中区别开来的设想，早在拉姆贝特那里便已经出现了。他在《新的研究原则》（*Neues Organon*，1764）一书中明确地提出现象学的学科。他把现象看作同人类经验中的那些虚幻的特征有关的东西；所以他称现象学为虚幻的理论。康德则进一步赋予现象以一种更为广泛的意义。康德在《自然科学的形而上学原初基础》（*Metaphysische Anfangsgründe der Naturwissenschfat*，Riga，Hartknoch，1786）的第四章中指出：现象学是专门研究现象本身与"再现"（即"表象"）的关系的运动及其休止的学问。康德把呈现在经验中的事物，同物自身区别开来，并认为物自身是独立于由我们的认识能力强加给它们的那些形式的；经验中的事物称为现象，物自身称为本体（noumena）或自在之物（ding an sich），我们所能认识的只是现象。所以，康德在致拉姆贝特和赫尔茨的信中说，现象学是为了给感性原则规定有效性和界限。后来，是黑格尔大胆地指出了康德的有限性，把现象学说成是"再现知识发展到纯粹知识或绝对精神的过程"。因此，黑格尔系统地在他的《精神现象学》（*Phänomenologie des Geistes*，1807）中分析了精神从个人感性逐步上升到普遍理性的辩证过程。后来，苏格兰数学家兼天文学家汉密尔顿（W. Hamilton，1788－1856）明确地把现象学说成是对经历过的给定事物所作的描述性分析。E. 哈特曼（Karl Robert Eduard von Hartmann，1842－1906）在《道德意识的现象学》（*Phänomenologie des sittlichen Bewußtseins*，Naumburg，1879)中，已经足够完备地以现象学的形式，总结了经验性道德意识的发展过程及其实际行为的关系。到了美国，实用主义哲学家皮尔士(Charles Sanders Peirce，1839－1914)则说：现象是"按某一种意义来说精神上存在的所有的东西的总和，不管是不是同某一现实事物相符合"。皮尔士认为，现象学不仅要对凡是能被观察到的一切真实的东西进行描述性的研究，而且也要对先于精神的一切东西——对真实的感知、虚幻的知觉、想象和梦——进行描述性的研究。现象学的使命就在于提出范畴的一份名单——这个名单要把"存在"的尽可能广泛的意义都包括进去。

所有这些跟随胡塞尔的哲学家，在 20 世纪 30 至 50 年代期间，除了一部分继续留在德国以外，纷纷散布到欧美各国，把现象学传播到世界各地，并影响到西方整个人文社会科学的各个领域。

总之，在第一次世界大战前，第一批现象学派别先在格丁根大学和慕尼黑大学活跃起来。从 1930 年代起，现象学运动在西方各大国的哲学界产生很大的影响。

第二十章

海德格尔前期思想

　　现象学是一种既与生活哲学有渊源关系、又与它相区别的思想流派。这一特点,可以在马克斯·舍勒身上突出地和典型地表现出来。然而,总的来说,现象学是一种"返回事物自身"(zu den Sachen selst)的特殊哲学方法,以达到尽可能如实地描述事物的本来面目、并从中引申出其意义的目的。现象学的创立者,一再声称要避免各种相互对立的哲学斗争的影响,摆脱固有的"偏见"。问题在于,在实际应用过程中,现象学的方法,并不由于其"还原的真实性"而达致统一的结论,恰巧相反,现象学的应用,在属于现象学派的不同哲学家身上,产生了不同的效果。尤其突出的是,把现象学应用得最卓有成效的,恰巧是发展成为存在主义流派的那些哲学家。正如大家所知道的,像海德格尔和萨特那样谈论"存在"的许多哲学家,以他们所采用的多种方式,把现象学和存在论巧妙地结合起来,构成了 20 世纪最有影响的一种人生哲学和新型的存在论,而且,也对整个西方哲学的发展,产生了极其深刻的影响。正是通过存在主义对于存在和人生的独具特色的解析,才使现象学在第二次世界大战后,迅速地传播开来。

第一节　海德格尔的前期生涯

海德格尔于 1889 年生于德国西南部巴登区离弗赖堡不远的地方。在他的早期生活中，对他的思想发展起着重要影响的事情有两个：一个是他曾经作为一个天主教徒就读于神学院并准备当神父，这使他从懂事的时候起，就深受天主教思想，特别是中世纪经院哲学的熏陶；另一个是考入弗赖堡大学并成为现象学的主要代表人物胡塞尔的学生。

同海德格尔相处过多年的美国存在主义神学家保尔·田利克（Paul Tillich，1886－1965），在谈到他对海德格尔的印象时说："海德格尔给我的印象是一个南德意志天主教徒，他虽然后来放弃了自己的信仰，但他仍旧是一个南德意志天主教徒的样子。"

这就表明，早年海德格尔在天主教耶稣会开办的神学院当修士的经历，不仅在思想上，而且也在生活方式上给了他很深的影响。

海德格尔自己在谈到他的现象学生涯时说，他最初是在弗赖堡大学攻读神学的。他从 1909 年到 1910 年读了四个学期的神学，而且即使他后来专攻哲学，他仍然继续听那里的勃莱格教授的神学课程，因为他"对思辨神学很有兴趣，尤其还因为这位教授每一堂课上，都具体而细微地展露出入木三分的思想力量"。这样一来，"存在论与思辨神学在形而上学结构方面的离合，进入了我从事探索的视野"。海德格尔还谈到 17 世纪的传教士乌尔利希·麦格勒（Ulrich Megerle，1644－1709）对他的深刻影响。

标志着海德格尔初登哲学舞台的著作，恰恰是他在 1916 年发表的论述中世纪哲学家邓·司各脱的思想论文《邓·司各脱关于范畴和词义的学说》（*Die Kategorien-und Bedeutungslehre des Duns Scotus*，

1916)。在这个早期的不成熟著作中,已经隐含着海德格尔对于语言、词汇和"存在"概念的特殊分析能力。

1927 年,海德格尔的主要著作《存在与时间》(*Sein und Zeit*,1927)首次发表在胡塞尔主办的杂志《哲学与现象学研究年鉴》(*Jahrbuch für Philosophie und Phänomenologissche Forschung*)上;海德格尔在其著作的卷首上写道:"为了友情和敬意,谨以此书献给胡塞尔。"海德格尔还在该书的一个脚注中特别声明,他引用了胡塞尔的一些未发表的著作的部分内容。从这里,可以看到海德格尔同胡塞尔之间,不论私人关系,还是思想关系,都是非常密切的。

1929 年,在《存在与时间》出版后两年,海德格尔被任命为弗赖堡大学哲学教授,以取代当时已经退休的胡塞尔。同年,海德格尔发表三部著作:《康德与形而上学问题》(*Kant und das Problem der Metaphysik*,1929)、《什么是形而上学?》(*Was ist Metaphysik?*,1929)和《论原因的本质》(*Vom Wesen des Grundes*,1929)。

这三本书中的第一本,明确地表现了海德格尔同康德之间的思想关系。而后两本书,特别是最后一本书,则标志着海德格尔的思想已发展到新的转折点。如果说,此前的海德格尔哲学的重点是作为存在的中心的人,那么,从此以后,海德格尔的思想就把重点转向那个不断地诉诸人的"存在"本身。

1933 年,希特勒在德国上台以后,海德格尔被任命为弗赖堡大学校长。他的就职演说《德意志大学的自我判断》(*Die Selbstbehauptung der deutschen Universität*)吹捧希特勒的上台是"新时代的曙光";他在 5 月 27 日的校长就职演说中强调:"一个民族的精神世界并不是一种文化上层建筑,而是这个民族从本身泥土和血统中生长出来的人物经过最深刻的考验的力量。"他还赞赏希特勒作出的关于取消学术研究自由的命令。而且,由于胡塞尔是犹太人,海德格尔宣布同胡塞尔断绝一切关系。

在第二次世界大战期间,海德格尔继续以"存在"作为他的哲学的基本概念,深入研究哲学、哲学史、语言的问题。在这期间,他发表了两篇论真理的著作:《柏拉图关于真理的学说》(*Platons Lehre von der Wahrheit*,1942)、《真理的本质》(*Von Wesen der Wahrheit*,1943)。

第二次世界大战期间,海德格尔是希特勒的德意志民族主义的崇拜者。他不仅支持希特勒镇压犹太人,而且认为只有德意志民族才能把人类从两个最野蛮民族(美国人和苏联人)的威胁下解救出来,并开创一个"西方思想的伟大开端"。显然,在当时的海德格尔哲学思想有很浓厚的政治色彩。

出生于梅斯基尔斯(Meßkirch)的海德格尔,对于自己的故乡有深厚的感情,并认为他的故乡为他提供了他所需要的一切丰富的文化养料。他在 1955 年说:"我深深地感谢我的故乡,为她所给予我的一切和为她在漫长的道路上给予我的支持而感激。"

海德格尔先是在南部与瑞士接壤的康斯坦茨读书,后转入弗赖堡。海德格尔自己承认,当他在 1907 年阅读布伦塔诺的著作《论亚里士多德关于存在者的多种意义》时,其中所提出的重要问题,后来成为他的《存在与时间》的一个思考重点。

1909 年,他在弗赖堡大学读哲学和神学,胡塞尔担任了他的老师。他在 1912 年发表第一篇论文《现代哲学中的现实问题》。1913 年他获哲学博士。1914 年他发表《心理学派中的判断理论》(*Die Lehre vom Urteil im Psychologismus*)。1915 年他在新康德主义哲学家李凯尔特主持下取得哲学讲师资格。

在 1923 年至 1928 年,他曾短期居住马堡大学。但从 1928 年后,他再未离开弗赖堡。他同胡塞尔一起主持《哲学与现象学研究年鉴》的出版。

二战后，由于海德格尔同纳粹的关系，占领德国的盟军方面曾经禁止他继续在大学授课。他于 1947 年发表《柏拉图关于真理的理论》（*Platons Lehre von der Wahrheit*）和《关于人道主义的信》（*Brief über den Humanismus*）。1950 年，他发表《林中路》（*Holzwege*）。

从 1951 年起，海德格尔回复教职，并作为名誉教授在弗赖堡大学讲课。1957 年退休后，海德格尔一直过隐居生活，直至 1976 年去世。

从 1951 年复课后，他连续发表如下著作：《荷尔德林诗歌诠释》（*Erläuterungen zu Hölderlins Dichtung*）、《田间小路》（*Der Feldweg*）、《形而上学导言》（*Einführung in die Metaphysik*）、《什么是思想？》（*Was heist denken?*）、《讲演与论文集》（*Vortraege und Aufsaetze*）、《什么是哲学？》（*Was ist die Philosophie?*）、《同一与差异》（*Identitaet und Differenz*）、《理由律》（*Der Satz vom Grund*）、《通向语言的路途》（*Unterwegs zur Sprache*）、《尼采》（*Nietzsche*）、《物的问题》（*Die Frage nach dem Ding*）、《技术与转向》（*Die Technik und die Kehre*）、《路标》（*Wegmarken*）、《艺术与空间》（*Die Kunst und der Raum*）、《论思想之物》（*Zur Sache des Denkens*）、《现象学与神学》（*Phänomänologie und Theologie*）、《谢林关于人类自由本质的论文》（*Schellings Abhandlung Über das Wesen der menschlichen Freiheit*）和《早期著作集》（*Frühe Schriften*）等。

1989 年，人们把海德格尔早在 1936 至 1939 年所写的草稿《论文集》（*Beiträge*）公开发表。这本书一般被称为仅次于《存在与时间》的海德格尔第二本重要著作，因为在这本书中，海德格尔提出了从形而上学向存在的历史的思维以及向另一个开端的过渡，书中强调：就在"此在""在此存在"的"事件"(Ereignis)的过程中,产生着存在与存在者之间的存在论的区别(Übersprung von der ontologischen Differenz zwischen Sein und Seienden in das Ereignis des Da-seins)。

第二节 海德格尔哲学的基本概念

《存在与时间》是论述"存在"之为"存在"以及"存在"为何"存在"的书。所以,不论海德格尔自己还是别人,都喜欢称海德格尔为"存在哲学家"。也就是说,他的哲学的特点集中体现在他对"存在"这一概念的论证上面。

为了说明海德格尔对存在的论证方法,让我们概述《存在与时间》的结构。这一结构不仅反映了《存在与时间》一书的体系,更重要的,它还体现了存在概念的基本含义和逻辑内容。

《存在与时间》原计划分上、下两卷。上卷分三部分:① 导论:概述存在的意义;② 对于"此在"的准备性基础分析;③ 此在与时间性。下卷拟分为三部分,分别评述亚里士多德、笛卡尔、康德的哲学。但是,下卷实际上并没有着手去写。在《存在与时间》的前六版中,都在书本扉页印有"上卷"字样。但是,海德格尔写到上卷第三部分"时间与存在"时,就深感自己不能自圆其说,遂停笔再思。事隔 25 年之后,1953年出第七版时,海德格尔终于删去"上卷"二字,并在该版序言中提到当时一起出版的《形而上学导论》(Einführung in die Metaphysik,1953)。显然,他认为此书或许可以弥补前书之缺。《形而上学导论》论题乃是从形而上学的角度研究存在的本质。

《存在与时间》一书中,在未着手论述第一部分之前,海德格尔在该书导言中概述了他研究"存在"的基本方法。

海德格尔显然认为,关于研究"存在"的基本方法,包括以下三个重点:① 研究"存在"必须从"存在的看守者",即"人"开始,人的存在就是"此在";② "此在"与"时间性"有关;现实生活中的"此在",是"作为时间性形态的'此在'结构"(Daseinsstrukturen als Modi der Zeitlichkeit)。所以,"时间"是把握"此在"的关键;③ 研究"存在",必须采用现象学的方法。所谓"现象"者,就是"显露本象"也。海德格尔从词源学上分析,认为现象学(Phänomenologie)的希腊原文就是"自我显示的学问"的意思,研究"存在",就要让"存在""自我显现"。上述从此在和时间性入手,即是使"存在""自我显现"的必由之路。

海德格尔指出:在未经明言地领会着和诠释着"存在"这样的东西之际,"此在"所由出发之域就是时间。我们必须把时间摆明为对存在的一切领悟及对存在的每一诠释的境域。必须这样本然地理解时间。

在第一部分中,海德格尔对个人的"存在",即"此在"的基本结构进行了剖析。他在分析过程中,从几个方面进行说明:首先,"此在"的"各人唯一性"(Jemeinigkeit)。"此在"总是"我的""你的""他的""此在";"我的""此在"不同于"你的""他的"或任何一个个人的"此在"。这就是所谓此在的唯一性、非他性。

海德格尔说,此在生存着,"此在"同时又是我自己向来所是的那个存在者。生存着的"此在"包含有"向来属我性",那是本真状态或非本真状态之所以可能的条件。

不仅如此,而且,此在之存在,乃是"此在之存在于世界"(das In-der-Welt-sein)。人之存在于世界是必然的,也就是说,人要存在就必须存在于世界中,他不能存在于世界之外。因为此在必然存在于世界,所以,此在必然与世界发生关系。这一关系的主要形式就是"担忧"(Besorgen):我担忧着一切。我之所以"担忧"着世界的一切,乃因为我要占有世界的一切,我要把世界的一切都变为我的"工具"(Zeug)。

所以,海德格尔所说的"世界",并不是我们一般人所说的客观的外在世界,而是指"此在"在其中生活、并与其发生关系又随时可能为"此在"所用的一切事物。

海德格尔指出:存在于世界的此在有三种基本特点:担忧、并在(mitsein)和自在(selbstsein)。此在同其周围事物的关系乃是担忧,已如上述。此在与其自身的关系乃是自在,即自己不断地对自己的存在反省,在反省中,此在将体验到一种既非物体又非灵魂的我自身。

此在与他人的存在的关系乃是并在。"并在"反映"此在"的"此在"与其他个人的"此在"所发生的冲突和遭遇。在与他人的此在相遭遇时,每个人的此在往往陷入集体的包围而失去自己独有的个性,变成了"人云亦云、亦步亦趋"的局面。在这种情况下,此在被众人的魔力所缠绕而不能自拔,这就是"并在"的实际状况。此在并非像密封的铁球闭锁自守而不可穿透。此在是"开放性"(Erschlossenheit)的;而其开放性就表现在"此在"的各种心情或感受(stimmung,befindlichkeit)。

在人的所有的心情中,"恐惧"(Furcht)是最基本的。所有这些心情或感受都不受理性的约束。接着,海德格尔进一步展示"此在"的"失落"(das Verfallen des Daseins)。个人在与他人"并在"时,即丧失了个性。这是由于在与人"并在"时,"此在"往往会碰到"众人们"的各种"空谈"(Gerede)、"好奇心"(Neugier)等习俗的侵袭,致使此在陷入庸夫俗子的包围圈内,造成了此在的"失落"。

海德格尔反对以往一切哲学关于"现实性"的说明,他把现实性(Realtät)归结为"此在"的"担忧"。他认为,"此在"担忧着外界,才感受到外界的实在性。

所谓真理,乃是被发现的存在(entdeckendes sein),也就是说,真理意味着充分地暴露真相,毫不隐蔽(unverborgenheit)。真理是存在的自我暴露,这是一种敞露,是将其自身的隐蔽状态的自我展开,所以,也可以称之为"此在的去蔽"。

按照海德格尔的说法,一切现象都是隐蔽地存在着,在它们隐蔽之时,就包含着其自我去蔽的可能性和潜在性。一切现象之为现象,就是这种既隐蔽、又可能去蔽的双重状态,造成现象之为现象的显现的可能性,也造成它们由此作为现象而存在的形态。现象之为现象,只有通过其自身的自我去蔽、自我呈现,才本真地表现了它们的存在状态。真理实际上就是此在的自我去蔽,就是它们的自我敞开和暴露无遗。

在《存在与时间》的第二部分中,海德格尔着重讨论了此在与时间的关系。

而谈到此在的时间性,劈头遇到的第一个问题,就是人在时间上的有限性,就是人的生死问题。在海德格尔看来,死亡作为此在的终结,乃是此在最本己的、无所关联的、确知的,同时,它又是不确定的、不可超越的可能性。

人的担忧永远是指向自己的未来,而未来是不可捉摸的、不可把握的。"烦是向死存在",在人死以前,担忧永远不会消除。受担忧的干扰,人不能获得真正的自由。人的存在只能是"非真正的存在"。由此可见,人要使自己的存在变为真正的存在,就应该不担忧死亡。但在现实中,不担忧死亡只能是暂时的;在外界的干扰下,担忧总要复现。所以,在海德格尔看来,人只有在死亡来临时,才完全摆脱自己的失落境界而进入真正存在的境界。

在分析人的"担忧"状况时,海德格尔进一步认为,时时"担忧"着自己的人,总是心不在焉、恍惚不安,特别是担心着未来。因此,人的存在就不可能集中,不可能形成一个完整的结构。但是,当那个忧心忡忡的人面临"死亡"的时候,他就可以一反常态,在一刹那间变成聚精会神于自己的存在的人。也就是说,一个平时心神不安的人,当他突然遇到危险,可能面临死亡的时候,会马上忘记一切"担忧",把以往的不安抛到九霄云外,而变成只顾自己的人。也就是说,死亡可能给人提供一项变"非真正的存在"为"真正的存在"的条件,不可能实现"真正的存在"的个人,在"死亡"面前就变成自我孤立的、纯粹的"此在"。

所以,海德格尔认为"死亡"是对现实生活的否定,也是对"非真正的存在"的否定,是走向"真正的存在"的道路。死亡所以能打开通往真正的存在的大门,就是因为"死"是私有的,是真正属于个人所有的,是别人无法替代的事物。正是在这个意义上,"死亡"成为通向"真正的存在"的唯一入口。

海德格尔说,"此在"在死亡中达到整全,同时就是丧失了此之在。海德格尔还说,一般人常把死亡比喻作旅行到达目的地。其实,到了旅行目的地以后,我只是停止了旅行,但我还存在着。但是,死亡是与此完全不同的,当死亡来到的时候,我就不存在了,因此,也就无所谓完成某一事业的问题。这就是说,海德格尔反对把死亡和完成自己的某一事业做比较。死亡,除了表示我的存在的丧失以外,没有别的意义。

对于一切"此在"来说,"死亡"是任何时候都可能出现的一种"可能性"。海德格尔认为死亡是随时随地都可能出现的。人的存在随时随地都可能中断,人的死亡是人生旅途中随时都要遇到的"可能性"。海德格尔说,"把向死亡存在标识为向着一种可能性的存在,也就是向着此在本身之一种别具一格的可能性的存在。"但是,所有这些存在可能性,并不是"此在"所固有的,而是我作出"选择"的结果。而这一选择的基本条件,就是人对自己的未来的向往。

但是,死亡不同于人所难免遇到的其他可能性。这就是说,死亡和其他的存在可能性不一样，死亡是不能由人做选择的。人所能选择的，是尽可能期望减少死亡的可能性。所以，海德格尔说："死亡作为可能的东西，不是任何可能上手的或现成在手的东西；而是'此在'的一种存在可能性。……死亡作为可能的事须尽可能少地显示其可能性。"

对死亡的恐惧是对存在本身的恐惧，每个人都害怕自己的死亡。但是，这种恐惧感不同于我们日常生活中经常发生的那些恐惧感。在海德格尔看来，对死亡的恐惧并不表示"此在"的软弱或懦弱，像在日常生活中产生的那些恐惧感那样，对死亡的恐惧感表达了人想要成为"强有力的存在"的愿望。

对待死亡产生恐惧感是我们认识死亡的真正存在性的前提，在这基础上，我们如果深信自己的创造力，就可以产生一种"不受死亡约束的自由"或"视死如归"（Freiheit zu Sterben）的态度。这种态度将使"此在"的超越性，即靠自己的创造力超越出"现实世界"的能力，进一步发展到崭新的阶段。到了这个时候，人在现实中的生活将高度自由，自己的存在也真正地丰满起来。

海德格尔曾经引用托尔斯泰（Leo，Tolstoy，1829－1910）的小说《伊凡·伊里奇之死》中的主人翁伊凡·伊里奇对待死亡的态度。托尔斯泰写道：他（伊凡）背靠着椅，并开始以新的方式回忆他的一生……在他们（指他的马夫、妻子、女儿和医生）身上，他看到了他自己——他自己所度过的一切经历——并清楚看到：所有这一切都是不真实的，一切都不过是令人不寒而栗的欺瞒，这些谎言掩盖着生与死。

当伊凡不再留恋自己的现实生活，认识到现实生活的欺瞒性以后，他就对死亡抱着毫不在乎的态度。这时候，我们就可以说，人对死亡有了自由。在这样的人看来，死亡就是渗透于现实生活中的"虚无"，是"尚未存在"的真正的存在。海德格尔认为在床上面对死亡的伊凡·伊里奇才是"真正的存在",这种"真正的存在"对于死亡的态度是"坚定不移",这是一种"抉择"(Entschlossenheit)。

海德格尔不仅分析了死亡及其与此在的关系,而且还谈到"良心"。所谓良心,就是此在的自我开放。自我开放,就是置外界众人的"空谈""好奇心"等干扰于不顾,自己发现自己的存在的独特性,即全神贯注于自己的生活特点,不理会别人的各种言行。"良心从丧失于常人的境况中唤起此在本身。"能做到这一点,也就是自我发现了良心。发现自己的良心不靠上帝、不靠他人、只靠自己。

海德格尔认为,任何个人只要全神贯注于自己的存在,就会为自己的存在而不自在,就会忧虑自己的现状和前途,这时,人们就好像听到了发自内心的良心的呼声,并决心不再理会别人的各种"闲话"或诱惑。

由此可见,在发现良心的基础上,人们才会下决心作出选择,一旦作出了抉择,个人的此在便脱离了他人的干扰和控制。

海德格尔认为,时间性之为烦只有通过"此在"的种种体验才能发觉。"此在"通过对往事的回想和对目前处境的担忧,自然地产生对未来的担忧。当"此在"统一过去、现在、未来的担忧,使之成为一个整体时,就产生时间性的观念。所以,海德格尔说,过去和现在所烘托的未来(gewesend-gegenwa rtigende zukunft)构成一个整体,这就是时间性。

在这里,海德格尔特别强调"未来"对我们体验时间性所起的作用和意义。因为,"此在"的担忧是以担忧未来为主,过去既成过去,就不必再过多地担忧;现在既成现在,也无可挽回的了,唯有未来是可选择的,但是,选择未来要受到外界的干扰,"此在"体验到:未来只是一种可能性,因而产生担忧。此在的未来乃是虚无。基于此种认识,此在在回首往事、瞻望未来时,必然采取断然的行动。此在对过去、现在、未来(特别是未来)的体验越深刻,他对时间有限性的认识也越深刻。

从时间性的观念出发，不难体会历史性。历史性乃是"此在"在时间中的"伸展"（erstrecken）。"此在"在时间中的伸展是"自我伸展"，这种自我伸展是在担忧中伸展自己的。所以，历史也就成为此在的"自我伸展"的过程。

此在的历史性的分析想要显示的，是这一存在者并非因为"处在历史中"才是"时间性的"，相反，只因为它在其存在的根据处是时间性的，所以它才历史性地生存着、并能历史性地生存。

海德格尔认为，历史的真正意义不在于记述已成过去的陈迹，也不在于从历史事件中发现什么"规律"，而是要在"过去此在的"（da-gewessen）经历中发现"此在"抉择自己的未来的可能性，从而对"此在"的未来发生作用。

《存在与时间》上卷第三部分并未完成。所以，海德格尔所建立的以"存在"为中心的哲学体系也就到此为止。但是，正如大多数哲学家所指的，海德格尔的哲学体系，严格说来是不完整的。他在《存在与时间》中，只分析了存在与时间两个现象，并未进一步说明存在与时间之间的必然联系。德国哲学家波格勒（Otto Pöggeler，1928－2014）对此做了中肯的分析。

实际上，海德格尔对存在的分析本身也完全只局限于"此在"的狭隘范围内。因此，他并未能对"存在"的一般性作更深入、更广泛的分析。所有这一切只能等到第二次世界大战结束之后，海德格尔才有可能进一步探索。

第三节　《存在与时间》的基本思想

在他的重要著作《存在与时间》中，海德格尔声称，以往的哲学始终都把注意力集中在"现场的存在者"的问题上,但在海德格尔看来,"存在者"必须首先以"存在"本身为基础,就像"现场的"或"现在的"一切,都必须以"时间一般"为基础那样。他认为,没有"存在"(Sein),怎么会有"存在者"(Seiende)? 显然,"存在"高于和先于"存在者"。

海德格尔指出,传统哲学只研究"存在者",只研究"什么是存在者",却"忘记"了"存在"的问题,因此,恰巧是这个重要的遗忘构成了传统本体论的历史的基本内容,所以,形而上学的真正对象乃是长期被哲学家们回避的"存在"的问题。为此,海德格尔的哲学的基本任务,就是要摧毁整个传统形而上学的历史体系,重建一个以对"存在一般"进行重点研究为基础的新存在论。

为了研究存在,必须遵循现象学的"回到事物自身的原则"(Zu den Sachen selbst),也就是要让存在自身亲临现场进行自我展现(selbst darstellung)。为此,必须找到一种存在,他的存在是由其自身的存在过程而存在出来的,这样的存在就是一个一个的个人的具体的存在。海德格尔把个人的这样的存在,称为"此在"(Dasein)。

其实,"此在"(Dasein)这个语词,早在德国古典哲学中就已经出现了。最早的时候,在康德那里,"Dasein"是同中世纪哲学的"存在"一词相对应的。中世纪哲学的"存在"概念,同所谓"现实性"具有同样的含义。所以康德曾经说,就本质而言,"Dasein"是作为"现实性"范畴的"存在",它是一种思想的规定,它并不是现实的实在的位相。康德指出,就范围而言,"Dasein"意味着跟人的意识本身有根本区别的自然事物的"存在"。后来,黑格尔继承了康德哲学的"Dasein"概念,并在辩证法精神的指导下,对它进行改造,赋予新的内容。在黑格尔那里,"Dasein"同样地仍然意味着自然的事物,也就是说外在的自然界的事物,但同时,由于黑格尔的"绝对精神"的辩证法的基本思想,在他看来,这个"Dasein"已经不是自然界的某个孤零零的外在事物,而是"绝对"概念本身运动的一个组成环节。所以,这个"Dasein",作为"绝对精神"运动的一个环节,它一方面是"有"和"无"之间的矛盾所推动的变易运动过程的结果;另一方面,它又作为质的规定性的某物,是自身的自我限定和自我否定。

正如黑格尔自己所说,某物由于它自己的质,第一,它是有限的;第二,它是有变化的。所以,有限性和变化性,就是某物的"存在"。正是某物的存在中潜在的自我否定和变化的本性,使得"Dasein"有可能从"自在的存在"过渡到"自为的存在",也就是说,变为"人"的"存在"。

显然,从康德到黑格尔的德国古典哲学,关于"Dasein"的上述论述,已经为海德格尔的存在主义的"此在"概念作了必要的理论上的准备。

如果说在德国古典哲学那里,"Dasein"主要的是指在人之外的自然物的存在,那么,在海德格尔那里,经过改造以后,"Dasein"是用来专门指具体的个人的"存在",或者更确切地说,是专门指人"在世生存",人的"在世",或人的实际生存。

海德格尔明确地指出,对自然物的存在的理解,只有在对人的生存的理解的基础上,才有可能,因为只有人才能够对自己的存在有所领悟、有所理解,才能把握自己生存的意义,并把自身存在的状况、经历及其意义,用"语言"这个具有特殊性质的"存在"表达出来,而使原本只能在"现场"生存的意义,变成为"超越现场"的跨时空的另一种"存在"。正是在这个意义上,海德格尔才明确地区分了自然物的"存在"同人的生存的"此在",并指出人的"此在"对于把握一般"存在"的意义的"优先"的本体论地位。在他看来,肉体并不生存而是实存,相反,作为我们自己的"此在",这是生存而不是实存。

所以在《存在与时间》第九节里,海德格尔就曾经明确地指出了作为"此在"的两个最基本的特征。这就是说,第一,"此在"的本质在于它是"去自我存在"。因此,它是生存本身,它是存在的展开本身。人的存在是一种创造性的自我存在过程。"此在"去自我存在,意味着人在"此在"中,其自身靠其自身的自我实现而完成自己的存在。因此,在海德格尔看来,对人的"此在"来说,除了存在以外,它并没有别的什么意义。他说,人的"此在"的本质,就在于它的生存性。所以,可以在存在者身上清理出的各种性质,都不是"看上去如此这般的现成存在者的现成属性",而是对他说来总是"去存在"的种种可能方式,并且仅此而已。这个存在者的一切"如此存在",首先就是存在本身的自我表演。

这就是说,"此在"的"存在"(Existential)优先于它的"是什么"(das Wassein;Essential),也就是说,它首先必须是"去存在"(Zu-sein),而后才谈得上"是什么"(Was-sein)。

第二,"此在"的存在总是"我的存在"。在这里要再次借用海德格尔关于"此在"的那种"个人唯一性",去说明它一方面"什么都不是",但另一方面它又必须"是某种什么"。

所以,"Dasein"在这个意义上说,它必须以存在的这种或那种可能性的方式来出现。海德格尔说,这个存在者可以在它的存在中选择自己,获得它自己的自身,但它也可以失去自身,或者只是"貌似获得自身",却实质上并非真正地获得自身。所以,在这里所说的"丧失自身"也构成"此在"存在的一种方式,因为只有当它就其本质而言,有可能是本真的存在者时,也就是说,有可能是拥有"本己"的存在者时,才谈得上它有可能失去自身,它也才有可能获得自身。

就是在这个意义上,海德格尔宣称"此在"的存在的个人唯一性。这种"向来属我性",决定了它的存在的本质状态和非本质状态的上述两种模式。因此，海德格尔承认，"此在"的"存在"的上述"这两种性质已经提示，在对这种存在者进行分析时，我们面对的是一个独特的现象领域。这个存在者没有，而且绝不会有只是作为在世界范围内的现成东西的存在方式，因而也不应用发现现成东西的方式来使它成为课题"。

在海德格尔的《存在与时间》中，海德格尔本人曾经强调"此在"作为特殊的存在者的身份对于研究"存在"的本体论意义。他说，此在是一种存在者，但并不仅仅是置于众存在者之中的一种存在者。从存在者状态上来看，这个存在与众不同之处，在于"这个存在者为它的存在本身而存在"。所以，在这句话里，海德格尔已经很清楚地说出了作为存在者的这种此在，它本身是为存在本身而存在，也就是说，"此在"含有、也同时表达一般存在的本体论意义。

正因为如此，这种存在者的存在，才有可能展现存在本身，也才有可能和有资格以其存在方式达到存在的自我显示。

接着，海德格尔又说：于是，在对"此在"的这一存在理解中，就从属着这样一种含义，即这个此在在其朝着这种存在的"存在"中，具有一种深层的"存在关系"。而这又一次说明，此在在它的存在中，无论以任何一种方式、任何一种表述，都领会着自身。这种存在者的情况是：它的存在是随着它的存在、并通过它的存在而对它本身开展出来的。对存在的领悟本身，就是此在的存在规定。

也就是说，此在作为存在者的与众不同之处，就在于它"存在论地存在"。在这里，海德格尔把"对存在的领悟本身"就是"此在的存在规定"这个重点之处，讲得很清楚。"对存在的领悟本身构成了此在的存在规定"，所以，只有"此在"、只有人的此在，才体现出对于存在的领悟，才对自己的存在有所理解，因而也通过这种领悟和理解而对它自身的存在做了规定。

海德格尔所说的"存在论地存在",正是强调这种存在者对自己的存在的领悟的意义。这个重要意义在于：此在对自己的存在的领悟，本真地展示出存在的本体论结构。

海德格尔接着又强调说：此在这样或那样地与之相关的那个存在，或者此在无论如何总要以某种方式与之相关的那个"存在"，我们称之为"生存"（Existenz）。这个存在者的本质规定，不能靠列举与事情相关的"什么"（Was）来进行。它的本质毋宁在于："它向来不得不去作为它本已存在的它的存在。"

所以，"此在"这个名称就被选来作为纯粹指存在的术语，用来标示这个存在者的存在了。海德格尔在致法国作家波弗列（Jean Beaufret，1907 - 1982）所写的《关于人道主义的信》中，进一步明确地说："人被'存在'本身'抛'在存在的真理之中。"

这也就是说，《存在与时间》所论述的存在本体论，只是从此在出发，通过"此在"这种特殊的存在者的生存论存在方式的自我展示，论证"存在"作为"存在"自身的本体论结构及其意义。

这种从"此在"的生存论结构出发所进行的存在本体论论述，就其符合现象学关于"存在要在其自身的自我显现中展示其本真结构"而言，就其揭示"存在"先于"本质"而言，就其作为一个特殊存在者的"自我言说"和"自我领悟"而言，都可以典型地表达出存在本体论的意义及基本内容，可以揭示"存在"本身的"真理"。

为了正确地从存在者的此在的分析去达到对存在本身的存在论的论述，照海德格尔的上述观点看来，必须首先把作为存在者的"此在"在他现实的自我展现中去加以分析。

所以，海德格尔说，我们所选择那样一种通达此在和诠释此在的方式,必须能使这种存在者可以在其自身从其自身显示出来。也就是说,这类方式应当像此在首先与通常(zunaechst und zumeist)所是的那样,显示这个存在者,应当在此在的通常的日常生活(Alltäglichkeit)中显示这个存在者,这句话非常重要。

这句话就是所谓存在者的存在自身自我显现的亲在性、唯一性和本真性。也就是说,他是在这个此在的"首先与通常所是的"那样,显示他的"存在"。这个所谓"首先与通常所是的那样",就是海德格尔在那句话的后半段所说的,"应当在此在的通常的日常生活中显示这个存在者"。

这个日常生活的结构就是"此在在世"的那种"亲在"的结构,这种对于此在的在世结构,也就是说,对于存在者在日常生活中的在世过程的分析,构成为从存在者的此在到存在者的存在论的分析的最重要的中间环节,它表现了海德格尔的存在哲学对存在的在世结构的充分重视,把它看作分析存在者的亲在结构的重要基础,也是他此后对于一般存在论的分析发出发点。

但是,另一方面,不要以为从日常生活的在世结构分析开始,就意味着对于此在日常生活结构的任意的或偶然的结构的分析。如前所述,以往的所有对于存在者的存在的分析和自我诠释的错误,就在于不明白:这种对于此在的日常生活结构的分析,并非单纯地归结为对于日常生活所提供出来的东西的一种任意的或偶然的结构的分析。

把此在的在世结构同它在日常生活中的任意的或偶然的存在结构加以混淆,就会重蹈以往传统哲学之覆辙而走上迷途,达不到对存在本身的分析。因此海德格尔特别强调:"我们就日常生活提供出来的东西不应是某些任意的偶然的结构,而应是本质的结构;无论实际上的此在处于何种存在方式,这些结构都应保持其为规定着此在存在的结构。"

他所说的"应保持其为规定着此在存在的结构",指的就是要抓住此在在世的日常生活中所显示的本质的结构,应该排除那些任意的和偶然的结构。要达到这点,就必须要充分成熟地运用现象学的自我显现的方法。

从现象学的角度来说,日常生活的此在的本质结构,固然是可以自我显现,但其自我显现的方式,正是在于它自身从隐而不露到自我揭示和自我敞露的过程。换句话说,唯其是被遮蔽,才有必要和有可能使其自我显现。

那么又怎么样通过现象学方法把握此在的这种本质结构?如前所述,就是要顺着此在的在世的本质结构,去进行存在论的分析。

所以,海德格尔便以现象学的方法集中地展示了这个此在的在世的本质结构。在海德格尔看来,这个此在的在世的本质结构,是在时间性中展开的。所以,海德格尔说:"作为我们称为此在的这种存在者的存在之意义,时间性将被展示出来。我们将把暂先展示的此在诸结构,作为时间性的诸样式重新加以阐释,时间性之为此在存在的意义这一证明,也由这一诠释得到检验。"

在这段话里,海德格尔就给我们指出了从此在的在世的日常生活结构通向此在的存在自身的分析的必由之路,也就是通过现象学的方法,展示出那个原来被掩蔽的此在的本真结构,即它的时间性的结构。所以他又说:"在未经明言地领会着和诠释着存在这样的东西之际,此在所由出发之域就是时间。我们必须把时间摆明为对存在的一切领悟及对存在的每一诠释的境域。必须这样本然地理解时间。""为了让人能够洞见到这一层,我们须得源源始始地解说时间性之为,领会着存在的此在的存在,并从这一时间性出发解说时间之为存在之领域的境域。"

一提到时间，便出现一个如何摆脱传统哲学所走过的错误的道路的问题。时间作为存在的在世的本真结构，在以往的传统哲学中并不是没有人认识到。问题是在于对时间本身的分析，在以往的传统哲学中，也是受到了他们对存在的误解而走向迷途。

所以，海德格尔说，要特别注意传统的时间概念中的误解之点，并从中吸取教训，从而真正地去把握时间的本真结构。只有从对时间的本真结构的分析，才能去把握此在的存在自身的展现过程。所以海德格尔强调："从沉淀在传统时间概念之中的时间诠释着眼，就可以明白看到这种对时间的通俗领悟，而自亚里士多德直到柏格森，这种传统时间概念不绝如缕。"海德格尔接着警告说，在进行对于此在的时间性的分析的时候，必须要警惕着同对于时间的通俗领悟划清界线。

历来传统的哲学的通俗的时间概念的错误，就在于把时间看作一种存在者状态上的标准，借此来区分存在者的种种不同领域。正如海德格尔所说："人们把'时间性的'存在者（自然进程与历史事件）和'非时间的'存在者（空间关系与数学关系）划分开来。人们习惯于把道出命题的'时间性的'过程，同命题的'无时间的'意义区别开来。再者，人们发现在'时间性的'存在者与'超时间的'永恒者之间有一条'鸿沟'，人们试图为二者搭桥。在这里，'有时间的'向来说的只是存在'在时间中的'，而这个规定本身当然也够晦暗的。"

在这里，海德格尔严厉地批判了传统哲学和传统科学的世界观，他们把时间同空间区分开来，把时间看作存在者的某种领域的一种结构，并在时间性与超时间的两种存在者之间划一条鸿沟，然后又想要在这鸿沟之间搭一座连接两者的桥梁。

但是，从海德格尔的观点看来，对此在的存在本真结构的时间性分析，与上述传统哲学和传统科学的通俗时间概念，毫无共同之处。所以,海德格尔强调说:"与此相反,在解答存在的意义问题的地基上,应该可以显示出:一切存在论问题的中心,都植根于正确看出了的和正确解说了的时间现象以及它如何植根于这种时间现象。"

在这里,问题的关键,就在于把时间看作存在的种种样式和种种衍生物(die verschiedenen Modi und Derivate von Sein)的样式化过程和衍化过程,并不是像传统通俗概念所说的某种存在者在时间中的存在。而且也正如海德格尔所说:"与'时间性的东西'那样一种'在时间中'的存在者不同,'非时间的东西'与'超时间的东西',并非仅以某种褫夺方式才是'时间性的',这里的'时间性的',具有积极的意义,诚然这种意义还有待澄清。"

在《存在与时间》这本书中,海德格尔就是在清理了从存在者的此在的自我展现过程中所遇到的种种障碍之后,逐步地进入对存在者自身的自我显现过程。

这个自我显现过程,就是海德格尔反复说的那种要从此在的时间性结构开始分析。所以,他明确说:"此在的存在在时间性中发现其意义。"

整个的《存在与时间》,在论述了存在者的此在的在世结构的日常生活性及其时间性以后,开始集中地分析此在的时间性结构中的存在意义的自我展现。而在他看来,"此在"在存在自身的自我展现中的时间性结构,首先和主要的表现在"烦恼"(die Sorge)之中。

海德格尔在《存在与时间》一书中提出了这样一个极为深刻的问题:"此在的存在就是烦恼。从这一结果能够连续前进到这一结构整体的源始统一的问题吗?"接着,海德格尔又说:"我们曾经主张烦恼就是此在机制的结构整体的整体性。然而我们不曾在阐释之初就放弃了把此在作为收入眼帘的可能性吗?日常生活却恰恰是生与死'之间'的存在。”"如果生存规定着此在之存在,而生存的本质则是由'能在'参与组建起来的,那么,只要此在生存,此在就必定以'能在'的方式,以其向来尚不是某种东西的方式而存在。由生存构成其本质的存在者,本质上就对抗着把它作为整体存在者的可能性。"

接着他又说:"于是就出现一项任务:把此在作为整体置于先有之中。这却意味着:首先还得把这一存在者的能整体存在当作问题提出来。只要此在存在,在此在中就有某种它所能是、所将是的东西悬欠着。而'终结'本身就属于这种悬欠。在世的'终结'就是死亡。这一属于'能在',也就是说属于生存的终结,界定着、规定着'此在'的向来就可能的整体性。只有获得了一种在存在论上足够充分的死亡概念,也就是说,生存论的死亡概念,才可能把此在在死亡中的'向终结存在'、从而也就是这一存在者的'整体存在',纳入对可能的'整体存在'的讨论。"

"但按照此在的方式,死亡只在一种生存状态上的向死亡存在之中才存在。这一存在的生存论结构表明自身为'能整体存在'的存在论机制。整体的生存着的此在从而可以被带入生存论的先行具有。"

海德格尔为了从对于存在者的此在的分析出发,去达到存在本身的自我显现,进一步从存在者的此在的日常生活的分析,进入对于此在的生存的本真结构的分析,也就是达到对于此在的生存论的时间性结构的本质的分析。而对于时间性结构的本质的分析,就意味着要对"此在"在"在世"过程中所面临的种种"烦恼"的问题进行本真的分析。

把此在的在世作为一个完整性存在的结构去分析,把这样一个完整的存在性结构,放在时间的本真结构中去解剖,就使我们有可能把"烦恼"放在此在机制的结构的整体性中去分析。

海德格尔就是这样通过在日常生活中所表现的生死之间的生存整

体结构的展示,达到对于在时间中的存在本真结构的自我显现过程。

在上述论证中,值得注意的是,海德格尔一再强调:第一,同以往的传统的流俗的时间概念划清界限,因为这种庸俗的时间概念之要害,就在于将时间仅看作区分存在者的不同领域的"一种存在论的或毋宁说存在者状态上的标准"(als ontologisches oder vielmehr ontisches Kriterium der naiven Unterscheidung der verschiedenen Regionen des Seienden)。

第二,为了在时间性中发现此在存在的意义,必须把时间当作此在机制的完整整体,也就是说,将此在在过去、现在和未来的时间性整体结构中去考察,并势必将此在放在生与死之间的整体结构中去考察。

在上述的第一个重点问题中,海德格尔为了抑制传统流俗的时间观念,深入地将时间性之为此在的存在意义的基础同时间之为"存在者状态上的标准"加以区别开来。流俗的传统时间观念总是把世界上的各个存在者看作在时间上和空间上都各具特殊境域的现成事物。

因此,"时间性"被归结为"在计时中所经历的那些变动着的时间"。这样一来,时间成了各个具体的存在者的存在形式,某种同存在本身毫无内在联系的存在者状态。原本与存在本身源始地并始终一贯地隐含着存在意义的时间,被流俗时间概念分离成各个具体存在物的存在状态的外在标志。

在上述的第二个重点问题中,海德格尔强调作为"此在"的存在意义之基础的"时间性"之完整结构。这一方面要求我们以崭新的存在主义观点看待历史性,另一方面又要求我们将死亡看作"此在"之"能在",并由此将"生与"整体地放置在时间性结构去考察。

只有正确地把握"历史性"作为"此在自身的历事的存在法相"(Geschichlichkeit als die Seinsverfassung des Geschehens des Daseins als solchen），并由此将"此在"看作人们称之为"历史"的那个东西之前、并决定着"历史"的基础（在《存在与时间》的第七十三节中，海德格尔更具体地论述"此在"与"历史"的关系），只有将"生与死"看作"此在"之"能在"的整体结构，并将死亡看作最终的一种"能在"，才能正确地把握海德格尔的时间性观念，并从中发现"烦恼"作为"此在"的基本时间性结构的存在论意义。

所以，海德格尔强调从"此在"入手达到"存在"自身的自我显现，必须分析时间性。这也就是为什么海德格尔要把他的存在论的第一部分，以《存在与时间》作为书名加以发表。海德格尔说："此在源始的存在论上的生存状态的根据乃是时间性。只有从时间性出发，烦恼这种此在之存在的区别勾连的结构整体性（die gegliederte Strukturganzheit des Seins des Daseins als Sorge）才能从生存论上得到理解。"

为了具体地展开"此在"的存在的状态，并从"此在"的存在的自我展现过程去论证"存在"，海德格尔在《存在与时间》中用大量的篇幅论证了"此在"是"可能的整体存在"与"向死亡存在"的结构。在此基础上，他又分别地分析一种"本真能在"的"此在"式的见证，某种"绝断状态"以及"此在"的"本真整体能在"与"时间性"作为"烦恼"的存在论意义。在《存在与时间》的第六十五节"时间性之为烦恼的存在论意义"中，海德格尔实际上已经对从"此在"的自我存在到"存在"的自我展现的论证做了总结，从而使他获得了他所要追求的那个存在哲学的基本目标，即从"存在"自身得出的存在论的分析，真正地奠定了"存在作为存在"的存在论理论体系的基础。

所有这一切，都只是海德格尔的存在本体论双向论证的一部分，但却是他的存在论双向论证整体的基础部分。但是，这种从"此在"到"存在"的本体论论证，还带有两个明显的限制，不利于更直接地把握"存在"本身：第一，它必须从"此在"的生存论出发。正如海德格尔所说："从对此在的分析而来的所有说明，都是着眼于此在的生存结构而获得规定的，所以我们把此在的存在特性称为生存论性质（nennen wir die Seinscharaktere des Daseins Existenzialien）。"第二，"此在"所显示的存在本身，既然是它在"在世"过程中的那种"存在"，那么，那个自我显示的"存在"结构，也就总是"此在"的在世可能性。正如海德格尔所说："因为此在本质上总是它的可能性（weil Dasein wesenhaft je seine Moeglichkeit ist），所以这个存在者，可以在它的存在中'选择'自己本身、获得自己本身，它也可以失去自身，或者说绝非获得自身而只是'貌似'获得自身。只有当它就其本质而言可能是本真的存在者时，也就是说，可能是拥有本己的存在者时，它才可能已经失去自身，才可能还没有获得自身。"

1927 年发表的《存在与时间》，基本上奠定了海德格尔存在哲学的理论和方法论基础。但《存在与时间》只完成上卷，而原定的下卷，据海德格尔本人在 1953 年第七版序言所说："时隔四分之一世纪之后，如果上卷不重写的话，下卷将不再补充了。"因此，可以说，如果仅限于《存在与时间》，还不能完全地说明海德格尔的整个关于存在的本体论的思想。为此，本书将在《海德格尔后期思想》的有关章节，进一步说明未讨论的部分。

第二十一章

逻辑实证论和逻辑哲学论

逻辑实证主义(Logischer Positivismus)是德法两国哲学传统与英语国家经验哲学传统在现代科学成果的冲击下相结合的产物。相对于古典的实证主义,它显然是现代数学、物理学以及以这些精确科学为基础的最新自然科学进一步发展的哲学总结,它可以说是由法国的孔德和英国的斯宾塞等人在 19 世纪所创立的古典实证主义的"第二代实证主义"。

第一节 维也纳学派

逻辑实证主义不同于古典实证主义的地方,就是充分地发挥了现代数学的最新成果,以数学本身所隐含的逻辑形式结构为模式,建构起具有哲学意义的科学思维方式。作为哲学流派,它的发源地是在奥地利的维也纳,其创始人是维也纳大学教授石里克,其追随者有卡尔纳普(Rudolf Carnap,1891 – 1970)、魏斯曼(Friedrich Waismann,1896 – 1959)、纽拉德(Otto Neurath,1882 – 1945)、汉恩(Hans Hahn,1879 –

1934)、哥德尔(Kurt Gödel，1906－1978)、门格尔(Karl Menger，1902－1985)、菲利普·弗兰克(Philipp Frank，1884－1966)、克拉夫特(Victor Kraft，1880－1975)、菲格(Herbert Feigl，1902－1988)、贝尔格曼(Gustav Bergmann，1906－1987)、考夫曼(Felix Kaufmann，1895－1949)和尤赫斯(Bela von Juhos，1901－1971)等人。因此，逻辑实证主义又被称为维也纳学派(Wiener Kreis)。

实际上，正如法国著名的分析哲学家皮埃尔·雅各布(Pierre Jacob)在其编写的《从维也纳到剑桥》(*De Vienne a Cambridge*)一书中所说，逻辑实证主义是古典经验主义者(自英国的培根、洛克、贝克莱到休谟)和实证主义者(自孔德到穆勒)的理论继承者，而逻辑学不过是他们手中的一个有利的工具罢了。这种哲学研究，早已由英国的罗素、穆勒和美国的詹姆士和杜威所尝试。在1912年，维也纳一位年轻工程师维特根斯坦(Ludwig Wittgenstein，1889－1951)在逻辑学家和数学家弗雷格的劝告下，前往英国剑桥拜罗素为师。这在逻辑实证论的发展史上是一件根本性的大事，因为它标志着维也纳学派逻辑实证主义同英国分析哲学的历史渊源关系。

在石里克被任命为维也纳大学教授而继任马赫(Ernst Mach，1838－1916)的席位的前一年，即1921年，维特根斯坦发表了他的著名的《逻辑哲学论》(*Tractatus Logico-philosophicus*)。在维也纳学派形成的同时，在柏林，在莱辛巴赫(Hans Reichenbach，1891－1953)的倡导下，亨普尔(Carl Gustav Hempel，1905－1997)等志同道合的一群科学家、数学家、物理学家及哲学家，也逐渐形成一个学圈，成立了"经验哲学学会"(Gesellschaft für Empirische Philosophie)，后来，这一群人成立了柏林学派。

另外，从20世纪初到1920年前后，在维也纳和布拉格之间，哲学家们和科学家们相互交流,也日益频繁,这些人当中,除了上述的石里克、马赫、弗兰克和卡尔纳普之外,还有杰出的物理学家玻尔兹曼(Ludwig Boltzmann,1844－1906)和爱因斯坦及希尔伯特(David Hilbert,1862－1943)等人。

法西斯势力在德国的兴起,把逻辑实证论的一些主要理论家赶到英国、美国、澳大利亚、新西兰及北欧国家,其中包括理查德·米塞斯(Richard von Mises)、卡尔·波普尔(Karl Raimund Popper,1902－1994)以及匈牙利和波兰籍的科学家和逻辑学家纽曼(John von Neumann)和塔斯基(Alfred Tarski,1901－1983)等人。

从1930年代中期起,在维也纳发祥的逻辑实证主义思潮逐步移往英美。1940年,罗素(Betrand Russell,1872－1970)、卡尔纳普、亨普尔、塔斯基(Alfred Tarsky,1902－1983)和在美国生长的新崛起的逻辑实证主义者奎因(Willard van Orman Quine,1908－2000)等人,在美国的哈佛大学聚集,讨论逻辑实证主义的问题,标志着逻辑实证主义的新的发展阶段的开始。本书所讨论的,只限于逻辑实证论在第一发展时期(即1930年代中期以前)的思想及其使用德语的主要代表人物在维也纳和在柏林时期的研究状况。

关于逻辑实证论的基本思想,维特根斯坦曾在他的《逻辑哲学论》里作了精辟的概括:"一切真实命题的总和便是一切自然科学的总和。哲学不是自然科学的哲学。哲学的目的是从逻辑上阐明思想。哲学不是什么学说,而是一种活动。哲学的成果不是'哲学命题',而是对命题的阐明。"维也纳学派的创始人石里克也明确地指出:"探索并说明论断和问题的意义,是哲学本身的事情……任何一个命题的意义,最终只能由给定的东西来规定,而完全不需要别的什么东西来规定。"

　　石里克等人强调,哲学研究必须是"极端科学的"。为此,就必须使哲学研究建立在数理逻辑的推理的基础之上。这就是说,以往一切有关形而上学的争论以及试图解决现实问题的哲学探讨,都是应该摒弃的。数学和逻辑乃是变换命题的科学方法,是"论证方法"(die Methode der Verifikation),与现实毫无关系,是纯粹先天的。人的整个认识过程乃是逻辑关系。只有那些在逻辑上和在经验上能够得到证实的命题,才是有意义的命题。某一个命题的意义,完全决定于它的可证实性的条件。因此,哲学的任务无非是从逻辑上分析专门科学的概念形成。在逻辑实证论者看来,一切命题如果不能得到"逻辑证实"(即与逻辑规则相符)或"经验证实",就是"无意义的"(Sinnlos)。

　　换句话说,一切认识都源于命题(Alle Erkenntnis beginnt mit Sätzen),而不是来自确实无疑的事实(nicht mit unbezweifelbar gewissen Tatsachen)。哲学问题,正如卡尔纳普在他的《语言的逻辑语法》(*Logische Syntax der Sprache*,1934)和《符号逻辑概论》(*Grundriss der Symbolischen Logik*,1955)中所指出的,乃是科学的逻辑分析,它是与"世界"无关的,而是与语言、与统一语言的逻辑语法有关(die Probleme der Philosophie,d. h. der Logischen Analyse der Wissenschaften haben es nicht mit der Welt,sondern mit der logischen Syntax der Einheitssprache zu tun)。

　　然而,逻辑实证论所指的语言并非实际语言,而是按一定逻辑结构的排列顺序联系在一起的符号因素。语言具有指称作用和传达作用;前者指的是两个范畴,即体验与语言符号的对应关系,而后者指的是通过变项来阐述那种对应关系——而对于这些变项而言,每个人几乎都把自己的主观体验看作不变的常数。哲学的任务就是制定语言符号之间的逻辑句法——语言的表述体系的结构。

在逻辑实证论的历史文献中，下述德国哲学家的著作是非常重要的：石里克著《普通认识论》(*Allgemeine Erkenntnislehre*，1918)；维特根斯坦著《逻辑哲学论》(*Tractatus Logico-philosophicus*，1921)和《哲学研究》(*Philosophische Untersuchungen*，1953)；卡尔纳普著《世界的逻辑结构》(*Der logische Aufb au der Welt*，1928)、《逻辑的形式化》(*Formalization of Logic*，1943)和《符号逻辑导论》(*Einfuerung in die symbolische Logik*，1953)；希尔伯特与阿克尔曼(W. Ackermann)合著《理论逻辑原理》(*Grund zuege der theoretischen Logik*，1928)；卡尔·波普尔著《研究的逻辑》(*Logik der Forschung*，1934)。

第二节　柏林学派

实证主义的另一个中心是柏林。当时，一群偏爱哲学思考的科学家，莱辛巴赫、亨普尔等人组织了"经验哲学学会"(Gesellschaft für empirische Philosophie)；这个组织后来又改名为"科学哲学学会"(Gesellschaft für wissenschaftliche Philosophie)。柏林学派的成员中，还包括数学家和逻辑学家希尔伯特、古尔特·格列林(Kurt Grelling, 1886 - 1942)及数学家兼力学家理查德·米塞斯等。

莱辛巴赫本人起初在斯图加特学习工程技术和数学，后来，他到柏林、格丁根慕尼黑大学学习物理和哲学。接着，他于 1915 年在埃朗根大学以《论表现现实性的数学概率概念》(*Der Begriff der Wahrscheinlichkeit für die mathematische Darstellung der Wirklichkeit*)的论文，获得博士学位。第一次世界大战后，莱辛巴赫积极参加社会主义学生运动，在斯图加特技术高等学院获得高等学校教师资格之后。1926 年，他到柏林大学，作为爱因斯坦的助手，成为自然哲学和物理学的教授。1930 年，莱辛巴赫与石里克一起在维也纳创办《知识》杂志（*Erkenntsnis*），成为维也纳学派的积极支持者。

希特勒上台后，莱辛巴赫先移民土耳其，任伊斯坦布尔大学哲学教授，1938 年后前往美国加利福尼亚大学洛杉矶分校任教。在那里，他讲授科学论（Wissenschaftstheorie），直到 1953 年为止。

莱辛巴赫专心研究相对论的哲学基础，试图将康德的先验知识论运用于时间与空间的本质的探索中。

亨普尔在 20 世纪 20 至 30 年代先后于格丁根、海德堡、柏林和维也纳学习和研究数学、物理学和哲学。1934 年，他在柏林大学以《论概率概念的逻辑分析》（*Beiträge zur logischen Analyse des Wahrscheinlichkeitsbegriff*）的论文取得博士学位。不久，他就前往比利时，作为奥本海默（Paul Oppenheim，1885－1977）的客人在布鲁塞尔短暂停留，然后，于 1937 年移民美国。他先是成为卡尔纳普在芝加哥大学的研究助手，然后成为纽约大学教授。此后，他又成为耶鲁大学、普林斯顿大学和伯克利大学的教授。1977 年到 1985 年，他担任匹兹堡大学教授。

亨普尔曾经与奥本海默一起创造了著名的"亨普尔与奥本海默模式"（Hempel-Oppenheim-Schema），对推动数学的逻辑分析和哲学研究做出了卓越贡献。

作为柏林学派的成员，量子力学物理学家帕斯卡·约尔丹（Ernst Pascual Jordan，1902－1980）也试图依据实证主义的基本原则，研究现代物理学所开创的新型思维模式的哲学意义。他的著作包括《在宗教问题面前的自然科学家》（*Der Naturwissenschaftler vor der religiösen Frage*，1963）、《创造与奥秘》（*Schöpfung und Geheimnis*，1970）及《我们如何自由？自然法则与偶然》（*Wie frei sind wir? Naturgesetz und*

Zufall，1971)等，都具有深刻的哲学意义。

第三节 科学哲学的进一步发展

现代科学哲学的发展是同维也纳学派的逻辑实证论有密切关系的。马赫、赫尔姆霍兹、海克尔、奥斯特瓦尔德(Wilhelm Ostwald，1853-1932)、普朗克(Max Planck，1858-1947)、弗列格、爱因斯坦以及马克斯·波恩(Max Born，1882-1970)等德国和奥地利自然科学家们，都是同时关心哲学问题的思想家们。

在德国现代科学哲学的发展史上，马赫和奥斯特瓦尔德被认为是最重要的奠基人。

利用自然科学的新成果而着重发展实证论的派别，是由物理学家马赫所开创和领导的。马赫是奥地利人，是光学、力学和声学专家，他的力学专著有《力学的发展》(*Die Mechanik in ihrer Entwicklung*，1883)，在哲学上，他把一切存在物都归结为感觉和感觉关系，事物只是感觉的复合(die Dinge sind Empfindungskomplexe)。马赫本人曾经很深刻地把他自己的哲学归结为"要素一元论"和"思维经济原则"(Prinzip der Denkökonomie)。他认为，物理的和心理的因素之间并不存在本质上的区别。他的著作《感觉的分析》(*Beiträge zur Analyse der Enpfindungen*，1886. U.d.T. *Die Analyse der Empfindungen und das Verhältnis des Physischen zum Psychischen*，1900)和《认识与错误》(*Erkenntnis und Irrtum*，1905)论证了如下的事实：感觉与被感觉的区别，仅仅是由科学家分析感性材料时所采取的不同观点所决定的。

另一位奥地利哲学家阿芬那留斯(Richard Avenarius，1843-1896)同马赫一样，强调主体与客体之间的区别是无关紧要的。他在其著作《纯经验批判》(*Kritik der reinen Erfahrung*，1888 - 1890)中，指出主体与客体的区别只能导致现实的多余的"二重化"。他说，关于世界的自然观念，并不重视外感经验与内感经验的对立。一切对象无非是感觉的产物。马赫和阿芬那留斯的实证论派别，被称为"经验批判主义"(der Empiriokritizismus)，和创立"好像哲学"(der Fiktionalismus，又被称为"假定主义"或"想象主义")的魏欣格(Hans Vaihinger，1852 - 1933)一起，直接成为 20 世纪逻辑实证主义的先驱。

马赫出生于现捷克境内的格尔利斯(Chrlitz)，随后全家移居奥地利，成年以后考入维也纳大学，研读数学和物理学，在 1860 年获得博士学位，1861 年取得大学哲学教师资格文凭。他在二十六岁成为格拉兹大学(Universität Graz)的物理学教授。1867 年马赫成为布拉格的卡尔大帝大学的实验物理学教授，1895 年起才到维也纳大学任"哲学、归纳科学史及理论讲座教授"。1898 年因患中风而不得不在 1901 年提早退休。1916 年 2 月 19 日病逝于慕尼黑。马赫一生治学严谨，主张以科学精神反思科学方法论，批判各种玄学空谈。他对各种有创见的发明和科学实验给予重视，并与科学家爱因斯坦等人保持密切的联系和交往。也正是根据这个原则，在社会科学中，他很赞扬经济学的方法，认为经济学依据自然科学原则所建构的"经济思维模式"，应该成为人类思维的典范。

严格地说，马赫所从事的是以自然科学方法论和心理学探索为基础的经验论实证哲学，但他本人始终都不喜欢被称为"哲学家"。他在他的《感觉的分析》一书中曾经强调说："根本没有什么马赫哲学，充其量有的只是自然科学方法论和认识心理学。"他的这句话虽然不尽精确，但在很大程度上表现了他的哲学的特征，即他所注重的是依据自然科学手段和成果而探索人的认识能力。用他的话来说，就是"给科学以新的精神"，使科学获得正确的方法论基础而更加健康地发展，并反过来，又推动哲学的科学改造。正是由此出发，他深入研究了作为人的认识基础的感觉，并具体探讨感觉与被感觉的对象的关系。马赫的这个倾向实际上也反映了康德哲学读他的强烈影响。马赫从小就爱好哲学，而且特别着迷于康德的著作。马赫经常提到康德的《未来形而上学导论》对他的决定性影响。就是在这本书的指引下，马赫决心走上批判形而上学的道路，并把改造哲学的希望建立在自然科学方法论的基础上。马赫自己在《感觉的分析》中说，《未来形而上学导论》留下了强烈的、不可磨灭的印象，"这样的印象是我以后阅读哲学著作始终没有体验到的。大约两三年之后，我忽然想起康德的物自体所起作用是多余的。一个晴朗的夏季白天，在露天下，我突然觉得世界和我的自我是一个感觉的集合体，只是在自我内，感觉联结得更牢靠"。后来的维也纳学派逻辑实证论的创始人石里克，在他所写的《哲学家马赫》一文中，一再以赞扬和肯定的口气，阐明马赫哲学在这方面的重要特征。

为了真正把握马赫的哲学的特征及其与康德的关系，我们不妨引用马赫本人的自述："在1853年，当我年轻的时候，我的朴素的实在论世界观，已经激烈地被康德的《未来形而上学导论》所动摇。一两年后，我本能地认为，物自体是多余的虚幻物，因而我又转向潜在于康德哲学中的贝克莱观点。但是贝克莱的观念论论调是与物理学研究不协调的。自从得知赫巴特的数学心理学和费希纳的心理无理学之后，这种烦恼就更加深了。可接受的事物与不可接受的事物的紧密联系由此显示出来了。因此，康德培育的反形而上学倾向，赫巴特的分析，引导我接近休谟。但是，休谟对我没有直接影响，因为我根本不知道他的著作。只是与休谟同时代的李斯登贝尔格(Lichtenberg)对我有所影响，因为他所提出的'它思(Es denkt)，故存在'的观点，至少给了我很深的印象。在我看来，今天反形而上学已经是一般文化发展的结果。"

马赫的哲学实际上是寻求某种原则性的观点，以便保证各种科学研究具有普遍的一般性的稳定基础。他认为，一切科学研究的出发点只能是感觉世界。但是，马赫并不认为人们必须由此确立一种关于"在感觉之外存在客观的物体对象"的论点，因为这种论点不但不能获得证明，而且只会引起新的混乱，以至于新的麻烦，甚至会动摇科学研究的信心。马赫由此强调必须树立信心，确认一个物体，任何一个物理对象，只不过也只能是一种感觉的复合。它们无非是具有不同程度持久性的感觉联系，更确切地说，是由颜色、声音、热感、压力感等因素所构成的。换句话说，世界除了感觉及它们之间的联系以外，不存在其他的东西。

值得注意的是，马赫更喜欢使用"要素"这个词来取代"感觉"，因为前者具有"中性"特征，而后者则是一个较为模糊的观念，以致人们由此会误解，似乎被感知的对象总是通过感知者的行动而为某一主体所把握。马赫一再强调：自我并非什么物质性的主体，而只是感觉的复合罢了。马赫反对诉诸自我或主体，从而使他明确地同各种观念论和唯物论相区分。

马赫认为，世界是一种庞大的、可与坚硬的物质相比拟的要素网络，它在一定的位置上牢固地相互联系，而与之相对应的，是自我。自我也是由要素构成的网络。自我与物体是依据联系的特殊方式来决定的。所有的要素在本质上是同质的，也就是中性的。同样的要素有时可以是物理的，有时又可以是心理的，主要取决于它们是从哪一种联系中被观察。

在《认识与谬误》中，马赫更明确地指出：关于世界的各种知识，其实不是别的，而是对要素的联系做出尽可能简单的描述罢了，其目的只是试图以最省力的思维方式，达到从思想上把握事实本身。这就是他所概述的"思维经济原则"。因此，反对形而上学，在马赫那里，归根结底也是同这个"思维经济原则"密切相关，因为正是基于所谓经济原则，才把形而上学当成"多余"的东西而加以否定掉。此外，马赫还依据思维经济原则，不喜欢"因果性"观念，因为因果性观念无非是对于自然的拟人论和拜物教的产物，它其实是可以用数学中的函数相关性观念来取代。马赫明确地认为：科学的任务不是寻求原因，而是探索要素之间的相关性。

马赫的所有这些基本观点和方法，实际上已经在他的同时代人阿芬那留斯和舒佩（W. Schuppe，1836－1913）得到类似的表述。但只有马赫才使之采取明确的实证论形式表达出来，从而对后来的实证主义的发展及其演变产生了深远的影响。

除了马赫以外，奥斯特瓦尔德也在科学哲学方面做出了重要贡献。他从1887年起任教于莱比锡大学，是新型学科物理化学的创立者。1895年他在吕贝克德国自然科学家大会第一次公开提出了唯能论的理论，并在1902年出版的《自然哲学讲演录》使之系统化。他说，如果把物质和精神这两个概念包含在能量概念之中，就会简单地、自然而然地排除掉那种使这两个概念结合在一起的旧的困难……。他又说："我们不同的感觉器官之所以能活动起来，那是因为在它们和外部世界之间发生了某种形式的能量交换的缘故。所以，我们现在方才明白，我们从外部世界所悉知的一切，实在就是某种形式的能传到了我们这里。从外部世界那里，我们只知道它的能量关系。"

奥斯特瓦尔德的唯能论观点还系统地阐述在他所创办的《自然哲学年鉴》（1901－1921）以及他所发表的著作《自然哲学大纲》（1908）和《现代自然科学》（1914）上。奥斯特瓦尔德对"能量"的片面夸大，曾经引起物理学家玻尔兹曼和普朗克的批评。

巩固科学在人类认识活动中的地位,是奥斯特瓦尔德及其他德国科学家们的努力目标。1906年海克尔(Ernst Haeckel,1834-1919)创立了"德国一元论者同盟",奥斯特瓦尔德自1910年起任该组织领导人。他强调说"科学以空前的成功取代了上帝的位置"。在1911年由奥斯特瓦尔德主办的《一元论年鉴》成为反对宗教迷信的刊物。

和奥斯特瓦尔德一样,物理学家爱因斯坦也很重视哲学问题。爱因斯坦强调说:"认识论要是不同科学接触,就会成为空架子。科学要是没有认识论,只要这真是可以设想的,便是原始的混乱的东西。"爱因斯坦很推崇斯宾诺莎、休谟和马赫。

1900年普朗克提出了量子假说,标志着原子时代的到来。早从1889年起,普朗克任柏林大学理论物理教授达四十年之久。他曾对此说:"这是我的全部科学思想方法得到最大发展的时期。"

1908年,普朗克作了《物理世界图景的统一性》的讲演,严厉地批评马赫的经验批判主义,并认为客观存在的世界及其规律性是独立于人的主观意识的。接着,1923年,普朗克在《因果性与自由意志》的演说中说:"所谓因果性问题,指的是关于在世界事件中的规律性问题。因果性乃是一个和我们的感官的感觉完全无关的概念。"在同一讲演中,普朗克又和牛顿和爱因斯坦一样,认为"科学和宗教是相互补充的"。

在20世纪初,数学领域中的杰出思想家是弗列格和希尔伯特。弗雷格从1871年开始,到耶拿从师恩斯特·阿柏(Ernst Abbe,1840-1905),学习数学,并向卡尔·施奈尔(Karl Snell,1806-1886)学习物理学,又向库诺·费舍学习哲学。

希尔伯特在1899年发表的《几何学基础》中说:"几何和算术一样,

它的逻辑结构只需要少数几条简单的基本原理作基础。"在他看来,数学命题和逻辑法则都可以利用一系列的符号而写成公式,并不需要做任何文字上的陈述。这样一来,他的数理哲学同罗素的数理哲学的基本区别就在于其更彻底的形式化。他在 1934 年和 1939 年所发表的《数学基础》把他的数理哲学的形式主义最终系统化了。

在希尔伯特看来,数学是一种与内容无关的符号游戏,研究纯形式关系的"形式体系"的无矛盾性,便是数学可靠性和真理性的标准。1930 年在哥尼斯堡举行的自然科学大会上,希尔伯特指出:"所谓哲学问题,就是确认有先验的直观思维方式的存在,从而再去研究每一个概念知识的可能条件和每一个经验知识的可能条件。我以为,在本质上,康德认识论的基本思想,也体现在我对数学原理的研究中……"

维也纳学派及德国科学哲学的发展也为奥地利物理学家薛定谔(Erwin Schrödinger,1887 - 1961)的颇具一格的科学哲学思想的形成创造条件。他在《我的世界观》一书中概述了他的哲学怎样同古印度吠檀多派的《奥义书》思想相符合的过程。他认为哲学是"作为我们普遍知识和特殊知识的不可缺少的支柱。……形而上学并不属于知识大厦本身,它只是不可短缺的脚架,没有它,大厦就建不下去。我们甚至或许可以这样说,形而上学在其发展过程中,可以转变为物理学……"。他表示赞同马赫的经验批判论和舒佩的内在论(Immanenzphilosophie)。

第四节　维特根斯坦的哲学的演变

维特根斯坦(Ludwig Wittgenstein,1889 - 1951),不论是在德国还是在整个西方哲学史上,都是传奇式的卓越思想家。他的哲学创作生涯,为德国、也为整个西方哲学史写下光辉灿烂的一页。

维特根斯坦出生于维也纳一个富裕的家庭,却视财富如粪土,一生专心致志于自由的思想创造活动,始终以追求思想自由和坚持正义作为其个人生命的唯一目标,不愧是当代最富有声誉的优秀哲学家。他的父亲是犹太人,后来皈依基督教,他的母亲是虔诚的天主教徒。十四岁之前,维特根斯坦受到良好的教育,不但接受人文素养的熏陶,也沉浸在音乐和艺术的气氛中。他的家庭是维也纳著名的艺术沙龙,使维特根斯坦从小就对艺术抱有强烈的兴趣。接着,维特根斯坦在林兹(Linz)上大学预科,培养了对物理学的浓厚兴趣。当时,维也纳大学的玻尔兹曼教授在理论物理和力学方面取得了辉煌的成果,而且,玻尔兹曼还试图从自己的科学理论成果中总结出适当的哲学方法论。这一切吸引了年轻的维特根斯坦。但玻尔兹曼恰恰在 1906 年维特根斯坦报考大学的时候,突然自杀身亡。维特根斯坦转往柏林萨尔罗登堡技术学院(Berlin-Charlottenburg Technische Hochschule),自 1906 至 1908年,研究物理和工程学。随后,维特根斯坦到当时研究动力学方面获得重要成果的英国留学,在曼彻斯特大学注册,学习航空动力学。

但维特根斯坦对数学很感兴趣,罗素发表的《数学原理》(*The Principles of Mathematics*,1903)系统地探讨了数学的逻辑基础,并引导出数理逻辑体系。维特根斯坦读后,感叹震动不已。维特根斯坦从此决心深入研究数理逻辑和数学的哲学基础。他本来打算从学弗雷格,但弗雷格向他推荐罗素。于是,维特根斯坦于 1911 年底前往剑桥请教罗素。就这样,维特根斯坦成为罗素的得意门生。同时,维特根斯坦还同剑桥大学的摩尔(George Edward Moore,1873 - 1958)教授和凯恩斯(John Maynard Keynes,1883 - 1946)教授建立了密切的友谊关系。

　　从 1913 年起,维特根斯坦开始准备他的新哲学著作。当时,直到 1918 年为止,他将他的书稿定名为《逻辑哲学论》(*Logisch-philosophische Abhandlung*),后来,他才将此书以拉丁文"*Tractatus Logico-philosophicus*"的新书名正式出版。

　　1919 年,维特根斯坦返回奥地利。他完全改变了自己的生活方式,投入人民的教育事业中去。他在奥地利南部找到一个普通教师的职位。后来,由于《逻辑哲学论》在英国的出版,还由于罗素在 1921 年需要筹办一个德文研究杂志,又由于《逻辑哲学论》必须以英文和德文双语重版,才使维特根斯坦重返英国。他首先当建筑师,并为他的姐姐设计建设了一栋别墅。与此同时,维特根斯坦还保持与维也纳学派的联系,经常与维也纳学派的石里克、魏斯曼等人交换意见,深入他的哲学探索。

　　1929 年,维特根斯坦以他的《逻辑哲学论》作为取得大学教授资格的论文,在剑桥大学任教。但维特根斯坦自由思考的风格,使他无法忍受剑桥大学的教学规则。他上课时,随便以他所思考的问题进行教学,论及语言哲学、心理学哲学、美学和数学哲学等不同领域。他的学生们把他在此一阶段的讲稿整理成《蓝色书》(*Blaue Buch*)和《棕色书》(*Braune Buch*)。

　　1936 年,维特根斯坦离开剑桥,前往挪威,静思和整理他的书稿。1939 年,维特根斯坦作为摩尔的继任者,在剑桥大学任教授。在第二次世界大战期间,维特根斯坦连续以不同的角色向法西斯斗争。1947 年,他再次放弃剑桥的教职,1949 年,维特根斯坦主要在爱尔兰修正他的《心理学哲学》(*Philosophie der Psychologie*)书稿。期间,他还前往美国,做几个月的考察和旅行,但就在美国期间,他发现自己患有癌症。1951 年去世前,他还着手研究《关于颜色的评论》(*Bemerkungen über die*

Farben）和《关于确实性》(*Über Gewißheit*）。

维特根斯坦从第一次世界大战期间到 20 世纪 50 年代的半个世纪哲学生涯,经历了多次的曲折和思想转变,在不同的时期,先后撰写了丰富多样的哲学作品,为后人留下珍贵的思想遗产。维特根斯坦的著作,由他的友人和学生安斯康姆(Gertrude Elizabet Margaret Anscombe,1919 – 2001)、冯·赖特(Georg Henrik von Wright,1916 – 2003)等人整理出版。

当 19 世纪末至 20 世纪初实证主义和分析哲学在西方哲学领域中蓬勃发展的时候,维特根斯坦恰好完成了他的思想启蒙过程。他不愿意只埋头于科学技术的发明创造活动,更不愿意整天只与机械和技术打交道,而是决心从哲学的思想基础,全面思考西方思想文化的根本问题,更多地关心人类的命运。为此,他在第一次世界大战前夕,放弃自己原来的工程师工作,到德国投身于著名的数理逻辑学家弗雷格的门下。但当维特根斯坦阅读了罗素的著名著作之后,他决心到英国剑桥请教罗素。从那以后,维特根斯坦正式地踏入从事语言哲学的学术生涯。

维特根斯坦接受罗素的教导,把他的研究成果写成《逻辑哲学论》。他在书中明确指出,哲学的目的是使思想在逻辑上澄清明白,而为了消除哲学的难点,就必须研究语言的逻辑结构。维特根斯坦为此提出了一种"图画说"(The Picture Theory),试图说明"语言"与"世界"的关系。

但当时维特根斯坦基本上只是把语言看作表达思想和叙述实在的手段。所以,他在研究语言与实在的沟通途径和方法时,仍然只局限于一种"指示"(Showing)的概念,由此表明"命题"(Proposition)表现"实在"的基本结构,乃是它(命题)同外界实在共有的那种"逻辑形式"

(Logical Forms)。

早期维特根斯坦所寻求的语言意义，是在语言的逻辑结构中表现出来的世界图式。"一个名称代表一个物体，另一个名称代表另一个物体，当这些名称相互结合在一起的时候，它们的组合如同一幅栩栩如生的图画，代表了一个事物的状态。"

当时的维特根斯坦认为，语言的功用是描述世界并负载"意义"，就此而言，语言是人的思想同世界发生关联的中介，语言是表达思想和陈述实在的手段。

但在早期维特根斯坦那里，语言的界限同自我的界限、思想的界限及世界的界限是不相同的。在维特根斯坦看来，语言的功能是描述世界，但语言并不是万能的：它一方面不能绝对完满地描述世界，另一方面也不能绝对完满地表达自我世界中的复杂活动。维特根斯坦在谈到《逻辑哲学论》的宗旨时说："本书是要为思维划定界限，或者，毋宁说，不是为思维，而是为思维的表达方式划定界限（Das Buch will also den Denken eine Grenze ziehen, oder vielmehr nicht dem Denken, sondern dem Ausdruck der Gedanken）。因此，为了给思维划定一个界限，我们必须能够思维这个界限两边的事情。也就是说，我们由此应该假定能够思维那些我们自身所不能想的事情。"

在维特根斯坦看来，一方面，思想的界限也就是语言界限；思想内容及其意义，应该通过语言中的正确逻辑结构表达出来，只有以正确逻辑形式组成的科学命题，才是有意义的。但是，另一方面，思想又受主体意志的驱使想要设法越出语言的逻辑结构的界限，因此，思想又要设想那些不能通过语言表达出来的神秘境界。在早期维特根斯坦的上述相互矛盾思想中，表现出他早期语言观的矛盾性和复杂性及其不愿将语言、思想和世界简单地等同起来和统一起来的独特观点。

早期维特根斯坦和分析哲学家一样认为,哲学研究要建立在确证的科学的基础上,使哲学研究避免以往传统哲学的那种无意义的和无法确证的玄学争论,这就要求以科学态度,以科学方法为准则,认真地研究语言。在维特根斯坦看来,以往一切哲学问题之产生及其长期的悬而未决性,正是由于哲学家误用语言所致:或者是因为哲学家们混淆了语言的意义,不明确规定其哲学概念之意义的界限,或者是因为哲学家们根本不理解以科学方法研究语言之必要性,致使他们滥用语言,分不清语言意义的真假标准,找不到对语言意义进行检验确证之方法和途径。

这就表明,在维特根斯坦看来,要使哲学研究建立在科学基础上,最根本的是要改变哲学研究的内容、方向和方法,而这一切都决定于对于语言的研究。

维特根斯坦的早期老师罗素认为,哲学家早期争论不休的原因就是他们从一开始就忽视了语言分析,只看到语言的表面的语法形式,不去深入分析语言命题内部的逻辑结构,滥用许多无意义的抽象概念。维也纳学派的代表人物石里克说:"过去时代最严重的错误之一,就是认为哲学命题的真正意义和最后内容可以再用陈述来表述,即可以用知识来阐明。这就是形而上学的错误。形而上学者的努力一向集中在这一荒谬的目标上,要用知识来表达纯粹性质的内容(即事物的'本质'),也就是要说那不可说的东西。"

石里克在同一篇论文中还说:"我们现在认识到哲学并非一种知识的体系,而是一种活动的体系,这一点积极表现了当代伟大转变的特征;哲学就是那种确定或发现命题意义的活动。哲学使命题澄清,科学使命题得到证实。"在石里克看来,要澄清命题的意义,只有分析语言中的逻辑。石里克说:"这些方法是从逻辑出发的,莱布尼茨模糊地看到这些方法的端倪。在最近几十年里,弗雷格和罗素曾开拓了重要的道路,而维特根斯坦在 1922 年的《逻辑哲学论》中,则是一直推进到这个决定性转变的第一个人。"

因此,维特根斯坦在早期仍然遵循洛克在其《人类理智论》(*An Essay Concerning Human Understanding*,1690)一书中所提出的经验主义的最基本和最传统的语言观点,即"语言是表达思想的手段",其中心问题始终是有关语言的事实与"真理"和"存在"等非语言问题的关联。

但是,如果说,当时的弗雷格、罗素及维也纳学派的早期逻辑实证主义者,都只注重语言表达"意义"的逻辑结构、并使早期的维特根斯坦也把自己的语言哲学局限于对科学的语言命题的"指示"功能的研究的话,那么,维特根斯坦从 1930 年代后期,特别是第二次世界大战后,便对上述狭隘的语言哲学理论提出了挑战。这是维特根斯坦超出逻辑实证主义者单纯地研究"科学语言"(Scientific Language)的狭隘范围,而更广泛地研究日常生活中的语言(Ordinary Language or the Language of Everyday)的结果。

后期的维特根斯坦不再受上述英国经验论传统语言观的约束。他认为,语言的功能,远不只是表达有关事实的信息,不只是叙述事实;语言是"一种生活形式"(Lebensform;A Form of Life);使用语言就是一种"语言游戏";而所谓"语言游戏",就是"由语言和行为所交织而成的那个整体"。

由于将语言和行为密切地联结在一起,维特根斯坦特别强调:"人类的共同行为才是我们用以解释一种未知的语言的参照体系。"由此,维根斯坦得出一个非常重要的哲学结论:"我们所做的,就是将语词从它的形而上学的使用,带回到它的日常使用。"维特根斯坦的上述贡献是划时代的。维特根斯坦的成熟哲学思想，集中在他的《哲学的探究》（*Philosophische Untersuchungen*；*Philosophical Investiation*）一书中。

维特根斯坦的光辉思想，使语用论开始被重视，并慢慢地与社会科学和人文科学的方法论问题联结在一起，促进了此后诠释学和商谈伦理学的发展。

维特根斯坦关于语言使用的哲学理论，并不是偶然产生的。在他以前，美国实用主义和语用论哲学家皮尔士，早在 19 世纪 70 年代创立实用主义的第一天起，就很明确地把实用主义看作一种试图在人的行为（源自希腊文"pragma"）中探究人的思想观念及其语言表达的实际关系的哲学。因此，皮尔士所确立的"实用主义基本原则"（Pragmatic Maxim），从本质上就是一种"使观念明白的方法"，而这种"使观念明白"的方法，就其与人的行为和语言用词的密切相关而言，包含有关于"行为"的理论和关于"同意"的理论两大组成部分。所以，实用主义从它的开山鼻祖开始，便研究两大方面的问题：第一，我们的观念对象因我们的行为和活动所可能产生的实际关系；第二，我们的观念的意义、符号同人的思想和人的行为的关系。前一部分的重点是揭示行为、观念和外在世界的关系，这就是实用主义的经验论和工具论的部分；后一部分的重点，是揭示语言符号及其使用者的观念和行为的关系，这就是实用主义的言语符号学，简称为"语用论"（Pragmatics）。按照皮尔士的说法，"符号"（sign，源自希腊文"sema"）可以从三个角度去研究：第一，符号与符号之间的关系；第二，符号与其所标示或意指的因素之间的关系；第三，符号与其使用者之间的关系。由此，便使符号学（Semiotics）相应地包含了三个基本内容：语形学（Syntactics）、语义学（Semantics）及语用论（Pragmatics）。

从实用主义的角度来看，早从 20 世纪 20 年代起，杜威（John

Deway，1859－1952)及米德(George Herbert Mead，1863－1931)也在研究社会行为的过程中,极端重视象征符号与人的行为及社会生活的关系。米德所创立的象征互动论(Symbolic Interactionism)实际上将实用主义和语用论重新结合在一起,研究语言、符号、文字、手势、表情等象征符号在主体间的行为协调活动方面的沟通意义。

与杜威不同,在将逻辑实证主义和实用主义相结合方面作出重要贡献的美国哲学家布里奇曼(Percy William Bridgman，1882－1961),作为杰出的物理学家,继承了皮尔士的操作概念(The Concept of Operation)和实用主义的真理观,试图用罗素等人的分析方法,论证操作行为中的观念和语言的统一的问题。布里奇曼说:"任何概念都不过是一组操作,概念与相应的操作是同义的。"

任何一个概念和意义,只有依据记述使用和检验这个概念时所采用的操作,才能确定下来;这个概念必须与一组操作系列相符合。因此,凡不与任何操作相关联的概念,都是无意义的。显然,布里奇曼继承和发扬皮尔士的"实验精神",把科学实验中的检验性操作看成是真理的标准。布里奇曼指出:"除非我们能够确定我们或我们的邻人在任何具体场合使用一个概念时所进行的操作,我们是不能知道这个概念的意义的。"这就和皮尔士和杜威等人的实用主义观点很接近,强调概念的真正定义并非按照其本身的特性,而应按照其实际操作。

换句话说,概念的意义决定于使用这一概念的相应的操作系列。科学概念和理论的意义,归根到底,就在于它们能够充当人们适应环境的手段。同时,布里奇曼的操作主义也和皮尔士一样,认为构成概念和理论的语言,同经验和行为中的规则存在着某种符合的关系。不同的实际操作活动所使用的工具和方法,具有不同的意义。因此,概念的意义也只能是相对的。

　　如果说,布里奇曼将逻辑实证主义和实用主义相结合的结果,创立出操作主义的话,那么,美国现代哲学的杰出代表奎因就直截了当地将逻辑经验主义改造成逻辑实用主义(Logical Pragmatism)。奎因在把实用主义和语用论的精神应用于语义分析方面,做出了重要的贡献。他大胆地对英国经验论传统和弗雷格、罗素等人的逻辑分析方法,提出怀疑和进行改造。

　　奎因在《从逻辑观点来看》(*From A Logical Point of View*)一书中,尖锐地批评了现代经验论的狭隘性。他说:"现代经验论大部分受到两种信条的限制。依据第一个信条,认为分析的或以意义为依据而不依赖于事实的真理,是和综合的或以事实为依据的真理有区别的。第二个信条则是还原论或化约论(Reductionism),认为每个有意义的陈述(each meaningful statement),同某些以指称直接经验的名词为基础的逻辑架构相等值(is equivalent to some logical construct upon terms which refer to immediate experience)。我将要论证,这两则信条都是论据有毛病的。摒弃它们的一个结果,正如我们将要看到的,就是混淆玄学和自然科学的假定的区别界线,而其另一个后果,则转向实用主义。"

　　奎因的批判精神引起了逻辑实证论整个队伍的巨大震动,并在整个分析哲学界掀起了一场声势浩大的、持续多年的论战;其结果,不仅深刻地影响着逻辑实证论本身的哲学命运,一方面迫使卡尔纳普、艾耶尔(Alfred Jules Ayer, 1910－1989)和菲格等逻辑实证论大师们起而捍卫自己的理论,另一方面,又推进了逻辑实证论及其他分析哲学派别,朝着更广阔的理论视野中发展,进一步摆脱由罗素开创、经石里克等人确认的单纯的语言逻辑分析的传统,使分析哲学不再仅限于研究语词间的形式关系、研究语句的逻辑结构、研究语言中的规则、定义等被称为"语形学"的狭隘范围内,而是进一步在更大的范围内,用奎因的话来说,是进一步以整体论的检验理论为依据,广泛而全面地研究语词或语句的意义,强调确定和检验任何一个单独命题的经验意义的不可能性,即强调必须把整个体系看作经验意义的基本单位。这就和英国的日常语言学派以及维特根斯坦对语言的使用、对说话时的语境因素的重视,具有异曲同工之妙,有利于后来的语用论的进一步发展。

同时,奎因的整体论的检验理论还进一步扩大了实用主义真理观在科学哲学领域的影响。奎因曾经认为,整个科学如同一个力场(a field of forces)。经验作为力场的边界条件,沿边缘同力场紧密接连。科学陈述按照其适用性的普遍程度,由高至低由场的中心向外排列,形成一个陈述连续系统。

这就是说,包括逻辑、数学、自然科学和人文科学在内的整个知识系统,犹如力场一般。各类命题按它们距离经验的远近而在其中分布,并构成一个互相连接的整体而和作为边界条件的经验发生关联,以致观察句子和经验冲突时,要对场中哪些陈述进行修改是有很大的选择自由的。我们既可以改变某一陈述,也可以改变另一陈述,主要是对整个系统作恰当的调整。这就是说,对于任何一个科学假说都不可能孤立地加以检验,重要的问题是对某个由许多假说构成的整体、对某个知识系统进行检验。这也就是说,要相对地认定任何一个单独命题的经验意义是办不到的。

奎因还进一步提出翻译的不确定性以论证指使的不确定性,并提出实用主义的真理观,强调一个命题的真理性,并无其本身的客观标准,而只是以它是否"方便"和"有用"为转移。这种以实用主义真理观为基础的新观点,虽然一方面表现了奎因的逻辑实用主义的"知识相对论"的观点,有导致"知识不确定性的相对主义"的结论的危险,但另一方面,它在批判和抵消罗素及原维也纳学派的逻辑实证主义对"精确科学知识"的单纯推崇的唯科学主义(Scientism)方面,具有重要意义。

正是在奎因的这些实用主义真理观和知识观的推动和启示下,美国科学哲学的历史社会学派,以库恩(Thomas Samuel Kuhn,1922 - 1996)的"范式理论"为代表和以费耶阿本的"无政府主义认识论"为代表,才最终完成了对追求知识确定性的彻底批判,并把判定知识及真理的标准,更广泛地建立在逻辑关系之外的现实社会条件之上,其中包括真理和语言的使用条件的关系,因而明显地有利于语用论研究的发展。

美国分析哲学的上述新倾向,使分析哲学不再像过去那样局限于研究科学语言,而是进一步研究日常语言和全部自然语言,并在继续重视语形学和语义学研究的同时,越来越重视语用学的研究。

在美国以外,首先是在英国,语言哲学家奥斯汀(John Langshaw Austin,1911 - 1960),由于很重视对日常用语和对语言行为的研究,早从1930年代末开始,就已经跳出逻辑实证主义单纯地在语言中研究"意义"和"命题真伪性"的狭隘范围,将对于语言的研究扩大到日常生活中去,扩大到语言在行为中的实际应用的问题上。奥斯汀先是区分了记述话语和行为话语,接着,又明确地提出言语行为理论,终于从理论上论述了"说话"和"行为"的同一性及其深刻意义。奥斯汀的贡献在于:他把说话行为看作表意、行事和成效三位一体的统一行动。在奥斯汀的影响下,他的学生、美国哈佛大学教授塞尔(John Roger Searle)进一步发展了言语行为理论(Theory of Speech-Acts),并使言语行为理论直接地与语用论结合在一起,为当代语用论的发展及其在社会理论、伦理学、文学评论和诠释学的应用,做出了重要贡献。

由此可见,维特根斯坦在20世纪30年代后所提出的"语言游戏"

理论,是紧密地与奥斯汀等人的牛津学派的日常语言理论和言语行为理论的发展相平行而形成的。

不仅如此,如果我们进一步将眼光扩大到英美语言哲学传统之外的话,我们也同样可以发现:维特根斯坦的语言游戏理论与海德格尔现象学的语言探索有很深刻的哲学联系。

另一方面,如果我们再从维特根斯坦个人思想的发展历程来分析,我们仍然可以看到:即使是当维特根斯坦跟随罗素的时候,他的思想中,就已经包含了与罗素等分析哲学家的基本观点相异的因素,正是这些因素导致维特根斯坦在其晚期彻底脱离逻辑实证主义的思路,而导向语言游戏的理论思考方向。

首先,在早期维特根斯坦的著作中,维特根斯坦对于"语言"与"世界"关系的探讨,并不单纯地局限于自然科学命题中所显示的范围之内。早期维特根斯坦在《逻辑哲学论》中,一方面,就人类所能认识的世界而言,集中而深入地探讨了自然科学命题中所描述的世界,但另一方面,他又注意到:在自然科学所认识的世界之外,还有普通人的常识所了解的世界和每个个人的"自我"所具有的"自我世界"。维特根斯坦明白地理解到:自然科学所认识的世界和普通人的常识中的世界以及每个"自我"中的世界是互不相同的,然而又存在着相互的联系。因此,在早期维特根斯坦看来,自然科学命题中所呈现的"语言"与"世界"的相互关系,远没有穷尽语言的本质,也远没有揭示"语言"同"世界"的实际关系。

1914 年 10 月 23 日的日记中,维特根斯坦在思考其《逻辑哲学论》的基本内容和架构时,便意识到:"我的逻辑图式理论一方面看起来是唯一可行的,另一方面似乎在其中存在一个不可解决的矛盾(Einerseits scheint meine Theorie der logischen Abbildung die einzig mögliche, anderseits scheint in ihr ein unlöslicher Widerspruch zu sein!）。"

接着,维特根斯坦指出:"不管我对于现存的一个特定事物或者全部事物谈论某些什么样的因素,言说同样地都是有实质内容的。为了要在符号中认识符号,我们就必须尊重其使用。"正因为这样,早期维特根斯坦在强调语言的逻辑结构的同时,也不忽视语言中逻辑符号实质内容及其应用对于把握其意义的重要作用。正如维特根斯坦所说:"如果一个符号不加以应用,它就丧失意义（Wird ein Zeichen nicht gebraucht，so ist es bedeutunglos）。"

同样地,维特根斯坦于 1919 年完成《逻辑哲学论》之后,从 1929 年起,才重新开始他中断了将近整整十年的哲学研究生涯。维特根斯坦遗著的出版者、因而也非常了解维特根斯坦思想发展过程的麦吉因尼斯（B.F. McGuinness）说:"1929 年,在维特根斯坦一生中和对于维也纳学派而言,发生了重大转变。"这一重大转变,对于维特根斯坦而言,意味着一个新的哲学生命的开始。另一位研究维特根斯坦的专家希尔密（S. Stephen Hilmy）也说:"1929 年之后在维特根斯坦的哲学著作中所突现的,是一种'思维方式'（Way of Thinking；Denkweise）。"

维特根斯坦的这一"思维方式"的基本精神,用他自己的话来讲,就在于:"我们将语词从其形而上学的使用,转回到其日常生活的应用（Wir führen die Wörter von ihrer metaphysischen, wieder auf ihre alltägliche Verwendung zurück）。"

对于维特根斯坦来说,对形而上学的批判如果要贯彻到底的话,不只是一般地提出要把语言分析列为哲学活动的中心,也不只是像逻辑实证主义者那样,只把语言分析局限于科学命题中逻辑结构之探究的狭隘范围内,而是真正地"转回到语言的日常生活应用"。

由此可见,早期维特根斯坦对于语言应用的重视,以及关于在应用中把握语言符号的意义的重要论述,为他在晚期转向对日常语言及语言游戏的研究,提供了必要的思想准备。对于维特根斯坦的语言哲学理论,我们不能简单地满足于将他的思想发展历程分割成两大阶段,而是要更全面地和从他的思想深处,正确估价维特根斯坦哲学的内容和意义。

维特根斯坦从早期到晚期的思想转折,也体现了这位思想家彻底批判形而上学思维模式的决心。对于晚期维特根斯坦来说,要把语言问题当作治疗哲学通病的关键,必须首先走出逻辑实证主义自囿于其中的科学命题分析的狭隘范围,真正地回到日常语言的广阔海洋及其生动活泼的使用世界中去,然后深入分析日常语言的游戏性质及规则。

首先,什么是语言? 语言,在维特根斯坦看来,不应是哲学家任意进行哲学抽象界定的对象,也不是任何人可以任意依其主观愿望或主观目的而加以改变的符号或信号系统,同样也不只是科学家可以垄断使用的逻辑形式,语言是一种生活形式:"设想一种语言,就是设想一生活形式""语言之言说,是一种行为或一种生活形式的一部分。"

只有把语言看作一种生活形式,才能揭开笼罩在语言上面的一切神秘外衣,才能从根本上把语言从形而上学家的任意歪曲中解脱出来,真正地返回其生活的土壤之中,还其本来的面目;也才能揭露一切传统哲学家借助语言而故弄玄虚的错误本质,才能从少数自称清高而又自命最懂得语言逻辑的科学家中解放出来。语言不是什么神秘的东西,它并不具有脱离于生活之外的奇特本质。正如维特根斯坦所说:"我们的语言可以看作一个古代的城市,一个由小街道、广场、旧房和新房以及由各个时代的房屋所组成的迷宫,而在它周围又环绕着多种多样由整齐平直的街道和清一色房屋组成的新市区。"

语言自古以来就是在生活中存在,在生活中变化,在生活中而确定其意义的。维特根斯坦所反对的,正是传统哲学家对于语言的实际应用的歪曲干预,而这种歪曲干预之根源,就是脱离生活中的日常语言去谈论语言:"哲学无论如何不能干预语言的实际使用,哲学最终只能对它进行描述,因为哲学也不能为它提供任何基础,哲学要让一切事物就像它们自身那样留存着。"

谈到这里,维特根斯坦实际上批评他自己的前期思想以及逻辑实证主义者,批评过去的他和他们都不是让事物自己按其本来面目留存下来,而是用逻辑之类的手段去改变他们的本来面目。维特根斯坦接着说:"哲学也应让数学按其自身留存,而且,没有任何数学上的发现可以将哲学向前推进。"

所以,"哲学的事务,并不是以一个数学或逻辑数学的发现为手段去解决一个矛盾;而是使我们有可能得到一个关于困扰着我们的数学的状态的清楚观点"。

在晚期维特根斯坦看来,只要我们回到日常生活中去,尊重日常语言,就可以理解语言的本质,也可以弄清几千年来被传统哲学家一直加以扭曲的哲学问题。

维特根斯坦认为,肯定语言是一种生活形式,就意味着要在语言的应用中弄清其意义。维特根斯坦说:"每个符号就其自身来看是死的。""语词意义就是它在语言中的使用。"

当然,语言的日常使用也包含许多不稳定的、多变的、歧义的和含糊不清的用法。在维特根斯坦看来,要从两方面来看日常语言用法的这一特征:一方面,日常语言由于产生并使用于日常生活,又由于其使用目的常随环境、使用者及其他多种难以预料、又难以简单地加以归类的因素的变动而变化,所以,日常语言在使用中常出现一些不精确和不稳定的特点。这些特点可以使日常生活语言不具备科学语言的那种精确性和规范性,对于表达和交流真理有不利之处;但是,另一方面,日常语言的这些特点只是日常语言的一部分性质的表现,远不能代表和概括日常语言的基本特征,即其生活实用性、灵活性和真理性。同时,日常生活的上述不精确性和不稳定性,作为日常生活逻辑的一部分,作为日常生活的特征之一,正是表现了日常语言之非僵化性和灵活性,也表现了日常语言更贴近于千变万化的复杂实际生活本身。从这一点看,日常语言的这一特点不但不是它的缺点,反而是它的优点;更确切地说,也正是追求精确和实证的科学语言所缺乏的优点。维特根斯坦在谈到日常语言的这一特点时,强调"要让语言自身像它自身的样子那样",根本无须逻辑实证主义者所主张的那样,非要用逻辑精确的理想性的科学语言去改造意义含混的日常语言。

维特根斯坦说:"正是人类说什么是正确和什么是错误;也因此他们在他们使用的语言中表示用意。并不是在意见中,而是在生活形式中取得同意。""正是生活形式决定着人们所同意的东西,也正是在日常的谈话中,说出哪些是正确的或哪些是错误的。语言在生活中的应用,使语言自然地表示什么是真或假。哲学家无须在生活之外为生活中使用的语言制定规则。"

因此,在维特根斯坦看来,要懂得什么是语言,要懂得什么是语言使用的规则,只要了解生活、了解人的行为就够了。"人类的共同行为是我们用来解释未知的语言的参照系统。"

维特根斯坦建议到建筑工地去观察水泥工们是如何工作并在工作中使用语言的,维特根斯坦还建议观察儿童们是如何从其父母和其他大人的相处生活中学会母语的,维特根斯坦的用意无非是要指出:语言存在于生活中和人的行为中,语言的规则是在生活中和行为中共同认定和使用的,也随生活的需要而改变。

为此,维特根斯坦又把语言比喻成工具箱:"想一想一个工具箱中的工具:那里有锤子、钳子、锯子、螺丝拧、尺子、胶锅、胶水、钉子和螺丝等。语词的功能就像这些工具的用法一样多种多样。"不同的工具有不同的用途,而且同一工具在不同场合和不同的人手里,也会有不同的用途,语词也是这样。语词的意义及其指称作用各有不同,随其使用的场合、条件、目的的改变,语词的意义及其功用也发生变化。

日常语言的生活本质使维特根斯坦创造性地提出"语言游戏"(Sprachspiel)的概念。语言游戏的观点再次强调:语言的使用和说话,其本身就表明它是一种活动(daß das Sprechen der Sprache Teil ist einer Tätigkeit, oder einer Lebensform),而语言活动就是一场游戏,"它是由语言及交织于其中的行动所组成的总体"。生活本身本来就是一场游戏;语言的游戏性质是生活本身的游戏性质所决定的。维特根斯坦说:"在这里,语言游戏这个概念,意在突现如下事实,即谈论语言就是一种行为或一种生活形式的一部分。"

既然语言是游戏,那么,语言有无规则? 是什么样的游戏规则? 维特根斯坦并不否认,语言游戏正像其他游戏一样,有自己的规则。但是,这些规则作为游戏的规则,其本身也具有游戏的性质。维特根斯坦生动地说:"语言是一个由许多通道组成的迷宫。你从一个边靠近它,你熟悉你的路,但你从另一边靠近同一地方,你就不再熟悉你的路。"

因此,语言游戏的规则根本不像逻辑实证主义者所想象的那样,必须设定严谨刻板的规则,而是随游戏的自然发展,为游戏本身所规定的规则。伽达默尔说得好:"游戏的活动绝没有一个使它中止的目的,而只是在不断地重复中更新自身。往返重复运动对于游戏的本质规定来说是如此明显和根本,以致谁或什么东西进行这种运动倒是无关紧要的。这样的游戏活动似乎是没有根基的。"

　　维特根斯坦关于语言游戏的概念,使他的语言观的反形而上学性质进一步显现出来,并在某种意义上说,同海德格尔的存在哲学语言观汇合在一起,而成为 20 世纪 70 年代后的后结构主义和后现代主义的语言观进一步批判旧形而上学的新出发点。

第二十二章

战后的沉思

　　第二次世界大战之后,对法西斯历史教训的沉痛反思和批判,同法国和英美哲学的活跃交流,是推动德国哲学研究的新动力。战后法国和英美哲学,连同它们的文学艺术以及整个人文社会科学的大量引进,大大地激荡了原来被希特勒专制主义所窒息的哲学思维,使德国哲学界开始出现了从未有过的新文艺复兴。

第一节　基　本　趋　势

　　为了在新的基础上全面恢复哲学研究,第一次德国哲学家代表大会(I. Deutscher Philosophen-Kongreß)于 1947 年 9 月 2 日至 9 日在加尔米斯·帕尔登基尔森(Garmisch-Partenkirchen)召开。第二次世界大战后召开的本次代表大会,由哈勒大学哲学教授门彻尔(Paul Menzer,1873 - 1960)担任第一任主席。德高望重的波尔诺、尼古拉·哈特曼、埃秉豪斯(Julius Ebbinghaus,1885 - 1981)、海姆索兹(Heinz Heimsoeth,1886 - 1975)、赫尔巴赫(Willy Hellpach,1877 - 1955)、恩斯特·霍夫曼（Ernst Hoffmann，1880－1952）、菲利普·勒尔斯（Philipp Lersch，1898－1972）、保罗·林克（Paul F. Linke，1876－1955）、利特（Theodor Litt，1881－1962）以及林特伦（Fritz Joachim von Rintelen，1898－1979）等人均被列为主席团成员。

早在第一次世界大战期间，担任耶拿大学教授的新康德主义者鲍赫和马堡大学教授马克斯·冯特（Max Wundt，1879－1963）于1917年共同发起组织成立德国哲学会（Deutsche Philosophische Gesellschaft）。从此，德国哲学会发表出版《德国哲学会会刊》（*Blätter für deutsche Philosophie*），记载学会的活动内容及其学术成果。

第二次世界大战后，德国哲学家们为恢复德国哲学会而积极进行筹备工作。上述第一次德国哲学家代表大会的召开，就是德国哲学会正式恢复活动的一个重要步骤。

第一次德国哲学家代表大会是德国哲学在战后的真正复兴的起点，但从会议内容来看，绝大多数论文仍然研究古典和传统论题，只有一部分论文探讨德国以外的哲学。大会的气氛与社会文化一般状况仍然有一段很大的距离。

关于这一点，哈贝马斯后来在回忆当时的哲学状况时曾经生动地加以描述。他说，在法兰克福、科隆等地所举办的各种有关法国和英美的文化展览会，使他第一次看到了存在主义和实证主义等思潮的威力，他的个人感触典型地表达了与他同一时代的哲学家的思想状况。

每年一次的德国哲学家代表大会毕竟有助于推动德国哲学在战后的发展。于是，1950年召开于不来梅（Bremen）的第三次德国哲学家代表大会，决定成立"德国哲学会"（Allgemeine Gesellschaft für Philosophie in Deutschland，有时简称 Deutsche Philosophische Gesellschaft），同时出版《哲学研究》（*Zeitschrift für philosophische*

Forschung）。

正是在法、英、美等国思潮的推动下，战后的德国开辟了崭新的思想局面，各种各样的思想探索活跃起来，产生了将德国哲学传统同法、英、美等国思想连接起来的创新高潮。新的现象学运动、社会批判理论的复兴、实证主义、诠释学、符号学、哲学人类学和科学哲学的研究及重大讨论，就是这样从 20 世纪 50 年代开始全面地展开了。

在 1950 年代激烈讨论和深入研究的基础上，德国现代哲学自 1960 年代后正沿着多元化的方向发展。连续几次重大的理论争论，一方面显示了前几个世纪传统哲学的重大影响，另一方面也突出了自 20 世纪末以来兴起的诸新创流派的开拓作用。如果说传统思想具有无穷的威力的话，如果说黑格尔堪称这个传统的最典型的集大成者的话，那么，也恰巧是这个传统本身，并恰巧是通过了黑格尔这个典型力量，经历近一个世纪的潜移默化的流变过程，造就了一大批新型的哲学家——这批新型的哲学家之间虽然各有自我确定的个性和特殊性甚至相互间存在各种对立观点，但都力图在新的历史时代中，以批判精神对传统哲学进行挑战。20 世纪 60 年代以来，德国哲学界先后发生了关于历史主义与批判理性论、关于"理性"作为"哲学终极原则的可能性"、关于规范与历史的关系、关于"现代性"范畴、关于身心关系、关于语言与伦理学的关系、关于理论与实践的关系以及关于现代文学理论问题的重大争论。

在哲学研究的各个特殊领域内，与上述带普遍性的争论相对应，也发生了各种尖锐的辩论。这些在各个特殊领域的论争，反过来又对整个哲学界的发展方向发生影响。例如，在哲学史研究领域中，围绕亚里士多德和黑格尔的"实践哲学"的讨论，推动和启发了当代实践哲学的研究，特别有利于哲学家们对当代社会发展趋势进行新的更深入的理论分析。

在哲学人类学领域有关人的思想、语言以及行动同他人、周在世界的关系的讨论，也直接地推动了关于生活世界、主体间性以及沟通问题的讨论，有助于哲学同人文社会科学其他领域的广泛交流和互动。又如，在科学哲学领域中，关于语言分析与科学思维的关系的探讨直接推动了哲学和整个人文科学与社会科学的总体结构的革命性变化。再如，美学领域中关于"交往"概念和读者与文本的相互关系问题的争论，全面地促进了诠释学作为一般哲学理论的形成过程。

从历史发展的角度来看，从 20 世纪 60 年代到东西德统一前夕，德国哲学的发展经历了三大阶段：第一阶段，从 60 年代初到 60 年代末。在这个所谓"50 年代后的第一个十年"的历史时期内，现象学运动、新马克思主义和科学哲学的突飞猛进的发展，构成这个时期德国新哲学复兴运动的主要内容。从另一个角度来说，现象学运动、新马克思主义与科学哲学的发展，也是对传统哲学的反叛的一个表现；因为在 50 年代，传统哲学的影响仍然是决定性的，就连在当时正处于鼎盛期的两大存在哲学的哲学家——雅斯贝尔斯和海德格尔——也很重视对经典哲学家学说的研究。雅斯贝尔斯的三大卷著作《伟大的哲学家们》(*Die grossen Philosophen*)是在 1957 年发表的，雅斯贝尔斯把苏格拉底、释迦牟尼、孔子和耶稣看作"四大权威性人物"(die vier massgebenden Menschen)，同时又对柏拉图、奥古斯丁、康德、阿那克西曼德(Anaximander)、赫拉克利特、巴门尼德(Parmenides)、普罗提诺、安瑟伦、斯宾诺莎和老子等哲学家的思想进行系统的分析批判。海德格尔在论证其"存在"基本范畴的进程中，也同样紧密地结合对经典哲学的系统批判——他对前苏格拉底哲学、柏拉图哲学和尼采及康德哲学的深邃研究，使他的存在哲学基于较为牢固的理论基点上。

但是，波澜壮阔的现象学运动的兴起以及新马克思主义的法兰克福学派在整个 1950 年代的潜在发展，早已预示着 1960 年代德国哲学研究方向的重大转变。同海德格尔的存在哲学相比，法兰克福学派不论在政治上和在理论上，都更具备着适应时代要求的特点：在政治上，法兰克福学派的理论家们都是"第三帝国时期"受法西斯迫害的犹太裔思想家；海德格尔尽管在 1966 年对《明镜周刊》记者的谈话中试图扭转人们对他与法西斯的关系的看法，但正如阿多诺（Theodor Adorno，1903－1969）在《本性的难以理解的表白》（Jargon der Eigentlichkeit，1964）和海德格尔的学生洛维茨在《海德格尔：贫困时代的思想家》（Heidegger，Denker in dürftiger Zeit，1960）中所揭示的，海德格尔哲学与"国家社会主义"的含糊关系是历史本身给人们带来的印象。在理论上，新马克思主义的社会批判理论（Kritische Theorie der Gesellschaft），一方面反对传统理论的体系化倾向，另一方面又回归到对于理性的崇尚，并试图用一种历史的和辩证的观点，重建那已被"意识形态化"或"工具化"的理性主义理论。

因此，从 1950 年代初开始，新马克思主义理论就在青年中找到了广泛的热情读者。霍克海默（Max Horkheime，1895－1973）在 1950 年 2 月 18 日与 4 月 8 日致洛文塔尔（Leo Lowenthal，1900－1993）的信中说，德国学生成群地和不停地向他请教"批判理论"。法兰克福学派在德国知识界的影响，尤其因 1958 年阿多诺接任法兰克福大学社会研究所所长而空前加强。

现象学运动（Phänomenologische Bewegung）是在德国传统哲学研究以及法国存在主义思想的双重刺激下发动起来的。

科学哲学在 1960 年代的复兴，并不是与 1950 年代的"传统哲学热"毫无关系。正如埃克哈德·马尔登（Ekkehard Martens）所指出的，科学哲学的某些重要原则，早在柏拉图、笛卡尔、莱布尼茨、牛顿和康德的经典哲学理论中就已经得到重视。科学哲学，就其注重语言和概念分析而言，就其重视科学技术的进步而言，乃是广义的实践哲学的一个分支。施泰格缪勒（Wolfgang Stegmüller，1923－1991）曾对科学哲学的兴起的社会历史原因，作了较深刻的分析。

实际上，就科学哲学抵制传统形而上学的空洞的玄想而言，是同新马克思主义的"批判理论"之反体系化倾向相辅相成的。只是科学哲学强调科学理论一般认识论和方法论的普遍意义，试图通过分析科学理论一般模式的途径，发现人类科学思维的逻辑结构。再则，从社会历史条件而言，战后英美分析哲学在德国的影响的扩展，也是同美国政治经济势力在西德的重要发展相联系的。

从分析哲学到科学哲学的演变，并非违背历史的逻辑，毋宁说，这种转变是理论本身的内在发展规律所决定的。一方面，分析哲学的原则本是使用德语的维也纳派思想家们所确定的；另一方面，战后德国和整个西方世界的科学技术的飞跃发展给予社会历史所造成的决定性影响，彻底突破了传统思想把科学技术与哲学思维严格区分的旧观念的束缚。

第二阶段从 1960 年代末到 1970 年代中后期。1968 年后西欧学生运动的兴起及其退潮，现象学运动的深入发展，诠释学的泛滥，汉斯·阿尔伯特（Hans Albert）的《批判理性论》（*Traktat über Kritische Vernunft*）在 1968 年的发表，德国社会学领域中关于实证主义问题的大争论的爆发，都是当代德国哲学进入新的历史时期的象征。

在第二阶段中，实践哲学和批判理性论以及诠释学派成了三大哲学主流，决定着这一时期各大哲学争论的主要内容。但是，不管是哪一派，都脱离不了与现象学的内在关系。现象学就像一个思想黑洞一样，吸引着各派思想家,试图从中尝试探险的滋味。

实践哲学、批判理性论和诠释学派并非与前期的新马克思主义和科学哲学无关,恰巧相反,是直接从它们演变而来的。

新马克思主义在学生运动退潮之后,由阿多诺等第一代法兰克福学派思想家(霍克海默与波洛克[Friedrich Pollock,1894－1970]于1958年退休,接着阿多诺与霍克海默分别于1969年和1973年去世)传给了以哈贝马斯(Jürgen Habermas)为代表的第二代法兰克福学派思想家,在理论上,哈贝马斯等人更倾向于以"实践哲学"作为基本卷标,用来表示其理论与"新现实"的新关系,哈贝马斯等人所引用的"新现实"(Neue Sachlichkeit),原文引自魏玛共和国后期在德国文化艺术界流行的所谓"新现实派",其目的在于强调他们的历史使命感。

哈贝马斯作为这个新型的"实践哲学"的主要理论代表人物,特别强调社会科学与哲学的联结,着重发展了霍克海默在1930年就任法兰克福社会研究所所长职务时所讲的那篇著名的演说词,即《社会哲学的现状及一个社会研究所的任务》(*Die gegen wärtige Lage der Sozialphilosophie und die Aufgaben eines Instituts für Sozialforschung*)的主要精神:以社会批判为中心,发展一个以哲学为基础的、跨学科的、关于社会和关于历史的多元化新理论。

哈贝马斯对于法兰克福学派批判理论的新发展,最早表现在他的《理论与实践》(*Theorie und Praxis*,1963)一书中,接着,他在1968年发表了两篇带方向性的基本著作:《作为意识形态的技术与科学》(*Technik und Wissenschaft als Ideologie*)和《认识与利益》(*Erkenntnis und Interesse*)。

实践哲学与批判理性论的产生和发展是相平行的,因为从理论上讲,两者都与1960年代德国社会学领域中关于实证主义问题的大争论相联系。哈贝马斯的实践哲学，作为一种新型的认识论，在关于实证主义的大争论中，是以反对实证主义的"分析认识论"和反对传统的辩证法的面目而出现的。

哈贝马斯认为，卡尔·波普尔在《研究的逻辑》一书中所奠定的分析认识论的原则，只适用于"精确科学"或者所谓"经验的和分析的科学"，却不适用于人文科学和社会科学。

哈贝马斯在《认识与利益》一书中指出，由卡尔·波普尔首创、继而由亨普尔和奥本汉加以完成的"精确科学的认识论图式"只适用于精确科学领域，而不适用于社会科学。哈贝马斯曾直截了当地称"亨普尔-奥本汉图式"为"假象"（Schein）。

正是在这样的背景下，汉斯·阿尔伯特在 1971 年发表《批判的合理性与政治的神学》（*Kritische Rationalität und Politische Theologie. Plädoyer für Kritischen Rationalismus*，1971），为他在 1968 年发表的《批判理性论》（*Traktat über Kritische Vernunft*，1968）辩护，并批判以哈贝马斯为代表的新马克思主义的实践哲学。

一般说来，批判理性论的矛头既指向自笛卡尔以来的经典理性论到康德的先验的批判认识论，也指向新马克思主义所提出的理性批判原则。阿尔伯特等人的批判理性论，试图在与经典理性主义保持一定距离的情况下，用一种无止境的理性批判原则，取代以往作为"哲学终极原则"的理性绝对概念。

在这场争论中，法兰克福大学的卡尔·奥托·阿贝尔（Karl-Otto Apel）和海德堡大学荣誉教授伽达默尔（Hans-Georg Gadamer，1900 - 2002），先后以其 1960 年代早期和中期的研究成果，分别从语言哲学和诠释学的角度，对阿尔伯特的批判理性论和对哈贝马斯的实践哲学原则进行分析批判。

诠释学在伽达默尔的奠基性著作《真理与方法》(*Wahrheit und Methode*，1960)一书中，是在历史的和辩证的观点的指导下进行论述的；而阿贝尔对语言问题的历史研究则有利于符号学的进一步发展。

阿贝尔在1970年代初进一步发展了他的建立在语言分析基础上的科学哲学原则。在《关于先验的语言实效性的概念》一文中，阿贝尔试图以先验的语言实效性的概念，去探讨用语言概括的知识的可能性条件及其在各主体间加以使用的有效程度，以便补充现代语言逻辑和现代科学逻辑。阿贝尔的另一篇重要著作《哲学的改造》(*Transformation der Philosophie*，1972)则进一步启发了对于语言学的实用主义研究方向，在当时的德国曾一度重新掀起对皮尔士等实用主义奠基人的语言哲学的"研究热"，并带动了符号学的发展。第三阶段，从1970年代中后期到1980年代中期，科学论和语言哲学的进一步结合，不仅推动了科学论在人文科学和社会科学的影响，也导致了新符号学、新诠释学和新文化哲学的蓬勃发展——在这个发展过程中，自然科学、人文科学、社会科学和哲学的交融与渗透，已成为一系列新型哲学思维的基础。

在1978年举行于杜塞多尔夫(Düsseldorf)的第十六届世界哲学代表大会上，现代科学哲学的发展引起了广泛的注意。大会以"哲学与近代科学的世界观"(Die Philosophie und die Weltauffassung der modernen Wissenschaften)为主题而展开"哲学家与自然科学家代表的对话"。

慕尼黑大学的科学论研究所所长施泰格缪勒曾在《当代哲学的主要倾向》第二卷中对此作过系统论述。瓦尔特·舒尔茨在《改变中的世界的哲学》(*Philosophie in der veraenderten Welt*)一书中称，这种自然科学与哲学的"对话"的目的，是为了寻求一个共同解决问题的过程和有利于全面理解现代社会的新结构。魏泽克尔（Carl Friedrich von Weizsaecker）则说，这种"对话"是为了澄清我们在其中生活的"科学技术世界"的新"生活条件"。

总之，从 20 世纪 60 年代到 80 年代，德国哲学正经历一场重大变动；不论是研究的论题及其方法论，还是哲学本身的定义及其范围，都在科学技术、社会和文化结构的大变革中受到了冲击。法伦巴赫（H. Fahrenbach）曾在《哲学的问题探索状况》（*Zur Problemlage der Philosophie. Eine Systematische Orientierung*，1975）一书中概述了这场哲学变革的情况。

从历史的角度来看，在考察德国当代哲学的发展方向时，至少有六位德国近现代哲学家的思想影响是不可忽视的：康德、黑格尔、马克思、尼采、胡塞尔和海德格尔。这六位思想家的精神威力，或者交叉，或者相互冲突，或者相互补充，或者相互平行，有时像"恶魔"一样，有时又像"阴魂"，一直在缠绕着 1960 年代后的哲学家们的思路。

显然，德国当代哲学的发展，虽然或多或少地贯穿着对于经典哲学的"叛逆"精神，但不可切断的历史联系，往往把创新的哲学家带回到其理论的发源地，同已死去的思想家们"对话"，终于导致"在创新过程的边缘"对古典哲学的研究新高潮。

因此，20 世纪 60 年代以来，哲学史的研究也同样有所创新、有所深入。人们可以看到，在哲学史研究中始终存在着矛盾的因素：一方面，哲学界继续重视对哲学历史遗产的研究，并把它看作哲学革新的一个重要源泉；另一方面，对古典哲学的价值及传统研究方法提出怀疑，产生了一系列试图超越传统哲学范围的新探索。

在这一点上，一向在哲学史研究领域中发生重大影响的黑格尔主义的理论和方法，理所当然地首先遭遇到批判性的挑战。伽达默尔指出,黑格尔作为一个辩证法家,早已预见到他死后其哲学所要遭受的历史命运,黑格尔曾坦然自若地引用《新约全书》的《使徒行传》中的一句话:"瞧! 那些把你抬入棺材的人的脚,已经出现在门槛前。"但饶富趣味的是,恰巧是黑格尔,直接地启发了当代许多哲学家的思想。梅洛-庞蒂很公正地说:"一百年来,黑格尔成为哲学上一切重大事件的根源。"毫不奇怪,伽达默尔作为当代德国最有影响的哲学家,当他在1979 年接受"黑格尔奖"的时候,直截了当地把自新康德主义、经狄尔泰到海德格尔的整个哲学思路,同黑格尔联系在一起。

第二节　现象学运动

由于现象学本身所固有的"不完备性"和"待发展性",自 19 世纪末和 20 世纪初以来,现象学不论在德国国内,还是在国外,都以非常生动活泼的多种多样方式,发展成为一种特有的哲学创造运动,使现象学的不断创新,不但推动着现象学本身的更新和充实,而且也刺激了包括其他学派在内的整个德国哲学的进程。

现象学从一开始产生,就由各个不同的哲学家应用于不同的研究领域中。舍勒在这方面为后来的现象学家树立了榜样。他很快就以现象学的原则和方法,全面发展哲学人类学。

同舍勒一样,把现象学的原则贯彻于不同领域的,还有普芬德(Alexander Pfänder,1870-1941)、奥斯卡・贝克(Oskar Becker,1889-1964)、盖格尔、保罗・林克(Paul Ferdinand Linke,1876-1955)及莱那赫(Adolf Reinach,1883-1917)等人。普芬德突出地用现象学方法研究心理学和逻辑学,贝克则把它贯彻于几何学中,盖格尔使之应用于美学中,莱纳赫则在法学领域中贯彻现象学。另一位德国哲学家欧根·芬克(Eugen Fink，1905－1975)对舍勒的思想作了精辟的说明，从而加强了谢勒对德国现代哲学的影响。莱纳(Hans Reiner，1896－1991)和尼古拉·哈特曼把舍勒的思想应用于伦理学中；赫森(Johannes Hessen，1889－1971)、伍斯特(Peter Josef Wust，1884－1940)、拉纳(Karl Rahner，1904－1984)、瓜尔迪尼(Romano Guardini，1885－1968)、邓普夫(Alois Dempf，1891－1982)和普契瓦拉(Erich Przywara，1889－1972)等在宗教哲学方面发展了谢勒的思想，而普勒斯纳、罗塔克尔、格伦(Arnold Gehlen，1904－1976)和波尔特曼(Adolf Portmann，1897－1984)等人则继承了舍勒的自然哲学思想。

在德国的现象学运动中，值得注意的是，一方面由胡塞尔本人所培养的"正宗子弟"们，在不间断地诠释和整理胡塞尔的遗产的同时，也时刻以严肃的态度对现象学的基本概念和方法进行认真反省；另一方面，新一代的现象学家们，对现象学的理论和方法进行多方面的考察、检验和创新，试图突破胡塞尔及其"嫡系"对现象学的垄断性诠释权，奋力发展出研究和改造现象学的思路。

胡塞尔和海德格尔的学生们，作为战后现象学运动的主力军，或者继续留在弗赖堡大学和马堡大学，或者分散到各个地方的学术机构和大学，甚至移民到国外从事现象学研究。这些由胡塞尔和海德格尔所亲自培养的现象学家们，包括欧根·芬克、伽达默尔、阿隆·古尔维兹(Aron Gurwitsch，1901－1973)、希尔德布兰德、英伽登(Roman Ingarden)、柯以列(Alexandre Koyré)、朗格列波(Ludwig Landgrebe)、列维纳斯、普芬德、莱纳赫、谢普(Wilhelm Schepp)、施泰因(Edith Stein)及瓦尔登菲尔(Bernhard Waldenfels)等。

这种状况，促使了德国和法国的现象学在第二次世界大战后的全面复兴和更新。这一切，也使现象学成为德国哲学领域中一支蓬勃发展的派别,产生了一大批具有创新精神的思想家。

战后德国的现象学运动,不同于战前的现象学的地方,首先就在于现象学研究在全国范围内的普遍开花。这不仅是因为现象学吸引了众多新一代哲学家的注意力,而且还因为从事现象学久的哲学家,都分散到全国各个大学和研究机构中,形成了现象学研究的全国网络,并在各个地方分别成为具有不同特色的研究队伍,使现象学的研究中心扩散到全国各地,形成了遍布全德国的研究基地。其次,现象学被全面地运用于各个学术领域,在社会学、人类学、语言学、政治学、心理学、历史学、宗教学以及文学艺术等方面,推动了人文社会科学中的现象学改造运动。

实际上,现象学的复兴及其发展是不可避免的,这不仅是因为它作为一个哲学思潮具有它自身令人信服的逻辑力量,使它在产生之后自然地受到越来越多的支持者,而且还因为,现象学就其本质而言,作为一门不断反思的寻求科学精确性的思想方法,永远不会满足于它已有的思考模式。

梅洛-庞蒂在《感知的现象学》一书的开端曾经明确表示:"现象学的未完成状态以及它所显示的永远处于起步的姿态,并非一种失败的信号,而是不可避免的,因为现象学的任务,就是揭示世界和理性的奥秘。如果说现象学在成为一个学说或成为一个系统之前,曾经是一个运动,那么,这既非偶然,也不只是一种姿态。现象学,就像巴尔扎克、普鲁斯特、保罗·瓦雷里或塞尚的作品那样,以同样的注意力和惊异精神,以同样的强求意识,以及以把握世界的意义或初生状态中的历史原本意义的同样意愿,不断地精益求精。在这方面,现象学同近代思想的精神是相一致的。"(Merleau-Ponty, *Phénoménologie de la perception*. Avant-Propos. Paris. 1945:XVI)

这就是说,现象学,作为一种极其严谨而认真的哲学思维方式,为了真正地实现它的"回到事物自身"的基本原则,它始终都把自身的不完满性和非终极性当作自然的动力,随着其本身思路及世界的变化,以反复的自我更新的方式,一方面从内容方面不断地提出和创建新的探索论题,另一方面又在方法方面尝试探究新的可能模式。

正是遵循现象学的上述原则,德国和法国在 20 世纪第一代哲学家,胡塞尔、舍勒、海德格尔以及他们在法国的对话者柏格森、布伦施威克(Léon Brunschvicg,1869 - 1944)、让 • 瓦尔(Jean Wahl,1888 - 1974)、保罗 • 利科、列维纳斯、杜弗连(Mikel Louis Dufrenne,1910 - 1995)、萨特和梅洛-庞蒂等人,当他们创建和发展现象学,并试图将现象学移植于法国哲学界的时候,就以现象学本身的反思态度,再加上他们所固有的多样化创造风格,发动了一场不断焕发创新精神的法国特有的现象学运动,使这场运动,不但在它的前半个多世纪中,闪烁着灿烂的智慧光芒,而且,也在从 20 世纪末至 21 世纪初的后续岁月内,仍然保持其生命力,创造高潮迭起,使现象学不但在它的故乡德国,而且也在法国,始终显示出迷人的活跃景象。

引人注目的是,从第二次世界大战结束以来,德国哲学领域中,研究和传播现象学的思想家不断增多,而且他们还撰写出一系列优秀的哲学著作,不但开辟了现象学本身的视野,也推动了德国的整个哲学研究和人文社会科学的发展。而在法国哲学领域中,除了原来第一批现象学家以外,也接二连三地出现现象学新秀。

德国和法国的现象学家甚至不断扩大他们之间的对话和交流,始终坚持其创新思路,一方面重新诠释胡塞尔和海德格尔等人的原有理论,而且还敢于向胡塞尔和海德格尔等现象学原创始人的理论和方法,一再提出新的反思性问题,使他们的现象学,即使在整个哲学研究发生重大变化的情况下,他们的哲学探索,也不堕入保守框架,一再保持和发挥其理论创造的潜力；另一方面，他们也不拘泥于老一代现象学家的理论和方法的范围，发表了一系列足于震荡思想界和学术界的重要哲学著作，其隐含的理论价值及其造成的理论声势，不仅使人意识到汹涌澎湃的现象学运动，在经历了近一百年的多次转折之后，仍然生气勃勃，而且，也向人们展示如同 20 世纪的第一个三十年那样，在现象学的再次推动下，一场新世纪的哲学创造高潮，又在德国和法国的哲学园地上涌现，方兴未艾。

德国和法国现象学运动的争论及其发展过程中所发生的多次转折，基本上朝着两大方向展开：一方面不断地对现象学自身及其历史发出"回问"（Rückfrage）而进行历史的反思；另一方面，遵循"回到事物自身"（zu den Sachen selbst）的原则，面对现实的生活世界所提出的问题，开创和扩大其理论视野，尝试改善原有的方法。

现象学向来是在探问现象之为现象、包括现象学本身的源生性显现的过程中，即对它们进行"现象学还原"的过程中，不断地探索事物的本质，并同时充实现象学自身的内容和方法。正如帕斯卡尔·迪蓬和洛朗·古尔纳利在总结现象学运动一百年的经验时所说："一切现象学，毫无疑问，都是重建现象学的一种尝试（[Toute phénoménologie est sans doute un essai de refondation de la phénoménologie]）。"（Pascal Dupond et Laurent Cournarie, *Phénoménologie: un siècle de philosophie*. Paris. Ellipses, 2003: 3）

其实不是别人，正是胡塞尔自己始终忠实贯彻他自身所提出的诺言，时刻不忘现象学制定"返回事物自身"的原则的初衷，以身作则地反复怀疑和修正自己的著作的正当性及其历史有效性。正如保罗·利科所说："胡塞尔的著作，具有一种奇特的命运，其作者本身无止尽地更新它们，而每当决定重版它们的时候，其中的问题就又早已成为过时的了

(Ricoeur，*A l'école de la phénoménologie*. Paris. 2004：17)。"

和胡塞尔一样,海德格尔也早在 1923 年,当他在弗赖堡大学还作为胡塞尔的助手而开设存在论(Ontologie)课程的时候,就明确宣布:一位真正的哲学家,不能根据他所受到的多种思想影响,而只能根据他所遭遇到的问题,或者如同"问题"这个字的希腊原文"Problèma"所暗示的那样,依据他所走的道途上迎面亲临的问题而思想。海德格尔明确地说:"现象学是一门比自然科学更科学的科学,特别是当人们把科学理解为源初的知识,就其梵文原字'wit＝观看'的严格意义来理解的时候。"(Heidegger，*Zollikoner Seminare：Protokolle-Geschpräche-Briefe*. Ed. Medard Boss. Frankfurt am Main. 1987：265)

现象学所要求的,从一开始就不是死板的恪守或重复其创始人所制定的方法,而是以现象学的"慧眼"克服由现象的自我遮蔽所可能引起的"现象盲目性"(Phänomenblindheit)。(Heidegger，*Ibid.*：397)

所以,德国和法国的整个现象学运动,实际上继承和发扬现象学运动本身的优良传统,总是不停地在探索其自身历史的过程中,开展对以往现象学运动的批判和重新估价,特别是重新反思、估价、批判和再批判现象学创始人胡塞尔、舍勒及海德格尔等人对于现象学的源起的思索;把现象学的理论原则和基本方法,始终都只是当成"未完成的""待充实的"或"待进一步证实"的原则性前提。

与此同时,新的生活世界的结构及其运作逻辑的变化,促使现象学的方法,被各个领域的哲学家和思想家,应用于不同的学科和学术部门。首先,如同 20 世纪初,现象学被应用于哲学人类学、社会学、政治学、语言学和心理学等领域,培养了一大群属于现象学派的哲学人类学家、社会学家、政治学家、语言学家及心理学家等重要人物那样,第二次世界大战后的三十年内,直至 20 世纪 70 年代为止,又有一大批以现象学方法为基础,创立了多元化的哲学和社会科学的新派别,其中有法兰克福学派的社会批评理论、哈贝马斯的沟通行动理论、鲁曼的社会系统理论等。

在 20 世纪最后的三十年,特别是 1980 年代后的当代社会中所发生的重大的社会和历史事件,诸如全球化、苏联及东欧国家集团的垮台、欧盟的扩大、科学技术新发明(数码电子、人造基因工程等)、恐怖主义、新宗教运动、环境污染及大规模灾难性风险的连续出现等,进一步促使德国和法国现象学家,站在当前生活世界的平台上,以新的视野,重新开发和审慎分析、甚至重构现象学的基本概念,试图使现象学真正成为有生命力的科学思想方法,跟随人类反思能力的更新、现代性的演变以及生命运动的不断自我生产而日益完善化。

21 世纪的到来,促使德国和法国现象学家进一步合作,共同探索现象学的未来发展前景,两国现象学家接二连三联合召开研讨会,探讨现象学创新的可能性。(Eliane Escoubas/Bernard Waldenfels, *Phenomenologie Française et Phenomenologie allemande/Deustche und französische phänomenologie* , 2001)

第三节　诠释学与符号学

如果说前述实践哲学本来同现象学的研究有密切关系的话,那么,诠释学和符号学的探讨,就更是现象学研究的直接结果。诠释学在西方文化的发展中一直占着重要的地位,但是只有到了战后的时代,由于现象学运动以及对于语言研究的深入展开,才打开了完全崭新的局面。

从历史上看,诠释学(Hermeneutik)本来是一种源自古希腊的诠释传统的演变结果。后来,基督教神学的产生极其传播使它在中世纪漫长的历史中成为研究《圣经》以及诠释各种宗教教义和原则的重要方法，理论家和神学家在诠释《圣经》时，一方面说明原文的含义，另一方面发挥自己的见解。到了文艺复兴之后，特别是自宗教改革以后，《圣经》原文的诠释不再停留在神学家所从事的训诂学水平上，而是在诠释中一边使古文变活，成为活的现代语，一边在诠释中注入新思想，改造原有的含义，诠释学因而也由单纯的思想家的主观说明，变为带有能动的实践改造作用的理论研究活动。在德国近代历史上，施莱尔马赫成功地在诠释《圣经》的事业中迈出了决定性的一步，为现代诠释学的发展奠定了基础。

到了启蒙时代，解释原文与理论研究相结合的方法趋于成熟，这是同自由思想的发展相适应的。到19世纪，现代历史学的发展要求诠释学作为理解（Verstehen）历史的方法而巩固下来，以便使历史学成为人文和社会科学的基础。这一点是同黑格尔和马克思的理论贡献分不开的。随着现代科学技术的发展，进一步突出了自然科学和实证科学在方法论上同人文科学的区别性，从而衬托出同自然科学的说明相对应的人文科学的"解释"方法的必要性。由此可见，诠释学的一般发展史表明了从技术性诠释提高到理论性理解的趋势及其优点。

伽达默尔指出，他的诠释学主要受到海德格尔的《存在与时间》的启发。在那本著作中，海德格尔曾经把一种矫揉造作的、人造的或虚假的诠释学的反常性，同胡塞尔的超验的现象学及其关于意识的新科学，即关于意向性（Intentionalität）的探讨相对立。我们的存在的"矫揉造作性"，海德格尔称之为被抛弃性（Geworfenheit），不管它是何等的含糊不清和一片混沌，它毕竟可以表明我们人的存在的性质。而恰巧这一点，为此在（Dasein）的历史性和我们的存在的历史意义提供了决定性的条件。我们对历史的理解不只是涉及认识或关于历史的方向的发展的问题，而且它造就或陶冶着我们的命运。在这里，理解并不是意识的一种行为，一种形成精神的历史丰富性的遭遇（widerfahrnis），一种被动的、滞留性的动作，而是一个事件——它甚至构成历史本身。伽达默尔承认，理解的这一含义，似乎与胡塞尔关于严谨科学的现象学理论相矛盾。但是，在海德格尔看来，历史性的思想只能像狄尔泰所说的那样，"是在人文科学中建立历史世界"时陶冶出来。伽达默尔还说，海德格尔对于历史性的上述理解恰巧结束了自古希腊以来盛行于哲学界的关于主观性与客观性的本体论批判传统。现代诠释学毕竟开辟了部分与整体、主体和客体循环的可能性。

因此，如同海德格尔所说，"不是回避循环，而是正确地加入循环"。由此可见，在诠释学的问题上，海德格尔的真正贡献就在于他把黑格尔和狄尔泰的历史主义与胡塞尔的现象学联系起来，使得作为历史的主体的主观精神在创造自己的存在的未来命运时，不再为历史所造成的客观时势所束缚，而是反过来在历史的"被抛弃的境遇"中论证出自己的存在的合理性。

这里所说的主体与客体、部分与整体的循环，指的是两方不停地、灵活地交流及渗透。伽达默尔在这里所要强调的，仍然是诠释活动的非单纯主观性。如果用通俗的话来说，诠释乃是主客体间、部分与整体间的对话和交通，是双方的联系和相互体会，构成了一种活生生的交换和相互促进，或者是相互制约和相互影响的过程。但是，这种交往并不是单纯被动的，而是包含着创造性和主动性。主体在诠释历史的含义时，充分显示了他的主观性，同时，又显示了他对客体的反作用的立场。主体的诠释在某种意义上可以说是对客体的挑战，对自己的处境的界说，表达了主体意欲创造自己的存在方式，意欲指使客体服从其主观意志的倾向。但是，主观之欲控制客体，又不是单纯使客体处于被动地位；而是要使客体也像主体那样，具有某种主动的、创造的倾向或势能，使客体在被主体搅动起来或振作起来之后，反过来刺激主体，并将客体受振作后所获得的能量和创造性，倒注入主体中，溶化在主体的生命活动中。这样从主体到客体，又从客体到主体的交往是无止境的——而诠释活动，可以起着发动机的制发作用。诠释在这个意义上，又可以说是历史发展的一个驿站。从这个驿站出发，原来暂停的主客体交互作用，重新发动了起来，投入了它的新的旅程。

伽达默尔很重视海德格尔所说的超越性。正是在诠释活动中，主体向客体，客体向主体，以及新旧主客体关系，都存在相互超越的问题。真正的诠释，应该是超越性。早在海德格尔那里，存在的本质就已经包含了超越性。他说，"此在的本质在于它的生存"。这即是说，每个人的存在，是一种势能，它宁是存在化（Zu-Sein），一种不断地存在化的过程和倾向。"此在本是可能之存在。此在总是它所能成为的东西，总是按其可能性来存在化。"因此，人的存在总是不可避免地显示其超越的趋向——它不满足于现状，不满足于历史，不满足于其个体存在本身，向他人的存在挑战，向在世的一切试探某种使之开辟其存在化的可能性。从意识的角度而言，个体的存在既然时刻要超越自己、超越一切，就要不停地领悟自己，掂量自存的可能性。与此同时，人的个体存在又自然地导致自我确定、自我决定、自我抉择。个体存在的这一切趋势，用传统哲学的概念来说，是一种"超越性"，但从诠释学的角度，则可以统称为"诠释"。所以，现代诠释学，无非是继承和发扬海德格尔在《存在与时间》中所实行的现象学方法论，把这种方法论从讨论一般存在的本体论扩展到对历史的和现有的哲学原文的诠释，使之升华为一种哲学原则。

伽达默尔曾经强调："因此，这样一来，在人文科学的所有方法论和人类认识的所有理论之后,突然出现一种令人惊讶的方式把黑格尔与柏拉图的相互作用关系联系起来的辩证的和对话的统一性,这种统一性为诠释学的经验开辟自由的天地。从此之后,诠释学再也不局限于'为原文的存在'(Sein zum Texte),不局限于为变成方法的某种诠释而服务的、对于特定原文的发问和说明的过程,因为那决定着产生认识和说明的原则,在诠释过程中,作为问题的奥秘,突然地成为诠释学本身的核心。"因此,伽达默尔认为:"诠释学的问题看来是哲学的基本问题。"他认为,如同实践哲学那样,哲学上的诠释学处于超验的思维和经验的实际知识之间的二者择一的可能性之外。诠释学不再是作为辅助手段的方法论,而是作为一切人文科学和社会科学的基础的一种哲学。

现代的诠释学实际上集中了自柏拉图和亚里士多德以来的思维原则和逻辑,特别发挥了黑格尔关于宇宙论的思想。伽达默尔认为,如果说哲学史上真正发扬诠释学原则的仅仅是神学理论和法哲学理论的话,那么,不是别人,恰巧是黑格尔,通过他对基督教和哲学、自然与精神、希腊形而上学与先验哲学的天才的综合,通过他的"绝对认识"的范畴把诠释学的原则发挥得尽善尽美。

在古希腊,亚里士多德曾经限制了理论上的直观在实践活动中的作用。但是,正如伽达默尔在《作为理论和实践任务的诠释学》(*Hermeneutik als theoretische und praktische Aufgabe*, in *Rechtstheorie*, 1978)一文中所说,理解的实践本身不管是在生活中还是在科学中,都可以看作认识者以推理或类推的形式对于他所认识的对象的一种"归属"。在理论上论证理解的可能性,并非一种客观化或具体化的反思的成果,也就是说,那种所谓把"理解"从属于科学或有条理的思路的"反思",并不能确证"理解"的真正可能性。"理解"活动宁是揭示它所认识的那个世界,并使这个被认识的世界从属于它的合理应用范围内的、不可分割的论题。在论述诠释学的历史发展过程时,伽达默尔特别强调黑格尔以来一百多年的哲学史对于"思维者的思维的自身确实程度"(die Selbstgewissheit des denkenden Denkens)的研究成果。在这方面,马克思、尼采和弗洛伊德三大思想家的贡献,对于诠释学的发展具有划时代的意义。问题还是要退回到黑格尔,这位哲学大师的"自在的反思"(Reflexion in Sich)的概念,把亚里士多德以来关于思维与存在的关系的哲学研究推向新阶段。黑格尔在《哲学史讲演录》论及康德的"统觉"范畴时,一针见血地指出了"思维"的统一本能。黑格尔说:"当我进行统觉的作用,把一个经验的内容放进我的意识之内时,那么这个内容必须是在这简单的自我之内。当这个内容进入这个单一的、简单的自我里面时,则它本身也就被简单化了,感染着这种单纯性了。……我是我,我是这个一,于是内容也就放在这个统一性中,因而也就成为一了。而且这种杂多材料的统一性是通过我的能动性而建立起来的。这是一个伟大的意识,一个重要的意识。……凡是思维所产生的都是统一性;所以思维产生它自身,因为它是一。"

在这里,黑格尔对于思维的能动性、自我产生能力及近乎本能的自我统一能力、自我规定趋势的观点,已经包含了现代诠释学的最根本的原则。诠释无非就是意识的自我统一、延伸统摄对象的功能的表现,是意识论证其存在的合理性的表现。在意识自我确证的过程中,必然包摄了思维的对象及其"周在世界",于是就形成了思维通过言语的手段,穿过原文所开辟的天地和田野,而同周在世界发生交往和相互影响的可能性。要充分理解这个诠释过程的哲学意义,免不了要回顾那"进行思维的思维者"的"自在的确实性"的限度;而恰巧是黑格尔之后的那三位思想大师——马克思、尼采和弗洛伊德——对于这个论题进行了富有启示性的探索。

　　马克思、尼采和弗洛伊德对于作为思维者的"自我"的自在思维的确实性的怀疑及研究，是近百年来出现的对于哲学思维的挑战的回答。这一挑战是同思维与语言的关系问题的突出相关联的。

　　人们往往习惯于把语言看作思维的具体化的不可缺的手段。黑格尔曾经在《逻辑学》一书中天才地预见到思想史与语言史的内在关系。伽达默尔指出，近一个世纪以来对思维与语言的关系的研究，是诠释学从单纯的、辅助性的方法论王国上升为真正的哲学的理论根据；而在这一方面，也恰巧是黑格尔开创了先例。黑格尔的重要贡献在于，把理性与历史这两个与思维紧密不可分的要素，通过语言的应用、演进、交换和蜕变过程，通过语言这个"奇妙的中介"，在自我反思的发展过程中融在一起。黑格尔的天才还在于，他指明了理性与历史在反思中的交融过程的相当程度的自发性，即非意识性。这样一来，语言的作用就被荣升到哲学王国中的最高地位，也就是说，语言不单纯是我们所使用的"工具"，而是我们"进入世界"，并使我们自身与作为"历史的存在"的自我相区别，语言也就成为我们在其中生活的一种元素，一种环绕着我们的现实的、然而是远非被开发的世界。

　　伽达默尔认为，语言并非使我们局限于某种范围的因素，"环绕"这一概念，一点也不意味着"限制"，同样，它也不意味着我们"非在其中不可"或"非不在其中不可"。人们把"环境"理解为一种"空间"——在其中，我们不遇到"这个"，便遇到"那个"，不在其中，它就变为"虚空"的东西如此等等。这种理解，同语言之为人的生活环境，毫无共同之处。毋宁说，语言是我们有可能相遇的一切总体性的具体因素。环绕着我们的，是被说出来的语言，是"话"，用更具生气的词来表达，就是"言语"。伽达默尔把被说出来的语言，说成是"ta legomena"——用希腊话来说，就是"被说出来的事物"。因此，当我们说"人生活在语言中"，意思是说，我们是在谈论事物或在与他人谈话中度过我们的生活。

诠释学的发展径直触发了语言学诸问题的研究，同时，由此又进一步把哲学研究同整个人文科学，特别是关于人类本身的科学，即人类的研究更紧密地结合在一起。

早从 20 世纪 60 年代中期开始，随着结构主义思潮的兴起，德国哲学界也像法国哲学界一样，关于语言问题的研究几乎成为刺激整个哲学与人文科学研究的契机。法兰克福大学教授阿贝尔曾先后在其著作《从但丁到维科的人道主义传统中的语言概念》(*Die Idee der Sprache in der Tradition des Humanismus von Dante bis Vico*，1963)和《哲学的改造》(*Transformation der Philosophie*，1973)中分析了语言分析在哲学研究中的重要意义。与此同时，语言学家维斯格博(Leo Weisgerber，1899‒1985)也在其著作《母语与精神培养》(*Muttersprache und Geitesbildung*，1929)等书中，强调语言对于民族精神的深远影响。

语言的逻辑和结构是人类历史上最稳定不过的因素——它是人之成为人、历史之成为历史的关键所在。人类社会并不单纯由理性的进步构成的——古代与现代、东方与西方、野蛮与文明民族，不仅在通行语言这一点上是共同的，而且在语言的基本结构上也是共同的。正是在这一共同的、不变的语言结构基础上，人类才成为相互交通的共同体，历史才确定其本身的意义。

语言的研究又通过人类学的研究而提出了哲学和一切人文科学所面临的共同问题，即一方面人的言行的主体究竟是什么？另一方面人类文化与人类本身的关系又是什么？从结构主义的观点看来，主体既非社会秩序，也非历史意义的根源，主体无非是一个整体的一部分，而且是从属于这个整体的一部分罢了。这样一来，当诠释学探索"言语"的意义——或用更通俗的话来说，分析"话"中所说的事物，即希腊人所说的"ta legomena"——，所涉及的问题，不仅是旧的形而上学局限于其中的、传统意义上的主客体关系，而且是说话人作为"主体"和说话人的"话"中所指谓的事物这一方面，同说话人说话的当儿所处的整个环境（用海德格尔的话来说，即所谓"周在世界"）这另一方面的相互关系。上述两方面的关系，原本是很复杂的，它涉及那活动着的"部分"同它生活于其中的"整体"的一切关系。"整体"又是什么？它不仅包含"部分"（即说话人及其"话"中的事物）产生的当时当地的特定内容，不仅包含这个"部分"在某一个历史周遭中同"部分"之外的一切因素的关系，而且，也包含这个"部分"发生以前的全部历史和这个"部分"在未来可能发生的一切或然性和现实性，也包含这个"部分"在当时当地的一切因素同以后由它可能演变而来的因素的全部关系，包含在"当时当地"和"以后"之间的历史系列中所出现的各种因素。

"言语"中所说的部分与整体的关系，既然包含了如此丰富的内容和演变的可能性，诠释学就具备了开启宇宙和生活奥秘的可能条件。在 20 世纪 70 年代的整整十年中，德国和法国一样，在随着语言学研究的发展而引起的哲学和人文科学的革命的过程中，在诠释学逐渐兴起和体系化的过程中，对如下重要的相关问题展开了激烈的争论："自身"与"他者"；"适应"与"弃舍"；"想说出的事物"与"被一般化的原文意义"；时间间隔中的"诠释学繁殖力"与时间间隔的无底深渊中的活动多样性等。在讨论过程中，诠释学家们基本上分为两大派——一派侧重于发展"本体论意义的诠释学"，伽达默尔就属于这一派，另一派则强调从结构主义角度进行诠释的重要性。但是，1980 年代后，诠释学领域的争论已把重点转向新的领域——这些新领域的开创，主要同西方哲学界三大倾向有关：第一，与上述提到的那三位"怀疑大师"（马克思、尼采和弗洛伊德）的影响有关；第二，与"非人文主义化"的新潮流相联系；第三，与分析哲学中由奥斯汀所开创的所谓"说话—行为"（Speech-acts）派的影响分不开。

诠释学的新发展之所以首先同三位"怀疑大师"的叛逆精神相联系，是因为新一派的诠释学家们打算在"诠释"过程中揭示以往一切个体性的思维者的自在思维的有限性。诠释学的这个新倾向是由法国当代最活跃的中年哲学家德里达所提出的"结构分解"概念（La deconstruction）引发出来的。既然三位怀疑大师都否定了那统治着我们的思维的传统形而上学，诠释学应该、也能够在"解释"过程中开创完全不同的、崭新的思维方式——这是一种"分解"旧的思维结构的过程。这种倾向的出发点和一切诠释学一样，首先是"读原文"，但接着要善于在"经典著作"的字里行间和书页空白上发现"一种既相似又有所不同的原文"。

但对于海德格尔来说，问题并不在于从语言出发，而是如何到达语言。海德格尔那本《通向语言的路途上》（*Unterwegs zur Sprache*，1959）和《存在与时间》一样，强调"理解"并不是"对语言的理解"，而是"通过语言"所进行的"理解"。海德格尔认为，诠释的目标并非"他者"，而是"在世"（In-der-Welt-Sein）。海德格尔的这种理解恰巧是为了通过语言的理解而创立一种关于主体与客体关系的新的可能性。他把"理解"加以"世界化"，强调人类存在状态的语言性，从而使诠释学跳过了"诠释原文"这个问题。换句话说，在海德格尔看来，所谓"诠释"并非探究隐藏在原文背后的主观意图，而是要阐明原文面前所展现的那个"世界"，使"自我理解"归属为它诠释世界的问题。

伽达默尔关于柏拉图与黑格尔的另外两部著作——《柏拉图的辩证的伦理学及其他关于柏拉图的研究》（*Platos dialektische Ethik und andere Platostudien*，1968）和《黑格尔的辩证法》（*Hegels Dialektik*，

1971)很具体地体现了他的诠释学的方法。伽达默尔用"归属性"(Zugehoerigkeit)这个概念表明海德格尔方法论的诠释学中关于主体与客体的相互包含的包括关系,并用归属性和"疏远化"(Ver fremdung)的对立表示对传统和历史的态度。

然而主客体的相互包含及"存在"之"世界化"是通过语言而实现的。但是,诠释学并不是自封于作为符号体系的语言系统中,而是立足于活生生的、作为"语言行为"的"言谈"之上,因为只有这种言谈才表示讲话的主体的存在方式及其对现实、对"世界"的"指谓",即对现实和历史的态度。因此,诠释学的一个中心问题乃是"指谓"问题——言谈是如何指谓的? 言谈所"指谓"的究竟是什么? 这样一来,诠释学的具体对象也就是用作品的形式写下来的言谈。

但是,问题还是在于如何使"自我理解"从属于"理解世界"的问题。在这里,诠释学家们常用"同化"或"吸收"(die Aneignung)这个概念来强调从属作用过程中的意义固定化的程序。如果说"诠释"首先要依赖于启示世界的作品的力量,那么读者和原文的关系就是读者和原文所展示的世界的关系。但同化理论不是互相理解的双方的主观关系,而是适用于以作品为中介的世界的一种理解关系。因此,这是一种崭新的主观性的理论。实际上,伽达默尔在《真理与方法》一书中使用了"游戏"(das Spiel)这个概念来说明"同化"的形态,表明主体在游戏中不是"游戏者",而是在游戏中产生的东西。在游戏的进行过程中,自我由于沉醉于其中而忘却了主体性,自我因而在无意识中同关于世界的表象相通融,其结果"自我"扩大了自己。然而,自我又不是完全地或永远地失去自我意识,它一旦认真起来就又意识到主体性本身。问题在于作品中作者的"自我"的"境界",随着诠释的行为而发生想象性的变化,读者本身也相应地发生变化。这两种变化的结果,主体的幻想受到批判。

同伽达默尔一样，阿贝尔在诠释学研究中做出了突出的贡献。如前所述，阿贝尔的《哲学的改造》一书深入地研究了语言分析与诠释学的关系，使两者取长补短，更好地结合在一起。在《哲学的改造》第一卷中，阿贝尔专设一章探讨海德格尔的诠释学原则与语言分析哲学的"意义标准"的关系问题。阿贝尔指出，"意义"（der Sinn）与"理解"（Verstehen）的关系在语言分析中和在诠释学中是正好相反的。这就是说，诠释学对于"理解"进行彻底的研究，并不断加以批判，但对所要诠释的原文的"意义"却不加任何怀疑。相反，在语言分析哲学中，把语言的"意义"看作分析批判的首要目标，进行一丝不苟的考察，而把"理解"还原为对语言的"逻辑形式"的理解问题。例如语言分析对于神学和形而上学的命题的"意义"的考察是毫不留情的——它宣判后者的"毫无意义"是具有决定性的。因此，阿贝尔赞同莫里斯（Charles W. Morris，1901－1979）和晚期的维特根斯坦学派通过实用主义（特别是皮尔士）的语言观而同诠释学相汇的研究方向。诠释学与语言分析哲学的发展，在结构主义思想的土壤中播下了"符号学"（Semiotik）的种子。前面提到的莫里斯的《符号理论基础》（*Foundations of the Theory of Signs*，1938）一书，对于传播实用主义者皮尔士的语言哲学起了很大的作用。在德国，上述理论首先通过马克斯·本斯（Max Bense，1910－1990）的研究成果而进一步传播开来。

马克斯·本斯是一位美学理论家。他首创使用的"文本语言分析理论"（Textlinguistik；the Theory of Text）是皮尔士语言理论基础上发展起来的文学艺术符号学。这种强调"对原文的科学分析"的符号学是为了使文艺从"价值判断"的文艺评论框框中解放出来。这种符号学的产生还同计算机技术在文艺生活中的广泛运用有密切联系。

符号学是随着结构主义与诠释学的发展而传播开来的。德国的符

号学尤其深受法国符号学思想家罗兰·巴特(Roland Barthes,1915－
1980)的影响。在"原文"的语言分析中,寻找出一般性的符号结构体系
的目的,不是把"原文"的意义"抽空成空架子",而是以语言符号结构的
普遍化作为中介,托出其中所意向的东西。关键在于,在对"原文"进行
分析的过程中,要善于把握符号形式体系与原文所涉及的领域的一致
动作,同时在分析原文过程中要赋予形式性的符号以指示作用,从而使
符号本身具有经验的内容。

在德国哲学界,从 20 世纪 60 年代以来,哈贝马斯、汉斯·连克
(Hans Lenk)、龚德尔·阿贝尔(Günther Abel)及阿贝尔等人,都先后
就诠释学的根本问题,进行了深入的探讨,并分别发表他们的独特见
解,为战后德国诠释学研究提供了新的理论贡献。在他们的研究成果
及其争论的基础上,雅普(Urlich Japp)和凯勒(R. Keller)等人进一步
总结了诠释学方面的新成果(Japp, U. *Hermeneutik*, München. 1977;
Keller, R. *Der Schlüssel zur Schrift. Die Lehre vom Wort Gottes bei
M. Flacius Illyricus*, Hanover, 1984)。而在文学诠释学方面,彼得·
桑迪(Peter Szondi, 1929－1971)尤其进行了更深入的研究,取得了卓
越的成果。

第四节　对历史的反思

从 19 世纪中叶所开创的西方现代性哲学,随着现代社会的发展及
其危机的冲击,终于在 20 世纪上半叶的两次世界大战中遭遇到前所未
有的挑战。战火的考验比任何一种历史性实践的检验都更有深刻意
义。为什么在一个具有深厚哲学传统的国家,会出现法西斯政权? 为
什么德国会成为两次世界大战的策源地? 灿烂的哲学理论,何以未能

转化成为阻止残酷战争的精神力量？德国人历经千年沉思而总结的哲学理论，为何未能成为真正文明的思想基础？

伽达默尔在《20世纪的哲学基础》一文中曾经试图对上述重大问题做出具有哲学性和历史性意义的答案。他说："正如19世纪事实上是以歌德和黑格尔的去世为起点而以第一次世界大战的爆发为终点，20世纪则是作为世界大战的时代而开始的。如果我们提出这个追溯性的问题，那么，就会有某种划时代的意识，使我们离开这个世界大战的时代。……说20世纪的基础存在于19世纪中，听起来也许是种浅薄的说法。然而，我们的出发点却必然是这样的事实，即工业革命和西欧的迅速工业化开始于19世纪，20世纪无非是延续19世纪所建立的东西。19世纪自然科学的飞速发展为20世纪的技术和经济发展提供了根本的基础，以致我们只能对19世纪科学发现带来的实践可能性进行更为一贯和更为合理的利用。然而，伴随着第一次世界大战，也出现了一种真正划时代的意识，它把19世纪牢牢地归入过去的范畴之中。这种说法不仅在以下的意义上说是正确的，即资产阶级时代把技术进步的信仰同对有保证的自由、至善至美的文明满怀信心的期待统一起来；但这个时代已经终结。这种终结不仅仅是意识到离开了一个时代，更主要的是有意识地退出这个时代，而且是对这个时代最尖锐的拒斥。"接着，伽达默尔还进一步针对哲学的状况进行冷静的估计。他说："近代史上科学与哲学之间古老的对峙，也许在本世纪达到了顶点，但这个问题本身却可以追溯到更远，因为近代科学并不是19世纪的发明，而是17世纪的发现。为自然知识提供一个合理基础的问题，在那个时代就已经提出；那时的提法是，作为人类与世界的关系之新基础的科学，如何能同这种关系的传统形式统一起来，同作为人们认识上帝、世界和人类生活之体现的希腊哲学传统以及同基督教会的启示统一起来。然后，就开始了启蒙运动，这个运动赋予最近几个世纪以哲学的特征。因为，尽管近代科学的进军如此地高奏凯歌，尽管今天的每一个人都十分清楚，他们对存在的意识充满了对我们文化的科学预设，然而，继续支配着人类思想的问题，确实科学所不能回答的。""正是在这种形势下，哲学开始执行它的任务，这个任务至今仍然没有改变。在近代的三个世纪中所发现的对这个问题的答案虽说听起来不一样，但它们是对同一个问题的回答。而且，后来的回答不能脱离以前的回答，它们必须依靠以前的回答才能成功地得到检验。于是，20 世纪的基础问题，如果作为一个哲学问题提出来，那它必然同前几个世纪中提出的回答联系起来。"在更远的地方，伽达默尔更深刻地指出："社会秩序产生出强有力的形式，使得个人几乎根本意识不到可以按照自己的决定生活，甚至在他自己的个人生活的私人领域也是这样。因此，我们必须更为尖锐地提出我们时代的问题，即在一个完全由科学支配的社会现实中，人如何能够理解自己。"

与此同时，伽达默尔还深刻地指出了德国古典唯心主义哲学的"天真的假设"：① 断言的天真；② 反思的天真；③ 概念的天真。在谈到概念的天真的时候，伽达默尔说："揭穿概念的天真，它也许是对我们今天的哲学的最恰当的定义。我认为，在这里，当前的情境同样受到德国现象学发展的制约，而且相当有趣的是，它还同样受到起源于德国却流行于英语国家的哲学的发展的制约。"

最后，伽达默尔在总结时指出：在欧洲进行哲学反思，不能不继续同经过漫长的世纪流传下来的三个伟大的对话者进行对话，这就是古希腊对话者、康德和黑格尔。伽达默尔说："如果我们断言，在唯科学主义的时代不再需要这些老师了，可能是一个错误。他们为我们这个完全化简为科学的世界所表明的界限，根本不是我们必须首先发明的。

正是在这里，有一些东西总是先于科学而发生。在我看来，20世纪最为神秘、最为强大的基础，就是它对一切独断论、包括科学的独断论所持的怀疑主义。"

海德堡大学教授莱纳·威尔(Reiner Wiehl)指出，在希特勒政权垮台之后，在德国哲学讨论中占据中心地位的问题，就是人的生存与社会条件的问题。战后二十年，德国哲学才依据社会生活条件的变化以及经济的恢复发展，开辟了创建新哲学体系的前景。他认为，伽达默尔在1960年发表的《真理与方法》标志着德国哲学发展的新转折。

社会哲学家沃尔夫·列本尼斯(Wolf Lepenies)在其著作《德国历史中的文化的诱惑》中，更直截了当地指出：德国在人类历史上贡献了无数的思想家、文学家、艺术家，但从整个德国历史来观察，尽管德国早就进行了启蒙运动，也发表了数以成千计的优秀理论著作，但实际上一直未能真正实现严格意义的"启蒙"。列本尼斯认为，最根本的原因是德国民族的一种劣根性，这就是他们对政治的漠不关心态度。德意志人只是对文化有独特的爱好，却忽略了政治的思考。列本尼斯把德国人的这种劣根性称为"日耳曼人的非政治的心态"(deutsche apolotische Geist)。列本尼斯尖锐地指出：德国人重文化、轻政治，甚至试图以文化取代政治的心态是致命性的。

第二次世界大战结束后至1960年代，是德国哲学界进行沉痛反思的岁月。在战争期间大批受到迫害的哲学家，从1945年起，纷纷返回德国，同留存在国内的哲学家一起，冷静地思考战争的历史教训。

哲学思考主要朝着五大方向进行：第一，深藏于德国人心灵深处的伦理原则，究竟是什么？这一反思的结果，导致战后一系列有关实践哲学和伦理原则的激烈争论，也促使汉斯·约纳斯、哈贝马斯及阿伦特等人集中思考创建新的伦理原则；第二，科学技术的功能性和工具性的恶性膨胀,导致西方理性主义和经验主义内在地发生自我腐蚀,从思想深处动摇了民主制的基础,这就引起战后多次环绕实证主义的争论,也促使法兰克福学派深入开展对"工具理性"和理性异化的批判;第三,对主体性概念及其形而上学基础的反思,深入开展对西方语音中心主义和西方逻辑中心主义的批判;第四,对历史主义的重新评价,试图从历史脉络寻找西方思想危机的根源;第五,对西方种族中心主义及其在政治哲学中的基本概念的审慎重建,探讨民主制的正义原则及其与自由主义的关系,对资本主义制度的正当性和合法性的全面质疑。

德国哲学家特别回顾了德国思想史,谨慎地研究产生希特勒法西斯政治的思想根源。德国的种族主义思想有相当长的历史渊源。在19 世纪德意志帝国统一事业中,产生过不少鼓吹种族主义和沙文主义的思想家,其中特莱斯克(Heinrich Gotthard von Treitschke, 1834 - 1896)就是很典型的一位。特莱斯克曾先后在莱比锡、弗赖堡、基尔、海德堡和柏林等不同的大学任教,传播他的种族主义思想。他认为,战争是一个民族获得其巩固统一、荣耀和强盛的主要手段。他还露骨地宣称:只有以普鲁士国王为核心才能实现德意志的统一。他本人是德国议会在 1871 至 1884 年的议员。他的主要著作《德国 19 世纪史》七卷本论证德意志民族统一事业的神圣性。特莱斯克的种族主义思想并不是短期的偶然现象,而是从 19 世纪起不断延续膨胀的思潮,并不断地表现出它的政治野心。

对战争的哲学反思,早在战争进行期间,便已经由流亡在国外的德国思想家和哲学家着手进行,这一思考,一直延续到战争结束后的漫长岁月中。对战争进行反思的重要的哲学著作,先后有弗罗姆(Erich Fromm, 1900 - 1980)著《面对自由的畏惧》(*Die Furcht vor der Freiheit*, 1941)、威廉·凯勒(Wilhelm Keller, 1909 - 1987)著《论人的本质》(*Vom Wesen des Menschen*，1943)、罗塔克尔著《人与历史：人类学与科学史论丛》(*Mensch und Geschichte. Studien zur Anthropologie und Wissenschaftsheschichte*，1944)、阿洛伊斯·马格尔(Alois Mager，1883－1946)著《作为心灵现实的神秘：论神秘的心理学》(*Mystik als seelische Wirklichkeit. Eine Psychologie der Mystik*，1945)、卡尔·波普尔的《开放社会及其敌人》(*The Open Society and Its Enemies*，1945)、科尔森(Hans Kelsen，1881－1973)著《法与国家的一般理论》(*General Theory of Law and State*，1945)、哈耶克(Friedrich Haxek，1899－1992)著《屈从的道路》(*Der Weg zur Knecktschaft*，1945)、施泰格穆勒著《主管的价值与经济生活秩序》(*Subjektiver Wert und wirtschaftliche Lebensordnung*，1945)、马克斯·比卡德(Max Picard，1888－1965)著《在我们自身中的希特勒》(*Hitler in uns selbst*，1945)、威廉·维谢德尔(Wilhelm Weischedel，1905－1975)著《负责任的勇气》(*Der Mut zur Verantwortung*，1946)、卡西尔著《国家的神话》(*The Myth of the State*，1946)、波兰尼著《科学、信仰与社会》(*Science，Faith and Society*，1946)、霍克海默和阿多诺合著的《启蒙的辩证法》(*Dialektik der Aufklärung*，1947)、霍克海默著《流行的消逝》(*Eclipse of the Reason*，1947)、赖德迈斯特(Kurt Reidemeister，1893－1971)著《论自由与真理》(*Über Freiheit und Wahrheit*，1947)、达姆斯塔德(Friedrich Darmstaedter，1883－1957)著《反集权国家中的政治平等》(*Die politische Gleichheit im antiautoritären Staat*，1948)、金特·安德尔斯著《人的怀古性》(*Die Antiquiertheit des Menschens*，1956)和《到处是广岛》(*Hiroshima überall*，1982)以及列奥·施特劳斯(Leo Staruss，1899－1973)著《论暴政》(*On Tyranny：An Interpretation of Xenophon's Hiero*，1948)等。

所有这些著作，包括未能列入的其他类似著作，都是以哲学家身份对战争进行认真反思的作品，表现了德国哲学家对历史和时代的高度负责态度。

实际上，德国哲学家对战争的反思并没有停止在1950年代前，而是一直延续到现在。他们往往利用战争纪念日和其他机会，反复讨论战争产生的根源。汉斯·约纳斯，作为一位负责任的哲学家，多次围绕第二次世界大战的教训发表作品，进行哲学的反思。在1984年发表的文集《黑暗时代的反思：弗里茨·斯特恩（Fritz Stern，1926－2016）和汉斯·约纳斯的两篇演讲》中，收集了不少文章，包括题为《奥施威辛之后的上帝观念》的演讲稿。

汉斯·约纳斯强调：在一个道德败坏的时代，一种"责任伦理学"是必不可少的。汉斯·约纳斯在这里继续论述他在较早时期所奠定的新道德原则。为了创建一种适用于工艺时代的伦理学，他不遗余力地思考社会道德的重建问题。他的《责任原则——一种工艺文明伦理学的尝试》《权力还是主体性的无能？责任原则准备中的身心问题》《技术、医学和伦理学——论责任原则的实践》《物质、精神和创造宇宙论的诊断和天体演化论的猜测》《接近恶的终结——人与自然关系的对话》等著作，都表现了对于当代社会命运的关注。

汉斯·约纳斯针对第二次世界大战中许多科学家盲目地为希特勒法西斯政权服务的沉痛事实，强调不能脱离人文价值和道德伦理而片面夸大科学技术的功能。他尤其批判过分重视科学判断的真理性的逻辑实证主义。他认为，逻辑实证主义试图否认任何概念性的思想内容及其价值，简单地把一些无法直接得到经验检验的判断，归结为"胡言乱语"。他认为，这是对于西方传统道德原则的否定，是不符合哲学思考的原则的。

汉斯·约纳斯呼吁哲学家不要忘记奥斯威辛的惨痛教训，在从事科学研究和理论思维的时候，不能忽略道德和人文价值的问题。

在 1986 年春，德国史学界发生了一场剧烈的争论，中心问题是如何评价希特勒的法西斯政权在德国历史上的地位和作用。在争论中，德国历史学家希尔格鲁伯（A. Hillgruber）等人，以"德国的历史学家必须同德国的命运完全一致"的名义，通过揭露苏联红军在德国内默斯多夫（Nemmersdorf）市的大屠杀案，为希特勒的法西斯政策辩护——在希尔格鲁伯等人看来，"以德国民族的整体利益"来看，希特勒政权在第二次世界大战的失败比苏联红军占领东德地区以及将大块德国领土并入波兰和苏联的版图内还更不利于德国。这一场关于"苏联红军和红旗插上柏林国会大厦顶端，究竟意味着德国的失败还是德国的解放？"的争论，实质上是为希特勒政权的失败大唱挽歌。

哈贝马斯在为法国报刊所写的《关于德国的一场争论的结束语》（*Epilogue inédit à une querelle d'Allemands*）的短文中，严厉地批判了希尔格鲁伯等人的立场，揭示他们史学理论的法西斯种族主义实质。

哈贝马斯充分同情在希特勒的集中营内死难的成百万无辜者，并为此呼吁理论工作者要坚持正义和批判理性的立场，为使理论工作对实现社会合理化做出贡献。在德国发生的这场历经一年左右（1986 年至 1987 年）的争论，还同法国哲学界关于海德格尔的争论联系在一起。

哈贝马斯非常重视由于维克多·法里阿斯（Victor Farias）的书（*Heidegger and Nazism*，1987）的出版所引起的法国哲学界关于对海德格尔哲学的评价的争论。哈贝马斯发表于法国《快报》的《关于德国的一场争论的结束语》，就是为了表明他的立场。法国哲学家吕克·费利（Luc Ferry）和阿兰·雷诺（Alain Renault）联合发表《1968 年的思想》（*La pensée 68*，Gallimard）一书，批判由阿兰·芬基尔克劳德（Alain

Finkielkraut)为代表的另一派哲学家们为海德格尔辩护的观点[可参看阿兰·芬基尔克劳德著《思想的失败》(*La Défaite de la pensée*, Gallimard)]。

为了更好地总结历史教训,战后的当代德国哲学,比以往任何时候都更加强了同欧洲其他哲学的交流。战后德国哲学同法国、英国等哲学界的交流,达到了空前未有的程度。正因为这样,战后德国哲学的主流,法兰克福学派、埃朗根学派、批判理性主义、新现象学等,几乎主要都是同法国、英国哲学进行积极交流的结果,它们都或多或少打上了法英哲学的烙印。

从 20 世纪 80 年代末之后,由于东西德的合并统一,当代德国的哲学研究地图发生了新的变化。在古典时期就已经是哲学研究重镇的莱比锡、柏林、哈勒等,在东德政府管辖时期,只能以研究马克思主义为主。统一后,这里又慢慢恢复了历史文化的气氛和传统。原东德的哲学家们尤其反思第二次世界大战的历史教训,发表不少著作进行反省。

为了更好地总结历史,德国哲学家还进一步回溯他们的哲学传统。实际上,从 19 世纪末到 20 世纪中叶,对哲学史的研究始终没有中断。这不仅是为了进行哲学史的学术研究的需要,而且还由于对历史反思的需要。正如伽达默尔所指出的,传统本身之成为传统,就是因为它包含了理性,甚至可以说它就是理性本身。传统固然需要清理、整顿、提高和批判,但它尤其需要继承和发扬。这是一切社会和文化进一步发展和完善化的必由之路。人们可以在必要的时候埋怨传统中的消极因素,但不能绝然抗拒传统的力量,更不能像小孩子对父母进行讨价还价那样,只要对他有利的因素、而拒绝他所不感兴趣的东西。传统往往随社会和文化的发展而一股脑地来到历史的大门前。对待传统只能抱着清醒的态度,准备以辩证的态度接受它的不可避免的悖论性质。因此,如何正确地批判和继承传统，本来就是对于任何时代的人的实践智慧的一个检验。

在哲学史研究领域中，值得一提的首先是先后曾经在马堡、哥尼斯堡、巴黎和科隆大学从事哲学史研究的海姆索兹。这位出生于科隆的知识分子，早年曾在海德堡、柏林和马堡大学攻读哲学，从师于文德尔班、狄尔泰、卡西尔、科恩和纳托尔普等著名哲学家。所以，海姆索兹受到了新康德主义思想的深刻熏染和培育，对历史和文化价值非常重视。

从少年时代起，海姆索兹就对哲学甚感兴趣。在他长大的城市科隆，他尤其对哲学史家本诺·埃尔德曼（Benno Erdmann, 1851－1921）的学术演讲感兴趣。在海德堡大学求学时期，他聆听了文德尔班、拉斯克、克罗纳等学者的课程，然后，又到柏林大学跟随狄尔泰、齐美尔、里尔和卡西勒等人的课程。

海姆索兹的理论训练使他从一开始就打下坚实的研究基础。他在哲学史研究中注意到抓住重点和全面估价的重要性。他本人是康德专家，但他没有忽略德国历史上产生重要思想影响的其他哲学家。因此，他也认真地研究了埃克哈特、费希特、谢林、黑格尔、叔本华、尼采，同时也研究对德国哲学发生重要影响的法国哲学家柏格森等人。

海姆索兹的著作包括：《论笛卡尔关于清晰的知识的方法》（*Descartes' Methode der klaren und deutlichen Erkenntnis*, 1911）、《莱布尼茨关于严谨的基础建构的方法》（*Leibniz' Methode der formalen Begründung*, 1913）、《西方形而上学的六大论题》（*Die sechs großen Themen der abendländischen Metaphysik*, 1922）、《新时代的形而上学》（*Metaphysik der Neuzeit*, 1929）、《康德哲学研究论集》（*Studien zur Philosophie Immanuel Kants*, 2 Bde. 1956－1870）、《先验的辩证法：康德的〈纯粹理性批判〉解说》六卷本（*Transzendentale*

Dialektik. Ein Kommentar zu Kants Kritik der reinen Vernunft，4 Bde. 1966－1971)以及《费希特研究》(*Fichte*，1923)等。

　　与海姆索兹一样，研究谢林的专家鲍姆加特纳也通过对古典哲学的研究，探索历史的理性问题。他在《连续性与历史：论对历史理性的批判与总批判》(*Kontinuität und Geschichte. Zur Kritik und Metakritik der historischen Vernunft*，1972)一书中，强调对历史理论的研究的重要性及其对反思历史问题的指导意义。

　　当然，像海姆索兹等人那样认真地研究哲学史的学者还有很多；而且他们都在 20 世纪的整个漫长岁月中坚持严谨的治学态度，写出了一大批学术性著作，使德国在世界整个哲学史研究领域内，始终占有决定性的地位。

　　哲学作为哲学，始终都不应该停止反思其自身的正当性。如果哲学只有这样才有资格被称为"哲学"的话，那么，原本就对哲学的正当性不断提出怀疑、并试图寻求一种真正具有科学精神的哲学的现象学，就更应该比一般的哲学审慎反思其本身的正当性，不停地以新的思想维度扩充其可能的视野，并不断开辟进行自我更新的潜在途径。

第二十三章

战后的海德格尔哲学

海德格尔在第二次世界大战结束之后,继续他的哲学研究事业。在哲学著作上,海德格尔甚至比战前更"高产",接二连三地发表重要作品,对他在战前所提出、而没有彻底解决的"存在"概念,更全面地进行分析,并提出新的论述。

为此,海德格尔于 1947 年发表《柏拉图关于真理的理论》(*Platons Lehre von der Wahrheit*)和《关于人道主义的信》(*Brief ueber den Humanismus*)。1950 年,他又发表《林中路》(*Holzwege*)。从 1951 年起,海德格尔作为"名誉教授"在弗赖堡大学讲课。

从 1951 年复课后,海德格尔连续发表如下著作:《荷尔德林诗歌诠释》(*Erläuterungen zu Hölderlins Dichtung*,1951)、《田间小路》(*Der Feldweg*,1953)、《形而上学导言》(*Einführung in die Metaphysik*,1953)、《什么是思想?》(*Was heißt denken?*,1954)、《讲演与论文集》(*Vorträge und Aufsätze*,1954)、《什么是哲学?》(*Was ist die philosophie?*,1956)、《同一与差异》(*Identität und Differenz*,1957)、《理由律》(*Der Satz vom Grund*,1957)、《通向语言的路途中》

(*Unterwegs zur Sprache*，1959)、《尼采》(*Nietzsche*，1961)和《时间与存在》(*Zeit und Sein*，1962)等。

与此同时，海德格尔还发表一系列小册子和文章。在这一时期内，他着重说明他的存在哲学同萨特等人的存在主义的区别，以致他在1947年公开宣布他"不是存在主义者"，表达出他不屑与萨特等人为伍的决心。

在《什么是哲学》中，海德格尔用古希腊哲学家赫拉克利特的"一切是一"的原则，论证了"一切存在者都在存在之中"(Alles Seiende ist im Sein)的原理，从而得出结论说：哲学就是对存在者的存在的适应(Das Entsprechen zum Sein des Seienden ist die Philosophie)。

1969年，为庆祝八十寿辰，海德格尔出版《论思想之物》。他显然是把"存在"与"时间"称为"思想之物"。在晚年，海德格尔完全着隐居生活。据当时曾拜访过他的人说，海德格尔过着极简朴的生活。他住在黑森林的一个山头上，四周只有几座零散的房屋，他的日常生活必需品由他的学生从山下供应。1976年，海德格尔病死。

第一节　对于存在本体论的双向论证

关于"此在"与"存在"的相互关系，不只是构成海德格尔整个存在哲学的基本论题，而且也表现了海德格尔对于全部最基本的哲学问题的深刻思想的自我展示过程，体现了海德格尔本人贯彻其哲学理论和方法的历程及其中遇到的基本难题。

综上所述，从"此在"的生存论分析出发去研究存在的本体论意义，只能限于"此在"生存论上的时间性分析。所以，海德格尔指出："生存着的此在的存在，与非此在式的存在者的存在(例如现成性)的区别之类,尽可以明晰地显现出来,但这却只是存在论问题讨论的出发点,而不是哲学借以安然高枕的东西。"

　　海德格尔自己理解得很清楚,整个《存在与时间》这部书,只完成了他在该书导论中所提出的任务的第一步,即解说时间之为存在问题的超越境域之根本性质。所以,海德格尔承认:"此在的分析不仅是不完备的,而且最初还只是暂先的。这一分析仅仅把此在的存在提出来,而未曾阐释存在的意义。……把此在诠释为时间性,并不就算为主导问题即一般存在的意义问题提供了答案,但却为赢得这一答案准备好了地基。"

　　显然,在海德格尔那里,从"此在"出发去揭示"存在"的意义,只是为了扭转以往的传统形而上学对于"存在"问题的歪曲和误解,并由此导出他自己的"存在论哲学"的第一步。海德格尔在这里所走出的第一步,具有极其重要的意义,因为它毕竟为存在本体论的研究指明了一条通往解答一般存在问题的道路:"对于此在的存在情态的展示,还只停留在一条道路上目标是解答一般存在问题(Die Herausstellung der Sein sverfassung des Daseins bleibt aber gleich wohl nur ein Weg. Das Ziel ist die Ausarbeitung der Seinsfrage ueberhaupt)。"

　　在《存在与时间》发表以后,从 1930 年代起,海德格尔为了补全他的存在本体论,为了进一步从存在本身的自我展示去探究存在的基础本体论结构,曾经试图逐渐地从对于"此在"的分析转向对存在本身的分析。但是,究竟应该如何着手对一般存在的意义的分析?

　　从海德格尔在 1930 年代以后所发表的著作来看,我们可以看出:海德格尔主要是从"存在"的否定性的形而上学结构及"存在"的语言基础两大方面,进行对"存在"一般的深入研究的。

　　因此,在海德格尔对于"存在"的研究中,包含着两个有所区别、但又有密切关系的阶段：第一阶段是从研究"此在"出发，并以研究"此在"为中心，去论述"存在"的本体论结构；这是在《存在与时间》一书中所基本完成的第一项任务，也可以说是一种"预备性的存在论"研究。第二阶段是从 1930 年代以后开展的对于"存在"的一般本体论结构的研究，它包括对于"存在"的否定性形而上学的探究和对于作为"存在的家"的语言的探究。因此，从 1930 年代以后对于存在论否定性形而上学和对于语言的研究，可以看出海德格尔存在论研究重点的明显的"转向"。

究竟如何正确地理解海德格尔研究存在的这个重要转向呢？这个"转向"是海德格尔本人的思想转变，还是他的这个"转向"只构成他论证"存在"的两个前后不同、却又有内在关联的步骤？另外，在海德格尔前后的两种研究重点的差异中，是否还包含他的整个思想历程的统一性和一致性？

海德格尔本人在 1946 年秋天，致他的法国朋友波弗列的信（这封信后来以《关于人道主义的信》为名，发表在其 1947 年出版的《柏拉图关于真理的学说》）中，曾经提到他本人的上述思想"转向"。海德格尔首先指出："人的本质从何而来又如何被决定的？ 马克思认为，人性的人是可认识的，而且，也是已经被认识的。马克思是在'社会'中发现人的。在他看来，'社会'的人就是'自然'的人。在'社会'中，人的'本性'，即其'自然需求'（饮食、穿衣、繁殖及经济生活等）的总和，都同时地得到了保障。基督则从对神的有限性去看人的人性，即人之为人的那些人性。人，作为'上帝之子'，是救世史意义上的人。……"接着，海德格尔指出："在《存在与时间》中，有句话是如此表述的：'此在的本质就在于它的生存。'但在这里，并不是要把'生存'（existential）和'本质'（essentia）对立起来，因为'存在'的这两个形而上学的规定，并还没有作为问题而提出，更不用说他们之间的相互关系。上述那句话还不是有关'此在'的一句普遍性的论述，如果考虑到 18 世纪已把'此在'当作'对象'这个词，用来表达'现实的现实性'的形而上学概念的意义的话。那句话毋宁是说，'人'是通过他'此在'而存在着；也就是说，是在'存在'的光照中存在着。'此在'的这个'存在'，也只有这个'存在'，才具有生存的基本特征，也就是说，才显示'存在'在真理中的那种魂销神迷的蔽露状态。人的这种魂销神迷的本质是在'生存'中发生的；而形而上学把它思考成各种不同的'存在'。中世纪哲学把'此在'看成为'现实的'（als actualitas）。康德把'生存'（existential）理解为经验的客观性去取代'现实性'。黑格尔把'生存'规定为'绝对的主观性的自我认识的观念'。尼采把'生存'理解为同一事物的永恒轮回……"

海德格尔接着深刻地指出了"人"的"生存"区别于其他一切生物的根本特征，这就是人可以通过他的"思考"和"语言"去理解和把握自己的存在的真理。正因为这样，海德格尔才在《存在与时间》中用大量篇幅论述从时间性结构所分析的"此在"及其存在论性质。

但如前所述，海德格尔早在《存在与时间》中就已明确指出了探索"存在"问题的两大任务，即一方面依时间性阐释"此在"，解说时间之为"存在问题"的先验境域；另一方面，以时间性论题作为基本线索，对以往存在论的历史进行系统的现象学的解析和批判，并由此展示出这种现象学解析的基本特征。可惜，海德格尔的《存在与时间》只完成了上述两大任务中的第一个任务而已。而且，即使是第一个任务，海德格尔也只完成了从"此在"的时间性论证"存在"的方面，而遗留下了"时间与存在"的问题方面。

为此，海德格尔在致波弗列的那封信（即《关于人道主义的信》）中谈到了上述两大任务的关系，并由此也谈到了论证"存在"本身的两个相互连接的步骤。

海德格尔指出：《存在与时间》的第一部分原计划包括了"对此在的预备性基础分析""此在与时间性"和"时间与存在"三方面。显而易见，上述未能在《存在与时间》一书中完成的第三方面的问题"整个地发生了转向"：从考察"存在与时间"，转变为考察"时间与存在"。

所以，海德格尔说："在这里整体发生了转向（Hier kehrt sich das Ganze um）"。这个"转向"表明"存在"的本体论论证，在完成了对"此在"的时间性分析而走完了从"此在"到"存在"本身的论述道路之后，必须走上对一般存在本身的论证途径，使存在本体论的论证完善化。

《存在与时间》所没有完成的任务，海德格尔在 1930 年撰写 1943 年发表的《论真理的本质》(Vom Wesen der Wahrheit)一书中继续思考和分析。

海德格尔说，《论真理的本质》一书"概述了从'存在与时间'到'时间与存在'的转向。这个转向并不是《存在与时间》一书的观点的一个变更（Diese Kehre ist nicht eine Aenderung des Standpunktes von Sein und zeit），而是被考察的思想成功地到达它的境域地点，尽管这是从'时间与存在'中经历到的，而且又是从存在忘却的基本经验中体验出来的"。

这就表明，海德格尔对于"存在"的发问，始终构成他的哲学的基本问题。从"此在"的生存论分析去达到存在本身，只构成他的第一个思路；而从一般存在本身去展示存在的真理，则构成他的第一个思路。前后两个思路，作为一个"整体"，旨在完成对于"存在"的"揭示"，因为"一切哲学问题都是揭示存在的"（dass alles Fragen der Philosophie in die Existenz zurück schlägt）。

同样地，在《形而上学导论》一文中，海德格尔也再次强调上述"转向"的性质,即其揭示"存在"真理的一贯性。海德格尔认为,形而上学是研究作为"存在"本身的"存在"的;而存在本身必须一方面通过"此在"的"存在"去显示,另一方面又不可避免地要通过作为"无"的"思想"去思索,以致通过一种表面看来虚无化而达到对一般存在本身的自我显示的目的。

所以,从"此在"的"存在"到一般"存在",即从此在的时间性的存在到一般存在的运动,构成存在论的第一环节,而从"存在"本身的形而上学反思和语言的自我言说到达存在的真理,则构成第二环节。前后两个环节,不仅是海德格尔存在本体论的双向论证,而且也深刻地体现了现象学方法论在前后两个境域中的一贯性的彻底运用,表现了存在本体论及其方法论的连贯性和一致性。为此,本节将深入地分析海德格尔存在本体论双向论证的具体贯彻过程。

我们在海德格尔的《存在与时间》的著作中,看到了海德格尔是如何从对作为此在的存在者的分析去展现存在的结构本身的。海德格尔说,当我们标识提出存在问题这一任务时,我们曾表明:我们不仅必须确定充任首先被问及的东西的那种存在者,而且也必须要明确占有和保障正确通达这一存在者的方式。

海德格尔在这里所说的"必须要明确占有和保障正确通达这一存在者的方式",实际上就是在进一步落实他上述关于从存在者的存在中展示存在自身的思路。

所谓"要明确占有和保障正确通达这一存在者的方式"就是要强调:这个作为此在的具体存在者,他的自我存在展现过程是具有特殊的结构的。在《存在与时间》中,海德格尔明确地指出,作为此在的这个存在者的存在的自我展示过程的特殊结构,就在于它是凭借着领会诠释活动来展现自己的。所有的作为此在的存在者的存在过程,都是这个存在者的自我领会和自我诠释活动，是这个存在者对它的存在过程的认识和自我展现，是这个存在者在诠释过程中对自己的存在的自我领会、自我选择和自我确定。

但是，问题在于：应当如何通达这种存在者及此在呢？或者说，如何借领会诠释活动来瞄准这个存在者呢？海德格尔在《存在与时间》中指出：存在之领悟不仅一般地属于此在，而且它随着此在当时的存在方式本身或成形或毁败，因此，也就可以对存在之领悟作出多种诠释。哲学、心理学、人类学、伦理学、政治学、诗歌、传记与历史记述一直以形形色色的方式和等等不同的规模研究着此在的行止、才能、力量、可能性与盛衰，这种种诠释在生存状态上也许都是原始的。在这段话里，海德格尔已经指出了作为自我领会和自我诠释的存在者的存在，固然一般地属于此在，但是，如果对于这种领悟的理解和诠释本身发生错误，也同样的会像传统的哲学、心理学、人类学、伦理学、政治学、诗歌、传记与历史记述那样陷于失败，并在貌似自我诠释中误解存在本身。

所以，问题很清楚，要理解作为此在的生存者的存在自我展现过程，固然要明白先从这个存在者对自己的存在的自我领悟和自我诠释开始，但是问题正是在于如何达到自我领悟和自我诠释。换句话说，要通过对存在者在此在过程中的对于存在本身的自我领悟来达到对存在本身的理解和对存在本身的结构分析，并不是随便地进行自我诠释和自我领悟。

对生存论状态的分析，并不是对生存状态上的领会，因为这种对生存状态的领会，只会重演传统科学对于各种事物的存在状态的描述，把重点转向已经现成地成为"什么"的那些对象的存在状态。

存在论的这种存在者对自己的存在的自我领悟，照海德格尔的话来说，必须是一种生存论的分析（existenzielle Auslegung）。所以，海德格尔接着说:"如果哲学认识的可能性和必然性确实得到了理解,生存状态上的诠释就会要求进行生存论分析。唯当我们鲜明地依循存在问题本身制定方向,借以把此在的基本结构充分清理出来,此在分析工作至今所赢得的东西才会得到生存论上的证明。"

那么,什么是海德格尔所说的对于此在的生存论的分析? 什么是正确的哲学上的对于此在的自我诠释? 如前所述,一切传统的哲学和一切所谓的科学的各个学派都是在分析"存在"。但是它们把存在的分析看作对存在者的分析,因而走向了错误的方向。现在海德格尔强调对于存在的分析本身就是存在的自我诠释。这种自我诠释绝不是要重复以往的传统哲学和各门学科所遵循的那种方法。

对于某某存在者的存在方式的描述或分析,必须同时地成为这个存在者的自我描述和自我诠释,才能构成为"此在"的存在的自我展现过程。这个此在的自我展现过程具有两面性,一方面它是自明的,因为它是此在本身的"去存在"的自我展现,也就是说,是它自身的"去"自我存在。从这个意义上说,这个此在的自我展现和自我理解,应该是自明的。用海德格尔的话来讲,这种存在的自我展现应该是很亲近的(am naechsten);另一方面,不要忘记,此在的自我展现过程又是从存在论上是最远的(ontologisch am fernsten)、是最难以分析的、是最难达到其本真状态的。

所以,海德格尔说,此在特有的存在机制(如果把它领会为属于此在的"范畴"结构),对此在始终蔽而不露,其根据恰恰就在于此在在存在者暨存在论上的优先地位。此在在存在者状态上离它自己"最近",在存在论上最远,但在存在论上却并不陌生。这句话就是把此在在存在者状态上的自我展现的上述两面性作了最深刻的概括。

此在在存在论上的这种存在的自我展现过程,由于一方面是它自身的最亲近的自我展现，是它自身领会的最深刻、最亲切的那种自我展现过程，所以它并不是什么玄而又玄的、不可达、不可说的状态，而是可以直接地加以领会、体验和表达出来的。但另一方面，作为生存论上的自我诠释过程，它在存在论意义上，又是最远的，也就是说，是被层层遮掩和隐蔽的，是蔽而不露的。

　　作为存在论，也就是说要把存在者在他亲在过程中的一切体会真正地表达出来，并通过这个表达诠释"存在"作为"存在"的本真结构，需要有一个对于存在本身的真正理解作为前提。这就是为什么海德格尔一再指出以往的传统哲学、心理学、人类学等学科的迷失方向。它们虽然试图就人的存在作自我诠释，试图去展现存在的结构，但由于他们对于存在论理解的错误，而走向了相反的方向、走向了越来越远离存在本身的结构的方向中去，以致最终未能揭示那个"蔽而不露"的真正存在本身而走上了迷途。

　　整个《存在与时间》，在论述了存在者的此在的在世结构的日常生活性及其时间性以后，开始集中地分析此在的时间性结构中的存在意义的自我展现。而在他看来，"此在"在存在自身的自我展现中的时间性结构，首先和主要的表现在"烦恼"（die Sorge）之中。海德格尔在《存在与时间》一书中提出了这样一个极为深刻的问题："此在的存在就是烦恼。从这一结果能够连续前进到这一结构整体的源始统一的问题吗？"接着，海德格尔又说："我们曾经主张烦恼就是此在机制的结构整体的整体性。然而我们不曾在阐释之初就放弃了把此在作为收入眼帘的可能性吗？日常生活却恰恰是生与死'之间'的存在。如果生存规定着此在之存在，而生存的本质则是由'能在'参与组建起来的，那么，只要此在生存，此在就必定以'能在'的方式，……由生存构成其本质的存在者，本质上就对抗着把它作为整体存在者的可能性。"接着他说："于是就出现一项任务：把此在作为整体置于先有之中。这却意味着首先还得把这一存在者的能整体存在当作问题提出来。只要此在存在，在此在中就有某种它所能是、所将是的东西悬欠着。而'终结'本身就属于这种悬欠。在世的'终结'就是死亡。这一属于'能在'也就是说属于生存的终结，界定着、规定着'此在'的向来就可能的整体性。只有获得了一种在存在论上足够充分的死亡概念，也就是说，生存论的死亡概念，才可能把此在在死亡中的'向终结存在'、从而也就是这一存在者的'整体存在'，纳入对可能的'整体存在'的讨论。但按照此在的方式，死亡只在一种生存状态上的向死亡存在之中才存在。这一存在的生存论结构表明自身为'能整体存在'的存在论机制。整体的生存着的此在从而可以被带入生存论的先行具有。"

在这里，海德格尔为了从对于存在者的此在的分析出发，去达到存在本身的自我显现，进一步从存在者的此在的日常生活的分析，进入对于此在的生存的本真结构的分析，也就是达到对于此在的生存论的时间性结构的本质的分析。而对于时间性结构的本质的分析，就意味着要对"此在"在"在世"过程中所面临的种种"烦恼"的问题进行本真的分析。把此在的在世作为一个完整性的存在的结构去分析，把这样一个完整的存在性结构放在时间的本真结构中去解剖，就使我们有可能把"烦恼"放在此在机制的结构的整体性中去分析。

海德格尔就是这样通过在日常生活中所表现的生死之间的生存整体结构的展示，达到对于在时间中的存在本真结构的自我显现过程。

在上述论证中，值得注意的是，海德格尔一再强调：第一，同以往的传统的流俗的时间概念划清界限，因为这种庸俗的时间概念之要害，就在于将时间仅看作区分存在者的不同领域的"一种存在论的或宁说存在者状态上的标准"（als ontologisches oder vielmehr ontisches

Kriterium der naiven Unterscheidung der verschiedenen Regionen des Seienden）；第二，为了在"时间性"中发现"此在"的"存在"的意义，必须把时间当作此在机制的完整整体，也就是说，将此在在过去、现在和未来的时间性整体结构中去考察，并势必将"此在"放在生与死之间的整体结构中去考察。

在上述的第一个重点问题中，海德格尔为了抑制传统流俗的时间观念，深入地将时间性之为此在的存在意义的基础同时间之为"存在者状态上的标准"加以区别开来。流俗的传统时间观念总是把世界上的各个存在者看作在时间上和空间上都各具特殊境域的现成事物。

因此，"时间性"被归结为"在计时中所经历的那些变动着的时间"。这样一来，时间成了各个具体的存在者的存在形式，某种同存在本身毫无内在联系的存在者状态。原本与存在本身源始地并始终一贯地隐含着存在意义的时间，被流俗时间概念分离成各个具体存在物的存在状态的外在标志。

在上述的第二个重点问题中，海德格尔强调作为"此在"的存在意义之基础的"时间性"之完整结构。这一方面要求我们以崭新的存在主义观点看待历史性，另一方面又要求我们将死亡看作"此在"之"能在"，并由此将"生与死"整体地放置在时间性结构去考察。只有正确地把握"历史性"作为"此在自身的历事的存在法相"（Geschichlichkeit als die Seinsverfassung des Geschehens des Daseins als solchen），并由此将"此在"看作人们称之为"历史"的那个东西之前、并决定着"历史"的基础（在《存在与时间》的第七十三节中，海德格尔更具体地论述"此在"与"历史"的关系），只有将"生与死"看作"此在"之"能在"的整体结构，并将死亡看作最终的一种"能在"，才能正确地把握海德格尔的时间性观念，并从中发现"烦恼"作为"此在"的基本时间性结构的存在论意义。

海德格尔说:"此在源始的存在论上的生存状态的根据乃是时间性。只有从时间性出发,烦恼这种此在之存在的区别勾连的结构整体性(die gegliederte Struk turganzheit des Seins des Daseins als Sorge)才能从生存论上得到理解。"

为了具体地展开"此在"的存在的状态,并从"此在"的存在的自我展现过程去论证"存在",海德格尔在《存在与时间》中用大量的篇幅论证了"此在"是"可能的整体存在"与"向死亡存在"的结构。在此基础上,他又分别地分析一种"本真能在"的"此在"式的见证,某种"绝断状态"以及"此在"的"本真整体能在"与"时间性"作为"烦恼"的存在论意义。在《存在与时间》的第六十五节"时间性之为烦恼的存在论意义"中,海德格尔实际上已经对从"此在"的自我存在到"存在"的自我展现的论证做了总结,从而使他获得了他所要追求的那个存在哲学的基本目标,即从"存在"自身得出的存在论的分析,真正地奠定了"存在作为存在"的存在论理论体系的基础。所有这一切,都只是海德格尔的存在本体论双向论证的一部分,但却是他的双向论证整体的基础部分。

从 20 世纪 30 年代以后,海德格尔就进一步从当时已经得到改造的形而上学的角度,去重新探索从存在本身去展现"存在"的可能性的问题。这就是海德格尔的存在本体论的双向论证的第二部分。

海德格尔对于存在本体论的"双向论证",势必导向对传统形而上学的批判和改造。传统形而上学,虽然自亚里士多德开始,即已将形而上学本身界定为"对于存在作为存在的研究"的科学(A science which investigates Being as Being),但是,正如海德格尔在《存在与时间》的导论中所已经指出的,自柏拉图和亚里士多德之后,"存在作为存在"的问题,作为实际探索的专门课题,早已"无人问津"了。海德格尔还说:"不特如此,根据希腊人对'存在'的最初阐释,逐渐形成了一个教条,它不仅宣称追问存在的意义是多余的,而且还认可了对这个问题的耽搁。人们说,'存在'是最普遍最空洞的概念。所以它本身就反对任何下定义的企图。而且这个最普遍并因而是不可定义的概念也并不需要任何定义,每个人都不断用到它,并且也已经懂得他一向用它来指什么。于是,那个始终使古代哲学思想不得安宁的晦蔽物竟变成了具有昭如白日的自明性的东西,乃至于谁要是仍然追问存在的意义,就会被指责为在方法上有所失误。"

全部的问题就在于:作为哲学的基本课题的"存在",并不是"存在者"的"种"(Das Sein als Grundthema der Philosophie ist keine Gattung eines Seienden),但它又关涉到每一存在者。因此,须在更高处寻求存在的"普遍性"。存在与存在的结构超出一切存在者之外,超出存在者的一切可能的具有存在者方式的规定性之外。

"存在"地地道道是超越(Sein ist das transcendens schlechthin)现象学的真理(存在的展开状态)乃是超越的真理。一切传统哲学之错误,在于放弃现象学而采取知识论的"主客体一致"的真理模式去探索"存在",致使"存在"本身被搁在一边而转向对"存在"者的研究。

实际上,任何形而上学的探究,只要回归到现象学研究,便会自然地回归到对"存在作为存在"的本真的本体论研究。这就是海德格尔的存在本体论双向论证的实质——从"此在"到"存在",还是从"存在"自身的自我显示到"存在自身"的本体论探究——都是现象学研究的必然途径。

从本质上讲,存在论与现象学并不是相互分离的两门哲学派别,相反地,它们都只是按对象和处理方式(nach Gegenstand und Behandlungsart)两方面去描述哲学本身和显示形而上学的可能性。

海德格尔的学生伽达默尔在他的《真理与方法》的著作中,高度评价海德格尔的存在哲学对于重建形而上学的重要意义。海德格尔最后称之为"转向"(Kehre)的东西,并不是先验反思运动中的一种新的旋转,海德格尔作为使命向自己提出的对"存在"问题的重新探索,其实意味着他在现象学"实证主义"中又认识到了形而上学的不能解决的基本问题。

在这里,有两点值得注意:第一,从20世纪初开始,西方哲学经过了对形而上学的不断的批判,特别是从新康德主义到逻辑实证主义对形而上学的批判,经过狄尔泰等人的历史诠释学的批判,经过生活哲学,特别是尼采主义对形而上学的批判,又经过从谢勒到普列斯纳的哲学人类学的重建,以及在这重建中对形而上学的批判,使得传统的形而上学无处容身。正是在这样一个气氛下,以现象学方法论为基础的存在主义,特别是海德格尔的存在主义,才有可能和有兴趣重新探讨建构一个新的形而上学的问题。因此,这里所说的形而上学的探讨已经完全同传统形而上学的概念区分开来。这里所说的形而上学,更确切地说,从海德格尔的存在主义的角度所说的形而上学,指的是要从存在本身的自我展现去论述存在论的问题,这是第一点。第二,海德格尔在20世纪30年代以后,注重从存在自身的自我展现去论述存在论的问题。

这样的一个思路的出现,同海德格尔对于现象学的深入理解是分不开的。经过了从《存在与时间》到1930年代的发展,海德格尔对现象学所说的"自我显示"以及在"说"中自我显示的意义,有了深入的认识。因而,他也对人的语言的存在论的意义有了进一步的了解。

因此,在这个意义上说,从存在论的分析,从存在本身的自我展现去论证存在论的问题,也是同海德格尔对于语言与存在的内在结构的认识相关联的。换句话说,从存在本身的自我展现去论证存在论的问题，是同语言的自我展现去说明存在的本真结构，具有相辅相成的意义。

海德格尔本来就很清楚地说过，现象学的道路，就其本性而言，是一种"自身澄明"的过程。所谓"自身澄明"，在海德格尔那里，包含着任它自我显示的意思。而自我显示就是要驱除掩盖着其本来面目的那些种种假象。

所以，"自我显示"劈头遇到的第一个问题，是要除掉隐蔽着其自身的那些假象。其次，这种自我显现既然是要除掉隐蔽着其自身的那些现象，就是意味着一种超越，就是要使其自身超越出那些隐蔽着其自身的现象，达到自我显现。驱除、隐蔽和自我超越便成为现象学的自我显现的两个不可分的意义。

在海德格尔那里，存在的"自我显现"就是要让存在自身亲自地"说"出它之所以存在的机制，让存在者自身"说"出它如何在时间性的本真结构中去"亲在"。存在者自身在其存在过程中在时间性的本真结构中去亲在，就意味着存在本身的自我显现。

前面所说的"以存在本身的自我展开"来揭示一个存在者的此在的本真的存在结构，就是这个此在的存在者的自我显现过程，也就是它的"说"的过程。这就好像海德格尔在《存在与时间》中所论述的如下情况：现象学描述的方法上的意义就是诠释。此在现象学的"logos"具有诠释的性质。通过诠释，存在的本真意义与此在本己存在的基本结构，就向居于此在本身的存在之领悟宣告出来。

所以，此在的现象学就是诠释学（Hermeneutik）。它是生存的生存论状态的分析工作——从哲学上来领会这重意义是首要意义。

所谓此在的现象学就是诠释学，指的是要由存在者在此在过程中"本原地、直觉地把捉和解说现象，这是同偶然地、直接地、不经思索地

'观看'（unbedachte Schauen）的幼稚粗陋相对立的"。这种所谓本原的、直觉地把捉和解说现象，就是指存在者在"此在"过程中的"说"的过程。

因此，此在的存在自身的自我展现，就是存在者在此在过程中自我言说的过程。海德格尔说，在"说"这种符合语法的言谈中，把话题所及的存在者从其掩蔽状态拿出来，让人把它当作无蔽的（als unverborgenes）东西来看，也就是说，揭示话题所及的存在者。同样，"假在"（das Falschsein）说的是遮蔽这一意义上的欺骗，（以让人来看的方式）把某种东西放到某种东西之前，从而却使这样东西作为它所不是的东西呈现出来。

所以海德格尔所说的"从存在本身的自我展现来揭示存在者的存在本真结构"，指的恰恰就是通过这个存在者在此在过程中的"说"的过程来实现，达到"存在"通过其自身来自我显现的目的。从这个意义上说，海德格尔所说的两种关于存在分析的思路，也就是前面所提到的关于存在的论证的两条思路，实际上是从存在论和现象学两个方面来论述。此在的生存论分析的优先地位，从存在论的角度来说，乃是从此在的分析入门去展示此在自身是一种基础的存在论。

从现象学的角度来说，这种此在的存在的自我展开过程，就是存在本身的自我显现，就是存在本身的"说"出来，也就是存在的诠释学。从现象学的角度，直接地和原始地让存在自身进行自我显现，之所以必须通过存在者在"此在"过程中的"说"出来的途径，就是因为此在的存在过程本身，是在"说"的过程中去体验和领会它自己的"亲在"，去展现存在本身的结构。这种由此在通过"说"去体验自己的"亲自存在"，就是存在的自我展现过程。这就是"此在"的原始生存状态，一种本真的和直接的存在的自我展现。

伽达默尔正确地指出：“此在是关系到其存在。此在首先是通过存在领悟（seinsverständnis）而与其他存在者相区别，这些论点正如在《存在与时间》中所表现的，它们并不构成某个先验探究必须以之为出发点的最终的基础。它们讲到的是一个完全不同的基础，只有这个基础才使所有‘存在领悟’得以可能，这个基础就是：有一个‘此’（Da），一种‘在’的澄明（eine Lichtung im Sein），也就是说，一种存在者和存在的区分。这个指向这一基本事实，即指向‘有’这个问题（daß es das gibt hinwendet），虽然本身就是一个探究存在的问题，但是在所有迄今探究存在者的问题里必然从未想到的一种方向上，被形而上学所提出的探究存在的问题所掩盖和隐蔽了。”

海德格尔在《形而上学导论》一文中，开宗明义第一句话就说：“什么是形而上学？——这个问题唤起关于谈论形而上学的期望。但我们对它放弃掉。我们以透彻地探讨一个确定的形而上学的问题而取代它。这样一来，我们看起来就直接地置身于形而上学之中。唯其如此，我们才为形而上学设法获得由其自身自我显现的真正可能性。”

海德格尔在这里谈到的那个“确定的形而上学问题”，正是“此在”以隐蔽的“恐惧”为基础，对于“无”的“入迷性”（Die Hineingehaltenheit des Daseins in das Nichts auf dem Grunde der verborgenen Angst）。海德格尔认为，“此在”作为一种特殊的“存在者”，由于时时刻刻立足于一种尚未敞露的“恐惧”之上，总是具有对于“无”的内执性或入迷性，但这种“入迷性”并非坏事；恰巧相反，“此在”对于“无”的入迷性是驱使“此在”提升到“整体性”的真正动力，这是一种真正的“超越”，形而上学必须探究这种“超越”。

所以，海德格尔说：“我们对于‘无’提出的那些问题必使我们带回到形而上学自身。”因为早在古希腊时期，“形而上学”一词就已包含“超越"的意思。所以,"形而上学"就其本义而言,本来就是指存在者自身在其整体中的"超越"。

形而上学,从现象学的"超越"的观点来看,应该是对于"存在者"自身的超越的发问,同时又是为了在其整体中把握"存在者"、而使"存在者"自身返回到"无"的展示过程。海德格尔明确地指出:"在对于'无'的问题中,发生着存在者从存在者作为存在者向其整体的那种超越。这个问题因而证实为一个'形而上学'的问题。"

海德格尔为了批判形而上学,尖锐地指出,被形而上学"遗忘"的"存在"问题的实质,是他们几乎都无法正确地从现象学的方法论,去展示作为"无"的"存在自我展示"的真正的形而上学意义。在这一点上,伽达默尔也将问题的实质作了很精辟的论述。

伽达默尔指出:"海德格尔曾经因为'无'的问题在西方思想所造成的本体论困境而揭示了本质性的'存在的遗忘'(Seinsver gessenheit)。这种'存在的遗忘'自希腊形而上学之后统治了西方思想。由于海德格尔把探究存在的问题同时地证明为探究'无'的问题(Indem er die Frage nach dem Sein zugleich als die Frage nach dem Nichts aufweist),从而他把形而上学的开端和结尾联结起来。探究存在的问题可以从探究'无'的问题那里提出来,这一点就预先设定了形而上学所拒绝的'无'的问题。"

因此,在海德格尔那里,当探讨"存在"的"自我显现"的本体论问题,通过现象学方法而导致形而上学对"无"的探究的时候,海德格尔主要是要表示两个重要的观点:第一,以往一切传统形而上学对"存在"的遗忘,在实质上是对"无"的存在论问题的回避,而这也就注定了传统形而上学的走向灭亡的结局。传统形而上学的历史正是它的否定性结局的自我展现,也是真正的存在本体论的"无"的本真结构的一个卓越的历史证明。如果翻开海德格尔的《存在与时间》导论第八节,对照海德格尔在那里设想的存在本体论结构,我们不难看出海德格尔何以要在原定的存在本体论的第二部分中编排对康德、笛卡尔和亚里士多德的本体论的批判和"解析"(Destruktion)。"解析"一词,更准确的含义应是"摧毁"。海德格尔之后的"后结构主义"者,如法国的德里达和福柯等人,从海德格尔之"摧毁"(Destruktion)一词得益匪浅,导致了20世纪70年代后对传统形而上学的"解构"风潮。海德格尔对以往传统形而上学历史的批判,构成了"存在自身"自我显现的一个重要组成部分。

第二,让存在自身本真地自我展示,就意味着一种"无"的形而上学的自我澄明,也就是说,表明"存在自身"的自我显示必定会导致关于"无"的崭新的形而上学的创建。但是,关于"无"的存在本体论,由于这次是建立在"存在自身"的自我显示的现象学的基础之上,所以,这个新的关于"无"的存在本体论,除了宣告传统形而上学的彻底失败以外,还同时地揭示了存在自我显示的本真结构。

传统形而上学由于放弃了现象学,无法理解探究"存在"的问题必须"从探究无的问题那里提出来",所以,正如伽达默尔所说:"这一点就预先设定了形而上学所拒绝的'无'的问题。"在海德格尔以前,对此有深刻理解的哲学家,唯有尼采一个人了。尼采在批判形而上学时也尖锐地提出了"遗忘"的问题,点到了问题的要害所在。尼采指出:时间使记忆现象视为人类有限历史性存在的一个本质特征。遗忘实际上属于记忆和回忆。遗忘不仅是一种脱落和缺乏,而且也是精神的一种生命条件(eine Lebensbedingung des Geistes)。过去的形而上学的错误就在于把存在的自我展现,歪曲成存在者的外在和间接的显现过程。因而它总是把存在看作脱离其自身的自我显现的现成的"什么"。传统的形而上学之所以走向这条迷途，是因为它看不到此在在存在过程中的自我显现，看不到它的"说"的过程总是在时间性的结构中完成；而所谓时间性的结构，又被传统形而上学说成是外在存在过程的那种和这种存在者的过去、现在和将来的延续性，因而完全脱离了存在自身在"说"的过程中的时间性的自我展现。既然传统的形而上学看不到"此在"在存在过程中的时间结构的展现，也不愿考察作为自己的亲在的自我表演的此在的本真的时间性结构，它也就看不到这种时间性结构中的"能在"的唯一的否定性形式，即"无"的存在方式。从现象学的角度来看，一切的"此在"的存在的自我显现，在"说"的过程中，只能说出它已经在的那种状态，也就是说，说出已经过去和已经被否定的那种在的状态。任何一个存在者的在的过程的"说"，永远都不是在的过程中存在自身的当下即是的现地的说，这是存在的本真结构的悲剧。也就是说，存在的过程无论如何亲近和直接，都无法实现在"存在"中"说"的机制，因为在"说"的当时，实际上也就已经"存在此在"了，"存在"也就成为"说"的过去，"存在"也因此变成了"无"了。一切"存在"在"说"中自我展现的时候，都一定是已经过去的结构。所以，通过"说"的过程而自我显现的存在，只能具有存在的否定意义，只能展现存在的否定性结构。这个重要的发现揭示了传统形而上学和传统科学走向存在者的结构分析的根本原因，一切传统的形而上学，为了要在存在者的存在中找到肯定的结构，势必要跳出存在者自身的此在过程而到一个存在者的现成结构中去分析。殊不知这样一种跳跃，就是对存在的本真结构本身的忽视。换句话说，传统形而上学的悲剧就在于：它想要摆脱存在的否定结构，自以为达到了对于存在的肯定结构。但实际上，形而上学走向了它的反面。它所说的存在的肯定结构，恰恰不是存在的本真结构。一切传统形而上学不敢面对存在的否定结构，从而走上了形而上学自我否定的可悲的结局。现在,海德格尔通过对于存在的生存论的分析和对于现象学的应用,终于达到了存在自身的自我显现的目的,也及时揭示了存在自身的本真结构,即其作为"无"的否定性结构。值得注意的是,海德格尔达到存在的否定性的本真结构的途径,是通过他对此在的本真的时间性的分析以后完成的。这就显示了在第三节起头所提及的海德格尔关于存在分析的前后两条思路,是一个完整的整体。没有前者就没有后者,没有后者也就不可能补全前者。没有人这个具体的作为能言说的存在者,即作为能自我领悟和自我表达的"能在"的存在者,在其"此在"过程中,通过其由生至死的完整性时间性结构的自我否定,没有"此在"在时间性结构中显示出其"是所不是"的自我否定性、并借此而显示出其"不是"的状态,就达不到对存在自身的自我展现。反过来,没有通过存在的自我展现的现象学的方法,也不可能进一步补全对存在本身的存在论论证,因为后者恰恰显示了这种存在论论证具有自我否定性的自我显现过程。

海德格尔的形而上学的存在论,其重要意义在于发现了形而上学本身的否定性,而这种形而上学的自我否定是在存在的自我否定中得到论证的。换句话说,形而上学的自我否定性,一方面反证了传统形而上学之不可能性及其荒谬性;另一方面,又证实了作为否定性的存在本体论之可能性,也证实了否定性的存在本体论是唯一可能存在的真正形而上学,是亚里士多德原初所向往的"研究存在作为存在的"那种本来意义上的形而上学。因此,正确的理解存在的"无"的性质及它的否定的性质,就是把握海德格尔的存在论的形而上学命题和论证的重要的问题,也是区分海德格尔的形而上学和传统的形而上学的一个重要分水岭。海德格尔曾经说过:"询问存在者的问题已经开端,询问非存在者及询问'无'的问题也就随之而出,这种对'无'的询问,并不仅仅是一种表面的伴随现象，就其广度和深度及其原始性而言，都足以使此一'问'比询问存在者的问题毫不逊色。对'无'进行发问的方式，足以成为对存在者发问的标示和标志。"

由此可知，通过对于存在的自我显示过程而达到对存在的"无"的本质的询问和探究，构成了海德格尔的关于"存在"的新型的形而上学的一个重要的内容和课题。而这个新型的关于"存在"的形而上学，始终都是与对于"存在"的"无"的结构的分析和对于存在的"此在"的时间性结构的分析同时进行、并内在地相互连接的。

我们说海德格尔关于"存在"的形而上学，指的是他的形而上学原本就是在探讨"存在"本身，只不过它是在两个前提下进行，即一方面从存在者的此在的时间性分析开始；另一方面又通过存在本身的自我显现过程，使"存在"本身在其亲临其境的"说"的过程中去展示出来。以上两者的结合，达到了对存在的本质本身的自我否定和自我克服，达到了现象学所要求的那种"超越的真理"，从而达到形而上学的终止，达到了形而上学本身的自我否定，起点与终点的真正重合。这就不难看出，海德格尔为什么将"此在"的存在论分析，一方面看作基础的存在论；另一方面又否定这种"此在"的存在论分析的基础的地位。

总的来讲，海德格尔对"此在"的分析，作为"存在"问题的一种基础本体论，以及这个"存在"本体论本身在其自我展示过程中的自我否定，构成为"存在"本体论本真结构，也是存在分析过程中的不可避免的现象学论证所要求的结果。两者实际上是连贯起来的。

所以海德格尔说："存在与存在的结构超出一切存在者之外，超出存在者的一切可能的具有存在者方式的规定性之外。存在地地道道是超越。此在存在的超越性是一种与众不同的超越性，因为最激进的个体化的可能性与必然性就在'此在'存在的超越性之中。存在这种超越的一切开展,都是超越的认识。现象学的真理(存在的展开状态)乃是超越的真理。哲学是普遍的现象学存在论,它是从此在的诠释学出发的,而此在的诠释学作为生存的分析工作,则把一切哲学发问的主导线索的端点固定在这种发问所从之出且向之归的地方。"

把哲学发问的主导线索的端点固定在这种发问所从之出且向之归的地方上,具有重要的意义,它把上述海德格尔关于"存在"的两条表面相反的思路,在一个关于"存在"的哲学形而上学中连贯在一起。

由此可见,海德格尔的新型的关于存在的形而上学,它不同于传统的形而上学之处,就在于这种形而上学就是存在自身的自我显现,一方面是"存在"在"此在"的现实的和生存结构中的自我展现;另一方面又是"存在"自身的现象学的自我论说的过程。这是存在的本真结构的自我展现,它是对于掩蔽这种本真结构的一切现象的"超越"。这种"超越"只能是一种反思,一种此在的自我反思过程。

所以,简略地说,海德格尔的形而上学就是一种存在的自我反思过程,是存在者在存在过程中的思的过程。由于这个"思"的过程必须要通过"说"而说出来,所以"思"的过程,也就成为"说"的过程。换句话说,"存在"的"思"的过程,一方面是"存在"通过存在者在"此在"中的自我显现,来达到基础存在论的论证;另一方面,存在自身在自我显现过程中,又以其自身的自我言说,达到"思"其自身的目的,完成对于"此在"的时间性结构的否定,显示出"存在"的"无"的形而上学形态。

海德格尔在考察形而上学研究"无"的历史之后,强调指出,只有真正贯彻现象学的方法,使"存在"自身显现出它的意义,才能正确地把握"存在"作为"无"的形而上学本质,才能真正解决存在与"无"的相互关系及其超越性。所有这一切,就是形而上学的本质问题。

以往的传统形而上学,总是"存在者"与"无"对立起来,脱离"存在"

自身去探讨"存在者"与"无"的相互关系，因而把"无"当作"存在者"的"否定"(als Verneinung des eigentlich Seienden)。与此相反，海德格尔现象学的形而上学研究方法，使他认为："'无'并非'存在者'的不确定的对立，而是在其中揭示着其自身对于存在者的存在的隶属性。"

黑格尔在他的《逻辑学》第一卷中说："纯存在与纯无因而是同一的(Das reine Sein und das reine Nichts ist also dasselbe)。"这句话本来并没有错。但黑格尔却把这两个同一的东西，统统归属于他的"思想"概念，并把它们分别看作"非规定性"(Unbestimmtheit)和"非间接性"(Unmittelbarkeit)。在海德格尔看来，"存在"与"无"之同一性，在于："存在自身终将是在本质之中，而且存在只能是在'此在'之入迷于'无'的'超越'之中才显现出来。"

为了说明海德格尔的上述关于"存在的形而上学"的思路的一贯性，他在给 R. J. 理查森(W. J. Richardson)所写的一封信中说："您所区分的海德格尔1和海德格尔2，唯有在一直坚持如下前提下才是可以成立的，这个前提就是：只有从海德格尔1所思出的东西出发，才能够通达海德格尔2即将去思的东西；而海德格尔2又唯有被包括在海德格尔1中，才成为可能。"

海德格尔在这里所说的"海德格尔1"和"海德格尔2"，是指理查森在其著作中对发生"转向"前后的海德格尔的称呼。这个"转向"意味着海德格尔的研究重点和思路从"此在"到"存在"转变为从"存在"到"存在者"的方向上去。

但海德格尔并不同意理查森把"海德格尔1"与"海德格尔2"加以区别，而是强调其前后两条思路方向的连贯性和一致性。海德格尔尤其强调他的前后两条思路同现象学方法的同一性及作为哲学形而上学探索的唯一可能性。现象学和形而上学探究的一致性，要求将前后两条思路同时地看作"存在"自身在哲学理论上的自我显现和现象学方法贯彻的过程。

所以,海德格尔本身在展示"存在"的本质的过程中所经历的那种思想历程,也就成为存在自身的自我显现的过程。海德格尔自己对"存在"的"思"的过程,同存在自身以现象学方式而自我言说和自我显现的过程,不仅不是相互分离,而且甚至是一致的和同一的。这里所说的"思路",不论是海德格尔自身思想的展开或者是存在自身的自我显现,都不是通常意义上所理解的那种在庸俗时空中延伸着的道路,毋宁说,这是一个不断行进的过程,而每一步行走过程,就是对于其思维起点的自我否定,思想到达之时,就是对其自身的自我否定之点,而思想对其自身自我否定之点,即是"存在"的自我显现之处。"思"与"存在"终于在存在哲学关于"存在"与"无"的形而上学探究中,达到了统一。

这样一来,"存在"也就终于在"思"中回归到它的真正的寓所。这是把"存在"的根本问题作为形而上学的否定意义进行自我展现过程同"思想"的展开过程视为同一的一种哲学。存在的自我展现过程和人对于存在的"思"的过程,既然都是一种自我否定,两者当然都不可能在一种自称为清高的形而上学理论中找到它的应有的位置。存在的否定过程,思的自我否定过程,只能在此在的"在"的过程中去体会和自我显现。它们绝不能在一种哲学形而上学的体系中固定下来和表现出来。所有的哲学形而上学。在这个意义上说,只能作为"在"的自我否定和思想自我否定而存在。

第二节 语言与存在

海德格尔自己理解得很清楚,整个《存在与时间》这部书,只完成了他在该书导论中所提出的任务的第一步,即解说时间之为存在问题的超越境域之根本性质。所以,"此在的分析不仅是不完备的,而且最初还只是暂先的。这一分析仅仅把此在的存在提出来,而未曾阐释存在的意义……""把此在诠释为时间性,并不就算为主导问题即一般存在的意义问题提供了答案,但却为赢得这一答案准备好了地基。"

在海德格尔那里,从"此在"出发去揭示"存在"的意义,只是为了扭转以往的传统形而上学对于"存在"问题的歪曲和误解,并由此导出他自己的"存在论哲学"的第一步。海德格尔在这里所走出的第一步,具有极其重要的意义,因为它毕竟为存在本体论的研究指明了一条通往解答一般存在问题的道路:"对于此在的存在情态的展示还只停留在一条道路上。目标是解答一般存在问题(Die Herausstellung der Seinsverfassung des Daseins bleibt aber gleichwohl nur ein Weg. Das Ziel ist die Ausarbeitung der Seinsfrage überhaupt)。"

存在的自我显现过程,一方面要通过此在的生存论的分析,另一方面又要通过"存在"自身在"说"的过程中去自我展开。这后一部分所涉及的"存在"自身的自我展开,显示了海德格尔把"存在"同与人的语言的自我展示相联系的重要观点。

早在1927年海德格尔写《存在与时间》的时候,已经很明确地提出了这样一个关于存在与语言的相互关系的重要思想,而且把这样一个重要观点,看作他否定传统形而上学、并达到"存在"的自我显现的一种现象学方法的展示过程。到了1930年代以后,海德格尔在探索形而上学的重建道路的过程中,进一步着重于从语言的自我展示过程,去解剖存在自我显现的机制,从而达到了把"存在"的自我显现归结为"语言"的自我显现这样一个重要的结论,达到了"语言是存在的家"的重要结论。从那以后的近二十多年的研究中,海德格尔始终都把语言看作他的研究重点。因此，透彻地说明存在与语言的关系，将是全面理解海德格尔存在哲学观点的一个关键。

在这里，要抓住两个重点：第一，是把语言的自我展示或自我论说的过程，看成是存在的自我显现过程。这是海德格尔在《存在与时间》中的存在主义命题的进一步展开；第二，"语言"作为"存在的家"的展开的过程，表明了语言与人的存在之间的密切联系，也表明了语言和人作为一个具有思想能力的存在者的存在的内在关系。所以，在海德格尔那里，研究语言的问题，从一开始就同研究"存在"的问题以及研究"人"的"存在"的问题密切地联系在一起。

海德格尔曾经明确地指出：当我们从"此在"的分析入手，去探究"存在"本身的问题的时候，我们马上就发现："此在"的"存在"，本真地表现为三个重要的形态：一个是领悟或理解，第二个是所谓现身情态，第三个就是语言的"说"。因此，海德格尔从一开始就明确指出，通过对于此在的自我存在的分析，迎面涌出的关于存在自身的自我显现的过程，就表现为此在的"领悟""现身情态"和"言说"这三个基本状态。海德格尔因此把这三个状态说成为最原初的生存状态，是"此在在世"现身领悟的一种勾画或谋划。

语言就这样，从一开始就作为此在的一个不可分的内在的自我显示的三大环节之一，早在《存在与时间》中就被予以重视。后来，随着对存在问题的探究，海德格尔越来越清楚地意识到：存在的自我展示，就是语言的自我论说的过程。所以，他在《通向语言的路上》一书中明确地说："对语言和存在的思考，从很早开始，就规定了我的思想道路。"

语言与存在的内在的联系，用更生动的话表达出来就是：人的存在是通过他的此在的自我展现来实现的。因此，在这个意义上说，此在成为存在的入门和起点。但人的此在的自我展现，又必须通过在"存在"的过程中的"说"的过程来进行。因此,在这个意义上,又可以说:人成为语言的信使和承担者,人的存在是语言的自我存在的一个生动的场所。

语言的自我论说过程,正是体现在人的此在的自我展现过程中,此在的自我展现过程,又是通过语言自身在存在中的自我论说,而获得了它的本真的意义。

海德格尔在《存在与时间》发表之后,对于存在与语言的关系以及对语言本身的研究,集中在他于 1957 年发表的《走向语言的路上》一书中。这本书收集了他自 1927 年至 1950 年代中期关于语言问题的研究论文,从历史发展的线索,呈现了海德格尔研究语言的历程,也表现了他对语言的观点的演变状况。

在这本论文集中,海德格尔对"存在"的追问,从对"此在"的分析,逐步地转向与"存在"本身密切相关的语言;而在对于"语言"的研究中,他又通过对"诗的语言"这个"纯粹语言"的分析,以及通过对于古希腊思想家的概念的分析,揭示出"存在"与"语言"的息息相关的本体论结构,达到了通过语言的自我展示实现"存在"的自我展示的目的。

据海德格尔自称,他的哲学是想要超出传统形而上学的范围,直接地研究"存在一般"或"一般存在"。他指出,以往的哲学始终都把注意力集中在"现场的存在者"的问题上;但在海德格尔看来,"存在者"必须首先以"存在"本身为基础,就像"现场的"或"现在的"必须以"时间一般"为基础那样。海德格尔指出,传统哲学"忘记"了"存在"的问题,恰巧是这个重要的"遗忘"构成了传统本体论的历史的基本内容。所以,形而上学的问题乃是长期被哲学家们"回避"的"存在"的问题。海德格尔哲学的基本任务就是要"摧毁"整个形而上学的历史体系,而重建一个以对"存在一般"进行重点研究为基础的新本体论。

但在海德格尔看来，研究"存在"本身的问题，就是要从研究那规定着一种"特殊的存在者"的基本问题入手；而这个被海德格尔称为"特殊的存在者"的结构必须由"此在"（Dasein）所构成——也就是说，这种特殊的存在者，从存在者本身尚未明确其存在的具体形式的时候起，便已明确地"此在"。换句话说，这种特殊的存在者之"此在"，是注定的、确确实实的，无须存在者本身有否意识到这种状况。这种特殊的存在者，海德格尔指出，就是"人"的"存在"——人是世界上唯一的这样的"存在者"，他在本身未意识到自己的具体存在方式的时候，便已经存在在那里了。这样一来，海德格尔便建议从研究人的存在入手，去研究"存在一般"。

但人的"存在"，是个体的人的"此在"。这个"此在"是具体的，是"我的存在"，不是"你的存在"或"他的存在"。"你的存在"是你的"我的存在"，就像"他的存在"是他的"我的存在"一样。归根到底，"存在"的奥秘，要从分析具体的"我的存在"入手。

此在，即"我的存在"乃是本体论意义上的"存在者"。海德格尔在《存在与时间》一书中说："对存在的理解本身，就是对'此在'作出规定。"海德格尔还在《关于人道主义的信》中说："人被'存在'本身'抛'在存在的真理之中。"

这个被海德格尔称为"存在的真理"的人的具体存在，即"此在"之所以成为"存在"的典型，是因为人的本质是各自以自己的存在为特色的。人是世界上唯一地由自己的存在确定其本身的本质的存在者。人的存在之真正价值就在于其"唯一性""不可替代性""不可还原性"。人的"存在"，通过各式各样、具有独立价值的"我"的存在而表现出来，并由此而证实其生命力及其赋有之"存在"的一般性意义。人的具体的存在，揭开了世界上万事万物之存在的奥秘。

这样一来,存在的意义就在于理解人的本质。人的存在是由自己决定自己的,人的存在不是由人之外的别的事物或别的因素所确定的。但人又怎样自己确定自己的存在呢?

海德格尔说,研究"存在"必须采用现象学的方法。所谓"现象学",如前所述就是"显露本象"的意思。研究"存在",就要让"存在"去"自我显现",而要使存在"自我显现",就要从"时间性"的分析入手。

在《存在与时间》中,海德格尔在分析人的具体存在的结构时,一方面强调其"各人唯一性"或"一次的属我性"(Jemeinigkeit),即上述"不可替代性";另一方面又强调其"存在于世界"(das In-der-Welt-sein)的特性。人的存在,既然各有独立性,又非存在于世界不可,便自然产生"担忧"(Besorgen)。海德格尔把"担忧"看作"此在"的最基本形式。

通过对"存在"的分析,才发现形而上学的真正意义。所以,海德格尔又说,"存在"就是真正的"意义本身","存在"就是"逻各斯"(Logos)。所谓"本体论"(Ontologie),就是"存在"的"逻各斯",即 Onto-logie。所以,本体论是研究"存在"与"逻各斯"的关系的。

海德格尔还强调,研究"存在"也不能忽视对"语言"的研究。他在《关于人道主义的信》中说:"语言是存在的'家'。在这个'家'中,居住着'人'。思想家们与诗人们就是关照着这个'家'的看守者。"作为看守者,思想家与诗人们借助语言去聆听存在的真理的声音。

但存在的真理并非常人所理解的那种具有确实性的"普通真理"。存在的真理本身是不确定的,因为我们所看到的存在,只能是有限的存在者。具体的存在既然是有限的,所以它必定时刻担忧着其"死亡"。同有限的存在相比,死亡是唯一确实的存在,真正摆脱了有限性的存在。所以,存在作为纯粹的"超越性",无非是存在者的"牺牲"。

海德格尔对"存在"的分析以及他对语言的研究,给予当代盛行的诠释学很大的启示。同时，海德格尔对诗歌、绘画及艺术给予很大的重视，并认为只有通过艺术，才能更深刻地把握人生在世的道理。他曾经说，德国诗人里尔克（Rainer Maria Rilke，1875 – 1926）的《哀歌》（*Duineser Elegien*；*Élégies de Duino*）就是他的哲学思想，尤其是《存在与时间》的诗歌形式。诗人于 1910 年左右经历了痛苦的重病时期，并承受难以言说的人生忧愁和焦虑。他于 1912 年 1 月漫步于杜伊诺（Duino）城堡附近的岩石群中。里尔克似乎听到了风声给予他传来的信息，使他有可能领会到人生的某些奥秘。但它毕竟还要经历更长的人生曲折历程，才逐渐地领悟更深的道理。所以，里尔克要等到十年之后，才能继续写出哀歌的剩余部分。

在这里，首先，值得注意的是，海德格尔选择了艺术作品的语言作为分析语言的入门。艺术作品的语言，不同于他在《存在与时间》中所分析的"言谈""谈话"及"闲话"。在《存在与时间》中所研究的这些"话"，都是通过"此在"的"在世"显现出来的。艺术作品中的语言则是以文字或以作品的形态凝固下来的"话"，是作为作品结构而同其作者分离出来的一种有独立的生命力和独立意义的"存在"。

作品本来就是作为一种"存在"呈现在我们面前。但是，作为"存在"的作品，是以作品的语言的形式呈现在我们面前的。换句话说，作为"存在"的作品，是通过作品语言本身的"存在化"而存在的。作品语言的存在化，即作为存在的作品语言的自我显现，具有特殊的本体论结构，不同于采取"话语"形式而自我显现的"此在"本体论结构。

其次，根据海德格尔的观点，语言的功能不能只是视为一种纯粹向"他者"沟通信息的工具。语言本身是有生命的，语言并非只是告诉我们说话者的意涵。语言本身也在说话。这也就是说，语言所说的不只是作为某某主体的存在者的表达，更重要的是语言本身在自我言说。

海德格尔也提到探讨语言的本质,不是意味着寻求语言所基于其上的"另外的事物"。语言的本质不在语言之外,语言的本质在语言本身。所以,根据海德格尔的现象学说法,语言并非仅在指涉外界的事物,语言是一种作为语言的存在的自我展示。

语言既然是一种作为存在的自我展示,因此我们对于语言的了解并不是要了解说话者,而是了解语言在向我们展示什么,即语言自己在说什么? 也由于语言的这种自我展示的功能,使得一切的文学作品被赋予了活泼生动的特质。

不仅如此,而且语言是不能被简单地视为一种"沟通"或了解"他在"的工具,因为要完全了解作为"他在"的"此在"是不可能的,"他在"只有作为一种"此在"的自我展示才是可理解的。语言的功能若只是用来了解"他在",那么,这种功能未免太狭隘且隐含着不明确性。

海德格尔指出:"语言就其本质而言,并不是一个有机体的表示,也不是一个生命体的表达(Die Sprache ist in ihrem Wesen nicht Äusserung eines Organismus, auch nicht Ausdruck eines Lebenswesens)。语言也不能从它的符号性质来理解它自身,甚至也不能从其意义特征去正确地考量它的本质。语言是存在自身的既澄明又掩蔽的到达(Sprache ist lichtend-verbergende Ankunft des Seins selbst)。"

语言既然是"存在自身"的自我澄明却又隐蔽的"到达",按照现象学的方法论,为了揭示这个存在自身的自我显现,就必须让语言自己去自我表达其存在本质和真理,让语言作为存在自身去自我言说,让语言自身在自我揭示中敞露出来,"到达"或"涌现"在这个生活世界之中。

为了从语言本身探讨语言的本质,海德格尔曾经引用了哈曼致赫尔德(Johann Gottfried Herder,1744－1803)的一封信中所说的一段话,"即使是像古代演说家德谟斯甸(Demosthene,384－322 B.C.)那样能说会道，我也不能比三次重复同一句话而找到更好的表达方式，这句话就是：理性就是言语，即'逻各斯'。这就是我呀不完、并使我累垮的那根软而又韧的骨头。剩下的一切对我来说，还是摸不到底的深渊；我一直在等待着那拿着这无底深渊钥匙的阿波加力普斯天使（Apokalypse，本为《新约·启示录》篇名。后人以此名借喻一切晦涩难懂的文字）。"

海德格尔在引用了哈曼信中那段话之后说，对于哈曼来说，所谓无底的深渊就是由于"理性是言语"。当哈曼试图说及什么是理性时，他就诉诸语言。他那朝向理性观看的视线坠入了无底的深渊。这无底的深渊是否仅仅是由于"理性存在于语言中"？还是由于语言自身本来就是深渊？我们往往是在找不到底的时候讲起"深渊"的。而在这个时候，我们感到没有底基，因而我们去寻找这个底基旨在找到一个坚实的底基。但我们现在并不询问什么是理性；我们从一开始就关心着言语，也正因为这样，才把以下奇特的成语看作我们的引路人，这句成语是："语言就是语言，语言之为语言是由于语言。"这句成语不把我们导向语言基于其上的某种其他事物。这句成语也丝毫没有告诉我们，语言本身是否成为其他事物的基础。"语言就是语言"这句话，使我们被悬挂在无底的深渊之上，同样地，只要我们有耐心地不使我们自己远离这句成语所说及的事情，我们也同样被悬挂在那深渊之上。

在上面的这一段话中，海德格尔反复强调的是：语言就是语言，语言本身，既非语言之外之他物，使语言成为语言，语言之为语言，才使我们处于无底的深渊之上。语言本身的强大威力及其价值，就在于能为我们人类的思维、精神活动以及一切属于人类属性的因素，提供一个永无边际、永无终止线的无限广阔的"维宇"。它既无底基，又无"他物"的限制，它就是不受一般存在物的时空限制的"存在"本身。

　　海德格尔并不满足于上述见解。他进一步地说：语言就是"语言"。言语是惟妙惟肖的、富有表现力的。如果我们自认走向这个成语所说的那个深渊，我们并不会在一个突然陡峭的虚空深渊中丧生。我们倒是被向上抛，而唯有其高度本身才能启开一个深度。这个高度、这个深度，都双双贯彻到底地测量着一个地方。我们究竟能不能被引入这个地方，以便找到我们人类能自我展现之寓所？

　　海德格尔这段话比上一段话更富有深度；或毋宁说：这句话简直使我们在语言这个无底的深渊面前顿时领悟——原来语言是如此浩瀚无际，以致使我们无论多少次重复说"它是无限的"这句话，也永远不会使我们感到我们自己是在重复，也不会感到我们因此而接近了语言的边际，或者使我们因此而停步不前。

　　"语言就是语言"这句话本身是无底的深渊，同样地，说"语言就是语言这句话本身是无底的深渊"本身也是无底的深渊。深渊的深渊本来就没有底，因此，与其说我们被抛入那无底洞，不如说我们被向上抛到那同样无限的高度！"存在"回归到了自己的真正寓所，就是在这个无底无高的奇妙无比、纵深无尽的寓所中，我们人类找到了自己的真正的"家"，真正的"寓所"！福兮人间！深哉美哉、思在其中，乐在其中，永无止境！

　　海德格尔关于语言的上述精辟思想是一切诠释学的理论基础，也是他的存在本体论的一个组成部分。

　　由此出发，海德格尔一方面批判了通常给予"讲话"的三种功能（即"表达""讲话是为人类活动而服务的""讲话是为人指明现实与非现实"）的传统观点；另一方面，分析了宗教神学关于人的言语起源于神的说法，尤其指出《新约》中的圣约翰关于"圣言"〔das Verbe〕起源于神的启示的说法，同时也分析语言同时既有概念性、逻辑性、又有想象性、象征性的哲学观点,强调语言之为语言,绝不同于一般人所理解的各种说法。最后,海德格尔终于指明了研究语言的唯一方法和唯一论题,即语言的"存在"本身。

如果说,以往一切关于语言的研究都始终停留在表面现象的话,那么,唯有揭示语言的"存在之为存在"才能使我们人类领会到语言这个无底的深渊的无限性及其与人的"思""存在"的神秘关系。

海德格尔说,言语就是讲出来的那些话,然而,它到底讲些什么?这样一种"讲"究竟在何处?它难道不是在它过去讲过的那个地方?谁不知正是在那个地方,讲话已经完成。但是,在那些被讲起的地方,讲话并未停息。在那些被讲起的地方,讲话仍在隐藏中。在那些被讲起的地方,言语集中着它继续自身发展的那个作风,而这种继续发展又是以它自身作为出发点的。这就是说,它的发展的永恒性乃是它的存在。

海德格尔终于追溯到语言的"存在"本身,作为他思索语言问题的出发点和归宿点。在这里,海德格尔探索语言存在的中介物,乃是诗歌。在他看来,要研究语言的存在本身,必须从纯粹语言入手;而诗歌就是"纯粹的语言",或确切地说,"处于纯粹状态的被讲出来的言语就是诗歌"。当然,海德格尔并不是指任何一首诗歌都有资格被评为"讲过的纯粹言语"。作为"讲出来的纯粹语言"的诗歌,应该是这样一首诗:当我们依据言语本身怎样讲而思想的那一瞬间,这首诗就像言语的自我展示那样地思想着并奔向我们。

海德格尔选择了奥地利诗人特拉克尔(Georg Trakl,1887－1914)的一首题为《一个冬天的夜晚》的诗歌。这位诗人曾因痛恨尘世间罪孽泛滥而在诗中像喷泉一样地发泄其愤世嫉俗之情。他终于因癫狂而自杀,彻底地与这个世界决裂。请看他的这首诗:

正当雪花临窗

教堂晚钟长久回响。

千家万户摆好餐桌

家庭供应丰盛得当。

不只一个人还在旅程

经茫茫道途终临家门。

金果硕硕神恩之树，

屹立大地郁郁葱葱。

游子安详入室，

心情之哀痛使门槛顿时僵直。

一道金光闪耀

餐桌上摆设着面包和美酒。

这首诗的第二段和第三段的原稿，在诗人于 1913 年 12 月 13 日致卡尔·克劳斯(Karl Kraus，1874 - 1936)的信中，是以下述形式草拟出来的：

他那充满恩惠之伤痕

靠甜蜜爱情来治疗。

人生的那么平凡的风暴啊

静悄悄地，在同天使们搏斗之后

在受尽煎熬中，为神恩之温柔所战胜

无声息地面临神所奉献的面包美酒。

这首由三段文字组成的诗是成功的。不论是内容和形式，都表现

了高度的机智,但在诗文中,有几行异乎寻常,其势如异军突起、高屋建瓴,且让我们回味:

> 金果硕硕神恩之树
> 屹立大地郁郁葱葱。
> 心情之哀痛使门槛顿时僵直。

前两句话,犹如把我们带回到天地之间,领会着由造物主之恩典所涌现的天地万物之昭昭然富有生机及其"存在"的意义。至于那第三句末的"顿时僵直"四个字,就好像门槛感染于"心情哀痛"而受惊一般。这三句诗文不仅异彩闪烁,而且提供给读者以鉴赏不尽之美景,其绚丽灿烂非一次分析可以描述。这美丽的图景增强了诗的诱惑力,也使这首诗的美的结构更加完善化。

特拉克尔的这首诗所描述的是一个冬天的夜晚,第一段所告诉我们的,是发生在外面的事情,天下着雪,教堂的晚钟敲响了。外面发生的一切正在我们所居住的寓所边上轻轻擦过:天上掉下来的雪片飘落在窗上,像外来的游客在窗外探头探脑,又像轻风那样默默地擦过窗上的玻璃,并毫无留意地飞飘而去。屋外日月星辰的运转和四时的变迁,连同那擦窗而过的雪片,在向我们显示"存在"的"在世"中的紧迫的时间结构。在屋里,一切都准备好了,井然有序,餐桌上摆好食品盘碗。

诗的第二段产生了对照差异感——远离着那些已在餐桌边就座的人们,有些人仍在旅途上,异化在他乡,在茫然道途中。然而,从这些可能包含艰险历程的道途中,也可把游子带回那温暖的家门。这首诗在这里宁愿称之为"神恩之树"。

诗的第三段把游子从外面的茫茫大道引回家中,并使之在神恩金光突闪的瞬间跨过门槛,家家户户以及餐桌上摆列的酒食都变成为神殿和圣餐。

如果按照几千年来分析诗文的习惯以及依照所谓"言语不过是表达手段"的论断,我们当然仍旧可以对这首诗进行更具体和更深入的分析。但是,我们现在感兴趣的恰巧不是这些。因为人的言语并不只是表达方式和表达思想感情,而且它本身也同样是人的一种行为。

言语是说出来的话,它本身就是在向我们讲话。当我们说话的时候,实际上是指那向我们讲话的言语。言语本身在讲,向我们讲。当我们讲话的时候,实际上是"讲话"在向我们讲话。"讲话"向我们讲什么呢? 它所讲的,正是"存在"自身在向我们显示其内在的意义,而"讲话"的讲话,也就成为"讲话"自身的"存在化"。正是对这种"讲话"存在化的分析,构成"存在"自我显示的重要途径。

为了说明这一点,我们再在诗歌中寻找那讲话的言语。诗歌是纯粹形式的讲话的言语。在我们面前的这首诗,对我们来说,"其作者是谁"的问题已降到次要地位了。也就是说,当我们读或听这首诗的时候,我们只"听到"那诗文在对我们"讲"话,把我们的注意力和思想感情,从这个地方转到另一个地方,又从另一个地方引入其他境界。这首诗歌《一个冬天的夜晚》所描述的是一个冬天的夜晚。我们盼望这首诗给我们描画出一个类似真实的冬天夜晚。但实际上,这首诗永远不会给我们"制造出"一个"真实的冬天夜晚"。大家知道,诗歌之成为诗歌,就在于它有诗意。而且,只要有诗意,就同时带有描述性。

任何一位诗人在写诗的时候,总是想象那些可能存在的事物,并使之呈现得栩栩如生。诗歌作出来之后,它就向我们联想起它所描画的那些事物。所以,在诗歌的言语中所突出表现的,是诗文式的想象。诗歌所谈及的,当然是诗人所讲过的。但同时,为了以语言的真正本来面目理解诗歌语言的本质,我们必须摆脱惯常只把语言当"表达手段"的观念的束缚。

以这首诗为例,这首诗显然在向我们讲话。那讲话的"它"是谁?是诗歌中的言语,还是诗歌的作者? 我们并不打算否认"人"在"讲话"。但问题在于:人是在怎样精确的范围内讲话的? 什么是"讲话"?诗曰:

> 正当雪花临窗
> 教堂晚钟长久回响。

这显然是"讲话"——它讲的是下雪;然后,天黑降临大地,晚钟"当、当"敲响,雪片不声不响地擦过窗户。就是在这样的黄昏降雪的一片沉闷气氛中,时间更加显得缓慢飘乎。正因为这样,天天在严谨的时间界限中敲响的晚钟,延续得更长久些。这首诗给我们带来了图景,是它的诗文在讲话中唤起的境界和情意。诗文在讲话时,实际上是在叫唤、在呼喊,这叫唤又确实把它要叫唤的一切都召来了。这一召唤,可以一直延伸到那些没有被叫唤过的一切地方,延伸到那本来不存在的被叫唤者之所在。

但是,这里又包含了另一层意思:把某个事物、某个因素叫唤过来,这叫唤就必须在叫唤前预先叫唤那被叫唤者。向什么地方、什么方向叫唤呢? 向遥远的地方,在那被叫唤者存在之处,在它还不存在之时,叫唤它出来,使之"向着"召唤之处而存在!

然而,这个召唤并不把真实的因素从它所在之地"连根拔来",上述两句诗不会把雪窗、冬夜、钟声真正地呈现在读者面前。叫唤永远是叫唤自身。叫唤就是叫唤,它所叫唤的是在叫唤中来来去去,叫唤所叫唤的，与其说是那摸得着、看得见的实物，不如说叫唤它自己。所以，在诗歌中呈现的是在叫唤中被召唤的东西和情景。诗歌中所叫唤的，是没有在我们面前真实出现的那些被叫出来的情景。而且，在这叫唤中，也包含着被叫唤的某个处所。这个处所是供被召来的事物，在那空缺的心灵中占据着那个供它栖身之所。那被叫唤者随叫唤而转动，作为这样或那样的事物，向人们靠拢、走来，呈现出人所看到的那些事物和那些样子，呈现它们之"存在化"本身。

那下着的雪把人引入夜幕徐徐覆盖的茫茫天穹，那教堂的晚钟又把人当作必死的"存在"面对着那永恒之神。房屋和餐桌则把必死的人同土地连接在一起。通过言语的召唤，上述四个因素：天与地、必死的人和永恒的神构成一个整体，相互关联着。四个因素，招之即现，现则相连，互通一体于听者的心目之中。

诗的语言的这种"召唤"功能，从其效果而言，具有很大的伸缩性，其中就其可容纳的空间而言，从宏观方面，可以大到无限的天际；而从微观方面，则可以小到极其集中的程度，以致使人想象到那原子核式的微观结构，其范围不管怎样小、怎样狭窄，其密度无论怎样大，都仍然可以无限地容纳新的因子。

人的诗的言语，在"召唤"某一因素的同时，也同样为人们提供足够使这些因素在其中和其外紧缩的伸展的"余地"。这个"余地"就是各种版本的解释所以可能存在的"空间"。言语的这一特点，重复地说，就是既能"召唤"言语所指的那些因素，又能同时设计出供这些因素在听者和读者心目中任凭其本身而驰骋的"虚空"。

在上述所引的诗句中，当我们深入具体分析诗句的内容和含义时，诗歌的作者已经不成为重要的因素了。我们越深入分析诗句的范围的含义，越把诗的"作者"的名字抛在脑后。事实上，被诗句"召唤"而来的因素及其内容,并不一定是"作者"给我们的,而是那诗句的言语本身"讲"出来的。这些诗句固然是某位作者写出来的,但这些诗句一旦写出来,它们就是作为"言语"在向听者和读者"讲话"。是这些言语,而不是作者去"召唤"那些呈现于听众心目中的因素。这些言语成为"讲话者"本身。

而且,诗中的言语也成为存在本身,成为"虚无"本身。这个道理是很清楚的。言语的"召唤"功能,体现了言语作为"存在"的极大的伸缩可能性。当言语"召唤"某些事物的时候,它同时也为该事物的展现提供了一切必要的条件,也就是说,为被召唤的事物的"存在"提供条件。

在上述引用的诗句中,举例来说,"雪花临窗"这四个字,当它们传到听众耳中时,听众心目中所出现的,不仅是雪片降至窗前之情景,也同时想起窗前雪片之外的茫茫雪景,甚至想起这些雪片的来源——天。多少个多情伤感的人,望到窗前雪片之后产生了一连串感慨和冥想!如果不是语言启示了听众或读者,同样的现实的窗前雪景,也可以勾起重重心思和联想,但是,第一,这种心思和联想都是以语言的形式在联想者心中展示和延伸;第二,这种心思比起诗句所掀起的重重心思要简单得多。而且,这些心思一旦发展为复杂结构和形式,其本身就在实际上演变成"诗",或者说演变成诗的前奏曲。

诗歌并不一定是"诗人"的垄断物,许多普通人有时也可以创造出诗句,只是诗句没有采取完美的形式。诗歌的言语,作为"纯粹的言语",其"召唤的功能"具有本体论的"存在"的意义。

另一方面,我们还需看到,"言语"本身也能召唤言语,如此地在言语之间的相互连续的召唤,可以无限地循环下去。以致在宏观和微观两个方面无止境地展开。如前所述,在言语的虚空中存在的可能性是无限大和无限小。一个"雪"字,当在诗中出现时,可以使读者和听者联想起何等不同的"雪"及其周在情况。有多少人读到同一首诗的"雪"字，其想象中的"雪"就有同样多的区别！而且，即使是同一个人所遇到的"雪"字，在不同场合、不同情景时，也可以产生出不同的"雪"。

在这里，尤其要指出中国语言的特殊的召唤功能。中国文字具有不同于西方文字的特殊点。这就是每个中国字的独立性和完整性。中国文字的这一特点，使中国语言中的每一个字、每一种音、每一种写法，就足够召唤出许多完整的、独立的意义。诗句中的言语不仅可以"召唤"各种事物和人物，而且还能提供与这些事物和人物相联系的一切空间，提供无限的"虚空"，同时，也可以召唤另一组合的言语，为这些相关联的言语提供其伸展的"虚空"。

由此可见，诗歌中的言语所提供的虚空也是一种"虚空的虚空"。这就是说，在这些言语的虚空中，还包含着在其中所召唤的其他相关的言语的虚空，而那些被召唤的言语又再包含着更新的、可被召唤的言语的虚空。所以，言语中的"虚空的虚空"是一个连续循环的无限层次化的空间，足够容纳一切应召而来的事物。

海德格尔认为，在诗人特拉克尔的上述《一个冬天的夜晚》的诗歌中，临窗雪花把人们都带到茫茫黑夜的天空底下，而那敲响的教堂晚钟则成为神的使者，把人们带领到严尊的神面前。

正如前面所分析的那样，天与地、人与神，成了相互连成一体的、不可分割的统一体"单位"。就在这个单位中，"居住"着天、地、人与神。

海德格尔把这四个因素相居的寓所用"四方场所"（Das Geviert，原义为"四方形""正方形"或"四方形的场地"等）这个词来表达。他给这个德语词赋予了新的意义。"Ge-"作为前缀表现了把"viert"（四）结合在一起的能力。这个"四方场所"就是一种"事物之成为一事物"（Das Dingen der Dinge）的所在，是事物自我显示、乃至事物自身的存在之所在。因此，这也就是所谓"世界"。海德格尔指出，在给事物命名的时候，它们都是被"召唤"的，而且，它们是在"事物之成为—事物"中被召唤而来的。

这些事物作为"这些事物本身"，在其展示过程中，开启了一个"世界"，在这"世界"中，每个事物各得其所，并每时每刻地成为其本身在当时当地所呈现的那个事物的样子。各种事物在展示其本身之"成为—事物"的同时，也出现在这个世界上。换句话说，各种事物之"问世"或"降世"，是与其本身展示"成为—事物"的过程同时进行的。

海德格尔是用"austragen"这个德语动词来表达事物的"问世"。实际上，"austragen"具有"澄清到底""坚持到底"或"支持到最大限度"等意义。但在这里，海德格尔通过这个字所要"说"的，是事物作为事物自身展示开来而"降世"，出现在这个世界上。其间，不存在"因"与"果"的任何关系，而毋宁说，是世界本身自我展示，作为事物之成为事物之存在场所而出现在我们面前。在古德语中，"问世"（austragen）也用"bern"或"bären"来表示，在现代德语中的"gebaeren"就是从"bern"或"baeren"变来的。

动词"gebaeren"，是"生育""分娩"或"产生"的意思。与此有关的 gebaerde 则表示"举止""表情"和"姿态"，所以，事物之"问世"，实际上就是以其特有的姿态展示其"成为事物"的那个样态。这种"成为事物"之展示过程，是事物自身的"存在"，是事物的一种"举止"，是既没有原因，也没有结果——它就是它自身，它自身就是"存在"在那里的那个"存在"。

在上述诗句中，第一段话是召唤事物之成为事物；也就是说，那些诗句召唤事物呈现在那里。所以，第一段话只是召唤事物；而在召唤事物的同时，也招呼"世界"。海德格尔用的原文表达更深刻的含义，他说："Die Dinge be-dingen die Sterblichen."关于这句话中的动词"be-dingen"（有"制约""决定""引起"等意义），海德格尔有意地用"-"符号把"be"与"dingen"稍加分隔，表示其特殊用义在于"赋予"。也就是说，赋予某种事物以某种性质；或者"使之成为事物"的意思。海德格尔1958年在维也纳剧院举办的节日演出会上，发表了题为《诗与思想——论斯蒂芬·乔治的诗"语词"》的演说。在这篇演说词中，海德格尔用"-"的符号横置于几个动词中，出现了"be-stimmen"、"be-gruenden"、"be-fremden"等新词。

在这些词中，"be-"表示"赋予"和"给予"的意思："be-stimmen"，另一个确定性赋予恰如其分的语调，"be-gruenden"，提供基础；"be-fremden"，使成为异己等。

所以，在海德格尔的那句话"Die Dinge be-dingen die Streblichen"中，"be-dingen"不是"限定"，而是"赋予事物以其固有的性质"的意思。

据此，海德格尔认为，《一个冬天的夜晚》中的第一段所要表现的是：各种事物准时地到达世间，访问尘世间的人们，并由于这种"访问"，才出现了"世界"。第一段诗句的真正意义在于：它们在"讲话"时，同时也把事物"召来"。

与第一段相比，第二段的诗句采取完全不同的方式来"讲话"。其不同点在于：第二段话在"召唤"的同时，从一开始就指向人：不止一个人还在旅程……

这就是说，诗句并不是"召"一切人，也不是"召"第一段所提的"千家万户"中的人们，而是"召"那些正在茫茫道途中的人们——这些人是正处于"忍受死亡"过程的人。这些人"忍受死亡"（das Sterben）的过程就好像走向死亡的旅途一样。海德格尔分析到此时，如此说道，在死亡中积蓄着存在的最高阶段的隐退。死亡已经把一切死提前了，凡在旅途中的人，都必须首先越过其经历的茫茫道途而回到家中，并来到餐桌前,这不仅是首先为了他们自身,而是恰巧为了那些"千家万户"——因为这"千家万户"的人们只以为:他们只要待在家中并坐在餐桌前,就是生活得很舒适,供应丰盛得当,优哉游哉生活于世界上。

在海德格尔的《关于人道主义的信》中,当海德格尔论及德国诗人荷尔德林的《怀念》(Andenken)这部作品的诗词时,也谈到了"语言""存在""死亡""世界命运"及"无家可归感"(Heimatlosigkeit)等作为"此在"在其"在世"过程中的各种生存形式。

海德格尔说,无家可归感成为一种世界命运。围绕这个问题,有必要从存在的历史的角度去思考这种命运。马克思从黑格尔的最基本和最有意义的观点中所启发得来的,有关人的"异化"的思想,归根结底就在于它触及近代人的无家可归的失落感的根源。第二段诗的头三句所"召唤"的是"不只一个还在旅程"的人,并把他们放置在"家门"和"茫茫道途"上。显然,这"茫茫道途"和"家门"还只构成"世界"的一部分。但在这二段的第三、四句话中,突然出现了完全不同的事物:

金果硕硕神恩之树
屹立大地郁郁葱葱

神恩之树显然植根于和生长于大地上。但是,树木之茂盛也同时靠天的恩德。在这里,诗句还显然"召唤"着树的成长过程——鲜花盛开和生气勃勃。天与地对树的成长的促进作用相互交叉地呈现出来。因此,诗句称之为"神恩之树"。树上盛开的鲜花使普通的果实幸运地获得了神恩和珍贵无比的"自由"。

到此为止,天与地、神与人相互交叉成一个单位,成为一个"世界"。"世界"一词,到了这个阶段,已不单纯是形而上学的概念,也不是所谓

"自然"和"历史"的世俗化了的世界,同样也不是《圣经》上所说的"创世"的现实化,而是作为一个整体的"现世"本身,即"现在展现的"那个世界本身。

海德格尔通过上述诗句的分析,把我们"召来"了我们所面对的"现世"——这种现世不同于形而上学的"世界"概念,也不同于神学的"创世",而是由天、地、人、神具体地结合的那个呈现于世的世界——这是"存在"的具体呈现场所,是言语给我们"召唤"来的。

海德格尔接着分析诗的这一段中有关天与地的用词。就在第三和第四诗文中,原句"金果硕硕神恩之树"是以"金"起头的,为了恰当地理解"金"字,让我们回味一下品达罗斯的抒情诗《科林斯地峡竞技会颂》(Isthmiques)。在这首抒情诗中,这位古希腊诗人把"金"称为(περιωσιον πα ντων),意思是:金光闪闪光芒为一切随着它的出现而存在的其他事物提供"寓所"——什么是"金"? 金是那种能以其闪耀光芒为一切周在事物提供"场所"的东西。"金"的可贵之处在于:它的金光带来了围绕着它的一切事物所赖以生存的"虚空",即场所。

从对于"金"的上述解释,海德格尔认为,一切"召唤"都是从远处召来事物,并把这个召唤本身同时引导到最远处。海德格尔用"hin und her"表示"远去又远来"的意思。词的召唤具有这种双向的展示功能。因此,可以产生立体的、多维的、来去无限的效果。这就是说,召唤可以把事物呈现于现世,同时又在它召唤之一闪光中为事物提供存在的场所。海德格尔讲到这里便说:"世界使事物展现;事物:世界的范围;世界:事物的恩典。"

海德格尔对"金"字的上述理解,变成为对言语的"召唤"功能的一般性理解。所以,在海德格尔看来,如果说诗的第一段嘱咐"事物"前来显示于世,那么,第二段则嘱咐"世界"前来为事物提供"恩典"。最后,

诗的第三段嘱咐"场所"为"事物"和"世界"的到来提供其显示的"寓
所"。因此,这个"场所"成为事物和世界和谐地相处的条件。正因为这
样,第三段起于下面一句别有风格的诗句:

　　　　游子安详入室……

　　在这里,"安详"成了主调而为全诗定调。这"安详"之突然出现在
"门槛"上具有重要的意义。在海德格尔看来,作者虽然没有说明游子
之心疼从何处来,但在下一句"心情之哀痛使门槛顿时僵直",使"疼痛"
同"过去"相连。因为"僵直"一词是诗中唯一以过去式形式出现的动
词。但是,这个过去式的"僵直"只是"召唤"那曾经发生过的事物。
　　诗人的成功还在于:他把僵化的场所选定在"门槛"上——因为门
槛既是门的两边框架的支持点,也是"里面"和"外面"的真正分界线,是
两者的交叉点。海德格尔认为,在门槛的那条结实的横木上,可以承受
从外面进来和从里面出去的一切事物的"嘱托",可以经受从它上面越
过的一切事物的压力,可以凝结一切从它上面越过的事物"喜、怒、哀、
乐"的"情绪"。因此,那门槛是一个象征,是一个分水岭。诗人很恰当
地使用着"门槛"这个词,作为在读者面前出现的"世界"的历史转折点,
也成为"存在"于这个"世界"的人们的"处世"情绪的凝结点。
　　"门槛"两个字在诗中的这个地方出现,恰如其分地"道"出了天
与地、人与神相互交叉的真正意义:在天底下过着悲苦生活的、疲
惫不堪的人们,经历了"异化"的奔波过程之后,仍有希望在跨进门
槛而返回自己的存在的"寓所"的那一瞬间,将一切苦痛,在神恩之
金光闪耀感化下,顿时化为"物化"的门槛,迎面见到的,却是丰盛的
佳肴美酒。

但是，在海德格尔看来：为了使"夹于两者之间"坚持到底，必须有韧性和坚持性，即坚固性。作为"两者间"的支持者，门槛是坚硬的。因此，"哀痛"在那里使门槛僵化。但哀痛刚刚不多不少地变成为石头般的哀痛，并且它还没有硬得变成门槛，并没有凝结成门槛。哀痛乃是门槛中的哀痛——它作为哀痛而持续着。但是，"哀痛"究竟是什么呢？诗歌中的"哀痛"一词给我们带来什么呢？海德格尔说，哀痛使心碎。哀痛就是痛苦和碎裂。但它并不碎裂成散状的碎布片。哀痛当然是破碎。它进行区分，把事物区别开来。但正因为这样，它同时又把一切都朝它自身拉来，把一切集中于自身。

因此，"哀痛"就是聚集在一起的"区别"，是碎裂和集中的焦点——它像基线那样，突然地打开空间，把那些保持一定距离而相互间隔的事物，作为一个集合体而加以标记。

总之，"哀痛"是破碎的集合，是聚集的破碎的集合体。在这个意义上说："哀痛就是区别。"所以，"心情之哀痛使门槛顿时僵直"这一诗句，"召"来了"区别"。但是，这是什么样的"区别"？海德格尔说："这一诗句召来'两者间'的那个区别点，但它恰巧又是集合点。"接着，在诗的最后两句中说：

> 一道金光闪耀，
> 餐桌上摆设着面包和美酒。

那道金光闪耀，恰巧闪在那"哀痛"之上，闪在支承着哀痛的门槛上。这也就是说，哀痛使"世界"在其展示中获得了解放，使"世界"成为真正的世界，"还世界以其本来的面目"。面包美酒本是天与地的"果实"，是"神"奉献给"人"的。所以，诗的第三段把"世界"和"事物"召到其深处，召到它们本身的最深部；而把它们归属到一起的是"哀痛"。

　　从以上的分析看出，那"召唤"世界和事物的"召唤"，就是真正意义上的"命令"。这个命令就是"讲话"的展示本身。"讲话"是在那讲过的话中而展示的，也就是在诗歌中展示。所以说，诗歌就是"讲话"的"讲话"。言语就是讲话中的"讲"。"讲话"在讲话中召来世界和事物——而这是在区别的"两者间"把它们召来的。这里所说的"两者间"，就是"门槛"——它是"外面"与"里面"的一个分界线，它就是"两者间"。

　　关于海德格尔所说的"区别"，与普通德语中的"区别"有所区别。在普通德语中，"区别"就是"Differenz"，原出于拉丁文"Differentia"，原意是表示一种在两者间有差别的"性质"，或者表示在事物之间的相异"关系"。法国著名思想家蒙田在他的《论文集》(*Essais*)中说："在我们与我们自己之间也存在着像我们与其他人之间那样的不同点。"蒙田所说的"不同点"，就是"差异"或"区别"。但在这里，蒙田已经用"区别"这个词表达出比普通人所说的"区别"更深刻得多的意义。海德格尔所说的"Differenz"，则是有本体论意义的"区别"。关于本体论意义上的"区别"，海德格尔在《论言语》中，在分析特拉克尔的诗时，是从"世界"和"事物"的区别关系谈起的。

　　特拉克尔的诗的前两段，是"讲话"对"事物"和"世界"的两种"召唤"过程的同一体——"讲话"在把"事物"叫唤到"世界"中来的同时，也把"世界"召唤到"事物"中间。这两种"召唤"是有差别的，但又是不可分割的。更确切地说，两种召唤并不单纯是相互交联，因为"世界"和"事物"并不是相互并排地存在，而是相互通过对方而存在着。正因为相互通过，它们就相互测定一个地方——而正是在这个地方，它们相连在一起。也正因为这样，它们之间是亲密相处的。"两者相交联的那个地方，就是它们的亲密性的高度亲切之所在。"

海德格尔是用"Innigkeit"（亲切性）表示两者的亲密关系的。"Innigkeit"是德国另一位伟大诗人荷尔德林用以表达他对人类之爱的语词。荷尔德林说：

> 我爱的是人类……我爱将来世纪的人类。因为这是我最幸福的希望，这个信仰使我坚强努力，我们的后代将要比我们更好，自由总是必定会来的，道德在自由的神圣温暖的光中比在专制主义冰冷的地带将要更好地发展。我们生活在一个一切都为了更好的时日而工作的时代。

海德格尔用"亲切性"来表示两个相互依存和相互区别的事物的不可分割的关系。这就是说，两个具有这种关系的事物都同样以"忠于自身"为前提相互依存和相互区别。

海德格尔接着指出，在德语中，两者所共在的那个地方，称为"Zwischen"，它来自拉丁词"inter"，与之相对应的是"unter"，也表示"两者间"的意思。

问题在于，两者的"亲密"和"亲切性"，并不意味着两者在"两者间"那个地方"相混淆"，更不意味着在那个地方丧失其特性。毋宁说，恰巧是在那"两者间"（Zwischen）之所在，两个事物——"世界"和"事物"——通过其相互交联而达到"纯粹的区别性"。海德格尔指出，在"两者间"之所在，"Differenz"是占主导地位的。

海德格尔对"Differenz"一词所作的本体论的解释，对此后的诠释学的发展产生了重大的影响。法国当代最著名的诠释学代表人物德里达，就是从海德格尔关于"Differenz"的本体论意义的分析中得到启示而建立其新型哲学理论的。

海德格尔在《论言语》的论文中说："现在被命名的'区别性'(die Differenz)是作为'一'的'一',它是唯一的、独一无二的。从它出发,'区别性'使一个地方开启着,让'事物'与'世界'相互朝着它并通过它而关联起来。"这个关于区别性的定义非常重要。正如前面所说的,"区别性"成为德里达的诠释学的基本概念,也成为德里达的后结构主义思想的基本概念。

海德格尔是在论述"讲话"的"召唤"作用时分析了"区别性"的概念的哲学意义。他认为,"讲话"所召唤的是那些受到"指令"的因素:"事物"和"世界"。"讲话"把这些被"指令""命令"或"吩咐"的因素叫到"两者间"的地方。以这样的方式而受嘱咐的事物,实际上是被托付给来自"区别"的"突然事件"。

海德格尔所说的"托付"和"指令",就是德语中的"befehlen"。德国人中间长期流传着这样的谚语——"把你的路托付给上帝吧!"(Befiehl dem Herrn deine Wege)在这句谚语中,"befehlen"中的"指令"含义很自然地转化成"托付""信赖"和"信托"的意思。所以,上述被指令而被召唤到"两者间"的事物,更确切地说,毋宁是被"托付"给"区别"。正是在"区别"所在的那个"两者间",聚集着一切"指令"和"命令",因而,"讲话"的一切召唤,归根到底都在那"两者间"落脚。

在这落脚的地方,一切被"讲话"召来的事物,都在其自身的展示过程中获得了满足——这一展示,唯其实现在"两者间",即在"区别性"中保持其高贵的、不可取代的"唯一性",才使物自身成为真正的物自身,它才真正达到其"正身"地位,达到无与伦比的"涅槃"地位。因此,在"两者间"之所在,一切被召来的事物,终于"静悄悄"地回到了自己的家,内心终于"平静"下来。在前引的诗句中,第三段说:"游子安详入室,心情之哀痛使门槛顿时僵直。"游子之安详,恰巧发生在门槛上,在

"内"与"外"的交界处,在"事物"与"世界"被同时召唤到的地方。在这安详、平静之所在,同时也是哀痛使心碎的地方。

所以,海德格尔又说,"区别"对于"事物"与"世界"的镇静作用,实际上表明"区别"自身就是"寂静"(die Stille)。在德语中,"die Stille"就是发生"静止"状态的场所、时刻,就是事物达到其极限之点(或饱和点)——在这一点上,事物与事物自身完全同一。

所以,"die Stille"同时意味三方面的含义:止息、平静和沉默。就在"区别"之所在,不同的事物在哀痛的心碎状态中双双感到自足,在各自维持其完满的特性的一瞬间,听到了清静的沉默的响钟(das Gelaeut der Stille)。

所以,海德格尔说:"就'区别'的'命令'在'两者间'而把'世界'和'事物'召唤到它们的亲密无间的同一状态而言,言语就是讲话者。"接着,海德格尔又说:"言语是在沉默敲响的那个地方讲话并聚集它所命令的事物的。"

对于海德格尔来说,"讲话"也就是"听"。他认为,人讲话是为了回答"讲话",而回答就是"听"。人只有在他本身适应于讲话的情况下才讲话。人只有在那讲过的地方讲话,才对我们来说,人在讲话。人要讲话,首先必须是讲那些已经被讲过的话。

然而,究竟应该怎样理解"讲话"中的"话"呢? 那些被人们"讲"的"讲过的话",究竟是什么呢?

在讨论这些问题时,我们不应该忘记海德格尔哲学的整个出发点。在他看来,哲学的基本问题应该研究"存在"本身,哲学的任务是展示"存在"的历史——这个任务的完成,实际上就是存在本身的展示的"导言"或"先导"。在他看来,展示"存在"的历史,必须同时地对自古希腊以来的传统的形而上学进行彻底的"摧毁"(Destruktion der

Ontologie)。这种"毁坏"就是对传统的"再评价",就是对基本论题的肯定性展示本身。

现在,在论述海德格尔关于语言的本体论思想的时候,有必要更深入地说明海德格尔之"存在展示"与"语言"的内在关系。

哲学的任务既然是展示存在自身,那么,就应该找到"存在"自身及其各种具体的存在形式之赖以展示之所在。这个所在,便是那个"区别"栖居之处,便是那"两者间"——在相异的事物保持相互关联,而又持续其唯一的和固有的区别性之所在,在那充满碎裂性之哀痛而又沉静地自足之所在,在填满了历史的音响而又寂静、伺机再发的、"讲过的言语"里。

"此在"聚精会神于那指令着"区别"的寂静的召唤之上,即使他们自身不一定认识它们。所以,很明显,海德格尔把"语言"看作存在自身展示之所在。所以,他在《论人道主义的信》中说:"语言是存在的家,在它的寓所中,居住着人(Die Sprache ist das Haus des Seins;In ihrer Behau sing wohnt der Mensch)。"

这就是为什么海德格尔把语言看作"本体论的论题"。

对于现在的关系,以及在现时存在的本质中所展示的次序,是唯一的。它始终都比其他关系保持着无与伦比的优点。它隶属于存在本身的独一无二性。因此,为了命名那些在存在中所展示的一切,语言必须找到一个单词,唯一的词。

正是在这里。我们观测到指向存在的所有的思维用词包含着多大的危险!然而,这里所说的冒险性并不是某种不可能的事情,因为存在到处、并且始终都是通过各种各样的语言在讲话。

如果说语言是存在的家的话,那么,讲话、言谈和各种言语就是"语言的存在"。换句话说,人说出来的话是"存在的家"的"存在",是作为

"存在的家"的语言在现实世界中的存在者。也可以说,言谈、讲话和言语是作为"存在"的语言。关于这一点,法国的德里达作了很精辟的解析。

因此,作为纯粹的言语的诗歌,很自然地也成为典型的存在的"家"。所以,海德格尔在分析德国诗人荷尔德林的诗作时,直接引用了荷尔德林的诗句:"人以诗的方式居住着……"(... disterisch wohnt der Mensch),也可以译作"人诗一般地居住着……"。法文译本译成"人居寓于诗人中间……"(l"homme habite en poete ...)。

在 1959 年巴伐利亚州美术科学院与柏林艺术科学院组织的论语言的学术讨论会上,海德格尔再次强调说,言语曾经被称为"存在的家"。存在的家就是言语——作为"说"(die Sage),言语是适应的旋律。

在《形而上学导论》中,海德格尔已经明确地说,语词的作用和功能是"命名"(Nennen)。他是这样说的:言语,即命名在其存在中恢复着自我显露的存在者,这种存在者急急忙忙地、直接地和占优先地位地来到,言语和命名也同时使这种存在者维持在明显状态中,给予它以限定的性质,保持其存在的稳定性。

言语就是这样在命名中保持存在者原来如是地所展示的一切。也正因为这样,照海德格尔看来,语言也在命名中正确地表达了"思想"本身(Denken)。

因此,语言,或更确切地说,言语,在其命名存在者的同时,也表现了"人"作为一个特殊的存在者同语言本身的关系。也就是说,"命名"本身,就指明了"人"在语言中的地位和作用。在命名中,"人"被"带往"语言中,而这样一来,也就出现了一个"讲话"的"存在者"。

但是,按照海德格尔的理论,当一个"存在论地存在"的"存在者"讲话的时候,他所讲的"话",并非作为主体的"他"在讲话,而是"言语"本身在讲话,或毋宁说,是言语本身作为存在者的存在栖所在表现存在者的存在状况。这是语言在"独白",然后又是言语自己在"听"这个"独白"。

这就是说,要使语言本身去自己讲语言本身,让语言自身去表现和显露它自身。海德格尔说,Die Sprach spricht(语言在讲话)。语言的这种"独白"(mono-logue)并不是"对话"(dia-logue)的条件,而毋宁是"听"(hoeren)的条件,在这种"独白"中,语言自己"听"和"领会"它自身。当然,"讲话"(der Sprechen)无疑是"一种人类活动"。这种"活动"(Taetigkeit)本身表明,"讲话"是一种有意向的主观性或主体性的自我表现。海德格尔为此同意洪堡的莱布尼茨式形而上学对于语言的主观性的观念。

但是,旨在"摧毁"一切形而上学的海德格尔哲学,首先把语言的讲话看作听(hoeren)。对于海德格尔来说,这并不是单纯地以"被动性"(听)去代替一种"主动性"(讲),而是在一个"主体"的言谈中"捕捉"这个"主体",并以此来确定主体的性质。因此主体之被确定不是在主体的主动动作(讲)中,而是在其被动动作(听)中。

在这个意义上说,不是"主体"去确定"讲话",而是被听的"话"反过来确定他自身,而是他讲出来的话确定那在表面看来是"主体"的讲话者。通过这一"颠倒",形而上学被"摧毁"得粉身碎骨。

人是能思和能言之生存者。语言是存在本身的自我展现模态。语言在其存在中,召唤着一切物,是一切被召唤之物得以存在于世。

上一节已经提到:存在的自我显现过程,一方面要通过此在的生存论的分析,另一方面又要通过"存在"自身在"说"的过程中去自我展开。这后一部分所涉及的"存在"自身的自我展开,显示了海德格尔把"存在"同与人的语言的自我展示相联系的重要观点。早在 1927 年海德格尔写《存在与时间》的时候,已经很明确地提出了这样一个关于存在与语言的相互关系的重要思想,而且把这样重要的一个观点,看作他否定传统形而上学、并达到"存在"的自我显现的一种现象学方法的展示过程。到了 1930 年代以后,海德格尔在探索形而上学的重建道路的过程中,进一步着重于从语言的自我展示过程,去解剖存在的自我显现的机制,从而达到了把"存在"的自我显现归结为"语言"的自我显现这样一个重要的结论,达到了"语言是存在的家"的重要结论。从那以后的近二十多年的研究中,海德格尔始终都把语言看作他的研究重点。

第三节　真理在艺术中敞亮

透彻地说明存在与语言的关系,将是全面理解海德格尔存在哲学的一个关键。在这里,主要的是要抓住两个重点;第一,是把语言的自我展示或自我论说的过程,看成是存在的自我显现过程。这是海德格尔在《存在与时间》中的存在主义命题的进一步展开;第二,"语言"作为"存在的家"的展开的过程,表明了语言与人的存在之间的密切联系,也表明了语言和人作为一个具有思想能力的存在者的存在的内在关系。所以,在海德格尔那里,研究语言的问题,从一开始就同研究"存在"的问题以及研究"人"的"存在"的问题密切地联系在一起。

当然,"讲话"(der Sprechen)无疑是"一种人类活动"。这种"活动"(Taetigkeit)本身表明,"讲话"是一种有意向的主观性或主体性的自我表现。海德格尔为此同意洪堡的莱布尼茨式形而上学对于语言的主观性的观念。但是,旨在"摧毁"一切形而上学的海德格尔哲学,首先把语言的讲话看作听(hoeren)。对于海德格尔来说,这并不是单纯地以"被动性"(听)去代替一种"主动性"(讲),而是在一个"主体"的言谈中"捕捉"这个"主体",并以此来确定主体的性质。因此主体之被确定不是在主体的主动动作(讲)中,而是在其被动动作(听)中。

在这个意义上说,不是"主体"去确定"讲话",而是被听的"话"反过来确定他自身,而是他讲出来的话确定那在表面看来是"主体"的讲话者。通过这一"颠倒",形而上学被"摧毁"得粉身碎骨。

在这里,值得注意的是,海德格尔选择了艺术作品的语言作为分析语言的入门,艺术作品的语言不同于他在《存在与时间》中所分析的"言谈""谈话"及"闲话"。在《存在与时间》中所研究的这些"话",都是通过"此在"的"在世"显现出来的。艺术作品中的语言,则是以文字或以作品的形态凝固下来的"话",是作为作品结构而同其作者分离出来的一种有独立的生命力和独立意义的"存在"。

作品本来就是作为一种"存在"呈现在我们面前。但是,作为"存在"的作品,是以作品的语言的形式呈现在我们面前的。换句话说,作为"存在"的作品,是通过作品语言本身的"存在化"而存在的。

作品语言的存在化,即作为存在的作品语言的自我显现,具有特殊的本体论结构,不同于采取"话语"形式而自我显现的"此在"本体论结构。其次,根据海德格尔存在主义的观点,语言的功能不能只是视为一种纯粹向"他者"沟通信息的工具。语言本身是有生命的,语言并非只是告诉我们说话者的意涵。语言本身也在说话,这也就是说,语言所说的,不只是作为某某主体的存在者的表达,更重要的是语言本身在自我言说。海德格尔也提到,探讨语言的本质,不是意味着寻求语言所基于其上的"另外的事物"。语言的本质不在语言之外;语言的本质在语言本身。所以,根据海德格尔的现象学说法,语言并非仅在指涉外界的事物,语言是一种作为语言的存在的自我展示。

语言既然是一种作为存在的自我展示,因此我们对于语言的了解并不是要了解说话者,而是了解语言在向我们展示什么,即语言自己在说什么?也由于语言的这种自我展示的功能,使得一切的文学作品被赋予了活泼生动的特质。

不仅如此,而且,语言是不能被简单地视为一种"沟通"或了解"他在"的工具,因为要完全了解作为"他在"的"此在"是不可能的,"他在"只有作为一种"此在"的自我展示才是可理解的。语言的功能若只是用来了解"他在",那么,这种功能未免太狭隘且隐含着不明确性。

海德格尔指出:"语言就其本质而言并不是一个有机体的表示,也不是一个生命体的表达(Die Sprache ist in ihrem Wesen nicht Äusserung eines Organismus, auch nicht Ausdruck eines Lebenswesens)。语言也不能从它的符号性质来理解它自身,甚至也不能从其意义特征去正确地考量它的本质。语言是存在自身的既澄明又掩蔽的到达(Sprache ist lichtend-verbergende Ankunft des Seins selbst)。"

语言既然是"存在自身"的自我澄明却又隐蔽的"到达",按照现象学的方法论,为了揭示这个存在自身的自我显现,就必须让语言自己去自我表达其存在本质和真理,让语言作为存在自身去自我言说,让语言自身在自我揭示中敞露出来,"到达"或"涌现"在这个生活世界之中。

存在哲学关于文学艺术作为"存在"在世的自我显现的论断,海德格尔在《林中路》这本书中曾经作了一番很深刻的论述。他在这本书中首先批判了流传于西方几千年的关于艺术作品的看法。他说:"自从开始专门考察艺术和艺术家以来,人们就把这种考察称为美学。美学把艺术作品当作一个对象,尽管是当作广义的感性感受的对象。今天人们又把这种感受称为体验。人们体验艺术的方式,应当会得出关于艺术本质的一点线索。体验不仅成为艺术欣赏的标准的根源,也成为艺术创作的标准的根源,一切都成了体验,然而体验也许不过是一种将艺术置于死地的因素。但这种死亡出现得很慢很慢,以致需要好几个世纪的时间。"

海德格尔在论述"什么是艺术"的时候,首先严厉地批判了把"艺术"看作研究"对象"的那种传统看法。传统的美学观点把艺术活动和艺术家分割开来,又把艺术作品同研究艺术作品、欣赏艺术作品的人分割开来。这种传统观点同西方传统的形而上学以及传统的认识论,把客体和主体分割开来,把人的存在同人的存在过程中所面临的各种对象相混淆的做法是有密切关系的。这就像海德格尔所说的,美学考量艺术作品的那种先入为主的方式,就是将自身置于传统对一切作为存在者的诠释的统辖之下。

因此,海德格尔认为,人们始终都只是在艺术的活动的本真结构之外去兜圈子,把艺术活动的产品同创造这一艺术作品的艺术活动分割开来。为了避免重复传统的道路,海德格尔在《林中路》中以凡·高(Vincent Van Gogh)的油画《农鞋》为例,来论述他的文学艺术观点。这就是说,我们不能再像过去那样,把艺术作品看作一个自己的"存在"之外的对象,一个外在的物,同时又以传统的"物"的概念来解说艺术作品。为了使我们真正地把握艺术的本质,海德格尔让我们鉴赏凡·高的画《农鞋》。表面看来,这幅画在我们面前呈现的,不过是一些极其普通的东西。

但是,在存在哲学看来,凡·高所画出来的这幅《农鞋》,作为艺术品,究竟是什么呢?海德格尔说,我们是否认为凡·高的画描绘了一只现成的农鞋,而且由于它描绘得惟妙惟肖,才成其为艺术品呢?我们是否认为这幅油画把现实描下来、把现实转移到一个艺术创作的产品中去呢?绝对不是的。海德格尔指出:"艺术作品绝不是对那些总是现成的个别存在者的再现。"

"这幅画，作为艺术品让人懂得了鞋真正是什么：这幅画'有所言说'。"这就是说，这幅题名为《农鞋》的油画，作为艺术作品，它为我们打开了一个存在者的一片混沌处境及其"在世"历程，向我们展现出许许多多有关"存在"的含义。反过来说，"存在"展现过程中的全部多种多样的本真的"意义"，就栖身于这幅作为艺术作品的油画之中，然后又在被欣赏的过程中从这个艺术品中显现出来。因此，海德格尔说，在艺术家的眼里，这幅画从鞋具的磨损了的内里那黑洞洞的敞口中，凝聚着劳动步履的艰辛。这硬邦邦、沉甸甸的破农鞋，聚积着那双在寒风料峭中，迈动在一望无际的永远单调的田垄上的步履的坚韧和滞缓。鞋面上黏着湿漉漉的泥土。暮色降临，这双鞋底孤零零地在田野小径上踽踽独行。在这鞋具里，回响着大地无声的召唤，显耀着大地对成熟的谷物的宁静的馈赠，表征着大地在冬闲的荒芜田野里朦胧的冬冥。这双鞋具，渗透着对面包的稳定性的无怨无艾的焦虑，以及那战胜了贫困的无言的喜悦，隐含着分娩阵痛时的哆嗦，死亡逼近时的战栗。

海德格尔在这里说出了这幅关于鞋的油画所要"说"出的"话"。这就涉及关于作为艺术品的画同真理的关系。如果说，一切艺术品都是"有所言说"，那么，它们究竟在"说"些什么呢？艺术品"有所言说"，同艺术的本质又有什么关系呢？什么是真理？真理是不是像传统的哲学所说的那样，是一种"符合"一种同被论述的事物的符合？不是的。

海德格尔告诉我们，真理这个字，它的原义应该是"真正的存在者"的意思，它起源于希腊文的"aletheia"，意思是说"无蔽"（Unverborgenheit），也就是存在的一种赤裸地敞开、没有掩盖的状态。

所以，海德格尔所说的这幅艺术作品"使我们懂得了鞋真正是什么"，就是告诉我们说，这个艺术品揭开了鞋"在真理中的存在"，即真正的鞋在毫无掩蔽状态下的"存在"。所谓无蔽状态，就是指一个事物把掩盖着它的那些遮蔽物揭开，让它暴露在光天化日之下，为所有的人所见。所以凡·高的《农鞋》这幅油画，既不是一种对于现成的农鞋的逼真的摹写，也不是为了"符合"某一个真正有的那么一只农鞋。

在海德格尔那里，艺术品无非就是对物的存在一种本质性再现；也就是说艺术作品"以自己的方式敞开了存在者的存在"。正因为在海德格尔的眼中，艺术品就是"在真理中的物"，也就是敞开地显现出来，使原来掩遮着它的遮盖物揭开以后的那个暴露于光天化日之下的存在者的"存在"的本真结构，所以，当我们真正地去以这样的方式来欣赏艺术品的时候，我们也就进入了另一种天地。通过对于凡·高的《农鞋》的鉴赏，我们看到的，已经不是一只普通的鞋，或者被描摹得很逼真的农鞋，而是在这只农鞋里所显示出来的、这只农鞋本身所经历的一切在世过程的自我显现。所以，在我们面前出现的这幅画，作为一个"存在"的自我显现，实际上是在向我们"说"话，在向我们倾诉它所经历过的一切现实状态。它道出了"存在"作为"存在"的本真结构，也向我们指示了它作为存在者的存在，是怎样通过揭示掩盖着它的一切掩遮物而真正地进入自我显现的过程，显示出其"存在"的本真结构。这样的一个作为"存在的自我显现"的艺术品，它在我们面前呈现的时候，同时也就把由这幅画所关联的一切在世过程中遇到的因素，再次地以"无蔽"的方式，向我们显示出来，似乎是在我们面前召唤它们，召唤那些在世过程中所遇到的一切因素，让它们统统显示在我们眼前。所以，海德格尔说，在艺术作品中，存在者的真理"自行安置，自行其是"。

在海德格尔看来，艺术是某一个艺术品公开敞开、揭示出一个"此在"的生活世界的力量。而"此在"所经历的这个生活世界，被处于无蔽的公开状态的结果，就使得我们把握了这个以艺术品的形式而表现出来的存在者的"存在"的真理。一个艺术品之所以能产生强大的感人力量,就在于这个艺术品在展示过程中所显示的那种"存在"的"在世"过程。这个艺术品所经历的生活世界,正是同我们生活在其中的生活世界息息相通的,因而也才使我们产生了共鸣。正是在这个意义上说,海德格尔在前面所批判的传统的"艺术鉴赏感受论",才赋有新的意义。

谈到这里,似乎有必要更深入地比较一下,海德格尔的存在主义美学的"感受"观,同传统美学那种"延绵几个世纪置艺术于死地"的"艺术体验"观的根本区别。

海德格尔在 1935 年写的《艺术作品的起源》中指出,艺术"作品"(Werk)是存在的真理的显示和澄明;作品开启和敞露了一个"世界"——这个"世界",就是一定时代的人们生活于其中、寓于其中的那个生活世界及与其相应的"在者"的各种遭遇的敞开状态(Unverborgenheit)。这个敞开的世界不是无根无基的虚幻缥缈的世界,而是以"遮蔽的大地"(verborgene Erde)为基础。所以,在海德格尔看来,任何艺术作品都是由"世界"和"大地"的对立和斗争而构成的。被遮蔽的"大地"离不开生活于其上的那个"世界"的敞开和澄明,就如同敞开的"世界"也必须以遮蔽的"大地"为其基础一样。"世界"与"大地"的这种有血有肉的内在关系,构成艺术作品本身的生命力,贯穿于艺术作品的创作、存在与自我显示的过程的始终,构成了艺术作品创作和被鉴赏过程中的一切矛盾因素的总根源,也是艺术作品之所以能包含和显示"存在"之"真理"的根本原因。

要懂得海德格尔关于艺术作品的本质的上述思想观点,当然必须首先彻底摆脱传统形而上学关于美学和关于"思"以及关于"物"的陈旧观点,真正地照海德格尔的"思"的方式去考察艺术及艺术作品的本质的问题。不然的话,海德格尔关于艺术作品中的"世界"和"大地"的内在关系的新理论,就很容易被曲解。

海德格尔自己在谈到"存在"及"艺术作品"的本质和真理的时候，本来就是建立在对传统思维方式的批判的基础上的，这个批判越彻底，我们领会海德格尔的艺术观就越深刻，问题的关键是要像海德格尔那样，学会如何"思"。

照海德格尔的说法，"思"的活动，一方面应该让我们本身同"思"一起去"思"，在直接的和亲临的"思"中"存在"出来；另一方面，又应该在"思"入"存在"的"思"中，"召唤"出一切所思之物，使之随"思"的活动而"来"到这个"世界"上，即随"思"的"存在"的自我显现而使所思之物也同时地"存在"于"世界"上。

海德格尔对"思"的上述理解，集中地表现在他所写的《什么是思维？》一书中。《什么是思维？》这个题目，其原文"Was heisst Denken?"本来是具有双关性的深刻意义的。原动词"heissen"，如同英语中的"call"和法语中的"appeler"一样，既有"称谓""取名"的意思，又有"召唤""呼叫"的意思。所以，"Was heisst Denken?"的真正的和全部的含义，应该包括"什么是思维？"（什么叫作思维？）和"思维召唤着什么？"两层不可分割的内容。

从海德格尔的存在主义出发所理解的"Was heisst Denken?"这个问题，是海德格尔批判旧形而上学的深入展开，又是海德格尔关于艺术的一系列革命性观点的基础。所以，海德格尔所说的艺术作品的"真理"，与其是在传统意义上的"鉴赏"艺术品中所获得，不如说是艺术家和鉴赏者在"思"中，在作为"存在"的亲临于思中，去同时"思"艺术之所思和"召唤"艺术之所召唤者。

不论是创作还是欣赏，都是一种作为"存在"的"思"；但这种"思"又不同于普通的"思"，而是一种特殊的"思"。这种特殊的"思"的活动，原本又同"思"的最早的和最原初的意义相联系。海德格尔指出，思维本是一种手艺(Handwerk)。说"思维是一种手艺",所强调的正是思维的无言的和沉默的劳作——在这里,要注意,德语中"werk"和英语中的"work"及法语中的"oeuvre",都包含着"劳作"和"作品"的意思。所有的"劳作",都是要靠"手"去完成,但"手"的劳作技巧无非是"思"的"存在"及"思"与"世界"发生关联的最亲近的和最直接的手段。在手的劳作中的"思"的展开,正是人类区别于一切动物,因而能以"谋划"或"筹划"(entwerfen)方式而"在世"的最本质的特点。

艺术作为"存在",作为"思",就是这种原本意义上的"无言的沉思"和"创造性的劳作"的自我显示,是在"思"中的"安排世界",在"思"中将一个敞开的"世界"立足于一个遮蔽的"大地"之上。当艺术品在我们面前和盘托出一个立足于遮蔽的大地上的敞开的世界的时候,就是达到了海德格尔所说的那种状况,即"艺术作品以自己的方式敞开了存在者的存在",也就是说,我们在艺术品中看到了"某一个存在者……在作品中进入其存在的光亮(Licht)里而立足",进入原本意义的"真理"之中,即进入"无蔽状态"。

艺术品的真正意义就是把"真正"的"存在"公开出来,赤裸裸地敞开于世间,显露于众人的眼前。"正是在作品中演历着这种敞开、这种揭示——这种存在者的真理。"问题在于:艺术中的这种"存在的真理"究竟是什么? 它为什么会在鉴赏中引起"共鸣"?

海德格尔反对传统的美学的"体验"概念,因而这种"体验"自始至终立基于传统形而上学之上。海德格尔转变了传统的"思"和"艺术"的概念之后,他所说的欣赏者与艺术家的"共鸣",已经同传统的"体验"完全不同了。

既然艺术不是以作为存在者的"物"为对象的某个艺术家的主观性创造活动,那么,艺术品的"真理"也自然不是作为主体的艺术家,在其

"临摹"外物对象时的"情感""意境"的注入的产物，同样也不是作为主体的艺术家"反映"现实对象的结果。海德格尔认为，艺术品中的"存在"的真理，是原本的艺术创作活动中，作为"存在"的"思"的"在世"的谋划的结果，是"在世"中所遇到的"世界"的敞开过程，因而也是"在世"中的"世界"的自我澄明，这是艺术中的真理的真正根源。因此，在欣赏中的欣赏者，在把欣赏本身视为艺术中的存在真理的显示过程的时候，由于欣赏者把这种欣赏也同时地视为自身的"存在"的显示过程，才有可能在艺术所显示的那个世界中，找到欣赏者自身的生活世界，由此，才产生了"共鸣"。

所以，欣赏者的欣赏，作为"存在"在艺术品中的自我显示，是立足于艺术品本身所包含的原有的那种"存在的真理"。欣赏活动中的"共鸣"，欣赏者在艺术品中所发现的"存在"的"真理"毕竟是第二性的，是由艺术的本质中原已凝聚的存在的真理所决定的。

任何一种艺术作品，其感人力量就其本源而言，是来自原初的艺术活动中的存在化过程，在欣赏的过程中，这种原初的存在的真理，又随着欣赏者将艺术品作为艺术品（als Kunstwerk）的"存在"而使之自我显现，重新召唤起与之相关的"世界"。所以，"共鸣"中产生的"世界"，是艺术品中的"世界"同欣赏者在观赏中所召唤的"世界"的交流，是被欣赏的艺术品中的艺术力量和艺术生命力的"在世"显示过程。关于这一点，海德格尔在分析古希腊建筑艺术典范——神殿的时候，为我们树立了最生动的榜样。

神殿是古代希腊的建筑艺术作品。在常人眼里，神殿的艺术价值仅在于神殿雕塑图案和技艺之精巧及建筑之宏伟。但在海德格尔看来，作为艺术品的神殿，并非如普通之"物"，仅作为观赏的"对象"而出现。神殿屹立于宁静的山谷中，矗立于坚实的山岩之上，犹如昊苍下神祇出没之处，神异祥瑞、微妙无方、理不可知、目不可见，不知所以然而然，却四时不忒。原来不可触及的神域，坐落在大地上，变成了神人沟通的场所。神界的永恒和无限，同人间的无常和有限，在此相统一，才使人懂得了"在世"中的"存在"的真谛。观赏着巍巍屹立的神殿，使人体会到了古希腊人是怎样在朝拜神殿的同时，通过他们与神的交往，领悟到世界的存在和人生在世的焦虑，寄托着他们对生命及其历史的期望。

　　古希腊伟大史学家和史诗家赫西俄德（Hesiod，400？B.C.）在其著作《神谱》（Theogonie）中，将世界的起源、诸神的降生和人生的喜怒哀乐综合交错在一起加以阐述，使人更可以联想到作为艺术品的神殿所显示出来的"存在"的本真意义。赫西俄德说，首先出现的是混沌，接着出现的是宽广的大地、那永远岿然不动的为一切不朽的神居住的奥林匹斯雪峰的基座，接着是在宽广的大地凹处的朦胧的冥府塔尔塔露斯（Tarta rus），接着是不朽的神中最可爱的爱神艾洛斯（Eros）——她对神和人是一样的，既酥软了他们的手足，又慑服了他们的神志。从混沌中产生了阴间和阳间之间的黑暗区域厄瑞布斯（Erebus）及黑夜（Nyx）。他们婚配后，从黑夜中产生出以太和白昼。于是，大地首先产生了同她本身一样广大并点缀着繁星的天宇，将自身团团围住，并作为幸福的诸神的永恒居处，以后她又不经交配而产生高山，是栖息于森林山谷的女神尼姆福斯（Nymphs）流连之寓所，以及波涛汹涌的海洋。然后，大地和天宇婚配，产生了涡流深深的海神奥西安奴斯（Oceanus）……

　　在赫西俄德的《神谱》中，无边无际的宇宙和永恒万能的神，是通过半神半人的"英雄"的业绩及其遭遇作为中介，将"神"与"人"的世界沟通起来。

　　和赫西俄德一样，荷马在《伊利亚特》（Iliad）中也谈到了神人交流对人的启示："主神宙斯(Zeus)告诫男女诸神，不要介入特洛依战争，否则就要对他们严加惩处：我要逮捕他，将他掷进无比遥远的烟雾弥漫的冥府塔尔塔露斯，那里是地下最深的深渊，有铁闸和青铜的门坎，它在地府哈得斯的下面，犹如大地在天穹下面。"荷马还在《伊利亚特》中记载主神宙斯之妻神后赫拉(Hera)说："我正要到富饶的大地的尽头，去探望诸神的父亲海神奥西安奴斯和诸神的母亲特提斯(Tethys)。"

所以，古希腊伟大哲学家柏拉图是这样诠释荷马的思想的："当荷马吟唱'奥西安奴斯是诸神的父亲、特提斯是诸神的母亲'时，意思是说万物都是变动之流的产物。"

神殿这座不朽的建筑艺术品，所揭示我们的，正是已在希腊古代文献中记载下来的关于"存在"的真理。关于存在的真理，是在神殿对于"天""世界"与"大地"的象征性交错结构中凝聚而成、却又在其自我显示中表达出来的。

神殿所展示的那种由众神自由进出的"世界"，是在这部艺术作品在艺术的"存在"的自我显示中敞开的，是在众人所经历的生活世界中渗透着的，又是一次又一次地在被欣赏的过程中自我显示和展开出来(Heraus-und Aufkommen)。在古希腊的原文中，所谓"自然"，本来是指每个"存在者"的与生俱来的那些本质特性。因此，原希腊文"自然"(Physis)是源自"phyein"一词，指"产生""出现"和"兴起"的意思。海德格尔在讲到艺术本质的起源时，意味深长地就"自然"一词的希腊文原义进行存在主义的诠释，强调"存在"之真理的自我显示，犹如艺术中真理的敞开状态，是"存在"在其"冒现"或"突现"(Entstehen)中与生俱来的本质特性的展示。

所以，早在海德格尔以前，尼采已经在其《道德系谱学》中使用了"Entstehung"一词表示"突现"式的"产生"，而法国的福柯在《知识考古学》(*L'Archeologie du savoir*，1969)中也特别强调其观念史研究所遵循的"间断性"或"中断性"(Discontinuite)的基本方法，正是立足于尼采对"突现"(Entstehung；法语译为 Emergence)的精辟理解的基础上。

这就不奇怪，从尼采到海德格尔又到福柯，为了在事物之"冒现"时去揭示其本身之与生俱来的本质，用海德格尔的话来说，也就是为了让事物本身真正地在"真理"中"存在"，就必须让物之"存在"自身在世界中敞开，使物在其"存在"中在世界上"各得其所""各行其是"和"有所言说"。在上述希腊神殿的艺术"存在"自我显现中，众神的进出、宇宙世界的逻各斯及人世间各物的"存在"之涌现，正是这种"存在"的"世界化"的体现。

同海德格尔一样，法国存在主义者萨特、马塞尔(Gabriel-Honore Marcel，1889 - 1973)、西蒙娜·德·波伏娃(Simone de Beauvoir，1908 - 1986)和加缪(Albert Camus，1913 - 1960)等人，都很关心文学艺术和美学理论的研究。他们不仅从哲学、伦理学和美学的理论角度，深入地讨论了文学艺术的重大问题，而且，还亲自从事创作实践，在小说、戏剧、诗及文艺评论各个具体领域中发挥所长，取得了重大成就。由于萨特等人的文学创作和文艺评论活动，才使萨特等人的存在主义思想比海德格尔更快和更广泛地在社会上和文学艺术界及美学界发生影响。

海德格尔的文学艺术观的许多因素和特点，却早在荷尔德林、克尔恺郭尔、陀思妥耶夫斯基(Fyodor Dostoevsky，1821 - 1881)、尼采及各个现代派文艺思潮的先驱者那里，就已充分显露出来。正如约翰·麦夸里(John Macquarrie，1919 - 2007)所说："早已有许多文学作品，它们独立于来自存在主义的任何直接的或甚至是间接的哲学影响，就表现出它们本身，就其亲缘性而言，乃是道地的存在主义者，而且有时还对那些存在主义哲学家发生了影响。例如，人们可以思索到荷尔德林的诗歌对海德格尔的影响。"

海德格尔对于荷尔德林的诗作尤其推崇,因为他的诗作中,倾注了诗人对人生在世的精辟见解,抒发了他亲身经历的"在世"经验,并揭示了"诗作"作为"存在"自我显示之本真结构。

早在 1935 至 1936 年所写的《艺术作品的起源》一文中,海德格尔便把艺术作品中所包含的"世界"和"大地""无蔽"和"遮蔽""真理"与"非真理"的争斗,看作艺术之生命,并把这种争斗的真理的"勾划"或"谋划"(Entwerfen),称为"诗作"(Dichten)。因此,在海德格尔看来,艺术作品在本质上就是诗。既然诗是以语言为基础,所以,语言本身就是本质意义上的"诗",只是,这里所说的"语言",是指"纯粹的诗的语言"。

正是在诗的语言的上述"勾划"着的"说"中,"无蔽"与"遮蔽"都被一起保留着,才产生了"世界"的"历史"。海德格尔在这里深刻地描述了"真理""语言""存在"与"作品",如何在"存在者"在"在世"中的"自我显现"和"抽身"的过程中交织在一起。海德格尔指出:"所有艺术,作为存在者的真理亲临地发生,从本质上看就都是诗(Alle Kunst ist als Geschehenlassen der Ankunft der Wahr eit des Seienden als eines solchen im Wesen Dichtung)。"

在 1946 年发表的《诗人为何?》(*Wozu Dichter?*)一文中,海德格尔在探讨荷尔德林的哀歌《面包与酒》(*Brod und Wein*,1801)时,进一步分析了作为艺术的本质的诗及其与时代、与世界历史的关系。

与此同时,海德格尔发表了《关于人道主义的信》。海德格尔从语言的本质谈到诗的本质,又从诗的本质谈到语言的本质;但无论是对于诗的探讨,还是对于语言的探讨,海德格尔始终抓住"人"的"存在"的中心论题。

海德格尔在探讨人的存在的问题时,深入地讨论了"存在""思""语言"与"人"的问题。海德格尔指出："'存在'在思想中形诸言语。语言是'存在'的家。人居住在语言之家中。思想者和作诗者乃是这个家的看守者。他们的守卫,就其通过他们的言说将存在之敞开导向语言并在语言中保存(ufbewahren)言,乃是存在之敞开之实现。"在这里,海德格尔显然从《存在与时间》中那种追问"此在"的方式,转变为探讨语言与"思"同存在的关系,转变为对"思在"的追问,想从"思"与"作诗"中探索作为"存在"之真理的寓所的"语言"。

海德格尔关于诗、语言、思与存在的关系的上述思想,是同荷尔德林的诗作和他的诗中的语言的高度纯熟的运用,有密切关系的。在这以前,即在 1944 年《荷尔德林诗歌诠释》(*Erläterungen zu Hölderlins Dichtung*;*Fuenfte durchgesehene Auflage*,1981)一书中,海德格尔深受荷尔德林的启发,强调"人出于表达各种经验、决断和情绪的目的,而占有语言"。

因此,语言不只是一种理解和沟通的工具,也不只是一种与其他工具相等同的手段,而是"从根本上提供了置身于存在者的敞开状态中的可能性。因此,只有语言所在之处才是世界"。

所以,海德格尔高度重视荷尔德林诗中的"神"的概念,强调诗人通过其创作的诗的词语去召唤神和称谓神,并称谓世界上的"物",从而才使我们通过诗作中的"谈话",而开创了"此在"的历史。

在海德格尔的关于语言、存在及关于文学艺术的问题的探索中,经常看到荷尔德林的诗作及其诗语对海德格尔的影响。在《荷尔德林与诗歌的本质》一文中,海德格尔借用荷尔德林的"谈话"(Gespraech)这一概念,强调"谈话"并非日常闲谈,而是真正的语言本身之"说"——通过"谈话",人在为"神"和"世界"进行命名的过程中,实现着自己的"此在"。但是,只有诗人才能在飞逝着的时间中捕捉"留存者",使它们显现在词语中。荷尔德林的诗中有这么一句话："而留存下来的,是诗人的馈赠(stiften)。"诗人的诗词,所以能为世人留存某种捐赠物,作为"存在者"而留在"世界"上,是因为诗人所使用的是纯粹的语言,这种纯粹的语言,在其"说"出时,使某个相应的"存在者"得到了恰如其分的"命名",得到了"召唤",因而成其是,在其所在,并从而成为某个"在世"的一个构成部分。海德格尔在《诗人为何?》一文中,深刻地指出了诗人的职责在于以其纯粹的语言,去"命名"世界上的"存在者",使它们以其"存在"各得其所,各成其所是,从而形成我们寓于其中的"世界",因而也使这个"世界"能在"贫乏的时代中"留存下来,使我们有一个立身之所。

海德格尔在《诗人为何?》一文中说,荷尔德林所说的"时代"一词"意味着我们现在还隶属于其中的这个人世岁月。依据荷尔德林的历史经验,基督耶稣的显现和殉道就意味着世界末日的到来。夜晚降临。……世界末日的时代就是贫乏的时代,因为它始终是贫乏的"。接着,海德格尔指出:"人世年代的转变,并不是在任何时候,只要有一个新的神涌出,或旧有的神重新从其潜伏处冒出,就可以发生的。……'已经在那里'的神,只有'在恰当的时代里'才'转'回来(Die Goetter, die sonst da gewesen, kehren nur in richtiger Zeit)。这也就是说,只有当人以正确的方式转向正确的处所的时候。"

海德格尔在这里所说的,正是诗人"说"出本质性词语、而恰当地"召唤神"并为世界万物"命名"的时候。正如海德格尔所说:"诗赠献出'存在'的词语。……因为'存在'和物的本质绝不能加以计算,不能从现存的东西中推导出来,所以,它们必须被自由地创造、设定和赠予。这种自由的赠予,就是馈赠。"

诗的神圣功能、诗人的职责,就是捐赠出"存在"的词语,在诗作中为存在和一切物的本质赠名，从而使我们以后在日常用语中谈论的一切，能顺着诗人的命名而在"存在"的"真理"中"敞开"，真正"自然地"显示其本质。

海德格尔在赞颂荷尔德林的同时，也赞扬了著名奥地利诗人里尔克(Rainer Maria Rilke，1875－1926)。海德格尔在《诗人为何?》一文中，肯定地颂扬我们这个"贫困的时代的诗人"。海德格尔大段地引述了里尔克的《杜伊诺哀歌》(*Duineser Elegien*，1923)的第十九首的第一部分及其他诗歌。在海德格尔看来，"里尔克称之为'自然'的东西，并不是与历史对立的沉积物。……自然是历史与艺术的基础，并且是严格意义上的自然。"就是在这里，海德格尔探究了"自然"的希腊文原本意义，并且，海德格尔强调诗歌的艺术本质正在于赋予事物(或"存在物")以其本真面目，使其是其所是，重返"自然"，而所谓"自然"，不是生物学意义上的生长，而是"油然而生者"(Aufgehende)，就是"生命的本质"。

海德格尔指出，在里尔克的诗歌中，"自然"也是指"生命"。接着，海德格尔引用尼采的一句话："'存在'——我们除了'生命'以外别无其他关于它的观念，因此，某种死的东西，究竟如何可能'存在'?"在海德格尔看来，真正的诗应该能够展示出作为"生命"的"死"，及作为"存在"的"死"的本质，里尔克的诗达到了这个境界。

里尔克之所以能在自己的诗中，让世界上的"存在者"，在其"自然"的位置上，"油然而生"，达到在真理中的"存在"，是因为他懂得"诗人为何?"之理。里尔克说过："我们应该以一生之久，尽可能那样久去等待，采集真意与精华，最后或许能够写出十行好诗。因为诗并不像一般人所说的是情感梦说到情感，人们早就很够了——诗是经验。为了一首诗，我们必须观看许多城市，观看人和物，我们必须认识动物，我们必须去感觉鸟怎样飞翔，知道小小的花朵在早晨开放时的姿态。我们必须能够回想：异乡的路途，不期的相遇，逐渐临近的别离——回想那还不清楚的童年的岁月，想到父母，如果他们给我们一种快乐，而我们并不理解他们，致使他们不得不产生苦恼，想到儿童的疾病，病状离奇地发作，这么多深沉的变化，想到寂静、沉闷的小屋内的白昼和海滨的早晨，想到海的一般，想到许多的海，想到旅途之夜，在这些夜里万籁齐鸣，群星飞舞——可是这还不够，如果这一切都能想得到。我们必须回忆许多爱情的夜，一夜与一夜不同，要记住分娩者痛苦的呼喊和轻轻睡眠着、翕止了的白衣产妇。但是我们还要陪伴临死的人，坐在死者的身边，在窗子开着的小屋里有那么一些突如其来的声息。我们有回忆，也还不够。如果回忆很多，我们必须能够忘记，我们要有大的忍耐力等着它们再来。因为只是回忆还不算数，等到它们成为我们身内的血、我们的目光和姿态，无名地和我们自己再也不能区分，那才能得以实现，在一个很稀有的时刻有一行诗的第一个字在它们的中心形成，脱颖而出。"

里尔克在上述随笔中，生动地说明了诗作为生命的存在的真实表现，如何构成为诗人的"体内的血、我们的目光和姿态，无名地和我们自己再也不能区分"！所以，里尔克坦露的上述创作体验，可以说揭示着海德格尔关于诗人为"世界"命名的那种思想的奥秘所在。

海德格尔在《世界观的时间》(*Die Zeit des Weltbildes*)一文中很尖锐地指出了近代历史科学的片面性及其软弱无力："历史诠释所能达到的，仅仅是历史研究所扩及的范围。而历史中独特的、稀有的、单一的，简言之，伟大的事物却从来都不是自明的，因此，它们就会留存成为不可诠释的(Nur soweit die historische Erklaerung reicht, erstreckt sich der Bezirk der historischen Forschung. Das Einzigartige, das Seltene, das Einfache, kurz das Grosse in der Geschichte ist niemals selbstverstaen dlich und bleibt daher unerklaerbar）。历史研究并不否定历史中的伟大事物,但只是把它作为例证加以诠释。这种诠释往往把伟大事物同惯例性事物和平常事物加以比较（In dieser Erklaerung ist das Grosse am Gewoehnlichen und Durschnittlichen gemessen）。因此,只要把诠释归结为'回归到可理解的',只要把历史归结为'研究'或'诠释',也就不可能再有其他的历史诠释了。……"

海德格尔对历史的研究的上述批评,当然适用于对当代文学史研究的批评。法国思想家、文学评论家罗兰·巴特正是看到了文学史研究中的那种弊病,才走向另一个极端:主张将文学作品中的"人物"同创造这个"人物"的作者本人相区别。罗兰·巴特在谈到他的《论拉辛》时说:"在这里所表达的分析,一点也与拉辛无关,而只是与拉辛所创作的人物有关。这种分析避免从作品推演到作者,也避免从作者推演作品,这是一种心甘情愿的封闭的分析。我把自己置身于拉辛的悲剧式的世界里,而且我打算在那里描述其中的居民（对于这种居民,人们也许会轻而易举地用'拉辛式的人'这样的概念加以概括）,但又同时地一点儿也不去指涉这个世界。……我所打算重建的,是某种拉辛式的人类学,既是结构的,又是分析的。……"

在罗兰·巴特看来,从历史的观点来看,文学作品不过是文字写成的材料。文学史研究者的任务是要重建那些历史活动的踪迹。但这样一来,"文学史"只作为"历史"而存在——"文学"和"历史"成了无法调解的矛盾而分崩离析了。为了解决这个矛盾,罗兰·巴特发展出一套旨在分析文学史上的作品的艺术形式的所谓"文学科学的结构理论",从纯形式和反历史的角度,去分析具有自律性文学作品的结构。

与此相反,伽达默尔继承海德格尔的诠释学观点,坚持认为艺术基本上是历史性的。罗兰·巴特和伽达默尔围绕着"文本"意义与"历史"的关系的争论,是发人深省的。这一争论的积极后果之一,是推动了接受美学理论的发展。接受美学的理论代表有尧斯(Hans Robert Jauss)等人,一方面从海德格尔和伽达默尔那里接受了"传统"和"历史"的概念,另一方面,又从萨特的文学理论中发扬了关于"作者"与"读者"的"交流"的重要观点,使文学艺术创作和评论活动,被看作既超出作者本人的主观精神世界,又超出文本的历史境域的无限循环的"游戏",而投入或"参与"到这场席卷"传统"和"现代性"两方面的游戏之中的,是一切有关联的因素:不仅是有思想、有语言的人,而且也包括那些构成"历史"和"生活世界"的因素。

这样一来,还是深受海德格尔影响的伽达默尔说得好:我们不能把艺术作品仅仅看作为"客体"或"审美对象"而试图从中产生"美感";应该把艺术作品看作一个"世界",一个与我们的实际生存息息相关的世界,而历史、文化、传统和知识,都沉积其中,经由艺术作品透过我们的理解与诠释,使我们与艺术作品发生互动,我们也就因而能够看到世界。经由我们的自我理解而参与了艺术作品,艺术作品也就成为一个包含无限和有限的游戏场所,把我们和一切相关的因素都卷入其中,使我们不仅可以在艺术中看到我们自己的正影、倒影和背影,也看到了过去和现在的各种因素,而且这样一来,艺术作品就能向我们显现其自身与蕴含于其中的真理,使我们获得一种不同于和超越于自然知识和经验知识的、关于"存在"自身的知识。

伽达默尔依据海德格尔的存在哲学所发展出来的艺术游戏理论,同从分析哲学出发而来的维特根斯坦的后期语言游戏理论,有某些异同点。在这里对这个问题做一番简单的比较研究,有助于我们了解海德格尔的存在哲学及其语言观同当代哲学和当代美学的复杂关系。

维特根斯坦既然是从分析哲学出发，在他的后期大量地以"语言游戏"理论探索了语言与"存在"的关系及艺术的问题，那么，他可以说是几乎与海德格尔同一个时期内从不同的角度，在探索同一个领域的问题时，获得了交叉性的、有极大关联的结论。

维特根斯坦死后在 1953 年发表的《哲学研究》(*Philosophische Untersuchungen*, 1953)，提出了从"日常语言的使用"去探讨"形而上学"的问题。他认为，不是"日常语言的复杂性"，而是"日常语言的使用"的问题，才导致哲学形而上学。他说："当哲学家使用某个语词——诸如'知识''存在''对象''我''命题''名字'——并试图去把握事物的本质的时候，人们始终都必须自问：在目前实际地如此使用的这个语词，是不是那其原初的语言之家中的语词？我们要引导语词从其形而上学的使用归返到它的日常应用中去(Wir Fuehren die woerter von ihrer metaphysischen, wieder auf ihre alltägliche Verwendung zurück)。"这就是说，在日常生活中的语言游戏，才真正地体现语言的本质，才真正地构成为哲学研究和美学研究的基本任务。

既然要在日常的语言游戏中研究语言，那么，什么是语言游戏？维特根斯坦认为，语言是一种活动，是生活形式的一部分，只需看儿童如何在日常生活中，通过反复的类似游戏的活动而把握语词，便可以明白：语言的含义必须在实际的使用条件中去把握，语言的含义也同时地随着实际使用的整个条件的关系网的变迁而有所不同。他曾说，奥古斯丁曾把语言看作为沟通服务的实际信号系统。因此，奥古斯丁以建筑工地上的两个建筑工人之间的活动为例，说明语词及其特定含义如何随使用环境的需要而变化。语言的本质就是在这种最原始的语言活动中规定下来的。因此，维特根斯坦把建筑工地上那种"命名石块和跟随某人重复语词的过程"称为"语言游戏"。他说："因此，我也就把构成语言及其所卷入的活动的那个总体，称之为'语言游戏'（Ich werde auch das Ganze：der Sprache und der Taetigkeiten，mit denen sie verwoben ist，das Sprachspiel nennen）。"

在这里所说的语言游戏的"总体"，正是表现了维特根斯坦不同于传统哲学和美学的独特观点。他实际上并不想要给"游戏"一个关于其固定特质的定义，因为语言游戏的特点和规则，本来就是随着使用语言的不同历史条件而有所不同。因此，在维特根斯坦看来，游戏的具体特征为何，只能规定不同的游戏活动，要回答什么是游戏，只能把在不同场合发生的游戏加以比较性的描述，从中发现它们之间的交叉性的和类似性的复杂网络。维特根斯坦正确地指出："语言是许多道路交叉构成的一个迷宫（Die Sprache ist ein Labyrinth von Wegen），你从一个方面去靠近它，你就知道你的通道周围；可是你从另一个方面去靠近同一个地方，你就再也不知道你的通道的情况。"在一般的情况下，我们只能说，人类的共同行为，就是我们诠释一个不知道的外国语言所依据的参照体系（Die gemeinsame mensch liche Handd lungsweise ist das Bezugssystem，mittels welches wir uns eine fremde Sprache deuten）。

作为游戏的艺术也是如此。艺术的性质像游戏一样，不管我们怎样去看，如果我们硬要去探索"什么是艺术"，我们就会发现：艺术其实并没有什么固定的共同特质，艺术所表达的，只是它们之间的那些类似性。因此，探索鉴赏活动，也必须首先描述发生鉴赏活动的整个背景。他指出："只有在我们在把文化看作一个时代的文化，我们所说的审美判断的那些语词，才能起到一种复杂的、然而是确定的作用。为了描述这些审美判断语词的用法，或者，为了描述你们所理解的'品味'，你们实际上是已经描述一种文化。我们现在所说的'品味'，可能在中世纪时代并不存在。"

因此,在历史的不同时代,人们使用完全不同的游戏。维特根斯坦指出:"衬托出一种语言游戏的,是一个文化的整体。因此,为了描述音乐品位,你必须描述是儿童们,还是妇女们,或者只有男人们在那里演奏音乐? 如此等等。在维也纳的贵族圈子里,人们往往有这样或那样的品位,然后,这种品位才在有妇女参与合唱的那些资产阶级当中传播开来。这就是音乐中的传统的一个例子。"

由此可见,在对待艺术的问题上,在讨论艺术与"传统""历史"及"存在"的关系时,海德格尔的某些思想观点,同来自分析哲学的维特根斯坦的看法,具有某种程度的交叉和类似的情况,这是值得人们深加思索的。

第二十四章

伽达默尔的哲学诠释学

汉斯-格奥尔格·伽达默尔(Hans-Georg Gadamer，1900－2002)
在现代德国哲学史上的主要贡献，就是他在 1960 年发表的《真理与方
法：一种哲学诠释学的基本原则》(*Wahrheit und Methode. Grundzüge
einer philosophischen Hermeneutik*，Tübingen，1960)。他在这本书中
所表达的基本思想，就是认为诠释并不单纯是一种方法，而是人生的本
体论基础。他的这一贡献直接地推动了 20 世纪下半叶西方整个人文
社会科学界的理论和方法论革命，并由此引起了哲学、神学、法学和人
文社会科学的"诠释学转折"。

伽达默尔于 1900 年出生于马堡的一位医药化学家的家庭。1918
年考入布雷斯劳大学，接受新康德主义者赫尼斯瓦尔德的教育，次年，
转入马堡大学，研究德意志语言文学及历史，并同时研究艺术史和哲
学。1922 年，在新康德主义哲学家纳托尔普和尼古拉·哈特曼的指导
下，完成了题名为《柏拉图对话录中关于欲望的本质的论述》(*Das
Wesen der Lust in den platonischen Dialogen*)的博士论文。1923 年期
间，他到弗赖堡大学受教于胡塞尔及海德格尔，然后又返回马堡大学。

从此,伽达默尔跟随弗里德兰德(Paul Friedlander,1882 – 1968)教授研究古典语言,并于 1927 年以优异成绩结业。1928 年,伽达默尔完成他的大学教授资格的论文《论柏拉图的辩证的伦理学:对〈菲列柏斯篇〉的现象学诠释》(*Platos dialektische Ethik-Phänomenologische Interpretationen zum Philebos*)。在这篇论文中,已经显示了海德格尔对于柏拉图和亚里士多德的诠释方式的影响,也突出地表现出海德格尔在《存在与时间》中所运用的存在主义诠释学的倾向。从 1928 年到 1936 年,伽达默尔曾经先后在马堡大学和基尔大学继续进修和研究,同他一起的,还有卡尔·洛维特和戈尔哈德·克鲁格(Gerhard Krüger)等人。他们一起认真地阅读和讨论柏拉图对话录。从 1937 年至 1939 年,伽达默尔就任马堡大学教授。1939 年起,他担任莱比锡大学教授。在第二次世界大战期间,伽达默尔基本上停止了教学和研究活动,只发表了零星几篇论柏拉图和赫尔德的论文。1947 年至 1949 年,担任法兰克福大学教授。1949 年至 1968 年,伽达默尔继承了雅斯贝尔斯的教职,担任海德堡大学教授。从 1953 年起,他与赫尔穆特·库恩(Helmut Kuhn,1899 – 1991)一起主办《哲学评论》(*Philosophische Rundschau*)。

《真理与方法》在 1960 年的发表,在西德的 1960 年代和 1970 年代的哲学界中引起了一系列重大的理论论争,使伽达默尔在 1965 年第二版和 1973 年第三版中对《真理与方法》原书作了一系列重大的修改,并特地写了第二版序和第三版跋,对争论中所提出的问题做了简短的概括答复。

由《真理与方法》的发表而引起的哲学争论是如此剧烈和广泛,以致它从理论上和从事实上,证明了诠释学作为一门独立的理论体系之重要意义。仅仅从 1960 年到 1963 年的短短三年中,首先在西德、接着在法国和美国哲学界，围绕着诠释学而发表的著作不下几百种。其中，最重要的，是阿贝尔发表在《黑格尔研究》上的文章（*Hegelstudien*，Vol，II，Bonn，1963：314 - 322）；奥斯卡·贝克著《艺术的美学领域先验化的几个问题》（Oskar Becker, *Die Fragwürdigkeit der Tranzendierung der ästhetischen Dimension der Kunst*, *Phil. Rundschau*. 10, 1962：225 - 238）；贝蒂（Emilio Betti，1890 - 1980）著《作为精神科学的一般方法的诠释学》（*Die Hermeneutik als allgemeine Methodik der Geisteswissenschaften*，Tübingen，1962），海勒伯兰著《时间曲线》（W. Hellebrand, *Der Zeitbogen*, *Arch. F. Rechts u. Sozialphil.* 49，1963：57 - 76）；库恩著《真理与历史的理解》（H. Kuhn, *Wahrheit und geschichtliches Verstehen*, *Histor. Ztschr.* No 1932, 1961：387 - 389）；莫勒发表在《蒂宾根神学杂志》上的文章（J. Möller, in *Tübingen Theol. Quartalschr.* 5, 1961：467 - 471）；潘能博格著《诠释学与通史》（W. Pannenberg, *Hermeneutik und Universalgeschichte*, Ztschr. f. Theol. u. Kirche. 60, 1963：90 - 121）；波格勒发表在《哲学文献》上的文章（O. Pöggeler, in *Philos. Liferaturanzeiger*. 16：6 - 16）；魏尔恒著《关于诠释学的一种诠释学》（A. de Waelhens, *Sur une herméneutique de I'herméneutique*, Rev. Philos, de Loovain, 60, 1962：573 - 591）以及魏克尔著《关于法学史诠释学的注释》（Fr. Wieacker, *Notizen zur rechtshistorischen Hermeneutik*, Nachr. d. Ak. d. Wiss., Göttingen, Phil. hist. Klasse, 1963：1 - 22）。

伽达默尔的诠释学理论之所以引起如此剧烈的争论，是因为它在诠释学发展史上带动了一系列重大的革命性变革。它首先改变了诠释学的基本概念。正如伽达默尔为《真理与方法》第二版所写的序言指出的，他的诠释学根本不同于传统意义上的诠释学——正是在这一点上，伽达默尔与贝蒂和魏克尔等人有剧烈的争论。同时,哈贝马斯也在伽达默尔六十岁的时候,向他发起挑战,对伽达默尔所说的"反思的先验的力量"提出怀疑。

伽达默尔的其他著作还有:《柏拉图与诗人》(*Plato und die Dichter*,Frankfurt am Main,1934)、《在赫尔德思想中的人民与历史》(*Volk und Geschichte im Denken Herders*,Frankfurt am Main,1934)、《巴赫与魏玛》(*Bach und Weimar*,Weimar,1946)、《歌德与哲学》(*Goethe und Philosophie*,Leipzig,1947)、《关于哲学的起源性》(*Über die Ursprünglichkeit der Philosophie*,Leipzig,1948)、《关于历史意识的问题》(*Le problème de la conscience historique*,Louvain,1963)、四卷本《小型论文集》(*Kleiner schriften. I – IV*,1967 – 1977)以及《关于美的现实性》(*Die Aktualität der Schönen*,1977)。

由于伽达默尔在哲学研究中的重大贡献,他在 1979 年被授予了"黑格尔奖"(Hegel Preis)。

2002 年 3 月 14 日,海德堡市政府发言人发布讣告:著名哲学家伽达默尔病逝,享年 102 岁。就在伽达默尔临死前夕,他的学生和他的著作的翻译者、意大利哲学家多托里(Riccardo Dottori),为庆祝伽达默尔一百零二岁生日,编辑出版了题名为《世纪的教程》的书,详细地记录了伽达默尔同他的学生们及同行们的对话。

第一节 本体论的哲学诠释学的建构

伽达默尔发表于 1960 年的《真理与方法:一种哲学诠释学的基本原则》(下文简称《真理与方法》),标志着一种完全崭新的哲学诠释学的诞生。这部著作改造了海德格尔的存在诠释学,并以语言、艺术与真理的相互关系为主轴,建构一个关于生存本体论的哲学诠释学体系。在这本书中,伽达默尔把艺术创造过程当成人的生命存在的本体论结构的主要表演形态,而把语言当成贯穿于生命的本体论运作的基本纽带。通过生命在艺术创作和语言游戏的相互渗透中所建构的永恒循环往返的关系网络,试图说明生命本身的真理性和方法论高度统一。

伽达默尔认为,人是可以通过他同文艺作品的"对话"不断地修正自己。因此,美学的经验活动再也不能仅仅被归结为一种"艺术口味"的问题,特别是不能把艺术鉴赏活动看作康德所说的那种只注意到事物的表面质量的经验活动,似乎无须对艺术进行"历史的考察"便可以实现对于作品的美的品赏。但是,所谓艺术的"历史意识性",在伽达默尔看来,既不是马克思主义的历史唯物主义,也不是黑格尔的历史哲学原则,同样也不完全是狄尔泰的"生活表态"概念(Lebensäusserung)。伽达默尔所说的"历史确定的意识"或"历史地起作用的意识"(Wirkungsgeschichtliches Bewusstsein,从字面上说,可以直译成"有效的历史意识"),并不是单纯的历史方法论,而是关于这种历史的方法的"反思意识"是属于现象学的一个内容。关于这种对历史方法的反思意识,伽达默尔自己是这样说的:"在这里我首先要说的是,我们不能从历史的变革中解脱出来,我们只能与历史变革保持一定距离,以便使过去的历史成为我们的对象……我们永远都置身于历史中……我是想说,我们的意识总是被一种历史变革所确定,以致使我们的意识在面对过去事件时没有自由可言。另外,我还要说,归根结底,我们始终都必须不断更新地意识到对我们如此地发生作用的活动,以至于我们由之获得经验的一切过往事件都迫使我们完全地担负起对它们的责任,并在某种意义上说,迫使我们承受它们的真理……"

所以,《真理与方法》是从对人在艺术创作中的审美意识及其经验的考察出发，论证人类生命运作通过艺术创造而达到真理的基本经验，从而反对长期以来在西方传统哲学和美学史上占统治地位的真理论及方法论。他认为，单纯靠科学认识的过程，人类尚不能真正认识他所面对及生活于其中的世界，也同样不能真正把握人本身的生命奥秘，更不能从中获得生命本身的再生产能力和经验。所以，艺术创作过程及其积累的经验，远远超出和高于科学知识的建构和生产过程。伽达默尔之所以将艺术创造提升到人生本体论意义的高度，一方面是由于艺术创作带动了生命的内在和外在的整个力量，同时也借助于被卷入的语言游戏而使生命有可能进行一种比科学研究更复杂得多的精神冒险游戏活动。

艺术创造的本体论性质，首先表现在它所带动的诠释活动。诠释并不是单纯对于外在对象的理解和说明，而是对有形及无形的对象的复杂探索过程，对过去、现在、将来的不同维度中的内外事物的综合考察，并在这些探索和考察中，动用了生命所固有的感性、想象、意识、思想及肉体的各个方面的因素，使整个诠释活动变成为主体及客体、主体本身内外因素以及主体间的相互关系的不断更新过程。

伽达默尔说，生活对它自身作注释，生活有它自身的一种诠释学的结构。接着，伽达默尔又进一步明确地说，我们的日常生活就是由过去和将来的同时性而造成的一个持续不断的进步，能够这样携带着向将来开放的视野和不可重复的过去而前进，这正是我们称为"精神"的东西的本质。

和海德格尔一样，在伽达默尔的哲学生涯中，对于古希腊哲学的研究和注释，始终都是占优先地位的。新康德主义在他早期活动中所呈现的理论危机以及海德格尔对现象学的创造性发展，使他很早就在现象学的理论研究基础上，在科学领域之外，试图探究"真理的经验"的问题。《真理与方法》所提倡的，正是与当代只崇奉科学方法、并坚信唯有科学方法才能提供"真理的经验"的立场和观点相反，主张哲学应该在科学以外的领域内，特别是在艺术的经验中考察真理的问题。

在伽达默尔看来，对于以往的、历史的作品和数据的每一种解释性的行为，都是通过语言作为中介性因素而进行的一种新的反思和沉思。正是语言这个手段和工具，才是持续不断地生活着和起作用的因素，也是借此同"现在""现时"保持永远更新的联系的中介物。我们唯有通过语言这个活生生的、不断更新的中介物，才能领会和认识历史和艺术作品。为此，伽达默尔曾经拟定了如下著名的公式："能够被理解到的存在就是语言。"

因此，所谓历史，就是沉淀成种种语言体系的历史存在，就是在语言中延续着人类生活；无非就是语言的对话续集，一个永远说不完的对话剧；而思想家和哲学家的任务，就是去解释那些在对话中被使用的语词的含义，在这些语词同特定历史环境的联系中，不断地发现新的历史意义揭示事物的真理本质。

由此可见，以往的诠释学只被理解为人文科学的一种方法，或者更确切地说，是一种"理解的技术"。伽达默尔所强调的，恰巧是把"理解"和"解释"看作为人类在现实生活中和创造世界的活动中所总结的"总经验"的翻版。这种"总经验"具有共同的精神基础，即所谓"人的最基本的感受"。哲学诠释学的任务乃是向人的最基本的感受回复、靠拢和回归，以便在人的内心深处，在可能展现的深度和广度中，联结出精神活动的弹性结构，把过去、现在和将来的多种历史变态，延续成供人们的精神力量任意驰骋的、有延续性的、然而又具有超时空性的"场所"。就在这里，人的精神进行新的创造，作出新的发现。实际上，任何解释都不可能是重复的，任何解释都是在上述"人的最基本的感受"的基础上的新创造和新发现。

为了深入揭示诠释过程的本体论意义,伽达默尔集中分析诠释与历史的关系。他认为,诠释所涉及的一切内外因素都不是单纯以其现有的表现形态作为唯一对象,而是现实的及历史的结构的混合,尤其是人类精神及其文化产物在历史流传中所沉淀的各种因素。所以他说:"对历史流传物的经验的诠释,远远超出在他们中所可以探索到的东西。这种对历史流传物的经验,不仅在历史批判所确定的意义上是真实的或不真实的,而且它经常隐含着我们必须一起参与其中的去获得的真理。"

在谈到《真理与方法》的时候,伽达默尔说:"这本书所阐述的诠释学,不是精神科学的某种方法论学说,而是这样一种尝试即试图理解什么是超出了方法论自我意识之外的真正科学,并同时理解是什么使精神科学与我们的整个世界经验相联系。"《真理与方法》的上述特征,清楚地表明了这本书在很大程度上是受到胡塞尔、海德格尔及狄尔泰的深刻影响。伽达默尔的重要贡献就在于克服了他们三者的现象学、存在哲学及历史哲学的缺陷,并在将三者的历史视线融合在一起的基础上,进一步建构了足以超越整个人文社会科学真理论和方法论的新视野。

第二节　语言的本体论意义

伽达默尔说:"语言绝非仅仅是一种仪器和工具。因为工具的本性就表现在我们所能够掌握的它的功用,这就是说,我们可以把工具拿在手中,而在做完功后就把它搁置一旁。然而,当我们使用语词的时候,情况就不一样了。语言并不是早已在我们的嘴边,一旦说过后就又重回到任由支配的词库中。这样一种类比是错误的,因为我们从来不可能发现自己是与世界相对立的意识,似乎在一种无词的情况下,抓住了一种理解的工具。实际上,在一切关于我们的知识和关于世界的知识中,我们总是早已被我们自己的语言所包容。"

我们跟语言的关系,既是拥有又是被拥有,这种关系使我们同语言之间不可能像科学的对象那样可以有意识的创造、控制及使之客观化。语言把我们带入了社会及其历史,同时也把我们同其他人联系在一起。更确切地说,不是我们通过语言而赋予世界及历史以意义,而是语言本身本来就具有构造世界的意义。

同时,语言的普遍性和调整能力使我们在诠释中不断地进入游戏过程,并在游戏中同各种不可预示的因素相遭遇,使我们一再发现世界的新结构,从而提升我们自身的视野,并使我们重新以新的身份介入世界之中。语言运载并不断的重组世界的结构,使诠释活动具有永恒持续的性质。伽达默尔由此重申诠释活动只有透过永恒的来回运动,才能一方面使诠释者本身与其做诠释的世界融合起来,另一方面又使诠释者的视野不断地延伸。

语言所揭示的现成意义,不过是它未说出的无数意义的诱发者,因此,诠释必须通过语言的反复使用,才能不断地揭示语言中潜在的无数"未被表达的圆圈"。因此,语言总是包含一种不可穷尽的无限性,总是在诠释者完成了一次诠释之后,又向诠释者提出新的问题。

为了向艺术感受的这个人类学基础回归并以此为基础进行创造,"游戏""象征"和"节日"乃是起主导作用的三个基本范畴。

第三节　作为游戏、象征和节日的艺术

在伽达默尔的本体论诠释学的理论体系中,对人的美学体验的分析占据最重要的地位;而在对于美学体验的分析中,对于"游戏"概念的

解析又是其核心部分。在《真理与方法》一书中，伽达默尔特地又在该书第二版序中强调了对于艺术作品的体验的普遍的深刻意义。他认为对于艺术作品的体验总是在根本上超越出解释的主观范围，即超越出解释者、艺术作品原作者及作品的其他业余爱好者的主观意识水平和主观因素的范围。

如果说贝蒂在创立一种关于解释的一般理论方面做了卓越的贡献的话，那么，伽达默尔本人在研究诠释学方面的主要目的是要揭示："解释绝不是对于假定地给予的一个对象的一种主观的感受，而是从属于一种刚刚被理解的那个存在者的存在，是一种所谓有效的历史意识（Wirkungsgeschicht liches Bewusstsein）的因素。"

这也就是说，伽达默尔致力于揭示隐藏在"解释"作品工作的背后的那些超越出主观范围的、具有本体论意义的普遍性因素。这番深刻的解析理论活动，伽达默尔是从对于"游戏"概念的分析开始的。

伽达默尔说，我们选择在美学中起着重要作用的一个概念，即关于游戏的概念作为第一个出发点。这个"游戏"概念并非伽达默尔独创的，它是自亚里士多德以来一直为西方美学家所探讨的问题，但伽达默尔指出，在康德和席勒那里，这个概念被赋予了主观的内容。伽达默尔所要做的，既不是由此揭示作者的主观性，也不是任何一个个人的主观的精神状态，而是艺术作品本身之成为艺术作品的那种状态和那种方式。正是在艺术之成为艺术的那个奥妙的进程中，隐含着世界之作为世界的本体论意义。

在分析"游戏"（德语"Spiel"，英语"Game"，法语"Jeu"）概念之前，首先要强调的，仍然是"游戏"与"游戏者"，即所谓游戏的主体的无关紧要性。在谈论游戏时，固然涉及游戏的主体，但这对揭示游戏的本质及游戏背后的主体论含义并无重大意义。

早在古希腊时期，亚里士多德及其同时代的重要思想家和理论家们就已经探索了游戏的概念及其对探讨艺术本质所起的重要作用。亚里士多德在《政治学》与《尼可马各伦理学》中指出："为了进行一种严肃的活动而游戏，据阿那卡尔西斯说，看来，这就是必须遵循的规则。"（Aristotle，*Pol*. Ⅷ，3，1337 b 39.；*Eth*. *Nic*. Ⅹ，6，1176 b 33.）在这里，重要的是：游戏本身就包含了某种本质上属于它自身的严肃的因素，甚至可以说是一种"神圣的"严肃性。奇特的是，这种包含在游戏的目的中的严肃性，只有在游戏者本身"忘乎所以"地真正沉浸于游戏之中才能体现出来。因此，就这一点而言，揭示游戏的本质不能仰赖于游戏者对于游戏所持的态度及心态。

伽达默尔认为，艺术作品的真正状态只有在艺术经验达到了改造此经验的创造者的态度的时候才能出现。艺术品是这样一个整体，它一旦作为艺术而存在的时候，它就真正地脱离了那创造它的作者而独立，成为一个赋有自己的内在本质的存在。

伽达默尔在对古希腊关于"美"和"美德"的范畴的联系做解释时，强调指出，所谓"美德"，不应单纯地被理解为"美的德行"，而是"表达了共同生活的一切形式并体现为井然有序的整体，而且借此种方式，人总是在他自己的世界里，自己与自己相遇合"。在这里，"没有任何目的关系，没有任何预期的利益，美自身充满了一种自能确定的特性，而且洋溢着对自明性的喜悦与欢乐。"

任何美都是脱离于其原作者而独立存在的整体。在此意义上说，"美"或"真正的艺术作品"并非某一个作者的"私有财产"——任何有欣赏美的能力的人，都可以在被鉴赏的美中，找到其引以为乐和舒适的、有伸缩性的因素。

艺术的这一特点与"游戏"相吻合。如前所述，"游戏"从本质上讲是一种与游戏的主体心态无必然联系的活动。伽达默尔说，游戏者并不是游戏的主体，但在游戏中，游戏本身是通过游戏者而表现（Darstellung）出来的。这是同李兹勒（Kurt Riezler）关于"游戏"与"艺术"的概念有所不同的。李兹勒坚持突出游戏者的"主观性"，因此，把"游戏"和"严肃"相对立，以致他断言"我们怀疑儿童的游戏并非游戏"，而"艺术的游戏则非单纯的游戏"（*Traktat vom Schonen*）。

把艺术看作一种游戏，乃是一种借喻。实际上，这种借喻具有较多的方法论的意义和作用。

仔细地加以分析，艺术之所以具有游戏的特征，就在于游戏本身是一种无目的、自我进行和自我完成的自律性和同一性的完满结合。它是无目的的，主体的主观愿望和主观意向并不在游戏中起决定性的作用。它也不企求外界因素的干预，而是一种具有完整生命力和自成一格的艺术"自我"的无止境地"表演"，通过一次又一次的自我超越而回归到其自身。伽达默尔说，游戏是"一种纯粹的自我表现"（ein reines Sichselbstdarstellen）。正是游戏的无止境的更新，不断地"消磨掉"游戏者的主观目的和意愿的干扰，才使它有可能逐步地达到其纯净的游戏境界而体现出其作为"艺术原型"的本质。小施勒格尔曾在其著作《关于诗的谈话》（Friedrich Schlegel, *Gespräch über die Poesie*）中指出：所有的艺术的神圣的游戏性，都不过是从远处的，对于世界的无目的的模仿，这是一种永恒地在形式中享乐的艺术作品。

伽达默尔很重视作为游戏的艺术的"来回往复"的运行特点。这就像竞赛一样，运动的方向是有去有来的；在竞赛中，总是有竞技表演者及其对手。竞赛，总不会是孤单一人地进行。这也像一只猫在游戏那样；它要选一个毛线球，举例来说，作为它的游戏"伙伴"。因此，在猫与毛线球之间就发生了"有来有往"的翻来覆去的运动，这是一切游戏的运动特点。

　　游戏的这种"有来有往"的反复运动,即借助于游戏者的动作而体现出来的发自一点又回归到那点的运动形式,是游戏的自律性和无目的性的表现,生动地呈现出游戏在自我超越和自我完满化的过程中的独立自主性。在这种反复的运动中,起初似乎有目的的游戏主体——游戏者,逐步地成为游戏本身的俘虏,失去了其"主体性"的本质,而构成为融化在游戏本身之中的因素。试以一场足球比赛为例。在球赛中,首先有相互竞争的两队球员,他们表面看来是"游戏者",并抱有在球赛中获胜的主观目的。其次,作为旁观者而出现的观众,实际上也以参加游戏的身份呈现出来,并怀有他们的主观目的。这就是说,球赛作为游戏也要求观众与之同戏,甚至致使观众在不知不觉中"忘乎所以",失去了自制能力,简直成了作为游戏的球赛本身的一个组成部分——随球赛之紧张、高低潮的起伏而发生喜、怒、哀、乐之精神状态。在球赛过程中,一方面是球员,另一方面是观众,统统都丧失其自主能力,犹如任球赛摆布的木偶一样。游戏本身通过球赛的全程表现出其超人的自动和自律的本性。

　　在球赛这种游戏之中,游戏和旁观者两方面很自然地相互渗透,融成一体,但又不断地在交往中发生自我更新,向自我完满性发展。伽达默尔在游戏的这一本性中发现了诠释学原则的发展可能性。

　　如果说,一切艺术作品都像游戏一样具有上述特性,那么,艺术作品及其读者或观众的关系就同样是可相互渗透的。当一部艺术作品呈现在读者面前时,如果这是一部真正的艺术作品,而读者也果真为作品的艺术价值所吸引的话,在这部艺术品与其读者之间,当初"面对面"的"你"与"我"的显明界限,一旦读者迈出了他欣赏活动的第一步,就不以读者的主观意志为转移地消失殆尽,以至在读者与作品之间,呈现出一种崭新的相互交流、"有来有往"的关系——在这种新关系中，作为游戏的艺术品发挥其自律、自动和自我完满化的魔力，展现其作为一场"游戏"的所有令人陶醉的特色，把作为旁观者的读者的"灵魂"紧紧吸引住，使这位读者在保持表面欣赏和旁观的同时，自然而然地、不知不觉地流露出其无可奈何的痴态，并在这时，也只有在这时，这位读者已茫茫然地自我转化为他所欣赏的那部艺术品的俘虏，其精神状况与作品的情节、人物及其命运相交融，如胶似漆、水乳难分、你来我往，展开了在这位读者观看这部作品以前从未有过的、崭新的精神活动流程。

人们有时喜欢把这种精神活动流程称为一种"对话"。其实，严格说来，称为"对话"并不完全恰当。因为"对话"首先以两个相对话的对话者的存在为前提，也就是说，他们虽然相互对话，你来我往，但毕竟是有明显界限的"两者"。

其次，对话者虽然有来有往，但都可以保持其独立性和自主性。但在游戏中，游戏者与游戏本身的关系，不仅是在内在精神活动方面是相互交往和交融的，而且，游戏作为游戏，始终都不承认游戏者的自主权和对于游戏的控制权。反过来，在游戏过程中，是游戏本身把游戏者吸引进来，从精神上加以同化，使游戏者在游戏中丧失了主观目的性和自我控制力。因此，游戏与游戏者的关系，与其说是"对话"，毋宁说，是游戏本身在它自我展开之后所发挥的魔术般的威力所及的范围内，把游戏者卷入游戏的运动中，成了游戏的一个内在的组成部分，并在此前提下，双方在相互交融的过程中，游戏者始终都以游戏的内在力量的感召下，情不自禁地流露出其一切情感及思念，努力向游戏本身所展示的深度和广度渗透，同时又不断地实现自我完满和自我升华，直到游戏终了为止。

游戏者，即艺术品的旁观者，在深入艺术的游戏境界时，自然也不断地向游戏本身投入其内在的情感流,焕发出自身的一切内在的精神力量,似乎试图向游戏本身增添一些异于游戏的因素。但归根到底,游戏者的这种精神努力充其量也不过是游戏本身的力量所引起和所激发出来的。因此,从本质和结局而言,游戏者的种种努力都消融在游戏之中,而成为游戏者自身不可控制的因素,反倒成为游戏本身的自我强化和自我完满的酵母,转过来成为游戏者的异己力量而控制游戏者本身。

在艺术品的鉴赏活动中所表现的游戏性运动,对游戏和游戏者双方来说,都是一种内在的无限活动。这就是说,在每场游戏中,游戏者和游戏的交融深度和广度,就其内在结构而言是具有无穷的展示可能性。在艺术鉴赏过程中,游戏与游戏者的交流,既然是在精神领域内发生的,就具有了超时空、超自我、超主题的优点,这就是其无限性的真正奥秘所在。

游戏与游戏者的交流所具备的这些优点,是很容易理解的。由于这一切都是发生在精神领域内,其交流的内容、形式和时空维度,已非物质空间中所发生的事物所能比拟的。关于这一点,用得着回归到前引伽达默尔论美与美德的关系的精辟论断:没有任何目的关系,没有任何预期的利益,美自身充满了一种自能确定的特性,而且洋溢着对自明性的喜悦和欢乐。为了深入理解这段话,不妨与伽达默尔一起重新"理解"古希腊伟大的哲学家柏拉图在《斐多》中关于永恒真理的回忆的神话:人的灵魂尾随着奥林匹斯山的诸神驾驭的马车,来到天穹最神妙的顶端。于是,人的灵魂瞬时看到了那令人满足的永恒的美的秩序——这是与世俗间万花筒似的沉沦和苦难不可同日而语的真理世界。可惜的是,人的灵魂之眼睁开的一刹那,人们也顿时坠落在硬邦邦的大地上,与真理分离,只保留对于这些真理的支离破碎的记忆残片。

柏拉图的伟大之处在于理解到坠落在尘世而受尽变幻无常的沉沦

之折磨的人类灵魂,仍然保留那么一种美的理想,具备那么一种高尚的、追求"爱与美的经验"的、永不消失的精力。这是柏拉图所发现的人的灵魂的无价美德,是人性的精华所在,人之尊严之永不枯竭的源泉。

人的精神在游戏中之无限伸展之可能,其根基就在于这种追求美与爱的高尚理想之永存性。人的灵魂绝不会甘心于尘世间的物质生活享受和时空运动。灵魂总想超越——超越时空、自我及一切凡被认为正常的秩序。在这一点上,人的精神之幻想是与它的抽象能力相平行的,也是与其追求爱之情感相吻合的。当人们厌倦于尘世之变幻无常的命运而幻想着天国中的永恒幸福时,其超越时空、自我及一切限制之气魄,不是很逻辑地体现在抽象思维中那不顾一切差别而试图概括出某种"共相"的努力吗? 不是很协调地体现在那不顾一切人间(社会的、经济的、政治的、思想的、文化的……)限制的、追求纯净爱情的、表面上"疯狂"而质地高尚的情火吗?

人的精神在追求美、爱与真理的过程中所焕发出来的努力和狂热,难道可以受到时间、空间和一切人为的或非人为的秩序所限制的吗? 另外,人的精神的"自我超越"的特点,集中地表现在游戏中对于非现实的完美性的无限的、永不满足的追求之中。

在现实中,一切表面上"完美"的事物,都不过是在非现实中存在的真正完美性的一个片段、部分或因素。现实世界是有限的,而在有限的世界中,是不存在真正完美的事物的。因此,任何追求完美性的努力,必然导致对非现实的、永恒世界的无止境的梦幻。所以,伽达默尔说得对:人们要在现实的一切无秩序的结构中,在所有不完满、恶运、偏激、片面、灾难性的迷误中,归根到底地保障着真实性并不是遥远得不可企及的,而是可以相遇的。这是完美的本体论的功能,它填充着理想和现实之间的鸿沟。伽达默尔对于美的本体论功能的上述言论是同柏拉图

《斐多》关于灵魂对真理的模糊回忆的神话相衔接的。在这些理想主义的、甚至被人们斥为"唯心主义"的思想观念中，透露出哲学家们关于人类精神、美与真理的深刻见解。

柏拉图的学生亚里士多德在《诗学》中，说出了常为往后的哲学家和思想家反复引用的话："比起历史知识来，诗是更哲理化的。"如果说历史所讲述的是既成的事实的话，那么，诗歌向我们倾诉的是可能如此或应该如此的事物——这是一种不受现实条件约束、却又高于现实的理想的化身，是在假想的、然而是可以被理解到的凝视中的自我追求，是精神高于一切现实存在之本质表现。人类就是这样借助于诗一般的对美的幻想，在现实活动与忍受中，无时不在寻求超越自身的可能性而指向更普遍、更完美的东西。

唯其如此，人类生活本身无处不表现出其游戏之性质。君不见，在忍受着黑暗和沉重劳动苦难的矿井深处，即使是那些未经文化磨炼的矿工，也可以在其黄牛般的呻吟中，寄托着对于彼岸世界的永恒的宁静的憧憬？就在这单纯的憧憬中，已经包含了游戏的因素——精神之巧妙超越自身原来设定之目的而回归到其自身，并在这往返追求中达到自我享受。

一对情人在依依难舍的别离时刻到来之际，往往各自把自己身上象征着"自己"的纪念物，送给对方，以期通过纪念物，时时处处勾引出远离的情侣之怀思。这就是爱与美通过象征而显示其无穷之威力的普通例证。

在《真理与方法》一书中，伽达默尔说："人的游戏经历变态而真正地达到完成，变成为艺术，我称这种变态为形象化（ins Gebilde）。"只有在这种完成阶段，游戏才达到其理想境界，以至它由此而能够在其独特的个性中，作为一个整体而存在，作为一个不可替代的完满性而被理解和被把握。也因为如此,作为艺术而出现的完满化的游戏,获得了具有某种永恒价值的力量。

须知,只有唯一的、不可替代的个性,才可能是永恒的。那唯一性,是游戏作为人的精神力量的自由展示而达到一定完满程度才产生出来的。它是过去、现在和将来都无法被取代的,所以,它是永恒的。

游戏在艺术作品中的形象化和象征化,是艺术品作者留给全人类文化宝库的永恒纪念品,这就像情人别离时留下的纪念性珍品那样具有永恒性的价值。

伽达默尔在谈到形象化的时候指出:"变态"与"变化"有所不同。"变化"指的是一种事物在保留其原样的同时的某种改变——改变的结果,原物不变的部分继续保持其原样。所以,严格地说,一切变化(Alloiosis)都表现为质的范围内的变动,也就是说,是本体的一种"偶性"。但伽达默尔所说的"变态",即他所说的"形象化"(ins Gebilde),是指某个作为整体的事物成为另一个不同的事物,而且,更重要的是:这后来变成的、完全不同的事物,相对于变态前的事物,反而是其真正的存在——由于这一变态,前此所持的存在形式几乎说等于一种虚无。这就好像说,一个人发生了"变态",就意味着他已变成另外一个人了。在《圣经》中讲的耶稣的变态,也具有这一含义。因此,变态"并不像变化"那样是逐步进行的,其中不可能发生从这一个变为那一个的过渡。总之,变态意味着:过去存在过的,再也不存在了;而现在存在着的,在艺术作品中所体现出来的,则是具有真正永恒的性质。

显然,在作为游戏的形象化(变态)的艺术作品中,再也不存在的,是那位"游戏者",即作者们和作曲家们。所谓游戏自身,毋宁是一种变态,一种形象化的化身,它简直是一种不让任何在其中游戏的人留下哪怕一点痕迹的过程。

所以，游戏一旦在一种艺术形象中固定下来，一旦完成其变态，它就作为一个崭新的整体而永存，体现出在其中聚集化和融解的人的精神活力的无限潜能。这种在形象中永恒化的精神活动的化身，成为一部艺术作品的精髓和灵魂，具有再次吸引人的魅力。

柏拉图曾在《会饮篇》中讲到关于爱的本质的动人故事。人类原本是球形的有机体，后来因自身的强大想反叛至高无上的宙斯而被宙斯劈成两半。每个人都是那分离着的"半个"，以致在每个人心灵深处埋藏着相爱的种子，渴望和期待着在机遇中同那被分割的另一半相重合，以满足破镜重圆的夙愿，使自己重新以美的整体而存在。永恒的爱就是那幻想中追求的求全心愿的流露。

艺术的形象化的无限力量和在爱情中追求永恒的美的精神活动，在柏拉图的这个比喻中获得最典型的表现机会。

伽达默尔由此获得了发展诠释学的灵感。他说：对象征性的东西的感受，指的是这半片信物一样的个别的、特殊的东西，显示出同它的对应物相愈合而补全为整体的希望，甚至是为了整体而补全的是始终被寻找的，作为其生命片段的另一部分，因此，美的感受，特别是艺术意义上的美的感受，是对一种可能恢复的永恒秩序的呼唤。那在艺术作品中散发出美的魅力的精神力量，乃是要求重新认识、重新愈合的信息，这是一种永不枯竭、永不泯灭的情火。这一神圣的情火在某一个艺术作品中形象化地固定下来以后，便获得其独立的精神生命，像那作为恒星的太阳一样，由其发射的光芒和热，足以给世世代代的读者和鉴赏者，提供丰富的新的启发。

每个象征性的愈合，就像每对真正的情人相会意愿的实现一样，都在这愈合中获得永生，获得其所以如此的根据，获得其独特的、不可取代的个性。谁说两个人的爱是可以取代的？谁说一部艺术作品的价值是可以替代的？如前所述,当一部作品作为游戏的最高结局而变态为一种独特的形象的时候,它就具备了确定其自身特性的一种完整性。这种完整性的意义就在于其"与众不同"的个性——这种个性使他它为了它自身,而不是别的东西。

当一个事物可以为其他事物所取代的时候,它就是一个不完整的东西,是没有个性的事物。游戏本身在游戏中达到了完整性,满足其愈合补全的向往,也就作为一个独立分子而自主了,游戏者本身不再是有意义的东西,他在游戏的过程中作为主体而消失,可是他在游戏中所消耗的一切精力都融化在游戏中,在游戏的最高艺术形象中潜伏着,随时都可能在被重新鉴赏中被呼唤出来而生龙活虎地运行。这一切都是不可替代的,都具有可贵的唯一性。

实际上,一部艺术作品,始终都不应被看作"被鉴赏的对象",不是一种单纯的人的鉴赏力的被动承受者,而是一个有积极向外扩展其威力的实实在在的存在本身。如前所述,艺术品从"游戏"中获得了其个性,实际上也就产生了独立的"生命"。这一生命的特点就是在作品中所倾注和所冻结的游戏精神力量的复活和再生,它是随时会被读者的欣赏活动所唤起和激起,这一艺术生命是永恒的。

也就是说,被艺术作品而形象化的游戏精神,是永远活着的,无论经历几百、几千或几万年,只要这部艺术还存在,只要被旁观者所发现,它就一如既往和永远地发挥其艺术生命,并在同旁观者的交往中,不断地获得新生,不断地延伸其价值。试看,从远古到近代,中外艺术史上,不论是大的还是小的作品,不管经历了多么久的岁月,都可以在旁观者的心目中激起无数次、无限形式的反响,并通过这一系列的新的交往活动,艺术作品的生命一再更新,注入新的血液。

艺术作品生命的永恒性和再生能力,是在艺术作品的"象征"形式和形象化中保存下来和发展起来的。"象征"并非单纯是显露与隐藏的对立,它并不是像死人的骷髅那样僵化地、不动地或消极被动地存在着,而是以其内在丰富的又可以不断新生的完整精神力量,时时向外施展其威力的。在那表面看来的"象征"中,人们鉴赏到的是一种"真正总括的共同性"。它可以在一切与它相遇的人们的心灵中,拨起相遇者可以协调地接受的音波和交响乐,并持续地表演下去,直到相遇者的心灵门户不再开启为止。

这也就是说,"象征"不是一种外化的内在含意而已。譬如说,毕加索的名画《格尔尼卡》。这幅画于 1937 年的现代名画,固然"显露"了"隐含"的历史事件的意义,表现了作者对德国法西斯于 1937 年 4 月 26 日狂轰滥炸格尔尼卡的强烈抗议,表现了格尔尼卡及全世界正义人士的同仇敌忾、保卫自由的决心,而且,更重要的是这部作品的存在所具有的强大威力,它具有一种普遍的、超历史和超国度的艺术生命力。当一个人站立在这幅大型油画的面前,仔细端详的时候,这幅画像一位巨人一样,以其严峻而沉重的威力,发出其不可战胜的震慑精神,持续不断地影响着其他的"存在"。这幅画的生命力是独立的,远远超出了格尔尼卡被炸的历史内容,在任何地方和任何时候都可以以其完整的"共同性",唤起千千万万旁观者的思索,默含着无限多未言及的东西。

伽达默尔说,游戏的"变态",游戏在艺术作品中的形象化,乃是一种向其真相中的变态。他说,变态是在真相中的"变态"。所以,变态并非变魔术,并不是在施魔法过程中,以巫术的语言产生或回复到原始状态,而是其本身就是产生出和回归到真正的存在。

表面看来,艺术的创造似乎是"模仿"或"模拟"。但在实际上,模仿的形状相对于被模仿的东西而言,乃是一种"假象的东西"。也就是说,经模仿而产生的艺术形象,已经完全不是原来被模仿的对象,而是一个完全不同的、真正的"存在"。在模仿出来的形象中，融化在游戏过程中的创造性精神，实际上已经可以独立自主地翱翔于"形状"所负载的无限空间中，变成为真正有永恒价值的造型的灵魂，随时显示其存在的意义。

法国著名的符号学文艺评论家罗兰·巴特在谈到符号学与原文（Texte）的关系时说，从符号学的角度说来，它关注着眼于原文，就必须拒绝人们为了使文学——这本身就是纯粹创造力的奇迹——从包围压制它的言语群体中解放出来而通常乞求的奇迹。为了更好地隐匿，符号应被思考，再思考。因此，罗兰·巴特说："我更愿意把符号学称作沿着可能性方向的操作过程，一种预期的方向，它把符号看成一个画就的面纱，或是一种虚构。"

在他看来，符号，永远是直接的，受制于跃入眼帘的明证，"就像想象中的事物的突如其来"。因此，符号学所偏好的对象是想象中的原文：叙述、画面、肖像、表情、行话、激情，以及同时具有酷似真实的外表和不确定的真实性的结构形式。在罗兰·巴特看来，符号学并不单纯是一种关于符号的科学（Semiophysie），并不是符号无生机的自然化；也不单纯是符号封闭系统（Semioclastie），成为一种死的、被圈定的图式体系。罗兰·巴特宁愿采用古希腊概念（Semio tropie），即符号趋向性，来说明符号学。在这里，符号就具有了自己的独立的生命力，是活生生的真实性，它所表达的是一种向人心和人类精神施展影响的无限性。

从这个意义上说，罗兰·巴特的符号学，为我们提供了"说"和"听"相交错的可能展示远景。罗兰·巴特很形象地说，交织在一起的说和听，就像一个在妈妈身边游戏的孩子的往来路线，他一会儿离开，一会儿回来，给妈妈带来一块石子或一片绒布，在一个相对静止的中心周围形成一个游戏城。在这个游戏城中，石子或绒布只是一种充满诚意的礼物，一种不断变化的虚幻的连续线，却似乎贯穿于这种游戏的始终。而通过这种同过去的整体充满情感的再生相联系的虚幻，罗兰·巴特很赞赏法国历史学家米谢勒（Michelet）把历史看作广阔无边的人类学的深刻观点。

符号和象征所赋予的精神力量，在于从原文所容许的虚空出发，通过同以往、现在和将来相关联的虚幻，使历史再生，使受感染者"忘却"现实和历史中的条件，获得一种可以重复无限次的"新生"。

如果说游戏所展示的是艺术的虚空的空间结构，那么，"节日"是在一个突然静止了的瞬间以完满形式出现的"共同性"本身。伽达默尔把不同于普通时间的、与艺术的"节日性"有密切关系的时间，称为实现了的时间或特有时间（die erfüllte Zeit oder auch die Eigenzeit）。

罗兰·巴特曾经历过这种艺术意义上的特有时间的经验。他说，有一次，他重读了托马斯·曼（Thomas Mann，1875 - 1955）的小说《魔山》。这部小说把他熟悉的一种病——结核病——搬进了情节。他说，在阅读中，他仿佛在意识中又经历了病症的三个阶段，即 1914 年战争以前的逸闲时期，1942 年左右的重病时期和现在。他说，他经过的结核病有点像《魔山》中的结核病，两种时刻融汇在一起，同他现在同样遥远。罗兰·巴特由此进一步说："我吃惊地发现（只有显著的事件使人惊奇），我的身体曾是历史性的。从某种意义上说，我的身体同《魔山》的主人公汉斯·卡斯托普是同时代的。"

尽管《魔山》的主人公汉斯·卡斯托普在 1907 年已经二十岁了，而罗兰·巴特自己的肉体在当时还未出生，但罗兰·巴特却如身临其境那样同汉斯·卡斯托普来到高原国家住了下来。所以，罗兰·巴特说："我的躯体比我要老得多，好像我们始终保持着可怕的社会恐惧年龄，这种年龄通过生活的风险,我们已经能觉察到了。如果我想活下去,我必须忘记我的躯体是历史性的。我必须把自己抛入一种幻觉之中;现在这个年轻的身躯是我的身躯,而过去的那个,则不是我的身躯。简单地说,我必须阶段性地再生,使我比现在所是的更年轻。"

罗兰·巴特所说的其躯体的"历史性",从一个侧面反映了艺术作品作为节日的特点。如前所述,艺术作品通过一个"共时性"的画面,把不同时代、不同人物的曲折经历、不同的历史事件、不同地点的情节,都压扁"成一个可供观赏者同时地"觉察到的作品中,艺术作品就像压缩饼干那样,可以使旁观者在某一瞬间同时地觉察到以往的历史,并使之与现在联系在一起。

由此可见,"节日"的时间性质是"被巡视遍的",它不是被分解为互相脱节的时刻的延续。如果说,在日常生活中和在经验中,时间是以"被排遣"或"已排遣"的形式而被感受到的话,那么,节日中的时间是被压缩成一个"时间整体"的、不可计量的瞬间。这一节日瞬间可以任意地脱离现实的时间"顺序"而存在。尼采曾经描述那酒神节的情景——在寻欢作乐、如醉如痴和幸福无穷的节日时刻中,一切的一切,包括那分分秒秒而过的日常时间,都早已像梦幻、像飘渺多变的天上白云一样,在人的记忆中、在感受上留下模糊不堪的、难以分辨的印象,有的却是混浊一片、不可区分的"一瞬",即被压缩成毫无层次的"共时性"。

为了体会到这种"共时"感,不妨再回过头去体验日常生活中的"时间",那延续成分分秒秒的、一系列有前后顺序的时间。在这种普通的时间中,人们可以体会到"被填充"或"泛泛而过"的无聊虚空两种形式——前者是在感受者不停地以具体的工作内容"填满"了前后相延续的时间时才体会到的,后者则是当感受者无所事事地感到"无聊"时体会到的。这些对时间的经验体会,不同于艺术中的节日般的时间感。

艺术上的时间感与此相反，乃是一种沉积物，如同考古学家所发现的化石一样，在一块石头上，人们可以发现相隔几百、几千或甚至更长的时间间隔的不同时代的"沉积物"。这种历史的化石，很形象地把不同时代的事件都压缩在一个"共时结构"中。

艺术作品的节日性质，就在于储藏着不可估量的"主体"的、不同时间的活动于一体，在那"特有时间"中，和盘托出某一个节日中的一切——不同人、不同地点、不同时刻的心态、活动及事件，给人以突然出现和同时出现的感受，给人以无限丰富的内容，同时又极其激动人心，令人陶陶然沉醉于"节日"中，这时，那普通的分分秒秒的时间顺序早已消失殆尽。

因此，节日的时间并不是在均匀的间断瞬间系列中度过的，不是由感觉上无数个"同样长"的时间片刻凑成，而是在不可计数的中介过程中突然地消失，给人以"成块的铁板"那样的印象，突如其来，又不知不觉地消失。这是一种巨大的时间流的沉积物，就像那堆积了数亿年的冰山，突然在一瞬间倾泻而来、流逝过去，而其中隐含的"时间"则是难以计量的。正因为这样，伽达默尔说，艺术作品同样也不是通过其时间上延伸着的可计数的持续性，而是通过它自己的时间结构来规定的。艺术的节日性使艺术作品永远可以被旁观者感受为"现代"的时间流，给人以"亲临其境"感。伽达默尔指出，一切艺术作品"在任何一个现在"都是"有当代性，它们永远地保存其功能"。艺术作品，不管是在任何时候，也不管是在博物馆或是在其他什么地方，永远都具有"现时"感。它们永远是它们"自身"，永远同一于它自身。也就是说，艺术作品永远不会完全地消失掉，它永远不会消失其原本的功能，而它始终都不停地为其自身建构一个起点。

伽达默尔把艺术作品的这种特殊的时间性又称为"同时代性"。这种同时代性，一方面是基于普通事物的"时间性"，另一方面又与这"时间性"相对立——两者的辩证的统一，即历史性与超历史性的统一。

在伽达默尔之前，舍尔德迈尔（Hans Sedlmayr，1896－1984）曾继巴德和波尔诺之后，在其著作《艺术与真理》中探讨了艺术作品的这种特殊的时间性。伽达默尔认为，与其简单地把时间性与非时间性相对立，不如深入地把握海德格尔关于"亲在"的时间性的概念。被"担忧""烦""对死亡之恐惧"等情绪所充斥的"亲在"的历史性的存在，乃是"亲在"对其自身的"理解"的历史性和时间性的根源。

实际上，所谓艺术作品的特殊时间性，乃是基于游戏概念的。伽达默尔对此解释说，基于游戏的艺术作品的时间性，是同艺术作品之自我展示性质、整体性及其形象之同一性紧密相连的。所谓自我展示，表明艺术作品无论怎样变态都永远同一于其自身。这种永恒的、随时随地的自我同一性，就是艺术作为节日的特点的真正基础。

节日的重复既非另一种节日的出现，也不是一种对原初的节日的重新纪念。在重复着的节日中，时间的概念并非日常生活中的经验性的时间，而是一种"庆祝"，是一种不断更新的"现时"感的表现。

伽达默尔说：基于相联系的持续时间经验是难以把握庆祝的时间性的。在庆祝节日时，在表面上人们似乎重复地纪念同一个节日，但同时，每次同样的节日的庆祝活动都有所不同，所有这些观察都是把节日看作对一种"历史事件"的纪念的结果。

但是，作为节日的艺术是同任何一个历史事件无关的；或更确切地说，某一个具体的历史事件，只是节日的次要因素。从本质上说，节日并非某一个历史事件的重现，节日只有在被庆祝时才存在。庆祝则总是变化着和回归着。但这并不意味着节日是具有"主观性"，也不意味着节日的性质是由"庆祝者"的主观性所决定。在节日中，不是旁观者的主观性决定节日的内容，而是节日的进行同时地"唤起"旁观者的现时感及其丰富而深厚的特殊时间结构。

伽达默尔说，他使用"召唤"概念，与克尔恺郭尔在他的神学沉思录中所使用的神学意义的"同时代性"概念不期而合。所谓召唤，是某种存留着的东西。它的合法身份（或其合法性的确认）就在于它的第一个到来。正因为召唤留存着，所以它可以在任何时候都有效。"召唤"是一种随时都可以发出的呼唤，是第一个主动发出来的。但召唤并不是本身是"确定不移的要求"，而且对召唤的满足也不是每次都是等同的。召唤是一种不确定的要求权力的基础。召唤的永恒有效性是同一种要求的具体化内容与形式相适应的。召唤的不确定性恰巧是其长存的可能性的根源。但召唤之所以可能，往往由于旁观者之"出席"或"在场"（Dabeisein）。

"出席"或"在场"就是"参与"——一切参与者都体验到实际发生的过程。因此，就一种偏离的意义而言，"参与"就是出现于事实中（bei der Sache Sein）。所以，在观看一场戏剧的时候，观众之在场就是一种"参与"。这与古希腊所说的神圣的"相通"（或"灵通"，即所谓"theoros"）是相像的。本来，"Theoros"指的是参与被邀请的代表团的一个成员，而参与一个代表团的成员，其职责无非就是"出席"。正因为这样，古希腊的形而上学也往往把"灵通"或"奴斯"看作对真正的存在的纯粹"参与"。

在所有这些地方，"灵通"或"参与"，都与参与者的主观态度无关，它是一种"纯粹的"参与，与其说是一种行动，毋宁说是一种"受难""受罪"（Pathos，即因参与某一件事而受罪），是一种由"凝视"之聚精会神而忘却一切的"沉落"。

在节日中，一切参与者都在上述"沉落"中忘却了一切。由此，参与者很自然地融合成一个不可分割的整体,互通灵感,无意识地共同动作起来。艺术作品作为"节日"而为人们提供无限地沉思和反思的可能,为人们重视一系列历史的时间沉积物,拨起心灵琴弦的不断更新的交响乐。

第二十五章

21 世纪的哲学景观

　　如同欧洲其他国家一样,德国哲学界和思想界,在 20 世纪末发生了激烈的争论。这一争论似乎重复了 19 世纪末所发生过的事件,因为那时候,也在哲学界、社会学界及人文社会科学的各个领域内,展开了激烈的争论,对 18 世纪以来所奠定的西方哲学和人文社会科学的基本理论模式及方法论,进行了深刻的反省。由胡塞尔所倡导的现象学方法以及由罗素和摩尔所开创的分析哲学,就是在对于古典实证主义方法论和对古典形而上学模式进行批判的基础上提出来的。与此同时,实用主义、生命哲学、存在主义和诠释学等流派的出现,也是对早先流行的古典理论和方法的批判的结果。当时的反省涉及主体与客体在思维过程中的相互关系以及它对思维的"客观性"(Objektivität)、"科学性"(Wissenschaftlichkeit)和"真理性"的意义的评价问题。

　　21 世纪以来,德国哲学一方面保持它的冷静和谨慎,表现出德国哲学的成熟,另一方面又结合时代所提出的问题,展开了激烈的争论。

第一节　20 世纪末的争论

哈贝马斯从 20 世纪 20 年代后半个世纪内德国哲学的发展历史中,总结出四大特点:第一,重要学派及基本研究论题的前后一贯性。为了消除新康德主义自 20 世纪初在哲学界的垄断局面,自 1920 年代起发展出胡塞尔和海德格尔的现象学派,雅斯贝尔斯、利特和施普朗格为代表的生命哲学,马克斯·舍勒和普列斯纳为代表的哲学人类学,以卢卡奇、布洛赫、本雅明、科尔斯和霍克海默为代表的社会批判哲学以及维特根斯坦、卡尔纳普和卡尔·波普尔为代表的逻辑实证主义等五大哲学流派。这些派别的基本论题及研究方向,一直影响着近 50 年来的哲学研究。

第二,哲学流派的突出的个人化倾向。在这个意义上说,哲学与其说是一门科学,不如说是同作为个人的哲学大师的个别性特征紧密联系的、具有浓厚的不同文风的个体性思想体系。

第三,这一时期的哲学思想的发展,都同法西斯主义的发展这一历史事实,具有这样或那样的联系;它们或者反对、批判,或者拥护和辩护法西斯思想。

第四,这一时期的哲学思想的特征,主要取决于它们同所处的时代之间的批判关系。

哈贝马斯对德国近 50 年来哲学发展的总结,明显地突出在哲学与实践的关系问题上,显示了他的社会批判立场及其对哲学的社会历史使命的基本看法。哈贝马斯的上述导言性的论文——《为何还要哲学?》,告诉我们为什么哈贝马斯在 1970 年代一直坚持研究与社会批判有关的哲学和社会学问题。

20 世纪末所展开的争论,实际上延续了 19 世纪末的争论。但是,20 世纪末的争论,还总结了 20 世纪所取得的理论研究成果,也概括了一百年来所进行过的理论争论的经验。

德国哲学界在 20 世纪末的争论,表明西方哲学和思想界,每到一个关键的历史时刻,总是要进行一番认真而深刻的总结和反思,为新的历史时期的哲学发展奠定良好的思想基础。同时,这也在一定程度上,意味着西方哲学和思想的成熟,能够在重要的转折时期反思历史经验,进行自我批判,寻求重建的可能性,以便更清醒地认识未来的思考方向。

20 世纪末的重要哲学争论,是环绕两大主题:第一个主题是思想与文化模式及其与人性的相互关系;第二个主题是环绕社会正义以及哲学研究的主要任务。这两个主题的提出,都是同 20 世纪发生的重大历史事件密切相关。

德国哲学界的争论,尽管带有德国自身民族文化的特殊性,但也同世界范围内的争论以及思想发展的创新氛围有明确关系,特别同法国的哲学争论保持密切的关系。

直接影响到哲学发展的 20 世纪的重大历史事件包括:① 第一个 50 年发生的两次世界大战;② 战后至 20 世纪 60 年代发生的"冷战"以及同一时期进行于世界各地的局部战争;③ 20 世纪 60 年代西方社会出现的"消费文化"以及随之而来的全球化运动;④ 20 世纪 80 年代发生的苏联、东欧"社会主义国家集团"的垮台以及欧盟的扩大;⑤ 科学技术发展到电子数码化、基因工程以及媒体网络化的新时代;⑥ 20 世纪末连续发生的"恐怖事件"以及一系列不可预测的重大自然灾害。

在哲学争论中所发表的各种意见和理论见解,固然与争论各方的基本立场和观点有关,但在很大程度上又与参加争论的哲学家的理论地位及其实际影响有密切关系。这就是说，一方面争论可以明显地以理论派别为主干而划分为不同方面；但另一方面，往往有一些具影响力的思想家，跨越不同的派别和学派，提出创造性的见解，导致争论向纵深发展。

关于思想与文化模式，关系到对传统的"主客体二元对立同一"思想模式的批判，关系到对各种"主体论"的评价。黑格尔被看成是传统思想模型的典型人物。因此，各种批判几乎都涉及黑格尔。黑里贝特·博德(Heribert Boeder，1928-2013)曾在他的《形而上学的拓扑学》(*Topologie der Metaphysik*，Freiburg/München，1980)、《现代的理性结构》(*Das Vernunft-Gefüge der Moderne*，Freiburg/München，1988)和《历史的建筑工具——希腊和中世纪哲学论文演讲集》(*Bauzeug der Geschichte. Aufsätze und Vorträge zur griechischen und mittelalterlichen Philosophie*，hrsg. von Gehald Meier. Würzburg，1994)的重要著作中，系统地论述他对西方思想模式的历史演变的看法。他认为，思想模式的区分，在很大程度上取决于社会文化的基本整体结构。他对思想模式的结构分析，同这一时期哲学界普遍讨论的"现代性"的问题，有密切关系。

差不多就在同一时期，许多哲学家参与了对现代性的历史研究和理论探讨。韦尔希(Wolfgang Welch)在他的《我们的后现代的现代》(*Unsere postmoderne Moderne*，Weinheim，1991)中，系统地总结了从19世纪中叶以来的西方各国关于"现代性"和"后现代性"的各种论述。

吕贝在他的《工业社会的生活意义》(Hermann Lübbe，*Der Lebenssinn der Industriegesellschaft*，Berlin. 1990)一书中，则主张从工业发展的角度探索现代社会的生活结构的哲学意义。

社会学家和社会哲学家乌尔里希·贝克(Ulrich Beck)则认为，现代社会实际上是一个充满风险的社会。乌尔里希·贝克经过对现代社会的区分化的研究,强调现代社会是一个缺乏信任(Vertrauen)、充满双重偶然性的风险社会(Risikogesellschaft)。

当20世纪进入它的最后十年的时候,人类历史所发生的重大变化,给哲学家们提出了一系列有关"现代性"(Modernität)的"合法性"(Leitimität)和"历史有效性"(Geschichtliche Gültigkeit)的问题。这实际上是对启蒙以来的现代社会文化的重新历史评判,也是当代社会发生根本变化的结果。

在讨论中,狄德列夫·霍尔斯特(Detlef Horster)广泛地吸取了德国以外的西方国家围绕这个问题的讨论结果,特别是借助于美国哲学家罗蒂(Richard Rorty,1931 – 2007)的观点,试图在进行比较研究的基础上,既概括法国后现代思想家们的批判性理论,又采纳英国和美国思想家为此发表的重要意见,利用罗蒂的"中介性角色",再结合德国的状况,对德国的"现代性"进行全面的估计。这位曾经对哈贝马斯的思想进行系统研究的哲学家(参见他的《哈贝马斯引论》:Detlef Horster, *Habermas*, *Zur Einführung*, Hamburg, 1988),在其著作《后现代思维是现代的,还是现代思维是后现代的?》(Detlef Horster, "Ist postmodernes Denken modern und modernes Denken postmodern? Zur Vermittler-Rolle Richard Rortys in diesem Widerspruch", in: *Deutsche Zeitschrift für Philosophie*, 39. Jg., Nr. 10/1991, S. 1117 – 1125)的论文中,试图结合20世纪60年代后有关一系列关于"后现代性"(Post-Modernität)的争论,针对1980年代末以后的世界局势的新变化,对这场争论进行一种较为客观的总结。

与此同时,海因里希·迈尔(Heinrich Meier)也发表著作《对现代社会进行诊断》(*Zur Diagnose der Moderne*, München, 1990),提出了

他的特殊见解。波伦贝克(Georg Bollenbeck),则试图根据德国文化发展的特点,说明德国现代文化的诠释和创造模式的变迁过程(*Bildung und Kultur. Glanz und Elden eines deutschen Deutungsmusters*, Frankfurt/M. und Leipzig, 1994)。另一位研究现代文化形态的思想家金特·菲加尔(Günter Figal)和齐菲尔勒(Rolf-Peter Sieferle)则更具体地结合现代哲学、政治学、神学和经济学的形成过程,说明现代文化的历史特征[①]。

出生于卡尔斯鲁厄的彼得·施洛德岱克(Peter Sloterdijk, 1947-),是当代德国最活跃的哲学家。他以灵活犀利的语词和论述,尖锐地批判传统哲学,并针对现实的基本问题,创造性地提出一系列震撼德国哲学界的观点和主张,在近四十年来的学术界和公众论坛上,经常锋芒毕露地"解构"传统的概念和方法,把哲学从抽象的理论概念体系中,引向多学科整合的发展道路。所以,在他那里,哲学已经不是原有的体系构成,也不局限于探讨传统哲学的基本问题,而是更多地讨论适应于当代社会文化特征的新问题。在他所提出的问题当中,不只是涉及社会文化的物质结构及其运作方式,而且,还探讨精神层面的复杂倾向。他明确地说,几百年来,哲学已经面临死亡和无能为力,因为它没有完成它的任务(Seit Jahrhunderten liegt die Philosophie im Sterben und kann es nicht, weil ihre Aufgabe nicht erfüllt ist)。

施洛德岱克在研究哲学的过程中,很注意人的生活及其环境的关系。他针对现代社会生活方式的转变,深入地研究与人的居住相关的"地域"或"位置"的问题。他认为,地域或位置是老百姓实际居住和生活的那个空间结构。他认为,地域或位置可以更具体地使我们理解抽象的空间,实际的人从来没有完全"真空"地生活在世界上。人类生活的空间的特点,就在于它始终都是具有生物学和物理学的性质,而且人类本身也不只是被动地被安置在空间中，而是主动地创造自己所欲于其中生活的实际空间。人类毕竟是生活在他们自己所创造的空间中。

施洛德岱克所集中讨论的问题表明，德国哲学家已经走出传统哲学的狭隘范围，试图以新的时代的精神，重新思考哲学的基本问题。

此外，德国哲学家在新世纪所关心的问题，往往与现代科学技术，特别是与基因工程和数码电子等最新技术的成果密切相关的问题。科学论哲学家斯宾纳（Helmut F. Spinner，1937 - ）发表意见，主张更深入地讨论科学技术的哲学问题。

哈贝马斯曾经在 2006 年发表一本专门讨论"克隆人"的哲学著作。他在《人性的未来》（*Die Zukunft der menschlichen Natur. Auf dem Weg zu einer liberalen Eugenik*? 2006）一书中，尖锐地提出了基因技术所可能带来的严重后果。

在施洛德岱克和哈贝马斯等人的带动下，一系列德国哲学家激烈地讨论人性问题。这场争论甚至超出德国的边界，在法国、英国和美国等哲学界，引起了反应。

为了总结德国哲学在 20 世纪末所展开的争论，第 18 届德国哲学代表大会于 1999 年 9 月召开于康施坦茨，并确定大会主题为"知识的未来"（Die Zukunft des Wissens）。大会的论文集《知识的未来：第 18 届德国哲学代表大会文集》（*Die Zukunft des Wissens: Vorträge und Kolloquien. XVIII. Dt. Kongreß für Philosophie*，*Universität Konstanz*，*4.- 8*. Oktober 1999，hrsg. v. Jürgen Mittelstraß，Berlin：Akademie Verlag，2000）较为全面地反映了大会的讨论状况，值得深入地分析。

知识一向是西方哲学讨论的核心，更是启蒙以来近现代哲学所关注的问题。自启蒙运动以来发展起来的现代性，作为核心价值概念的

"自由""理性"和"进步",实际上都只能在系统化的知识论述形式中找到其最高的表现形式,同时也只有通过知识而同人的实际生活和行动联系在一起。换句话说,启蒙运动所提出的人性解放、对于自由的追求以及理性的标准和基本原则,在尚未同人的科学认知活动、追求真理和不断扩大知识的活动关联以前,都是抽象和远离实际的生活世界。启蒙运动思想家特别强调,人的理性和自由,只有靠理性化的科学认知活动及其成果才能得到保障。实际上,科学认知活动只能是由具有自由意志和理性指导的人所从事和进行,而认知活动的成果和不断扩大,又反过来扩大自由的领域、并增强理性的能力。

因此,科学的认知活动,一方面体现了启蒙运动对人的理性和自由的崇尚;另一方面也表现出启蒙运动的实际精神及其功利原则,体现出启蒙运动将自由和理性的理念同实际经验生活和社会活动紧密联系在一起的基本精神。

在现代科学知识的形成和发展过程中,可以明显地表现出资本主义现代性所具备的几个重要特点。第一,资本主义现代性强调个人的独立自主性,强调个人自由的崇高价值。现代科学知识从一开始产生,始终都同个人自由和独立自主性的发展密切相关。从事科学认知活动的人,首先必须是具有自由意志和独立自主性的主体。有了自由意志和独立自主性,才有可能像康德所要求的那样:"大胆地认知吧!"任何科学认识的真理,不管其发现或者坚持,都需要勇气,需要大无畏的独立自主性。所以,作为现代哲学的开创者和现代知识的推动者,笛卡尔一向强调将怀疑一切的"我思"放在第一位,作为开展认知活动和追求真理的出发点。

第二,资本主义现代性注重实际的效率和功利,要求一切社会文化活动都遵循实用的原则,强调经验的重要性。现代科学认知活动的开展,其理性原则也是紧密地与经验活动关联,强调认知过程必须以经验为基础、并在经验中不断证实和实际运用。韦伯在分析资本主义精神时,强调资本主义对于经验的重视,强调实际利益的获得同自由和道德价值的一致性。在现代性文化的发展中,伴随着整个科学知识的发展,在西方文明中始终存在着理性主义和经验主义的平行发展路线。启蒙运动认为,离开经验的基础和脱离经验的生活世界,都是不符合人性解放和理性主义的原则。所以,启蒙运动之后,不论是在欧陆各国,还是在英伦三岛,强调经验的经验主义原则是同整个西方文化、特别是同科学知识以及各种技术的发展相协调的。科学知识和技术的发展甚至导致经验主义的泛滥,也推动了作为资本主义国家和社会发展原则的功利主义和实用主义。

第三,资本主义现代性强调对于自然界的征服和改造,并把对于自然界的征服当成扩大人类自由和提高人类主体性的主要表现,同时也当成扩大实际功利的途径。现代科学知识的发展,特别是运用性的科学知识和技术的发展,都是直接同上述资本主义现代性的特征密切相关的。实际上,现代科学知识和技术的发展及其对于自然的征服,都是同理性主义原则本身分不开的。西方理性主义不仅将理性当成标准和理念,同时更当成工具和手段。资本主义现代性的实际精神和功利原则,使理性工具化的过程渗透到整个科学认知活动中,同时,随着现代性的膨胀,上述理性工具化的倾向越来越支配着现代科学认知活动和技术的运用。在这种情况下,现代科学知识和技术的发展及其命运,也同整个资本主义现代性的命运联系在一起。

当代德国哲学家在批判现代性的过程中,受到法国后现代思想家的启发,敏锐地看到了现代科学知识在现代性发展中所扮演的重要角色。当代德国哲学家一方面看到现代科学知识和技术同资本主义现代性发展的紧密关系；另一方面也看到了现代科学技术的发展为现代性的"解构"提供了条件。这是从以下两个方面来说的：第一，现代性和现代科学知识的发展是相互推动和互为条件的。因此，批判资本主义现代性就必须同时批判现代科学知识和技术。第二，现代科学知识和技术不只是停留在认知领域内，而且渗透到整个资本主义现代社会的各个领域，特别成为资本主义现代社会政治、经济和文化的正当化手段。因此，为了批判现代资本主义的非正当性，必须同时批判现代科学知识和技术的正当化功能及其非正当性。同时，当代德国哲学家也在现代科学知识和技术的发展中，看到了上述正当化批判力量的根源，看到了当代社会和文化进行自我正当化的可能性。

　　现代知识在近代社会的建构和发展过程中，始终是一个关键的因素。德国哲学家在批判近代知识的时候认为，将近代社会同古代社会加以区分的关键因素，就是近代科学知识的建构及其在社会中的运用。近代知识体系，不论其建构过程和运用领域，也不论知识的建构者或者支持和维护这些知识的社会制度，都同近代社会的历史命运紧紧地联系在一起。因此，揭示近代西方知识的建构和扩散过程，实际上就是分析西方近代社会运作的精神动力基础。近代知识作为西方社会建构的一个重要精神支柱，一方面，其建构过程表现了特定社会制度中掌握特权的阶层的特殊需要，表现了这些特权阶层努力造就一批生产知识的精英分子的过程；另一方面，也表现了被筛选和组织起来的近代知识分子迎合社会中特定阶层利益的需要的历史过程。

　　当代社会的信息化和信息社会化的双重过程，是同这个社会的知识信息化紧密联系的。20世纪80年代后的当代社会的知识结构和性质都发生了根本变化，不仅不同于古希腊时代的知识，也完全不同于文艺复兴和启蒙运动以来的近现代社会的知识。信息本身本来是知识发展的一个结果，或者说信息只是知识的一个组成部分，也是知识的一个手段和工具。但是，当代社会的结构变化，使信息改造了整个知识的结构，同时也使信息本身成为知识的基础和决定性因素。信息同知识的关系，就如同生产同消费的关系那样。如果说，近代资本主义社会是生产决定消费、知识决定信息的话，那么，当代的"当代社会"是消费决定生产、信息决定知识。

信息（information）一方面表示告知、通知和沟通的行动，另一方面它又是这些行动的内容本身，也就是说，它是信息告知过程所传播的内容及其媒体系统的总称。当代社会信息的膨胀和泛滥是同当代社会的复杂化过程相平行的。信息的原意，就是为一种数据和资料（material）的组织、建构，给予一种形式（form）。在西方文化史上，是古希腊思想家亚里士多德第一位明确地为信息界定上述定义。在亚里士多德的经典定义中，显示信息隐含着使一种资料可能获得形式、从而得以具体化所必需的那些基本能量和力量。亚里士多德哲学强调：任何事物都是由数据因、动力因、形式因和目的因所构成；任何数据，只有获得形式才能从潜在的可能性变成为现实，因而形式高于数据。当数据获得形式，同时也就从形式中获得了现实化和具体化的能量和力量。在这个意义上说，亚里士多德从本体论的高度说明了信息的重要意义。但是，当代社会的畸形发展，使当代社会的信息单纯地变成信息发送者和接受者以及在两者之间的传播媒介的符号系统。后现代信息科学的奠基人之一的香农（Claude Elwood Shannon，1916 - 2001），在研究通信的过程中创立了现代信息科学。他说："通信的基本问题，就是精确地或近似地在一端复现另一端选择的信号。"

香农是总结当代社会信息的特征后作出上述定义的，但香农所创见的新型信息科学又加速了信息的符码化及其纯数学性质。因此，当代社会信息的变化,不但改变了古代有关信息和知识相互关系的基本观点,而且也从根本上改变了自文艺复兴和启蒙时代以来信息在知识发展和真理体系中的正常地位。

在当代社会到来以前,信息同知识的关系呈现为以下四个方面:第一,信息是属于有关原始和未经加工的事实和数据的知识。在这个意义上说,信息是知识产生和进一步发展的基础和出发点,但信息并未构成完善的系统化知识的主要构成部分;第二,信息是知识形成过程中最初的观察活动的成果,在这意义上说,信息是直接同经验活动的感知和各种最基本的感性认识相联系。信息也就因此成为各种最初的经验感受的表现。信息有待知识吸收、加工和提升,有待系统化和改造成为科学知识。由此构成信息同知识进一步进行的理性分析和判断活动的特殊关系;第三,信息更多地包含着技术性的经验和知识,记录和累积某些技术活动的成果和经验,因此信息的内容有助于了解不同认知过程和社会发展阶段的技术发展状况及其运用结果;第四,信息在某种意义上也表现了各种科学性的观念和表象的部分内容和形式,因此,信息也成为科学理性知识中的一个组成部分。信息的状况有时也表现出各种科学观念的发展状况及其争论的程度。

当代社会和知识的信息化,不但从数量上和形式结构上使信息本身发生了变化,使信息充斥了整个社会的各个领域,而且也使信息本身的性质及其结构发生了根本变化,也就是说,使信息本身发生了一场革命。

根据香农等后现代信息论家的定义,后现代的信息变成为发送者和接受者及其间的传达媒体所构成的信号系统。按照这样的定义,发送者成为信息的起源,也就是一种"原因"。作为原因和起源,发送者显然就具有某种力量和能量,具有某种垄断权和优越地位,某种发出实际效用的权力源泉，与发送者相比，信息的接受者就处于"惰性"(inertia)地位。根据这样的信息内在结构，信息的产生、传递和运作及其效果，主要决定于发送者。发送者就成为整个信息系统生命的决定性因素。信息的上述结构的变化，对于当代社会信息的生产和再生产及其传递具有重要的社会意义，它在很大程度上影响着整个社会的权力结构的变化，也影响着整个社会为争夺权力的再分配以及争夺对整个社会控制权的斗争架势。

后现代信息结构的变化，也使信息本身显示出时代的特征。当代社会信息的基本特征，就是它的可传递性、可储存性、可占有性、可给予性、可卖性、可让与性和可盗取性。当代社会信息的上述特征，同样也具有重要的社会意义，对于改变整个社会和文化的性质发生重要影响。

当代社会中知识的信息化，主要表现为知识的符号化或符码化。当代知识的符码化是当代知识语言结构发生根本变化的主要表现。知识本来就是某种语言论述，是在不同社会历史时代所创建和不断延续的话语体系。不同的时代有不同的语言论述和话语体系的结构。语言论述和话语自古以来一直被认为最适用于表达和建构真理。但实际上，当代德国哲学家和其他后现代思想家一样认为，语言论述和话语，远远超出语言符号表达和沟通真理的功能范围，而同整个社会的政治、经济、社会制度和文化的状况密切相关，并在一定程度上，成为政治、经济、社会制度和文化建构及其正当化的重要组成因素。因此，西方知识体系语言结构在当代的符码化，不仅标志着西方语言结构及其文化基本模式的根本转变，而且，更重要的是当代社会整个结构，特别是政治、经济和文化方面的垄断性霸权势力的兴起和发展的结果。

首先，当代德国哲学家充分顾及社会政治霸权的发展同经济生产能力的膨胀，以及同科学技术的飞跃式的进步有着密切的关系。显然，如果没有生产力发展所提供的强大科学技术力量作为物质基础,当代社会就不可能以最高的效率创造和推广信息工业及其技术。在这个意义上说,当代知识结构语言论述的符码化,首先是由社会经济生产力及其相应的科学技术的发展所决定的。

当代知识语言论述的符码化,使当代知识的论述性质和结构,借由丰富多样和瞬息万变的符码化形式,而进一步变得多元化、不确定化、自律化、被宰制化和人工化。从语言论述结构同社会运作和社会宰制的关系来看,上述变化将有利于社会上占据统治和垄断地位的各种政治和社会势力的发展。

信息符码化的结果,使信息的生产和传递及其处理过程,完全脱离了信息本身的质的内容,完全排除了被传播的信息的实际意义,消除了沟通的语义部分。如果说,古代和近代知识要严格依据语音及其意义系统的对应规则、并因而仍需靠语音符号同其指向的对象的对应来建构和验证的话,那么,后现代的知识便只凭符号本身的游戏式自由运作便足以自我建构和自我证成。这样一来,后现代信息的运作过程变成为以处理符号、密码和各种人工符号为优先的数学程序的处理程序。知识比以往任何时代更具有任意性、不确定性和不稳定性。知识也因此而更加受其生产者和传播者的控制。

随着当代社会信息符码化的向前发展,为控制信息及其系统的斗争,就越来越集中在传播中的符号选择及其相关联系的搭配工作。这样一来,信息的发展逐渐地远离经过民主讨论自愿协商所规定的共同意义系统,而成为少数掌握信息生产企业及媒体系统的社会力量的控制工具。

当代知识论述结构的符码化,使一切有关真假区分的科学认识活动变得更加相对化和不确定化。在当代社会到来以前,特别是在古典时代,语言论述的语言结构多多少少还存在着客观的真理标准。在那个时候,根据古典语言结构中符号同意义的二元相符关系的逻辑,一切科学知识论述都有相对统一的规范化标准。而且,在古典时代的语言论述结构,其科学知识论述除了具有在科学界通行的普遍性标准之外,还保持同日常生活语言和大众社会语言的密切关系。在这个条件下,任何知识论述体系的语言结构,受到了比当代社会更严格的社会标准和日常生活标准的限制和检验。也正因为这样,在古典时代的语言论述结构的变化,不能超出日常生活语言和基本社会语言的规范体系。

到了当代社会,语言论述结构的符码化,其变化的程度和可能性,与其说受制于社会日常生活语言和科学共同体普遍化语言的规则,不如说更受制于制造和扩大符码化的各种当代科学技术力量,受制于同这些科学技术力量密切相结合的社会政治、经济和文化霸权势力。在这种情况下,当代语言知识论述结构的符码化,在很大限度上决定于语言之外的上述科学技术力量及其背后的社会势力的利益和意向。

由于当代社会中政治、文化和社会活动越来越同全球性和垄断性的商业利益相结合,上述各种知识语言论述的符码化倾向,进一步同具有政治和文化性质的大规模商业营利活动相结合,同样也加速具有政治和文化性质的商业活动对于整个社会的宰制及其统治的正当化。

在这种情况下,当代语言论述结构的符码化及其信息化,使知识原本意义的真理游戏性质,也发生了根本的变化。而这个变化,具体地说,就是指当代知识论述中真理客观化标准的彻底丧失。在谈到当代社会的语言学转折的时候,当代德国哲学家强调指出:这一转折不仅意味着西方语言论述结构本身的变化,而且也标志着作为西方文化灵魂的哲学和普遍主义的形而上学基础的彻底垮台,意味着对于“理论”的传统兴趣的衰弱,意味着整个人文科学及其精神的失败,意味着后现代逻辑技术论的凯旋,意味着资本在全世界统治势力的巩固和扩大,也同时意味着政治的绝望的开端。这一切使当代语言论述逐渐失去所谓客观真理的标准,知识论述演变成纯粹的符号游戏。

语言论述真理标准的进一步相对化和不确定化,本来就是受媒体传播系统控制的符码化知识体系的基本特点。由于知识的信息化,任何当代知识的产生和发展,都仰赖于媒体传播系统及其运作。在后现代条件下,任何新的知识论述,不但其建构过程,而且其传播和持续的生命界限,也要靠媒体传播系统的运作。这也就是说,首先,任何当代信息化的知识论述,都是在媒体传播系统的人为文宣造势下诞生和发展的。当代信息化的知识论述,不再依靠古典时代那些所谓有创造性的知识分子的独立自由创造力,也不需要像古典时代那样按照普遍的标准进行客观的检验,而是要靠媒体传播系统的启示和督促。媒体传播系统,不但成为传播当代论述结构的信道,而且也成为当代知识论述的创造力的根源,成为当代知识论述的真理标准和正当化的决定力量,或者更确切地说,成为当代知识论述在社会中兜售的价值标准的判定者。但由于媒体传播系统本身具有浓厚的商业性质和强烈的权力宰制性质,所以,传播媒体这个知识"根源"实际上成为真正的"病灶"。

当代知识论述的符码化,不但改变了当代知识的创造过程,当然也改变了这些知识论述的传播过程及其性质。在传播过程中,政治化、商业化和文化化的媒体传播系统,可以根据随时随地的需要和人为标准,根据它们估量到的整个利益的变化以及它们所处的权力关系网络,任意改变在媒体信道中被传播的知识论述的结构。当代科学技术通过媒体传播体系,可以进行对于知识的任意技术性处理,使知识不但在生产和建构的时刻,同时也在传播的过程中,不断地改变其形态,转换其信息形式和结构,也改变其真假的基本标准,改变这些知识论述的社会价值。

这样一来,知识就变成了道地的、可以被操作的信息。信息化成为我们这个时代的知识的标准,也成为当代知识得以产生和传播的基本条件。

正因为如此,从 20 世纪 80 年代以来,历届德国哲学代表大会,连续多次把知识以及与近代知识相关的问题列为讨论的重点。1984 年 8 月,在波恩召开的第 13 届德国哲学代表大会,确定了"传统与创新"(Tradition und Innovation)的主题,集中讨论今后哲学思想创造的关键问题,即正确处理传统与创新的关系。这是德国哲学家进行哲学创造、进一步向传统宣战的症候。接着,1990 年,第 15 届德国哲学代表大会在汉堡召开,确定了"现在的哲学与哲学的现状"(Philosophie der Gegenwart-Gegenwart der Philosophie)的主题,意味着德国哲学在世纪末所面临的主要任务,就是创建适合于时代要求的"现在的哲学"。

"现在的哲学"的主要探讨方向是什么? 举行于莱比锡的第 16 届德国哲学代表大会,明确地讨论了面对"新现实"的德国哲学的迫切任务(Neue Realitäten-Herausforderung der Philosophie)。而到了 1996 年召开第 17 届哲学代表大会的时候,德国哲学家就更具体地讨论了"人类认知:知识和价值的动力"(Cognitio humana-Dynamik des Wissens und der Werte)。

总之,20 世纪社会文化的发展及其后果,使哲学家有理由重新提出"知识"的"合法性"问题。它紧密地与启蒙的指导思想相联系。与此同时,它也是 20 世纪西方社会和文化危机的症结所在。哈贝马斯等人所讨论的"人性的未来",典型地表现了近代知识的悖论性质及其哲学理论根源的关键:近代理性主义和经验主义的基本矛盾。

Preyer)的指导下，连续举办"当代精神状况"的研讨会（Marburger Forum Beiträge zur geistigen Situation der Gegenwart），越来越具体地探索深刻地影响着当代思想的社会文化因素，尤其是当代媒体（Die Neue Medien）的泛滥及其功能。普赖尔认为，当代媒体在思想和文化创造中的决定性中介功能，是现代社会发展的又一个"哥白尼式的转向"（Eine Kopernikanische Wende），哲学创造活动必须充分地重视这一新转向的关键意义。

另一方面，由于当代科学技术已经成为当代社会及文化发生根本变化的主要动力基础，21世纪的哲学变革也自然地把探讨科学技术成果与哲学思想模式的转变的内在关系列为首要问题。正如本书在第十四章第三节所已经指出的，在运用自然科学成果改造哲学方面，鲁珀特·里德尔（Rupert Riedl）在他的著作《演化与认识》（*Evolution und Erkenntnis*）中，系统地提出了"演化的认识论"（Evolutionäre Erkenntnistheorie）；而且，他和罗伯特·卡什帕（Robert Kaspar）合著的《认识的生物学》（*Biologie der Erkenntnis*）更进一步将他们的生物学的认识论加以论证。

埃尔朗根学派的部分思想家早已着手进行一种生物认识论（Biologische Erkenntnistheorie）的研究。伏尔美（Gerhard Vollmer）的著作《进化的认识论》（*Evolutionäre Erkenntnistheorie*）以及康拉德·洛伦茨（Konrad Lorenz）与弗兰茨·沃格迪（Franz M. Wuketits）合著的《思想的进化》（*Die Evolution des Denkens*），都将生物学的最新成果应用于当代哲学的改革中去。生物学在当代科学技术的发展中扮演最关键的角色，正是在于它引导了当代科学技术朝向基因工程、人工智能、环境保护等重要方向，使当代最新的数码符号科学技术与生命奥秘的探索结合起来，推动了当代哲学，特别是认识论的根本变革。生物认识论的形成及发展,为今后哲学变革找到了一个关键性的出路;这就是以生物学和生命科学为杠杆,将哲学与自然科学结合起来,寻求符合新世纪的新型哲学。2006 年最新生物工程研究的成果,已经明白地揭示:人的大脑结构及其基因构成的分析,将有助于彻底揭示人的认识过程、逻辑、程序及其未来发展的可能性。

正是在一系列充分讨论的基础上,举行于 2005 年 9 月的第二十届德国哲学代表大会,以"创造性"(KREATIVITÄT)为主题,在柏林技术大学(Technische Universität Berlin)召开。德意志联邦共和国总统赫尔斯特·科勒尔(Horst Köhler)教授出席了开幕式,柏林技术大学的龚德尔·阿贝尔教授,作为德国哲学会主席,在会上致辞时指出:本届大会所探讨的主题"创造性",恰当地反映了从 20 世纪末以来德国哲学所面临的基本问题。

历史上一再在创新中浴火重生的德国哲学,面对 21 世纪,仍然以其固有的自我创造精神,不但严肃地迎战现实的问题,冷静地分析新社会和新文化的矛盾及其危机,沉思哲学自身回应社会的提问所必须交出的可能答案,而且还主动地向自身挑战,不断怀疑自身的存在的正当性和合法性,不惜通过解剖和掏空自身的结构及其生存的基础,朝着哲学的生命的最深根源,尝试寻求创新的各种可能性。

第三节　霍耐特的社会哲学

霍耐特(Axel Honneth)是战后年轻一代的社会哲学家。他原是哈贝马斯的学生,曾经长期追随哈贝马斯探讨社会批判理论的改造新途径,研究沟通行动理论,探索针对当代社会与政治问题的主要理论研究方向。

作为哈贝马斯的学生,他继承了法兰克福学派的批判理论,并从2001 年起,担任法兰克福大学社会研究所的所长。一般说来,霍耐特被认为是"法兰克福学派的第三代"的最重要代表人物。

霍耐特从 1969 年起,先后在波恩大学、波鸿大学和柏林大学攻读哲学、社会学和德国语言文学。当哈贝马斯在 20 世纪 60 至 70 年代对社会批判理论进行语言哲学和沟通理论的改造的时候,霍耐特积极地参与由哈贝马斯组织的一系列研讨会,成为哈贝马斯的助手,为哈贝马斯编写和出版了关于社会批评理论及沟通行动理论的文集。1977 年,霍耐特在柏林自由大学担任社会研究所的助理研究员。1982 年,在哈贝马斯的推荐下,霍耐特参加在慕尼黑的马克斯·普朗克社会科学研究院(Max-Planck-Institut für Sozialwissenschaften)的研究工作。1983年,霍耐特担任法兰克福大学助理教授。1990 年,霍耐特在法兰克福大学获得大学哲学教授资格文凭。1991 年,他到康施坦茨大学任教。1992 年起,担任柏林大学的奥托·祖尔研究院(Otto-Suhr-Institut)的政治哲学教授。1995 至 1996 年,霍耐特应纽约社会科学新学院的邀请,担任客座教授,然后,自 1996 起,他正式地成为法兰克福大学教授。

自从 2001 年担任法兰克福大学社会研究所所长之后,霍耐特的研究重点是以马克思主义的物化(Verdinglichung)概念为基础的"承认哲学"(Philosophie der Anerkennung)。这是类似哈贝马斯的沟通哲学的一种建立在主体间相互承认的基础上的新型社会哲学,试图通过对伦理学的改造,建构一个适用于当代社会的"言谈沟通伦",在人与人之间的合理沟通过程中,形成稳定的合理的人际关系。在这方面,霍耐特还重点地借助于当代心理学、精神分析学和社会学的成果,试图重建社会批判理论。

霍耐特的代表作有:《正义的另一种:实践哲学论文集》(*Das*

Andere der Gerechtigkeit. Aufsätze zur praktischen Philosophie，Frankfurt/M，2000)、《对黑格尔法哲学的重建》(*Leiden an Unbestimmtheit. Eine Reaktualisierung der Hegelschen Rechtsphilosophie*，Stuttgart，2001)、《对承认理论进行精神分析学的改造》(*Das Werk der Negativität. Eine psychoanalytische Revision der Anerkennungstheorie*，in：Werner Bohleber/Sibylle Drews Hrsg.，*Die Gegenwart der Psychoanalyse-Die Psychoanalyse der Gegenwart*，Stuttgart，2001，S. 238－245)、《为承认而努力》(*Kampf um Anerkennung*，Frankfurt/M，2003)、《非整合化：对时代的社会学诊断》(*Desintegration-Bruchstücke einer soziologischen Zeitdiagnose*，Frankfurt/M，1994)、《沟通行动论文集》(*Kommunikatives Handeln. Mit Hans Jonas*，Frankfurt am Main，2002)、《德国哲学与德国政治》(*Deutsche Philosophie und Deutsche Politik*，Frankfurt am Main，2000)、《自由的辩证法》(*Dialektik der Freiheit. Frankfurter Adorno-Konferenz*，2003)、《权力批判》(*Keitik der Macht*，Frankfurt am Main，2000) 以及《论物化》(*Verdingchilung-Eine anerkennungstheorie Studie*，Frankfurt am Main，2005)等。

首先，霍耐特作为哈贝马斯的得意门生，继承和发扬了哈贝马斯的合理沟通行动理论，强调一切社会批判都必须把合理沟通当作首要标准和基本手段，同时，霍耐特又深入地吸收美国社群主义政治哲学的研究成果，并采纳美国社会学家米德的象征互动论的研究方法，试图建构一个以各主体间相互"承认"为基础的合理社会。

霍耐特认为，单纯停留在合理沟通的层面上，还不足以建构一个稳定的、合理的公民社会，重要的问题，就是要立足于合理沟通协商所取得的主体间性合理关系网络的建构，进一步使主体间性不仅在个人之间,而且也在个人与各个群体之间达成相互间平等身份的确认。

霍耐特所说的"承认",包含三个主要的层面:第一,是个人间的相互承认,指的是个人间相互尊重彼此的平等的身份;第二,指的是个人与社会整体的相互承认,强调个人对自己所自愿确认的社会的承认以及社会对其各个平等的成员的基本权利的确认,在这个领域中,实现合理的承认就意味着合理实现个人的社会化和社会整合化;第三,指的是掌握权力不同层面的社会机构对于个人身份的尊重以及各种权力的正当性地位的确立,在这个意义上的承认,就意味着个人与社会权力的相互承认关系。

霍耐特的社会哲学的出发点,就是把实用主义者米德和青年黑格尔的基本思想协调起来,并以此为基础,论述由主体间性共同承认、并合理建构的社会的基本性质及其运作机制。霍耐特指出:"社会生活的再生产服从于相互承认的律令,因为只有当主体学会从互动伙伴的规范视角把自己看作社会的接受者的时候,他们才能确立一种实践的自我关系。不过,只有当这个一般前提包含一个动力要素的时候,它才具有解释的效率。所以,上面提到的律令,坚实地扎根于社会生活过程中,它提供了规范上的压力迫使个体逐步解除施加于相互承认意义上的约束,因为只有这样,个体才能在社会中表达不断扩展的主体性要求。在这个意义上说,个体化的类历史过程,是以相互承认关系得到不断扩展的事实作为基本前提。但是,只有把这种发展假设再次与社会生活过程中的事件联系在一起,它才能成为社会理论的基石。正是社会群体的道德斗争,即他们的集体的努力,才有助于在制度上和文化上建立起新的相互承认形式,并由此使社会变革在规范的意义上成为可能。"

关于相互承认的形式,霍耐特首先肯定了米德和黑格尔所做出的理论贡献。正如霍耐特所指出的,虽然米德没有适当地更换黑格尔学说中具有浪漫意义的"爱"的概念,但他毕竟也像黑格尔一样,区分了三种不同的相互承认形式,即① 对应于爱的关系的"情感关怀";② 不同于法律关系的"友谊";③ 与团结相联系的"赞许",而所谓团结指的是一种给予承认的特殊的方式。在黑格尔那里,三种互惠性模式在主体自主性和相互关注的每一阶段同步增长的意义上,就已经反映在特殊的个人概念之中。但是,只有到了米德、黑格尔那里隐含的直觉认识,才在系统意义上被设定为一种经验的假设。至此,个人的自我关系在三种承认形式的系列运动中渐渐发展成积极的关系。而且,两位思想家都努力把不同的承认形式,放在社会再生产的不同领域中。黑格尔在早期政治哲学中区分了家庭、市民社会和国家;而在米德那里,我们也能辨别出一种趋势,把法律关系和劳动领域,设定为普遍化他者的两种不同表现形式,从而与具体的他者的原始关系区分开来。

显然,在霍耐特看来,区分社会一体化主要取决于情感依附、权力赋予和共有的价值取向。而霍耐特对黑格尔和米德所肯定的,就是把互动的三个领域追溯到相互承认的不同模式那里,而且每一种模式都对应于道德发展的特殊潜能和个体自我关系的不同类型。正是在这样一种认识的基础上,霍耐特重建一种承认理论,强调在爱、法律和团结的三种关系模式中具有三种潜能,这就是承认媒介、成为可能的自我关系形式以及道德的发展。

显然,霍耐特继承哈贝马斯的合理沟通行为理论,不仅继承和发展其中的基本理论概念,而且也继承了其基本方法,特别重视吸收美国社会学理论和方法的成果,以使霍耐特能够重点地围绕米德的社会学经验主义方法,重建黑格尔关于公民社会的理性主义政治哲学,使他的研究能够较为全面地吸收欧美关于公民社会主体间关系的政治理论和道德学说，建构起一个试图适用于当代社会基本特征的新政治哲学。

　　在谈到承认学说的基本核心时，霍耐特指出，我们基本上满足于用经验的概念分析来提出问题。由此得出的结论是，随着向现代性的过渡，个体权利与具体的角色期待分离开来，因为个体权利在原则上必须归属于作为自由存在的每一个个体。如果这种简单的说法正确的话，这就已经间接地指出了法律承认的新的性质。我们可以明确认为，对于传统的法律关系，承认某个人是一个法人，在某种程度上仍然依存于依据他们的社会地位而赋予他们的社会重视。这种共同体的传统伦理，构成了一种规范境域，个体的多种权利与义务，在这一境域之中仍然同社会合作体系中的不同使命相联系。所以，法律承认，仍然是按照每一个作为角色承担者的主体所享有的重视程度而被等级化了，这种关系，只是在使法律关系服从后，在传统道德要求的历史过程中，才逐渐被打破。

　　霍耐特认为，在现代社会中，个体化和独立化主体之间对等重视的社会关系，代表着社会团结的必要条件。在这个意义上说，彼此对等重视就意味着根据价值互相评价，这就使他者的能力和特性，也对共同的实践产生意义。这种关系就可以说是"团结"，因为他们不仅激起被动的宽容，而且还激发了对他者个体性和特殊性的切实可感的关怀。人的完整性，如果不是仅仅在抽象的讨论的层面上来探讨，而是在我们的日常生活以及在日常语言的运用中来体验，也就是说，是在可以直接感觉到和检验到的现实社会中来观察的话，归根结底就决定于我们自身始终都在努力辨认的认可和承认的模式。而且，也只有在日常生活中可以体验和鉴定的承认实践和模式中，我们才能确切地感受到自身的人格及社会地位，同时也感受到生活本身对我们自己的实际意义。

　　施洛德岱克于 1968 至 1974 年在慕尼黑和汉堡大学研读哲学、日耳曼语言文学及历史学。1976 年以《文学与生活经验组织》(*Literatur und Organisation von Lebenserfahrung*)的论文获得博士学位。毕业之后,他先后在慕尼黑和法国南部从事职业作家的工作。1988 年他受邀在法兰克福大学讲授诗学。1992 年起,任卡尔鲁尔造型艺术学院的哲学、美学与媒体理论的教授,并同时担任新建的维也纳造型艺术科学院文化哲学研究院(Institut für Kulturphilosophie)的教授。2001 年,施洛德岱克任卡尔鲁尔造型艺术学院院长。由于他在哲学上的创新成果而在 2001 年获得"未来哲学思维奖"。施洛德岱克自 2002 年开始,同吕迪格·萨弗兰斯基(Rüdiger Safranski)一起举办"哲学四重唱"(Das Philosophisches Quartett)广播节目,定期地举行哲学论坛,探讨当代哲学与现代社会的相互关系的论题。与此同时,施洛德岱克还受欧洲议会的邀请,经常在电视和广播电台发表哲学演讲,并就当代社会的重要问题进行哲学分析,很受欧洲听众的欢迎。2006 年 1 月 25 日,欧洲议会在斯特拉斯堡再次邀请施洛德岱克,集中讨论恐怖主义的问题。他深入分析了欧洲和美国思想模式的区别,并指出其文化背景的差异。

施洛德岱克的主要著作包括:《昔尼克理性批判》(*Kritik der zynischen Vernunft*, 2 Bde., 1983)、《魔树》(*Der Zauberbaum*, 1985)、《舞台上的思想》(*Der Denken auf der Bühne*, 1986)、《哥白尼式的动员和托勒密式的裁减》(*Kopernikanische Mobilmachung und ptolemäische Abrüstung*, 1987)、《走向世界:走向语言》(*Zur Welt kommen-Zur Sprache kommen*, 1988)、《欧洲式道教思想》(*Eurotaoismus*, 1989)、《允诺讲德语》(*Versprechen auf Deutsch. Rede über das eigene Land*, 1990)、《千禧年转折前夕:关于未来状况的报道》(*Vor der Jahrtausendwende. Berichte zur Lage der Zukunft*. 2 Bde., 1990)、《世界的生疏性》(*Weltfremdheit*, 1993)、《欧

洲衰落在增长》(*Falls Europa erwacht*，1994)、《在同一个船上：对超级政治的探索》(*Im selben Boot: Versuch über die Hyperpolitik*)、《生存物的家庭驯化》(*La domestication de l'être*)及《人类公园的规则》(*Regeln für den Menschenpark. Ein Antwortschreiben zu Heideggers Brief über den Humainismus*. Frankfurt am Main. 1999)等。

　　施洛德岱克的政治哲学有两个研究焦点，这就是对当代技术政治专制的批判和对环保政治的重视。他认为，在技术高度发展和技术市场化的情况下，当代技术不只是充满功利主义和工具主义，而且还进一步严重地危害人类的生存，最重要的是基因工程关于"人造人"的研究技术的危害性。他说："我们生活在一个主要拥有技术的星球上。如果人们可以说在地球上有人，那是因为在那里存在一种技术，它可以使人在成为人以前制造出来。"②他还说："人们把人的生成当成一种驯化家畜的真正事物，就好像普通家畜的家庭驯化的悲剧那样。"③为此，他呼吁要实现全世界的团结，捍卫人的尊严，防止技术的滥用及其对全球人类生存的伤害。对人的生存的危害是当代政治的核心问题。与此同时，是环保问题列入了当代政治的议事日程，也成为当代政治的关键课题。他认为，资本主义全球化是导致环保被破坏的主要根源。因此，当代政治必须将全球化问题纳入受合理控制的制度中，严禁以全球化的借口滥用技术和破坏环保。

　　在时代发生巨变的关键时刻，历经沧桑的德国哲学采取一种熟练睿智的态度，以平常心对待哲学所遭遇的问题，进行本身的变革。哲学，作为人类思想和文化创造精神的一种内在基础力量，在德国哲学的发展中，做出了具有典范意义的历史表演。

　　21 世纪把德国哲学提升到更高的创造境界，开创出更广阔的革新平台，拓展出更多面向的新视野。哲学正遭遇前所未有的历史机遇，进行一场不怕风险的创造游戏,已经成为不可避免的事情。

注释

① Günter Figal/Rolf-Peter Sieferle，Hg. Selbstverständnisse der Moderne. Formationen der Philosophie，Politik，Theologie und Ökonomie，Stuttgart 1991；Zur Problematisierung des Begriffs "Moderne". In：Günter Figal，Philosophische Zeitkritik im Selbstversändnis der Modernität，S. 105 - 108.

② Sloterdijk，*La domestication de l'etre*. Version francaise. Paris. Mille et une nuits，2000：88.

③ Ibid.：40.

人名索引

Böhm，Andreas 博姆　347

Boileau，Nicolas 布瓦洛　197－199

Bollenbeck，Georg 波伦贝克　931

Bollnow，Otto 波尔诺　664，688，
780，923

Boltzmann，Ludwig 玻尔兹曼　751，
760，762

Bolzano，Bernhard 博尔查诺　656，
657，717

Bonnet，Charles 博内　353

Boots，Abraham 布特　169

Born，Friedrich Gottlieb 波恩　120，
361，574，575，622，648，755，942，
946，949

Bosch，Hieronymus 博斯　57，250

Bouterwek，Friedrich 布特威克　550

Boyle，Robert 玻意耳　121，132

Boyneburg，Johann Christian von 布
依纳堡的约翰·克里斯蒂安　120

Braitling，P. 布雷特林　945

Breitinger，Johann Jakob 布莱丁戈
尔　199－201，205

Brentano，Clemens 布伦塔诺　499，
501，657，658，695，696，714，717，726

Bridgman，Percy William 布里奇曼
769，770

Brunner，Emile 布鲁纳　709

Bruno，Giordano 布鲁诺　87，128，
215，223，423，436，452，455，457，
459，469，470，480，570，575－577

Brunschvicg，Leon 布伦施威克　793

Buber，Martin 布伯　710

Buchenau，A. 布赫诺　647

Büchner，Georg 毕希纳　603，643

Budé，Guillaume 比代　169

Buhle，J.G. 布勒　641，661

Burchkardt，Jacob 布尔卡特　623

Burckhaeuse，N. 布尔克豪舍　192

Burckhardt，Jacob 布克哈特　52，
664

Burke，Edmund 柏克　198，225，699

C

Cabanis，Pierre 卡巴尼斯　616

Calderon 卡尔德隆　615

Calvinus(Cauvin，Jean) 加尔文　66，
68，84，89，97，108，663

Campanella，Tommaso 康帕内拉
57，119，128

Camus，Albert 加缪　887

Cantoni，Carlo 坎多尼　640

Cardano，Gerolamo 卡尔达诺　86

Carnap，Rudolf 卡尔纳普　749，751－
754，770，927

Carus，Karl Gustav 卡鲁斯　477，
542

Cassirer，Ernst 卡西勒　314，817

Cathrein，Victor 卡德连　658

Chamiso，Adelbert von 沙米索　502

Chrysippus，B.C. 克里西普斯　315

Clarke，Samuel 克拉克　122，124，
542

Claudius，Matthias 克劳迪乌斯　193

Clerselier，Claude 克劳塞利埃　107，
121

Cohen，Hermann 柯亨　643－650，
652，660